갈라디아서

지은이 **한스 디터 벳츠** Hans Dieter Betz

1931년 독일 렘고에서 태어난 저자는 독일에서 여러 교회를 섬기다가 1963년 미국으로 건너와 클레어몬트 신학교와 대학원의 신약학 교수로 재직했다. 1978년부터는 시카고 대학교의 신학교 신약과 초기 기독교 문헌학과에서 가르치다 2000년에 명예교수로 은퇴하였다. 그는 고전 수사학의 방법론을 신약 연구에 도입하여 신약 이해에 새로운 지평을 연 학자로 평가받는다. 『갈라디아서』(알맹e, 2023)외에 *The Sermon on the Mount* (산상설교)외 다수의 책을 집필하였고, 총 9권의 *Religion in Geschichte und Gegenwart* (제4판)의 편집장이기도 했다. 미국 성서학회(SBL)의 회장(1997), 국제 성서학회(SNTS)의 회장(1999)을 역임했으며, 미국 예술과학 아카데미의 회원(2014-)이며, 미국 시카고 노회의 장로교 목사이다.

갈라디아서
갈라디아 교회에 보낸 바울의 편지에 대한 주석
알맹e 크리티카 성경 주석 시리즈

번역 한국신학연구소 번역실
편집 한국신학연구소 출판 편집국, 맹호성
표지 created by 맹호성 with helps from 김지호
p&e 내지 디자인 김지호

펴낸이 김진실, 맹호성
펴낸곳 알맹e
등록 제25100-2014-000047호(2014년 7월 25일)
주소 서울특별시 노원구 동일로 1700, 1031호 (파르코오피스텔) 01624
e우편 rmaenge@rmaeng2.com
웹집 rmaenge.com
얼굴책 facebook.com/rmaenge

PDF 전자책 발행 2023년 6월 17일
ISBN 9791191822359
정가 11,000원

종이책 발행 초판1쇄 양장제본 2023년 6월 17일
종이책 발행 초판2쇄 무선제본 2024년 3월 25일
ISBN 9791191822663
정가 36,800원

알맹e 크리티카 성경 주석

갈라디아서

갈라디아 교회에 보낸 바울의 편지에 대한 주석

한스 디터 벳츠 지음

한국신학연구소 번역실 옮김

알맹e

이 책은 1987년에 한국신학연구소에서 국제성서주석 시리즈 제37권으로 출간된 적이 있습니다. 이 한국어판은 한국신학연구소의 이용 허락을 받았으며, 이전 판을 스캔하여 그대로 출간하되, 이전 판에는 없던, 원서의 참고문헌과 색인을 추가하고, 본문에는 원서의 쪽수 정보를 추가하였습니다. 스캔한 원고는 OCR(광학문자인식) 처리를 했지만, PDF 전자책의 경우 검색 결과가 완벽하지 않을 수 있습니다.

표지: 이 책의 표지에 이용된 여러 색은 세계적인 명문 신학 출판사 Mohr Siebeck를 오마주하는 의미에서 가져왔습니다.

NEC DE POLITICA LIBERTATE AGIMUS,
SED DE ALIA QUADAM,
QUAM DIABOLUS MAXIME ODIT ET IMPUGNAT.
EA EST, QUA CHRISTUS NOS
LIBERAVIT, NON E SERVITUTE
ALIQUA HUMANA AUT VI
TYRANNORUM, SED IRA DEI AETERNA.
UBI? IN CONSCIENTIA.

Martin Luther,
In epistolam S. Pauli ad Galatas Commentarius
(1535 WA 40/2, p. 3)

우리는 정치적 자유가 아니라, 뭔가 다른 것에 관해 이야기하고 있다. 마귀가 가장 싫어하고 공격하는 것에 관해 말이다. 그것은 그리스도께서 우리를 어떤 다른 인간이나 독재자의 무력으로부터가 아니라 영원한 하나님의 진노 중에서 자유롭게 하셨음을 뜻한다. 어디에서? 양심에서.

마르틴 루터, 1535년판 갈라디아서 주석(한국어 번역: 김한원)

國際聖書註釋을 내면서

이번 韓國神學研究所에서는 한국 교회의 오랜 숙원이었던 건전한 신학에 근거한 성서 주석을 여러분에게 선보이게 되었읍니다.

본 주석서를 내게 된 동기는 성서에 대한 세밀한 것, 가령 단어 하나에 이르기까지 정확하게 알 수 있는 주석서의 결정판을 냄으로써 성서를 바르게 이해하려고 소원하는 한국의 많은 그리스도인들에게 보답하며, 특히 제목 설교의 풍조 아래서 성서를 앞세운다고 하면서도 실제로는 성서를 가장 등한시하는 경향이 지배하는 한국 강단의 잘못을 시정하고, 한국 교회에 하느님의 말씀이 올바르게 선포되도록 하려는 데 있읍니다.

國際聖書註釋이라고 이름붙인 것은 국제적으로 가장 정평있는 주석서를 선정한 이유도 있지만, 언제까지나 외국의 주석서에만 의존할 수는 없고 앞으로 이 주석 전집에 이어 한국 성서학자들의 독자적인 힘으로 이루어질 韓國聖書註釋의 출간을 전제하고 있기 때문입니다.

國際聖書註釋이 나오기까지에는 세계의 대표적인 성서학자들의 주석들 중에서 학문적으로 정평있는 주석들을 엄선한 한국의 신구약 성서 학자들의 노고와, 장래가 촉망되는 본 연구소 번역실 직원들의 의욕적인 번역, 그리고 이 일을 사명으로 아는 편집실 직원들의 수고가 있었읍니다.

이 주석 전집이 한국 성서학의 초석이 되며 한국 교회의 강단에 통일된 성서 지식을 전달하는 길잡이가 되기를 기원합니다.

韓國神學研究所 所長 

목차

서론

본문과 주석

略記表

〈구약성서〉

창세	창세기
출애	출애굽기
레위	레위기
민수	민수기
신명	신명기
여호	여호수아
판관	판관기
삼상	사무엘상
삼하	사무엘하
열상	열왕기상
열하	열왕기하
이사	이사야
예레	예레미야
에제	에제키엘
호세	호세아
요엘	요엘
아모	아모스
오바	오바디야
요나	요나
미가	미가
나훔	나훔
하바	하바꾹
스바	스바니야
하깨	하깨
즈가	즈가리야
말라	말라기
시편	시편
욥기	욥기
잠언	잠언
룻기	룻기
아가	아가
전도	전도서
애가	애가
다니	다니.
에스	에스델
에즈	에즈라
느혜	느헤미야
역상	역대기상
역하	역대기하
에스	에스델(그리스어)
유딧	유딧
토비	토비트
마상	마카베오상
마하	마카베오하
지혜	지혜서
집회	집회서
바룩	바룩서
예편	예레미야의 편지

〈신약성서〉

마태	마태오의 복음서
마르	마르코의 복음서
루가	루가의 복음서
요한	요한의 복음서
사도	사도행전
로마	로마인들에게 보낸 편지
고전	고린토인들에게 보낸 첫째 편지
고후	고린토인들에게 보낸 둘째 편지
갈라	갈라디아인들에게 보낸 편지
에페	에페소인들에게 보낸 편지
필립	필립비인들에게 보낸 편지
골로	골로사이인들에게 보낸 편지
데전	데살로니카인들에게 보낸 첫째 편지
데후	데살로니카인들에게 보낸 둘째.

	편지	야고	야고보의 편지
디전	디모데오에게 보낸 첫째 편지	베전	베드로의 첫째 편지
		베후	베드로의 둘째 편지
디후	디모데오에게 보낸 둘째 편지	요일	요한의 첫째 편지
		요이	요한의 둘째 편지
디도	디도에게 보낸 편지	요삼	요한의 세째 편지
필레	필레몬에게 보낸 편지	유다	유다의 편지
히브	히브리인들에게 보낸 편지	묵시	요한묵시록

〈약어표〉

이 책에 사용된 고대 문헌과 자료들의 약어표는 TDNT(Vol. 1. eds, G. Kittel and G. Friedrich; tr. G.W. Bromiley, Grand Rapids: Eerdmans, 1964) xvi—xi과 같다. 어떤 약어표들은 그것에서 직접 원용했으며 쉽게 알 수 있을 것이다. 그것에 덧붙여 다음의 목록을 첨부한다. 달리 지적하지 않은 한 헬라어와 라틴어 저자의 텍스트와 번역은 Loeb Classical Library에서 인용했다.

AAWLMG	Abhandlungen der Akademie der Wissenschaften und der Literatur in Mainz, Geistes-und sozialwissen-schaftliche Klasse
Abot R. Nat.	*'Abot de Rabbi Nathan*
ABR	*Australian Biblical Review*
Acts Thom.	*Acts of Thomas*
ADAI	Abhandlungen des deutschen archäologischen Instituts, Kairo
ADAIK	—Koptische Reihe
ad loc.	*ad locum*
Aeschylus	Aeschylus
Agam.	*Agamemnon*
Eum.	*Eumenides*
Sept.	*Septem contra Thebas*
AGJU	Arbeiten zur Geschichte des antiken Judentums und des Urchristentums
AGSU	Arbeiten zur Geschichte des Spätjudentums und Urchristentums
AGWGPH	Abhandlungen der (königlichen) Gesellschaft der Wissenschaften zu Göttingen, Philologisch-historische Klasse

AHAWPH	Abhandlungen der Heidelberger Akademie der Wissenschaften, Philosophisch-historische Klasse
ALGHJ	Arbeiten zur Literatur und Geschichte des hellenistischen Judentums
Ammonius	Ammonius(grammaticus Alexandrinus)
De adfinium voc. diff.	*De adfinium vocabularum differentia*
AnBib	Analecta Biblica
ANTT	Arbeiten zur neutestamentlichen Textforschung
2 *Apoc. Bar.*	*Syriac Apocalypse of Baruch*
Ap. Jas.	*Apocryphon of James*
Apoc. Mos.	*Apocalypse of Moses*
APOT	R.H. Charles, ed., *Apocrypha and Pseudepigrapha of the Old Testament*
Apuleius	Apuleius
Met.	*Metamorphoses*
Aristides	Aristides
Or.	*Orationes*
Aristotle	Aristotle
EN	*Ethica ad Nicomachum*
Magna Mor.	*Magna Moralia*
Pol.	*Politica*
Rhet.	*Rhetorica*
Artemidorus	Artemidorus
Oneirocr.	*Oneirocriticon*
ARW	*Archiv für Religionswissenschaft*
As. Mos.	*Assumptio Mosis*
ASNU	Acta seminarii neotestamentici upsaliensis
AT	Altes Testament
ATD	Das Alte Testament Deutsch
AThANT	Abhandlungen zur Theologie des Alten und Neuen Testaments
Athenagoras	Athenagoras
Leg.	*Legatio*
ATR	*Anglican Theological Review*

auth.	author
AV	Authorized Version of the Bible (King James Version)
Barn.	*Epistle of Barnabas*
BBB	Bonner Biblische Beiträge
b. Ber.	*Babylonian Talmud, Berakot*
BDF	F. Blass, A. Debrunner, and R. W. Funk. ***A Greek Grammar of the New Testament***(Chicago: University of Chicago, 1961)
BDR	F. Blass and A. Debrunner, ***Grammatik des neutestamentlichen Griechisch***(ed. F. Rehkopf; Göttingen: Vandenhoeck & Ruprecht, 1976)
BEvTH	Beiträge zur Evangelischen Theologie
BFCTh	Beiträge zur Förderung christlicher Theologie
BHH	*Biblisch-historisches Handwörterbuch*
BHTh	Beiträge zur historischen Theologie
bib.	bibliography
Bib	*Biblica*(Rome)
BibS(F)	Biblische Studien(Freiburg, 1985)
BJRL	*Bulletin of the John Rylands Library*
BK	Biblischer Kommentar
BKP	Beiträge zur klassischen Philologie
BNTC	Black's New Testament Commentaries
BR	*Biblical Research*
BT	Bibliotheca Teubneriana
BU	Biblische Untersuchungen
BWANT	Beiträge zur Wissenschaft vom Alten und Neuen Testament
BZ	*Biblische Zeitschrift*
BZAW	Zeitschrift für die alttestamentliche Wissenschaft, Beihefte
BZNW	Zeitschrift für die neutestamentliche Wissenschaft und die Kunde der älteren Kirche, Beihefte
c.	*circa*, approximately
CBQ	*Catholic Biblical Quarterly*
CChr	Corpus Christianorum
CD	Cairo(Genizah text of the) Damascus(Document)
cent.	century
cf.	*confer*, compare with
CG	(Codex)Cairensis Gnosticus

chap(s).	Chapter(s)
Cicero	Cicero
Amic.	*Laelius de amicitia*
De inv.	*De inventione*
De leg.	*De legibus*
De orat.	*De oratore*
Fin.	*De finibus*
Nat. deor.	*De natura deorum*
Off.	*De officiis*
Tusc.	*Tusculanae disputationes*
CII	*Corpus inscriptionum Iudaicarum*
CJT	*Canadian Journal of Theology*
1-2 *Clem.*	1-2 *Clement*
Clemens Alex.	Clement of Alexandria
Paed.	*Paedagogus*
Quis dives	*Quis dives salvetur*
Strom.	*Stromateis*
ClR	*Classical Review*
CMC	Codex Manichaicus Coloniensis(cf. the Introduction n. 28, below)
ConNT	*Coniectanea neotestamentica*
CNT	Commentaire du Nouveau Testament(Neuchâtel)
CNT(K)	Commentaar op het Nieuwe Testament(Kampen)
Corp. Herm.	*Corpus Hermeticum*
CSEL	Corpus scriptorum ecclesiasticorum latinorum
DACL	*Dictionnaire d'archéologie chrétienne et de liturgie*
DB	*Dictionnaire de la Bible*
DBSup	—*Supplément*
Demosthenes	Demosthenes
Exord.	*Exordia*
Or.	*Orationes*
Did.	*Didache*
Didasc. Apost.	*Didascalia Apostolorum*
Dio Chrys.	Dio Chrystom
Or.	*Orationes*
Diodorus Sic.	Diodorus of Sicily

Diog. Babyl.	Diogenes of Babylon
Diog.L.	Diogenes Laertius
Diogn.	*Epistle to Diognetus*
Dionysius Halic.	Dionysius of Halicarnassus
Disc. 8—9	Discourse on the Eighth and the Ninth
diss.	Dissertation
ed(s).	editor(s), edited by
e.g.	*exempli gratia*, for example
EKK	Evangelisch-katholischer Kommentar zum Neuen Testament
EKKV	—Vorarbeiten
Enc Jud	*Encyclopaedia Judaica*(1971)
I Enoch	*Ethiopic Enoch*
Ep.	*Epistula, Epistle*
Ep. Apost.	*Epistula Apostolorum*
Ep. Arist.	*Epistula Aristeas*
Eph Theol Lov	*Ephemerides theologicae Lovanienses*
Epigr. Graec.	*Epigrammata Graeca*, ed. Kaibel
Epiphanius	Epiphanius
Adv. haer.	*Adversus haereses*(*Panarion*)
Anaceph.	*Anacephalaiosis*
Ep. Pet.	*Epistula Petri*(ps.-Clementine)
EPRO	Etudes préliminaires aux religions orientales dans l'empire romain
esp.	especially
ET	English translation
et al.	*et alii*, and others
EtB	Etudes Bibliques
Euripides	Euripides
Andr.	*Andromeda*
Hec.	*Hecuba*
Iph. Aul.	*Iphigenia Aulidensis*
Iph. Taur.	*Iphigenia Taurica*
Med.	*Medea*
Or.	*Orestes*
Troad.	*Troades*
Eusebius	Eusebius
De eccles.	*De ecclesiastica theologia*

theol.	
H.E.	*Historia ecclesiastica*
Praep. ev.	*Praeparatio evangelica*
EvTh	*Evangelische Theologie*
Exc. ex Theod.	*Excerpta ex Theodoto*
Exeg. Soul	*Exegesis On the Soul*
Exp Tim	*Expository Times*
ff	(and the)following(pages)
FGH	*Die Fragmente der griechischen Historiker*, ed. Jacoby
Firmicus Maternus	Firmicus Maternus
De errore prof. rel.	*De errore profanarum religionum*
Frag.	Fragment
FRLANT	Forschungen zur Religion und Literatur des Alten und Neuen Testaments
GCS	Die griechischen christlichen Schriftsteller der ersten drei Jahrhunderte
Gen. Rab.	*Genesis Rabbah*
GGA	Göttingische gelehrte Anzeigen
Gnomon	*Gnomon*
Gnom. Vatic.	*Gnomologium Vaticanum*
Gos.	*Gospel of (the)*
Eg.	*Egyptians*
Heb.	*Hebrews*
Pet.	*Peter*
Phil.	*Philip*
Thom.	*Thomas*
Truth	*Truth*
HDR	Harvard Dissertations in Religion
Hermes	*Hermes: Zeitschrift für klassische Philologie*
Herm.	*Hermas*
Mand.	*Mandata*
Sim.	*Similitudines*
Vis.	*Visiones*
Hesiod	Hesiod
Erga	*Erga et dies*

Theog.	*Theogonia*
Hesperia	*Hesperia: Journal of the American School of Classical Studies at Athens*
Hesychius	Hesychius
Lex.	*Lexicon*
Hippolytus	Hippolytus
Ref.	*Refutatio omnium haeresium*
HKAW	Handbuch der klassischen Altertumswissenschaft
HKNT	Handkommentar zum Neuen Testament
HNT	Handbuce zum Neuen Testament
Homer	Homer
Il.	*Ilias*
HR	*History of Religions*
HThK	Herders theologischer Kommentar zum Neuen Testament
HTR	*Harvard Theological Review*
HTS	Harvard Theological Studies
HUCA	*Hebrew Union College Annual*
HUTh	Hermeneutische Untersuchungen zur Theologie
Hyp. Arch.	*Hypostasis of the Archons*
ICC	International Critical Commentary
IDB	*Interpreter's Dictionary of the Bible*
IDBSup	*—Supplementary Volume*
idem	the same(author)
i.e.	*id est*, that is
IEJ	*Israel Exploration Journal*
Ign.	Ignatius of Antioch, *Epistle to the*
Eph.	*Ephesians*
Mag.	*Magnesians*
Phld.	*Philiadelphians*
Rom.	*Romans*
Smyrn.	*Smyrnaeans*
Trall.	*Trallians*
IntB	*Interpreter's Bible*
Int	*Interpretation*
Irenaeus	Irenaeus
Adv. haer.	*Adversus haereses*
Isocrates	Isocrates

Antid.	*Antidosis*
Eir	*De pace*
Paneg.	*Panegyricus*
Philip.	*Ad Philippum*
Jos. et As.	*Joseph and Aseneth*
JAAR	*Journal of the American Academy of Religion*
JAC	Jahrbuch für Antike und Christentum
JB	*Jerusalem Bible*
JBL	*Journal of Biblical Literature*
JDS	Judean Desert Studies
JEA	*Journal of Egyptian Archaeology*
Jerome	Jerome
Vir inl.	*De viris illustribus*
JHS	*Journal of Hellenic Studies*
JJS	*Journal of Jewish Studies*
Jos.	Josephus
Ant.	*Antiquitates Judaicae*
BJ	*Bellum Judaicum*
C. Apion.	*Contra Apionem*
Vita	*Vita*
JQR	*Jewish Quarterly Review*
JR	*Journal of Religion*
JTC	*Journal for Theology and the Church*
JTS	*Journal of Theological Studies*
Jub.	*Jubilees*
Justin	Justin Martyr
Dial.	*Dialogus cum Tryphone*
Kairos	*Kairos: Zeitschrift für Religionswissenschaft und Theologie*
KD	*Kerygma und Dogma*
KEK	Kritisch-exegetischer Kommentar über das Neue Testament (Meyer)
KIT	Kleine Texte(für theologische und philologische Vorlesungen und Übungen)
KNT	Kommentar zum Neuen Testament
KP	*Der kleine Pauly*
LCL	The Loeb Classical Library

Lev. Rab.	*Leviticus Rabbah*
LSJ	Liddell-Scott-Jones, *Greek-English Lexicon*
Lucian	Lucian of Samosata
Abdic.	*Abdicatus*
Alexander	*Alexander sive pseudomantis*
Demon.	*Demonax*
Dial. mort.	*Dialogi mortuorum*
Eunuch.	*Eunuchus*
Hes.	*Hesiodus*
Merc. cond.	*De mercede conductis*
Nigr.	*Nigrinus*
Philops.	*Philopseudes*
Prom. es in verb.	*Prometheus es in verbis*
Revivesc.	*Revivescentes*
Rhet. praec.	*Rhetorum praeceptor*
Vit. auct.	*Vitarum auctio*
LXX	Septuaginta
MAMA	*Monumenta Asiae Minoris Antiqua*
Mart. Polyc.	*Martyrdom of Polycarp*
Maximus Tyr.	Maximus of Tyre
Diss.	*Dissertationes*
Mek. Exod.	*Mekilta Exodus*
Menander	Menander
Comp.	*Comparationes*
Pap.	*Papyri*
Sent.	*Sententiae*
MGWJ	*Monatsschrift für Geschichte und Wissenschaft des Judentums*
MH	*Museum Helveticum*
Midr.	*Midraš*
Cant	*Canticles*
Ps	*Psalms*
Qoh	*Qohelet*
MNTC	Moffatt New Testament Commentary
m. Sanh.	*Mišnah Sanhedrin*
MT	Masoretic(Hebrew) Text

MThS	Münchner theologische Studien
MThZ	Münchener theologische Zeitschrift
n.	note
n.d.	no date
NEB	*New English Bible*
NF	Neue Folge, new series
NHC	*Nag Hammadi Codices*
NHS	Nag Hammadi Studies
NICNT	New International Commentary on the New Testament
NKZ	*New Kirchliche Zeitschrift*
no(s).	number(s)
Nov T	*Novum Testamentum*
Nov TSup	—Supplements
NPNF	Nicene and Post-Nicene Fathers
NRTh	*La Nouvelle revue théologique*
NS	New Series
NT	New Testament, *Neues Testament*
NTAbh	Neutestamentliche Abhandlungen
NTD	Das Neue Testament Deutsch
NTS	*New Testament Studies*
Odes Sol.	*Odes of Solomon*
OLZ	*Orientalistische Literaturzeitung*
op. cit.	*opere citato*, in the work cited
Orac. Sib.	*Sibylline Oracles*
OT	Old Testament
Ovid	Ovid
Ars am.	*Ars amatoria*
p.	Palestinian Talmud
p(p).	page(s)
Pap.	Papyrus
Flind.	Flinders Petrie
Petr.	
Mich.	Michigan
par.	parallel(s)
passim	in various places
PECL	*Plutarch's Theological Writings and Early Christian Literature*(ed. Hans Dieter Betz; SCHNT 3; Leiden.

	Brill, 1975)
Pesiq. R.	*Pesiqta Rabbati*
Petronius	Petronius
Sat.	*Satyricon*
PG	*Patrologiae cursus completus. Accurante Jacques-Paul Migne. Series Graeca.*
PGL	*Patristic Greek Lexicon*(ed. G.W.H. Lampe; Oxford: Clarendon, 1968)
PGM	*Papyri graecae magicae* (ed. Karl Preisendanz, new ed. Albert Henrichs; 2 vols.; Stuttgart: Teubner, 1973—74)
Philologus	*Philologus, Supplementband*
Philo	Philo of Alexandria
Abr.	*De Abrahamo*
Agr.	*De agricultura*
Cher.	*De cherubim*
Conf.	*De confusione linguarum*
Cong.	*De congressu eruditionis gratia*
Cont.	*De vita contemplativa*
Decal.	*De decalogo*
Det.	*Quod deterius potiori insidiari soleat*
Deus	*Quod deus sit immutabilis*
Ebr.	*De ebrietate*
	Flacc. In Flaccum
Fug.	*De fuga et inventione*
Gig.	*De gigantibus*
Her.	*Quis rerum divinarum heres sit*
Jos.	*De Josepho*
L.A.	*Legum allegoriarum libri*
Leg. Gai.	*De legatione ad Gaium*
Mig.	*De migratione Abrahami*
Mos.	*De vita Mosis*
Mut.	*De mutatione nominum*
Op.	*De opificio mundi*
Plant.	*De plantatione*
Post.	*De posteritate Caini*
Praem.	*De praemiis et poenis*
Prob.	*Quod omnis probus liber sit*

Q. Ex.	*Quaestiones in Exodum*
Q. Gen.	*Quaestiones in Genesin*
Sacr.	*De sacrificiis Abelis et Caini*
Somn.	*De somniis*
Spec.	*De specialibus legibus*
Virt.	*De virtutibus*
Philostratus	Philostratus
Vita Apoll.	*Vita Apollonii*
Pindar	Pindar
Ol.	*Olympian Odes*
pl.	plural
PL	*Patrologiae cursus completus. Accurante Jacques-Paul Migne. Series Latina*
Plato	Plato
Apol.	*Apologia*
Ep.	*Epistulae*
Euthyd.	*Euthydemus*
Euthyph.	*Euthyhro*
Corg.	*Gorgias*
Leg.	*Leges*
Lys.	*Lysis*
Men.	*Meno*
Phaedr.	*Phaedrus*
Phileb.	*Philebus*
Polit.	*Politicus*
Prot.	*Protagoras*
Rep.	*Respublica*
Soph.	*Sophista*
Theaet.	*Theaetetus*
Tim.	*Timaeus*
Plautus	Plautus
Cas.	*Casina*
Mercat.	*Mercator*
Plutarch	Plutarch of Chaironeia
Adulat.	*Quomodo adulator ab amico internoscatur*
Adv. Colot.	*Adversus Colotem*
Aem. Paul	*Aemilius Paulus*

Alcib.	*Alcibiades*
Alex.	*Alexander*
Alex. magni fort.	*De Alexandri magni fortuna aut virtute*
Amic. mult.	*De amicorum multitudine*
An recte dictum	*An recte dictum sit latenter esse vivendum*
An vitiositas	*An vitiositas ad infelicitatem sufficiat*
Apophth.	*Apophthegmata regum et imperatorum*
Aquane an ignis	*Aquane an ignis sit utilior*
Aud.	*De recta ratione audiendi*
Cohib. ira	*De cohibenda ira*
Cup. div.	*De cupiditate divitiarum*
Defect. orac.	*De defectu oraculorum*
Fort. Rom.	*De fortuna Romanorum*
Frat. am.	*De fraterno amore*
Gen. Socr.	*De genio Socratis*
Glor. Athen.	*De gloria Atheniensium*
Herod. malig.	*De Herodoti malignitate*
Invid. et od.	*De invidia et otio*
Is. et Osir.	*De Iside et Osiride*
Laud. ips.	*De se ipsum citra invidiam laudando*
Lib educ.	*De liberis educandis*
Mor.	*Moralia*
Mul. Virt.	*Mulierum virtutes*
Non posse	*Non posse suaviter vivi secundum Epicurum*
Pyrrh.	*Pyrrhus*
Praec. coniug.	*Coniugalia praecepta*
Praec. gerend.	*Praecepta gerendae reipublicae*
Prof. virt.	*Quomodo quis suos in virtute sentiat sentiat profectus*
Quaest. conv.	*Quaestiones convivalium*
Quaest. Gr.	*Quaestiones Graecae*
Quaest. Rom.	*Quaestiones Romanae*
Sera num.	*De sera numinis vindicta*
Superst.	*De superstitione*

Them.	*Themistocles*
Virt. et vit.	*De virtute et vitio*
Pol.	Polycarp
Phil.	*Epistle to the Philippians*
Porphyry	Porphyry
De abst.	*De abstinentia*
Prot. Jas.	*Protevangelium of James*
ps.-Aris.	pseudo-Aristotle
Rhet. ad Alex.	*Rhetorica ad Alexandrum*
ps.-Clem.	pseudo-Clementine
Hom.	*Homilies*
Recog.	*Recognitions*
ps.-Demetrius	pseudo-Demetrius
de eloc.	*De elocutione*
ps.-Libanius	pseudo-Libanius
Charact. Epistul.	*De charactere epistularum*
ps.-Longinus	preudo-Longinus
De subl.	*De sublimitate*
ps.-Phocylides	pseudo-Phocylides
Sent.	*Sententiae*
ps.-Plato	pseudo-Plato
Alcib.	*Alcibiades*
ps.-Tertullian	pseudo-Tertullian
Adv. omn. haer.	*Adversus omnes haereses*
Pss. Sol.	*Psalms of Solomon*
PVTG	Pseudepigrapha Veteris Testamenti graece
PW	Pauly-Wissowa, *Real-'Encyclopädie der classischen Alterthumswissenschaft*
PWSup	—Supplement
Q	Qumran documents
IQH	*Hôdāyôt(Thanksgiving Hymns)*
IQM	*Milhāmāh(War Scroll)*
IQpHab	*Pesher on Habbakuk*
IQpNah	*Pesher on Nahum*
IQS	*Serek hayyahad(Rule of the Community, Manual of*

	Discipline)
IQSa	—*Appendix A*
Quint.	Quintilian
	Institutio oratoria
RAC	*Reallexikon für Antike und Christentum*
RB	*Revue biblique*
RechSR	*Recherches de science religieuse*
REG	*Revue des études grecques*
rep.	reprinted
RGG$^{1-3}$	*Die Religion in Geschichte und Gegenwart*
Rhet. ad Her.	*Rhetorica ad Herennium*
RHPhR	*Revue d'histoire et de philosophie religieuse*
RhM	*Rheinisches Museum für Philologie*
RSV	*Revised Standard Version* of the Bible
RThom	*Revue thomiste*
RVV	Religionsgeschichtliche Versuche und Vorarbeiten
Šabb.	Šabbat
Sam. Targ.	*Samaritan Targum*
SANT	Studien zum Alten und Neuen Testament
SB	Sources bibliques
SBL	Society of Biblical Literature
SBLDS	—Dissertation Series
SBLMS	—Monograph Series
SBLSBS	—Sources for Biblical Study
SBLSCS	—Septuagint and Cognate Studies
SBM	Stuttgarter biblische Monographien
SBS	Stuttgarter Bibelstudien
SBT	Studies in Biblical Theology
sc.	*scilicet*, namely
SC	Sources chrétiennes
SCHNT	Studia ad Corpus Hellenisticum Novi Testamenti
SEA	*Svensk exegetisk arsbok*
Sextus	Sextus
Sent.	*Sententiae*
SGDI	*Sammlung der griechischen Dialekt-Inschriften*, ed. Collitz
Sipre Num	*Sipre Numeri*

SJTh	*Scottish Journal of Theology*
SJThOP	*—Occasional Papers*
SNTSMS	Society for New Testament Studies Monograph Series
SO	Symbolae osloenses
Sophocles	Sophocles
Oed. col.	*Oedipus coloneus*
Sota	*Sota*
Statius	Satius
Theb.	*Thebais*
STDJ	Studies on the Texts of the Desert of Judah
StJud	Studia Judaica
STK	*Svensk Theologisk Kvartalskrift*
StNT	Studien zum Neuen Testament
Stobaeus	Stobaeus
Ecl.	*Eclogae*
StPB	Studia post-biblica
Str-B	[H. Strack and] P. Billerbeck, *Kommentar zum Neuen Testament aus Talmud und Midrasch*
StTh	*Studia Theologica*
SUNT	Studien zur Umwelt des Neuen Testaments
s.v.	*sub verbo* or *sub voce*, under the word(entry)
SVF	*Stoicorum Veterum Fragmenta*, ed. von Arnim
t.	Tosepta
TBAW	Tübinger Beiträge zur Altertumswissenschaft
TDNT	*Theological Dictionary of the New Testament*(eds. Gerhard Kittel and Gerhard Friedrich; tr. Geoffrey W. Bromiley; 10 vols; Grand Rapids: Eerdmans, 1964—76)
Tertullian	Tertullian
Adv. Marc.	*Adversus Marcionem*
TextsS	Texts and Studies
Tg.	*Targum*
Is.	*of Isaiah*
Ps.-J	*of pseudo-Jonathan*
Yer. I & II	*Yerušalmi* I & II
Theo-phrastus	Theophrastus
Char.	*Characteres*
De eloc.	*De elocutione*

ThExh	Theologische Existenz heute
ThF	Theologische Forschungen
ThHK	Theologischer Handkommentar zum Neuen Testament
ThLZ	*Theologische Literaturzeitung*
Thom. Cont.	*Thomass the Contender*
ThQ	*Theologische Quartalschrift*
ThR	*Theologische Rundschau*
ThViat	*Theologia Viatorum*
ThZ	*Theologische Zeitschrift*(Basel)
T. XII	*Testamenta XII Patriarcharum*
Jos.	*Joseph*
t.r.	*textus receptus*
tr.	translation, translated by
Treat. Res.	*Treatise on the Resurrection*
Tri. Trac.	*Tripartite Tractate*
TThSt	Trierer Theologische Studien
TThZ	*Trierer Theologische Zeitschrift*
TU	Texte und Untersuchungen zur Geschichte der altchristlichen Literatur
TWAT	*Theologisches Wörterbuch zum Alten Testament*(eds. G. Johannes Botterweck and Helmer Ringgren; Stuttgart Kohlhammer, 1970)
UNT	Untersuchungen zum Neuen Testament
v(v)	verse(s)
VD	*Verbum Domini*
VF	*Verkündigung und Forschung*
Vg	Vulgate
VigChr	*Vigiliae Christianae*
viz.	*videlicet*, that is to say
v.l.	*variae lectiones*, variant readings
VL	*Vetus Latina*
VT	*Vetus Testamentum*
WA	Martin Luther, Kritische Gesamtausgabe ("Weimarer" Ausgabe)
WMANT	Wissenschaftliche Mongraphien zum Alten und Neuen Testament
WuD	*Wort und Dienst*

WUNT	Wissenschaftliche Untersuchungen zum Neuen Testament
Xenophon	Xenophon
Anab.	*Anabasis*
Cyr.	*Cyropaedia*
Laced.	*Respublica Lacedaemoniorum*
Mem.	*Memorabilia*
y.	Jerusalem Talmud
YCS	Yale Classical Studies
YJS	Yale Judaica Series
ZAW	*Zeitschrift für die alttestamentliche Wissenschaft*
ZDPV	*Zeitschrift des deutschen Palästina-Vereins*
ZKG	*Zeitschrift für Kirchengeschichte*
ZKTh	*Zeitschrift für katholische Theologie*
ZNW	*Zeitschrift für die neutestamentliche Wissenschaft und die Kunde der älteren Kirche*
ZPE	*Zeitschrift für Papyrologie und Epigraphik*
ZRGG	*Zeitschrift für Religions-und Geistesgeschichte*
ZSTh	*Zeitschrift für systematische Theologie*
ZThK	*Zeitschrift für Theologie und Kirche*
ZWTh	*Zeitschrift für wissenschaftliche Theologie*

〈빈번하게 인용되는 주석서, 연구서, 논문들〉

갈라디아서의 주석에 관한 몇몇 기본적인 참고자료들은 저자 이름만을 인용한다. 처음 인용할 때만 완전한 형식을 갖추고 그 이후에는 짧은 제목만 부가할 것이다.

Aland, *Greek New Testament*=Kurt Aland, *et al.*, *The Greek New Testament* (Stuttgart: Württembergische Bibelgesellschaft, 1966).

Almqvist *Plutarch*=Helge Almqvist, *Plutarch und das Neue Testament* (ASNU 15 ; Uppsala: Almqvist & Wiksell, 1946).

Barnikol, *Zeit des Paulus*=Ernst Barnikol, *Die vor-und frühchristliche Zeit des Paulus*(Kiel: Mühlau, 1929).

Barrett, "Paul and the 'Pillar' Apostles"=C.K. Barrett, "Paul and the 'Pillar' Apostles" in *Studia Paulina in Honorem J. de Zwaan*(Haarlem: Bohn, 1953).

Bauer=W. Bauer, W.F. Arndt, and F.W. Gingrich, *Greek-English Lexicon of the New Testament and Other Early Christian Literature.*

Bauer, *Orthodoxy and Heresy*=Walter Bauer, *Orthodoxy and Heresy in Earliest Christianity*(eds. Robert Kraft and Gerhard Krodel; Philadelphia: Fortress, 1971).

Betz, "Composition"=Hans Dieter Betz, "The Literary Composition and Function of Paul's Letter to the Galatians," *NTS*21 (1975) 353—79.

Betz, "2 Cor 6 : 14—7 : 1"=Hans Dieter Betz, "2 Cor 6 : 14—7 : 1 : An Anti-Pauline Fragment?" *JBL* 92(1973)88—108.

Betz, *Lukian*=Hans Dieter Betz, *Lukian von Samosata und das Neue Testament*(TU 76 ; Berlin: Akademie-Verlag, 1961).

Betz, *Nachfolge*=Hans Dieter Betz, *Nachfolge und Nachahmung Jesu Christi im Neuen Testamt*(BHTh 37 ; Tübingen: Mohr, Siebeck, 1967).

Betz, *Paulus*=Hans Dieter Betz, *Der Apostel Paulus und die sokratische Tradition*(BHTh45 ; Tübingen: Mohr, Siebeck, 1972).

Betz, "Spirit, Freedom, and Law"=Hans Dièter Betz, "Spirit, Freedom, and Law: Paul's Message to the Galatian Churches," *SEA* 39(1974)145—60.

Beyer=Wolfgang Beyer, *Der Brief an die Galater*, rev. Paul Althaus (NTD8 ; Göttingen: Vandenhoeck and Ruprecht, [8]1962).

Blank, *Paulus und Jesus*=Josef Blank, *Paulus und Jesus: Eine theologische Grundlegung*(SANT 18 ; Munich: Kösel, 1968).

Bligh=John Bligh, *Galatians: A Discussion of St. Paul's Epistle*(Householder Commentaries 1 ; London: St. Paul, 1969).

Bohnenblust, *Beiträge*=Gottfried Bohnenblust, *Beiträge zum Topos ΠΕΡΙ ΦΙΛΙΑΣ*(Diss. Bern; Berlin: Schade. 1905).

Bonnard=Pierre Bonnard, *L'épître de Saint Paul aux Galates*(CNT 9 ; Neuchâtel and Paris: Delachaux & Niestlé, 1953, [2]1972).

Bornkamm, *Paul*=Günther Bornkamm, *Paul* (tr. D. M. G. Stalker; New York: Harper & Row, 1971).

Bornkamm, *Studien*=Günther Bornkamm. *Studien zu Antike und Urchristentum;* vol. 2 of his *Gesammelte Aufsätze*(BEvTh 28 ; Munich: Kaiser, 1959).

Borse, *Standort*=Udo Borse, *Der Standort des Galaterbriefes*(BBB 41 ; Bonn: Hanstein, 1972).

Bousset=Wilhelm Bousset, "Der Brief an die Galater," in *Die Schriften des Neuen Testaments*(Göttingen: Vandenhoeck & Ruprecht, [2]1908)2. 28—72.

Bousset, *Kyrios Christos*=Wilhelm Bousset, *Kyrios Christos: A History of the Belief in Christ from the Beginning of Christianity to Irenaeus* (tr. John E. Steely; Nashville and New York: Abingdon, 1970).

Bousset-Gressmann, *Religion*＝Wilhelm Bousset, *Die Religion des Judentums im späthellenistischen Zeitalter*(ed. Hugo Gressmann; HNT 21; Tübingen: Mohr, Siebeck, [4]1966).

Brandenburger, *Fleisch und Geist*＝Egon Brandenburger, *Fleisch und Geist: Paulus und die dualistische Weisheit*(WMANT 29; Neukirchen-Vluyn: Neukirchener Verlag, 1968).

Braun, *Qumran*＝Herbert Braun, *Qumran und das Neue Testament*(2 vols.; Tübingen: Mohr, Siebeck, 1966).

Braun, *Radikalismus*＝Herbert Braun, *Spätjüdisch-häretischer und früh christlicher Radikalismus*(2 vols.; BHTh 24; Tübingen: Mohr, Siebeck, 1957, [2]1969).

Braun, *Studien*＝Herbert Braun, *Gesammelte Studien zum Neuen Testament und seiner Umwelt* (Tübingen: Mohr, Siebeck, 1962, [2]1967).

Bring＝Ragnar Bring, *Commentary on Galatians*(tr. Eric Wahlstrom; Philadelphia: Muhlenberg, 1961).

Brun, *Segen und Fluch*＝Lyder Brun, *Segen und Fluch im Christentum* (Skriften utgitt av det Norske Videnskaps-Akademi i Oslo, Ⅱ, Hist-Filos. Klasse 1932. 1. [Oslo 1932]).

Brun and Fridrichsen, *Paulus*＝Lyder Brun and Anton Fridrichsen, *Paulus und die Urgemeinde*(Giessen: Töpelmann, 1921).

Bultmann, *Exegetica*＝Rudolf Bultmann, *Exegetica*(ed. Erich Dinkler, Tübingen: Mohr, Siebeck, 1967).

Bultmann. *John*＝Rudolf Bultmann, *The Gospel of John: A Commentary* (tr. G.R. Beasley-Murray; Oxford: Blackwell, 1971).

Bultmann, *Stil*＝Rudolf Bultmann, *Der Stil der paulinischen Predigt und die kynisch-stoische Diatribe* FRLANT 13; Göttingen: Vandenhoeck & Ruprecht, 1910).

Bultmann, *Theology*＝Rudolf Bultmann, *Theology of the New Testament* (2 vols.; tr. Kendrick Grobel; London: SCM; New York: Scribner's, 1951—55).

Burchard, *Der dreizehnte Zeuge*＝Christoph Burchard, *Der dreizehnte Zeuge* (FRLANT 103; Göttingen: Vandenhoeck & Ruprecht, 1970).

Burton＝Ernest de Witt Burton, *A Critical and Exegetical Commentary on the Epistle to the Galatians*(ICC; New York: Scribner's, 1920).

Chadwick, *Sextus*＝Henry Chadwick, *The Sentences of Sextus: A Contribution to the Early Christian History of Ethics*(Cambridge: Cambridge University, 1959).

Conzelmann, *Aposteleschichte*=Hans Conzelmann, *Die Apostelgeschichte* (HNT 7 ; Tübingen: Mohr, Siebeck, [2]1972).

Conzelmann, *Outline*=Hans Conzelmann, *An Outline of the Theology of the New Testament*(tr. John Bowden; London: SCM, 1969).

Conzelmann, *I Corinthians*=Hans Conzelmann. *I Corinthians*(tr. James W. Leitch; ed. George W. MacRae; Hermeneia; Philadelphia: Fortress, 1975).

Cullmann, *Christology*=Oscar Cullmann, *The Christology of the New Testament*(tr. Shirley C. Guthrie and Charles A.M. Hall; Philadelphia: Westminster, [2]1963).

Cullmann, *Peter*=Oscar Cullmann, *Peter: Disciple. Apostle, Martyr* (Philadelphia: Westminster, 1962).

Dahl, "The Atonement"=Nils A. Dahl, "The Atonement—An Adequate Reward for the Akedah" in his *The Crucified Messiah and Other Essays*(Minneapolis: Augsburg, 1974).

Dahl, "Widersprüche"=Nils A. Dahl, "Widersprüche in der Bibel, ein altes hermeneutisches Problem," *StTh* 25(1971) 1—19.

Daube, *NT and Rabbinic Judaism*=David Daube, *The New Testament and Rabbinic Judaism*(London: Athlone, 1956).

Davies, *Gopel...Land*=W.D. Davies, *The Gospel and the Land*(Berkeley: University of California, 1974).

Davies, *Paul and Rabbinic Judaism*=W.D. Davies, *Paul and Rabbinic Judaism*(London: SPCK, [2]1955).

Davies, *Sermon on the Mount*=W.D. Davies, *The Setting of the Sermon on the Mount*(Cambridge: Cambridge University, 1966).

Deissmann, *Licht vom Osten*=Adolf Deissmann, *Licht vom Osten*(Tübingen: Mohr, Siebeck, [4]1923).

Dibelius-Greeven, *James*=Martin Dibelius, *James: A Commentary on the Epistle of James*(rev. Heinrich Greeven; tr. Michael A. Williams; Hermeneia; Philadelphia: Fortress, 1976).

Dieterich, *Mithrasliturgie*=Albrecht Dieterich, *Eine Mithrasliturgie* (Darmstadt: Wissenschaftliche Buchgesellschaft, 1966).

Dinkler, *Signum Crucis*=Erich Dinkler, *Signum Crucis: Aufsätze zum Neuen Testament und zur christlichen Archäologie*(Tübingen: Mohr, Siebeck, 1967).

Eckert, *Die urchristliche Verkündigung*=Jost Eckert, *Die urchristliche Verkündigung im Streit zwischen Paulus und seinen Gegnern nach dem Galaterbrief*(Münchener Universitäts-Schriften, Katholisch-theologische Fakultät; Regensburg: Pustet, 1971).

Elbogen, *Gottesdienst*=Ismar Elbogen, *Der jüdische Gottesdienst in seiner geschitlichen Entwicklung*(Leipzig: Fock, 1913).

Fitzmyer, *Essays*=Joseph A. Fitzmyer, *Essays on the Semitic Background of the New Testament*)London: Chapman, 1971).

Foerster-Wilson, *Gnosis*=Werner Foerster, *Gnosis: A Selection of Gnostic Texts*(2 vols; ed. Robert McL. Wilson; Oxford: Clarendon, 1972, 1974)

Furnish, *Theology and Ethics*=Victor P. Furnish, *Theology and Ethics in Paul*(Nashville and New York: Abingdon, 1968).

Georgi, *Kollekte*=Dieter Georgi, *Die Geschichte der Kollekte des Paulus für Jerusalem*(ThF 38 ; Hamburg-Bergstedt: Reich, 1965).

Gerhard, *Phoinix*=Gustav Adolf Gerhard. *Phoinix von Kolophon*(Leipzig and Berlin: Teubner, 1909).

Goodenough, *By Light, Light*=Erwin R. Goodenough, *By Light, Light: The Mystic Gospel of Hellenistic Judaism*(New Haven: Yale University, 1935).

Griffiths, *Apuleius of Madauros*=John G. Griffiths, *Apuleius of Madauros: The Isis-Book*(*Metamorphoses, Book XI*) (EPRO 39 ; Leiden: Brill, 1975).

Griffiths, *Plutarch*=John G. Griffiths, *Plutarch: De Iside et Osiride* (Cambridge: University of Wales, 1970).

Guthrie, *Sophists*=W.K.G. Guthrie *The Sophists*(Cambridge: Cambridge University, 1971).

Güttgemanns, *Apostel*=Erhard Güttgemanns, *Der leidende Apostel und sein Herr*(FRLANT 90 ; Göttingen: Vandenhoeck & Ruprecht, 1966).

Hadot, *Seelenleitug*=Ilsetraut Hadot, *Seneca und die griechisch-römische Tradition der Seelenleitung*(Berlin: de Gruyter, 1969).

Haenchen, *Acts*=Ernst Haenchen, *The Acts of the Apostles*(tr. Bernard Noble *et al.*; Philadelphia: Westminster, 1971).

Harnack, *Marcion*=Adolf von Harnack, *Marcion: Das Evangelium vom fremden Gott. Neue Studien zu Marcion*(Darmstadt: Wissenschaftliche Buchgesellschaft, 1960).

Heinemann, *Philons Bildung*=Isaak Heinemann, *Philons griechische und jüdische Bildung: Kulturvergleichende Untersuchungen zu Philons Darstellung der jüdischen Gesetze*(Hldesheim: Olms 1962).

Hengel, *Judaism and Hellenism*=Martin Hengel, *Judaism and Hellenism* (2 vols.; tr. John Bowden; Philadelphia: Fortress, 1974).

Henrichs and Koenen, "Mani-Codex"=Albert Henrichs and Ludwig Koenen, "Ein griechischer Mani-Codex(P. Colon. inv. nr. 4780)," *ZPE* 5 (1970) 97—216.

Hilgenfeld=Adolf Hilgenfeld, *Der Galaterbrief übersetzt, in seinen geschichtlichen Beziehungen untersucht und erklärt*(Leipzig: Breitkopf & Härtel, 1852).

Holl, *Gesammelte Aufsätze*=Karl Holl, *Gesammelte Aufsätze zur Kirchengeschichte* (Darmstadt: Wissenschaftliche Buchgesellschaft, 1964).

HSW, *NT Apocrypha*=*New Testament Apocrypha*, ed. Edgar Hennecke, rev. Wilhelm Schneemelcher, tr. ed. Robert McL. Wilson(2 vols; London: Lutterworth; Philadelphia: Westminster, 1963—65).

G. Jeremias, *Lehrer der Gerechtigkeit*=Gert Jeremias, *Der Lehrer der Gerrechtigkeit*(SUNT 2; Göttingen: Vandenhoeck & Ruprecht, 1963).

Jeremias, *Abba*=Joachim Jeremias, *Abba: Studien zur neutestamentlichen Theologie und Zeitgeschichte*(Göttingen: Vandenhoeck & Ruprecht, 1966).

Jewett, "Agitators"=Robert Jewett, "The Agitators and the Galatian Congregation," *NTS* 17 (1971) 198—212.

Jewett, *Palul's Anthropological Terms*=Robert Jewett, *Paul's Anthropological Terms: A Study of Their Use in Conflict Settings*(AGJU 10; Leiden: Brill, 1971).

Jonas, *Gnosis*=Hans Jonas, *Gnosis und spätantiker Geist*(FRLANT NF 33; Göttingen: Vandenhoeck & Ruprecht, [3]1964).

Jonas, *Gnostic Religion*=Hans Jonas, *The Gnostic Religion* (Boston: Beacon, [2]1963).

Jones, *Cities*=Arnold H.M. Jones, *Cities of the Eastern Roman Provinces* (Oxford: Clarendon, [2]1971).

Käsemann, *Perspectives*=Ernst Käsemann, *Perspectives on Paul*(tr. Margaret Kohl; Philadelphia: Fortress, 1971).

Käsemann, *Römer*=Ernst Käsemann, *An die Römer* (HNT 8a; Tübingen: Mohr, Siebeck, 1973, [3]1974).

Kautzsch, *De Veteris Testamenti Locis*=Aemilius F. Kautzsch, *De Veteris Testamenti Locis a Paulo Apostolo Allegatis: Dissertatio Critica* (Leipzig: Metzger & Wittig, 1869).

Kertelge, *"Rechtfertigung"*=Karl Kertelge, *"Rechtfertigung" bei Paulus* (NTAbh NF 3; Münster: Aschendorff, 1967).

Klein, *Rekonstruktion*=Günter Klein, *Rekonstruktion und Interpretation: Gesammelte Aufsätze zum Neuen Testament*(BEvTh 50 ; Munich: Kaiser, 1969).

Knox=John Knox, "Galatians, Letter to the," *IDB* (1962) 2.338—43.

Koskenniemi, *Studien*=Heikki Koskenniemi, Studien *zur Idee und Phraseologie des griechischen Briefes bis* 400*n. Chr.*(Annales Academiae Scientiarum Fennicae; Ser. B; vol. 102.2 ; Helsinki: Suomalaisen Kirjallisuuden Kerjapaino, 1956).

Kramer, *Christ, Lord, Son of God*=Werner Kramer, *Christ, Lord, Son of God*(tr. Brian Hardy; SBT 1.50 ; London: SCM, 1966).

Kümmel, *Introduction*=Werner Georg Kümmel, *Introduction to the New Testament*(Nashville: Abingdon, 1975).

Kuss. *Römerbrief*=Otto Kuss, *Der Römerbrief*(2 Lieferungen [Rom 1 : 1—8 : 19] ; Regensburg: Pustet, 1957. 1959).

Lagrange=Marie-Joseph Lagrange, *Saint Paul, Epître aux Galates*(Paris: Librairie Lecoffre, J. Gabalda, 1918, [2]1925).

Lausberg, *Handbuch*=Heinrich Lausberg, *Handbuch der literarischen Rhetorik*(2 vols.; Munich: Hueber, 1960).

Lietzmann=Hans Lietzmann, *An die Galater*(HNT 10 ; Tübingen: Mohr, Siebeck, 1910, [2]1923, [4]1971).

Lietzmann, *Römer*=Hans Lietzmann, *An die Römer*(HNT 8 ; Tübingen: Mohr, Siebeck, [5]1971).

Lightfoot=Joseph Barber Lightfoot, *Saint Paul's Epistle to the Galatians* (London: Macmillan, 1865, [10]1890).

Lipsius=Richard Adelbert Lipsius, *Briefe an die Galater, Römer, Philipper* (Freiburg: Mohr, Siebeck, [2]1892).

Lohse, *Colossians and Philemon*=Eduard Lohse, *Colossians and Philemon: A Commentary on the Epistles to the Colossians and to Philemon*(tr. William R. Poehlmann and Robert J. Karris; ed. Helmut Koester; Hermeneia; Philadelphia: Fortress, 1971).

Loisy=Alfred Loisy, *L'épître aux Galates*(Paris: Nourry, 1916).

Löning, *Saulustradition*=Karl Löning, *Die Saulustradition in der Apostelgeschichte*(NF 9 ; Münster: Aschendorff, 1973).

Lührmann; *Offenbarungsverständnis*=Dieter Lührmann, *Das Offenbarungsverständnis bei Paulus und in paulinischen Gemeinden*(WMANT 16 ; Neukirchen-Vluyn: Neukirchener Verlag, 1965).

Lütgert, *Gesetz und Geist*=Wilhelm Lütgert, *Gesetz und Geist: Eine*

Untersuchung zur Vorgescichte des Galaterbriefs(BFCTh 22.6 ; Gütersloh: Bertelsmann, 1919).

Luz, *Geschichtsverständnis*=Ulrich Luz, *Das Geschichtsverständnis des Paulus*(BEvTh 49 ; Munich: Kaiser, 1968).

Lyonnet=Stanislas Lyonnet, *Les Epîtres de Saint Paul aux Galates, aux Romains*(Paris: Cerf, 1953).

Magie *Roman Rule*=David Magie, *Roman Rule in Asia Minor*(Princeton: Princeton University, [2]1971).

Martin, *Rhetorik*=Josef Martin, *Antike Rhetorik: Technik und Methode* (HKAW 2.3 ; Munich: Beck, 1974).

Mayser, *Grammatik*=Edwin Mayser, *Grammatik der griechischen Papyri aus der Ptolemäerzeit*(2 vols.; Berlin: de Gruyter, [2]1970).

Metzger, *Textual Commentary*=Bruce M. Metzger. *A Textual Commentary on the Greek New Testament*(London and New York; United Bible Societies, 1971).

Michel, *Paulus*=Otto Michel, *Paulus und seine Bibel*(BFCTh 2. 18 ; Gütersloh; Bertelsmann, 1929 ; rep. Darmstadt: Wissenschaftliche Buchgesellschaft, 1972).

Mitteis-Wilcken, *Papyruskunde*=Ludwig Mitteis and Ulrich Wilcken, *Grundzüge und Chrestomathie der Papyruskunde*(rep. Hildesheim: Olms, 1963).

Molland, *Euangelion*=Einar Molland, *Das paulinische Euangelion*(Oslo: Dybwad, 1934).

Moore, *Judaism*=George Foot Moore, *Judaism in the First Three Centuries of the Christian Era*(3 vols.; Cambridge: Harvard University, 1927—30).

Moule, *Idiom Book*=C.F.D. Moule, *An Idiom Book of New Testament Greek*(Cambridge: Cambridge University, 1955).

Moulton-Milligan=James H. Moulton and George Milligan, *The Vocabulary of the Greek New Testament Illusrtated from the Papyri and Other Non-literary Sources*(London: Hodder, 1930).

Munck, *Paul*=Johannes Munck, *Paul and the Salvation of Mankind*(tr. Frank Clarke; London: SCM, 1959).

Murray, *Symbols*=Robert Murray, *Symbols of Church and Kingdom: A Study in Early Syriac Tradition*(Cambridge: Cambridge University, 1975).

Mussies, *Dio Chrysostom*=G. Mussies, *Dio Chrysostom and the New Testament*(SCHNT 2 ; Leiden: Brill, 1972).

Mussner=Franz Mussner, *Der Galaterbrief*(HThK 9 ; Freiburg: Herder, 1974).

Nestle-Aland=*Novum Testament Graece*, cum apparatu critico curavit Eberhard Nestle, novis curis elaboraverunt Erwin Nestle et Kurt Aland (Stuttgart: Württembergische Bibelanstalt, [25]1963). On the 26th edition, see the Introduction to this commentary, § 4.

Neusner, *Rabbinic Traditions*=Jacob Neusner, *The Rabbinic Traditions about the Pharisees before* 70(3 vols.; Leiden: Brill, 1971).

Niederwimmer, *Askese*=Kurt Niederwimmer, *Askese und Mysterium: Über Ehe, Ehescheidung und Eheverzicht in den Anfängen des christlichen Glaubens*(FRLANT 113 ; Göttingen: Vandenhoeck & Ruprecht, 1975).

Nilsson, *Geschichte*=M.P. Nilsson, *Geschichte der griechischen Religion* (HKAW 5. 2. 1—2 ; Munich: Beck, [2]1955—61).

Nock, *Essays*=Arthur Darby Nock, *Essays on Religion and the Ancient World*(2 vols.; ed. Zeph Stewart; Cambridge: Harvard University, 1972).

Oepke=Albrecht Oepke, *Der Brief des Paulus an die Galater*(ed. Joachim Rohde; ThHK 9 ; Berlin; Evangelische Verlagsanstalt, [3]1973([1]1937, [2]1957)).

Osten-Sacken, *Gott und Belial*=Peter von der Osten-Sacken, *Gott und Belial* (SUNT 6 ; Göttingen: Vandenhoeck & Ruprecht, 1969).

Pagels, *The Gnostic Paul*=Elaine H. Pagels, *The Gnostic Paul: Gnostic Exegesis of the Pauline Letters*(Philadelphia: Fortress, 1975).

Peter, *Brief*=Hermann Peter, *Der Brief in der römischen Literatur* (Leipzig: Teubner, 1901 ; rep. Hildesheim: Olms 1965).

Pfitzner, *Agon Motif*=Victor C. Pfitzner, *Paul and the Agon Motif*(Nov. TSup 16 ; Ledien: Brill, 1967).

Preisigke *Wörterbuch*=Friedrich Preisigke, *Wörterbuch der griechischen Papyrusurkunden mit Einschluss der griechischen Inschriften, Aufschriften, Ostraka, Mumienschilder usw. aus Ägypten*(vols. 1—3 : 1924—31 ; vol. 4/1—4 rev. Emil Kiessling; *Supplement* 1. 1—3 : 1969—71 ; Marburg: Selbstverlag, 1924—71).

Ramsay=William M. Ramsay, *A Historical Commentary on St. Paul's Epistle to the Galatians*(London: Hodder & Stoughton, 1899. [2]1900 ; Berlin and Grand Rapids: Baker. 1965).

Reitzenstein. *Mysterienreligionen*=Richard Reitzenstein. *Die hellenistischen Mysterienreligionen nach ihren Grundgedanken und Wirkungen*(Suttgart: Teubner, [3]1927).

Resch. *Agrapha*=Alfred Resch, *Agrapha: Ausserkanonische Schriftfragmente*(Leipzig: Hinrichs, ²1906).

Robinson and Koester, *Trajectories*=James M. Robinson and Helmut Koester, *Trajectories through Early Christianity*(Philadelphia: Fortress, 1971).

Schechter, *Rabbinic Theology*=Solomon Schechter, *Aspects of Rabbinic Theology*(New York: Schocken, 1961).

Schenk, *Segen*=Wolfgang Schenk, *Der Segen im Neuen Testament*(Theologische Arbeiten 25 ; Berlin: Evangelische Verlagsanstalt, 1967).

Schlier=Heinrich Schlier, *Der Brief an die Galater*(KEK 7 ; Göttingen: Vandenhoeck & Ruprecht, ¹⁴1971).

Schmithals. *Gnosticism*=Walter Schmithals, *Gnosticism in Corinth*(tr. John E. Steely: Nashville and New York: Abingdon, 1971).

Schmithals. *Paul and James*=Walter Schmithals, *Paul and James*(Naperville: Allenson. 1965).

Schmithals. *Paul and the Gnostics*=Walter Schmithals, *Paul and the Gnostics*(tr. John E. Steely: Nashville and New York: Abingdon, 1972).

Schoeps. *Jewish Christianity*=Hans Joachim Schoeps, *Jewish Christianity: Factional Disputes in the Early Church*(tr. Douglas R.A. Hare; Philadelphia: Fortress, 1969).

Schoeps. *Paul*=Hans Joachim Schoeps, *Paul: The Theology of the Apostle in the Light of Jewish Religions History*(tr. Harold Knight; Philadelphia: Westminster, 1961 ; Tübingen: Mohr, Siebeck, 1959).

Schoeps, *Theologie und Geschichte*=Hans Joachim Schoeps, *Theologie und Geschichte des Judenchristentums*(Tübingen: Mohr, Siebeck, 1949).

Schottroff, *Glaubende*=Luise Schottroff, *Der Glaubende und die feindliche Welt*(WMANT 37 ; Neukirchen: Neukirchener Verlag, 1970).

Schütz, *Authority*=John H. Schütz, *Paul and the Anatomy of Apostolic Authority*(SNTSMS 26 ; Cambridge: Cambridge University, 1975).

Schweizer, *Beiträge*=Eduard Schweizer, *Beiträge zur Theologie des Neuen Testaments*(Zurich: Zwingli, 1970).

Schwyzer, *Grammatik*=Eduard Schwyzer, *Griechische Grammatik*(3 vols.; HKAW 2.1—3 ; Munich: Beck, ²1959—60).

Sieffert=Friedrich Sieffert, *Der Brief an die Galater*(KEK 7 ; Göttingen: Vandenhoeck & Ruprecht, ⁶1880, ⁹1899).

Stolle, *Zeuge*=Volker Stolle, *Der Zeuge als Angeklagter, Untersuchungen zum Paulus-Bild des Lukas*(BWANT 102 ; Stuttgart: Kohlhammer, 1973).

Strecker, *Judenchristentum*=Georg Strecker, *Das Judenchristentum in den*

Pseudoklementinen(TU 70 ; Berlin: Akademie-Verlag, 1958).

Stuhlmacher, *Evangelium* = Peter Stuhlmacher, *Das paulinische Evangelium. I: Vorgeschichte*(FRLANT 95 ; Göttingen: Vandenhoeck & Ruprecht, 1968).

Stuhlmacher, *Gerechtigkeit Gottes* = Peter Stuhlmacher, *Gerechtigkeit Gottes bei Paulus*(FRLANT 87 ; Göttingen: Vandenhoeck & Ruprecht, 1965).

Suhl, *Paulus* = Alfred Suhl, *Paulus und seine Briefe: Ein Beitrag zur paulinischen Chronologie*(StNT 11 ; Gütersloh: Mohn, 1975).

Tannehill, *Dying and Rising* = Robert Tannehill, *Dying and Rising with Christ: A Study in Pauline Theology*(BZNW 32 ; Beilin, Töpelmann, 1967).

Thraede, *Brieftopik* = Klaus Thraede, *Grundzüge griechisch-römischer Brieftopik*(Zetemata 48 ; Munich: Beck, 1970).

Thrall, *Greek Particles* = Margaret E. Thrall, *Greek Particles in the New Testament: Linguistic and Exegetical Studies*(NTTS 3 ; Leiden: Brill, 1962).

Vielhauer, *Geschichte* = Philipp Vielhauer, *Geschichte der urchristlichen Literatur*(Berlin: de Gruyter, 1975).

de Vogel, *Greek Philosophy* = Cornelia Johanna de Vogel, *Greek Philosophy* (3 vols.; Leiden: Brill, ^{3,4}1967—73).

Volkmann, *Rhetorik* = Richard Volkmann, *Die Rhetorik der Griechen in systematischer Übersicht*(Stuttgart: Teubner, ^{2}1885).

Weber, *Jüdische Theologie* = Ferdinand Weber, *Jüdische Theologie auf Grund des Talmud und verwandter Schriften*(eds. Franz Delitzsch and Georg Schnedermann; Leipzig: Dörffling & Franke, ^{2}1897).

Wegenast, *Tradition bei Paulus* = Klaus Wegenast, *Das Verständnis der Tradition bei Paulus und in den Deuteropaulinen*(WMANT 8 ; Neukirchen-Vluyn: Neukirchener Verlag, 1962).

Weiss, *Der erste Korintherbrief* = Johannes Weiss, *Der erste Korintherbrief* (KEK 5 ; Göttingen: Vandenhoeck & Ruprecht, 1910).

Wengst, *Christologische Formeln* = Klaus Wengst, *Christologische Formeln und Lieder des Urchristentums*(StNT 7 ; Gütersloh: Mohn, 1972).

Wettstein = Johann Jacob Wettstein, *'Η Καινὴ Διαθήκη. Novum Testamentum graecum....Tomus II, Continens epistolas Pauli, etc.* (Amsterdam: Ex officina Dommeriana, 1752).

Widengren, *Religionsphänomenologie* = Geo Widengren, *Religionsphänomenologie* (Berlin: de Gruyte , 1969).

Wikenhauser and Schmid, *Einleitung* = Alfred Wikenhauser and Josef Schmid, *Einleitung in das Neue Testament*(Freiburg: Herder, [6]1973).

Winer = Georgius Benedictus Winer, *Pauli ad Galatas epistola latine vertit et perpetua annotatione illustravit*(Leipzig: Reclam, 1821, [4]1859).

Wolf, *Griechisches Rechtsdenken* = Erik Wolf, *Griechisches Rechtsdenken* (4 vols.; Frankfurt: Klostermann, 1950—70).

Zahn = Theodor Zahn, *Der Brief des Paulus an die Galater*(KNT 9; Leipzig: Deichert, 1905, [3]1922).

Zuntz, *Text* = Günther Zuntz, *The Text of the Epistles: A Disquisition upon the Corpus Paulinum*(London: British Academy/Oxford University, 1953).

서 언

친구들과 동료들의 말을 들어보면, 이제 주석서는 저술하기에 가장 창조적인 장르나 형식이 아니라고 한다. 성서 텍스트들을 수세기 동안 학문적으로 연구한 결과, 가치있는 문제들은 거의 다 해결되었다는 인상이 드는 것은 사실이다. 더우기 성서학자는 오늘날 세심한 논쟁이나 주의깊은 문헌조사에 흥미를 갖지 않는 독자를 위해서 간결하고도 평이하게 글을 쓰라는 압력을 은연중에 받고 있다. 또한 그리스도교계는 현상태의 성서 문헌 이해에 만족하고 있다. 이런 식으로 따지자면, 계속해 나가야 할 주요한 과제는, 수많은 교인들과 비신도들 그리고 더 이상 믿음을 갖지 않으려 하는 사람들에게 그리스도교 신앙의 메시지를 전달하는 일일 것이다.

그러나 사실상 문제는 완전히 다른 방향에서 첨예화된다. 이상할지 모르나 그런 집중적인 학문적 노력이 오래 계속된 후에도, 바울로가 갈라디아 사람들에게 보낸 편지 ―그렇게 불릴 수 있는 것들 중에서 이 텍스트만을 언급하면― 는 성서학자에게 가장 만만치 않은 도전을 여전히 제시한다.

갈라디아서를 연구하는 사람은 누구나 하인리히 슐리어(Heinrich Schlier)의 기념비적 저작부터 시작해야 한다. 현재 이 주석서는 "오늘날 가장 좋은 갈라디아서 주석과 해석"[1)]으로 손꼽힌다. 그러나 그 편지를 연구하는 동안, 독창적이긴 하나 슐리어가 갈라디아서를 완전히 잘못 해석했다는 것이 명백해졌다. 아이러니칼하게도 이 잘못된 해석은 슐리어의 로마 가톨릭에로의 개종과 관련되었으며 ―그 연유는 하느님만이 아시겠지만― 그것이 그의 개종을 해명해 주는 것으로 생각되었다.

또 하나의 도전은 한스 요아킴 쉡스(Hans Joachim Schoeps)의 바울로

---

1) Erich Dinkler가 *VF* 1―3(1953―55) 175에 실린 자신의 논문(이것은 다음과 같은 책명으로 재출판되었다 : *Signum Crucis: Aufsätze zum Neuen Testament und zur christlichen Archäologie*, Tübingen: Mohr, Siebeck, 1967, 270)에서 이렇게 썼다 : "Heinrich Schlier의 새로운 갈라디아서 주

에 관한 책[2]에서 야기되었다. 금세기에 있어서 바울로에 관한 가장 중요한 책이라고 할 수 있는 이 저작에서, 쉡스는 사도 자신이 그가 편지로 쓰고 있던 문제들 자체를 비록 독창적이긴 하지만 또한 완전히 오해했었다는 결론에 도달했다. 쉡스의 판단은 동료 유다인에 대한 한 유다인의 판단이라는 것을 주목하는 것이 중요하다. 본문들의 주의깊은 분석에 의해서 그리고 종교의 비교연구로부터 나온 주장에 의해서 구체화된 쉡스의 판단은, 바울로의 반대파가 (사도 자신의 생애 동안이 아니라) 1세기와 2세기에 주장했었던 바를 기본적으로 재확인한다.

상이한 관점들로부터 나오긴 했지만, 슐리어와 쉡스 두 사람은 갈라디아 사람들에게 보낸 바울로의 편지, 그리고 그의 전체 신학조차도 이미 자명한 것이라는 일반적 확신을 뒤엎어 놓았다. 그러므로 갈라디아서는 아직도 계속 밝혀져야 할 신비에 싸인 책이다. 달리 말하면, 역사학자와 신학자의 호기심을 끊임없이 불러일으키는 상황들이 여전히 존재한다.

거의 탐구되지 않은 분야들 중의 하나는 갈라디아서의 형식상의 그리고 구성상의 구조이다. 물론 신약성서에 대한 대부분의 입문서들이나 주석서들, 그리고 연구서들은 갈라디아서 개요와 내용의 목차 및

석은……현재 나와 있는 것 중에서 가히 이 편지에 대한 가장 훌륭한 주석서이자 해설서라고 할 수 있다."

2) *Paul: The Theology of the Apostle in the Light of Jewish Religious History*(tr. Harold Knight; Philadelphia: Westminster, 1961 ; Tübingen, Mohr, Siebeck, 1959). Schoeps의 저서는 실제로 바울로와 유다교 양자에 있어서 기본적인 개념이 되는 율법, 바울로의 그 율법 이해에 대한 연구서이다. 쉡스는 바울로의 율법 교리가 "근본적인 오해"라는 결론에 도달했다. 그의 주장에 의하면(*Paul*, 213), "바울로는 유다 헬레니즘의 정신적 사유에서 유래한 특유하게 왜곡된 견해에 굴복했다. 성서적 관점에서 율법이 계약에 절대 필요하다는 것을 바울로는 인식하지 못했으며 여러가지 이유들로 해서 인식할 수도 없었다. 현대적 용어들에서 그것은 시나이 계약이 비준된 본질적 법령이었으며, 하느님께서 자신의 '이스라엘의 집'을 위해 제정한 기본법령이었다……이 법령의 유지, 이 본질적인 조례의 입증은 그 계약이 모든 시대 그리고 모든 장소에서 이스라엘인의 생활에 실제로 구현되기 위해서 그 백성의 모든 사람에게 요구된다." 이런 바울로의 비판은 우리가 특히 *Kerygmata Petrou*에서 발견하는 것과 같은 고대의 바울로 반대파가 했던 비판의 현대적 재창조이다. 쉡스는 바울로에 관한 책을 썼는데, 유다 그리스도교에 관한 중요한 책을 쓸 즈음에 앞서 쓴 그 책도 다시 손질을 가했다. 그의 저서 *Paul*, p. xi ; 또한 아래, 서론 2. 다를 보라.

주장에 대한 석의(釋義)들을 제공한다. 그럼에도 그런 개요들을 정하기 위한 가능한 기준이 고려되지 않는다. 이것은 놀라운 일이다. 왜냐하면 그 편지는 그레꼬-로마의 수사학과 편지 작성 관례들에 따라 구성되기 때문이다.[3] 그 편지는 인습적인 논리, 물론 저자의 시대와 환경에 부합하는 논리에 의해서 분석될 수 있는 일관된 논리를 담고 있다.[4]

이러한 사실들은 놀랄 만한 것이며 설명을 필요로 한다. 만일 고대와 중세의 주석이, 거의 예외없이, 의심의 여지 없는 교리적 전제들에 의해서 방해받았다면, 현대 학문은 비(非)사상가 바울로(Paul the non-thinker)의 신화에 홀려 있었으며 아직도 그렇다. 19세기 동안 사도 바울로는 갈수록 예수의 대형(antitype; 對型)으로 묘사되었다. 예수가 이상화되었기 때문에 바울로는 거의 사탄적 인물이 되었다. 이 상황은 프리드리히 니체(Friedrich Nietzsche)에 의해서 선명하게 요약되었다: "절대적인 최악의 소식이 '기쁜 소식'을 바짝 뒤이었다 —성 바울로의 소식들. 바울로는 구세주 타입의 반대가 되는 타입의 화신이다. 그는 증오에 있어서, 증오라는 관점에서, 증오의 무자비한 논리에 있어서 천재다."[5] 영어권에서 조오지 버나드 쇼(George Bernard Shaw)는 니체에 명백히 동의했으며 계속해서 바울로를 "예수에 대해, 가공할 사기를 친 자"로 묘사했다.[6] 금세기의 막바지에 접어들어서 조차도 바울로의 이러한 이미지가 너무 널리 받아들여지고 있어서, 명석하게 사고하고 지성적으로 글을 쓸 수 있었던 바울로가 낯선 사람으로 남아 있다. 바울로가 정신병자였다는 확신은, 이상하리만치 그가 "유다교적"이었으며, "동양적 기질"을 가졌고, 그레꼬—로마의 문화에는 —물론 우리는 그 문화의 상속자들이지만— 악명높을 정도로 적응하지 못했다는 것 등을 뜻하는 수없이 다양한 개념들 배후에 흔히 무의식적으로 잠재해 있다. 따라서 그는 훌륭한 교육을 받을 수 없었다. 유다교에서 그리고 바리사이파의 일원으로서 양육되었기 때문에 그의 언어와 문체와 사상은 교양인의 것이 아님이 명백하다. 그

3) 서론, §5를 보라.

4) 서론, §7을 보라.

5) *Der Antichrist*, 42 ; Friedrich Nietzsche, *Werke* (Darmstadt: Wissenschaftliche Buchgesellschaft, 1963) 2. 1204. 인용된 귀절은 Anthony M. Ludovici가 *The Writings of St. Paul*(ed. Wayne A. Meeks; New York: Norton, 1972) 290에 번역한 것을 인용한 것이다.

6) *The Wrightings of St. Paul*(위의 주 5를 보라)에 재출된 296—302. "Preface On the Prospect of Christianity"를 보라.

렇다면 왜 사람들은 지성적이고 철학적인 이지로 파악할 수 있는 문학적 기교와 사상들을 바울로에게서 기대해야 하는 것일까? 신약성서학은 이 "신화"에 압도되어서 대체로 바울로의 "종교"와 "신학"의 연구에 몰두했다. 사도 바울로가 자신이 이주해 들어간 지적 세계에서 인정을 받았다는 명백한 증거를 스스로 보여주고 있는 것은 사실이다. 갈라디아서에서, 가장 중요한 주제들만을 언급하자면 율법, 자유, 윤리에 대한 그의 견해들은 비의적(秘儀的) 그리스도교 신학 이상의 것이다. 바울로의 견해들은 당시의 철학적 전통들에 의해서 논의될 수 있으며, 20세기의 막바지에 접어든 현세계에서 연구하기에도 매우 흥미롭다는 것을 우리는 덧붙일 수 있다. 바울로의 견해들이 오늘날 우리의 세계 속에서 번역될 때, 여전히 박진감이 있으며 매우 인상깊기도 하다. 갈라디아 사람들에게 보낸 편지가 그렇게 많은 세기 동안 그렇게 많은 지식인들을 사로잡았던 이유는 내가 보기에 이제 더 이상 비밀이 아니다.

연구사로부터 알아낸 또 하나의 이상한 사실에 대해서는 특별히 논평해 둘 필요가 있다. 본 주석가의 견해로는, 바울로가 말하고자 했던 바에 대한 비범하고도 깊은 이해를 표현하는 주석이 적어도 하나 있다. 1535년에 루터가 쓴 주석이 그것이다. 더 초기의 시도들에 이어 계속된 그리고 그 당시 이용할 수 있었던 학문의 전 범위를 포함하고 있는 루터의 주석은 갈라디아서에 '관한' 학문적 주석 이상의 것이다. 그것은 갈라디아서'의' 16세기판 재창조다. 루터는 자신이 강의할 때 마치 바울로가 살아서 말하는 것처럼 이야기한다. 그는 사도를 본받아서 자주 일인칭 단수로 말한다. 놀랍게도 루터는 바울로의 수사학적 기교들을 터득하고 있는 것 같으며, 따라서 그는 자주 바울로의 문체를 자기 것으로 사용하여 자신의 목적을 위해 창조적으로 이용한다.

필자는 이 작업을 어디서부터 시작할까? 헤르메네이아 시리즈의 편집위원회에 의한 영광스런 선임을 받아들임으로써 시작하였다. 오늘날에는 다소 고지식해 보이는 작업이기는 하지만 필자는 그 일에 참여하면 할수록 더 매료되었다. 바울로의 편지들과 신학에 대한 필자의 이해, 그리고 자료에 대한 방법론적 접근들이 변하였다. 이해할 수 없을 정도로 이러한 경험은 그 텍스트가 여전히 그 자체의 목표들을 성취하고 있다는 것을 보여줄 뿐이다. 이와 같은 텍스트를 가정할 때 우리는 그밖에 무엇을 기대할 수 있을까? 따라서 본 주석은 옛 텍스트를 새롭게 읽어나가는 것에 대해 서술하고자 한다. 이 주석은 한 역사가

의 작업으로서 그의 목적은 역사비판적 방법이라는 방법들의 도움으로 역사적 현상을 이해하는 것이며, 이리하여 필시 다른 이유들 때문에 역사적 현상에 관심을 가진 다른 사람들을 위해 발판을 준비하는 것이다. 그러나 주석이란 독자 자신이 원래의 텍스트와 만나기 위한 대체물이 아니며 또 대체물이 되어서도 안 된다. 주석가는 독자들의 이해의 경험을 기대해서는 안 되며 기대할 수도 없다. 이 역사가의 과제는 독자로 하여금 그 스스로 이해할 수 있도록 충분히 준비시키는 것이며, 판단의 과학적 기초를 제공하는 것이며, 독단과 관점의 결여, 또는 이념적 편견들에 맞서서 독자를 보호하는 것이다.

본 주석가는 자신의 일이 또한 신학자의 일이라는 것을 부인하지 않는다. 그러나 종종 오해를 불러 일으키는 이 신학자라는 용어로서 뜻하는 바가 무엇인지를 분명히 언급해 두어야겠다. 그것은 단순히 바울로가 말하고 있는 바를 그가 알고 있다는 사실을 스스로 의식하고 있음을 뜻한다. 이 의식은 바울로로 하여금 자신이 말하고 싶어하는 바를 말하도록 하는 데 사용되었다. 그러나 바울로가 말하고자 하는 것을 그 스스로 말하도록 하려는 자의 의도와 바울로 자신이 그것을 말하는 것 사이의 경계선이 분명하지 않다. 이해가 되어감에 따라 재빨리 주제 자체에 대한 —만일 저 주제가 참으로 중요하다면— 저자와 주석가 간의 대화가 시작된다. 그러나 본 주석가는 자신이 말하고 싶어하는 바를 바울로로 하여금 말하게 만드는 위험을 피했기만을 바란다.

이제 본 주석의 방법과 서술방식에 대해 한 마디 해야겠다. 바울로의 갈라디아서는 언제나 관심의 중심부에 위치한다. 참조가 되는 병행구들은 먼저 갈라디아서로부터, 다음에는 바울로의 다른 편지들로부터, 그 다음에는 제 2 바울로 문헌(deutero-Pauline literature)에서 나타나는 것과 같은 바울로적 전승으로부터 채택된다. 갈라디아서를 다른 바울로의 편지들과 조화시키려는 시도는 되도록이면 하지 않았으며, 따라서 갈라디아서를 해석하는 데 있어서 "바울로 신학"을 갈라디아서에 한정시키고자 했다.[7] 갈라디아서의 다른 한 편, 즉 바울로 반

7) 이 방법론적 문제에 대해서는, *SEA* 40(1975) 143—45에 실린 Ernst Käsemann, *An die Römer*(HNT 8a; Tübingen: Mohr, Siebeck, 1973, ³1974)에 대한 나의 서평을 참조하라. 케제만과 슐리어의 차이는 전자가 바울로의 신학을 기본적으로 로마서로부터 구성하는 데 반해, 후자는 그것을 에페소서——그는 그것을 바울로가 쓴 것으로 생각한다——로부터 구성한다는 사실에 있다.

대파의 신학에 특별한 주의를 기울여야 한다. 확실히, 이 다른 한쪽은 자료의 부족 때문에 재구성이 극히 곤란하다. 그러나 이미 있는 자료들은 사용할 수 있다. 중요하면서도 쉽사리 입수할 수 없는 대개의 자료들은 부록에 포함되었다. 그리스도교의 다른 문헌들과 비-그리스도교적 문헌들로부터의 병행구들은 그것들이 논의 중인 문제를 예증하고 설명하는 데 필요할 때만 인용된다. 일반적으로 이념적인 선호를, 예컨대 성서적 문헌 대 비성서적 문헌, 또는 유다적 문헌 대 비유다적 문헌의 선호는 가급적 피했다. 이차적인 문헌은 주석가가 보기에 그것이 본문의 이해에 도움을 줄 때에 한하여 언급하였다. 또한 이 문헌들이 수록된 곳이나 보다 최근의 책들은 그 책명을 밝혀두었다. 이차적인 문헌에 대한 충분한 논의는 하지 않았다. 그렇게 하기에는 사람의 능력과 인내에 한계가 있기 때문이다. 또한, 학자들 간의 합의나 불일치가 본문의 문제들을 이해하는 데 반드시 도움을 주는 것은 아니다. 의심스러울 경우, 본 주석가는 언제나 본인 스스로 확실하게 읽어내려고 노력하였다. 번역에 조심스런 주의를 기울였다. 그것은 오직 갈라디아서를 영어로 옮긴다는 것이 극히 어려우며 또 어떤 곳들은 불가능했기 때문이다. 현대의 다른 학문적 번역들이 그 성서 본문을 어떻게 옮기는지는 각주에 밝혀 놓았다. 그러나 가장 일반적으로 사용되는 다음 몇 가지 번역본에 한정시켜야 했다 : *Revised Standard Version*, *New English Bible*, *Jerusalem Bible*.

이 주석서는 결코 고독하게 씌어진 책이 아니다. 나는 나 자신을 격려해주고, 비판해주고, 그리고 이러저러한 방식으로 도와준 많은 사람들에게 크게 빚지고 있다. 그들 중 몇몇 사람은 여기 이름을 언급해 두고 싶다. 게르하르트 델링(Gerhard Delling) 교수는, 한스 빈디쉬(Hans Windisch)와 하랄드 헤거만(Harald Hegermann)이 쓴 *Corpus Hellenisticum Novi Testamenti*를 위해 수집된 알렉산드리아의 필로로부터의 병행문들을 내 마음대로 사용할 수 있게 해주었다. 오닐(Edward N. O'Neil)교수는 간행되지 않은 *Index Verborum Plutarcheus*를 사용할 수 있게 허락해 주었으며, 알란트(Krut Aland) 교수는 Nestle-Aland의 제26판에 있는 본문상의 변형구들의 목록을 제공했다.[8] 크니림(Rolf Knierim)과 더글라스(Jane Dempsey Douglass)와 로빈슨(James M. Robinson) 등의 동료들은 자신들의 전공분야에서 여러가지 좋은 충

8) 서론 §4를 보라.

고를 해주었다. 학생 조교인 데네만, 그레스, 잭슨, 터훈, 그리고 머뉴얼은 참조들을 대조하고, 참고문헌들을 만들었으며, "내 몸에 가시"라 할 수 있는 나의 영어문장을 다듬는 지겨운 일들을 분담해서 함께 해냈다. 이 책의 편집자인 헬무트 쾨스터(Helmut Koester)교수를 비롯해서 편집위원회의 다른 몇몇 분들은 많은 관심과 애정을 가지고 원고를 헤르메니아 주석 시리즈 형태에 맞도록 작성해 주었다.

나는 이 책을, 지난 15년 동안 클레어먼트에서 함께 일하면서 나의 삶을 풍요롭게 해주고 나를 고무시켜주었던 동료들과 친구들, 그리고 학생들에게 바치고 싶다.

1978년 5월 클레어먼트에서

H.D. 베츠

서 론

1. 저 자

갈라디아서의 저자 문제는 큰 난점들을 제기하지는 않는다. 서신의 서언(1, 1)은 사도 바울로를 그 서신의 저자로 언급한다. 바울로가 저자라는 것을 고대 사람들은 의심없이 받아들였다. 바울로의 다른 서신들과 비교해 볼 때, 필체와 문체에서 명백히 바울로의 것임이 드러난다. 갈라디아서에 담긴 신학적 주장(아래 §7을 보라)은 방법과 내용에 있어서 바울로의 특색을 나타낸다.

이런 이유들에서 현대의 신약성서 학자들은 바울로가 이 서신의 저자라는 것을 의심하지 않는다.[1] 그렇다고 해서 이 상황이 우리로 하여금 서신 자체에서 언급된 사실들 때문에 일어나는 몇가지 문제들을

1) 바울로가 갈라디아서의 저자라는 주장은 19세기에 많은 학자들에 의해서 부인되었는데, 이것은 Bruno Bauer, *Kritik der Paulinischen Briefe* (Berline: Hempel, 1852)에 의해서 시작되었다. 이 "급진적 비평"의 더 이른 역사는 다음의 책들에서 개설된다. Rudolf Steck, *Der Galaterbrief nach seiner Echtheit untersucht* (Berlin: Reimer, 1888) ; Carl Clemen, *Die Einheitlichkeit der paulinischen Brife* (Göttingen: Vandenhoeck & Ruprecht, 1894) 100—25 ; Ernest de Witt Burton, *A Critical and Exegetical Commentary on the Epistle to the Galatians* (*ICC*; New York: Scribers, 1920) lxixlxxi ; Werner Georg Kümmel, *Introduction to the New Testament* (Nashville: Abingdon, 1975) 304. 20세기에 갈라디아서의 진정성과 통일성은 다음의 책들에서 부인되었다 : L. Gordon Rylands, *A Critical Analysis of the Four Chief Pauline Epistles* (London: Watts, 1929) 275—367 ; Frank R. McGuire, "Did Paul Write Galatians?" *Hibbert Journal* 66 (1967—68) 52—57 ; John C. O'Neill, *The Recovery of Paul's Letter to the Galatians* (London: SPCK, 1972). 그는 또한 그 문제에

간과하도록 해서는 안 된다.

첫째로, 손수 쓴 후기는(참조. 6,11) 후기 이전까지의 서신이(1,1—6,10) 직업적인 한 필생(筆生)에 의해 씌어졌다는 것을 전제한다. 이 필생은 단지 베껴쓰는 자였을까, 또는 그 서신 자체의 구성에 영향력을 갖고 있었을까? 바울로가 필생을 고용했다는 사실 자체는 그 서신을 아무렇게나 썼다는 점을 배제하며, 바울로의 초고, 또는 일련의 초안, 구문 그리고 사본이 있었음을 전제한다. 갈라디아서의 고도로 능숙한 구성(아래 5를 보라)은 이 고도로 숙련된 서간문의 작성기술을 바울로에게, 필생에게, 또는 양자의 공동작업으로 돌릴 수 있는 선택의 여지를 남겨둔다. 나는 바울로 자신에게 그 구성을 돌리고 싶다. 왜냐하면 이 서신은 단순히 관례에 따르는 것 이상의 것이기 때문이다. 관례를 이용한다고는 하나, 그럼에도 불구하고 그것은 대단히 독창적인 창작물이다. 그 편지 어느 곳에서도 형식과 내용의 분리를 찾아볼 수 없다. 이것은 편지의 나머지 부분과 구성이 뛰어나고 완전하게 통합되어 있는 개인적 후기에서도 마찬가지다. 그러나 필생의 고용과 바울로 시대 서간문의 일반적 관례를 가정하면, 저자 문제는 우리가 지금까지 생각했던 것보다 훨씬 더 복잡해질 수 있다. 만일 이것과 함께 서두에서 언급된 공동 발신인들이 있다는 사실(1,2), 그리고 그 "비서"는 그들 중의 한 사람일 수 있다는 사실을 첨가하면[2], 이 편지는 갈수록 공적인 문서의 성격을 짙게 띠게 되며 메시지로서의 성격은 약화된다.[3]

대한 역사를 개관한다.

2) 참조. 로마 16,22: "이 편지를 대서하는 나 더디오도 주 안에서 여러분에게 문안합니다." 또한 고전 16,21을 보라.

3) Philipp Vielhauer, *Geschichte der urchristlichen Literatur* (Berlin: de Gruyter, 1975) 67f, 112f. 바울로가 어떻게 서신들을 구성했는가 하는 문제는 새로운 접근방법을 필요로 한다. 아마도 다른 고대의 필자들 특히 키케로와 세네카와의 비교는 몇 가지의 단서를 제공해줄 것이다. 이 주제에 관해서는 Hermann Peter, *Der Brief in der römischen Literatur* (Leipzig 1901; rep. Hildesheim: Olms, 1965) 32ff; Otto Roller, *Das Formular der paulinischen Briefe*(*BWANT* 4.6; Stuttgart: Kohlhammer, 1933), 여러 곳.

2. 수신인들

가. 갈라디아와 갈라디아인들

바울로가 "갈라디아인들에게" 편지를 보냈을 때, 그는 소아시아 중앙 평원의 거주자들을 염두에 두었다.[4] 이 지방은 우리가 잘 알다시피 여러 세기 동안 소란을 겪었다. 그러나 바울로의 편지에는 여전히 명확한 대답을 기다리는 중요한 몇가지 문제들이 있다. 바울로는 어떤 지역에 있는 교회들의 인종적 정체성과 사회적 문화적 상황을 염두에 두고 있는데, 바로 이 지역의 정확한 경계선에 관련된 문제들이 그것이다.

바울로 서신 그 어디에서도 갈라디아인들의 켈트족 혈통을 암시하는 문구를 찾아볼 수 없다. 그들의 이름 *οἱ Γαλάται*는 *οἱ Γάλλοι*(라틴어 *galli*)에서[5] 즉 기원 전 297년 브렌누스(Brennus) 하에서 발칸제국, 트라키아, 마케도니아, 그리고 데살리로 난입했던 켈트 종족으로부터 유래한다. 세 종족들(the Trocmi, the Tectosagas, the Tolistobogii)은 헬라스폰트 해협(Hellespont)을 건너서 기원 전 278/77년에 안키라(Ancyra) 주변 지역에 정착하였다.[6] 갈라디아인들의 그 후의 역사는 폭력과 분란으로 점철되었다. 지방의 군주들은 영토의 패권을 위한 전투에서 그들을 용병으로 고용하였으며, 갈라디아인들은 도시들을 약탈하고 땅

---

4) 기본적인 연구서는 Felix Stähelin, *Geschichte der kleinasiatischen Galater* (Leipzig: Teubner, ²1907 ; Osnabrück: Zeller, 1973)이다. 또한 다음을 보라. Ludwig Bürchner, "Galatia, Galatike(chora), Gallo-graikia," *PW* 7 (1910) 519—34 ; G. Brandis, "*ἡ Γαλατία*," *PW* 7(1910) 534—59 ; Arnold H.M. Jones, *The Cities of the Eastern Roman Provinces*(Oxford: Clarendon, ²1971) ; David Magie, *Roman Rule in Asia Minor* (Oxford: Clarendon, ²1971) ; Vielhauer, *Geschichte*, 104—05.

5) 이름들에 관해서는 다음을 참조. Bürchner, *PW* 7. 519—20 ; Wilhelm Pape and G. Benseler, *Wörterbuch der griechischen Eigennamen*(Braunschweig: Vieweg, 1911) 1. 238 s.v.

6) 자료와 참고문헌을 보려면 다음을 참조. Paul Moraux, "L'établissement des Galates en Asie Mineure," *Istanbuler Mitteilungen*, Deutsches Archäologisches Institut, *Abteilung Istanbul* 7(1957) 56—75 ; Jacques Moreau, *Die Welt der Kelten*(Stuttgart: Cotta, 1958).

을 획득하려고 이 기회를 이용하였다. 이 시기는 기원 전 189년 로마인들이 그 지역으로 들어와 두 차례의 파괴적 전투에서 갈라디아인들을 패배시켰을 때 끝났다. 그때 이후로, 갈라디아인들은 로마인들의 편에 섰으며, 소아시아에 있는 지역들을 정복하려는 로마의 노력에 큰 도움이 되었다. 갈라디아인들의 충성은, 특히 미트리다테스(Mithridates) 6세에 대항한 로마의 전쟁에서, 미트리다테스가 패한 후 폼페이가 그 영토를 갈라디아인의 지배를 받는 예속왕국으로서 재조직하였을 때 보상되었다. 기원 전 25년 아민타스(Amyntas) 왕이 죽었을 때, 아우구스투스(Augustus)는 로마의 갈라디아 속주(*Provincia Galatia*)를 신설했는데, 그것은 피시디아(Pisidia), 이사우리아(Isauria), 팜필리아(Pamphylia), 리카오니아(Lycaonia), 파플라고니아(Paphlagonia), 그리고 폰투스 갈라티쿠스(Pontus Galaticus)의 일부 지역들 뿐만 아니라 갈라디아로 불린 옛 나라를 포함하였다.

문화적으로, 갈라디아인들은 곧 헬라화되었고 뒤이어 로마화되었다.[7] 이러한 현상은 지배층 귀족 사회와 부유한 도시 거주자들 사이에서 성행했음에 틀림없다. 어떤 필자들이 사용하는 갈로그래치(Gallograeci)라는 명칭은 이같은 헬라화하는 경향을 표현한 것이다. 켈트어로 된 개인의 이름들은 희랍어 이름을 쓰기 위해 사용이 중지되었다. 다른 한편, 관습들과 행정조직들의 어떤 것들은 오랫동안 지속되었으며, 켈트어는 제롬(Jerome) 시대까지도 농촌 지역들에서 사용되었다.[8]

우리는 바울로가 편지하였던 갈라디아인들이 옛 켈트족의 후예들인지 아니면 헬레니즘적-로마적인 성격이 가장 짙은 도시들에서 발견된 인종적 혼합을 대변하고 있는지를 알지 못한다. 어쨌든, 이 사람들은 농촌 사람들이 아니라 헬라화된 도시 사람들에 속하였음이 틀림없다.[9]

---

7) 갈라디아인들의 헬라화에 관해서는 Carl Schneider, *Kulturgeschichte des Hellenismus*(Munich: Beck, 1967) 1. 810—14 ; Jones, *Cities*, 120—121을 보라.

8) Jerome, *Commentarius in epistulam ad Galatas* (*PL* 26. 357) ; Lucian, *Alexander* 51. 참조. Karl Holl, "Das Fortleben der Volkssprachen in Kleinasien in nachchristlicher Zeit," in *Gesammelte Aufsätze zur Kirchengeschichte* (Darmstadt: Wissenschaftliche Buchgesellschaft, 1964) 2. 244 ; Leo Weisgerber, "Galatische Sprachreste," in Natalicium: *Johannes-Geffcken zum 70. Geburtstag*(Heidelberg: Winter, 1931), 151—75.

9) Clemens Bosch, "Die Kelten in Ankara," *Jahrbuch für kleinasiatische*

이 결론에서 우리들은 몇가지 사회학적 관찰들로 나아갈 수 있다.[10] 바울로가 잘 구성된, 그리고 수사학적으로나 신학적으로 정교한 "변증"을 썼다는 사실에서 우리는, 그가 갈라디아 교회들을 가난하고 못배운 사람들 사이에 세운 것이 아니라 헬라화되고 로마화된 도시 사람들 사이에 세웠다는 것을 추측하게 된다. 이 사람들은 또한 어느 정도의 교육을 받은 사람들로서 적어도 적절한 재정적 수단을 가지고 있었다. "그리스도 안에서의 자유"라는 바울로의 메시지는 틀림없이 정치, 사회, 문화 그리고 종교적 해방에 관심있는 사람들 사이에서 경청자들을 얻었을 것이다. 그들의 그리스도의 체험 —바울로는 그것에 대해 조금 언급한다— 이 이것을 반영한다. 바울로는 갈라디아인들에게서 일어난 몇가지 변화들을 지적한다. 예컨대 그들은 이방신들과 악마에게 예배드리는 일을 중단했으며(4, 8—10), 단일신인 "한분 하느님"에게 기도를 드렸다(3, 20 ; 4, 6). 또한 그들은 옛 종교를 폐지함으로써 옛 종교에 기초하고 있고 그것에 의해 재가된 모든 종교적, 사회적, 문화적 차이들과 차별들을 결국은 아주 일관성 있게 제거해버렸다. 이러한 변화는 단순히 복음의 "이상적" 결과들로만 생각되었던 것이 아니라 실제로 그러한 변화가 현실 속에 일어났다. 오늘날 우리는 유다인과 헬라인, 노예와 자유인, 남자와 여자간의 차별을 폐지시킴에 있어서 소아시아로부터 온 이 사람들의 놀라운 대담성을 —바울로의 훨씬 더 큰 대담함은 말할 것도 없거니와— 찬양할 수밖에 없다 (3, 28). 그들은 "이방인들"(barbarians)이었기 때문에, 헬라인과 유다인 사이의 차이를 거부하는 데 큰 어려움을 겪지는 않았을 것이다. 그러나 자유를 노예들에게까지, 그리고 평등을 여자들에게까지 확대한다는 것은 오늘날과 마찬가지로 그 당시에도 쉬운 일은 아니었다. 그

Forschung 2(1952/53) 283—93을 보라. 비문들뿐만 아니라 인류학적인 발견들은 같은 방향에서 지시한다. 참조. Ekrem Akural, *Treasures of Turkey* (Geneva: Skira, 1966), 45ff, 70ff ; George E. Bean, *Turkey Beyond the Maeander*(London: Benn, 1971) ; Louis Robert, *Etudes anatoliennes: Recherches sur les inscriptions grecques de l'Asie Mineure*(1937년판의 재판 ; Amsterdam: Hakkert, 1970) ; 같은 저자, *Documents de l'Asie Mineure méridionale, inscriptions, monnaies et géographie* (Paris: Minard, 1966) ; *Monumenta Asiae Minoris Antiqua* 1—8 (Manchester: Manchester University, 1928—62).

10) Gerd Theissen, "Legitimation und Lebensunterhalt: Ein Beitrag zur Soziologie urchristlicher Missionare," *NTS* 21 (1975), 192—221의 사회학적 관찰을 보라.

리스도교 공동체의 일원들로서 갈라디아인들은 인류의 오랜 꿈들, 이때까지 강하게 살아있었던 자유의 꿈들이 성취되는 것을 경험하였다. 그들은 이교의 미신과 신들 및 귀신들 —이 지역 사람을 소문나게 했던 것들— 로부터의 해방을 경험하였다.[11] 그대신에 그들은 이제 "단일신론"을 시인하였다. 그들에게 있어서 새로운 종교는 "계몽"을 뜻한다(참조. 4,8—10). 그들에게 있어서 그리스도교 공동체의 일원이 된다는 것은 제국의 변두리에 있는 제어할 수 없고 위험한 영토로부터 온 "야만인" 그리고 지방의 "시골뜨기"라기보다는 세계주의자(cosmopolitans)가 되는 것을 의미했다. 그들의 세계는 이제 로마제국이었다. 편견들을 벗어던지고 "해방된" 생활방식을 획득한 것은 그들의 자아 또한, 사회적인 의식과 자신감을 더해 주었음에 틀림없다. 그들은 로마시민이었던 바울로가 개인교사의 계속적인 감독을 필요로 하는 "미성년"과 비교하면서 그들에게 성인과 "성숙한" 아들로서의 몸가짐이 있다고 하였을 때, 만족스러워 했음에 틀림없다(4, 1—3).

갈라디아인들에게 보낸 바울로의 편지와 그의 주장은, 만일 그의 복음을 요약해주는 "그리스도 안에서의 자유"라는 개념이 "종교적"이고 "신학적인" 개념일 뿐만 아니라 동시에 정치적이고 사회적인 경험을 가리켰다면, 훨씬 더 색다른 것이 될 것이다. 아마도 이러한 이유로 바울로는 갈라디아인들에게 보낸 편지에서 자유의 개념을 사용하였을 것이다. 나그 함마디(Nag Hammadi)의 필립비복음(*Gospel of Philip*)에 있는 생소한 병행구는 갈라디아인들도 경험했을 수 있는 바를 생생하게 표현한다 : "네가 '나는 유다인이다'라고 말한다고 해서 누구 하나 동요되지 않을 것이다. 또한 네가 '나는 로마인이다'라고 말한다고 해서 누구 하나 당황하지 않을 것이다. 네가 '나는 헬라인, 야만인, 노예, 〔자유인〕이다'라고 말한다고 해서 누구 하나 혼란에 빠지지 않을 것이다. 그러나 네가 '나는 그리스도인이다'라고 말한다면, 그때는 〔하늘 전체가〕 뒤흔들릴 것이다."[12]

---

11) 불행하게도 바울로는 그리스도인으로서의 생활을 하기 전 갈라디아인들의 종교적 가입에 대해서 어떤 명백한 정보를 주지 않는다. 그러므로 우리는 그들이 옛날의 켈틱 종교의 신도들이었는지 —아마도 혼합주의적인 변형에서— 또는 그들이 다양한 헬라의 제의들에 속했었는지를 말할 수 없다.

12) Section 49, tr. Martin Krause, in Werner Foerster, *Gnosis: A Selection of Gnostic Texts* (2 vols.; ed. Robert McL. Wilson; Oxford: Clarendon, 1972, 1974) 2. 86. 갈라 3, 28 참조.

나. 갈라디아의 교회들

바울로가 편지를 보낸 갈라디아 교회들에 대해서 알 수 있는 것은 극히 적다. 그는 그 교회들을 "갈라디아 교회들"(αἱ ἐκκλησίαι τῆς Γαλατίας: 1, 2)[13] 또는 단순히 "갈라디아인들"(Γαλάται: 3, 1)로 부른다. "갈라디아"라는 지역 이름은 또한 디모테오후서 4장 10절과 베드로전서 1장 1절에서 발견된다.[14] 반면에 "갈라디아 지방"(ἡ Γαλατικὴ χώρα) 이란 이름은 사도행전(16, 6 ; 18, 23)에서 언급된다. 이 귀절들의 어느 것도 갈라디아 교회들이 어디에 위치해 있었는지, 언제 세워졌는지, 또는 어떤 부류의 사람들로 구성되어 있었는지를 정확히 말해주지 않는다. 갈라디아인들 자체와는 별도로, 우리는 "바울로 서신에 대한 마르시온의 서문"에서 또 단편적인 정보를 얻는다. 그러나 거기서 얻어낸 갈라디아인들에 대한 자료는 서신 자체에서도 간단히 추적될 수 있었다.[15] 갈라디아인들에 대한 서문은 갈라디아인들을 "헬라인들"로 간주한다. 그들은 사도 바울로로부터 "진리의 말씀"을 받아들였다고 한다. 그러나 그가 떠난 후 그들은 "거짓 사도들"에 의해서 율법과 할례로 돌아서라는 유혹을 받았다. 에페소에서 쓴 편지에서 바울로는 그들에게 "참된 신앙"으로 돌아오도록 촉구하였다. 이 평가는 정확해 보이며, 발신지로 되어 있는 에페소의 위치 외에는 그 서신에 토대를 둔 것으로 보인다.[16] 민족적으로 갈라디아인들은 이방인이었다(참조. 4, 8 ; 5, 2·3; 6, 12·13).[17] 그들이 본래 헬라인, 켈트족, 또는 다양한 인

13) 같은 명칭이 고전 16, 1에서 사용된다.

14) "Pontus, Galatia, Cappadocia, Asia, 그리고 Bithynia에 있는 흩어진 유대인들의 추방에……" Karl Hermann Schelkle, *Die Petrusbriefe, Der Judasbrief* (Freiburg: Herder, 1970) 1—3.

15) "Galatae sunt Graeci. hi verbum veritatis primum ab apostolo acceperunt, sed post discessum eius temptati sunt a falsis apostolis, ut in legem et circumcisionem verterentur. hos apostolus revocat ad fidem veritatis scribens eis ab Epheso" 라틴어는 Erwin Preuschen, *Analecta* vol. 2 : *Zur Kanonsgeschichte* (Tübingen: Mohr, 1910) 86에서 인용. 그 서문은 아마도 A. D. 2세기에 원래 마르시온이 쓴 것이다. 토론과 참고문헌을 위해서는 다음을 보라. Karl Theodor Schäfer, "Marcion und die ältesten Prologe zu den Paulusbriefen," in *Kyriakon: Festschrift Johannes Quasten* (Münster: Aschendorff, 1970) 1. 135—50.

16) 아래 § 3. 라를 보라.

17) 그래서 대부분의 주석가들, 특히 Alfred Wikenhauser and Josef Schmid, *Einleitung in das Neue Testament*(Freiburg: Herder, ^{6}1973) 412 ; Kümmel,

종의 혼합이었는지를 결정하기는 불가능하다.[18)]

지리적으로, "갈라디아"란 명칭은 소아시아에 있는 인접한 두 지역들, 즉 중앙지역에 있는 "영토"(territory, 소위 "북부 갈라디아說") 또는 "지방"(province, 소위 "남부 갈라디아說")을 지칭할 수 있다. 두 학설들은 광범위하게 논의되어 왔으며, 오늘날 대개의 주석가들은 갈라디아 교회들의 위치를 중앙 아나톨리아(Anatolia)로 보는 영토 가설을 찬성하는 경향이 있다.[19)] 지방 가설은 사도행전 13—14장에서 발견되는 이름들(안티오키아, 리스트라, 데르베, 이고니온 등)이 갈라디아인들과 대등하게 될 수 있다는 이점을 갖고 있다. 이 이론에 따르면, 바울로는 소위 "첫번째 선교 여행" 동안 이 교회들을 세웠을 것이며, "두번째 여행" 길에 그들을 재차 방문했을 것이다(사도 16,1—18, 23).[20)] 그러나 "지방 가설"을 지지하는 논의들은 또 하나의 가설이라 할 수 있는 사도행전 여행기들의 역사적 신빙성에 그리고 암묵적 주장에 의존하고 있다. 그렇지만 갈라디아 교회들이 사도행전에 거의 언급되지 않는다는 것은 이상한 일이다. 교회의 설립에 관한 이야기도 없다. 실제로, 루가가 그것들이 존재했는지 그리고 어디에 있었는지

Introduction, 297 ; Vielhauer, *Geschichte*, 106 ; 갈라 3,2—3·13,—14·23—29 ; 4,2·5 ; 5,1은 유다의 그리스도인들이 갈라디아인들 사이에 있다는 것을 암시하지 않는다.

18) 이것에 비추어서, 갈라디아 3장 28절("유다 사람이나 헬라 사람이나")은 종교적, 문화적 특권들을 포기하거나 또는 그것들의 바람직함을 부인하려는 의도를 표현한다.

19) 그 주장들에 대한 비판적 관찰에 대해서는 다음 참조, 특히 Vielhauer, *Geschichte*, 105—08 ; 역시 Wilhelm Michaelis에 의한 상세한 논의, *Einleitung in das Neue Testament* (Bern: Haller, ³1961) 183—87 ; Wikenhauser and Shmid, *Einleitung*, 411—13 ; Kümmel, *Introduction*, 296—98 ; Heinrich Schlier, *Der Brief an die Galater* (KEK 7 ; Göttingen: Vandenhoeck & Ruprecht, ⁴1971) 17, 주 1 ; Franz Mussner, Der *Galaterbrief* (HThk 9 ; Freiburg: Herder, 1974) 3—9 ; John C. Hurd, *The Origin of 1 Corinthians* (London: SPCK, 1965) 303—05 ; F.F. Bruce, "Galatian Problems: 2. North or South Galatians?" *BJRL* 52 (1970) 243—66.

20) 지방 가설은 William M. Ramsay가 그의 여러 연구에서 강하게 주장했다. 특히 *St. Paul The Traveller and the Roman Citizen* (London: Hodder & Stoughton, ³1897) ; 동저자, *The Cities of St. Paul* (London: Hodder & Stoughton, 1907 ; Grand Rapids: Baker, 1949) ; Valentin Weber, *Die Adressaten des Galaterbriefs: Beweis der rein-südgalatischen Theorie* (Ravensburg: Kitz, 1900) ; Wilhelm Michaelis, *Einleitung in das Neue Testament* (Bern: Haller, ³1961) 183—87.

를 과연 명료하게 알고 있었는지를 의심할 수도 있다(16,6 ; 18,23 그리고 아래 3. 가를 보라). 저자가 바울로의 여정에 대한 사실적인 정보나 그의 여행기가 나온 출처를 사용했는지 하는 문제는 여전히 해결되지 않은 채로 남아 있다. 사도행전의 저자가 항상 믿을 만한 완전한 정보를 가지고 있었다는 것을 생각할 실제적인 필요는 없다.

그러므로, 비록 그가 갈라디아 교회들을 전혀 언급하지 않았다 할지라도, 이 침묵은 많은 것을 의미하지 않는다. 바울로는 사도행전에 기록되지 않은 여행 기간동안에 이 교회들을 세웠을 수 있다. 유다인들이 갈라디아 교회에 있었음에 틀림없다는, 그리고 우리는 중앙 아나톨리아에 있는 유다인들에 대해서 모른다는 논의는 잘 알려져 있으나 근거가 없다. 갈라디아서는 유다인들을 거주하고 있는 교회 일원들로서 전제하지 않는다. 그밖에도, 최근의 고고학적 발견들은 아나톨리아의 내륙지방에서 유다인들의 비문을 발굴하였다.[21] 이 새로운 증거는 영토 가설에 대해 불리한 주장들 중의 하나를 제거하지만, 그 주장이 어쨌든 확정된 것은 아니었다.

여기에서 두 학설의 찬부 양론을 충분히 논의할 필요는 없다. 양편에서 사용된 논점들은 주로 추론적이다. 우리가 말할 수 있는 것은, 갈라디아 교회들이 중앙 아나톨리아에 있었다는 것이 더 개연성이 있다는 한 가지 사실뿐이다. 지방 가설을 옹호하는 사람들에 의해서 전개된 이 가정에 반대하는 논의들은 불확실한 것으로 나타났거나 또는 증명되지 않은 다른 전제들 위에 세워진 것으로 드러났다. 사도행전의 저자는 이 교회들에 관한 정보를 갖고 있지 않거나 또는 제시하려고 하지 않는다. 그러므로, 우리는 바울로가 세웠던 교회들에 대한 그의 여행에 관해서 확실하게 말할 수 있는 위치에 있지 않다.

다. 바울로의 반대파

이들이야말로 바울로로 하여금 이 편지를 쓰게 했던 상황을 만들었

21) 이 서론, §2.가를 보라. 갈라디아에 있는 교회들에 대한 정보에 관해서는 Adolf von Harnack, *Die Mission und Ausbreitung des Christentums in den ersten drei Jahrhunderten* (Leipzig: Hinrich, ⁴1924), 764—69를 보라. 묘비에 관해서는 Kurt Bittel, "Christliche und jüdische Grabsteine," in *Bogazköy* 5 (Abhandlungen der Deutschen Orient-Gesellschaft 18 ; Berlin: Mann, 1975) 108—13을 보라.

기 때문에, 갈라디아서의 수신인들에 대한 문제는 바울로에 반대했던 사람들의 선동을 고려하지 않고는 적절하게 논의할 수 없다.[22]바울로는 자신의 반대자들에게 직접적으로 말하는 것이 아니라[23], 그들이 갈라디아 교회들에게 제기했던 쟁점들에 관해서 말한다. 문제는 반대를 일으켰던 기원, 사상, 그리고 사람들에 대한 주요한 증거를 우리가 가지고 있지 않다는 점이다. 그러므로 방법론적으로, 우리는 그들의 견해를 주로 갈라디아서만을 기초로 하여 재구성하여야 한다.[24] 다른 문서들은 보충적일 뿐이다. 보충적인 다른 문서들은 바울로의 다른 서

22) 갈라디아에 있는 바울로의 반대자들에 관한 문헌은 다음에서 발견된다. Walter Schmithals, "The Heretics in Galatia," in *Paul and the Gnostic* (tr. John E. Steely; Nashville and New York: Abindon, 1972) 13—64; 같은 저자, *Paul and James* (Naperville: Allenson, 1965) 103—17. 연구사에 대한 개관과 더 많은 참고문헌을 위해서는 다음을 보라. Rober. Jewett, "The Agitators and the Galatian Congregation," *NTS* 17 (1971) 198—212; Jost Eckert, *Die urchristliche Verkündigung im Streit zwischen Paulus und seinen Gegnern nach dem Galaterbrief* (Münchener Universitäts-Schriften, Katholish-theologische Fakultät; Regensburg: Pustet, 1971); *JBL* 91(1972) 566에 있는 나의 개관을 보라; John J. Gunter, *St. Paul's Opponents and Their Background* (Leiden: Brill, 1973); Alfred Suhl, *Paulus und seine Briefe: Ein Beitrag zur Paulinischen Chronolgie* (StNT 11; Gütersloh: Mohn, 1975) 15ff; Joachim Rohde, "Die Gegner des Paulus in Galatien nach der neueren Literatur," in Albrecht Oepke, *Der Brief des Paulus an die Galater* (ed. Joachim Rohde; ThkH; Berlin: Evangelische Verlagsanstalt, [3]1973; John H. Schütz, *Paul and the Anatomy of Apostolic Authority* (SNTSMS 26; Cambridge: Cambridge University, 1975) 124ff; E. Earle Ellis, "Paul and His Opponents: Trends in Research," in *Christianity, Judaism, and Other Greco-Roman Cults: Studies for Morton Smith at Sixty* (Leidem: Brill, 1975) 1. 264—98. 그리고 또한 참조. M. Robinson and Helmut Koester, *Trajectories Through Early Christianity* (Philadelphia: Fortress, 1971) 120—23, 144—47; John G. Hawkins, *The Opponents of Paul in Galatia* (Ph. D. diss., Yale University, 1971). 더 오래된 문헌에 관해서는 다음을 보라. 특히 Charles H-Watkins, *St. Paul's Fight for Galatia* (London: Clarke, 1914). 이것은 원래 요하네스 바이스 밑에서 쓴 학위논문이다; Anton Fridrichsen, "Die Apologie des Paulus Gal. 1" in Lyder Brun and Anton Fridrichsen, *Paulus und die Urgemeinde* (Giessen: Töpelmann, 1921) 53—76. 최근의 소개에 관해서는 특히 Wikenhauser and Schmid, *Einleitung*, 415—17; Kümmel, *Introduction*, 298—301; Vielhauer, *Geschichte*, 113—24를 보라.

23) 참조. 갈라 1,6—7; 5,7·10·12; 6,12—13에 관해서.

24) 아래 서론 §6을 보라.

25) 나의 논문 "2 Cor 6, 14—7, 1: An Anti-Pauline Fragment?" *JBL* 92 (1973) 88—108을 보라.

신들[25]과 제 2 바울로 서신들(deutero-Pauline epistles),[26] 사도행전, 그리고 어느 정도는 야고보서에 있는 또 사도 후기 시대의 유다 그리스도교 텍스트들[27]에 있는 반(反)바울로적인 논쟁들 —새로 발간된 마니(Mani)전기까지도[28]— 을 포함한다.

26) 한가지 특별한 문제는 골로사이서의 "이단"과 갈라디아서의 바울로 반대자들 사이의 관계에 대한 것이다. Fred O. Francis and Wayne A. Meeks, *Conflict at Colossae* (Missoula: Scholars, 1973)에 있는 논문들과 참고문헌을 보라.

27) 이 관계에서 특별히 중요한 것은 *Kerygmata Petrou* (ps.—Clem. *Hom*. 2.15—17 ; 11.35.3—6〔*Recog*. 4.34.5—4.35.2〕에 있는 반(反)바울로 논쟁들이다. 부록 3을 보라 ; *New Testament Apocrypha*, ed. Edgar Hennecke, rev. Wilhelm Schneemelcher, tr. ed. Robert McL. Wilson (2vols.; London: Lutterworth; Philadelphia: Westminster, 1963—1965) 2.102ff, 참고문헌과 함께, Georg Strecker, *Das Judenchristentum in den Pseudoklementinen* (TU 70 ; Berlin: Akademie-Verlag, 1958) 187ff ; 같은 저자, "The Kerygmata Petrou Source of the pseudo-Clementines," in Walter Bauer, *Orthodoxy and Heresy in Earliest Christianity* (eds. Robert Kraft and Gerhard Krodel; Philadelphia:Fortress, 1971) 257—71. 나그 함마디 문서의 발견으로 한스 요아킴 쉡스의 저작들이 아직 적절히 연구되지 못했다는 것이 명백해졌다. 그의 *Theologie und Geschichte des Judenchristentums*(Tübingen:Mohr, Siebeck, 1949)를 보라. 같은 저자, *Jewish Christianity: Factional Disputes in the Early Church* (tr. Douglas R.A. Hare; Philadelphia: Fortress, 1969)에 참고문헌이 들어 있다. 같은저자, *Paul*, 특히 74—87 ; 같은 저자, *Urgemeinde, Judenchristentum, Gnosis* (Tübingen: Mohr, Siebeck, 1956). 유다—그리스도인의 운동들, 나그 함마디와 반(反)—바울로주의 사이의 관계에 대한 연구는 아직 초기단계에 있다. 참조. Alexander Böhlig, *Mysterion und Wahrheit*(Leidens: Brill, 1968) ; *Judéo-Christianisme; Recherches historiques et théologiques offerts en hommage au Cardinal Jean Daniélou* (*RechSR* 60 〔1972〕) ; A.F.J. Klijn and G.J. Reinink, *Patristic Evidence for Jewish-Christian Sects* (NovTSup 36 ; Leiden: Brill, 1973).

28) Albert Henrichs and Ludwig Koenen, "Ein griechischer Mani-Codex (P. Colon. inv. nr. 4780)," *ZPE* 5(1970) 97—216을 보라. 그 사본의 첫 72면들은 Henrichs and Koenen, "Der Kölner Mani-Kodex (P. Colon, inv. nr. 4780), "*ZPE* 19(1975) 1—85에 발표되었다. 참조. Albert Henrichs "Mani and the Babylonian Baptists: A Historical Confrontation," *Harvard Studies in Classical Philology* 77(1973) 23—59 ; Kurt Rudolph, "Die Bedeutung des Kölner Mani-Codex für die Mani-chäismusforschung," in *Mélanges d'histoire des religions offerts à Henri-Charles Puech* (Paris: Presses universitaires de France, 1974) 471—86. 이 마니 사본은 마니를 사도 바울로의 모방자로서뿐만 아니라 갈라디아서의 적합한 해석자로서 표현한다. 마니는, 마치 바울로가 유다교와의 단절을 정당화하듯이, 그의 Elchasaite 종파와의, 즉 유다—그리스도인 그룹과의 단절을 정당화하기 위해 갈라디아서와 그 신학을 사용한다.

나아가, 갈라디아서에 대한 언급은 방법론적으로 주의하여 사용해야 한다. 바울로가 부인하는 것 모두가 반드시 그의 반대파에 의한 비난이 아니며, 그가 반대자들의 행동이나 생각을 비난하는 것 모두가 그들의 실제적인 목표와 의도를 나타내는 것은 아니다. 우리는 바울로의 언급들을 바울로의 반대자들에 관한 결론의 근거로 사용하기 전에, 그 언급들의 수사학적 기원과 기능을 먼저 해석해야 한다.[29]

이런 경고들을 염두에 두고서, 결론 부분(*peroratio*)을 살펴봄으로써 (6, 12—17)[30] 우리는 반대자들에 관한 토론을 가장 잘 시작할 수 있다. 왜냐하면 이 부분에서 바울로는 가장 강한 표현들로써 반대자들을 공격하기 때문이다. 6장 12절의 대부분은 바울로의 논쟁이다. 이 편지의 다른 곳에서와 마찬가지로, 여기서 반대자들이 갈라디아인들에게 토라와 할례를 받아들이도록 압력을 가했다는 것이 명백해진다. "육체를 자랑하기 위해서" 그렇게 했다는 것은 유다인들의 공적(功績) 교리론에 대한 바울로의 풍자다(또한 참조. 6, 13). 그들이 그리스도의 십자가로 인한 박해로부터 피하려고 했기 때문에 그런 요구를 했는지[31], 또는 이것이 바울로의 풍자적인 해석들 중의 또 하나인지는 명백하지 않다. 6장 13절은 훨씬 덜 분명한데, 거기서 바울로는 그 반대자들을 "할례받은 자들"(οἱ περιτεμνόμενοι)로 언급한다. 이것은 단순히 "유다인들"(즉, 유다인 그리스도인들)에 붙인 이름일까, 또는 이미 할례를 받았던 이방 그리스도인들을 가리키는 것일까(즉, 유다화된 자들)?[32] 바울로가 반대자들 자신들은 토라를 지키지 않는다고 주장할 때, 이것은 수사학 이상의 표현일까? 그들이 다른 사람들에게 토라를 지키도록 요구했던 반면에 그들 자신들은 그것을 지키지 않았다(참조. 2, 14)고 생각할 수 있을까?[33] 그들은 토라의 일부만을

29) 이런 점에서, 슈미탈스(위 주 22 참고)의 저서와 그를 추종하는 자들에 대한 심각한 반대가 제기되어야 한다.

30) 다음에서 갈라디아서의 귀절들만이 인용된다. 더 이상의 정보와 해석을 위해서는 서론 §5와 그 주석을 보라.

31) Jewett("Agitators," 특히 204ff)는 바울로의 반대자들이 팔레스틴에 사는 열심당원들에 의한 박해 위협에 자극받았으며, 그들은 소아시아에 있는 이방 그리스도인들을 할례함으로써 이 박해를 피하고자 했다고 주장한다. 제벹은 주로 사도행전 위에서 그의 주장을 내세우고 있으나, 열심당원들은 그가 언급하고 있는 귀절들에서 언급되지 않는다.

32) 이 해석에 관해서는 Schmithals, *Paul and the Gnostics*, 27ff ; Jewett, "Agitators," 202f를 보라.

33) 이 문제는 갈라 5, 3과 6, 13간의 명백한 모순 때문에 일어난다. 바울로의 유다교—그리스도교—영지주의의 반대자들이 할례 의식을 마법적인—

지켰을까? 그들은 그들 자신의 "특수한" 토라를 가지고 있었던 것일까?[34] 바울로는 "자유주의적 경향들"을 언급한 것일까?[35] 이 모든 질문들은 어떤 증거가 제시될 수 있는 가능성들을 열어놓고 있다. 그러나 명백한 해결은 거의 불가능하다.

그렇기는 하나 갈라디아서는 몇가지 사실들을 제공한다. 바울로의 반대자들은 바울로가 갈라디아 교회들을 세운 후 그 교회들과 접촉했음이 분명하다.[36] 반대자들이 선포했던 복음은, 바울로의 견해에 의하면, "또 하나의 복음"이었다.[37] 어쨌든 이 복음은 유다의 토라 준수 및 할례 의식과 관련되어 있었다.[38] 바울로의 말에 따르면, 반대자들은 교회를 "교란시켰다."[39] 바울로는 또한 반대자들을 역사적 관점에서 설명한다. 그는 그들의 선배들로서 예루살렘 회의에서 내분을 일으키는 파[40], "야고보가 보낸 사람들"[41], 그리고 안티오키아의 게바그룹을 열거한다. 그러나 이 배열은 변증적 이유들에서 작성된 것이다.[42] 아마도 반대자들은 역사적 발달에 대한 자기들 나름대로의 소견을 가졌을 것이다.[43] "야고보가 보낸 사람들"(2,12)이 바울로가 아니라 게바를 비판했다는 것은 주목할 만하다.[44] 다른 한편, 바울로는 이방인들을 강제로 "유다화" 시키는 데 대해서 "야고보가 보낸 사람들"이 아니라 게바를 비난하였다.

이것들은 갈라디아서가 제공하는 자료들이다. 그것들은 우리로 하

영지주의적 상징으로서 전파한다는 것, 그러나 그들은 유다의 토라를 지키는데 관심이 없었다는 것이 슈미탈스가 세운 가설의 출발점이다. 참조. Hans Dieter Betz, *Nachfolge und Nachahmung Jesu Christi im Neuen Testament* (BHTh 37; Tübingen: Mohr, Siebeck, 1967) 148ff; Jewett, "Agitators," 199f. 슈미탈스의 비판에 대해서는 Vielhauer, *Geschichte*, 118—24 참조.

34) 5,3에 관한 주석을 보라.

35) 이 해석에 대해서는 Schmithals, *Paul and the Gnostics*, 46ff; Vielhauer, *Geschichte*, 114f 참조.

36) 갈라 1,6; 4,13—14; 5,7 참조.

37) 1,6—9를 보라; 참조. 2,7—9, 그리고 "할례의 복음"의 개념.

38) 2,15—21; 3,2—5; 4,21; 5,2—12; 6,12—17을 보라.

39) 1,7; 5,10을 보라.

40) 2,4—5를 보라.

41) 2,12를 보라.

42) 2,11—14를 보라.

43) 참조. ps.—Clementines에서, 특히 *Jewish Christianity*, 15ff에서의 "에비온파—역사"라는 쉡스의 가설.

44) *The Kerygmata Petrou*는 안티오키아에 대한 바울로의 공격에 반대해서 베드로를 변호한다(ps.—Clem. *Hom.* 17.19; HSW, *NT Apocrypha* 2. 123). 2,11에 대한 주석과 부록 3, 다를 보라.

여금 바울로의 반대자들이 바울로와 경쟁하던 유다-그리스도인 선교사들이었다는 것을 가정하도록 허락한다. 예루살렘에서 도달했던 합의(2, 1—10)에 어긋나게, 그들은 그들의 선교를 위해서 유다교의 경계선을 넘었으며, 바울로가 세운 이방 그리스도인 교회들 사이에서 개종자를 만드는 일을 시작했었다. 토라에 대한 복종과 할례를 받으라는 요구 이외에는, 그들의 "복음"은 바울로의 것과 동일했었음이 분명하다. 그렇지 않으면 그들이 자신과 근본적으로 다르다는 것을 바울로가 왜 그토록 열심히 설명하려고 하는지를 이해하기가 어렵게 될 것이다. 이 반(反)-바울로파들이 도덕적으로 부정직했다거나 또는 신학적으로 불완전했다는 것을 믿을 수 있는 실제적인 이유는 없다.[45] 그들의 메시지는 갈라디아인들과 다른 사람들에게 잘 이해되었음에 틀림없으며, 그들은 갈라디아인들의 구원에 대해서 대단히 신중하였음에 틀림없다. 그밖에 어떻게 바울로가 궁지에 몰렸던 사실을 이해할 수 있을까?

마지막으로, 우리는 몇몇 학자들이 전개한 가설, 즉 반대자들은 "영지주의적" 특성을 그 특징으로 삼고 있었다는 가설을 토의해야 한다.[46] 사실 갈라디아서의 어떤 귀절도 영지주의적 특성들을 명료하게 지시하는 자료를 제공하지 않는다. 이처럼 여기에 대한 분명한 증거가 부족하다. 그러나 또한 바울로가 자신의 반대자들의 견해를 어느 정도 정확하고 완전하게 설명할 의도가 없었다는 것을 간파해야 한다. 여기에서 우리는(아래 7; 또한 3을 보라) 유다-그리스도인의 문제들이 있다는 것, 그리고 만일 "영지주의적" 특성들이 있다면, 그것들은 그의 반대자들에 의해서라기보다는 오히려 바울로 자신에 의해서 표현되었다는 것을 알 수 있다. 그럼에도 불구하고, 반대자들이 또한 영지주의적 경향을 가졌을 가능성이 자동적으로 배제되는 것은 아니다. 그런데 후대의 유다-그리스도교 자료들은 영지주의적 특성들을 띠고 있다. 그러므로, 문제는 반-바울로파들이 이미 갈라디아서가 씌어지던 시기에 영지주의적 경향을 가지고 있었는가 하는 것뿐이다. 자료의 부족을 전제할 때, 이 문제는 어느쪽이든 확정적으로 답변될 수 없다.

바울로 반대파 세력들이 갈라디아의 그리스도인들 사이에서 발판을

45) 1, 6—7; 4, 17; 5, 7—12; 6, 12—13을 보라.

46) 이 가설의 주요 지지자는 슈미탈스이다. 참조. Robert McL. Wilson에 의한 비판, "Gnostics-in Galatia?" *Studia Evangelica* 4 (Berlin: Akademie-Verlag, 1968) 358—64; 같은 저자, *Gnosis and the New Testament* (Oxford: Blackwell, 1968) 43, 54f, 58; Vielhauer, *Geschichte*, 120—24.

구축하는 것이 어떻게 가능했겠는가 하는 질문이 또한 제기되어야 한다.[47] 확실히, 갈라디아인들은 자신들의 "어리석음"(3, 1) 때문에 그들을 허용한 것은 아니었다. 그러므로 그들은 확실한 이유들을 갖고 있었음에 틀림없다. 우리는 그 이유들에 대해서 무엇을 말할 수 있을까?

바울로가 편지를 썼던 때까지는, 갈라디아 그리스도인들의 생활의 특징을 이루었던 초기 열광주의의 시기는 끝났다. 우리는 얼마나 많은 시간이 지났는지 또는 그 사이에 무엇이 일어났었는지를 정확히 알지 못한다. 그러나 상황이 바뀌었다는 것은 명백하다. 실제로, 바울로의 편지는 갈라디아인들이 바울로에 대해서, 그의 메시지에 대해서, 그리고 그들 자신들에 대해서 그들의 마음을 바꾸었다는 사실에 대한 반응으로 씌어졌다. 바울로가 보기에, 그들은 그들이 개종했던 복음을 배반하고 배교자들이 될, 동시에 바울로 자신을 버리고 반대파에게로 넘어갈 준비가 되어 있었다.[48] 이런 전환에 대한 이유들은 다음과 같았던 것으로 보인다.

초기 열광주의의 시기 이후에, 갈라디아인들은 바울로의 가르침을 통해서 익숙했던 용어들로써는 다룰 수 없는 문제들에 부딪쳤던 것 같다. 결국 그들은 자기네들의 문제에 대한 해결책을 기대할 수 있을 정도로 그들에게 감명을 주었던 다른 그리스도인 선교사들의 말에 귀를 기울이기 시작했다. 우리는 갈라디아인들이 이 반대자들에 대해서 알았으며, 그들의 신학적 개념들과 관심들도 이해했다고 가정할 수 있다. 그들의 사도로부터 그들을 돌아서게 했던 것은 그 반대자들의 설득력 있는 신학이었음이 분명하다.[49] 반대자들은 갈라디아인들이 안고 있었던 문제들의 속사정을 파악했음에 틀림없다. 갈라디아서의 많은 귀절들은 그들이 "육"(σάρξ)[50]이라는 구체적인 문제로 고심하고 있었음을 보여준다.

5장 13절 "그 자유를 육적인 욕정을 위한 기회로 삼지 말고……"

47) 아래에서 설명된 그 생각은 나의 논문 "Spirit, Freedom and Law: Paul's Message to the Galatian Churches," *SEÅ* 39 (1974) 145—60, 특히 153 이하에서 맨처음 발표되었다.
48) 갈라 1, 6—9 ; 4, 9·17·21 ; 5, 4·17 ; 6, 12—13.
49) 갈라 3, 1 ; 5, 7—8을 보라.
50) 갈라디아서에서 바울로는 "영"과 "육"의 엄격한 이원론을 주장한다(참조. 3, 3 ; 5, 16—24 ; 6, 8 ; 또한 1, 6 ; 2, 16·20 ; 3, 5 ; 4, 13·14·23·29 ; 5, 4—5·13 ; 6, 12·13).

(μόνον μὴ τὴν ἐλευθερίαν εἰς ἀφορμὴν τῇ σαρκί...)

5장 16절 "……성령이 지시하는 대로 따라 행하시오. 그리하면 육체적인 욕정을 채우려는 생활은 결코 하지 않을 것입니다" (...πνεύματι περιπατεῖτε καὶ ἐπιθυμίαν σαρκὸς οὐ μὴ τελέσητε)

5장 17절 "육신의 의욕은 성령을 거스르고 성령의 의욕은 육신을 거스릅니다"(ἡ...σὰρξ ἐπιθυμεῖ κατὰ τοῦ πνεύματος, τὸ δὲ πνεῦμα κατὰ τῆς σαρκός...)

5장 19절 본래 세례 컨텍스트로부터 인용되어 그 편지의 훈계부분에서 반복되는 악과 덕의 목록(5,19—23)은 "육적인 인간이 하는 일"로 불리는 한 목록을 포함한다(τὰ ἔργα τῆς σαρκός).

6장 12절 반대자들은 갈라디아인들이 "육신의 겉모양을 꾸미기 좋아" 하기를 바란다(εὐπροσωπῆσαι ἐν σαρκί).

6장 13절 반대자 자신들은 "여러분의 육체를 가지고 자랑하려" 한다 (ἐν τῇ ὑμετέρᾳ σαρκὶ καυχήσωνται).

이처럼 그들 한가운데서 "범죄"가 일어났으며, "성령 안에서"(ἐν πνεύματι)[51] 살라는 요구는 일상생활의 현실들과 충돌하였다. 바울로의 말들로부터 우리는, 갈라디아인들이 자신들이 다음과 같은 문제에 직면했다고 느꼈을 것이라는 결론을 내릴 수 있다 : 어떻게 "영적인 자"(ὁ πνευματικός)가 일상생활에서 "불의"와 함께 살 수 있을까?[52]

이점에서 바울로의 반대파는 구체적인 도움을 제시할 수 있었다. 반대파들의 신학에 따르면, 그리스도인의 생활은 유다의 토라 계약과의 관련 속에서 수행된다.[53] 그리스도는 우주적으로 그리고 지구상에서 악("마귀")에 맞서는 결정적인 힘으로 이해된다. 그들이 토라 계약에 확고히 서 있는 한, 그리스도인들은 그리스도의 보호 하에 있다. 그리스도인의 생활 목표는 "거룩함"의 상태를 얻는 것이며, 그

---

51) (ἐν) πνεύματι는 신학적 "약어"다(아래 §6을 보라).

52) 6,1을 보라. "죄"란 용어는 1,4 ; 2,15·17 ; 3,19·22 ; 6,1(참조. 4,12-14)에서 나온다. 모든 귀절들이, 바울로의 신학에 의하면, 그리스도인들에게 더 이상 존재하지 않는 상황들에 대해서 언급한다. 참조. *Gos. Phil.* 110 (Foerster-Wilson, *Gnosis* 2.96)에 있는 비슷한 주장. 이 문제에 관해서 다음 참조. Paul Wernle, *Der Christ und die Sünde bei Paulus* (Freiburg and Leipzig: Mohr, 1897) 특히 75f ; Hans Windisch, *Taufe und Sünde im ältesten Christentum bis auf Origenes* (Tübingen: Mohr, Siebeck, 1908) 154—63.

53) 다음 사항에 대해서는 위 주 25에서 인용된 고후 6,14—7,1에 관한 나의 논문을 보라 ; 또한 부록 2.

럼으로써 "그의 아들과 딸"로서 하느님에게 받아들여질 수 있게 되는 것이다. 이런 이유로, 그리스도인들은 "악"(Beliar)과 그 세력에 의해 초래되는 모든 더럽힘으로부터 자신들을 순결하게 지켜야 한다.

바울로의 말들은, 반대자들이 갈라디아인들에게 시나이 계약의 참여자들이 되기 위해서 토라와 할례를 받아들이도록 촉구했다는 것을 시사한다.[54] 아마도 그들은 토라 밖에는 구원이 없다고 들었을 것이다.[55] 반대자들의 견해에 의하면, 바울로와 그의 선교는 위법이며 그들이 미워하고 경고하는 모든 것의 구체화이다. 바울로가 외친 "율법으로부터의 자유"는 그들에게는 바울로를 따랐던 자들을 "벨리알"의 영역으로 인도하는 것으로 보였을 것이며 그리스도를 "죄의 종"으로 바꾸는 것처럼 보였을 것이다.[56] 갈라디아인들은 이런 특수한 딜레마에 부딪혀서, 바울로의 반대자들이 이처럼 말했던 것을 아주 진지하게 받아들였음이 분명하다. 그들과 비교할 때 사도 바울로는 실제로 제시할 수 있는 것을 거의 갖고 있지 못했다.[57] 그의 개념에는, 인간의 범죄를 다루기 위한 익숙한 수단이 빠져 있었다. 갈라디아인들에게는 "성령"과 "자유"가 주어졌으나, 그들은 그 성령과 자유에 내맡겨졌다. 그들에게 옳고 그른 것을 말해주는 법이 없었다.[58] 범죄를 교정해 줄 수 있는 더 이상의 의식(儀式)들이 없었다.[59] 이런 환경 하에서 그들의 일상생활은 줄타기 곡예사가 되기에 이르렀다! 오직 "성령"과 "자유"에만 맡겨졌다면, 어떻게 그들이 적대적인 세계에, 특히 그 파괴적인 세력이 인간의 "육체" 내에서 그 육체와 함께 활동하고 있었던 악한 세계에 직면할 수 있었겠는가? 그러므로, 범죄의 발생은 뜻밖의 일로서 닥쳤던 것이 아니라 오히려 예상할 수 있는 일이었다.[60]

---

54) 갈라 4, 21—31 ; 5, 2 ; 6, 12—13을 보라.
55) 사도 15, 1을 보라(2, 2에 대한 주석 주 259에서 인용됨).
56) 갈라 2, 17을 보라.
57) 참조. 反—바울로 논쟁 ps.—Clem. *Hom.* 2. 17. 3(HSW, *NT Apocrypha* 2. 122) : "이 지시를 따르는 자는 시몬(즉, 바울로)—그는 나보다 앞서 이방인들에게 맨처음 갔다—이 누구에 의해서 보내졌는지, 그리고 그가 보다 늦게 나타났고, 어둠 위의 빛으로서, 무지 위의 지식으로서, 질병 위의 치료로서 그를 만났던 나는 누구에게 속하는지를 알 수 있다."
58) 갈라 3, 25 ; 5, 18 ; 또한 5, 6 ; 6, 15. 59) 참조. 4, 9—11.
60) 참조. *Ep. Pet.* 2. 3 (ps.—Clem. *Hom.*; 또한 HSW, *NT Apocrypha* 2. 112) : "왜냐하면 이방인들 가운데서 온 어떤 이들은 나의 〔베드로의〕 정당한 전도를 거부하고 나의 적〔바울로〕인 그 사람의 불법적이고 모순된 교설을 좋아했기 때문이다"(*τινὲς γὰρ τῶν ἀπὸ ἐθνῶν τὸ δι' ἐμοῦ νόμιμον ἀπεδοκίμασαν κήρυγμα, τοῦ ἐχθροῦ ἀνθρώπου ἄνομόν τινα καὶ*

결론적으로, 갈라디아인들이 어느 정도 바울로에 반대하는 자들의 권고를 받아들여, 할례를 받고, 토라의 성실한 준수자가 되고 그렇게 하여 그것이 보장하는 안전의 "상속자들"이 되고자 마음먹었다는 것은 충분히 이해할 만한 일이다.

3. 편지의 작성시기

가. 역사적 상황

편지를 쓰게 했던 역사적 상황은 일반적으로만 결정될 수 있다(위 2, 다를 보라). 빌하우어(Vielhauer)는 원래의 편지에는 편지쓰는 관습에 따라 날짜가 적혀 있었으나, 편집자에 의해 주소와 날짜가 잘려나갔다고 주장하였다.[61] 이것이 바로 이 편지가 그 시기의 역사적 정황에 관해 아무런 암시도 주지 못하는 이유이다. 실제로, 그 편지를 쓰게 한 원인은(1, 6—7) 바울로가 떠난 후 거의 어느 때나 일어날 수 있었다. 그러나 그 이후의 날짜는 확정될 수 있다. 왜냐하면 바울로는 자신의 편지보다 먼저 일어났었던 그리고 실제로 편지를 쓰게끔 했던 많은 역사적 사건들을 언급하고 있기 때문이다 :

1) 그리스도교 역사의 일반적인 사건들.
예수의 십자가 처형(1, 1 ; 2, 21 ; 3, 1·13 ; 5, 11 ; 6, 14).
바울로의 유다교 신자 시기(1, 13—14·23).
바울로의 "부름받음"(1, 1·11—12·15—16).
바울로의 아라비아 여행과 다마스커스로 돌아옴(1, 17).
"삼 년 후" 바울로의 첫번째 예루살렘 여행(1, 18).
바울로의 시리아와 길리기아 여행(1, 21).
"십 사 년 후"의 예루살렘 회의(2, 1—10).
안티오키아에서의 충돌(2, 11—14).
예루살렘의 가난한 사람들을 위한 모금의 시작(2, 10).
2) 갈라디아 교회들에 관계된 특수한 사건들

φλυαρώδη προσηκάμενοι διδασκαλίαν). 부록 3. A를 보라.
61) *Geschichte*, 66, 71.

교회의 설립(1, 6—9 ; 4, 13—14·19).
반대자들의 교회 침투(1, 6—9 ; 4, 17 ; 5, 7—12 ; 6, 12—13).

바울로 자신은 회중 속에서 이전에 일어난 사건들이 그의 편지를 필요로 했으며, 이 편지는 이 상황에 대한 자신의 응답이라고 주장한다. 그 편지 자체 내에서 우리는 세 시기를 구분해낼 수 있다 : 갈라디아인의 열광주의가 시작되는 시기(3, 1—5 ; 4, 13—15를 보라) ; 그 시기의 끝(4, 15) 그리고 반대자들의 등장 ; 마지막으로, 그의 교회들의 신뢰를 다시 얻으려는 바울로의 노력. 얼마나 오랫동안 이 시기들이 지속되었는지 우리는 알지 못한다. 우리는 바울로가 반대파의 위협에 응함에 있어서 오래 기다리지 않았다고 감히 말할 수 있을지 모른다.[62]

갈라디아서에서 언급된 사건들의 그 어느것도 정확한 연대를 추정할 수 없지만,[63] 학자들은 몇가지 연대를 확정하기 위해 최선을 다하였다.[64] 그러나 이 모든 시도들은 사도행전에 있는 바울로의 선교 여

62) 갈라 1,6의 "그렇게도 속히 돌아서서"라는 귀절에 대해서 어느것도 연대기적으로 어림될 수 없다. 그 주석을 보라.

63) 바울로의 고린도 방문만은 확인할 수 있다(사도 18, 11—17). 델피(Delphi)에서 발견된 비문에서 알 수 있는 바와같이, 사도 18, 12에서 언급된 로마 총독 갈리오는 51/53 또는 51/52년 봄에 근무하였다. 이 비문에 대해서는 다음 참조. André Plassart의 신판, *Fouilles de Delphes* 3.4 (Paris: de Boccard, 1970) no 286, pp. 26ff ; 같은 저자, "L'inscription de Delphes mentionnant le proconsul Gallion," *REG* 80 (1967) 372—78 ; James H. Oliver, "The Epistle of Claudius which Mentions the Proconsul Junius Gallio," *Hesperia* 40(1971) 239f. 토론을 위해서는 다음 참조. C.K. Barrett, ***The New Testament Background: Selected Documents*** (London: SPCK, 1958) 48f ; George Ogg, ***The Chronology of the Life of Paul*** (London: Epworth, 1968) 104—11 : Suhl, ***Paulus***, 324—27 ; Klaus Haacker, "Die Gallio-Episode und die Paulinische Chronologie," *BZ* 16 (1972) 252—55 ; Hans Conzelmann, ***Die Apostelgeschichte*** (HNT 7 ; Tübingen: Mohr, Siebeck, ²1972). 사도 8, 12에 관해서 ; 같은 저자, ***1 Corinthians*** (tr. James W. Leitch; ed. George MacRae; Hermeneia; Philadelphia: Fortress, 1975) 12f ; Vielhauer, *Geschichte*, 72f.

64) 최근에 학자들은 停頓상태를 타개하려고 노력하였다. Vielhauer, *Geschichte*, 70—81 ; John C. Hurd, "Pauline Chronology and Pauline Theology," in ***Christian History and Interpretation: Studies Presented to John Knox*** (Cambridge: Cambridge University, 1967) 225—48 ; 같은 저자, "The Sequence of Paul's Letters," *CJT* 14(1968) 89—200 ; Kümmel, ***Introduction***, 252—55 ; Robert Jewett, ***Paul's Anthropological Terms: A Study of Their Use in Conflict Settings*** (AGJU 10 ; Leiden: Brill, 1971) 11ff ; 같은 저자, ***A Chronology of Paul's Life and Letters***(저자의 호의로 볼 수 있었

행의 여행기가 바울로의 여행에 대해 역사적으로 믿을 만한 정보를 제공해 준다는, 그리고 사도행전에 보도되지 않는 여행은 바울로가 하지 않았다는 가설에 의존한다.[65] 그러나 사도행전의 기록들은 같은 사건들을 언급하는 갈라디아서의 보도와 조화를 이룰 수 없다는 것이 논증되어 왔다.[66] 더우기, 갈라디아 교회들의 중요한 사건들이 사도행전에서는 언급되지 않는다. 예를 들어 교회의 설립과 반대자들에 대한 바울로의 투쟁 같은 것이다.[67] 그러므로, 사도행전에서 갈라디아서를 위한 자리를 발견하려는 시도들은 쉽사리 무너질 수 있는 기초에 의존하고 있다.

만일 사도행전 18장 23절이[68] 갈라디아의 교회들을 염두에 두었다면, 바울로의 방문은 두번째 방문이었음에 틀림없다. "모든 신도에게 새 힘을 주었다"는 것은 그 교회들이[69] 더 일찍 방문했을 때 세워졌다는 것을 전제한다. 더 이른 방문은 사도행전 16장 6절에서 언급된 방문과 동일시될 수 있다.[70] 이 첫번째 방문은 그러면 갈라디아서 4장 13절과, 그리고 바울로로 하여금 아시아에서 말씀을 선포하지 못하게 하는 성령에 대한 사도행전의 진술이 사실상 바울로의 병 —갈라디아에서의 그의 체류의 원인이 된— 을 언급한다는 가설과 관계될 수 있다.[71] 우리는 바울로가 그의 원래 계획과는 달리 갈라디아에서 체류했으며, 그리고 그가 아픈 동안 아무 것도 할 수 없었기 때문에, 교회를 세웠다는 것을 믿도록 요구받는다. 갈라디아서에서 두번째 방

던 간행되지 않은 원고) ; Suhl, *Paulus*.

65) 여행기에 관해서는 다음 참조. Ernst Haenchen, *Acts of the Apostles* (Philadelphia: Westminster, 1971) 84ff ; Viehauer, *Geschichte*, e.g., 71f, 76ff, 108, 388ff.

66) 비판적 토론을 위해서는 특히 Viehauer, *Geschichte*, 70—81을 보라.

67) Martin Dibelius (*Studie in the Acts of the Apostles* [London: SCM, 1959] 148f)와 Vilhauer (*Geschichte*, 74—81, 108, 125)는 사도행전의 저자가 여러 점에서 바울로의 여행기를 단축시켰다고 가정한다. 그런 경향 때문에 사도행전의 저자는 바울로의 투쟁에 대한, 또 심지어는 갈라디아 교회들에 대한 정보를 생략했을지도 모른다.

68) "거기서 얼마동안 있다가 떠나 갈라디아 지방과 브루기아 지방을 차례로 다니며 모든 신도에게 새 힘을 주었읍니다."

69) Vielhauer (*Geschichte*, 108)가 바르게 지적하는 바와 같이, "모든 신도"는 루가의 용어이며 교회들을 언급한다(사도 14, 22—23을 보라).

70) Vielhauer (앞 책, 79, 108ff)는 소위 "두번째 선교 여행"(사도 15, 40—18, 22)의 날짜로서 48년 봄부터 51년 여름/가을을, 그리고 갈라디아 교회들의 설립 날짜로서 49년을 제안한다(p. 110).

71) 그러므로 이제 또한 Viehauer, 앞 책, 79.

간을 위한 귀절을 ―사도행전 16장 6절[72]에 있는 두번째 방문과 동일시 될 수 있는― 발견하려는 일부 학자들의 시도 역시 상상에 의한 것이다. 그런 가능성은 "맨 처음에" 또는 "이전에"를 뜻할 수 있는 τὸ πρότερον(갈라 4, 13)이란 용어에 의해서 열려 있다. 후자의 의미는 두번째 방문의 여지를 남겨놓는 것 같으며, 두번째 방문을 원하는 사람들에 의해서 지지된다. 그들은 그 다음에 전자의 의미를 "완전히 여분적인"[73] 것으로 선언한다. 그러나 문제는 누군가가 갈라디아서 4장 13절에서 두 번의 방문들을 발견하려고 하는지 하는 점이다―만일 그가 사도행전 18장 23절 때문에 그것들을 찾지 않는다면 말이다.[74] 4장 13절과 1장 9절을 관련시키는 문제가 또한 있다 : 만일 τὸ πρότερον(4, 13)이 두번째 방문을 염두에 두고 있다면, 같은 것이 배교자에 대한 저주의 문제를 언급하는 προειρήκαμεν("우리가 전에 말했던 것처럼")이라는 용어에 대해서 가정될 수 있다. 그러나 1장 6―9절의 전 단락이 바울로의 첫번째 방문을 염두에 두고 있다는 것은 ―그가 갈라디아인들에게 복음을 전하고 그들이 그것을 "받아"들였을 때(1, 9)― 거의 의심될 바가 없다. 그러므로, 갈라디아서 자체 안에서는, 교회를 세우고 그 편지를 쓴 사이에 바울로가 두번째로 갈라디아를 방문했을지도 모른다는 암시를 찾아볼 수 없다.

나. 바울로 서신들의 연대기

현존하는 바울로 서신들의 연대기적 순서를 정하는 일은 또 하나의 해결되지 않은 문제이다. 갈라디아서에 관해서는 받아들일 만한 증거가 거의 없다.[75] 로마서는 바울로의 마지막 예루살렘 여행 전에 보냈던, 아마도 고린토로부터 보냈던 그의 마지막 편지였기 때문에[76], 갈

72) "성령이 아시아에서 말씀을 전하지 못하게 하시므로 그들은 브리기아와 갈라디아 지방을 그냥 통과하여……."

73) Kümmel, *Introduction*, 302 ; 참조. 또한 Vielhauer, *Geschichte*, 309f.

74) Vielhauer (*Geschichte*, 79f)는 소위 "세번째 선교 여행"(사도 18, 23―21, 17)의 시작으로서 52년 봄을, 그리고 갈라디아 교회에 대한 두번째 방문에 대해서는 빨라도 52년 혹은 53년을 제안한다.

75) 참조. Vielhauer, *Geschichte*, 110f ; Kümmel, *Introduction*, 313f.

76) 로마 15, 25 ; 사도 20, 2―3을 보라. 참조. Kümmel, *Introduction*, 311, 그러나 로마서의 구성적 성질은 부가적인 문제들을 만든다 ; Walter

라디아서가 로마서 이전에 씌어졌다는 것은 거의 확실하다. 만일 갈라디아서와 다른 바울로 서신들 사이의 관계를 결정하는 것이 가능하다면 더 많은 사실들이 밝혀질 수 있을 것이다. 그런 시도들이 최근에 있었으나, 우리가 보기에는 성공적이지 못했다.[77] 갈라디아의 2장 10절과 고린토전서 16장 1—4절에서 예루살렘의 가난한 사람들을 위한 모금에 관해 언급하는 것들은 그 서신들의 연대기적 순서를 가리키는 데 아무런 토대도 제공하지 않는다.[78] 사상의 발전은 갈라디아서와 로마서 사이에서 일어났다는 것이 입증될 수 있을 것이지만[79] 그러나 갈라디아서와 다른 바울로 서신들 사이에서는 입증될 수 없다. 갈라디아서와 고린토후서 10—13장 사이에는 유사성들이 있지만, 그것들은 두 서신의 어떤 연속된 순서나 심지어 그 두 서신이 시기상 비슷한지조차도 입증하지 못한다.[80]

다. 갈라디아서의 연대

앞에서 논했던 점들의 결과는, 갈라디아서의 연대를 단지 대략 정도만 정할 수 있다는•것이다. 학자들은 보다 이른 시기부터 보다 늦은 시기까지의 모든 가능성들을 제시한다.[81] 그러한 가능성들은 추측에 근거한 것으로서 대단히 불확실하며, 다른 입증되지 않은 가설들이나 또는 침묵으로부터의 주장들에 토대를 두고 있다는 것이 주목되

Schmithals, *Der Römerbref als historisches Problem* (Gütersloh: Mohn, 1975).

77) Charles Buck와 Greer Taylor에 의한 최근 연구를 보라. *Saint Paul: A Study of the Development of His Thought* (New York: Scribner, 1969), 특히 82ff ; Udo Borse, *Der Standort des Galaterbriefes* (Köln: Hanstein, 1972) ; Mussner, pp. 9—11 ; Suhl, *Paulus*, 217ff.

78) 참조. Borse(앞 책, 32ff)에 의한 조직적인 시도, 그러나 그의 방법은 대단히 추론적이다.

79) 참조. Borse, 앞 책, 120ff.

80) 참조. Borse, 앞 책, 84ff ; Mussner p. 10에 의해서 추종된다.

81) 여러 가설들의 논의에 대해서는 개론서들을 보라. 특히 Wikenhauser and Schmid, *Einleitung*, 417—19 (A.D. 54—58) ; Kümmel, *Introduction*, 304 (A.D. 54—55) ; 더 보려면 John Knox, "Galatians Letter to the", *IDB* 2 (1962) 342f ; Jewett, *Chronology* (winter of 53 ; 위의 주 64) ; Günther Bornkamm, *Paul* (tr. D.M.G. Stalker; New York: Harper & Row, 1971) 241 (A.D. 54) ; Borse, *Standort*, 175 (A.D. 57—58) ; Suhl, *Paulus*, 217ff, 343 (A.D. 54).

어야 한다. 대체로, 이른 날짜가 늦은 날짜보다 더 그럴 듯하다. 바울로의 신학적 입장은 로마인들에게 보낸 후기의 편지와 다르다. 사실상, 그것은 "열광주의적" 또는 심지어 "영지주의적" 입장과 거의 비슷하다.[82] 바울로는 오해들에 대해서 자신을 보호할 필요를 찾는 것이 아니라, 무조건 "성령"을 강조한다. 그 편지는 바울로와 그의 반대자들 간에 있었던 분쟁의 진전된 단계라기보다는, 시작 단계에 속한다. 가장 그럴 듯한 연대는 소아시아에서의 바울로 선교의 중간 시기가 시작된 때로 귀착되는 것 같다. 첫번째 시기는 갈라디아 교회들을 세웠던 때였다. 편지를 쓴 연대로서 50—55년 사이의 연도들이 합리적인 추측으로서 받아들여질 수 있을 것이다.[83]

라. 갈라디아서의 발신지

갈라디아서 자체에는 그것을 발신한 장소에 대한 암시가 전혀 없다. 그 때문에 갈라디아서 발신지에 대한 여러가지 추론이 가능했다. 마르시온의 서언은 그 편지가 에페소로부터 보내졌다고 하는데 대부분의 학자들이 여기에 동의하는 경향이 있다.[84] 서언에 있는 정보의 출처는 알려져 있지 않다. 많은 필사본들에 특히 𝔎 전승과 시리아본들의 필사본들에 들어있는 하부난외표기(*subscriptio*)의 진술의 출처 역시 알려져 있지 않다. 그에 따르면, 로마가 갈라디아서의 발송지로 되어 있다.[85] 사도행전에 있는 바울로의 여행기를 기초로 하여, 학자들은

---

82) *SEÅ* 39 (1974), 155—60에 있는 나의 논문을 보라. 또한 Kurt Niederwimmer, "Die Freiheit des Gnostikers nach dem Philippusevangelium. Eine Untersuchung zum Thema: Kirche und Gnosis," in *Verborum Veritas: Festschrift für Gustav Stählin zum* 70. *Geburtstag* (Wuppertal: Brockhaus, 1970), 361—74.

83) Vielhauer (*Geschichte*, 110f) 역시 갈라디아서에 대한 늦은 날짜를 거부한다. 그는 바울로가 "에페소서 머물던 2년이나 3년 동안에" 그것을 썼다고 가정한다(52—54/55). 또한 Hebert Braun, "Christentum I. Entstehung," *RGG*³ 1.1693—94를 보라.

84) 위 주 15를 보라.

85) *Novum Testamentum Graece*에 있는 *apparatus criticus*를 보라. ……curavit Eberhard Nestles, ...Erwin Nestle et Kurt Aland (Stuttgart: Württembergische Bibelanstalt, ²⁵1963) ; Bruce M. Metzger, *A Textual Commentary on the Greek New Testament* (London and New York: United Bible Societies, 1971), 599.

에페소[86], 마케도니아[87], 또는 고린토[88] 등을 주장한다. 이 모든 장소들이 가능한 것처럼 다른 곳들도 마찬가지로 가능하다.

4. 갈라디아서의 텍스트

이 주석은 어윈 네슬(Erwin Nestle)과 쿠르트 알란드(Kurt Aland)의 *Novum Testamentum Graece*의 26판에 의존하고 있다.[89] 25판과 비교해볼 때 많은 부분이 변경되지는 않았다. 변경된 부분은 아래에 일일이 밝혀 놓았다. 거기에 대한 토론에 대해서는 주석의 각 단락을 보라.

	Nestle-Aland 25판	*Nestle-Aland* 26판
1장 6절	ἐν χάριτι Χριστοῦ	ἐν χάριτι [Χριστοῦ]
1장 15절	εὐδόκησεν	εὐδόκησεν [ὁ θεός]
1장 18절	τρία ἔτη	ἔτη τρία
2장 14절	οὐκ 'Ιουδαϊκῶς	οὐχὶ 'Ιουδαϊκῶς
2장 16절	εἰδότες δέ	εἰδότες [δέ]
2장 16절	χριστοῦ 'Ιησοῦ	'Ιησοῦ Χριστοῦ
3장 14절	'Ιησοῦ Χριστῷ	Χριστῷ ['Ιησοῦ]
3장 19절	ἄχρις ἄν	ἄχρις οὗ
3장 21절	ζωοποιῆσαι	ζῳοποιῆσαι
4장 9절	δουλεῦσαι	δουλεύειν

86) 예, Schlier, 18 ; Bornkamm, *Paul*, 241 ; Wikenhauser and Schmid, *Einleitung*, 418f ; Suhl, *Paulus*, 217f ; Vielhauer, *Geschichte*, 111 ; Kümmel, *Introduction*, 304 : Ephesus or Macedonia.

87) Borse, *Standort*, 79f, 175 ; Mussner, 9f.

88) Burton, p. xlvii ; Pierre Bonnard, *L'épitre de Saint Paul aux Galates* (CNT 9 : Neuchâtel and Paris: Delachaux & Niestlé, ²1972), 14. Werner Foerster에 따르면("Abfassungszeit und Ziel des Galaterbriefes," in *Apophoreta: Festschrift für Ernst Haenchen* [BZNW 30 ; Berlin: Töpelmann 1964] 135—41) 갈라디아서는 고린토로부터 예루살렘으로 여행하는 동안 씌어졌다.

89) 26판에서의 변경에 관한 목록에 대해 나는 Kurt Aland에게 은혜를 입고 있다.

4장 23절 ἀλλ' ὁ (μέν) ἀλλ' ὁ μέν
4장 23절 διὰ τῆς ἐπαγγελίας δι' ἐπαγγελίας
4장 24·25절 Σινά Σινᾶ
5장 7절 ἀληθείᾳ (τῇ) ἀληθείᾳ
5장 24절 Χριστοῦ 'Ιησοῦ Χριστοῦ ('Ιησοῦ)
6장 12절 Χριστοῦ ('Ιησοῦ) Χριστοῦ

갈라디아서의 텍스트는 바울로의 전체적인 자료의 전승과 관련하여 논의되어야 한다.[90] 가장 중요한 증거들은 다음과 같다:

1) 파피루스

P[46](200년경), 빠진 것은 갈라 1, 9; 2, 10—11; 3, 1; 4, 1·19; 5, 18—19; 6, 9.[91]

P[51](400년경), 갈라 1, 2—10·13·16—20[92] 포함.

2) 갈라디아서나 또는 그것의 일부를 포함하고 있는 사본들[93]

ℵ Codex Sinaiticus(4세기)

A Codex Alexandrinus(5세기경)

B Codex Vaticanus(4세기)

C Codex Ephraemi Syri Rescriptus(5세기)

D Codex Claromontanus(6세기)

90) 바울로 서신들의 본문의 역사에 관해서는 다음을 보라. Hans Lietzmann, "Einführung in die Textgeschichte der Paulusbriefe," in *An die Römer* (HNT 8; Tübingen: Mohr, Siebeck, [5]1971) 1—18; Bruce M. Metzger, *The Text of the New Testament* (Oxford: Oxford University, [2]1968); Kümmel, *Introduction*, 511—54; Kurt Aland, *Kurzgefasste Liste der griechischen Handschrifen des Neuen Testament* (Berlin: de Gruyter, 1963); 같은 저자, "Die griechichen Handschriften des Neuen Testament: Ergänzungen zur 'Kurzgefassten Liste'," in *Materialien zur neutestamentlichen Handschriftenkunde* (Berlin: de Gruyter, 1969) 1—53. 또한 Burton, lxxiv-lxxxii; Mussner, 33f를 보라.

91) 다음을 보라. Günther Zuntz, *The Text of the Epistles: A Disquisition upon the Corpus Paulinum* (London: British Academy/Oxford University, 1953); Aland, *Liste*, 31f; 같은 저자, "Das Neue Testament auf Papyrus," in *Studien zur Überlieferung des Neuen Testaments und seines Textes* (Berlin: de Gruyter, 1967) 91—136; Metzer, *Text*, 252; Kurt Aland (ed.), *Repertorium der griechischen christlichen Papyri, I: Biblische Papyri* (Patristische Texte und Studien 18; Berlin: de Gruyter, 1976) 773—76.

92) Aland, *Liste*, 32; Metzger, *Text*, 252; Aland, *Repertorium*, 281을 보라.

93) Aland, *Liste*, 37ff; 같은 저자, *Materialien* 1.7ff, 22ff; Metzger, *Text*, 42ff를 보라.

F Codex Augiensis(9세기), 2개국어 병용
G Codex Boernerianus(9세기), 행간에 라틴어
H Codex Euthalianus(6세기)
I Codex Freerianus(5/6세기)
K Codex Mosquensis(9/10세기)
L Codex Angelicus(9세기)
P Codex Porphyrianus(10세기)
Ψ Codex Athous Laurae(8/9세기)
049 (8/9세기)
056 (10세기)
062 (5세기), 갈라 4, 15—5, 14 포함
075 (10세기)
0122 (9세기), 갈라 5, 12—6, 4 포함
0142 (10세기)
0158 (5/6세기), 갈라 1, 1—13 포함
0174 (5세기), 갈라 2, 5—6 포함
0176 (4세기), 갈라 3, 16—25 포함
0254 (5세기), 갈라 5, 13—17 포함
0261 (5세기), 갈라 1, 9—12·19—22 ; 4, 25—31 포함

3) 고대 라틴어 본들[94)]

그 전승은 2개 국어 병용의 언셜체(uncial)인 D,F, 행간에 라틴어역이 있는 프라이징 단편들(Freising fragments), 그리고 마르시온, 터툴리안, 키프리안의 글들에 있는 인용문을 포함하고 있다.

4) 교부들 문헌에서 갈라디아서 인용.[95)]

94) 다음을 보라. Metzger, *Text*, 72ff ; Karl Theodor Schäfer, *Die Überlieferung des altlateinischen Galaterbriefes* (Braunsberg, 1939 [*non vidi*]) ; Bonifazius Fischer, "Das Neue Testament in lateinischer Sprache: Der gegenwärtige Stand Seiner Erforschung und seine Bedeutung für die griechische Textgeschichte," in Kurt Aland (ed.), *Die alten Übersetzungen des Neuen Testaments: die Kirchenväterzitate und Lektionare* (Arbeiten zur neutestamentlichen Textforschung 5 ; Berlin: de Gruyter, 1972) 1—92, 특히 67—73.

95) *Biblia Patristica: Index des citations et allusions bibliques dans la littérature patristique* (Paris: Editions du Centre National de la Recherche Scientifique, 1975) 481—89를 보라. 또한 Metzger, *Text*, 86ff ; Kümmel, *Introduction*, 538—40.

5. 갈라디아서의 문학적 구성과 기능[96]

바울로의 갈라디아서는 그레꼬-로마의 수사학과 서간문학에 따라 분석될 수 있다.[97] 이 가능성은 바울로의 수사학적이며 문학적인 수련과 문화에 대한 관계라는 전반적인 문제를 제기하는 바, 아직까지 적절하게 논의되지 않았던 문제이다.

19세기 말과 20세기 초의 독일 학자들은, 바울로의 편지들을 어떻게 분류해야 하는지, 그것들을 문학적으로 또는 비문학적으로 분류할 수 있는지, 또는 헬레니즘의 수사학에 영향을 받았는지의 문제로 날카롭게 대립되었다. 빌렌도르프 (Ulrich von Wilamowitz-Moellendorff)[98]와 디벨리우스(Martin Dibelius)[99] 같은 사람들은 고대의 위대한 편지 작가들

96) 여기 나타난 사상들은 나의 논문 "The Literary Composition and Function of Paul's Letter to the Galatians, *NTS* 21 (1975) 353—79에서 처음 발표되었다. 또한 Hans Dieter Betz, "Galatians, Letter to the, *IDBSup* 352f를 보라.

97) 비록 적어도 루터가 1535년의 그의 주석에서 구성상의 그리고 수사학적인 문제들에 큰 관심을 나타내고 있지만, 전에는 이 사실이 명백하게 인식되지 못했다. Joseph Barber Lightfoot는 여전히 가치있는 자신의 갈라디아서 주석에서(*Saint Paul's Epistle to the Galatians* [London: Macmillan, 1865, [10]1890]), 하나의 윤곽을 그리고 있다. 거기서 그는 처음 두 장에 대해서는 "이야기체의", 3—4장에 대해서는 "논장적인", 5, 1—6, 10에 대해서는 "권고적인"이라는 용어를 사용한다. 만일 우리가 그레꼬·로마의 수사학에 따라서 그 편지를 분석한다면, 이것들은 실제로 적합한 용어들이다. 그러나 Lightfoot는 그가 이 사실을 알고 있었는지에 대해 시사하는 바 없다. Gerhard Ebeling 교수는(1975년 7월 17일자 편지) 멜랑히톤이 수사학적인 표준에 따라서 갈라디아서를 분석했다는 사실에 나의 주위를 환기시켜 주었다. 그의 *Commentarii epistolam Pauli ad Romanos* (Wittenberg, 1532), ed. Rolf Schäfer, in *Melanchthons Werke in Auswahl* 5 (Gütersloh: Mohn, 1965)를 보라. 특히 373—78의 서술을 보라. 또한 Rolf Schäfer, "Melanchthons Hermeneutik im Römerbrief-Kommentar von 1532," *Zthk* 60(1963) 216—35 참조.

98) "Die Griechische Literatur des Altertums," in *Die Kultur der Gegenwart* (Teil 1 ; Abteilung 8 ; Berlin und Leipzig: Teubner, [2]1907) 159f.

99) *Geschichte der urchristlichen Literatur* (Munich: Kaiser, [2]1975) 95—100 ; 또한 Gal, 105f를 보라.

가운데 바울로를 포함시켰지만, 오버벡크(Franz Overbeck),[100] 벤트란트(Paul Wendland),[101] 그리고 노덴(Eduard Norden)[102] 같은 학자들은 그러한 판단에 대해 강력하게 반대했는데, 그렇게 반대하는 경향이 우세했던 것처럼 보인다. 그러나 오늘날 그들의 논쟁들을 읽을 때, 이데올로기의 영향을 많이 받지 않았나 하는 의심이 생긴다. 그 뒤의 20세기 학자들은 바울로 서신들이 "혼동"되어 있다는 점에 기본적으로 일치하고 있는 것으로 보이는데, 그들은 그 혼동이 감정적 동요나 "받아쓰기"(Diktierpausen)에 의해서 일어난 것인지 또는 "라삐"의 방법론에 의한 것인지에 대해서만은 동의하지 않는다.[103]

바울로의 갈라디아서는 "변증적인 편지" 형식의 표본이다. 물론, 이 가설에 대한 증거는 그 편지의 구성을 분석함으로써 얻어내야 하나, 우리가 이 주제로 돌아서기 전에, 적어도 변증적 편지라는 문학 장르에 대해 몇가지 언급하고 넘어갈 필요가 있다.[104] 모미글리아노(Arnaldo Momigliano)는 1968년 하바드 대학에서 "그리스 전기문학의 발달"이라는 제목으로 강좌를 하면서 여러가지 문학 장르들의 상호관계를 강조했는데, 그것은 하나의 커다란 공헌이었다.[105] 기원전 4세기에 발생한 변증 서간의 장르[106]는 편지 형태뿐만 아니라 자서전과 변증적 연설의 장르들도 전제한다. 그것들은 또한 문학적 표현의 더 오래된 형

---

100) "Über die Anfänge der patristischen Literatur," *Historische Zeitschrift* 84 (1882) 417—72.

101) *Die urchristlichen Literaturformen* (HNT 1. 2—3 ; Tübingen: Mohr, Siebeck, $^{2-3}$1912) 342ff. 갈라디아서에 관해서 벤트란트는 다음과 같이 말한다(349) : "주의깊게 계획된 윤곽에 따라서 그리고 논리적으로 생각된 전체로서 그 편지의 내용을 파악하고자 하는 주석은 길을 잃게 될 것이다."

102) *Die antike Kunstprosa* (Darmstadt: Wissenschaftliche Buchgesellschaft, ^{5}1958), 492ff.

103) 이것의 예는 Wilhelm Koepp," "Die Abraham-Midraschimkette des Galaterbriefes als das vorpaulinische heidenchristliche Urtheologumenon", *Wissenschaftliche Zeitschrift der Universität Rostock*, 2. Jg.; H. 3. ; Reihe Gesellschafts-und Sprachwissenschaften (1952—53) 181—87.

104) 또한 나의 책 *Der Apostel Paulus und die sokratische Tradition* (BHTh 45 ; Tübingen: Mohr, Siebeck, 1972) 2장을 보라.

105) *The Development of Greek Biography* (Cambridge: Harvard University, 1971) ; 동저자, "Second Thoughts on Greek Biography," *Mededelingen der Koninklijke Nederlandse Akademie van Wettenschappen*, Afd. *Letterkunde, nieuwe reeks* (deel 34 ; no. 7 ; [1972]).

106) Momigliano, *Biography*, 62.

태들이라 할 수 있다. 희랍문학에서 이 모든 장르들은 유명한 예들을 갖고 있다. 그것들 중에서 우리는 플라톤의 가짜 소크라테스 자서전만을 언급할 필요가 있다; 순전한 변증적 자서전인 이소크라테스(Isocrates)의 *Περὶ ἀντιδόσεως*에서 그것의 모방, 그리고 데모스테네스(Demosthenes)의 자기 변증인 *De corona*. 이러한 예들은 그들을 모방했던 후대의 필자들을 고무시켰다. 예컨대, "브루투스"(*Brutus*)에서의 키케로(Cicero) 또는 "자서전"(*Oratio* 1)에서의 리바니우스(Libanius).[107]

모미글리아노는 또한 소크라테스학파가 변증 서간문의 장르를 창조한 데 책임이 있다고 하는데[108] 그것의 가장 유명한 예는 플라톤의 "편지 7"(*Ep.* 7)이다. 이 편지와 다른 플라톤의 편지들의 진정성은 현재 학자들이 열띤 토론을 벌이고 있는 문제이나[109], 그 장르 자체에 대한 내용적인 중요성은 없다. "아뭏든 영원한 문제들에 대한 성찰과 개인적 경험을 결합한다는 것은 주목할 만한 시도이다."[110] 그 장르의 후속 역사는 추적하기 어렵다. 왜냐하면 대부분 거기에 적합한 문학이 살아남지 못했기 때문이다.[111]

그러므로, 우리는 고대의 자서전 저술의 역사에서 플라톤의 편지의 정확한 자리를 찾아볼 수 없다. 그러나 우리는 플라톤의 선례(先例)를 에피큐러스, 세네카, 그리고 아마도 성 바울로에게서 막연하게

107) 앞 책, 58—60. 더 많은 참고문헌과 함께. 108) 앞 책, 60—62.

109) 앞 책, 60 주 16, 거기 언급된 문헌과 함께. 그밖에도 Ludwig Edelstein, ***Plato's Seventh Letter*** (Leiden: Brill, 1966)을 보라; 또 ***Pseudepigrapha I: Entretiens sur l'antiquité classique*** 18 (Vandoeuvres-Geneva: Fondation Hardt, 1972)에 있는 N. Gulley와 G.J.D. Aalders의 논문들; Jonathan A. Goldstein, ***The Letters of Demosthenes*** (New York: Columbia University, 1968) 7장: "The Forms of Ancient Apology and Polemie, Real and Fictitious."

110) Momigliano, ***Biography***, 62.

111) Momigliano는 소위 "견유학파의 편지들"을 언급하지 않는다. 그것들은 초대 그리스도인들의 편지들과 관련해서 주의깊게 연구될 가치가 있는 서간문학의 주요한 부분이다. Rudolf Hercher가 편집한 ***Epistolographi Graeci*** (Paris: Didot, 1873) 208—17, 235—58; Franz H. Reuters, ***Die Briefe des Anacharsis, griechisch und deutsch*** (Berlin: Akademie-Verlag, 1963); Rodolfo Mondolfo and Leonardo Tarán, ***Eraclito: Testimonianze e imitazioni*** (Florence: "La Nuova Italia," 1972) 참고문헌과 함께; 또 John Strugnell aud Harold Attridge, "The Epistles of Heraclitus and the Jewish Pseudepigrapha: A Warning," *HTR* 64(1971) 411—13; Rudolf Kassel," Der siebente pseudoheraklitische Brief auf Pergament und Papyrus," *ZPE* 14 (1974) 128—32.

나마 느끼게 된다.[112]

모미글리아노의 마지막 말 —"그리고 아마도 성 바울로"— 은 다소 뜻밖에 그리고 아무런 설명없이 씌어있다. 그러나 그렇게 언급한 이유가 무엇이든지간에, 이 편지를 문학적으로 분석해보면, 그것이 확실히 옳다는 것, 그리고 조심스럽게 사용된 "아마도"라는 말이 더 이상 필요하지 않다는 것을 알게 된다.

갈라디아서의 편지 골격은 쉽게 인지될 수 있으며 쉽게 본론과 구별될 수 있다. 실제로 그것은 너무 쉽게 분리되어서 거의 편지 본론을 위한 밖에 있는 일종의 괄호처럼 보인다. 그렇지만, 그 편지의 틀과 본론 사이의 몇가지 상호관계들은 양 요소들이 각각 일부분으로 같은 구성이라는 것을 지시해준다.[113] 추신(6, 11—18)은 서간문의 관례로서 뿐만 아니라 또한 수사학적 특징으로 검토되어야 한다. 수사학적으로, 그것은 편지의 본문을 형성하는 그리고 전통적인 구조에 따라 구성되는 변증적 연설의 맺음말(*peroratio* 혹은 *conclusio*)으로 쓰인다(참조. 6, 11—18에 대한 주석). 다음에서 갈라디아서의 구성을 분석하기 위한 시도가 제시되고 있다. 이 분석은 또한 편지의 표면적인 구조를 보여준다. 그밖에도, 이 편지의 기능, "전승들과 교리적 전제들"(6) 그리고 "논점"(7)을 고려해야 한다. 편지의 단락들에 관한 이 밖의 논의와 참고문헌은 이 단락들을 소개하는 주석 본문에서 찾아보면 될 것이다.

Ⅰ. 편지의 전문 : 1, 1—5

1, 1a A. 주 발신인의 이름과 칭호

1, 1b B. "사도" 칭호의 정의

1. 부정적으로 : "사람에게서 온 것도 아니요 사람을 통하여 된 것도 아니요"
2. 긍정적으로 : "예수 그리스도와……하느님 아버지에게서"
3. 그리스도론적 언급에 의한 "에게서"의 해석 : "그를 죽은 자들 가운데서 다시 살리신"

1, 2a C. 공동 발신인들의 언급

1, 2b D. 수신인들의 지명

1, 3—4 E. 인사

112) Momigliano, *Biography*, 62.

113) 우리가 그 편지의 전문(前文)과 본문의 여러 부분들 간의 밀접한 관계를 발견하는 곳은 정확히 확대된 지점들에서다 : 제목과 그것의 규정(갈라 1, 1), 그리고 그리스도론적—구원론적 진술들(1, 4).

1. 인사
2. "주 예수 그리스도"의 해석
a. 그리스도론적 진술(자기희생의 法式) : "우리 죄를 속하기 위하여 자기 자신을 바치셨읍니다"
b. 두 개의 구원론적 진술들
1) 그리스도의 죽음에 대해서 : "우리를 이 악한 세대에서 건져내시려고"
2) 하느님의 뜻에 대해서 : "하느님 우리 아버지의 뜻을 따라"

1,5 F. "아멘"으로 끝맺는 송영

Ⅱ. 서설(*exordium*) : 1,6—11

1,6—7 A. 원인(*causa*)에 대한 진술
1,6 1. 원인의 예비적인, 반어적 진술
1,7a 2. 자기 정정
1,7b 3. 원인에 대한 정정된 재진술
1,8—9 B. 두 차례의 저주
1,8 1. 조건부 저주를 말함
1,9a 2. 반복 법식
1,9b 3. 다시 저주를 말함
1,10—11 C. 전환(*transitus* 또는 *transgressio*)
1,10 1. 두 개의 수사학적 질문의 형태로 부인(10절 ab) 그리고 가설적 결론(10절 c)
1,11 2. 다음의 "사실 진술"(1,12—2,14)에 대한 논점 소개
3. 호칭 : "형제들이여"

Ⅲ. 진술부(*narratio*) : 1,12—2,14

1,12 A. "사실 진술"에서 증명될 논제
1,12a 1. 부정적으로 : "그것은 내가 사람에게서 받았거나 사람에게서 배운 것이 아니라…….."
1,12b 2. 긍정적으로 : "예수 그리스도께서 주신 계시를 통하여 받은 것입니다."
1,13—24 B. 첫번째 부분 : 바울로의 출생부터 소아시아에서의 선교까지
1,13—14 1. 그리스도교 신앙으로 개종하기 전 유다인으로서의 바울로의 행동
1,13a a. 갈라디아인들에게 알려진 정보 언급 : "……여러분이 이미 들은 줄 압니다."
1,13b b. 바울로의 교회 박해에 대한 언급

1, 14 c. 유다교에서의 바울로의 위치 언급

1, 15—17 2. 그리스도교로의 개종부터 예루살렘에 있는 게바 방문까지의 바울로의 그리스도인으로서의 행동

1, 15a a. 하느님의 바울로 선택에 대한 언급

1, 15b—16 b. 하느님으로부터의 바울로의 소명에 대한 언급

1, 15b 1) 하느님으로부터의 소명

1, 16a 2) 바울로에게 나타난 그리스도의 계시

1, 16b 3) 위탁

1, 16c—17 c. 개종에 즉시 뒤따른 바울로의 행동에 대한 언급

1, 16c 1) 살과 피에 의논하지 않음

1, 17a 2) 예루살렘에 있는 다른 사도들을 방문하지 않음

1, 17b—c 3) 아라비아 여행과 다마스커스로의 귀환

1, 18—19(20) 3. 바울로의 첫번째 예루살렘 방문

1, 18a a. 예루살렘 방문 이전의 시기에 대한 언급

b. 방문한 사람에 대한 언급

1, 18b c. 방문 기간에 대한 언급

1, 19 d. 방문한 사람들에 대한 추가 언급

1) 다른 사도들을 방문한 것에 대한 부인

2) 예외 : 야고보 방문

1, 20 e. 맹세 : 사실의 확인

1, 21 4. 예루살렘 방문 후의 바울로의 행동 : 시리아와 길리기아에서의 선교시작

1, 22—24 5. 바울로의 유다 교회들과의 관계에 대한 평가

1, 22 a. 그가 그들에게 개인적으로 알려지지 않았다는 사실에 대한 진술

1, 23a b. 그가 소문에 의해서 그들에게 알려져 있다는 사실에 대한 진술

1, 23b c. 유다의 교회들 사이에 퍼져 있는 바울로에 대한 정보의 인용

1, 24 d. 바울로의 선교 활동에 대한 그들의 적극적인 반응에 대한 진술

2, 1—10 C. 두번째 부분 : 바울로의 두번째 예루살렘 방문

2, 1—2a 1. 여행에 관한 사실들에 대한 언급

2, 1a a. 여행 전의 시간에 대한 언급

2, 1b b. 대표단원 언급

2, 2a c. 여행의 동기 언급 : 계시

2,2b—10 2. 예루살렘에서 바울로가 취한 행동들
2,2b—d a. 그의 복음에 대한 설명 언급
2,2b 1) 총회에서(?)
2,2c 2) 권위자들과의 개별적인 만남에서
2,2d 3) 설명의 목적 진술
2,3 b. 그의 반대자들과의 만남에 대한 진술
1) 결과 언급 : 바울로의 승리
2) 증거 제시 : 디도는 할례받지 않았다
2,4—5 c. 여담(파격구문)
2,4 1) 반대자들의 특징
2,4a a) 반대자들에 대한 바울로의 호칭("거짓 형제들")
2,4b b) 그들의 활동
2,4c c) 그들의 목표
2,5 2) 반대자들에 대한 바울로의 반응
2,5a a) 그의 불굴의 저항을 증거
2,5b b) 그의 목적
2,6—10 d. "권위자들"과의 만남에 대한 언급
2,6 1) "권위자들"의 특성묘사
2,6a a) "권위자들"에 대한 바울로의 호칭("중요한 사람들")
2,6b—c b) "중요한 사람들"에 대한 그의 평가(삽입구)
2,6b (1) 그들의 지위에 대한 평가
(a) 그들의 지위의 본질
(b) 그들의 지위에 대한 현재의 논쟁적 가치
2,6c (2) 앞의 결론에 대한 신학적 이유:신학적 "도그마"의 인용
2,6d—10 2) 만난 결과에 대한 진술
2,6d a) 소극적으로 : 바울로에게 요구된 것이 없었다
2,7—9 b) 적극적으로:그의 복음의 타당성이 공식적으로 인정되었다
2,7 (1) 인정받은 이유를 말함
2,7a (a) 이유의 형태 : 신학적 통찰
2,7b (b) 그 통찰의 내용
2,8 (2) 인식의 일치를 요약(準—법식?)
2,9 (3) 일치를 매듭짓는 공적인 행위
2,9a (a) 일치의 신학적 이유 진술
2,9b—c (b) 예루살렘 쪽에 있는 사람들 열거
2,9b α. 그들의 이름
2,9c β. 그들의 칭호

2, 9d (c) 법적인 악수
2, 9e (d) 이방 그리스도인 쪽의 사람들 열거
α. 그들의 이름
〔β. 칭호 없음 !〕
2, 9—10 (e) 선교를 나누기로 한 합의의 요약(준—법식의 인용?)
2, 10 c) 보충 : 일치 사항의 추가
2, 10a—b (1) 추가로 요구된 사항의 양보
2, 10a (a) 그 한가지 요구로 제한
2, 10b (b) 현재의 논의에 관한 한 그 양보가 대수롭지 않다는 것에 대한 함축적인 설명 : 그것은 "가난한 사람들을 위한 모금"이었다.
2, 10c (2) 추가된 합의에 따르려는 바울로의 현재의 관심을 확인(그는 이 부분만이 효력이 있다는 것을 뜻하는 것일까?)
2, 11—14 D. 세번째 부분 : 안티오키아에서의 충돌
2, 11 1. 그 사건에 관한 사실들 언급
2, 11a a. 그 사건이 일어난 때를 언급
b. 그 사건을 일으킨 사람의 이름 언급
2, 11b c. 바울로가 취한 행동언급
2, 11c d. 바울로의 행동에 대한 이유 언급
2, 12—14 2. 그 사건의 보도와 평가
2, 12 a. 게바의 행동 기술
2, 12a 1) "야고보가 보낸 사람들"이 도착하기 전
2, 12b 2) "야고보가 보낸 사람들"이 도착한 후 그의 행동의 변화
2, 12c 3) 그가 행동을 바꾼 이유
2, 13 b. 다른 유다인들의 행동 묘사
2, 13a 1) 그들과 게바의 행동 변화의 연루
2, 13b 2) 바르나바에 미친 영향, 그리고 그의 행동의 변화
3) 바르나바가 처신을 바꾼 이유
2, 14 c. 바울로와 게바의 대면 보도
2, 14a 1) 그에 반대하는 유다 그리스도인들의 처신에 대한 바울로의 신학적 평가
2, 14b 2) 게바에 대한 그의 공개적인 반대 진술
2, 14c 3) 게바의 자기 모순에 대한 진술(질문의 형태로 된 '딜레마')
a) 유다교에서의 게바의 종교적 지위와 그의 비유다적인 생활 방식을 언급하는 조건절
b) 게바가 그 자신의 행동에 모순되게 이방 그리스도인들에게 요구하는 것을 언급하는 결구

Ⅳ. 주장(*propositio*) : 2, 15—21

2, 15—16 A. 일치점 : 믿음에 의한 인의론(認義論)

2, 15 1. 유다인들로서의 유다 그리스도인들에 대한 자기 정의

a. "유다인들"로서의 자아호칭

b. 유다인들이 되는 것에 대한 근거를 언급 : "나면서부터"

c. 비-유다인들과 대조되는 그들의 특징에 대한 진술("이방 '죄인'이 아닙니다")

2, 16a 2. 그리스도인들로서의 유다 그리스도인들의 자아 정의 : 그리스도인들이 된 것에 대한 근거 진술

a. 근거의 형태를 말함 : "신학적 확신"

b. 신학적 확신의 내용을 언급

1) 인간에 대한 부정적인, 종말론적 판단

2) 그 부정적 판단에 대한 예외

2, 16b—c c. 신학적 확신의 결과를 진술

2, 16b 1) 그리스도인이 되기 이전의 행위 언급

2, 16c 2) 그리스도인이 된 목적 진술

2, 16d d. 신학적 전제의 언급, 성서에 대한 언급과 함께

2, 17—18 B. 불일치점 : 이방 그리스도인들에 대한 결과

2, 17 1. 이방 그리스도인들에 대한 결과의 가설적 언급

2, 17a. 1 a. 첫째 (바른) 전제

2, 17a. 2 b. 두번째 (잘못된) 전제

2, 17b c. (잘못된) 추론

2, 17c d. 잘못된 주장의 거부

2, 18 2. 두번째 (잘못된) 전제

2, 18a a. 법적 정의의 함축된 전제(그 정의는 로마 4, 15b에서 인용된다)

b. 현재의 경우에 대한 그 정의의 적용

1) 현재의 가설적 전제들을 진술

a) 과거의 행동 언급 : "내가 헐었던 것"

b) 과거의 행동에 대한 현재의 역전 언급 : "다시 세운다면…"

2, 18b 2) 앞의 가설적 전제들로부터 끌어낸 결론

2, 19—20 C. 설명

2, 19a 1. 첫번째 신학적 명제

2, 19b 2. 두번째 신학적 명제

2, 20a 3. 세번째 신학적 명제

2, 20b 4. 네번째 신학적 명제

2, 21 D. 논박

2, 21a 1. 비난에 대한 부인
2, 21b—c 2. 그 비난이 잘못된 이유를 진술
2, 21b a. 가설적(잘못된) 전제
2, 21c b. 가설적(잘못된) 결론

V. 증명(*probatio*) : 3, 1—4, 31
3, 1—5 A. 첫번째 논점 : 명백한 증거의 논의
3, 1 1. 반어적인 극찬(*an ironic captatio benevolentiae*)
3, 1a a. 비꼬아 부름
3, 1b b. 반어적, 수사학적 질문
3, 2—5 2. 수신인들에 대한 질문
3, 2 a. 첫번째 단계 : 증거에 대한 질문
3, 2a 1) 서론적인 대화의 수식
3, 2b 2) 수신인들로부터 증거를 끌어내는 질문
〔3) 답변은, 자명하기 때문에, 언급되지 않는다〕
3, 3a b. 비꼬는, 수사학적 질문
3, 3b c. 두번째 단계 : 신학적 일관성에 대한 질문
1) 어순이 바뀐 반제의 형태로 질문
〔2) 답변은 개방된 채로 남겨져 있다〕
3, 4 d. 반신반의(*dubitatio*)
3, 4a 1) 수사학적 질문
3, 4b 2) 절규
3, 5 e. 세번째 단계 : 갈라디아인들의 경험에 대한 질문
1) 갈라디아인들에게 딜레마인 바울로의 첫번째 주장을 말하는 질문
〔2) 답변은 개방된 채로 남겨져 있다〕
3, 6—14 B. 두번째 논점 : 성서로부터의 주장
3, 6 1. 성서로부터 권위있는 귀절을 인용
3, 6a a. 인용 법식
3, 6b b. 창세 15, 6의 인용
3, 7 2. 주석적 명제
3, 7a a. 서론적인 대화의 수식
3, 7b b. 그 명제의 진술
3, 8—13 3. 명제의 증명
3, 8—9 a. 첫번째 증명 : "아브라함의 축복" 해석
3, 8a 1) 해석학적 방법 진술

3, 8b 2) 아브라함과 이방인의 믿음에 의한 의인론 사이의 관계 설명
3, 8c 3) "전승"으로부터 "아브라함의 축복" 인용
3, 9 4) 주석적 결론
3, 10 b. 두번째 증명 : 첫번째 증명의 부정적인 면
3, 10a 1) 주석적 결론
3, 10b 2) 성서로부터 인용
a) 인용 법식
b) 신명 27, 26 인용
3, 11 c. 세번째 증명 : 유다 토라는 하느님 앞에서 의롭다함으로 이끌어 주지 않는다.
3, 11a 1) 주석적 결론
3, 11b 2) 하바 2, 4 인용
3, 12 d. 네번째 증명 : 유다 토라는 믿음에 기초해 있지 않다.
3, 12a 1) 주석적 결론
3, 12b 2) 레위 18, 5 인용
3, 13 e. 다섯번째 증명 : 그리스도의 십자가 처형 해석
3, 13a 1) 주석적 결론 : 그리스도론적 도그마 인용
3, 13b 2) 성서로부터 인용
a) 인용 법식
b) 신명 21, 23 인용
3, 14 4. 3, 1—13에서의 논의 결과
3, 14a a. 첫번째 결과
3, 14b b. 두번째 결과
3, 15—18 C. 세번째 논점 : 일반 사람들의 관계로부터의 주장
3, 15a 1. 갈라디아인들의 칭호 : "형제들이여."
2. 방법에 대한 진술
3, 15b 3. 법의 적용으로부터 설명
3, 16—17 4. 그 설명을 성서에 적용 : 아브라함 전승과 시나이 전승
3, 16a a. 아브라함 전승 인용
3, 16b—c b. 아브라함 전승 해석
3, 16b 1) 복수가 아니라 한 개체에 대한 언급으로서의 "네 후손에게"라는 귀절을 설명
3, 16c 2) 그 개체와 그리스도를 동일시
3, 17 c. 시나이 전승 인용
3, 17a 1) 의도를 진술
2) 시나이 전승 인용

3, 17c d. 아브라함 전승과 시나이 전승 간의 관계에 대한 설명(15절) 의 의미
3, 18 5. 결과 : "상속"의 기원
3, 18a a. 부정적으로 : "상속"은 토라(시나이)에서 시작되지 않는다.
3, 18b b. 긍정적으로 : "상속"은 약속을 통하여 아브라함에게 보여주신 하느님의 은혜에서 일어난다.
3, 19—25 D. (유다)토라에 관한 여담
3, 19a 1. 여담을 도입하는 질문
3, 19b—e 2. 유다 토라에 대한 네 가지 정의
3, 19b a. 첫번째 정의
3, 19c b. 두번째 정의
3, 19d c. 세번째 정의
3, 19e d. 네번째 정의
3, 20 3. "중재자"의 개념 정의
3, 20a a. 부정적으로 : 중재자는 개체를 대표하지 않는다.
3, 20b b. 대조적으로 : "하느님은 한 분"이라는 환호의 인용
3, 21—25 4. 정의의 결과
3, 21 a. 두 가지 잘못된 결과
3, 21a—b 1) 첫번째 잘못된 결과
3, 21a a) 가설적 질문
3, 21b b) 강한 부인
3, 21c 2) 두번째 잘못된 가설
a) 유다 도그마를 표현하는 가설적으로 보이는 언급
〔b) 부인은 언급되지 않고 암시된다〕
3, 22—25 b. 율법에 대한 바울로 자신의 견해
3, 22 1) 신적 구원의 과정에 있다는 성서의 정의
3, 23—25 2) 율법의 정의
3, 23 a) 율법의 잠정적 한계
3, 24 b) 율법의 기능적 한계
3, 25 c) 율법에 대한 그리스도인의 입장 정의
3, 26—4, 11 E. 네번째 논점 : 그리스도인의 전승으로부터의 주장
3, 26—28 1. 아마 세례 의식으로부터 인용된 그리고 여기서 수신인들의 자기 이해의 "상기물"로서 쓰이는 "축복"
3, 26 a. "하느님의 아들"로서 수신인들을 선언하고 정의함(하느님 앞에서의 지위)
3, 27 b. 세례 의식과의 설명적 관계, 수신인들이 세례받을 때 했

	던 것의 "상기 구절"
3, 28a—c	c. 그리스도인의 실존의 세 가지 "성취"
3, 28d	d. 수신인들을 "예수 그리스도 안에서 하나"라고 선언하고 정의함(교회에서의 지위)
3, 29	2. 결론
3, 29a	a. 전제, 구원의 "표시"에 대한 재언급(3, 26—28)
3, 29b—c	b. 3, 6—28의 논의에 대한 두 가지 결론
4, 1—7	3. 증명
4, 1—2	a. 법으로부터의 설명
4, 1a	1) 서론적 문구
4, 1b—2	2) 법의 일반적인 관행 묘사
4, 3—6	b. 그 설명을 수신인들의 상황에 적용
4, 3	1) 그들의 그리스도인 이전 상황을 어린아이의 상황으로 해석
4, 4—6	2) 그들의 그리스도인으로서의 상황을 성인의 상황으로 해석
4, 4—5	a) 바울로 이전의 그리스도론적 법식 인용
4, 4a	(1) 종말론적 시간—시기 언급
4, 4b	(2) 하느님이 그의 아들을 보내신 것에 대한 언급
4, 4c—d	(3) 인간 존재에 대한 두 가지 정의
4, 5	(4) 두 가지 구원론적 은혜
4, 6	b) 갈라디아인들의 성령체험에 대한 언급
4, 6a	(1) 구원의 '표지'에 대한 재언급
4, 6b. 1	(2) 하느님이 "그의 아드님의 영"을 보내주신 것에 대한 언급
4, 6b. 2	(3) 성령 체험에 대한 언급
	(a) 영감의 경험
4, 6c	(b) "아바 아버지" 환호 인용과 함께, 황홀한 기도의 체험
4, 7	c. 결론
4, 7a	1) 4, 1—6의 논의에 대한 결론
4, 7b	2) 3, 1—29의 논의에 대한 결론
4, 8—11	4. 질문
4, 8—9a	a. 구원의 '표지'에 대한 재진술
4, 8	1) 그리스도인이 되기 전 상황의 묘사
4, 9a	2) 그리스도인의 상황 묘사
4, 9b	b. 갈라디아인들의 딜레마로서 바울로의 네번째 주장을 진술

하는 질문
4,10 c. 비판적 시험 : 전형적으로 미신적인 사람들로서의 갈라디아인 묘사
4,11 d. 의혹의 표현
4,12—20 F. 다섯번째 논점 : 우정으로부터의 논의
4,12a.1 1. 역설적 격언
4,12a.2 2. 호칭 : "형제들이여"
4,12b 3. 간구
4,13—15 4. 과거의 친절한 우정을 상기시킴
4,13 a. 바울로가 곤경에 빠졌던 상황
4,14 b. 갈라디아인들의 참된 우정의 증명
4,15a c. 난처하게 하는 수사학적 질문
4,15b d. 바울로의 반어적 증거
4,16—18 5. 현재의 나쁜 사이에 대한 불평
4,16 a. 난처하게 하는 수사학적 질문. 아마 잠언을 사용한 것 같다.
4,17 b. 반대자들에 대한 논쟁, 그들의 행태를 "거짓된 친구들"과 "아첨꾼"의 전형적인 것으로 풍자
4,18a c. 참된 우정의 원칙
4,18b d. 갈라디아인들이 그 원칙을 배반한 데 대한 불평
4,19—20 6. 열렬한 호소
4,19a a. 호칭 : "나의 자녀들이여"
4,19b b. 바울로의 자기 고통 묘사. 그것을 해산의 고통과 비교
4,20a c. 갈망의 표현(편지의 동기)
4,20b—c d. 의혹의 표현(편지의 동기)
4,20b 1) 어조의 수사학적인 조정에 대한 언급
4,20c 2) 좌절의 고백
4,21—31 G. 여섯번째 논점 : 성서로부터 비유를 인용한 주장
4,21 1. 대화의 수식을 시작
4,21a a. 통렬한 비판투의 명령
4,21b b. 갈라디아인들의 의도를 동일시함.
4,21c c. 갈라디아인들에게 말해진 형태로 주장
〔d. 그 답변은 개방된 채로 남아있다. 그러나 4,31 참조〕
4,22 2. 아브라함 전승으로부터 인용
4,22a a. 인용 법식
4,22b b. 아브라함 전승의 요약
4,23—30 3. 아브라함 전승의 풍유적 해석

4, 23 a. 두 아들의 해석
1) 여종의 아들="육정을 따라 났고."
2) 자유한 여인의 아들="약속을 따라 났읍니다."
4, 24a b. 방법의 진술
4, 24b—27 c. 두 여인의 해석
4, 24b 1) "두 계약"을 가리키는 것으로서
4, 25 2) 하갈의 해석
a) 시나이산으로부터 나온 것으로서
b) 자식을 노예로 낳은 것으로서
c) 입증 : 하갈이란 이름에 대한 지리적 정보
d) "지금의 예루살렘"으로서(즉, 유다교)
e) 입증 : 예루살렘과 그곳의 거주자들에 대한 역사적 정보
4, 26 3) 사라의 해석
4, 26a. 1 a) "하늘에 있는 예루살렘"으로서
4, 26a. 2 b) 자유를 나타내는 것으로서
4, 26b c) "우리의 어머니"로서(즉, 이방 그리스도교)
4, 27 4) 성서로부터의 증명
4, 27a a) 인용 법식
4, 27b b) 이사 54, 1의 인용
4, 28 d. 갈라디아인들에 대한 해석
1) 호칭 : "형제들이여"
2) "이삭과 같은" 자들로서
3) "약속의 자녀들"로서
4, 29 e. 바울로의 유다 그리스도인 반대자들에 대한 해석
4, 29a. 1 1) "육을 따라"난 자들로서
4, 29a. 2 2) "영을 따라"난 자들을 박해하는 사람들로서
4, 29b 3) 입증 : 역사적 정보
4, 30 f. 반대자들을 내쫓으라는 성서의 명령
4, 30a 1) 인용 법식
4, 30b 2) 창세 21, 10의 인용
4, 31 4. 결론
a. 호칭 : "형제들이여"
b. 4, 21—30의 주장과 3, 1—4, 30(31)의 전체 증언의 요약

Ⅵ. 권고(*exhortatio*) : 5, 1—6, 10

5, 1—12 A. 유다 율법을 받아들이지 말라는 경고

5,1a 1. 구원의 '표지'의 재언급
5,1b 2. 명령형으로 윤리적 과제를 정의
a. 일반적으로
b. 갈라디아인들의 현재 상황에 적용하여
5,2—12 3. 유다 토라에 반대하는 논의
5,2—4 a. 할례에 대한 사도적 증거
5,2 1) 그리스도론과 구원론에 있어서 할례를 받아들이는 때 내포된 의미에 대한 신학적 언급
5,2a a) 엄숙한 서론
5,2b b) 교리적 결론
5,3 2) 할례의 의미에 대한 신학적 언급
5,3a a) 맹세의 법식
5,3b b) 유다 교리의 인용
5,4 3) 갈라디아인들에 대한 신학적 결론
5,4a a) 그들과 그리스도와의 관계에 대하여
5,4b b) 그들과 유다 토라와의 관계에 대하여
5,4c c) 그들과 은혜와의 관계에 대하여
5,5—6 b. 바울로의 구원론 요약
5,5 1) 바울로의 의인론 요약
5,6 2) 바울로의 교회론 요약
5,7—12 c. 통렬한 비판조로 권고
5,7 1) '논쟁('*agon*) 동기'의 소개
5,7a a) 갈라디아인들의 과거행동의 판단
5,7b b) 혼란에 대한 수사학적 질문
5,8 2) 풍자적인 제시
5,9 3) 격언
5,10 4) 확신의 표현
5,10a a) 갈라디아인들의 장차 행동에 관해서
5,10b b) 반대자(들)의 종말론적 운명에 관해서
5,11 5) 자신을 대표로 내세운 바울로의 진술
5,11a.1 a) 호칭 : "형제들이여"
5,11a.2 b) 수사학적 질문
5,11b c) 결론
5,12 4. 결론 : 풍자적인 농담
5,13—24 B. "육"으로 인한 타락에 대한 경고
5,13a.1 1. 구원의 '표지'에 대한 재언급

5,13a.2	2. 호칭 : "형제들이여"
5,13b—c	3. 윤리적 과제의 정의
5,13b	a. 일반적으로
5,13c	b. 갈라디아인들의 현재 상황에 적용하여
5,14—24	4. 논의 : 바울로의 윤리론
5,14	a. 토라의 완성에 대한 개념
5,14a	1) 하나로의 복구(*reductio in unum*) 법식
5,14b	2) 성서서로부터 인용(레위 19,18)
5,15	b. 반대자, 야수의 행동에 대한 풍자적 경고(*diatribe topos*)
5,16—23	c. 성령의 은사와 그것의 함축
5,16	1) 일반적인 윤리적 명령
5,16a	a) 강조의 언급
5,16b	b) 윤리적 명령
5,16c	c) "육"에 대한 결과
5,17	2) 인간학적 전제
5,17a	a) "육"과 "영"의 이원론
5,17b	b) 인간 의지의 무능
5,18	3) 구원론적 전제
5,18a	a) 성령에 의해 권능이 주어짐
5,18b	b) 유다 토라로부터의 자유
5,19—23	4) 비윤리적 행위와 윤리적 행위의 발생
5,19—21	a) 윤리적으로 악한 것의 발생
5,19a	(1) 윤리적으로 악한 것의 정의
5,19b—21a	(2) '악의 목록'
5,21b	(3) 종말론적 법에 대한 진술
	(a) 반복 문구
	(b) 법의 언급 인용
5,22—23	b) 윤리적으로 선한 것의 발생
5,22a	(1) 윤리적으로 선한 것의 정의
5,22b—23a	(2) '덕의 목록'
5,23b	(3) 평가에 대한 진술
5,24	5. 결론 : 윤리적 행위에 대한 그리스도인의 가능성을 정의
5,25—6,10	C. 윤리적 실천에 관해 판단의 형태로 권고(*sententiae*)
5,25	1. 역설
	a. 구원의 '표지'에 대한 재진술
	b. 호소 형식으로 윤리적 과제를 정의

5,26 2. 허영에 들뜨지 말라는 호소
6,1a 3. 실패한 경우의 권고
6,1b 4. 호칭 : "형제들이여"
6,2 5. 삶의 짐을 나누어지는 것에 관한 금언
6,3 6. 자기 기만에 관한 금언
6,4 7. 자기 반성에 관한 금언
6,5 8. 자기 자신의 삶의 짐을 지는 데 관한 금언
6,6 9. 교사와 학생의 공동생활에 관한 금언
6,7—9 10. 종말론적 권고
6,7a a. 경고
6,7b b. 잠언
6,7c c. 두번째 잠언
6,8 d. 두번째 잠언의 해석
6,9 e. 윤리적 권태에 빠지지 말라는 호소
6,10 11. 결론 : 권고의 호소와 요약(5,1—6,10)

Ⅶ. 편지의 추신(결론 *conclusio*) : 6,11—18

6,11 A. 편지의 인증 문구
6,12—17 B. 결론(요약)(*peroratio/recapitulatio*)
6,12—13 1. 반대자들에 대한 날카로운 논쟁(분개 *indignatio*)
6,14 2. 바울로의 신학적 입장을 재언급
6,15 3. 바울로의 권고의 "규준"
6,16 4. 조건부 축복
6,16a a. 받아들이는 자들의 열거
6,16b—c b. 의식상의 축복 인용
6,17 5. 불평(*conquestio*)
6,17a a. 새로운 걱정거리를 만들지 말라는 호소
6,17b b. 바울로의 과거의 고난 언급
6,18 C. 마지막 축복
1. 축복
2. 호칭 : "형제들이여"
3. 끝맺는 "아멘"

갈라디아서에 대한 이러한 공식적인 분석을 통해 우리는 갈라디아서의 기능에 관한 몇가지 결론에 도달할 수 있다. 우리는 물론 갈라

디아서의 편지로서의 일반적인 기능과[114] 특수한 기능을 구별해야 한다. 하나의 편지로서의 갈라디아서는 통신 수단이며, 계속되는 토론의 일부인 어떤 메시지를 실어나른다. 이 토론은 과거의 역사를 가지고 있는데 그 역사를 거쳐오면서 주요 문제들뿐만 아니라 그 문제들의 논거가 형성되었다. 토론은 또한 예기되는 미래의 발전을 포함하고 있으며 동료들이 좋다고 생각하는 선택들이 그들에게 개방되어 있거나 닫혀져 있다. 토론 참여자들은 일차적으로 발신인들과 수신인들[115], 그리고 이차적으로 원래 그 편지를 쓴 원인이 되었던 반대자들[116]이다. 논쟁 중인 근본적인 문제들로 해서, 독자들은 단지 갈라디아 교회들만이 아니라 모든 교회들에 해당한다. 사도는 자신이 해야 할 말을 전체 그리스도교에 해야 했다. 곧 유다와 이방 그리스도인들, 바울로파와 반-바울로파에. 그러므로, 원칙적으로 이 편지를 읽는 현재의 독자까지도 그 논쟁의 참여자가 된다.[117]

갈라디아서의 편지로서의 기능은 또한 발신인과 수신인이 구두로 이야기할 수 없다는 것을 암시한다. 이 편지는 그런 구두 교환의 불가피한 대체품이다. 그러므로, 이 편지는 부득이 내용을 축소시킨다. 이 편지는 그것을 쓴 저자의 의견을 표현하나, 그 저자가 직접 할 수 있는 것처럼 행하고 반응할 수 없다. 이와같이, 발신인은 부재 상태에서 그리고 구두로 하는 대화가 줄 수 있는 직접적인 통화 장치없이 자신을 표현한다. 이 편지는 저자로서 행동하고 반응할 수 없는 상태로 저자의 생각을 표현한다.

114) 서간문 분야에 대한 연구는 오랫동안 소홀히 되어왔으며 최근에서야 다시 주목을 받았다. 개론에 대해서는 William G. Dorty, *Letters in Primitive Christianity* (Philadelphia: Fortress, 1973) ; Viehauer, *Geschichte*, 58—70을 보라. 여기서 언급될 수 있는 주요 연구들은 다음과 같다 : Hermann Peter, *Der Brief in der römischen Litteratur* (Leipzig: Teubner, 1901 ; Hildesheim: Olms, 1966) ; Heikki Koskenniemi, *Studien zur Idee und Praseologie des griechischen Briefes bis 400n. Chr.* (Helsinki, 1956) ; Gustav Karlsson, *Idéologie et cérémonial dans l'épistolographie byzantine* (Uppsala: Almqvist & Wiksell, ²1962) ; Klaus Thraede, *Grundzüge griechish-römischer Brieftopik* (Munich: Beck, 1970) ; Gregor Maurach, *Der Bau von Senecas Epistulae Morales* (Heidelberg: Winter, 1970).

115) 갈라 1,2 그리고 이 서론, §2.나.를 보라.

116) 이 서론, §2.다.를 보라.

117) 이것은 바울로 서신들의 수집에 그 그리고 그것들이 그리스도교 성서의 정경에 포함된 것에 내적 정당성을 부여하는 것으로 보인다. 문제는 그것이 또한 바울로 전집의 편집자(들)에게 무엇을 포함시키고 무엇을 생략한 것인가에 대한 기준을 제공했는지 아닌지이다.

갈라디아서처럼 변증을 목적으로 하는 편지는 배심원, 기소자, 그리고 피고가 있는 법정의 실제적인 또는 상상적인 상황을 전제한다. 갈라디아서의 경우에, 수신인들은 배심원으로, 바울로는 피고로, 그리고 그의 반대자들은 기소자들로 간주된다. 이것으로 미루어 보아 바울로의 갈라디아서는 직접 전해진 것이 아니라 문서 형태로 전해진 자기 변증[118]이라는 것을 알게 된다. 만일 이 편지를 그 기능의 관점에서, 즉 수사학적 관점에서 살펴볼 경우, 편지라는 대체물은 실제로 매우 빈약하다. 그것은 단순히 생명 없는 종이조각에 불과하므로, 수사학자의 가장 중요한 무기 중의 하나인 구두 전달을 제거한다. 말로 전달하는 것은 억양과 몸짓에 관련된 모든 범위의 무기를 포함하지만, 이 모든 것이 편지로서는 불가능하다.[119] 4장 18—20절에서 볼 수 있는 바와 같이,[120] 바울로는 자신의 생각을 말함에 있어서 이러한 단점들을 잘 알고 있다.

훨씬 더 심각한 문제들은 변호인 연설 자체가 갖는 성질로 해서 발생한다. 변증적인 편지를 정의해 본 바에 의하면 그것은 수사학의 일부이며, 그 때문에 그 편지의 필자는 "설득기술"을 사용하고 싶은 의향이 생기게 된다. 문자화된 형태에서 그러한 편지는 합리적인 주장에 의해서만 수신인들을 설득할 수 있다.[121] "설득술"[122]은 법정에서 이용된다. 그러나 바울로가 해야 하는 변호의 경우에는 명백히 부적절하다. 고대 사람들은 보았겠지만, 법정에서 사용하는 수사학은, 바울로가 달성하고자 하는 일들 자체와는 충돌되는 좋지 않은 많은 결과들을 초래한다. 수사학은 고대 사람들이 그것을 이해했듯이, 사실과 일치하는 점이 거의 없다. 그것은 사람들로 하여금 무엇인가를 사실인 것처럼 믿게 하는 기술이다. 이런 이유로, 수사학은 증명, 설득 전략, 심리학적 탐구, 그리고 청중의 이기적 이용에 몰두하지만, 사실 자체를 확립하는 데에는 관심이 없다. 결국, 사실 자체에 관심을 가진 사람들은 "설득술"을 믿으려 하지 않을 것임이 분명하다. 왜냐하

118) 자기 변증에 관해서는 Fritz Loheit, *Untersuchungen zur antiken Selbstapologie* (Rostock: Alders Erben, 1928); Betz, *Paulus*, 곳곳에.

119) 발음(*pronunciatio*)에 관해서는 다음 참조. Heinrich Lausberg, *Handbuch der literaris-chen Rhetorik* (2 vols.; Munich, Hueber, 1960) §1091; Josef Martin, *Antike Rhetorik: Technik und Methode* (HKAW 2. 3; Munich: Beck, 1974) 351—55.

120) 또한 갈라 3, 1; 4, 13—15을 보라.

121) 이 주장에 대해서는 이 책 서론, §7을 보라.

122) 수사학과 그에 대한 정의에 관해서는 Martin, *Rhetorik*, 1—12를 보라.

면 그들은 그 수법이 갖고 있는 지적 조작, 부정직, 그리고 냉소의 능력을 알고 있기 때문이다. 수사학의 효과는 그 주장의 온당함보다는 주로 청취자의 순진함에 달려있다. 수사학은 사람들이 그것이 어떻게 작용하고 있는지를 알지 못할 때만 효력을 발휘한다. 이같이 다소 의심스러운 논리적 입증의 형태를 이용해야 하는가 하는 문제는, 어떤 종류의 합리적 주장도 바울로가 해야 하는 변호에는 적절할 수 없다는 것을 우리가 인식할 때 훨씬 더 의심스럽게 된다. 사실상 그의 변호는 율법을 모르는 이방 그리스도인들에게 주어졌던 "성령"에 대한 변호나 다름없다. 만일 그런 변호의 수단이 변증적인 편지를 이용하는 사람들에게만 제한된다면, 어떻게 황홀한 가운데 성령을 받는 것과 같은 비이성적인 경험이 합리적인 것으로서 변호될 수 있을까?

갈라디아서가 여전히 또 하나의 기능을 갖고 있는 것은 분명히 이런 이유 때문이다. 갈라디아서는 대단히 주의깊게 구성된 조건부 저주로써 시작한다. 그것은 바울로가 전했으며 그때까지 전하고 있는 복음과 다른, 즉 갈라디아인들이 받았던 복음과 다른 복음을 감히 전하고자 하는 모든 그리스도인을 저주한다.[123] 끝에 가서, 그 편지는 바울로의 복음을 충실하게 끝까지 따르고자 하는 사람들에게 상응하는 조건부 축복을 언명한다.[124] 이러한 축복과 저주는 그 편지의 문학적 기능에 대해서 무엇을 시사할까? 그것은 축복과 저주의 담지자로서 그 편지가 한 통의 "마술적인 편지"가 된다는 것을 뜻한다. 이 범주는 고대의 서간문으로부터 잘 알려져 있다.[125] 바꿔 말해서, 바울로는 단순히 "설득술"과 그것의 합리적 입증 체계에 ―비록 이 체계는 가능한 한 상대를 굴복시키는 데 사용되지만― 의존하지 않는다. 갈라디아인들의 이성이 하느님의 영에 의해 채워지고 있다고 생각될지라도, 그는 그들의 합리성에 의해서 일들이 결정되도록 내버려 두지 않는다. 그는 또한 갈라디아인들을 구원과 정죄라는 양자택일에 직면시키기 위

---

123) 갈라 1,8—9.

124) 갈라 6,16.

125) 그 장르에 대한 만족할 만한 조사는 존재하지 않는다. Johannes Sykutris는 그것을 자신의 논문 "Epistolographie," *PWSup* 5(1931) 207에서 언급한다. 또한 Johannes Schneider, "Brief," *RAC* 2(1954) 572f. 두 필자들은 보기로서 ***Papyri Graecae Magicae: Die griechischen Zauberpapyri*** (2 vols.; eds. Karl Preisendanz and Albert Henrichs; Stuttgart: Teuber, 1973—74)를 언급한다. 실제로 희랍어로 씌인 가장 오래된 편지는 마력적 편지다(Homer *Il.* 6. 167ff). 더 이상의 토론을 위해서는 아래 갈라 1,8—9에 관한 부분을 보라.

해서 성령의 불가피한 도구로서의 마력의 차원, 즉 저주와 축복을 선언한다. 그 편지를 읽는 독자들은 자동적으로 "심판"을 받게 될 것이다. 독자들은 무죄가 되거나 또는 "세상의 요소들"(τὰ στοιχεῖα τοῦ κόσμου)에 의해서 감시받는 우주의 "감옥"에로 되돌려 보내질 것이다.[126]

이 마력의 차원을 포함시킴으로써 바울로는 갈라디아인들에게 복음을 전했던 최초의 상황을 '반복한다'. 그의 편지는 수사학의 한 단편일 뿐만 아니라 그것은 동시에 성령과 권능(ἀποδείξις πνεύματος καὶ δυνάμεως)의 효과적인 현시로써 작용하게끔 구성되어 있다.[127] 그뿐만 아니라 그 편지는 갈라디아인들의 역사를 상기시켜 주는 작용을 한다. 그들은 과거의 사건들에 대해서 충고받을 뿐만 아니라, 그 편지를 읽음으로써 자신들이 처음으로 그 복음과 만났던 순간으로 되돌아 가는 것을 느낀다. 그 결과 갑자기 성령에 대한 바울로의 변호는 십자가에 처형된 예수 그리스도를 통한 자유의 복음 선포와 일치한다. 이것이 일어날 때만이 편지로서의 갈라디아서는 그리스도의 사도인 바울로를 충분히 드러낸다.[128] 만일 우리가 진지하게 이 편지 독자들의 관점을 받아들이고자 한다면, 훨씬 더 멀리 내다보아야 한다. 바울로가 자신을 주 예수 그리스도의 사도요 대표자로서, 그리고 하느님의 대표로서 이해하기 때문에, 그의 편지는 또 다른 범주의 편지를 의미하는 용어인 "하늘의 편지"나 다름없다.[129] 이러한 사실은 특히 바울로가 죽은 후 독자들에게 확인되었음에 틀림없었을 것이며, 따라서 바울로의 편지가 성서가 된 내적 이유가 될 것이다.

---

126) 갈라 3, 23ff ; 4, 8—10을 보라. 127) 고전 2, 4.

128) 다음 참조. Robert W. Funk, "The Apostolic *Parousia:* Form and Significiance," in ***Christian History and Interpretation: Studies Presented to John Knox*** (Cambridge: Cambridge University, 1967) 249—68 ; Klaus Thraede, ***Grundzüge griechisch-römischer Brieftopik*** (Zetemata 48 : Munich: Beck, 1970) 146ff.

129) 참조, "하늘에서 온 천사"(갈라 1, 8) ; 묵시 2—3의 "일곱 교회에 보낸 편지들" ; 또 묵시 10, 9—10 ; 14, 6. *Herm. Vis.* 2. 2. 1—2. 3. 4에서 "하늘의 편지"가 제시된다. 그것은 저주와 축복을 담고 있다. 또한 Rodolf Stübe의 연구를 보라. *Der Himmlesbrief* (Tübingen: Mohr, Siebeck, 1918) ; Klaus Berger, "Apostelbrief und apostolische Rede: Zum Formulas frühchristlicher Briefe," *ZNW* 65(1974) 190—231.

6. 전승과 교리적 전제

상당할 정도로 갈라디아서는 다음과 같이 발췌되어 분류될 수 있는 다양한 전승들과 교리적 전제들로 구성되어 있다. 이것들은 바울로의 주장 자체를 구성하는 것이 아니라, 그 주장의 전제들이다. 이 편지는 이러한 전제들을 "상기시키는 것"으로서의 역할을 하며, 바울로는 자신의 "주장"을 내세우기 위해 이 전제들을 이용한다(아래 §7을 보라.)

Ⅰ. 성 서

A. 예언자들의 부름에 대한 언급 : 1, 15
B. 하느님의 공평에 대한 언급 : 2, 6
C. 아브라함 전승의 해석 : 3, 6—18
D. 시나이 전승의 해석 : 3, 19—25
E. 사라-하갈 비유의 해석 : 4, 21—31
F. 사랑-명령(레위, 19, 18)에 대한 언급 : 5, 14

Ⅱ. 잠언들

A. 4, 16—*ἐχθρὸς ὑμῶν γέγονα ἀληθεύων ὑμῖν*(내가 여러분에게 진리를 말하기 때문에 원수가 된 것입니까?)
B. 4, 18—*καλὸν δὲ ζηλοῦσθαι ἐν καλῷ πάντοτε*(언제든지 선한 일을 위하여 열심을 품는 것은 좋은 일입니다)
C. 5, 9—*μικρὰ ζύμη ὅλον τὸ φύραμα ζυμοῖ*(적은 누룩이 온 반죽을 부풀게 합니다)
D. 6, 7—*θεὸς οὐ μυκτηρίζεται*(하느님은 조롱을 받으실 분이 아닙니다)
E. 6, 7—*ὃ…ἐὰν σπείρῃ ἄνθρωπος τοῦτο καὶ θερίσει*(사람은 무엇을 심든지 그대로 거둘 것입니다)

Ⅲ. 관습으로부터 예를 들다

A. "계약"의 실례 : 3, 15
B. 법적 "보호"의 실례 : 4, 1—2

Ⅳ. 의식(儀式)재료

A. 편지 문구(2차적인 삶의 자리)

1. 인사 : 1, 3
2. 송영 : 1, 5
3. 저주 : 1, 8—9
4. 축복 : 6, 16·18
5. 맹세 : 1, 20
6. 아멘 : 1, 5 ; 6, 18

B. 찬가 또는 신조 귀절과 법식

1. 하느님에 대한 언급
   a. 통칭 : *θεὸς* (*καὶ*) *πατήρ*(하느님 아버지) : 1, 1·3·4
   b. 환호 : *ἀββὰ ὁ πατήρ*(아빠 아버지) : 4, 6
   c. 신조 : *ὁ θεὸς εἷς ἐστίν*(하느님은 한 분이십니다) : 3, 20
   d. 아들을 보내신 행위 : 4, 4
   e. 예수 그리스도를 죽은 자들 가운데서 살리신 행위 : 1, 1
   f. 영을 보내신 행위 : 4, 6
2. 그리스도에 대한 언급
   a. 그리스도의 죽음
      1) *τοῦ δόντος ἑαυτὸν ὑπὲρ τῶν ἁμαρτιῶν ἡμῶν*(우리 죄를 속하기 위하여 자기 자신을 바치셨읍니다) : 1, 4
      2) *τοῦ ἀγαπήσαντός με καὶ παραδόντος ἑαυτὸν ὑπὲρ ἐμοῦ*(나를 사랑하시고 나를 위하여 자기 몸을 내어주신……) : 2, 20
      3) *Χριστὸς…γενόμενος ὑπὲρ ἡμῶν κατάρα*(그리스도께서는 우리를 위하여 저주받은 자가 되심으로…) : 3, 13
   b. 그리스도의 부활 : *τοῦ ἐγείραντος αὐτὸν ἐκ νεκρῶν*(그를 죽은 자들 가운데서 다시 살리신) : 1, 1
3. 구원론에 대한 언급
   a. *ὅπως ἐξέληται ἡμᾶς ἐκ τοῦ αἰῶνος τοῦ ἐνεστῶτος πονηροῦ*(우리를 이 악한 세대에서 건져내시려고) : 1, 4
   b. *Χριστὸς ἡμᾶς ἐξηγόρασεν ἐκ τῆς κατάρας τοῦ νόμου γενόμενος ὑπὲρ ἡμῶν κατάρα*(그리스도께서는 우리를 위하여 저주받은 자가 되심으로 율법의 저주에서 우리를 속량하셨읍니다) : 3, 13
   c. *ὅτε δὲ ἦλθεν τὸ πλήρωμα τοῦ χρόνου, ἐξαπέστειλεν ὁ θεὸς τὸν υἱὸν αὐτοῦ, γενόμενον ἐκ γυναικός, γενόμενον ὑπὸ νόμον, ἵνα τοὺς ὑπὸ νόμον ἐξαγοράσῃ, ἵνα τὴν υἱοθεσίαν ἀπολάβωμεν*(그러나 기한이 찼을 때 하느님께서는 그의 아들을 보내셔서 여자에게서 나게 하시고 율법 아래 있게 하셨읍니다. 그것은 율법 아래 있는 사람들

을 속량하시려는 것이었으며 우리에게 아들이 되는 자격을 얻게 하시려는 것이었읍니다) : 4,4—5

C. 그리스도론적 칭호들

1. ὁ κύριος(그리스도) : 1,3·19 ; 5,10 ; 6,14·18
2. ὁ υἱὸς τοῦ θεοῦ(하느님의 아들) : 1,16 ; 2,20 ; 4,4·6

D. 세례 문구

1. 축복선언 : 3,26—28
2. "악과 덕의 목록" : 5,19—23

V. 교리적 재료

A. 유다 그리스도교로부터

1. 바울로의 회심에 대한 유다 그리스도인들의 견해 인용 : 1,23—24
2. 유다 그리스도인들의 믿음에 의한 인의론 언급 : 2,15—16
3. 반(反)—바울로 논점 인용 Χριστὸς ἁμαρτίας διάκονος(그리스도께서 죄에 이바지하는 분이란 말입니까?) : 2,17
4. 유다 그리스도인의 "그리스도의 법" 개념 인용 : 6,2
5. 유다 그리스도인의 자기 명칭 인용(?)
   a. ἡ ἐκκλησία τοῦ θεοῦ(하느님의 교회) : 1,13
   b. αἱ ἐκκλησίαι τῆς 'Ιουδαίας αἱ ἐν Χριστῷ(유다에 있는 그리스도의 교회들) : 1,22
   c. οἱ πτωχοί(가난한 사람들?) : 2,10
   d. οἱ υἱοὶ 'Αβραάμ(아브라함의 자손) : 3,7 ; 참조. 3,26·29 ; 4,5·6·28
   e. ὁ 'Ισραὴλ τοῦ θεοῦ(하느님의 이스라엘) : 6,16
6. 유다 그리스도인의 "칭호"인용
   a. οἱ ἀπόστολοι(사도) : 1,17·19 ; 참조. 2,8
   b. ὁ ἀδελφὸς τοῦ κυρίου(주의 형제) : 1,19
   c. οἱ στῦλοι(기둥) : 2,9

B. 예루살렘에서 된 합의로부터

1. 두 복음에 대한 언급 : τὸ εὐαγγέλιον τῆς ἀκροβυστίας, τὸ εὐαγγέλιον τῆς περιτομῆς(할례받은 사람들에게 복음전파하는 일, 할례받지 않은 사람들에게 복음전하는 일) : 2,7 ; 참조. 1,6—7 ; 2,8—9
2. 합의의 신학적 기초에 대한 언급 : 2,8
3. 선교 전략에 대한 언급 : ἡμεῖς εἰς τὰ ἔθνη, αὐτοὶ εἰς τὴν περιτομήν (우리는 이방사람들에게로 가게 되고 그들은 할례받은 이들에게로 가게 되었읍니다) : 2,9 ; 참조. 2,8
4. 모금에 대한 언급 : 2,10

C. 바울로 자신의 신학으로부터

1. 한때 가졌으나 이제 거부된 바리사이파의 교리들
   a. δικαιοσύνη(의롭다함)의 교리 : διὰ νόμου δικαιοσύνη(의롭다함을 얻은 것이 율법을 통하여)(2, 21c ; 3, 21b ; 5, 4a)
   b. κληρονομία(상속)의 교리 : ἐκ νόμου ἡ κληρονομία(상속이 율법에 의한 것이라면)(3, 18a)
   c. νόμος(율법)의 교리 : ἐδόθη νόμος ὁ δυνάμενος ζῳοποιῆσαι(율법이 사람을 살릴 수 있는 것이었다면)(3, 21a)
   d. περιτομή(할례받음)의 교리 : 모든 할례받은 사람은 ὀφειλέτης... ὅλον τὸν νόμον ποιῆσαι(율법 전체를 행할 의무가 있읍니다)(5, 3b ; 참조. 6, 13a)
2. 바울로의 사도직
   a. 그의 칭호
      1) ἀπόστολος(사도라는 말에 대한 정의와 함께) : 1, 1 ; 참조. 1, 17
      2) Χριστοῦ δοῦλος(1, 10)
   b. 그의 소명과 선교
      1) 그의 불리움 : 1, 1•12•15—16
      2) 그의 선교 : 1, 6—7•11•16•23 ; 2, 2•5•7•14 ; 3, 1—5 ; 4 ; 13—14•19 ; 5, 8
      3) 그리스도를 대리함 : 1, 1•10•12•16 ; 2, 20a ; 4, 14 ; 6•14•17b
   c. 현재까지의 바울로의 투쟁사 : 1, 12—2, 14 ; 3, 1—5 ; 4, 9—11•12—20•21a•29 ; 5, 1—6, 10 ; 6, 12—14•17
3. 그의 복음에 대한 바울로의 정의
   a. 그것의 본질과 기원의 정의 : 1, 11—12
   b. 내용의 정의
      1) 믿음에 의한 의인론 : 2, 15—16 ; 참조. 2, 17•21 ; 3, 6—25 ; 5, 5
      2) Ἰησοῦς Χριστὸς ἐσταυρωμένος(십자가에 달리신 예수 그리스도)로서의 복음의 정의 : 3, 1 ; 참조. 5, 11•24 ; 6, 12•14
      3) ἐλευθερία(자유)로서의 복음의 정의 : 2, 4 ; 5, 1a•13a ; 참조. 3, 26—28 ; 4, 1—10•22•23•26•30•31
   c. 그리스도인의 실존에 대한 정의
      1) 그리스도인의 실존에 대한 네 가지 정의 : 2, 19—20
         a) 토라로부터의 자유로서 : 2, 19a ; 참조. 2, 4—5•15—21 ; 3, 1—5•6—18•19—25 ; 4, 5•21 ; 5, 1—12 ; 6, 13
         b) 그리스도와 함께 십자가에 달린 것으로서 : 2, 19b ; 참조. 5, 24 ; 6, 14•17
         c) 그리스도의 내재로서 : 2, 20a ; 참조. 성령론(V. C. 3. d를 보라)
         d) 믿음 안에서의 생활로서 : 2, 20b ; 참조. 아들됨에 관한 교리

(아래 V.C.3.c.2—3을 보라)

2) "아브라함의 자손"으로서의 그리스도인의 실존 정의 : 3,7·29 ; 4,7·31

3) "하느님의 아들"로서의 그리스도인의 실존에 대한 정의 : 3,26—28 ; 4,4—6·7

4) οἱ πνευματικοί("성령으로 사는 사람")으로의 그리스도인의 실존에 대한 정의 : 6,1(V.C.3.d.5를 보라)

d. 그리스도인의 존재의 근거에 관한 정의

1) 하느님의 뜻에 대한 언급들 : 1,4 ; 참조. 1,1·15 ; 3,8·18 ; 4,4·6·7·9

2) 그리스도론과 구원론에 관한 언급들(Ⅳ.B.2—3을 보라)

3) πίστις("믿음")에 관한 언급들 : 3,2·5·23·25

4) 복음 선포에 관한 언급들(V.C.2.b를 보라)

5) 성령의 은사에 관한 언급들 : 3,2·3·5·14 ; 4,6·29 ; 5·5·16·17·18·22—23·25 ; 6,1·8·18

6) 세례에서 "그리스도를 입음"에 관한 언급들 : 3,27

7) 종말론적 "희망"에 대한 언급들 : 5,5 ; 참조. 1,4 ; 2,15—16·19 〔ἵνα θεῷ ζήσω "내가 하느님을 향하여 살기 위한 것"〕; 6,7—9

e. 그리스도인의 실존 표명

1) 바울로 자신과 그의 경험에 대한 언급 : 1,1·10—11·12·13—2,14·15—16·19—20 ; 4,12—20 ; 5,10—11 ; 6,14·17

2) 갈라디아인들의 경험에 대한 언급 : 3,1—5·26—28 ; 4,1—10·12—15 ; 5,1a·5—6·7a·13a·18a·19—23·25a

f. 앞으로의 그리스도인의 생활을 위한 지침들("권면")

1) "정경" : 6,15 ; 참조. 5,6

2) 반대자들에 대한 반박 : 5,2—12 ; 참조. 2,3—5 ; 2,17—18·21 ; 6,12—13.

3) "육"의 유혹에 대한 훈계 : 5,13—24

4) "성령을 따르라"는 권고 : 5,25—6,10

a) 일련의 격언적인 문장들 : 5,25—6,6

b) 종말론적 경고 : 6,7—9

c) 일반적인 윤리적 교훈 : 6,10

4. 신학적 "약어"

갈라디아서는 간략한 표현들을 상당히 많이 포함하고 있는데, 그 대부분이 전치사구이다. 또한 그것들은 모두 신학적 교리의 약어인데 그 기원은 알려져 있지 않으나, 바울로 신학을 구두로 전달할 때 생긴 것으로 설명하는 것이 가장 그럴 듯하다.

δι' ἀγάπης(사랑으로) : 5, 6 ; 5, 13
ἐξ ἀκοῆς πίστεως(복음을 듣고) : 3, 2·5
ἀπ' ἀνθρώπων(사람에게서) : 1, 1
δι' ἀνθρώπου(사람을 통하여) : 1, 1
κατὰ ἄνθρωπον(사람에 의하여) : 1, 11 ; 3, 15
παρ' ἀνθρώπου(사람에게서) : 1, 12
δι' ἀποκαλύψεως(계시를 통하여) : 1, 12
κατὰ ἀποκάλυψιν(계시에 의한) : 2, 2
εἰς δικαιοσύνην(의롭다함을) : 3, 6
δι' ἐπαγγελίας(약속에 의한) : 3, 18(참조. 4, 23)
ἐξ ἐπαγγελίας(약속을 통하여) : 3, 18
κατ' ἐπαγγελίαν(약속에 의한) : 3, 29
ἐξ ἔργων νόμου(율법을 행함으로) : 2, 16 ; 3, 2·5·10
κατὰ τὸ θέλημα τοῦ θεοῦ(아버지의 뜻을 따라) : 1, 4
διὰ θεοῦ(하느님께서) : 1, 1 ; 4, 7
ἐνώπιον τοῦ θεοῦ(하느님 앞에서) : 1, 20
ἐκ κυρίῳ(주 안에서) : 5, 10
διὰ νόμου(율법을 통하여) : 2, 19·21
ἐκ νόμου(율법에 의한) : 3, 18·21
ἐν νόμῳ(율법으로는) : 3, 11·21 ; 5, 4 : 참조. 2, 19 : 율법에
ὑπὸ νόμον(율법의 감시를 받으면서) : 3, 23 ; 4, 4·5·21 ; 5, 18 ; 참조. 3, 25 ; 개인교사의 지배
ἐκ περιτομῆς(할례받은 사람들) : 2, 12
διὰ (τῆς) πίστεως(믿음으로) : 2, 16 ; 3, 14·26
ἐκ πίστεως(믿음으로) : 2, 16 ; 3, 7·8·9·11·12·22·24 ; 5, 5
ἐν πίστει(믿음으로) : 2, 20
πνεύματι(성령으로) : 3, 3 ; 5, 5·16·18·25
ἐκ πνεύματος(영에서) : 6, 8
κατὰ πνεῦμα(영을 따라) : 4, 29
(τῇ) σαρκί(육적인 것으로) : 3, 3 ; 5, 13 ; 6, 12 ; 참조. 1, 16 : 사람들과
ἐκ τῆς σαρκός(육에서) : 6, 8
ἐν σαρκί(몸으로) : 2, 20 ; 4, 14 ; 6, 13
κατὰ σάρκα(인간적인 육정을 따라) : 4, 23·29
διὰ τῆς χάριτος(은혜로) : 1, 15
ἐν χάριτι(은혜 안으로) : 1, 6
διὰ 'Ιησοῦ Χριστοῦ(예수 그리스도를 통해서) : 1, 1 ; 참조. 6, 14 ; 그리스도(예수)를 통하여 : 1, 22 ; 2, 4·17 ; 3, 14·26·28 ; 5, 6

7. 갈라디아서의 신학적 주장

나자렛 예수와 함께 시작된 운동은 겨우 한 세대만에 유다인들과 이방인들 양자의 세계로 돌진해 들어갔으며, 그 자체로서 독립된 그리고 자의식을 지닌 새로운 종교로 정착해갔다. 오늘날 우리들의 판단에서 보면, 바울로의 갈라디아서는 이러한 발전을 증거해 주는 가장 초기의 문서들 중의 하나이다. 그러나 초기 그리스도인들 자신들에게는 이러한 발전들이 조금도 뚜렷하지 않았다. 어머니 종교인 유다교와 결별을 선언하고 이 새로운 운동을 계속해 나간다는 것은 오랫동안 그리스도교가 감당해야 했던 고통스러운 투쟁이었다. 뒤돌아 볼 때에만 새로운 종교가 역사의 무대에 등장했었다는 것이 명백해진다.[130] 갈라디아서는 또 하나의 사실을 명시한다. 즉 이 초기 단계에서 이미 그리스도교 운동은 가장 심각한 위기에 직면했다는 사실이다. 사도 바울로는 이 운동을 확장시키는 데 최선봉에 섰던 동안, 자신의 복음의 메시지에 담긴 타당성과 합법성과 생동력이, 그리스도교 신앙으로 자신이 개종시킨 자들에 의해 의심받는 것을 보고 실망하지 않을 수 없었다. 바울로의 갈라디아서는 그리스도인들이 바울로의 복음에 대해 제기한 최초의 근본적인 의문들에 대해 증언하는 역사적 문서이다. 그러므로 그것은 국외자들을 위한 것이 아니라 그리스도인들 자신들을 위한 체계적인 최초의 그리스도교 변증이다.[131] 갈라디아서에서 바울로는 자신이 "복음의 진리"[132]라고 부르는 것을 변호하고 나선다.

---

130) 이 발전에 대해서는 내가 기고한 글을 보라. "The Rise of Christianity: B. From the Greek Side," in *The Cambridge History of Judaism*(Cambridge: Cambridge University, 〔근간〕).

131) 이 주제에 관해서는 나의 다음 강연을 보라. "In Defense of the Spirit: Paul's Letter to the Galatians as a Document of Early Christian Apologetics," in ***Aspects of Religious Propaganda in Judaism and Early Christianity*** (ed. Elisabeth Schüssler Fiorenza; Notre Dame: University of Notre Dame, 1976) 99—114.

132) 그 개념은 갈라 2,5·14에서 나온다.

이 표현으로 그가 의미하는 바는 무엇이며, 또한 이것을 변호하는 그의 목적은 무엇인가? 대부분의 주석가들은 사도가 그 자신의 사도직과 복음을 변호하는 것이라고 주장한다. 문학적 분석을 통해 우리는, 그가 일차적으로 자신의 복음[133] 즉 "할례받지 않는 복음"[134]을 변호한다는 것을 알 수 있다. 이 복음은 물론 그 자신의 소명과 사도직에 밀접하게 관련되어 있으며, 그래서 그의 사도적 권위는 전적으로 그의 복음에 대한 변호의 결과에 달려 있다. 그러나 어떻게 바울로의 복음이 변호될 수 있을까? 자신의 변호에서 바울로는 직접 그 문제의 근원으로 들어간다. 변호의 전략으로서 그는 갈라디아인들에게 성령의 은사를 변호하는 길을 택했다.[135] 얼핏 보기에, 이 전략은 불합리한 것은 아니나 위험스럽게 느껴진다. 그럼에도 불구하고, 우리는 바울로의 전략을 결국 고도로 능숙한, 깊이 숙고된, 그리고 그 시대의 상황에서 보아 성공적인 것으로 판단해야 한다.[136] 바울로는 일찌기 갈라디아인들 사이에서 이미 자신이 전했던 복음, 그리고 여전히 모든 이방인들 사이에서 전하고 있었던 같은 복음을 전했었다.[137] 갈라디아인들은 그 메시지를 들었으며 또한 받아들였었다.[138] 그들은 그리스도교 신자들이 되었었고 세례도 받았었다.[139] 그들은 그들 자신들을 "하느님의 아들들"로서[140], "그리스도에게 속한 사람들"로서[141], 그리고 하느님의 약속된 구원의 "상속자들"로서[142] 생각하기에 이르렀었다. 이 모든 것은 성령의 신적 은사에 의하여 가능했었다. 갈라디아인들은 이 성령의 은사를 필시 황홀경의 형태로 경험했었을 것이다.[143] 이 경험 때문에 그들은 그들 자신들을 높은 종교적 요구와 기대들을 나타내는 자아—칭호인 "성령의 사람"(οἱ πνευματικοί)으로[144]

133) 위 §5에 있는 분석, 특히 IB; D2 ; ⅡC.2a ; 4b 2 ; Ⅳ ; Ⅶ B를 보라.
134) 갈라 2,7을 보라 ; 또한 1,6 ; 5,6 ; 6,15.
135) 갈라디아서에서의 바울로의 성령론에 대해서는 3,2를 보라.
136) 우리가 갈라디아인들 사이에서 일어난 바울로에 관한 논쟁의 결과에 대한 어떤 정보를 갖고 있다는 것을 뜻하는 것으로 이것을 받아들여서는 안 된다. 원시 그리스도교가 그 편지를 보존할 가치가 있는 것으로 보았다는 적나라한 사실은 바울로의 주장에 대해서 그들이 어떻게 생각했나에 관한 유일한 표적이다. 이 점에 대한 뛰어난 토의를 위해서는 Vielhauer, *Geschichte*, 125를 보라.
137) 1,16 ; 2,2 ; 4,13을 보라.
138) 1,6—9 ; 3,1—5를 보라.
139) 3,27을 보라.
140) 3,26을 보라 ; 또한 3,7 ; 4,6—7.
141) 3,28·29 ; 5,24를 보라.
142) 3,29 ; 4,1·7·30을 보라.
143) 3,2·5를 보라.
144) 6,1을 보라.

간주했던 것 같았다.

갈라디아인들의 기본적인 자기 이해를 가장 잘 요약하여 말해주는 개념은 "자유"(ἐλευθερία)의 개념이다.[145] 그들에게 그리스도교 신앙은 인간의 자유에 대한 오랜 꿈이 실현되었다는 것을 뜻하였다. 그들에게 있어서 "자유"는 신학적 개념이었을 뿐만 아니라, 또한 그들은 자신들을 사회, 종교, 문화의 억압적인 법과 관습들을 가진 "이 악한 세계"로부터 해방된 자들로 여겼다. 그들은 헬라인들과 비-헬라인들 사이의 문화적, 사회적 차이들, 유다인들과 비-유다인들 사이의 종교적 차이들, 사회적 노예제도 및 여성들의 종속 등을 무시해버렸다. 그들은 "하느님에 대한 무지"와 야만적인 미신을 극복했었다. 갈라디아인들은 이제 더 이상 중앙 아나톨리아에 있는 저 거칠고 사나운 지역의 "시골뜨기들"이 아니었다. 그들은 전위대, 곧 "새로운 피조물"(καινὴ κτίσις)이었다. 이 모든 성취들이 그들이 받은 "축복"(μακαρισμός)이었다는 것을, 바울로는 갈라디아인들에게 상기시킨다.[146]

그러나 이제 바울로가 반대파에 대한 공격을 시작했다는 것은, 그리스도교에 대한 바울로의 설명의 타당성, 합법성, 생존 능력을 갈라디아인들이 의심하게 되었다는 것을 뜻했다.[147] 우리가 살펴본 바와 같이, 이 의심은 아마도 초기 열광주의의 결과요 "육"과 관련된 문제들의 결과였을 것이다. 그들의 공동체에서 "범죄들"이 발생했을 때, 그들은 그것들을 다룰 준비가 되어 있지 않았다. 그러나 바울로의 반대자들은 토라와 할례라고 하는 적합하고 효과적으로 보이는 수단을 갖고 있었다. 유다교의 보호막과 결부된 그리스도교 신앙은, 바울로의 "자유"의 개념보다 타락과 파멸로부터 새로운 그리스도인의 생활을 보호하기에 더 좋은 방법인 것처럼 보였던 것이다.

바울로가 성령의 변호로서 자신의 복음을 변호한다는 것은 논리적인 동시에 불합리한 것처럼 여겨진다. 초기 그리스도인들은 성령을,

145) 2,4—5 ; 4,22—31 ; 5,1·13을 보라.

146) 갈라디아서에서 바울로의 자유에 대한 개념은 나그 함마디의 필립비복음(*Gospel of Philip*)에서 예상 밖의 평행구절를 갖고 있다는 것이 주목되어야 한다. 다음 참조, Kurt Niederwimmer, "Die Freiheit des Gnostikers nach dem Philippusevangelium. Eine Untersuchung zum Thema: Kirche und Gnosis," in ***Verborum Veritas Festschrift für Gustav Stählin zum 70. Geburtstag*** (Wuppertal; Brockhaus, 1970), 361—74.

147) 반대자들에 대해서는 이 책 서론, §2.다를 보라.

인간들 사이에 그리고 그 내부에 나타나는 하느님의 자기 표현이라고 믿었다. 이 성령은, 정의한다면, 인간의 제어능력 밖에 있다.[148] 그것은 조종하거나 막을 수 없다. "바람은 불고 싶은 대로 불며 네가 그 소리는 들어도 어디서 와서 어디로 가는지는 모른다. 성령으로 난 사람은 다 이와 같다."[149] 그러나 어떻게 이 성령을 변호할 수 있을까? 정의상 황홀한 체험으로서의 성령의 체험은 비합리적이다. 즉, 그것은 이성의 지배와 이해를 필요로 하지 않는다. 이성적 주장에 의해서 그러한 비이성적 현상을 변호하려는 시도는 모순된 것으로 보인다. 그럼에도 불구하고, 이것은 바울로의 변호 전략임에 틀림없다.

이러한 바울로의 시도는 다른 방법들로는 얻기 곤란했을, 많은 전략적 이점들을 제공한다. (1) 변호되어야 할 행동은 "배심원", 즉 갈라디아인들의 경험과 동일하다. 그러므로 바울로는 갈라디아인들 자신의 경험에 의해서 문제들을 토론할 수 있다. 그는 수중에 증거를 갖고 있는 직접 증인들인 그들에게 호소할 수 있다.[150] (2) 무지한 사람에게 설명할 수 없는 것을 설명하려 드는 전문가와 권위자의 거만하고 납득되지 않는 위치를 바울로는 피할 수 있다. 그 대신 그는 성령의 문제에 대한 전문가로서 갈라디아인들에게 호소할 수 있다.[151] (3) 성령에 관해서 말함으로써, 바울로는 이성 —모든 논의에 있어서 기본적이고 상식적인 이성뿐만 아니라, 특히 성령에 의해 주어지는 저 "이성"—에 호소할 수 있다. 성령을 소유하고 있다는 갈라디아인들의 주장은 그들로 하여금 그들 자신들을 이성적 주장에 드러내는 것을 가능케한다. 이 점에서, 바울로는 이제 총력을 기울여 "설득술"을 활성화시키고 이용할 수 있다.[152]

하나의 주장으로서, 바울로의 변호는 "진리의 복음"이 이성적 논리에 의해 옹호될 수 있다고 가정한다. 이러한 시도는, 고대 사상의 특유한 표현으로서 추론적 사고와 그레꼬-로마의 수사학, 즉 "설득술"에 의해서 제공되는 수사학적 수사의 병기고를 포함하였다. 우리가 앞서

148) "영"의 개념에 관해서는 Geo Widengren, *Religionsphänomenologie*(Berlin: de Gruyter, 1969) 111—13을 보라.

149) 요한 3,8.

150) 3,1—5를 보라.

151) 4,21—31 ; 6,1을 보라.

152) 참조. Günther Bornkamm, "Glaube und Vernunft bei Paulus," in his *Studien zu Antike und Urchristentum*, vol. 2 of his *Gesammelte Aufsätze* (BEvTh 28 ; Munich: Kaiser, 1959) 119—37.

논의했던 대로[153], "수사학의 기술"은 신학적 "진리"의 문제들을 토론하는 데 있어서 전혀 어울리지 않는 상반되는 것으로 생각되었다. 갈라디아서의 구성은 바울로가 이 한계를 알고 있었으며 그것을 극복할 수 있는 방법들을 발견했다는 것을 보여주었다.[154] 그럼에도 불구하고, 바울로는 이성적 주장을 위한 여지를 갖고 있다. 사실상, 그 편지의 본문은 엄밀하게 말해서 이성적인 주장을 또 하나 포함하고 있다.[155] 물론 바울로의 합리성은 그의 시대에 의해서 그리고 그 시대의 지적 전통과 관습들에 의해 규정을 받는다는 것을 염두에 두어야 한다. "논리"는 확실히 역사적 상관성 위에 있는 것이 아니다! 바울로가 이성적 주장을 하고 있다는 사실이 곧 이러한 시도를 함으로써 바울로가 문제의 본질을 깨닫는 데 실패했다는 것을 의미하지 않으며, 또 그의 원칙이 모순되었다는 것을 의미하지도 않는다. 그 편지의 구성에서 우리는, 그가 처음에 자신의 이성적 주장을 위한 신학적 기초를 부여하고, 그런 다음 그 주장이 진행되는 대로 내버려두었다는 것을 보게 된다. 확실히 바울로는 하나의 수사학자 이상이었다.[156] "진리의 복음"을 변호하는 것은 뛰어난 비합리적 현상에 대한 여지를 만드는 일이 요구되는데, 그것이 바로 성령의 변호다. 바울로는 이 현상을 다루는 방법에 의해 자신이 비이성적 현상을 이성적 사고로써 취급할 수 있는 사람, 곧 신학자라는 것을 보여준다. 그의 주요한 주장들은 다음과 같이 요약될 수 있다.[157]

1. 편지 전체를 통해 흐르고 있는 가장 중요한 주장은 '경험'에 의한 주장이다. 효과상으로 볼 때, 이것은 명백한 증거와 권위에 의한 주장으로서 소위 수사학자들이 '기교없는 종류'(*genus inartificiale*)라고 불렀던 것에 해당한다. 3장 1—5절에서 그는 의문을 나타내는 방법을 사용하여, 독자들로 하여금 그들 자신들이 어떤 "토라의 행업(行業)" 없이 성령을 경험했던 바를 증거로서 인정하지 않을 수 없게 한다. 그러므로, "토라의 행업"은 그리스도 안에서 그들이 구원받기 위한 선행조건이 될 수 없었다. 이것은, 바울로의 반대파가 지금 갈라디아인들이 받아들여 주기를 바라는 것과는 상반되는 사실이다. 이 주장은 역사적 일관성과 불합리라고 하는 보조적 주장에 의해 뒷받침된다. 바울

153) 이 책 서론, §5를 보라.
154) 마력적 편지로서의 그리고 어떤 의미에서, "하늘의" 편지로서의 갈라디아서에 관해서는 이 책 서론, §5를 보라.
155) 이 서론, §5를 보라.
156) 참조. 1,10에서 바울로의 부인.
157) 더 많은 토론을 위해서는, 언급된 그 귀절들에 대한 주석을 보라.

로는 특히 자서전적인 이야기(1, 13—2, 14)에서 이러한 주장을 하여, 갈라디아인들의 구원 경험은 정상적인 기대 밖에서 일어났다는 것, 그러나 국외자와 같았던 자신의 이러한 역할이 언제나 그리스도교의 상표가 되어 왔다는 것을 천명한다. 반대자들은 확실히 옳다 : 갈라디아인들에게 일어났던 것은 결코 일어나서는 안 되었다.[158] 그러나 그것은 일어났다. 그리스도교 신앙 자체도 마찬가지로 사실이다. 그리스도 안에서의 구원은 정상적인 유다인의 표준에 따르면 일어나서는 안 되었다. 그러나 그것은 하느님에 의한 예수 그리스도의 부활을 통해서 일어났다. 십자가 위에서의 예수의 죽음을 하느님은 화해의 자기 희생으로써 받아들였다.[159] 그리스도교 신앙에로의 바울로 자신의 개종과 그의 사도직에로의 부름은 인간의 생각으로는 결코 일어날 수 없는 것이었다.[160] 바울로가 전했던 복음은, 정상적인 판단에 의하면 믿을 만한 것으로 인정되어서는 안 되었다. 그러나 그의 복음은 예루살렘에 있는 베드로, 야고보, 요한과 같은 교회의 사도들에 의해서조차 공식적으로 승인되었다.[161] 유다의 그리스도인들은 이방 그리스도인들과 함께 음식을 먹는 것을 동의할 수 없었다. 그러나 베드로의 지도하에 안티오키아에서 그렇게 행해졌다.[162] 요약해서 말하면, "국외자"의 역할과 "불합리"의 등장은 항상 그리스도교의 특색이었다. 그것은 하느님이 자신의 역사에서 활동하는 방법이다.[163] 이것은 갈라디아인들의 성령 체험이, 따라서 그들 가운데서의 하느님의 구원 표시가 하느님의 역사에서 일관되었다는 것을 보여준다. 하느님의 구원은 인간의 기대에 반대해서, 인간의 표준을 무시하여, 인간의 공로 없이—은혜로만[164], "새로 지음받음"(*καινὴ κτίσις* 6, 15c)으로써 주어졌다.

이 주장의 다른 면은, 바울로가 지적하듯이, 반대자들의 불일치이다. 그것은 예루살렘에서 시작되었는데, 그때 "거짓 형제들"(즉, 바울로의 이방인 선교에 반대했던 유다 그리스도인들)은 이방 그리스도인들이 토라에 대한 순종의 표시로서 유다의 할례 의식에 따를 것을

---

158) *εἰς κενὸν τρέχω*("내가…달린 것이 허사가…", 2, 2)를 보라 ; 그리고 *εἰκῆ*("허사로", 3, 4 ; 4, 11).

159) 갈라디아서의 그리스도론에 대해서는 이 서론, §6을 보라(Ⅳ. B. 2—4).

160) 1, 13—24를 보라.

161) 2, 1—10을 보라.

162) 2, 11—14를 보라.

163) 1, 4 ; 1, 15—16에서 하느님의 뜻에 대한 언급들을 보라 ; 또한 1, 1 ; 3, 6—8·17·18·22—25 ; 4, 4·7·21—23 ; 6, 7·16.

요구하였다.[165] 안티오키아에서 게바는 처음에는 이방 그리스도인들과 함께 음식을 먹었는데, 그 다음에 반대파 대표가("야고보가 보낸 사람들") 도착해서 그를 비난했을 때 그는 자신의 태도를 역전시켰다. 바울로를 제외한 게바와 다른 유다 선교사들은 식탁 친교로부터 "물러났다." 의심할 바 없이 다른 그리스도인들과의 친교로부터 이같이 물러선 일은 유다의 음식법과 순결법을 지지하는 데 소용되었으며, 바울로가 "위선"[166]이라고 불렀던 행동이었다. 갈라디아에서 활동하는 바울로의 반대파는[167] "그리스도를 믿는 믿음"이 구원에 충분하다는 것을 그리스도의 이름으로 부인하였으며, 유다의 할례 의식에 따르고 유다 토라를 준수할 것을 요구하였다. 이러한 불일치 외에도, 그들은 동일한 표준을 자기 자신들에게는 적용하지 않은 채로 그런 요구를 하였다. 반대자들의 불일치는 게바에 대한 바울로의 질문에서 요약된다: "당신은 유다 사람인데도 유다 사람같이 살지 않고 이방 사람같이 살면서 어찌하여 이방 사람들더러 유다 사람같이 되라고 강요합니까?"[168] 또는 바울로가 주장(*propositio*)에서 지적하는 것처럼[169], 유다 그리스도인들은 비록 유다인들로 태어났지만 그리스도를 믿는 신도들이 되었었다. 왜냐하면 그들은 유다인들의 "토라의 행업"이 그들을 하느님 앞에서 의롭다함으로 이끌지 못할 것이라는 것을 인식하게 되었기 때문이었다. 역시 그리스도를 믿는 신도들이 되었던 비유다인들에게 유다 의식에 따를 것을 요구하는 것은 무의미하다.[170] 그럼에도 불구하고 바울로의 반대파는 이것을 요구했음이 분명하다.[171]

2. 두번째의 주요한 주장은 성서로부터의 증명이다. 특히 3장 6—14·18절에서 바울로는 아브라함 전승을 해석하는데, 그 이유는 하느님께서 아브라함 및 그의 후손과 맺은 약속은 율법 준수자들과의 약속이 아니라 오직 "믿는" 자들과의 약속이라는 것을 분명히 보여주기 위함이다. 라삐 전승이 결합하였던 것을 바울로는 엄격하게 분리시킨다. 즉 아브라함은 "믿음으로 사는 사람"이었으나[172] 그는 토라도 할례도 알지 못하였다는 것이다. 율법은 430년 뒤에서야 생겼기 때문에.[173] "믿음의 사람" 아브라함의 자손들은 아브라함처럼 믿는 그리스

164) "은총"의 교리에 대해서는 1,6·15; 2,9·21; 5,4를 보라.
165) 2,4—5.
166) 2,11—14.
167) 이 서론, §2.다.를 보라.
168) 2,14.
169) 2,15—16.
170) 2,17—18.
171) 6,12—13.
172) 3,6—13.
173) 3,17.

도인들이다. "믿음으로 사는 사람들"과 "토라를 준수하는 사람들" 간의 이원론적 쐐기는, 이제 "성령을 따라" 사는 사람들과 "육을 따라" 사는 사람들로 병치되어 설명되는데, 그 병치의 한가지 예는 사라—하갈 비유에 대한 바울로의 해석에서 찾을 수 있다.[174] 또 다시, 바울로는 유다교가 결합시켰던 것, 즉 성령의 소유와 토라의 준수를 분리한다. 할례와 토라의 준수는 하느님의 구원 약속을 위한 필수적 전제조건이 아니라는 것을 아브라함 전승이 보여주는 반면, 사라—하갈 비유는 하느님의 약속의 성취, 성령의 은사는 토라의 준수와는 융화될 수 없을 정도로 대립한다는 것을 보여준다. 필시 반대자들이 열렬히 원했던 것처럼, 할례와 토라를 받아들임으로써 성령의 은사를 완벽하고 완전하게 하기는 커녕, 바울로는 전자가 후자에 의해 철저히 파괴된다는 것을 강력하게 주장한다.[175]

3. 바울로는 아브라함 전승을 해석함으로써 주장했던 바를 뒷받침하는 토라에 관한 부설(附說)[176]을 이 강력한 주장들 사이에 삽입했다. 토라에 관한 네 개의 "정의"(참조. 3장 19절에 관한 주석)는, 하느님 자신이 토라를 구원의 전제조건으로 삼지 않았다는 것을 입증한다. 그대신 토라의 참된 목적은 은혜에 의한 구원만을 필요하게 하는 것이었다.

4. 토라에 관한 부설 다음에, 바울로는 "상기시키는 말"을 하는데, 거기서 그는 갈라디아인들이 세례받았을 때 들었던 것과 그 후 그들이 구원의 상태에서 받아들였던 것을 상기시킨다. 세례 의식으로부터 인용된 것으로 보이는 3장 26—28절은 토라와 할례 없는 신적 구원의 축복이 이방 갈라디아인들에게도 내리는 것으로 언급하는데, 이 때문에 바울로 반대파의 교설을 받아들인 갈라디아인들은 이 언급들을 취소하고 그리스도교 개종자들로서의 존재 근거 자체를 무효화할 필요를 느꼈을 것이다. 사실상, 그러한 단계는 그리스도교 신앙으로부터 유다교에로, 즉 그리스도교 이전 상황에로, 말하자면 이교와 똑같은 상황에로 돌아서는 것을 의미했을 것이다.[177]

5. 그렇게 격하지도 심히 감정적이지도 않으나 효과적인 주장은 4장 12—20절에 주제 "같이, 함께"라는 우정의 끈이다. 그 단락은 또 다시, "상기시키는 말"로 도입되어 바울로가 처음 그들에게 가서 복

174) 4, 21—31.
175) 5, 1—6을 보라 ; 참조. 또한 2, 5·21 ; 3, 3—5 ; 4, 9—11.
176) 3, 19—25를 보라.
177) 4, 8—10.

음을 전했던 때를 갈라디아인들에게 상기시킨다. 그는 그의 교회들에게 그들이 자신을 위해서 했던 특별한 희생과 서로가 지금까지 가져왔던 편안한 관계를 상기시킨다. 유혹에 굽히지 않고 지속되었던 우정이 가볍게 깨어져서는 안 된다. 바울로는 이 우정이 스스로에게 의미하는 바가 무엇인지를, 그리고 그 결말이 그들에게뿐만 아니라 그에게 어떤 결과를 가져올 것인지를 대단히 감정적인 말로 지적하기를 주저하지 않는다.

6. 마지막 주장과 이 편지의 끝머리는 바울로의 권면과 그의 윤리론이라 할 수 있다.[178] 이 주장의 중심 개념은 자유이다.[179] 자유의 개념은 또한 편지의 다른 부분들의 기초가 된다. 그러나 "권면" 부분에서만 그것은 논쟁적인 무기로 충분히 사용된다. 만일 갈라디아인들의 상황이 자유로 묘사될 수 있다면, 이 상황은 당연한 것으로 여겨져서는 안 된다. 갈라디아인들의 자유는 그들이 가져야 할 중요한 무엇인가가 결핍되어 있다는 의미에서 박탈의 상태가 아니다. 자유는 자유로울 수 있는 사람들에게만이 가능하다. 갈라디아인들의 경우, 그리스도가 그들을 해방시켰다.[180] 더우기, 그리스도의 영과 동일시되는 성령은[181] 그들로 하여금 모든 "종"의 모습을 뿌리치게 하고, 한때 그들이 그렇게도 자랑스러워 했던 것으로부터의 제반 변화를 성취할 수 있게 하였다.[182] 반대자들은 자유 안에 있는 생활을 결코 이해할 수 없는데, 그 까닭은 그들 자신이 노예 상태로부터 결코 해방된 적이 없었으며 자유 안에서 살 수 있는 기회가 없었기 때문이다. 그들에게 있어서 바울로가 말하는 자유의 개념은, 보호 —그것 없이는 어느 누구도 이 악한 세상에서 살아남을 수 없는— 가 필요한 위험스러운 상태로 보인다. 그들에게 그런 자유는 방탕, 곧 연약한 인간을 악한 세력의 무수한 공격에 적나라하게 노출시키는 것을 의미한다.[183]

바울로에 의하면, 그리스도 안에서의 자유는 하느님의 선물이긴 하지만 미묘한 자유이다. 그것은 단순히 그저 당연한 선물로 간주되어서는 안 된다. 자유는 사람들이 자유 안에서 사는 한에서만 가능하다. 자유는 과제로서만 주어지는데 이 과제란 자유의 보존을 말한다.[184]

---

178) 5,1—6,10.
179) 위 주 145, 그리고 §2. 가. 를 보라.
180) 1,4 ; 4,5 ; 5,1·13.
181) 4,6.
182) 4,15.
183) 참조. 2,4—5 ; 4,17 ; 5,7—12 ; 6,12—13.

어떻게 자유가 보존될 수 있을까? 이 점에서 바울로는 "지시"와 "명령"[185]이라는 그의 변증법을 적용한다. 바울로에 의하면, 스스로 자유롭지 못한 사람들로부터 자유의 보존을 기대한다는 것은 희망도 없고 결실도 없는 일이다. 반대자들이 왜 그 자유를 끝내고 율법의 멍에 아래 올 것을 추천했는지 충분히 이해할 만하다.[186] 만일 갈라디아인들의 "그리스도 안에서의 자유"가 보존될 수 있다면, 그것은 그들의 자유가 창조되었던 것과 같은 수단에 의해서만이 가능하다. 즉 그리스도와 성령의 역사에 의해서만 성령에 의해 해방되었던 사람들은 "성령이 지시하는 대로 행하고", "성령의 인도를 받고", 그리고 "성령의 인도에 따라 살아감으로써"만이 자신들의 자유를 보호할 수 있다.[187]

만일 갈라디아인들이 "그리스도의 자유" 안에서의 삶을 문제삼고 있다면, 그들은 저 자유를 나눠갖지도 이해하지도 못하는 사람들로부터 해결책을 기대해서는 안 된다. 그 대신, 그들은 맨처음 그들을 해방시켰던 동일한 힘에 의지해야 한다. 반대자들의 방법은 그리스도 안에서의 그들의 구원을 안전하게 하는 것이 아니라, 그 구원을 유다적 구원개념과 대체시킴으로써 그것을 파괴시킨다. 여기까지의 바울로의 주장은 일관성이 있으며 이해하기에 그렇게 힘든 것도 아니다.[188] 그러나 그의 주장에 대한 마지막 검증은 그 자신의 윤리론이며, 그것은 어떻게 갈라디아인들이 자유에 의지함으로써 자유의 문제를 해결해야 하는가를 말한다.[189]

우리는 바울로의 윤리가 그 시대에 있어서 그레꼬 로마의 일반적인 철학적 윤리와 전혀 다르다는 것을 깨달아야 한다. 그는 인간 영혼 속에 내재하는 로고스의 철학적 개념을 갖고 있지도 않으며, 교육의 과정(παιδεία) —그것에 의해서 인간의 삶은 미숙한 본성으로부터 윤리적이고 심리학적으로 세련되게 발달한다— 을 이 교육 과정에 있는 윤리적 이상으로서의 "덕"을 가지고 옹호하지도 않는다. 바울로의 윤리는 또한 토라에의 순종이라는 유다교의 윤리적 개념과 다르다. 유다교의 윤리적 개념은 역사적—신화적 기반을 가지고 있으며, 주요한 목

184) 5,16·13b를 보라; 참조, 2,4—5; 4,9—11.
185) 이 용어에 대해서는 5,25에 관한 주석을 보라.
186) 2,5; 4,9; 5,1b; 6,12를 보라. 그러나 반대자들의 실제적인 동기에 대해서 구체적으로 언급된 것이 없다.
187) 5,16·18·25.
188) 2,18·21; 5,2·4를 보라.
189) 바울로의 윤리는 여기서 다만 요약될 수 있을 뿐이다; 개인적 관점의 토론에 대해서는 5,1—6,10에 관한 주석을 보라.

적이라기보다는 부산물에 더 가까운 윤리와 더불어 근본적으로 종교적 의식(儀式) 체계로서 작용한다.

바울로의 윤리에서, 선과 악은 인간 생활에서 작용하는 세력의 표현이다. 이 세력과 그 표현은 역사적인 조건의 규정을 받는다. 이것은 인간 생활이 각기 다른 사람들에게 각기 다른 식으로 결정된다는 것을 뜻한다. 그리스도교 공동체에 있어서, 선의 표현은 신적 구원의 과정의 일부로서 일어난다. 과거의 결정적인 사건들은 그리스도의 가치 있는 자기 희생과 십자가 위에서의 죽음, 그리고 죽음으로부터의 그의 부활이다. 동시에 바울로는 "그리스도 사건" 전체를 선의 역사적-신화적 표현으로 이해한다.[190] 그리스도인은 교회 공동체의 일원으로서 이 사건에 참여한다. 모든 그리스도인들은 세례를 통해 그리스도인들 모두가 "그리스도를 입었으며", 모두가 "그리스도와 하나"[191]라는 것을 배운다. 그리스도교 공동체와 신적 구속의 과정 사이의 이와 같은 연합은 그리스도교 공동체의 구성원들 사이에서 그리고 그 내부에서 성령의 임재에 의존한다. 이 성령은 선한 것이 표현되게 함으로써 "그리스도 사건"을 현재의 실재로 만든다. 바울로는 선한 것의 나타남을 "성령의 열매"로 부른다.[192] 선한 것은 "사랑, 기쁨, 화평, 인내, 친절, 선함, 신실, 온유, 절제"를 포함한다. 비록 바울로가, 사랑(ἀγάπη)을 제외하고는, 희랍의 철학적 윤리의 전통적 용어를 사용하지만, 그것들은 전통적 의미에서의 "덕"을 나타내는 것이 아니라 신적 구속의 "표현"을 나타낸다. 또한 그것들은 그리스도교 공동체에서 성령에 의한, 교회에서의 그리스도의 임재의 표현으로서 일어난다. 개개 그리스도인들은 "그리스도의 몸"의 지체들로서 그리고 "성령의 사람들"로서 그것들에 참여한다. 성령이 주어지면 성령에 사로잡혀, 그들은 "성령의 열매"가 나타나는 대행자들이 된다.[193] 처음에 "사랑" (ἀγάπη)으로 시작해서 마지막에 "절제"(ἐγκράτεια)로 되어 있는 성령의 아홉가지 표현[194]은 완전과 완성을 나타낸다. 이 모든 표현들이 실제로 일어나는 곳에서, 그것들은 개개 그리스도인의 삶과 마찬가지로 교회의 삶을 "살찌운다." 그 반대되는 것, 곧 악의 표현들("육신의 일")을 위해 남겨진 여지는 없다.[195]

190) 위 주 159를 보라.
191) 3, 26—28에 관해서 보라.
192) 5, 22—23에 관해서 보라.
193) 또한 5, 6·13—14 ; 6, 1·8—10에 관해서 보라.
194) 5, 22—23.
195) 5, 16—17을 보라.

결국 바울로의 윤리는 아주 단순하다. 그리스도인은 "성령의 열매"를 맺으라는 요구를 받는다. "덕들"은 그리스도인에게서 그것들 자체를 나타내야 하며, 그리스도인은 또한 그 일이 일어나게 할 수 있다. 그 덕들이 실제로 나타날 때, 악과 악으로 인한 혼돈은 차지할 자리가 없어진다. 이 윤리 개념과 자유 개념의 연관성은 또한 명백하다. 즉 "성령의 열매"와 그로 인해 나타난 덕들은 동시에 자유의 표현이다. 성령의 열매들이 맺히는 곳에서는 법이 요구되지 않는다.[196] 어떤 법도 사람들로 하여금 그 열매들을 성취시키도록 강요할 수는 없다. 만일 성령의 열매들이 열린다면, 그것은 사람들이 그것들로 하여금 자발적으로 생기게 하기 때문이다. 그러므로, 바울로가 결론에서 "할례를 받고 안 받는 것이 문제가 아닙니다. 다만 새로 지음받는 것만이 중요합니다"[197]라는 말로 자신의 주장을 요약할 때, 그것은 대단히 논리적이다.

---

196) 2, 19—21 ; 5, 6·18·23—24를 보라.
197) 6, 15(*NEB*) ; 참조. 2, 3 ; 5, 6.

본문과 주석

I. 편지 서문　　　　I장 I—5절

1,1 사람에게서 온 것도 아니요 〔한?〕 사람을 통하여[1] 된 것도 아니요
예수 그리스도와[2] 그를 죽은 자들 가운데서 다시 살리신 하느님 아버지에게
서 임명받아 사도가 된 나 바울로는[3] **2** 나와 같이 있는 모든 형제와 함께[4]
갈라디아 여러 교회에 이 편지를 씁니다. **3** 하느님 우리 아버지와 우리 주
예수 그리스도로부터 오는 은혜와 평화가 여러분에게 임하기를 빕니다. **4**
그리스도께서는 우리 하느님 아버지의 뜻을 따라 우리를 이 악한 세대에서
건져내시려고[5] 우리 죄인들을 위하여 자기 자신을 바치셨읍니다.[6] **5** 영원
무궁하도록 하느님께 영광이 있기를 빕니다. 아멘.

〔분석〕

갈라디아서의 편지 서문은 그것이 서문이라는 것을 쉽게 알 수 있으며 따라서 편지 본문과 구분될 수 있다. 몇 가지 점에서 편지의 서문과 본문 사이에 상호관계가 있는 것 또한 흥미롭다. 우리는 이 몇 가지 점에서 편지의 신학적 경향들과 목적을 관찰할 수 있다.[7] 서문의 기본 형태는 다른 바울로 서신들에서와 마찬가지로 표제(*superscriptio*), 덧붙이는 말(*adscriptio*), 그리고 인사(*salutatio*)의 순서로 되어 있다.[8] 이 형태는 성격과 기원에 있어서 "동양적"인 것으로 생각되어 왔으나

1) *NEB*는 바꾸어 말한다(*paraphrase*): "사람의 임명에 의한 것도 아니요 사람의 위임에 의한 것도 아니요……."
2) *NEB*는 바꾸어 말한다: "예수 그리스도로부터의 위임에 의하여……."
3) *NEB*, *JB*는 바울로를 보낸 자로서 표시하는 "바울로로부터"라고 한다. *JB*의 의역은 그 전문의 주의깊은 구성을 파괴한다는 것을 주목하라.
4) 참조. *NEB:* "나와 지금 나와 같이 있는 일단의 친구들이 인사를 보냅니다……." 이 의역은 그 본문을 바꾸었으며 그것을 희랍의 스타일과 문화에 동화시켰다.
5) *NEB*, *JB* 그대로; 참조. *RSV:* "구원자."
6) *NEB*, *JB*는 "그 자신을 희생시켰다."——바른 해석.
7) Hans Dieter Betz, "Composition", 353—79, 특히 355—56을 보라.
8) 이 주제에 대한 참고문헌을 위해서는 Conzelmann, *1 Corinthians*, 19의 주 6, 7을 보라. 덧붙여 Joseph A. Fitzmyer, "Some Notes on Aramaic Epistolography," *JBL* 93 (1974) 201—25; Klaus Berger, "Apostelbrief und apostolische Rede: Zum Formular frühchristlicher Briefe," *ZNW* 65 (1974) 190—231, 특히 191—207; Vielhauer *Geschichte*, 64—66.

헬레니즘의 그리고 바울로 자신의 발전 또한 간과되어서는 안 된다.[9] 갈라디아서의 서문은 몇 군데가 확대되어 있는데, 본문의 여러 다른 부분들과 밀접한 관계를 보여주는 바로 그런 점들에서 현저하게 확대되어 있다. 칭호와 그 칭호에 대한 정의(1,1), 그리고 그리스도론적—구원론적 진술들(1,4)이 그런 부분이다.

〔해설〕

[I] 편지 서두에 주요 발신인인 바울로의 이름이 나와 있다.[10] 그가 자신의 편지 서언들에서 통례적으로 하듯이, 로마식의 성(姓)만을 말한다. 정보가 믿을 만하다면[11], 우리는 사도행전으로부터 그의 유다 이름이 사울(히브리어 : שאול, 헬라어 : Σαῦλος, Σαούλ)이라는 것을 알 수 있다. 이름 다음에는(역주 : 한글역에서는 이름 앞에) 관사 없이 ἀπόστολος("사도")[12]라는 공식 칭호가 나온다.[13] 다른 곳에서 발견되는 속격 Χριστοῦ 'Ιησοῦ("그리스도 예수의")는 여기서 빠져 있다.[14] 그 대신 그 칭호는, 틀림없이 고의로, 사도의 개념에 대해 주의깊게 내려진 정의에 의해서 추가된다.[15] 정의 자

9) 갈라디아서의 서문, 특히 3—5절과 묵시 1,4b—6 사이의 표현상의 유사성은 바울로가 그 형태를 창조하지 않았다는 것을 보여준다. 확실히 묵시록의 서문은 갈라 1장에 기초해 있지 않다(또한 Nils A. Dahl, 1974년 7월 19일자 편지에서).

10) Str-B 3. 1 ; Bauer, *s.v.* Παῦλος, 2 ; Σχούλ, 2 ; Σαῦλος; Bornkamm, *Paul*, 3f를 보라.

11) 사도 13,9 : "바울로라고도 하는 사울은." 사도행전 저자는 그가 어디서 이 정보를 얻었는지를 밝히지 않는다. 다음을 보라, G.A. Harrer, "Saul who is also called Paul," *HTR* 33 (1940) 19—33 ; Henry Cadbury, *The Book of Acts in History* (London: Black, 1955) 69ff ; Haenchen, *Acts*, 13,9의 주석 ; Christoph Burchard, *Der driezehnte Zeuge*, (FRLANT 103; Göttingen: Vandenhoeck & Ruprecht, 1970) ; Karl Löning, *Die Saulustradition in der Apostelgeschichte*(NTAbh NF 9 ; Münster: Aschendorff, 1973), 여러 곳.

12) 콤마가 "사도"앞에 놓여야 하는지 또는 뒤에 놓여야 하는지는 말하기 어렵다. Theodor Zahn, *Der Brief des Paulus an die Galater* (KNT 9 ; Leipzig: Deichert, 1905; ³1922) 34 주 2 ; Schlier, 26 주 2 ; Mussner, 43 ; 45에서는 그것이 "사도" 앞에 있다고 본다. 그리고 뒤에 있는 전체 귀절을 이름에 속하는 동격으로 생각한다. Nestle-Aland는 그것을 "사도" 뒤에 둔다.

13) "사도"의 개념에 관해서는 아래 갈라 1,17에 관한 보론을 보라.

14) 참조. 고전 1,1 ; 고후 1,1 ; 에페 1,1 ; 골로 1,1 ; 디전 1,1 ; 디후 1,1 ; 디도 1,1은 바울로 문체의 모방이다.

15) 이 특별한 정의는 바울로에게서 독특하다. 다른 유사한 언급들은 로마

체는 부정적인 부분과 긍정적인 부분으로 구성되어 있다. 부정적인[16] 부분에서는 바울로의 사도직이 그 기원과 본질에 있어서 인간적이 아니라는 점이 두 번[17] 강조된다 : 그것은 "사람에게서" 온 것도 아니요 "〔한?〕 사람을 통하여" 된 것도 아니다.[18] 이 진술들은 명사만을 사용하는 반면, 긍정적인 부분에서는 하느님께서 죽은 자로부터 예수 그리스도를 일으키신 것을 기술하는 동사가 사용된다(1,4 ; 1,11—16a). 히브리 전승에서는 예언자[19]의 부름과 그리고 희랍 전승에서는 시인[20]과 관련되는 병행구들은 칭호에 대한 그러한 정의가 역사를 갖고 있

1,1—5 ; 고전 1,1 ; 고후 1,1에서 나타난다. 갈라디아서의 정의는 僞바울로 서신인 *Epistle to the Laodiceans*에 의해서 모방된 것 같다 : Paulus apostolus non ab hominibus neque per hominem, sed per Ihesum Christum, fratribus("사람에게서 온 것도 아니요 〔한?〕 사람을 통하여 된 것도 아니요, 예수 그리스도를 통해서 형제들의 사도가 된 바울로는"). HSW, *NT Apocrypha* 2. 128ff을 보라.

16) 참조, 갈라 1,11·12에 있는 병행적 언급들, *CMC* 60. 18—23에서는 고후 12,2—5 ; 갈라 1,11—12와 결합하여 갈라 1,1을 인용한다.

17) 두 번 부정은 아모 7,14에서도 발견되기 때문에, 문제는 ἀπ' ἀνθρώπων ("사람에게서")와 δὶ ἀνθρώπου("〔한?〕 사람을 통하여") 사이에 분명한 구별이 되어야 하느냐이다. 다음을 보라. Burton; Hans Lietzmann, *An die Galater* (HNT 10 ; Tübingen: Mohr, Siebeck, ⁴1971) ; Oepke; Schlier. Zahn은 그 언급들이 다른 구체적인 인물들을 지시한다고 제시하였다. 그 제시는 Mussner, 45에서 받아들여졌다. 법식적인 성격이 이 가능성을 반드시 제외시키는 것은 아니다.

18) ἄνθρωπος("사람, 인류")는 신적 계시인 ἀπὸ θεοῦ("하느님으로부터")와는 대조적으로, 일반적으로 인간의 영역을 뜻한다(갈라 1,10·11·12 ; 2,6 ; 3,15를 보라). 후자에 대해서는 1,3과 1,1·12 ; 4,7 ; 6,14에서 전치사 διά("통하여")와의 여러 결합들을 보라.

19) 초기의 병행구는 아모 7,14—15이다 : "나는 본시 예언자(נָבִיא)가 아니다. 예언자의 무리에 어울린 적도 없는 사람이다. 나는 목자요……야훼께 잡힌 사람이다." 참조, 또한 예레 1,5—6(갈라 1,15 참조) ; 14,14 ; 23,16·21·26·31—32 ; 열상 22,1—38. Philo *Virt.* 63에서 모세는 자신에 대해서 언급한다 : "나는 내 자의로 공무를 감독하고 통할하는 일을 택하지 않았으며, 어떤 다른 사람에 의한 임명을 통해서 그 직을 받은 것도 아니라, 명백한 신탁에 의해서……하느님은 나에게 그의 뜻을 밝히셨다……." 또한 다음을 보라. *Mos.* 1. 175·201·277·281·286 ; *Her.* 69·74·85·265 ; *Spec.* 1.65·315 ; 4.50—52 ; *L.A.* 3.28—31·32—33·36·41·43 ; *Mig.* 22. 신약성서에서, 병행구 마르 6,1—6 ; 11,30—33을 보라. Hermann Schult, "Amos 7 : 15a und die Legitimation des Aussenseiters, in *Probleme biblischer Theologie: Gerhard von Rad zum* 70. *Geburtstag* (ed. Hans Walter Wolff ; Munich: Kaiser, 1971) 462—78을 보라. 훨씬 뒤에 R. Hanina ben Dosa는 *b. Ber* 34b의 기적과 관련해서 아모 7,14를 그 자신에 응용했던 것은 주목할 만하다 ; 참조, Str-B 3. 13.

다는 점을 시사한다. 정의 자체가 전승에서 나온 것인지 또는 바울로 자신이 그것을 작성했는지에 대해서는 자료의 부족으로 명백한 결론을 내리기가 어렵다. 병행구들은 또한 그 정의가 "국외자"에 대한 자기 변호의 동기와 연관을 갖고 있다는 점을 제시한다.[21] 어쨌든, 사도 자신은 그 정의가 어떻게 이해되어야 하는지에 대한 그 이상의 설명을 갈라디아서 1장 12—16절에서 하고 있다.

흔히 학자들은 1장 1절의 정의를 바울로의 반대자들이 바울로에게 가한 비난을 재구성하는 데 역으로 이용하였다. 그 비난은 바울로를 비판하는 비난이다. 왜냐하면 그들은 바울로의 사도직이 본질과 기원에 있어서 인간적이며, 그 때문에 다른 사도들의 그것과 비교하면 더 열등하다고 말했을 것이기 때문이다. 그러므로, 그들은 사도 바울로를 감독하고 통제할 권리를 주장하는 것이라는 결론이 나온다.[22] 그러나 이런 식으로 그 비난을 재구성하는 것은 문제가 있다. 공식적으로 바울로에 대한 비난은 갈라디아서 2장 17절에 들어 있다. 반(反)—바울로의 *Kerygmata Petrou*(아래, 부록 3을 보라)로부터, 우리는 이 반대가 바울로를 비판했다는 것을 안다. 왜냐하면 그는 환상"만"을 보았을 뿐, 역사적 예수와의 개인적 접촉이 없었기 때문이다. 분명히 사

20) Hesiod *Theog.* 21—34 ; *Erga* 1—10을 보라. 그 주제에 관해서는 다음을 보라. Kurt Latte, "Hesiods Dichterweihe," *Kleine Schriften*(Munich: Beck, 1968) 60—75 ; Herwig Maehler, *Die Auffassung des Dichterberufs im frühen Griechentum bis zur Zeit Pindars, Hypomnemata* 3 (Göttingen: Vandenhoeck & Ruprecht, 1963) 19f, 32, 41, 45. 그 주제는 예를 들면 Plato, *Ion* 534E에 의해서 자주 취급되었다. 그는 영감받은 시를 이렇게 규정한다 : "이 훌륭한 시들은 인간의 또는 사람의 작품이 아니라 신적인 그리고 신들의 작품이다." 여기서 의미하는 바는 물론 그 시들은 시인 자신의 작품이 아니라는 것이다. 또한 다음을 보라. Lucian *Hes.* 4 ; Dhios. Chrys. *Or.* 77/78. 1 (A. Mussies, *Dio Chrysostom and the New Testament* [SCHNT 2 ; Leiden: Brill, 1972] 갈라 1, 12에 관해서 보라)를 ; 1. 10, 57·58 ; 12. 23 ; 36. 35 ; 55. 1f.

21) 참조. Plato *Apol.* 20E에서 Socrates. 그는 어떻게 그의 지혜가 인간의 것(κατ' ἄνθρωπον) 이상이라는 것을 믿게 되었는지를 설명한다 : "왜냐하면 내가 하는 말은 내 말이 아니기 때문이다……나의 지혜에 대해서——만일 그것이 지혜라고 할 수 있다면——그리고 그것의 본질에 대해서, 나는 당신에게 증인으로서 델피 신을 제시할 것이다." 그는 계속해서 델피에 있는 Chairemon에게 주어진 신탁에 대한 이야기를 한다. 참조. 또한 한 감독에 대한 Ignatius의 찬사(Ign. *Phld.* 1) : "그 자신으로부터 나온 것도, 사람들을 통해서 나온 것도 아닌"(οὐκ ἀφ' ἑαυτοῦ οὐδὲ δι' ἀνθρώπων).

22) 다른 주장, Mussner, pp. 46f.

도행전은 바울로로 하여금 환상, 그리고 예루살렘과 다마스커스 교회들과의 개인적, 직접적인 접촉을 갖게 함으로써 그런 비판을 피하였다.

두번째 긍정적인 부분은 교차대구법(chiasm)[23]으로 구성되어 있으며, 바울로의 사도직을 인정하는 두 가지[24] 권위에 대해 언급한다: *ἀλλὰ διὰ Ἰησοῦ Χριστοῦ*[25] *καὶ θεοῦ πατρός*("오직 예수 그리스도와 하느님 아버지에게서").[26] 마치 "하느님 아버지"가 "사람을 통하여"와 대조되듯이 "예수 그리스도……에게서"는 "〔한〕 사람을 통해"와 병치된다.[27]

그리스도와 하느님 사이의 관계는 하느님께서 그리스도를 죽은 자로부터 일으키셨다는 것을 언급하는 그리스도론적 법식에 의해 규정된다. 예수의 부활이 명백하게 언급되지 않기 때문에, 우리는 이 귀절을 "부활 법식"이라고 부를 수 있을 것이다.[28] 그것은 갈라디아서

23) John Bligh (*Galatians: A Discussion of St. Paul's Epistle* [Householder Commentaries 1 ; London: St. Paul, 1969] 61f)는 교차대구법 때문에 전치사 "from"이 1,3에서처럼 "하느님 아버지" 앞에 보충되어져야 한다고 제안한다. 이 임의적인 처사는 일반적으로 Bligh의 방법에 독특하다 ; 참조, *JBL* 89(1970) 126f에서의 나의 관찰. 바울로는 "하느님께서"(갈라 4,7), "은혜로"(1,15), "하느님의 뜻에 의해서"(고전 1,1 ; 고후 1,1 ; 로마 15,32 ; 또한 참조. 고후 8,5)와 같은 다른 귀절들을 이용할 수 있다.

24) 바울로는 하느님과 그리스도에 의한 사도로서의 그의 임명을 강조하고자 한다. 참조. 또한 갈라 1,15—16 ; 4,14 ; 로마 15, 15—16 ; 고후 5,20. Gerhard Delling, "Zusammengesetzte Gottes-und Christusbezeichnungen in den Paulusbriefen," in *Studien*, 417—24.

25) *διὰ Ἰησοῦ Χριστοῦ*("예수 그리스도에게서")는 어딘가 다른 곳에서 바울로에 의해 사용되는 하나의 약어이다. 그러나 서문에서 그것은 이 곳과 로마 1,5(*δι' οὗ*["그를 통하여"])에서야 발견된다. Werner Kramer, *Christ, Lord, Son of God* (tr. Brian Hardy; SBT 1. 50 ; London: SCM, 1966) 146f를 보라. 갈라 1,12는 그 귀절을 더 해석한다 : "예수 그리스도의 계시를 통하여", 또한 1,16 ; 고전 9,1 ; 15,8, 그리고 로마 1,1 ; 고전 1,1의 "부르심을 받은"(*κλητός*)이란 용어를 보라.

26) *καὶ θεοῦ πατρός*("그리고 하느님 아버지")는 *αὐτόν*("그에게")을 *αὐτόν*("그자신")으로 바꾼 마르시온에 의해서 생략된다. 다음을 보라. Adolph von Harnack, *Marcion: Das Evangelium vom fremden Gott. Neue Studien zu Marcion*(Darmstadt: Wissenschaftliche Buchgesellschaft, 1960), *67f. 그러나 그 귀절은 바울로의 것이다 ; 갈라 1,3 ; 로마 1,7 ; 15,6 ; 고전 1,3 ; 8,6 ; 15,24 ; 고후 1,2·3 ; 11,31 ; 필립 1,2 ; 2,11 ; 4,20 ; 데전 1,1·3 ; 3,11·13 ; 필레 3.

27) "하느님 아버지"는 갈라디아서에서(1,3·4 ; 4,2·6을 보라) 양자의 개념 때문에 특별한 역할을 한다(3,7·26 ; 4,4—7·22—31을 보라).

28) 이 법식에 대해서는 Kramer, *Christ, Lord, Son of God*, 20ff, 58ff ; Klaus Wengst, *Christologische Formeln und Lieder des Urchristentums*

중에서 이곳에만 나온다. 그러나 바울로의 다른 글들에 그에 대한 병행구들이 들어 있다.[29] 바울로는 여기서 자신의 사도직이 어떻게 그리스도의 부활과 관계되는지를 분명하게 말하지 않는다. 어쨌든, 그에게 나타났던 그리스도는(1, 12·16) 부활한 그리스도이다.[30]

[2] 사도가 자신의 다른 편지들 대부분에서 하듯이,[31] 하등 발신인들로서 동료들과 일행 선교사들을 포함시킨다 : "나와 같이 있는 모든 형제와"(*καὶ οἱ σὺν ἐμοὶ πάντες ἀδελφοί*). 바울로가 그들의 이름을 구체적으로 말하지는 않으나, 우리는 그들이 갈라디아인들에게 알려진 동료 선교사들[32]이지 바울로가 편지를 썼던 교회 전체의 선교사들이 아니라는 점을 가정할 수 있다.[33] 강조된 "모든"은 바울로 특유의 표현으로서[34] 그가 편지 뒤에 충실하게 있는 한 집단의 대변인으로서 쓰고자 했음을 가리킨다.[35] 실제로 그 편지를 썼던 비서(6, 11—18)가 "형제들" 가운데 있다 할지라도 —그것은 당연하다— 바울로는 그 비서를 언급하지 않는다.[36] 2절 b에서 수신인들

(StNT 7 ; Gütersloh:Mohn, 1972) 27ff ; Martin Rese, *VF* 15(1970) 89ff; Delling(위 주 24를 보라) 407.

29) 로마 4, 24 ; 8, 11 ; 10, 9 ; 고전 6, 14 ; 15, 15 ; 고후 4, 14 ; 데전 1, 10 등.

30) 참조. 로마 1, 4—5 ; 고전 9, 1 ; 15, 8.

31) 다음을 보라. 고전 1, 1 (*καὶ Σωσθένης ὁ ἀδελφός*〔"그리고 형제 소스데네"〕; 고후 1, 1 (*καὶ Τιμόθεος ὁ ἀδελφός* 〔"그리고 형제 디모데"〕) ; 필레 1(고후 1, 1에서와 마찬가지) ; 필립 1, 1 ; 데전 1, 1 ; 또한 골로 1, 1 ; 데후 1, 1. 인사 목록이 관련되어야 한다 : 참조. 필레 4, 21 ; 골로 4, 10 ; 고전 16, 19—20 ; 고후 13, 12 ; 로마 16, 21—23.

32) 그런 주장의 예. Adolf Hilgenfeld, *Der Galaterbrief übersetzt, in seinen geschichtlichen Beziehungen untersucht und erklärt* (Leipzig: Breitkopf & Härtel, 1852) ; Lightfoot; Richard Adelbert Lipsius, *Briefe an die Galater, Römer, Philipper* (Freiburg: Mohr, Siebeck, ²1892) ; Friedrich Sieffert, *Der Brief an die Galater* (KEK 7 ; Göttingen: Vandenhoeck & Ruprecht ⁶1880, ⁹1899) ; Burton; Oepke; Bligh; Borse, *Standort*, 43f ; Mussner. 다음을 보라. E. Earle Ellis, "Paul and His Co-Workers," *NTS* 17(1971) 437—52 ; Eduard Lohse," "Die Mitarbeiter des Apostels Paulus im Kolosserbrief," in *Verborum Veritas: Festschrift G. Stählin* (Wuppertal: Brockhaus, 1970) 189—94.

33) 그와 같은 주장의 예, Zahn, Bousset, Ramsay, Lietzmann.

34) 참조, Ambrosiaster와 Chrysostom을 언급하는 Schlier (pp. 28f),

35) 반대로 Schlier (p. 29)는 바울로가 자신을 한 그리스도교 형제단의 대표로 생각했다는 것을 제시한다. 하나의 교회라는 후대의 개념을 전제하는 가정(참조, 에페 3, 1—13). Mussner (p. 48, 주 28)는 "모두"는 1, 7의 "소수의" 〔"사람들"〕와 대조적으로 얘기된 것이라고 생각한다. 참조. 또한 Viehauer, *Geschichte*, 67.

36) 참조. 로마 16, 22. 거기서 비서 Tertios는 인사말에서 자신의 이름을 말

이 언급된다 : "갈라디아 여러 교회에"(ταῖς ἐκκλησίαις τῆς Γαλατίας). 이 주소는 비교적 간결하며, 교회에 대한 흔히 있는 통칭과 공손한 인사말을 결여하고 있다.[37] 바울로가 여러 교회에[38] 편지를 쓴다는 사실은 교회들의 조직 문제를 제기한다. 교회들은 지리적으로 가까이 있었음이 분명하며,[39] 또한 틀림없이 동일한 문제들이 그 교회들에 적용되었을 것이다. 또한, 그것들은 우리에게 알려지지 않은 어떤 조직적인 방법으로 연관되어 있었음이 분명하다.

[3] "하느님 우리 아버지와 우리 주 예수 그리스도로부터 오는 은혜와 평화가 여러분에게 임하기를 빕니다"라는 인사말은, 바울로의 다른 편지들에서와 마찬가지다.[40] 그 인사는 기도의 형태로 되어 있다. 여기서 그것은 갈라디아인들이 그리스도 안에서의 하느님의 구속에 참여하는 자들로 남아 있기를 비는 바울로의 소망을 은연 중에 표현한다(1,4). 그 인사는 또한 처음으로 저 구원을 그들에게 가져다 주었던 중재자로서의 사도의 위치를 확인한다(참조. 1,6—9).[41] "은혜와 평화"(χάρις καὶ εἰρήνη)라는 표현은 또한 다른 편지에서의 축복의 일부로서 발견된다.[42] "은혜"는 희랍의 인사 형태로부터 발전된 것일 것이다(χαίρειν).[43] 그것은 유다의 축복과 인사에

한다. Betz, "Composition," 356을 보라 ; 또한 위 서론, §1.

37) 참조. 로마 1,7 ; 고전 1,2 ; 고후 1,1 ; 필립 1,1 ; 데전 1,1.

38) ἐκκλησία는 개체 "교회"에 대한 이름이다(참조. 고전 1,2 ; 고후 1,2 ; 데전 1,1 ; 필레 2). 더 이상의 토론과 참고문헌을 위해서는 다음을 보라. Conzelmann, *1 Corinthians*, 21f ; Klaus Berger, "Volksversammlung und Gemeinde Gottes: Zu den Anfängen der christlichen Verwendung von 'ekklesia'", *ZThK* 73 (1976), 167—207.

39) 이 교회들은 고전 16,1 ; 디후 4,10 ; 베전 1,1에서도 언급된다. 서론, §2.나.를 보라.

40) 참조. 로마 1,7 ; 고전 1,3 ; 고후 1,2 ; 필립 1,2 ; 데전 1,1 ; 필레 3 ; 또한 에페 1,2 ; 골로 1,2 ; 데후 1,2 ; 디도 1,4. 다른 형태는 디전 1,2 ; 디후 1,2 ; 베전 1,2 ; 베후 1,2 ; 묵시 1,4 ; *1 Clem. inscr.;* Pol. *Phil. inscr.*에서 나온다. Lyder Brun, *Segen und Fluch im Christentum*(Skrifter utgitt av det Norske Videnskaps-Akademi i Oslo, Ⅱ. Hist.-Filos. Klasse 1932. 1 [Oslo 1932]) 35ff를 보라.

41) 이것은 Schlier에 의해서 강조된다. p. 30.

42) 그러나 거기서 그것들은 분리된다. 참조. 갈라 6,16·18 ; 로마 2,10 ; 15,33 ; 16,20·24 ; 고전 16,23 ; 고후 13,11·13 ; 필립 4,9·23 ; 데전 5,23·28 ; 데후 3,16·18 ; 에페 6,23·24 ; 골로 3,15—16 ; 4,18 ; 베전 5,14 ; 히브 13,20—21·25 등.

43) 이것은 Johannes Weiss 에 의해서 제시되었다. *Der erste Korintherbrief* (KEK 5; Göttingen: Vandenhoeck & Ruprecht, 1910) 4f; 또한 Koskenniemi,

서는 —그것들은 보통 "평화"(שלום, εἰρήνη)와 "자비"(ἔλεος)를 가진다— 발견되지 않는다.[44] 관사의 생략은 인사의 "예식적" 기원 때문인 것으로 설명되어 왔다.[45] 하나의 기도로서 인사가 "예식적"이라는 사실을 가정하면, 관사의 생략은 역시 관사가 없는 *shalom*("평화")을 번역한 결과일 것이다. "은혜와 평화"는 하느님과 그리스도 안에 그 기원을 두고 있다. 순서는 여기서 1장 1절과 다르나, 아마도 원래의 것인 듯하다. 1장 1절에서 하느님은 "죽은 자들 가운데서 다시 살리신"이란 뒤따르는 문구 때문에 두번째 언급된다. 1장 3절은 다른 바울로의 인사들과 일치할 뿐만 아니라,[46] 아버지 하느님 그리고 그의 아들 "주 예수 그리스도"[47]의 적절한 위계 순서를[48] 세운다.

Studien, 162를 보라.

44) 참조. 다니 3, 98(4, 1) ; 2 *Apoc. Bar.* 78. 2 : "이와같이 네리아의 아들 바룩은 포로로 끌려온 형제들에게 말한다 : 자비와 평안이 너희에게 임하기를 빈다." Bar Kokhba 서신들에 관해서는 Fitzmyer, *JBL* 93(1974) 214—16 ; Berger, *ZNW* 65(1974) 193ff를 보라. 라삐 문학에 관해서는 Str-B 1. 154 ; 2. 94f ; 3. 1, 25를 보라.

45) 이 문제와 그 문학에 관한 토론에 대해서는 다음을 보라. Conzelmann, *1 Corinthians*, 23f ; 또한 Eduard Lohse, *Colossians and Philemon: A Commentary on the Epistles to the Colossians and to Philemon* (tr. William R. Poehlmann and Robert J. Karris; ed. Helmut Koester; Hermeneia; Philadelphia: Fortress, 1971) 10f.

46) "은혜"는 특별한 의미에서 물론 그리스도 사건을 언급한다 : 참조. 갈라 1, 6 ; 2, 21 ; 5, 4 ; 6, 17. 그리고 바울로에서 자주 나온다 ; 다음을 보라. Bauer, *s.v.*; Hans Conzelmann, "χάρις κτλ.," *TDNT* 9. 393—96 ; Berger, "Apostelbrief und apostolische Rede," *ZNW* 65(1974) 191—231. "평화"(εἰρήνη)는, 적어도 희랍 전통에서, 본래 정치적인 용어다. 그러나 바울로에게서 그것은 세상에서의 하느님의 전 구원 활동을 요약하는 말이다. 참조. 로마 15, 33 ; 16, 20 ; 고후 13, 11 ; 필립 4, 7·9 ; 데전 5, 23. "평화"는 그리스도인의 존재를 위한 기반이다(참조. 로마 5, 1 ; 8, 6 ; 고전 7, 15 ; 14, 33 ; 갈라 5, 22 ; 데전 5, 3 ; 등). 다음을 보라. Gerhard von Rad and Werner Foerster, *TDNT* 2, *s.v.* εἰρήνη κτλ.; Heinrich Gross, *Die Idee des ewigen und allgemeinen Weltfriedens im Alten Orient und im Alten Testament* (TTSt 7 ; Trier: Paulinus-Verlag, ²1967) ; Walter Eisenbeis, *Die Wurzel* שלם *im Alten Testament* (BZAW 113 ; Berlin: de Gruyter, 1969) ; Hans H. Schmid, *Šalôm: "Frieden" im Alten Orient und im Alten Testament* (SBS; Stuttgart: Katholisches Bibelwerk, 1971) ; Erich Dinkler, *Eirene: Der urchristliche Friedensgedanke* (AHAWPH 1973. 1).

47) "주〔는〕 예수 그리스도〔이시다〕"(κύριος Ἰησοῦς Χριστός)라는 환호가 여기서 반영된다. 참조. 고전 12, 3 ; 필립 2, 11 ; 로마 10, 9. Wengst, *Christologische Formeln*, 131ff를 보라. "주"라는 그리스도론적 칭호는

[4] 하느님께서 예수에게 하셨던 것을 언급하는 1장 1절에서의 그리스도론적 진술과 비슷하게, 바울로는 그 인사에 또 하나의 그리스도론적 법식을 붙인다. 이 법식(4절 a)과 그에 대한 해석(4절 b)은 그리스도가 "우리를 위해" 행하셨던 것을 요약한다. 그것의 법식적 특징은 바울로의 다른 글에 나오는 그것과 거의 비슷한 병행구들에서 명백히 나타난다.[49] 이 병행구들은 세 가지 기본 형태를 가질 수 있다: "그리스도께서는……자기 자신을 바치셨읍니다."[50] 또는 "자기 아들을……내어주신 그분이",[51] 또는 "예수는……죽음을 당하셨고."[52] 이들 중에서 첫번째 것만이 갈라디아서에서 사용된다(참조. 2,20). "그리스도께서는……우리 죄를 속하기 위하여 자기 자신을 바치셨읍니다"라는 말은, 예수의 죽음을 속죄의 자기 희생으로서 이해했던 옛 그리스도론을 함축하고 있다.[53] 이 그리스도론은 유

바울로에서 흔하다; 갈라디아서에서는 1,3·19; 5,10; 6,14·18을 보라. 그 칭호에 관해서는 다음을 보라. Oscar Cullmann, *The Christology of the New Testament* (tr. Shirley C. Guthrie and Charles A.M. Hall; Philadelphia: Westminster, ²1963) 195ff; Herbert Braun, *Gesammelte Studien zum Neuen Testament und seiner Umwelt* (Tübingen: Mohr, Siebeck, 1962, ²1967) 243ff; Ferdinand Hahn, *The Titles of Jesus in Christology* (Cleveland: World, 1969) 68ff; Kramer, *Christ, Lord, Son of God*, 65ff; Joseph A. Fitzmyer, "Der semitische Hintergrund des neutestamentlichen Kyriostitels," in *Jesus Christus in Historie und Theologie: Neutestamentliche Festschrift für Hans Conzelmann zum 60. Geburtstag* (ed. Georg Strecker; Tübingen: Mohr, Siebeck, 1975) 267—98.

48) 이 고찰은 많은 증거들에 의해서 표현된 *πατρὸς καὶ κυρίου ἡμῶν*("우리 아버지와 주님의")라는 다른 순서를 만든다($P^{46,51}$ B D G H K 88 614 1739 등), 2차적인 변경. Metzger, *Textual Commentary*, 589를 보라. 다음을 보라. 필립 2,6—11; 고전 8,6; 11,3; 15,23—28; 그리고 Conzelmann, *1 Corinthians*, 이 귀절들에 관한 항목.

49) 이 법식과 다른 귀절들에 대해서는 다음을 보라. Kramer, *Christ, Lord, Son of God*, 115ff; Wengst, *Christologische Formeln*, 55ff는 갈라 1,4와 그 법식이 "하느님의 아들"칭호와 항상 관련되지는 않았다는 것을 보여준다. 또 다음을 보라. Wiard Popkes, *Christus Traditus: Eine Untersuchung zum Begriff der Dahingabe im Neuen Testament* (AThANT 49; Zurich: Zwingli, 1967); Ernst Käsemann, "Formeln II ... im Neuen Testament," *RGG*³ 2.995; Mussner, 50 주 38.

50) 갈라 1,4; 2,20; 또한 에페 5,2·25; 디전 2,6; 디도 2,14. 참조. *CMC* 16.4—7; 64.20—65.3.

51) 로마 8,32.

52) 로마 4,25.

53) 다음을 보라. Rudolf Bultmann, *Theology of the New Testament* (2vols.; tr. Kendrick Grobel; London: SCM; New York: Scribner's, 1951—55) §7,3; Hans Conzelmann, *An Outline of the Theology of the New*

다교에서 기원했던 것 같다. 유다교의 신학은 예수의 죽음을 이런 식으로 해석할 수 있었다. 왜냐하면 유다인들의 믿음에 의하면, 의인은 순교당했을 때, 다른 사람들의 죄를 속할 것이기 때문이었다.[54] 우리는 바울로 시대 이전에 유다 그리스도교가 예수의 죽음을 이런 방식으로 해석했다고 생각할 수 있으며, 그래서 우리는 여기서 신약성서의 가장 오래된 그리스도론들 중의 하나를, 아마도 모든 그리스도론 중에서 가장 오래된 것을 보게 된다.[55] 그 다음 4절b는 4절a의 법식을 구원론적으로 해석한다 : "우리를 이 악한 세대에서 건져내시려고."[56] "우리의 죄들"(복수 !)이란 귀절은, 개인적으로 율법을 위반한 것으로 죄를 이해했던 바울로 이전의 죄 개념을 시사한다. 그러나 그

Testament (tr. John Bowden; London: SCM, 1969) 69—71 ; Harald Riesenfeld, "*ὑπέρ*," *TDNT* 8. 507 ; Nils A. Dahl, "The Atonement-An Adequate Reward for the Akedah" in *The Crucified Messiah* (Minneapolis: Augsburg, 1974) 146—60.

54) 참조. 2 Macc 7, 32·37—38 ; 4Macc 6, 27—29 ; 17, 21—22. 다음을 보라. George Foot Moore, *Judaism in the First Three Centuries of the Christian Era* (3 vols.; Cambridge: Harvard University, 1927—30) 546—49 ; Wilhelm Bousset, *Die Religion des Judentums in Späthellenistischen Zeitalter* (ed. Hugo Gressmann; HNT 21 ; Tübingen: Mohr, Siebeck, [4]1966) 198f ; Str-B 2. 275—82, 537, 740 ; Eduard Lohse(*Märtyrer und Gottesknecht* [FRLANT 64 ; Göttingen: Vandenhoeck & Ruprecht, 1955, [2]1963])는 그 개념을 팔레스틴의 유다교로부터 끌어내려 한다. 반면에 Wengst (*Christologische Formeln*, 62ff)는 헬라의 유다교와 혼합주의를 택한다. 전체 문제에 중요한 것은 Sam K. Williams, *Jesus' Death as Saving Event: The Background and Origin of a Concept* (HDR 2 ; Missoula: Scholars, 1975).

55) 복수 "죄들"은 바울로에게 전형적인 것이 아니며 유다(그리스도인)의 죄 개념을 가리킨다. 참조. 고전. 15, 3 ; 로마 4, 25 ; 5, 6·7·8 ; 14, 15 ; 고전 1, 13 ; 11, 24. 異文 *ὑπέρ*, "위해서"(P^{51} B H 33 1611 *pm*)이 택해져야 하는가 또는 *περί*, "관한"(P^{46} ℵ*A𝔄D G *al*)이 택해져야 하는가는 결정하기 어렵다. 의미에서는 차이가 없다(참조. BDF, §229, 1 ; 231 ; BDR, §229, 1 ; 231, 1 ; Schlier, p. 32 주 2 ; Conzelmann, *1 Corinthians*, 253 주 48 ; Wengst, *Christologische Formeln*, 56 주 6). 불확실한 것은 또한 이사 53장의 가능한 영향의 문제이다. 왜냐하면 저 귀절은 자기 희생의 개념을 갖고 있지 않기 때문이다(참조. 이사 53, 6·12). 다음을 보라. Conzelmann, *1 Corinthians*, 253 ; Joachim Jeremias, *Abba: Studien zur neutestamentlichen Theologie und Zeitgeschichte* (Göttingen: Vandenhoeck & Ruprecht, 1966) 199ff ; Popkes, *Christus Traditus*, 36, 253 ; Norman Perrin, *A Modern Pilgrimage in New Testament Christology* (Philadelphia: Fortress 1974) 103.

56) Wengst, *Christologische Formeln*, 61.

것은 또한 바울로의 "죄"에 대한 악마적 권세의 개념과 관련하여 해석되어야 한다. 악마적 권세의 개념에 의하면, 인간은 현재의 악한 세대에서[57] 노예가 되며[58], 그것으로부터 구출되어야 한다.[59] 접속사 ὅπως ("하려고")는 구원의 현재적 실재를 언급한다. 그것은 오는 세대가 이미 시작되었음을 말하는 것이 아니다.[60] 오히려, 현재의 악한 세대가 계속되는 동안, 그리스도의 오심과 성령의 은사는(참조. 3,23—4,10) 그리스도 안에 있는 신도들에게 자유를 주었다(참조. 5,1·13). 그러므로 바울로는 그 악한 세대로"부터"의 해방을 말하며, 그 세대들 자체의 변화를 말하지 않는다.

"우리 하느님 아버지의 뜻을 따라"라는 귀절[61]은 1장 1·3절에 있는

---

57) "이 악한 세대"(ὁ αἰὼν ὁ ἐνεστὼς πονηρός)의 개념은 유다의 묵시주의에서 유래한다. 거기서 우리는 "이 세대"(ὁ αἰὼν οὗτος)와 "올 세대"(ὁ αἰὼν μέλλων)의 병치를 갖는다. 참조. 병행적 표현에 대해서는 로마 12,2 ; 고전 1,20 ; 2,6·8 ; 3,18—19 ; 고후 4,4 ; 에페 2,1—2·7 ; 5,16 ; 요일 5,19 ; 마르 16,14(W). 기원에 관해서는 다음을 보라. Moore, *Judaism* 1.270 ; 2.378f ; Bousset-Gressmann, *Religion*, 242ff ; Str-B 4. 799ff, 특히 844—57 ; Hermann Sasse, *TDNT* 1, *s.v.* αἰών; 같은 저자, "Aion," *RAC* 1.193—204 ; Otto Kuss, *Der Römerbrief* (2 Lieferungen [Rom 1, 1—8, 19] ; Regensburg: Pustet, 1957, 1959) 275ff ; Herbert Braun, *Qumran und das Neue Testament* (2 vols.; Tübingen: Mohr, Siebeck, 1966) 1.205 ; Kertelge, *"Rechtfertigung,"* 35—37, 134—58. 미트라스 祭儀로부터의 병행구에 대해서는 Betz, *NovT* 10(1968) 77f를 보라.

58) 참조. 갈라 3,22 ; 4,3·7·8·9·24 ; 5,1.

59) ἐξαιρεῖσθαι ἔκ τινος("[사람을] 무엇으로부터 구출함")란 표현은 단 한 번밖에 없는 바울로의 어구다. Bauer, *s.v.*, 2a를 보라. 참조. ps.—Crates *Ep.* 19에 있는 흥미있는 병행구(p. 212, ed. Hercher). 그것에 대해서 나는 Ronald Hock 박사에게 은혜를 입고 있다. 그 언급은 "살아있는 동안 많은 사람들을 악으로부터 덕으로 구했으며, 그의 사후에는 그가 우리에게 남긴 말을 통해서 그렇게 하고 있는" Diogenes에 대한 것이다.

60) 다른 입장. W.D. Davies, *Paul and Rabbinic Judaism*(London: SPCK, ²1955) 36 ; Burton, 15f. 그리고 Schlier (p. 34). 그는 오는 세대의 시작과 오는 세대의 예감 양면을 말한다. 만일 바울로가 묵시적 용어와 관련을 갖고 있다면, 그는 그것을 수정했다. ὅπως 문장은 더 자주 나오는 ἵνα 문장들과 병행된다(참조. 갈라 1,16 ; 2,16·19 ; 3,14·22·24 ; 4,5). BDF, § 369 ; BDR, § 369를 보라.

61) 이 언급은 바울로에게도 또한 독특하다. 참조. 에페 1,5 ; 베전 4,19 ; Justin *Dial.* 116. 그것은 διὰ θελήματος θεοῦ("하느님의 뜻을 통해서")라는 법식과 구별되어야 한다. 그것은 고전 1,1 ; 고후 1,1 ; 에페 1,1 ; 골로 1,1 ; 디후 1,1에 있는 서문의 일부로서 나온다. 이 귀절들에서 그

하느님 아버지에 대한 이전의 언급을 확인한다. 그것은 그리스도를 통한 구원이 하느님의 뜻과 무관하게 일어났던 것이 아니라 그것과 완전히 조화를 이루어 일어났다는 점을 강조한다.

[5] 바울로의 다른 편지 서문들과는 달리, 갈라디아서의 서문은 송영으로 끝난다:[62] "영원무궁하도록 하느님께 영광이 있기를 빕니다. 아멘." 언어를 관찰해 보면, 이 송영이 유다 배경의 예식적 컨텍스트에서 기원했음이 틀림없다는 것을 알게 된다.[63] 그러나 여기서 이것은 초기 그리스도교 서간체의 일부가 되었다. 왜 바울로는 그런 송영이 하필 이 자리에 적절하다고 생각했을까? 아마 바울로는, 그리스도를 통한 구원이 "다른 복음"에 의해 대신될 것을 염려해서 그런 생각을 했을 것이다. 우리는 서문 마지막에 흔히 나오는 감사가 갈라디아서에서는 부적당하다는 것을 인정해야 할 것이다.[64] 그 편지가 받아들여진 후에야만이, 즉 수신자들이 편지를 읽고 나서 하는 행동을 통해서야만이, 감사할 이유가 있는지 어떤지를 알 수 있었을 것이다.

것은 바울로의 사도직과 관계되나 그리스도의 자기 희생과는 관계되지 않는다. 참조. 또한 로마 1,10 ; 2,18 ; 12,2 ; 15,32 ; 고후 8,5 ; 데전 4,3 ; 5,18. 전체 문제에 관해서는 다음을 보라. Kasimierz Romaniuk, ***L'amour du Père et du Fils dans la sotériologie de S. Paul***(AnBib 15 ; Rome: Pontifical Biblical Institute, 1961) 158ff ; Wilhelm Thüsing, ***Per Christum in Deum*** (NTAbh 1 ; Münster: Aschendorff, ²1969).

62) 서문 끝의 송영은 묵시 1,6에서도 나온다. 다른 송영들에 있어서, 그것들은 모두 "아멘"으로 끝난다. 참조. 로마 11,36 ; 16,27 ; 필립 4,20 ; 에페 3,21 ; 디전 1,17 ; 디후 4,18 ; 히브 13,21 등. 송영에 관한 문헌에 대해서는 다음을 보라. Johannes Hempel, "Doxology," *IDB* 1. 867 ; Ernst Käsemann, "Liturgische Formeln," *RGG*³ 2. 993—96 ; Erhard Kamlah, ***Traditionsgeschichtliche Untersuchungen zur Schlussdoxologie des Römerbriefes***(같은 책, Tübingen, 1955) ; Alfred Stuiber, "Doxologie," *RAC* 4. 210—26.

63) 하느님의 속성으로서의 "영광"(δόξα) 개념에 관해서는 다음을 보라. Gerhard von Rad and Gerhard Kittel, *TDNT* 2, ***s.v.;*** Bauer, ***s.v.*** la; Kuss, ***Römerbrief***, 608—18 ; Heinrich Schlier, "Doxa bei Paulus als heilsgeschichtlicher Begriff," in ***Besinnung auf das Neue Testament***(Freiburg: Herder, 1964) 307—18. "아멘"이라는 환호에 대해서는 다음을 보라. Heinrich Schlier, *TDNT* 1, ***s.v.;*** Bauer, ***s.v.***; Alfred Stuiber, "Amen," *JAC* 1 (1958) 210—16 ; Alfred Jepsen, "אמן," *TWAT* 1. 345—48.

64) Zahn; Burton; Lietzmann; Schlier 또한 같은 의견이다.

Ⅱ. 머리말 　　　　1장 6—11절

—exordium

1,6 여러분을 그리스도의 은혜 안에[1] 불러주신 그분을 여러분이 그렇게도
속히 저버리고 다른 복음으로 돌아선 데 대하여 나는 놀라지 않을 수 없읍
니다.[2] 7 사실 다른 복음이 있는 것이 아닙니다. 여러분을 교란시키는 사
람들이 있어서 그리스도의 복음을 비뚤어지게 하려고 그러는 것뿐입니다.
8 그러나 우리 자신이나 하늘에서 온 천사일지라도 우리가 여러분에게 전한
복음보다 다른 것을 전한다면 저주를 받아 마땅합니다.[3] 9 우리가 전에도
말했지만 지금 다시 말합니다. 누구든지 여러분이 받은 복음보다 다른 것
을[4] 여러분에게 전한다면 그는 저주를 받을 것입니다. 10 내가 지금 사람
들을 기쁘게 하려는 것입니까?[5] 하느님을 기쁘시게 하려는 것입니까? 또
는 사람들의 환심을 사려고 하는 것입니까? 내가 아직도 사람들의 환심을
사려고 한다면 그리스도의 종이 아닐 것입니다. 11 형제들이여, 내가 여러
분에게 이 점을 밝혀두어야 하겠읍니다. 내가 전한 복음은 사람에 의하여 된
것이 아닙니다.[6]

---

1) *RSV*는 그와 같다. 참조. *NEB:* "은혜로"; *JB*는 그 귀절을 생략한다(NJB에는 삽입/역주).
2) *RSV*는 그와 같다. 참조. *NEB:* "여러분을…불러주신 그분에게서 여러분이 그렇게도 속히 돌아선 것을 보고 놀라지 않을 수 없읍니다."
3) *RSV:* "저주를 받아 마땅합니다;" *NEB:* "추방되어도 무방합니다;" *JB:* "정죄되어야 합니다."(NJB에서는 "하느님의 저주가 그에게 임할 것입니다"/역주).
4) *RSV*는 그와 같다. 참조. *NEB:* "일치하지 않는;" *JB:* "복음의 다른 本을."(NJB는 "다른 복음"/역주).
5) 참조. *RSV:* "내가 지금 사람들께 영광을 돌리는 것입니까? 하느님께 영광을 돌리는 것입니까?" *NEB:* 내 말이 마치 내가 사람들의 지지를 위해서 돌아다니는 것처럼 들립니까? 하느님의 지지 외에는 내가 누구의 후원을 바라겠읍니까?"
6) 참조. *RSV:* "사람의 복음이 아닙니다;" *NEB:* "사람이 꾸며낸 이야기가 아닙니다."

〔분 석〕

일반적으로 말해서, 갈라디아서 "본문"의 첫 부분은 관습적인 *exordium*("서론")에 따르고 있는데, 그것은 달리 *prooemium* 또는 *principium*으로서 알려져 있다.[7] 아리스토텔레스의 『수사학』(*Rhetorica*),[8] *Rhetorica ad Herennium*,[9] 키케로의 *De inventione*,[10] 그리고 퀸틸리안(Quintilian)[11]에서 〈서론〉을 취급함에 있어서, 그 〈서론〉의 정의, 구성, 그리고 기능에 대해서 상당히 일치하고 있다. 이것은 여러 형태의 서론(*exordia*)가 구별되어야 하며 주장의 종류에 따라서 적용되어야 한다는 이해를 포함한다. 여러 형태들이 무엇이며 어떻게 해야 그것들이 가장 잘 적용될 수 있을지를 결정함에 있어서, 이 저자들 사이에는 또한 불일치점과 발전이 있다.

아리스토텔레스는 만일 청중이 이미 경청하고 있다면, 연사는 "사실"의 요약을 직접 소개함으로써 연설을 시작하라고 충고한다.[12] *Rhetorica ad Herennium*[13]에는 청중들로 하여금 주의깊게 잘 받아들이도록 하기 위한 수단으로 여겨지는 바가 요약되어 있다. 그 안내서는 연사가 청중들의 호감을 살 수 있는 네 가지 방법을 설명한다 : "우리 자신의 인격, 우리 적들의 인격, 청중들의 인격, 그리고 사실들 자체를 논함으로써."[14] 그러나 1장 6—7절에서 바울로는 적나라한 사실을 단순히 제시하는 것 이상으로 말한다. 그는 또한 선동적인 언어를 사용함으로써 적들에 대한 불신을 표현하며,[15] 반대파의 편으로 넘어

7) 다음에 나오는 토론의 대부분을 위해서는 또한 Betz, "Composition," 353—79, 특히 359—62를 보라. *exordium*에 관해서는 특히 Richard Volkmann, *Die Rhetorik der Griechen in systematischer Übersicht* (Stuttgart: Teubner, ²1885) §12 ; Lausberg, *Handbuch*, §263—88 ; Martin, *Rhetorik*, 60—75를 보라.

8) 1.1.9 (p.1354b) ; 3.14. 1ff (p.1414b 19ff) ; 참조. *Rhet. ad Alex.* 28ff (p.1436a 32ff).

9) 1.4.6—7.11. 10) 1.15.20—17.25. 11) 4.1.1—79.

12) *Rhet.* 3.14.8 (p.1415b). 참조. *Rhet. ad. Alex.* 29 (p.1437b 35ff).

13) 1.4.7 : "Dociles auditores habere poterimus, si summam causae breviter exponemus et si adtentos eos faciemus…"("만일 우리가 주장할 바를 간략히 요약하고 청중들로 하여금 주의기울이게 한다면, 우리는 잘 받아들이는 청중을 가질 수 있다…" ; tr. Harry Caplan, LCL).

14). 1.4.8 : "Benivolos auditores facere quattuor modis possumus: ab nostra, ab adversariorum nostrorum, ab auditorum persona, et ab rebus ipsis." 참조. Aristotle *Rhet.* 3.14.7 (p. 1415a) ; Cicero *De inv.* 1.16.22.

15) 참조. *Rhet. ad Her.* 1.5.8 : "Ab adversariorum persona benivolentia captabitur si eos in odium, in invidiam, in contemptionem adducemus. In odium

간 것에 대해서 갈라디아인들에 대한 실망과 불만을 나타낸다.[16] *Rhetorica ad Herennium*의 표현을 빌려 말하자면, 바울로의 원인(*causa*)에 대한 진술은 *exordia*, *principium*("직접 시작")과 *insinuatio*("교묘한 접근")의 두 가지 형태의 혼합이다. 전자인 *principium*은 주의, 수용성, 그리고 호의적인 경향이 직접 그리고 곤란없이 얻어질 수 있는 청중에게 말하는 데 적합하며[17], 반면에 *insinuatio*는 다음과 같은 경우들에, 예컨대 청중이 반대자가 한 이전의 연설에 설복되었던 경우들에 사용되어야 한다.[18]

바울로의 경우는 중간에 위치한다 : 그는 즉시 갈라디아인들의 주의와 수용성을 끌어들이는 것을 확신할 수 있다. 그러나 그들은 완전히는 아닐지라도 거의 설득된 상태다.[19] *principium*과 *insinuatio*의 이

rapiemus si quid eorum spurce, superbe, perfidiose, crudeliter, confidenter, malitiose, flagitiose factum proferemus. In invidiam trahemus, si vim, si potentiam, si factionem, divitias, incontinentiam, nobilitatem, clientelas, hospitium, sodalitatem, adfinitates adversariorum proferemus, et his adiumentis magis quam veritati eos confidere aperiemus. In contemptionem adducemus si inertiam, ignaviam, desidiam, luxuriam adversariorum proferemus" ("우리 적들의 인격을 논함에 있어서 우리는 그들을 증오와 인망 없음과 경멸의 말로 표현함으로써 청중들의 호의를 견실하게 할 수 있다. 우리는 비천한, 횡포한, 배반하는, 잔인한, 염치 없는, 악의 있는, 또는 부끄러운 그들의 행동을 인증함으로써 그들에 대한 증오감을 강요할 수 있을 것이다. 우리는 그들의 난폭한 행동, 그들의 권세, 담파심, 부, 극기의 부족, 좋은 가문, 예속자들, 후대, 클럽에의 충성, 또는 결혼동맹들을 설명함으로써 그리고 그들이 진리보다도 이러한 지지물들에 더 의존하고 있다는 것을 밝힘으로써 우리의 적들을 평판이 나쁘게 할 것이다. 우리는 그들의 안일, 비겁, 태만, 그리고 사치스런 버릇들을 밝힘으로써 우리의 적들을 경멸에 빠뜨릴 것이다").

16) 참조. Aristot. *Rhet.* 3.14.2 (p. 1414b). 그는 과시적 *exordia*의 자료로서 ἔπαινος ἢ ψόγος를 말한다(참조. 3.14.4 [p. 1415a]).

17) *Rhet. ad Her.* 1.4.6 : "Principium est cum statim auditoris animum nobis idoneum reddimus ad audiendum. Id ita sumitur ut adtentos, ut dociles, uti benivolos auditores habere possimus"("곧장 시작하는 말로써 즉시 청중이 우리의 연설에 주의를 기울이도록 준비시킨다. 그렇게 하는 목적은 우리의 청중들을 주의깊은, 우리의 말을 잘 받아들이는, 그리고 우리에게 호의를 품는 청중들로 만드는 데 있다").

18) 1.6.9: "〈곧장 시작하는 말〉(Direct Opening)을 이용할 수 없는 세 가지 경우가 있다. 우리는 이것들을 주의깊게 고려해야 한다 : (1) 우리의 주장이 평판을 나쁘게 할 때, 즉 주제 자체가 청중과 우리 사이를 나쁘게 할 때, (2) 청중의 반대파의 이전 화자들에 의해서 설명된 것으로 보일 때, (3) 또는 청중이 이전 화자들의 말을 듣느라고 지쳐있을 때에."

19) 갈라 1,6—7 ; 4,9·21 ; 현재 시제를 주목하라. 참조. 4,11·12—20 ; 5,

런 혼합은 특별할지 모르나, 그것은 바울로가 그 자신이 직면해 있다고 보는 상황에 정확히 일치한다. 그것은 또한 갈라디아인들에게 그들의 신앙 문제 전반을 숙고할 수 있는 또 하나의 기회를 주며, 만일 그들이 정말로 이미 결정했다면 아마 그들의 결정을 번복할 수 있는 또 한번의 기회를 부여한다.

키케로가 *De inventione*에서 다루는 법은 *Rhetorica ad Herennium*에서의 그것과 대단히 흡사하다. 두 저작들 사이의 관계에 놓여 있는 문제들 속으로 깊이 들어가지 않고서도,[20] 키케로가 더 큰 가변적인 포용성과 경우와 양식들의 혼합을 가지고 있다는 것을 언급하기에 충분하다. 그는 반대파의 평판을 손상시키는 데 큰 강조점을 둔다. 바울로와 비교할 때, 그가 반대파에 의해서 설득된 청중의 호의를 다시 얻기 위한 수단의 하나로서 놀람과 당황의 표현을 추천하는 것은 주목할 만하다.[21]

갈라디아서 〈서론〉의 다음 절(1,8—9)은 바울로의 복음과 다른 복음을 전하는 사람들에게 조건부로 내려지는 두 개의 저주를 포함하고 있다.[22] 바울로가 이 저주를 언급하는 방식은 얼마 전에 말했던(참조. 8절) 저주를 그가 단순히 반복하고 있다(참조. 9절 a)는 것을 가리키며, 그래서 이제 두 개의 저주로서 나타나는 것은 사실상 이전의 저주를 다시 말한 것이다. 또한, 이 저주는 추신에서의 조건부 축복(6, 16을 보라)과 관련시켜서 이해되어야 한다. 어떻게 이 저주가 〈서론〉에 어울릴까? 〈서론〉을 다루는 법에서 퀸틸리안은 재판관이 편견에 의해서, 아마 반대자의 이전 연설을 통해서 영향받고 있는 경우들에서 사용될 수 있는 방책을 논한다.[23] 하나의 효과적인 방법은 —그것에 대해서 키케로가 하나의 예로 인용된다— 위협에 의해서 재판관을 놀라게 하는 것이다. 로마 사람들의 불쾌함으로, 또는 더 잔인하게 뇌물에 대한 기소로 재판관을 위협하는 수단이 가장 널리 퍼져있었다.[24] 퀸틸리안은 그러한 위협들을 최후의 수단으로만 이용되어야 하는 극단적인 조치로 생각한다. 왜냐하면 그가 보기에 그것들은 수사술의

1·4·7—12·13 ; 6, 12—16.

20) Joachim Adamietz, *Ciceros de inventione und die Rhetorik ad Herennium* (Marburg: Mauersberger, 1960) 21ff를 보라.

21) *De inv.* 1. 17. 25.

22) 상세한 점에 관해서는 아래를 보라.

23) Quint. 4. 1. 20—22.

24) 4. 1. 21.

영역 밖에 놓여 있기 때문이다.[25] 틀림없이 저주의 한 형태인 그런 위협들은 퀸틸리안이 이용하고자 했던 것보다 더 자주 이용되었을지 모른다. 희랍 수사학의 가장 위대한 걸작들 중의 하나인 데모스테네스(Domosthenes)의 *De corona*가 그것의 〈결론〉으로서 아테네의 적들에 대한 저주를 내용으로 하는 신들에 대한 기도를 갖고 있다는 것은 중요하다.[26] 데모스테네스는 마지막 〈결론〉에 저주를 담고 있으나. 그 반면 바울로는 〈서론〉의 일부로서 그것을 담고 있다. 그러나 〈서론〉과 〈결론〉은 밀접히 결부되어 있다고 생각되기 때문에, 그 차이는 중요하지 않다.[27]

종결은 9절에서 맺어지는 것 같다. 반면에 다음의 주요한 단락인 〈진술〉(*narratio*)는 12절에서 시작된다. 이것은 우리에게 10—11절을 어떻게 처리해야 하는가라는 문제를 남긴다. 학자들은 10절이 앞의 절과 연결되어야 하는지 또는 뒤에 오는 절과 연결되어야 하는지에 관한, 그리고 그 다음 절이 11절에서 시작하는지 또는 12절에서 시작하는지에 관한 그들의 의견에서 대립되어 왔다. 만일 우리가, 수사학자들에 따라서, 〈서론〉과 〈진술〉 사이에 매끄러운 전환이 있어야 한다는 것을 인정하지 않는다면, 명백한 결정은 불가능한 것 같다.[28]

이 점에 대한 가장 광범위한 논의는 퀸틸리안에게서[29] 발견되는데, 그는 이 전환 부분을 *transitus*[30] 또는 *transgressio*[31]라고 부른다. 이 〈전환〉의 목적은 〈서론〉을 끝맺기 위한 것인데, 그것은 〈진술〉의 시작과 구별할 수 있으나 조화를 이룬다.[32] 한 부분으로부터 다음 부분으로의 갑작스런 변화는 어떤 차이 없이 완전히 고르게 되는 것과 마찬가지로 피해야 한다.[33] 그밖에도, 〈진술〉의 주요한 화제를 알릴 때 그러한 전환이 생길 수 있다.[34]

10—11절은 이 요구들에 아주 잘 응한다. 10절에서의 두 가지 수사학적 질문과 주장은 〈서론〉을 명백하게 끝맺는다. 그것들은 바울로가 "설득시키려는" 또는 "호감을 주려는" 사람들과 같은 수사학적 "아첨꾼"이거나, 또는 "하느님을 설득"시키려 하는 마술사라는 것을 부인

25) 4.1.22.
26) 18.324.
27) 〈결론〉(*peroratio*)에 관해서는 아래, 갈라 6,12—17을 보라.
28) Lausberg, *Handbuch*, §288을 보라.
29) 4.1. 76—79.
30) 4.1.77.
31) 4.1.78.
32) 4.1.76.
33) 4.1.79.
34) 4.1.79.

한다.[35] 11절은 그 다음에 〈진술〉에서 바울로가 주장하려고 하는 것[36]을 소개한다.[37]

〔해석〕

〔 6 〕 편지 서문 다음에 즉시(1,1—5) 바울로는 갈라디아인들에게 편지를 보내는 이유를 진술한다. 단순한 문제가 아니다. 더우기, 바울로는 설명하고 선언하는 일에 시간을 보내려고 하지 않는다. 그러므로 그는 쉽게 그 이유를 진술하며, 그것을 반어적이고 논쟁적인 방식으로 진술한다. 그 이유란 갈라디아 교회들의 현상태이다. 그 교회들은 설립자인 바울로에게서, 그리고 바울로의 복음 형태로부터 떠나, 바울로의 경쟁자요 적인 유다 그리스도인들에게 신의를 바치는 과정에 있다. 이처럼 그들의 돌아섬에 대한 바울로의 반응은 반어적 놀람이다 : *θαυμάζω*("놀라지 않을 수 없읍니다").[38] 이런 식으로 반응한 후에, 바울로는 법정과 정치의 수사학에서 사용되었던 방책을 이용한다. 그것은 이미 반대파가 했고 또 이제 하려고 하는 일들을 분개해서 반박하고 공격하는 방책이다.[39] 바울로가 사용하

---

35) 아래 1,10에 관해서 보라.

36) 마찬가지로 루터(1535) 역시 1,11—12를 통틀어서 생각한다 : "Haec est propositio praesentis loci quae dabit confutationem et Apologiam usque ad finem 2. cap., Estque historia perpetua quaedam quam Paulus hic recitat" (*WA* 40/1. 126 ; "이것은 제 2 장의 마지막까지 이르는 이 장의 중심적인 주장이다. 그것은 논박이며 변호다. 여기서 바울로는 일종의 영구한 역사를 이야기하고 있다"[tr. from ***Luther's Works*** 26·61]).

37) 아래 1,11에 관해서 보라. ***Rhet. ad Her.*** 4.26.35는 〈전환〉(***transitio***)에 대한 예들을 제공한다. 거기서 다음에 뒤따르는 것이 밝혀진다. 예: "Mea in istum beneficia cognoscitis; nunc quomodo iste mihi gratiam rettulerit accipite"("여러분은 이 피고에 대한 나의 선행을 알고 있다. 이제 어떻게 그가 나에게 보답했는지를 보라").

38) 이 시작에 대한 수사학적 ***artificium et ingenium Pauli***을 깊이 논하고 있는 것에 대해서는 루터(1535)를 보라. 루터는 바울로의 편지가 6,1에서 언급된 그 자신의 규칙에 따르고 있다고 말한다(*WA* 40/1, 100). 이와는 달리, Mussner (p.53)는 그것을 액면 그대로 받아들인다. 바울로는 갈라디아인들의 배교의 빠른 속도 때문에 쉽사리 믿지 못한다. 그러나 Mussner (p.553의 주 53—54)는 또한 수사학적인 그리고 서간 문구를 언급한다.

39) 수사학적 *θαυμάζω*("놀라지 않을 수 없었읍니다")는 Demosthenes, Antiphon, 그리고 Lysias에서 자주 나온다. 다음을 보라. Siegmund Preuss, ***Index Demosthenicus*** (Leipzig Teubner, 1892) ***s.v.***; David H. Holmes, ***Index Lysiacus*** (Bonn: Cohen, 1895) ***s.v.*** 또한 Plato, ***Apol.*** 17A, 24 ;

는 언어의 수사학적 배경을 고려하는 일은 그가 의미하는 바가 무엇인가를 이해하는 데 있어서 중요하다.[40] 그 문장의 나머지도 마찬가지로 그렇다. 바울로는 갈라디아인들이 취했던 행동을 이런 말로 묘사한다: "여러분을 그리스도의 은혜 안에 불러주신 그분을 여러분이 그렇게도 속히 저버리고……." μετατίθημι("저버리다")란 용어는 정치적 언어에서 유래하는데, 여기서는 바울로의 복음으로부터 떠나 전향한다는 의미에서 하느님으로부터의 "이탈"에 적용된다.[41] 하나의 정치 용어로서, μετατίθημι는 당파적 관점을 표현하려고 하며, 갈라디아인들에 대한 부정적 판단을 내리고자 하며, 그들의 견실과 충성을 의심하려고 하며, 그들의 계획을 전형적인 "당략"으로 규정지으려 한다.

Crito 50C를 보라. 그 서신들에 대해서는 예컨대, Isocrates, *Ep.* 2.19; 9.8을 보라. 예들은 또한 John L. White, "Introductory Formulae in the Body of the Pauline Letter," *JBL* 90 (1971) 91—97, 특히 96에서 발견할 수 있다; Nils A. Dahl, "Paul's Letter to the Galatians: Epistolary Genre, Content, and Structure" (미발표 논문, 1974). 〈서론 *exordium*〉과 관련된 용어에 대해서는 Lausberg, *Handbuch*, §270을 보라.

40) 편지의 불평은 그것과 관련되어 있다. 참조. 예. Pap. Mich.: "당신이 나에게 편지하지 않았던 것…놀라지 않을 수 없었읍니다"(θαυμάζω πῶς ...οὐκ ἀντέγραφάς μοι...). 예컨대, 또 Koskenniemi, *Studien*, 66f을 보라. 참조. White, 같은 책, 96: "바울로의 불만 대상은 갈라디아인들이 편지하지 않았던 것이 아니라 그들이 명백하게 복음을 거부한 것이다."

41) μετατίθημι에 관해서는 Bauer, *s.v.*, 2b를 보라: "마음을 바꾸고, 얼굴을 돌리고, 저버리고, 배신자로 돌아선다." 정치적 의미는 Polybius 5.111. 8; 24.9.6(또 *Polybios-Lexikon* [ed. Arno Mauersberger; Berlin: Akademie-Verlag, 1975] 1/4, *s.v.*); Diodorus Sic. 11.4.6을 보라. 바울로에게 더 가까운 것은 Dionysius of Heraclea (c. 330—250. B.C.)에 대한 ὁ μεταθέμενος("변절자")란 별명이다. 왜냐하면 "그는 스토아 교설을 저버리고 에피쿠르스에게로 넘어갔기 때문이다." Athenaeus 7.281 D—E; 참조. 10.437E; Diog. L. 7.23, 166f; 5.92; Hierocles 7 (*Fragmenta Philosophorum Graecorum* [ed. Friedrich W.A. Mullach; Paris: Didot, 1860. 1.429); Philo, *Praem.* 58. 종교적 의미에 대해서는 다음을 보라. Plutarch, *Is. et Osir.* 358C; 2 Macc 7, 24; 11, 24; Jos. *Ant.* 20.38 (아래 부록 1을 보라). ps.-Clem. *Recog.* 1.70.2의 反—바울로 귀절은 흥미 있다: 야고보의 연설이 끝난 후, 사울[즉, 바울로!]이 예루살렘 성전으로 뛰어오면서 외친다: "오 이스라엘의 사람들이여, 너희는 무엇을 하고 있는가? 왜 너희는 그리도 쉽사리 낚아채이느냐? 왜 너희는 한 사람의 마술가에 의해서 속은 가장 불행한 사람들에 의해서 무모하게 이끌리고 있는가?"(Quid facitis, O viri Israhelitae? cur vobis tamen facile subripitur? cur praecipites ducimini ab hominibus infelicissimis et a mago deceptis?). 또한 Schlier, p.36의 주 1; Christian Maurer, "μετατίθημι," *TDNT* 8.161—62; *PGL*, *s.v.*, B.4를 보라.

이 모든 것은 단순한 가설로서 얘기되는 것이 아니라 사실로서 얘기된다. 1장 6—7절의 현재 시제는 갈라디아인들의 공작이 여전히 진행중에 있음을 가리킨다.[42] 편지를 씀으로써 바울로는 여전히 그들에게 영향을 미칠 수 있기를 바라며, 갈라디아인들의 결정이 역전되기를 기대한다.[43] *οὕτως ταχέως*("그렇게도 빨리")라는 귀절 또한 그 어원에 있어서 수사학적이다.[44] 이 말을 편지의 연대를 잡는 데 너무 빨리 이용해서는 안 된다. 만일 교회들을 세운 이후로 상당한 시간이 지나갔다면, 확실히 그 말은 별 의미가 없다. 그러나 그것이 우리가 말할 수 있는 것 거의 전부다.[45] 시간을 가리키는 그 진술은 교회들의 설립에 대한 진술인 것으로 보이며, 그 이후의 사도의 방문에 대한 진술은 아닌 것 같다. "여러분을……불러주신 그분에게서"라는 표현은, 문법에 의하면, 하느님 또는 그리스도를 언급하는 것일 수 있다.[46] 다른 곳에서의 바울로의 어법은 하느님이 그 부르심의 일차적인 행위자로 여겨지고 있음을 시사한다.[47] 실제로 부른 것은 물론 바울로였다. *ἐν χάριτι*

42) 참조. Burton, 18f: "동사 *μετατίθεσθε*의 현재 시제는 사도가 편지를 썼을 때 갈라디아인들의 배교가 그때까지 진행되고 있었다는 것을 명백히 지시한다. 말하자면, 그들은 막 —더 정확히는 행동 자체에서— 전환하고 있는 중이었다."

43) 참조. Burton, p. 19. "편지를 쓰고 있는 동안 사도의 마음은 그 결과에 대한 희망과 불안 사이에서 동요된다"(4,20; 5,10).

44) 참조. LXX를 언급하는 Mussner(p. 53 n. 54): 출애 32,8; 신명 9,16(A); 판관 2,17. 속담에 있는 갈라디아인들의 변하기 쉬움을 언급하려는 바울로의 의도는 없는 것 같다(Jerome에 의해서 언급된 바와 같이; Johann Jacob Wettstein, *'Η Καινὴ Διαθήκη. Novum Testamentum graecum... Tomu II, continens epistolas Pauli, etc.* [Amsterdam: Ex officina Dommeriana, 1752], 2.216).

45) 다른 주석가들은 *οὕτως ταχέως*를 "그렇게 곧"을 뜻하는 것으로 해석한다. Oepke를 보라. 그러나 그 차이는 큰 것이 아니다. 참조. Borse, *Standort*, 45; Eckert, *Verkündigung*, 169 주 1; Erich Grässer, "Das eine Evangelium: Hermeneutische Erwägungen zu Gal 1,6—10," *ZThK* 66 (1969), 306—44, 특히 314f. 어떤 사본들은 *οὕτως* (G l *at*)를 생략한다. 참조. Luther (1535); Sieffert; Burton; Schlier.

46) 이 경우에 다음과 같이 해석해야 할 것이다. "여러분들을 은혜 안으로 불러주신 그리스도에게서." 이 입장을 취하고 있는 더 오래된 주석들은 Sieffert, 42에 있다. Zahn, 44—46; Burton, p. 19.

47) 다음을 보라. 갈라 1,15; 5,8·13; 로마 4,17; 8,30; 9,12·24; 11,29; 고전 1,9·26; 7,15·17·18—24; 필립 3,14; 데전 2,12; 4,7; 5,24; 또한 데후 1,11; 2,14; 데후 1,9. Burton, 19f; Schlier, 37; Mussner, 54f; Grässer, "Das eine Evangelium," 323 주 57(위의 주 45 보라)를 보라.

Χριστοῦ("그리스도의 은혜 안에")라는 말은 갈라디아인들의 현재의 구원 상태를 나타낸다. 그 말은 "그리스도 예수 안에서"(특히 3,26—28을 보라) 또는 "그리스도의 몸"과 동의어다.[48] 많은 주석서들과는 달리, ἐν("안에서")는 "수단"[49]으로서가 아니라 부르심을 받았던 사람들이 하느님 앞에서 누리는 상황에 대한 정의(定義)로 해석되어야 한다.[50] 바울로를 통해 전해진 하느님의 부르심 때문에 갈라디아인들은 지금 "그리스도 예수 안에,"[51] "평화 안에,"[52] "희망 안에,"[53] 그리고 "거룩함"[54]의 상태에 있다. 속격 *Χριστοῦ*("그리스도의")는 바울로의 그리스도론과 분명히 일치한다. 그것은 그리스도가 나타내는 하느님의 은총을 언급한다. 그러나 속격 "그리스도의"를 문자상으로 의심해 볼 만한 이유가 있다.[55] 갈라디아인들이 움직이고 있는 방향은 εἰς ἕτερον εὐαγγέλιον("다른 복음으로")라는 말에 의해서 지시된다.[56] 바울로가 보기에 갈라디아인들의 돌아섬은 은혜, 즉 바울로가 전하는 신앙의 본질적인 메시지로부터 떠나는 돌아섬이다. 이 "다른 복음"이

48) 바울로에게서 χάρις("은혜")의 개념에 대해서는, 다음을 보라. Bultmann *Theology*, § § 32—34 ; Conzelmann, *Outline*, 213 ; Conzelmann and Walther Zimmerli, *TDNT* 9, *s.v.*, 특히 393—96 ; Grässer, 같은 책 328, ff.

49) 참조. Mussner (p.55 주 62). 그는 히브리사상과 그 구절의 부사적인 의미를 가정한다. 그 표현에 대해서는 또한 고후 1,12 ; 8,7 ; 디후 2,1 그리고 Conzelmann, *TDNT* 9, 395 주 186을 보라.

50) 참조. 로마 3,24 ; 5,1—2·15·17·20 ; 6,1·14—15 ; 또한 갈라 3,18 ; 5,1·13.

51) 이 법식에 대해서는 갈라 1,22 ; 2,4·17 ; 3,26·28을 보라.

52) ἐν εἰρήνῃ ("평화 안에") : 고전 7,15 ; 참조. 갈라 5,22 ; 6,16 ; 로마 5,1.

53) ἐν μιᾷ ἐλπίδι ("한 희망 안에") : 에페 4,4 ; 참조. 갈라 5,5 ; 로마 5,2 ; 8,24.

54) ἐν ἁγιασμῷ ("거룩하게") : 데전 4,7 ; 참조. 고전 1,30.

55) 많은 좋은 증거들은 그것을 갖고 있지 않으나(P46vid G Hvid itg Marcion Tertullian Ambrosiaster *al*), 다른 것들은 그것을 갖고 있다(P51vid ℵABΨ 4 *al*). 또한, 그 속격은 *Χριστοῦ* ("그리스도의")와 *Ἰησοῦ Χριστοῦ*("예수 그리스도의") 사이에서 다르다. 더 많은 논의에 대해서는 다음을 보라. Zuntz, *Text*, 47 ; Lietzmann; Schlier, 37 주 2 ; Mussner, 55 주 63 ; Metzger, *Textual Commentary*, 589f. Nestle-Aland 26판은 이제 그것의 진정성을 의심한다(위 서론, §4를 보라).

56) "복음"(εὐαγγέλιον)이란 용어에 관해서는 참조. 갈라 1,7·8·11·16·23 ; 2,2·5·7·14 ; 4,13. 다음을 보라. Str-B 3.4—11 ; Gerhard Friedrich, *TDNT* 2, *s.v.*,; Peter Stuhlmacher, *Das paulinische Evangelium, I: Vorgeschichte* (FRLANT 95 ; Göttingen: Vandenhoeck & Ruprecht, 1968) ; Petr Pokorný, *ThLZ* 95(1970) 202—04 ; Erhardt Güttgemanns, "Literatur zur Neutestamentlichen Theologie," *VF* 15(1970) 71—74.

란 과연 무엇이었을까? 이 질문은 신약성서학에서 자주 논의되어 왔다.[57] 사도는 여기서 "또 하나의 복음"의 존재를 부인하는 것 같다. 그러나 갈라디아서 2장 7절에서 그 자신의 "다른 복음"을 "할례의 복음"으로 언급하고 있다는 사실이 주목되어야 한다.[58]

〔 7 〕 바울로는 6절에서 진술한 이유가 적합하지 않다고 생각하는 인상을 풍긴다. 그는 다시 시작하며, 처음으로 자신의 말을 정정한다.[59] 만일 그가 갈라디아인들이 "또 하나의 복음"으로 돌아서고 있다고 말했다면, 바울로의 그 말은 혼란을 가져왔다. 왜냐하면 다른 복음(ὃ οὐκ ἔστιν ἄλλο)이 없기 때문이다.[60] 더 정확히 말해서, 그의 반대자들이 선포하고 있는 것은 "복음"이 아니다. 왜냐하면, 우리가 결론내려야 하는 바와 같이, 그것은 내용으로서의 은혜를 결핍하고 있기 때문이다. 그러므로 바울로의 복음으로부터의 이탈은 곧 복음 자체로부터의 이탈이다. 이것은 의심할 바 없이 바울로 자신의 신학적 판단이다.[61] 그러나 유다—그리스도인 반대자들은 의심할

57) 참조. 골로 1,23에서 언급된 구원을 위한 조건들: "그러므로 여러분은 믿음의 터 위에 굳게 서서 믿음을 지켜가며 여러분이 들은 복음의 희망에서 떠나지 말아야 합니다." 참조. 또한 *Ep. Apost.* 1,7 (HSW, *NT Apocrypha* 1, 191f, 194).

58) 참조. 또한 고후 11,4. F.F. Bruce, "Galatian Problems: 3. The 'Other' Gospel," *BJRL* 53(1970/71) 253—71을 보라. 위에서 인용한 Erich Grässer의 논문(주 45를 보라). 흥미있게도, Nag Hammadi의 *Ap. Jas*는 야고보로 하여금 예언을 하게 한다: "내것보다 더 좋은 또 하나의(신앙)"이 장차 올 것이다: 이 "다른 신앙"은 그 서신의 영지주의 저자에 의해서 주장된 신앙인 것 같다(p. 16 17—18행 ; ed. Michel Malinine *et al.* 〔Zurich and Stuttgart: Rascher, 1968〕 130). 또한 흥미있는 것은 이 점에 대한 루터의 언급이다(1535, *WA* 40/1. 108—13).

59) *correctio*(정정)에 관해서는 Lausberg, *Handbuch*, § 784—86; Martin, *Rhetorik*. 279f ; BDR, § 495 주 12를 보라.

60) ὃ ("which")는 ἕτερον εὐαγγέλιον("또 하나의 복음")을 언급하는 것이지, "복음"만을 또는 ὅτι에 의해 도입된 전체 절을 언급하지 않는다. 참조. Burton, 22: "2절은 그러므로 앞서의 언급에 대한 한정이며, 갈라디아인들이 받아들이도록 요구받았던 것은 바울로가 전했던 것이 합법적으로 대체될 수 있다는 가능한 함축을 제외시키려 했다." ἕτερον("또 하나의")와 ἄλλο("다른") 사이에는 구체적인 차이가 없다. 이 점의 논의에 대해서는 다음을 보라. Burton, 22—24 ; BDF, § 306,4 ; BDR, § 306,4 ; James K. Elliot, "The Use of ἕτερος in the New Testament," *ZNW* 60(1969) 140f ; Schlier, 38 주 1 ; Mussner, 56f. 또한 갈라 2,2·5·20b ; 고전 15,10 ; 고후 11,4를 보라.

61) 참조. 고후 11,4의 병행구. 거기서 바울로는 반대자들이 선포하는 "다른 예수," 고린토 사람들이 받아들였던 "다른 영"과 "다른 복음"에 대해서

바 없이 그것과 의견이 일치하지 않을 것이다.[62] 여기서 갈라디아서 2장 7절과 비교하면 또한 이상한 불일치가 있다. 그 귀절에서 바울로는 "무할례의 복음"(τὸ εὐαγγέλιον τῆς ἀκροβυστίας)과 "할례의 복음"([τὸ εὐαγγέλιον] τῆςπεριτομῆς) 사이를 구별한다. 그는 후자를 "복음"으로 부르는 것을 망설이는 것 같으므로, 우리는 생략된 것을 보충해 넣어야 한다. 그는 또한 "무할례의 복음"만을 은혜의 개념과 관련시킨다.[63] 그러나 예루살렘 회의의 전체 컨텍스트는 두 개의 복음이 있었다는 것을 전제한다. 그 회의가 합의했던 것은 두 복음 사이에 중요한 차이가 없다는 것이며, 둘 다 하느님의 역사라는 것이다(2,1—10에 관해서 보라). 그러므로, 바울로는 예루살렘 회의에서 "할례의 복음"에 대한 "은혜"의질을 부인하지 않았을 것이다. 그러나 그러는 동안에, 사정이 바뀌었다(안티오키아 이후로 : 2,11—14). 이제 바울로와 그의 반대자들은 그들의 복음의 구원 능력을 서로 부인하였다(갈라 2,17·21에 관해서 보라).

7절 a에서 앞서 했던 말을 정정한 후에, 바울로는 이제 다른 형태로 그 이유를 또 다시 언급한다. 그가 앞에서 갈라디아인들의 상황을 비난했다면(6절), 이제 그는 반대자들을 비난한다.[64] 거짓 교사들이[65]

말한다. 참조. Mussner, 56 주 64.

62) 참조. 또한 Einar Molland, *Das paulinische Euangelion*(Oslo: Dybwad, 1934) 42f ; Mussner, 55f ; 그리고 위 주 45에서 언급된 갈라 2,6에 관한 Grässer의 논문.

63) 참조. 또한 갈라 1,6·15 ; 2,9·21 ; 5,4 ; 또 로마 3,24와 바울로에게서 자주. 그 개념은 에페 2,5·8 ; 골로 1,6 ; 3,16 등이 보여주는 바와 같이 바울로 전승의 일부가 되었다.

64) εἰ μή("것 뿐")는 단순한 반대 세력이 아닌, 트집잡기를 좋아하는 세력이다. 그것은 앞의 것을 제한시키는 것이 아니라 그것을 재언급한다. 참조. Lightfoot의 반어적인 귀절 : "이 의미에서만, 그것은 또 하나의 복음이며, 그 점에서 그것은 하나의 참된 복음을 왜곡시키려는 시도다" 또한 Burton, 23f ; Schlier, 38 주 2 ; Mussner, 57 ; BDF, § 376 ; 448,8 ; BDR, § 376,1 ; 448,8.

65) τινές εἰσιν("사람들이 있어서")는 바울로가 반대자들을 언급하는 귀절인데, 이와같이 바울로는 이름의 사용과 자유로이 알리는 것을 피한다. 그 관습은 일반적이었다. 마찬가지로 *Ep. Pet.* 2.3(부록 3을 보라)은 바울로파들을 "이방에서 온 자들"로 부른다. Ign. *Smyrn.* 5.3은 그의 반대자들의 이름을 언급하지 않는 이유를 말한다. "그들이 불신자들이기 때문에 그들의 이름을 쓰지 않기로 하였다. 그러나 그들이 우리의 부활인 그리스도의 고난에 대해서 회개할 때까지는 나는 그것들을 기억조차 못할지 모른다"(tr. Goodspeed). 참조. 또한 갈라 2,6·12 ; 4,17 ; 5,7·10·12 ; 6,12—13 ; 로마 3,8 ; 고전 4,18 ; 15,12·34 ; 고후 3,1 ; 10,2 ; 디전

갈라디아인들의 마음을 교란시켰다. 다시 바울로는 "정치적" 언어를 사용한다. ταράσσειν("교란시키다")이라는 단어는 혼란과 소동을 일으키는 정치적 선동가들의 파괴적 활동을 묘사한다.[66] 이 반대자들은 "그리스도의 복음"을 왜곡시키려 한다. 바울로의 언어는 물론 편향되어 있다. 만일 그 선동가들이 직접 그들의 목적을 표현한다면, 그들은 의심할 나위 없이 자신들에게 더 유리한 언어를 사용했을 것이다.[67]

μεταστρέφω("혼란시키다")라는 용어 또한 원래 정치적이며 혁명적 활동을 시사한다.[68] 우리가 아는 한, 여기서 처음으로 바울로는 그리스도교 정론(Christian orthodoxy),[69] 즉 "그리스도의 복음"[70]을 대표한다고 주장한다. 결국, 만일 갈라디아인들이 반대파에 완전히 넘어간다면, 바울로의 입장에서 볼 때, 그들은 배교자들이 될 것이다.

1,3·6·19 ; 5,15 ; 6,10·21 : 베후 3,9 ; 사도 15,1·5 ; Ign. *Smyrn.* 2.1 ; 5.1 ; *Trall.* 10. *Bauer, s.v.*, τὶς 1, α, β. 반대자들은 극소수였으며 그들의 이름은 알려지지 않았거나 언급할 가치가 없다는 Mussner의 결론은 (p.57) 정확히 수식이 조장하려고 하는 것이다. 또한 C.F.D. Moule, *An Idiom Book of New Testament Greek* (Cambridge: Cambridge University, 1955) 106 주 1을 보라.

66) 그것에 대한 언급에 관해서는 LSJ, *s.v.*; Bauer, *s.v.* 2를 보라. "이교도들"의 선동에 관한 특별한 의미는 또한 갈라 5,10 ; 사도 15,24에서 발견된다.

67) 반대자들의 의도에 관해서는 갈라 4,17 ; 6,12—13의 θέλειν("원하다")의 개념을 보라 ; 함축적으로 또한 4,9·21 ; 5,17.

68) μεταστρέφω("〔뒤〕 돌아보다")는 1,6의 μετατίθημι("얼굴을 돌리다)와 일치한다. 그 의미는 "잘못 전하다"에 가깝다. LSJ, *s.v.*; Bauer, *s.v.*; Georg Bertram, "μεταστρέφω," *TDNT* 7.729를 보라. 참조. μετασχηματίζομαι("…의 형태를 바꾸다" 고후 11,13—15)와 같은 유사한 개념들 μετακινέομαι("떠나다" 골로 1,23).

69) τὸ εὐαγγέλιον τοῦ Χριστοῦ("그리스도의 복음")은 바울로의 글에서 자주 증언되는 개념이다. 그것은 복음 메시지의 내용과 전도, 양자를 언급한다. 다음을 보라. 로마 15,19 ; 고전 9,12 ; 고후 2,12 ; 9,13 ; 10,14; 필립 1,27 ; 데전 3,2 ; 또 로마 1,1—3·9 ; 고후 4,4 ; 데후 1,8. 바울로에게 있어서, 그것은 그가 그것을 전했던 것과 같은(1,8·9·11·16·23 ; 2,2·5·14 ; 4,13) "무할례의 복음"과 동일하다. 그 개념에 관해서는 Kramer, *Christ, Lord, Son of God*, 50ff; Stuhlmacher, *Erangelium*, 266ff. 속격 "그리스도의"는 목적격과 주격 양자이다. 참조. "예수 그리스도께서 주신 계시를 통하여"(1,12)라는 귀절과 1,6 ; 2,16 ; 3,22 ; 5,24의 속격 구문.

70) 이 문제에 관해서는 나의 논문 "Orthodoxy and Heresy in Primitive Christianity," *Int.* 19(1965) 299—311, 특히 306—09 ; Bauer, *Orthodoxy and Heresy*, 312를 보라.

보론 1. 1장 8—9절에서의 저주 : 본문이 현상태대로 있는 바와 같이, 8—9절은 두 개의 저주를 형성한다. 8절과 9절에 있는 두 저주들은 공식적인 표현에 있어서 **병행한다** : 조건절들은(8a·9c절) 저주가 효력을 발생하게 될 조건들을 언급하며, 반면 결구들(8b·9d절)은 마술적인 명령이다. 상세한 점들에 관해서는 아래 분석을 보라. 그러나 엄격히 말해서, 두 개의 저주로 보이는 것은 앞서 한 저주의 재언급에 불과하다. 그 이유로 해서, 8절은 앞서의 경우로부터의 (비문학적) "인용"인 것 같고, 9절은 그것의 "적용"인 것 같다. 9절에서의 "적용"은 1장 6—7절에서 묘사된 것과 같은 현 상황에 특별히 유의하면서 앞서의 저주를 다시 내리는 형태로 주어진다. 첫번째 저주의 본래적인 이유는 명확하지 않다. 그러나 우리는 원래의 저주가 그것을 다시 내리는 것과 비교해서 유사한 목적을 가졌다고 생각할 수 있다. 우리는 또한 현상의 일반적인 배경과 의의에 대한 종교 현상학으로부터 우리가 알고 있는 것을 보충할 수 있을 것이다.

바울로의 갈라디아서의 현저한 특징 중의 하나는 저주(1,8—9)가 〈결론〉(6,16에 관해서 보라)에 있는 조건부 축복과 관련해서 이해되어야 한다는 것이다. 그 결과로서 그 편지의 "본문" 전체는 이 조건부 저주와 축복에 의해서 괄호로 묶여진다. 이 구성은 그 편지의 형태와 내용에 대해서 중요한 결과들을 갖는다. 갈라디아서는 변증적 주장의 운반자 이상이나, 그밖에도 그것은 마술적 편지의 힘을 갖는다.[71] 저주와 축복의 결합은 또한 전체 문서를 "신성한 법"의 컨텍스트에 놓는다. 다른 종교적 그리고 위(僞)종교적 공동체들의 그것과 유사한 방식으로, 바울로는 갈라디아 교회들을 자신이 제정한 법을 가지고 있는, 그리고 저주와 축복에 의해서 그것들을 재가하는 종교적 사회들로 취급한다. 이로써 그는 그 편지의 전체 내용을 "신성한 법"의 높은 수준에다 놓는다. 그러므로 순종은 삶 또는 죽음의 문제이다. 더우기, 저주와 축복의 사용은 법적 충돌의 상황을 전제한다. 이 충돌에서 그 편지는 타협할 수 없는 최종적인 결정을 위한 기회를 부여한다(6,16의 κανών〔"법칙"〕의 개념에 관해서 보라).

이 현상은 고대 근동, 구약성서, 유다교, 희랍 종교들, 그리고 원시 그리스도교에서의 "신성한 법" 전승들로부터 알려진다.[72]

---

71) 마술적 편지들에 관해서는 서론, §5를 보라.

72) 참고문헌과 성서본문의 자료에 대해서는 다음을 보라. Willy Schottroff, *Der altisraelitische Fluchspruch*(WMANT 39 ; Neukirchen-Vluyn; Neukirchener Verlag, 1969); Gerhard 1971, 특히 153 주 3; Dennis J. McCarthy, *Old Testa ment Covenant: A Survey of Current Opinions*(Richmond: John Knox, 1972), 39ff ; Volkmar Wagner, *Rechtssätze in gebundener Sprache und Rechtssatzreichen im israelitischen Recht* (BZAW 127 ; Berlin: de Gruyter, 1972) ; Kurt Latte, *Heiliges Recht: Untersuchungen zur Geschichte der sakralen Rechtsformen in Griechenland*(Tübingen: Mohr, Siebeck,

가장 흥미있는 예들에는 쿰란의 *1QS* 2.5—17에 있는 대저주가 있다 : "그리고 레위사람들은 사탄의 운명을 가진 모든 사람들을 저주하리라 : '너희의 모든 죄된 사악함으로 저주받아라 : 고통을 위해 복수심에 불타는 자의 손에 너희가 넘겨지기를! 모든 복수하는 자들의 손에 의한 파멸과 함께 그가 너희를 방문하기를! 너희의 범죄 때문에 가차없이 저주받아라! 영원히 불타는 무시무시한 곳에서 저주받아라! 너희가 그를 찾아갈 때 하느님께서 귀 기울이지 않기를, 그리고 너희의 죄를 지움으로써 너희를 용서하지 않기를! 그분께서 복수하기 위해 그의 성난 얼굴을 너희에게 들어 올리시기를! 선조와의 교분을 지속하는 자들의 입에서 너희를 위한 〈평안〉이 나오지 않기를! 그리고 축복과 저주 후에, 계약에 들어가는 모든 사람들이 '아멘, 아멘!' 하리라."

"그리고 사제들과 레위인들이 계속해서 말하리라 : '그의 마음의 우상들 사이에서 사는 동안 그의 계약에 들어가는 자들, 자신 앞에 죄의 장애물을 세워서 다시 타락하는 자들에게 저주가 내리기를! 이 계약의 말씀을 들을 때, 그는 마음 속으로 신의 축복을 빌면서, '비록 내가 내 마음의 완고함 안에서 살지라도 내게는 아무 일 없으리라' (신명 29,18—19) 하겠지만, (진리의 부족으로) 바싹 마르고 (거짓으로) 적셔진 그의 영은 용서없이 파멸되리라. 하느님의 분노와 그의 계율에 대한 열심은 영원한 파멸로 그를 소멸시키리라. 계약의 모든 저주들이 그에게 달라붙겠고 하느님께서는 죄악 때문에 그를 따로 떼어놓으시리라. 그는 모든 빛의 자녀들로부터 고립될 것이며, 그리고 그의 우상들과 그의 죄의 장애물 때문에 하느님으로부터 돌아섰기 때문에, 그의 운명은 영원히 저주받는 자들 가운데 있으리라.' 그리고 그것들 후에, 계약에 들어오는 모든 자들은 '아멘, 아멘!' 하리라."[73]

1920) 61ff ; Franciszek Sokolowski, *Lois Sacrées de l'Asie Mineure*(Paris: de Boccard, 1955) no. 48, 49, 50, 58; *MAMA* Ⅶ, pp. xxxivff; Claus-Hunno Hunzinger, *Die jüdische Bannpraxis im neutestamentlichen Zeitalter* (diss. Göttingen, 1954 〔unpublished; *non vidi*〕) ; Wolfgang Wiefel, "Fluch and Sakralrecht," *Numen* 16(1969) 211—33 ; Brun, *Segen und Fluch;* Göran Forkman, *The Limits of the Religious Community: Expulsion from the Religious Community within the Qumran Sect, within Rabbinic Judaism, and within Primitive Christianity* (Lund: Gleerup, 1972). 풍부한 자료 수집은 다음 논문들에서 발견된다 : Johannes Behm, "ἀνάθεμα," *TNDT* 1. 354—56 ; Wolfgang Schrage, "ἀποσυνάγωγος," *TDNT* 7. 848—52 ; Helmut Koester, "Segen und Fluch Ⅲ. Im Neuen Testament," *RGG*³ 5. 1651f ; W. Doskocil, "Exkommunikation," *RAC* 7. 1—22 ; Wolfgang Speyer, "Fluch," *RAC* 7. 1160—1288 ; Karl Preisendanz, "Fluchtafel," *RAC* 8. 1—29.

73) Tr. Geza Vermes, *The Dead Sea Scrolls in English*(Baltimore; Penguin, 1962) 73—74. 또한 강력한 反 바울로의 *Contestatio*, ps.-Clem. *Hom.*, 2

같은 예로서 희랍 쪽에서는 "히포클라테스의 선서"를 택할 수 있을 것이다. 그 "선서"는 "의사 아폴로와 아스클레피우스(Asclepius), 그리고 하이지어(Hygeia)" 신들 앞에서 맺은 계약의 형태로 의사들의 전문 단체를 위한 기본 규칙을 제공한다. 그것은 이런 말로 끝난다: "만일 내가 이 맹세를 완수하고 그것을 위반하지 않는다면, 그것은 나에게 삶과 예술을 즐기도록 해줄 것이며, 앞으로 올 모든 시간 동안 모든 사람들 사이에서 존경받도록 할 것이다. 만일 내가 그것을 위반하고 거짓으로 맹세한다면, 이 모든 것의 반대가 나의 몫이 될 것이다."[74]

나그 함마디 문서들에는 제목 없는 밀봉한 문서가 하나 들어 있는데, 그 끝에서 우리는 축복과 저주가 있는 긴 맹세를 발견한다.[75]

[8] 1장 6—7절에서 사도가 묘사했던 것처럼, 갈라디아 교회들의 상황은 사도의 즉각적인 반응을 불러일으킨다.

—4 ; tr. HSW, *NT Apocrypha*, 2.112—15를 보라.

74) *ὅρκον μὲν οὖν μοι τόνδε ἐπιτελέα ποιέοντι καὶ μὴ ξυγχέοντι εἴη ἐπαύρασθαι καὶ βίου καὶ τέχνης δοξαζομένῳ παρὰ πᾶσιν ἀνθρώποις ἐς τὸν αἰεὶ χρόνον, παραβαίνοντι δὲ καὶ ἐπιορκοῦντι τἀναντία τουτέων.* 텍스트와 Ludwig Edelstein의 번역, *The Hippocratic Oath* (Supplement to the Bulletin of the History of Medicine 1 ; Baltimore: Johns Hopkins, 1943) 2—3 ; 또한 M.P. Nilsson, *Geschichte der griechischen Religion* (HKAW 5. 2. 1—2 ; Munich: Beck, ²1955—61) 2. 291.

75) *Disc.* 8—9, ed. Martin Krause and Pahor Labib, *Gnostische und hermetische Schriften aus Codex II und Codex VI*(Glückstadt: Augustin, 1971) 63, 16—32 행. 웁살라의 Jan Bergman 박사와의 대화에서 고대 에집트의 비문과의 아직 밝혀지지 않은 관계가 있을 것이라는 것이 명백해졌다. 다음을 보라. Henry Sottas, *La préservation de la propriété funéraire dans l'ancienne Egypte avec le recueil des formules d'imprécation* (Paris: Champion, 1913) ; André Parrot, *Malédictions et violations de tombes*(Paris: Geuthner, 1939); Eberhard Otto, *Die biographischen Inschriften der ägyptischen Spätzeit: ihre geistesgeschichtliche und literarische Bedeutung* (Leiden: Brill, 1954) 53ff. 이 비문들은 그 무덤의 잠재적인 방문객에게 말하는 死者로부터의 마술적 편지와 같다. 그것은, 방문객이 묘지 도굴범일 경우, 저주로써 그를 위협한다. 올바른 의식을 거행하는 사람들에게는 축복이 있다. 또 다음을 보라. Alan H. Gardiner and Kurt Sethe, *Egyptian Letters to the Dead Mainly from the Old and Middle Kingdoms* (London: The Egypt Exploration Society, 1928) nos. 4, 5 ; Paul Moraux, *Une Imprécation Funéraire à Néocésarée* (Paris: Maisonneuve, 1959) ; Rudolf G. Björck, *Der Fluch des Christen Sabinus: Papyrus Upsaliensis 8* (Uppsala: Almqvist & Wiksell, 1938) ; Rudolf Egger, *Von Römern, Juden, Christen und Barbaren* (Österreichische Akademie der Wissenschaften, phil. hist. Kl., Sitzungsberichte, Band 247, Abh. 3, 1965).

이 반응은, 더 이상의 설명 없이, 지금 두 개의 저주로 나타난다. *ἐάν eventuale*(부정과거 가정법)로써 시작하는 그 문장은 저주가 효력을 발생하게 되는 조건을 규정한다. 원칙적으로 그 저주는 8절 a·9절 c에서 진술된 조건에 해당하는 편지 독자에게 향해 있다.[76] 실제로 물론, 바울로는 그의 반대자들과 잠재적으로 갈라디아인들 —그들이 반대자들에게 넘어간다면— 을 염두에 두고 있다. 더우기, 그 저주가 "자기 저주"로서 표현되는 것은 중요하다. 8절과 9절에 있는 두 저주 사이의 관계는 단순한 병행보다 더 미묘하다. 8절 a의 조건절은("우리 자신이나 하늘에서 온 천사일지라도 우리가 여러분에게 전한 복음보다 다른 것을 전한다면……")[77] 먼저 바울로 자신의 "자기 저주"를 포함하고 있다. 복수 "우리"는 분명히 바울로 자신을 언급한다. 그 경우에 우리는 "나"라고 번역할 수 있을 것이나 아마 다른 사람들이 포함되어야 한다.[78] 확실히, 현재의 컨텍스트 내에서, 그 편지의 공동 발신인들이 포함되어야 한다(참조. 1,2). 그러나 만일 바울로가 앞서 한 저주를 인용하고 있다면, 그때 있었던 사람들도 또한 포함되어야 할 것이다. 그런 다음 그 저주는 "하늘에서 내려온 천사", 즉 바울로가 전하는 그리고 갈라디아 교회들이 세워졌을 때 그 교인들이 받아들였던 복음과 다른 그리고 그 복음과 대조되는[79] "복음을 전할"[80]지도 모르

---

76) 저주에서 그런 조건들의 공식화에 대해서는 Schottroff, *Der altisraelitische Fluchpruch*, 36ff, 92, 104ff(위 주 72)를 보라.

77) 본문 전승이 이 점에서 갈라진다. 그것의 일부는 *εὐαγγελίσηται* ℵ* A lat Marcion Cyprian)으로 읽으며, 일부는 *εὐαγγελίζηται*(P51 B D* G H K P)로 읽는다. Nestle-Aland and Kurt Aland, *et. al.*, *The Greek New Testament* (Stuttgart: Württembergische Bibelanstalt, 1966) ; Metzger, *Textual Commentary*, 590. *ὑμῖν*의 위치도 논란된다 : 어떤 증거들은 그것을 앞에 갖고 있고, 어떤 것은 동사 위에(또한 Burton에 의한 논의를 보라, p. 26). 가정법으로 된 *ἐάν*에 관해서는 BDF § 373 ; BDR § 373을 보라.

78) 바울로의 일인칭 단수와 복수의 사용은 두 가지 가능성을 고려한다 ; BDF § 280 ; BDR § 280 ; Bauer, *s.v. ἐγώ*; Roller, *Formular*, 169ff ; Mussner, p. 59 n. 84를 보라. 바울로가 로마 9, 3에서 또한(참조. 마르 14, 71 ; 마태 26, 74 ; 사도 23, 12—13·14·21 ; ps.—Clem. *Hom.*, *Contestatio* 4. 3) 사용하는 "자기 저주"에 관해서는 Brun, *Segen uud Fluch*, 126ff ; Speyer, "Fluch," *RAC* 7. 1208f, 1211, 1217(주 72)를 보라.

79) *παρ' ὁ*는 반대의 뜻을 나타낸다("…에 반해서, 대조되는"). 참조. 로마 16, 17 : *παρὰ τήν διδαχήν* ("교훈을 위반하고"). 사도 18, 13 ; 로마 1, 25·26 ; 4, 18 ; 11, 24 ; 고전 3, 10—15. 다음에서 다른 해석들에 대한 논의를 보라. Burton, 26f ; Schlier, 40주 3 ; Mussner, 59. 갈라 1, 8·9에서 특히(참조. 2, 4—5·11—14 ; 6, 12—14 등), 바울로는 반대자들의 메세지

는 천사에게 확대된다. 흔히 주석가들은 이 진술들은 "거의 있을 법하지 않는" 진술이라고 믿는다.[81] 왜냐하면 사도는 메시지를 너무나 확신하고 있기 때문에 그 자신을 "이교도"로서 생각할 수 없기 때문이다.[82] 그러나, 그 저주가 더 이른 시기에 내려진 것이라면, 정확히 그 요점은 얼핏 생각할 수 없을 것 같은 것을 상상하며, 그럼으로써 모든 형태의 이단을 포함시킨다. 또한, 조건부 "자기 저주"는 다른 사람들을 저주하는 노골적인 행동을 피하며, 이와같이 초기 그리스도교의 저주 금지를 고려한다.[83] 고대로부터의 풍부한 자료는 바울로가 "천사의 계시"[84]의 실제적인 경우들을 염두에 두고 있다는 것을 실제로 확실하게 해준다. 반대자들이 자신들의 메시지를 그런 천사의 계시들로부터 얻었다는 것은 가능하다. 더 이상 말하면 추론이 될 것이다. 아뭏든, 8절과 9절 사이의 독특한 차이들은 바울로가 일어날 것 같지 않은 것들을 다룬 것이 아니라 실제 상황들을 다루고 있음을 보여준다. 더 이른 경우는, 저주가 처음 (또는 반복해서?) 언명되었을 때, 실제 가능성들을 두고 말해진 것임이 분명하다. 만일 그 저주가 하나의 제의적 컨텍스트에서 작용한다면, 이것은 더욱 더 사실일 것이다. 그러므로, 현재의 적용이 가설적 상황이나 또는 수사학적으로 강한 인상을 주려는 바울로의 기대가 아니라 갈라디아 교회들에서의 실제 상황을 지시한다는 것은 의심할 바가 없다(참조. 1,10).[85]

명령법 *ἀνάθεμα ἔστω*("저주를 받아 마땅합니다")는, 글로써 설명되

를 그 자신의 것에 직접 반대되는 것으로 생각한다.

80) *εὐαγγελίζομαι*("복음을 선포하라")는 원시 그리스도교의 선교 언어에서 하나의 기술적인 용어이다. 참조. 갈라 1,9·11·16·23 ; 4,13 ; 로마 1,15 ; 10,15 ; 고전 1,17 ; 9,16 ; 15,1—2 ; 고후 10,16 ; 11,7 ; 데전 3,6. 개념에 대해서는 Gerhard Friedrich, *TDNT* 2.707ff ; Bauer, *s.v.* ; Stahlmacher, *Evangelium* ; Otto Michel, "Evangelium," *RAC* 6.1107—60.

81) Lightfoot, 77 ; 참조. Burton, 26 ; Schlier, 40 주 4 ; Mussner, 60.

82) 참조. Mussner, 60.

83) 참조. 로마 12,14 ; 루가 6,27 ; 마태 5,44 ; 야고 3,9 ; *Did*. 1.3.

84) 천사들을 통한 계시는 고대에서 일반적이었다. 다음의 자료 수집을 보라. Walter Grundmann, "*ἄγγελος*," *TDNT* 1.74—76 ; Johann Michl, "Engel," *RAC* 5.53ff(이교의), 60ff(유다의), 97ff(영지주의의), 109ff(그리스도교의). 참조. 또한 골로 2,18 그리고 이 귀절에 관해서 Lohse, *Colossians and Philemon*, 117ff ; Ign. *Smyrn*. 6.1. 바울로가 특별히 갈라 3,19를 염두에 두고 있는지 또는 자신과 천사의 계시를 대조시키려고 하는지는(참조. 4,14) 불확실하다. Schlier, 40 주 1을 보라.

85) 그 전환은 그때 *ἀλλὰ καί*에 의해서 주어질 것이다. 이것에 관해서는 Bauer, *s.v.* *ἀλλά*, 3 ; BDF, §448,6 ; BDR, §448,6.

는 것과 같은 저주가 8절 a의 조건이 채워질 때는 언제고 자동적으로 효력을 발생하게 된다는 마술적 개념을 의미한다.[86]

희랍어 ἀνάθεμα(고전 희랍어로 ἀνάθημα[87], 히브리어로 חרם)[88]는 세속적인 사용으로부터 회수되어서 봉헌물로서 또는 그것의 파멸을 위해서 신에게 바쳐진 무엇을 나타낸다.[89] 바울로는 후자의 의미에서 그것을 의미한다.[90]

〔 9 〕 두번째 저주는 첫번째 저주를 반복하며 그것에 의하여 후자를 현재의 상황에 적용한다 : "우리가 전에도 말했지만 지금 다시 말합니다. 누구든지 여러분이 받은 복음보다 다른 것을 여러분에게 전한다면 그는 저주를 받을 것입니다." ὡς προειρήκαμεν ("우리가 전에도 말했지만")이란 어구는 앞의 8절,[91] 또는 첫번째 방

86) 저주의 논리적 주제에 관해서는 Schottroff *Fluchspruch*, 50ff ; Speyer, "Fluch," *RAC* 7.1160ff을 보라.

87) 참조. Megara (1—2c. A.D.)로부터의 저주 書板 위에 있는 끝맺는 *ANEΘEMA* (=ἀνάθεμα) ; 참조. *Inscriptiones Graecae* 3/3, p. xiiif ; Adolf Deissmann, "Anathema," *ZNW* 2〔1901〕 342 ; 같은 저자, *Licht vom Ostem* (Tübingen: Mohr, Siebeck, 4/9 23) 74, 258, 그리고 Cnidus로부터. 다음을 보라. James H. Moulton and George Milligan, *The Vocabulary of the Greek New Testament Illustrated from the Papyri and Other Non-literary Sources* (London: Hodder, 1930) 33 ; LSJ, *s.v.* ; Speyer, *RAC* 7.1213 ; Preisendanz, *RAC* 8, 1—29.

88) 마찬가지로 Johannes Behm, *TDNT* 1.354 ; Bauer, *s.v.*; Schlier, 40 ; Schottroff, *Fluchspruch*, 27 주 4.

89) 참조. Karl Hofmann, "Anathema," *RAC* 1.427—30 ; Behm, 앞 책, 1, 354f.

90) 참조, 고전 5,5 : παραδοῦναι τὸν τοιοῦτοιν τῷ σατανᾷ εἰς ὄλεθρον τῆς σαρκός("그런 사람을 사탄에게 내어주었다는 말입니다. 그것은 그가 육신으로는 파멸을 당하고…") ; 사도 8, 20 ; 13, 10—11 ; 디전 1, 19—20. 또한 저주에 대한 바울로의 다른 진술들이 비교되어야 한다(로마 9, 3 ; 고전 12, 3 ; 16, 22). 다음을 보라. Günther Bornkamm, "Das Anathema in der urchristlichen Abendmahlsliturgie," in his *Das Ende des Gesetzes* (Gesammelte Aufsätze vol. 1 ; BEvTh 16 ; Munich: Kaiser, 1952) 123—32 ; ET "The Anathema in the Early Christian Lord's Supper Liturgy," in *Early Christian Experience* (tr. Paul L. Hammer; London: SCM; New York: Harper & Row, 1969) 169—76, 178f ; Ernst Käsemann, "Sätze heiligen Rechts im Neuen Testament," in his *Exegetische Versuche und Besinnungen* (2 vols.; Göttingen: Vandenhoeck & Ruprecht, 1960, 1964) 2.69—82 ; ET. "Sentences of Holy Law in the New Testament," in *New Testament Questions of Today* (tr. W.J. Montague; London: SCM 1969) 66—81.

91) Chrysostom; Schlier, 40도 그렇게 본다.

문, 또 하나의 더 이른 방문,[92] 또는 더 이른 편지를 언급한다. 이상하게도, 바울로는 다음에 일인칭 복수로부터 일인칭 단수로 바꾼다. 이것은 단순히 서투른 표현일 수 없다.[93] 두 가지 다른 특색들이 있다 : *καὶ ἄρτι πάλιν λέγω*("다시 말합니다")라는 어구는 두 사건 사이에 일시적인 거리를 둔다. 그밖에도, 조건절은 이제 실재를 표시하는 *εἰ*를 가지며[94], 구체적인 예를 가리킨다. 이 변화들은 두번째 저주가 첫번째 저주를 현실화하는 식으로(*λέγω*="지금 다시 말합니다") 두 저주가 관계된다는 것을 가리키는 것 같다.[95] 저주의 적용은 다음에 반대자들이[96] 교회들이 처음에 "받았던"[97] 것과 다른 복음을 교회들에 소개했다는 사실을 언급함에 의해서 정당화된다. 저주의 모든 행동은 강력한 법적 뉘앙스를 풍기며 금지 또는 파문이나 다름없다, —실제로 갈라디아서 1장 8—9절은 그리스도교 파문의 첫번째 예이다.[98] 이런 의미에서, 그 귀절은 *Birkat ha-minim*, 즉 *Shemoneh Esreh*에서 이교도들에게 내려진 파문과 비교될 수 있다.[99]

---

92) Bauer, *s.v. προεῖπον*, 2a도 그렇게 생각한다. 참조. 또한 갈라 5,21 ; 고후 13,2 ; 데전 4,6의 병행구들 등.

93) *προείρηκα*("내가 전에 말했다")(ℵ*, *pc* sy^p)는 *λέγω*("내가 말한다")와 일치되는 것 같다.

94) 이것에 관해서는 BDF §372 : BDR §372를 보라.

95) 이 점에서, 갈라 1,8—9는 실제의 두 저주들과 다르다. 예. 판관 5,23에서 : "'메로즈는 저주를 받아라'고 야훼의 천사가 선언하였다. 저주, 저주를 받아라, 그 안에 사는 것들" : 말라 2,2 : "…너희에게 내릴 것은 재앙뿐이다. 축복 대신 저주를 내릴 수밖에 없다."

96) 9절에서의 *τις*의 의미에 대해서는 7절의 *τινές* 참조.

97) *παραλαμβάνω*("받다 〔*sc.* 전승〕)는 흔히 *παραδίδωμι*("전하다")에 일치하는 기술적인 용어다. 그 한쌍은 히브리어(=מסר ל/קבל מ)에서 뿐만 아니라 희랍어에서도 나온다. 바울로는 그것을 갈라 1,12 ; 고전 11,23 ; 15,1·3 ; 필립 4,9 ; 데전 2,13 ; 4,1에서도 사용한다. 또한 골로 2,6 ; 데후 3,6을 보라. 그 용어들에 관해서는 다음을 보라. Bauer, *s.v.*, 2,b,γ; Gerhard Delling, "*παραλαμβάνω*," *TDNT* 4.11—14 ; Klaus Wegenast, ***Das Verständnis der Tradition bei Paulus und in den Deuteropaulinen*** (WMANT 8 ; Neukirchen-Vluyn: Neukirchener Verlag, 1962) 30ff, 132ff; Conzelmann, *1 Corinthians*, 195f.

98) 후대의 발달에 관해서는 다음을 보라. Speyer, "Fluch," *RAC* 7.1262f ; PGL, *s.v. ἀνάθεμα*; 또한 Birger A. Pearson, "Anti-heretical Warnings in Codex IX from Nag Hammadi," in *Essays on the Nag Hammadi Texts* (NHSt 6 ; Leiden: Brill, 1975) 145—54. 거기서 갈라 1,8이 언급된다 (p.154).

99) Birkat ha-minim에 관해서는 다음을 보라. Ismar Elbogen, *Der jüdische*

[10] 8—9절에서의 저주는 다소 갑작스럽게 〈서론〉을 끝내었다. 구성의 견지에서 보아, 이것은 다음 단락에의 전환을 바람직하게 한다. 그런 전환(*transitus*)은 10—11절에서 주어지는 것 같다.[100] 10절에서 바울로는 주석가들을 당황시켜 온 두 개의 다른 질문들을 제기하고 대답한다.[101] 그것들은 수사학적인 것으로서, 평행구로서, 그리고 서로를 해석하는 것으로서 인식되어 왔다.[102] 만일 그 질문들이 다른 방식으로 동일한 사상을 표현한다면, 그리고 10절 c가 두번째 질문(10절 b)에 대한 부정적인 대답을 의미한다면, 이 부정적인 대답은 첫번째 질문(10절 a)에도 적용되어야 한다. 그밖에도, 그 부정적인 대답은 질문 자체들로부터 명백하다 : "내가 지금 사람들을 기쁘게 하려는 것입니까? 하느님을 기쁘시게 하려는 것입니까?"는 양자택일의 하나 또는 양자를 거부할지 모른다. 그 결정은 "사람들을 기쁘게"와 "하느님을 기쁘게"라는 어구들의 의미에 달려 있다. 전자, "사람들을 기쁘게"(ἀνθρώπους πείθω)는 병행구들이 보여주는 바와 같이 수사학의 정의다.[103] 플라톤 이래로 철학자들과 그밖의 사람들은 "설득술"(ἡ πιθανουργικὴ τέχνη)을 다소 부정적이고 정당하지 못한 것으로서 간주하였다.[104] 수사학은 사기,[105] 중상, 그리고 십지

Gottesdienst in seiner geschichtlichen Entwicklung (Leipzig: Fock, 1913) 37f, 252ff ; Emil Schürer, *A History of the Jewish People in the Time of Jesus Christ* (2d ed.; Edinburgh: Clark, 1896) 2/2, 88f ; Moore, *Judaism* 1.292, 294 ; Hofmann, *RAC* 1.427—30 ; Schrage, *TDNT* 7.848—50 ; Doskocil, *RAC* 7.11ff.

100) 형태 분석에 대해서는, 이 항목에 대한 서론을 보라. ἄρτι("지금")은 1,9에서처럼 어세가 강하다 ; γάρ("for")는 앞의 것과 관련되기 보다는 또 다른 문제를 소개한다. 참조. Zahn; Sieffert; Burton; Schlier, 41 주 2—3 ; Mussner, 63.

101) 참조. Rudolf Bultmann에 의한 논의, "πείθω," *TDNT* 6.2—3.

102) 참조, Sieffert, 48f ; Burton, 30—32 ; Bultmann, 상게 항목.

103) Plato *Gorg*. 452E에 있는 (Gorgias에 의한?) 정의를 보라 : "나는 그것을 법정의 재판관들이나 시의회의 정치인들 또는 국회의 하원의원들이나 공적인 일로 개최되는 어떤 다른 모임의 청중을 연설로써 설득시키는(τὸ πείθειν) 능력이라고 부른다." 연사는 "대중에게 말하고 그들을 설득"시킬 수 있는 자이다(λέγειν καὶ πείθειν τὰ πλήθη). 또한 458E, 462C, 453A, 454E ; *Prot*. 352E (πείθειν τοὺς ἀνθρώπους) ; *Thaet*. 201A를 보라 ; 신약성서에서 마태 27,20 ; 28,14 ; 사도 12,20 ; 14,19 ; 19,26 ; 18,4를 보라. 참조. Lausberg, *Handbuch*, § 257 ; Martin, *Rhetorik*, 2—4.

104) Plato *Soph*. 222C ; 그리고 Martin, *Rhetorik*, 4ff를 보라.

105) 참조. 소크라테스에 대한 기소의 일부로서의 수사학적 전략(Plato *Apol*.

어는 마술[106]과 동일시되었다. 다른 그리스도교 저술가들과 마찬가지로 바울로도 같은 견해를 갖는다.[107] 다른 표현, "하느님을 기쁘게"는 마술적 그리고 종교적 엉터리 치료에 대한 논쟁적 정의라는 것이 판명된다.[108] 이 배경은 우리가 그 질문들을 반어적인 것으로서[109] 이해해야 하며 강한 부정을 기대해야 한다는 것을 의미한다.[110]

19B) : "더 빈약한 주장을 더 강하게 함"(τὸν ἥττω λόγον κρείττω ποιεῖν). 이것에 관해서는 Thomas Meyer, *Platons Apologie* (TBAW 42 ; Tübingen: Mohr, Siebeck, 1962) 133ff. 그 방법은 사기, 중상, 그리고 거짓을 유발시키는 것으로 믿어졌다. 참조. Plato *Apol.* 17A, 18D ; *Theaet.* 201C ; 그리고 Meyer, *Apologie*, 115ff.

106) 참조. Plato, *Euthyd.* 289D—290A.

107) 다음을 보라. 갈라 5,7—8 ; 고전 2,4("교묘한 인간의 지혜에서 나온 말로 한 것이 아니라") : 고후 5,11 ; 골로 2,4 : πιθανολογία("교묘한 말") ; Ign. *Rom.* 3.3 ; "그리스도교는 설득하는(πεισμονή) 일이 아니라 위대한 일이다." 또한 Justin *Dial.* 47.1(아래, 부록 4를 보라)과 어떻게 이 언어가 헬라주의적 유다교에 들어갔는지를 보여주는 필로에서의 많은 병행구들을 보라. "영감받은" 사람들만이 실재 의미에서 설득시킬 수 있다(*Virt.* 217 ; *Fug.* 139 ; *Plant.* 10 ; *L.A.* 3.80 ; *Det.* 131 ; *Somn.* 1.191 ; 또한 *Ep. Arist.* 266). 반면에 보통 연사들의 설득 기술은 사기나 다름없다(*Post.* 55 ; *Det.* 131 ; *Op.* 165 ; *Agr.* 13).

108) 주문, 속죄 의식, 그리고 마술적 주장에 의하여 "신들을 설득하고 그 결과 그들을 섬길"(τοὺς θεὺς, ὥς φασιν, πείθοντές σφισιν ὑπηρετεῖν) 수 있다는 점쟁이들, 협잡꾼들과 "궤변가들"을 논쟁적으로 비교하는 플라톤의 글을 보라. *Rep.* 364C. Walter Burkert, "*ΓΟΗΣ*: Zum griechischen Schamanismus," *RhM* 102(1962) 36—55, 특히 55 ; Betz, *Paulus*, 33f, 113을 보라. 그 구는 또한 플라톤에 의해서 인용된 풍자적 잠언의 일부다(아마도 Hesiod로부터). *Rep.* 390E : δῶρα θεοὺς πείθει, δῶρ' αἰδοίους βασιλῆας("선물은 신들을 움직이고, 경건한 왕들을 움직인다"). 참조. Euripides *Med.* 964 : πείθειν δῶρα καὶ θεοὺς λόγος ("속담에도 있듯이, 선물은 신들조차 설득시킨다"). 또한 Ovid *Ars am.* 3.653 ; Pindar *Ol.* 2.144 ; Josephus *Ant.* 4.123 ; 8.256을 보라. 귀절들에 대해서는 참조. August Otto, *Die Sprichwörter und Sprichwörtlichen Redensarten der Römer* (Leipzig, 1890 ; rep. Hildesheim: Olms, 1963) 233. R. Yohanan ben Zakkai가 신에 대해서 이것을 말할 때, 잠언은 또한 그의 말 이면에 있을지 모른다. "…나는 말이나 뇌물로 그를 누그러뜨릴 수 없다"(*b. Ber.* 28b). 다른 해석에 대해서는, André Feuillet, "Chercher à persuader Dieu (Gal. 1, 10a)," *Nov T* 12(1970) 350—60을 보라.

109) Schlier (41f)가 제시하는 바와 같이 풍자가 아니다.

110) 다른 입장으로는 또한 Bultmann, "πείθω," *TDNT* 6.2. 참조. Antisthenes가 한 것으로 알려진 격언(*Gnom. Vatic.* 7) : "그가(Antisthenes) 누군가로부터 그의 아들을 가르쳐야 한다는 것을 요구받았을 때 그는 대답했다. 만일 당신께서 그가 신들, 철학자와 함께 살기를 원한다면, 그

10절 b는 10절 a와 병행한다 : "내가 사람들을 기쁘게 하려는 것입니까?"(ἢ ζητῶ ἀνθρώπους ἀρέσκειν;). 사람들을 기쁘게 함으로써 그들을 설득하는 것은 물론 정치적 수사학과 선동의 소문난 전략들 중의 하나이다.[111] "사람을 기쁘게 하는 자"는 이미 고대에서 익숙한 인물이었으며,[112] 특히 그런 인간유형의 최악의 경우는 "아첨꾼"이다.[113] 그러므로 바울로의 수사학적 질문들은 그가 "사람을 기쁘게 하는 자들"[114]과 공통된 무엇인가를 가지고 있다는 것에 대한 강한 부인을 함축하고 있다. 누군가가 실제로 그를 "사람을 기쁘게 하는 자"라고 비난했는지 여부는 이 진술로부터 결론지을 수 없다.[115]

10절 c는 앞서 한 질문들의 의미를 확인한다.[116] "내가 아직도 사람들의 환심을 사려고 한다면 그리스도의 종이 아닐 것입니다." 단어 ἔτι("아직도")는 바울로의 그리스도인으로서의 생활, 그리고 사도직으

러나 만일 사람들과, 수사학자와 함께."

111) "사람들을 기쁘게 하는 무엇"으로서의 수사학의 정의를 보라(Plato *Gorg.* 462D). 그 문제는 ps. Longinus *De subl.* 1.4에서 볼 수 있는 바와 같이 a topos가 되었다. "왜냐하면 천재의 영향은 청중을 설득하는 것이 아니라 그들을 자신들로부터 떠나 이동케 하는 것이기 때문이다. 늘 경이를 불어넣는 것은 우리를 홀리며 항상 단순히 확신하고 기뻐하는 것보다 우월하다. 왜냐하면 우리의 확신들은 보통 우리 자신의 제어하에 있으나, 반면 그런 이동은 저항할 수 없는 지배력을 행사하며 모든 청중의 수보다 우세하기 때문이다." 또한 Demosthenes *Ep.* 3.27 ; Plato *Ep.* 4,321B ; Diodorus Sic. 13.53.3 ; 17.115.

112) ὁ ἄρεσκος의 모습에 관해서는 Aristotle *EN* 2.7.13 ; 4.6.1 ; 9.10.6 ; Theophrastus *Char.* 5 ; Plutarch *Lib. educ.* 4D ; 6A를 보라.

113) 참조. Aristotle *EN* 4.6.1 ; Athenaeus 6.255A—B ; Philo *Mig.* 111 ; Plutarch *Adulat.* 48Eff. 다음을 보라. Werner Foerster, "ἀρέσκω, κτλ.," *TDNT* 1.455—57 ; Johannes Schneider, "κολακεύω," *TDNT* 3.817f ; Bauer, *s.v.*

114) 병행구는 데전 2,4이다 : οὐχ ὡς ἀνθρώποις ἀρέσκοντες("사람을 기쁘게 하려는 것이 아니라"), 그리고 2,5 : οὔτε γάρ ποτε ἐν λόγῳ κολακείας ἐγενήθημεν("우리는…아첨하는 말을 한 일이 없고"). 참조. 고전 10,33 ; 에페 6,6 ; 골로 3,22 : ὡς ἀνθρωπάρεσκοι("사람에게 잘 보이려고)

115) 모든 수사학적 부인이 하나의 비난으로 바꾸어지는 것은 아니다. 참조. Wilhelm Lütgert, *Gesetz und Geist: Eine Untersuchung zur Vorgeschichte des Galaterbriefes*(BFCTh 22.6 ; Gütersloh: Bertelsmann, 1919), 42ff ; 92f ; Zahn; Lightfoot; Lietzmann; Burton; Oepke; Schlier; Bligh; Schmithals, *Paul and the Gneostics*, 56—58. 그런 결론 반대하는 Sieffert(p.50)는 옳다.

116) 𝔐 *pm* sy에 의해 뒷받침되는 γάρ는 이것을 더 명백하게 하나, 그 전승이 너무 약하다.

로 불리우기 이전을 언급하며,[117] 이와같이 "사람을 기쁘게" 하는 것을 그리스도인의 생활에 부적합한 태도로서 특징짓는다.[118] 그것은 그리스도인의 생활을 묘사하는 개념[119]인 "그리스도의 종"(*Χριστοῦ δοῦλος*)[120]이 되는 것과 양립할 수 없다.

[II] 예비적인 말 "형제들이여, 내가 여러분에게 이 점을 밝혀두어야 하겠읍니다"(*γνωρίζω γὰρ ὑμῖν, ἀδελφοί*)라는 말은 그 편지의 새로운 부분을 연다.[121] 그것은 1장 12절에서 시작되는 〈이야기〉("사실들의 진술")를 가리키며, 바울로가 "사실들의 언급"에서 그리고 그 편지의 나머지에서 증명하려고 하는 주장을 언명한다. 이 언명의 다소 공식적인 음조는 그의 논제의 중요성을 강조해준다.[122] 그 내용은 갈라디아인들에게 새로운 것일 리가 없다.[123] 그들은 의심할 바없이 그것에 익숙해 있었다. 바울로는 새로운 정보를 소개하는 체하나, 실제로 그는 그들이 아주 잘 알았던, 그러나 현재는 다소 잊어버린 듯한 것을 그들에게 상기시킨다. 논제는 대단히 간명하나, 그것은 그 자신의 선교, 그리고 실제로 편지에서의 그의 변호와

117) 그렇게 타당하게 Sieffert, 51 ; Schlier, 42 ; Mussner, 64.

118) *ἤμην* 표현형식에 관해서는 BDF §98 ; BDR §98.

119) "사람을 기쁘게 함"과 그리스도의 "종"이 됨은 조화되지 않는다. 에페 6,6 ; 고전 7,22—23 ; 골로 3,25를 보라. 갈라 2,6 ; 5,11에서 같은 문제가 다른 식으로 표현된다. *ἔτι*("아직도")는 10절a의 *ἄρτι*("지금")과 대조되어 있다. 참조. *οὐκέτι*("이제…이 아니다"). 갈라 2,20 ; 3,25 ; 4,7.

120) 이 칭호를 로마 1,1 ; 필립 1,1에서 바울이 자신을 가리켜 사용하고 있으나 배타적으로 사용하고 있지는 않다 ; 참조. 로마 6,16 ; 고전 7,22; 골로 4,12. 이 칭호와 기원에 대해서는 Karl Heinrich Rengstorf, *TDNT* 2, *s.v.* ; Gerhard Sass, "Zur Bedeutung von *δοῦλος* bei Paulus," *ZNW* 40(1941) 24—32 ; Bauer, *s.v.*, 4.

121) 1.6—11에 대한 서론을 보라(주 36에 있는 병행구들과 함께) ; 또한 다음을 보라. John L. White, "Introductory Formulae in the Body of the Pauline Letter," *JBL* 90(1971) 91—97, 특히 94(갈라 1,11 ; 로마 1,13; 데전 2,1 ; 필립 1,12 ; 고후 1,8 등 참조 : 그리고 파피루스 서신들로부터의 예들) ; Bultmann, "*γνωρίζω*," *TDNT* 1.718. 바울로에서의 비슷한 예들에 대해서는 고전 12,3 ; 15,1 ; 고후 8,1을 보라.

122) 본문 전승은 *γνωρίζω γάρ* (ℵ*BD* G *al*)와 *γνωρίζω δέ*(P⁴⁶ ℵ*A 𝔎 *al*) 사이에서 동요한다. Zuntz, *Text*, 204 ; Mussner, 65 주 110을 보라. *δέ*는 확실히 올바른 바울로의 문체일 것이다(참조. 고전 15,1 ; 고후 8,1). 다음 쟁점을 지시하는 것으로서의 *γάρ*는 하나의 가능성이다. BDF §448,6 ; BDR §448,6을 보라. 갈라 1,11—12는 *CMC* 61.16—22에서 원문과 다르게 인용된다.

123) 또한 갈라 1,10.12를 보라.

마찬가지로 자신의 복음이 의지하고 있는 모든 기초를 포함한다. 그러므로, 우리는 바로 이 점을 갈라디아인들이 의심하게 되었다는 결론을 내릴 수 있다. 그의 변호는, 우리가 더 나아가 결론을 내릴 수 있지만, 주장의 핵심 자체에 집중할 것이다. 그것은 "나에 의해서 전해지는 복음"(*τὸ εὐαγγέλιον τὸ εὐαγγελισθὲν ὑπ' ἐμοῦ*)이다. 명백히 반대자들은 이 복음을 비판하고 있으며, 갈라디아인들은 저 "다른 복음"에 편들어 그것을 거부하려고 한다.[124] 바울로의 방어선은 단순해 보인다 : 그의 복음은 "사람에게서 나온 것이 아니다"(*οὐκ ἔστιν κατὰ ἄνθρωπον*).[125] 우리가 살펴본 바와 같이, 이 방어선은 오랜 전승 속에 서 있다. 이미 희랍 전승 안에 있는 소크라테스뿐만 아니라 구약성서의 예언자들도 그것을 이용하였다. 가장 인상적인 것은 변호 연설인 플라톤의 *Apology*에서의 소크라테스의 예이다. 거기서 그는 자신의 지혜가 단순히 인간적이라는 것을 부인하고, 그는 아폴로 신으로부터 직접 그것을 받는다고 주장한다.[126]

124) 갈라 1,6—7·8—9를 보라.

125) 이 구절에 대해서는 또한 갈라 3,15 ; 로마 3,5 ; 고전 3,3 ; 9,8 ; 15,32 ; 베전 4,6을 보라. Bauer, *s.v.* *ἄνθρωπος*, 1,c를 보라. 그 구절은 신적인 것과 비교해서 열등한 무엇을 언명한다.

126) 참조. Plato *Apol.* 20D—E에서의 Socrates. 그는 인간의 지혜(*ἡ ἀνθρωπίνη σοφία*, 또는 *ἡ κατ' ἄνθρωπον σοφία*)를 델피의 신, 아폴로의 더 높은 지혜와 대조시킨다(20F—21A). "단지 인간적인 지혜는 별 가치가 없거나 또는 가치가 없다"(*ἡ ἀνθρωπίνη σοφία ὀλίγου τινὸς ἀξία ἐστι καὶ οὐδενός* [*Apol.* 23A]). 또한 위 갈라 1,1에 관해서 보라.

Ⅲ. 진술부 1장 12절—2장 14절

—narratio

1,12 그것은[1] 내가 〔한?〕 사람에게서 받았거나 배운 것이 아니라 예수
그리스도께서 주신 계시를 통하여 받은 것입니다. **13** 내가 전에 유다교 신
자였을 때의 나의 행동에 대해서는 여러분이 이미 들은 줄 압니다. 나는 하
느님의 교회를 무자비하게 박해했고, 그것을 아주 없애버리려고 했읍니다.
14 나는 그때 내 동족 가운데서 많은 나의 동년배들보다 훨씬 더 유다교에
앞섰으며 내 조상들의 전통에 대해서도 훨씬 더 열심이었읍니다. **15** 그러
나 내가 모태에 있을 때부터 나를 따로 세우시고 은혜로 불러주신 이가[2] 기
쁜 마음으로 **16** 이방 사람들 가운데서 그 아드님의 복음을 전파하게 하시려
고 내 안에[3] 아드님을 계시해 주셨읍니다. 그때 나는 즉시[4] '살과 피'에게
의논하지 않았으며 **17** 또 나보다 먼저 사도가 된 사람들을 찾아 예루살렘
으로 올라가지도 않았읍니다. 그대신 나는 아라비아로 갔다가 다시 다마스
커스로 돌아왔읍니다.

18 그리고 삼 년 후에 나는 게바를 만나려고[5] 예루살렘에 올라가서 그와
함께 보름동안 지냈읍니다. **19** 그러나 주의 형제 야고보밖에는 다른 어느
사도와도[6] 만난 일이 없읍니다. **20** 내가 지금 여러분에게 쓰는 이 말은 하
느님 앞에서 결코 거짓말이 아닙니다. **21** 그후에 나는 수리아와 길리기아
지방으로 갔읍니다. **22** 그러나 나는 '그리스도 안에' 있는 유다의 교회들
에[7] 개인적으로 알려지지 않았읍니다.[8] **23** 다만 전에 자기들을 박해하던

---

1) 즉, 복음. 2) 즉, 하느님.
3) *JB*도 그렇다; 참조. *RSV*, *NEB*: "나에게"
4) *RSV*는 "즉시"를 생략한다; *NEB*는 그것을 다르게 연결시킨다: "나는 곧장 아라비아로 떠났다." *JB*도 비슷하다.
5) *RSV*, *JB*도 그렇다; 참조. *NEB*.
6) *RSV*도 그렇다; *NEB*, *JB*는 비슷하게.
7) 참조. *RSV*, *JB*: "유다에 있는 그리스도의 교회들" *NEB*: "유다에 있는 그리스도의 회중들"
8) 참조. *RSV*, *JB*: "아직 안면이 없었다;" *NEB*: "얼굴이 알려지지 않았다."

사람이 지금은 전에 없애려고 애쓰던 그 신앙을 전파하고 있다는 소문을 듣고 24 그들은 내가 하는 일로 하느님께 영광을 돌렸읍니다.

2, 1 그리고 십 사 년 후에 나는 바르나바와 함께 디도를 데리고 다시 예루살렘으로 올라갔읍니다. 2 내가 거기로 올라간 것은 계시에 의한 것이었읍니다. 나는 이방 사람들 가운데서 내가 선포하는 복음을 그들에게 설명했읍니다. 그러나 '중요한 사람들'[9]에게는 개인적으로 설명했읍니다. 그것은 내가 지금까지 달리고 또 이제껏 달린 것이 허사가 되지 않게 하려는 것이었읍니다. 3 나와 같이 있던 디도는 그리스 사람이었지만 그는 할례를 강요당하지 않았읍니다.

4 몰래 들어온 거짓 형제들이 있어서 할례를 강요당할 위험이 있었던 것입니다. 그 거짓 형제들은 우리를 노예로 만들려고 그리스도 안에서 누리는 우리의 자유를 엿보러 몰래 들어온 자들이었읍니다. 5 우리는 잠시도 그들에게 굴복하지 않았읍니다. 그것은 복음의 진리가 언제나 여러분과 함께 있도록 하기 위한 것이었읍니다.

6 그리고 '중요하다는 사람들'[9]은—그들이 어떤 사람이든 간에 내게는 문제될 것이 없읍니다. 하느님은 사람을 겉모양으로 판단하시지 않으십니다—그 '중요하다는 사람들'[9]은 나에게 아무런 요구도 하지 않았읍니다.[10] 7
도리어 그들은 할례받은 사람들에게 복음 전하는 일을 하느님께서 베드로에게 맡기신 것같이 할례받지 않은 사람들에게 복음 전하는 일을 내게 맡기신 것을 알게 되었읍니다. 8 그리하여 그들은 할례받은 자들을 위한 사도직을 베드로에게 주신 분이 이방인들을 위한 사도직을 내게 주셨다는[11] 사실을 인정하게 되었읍니다. 9 그뿐만 아니라 '기둥'처럼 존중히 여김을 받는 야고보와 게바와 요한은 하느님께서 내게 주신 이 은혜를 인정하고 나와 바르나바에게 오른손을 주어 친교의 악수를 했읍니다. 그래서 '우리는 이방 사람들에게로 가게 되고 그들은 할례받은 이들에게로 가게 되었읍니다.' 10 한 가지 그들이 우리에게 요구한 것은 가난한 사람들을 기억해 달라는 것이었는데 그것은 바로 내가 열심으로 행해 오던 일이었읍니다.

---

9) 참조. *RSV*: "명성 높았던 사람들." *NEB*: "덕망 높은 사람들." *JB*의 번역은 6절로부터 연유하여 다음과 같이 해독한다: "지도적인 사람들" 또는 "지도자로 인정받는 사람들."

10) 참조. *RSV*: "나에게 아무것도 덧붙여 말하지 않았다." *JB*도 비슷하다 *NEB*는 "더 이상의 지시가 없었다"라는 대안과 함께 "의논을 연장하지 않았다."

11) *NEB*는 이 점에서 바울로가 사도가 되게 한다: "또한 나를 이방사람들을 위한 사도가 되게 했다." *RSV*는 바울로를 승진시키지 않음에 있어서 더 정확하다. *JB*는 또 하나의 알려지지 않은 사람을 소개한다: "그 행동이 베드로로 하여금 할례받은 자들의 사도가 되게 했던 동일한 사람이 나에게 이방인들에 대한 동일한 사명을 주었다." 이 문장의 문제들에 대해서는 아래 주석을 보라.

11 그러나 게바가 안티오키아에 왔을 때에 그가 잘못한 일이 있어서 나는
그를 면박했읍니다. **12** 그 사건은 이런 것이었읍니다. 게바가 이방 사람들
과 함께 음식을 먹고 있었는데 야고보가 보낸 사람들이 그리로 오자 그는 그
할례받은 사람들이 두려워서 그 자리를 떠나 물러났읍니다.[12] **13** 다른 유
다 사람들도 그와 함께 위선을 행했고[13] 마침내 바르나바까지도 그들의 위선
에 함께 끌려갔던 것입니다.[14] **14** 그러나 나는 그들이 복음의 진리대로 일
관성있게 행하지 않는 것을 보고[15] 많은 사람들 앞에서 게바에게 말했읍니
다: '당신은 유다 사람인데도 유다 사람같이 살지 않고 이방 사람같이 살면
서 어찌하여 이방 사람들더러 유다 사람같이 되라고 강요합니까?'

〔분석〕

그레꼬—로마의 수사학자들이 제시하는 것과 마찬가지로, 바울로의 머리말(*exordium*)(1, 6—11)에는 "사실들에 대한 진술"(*διήγησις*, *narratio*)이 뒤따른다.[16] 1장 12절에서부터 2장 14절에 걸친 바울로의 〈진술부〉를 논함에 있어서, 퀸틸리안의 말을 염두에 두어야 한다: "변호의 방법을 지배하는 유일한 법이나 확정된 규칙은 없다. 우리는 그 주장의 환경과 본질에서 무엇이 가장 이로운지를 숙고해야 한다. ……"[17] 결국 안내서들에는 광범위한 논의가 들어 있으며 그것은 수사학 이론의 여러 학파로 거슬러 올라가는 선택의 상당한 차이를 위한 여지를 남기고 있다.

De inv. 1. 19. 27—31. 30에서 키케로의 주제 취급은 *communis opinio*의 요약으로서 간주될 수 있는 것을 포함하고 있다. 그는 "이야기"에

---

12) 즉, 이방인들로부터.

13) 참조. *RSV*: "불성실하게 행했다;" *NEB*: "원칙의 동일한 부족을 보여주었다;" *JB*: "그의 앞에서 그와 함께 했다."

14) 참조. *RSV*: "불성실." *NEB*: "배신했다." *JB*: "바르나바는 자신이 어쩔 수 없이 그들의 행동을 따라야 한다고 생각했다."

15) 참조. *RSV*: "그들이 복음의 진리에 솔직하지 못했던 것" *NEB*: "그들의 행동이 복음의 진리에 일치하지 않았던 것." 다음의 대안과 함께: "…을 향해 진전하지 않았던 것." *JB*는 은유를 쓰지 않는다: "그들은 기쁜 소식의 참된 의미를 존중하지 않고 있었다."

16) *narratio*에 관해서는 다음을 보라. Anton Schäfer, *De rhetorum praeceptis quae ad narrationem pertinent*(Dissertation; Freiburg i.B., 1921); Fritz Loheit, *Untersuchungen zur antiken Selbstapologie*(Dissertation; Rostock: Adlers Erben, 1928); Volkmann, *Rhetorik*, § 13; Lausberg, *Handbuch*, §§ 289—347; Martin, *Rhetorik*, 75—89.

17) Quint. 4. 2. 84: "Neque enim est una lex defensionis certumque praescriptum: pro re, pro tempore intuenda quae prosint..." Butler의 번역, LCL.

대한 일반적 정의를 내림으로써 시작한다 : "이야기는 일어났거나 일어났다고 생각되는 사건들의 설명이다."[18] 그는 다음에 세 형태(*genera*)의 이야기를 구별하는데, 첫번째 것은 갈라디아서에 적용된다 : "법의 사례에 대한 해설을 포함하는 이야기의 형태."[19] 그 시대의 거의 모든 저술가들은 그러한 이야기는 세 가지 필요한 특색(*virtutes necessariae*)을 가져야 한다는 점에 동의한다 : "그것은 간결하고, 명백하고, 그럴듯해야 한다."[20] 키케로[21], *Rhetorica ad Herennium*,[22] 그리고 특히 퀸틸리안에서,[23] 우리는 어떻게 그런 특색들이 가장 잘 성취될 수 있는지에 관한 광범위한 논의들을 발견한다. 퀸틸리안의 〈진술〉 논의에서 몇가지 점들은 바울로를 이해하는 데 직접 관련된다. 이 요점들의 첫번째는 〈진술〉이 어떤 경우에 없어도 되는지 안 되는지의 문제를 제시한다.[24] 다른 사람들과는 달리, 퀸틸리안은 피고가 절대적으로 그 비난을 부인할 때조차도 〈진술〉이 생략되어서는 안 된다는 입장을 취한다.[25] 실제로 갈라디아서에서 우리는 강한 부인(否認)들을 가지고 있으나(1, 11—12 ; 2, 17·21에 관해 보라) 또한 더 긴 〈진술부〉를 가지고 있다(1, 12—2, 14).

퀸틸리안의 설명은 —그것을 위해 그는 최고의 권위자들을 인용한다[26]— 왜 짧은 문장의 부인이 적합한 "사실들의 진술"이 아닌지를 명백히 한다.[27] 부인은 반대자가 한 비난을 단순히 반박만 해서는 안 된다. 그 대신에, 부인은 변명이 판단되어지길 바라는 주제를 소개해야 한다.[28] 그것은 변호 전략의 일부다. 다른 한편으로, 〈진술〉은 단순한 부인의 이야기 형태 이상의 것이다.[29] 실제로 〈진술〉은 비난을 명백하게 언급하지 않을 수조차 있다. 그것의 목적은 그 부인한 바가

---

18) *De inv.* 1.19.27 : "Narratio est rerum gestarum aut ut gestarum expositio." Hubbel 역, LCL. 참조. Quint. 4.2.31(아래 주 37을 보라). 다른 정의들에 대해서는 Lauberg, *Handbuch*, § 289 ; Martin, *Rhetorik*, 75.
19) *De inv.* 1.20.28. "nunc de narratione ea quae causae continet expositionem dicendum videtur." Lausberg, *Handbuch*, § 290, 1을 보라.
20) *De. inv.* 1.20.28. "Oportet igitur eam tres habere res: ut brevis, ut aperta, ut probabilis sit." Lausberg, *Handbuch*, §§ 294—334를 보라.
21) *De inv.* 1.20.28—21 : 30.
22) 1.8.12—10.16.
23) 4.2.2—132.
24) 4.2.4ff. Martin, *Rhetorik*, 79—81.
25) 4.2.9.
26) 4.2.9ff.
27) 4.2.12. "Non occidi hominem': nulla narratio est;..."
28) 4.2.1. "...res de qua pronuntiaturus est indicetur."
29) 참조. 4.2.10.

실제가 되도록 하기 위해서 그 주장과 관계가 있는 사실들을 다루는 것이다.[30]

만일 이것이 바울로와 관계가 있다면, 우리는 신중해야 하며 바울로에 대한 비난은 실제로 그의 복음이 "사람에 의하여" 된 것이라는 11절로부터 단순하게 결론지어서는 안 된다. 오히려 이 부인은 그의 변호 전략의 일부이다. 12절에서, 11절의 단순한 부인은 훨씬 더 명백하다. "사람에 의하여 된 것이 아니다"라는 말은 부정적으로 "내가 사람에게서 받았거나 배운 것이 아니다"를 의미하며, 적극적으로 "예수 그리스도께서 주신 계시를 통하여 받은 것"임을 뜻한다(12절).[31] 실제로 〈진술〉은 13절에서 시작되며, 12절의 주장들을 적합한 사실들에 의해서 구체적으로 제시한다. 그렇지만, 부인이나 비난 어느 것도 1장 13절—2장 14절에서 명백히 언급되지 않는다. 이것에 대한 이유는 1장 13절—2장 14절의 사실들이 1장 11—12절의 부인을 편지를 받는 사람들의 눈에 믿을 수 있는 것이 되도록 하기 위해 필요로 된다는 것으로 설명될 수 있을 뿐이다.

또 하나의 관련점은 "단순히 재판관을 가르치려는 것이 아니라 오히려 그를 설득하려는"[32] 〈진술〉의 시작과 관계된다. 퀸틸리안은 비록 재판관이 그 진상에 대해서 잘 듣고 있다 할지라도, 어떤 식으로나마 그에게 영향을 미칠 논제(*progositio*),[33] 즉 진술로써 〈이야기〉를 시작할 것을 권한다.[34] 그는 다음과 같이 보기를 들어 말한다 : "나는 당신이 ……에 대해서 알고 있다고 생각합니다." ; "당신은 ……을 기억하고 계십니다" ; "당신은 ……라는 사실을 모르고 있는 것이 아닙니다" 등등.[35] 이것들 중 어느 것을 선택하느냐 하는 것은 어떤 것이 재판관에게 가장 큰 영향을 줄 수 있느냐에 전적으로 달려 있다.

바울로는 〈진술부〉를 γνωρίζω γὰρ ὑμῖν, ἀδελφοί("내가 여러분에게 이 점을 밝혀두어야 하겠읍니다")라는 말로 알리며, 이렇게 퀸틸리안의 충고에 따른다. 그러므로 우리는 다음과 같이 결론지어야 한다: γνωρίζω

30) 4.2.11 ; 4.2.12—18 안에서 예들이 주어진다.

31) 참조. 갈라 1, 1.

32) 4.2.21. "Neque enim narratio in hoc reperta est, ut tantum cognoscat iudex, sed aliquanto magis ut consentiat." Lausberg, *Handbuch*, §§300—301, 308을 보라.

33) 참조. Quint. 3.9.5 ; 4.2.7, 30 ; 그것의 목적은 3.9.2에서 규정된다 : "proponere quidem quae sis probaturus necesse est." 참조. Lausberg, *Handbuch*, §289.

34) 4.2.21.

35) 4.2.21—23.

("밝히다")라는 용어는 단순히 정보를 알리는 것이 아니라 갈라디아 인들에게 새로운 무엇을 말하는 체함으로써, 실제로는 그들이 틀림없이 알고 있으나 이 시점에서 다소 잊고 있을 무엇인가를 상기시킨다.[36] "사실들" 자체들에 관해서, 퀸틸리안은 다음과 같이 말함으로써 키케로보다 더 명백한 정의를 내린다 : "사실들의 진술은 행해졌거나 또는 행해졌다고 생각되는 것에 대한 설득력 있는 설명에 있다. 아폴로도루스(Apollodorus)에 의한 정의를 인용해 다시 말하자면, 그것은 논쟁중인 사건의 본질에 관해서 청중을 교육시키는 연설이다."[37] 결국, 사실들 자체는 그것들의 전달과 마찬가지로 당파적 관심에 종속된다.[38] 명료, 간결, 그리고 그럴 듯함이 지니는 세 가지 특색들은 다른 목적에 맞지 않는다.[39] 이것은 사실들이 필연적으로 거짓이라는 것을 뜻하지 않는다. 반대로, 전적으로 우리에게 유리한 언급은 그것이 사실일 때 가장 그럴 듯하다.[40] 그러나 사실은 언제나 믿을 수 있을 것이 아니며, 또 믿을 수 있는 것이 언제나 사실인 것도 아니다. 요컨대, "사실들"이 정말이든 거짓이든간에, 그것들을 믿을 수 있도록 하기 위해 요구되는 노력은 마찬가지다.[41]

〈진술부〉에 대한 수사학자들의 대부분의 논의는 세 가지 특질들을 설명하는 데 바쳐진다.[42] 퀸틸리안은 명료하고 명쾌하게 시작한다.[43] 이 특질은 첫째로 "적합하고, 중요한, 비열하지 않은 말들"을 선택함으로써, 그리고 "부자연스럽고 들어보지 못한" 말들을 피함으로써 확보된다. 둘째로 "사실들, 사람들, 시간들, 장소들, 그리고 원인들의

---

36) 〈*transitio*〉, 〈*narratio*〉의 시작에 관해서는 위 1, 6. 11에 대한 서론을 보라. 참조. Demosthenes *De corona* (*Or.* 18. 17)에서 〈*narratio*〉의 시작 : "아테네 사람들이여, 여러분에게 지난날의 사건의 모습을 상기시키는 것은 필요하고도 온당합니다(ὡς κατ' ἐκείνους τοὺς χρόνους εἶχε τα πράγματ' ἀναμνῆσαι). 그래서 여러분은 그 경우에 대한 각기의 처리를 생각할 것입니다"(tr. C.A. and J.H. Vince, LCL).

37) 4. 2. 31 : "Narratio est rei factae aut ut factae utilis ad persuadendum expositio, vel, ut Apollodorus finit, oratio docens auditorem quid in controversia sit."

38) 참조. 4. 2. 33.

39) 참조. 4. 2. 31—33, Lausberg, *Handbuch*, § 294를 보라.

40) 4. 2. 34 : "...quod proposuerim eam quae sit tota pro nobis debere esse veri similem cum vera sit." 참조. Jack T. Sanders, "Paul's 'Autobiographical' Statements in Galatians 1—2," *JBL* 75(1966) 335—43.

41) 4. 2. 34.

42) Lausberg, *Handbuch*, § § 294—334 ; Martin, *Rhetorik*, 82—84를 보라.

43) 4. 21. 31, 36 ; Lausberg, *Handbuch*, § 315—21을 보라.

명료한 기술"에 의해서.[44] 전달은 이 특색에 따라야 하며, 그래서 재판관은 그것을 쉽사리 받아들일 것이다.[45] 이 점에서 퀸틸리안은 대중들의 환호를 불러일으키기 위해 관습적으로 사용되는 모든 수사학적 계교와 책략을 제거하려고 한다.[46] 연사의 말이 절대적으로 사실이라는 인상을 줄 때 그의 수사학은 가장 높은 수준에 이른 것이다.[47] 우리는 바울로의 〈진술부〉가 이 요건들에 따르고 있다는 것을 말해야 할 것이다.[48]

간결함의 특색은[49] 첫째로 "만일 우리가 재판관을 관련시키기 시작하는 사건의 요점에서 출발한다면, 둘째로 관계없는 것을 피하고, 마지막으로 재판관의 활동을 방해하지도 않으면서 우리 자신의 주장을 해롭게 하지도 않는 것을 없애지만 않는다면,"[50] 달성될 것이다. 퀸틸리안이 그것을 이해하듯이, 간결을 필요한 정보를 삭제하는 것으로 오해해서는 안 된다 ; "나는 더 적게 말하라는 것이 아니라 필요 이상으로 말하지 말라는 것을 의미한다."[51] 만일 간결이 지나친 요약으로 오해된다면, 〈진술〉은 설득력을 상실하고 무의미하게 된다.[52] 만일 그 주장이 보다 긴 진술을 요구한다면, 지루함을 피하기 위한 여러 수단이 사용되어야 한다.[53] 퀸틸리안이 추천하는 조치들 중에는 진술을 여러 항목들로 나누는 것이 들어 있는데, 그것에 의하여 하나의 긴 진술대신 몇 개의 짧은 진술을 한다는 인상을 만든다.[54]

바울로가 이 요건을 따르고 있음은 분명하다. 그의 경우에는 사실들을 길게 진술하는 과정을 필요로 한다. 왜냐하면 그는 출생부터 시작해서 그의 전 과거사를 취급해야 하기 때문이다. 그는 출생부터 시

44) 4.2.36. 45) 앞 책.

46) 4.2.37—39.

47) 4.2.38 : "tum autem optime dicit orator cum videtur vera dicere."

48) 특히 갈라 1, 10 그리고 맹세 1, 20를 보라.

49) Lausberg, *Handbuch*, § § 297—314를 보라.

50) Quint. 4.2.40 : "Brevis erit narratio ante omnia si inde coeperimus rem exponere unde ad iudicem pertinet, deinde si nihil extra causam dixerimus, tum etiam si reciderimus omnia quibus sublatis neque cognitioni quicquam neque utilitati detrahatur; ..."

51) 앞 책, 43 : "Nos autem brevitatem in hoc ponimus, non ut minus sed ne plus dicatur quam oporteat." Lausberg, *Handbuch*, § § 298—308.

52) 앞 책, 41—47. 53) 앞 책, 47—51.

54) 앞 책, 49—50 : "Et partitio taedium levat:...ita tres potius modicae narrationes videbuntur quam und longa." Lausberg, *Handbuch*, § § 299—307, 311 ; Martin, *Rhetorik*, 81f을 보라.

작하는데 그것이 그 자신의 주장과 관련되기 때문이다. 그 다음에 그는 문제의 내력을 다루는데, 우리는 그 〈원인 *causa*〉(1, 6)을 이해하기 위해서는 내력을 세분해서 알아야 한다. 첫번째 단락(1, 13—24)은 오랜 기간의 시간을 망라하며 몇 개의 소단락으로 나뉘어진다. 중간 단락은 약간 더 짧으며, 소위 사도회의에 관해서 보도한다(2, 1—10). 마지막 단락은 간단한 에피소드, 즉 안티오키아에서의 충돌을 포함하고 있다(2, 11—14). 이런 식으로 바울로는 문제의 긴 내력을 취급할 수 있으며, 진상을 위해서 알릴 필요가 있는 것을 말한다. 반면에 모든 관계없는 자료는 생략한다. 이야기는 간결하나 지나치게 간단한 것은 아니다. 그것은 생생하고 동적인 이야기면서도, 불필요한 수식이나 장식이 없다. 주어진 정보는 그 전제(1, 12)를 뒷받침하려는 목적 이상의 다른 목적을 갖고 있지 않다.[55]

물론 가장 어려운 과제는 〈진술〉을 믿을 수 있게 하는 것이다.[56] 퀸틸리안은 이론상으로 제시하기를, 첫째로 "만일 우리가 본질에 반(反)하는 것은 아무 것도 말하지 않으려고 조심한다면, 둘째로 우리가 이유와 동기들을 조사에 의지하고 있는 사실들에서 선정한다면(보조적인 사실들로 그렇게 하는 것은 불필요하다), 그리고 만일 우리가 믿어지기를 바라는 사실들과 부합되도록 인물들의 성격을 만든다면"[57] 이 특색이 달성될 것이라고 한다. 퀸틸리안이 추천하는 특수한 방책들 중에서, 우리는 "우리의 증거들에 대한 몇몇 암시들을 여기저기에 흩뿌리는 것이 유익하나 그렇게 할 때에는 우리가 〈증명〉하는 것이 아니라 〈사실들을 진술하고 있다〉는 것을 잊어서는 안 된다"[58]는 것을 주목한다. 단순하고 간단한 주장들이 삽입될 수 있으나, 이것들은 〈증거 제시〉(*probatio*)에서 전개될 주장들을 위한 예비로서만 택해져야 한다.[59] 그런 언급들은 〈진술〉의 일부로 남아 있어야 한다. 왜냐하면

---

55) Lausberg, *Handbuch*, § 338을 보라.

56) 앞 책, § § 322—34.

57) 4.2.52 : "Credibilis autem erit narratio ante omnia si prius consuluerimus nostrum animum ne quid naturae dicamus adversum, deinde si causas ac rationes factis praeposuerimus, non omnibus, sed de quibus quaeritur, si personas convenientes iis quae facta credi volemus constituerimus..." Lausberg, *Handbuch*, § 328을 보라.

58) 앞 책, 54 : "Ne illud quidem fuerit inutile, semina quaedam probationum spargere, verum sic ut narrationem esse meminerimus, non probationem."

59) Lausberg, *Handbuch*, § 324를 보라.

그것들이 주장으로서 인식되지 않을 때 그것들은 가장 효과적이기 때문이다.[60] 다시 말해, 바울로의 〈진술부〉는 그 이론의 주요한 규칙들을 따르고 있는 것 같다. 동기와 이유는 주요한 사실들에 대해서 부여되나(1, 15—16 ; 2, 1—2에서의 계시들 ; 2, 11에서의 "그가 잘못한 일이 있어서"), 보조적인 사실들에 대해서는 부여되지 않는다(1, 17·18·21). 인물들은 사건들에 따라서 특성을 띤다(2, 4의 "거짓 형제들" ; 2, 6의 "중요한 사람들" ; 2, 11—14에서의 게바, 바르나바, 그리고 "다른 유다 사람들"의 "위선"). 증거들에 대한 암시와 사소한 주장들은(예. 1, 13 : "여러분이 이미 들은 줄 압니다" ; 1, 23 : "소문을 듣고" ; 1, 20 : 맹세 ; 2, 2·4·5·6 등) 〈진술부〉를 통해 산재해 있으나 그것에 종속되어 있다. 전체 〈진술부〉가 그렇게 꾸며져 있어서 그것은 서론적인 진술을(1, 11—12) 믿을 수 있게 한다. 퀸틸리안의 논의에 들어 있는 이 밖의 요점들 중에서, 바울로에 관한 한, 두 가지가 특별한 주목을 받을 만하다. 첫째, 퀸틸리안은 〈진술부〉에서 사건들의 순서가 언제나 사건들의 실제 순서를 따라야 한다는 일반적인 규칙에 동의하지 않는다.[61] 그 자신은 〈진술부〉에서 사건들의 순서를 편리의 원리에 종속시키기를 바란다. 그리고 그것은 논리적인 것 같다. 그러나 그의 예는 만일 그가 순서를 바꾼다면, 그는 재판관에게 그 사건들이 발생했던 순서를 알릴 것이라는 점을 보여준다.[62] 이 예외와 함께, 퀸틸리안은 "이것은 원칙적으로 사건들의 순서를 따르지 않기 위한 이유가 아님"[63]을 재확인한다. 만일 우리가 이것을 바울로에 적용한다면, 그는 1장 13절—2장 14절에서 사건들이 일어난 순서를 따르는 것으로 보인다. 왜냐하면 그가 그 순서를 따르지 않는다는 암시가 없기 때문이다.[64] 다른 진술은 〈진술부〉의 결론에 속한다. 퀸틸리안은 다시 대부분의 수사학자들의 관행에 거역한다. 대부분의 규칙은 "결정되어

60) 4.2.57 : "Optimae vero praeparationes erunt quae latuerint."

61) 4.2.83 : "Namque ne iis quidem accedo qui semper eo putant ordine quo quid actum sit esse narrandum, sed eo malo narrare quo expedit."

62) 참조. 앞 책, 83—85.

63) 앞 책, 87 : "Neque ideo tamen non saepius id facere oportebit ut rerum ordinem sequamur" Lausberg, *Handbuch*, § 317을 보라.

64) 이 수사학적 주장은 안티오키아 에피소드가 예루살렘 회의 이전에 있었다는 Zahn (pp. 110ff)의 가설에 반대된다. 참조. Johannes Munck, *Paul and the Salvation of Mankind* (tr. Frank Clarke; London: SCM, 1959) 74f, 100f.

야 할 문제가 시작하는 곳에서" 〈진술부〉가 "끝나야" 한다고 말한다.[65] 갈라디아서 2장 14절에 있는 〈진술부〉의 끝에서 바울로가 게바가 안고 있는 딜레마를 말할 때, 이 딜레마가 "갈라디아인들 자신들이 결정해야 할 문제와 동일시되는 것은 우연한 일이 아니다. "어찌하여 이방 사람들더러 유다 사람같이 되라고 강요합니까?"[67]

〔해석〕

〔 12 〕 바울로는 1장 1절에서 더 간략한 형태로 이미 언급했던 것을 변호하려는 "논제"로서 말한다 : "그것〔*sc.*, 복음〕은 내가 〔한?〕 사람에게서 받았거나 배운 것이 아니라 예수 그리스도께서 주신 계시를 통하여 받은 것입니다." 문장은 1장 1절보다 덜 간략하나, 그것 역시 약기(略記)들로 이루어져 있다. 주석상의 문제는 어떻게 그 약기들의 암호를 푸느냐 하는 것이다. ps.-Clem. *Hom.* 71. 13—19(아래, 보론 3을 보라)에 그 단락에 대한 중요한 주석이 있다는 것이 주목되어야 한다. 시몬 마구스(Simon Magus)와 베드로 사이의 토론으로서 소개되었지만, 그것은 실제로 갈라디아서 1장 12절—2장 14절에 있는 바울로의 주장에 대한 토론이며, 베드로가 한 주장에 대한 거부이다. ps.-Clementine *Homilies*에 들어 있는 그 단락은 어떻게 바울로의 주장이 반(反) 바울로 집단에서 이해되었는지를 보여준다. 그 점에서 그것은 갈라디아서 1장 12절—2장 14절과 가장 관계가 깊다.

바울로는 자신의 복음이 그 기원 때문에 인간적인 것 이상임을 주장한다.[68] 이 일에 대해서, 사도는 자신으로부터 복음을 받았던 갈라디아

65) Quint. 4.2.132 : "De fine narrationis cum iis contentio est qui perduci expositionem volunt eo unde quaestio oritur..."

66) 그 딜레마(*complexio*)에 관해서는 좋은 예들이 있는 Cicero *De inv.* 1 : 29 : 45를 보라. 또한 Lausberg, *Handbuch*, §. 393을 보라.

67) *causa*(1,65)의 *exodium* 및 *postscription*(6, 12—16)의 *peroratio*와 이 질문의 관계가 주목되어야 한다. 왜냐하면 그것 또한 수사학의 이론에 따르고 있기 때문이다(참조. Lansburg, *Handbuch*, §431—42). 또한 참조. 2,3(*narratio*)과 5,2(*exhortio*의 시작), 바울 자신의 입장은 정반대다 : 참조. 1,7(*causa*) ; 2,3·5(*narratio*) ; 2,15—21(*propositio*) ; 4,9·11·19—21(*probatio*) ; 5,1—12. 특히 6절(*exhortatio*) ; 6,15(*recapitulatio*).

68) 참조. 또한 갈라 1,9. 갈라 1,12 이면의 전승에 관해서는 Plato *Phaedr.* 244D를 보라 : "고대인들은 예언이 점보다 우월한 것에 비례하여…같은 비율로 하느님으로부터 나오는 열광이 인간적 기원을 가진 제정신보다 우월하다는 것을…증언한다"(...*οἱ παλαιοὶ μανίαν σωφροσύνης τὴν ἐκ*

인들과는 다른 입장에 있다(참조. 1, 8—9·11 ; 3, 1—2 ; 4, 13—14 ; 5, 8). 바울로는 단순히 인간적인 어떤 출처로부터 —보통 인간들이거나 특수한 사람들이거나에 의하여— 자신이 복음을 받았다는 것을 부인한다. 그는 또한 가르침을 통하여 그것을 받았다는 것을 부인한다(οὔτε[69] ἐδιδάχθην ["내가 가르침을 받은 것도 아니요"]).[70] 이 부인하는 말을 함에 있어서, 바울로는 더 오래된 전승들에 서 있다. 그것들에 의하면, 진정한 의미에서 진리는 가르침을 통하여 얻어질 수 있는 것이 아니라,[71] 직

θεοῦ τῆς παρ' ἀνθρώπου γιγνομένης). 또한 245A를 보라.

69) οὔτε는 P^{46} B ℵ *pm*에 의하여, οὐδέ는 ℌ D* G 69 *al*에 의하여 해독된다. 참조. BDF, §445, 2 ; BDR, §445 주 3 ; Burton, 40f ; Bauer, *s.v.*

70) 참조. ps.-Clem. *Hom.* 17. 18. 2—3 : τὸν δὲ μακαρίσαντά με μηνῦσαι μοι τὸν ἀποκαλύψαντα πατέρα εἶναι, ἐμὲ δὲ ἔκτοτε μαθεῖν ὅτι τὸ ἀδιδάκτως ἄνευ ὀπτασίας καὶ ὀνείρων, μαθεῖν ἀποκάλυψίς ἐστιν("그러나 나에게 복이 있다한 그는 그것을 나에게 계시하신 이는 아버지였다는 것을 나에게 지적하였읍니다 : 그리고 이 시간부터 나는 계시란 교육없이, 유령과 꿈없이 얻어지는 지식이라는 것을 알았읍니다"). 화자는 베드로이며 마태 16, 16의 그의 계시에 관해서 언급한다. 또한 아래, 부록 3. 다를 보라. 전체적인 것에 관해서는 Strecker, *Judenchristentum*, 192를 보라. 가르침이란 용어는 바울로 서신들에서 거의 눈에 띄지 않는다는 점을 또한 주목해야 한다. Karl Heinrich Rengstorf, "διδάσκω," *TDNT* 2. 146 ; Schlier, 46f. 로마 16, 17 ; 고전 4, 17은 개찬일지도 모른다(다음을 보라. Rudolf Bultmann, *Exegetica* [ed. Erich Dinkler; Tübingen: Mohr, Siebeck, 1967], 283f ; Weiss, *Der erste Korintherbrief*, XLI; Erich Dinkler. "Korintherbriefe," *RGG* 4. 17ff).

71) 플라톤 이래로, "가르침"은 궤변가들의 활동에 대한 부정적인 의미를 띠었다. 그의 학생 Chaeremon에 의한 델피 신탁의 시험에 대한 유명한 언급을 보라. 그것이 소크라테스를 그의 지혜에 이르게 했다—"교육받았기" 보다는(*Apol.* 19Eff ; 20Dff ; 33A—D ; *Laches* 200Eff). Thomas Meyer, *Platons Apologie* (TBAW 42 ; Tübingen: Mohr, Siebeck, 1962) 133ff 또한 Diogenes Laert. 9. 5(참조. Diels-kranz 12 B 101)의 Heracleitus를 보라. 에피쿠르스는 배움을 싫어했다(Cornelia Johanna de Vogel, *Greek Philorsophy* [3 vols.; Leiden: Brill, [3,4]1967—73] 3. nos. 811, 879d). 필로 또한 이 전통에 서 있다. 그때 그에게 있어서 참된 현인은 다른 사람들에 의해서 가르침받을 필요가 있는 것이 아니라 그 자신이 "autodidact"이다(αὐτοδίδακτος와 αὐτομαθής). 참조. *Abr.* 6 ; *Fug.* 21, 168f, 172 ; *Conf.* 59 ; *Mig.* 140 ; *Her.* 295 ; *Som.* 1. 160 ; *Mut.* 85f, 88 ; *Cong.* 70; *Plant.* 110; *Mos.* 1. 21; *Animal.* 7. 또 Mayer, *Index Philoneus*, *s.v.* αὐτοδίδακτος, αὐτομαθής을 보라. 또한 Ludwig Bieler, *ΘΕΙΟΣ ΑΝΗΡ* (Darmstadt: Wissenschaftliche Buchgesellschaft, 1967) 1. 35f, 2. 34 ; Hans Dieter Betz, *Lukian von Samosata und das Neue Testament* (TU 76 ; Berlin: Akademie-Verlag, 1961) 106 ; Gerd Petzke, *Die Traditionen über Apollonius von Tyana und das Neue Testament* (SCHNT 1 ; Leiden:

접적인 계시를 통해서만 얻어질 수 있다.[72] 그러므로, "단순히 인간적인 것"에 반대되는 것은 "계시를 통해서"이다. 약기 δι' ἀποκαλύψεως Ἰησοῦ Χριστοῦ("예수 그리스도의 계시를 통하여")는 1장 1절의 δι' Ἰησοῦ Χριστοῦ("예수 그리스도를 통하여")를 재언급하며 1장 16절 a의 ἀποκαλύψαι τὸν υἱὸν αὐτοῦ ἐν ἐμοί("내 안에 그의 아드님을 계시해 주셨읍니다")를 예기한다. 주석서들에서 흔히 제기되는 문제는 "예수 그리스도의"가 주격의 속격구문인가 또는 목적격의 속격구문인가 하는 것이다. 그 대답은 문맥으로부터 주어져야 한다. 왜냐하면 그것은 문법적으로 둘 중 어느 것인지 알 수 있기 때문이다.[73] 엄격히 말해서, 우리는 1장 12절에서 그리스도의 "자기 계시"를 가지고 있지 않다.[74] 왜냐하면 하느님이 계시하시기 때문이다(1, 16a). 그러나 계시 자체는 "바울로 안에" 그리스도가 나타나는 것으로 이해되어야 한다(1, 16a ; 참조. 2, 20a). 이것이 점점 바울로에 대한 복음의 계시와 동일시된다.[75]

그 귀절의 내용을 논함에 있어서 그 약기들은 우리가 가지고 있지 않으나 또한 1장 16절에 있는 진술들에서 강조하는 바울로의 회심과 위임에 관한 더 풍부한 보도 배후를 가리키고 있다. 또한 다른 귀절들이 있는데, 특히 고린토전서 15장은 바울로의 그리스도 환상과 그로부터 복음을 전하라는 위임과 관련된다. 사도행전의 저자는 9장에서 그 문제를 제시했으며, 22장과 26장에서 바울로 자신을 화자(話者)로 만든다. 이 병행본문들은 갈라디아서 1장과 조화될 수 없다.

Brill, 1970) 166 ; Herwig Maehler, *Die Auffassung des Dichterberufs im frühen Griechentum bis zur Zeit Pindars*(*Hypomnemata* 3 ; Göttingen: Vandenhoeck & Ruprecht, 1963) 22f. 신약에서는 그 개념을 예수에게(마르 6, 1—6 평행 ; 루가 2, 47 ; 요한 7, 15f) 그리고 사도들에게(사도 4, 13) 적용했다.

72) "복음의 진리"라는 구를 보라. 갈라 2, 5. 14 ; 또한 참조. 5, 7.

73) 가장 중요한 것은 Mani 전기 *CMC* 64. 1—15에서 갈라디아서 귀절의 모방이다.

74) Oepke에 반대된다 ; 같은 저자, "ἀποκαλύπτω," *TDNT* 3 : 583 ; Schlier, 47.

75) 그 사상의 노선은 후대의 바울로파에 의해서 계속되었다. 다음을 보라. 에페 3, 3에서 "바울로의" 언급 : κατὰ ἀποκάλυψιν ἐγνωρίσθη μοι τὸ μυστήριον (*sc.* τοῦ Χριστοῦ)("하느님께서 그의 감추인 계획을 내게 계시해주셨읍니다"). 참조. 에페 1, 9·17 ; 3, 4—6 ; 골로 1, 26f. ; 2, 2. Karl M. Fischer, *Tendenz und Absicht des Epheserbriefes* (FRLANT 111 ; Göttingen: Vandenhoeck & Ruprecht, 1973) 98ff. 참조. 또한 Justin *Dial.* 116에서 "예수 그리스도의 계시"에 대한 논의.

더우기, 우리는 그리스도의 나타나심과 베드로,[76] 예수의 형제 야고보,[77] 열 두 제자,[78] 그리고 토마[79]의 위임에 관한 병행보도들을 갖고 있다. 야고보로부터 클레멘트로,[80] 그리고 야고보로부터 나그 함마디 *Apocryphon of James*의 위(僞) 비문 저자에게로의[81] 권위와 "권능"의 이전에 관한 보도들이 관계된다. 이 보도들 간의 전승상의, 그리고 문학적인 관계의 복잡성은 새로운 조사를 요구한다.

보론 2. 개종, 계시 그리고 전승 : 갈라디아서 1장 12절—2장 14절을 다루고 있는 주석 문헌에는 바울로의 소위 그리스도교로의 개종에 관한 광범위한 논의들이 있다. 그 문제들은 "바울로 안에" 그리스도의 계시와 바울로에게 예수 그리스도의 복음의 계시, 그리고 이 특수한 계시들과 교회의 이전 전승 사이의 관계를 포함한다. 이 논점들은 복잡하게 얽혀 있기 때문에 그것들은 따로따로 생각되어야 한다. 또한 갈라디아서의 보도는 그것을 보충하기 위해 다른 본문들을 끌어들이기 전에, 그것 자체로서만 해석되어야 한다.

(1) 바울로의 소위 그리스도교로의 개종은 여전히 해결되지 않은 문제다.[82] 그러나 엄밀히 말해, 우리는 바울로의 "개종"에 관해서 어떠한 것도

76) 마태 16, 13—20 ; 요한 21, 15—19. 다음을 보라. Jacques Dupont, "La Révélation du Fils de Dieu en faveuer de Pierre (Mt 16, 17) et de Paul (Gal 1, 16)," *RechSR* 52 (1964) 411—20 ; Anton Vōgtle, "Zum Problem der Herkunft von 'Mt 16, 17—19,' in *Orientierung an Jesus, Festschrift für J. Schmid* (Freiburg : Herder, 1972) 372—93 ; Franz Leenhardt, "Abraham et la conversion de Saul de Tarse, suivi d'une note sur 'Abraham dans Jean Ⅷ,'" *RHPhR* 53 (1973) 331—51 ; Sten Lundgren, "Ananias and the Calling of Paul in Acts," *StTh* 25 (1971) 117—22 ; Karl Kertelge, "Apokalypsis Jesou Christou (Gal 1, 12), in *Neues Testament und Kirche, Festschrift für R. Schnackenburg* (Freiburg: Herder, 1974) 266—81.

77) *Gos. Heb.* (*KlT* 8=*Apocrypha* Ⅱ, 8 no. 21 ; tr. in HSW, *NT Apocrypha* 1.165).

78) *Kerygma Petrou*, Clemens Alex. *Strom.* 6.6.48(*KlT* 3=*Apocrypha* Ⅰ, p. 15 ; tr. in HSW, *NT Apocrypha* 2.101). 또한 요한 20, 19—23 ; 마태 28, 19f ; 사도 1, 8 ; 마르 16, 15—20 ; *Asc. Isa.* 11.22 등을 보라.

79) *Gos. Tom.* 13, p. 34 30행—p. 35, 14행.

80) *Ep. of Clement to James*, ps.-Clementine *Hom.*, GCS vol 1, 5—22.

81) *Ap. Jas.* Codex Jung F. Iʳ-F. Ⅷᵛ p. 1—16), ed. Michel Malinine *et al.* (Zurich and Stuttgart: Rascher, 1968) 16행 12ff.

82) 바울로의 개종에 관한 문헌은 엄청나게 많다. 개관과 참고문헌에 대해서는 다음을 보라. Eduard Pfaff, *Die Bekehrung des heiligen Paulus in der Exegese des* 20. *Jahrhunderts* (Rome: Officium Libri Catholici,

말할 수 없다. 갈라디아서가 보도하듯이, 바울로는 이방인들을 위한 선교사가 되도록 "부름"받았으며, 바리사이파로부터 유다 그리스도교로 유다교 내의 파(派)를 바꾸었다. 이 전환이 있었던 시기에, 유다 그리스도교는 여전히 유다교 내의 한 운동이었고, 그래서 그것을 유다교로부터 그리스도교로의 "개종"으로 불러서는 안 된다. 그의 전환은 바울로 그리스도교로부터 그리스도교의 다른 경쟁파로 돌아서는 현재 갈라디아인들의 행태와 비교할 수 있다. 바울로의 "부름"은 유다교의 용어 내에서 설명될 수 있으며, 그래서 그것을 유다교로부터의 이탈과 관련시킬 필요가 없다. 바울로 자신은 자신의 "부름"을 예레미아 같은 예언자의 그것과 유사한 것으로 생각한다.

갈라디아서 1장 12절—2장 14절에서 바울로의 보도[83]는 극히 간결하며 더 많은 상세한 점들이 주어질 더 충분한 이야기를 지시한다. 물론, 우리는 보다 충분한 보도가 아니라 간결한 본안을 가지고 있다. 그밖에, 바울로의 보도는 반대자들의 공격에 대한 방어적 반응으로서의 사건이 있은 지 오랜 후에 있었다는 사실을 고려해야 한다. 이것은 구약성서의 소명 기사들에서 유사점들을 갖고 있다.[84] 그러므로, 갈라디아서 1장 12절—2장 14절은 그것의

1942) ; Munck, *Paul,* 11—35 ; Schoeps, *Paul,* 51ff; Ernst Benz, *Paulus als Visionär* (Wiesbaden: Steiner, 1952) ; Paul Aubin, *Le problème de la 'conversion'* (Paris: Beauchesne, 1963) 70ff ; Dietrich Wiederkehr, *Die Theologie der Berufung in den Paulusbriefen* (Freiburg, Switzerland: Universitätsverlag, 1963) ; Johannes Lindblom, *Gesichte und Offenbarungen* (Lund: Gleerup, 1968) ; Ulrich Wilckens, "Die Bekehrung des Paulus als religions-geschichtliches Problem," *ZThK* 56(1959) 273—93, rep. *in his Rechtfertigung als Freiheit* (Neukirchen-Vluyn: Neukirchener Verlag, 1974) 11—32 ; Bornkamm, *Paul,* 13ff ; Jacques Dupont, "The Covenversion of Paul, and its Influence on his Understanding of Salvation by Faith," in *Apostolic History and the Gospel, Biblical and Historical Essays Presented to F.F. Bruce on His Sixtieth Birthday*(ed. Ward Gasque and Ralph P. Martin; Grand Rapids: Eerdmans, 1975) 176—94.

83) 다음을 보라. 특히 Dieter Lührmann, *Das Offenbarungsvertändnis bei Paulus und in paulinischen Gemeinden* (WMANT 16 ; Neukirchen-Vluyn: Neukirchener Verlag, 1965) 74f.와 여러 곳 ; Schütz, *Authority,* 131ff ; Gerhard Lohfink, *Paulus vor Damaskus* (SBS 4 ; Stuttgart: Katholisches Bibelwerk, 1965) 88f ; Josef Blank, *Paulus und Jesus: Eine theologische Grundlegung* (SANT 18 ; Munich: Kösel, 1968) 208—14 ; Willi Marksen, *The Resurrection of Jesus of Nazareth* (London: SCM, 1970) 98—111 ; C.F.D. Moule, *The Significance of the Message of the Resurrection for Faith in Jesus Christ* (London: SCM, 1968) ; Burchard, *Der dreizehnte Zeuge;* Xavier Léon-Dufour, *Resurrection and the Message of Easter* (London: Chapman, 1974) 47—51 ; Karl Löning, *Saulustradition,* 48ff ; Volker Stolle, *Der Zeuge als Angeklagte, Unter-suchungen zum Paulus-Bild des Lukas* (BWANT 102 ; Stuttgart: Kohlhammer, 1973) 155ff.

문학적 목적과 기능에 의해 규정된 제한들에 따라서 해석되어야 한다.

(2) 갈라디아서 1장 1·11—16절에 따르면, 바울로는 이방 사람들 사이에서 전할 복음을 그 안에 있는 그리스도의 계시를 통하여 받았다.[85] 바울로는 자신 안에 있는 그리스도의 이 계시와 그리스도에 의해서 선포하도록 명령받았던 복음의 메시지 사이의 관계를 설명하지 않는다. 이 점에서, 우리는 인위적인 문제들을 만들지 않도록 조심해야 한다. 확실히, 바울로 안에 있는 그리스도의 계시는 어떤 종류의 환상적 체험을 가리킨다. 반면에 이방 사람들 사이에서 복음을 전하라는 명령은 말로 된 계시를 의미한다. 종교문헌으로부터의 많은 증거는 환상적인 체험과 말로 된 계시가 서로를 배제하지 않는다는 것을 보여준다. 이 점에 있어서 가장 흥미있는 것은 ps.-Clem. *Hom.* 17.19.4(부록 3.C를 보라)에 있는 간단한 언급인데, 그것에 의하면 그리스도는 한 시간동안 바울로와 함께 머물렀으며 그를 가르쳤다. *Homilies* 이전의 한 전승으로부터 유래되는 이 정보는 충돌을 변명하려고 노력한다. 그러나 그것에 의하여 그것은 또한 이 충돌이 고대인의 생각에는 인위적이라는 것을 보여준다. 아마 현대의 독자만이 이 진술들을 관련시키기 어렵다고 생각할 것이다. 아뭏든, 바울로는 이 계시를 온전히 그 자신의, 바꿀 수 없는 최종적인 것으로 이해한다(참조. 1, 6—9 ; 3, 1 ; 6, 12—16). 그는 그것을 인간적인 매개물들에 의하여 복음을 받는 것과 대조시킨다(참조. 1, 1·11·12). 이것은 바울로가 다른 초기의 그리스도교 선교사들에 의해서 가르침을 받았다는 어떤 가능성도 배제하는 것 같다. 그것은 외견상 고린토전서 15장 1—11절에서 바울로 자신의 진술과 모순된다. 사실상, 고린토전서 15장 1—11절과 갈라디아서 1장은 훨씬 더 복잡하다. 고린토전서 15장 8절에서 바울로는 그 자신의 그리스도 환상을 언급된 다른 사도들과 그리스도인들의 환상들에 덧붙인다. 확실히, 이 환상들 중의 어느 것도 인간적인 매개물들을 전제하지 않으나, 바울로의 환상과 그것들의 결합은 하나의 도발이었음에 틀림없다(갈라 1, 17의 논의에 뒤따르는 "사도"에 관한 보론을 보라). 바울로가 "받았다"고, 즉 "전승"(고전 15, 3)으로서 받았다고 말하는 교회의 "케리그마"는 환상이나 또는 이방인들에 대한 복음과 동일시되지 않는다. 그래서 그리스도의 환상, 이방인들에게 복음을 전하라는 명령(갈라 1, 16)과 구원사건(들)을 공식화하는 교회의 "케리그마"(고전 15, 3—8) 사이의 내용에 실제적인 모순은 없다.

(3) 바울로 자신은 교회와 교회에 대한 전승의 가장 중요한 전달자들 중의 한 사람이 된다. 사도로서 그는 그리스도(하느님)와 그의 이방 그리스도

84) 참조. Rolf Knierim, "The Vocation of Isaiah," *VT* 18(1968) 47—68.

85) Conzelmann, *1 Corinthians*, 249ff, 그리고 보론 "The Christ Formula" (251—54)를 보라.

교회들 그리고 그것들을 넘어서 이방 세계 전체 사이의 중재자로서 선다. 그는 하느님과 그리스도로부터 복음을 받았으며, 그것을 이방 사람들에게 선포한다(참조. 1, 6—9·11·12·23 ; 2, 2·7—9 ; 3, 1 ; 4, 13—14 ; 에페 3, 1—21; 골로 1, 9—23 등). 그는 지상에서 십자가에 처형된 그리스도를 "대표한다" (참조. 갈라 2, 20 ; 14 ; 5, 11 ; 6, 17).[86] 그는 "전승"을 공식화한다(참조. 서론, §6). 그는 "복음의 진리"(참조. 서론 §7)를 오해로부터("이단") 변호한다. 그는 "전승"을 창조한다(참조. 특히 6, 15—16 ; 5, 6에서 "교리"). 그가 당면하는 도전들 중의 하나는 그의 복음을 그보다 먼저 사도가 된 자들의 메시지와 조정하는 것이다. 갈라디아서와 로마서에서 그가 주장하는 바는 그의 복음은 교회의 케리그마와 일치되며 그것은 예루살렘에 있는 교회의 사도들에 의해서 그렇게 인정되었다는 것이다. 바울로 신학의 대부분은 그의 복음과 "나보다 먼저 사도가 된 사람들"(참조. 1, 17)에 의해 전해진 복음 사이의 갈등을 화해시키는 데 바쳐진다. 바울로의 생각에 —물론 그것은 유다의 반대자들에 의해서 거부되었다(참조. 2, 4—5·11—14)— 그의 복음과 교회의 전승 사이에는 중요한 갈등이 없다. 실제로, 그의 견해에서 보면 그의 복음은 심지어 유다교 전승의, "하느님의 백성 이스라엘"(참조. 6, 16)의 성취다. 동일한 문제가 훨씬 뒤에 마니(Mani)에게 있었다는 것은 흥미롭다. 그는 자신이 받은 계시와 그가 체험한 환상 그리고 "더 초기의 사도들"의 그것 사이에 아무런 차이가 없다는 것을 증명하기 위해 "자서전"을 썼다(*CMC* 71. 1—72. 7).

(4) "전승" 자체는 바울로에게 있어서 기정 사실이 아니라 논쟁의 문제이다.[87] 언제나 상충되는 전승들이 있으며, 모든 전승들은 해석을 필요로 한다. 이것의 가장 명백한 경우는 시나이 전승에 대조되는 것으로서 아브라함 전승을 논하는 것이다(3, 6—25). 갈라디아서 전체는 반대자들이 이해하고 해석했던 방식과 대조되는 전승에 대한 바울로의 해석으로서 바울로의 복음을 변호하기 위해 씌어졌다. 전승을 전하는 일은 바울로에게 있어서 고정된 교리들을 건네주는 것을 의미하는 것이 아니라 그리스도인의 신앙 표현을 비판적으로 평가하고(참조. 예, 2, 11—14), 어떤 전승들은 긍정하고 어떤 것들은 거부하며, 새로운 전승을 공식화하는 것이다(서론 §6을 보라).

만일 이 관점이 가정된다면, 우리는 학자들의 문헌에서 발견되는 다른 설명들을 간단히 논해야 한다. 슈미탈스(Walter Schmithals)[88]와 그밖의 다른

86) 다음을 보라. Betz, *Nachfolge*, 특히 137ff ; Erhard Güttgemans, *Der leidende Apostel und sein Herr* (FRLANT 90 ; Göttingen: Vandenhoeck & Ruprecht, 1966) 126—35 및 여러 곳; Schütz, *Authority*, 226ff.

87) 바울로에서 전승의 개념에 관해서는 다음을 보라. Klaus Wegenast, *Tradition bei Paulus;* Schütz, *Authority*, 114ff 및 여러 곳.

88) Schmithals, *Paul and the Gnostics*, 19ff, 24f, 29f.

학자들은[89] 갈라디아서 1장 12절에서 바울로는 자신을 반대하는 자들의 비난을 간접적으로 언급한다고 시사한다. 그 비난에 의하면 바울로는 그리스도 자신에 의한 계시에 의존하기보다는 오히려 예루살렘에 있는 인간적인 권위들에 의존한다. 그렇지만, 1장 12절이 바울로에 대한 비난을 포함하고 있다는 것을 가정할 실제적인 이유는 없다. 그는 국외자로서의 자신의 위치를 변호하기 위해서 전통적인 개념들을 이용하고 있다(1, 1·12에 관해서 보라). 또한, ps.-Clem. *Hom.* 17. 17—18에서 반(反) 바울로 논의는 바울로가 환상에 의해 복음을 받았다는 것을 의심하지 않으나 이 사실을 비판한다(부록 3.C를 보라). 그러므로 더 그럴 듯한 것은 바울로가 전승과 일치하지 않는다는 게오르기(Dieter Georgi)의 견해다.[90] 쉴리어(Heinrich Schlier)[91]가 어떻게 그 문제를 풀려고 하는지를 보는 것은 흥미있다. 그는 "가르침"의 형식적인 과정과 비교하여 전승을 받는 것과 전달하는 것 사이를 엄격히 구별한다. 보통 그리스도인들은 그들에게 교회의 "케리그마"를 주는 다른 그리스도인들을 통하여 교회의 일원이 되는 반면에, 바울로는 예수 그리스도의 자기 계시에 의해서 직접 그의 복음을 받았다. 쉴리어에 의하면, 이 사건은 그리스도의 종말론적 계시의 예기였으며, 그것은 바울로에게 카리스마적 표상으로서 주어졌다.[92] 쉴리어는 이 계시와 공식화된 전승 또는 말씀의 설교 사이의 모순을 보지 못한다. "복음의 고정된 로고스"("말씀")로서의 "케리그마"는 "기원과 원칙에 있어서" 그리스도의 나타남과 동일하다. 케리그마적 번식들은 인간적 언어의 형태를 취했던 계시들이며, 바울로 자신이 그것들을 사용하듯이, 바울로 이전에조차도 교회에 의해서 이용되어 왔다.[93] 그에게 계시되었던 복음은 말로 된 것이 아니었으나, 실질적으로는 교리적 법식들과 같은 것이다.

하나의 다른 견해는 오스카 쿨만에 의해서 주장된 것이다.[94] 그에게 있어서 "전승"은 그리스도교 신앙의 요약("케리그마")일 뿐만 아니라, 예수의 말

89) Ragnar Bring, ***Commentary on Galatians*** (tr. Eric Wahlstrom; Philadelphia: Muhlenberg, 1961) 37f를 보라. 예레미아스(*Abba*, 286)는 바울로가 그의 복음을 베드로로부터 받았으나 그것을 왜곡시켰다는 것으로 비난받았다고 생각한다. 참조, 또한 Eduard Meyer, ***Ursprung und Anfänge des Christentums*** (3 vols.; Stuttgart and Berlin: Cotta, 1923) 3.347f ; Stuhlmacher, ***Evangelium***, 66f.

90) Dieter Georgi, ***Die Geschichte der Kollekte des Paulus für Jerusalem*** (ThF 38 ; Hamburg-Bergstedt: Reich, 1965) 36 주 113.

91) Schlier, pp.44—48 ; 같은 저자, "Kerygma und Sophia," in his ***Die Zeit der Kirche*** (Freiburg: Herder, 1962) 216f ; Blank, ***Paulus and Jesus***, 208ff.

92) Schlier, 47.

93) 앞 책, 48.

94) Oscar Cullmann, "Paradosis et Kyrios. Le problème de la tradition dans le paulinisme," *RHPhR* 30(1950) 12—30 ; idem, "'Kyrios' as Designation

씀이요, 복음 이야기들(gospel narratives)이다. 갈라디아서에서 바울로가 인간적인 출처로부터 얻었을 "사실들"과 그리스도에 의해서 그에게 계시되어졌을 이 사실들의 "의미"를 우리가 구별할 수 있다는 생각을 쿨만은 거부한다.[95] 사실들과 해석은 함께 있다. 쿨만에게 있어서 모든 전승은 사도들에게 소급되며, 그들 모두는 그리스도로부터 그것을 받았다. "사도들에 의한 전달은 사람들에 의해서 영향받는 것이 아니라, 그것에 의하여 계시를 알리는 그리스도 주님 자신에 의해서 영향받는다. 예수의 말씀에 대해서, 그의 삶의 이야기들에 대해서, 또는 그것들의 해석에 대해서 교회가 알고 있는 모든 것은 사도들로부터 나온다." 쿨만의 해결책은 이것이다 : 모든 사도는 그 자신의 계시를 받았으며, 그들은 받았던 것을 전했다. "그러나 모든 것이 각개 사도에게 계시되지 않았기 때문에, 각자는 먼저 그의 증거를 다른 사람에게 전해야 한다(갈라 1, 18 ; 고전 15, 11). 그리고 모든 사도들이 기여하는 전체 *paradosis*만이 그리스도의 *paradosis*를 구성한다."[96] "사도적 전승과 직접 계시 사이에는 어떤 반제"도 있을 수 없다. 왜냐하면 "주님 자신이 그것의 전달을 지배하시기" 때문이다.[97] 그 반제는 주님의 그리고 "사도들의" 합법적인 "전승"과 "사람들의" 비합법적인 "전승들"간의 것이다. 바울로의 복음은, 다음에, 그 자신의 계시를 포함할 뿐만 아니라, 또한 교회의 전승 전체를 포함한다.[98] 그러나 이 논제는 전체 문제를 설명하며, 우리는 왜 갈라디아 교회에 위기가 있었는지를 더 이상 이해하지 못한다. 계시와 전승 사이의 문제에 대한 이러한 그리고 다른 논의들은[99] 실제로 갈라디아서에서 제시된 상황에 따르고 있지 않다.[100] 그것들은 오히려 오늘의 신학적 상황에

for the Oral Tradition concerning Jesus," *SJTh* 3(1950) 180—97 ; 같은 저자, *Die Tradition als exegetisches, historisches und theologisches Problem* (Zurich: Zwingli Verlag, 1954) ; 같은 저자, "The Tradition: the exegetical, historical, and theological problem," in *The Early Church* (Philadelphia: Westerminster, 1966) 55—99. 또한 다음을 보라. Lucien Cerfaux, "La tradition selon saint Paul," in *Recueil Lucien Cerfaux* (Louvain: Duculot, 1954) 2. 253—63 ; 같은 저자, "Les deux points de départ de la tradition chrétienne," in *Recueil Lucien Cerfaux* 2. 265—82 ; idem, *Jésus et les origines de la tradition*(Louvain: Desclée de Brouwer, 1968) 214ff.

95) Cullmann, *The Early Church*, 60, 66, 72.

96) 앞 책, 73.

97) 앞 책, 74.

98) 앞 책, 78, 80.

99) 또한 다음을 보라. Leonhard Goppelt, "Tradition bei Paulu," *KD* 4(1958) 213—33 ; Wegenast, *Tradition bei Paulus*, 43f ; Stuhlmacher, *Evangelium* 1. 70f ; Erich Dinkler, "Tradition V. Im Urchristentum," *RGG* 6. 970—74. 그는 그 문제를 해결될 수 없는 것으로 생각한다.

100) 특별히 스칸디나비아 학자들은 바울로의 복음이 다른 복음들과 상치된

대한 표현들이며, 이 현대의 신학적 관심들의 컨텍스트 내에서 입장을 취하도록 되어 있다.

[13] 바울로는 그리스도인이 되기 전 유다교에서의 생활을 언급함으로써 본연의 〈진술〉을 시작한다(1,13—14). 이 언급이 필요하게 된 것은 그것이 그가 예수 그리스도의 환상을 본 결과로서 일어났던 근본적인 변화를 나타내기 때문이다.[101] 바울로가 말하듯이, 그리스도인이 되기 이전의 그의 생활은 그가 어떤 식으로나마 변화를 위해 준비되었다거나 또는 점차로 그리스도교를 향해 발전했다는 가정을 배제한다.[102] 오히려, 모든 발전들은 반대방향에서 지시되었다. 갈라디아인들은 이것에 대해서 이미 "들었고"(ἠκούσατε),[103] 그래서 바울로에게 필요한 것은 단순히 그것을 상기시키는 것이었다.[104] 그가 그리스도인으로서 생활하기 이전에 바울로는 유다인이었을 뿐만 아니라, "유다의 종교와 생활방식"(ἐν τῷ Ἰουδαϊσμῷ)을 충실

다고 고집해 왔다. 다음을 보라. Olaf Moe, *Paulus und die evangelische Geschichte* (Leipzig: Deichert, 1912) 14 ; Anton Fridrichsen, "Die Apologie des Paulus Gal. 1," in Brun and Fridrichsen, *Paulus*, 55f ; Molland, *Euangelion*, 90ff ; Schoeps, *Paul*, 70—74. 또한 Robert M. Hawkins, "The Galatian Gospel," *JBL* 59(1940) 141—46에서도 그 점이 주장된다.

101) γάρ ("for")는 12절을 언급한다. Schlier, Mussner도 그렇다.

102) 바울로 반대파는 바울로 개종의 "실제" 이유에 대한 이야기들을 퍼뜨렸다. 실현되지 않은 야망과 결혼 계획의 실패. 출처에 관해서는 HSW, *NT Apocrypha* 2.71 ; Strecker, *Judenchristentum*, 187ff를 보라. 갈라 1,14, 주 124에서의 인용을 보라.

103) 바울로는 자신의 과거에 대해서 좀처럼 말하지 않는다(참조. 고전 15,9f ; 필립 3,5f). 소문들은 바울로 교회들 밖에서 퍼진다(갈라 1,22f). 후에 그가 교회를 박해한 것은 바울로 전설의 일부가 되었다(사도 8,3 ; 9,1·21 ; 22,4f ; 26,9—11). 바울로의 자기 묘사에 관해서는 다음을 보라. Günter Klein, *Die Zwölf Apostel: Ursprung und Gehalt einer Idee* (FRLANT 77 ; Göttingen: Vandenhoeck & Ruprecht, 1961) 127—44 ; Blank, *Paulus und Jesus*, 238—48. 사도행전에 관해서는 다음을 보라. Burchard, *Der dreizehnte Zeuge*, 40—51 ; Löning, *Saulustradition*, 43—61 ; Stolle, *Der Zeuge als Angeklagter*, 200—06. 바울로가 그리스도교로 개종하기 이전 생활에 관해서는 다음을 보라. Ernst Barnikol, *Die vorchristliche und frühchristliche Zeit des Paulus* (Kiel: Mühlau, 1929) ; Schoeps, *Paul*, 51ff ; Willem C. van Unnik, *Tarsus or Jerusalem* (London: Epworth, 1962).

104) 참조. Demosthenes *De corona*, 17, 〈*narratio*〉의 서두에서 : "사람들에게 저 날들에 있었던 일들의 모습을 상기시키는 것…그래서 사람들은 그것의 경우에 대한 각 처리를 고려한다"(tr. Vince, LCL).

히 그리고 열심히 준수하는 자였다.[105] 유다인으로서의 그의 과거[106] 행동[107]은 두 가지 주요한 점에서 독특했다.[108] 첫번째 것은 13절에서 언급되고 두번째 것은 14절에서 언급된다. 가장 중요한 것은 그가 "교회를 없앨"(ἐπόρθουν αὐτήν)[109] 목적으로 그리스도인들, "하느님의 교회" (ἡ ἐκκλησία τοῦ θεοῦ)[110]에 대한 극도의[111] 박해에[112] 종사한 사실이다.

105) 'Ἰουδαϊσμός("유다교")는 헬라—유다적 용어다. 다음을 보라. 2마카 2, 21 ; 8, 1 ; 14, 38 ; 4마카 4, 26 ; 또한 Stobi로부터의 비문들(*C II* 2, No. 694) ; 참조. Martin Hengel, "Die Synagogeninschriften von Stobi," *ZNW* 57(1966) 145—83 ; and Rome (*C II* 2, No. 537). Karl Georg Kuhn, "'Ισραήλ," *TDNT* 3, 359—69를 보라. 그 용어는 다른 종교들과 다른 유다 종교와 생활방식을 전체적으로 묘사한다. 신약에서 그 용어는 갈라 1, 13·14에서만 발견된다. 참조, 2, 14 ; Ign. *Mag.* 8. 1 ; 10. 3 ; Ign. *Philad.* 6. 1, 거기서 그것은 Χριστιανισμός("그리스도교")에 반대되는 것으로 나타난다.

106) ποτέ("전에")는 ἀναστροφή와 함께 있다. 참조. 갈라 1, 23 그리고 BDF, § 269, 1 ; BDR, § 269, 1.

107) ἀναστροφή는 "생활방식, 처신, 행동"을 뜻한다. 다음을 보라. Bauer, *s.v.*; George Bertram, "ἀναστρέφω," *TDNT* 7. 715—17. 여기서 그 귀절들이 기록된다.

108) ὅτι ("that")로 시작하는 문장은 그 행동을 묘사한다.

109) Bauer의 번역은 불완전한 *de conatu*를 사용한다 : "나는 없애려고 노력했다" BDR, § 326도 그렇다. 참조. 같은 용어 갈라 1, 23 ; 사도 9, 21, 같은 문맥에서. 그 용어는 정치적인 압박을 묘사하는 데 흔히 사용된다. 4마카 4, 23 ; 11, 4 ; Philo, *Flacc.* 54 ; Josephus, *BJ* 4. 405 ; *Ant.* 10. 135를 보라. 31절들에 대해서는 또한 다음을 보라. LSJ, *s.v.*, and Philippe-H. Menoud, "Le sens du verbe πορθεῖν," in *Apophoreta, Festschrift für E. Haenchen* (BZNW 30 ; Berlin: Töpelmann, 1964) 178—86. G는 그 대신 ἐπολέμουν("내가 공격했다")로 읽는다. 아마 라틴어 *expugnabam*의 영향인 것 같다.

110) 이 명칭은 바울로의 교회들에 의해 사용된 것 같다. 참조. 고전 15, 9 ; 1, 2 ; 10, 32 ; 11, 16·22 ; 고후 1, 1 ; 데전 2, 14 ; 데후 1, 4 ; 디전 3, 5·15 ; 사도 20, 28 등. 그 명칭의 기원에 대한 문제는 아직도 풀리지 않고 있다. 지금까지의 논의와 참고문헌에 대해서는 다음을 보라. Klaus Berger, "Volksversammlung und Gemeinde Gottes. Zu den Anfängen der Christlichen Verwendung von 'ekklesia,'" *ZThK* 73(1976) 167—207, 특히 198ff.

111) καθ' ὑπερβολήν("극도로")는 바울로의 강도를 표현한다. 이 표현에 대해서는 또한 로마 7, 13 ; 고전 12, 31 ; 고후 1, 8 ; 4, 17 ; *Barn.* 1. 2를 보라. 또한 Bauer, *s.v.* ὑπερβολή; Gerhard Delling, "Zum steigernden Gebrauch von Komposita mit ὑπέρ bei Faulus," *NovT* 11(1969) 127—53 ; Arland J. Hultgren, "On Translating and Interpreting Galatians 1. 13," *Bible Translator* 26(1975) 146—48.

112) 박해에 관해서는 다음을 보라. 고전 15, 9 ; 필립 3, 6 ; 디전 1, 13 ; 사도 8, 1—3 ; 9, 1—2·4—5 ; 22, 4—5·7·8 ; 26, 9—11·14·15. 다음을 보라.

[14] 바울로는 두번째로 설명한 반(反)그리스도교적 활동들은 유다 종교에 대한 그의 깊은 헌신과 참여때문이었다고 설명한다. 그의 유다교에서의 활동은 흠잡을 데가 없었다.[113] 그는 유다교의 실천과 사상에서 "전진적이었다."[114] 그의 동족 가운데서[115] 그는 많은 동년배들을 능가하였다.[116] 그는 한 충성스런 유다인으로서의 의무와 기대를 단순히 완수하는 것 이상의 일을 하였다. 그의 그리스도교 박해에 있어서의 "지나침" "열심"의 높은 정도(περισσοτέρως)[117]를 보여준다. 그는 그 열심을 "그의 조상들의 전통"[118]을 지키기 위해서 가졌다. 바울로가 자신이 ζηλωτής[119]였다고 말할 때, 그가 "젤

Burchard, *Der dreizehnte Zeuge*, 40—51 ; Lōning, *Saulustradion*, 116—20 ; Arland J. Hultgren, "Paul's Pre-Christian Persecutions of the Church: Their Purpose, Locale, and Nature," *JBL* 95(1976) 97—111. διώκειν ("박해하다")는 교회의 박해를 언급하는 것으로서 이미 "전문"용어가 되었던 것 같다(참조. 갈라 1,23 ; 4,29 ; 5,11 ; 6,12 ; 등). Albrecht Oepke, "διώκω," *TDNT* 2.229—30을 보라.

113) 같은 점이 다른 자서적 진술들에서 주장되는데, 모두 변증적인 경향을 띠고 있다. 고후 11,22 ; 필립 3,5f ; 로마 11,1 ; 사도 22,3—5 ; 23,6 ; 26,4f를 보라.

114) προκόπτειν은 통속 철학에서 현저한 역할을 하며, 헬라적 유다교를 통하여 초기 그리스도교 언어 속에 들어왔다. 또한 필립 1,12·25 ; 디후 2,16 ; 3,9·13 ; 디전 4,15 ; 루가 2,52 ; *2Clem.* 17.3을 보라. Gustav Stählin, "προκοπή," *TDNT* 6.703—19를 보라.

115) ἐν τῷ γένει μου("내 동족 가운데서"). 고후 11,26 ; 필립 3,5 ; 사도 7,19도 비슷하다. 참조. 4,36 ; 18,24. 그 구는, Theodor Mommsen ("Die Rechtsverhältnisse des Apostels Paulus," *ZNW* 2[1901] 85)가 제시했듯이, "나의 고국"(Tarsus), 또는 Barnikol (*Zeit des Paulus*, 31—46)가 제시한 것처럼 바리사이파 운동을 언급하지 않는다.

116) συνηλικιώτης("나이가 같은 사람, 동년배의 사람")는 신약에서 단 한 번 나오는 어구(*hapax legomenon*)다. Bauer, *s.v.*를 보라.

117) 그 부사는 "의기양양"으로 이해되어야 한다. 그것은 그밖의 곳에서 "자랑"으로 불리는 것의 일부다(참조, 고후 11,23 ; 고전 15,10 ; 필립 1,14 ; 고후 10,8 ; 1,12 ; 2,4 ; 12,15 ; 데전 2,17).

118) αἱ πατρικαὶ παραδόσεις는 여기서 바울로의 특수한 가문 전승이 아닌 유다의 율법 전승 전체를 언급한다(Zahn, 61 ; Gottlob Schrenk, *TDNT* 5.1022와 반대로). 그 개념은 헬라주의적 유다교에서 흔하다. 귀절들에 대해서는 Schrenk, 앞 책 *TDNT* 5.1014f, 1021f를 보라. 라삐적 유다교에 대해서는 Str-B1.691—94 ; 신약에 대해서는 마태 15,2·3·6 ; 마르 7,3·5·8·9·13을 보라. 그 개념은 고대에서 또한 널리 쓰인다 ; Schrenk, "πατρῷος, πατρικός," *TDNT* 5.1015 주 1,1021 ; LSJ, *s.v.* πατρικός, πάτριος를 보라.

119) 바울로는 그 용어를 여기서만 주장한다. 그러나 참조. 사도 22,3는

롯당원"이었다는 것을 시사하는 것이 아니라,[120] 오히려 "율법의 열렬한 준수자"였다는 것을 시사한다.[121] 그런 행동은 과격론자나 이성을 잃은 열광주의의 형태가 아니라, 한 충성스런 유다인으로서의 태도에 대한 당대의 기대들에 따른 것이었다.[122] 바울로가 바리사이파였다는 사실은 이같은 활동과 일치한다.[123] 변호에서 바울로는 유다교에서의 자신의 활동에 관한 한 그는 흠없는 깨끗한 과거를 가졌다는 것을 확인하고 싶어한다. 확실히, 발전이 있었다. 그러나 그리스도교로부터 떠난 그리고 그것을 향하지 않았던 발전이었다.[124] 유다인으로서 그는

ζηλωτὴς ὑπάρχων τοῦ θεοῦ("하느님께 대하여 열심있는 사람이었읍니다") ; 필립 3, 6 : κατὰ ζῆλος("열심으로") ; 고후 11, 2.

120) 라이트푸트와는 다르다. 참조. 루가 6, 15 ; 사도 1, 13에서 그 개념이 다르게 사용된 예를 참조. 제롯당원들의 문제에 관해서는 다음을 보라. Morton Smith, "Zealots and Sicarii: Their Origins and Relations," *HTR* 64(1971) 1—19 ; Martin Hengel, "Zeloten und Sikarier. Zur Frage nach der Einheit und Vielfalt der jüdischen Befreiungsbewegung 6—74 nach Christus, in *Josephus-Studien,...Otto Michel zum* 70. *Geburtstag...* (Göttingen: Vandenhoeck & Ruprecht, 1974) 175—96.

121) 참조. 유다 그리스도인들에 관한 사도 21, 20 : πάντες ζηλωταὶ τοῦ νόμου ὑπάρχουσιν("그들은 모두 유다 토라에 골똘한 사람들입니다") ; 바울로 자신에 관해서 22, 3. 토라에 대한 열심은 그 시대의 일반적인 이상이다 : Mattathias의 부름에 관한 Josephus, *Ant.* 12, 271을 보라 : εἴ τις ζηλωτής ἐστιν τῶν πατρίων ἐθῶν καὶ τῆς τοῦ θεοῦ θρησκείας, ἑπέσθω...ἐμοί("우리 조상의 법과 하느님 예배에 열심인 자는 누구나 나를…따르게 하자!"). Philo *Spec.* 1, 30, 2.253 ; *Abr.* 60 ; *Virt.* 175; 1마카 2, 26·27·50 ; 2마카 4, 2 ; 4마카 18, 12. 다음을 보라. A. Stumpff, "ζῆλος," *TDNT* 2. 877—88 ; Herbert Braun, *Spätjüdisch-häretischer und frühchristlicher Radikalismus* (2 vols.; BHTh 24 ; Tübingen: Mohr, Siebck, 1957, ²1969) 1. 71 주 1 ; 31 주 3 ; 색인, *s.v.* קנאה; 2. 57 n. 1 ; Martin Hengel, *Judaism and Hellenism* (2 vols.; tr. John Bowden; Philadelphia: Fortress, 1974) 1. 114, 287, 300, 305, 312, 314. 유다교를 넘어, 조상의 전통들에 대한 관심은 공통적인 이상이었다. Isocrates 1. 11; Plato *Prot.* 343A ; Diogenes L. 9. 38 ; Philo *Mos.* 2. 161 ; 등을 보라.

122) 참조. 사도 22, 3 ; 24, 14 ; 28, 17. Hengel, *ZNW* 57(1966) 178f는 비문들을 가리킨다. 거기서 그 이상이 표현된다(*C II* 1, no. 509 ; 537).

123) 참조. 필립 3, 5f ; 사도 22, 3 ; 23, 6 ; 26, 5.

124) 바울로의 개종에 대한 "프로이트적" 해석은 그의 반대자들에 의해서 예기되었다. 참조. HSW, *NT Apocrypha* 2. 71. 유다 그리스도교의 *Anabathmoi Iakobou* (Epiphanius *Pan.* 30. 16)에서 인용한다 : "바울로는 다르소 사람이었고 실제로 희랍사람(즉, 이방인), 즉 헬레니스트인 어머니와 헬라니스트인 아버지 사이에서 태어난 아들이었다. 예루살렘으로 올라가서 거기서 오랫동안 머물면서 그는(고위) 사제의 딸과 결혼하기를 원했다. 그 이유로 그는 할례에 대한 변절자가 되었다. 그럼에도

유다교를 떠날 이유가 없었다. 이 상황은 물론 자신의 개종의 기적적인 성격을 강조하기 위해서 역설된다.[125]

[15] 바울로의 그리스도교로의 개종은 전적으로 하느님의 역사였다. 이것이 하느님에 의해서 사도가 되도록 부름받는 그의 소명 기사의 대의다. 우리가 바울로의 언급의 제한된 그리고 의도적인 성격을 깨닫는 일은 15—16절을 이해하는 데 중요하다. 그 보도는 의심할 바없이 전기적이지만 변증적인 〈진술부〉의 일부다. 이런 이유로, 사도행전에서와 같은 긴 이야기들이 없다.[126] 아마 같은 이유로, 바울로의 그리스도교 신앙으로의 "개종"은 그의 사도직에 대한 소명 이면으로 사라진다. 바울로의 말들로부터 실제로 있었던 사실들을 끌어낸다는 것은 —전혀 불가능하지는 않을지라도— 대단히 어렵다. 그의 변호의 현재 문맥에 비추어 볼 때, 우리는 바울로가 그때로 되돌아가 스스로에게 일어났던 것으로 생각하던 것을 이해할 수 있다. 바울로가 유다교로부터 그리스도교로 개종되었다는 의미에서 그가 개종 체험을 가졌다는 것을 단순하게 당연시해서는 안 된다. 그의 개종시 두 종교는 여전히 하나이자 동일한 것이었으며, 그래서 우리가 가장 분명히 말할 수 있는 것은 그가 하나의 유다교 운동, 즉 바리사이파로부터 다른 종파인 그리스도인으로 개종했다는 것이다.[127] 그리스도교가 "유다교"와 다른 것으로 인식되었던 오랜 세월 후에조

불구하고 그 소녀를 얻을 수 없게 되었을 때, 그는 격노해졌으며 할례, 안식일, 그리고 율법에 반대하는 글을 썼다." 현대 학자들 또한 거듭해서 바울로의 그리스도교 개종을 심리학적 용어로 설명하려고 노력해 왔다. 이 시도들을 올바르게 거부하는 Schoeps (*Paul*, 54f)를 보라. 쉡스 자신은 약간 다르게 설명한다 : 바울로는 토라의 유다적 개념, 즉 그가 그의 헬라적 유다 배경으로부터 물려받은 "근본적인 오해"를 이해하지 못함으로써 그리스도교에로 준비되었다(*Paul*, 213ff, 219ff).

125) 그런 기적적인 개종들은 전기문학의 특징이다. Olof Gigon, "Antike Erzählungen über die Berufung zur Philosophie," *MH* 3(1946) 1—21을 보라. 예수의 "개종"과 세례자 요한에 의한 세례의 복잡한 문제가 간과되어서는 안 된다. 관계되는 것은 사도들의 부름에 대한 신약의 이야기들이다. Lyder Brun, "Die Berufung der ersten Jünger Jesu in der evangelischen Tradition," *SO* 11 (1932) 35—54를 보라. 참조. Mani 전기에서(*CMC* 5. 3—11) 다른 설명.

126) 바울로가 자신에 대한 긴 진술을 하는 데 주저하는 것은 그것이 부적당한 "자랑"의 일부라는 사실에서 신학적인 이유를 가진다. 참조. Georg Eichholz, ***Tradition und Interpretation*** (Munich: Kaiser, 1965) 174—79 ; Betz, ***Paulus***, 70ff.

127) 참조. 〈보론〉이 있는 갈라 1, 12 ; 필립 3, 7f. 이 점에 관해서는 Akira

차도(1, 13·14), 바울로는 여전히 사도직에의 부름을 조심스럽게 말할 뿐이다. 이 부름은 하느님의 행동이었다.[128] 그것은 그 자신의 결정이나 또는 어떤 인간적인 결정사항이 아니었다. 그것은 갑작스럽게 일어났으나 하느님의 오래 지속되어온 계획의 결과였다. 바울로가 자신의 사도직에의 부름을 구약성서 예언자들의 부름에 속하는 언어로 표현하는 것은 물론 의도적이다.[129] 소명은 그것이 "하느님을 기쁘게" 했을 때 그리고 그가 그것을 결정했을 때(ὅτε δὲ εὐδόκησεν) 일어났다.[130] 바울로가 하느님을 그 장본인으로서 언급하지 않지만,[131] 이것이 그가 의미하는 것임이 명백하다.[132] 소명은 두 단계가 있다.[133] 그 첫 단계는 특별한 신적 임무를 위해[134] 사람을 "따로 세움"(ἀφορίζειν)

Satake, "Apostolat und Gnade bei Paulus," *NTS* 15 (1968/69) 96—107을 보라.

128) 갈라 1, 1·11f 그리고 1, 17에 관한 보론 "사도"의 개념을 보라. 또 로마 1, 1—7 ; 고전 15, 10 ; 에페 3, 1—21 ; 골로 1, 9—23 등을 보라.

129) 구약에서 예언자의 소명에 관한 연구는 진전되고 있다. 다음을 보라. Johannes Lindblom, *Prophecy in Ancient Israel* (Philadelphia: Fortress, 1962) 182ff. Henning Graf Reventlow, *Liturgie und prophetisches Ich bei Jeremias* (Gütersloh: Mohn, 1963) 24ff ; Wolfgang Richter, *Die sogenannten vorprophetischen Berufungsberichte*(FRLANT 101 ; Göttingen: Vandenhoeck & Ruprecht, 1970), 더 많은 참고문헌과 함께. 또한 Mussner, 82 주 24. 한가지 문제는 바울로가 특수한 전승, 예컨대 신명기—이사야를 따르고 있는 것으로서 이해될 수 있는가 하는 것이다(그런 입장은 Traugott Holtz, "Zum Selbstverständnis des Apostels Paulus," *ThLZ* 91 〔1966〕 321—30). 헬라의 신비 제의들에서 신의 선택에 대한 개념에 관해서는 Widengren, *Religionsphänomenologie*, 222f를 보라.

130) εὐδόκησεν은 신적 결정을 말한다. 다음을 보라. 시편(LXX) 39, 14 ; 67, 17 ; 루가 12,32 ; 고전 1, 21 ; 골로 1, 19. 갈라 1, 15는 마니 전기에서 여러번 이용된다 : *CMC* 19.8—9 ; 68. 16 ; 69.10. Gottlob Schrenk, "εὐδοκέω," *TDNT* 2, 738—42를 보라.

131) 참조 갈라 1, 6 ; 2, 8 ; 3, 5 ; 5, 8 ; 로마 8, 11 ; 필립 1, 6 ; 데전 5, 24에서 비슷한 모호성. Lightfoot, 83 ; Schlier, 53을 보라.

132) 𝔊 𝔎 D pl에서 ὁ θεός의 異讀은 그 문제를(바르게) 설명하는 어구주석인 것 같다. P⁴⁶BG *pc* lat sy Irenaeus는 그것을 독해하지 않는다. Nestle-Aland, 26판에서의 변화에 대해서는 위 서론, §4를 보라. Metzger, *Textual Commentary*, 590 ; Sieffert, 60 ; Burton, 51f ; Mussner, 81 주 21을 보라.

133) 참조. 예레 1, 5 : "내가 너를 점지해 주기 전에 나는 너를 뽑아 세웠다. 네가 세상에 떨어지기 전에 나는 너를 만방에 내 말을 전할 나의 예언자로 삼았다" 또한 이사 42, 6 ; 49, 1·5—6을 보라. 더 후대의 시기에 관해서는 쿰란 텍스트들을 보라(*1QH* 9. 29f).

이다.[135] 이것을 "내가 모태에 있을 때부터"라고 바울로는 말한다.[136] 그 다음에 "부름"(*καλεῖν*)[137] 자체가 있는데, 바울로는 그것이 "하느님의 은혜를 통해서"(*δὰι τῆς χάριτος αὐτοῦ*) 일어났다고 강조한다.[138] 바울로가 예언자의 소명 전승에 따라 그리스도의 복음 선포를 위한 그의 임무를 이해하는 것은 흥미롭다.[139] 그는 이 임무를 그의 유다인 다움의 일부로서 이해했다. 실제로, 로마서 9—11장은 그의 활동의 마지막에서조차도 바울로가 그의 과제를 유다의 종말론적 우주적 선

134) 참조. 갈라 1, 16.

135) *ὁ ἀφορίσας με*("나를 따로 세우시고")는 예레 1,5에서 병행구를 가진다(히브리어 הקדשהיך; LXX *ἡγίακά σε*) ; 로마 1,1 ; 사도 13,2 ; 20, 16 ; Schlier, 53 주 1을 보라. 또한 *CMC* 65.4f ; 70.5—8. *ἀφορίζειν*은 "불경한"과 대조되는 "거룩한"으로서 따로 떼어놓는 것을 말한다. 그것은 희랍문헌에서도 흔히 사용된다(참조. 예, Plato *Tim.* 24A ; Aristotle *Pol.* 1322b 26). 70인역에서는 출애 19,23 ; 29,24·26·27 ; 레위 10,15 ; 20,25·26 ; 27,21 등을 보라. 라삐 문학에 대해서는 Str-B 3.4를 보라. 신약에서, 갈라 2, 12 ; 고후 6,17을 보라(이사 52, 11 ; 참조. 부록 2, 아래 ; Hans Dieter Betz, "2Cor 6,14—7,1 : An Anti-Pauline Fragment?" *JBL* 92(1972) 96). 어떤 학자들은 바울로가 그 용어로 히브리어 פרוש(아람어 פרישא)를, 그리고 그것에 의하여 그가 바라사이파였다는 것을 암시했을 것이라고 시사한다. Zahn, 33 ; Schlier, 53 주 3 ; Jan W. Doeve, "Paulus der Pharisäer und Galater 1,13—15," *NovT*(1963) 170—81도 그렇것 생각한다. Hans Friedrich Weiss, "*φαρισαῖος*," *TDNT* 9.46 주 211은 비판적이다. 바울로가 언어상의 관계를 알고 있었다는 증거는 없다.

136) *ἐκ κοιλίας μητρός*는 "septuagintism"이다(참조. BDF, § 259,1 ; BDR, § 259,1). 귀절들의 수집에 대해서는 다음을 보라. Johannes Behm, "*κοιλία*," *TDNT* 3,786—89 ; 또한 Philo *Leg.* 56 ; *L.A.* 3.88 ; 참조. *CMC* 33.1.

137) *καλέσας*에 관해서 참조. 이사 41,9 ; 42,6·11 ; 43,1 ; 45,3 ; 48,12·15 ; 49,1 ; 50,2 ; 51,2. 참조. *κλητὸς ἀπόστολος*("사도로 부르심을 받은") 로서의 바울로의 자기 지칭. 로마 1,1 ; 고전 1,1에서 또한 *CMC* 18.12f ; 64.18을 보라.

138) *διὰ τῆς χάριτος αὐτοῦ*는 바울로의 표현이다. 다음을 보라. 로마 1,5 ; 12,3 ; 15,15 ; 고후 9,14 ; 갈라 1,6 ; 2,9. 그것은 갈라 1,1 *διὰ Ἰησοῦ Χριστοῦ*("예수 그리스도를 통하여")와 같다. 참조. 1,12. 전체 구 *διὰ τῆς χάριτος αὐτοῦ*는 P^{46} Origen에 의해서 독해되지 않는다. 참조. *CMC* 18.13f ; 64.19 ; 65.4.

139) 그러나 제 2 이사야의 사상이 바울로 속에 들어간 것으로 단순하게 해석하는 것을 피해야 한다. 참조. Holtz, *ThLZ* 91(1966) 321—30 ; André-Marie Denis, "L'apôtre Paul, prophète 'messianique' des gentiles," *Eph TheolLov* 33(1957) 245—318 ; Stuhlmacher, *Evangelium* 1,72f ; Mussner, 82 주 26.

교의 용어로 공식화하는 것을 그치지 않았다는 것을 보여준다.[140)]

[16] 1장 15절이 현저하게 유다적 범주들을 사용하는 반면, 16절은 이제 특별히 그리스도교적 사상들을 소개한다. 1장 12절에서보다 더 기술적으로 바울로는 그 소명[141)]이 그리스도의 계시의 형태를 취했음을 주장한다 : 하느님은 그 안에 "그의 아들을 계시"(ἀποκαλύψαι τὸν υἱὸν αὐτοῦ)함으로써 그를 부르셨다.[142)] 바울로가 사용하는 언어는 이 점에서 어려운 문제들을 제기하며 많은 추론을 일으켜 왔다. 우리는 왜 바울로가 여기서 "하느님의 아들"(ὁ υἱὸς τοῦ θεοῦ) 이라는 그리스도론적 칭호를 소개하는지 알지 못한다. 이것은 바울로가 전통적인 어구를 인용한다는 것을 가리킬까?[143)] 아니면 "하느님의 아들"이란 칭호가 그리스도의 환상 보도들에 항상 따라 붙는 것일까? 아뭏든, 그 칭호는 여기서 십자가에 달리고 부활한 주 예수 그리스도를 언급하며, 그는 또한 현재의 그리스도이고, 그의 실재는 바울로 복음의 내용과 동일하다.[144)] 더군다나, 바울로가 마음 속에 가지고 있는 계시가 어떤 형태의 것인지 불명확하다. ἀποκαλύπτω("계시하다")

---

140) 특히 Schoeps, *Paul*, 219ff를 보라.

141) 이 사건은 아마 다마스커스와 관계된 사건과 같을 것이다(참조. 갈라 1, 17). 다른 주석가들은 개종(1, 15)과 소명(1, 16)을 두 개의 사건들로서 나누고자 한다(Sieffert, p. 62 ; Loisy, p. 73 ; Lietzmann, p. 7 ; Bonnard). 참조. Stuhlmacher, ***Evangelium*** 1. 73 주 1 ; 82 주 2 ; Mussner, 84.

142) 이 그리스도론적 칭호에 관해서는 갈라 2, 20 ; 4, 4·6 ; 로마 1, 3·4·9 ; 5, 10 ; 8, 3·29·32 ; 고전 1, 9 ; 15, 28 ; 고후 1, 19 ; 데전 1, 10을 보라. 다음을 보라. Cullmann, ***Christology***, 270ff ; Ferdinand Hahn, ***The Titles of Jesus in Christology*** (Cleveland: World, 1969) 279ff ; Kramer, ***Christ, Lord, Son of God***, 108ff ; 183ff ; Eduard Schweizer, "υἱός," *TDNT* 8. 383 ; Braur, ***Studien***, 255ff ; Lührmann, ***Offenbarungsverständnis***, 76ff.

143) 만일 그렇다면, 이것은 용어가 "유다의 묵시주의"로서 해석될 수 있다는 것을 의미하지 않는다. 이런 종류의 환상들은 고대에 일반적으로 알려졌었다. 바울로는 유다인으로서 환상을 가졌으나, 그리스도에 대한 그런 환상을 갖는 것은 전형적으로 "그리스도교적"인 것으로 생각되었다. 이 체험이 묵시문학과 관련이 있는지 어떤지는 또 다른 문제다. 우리는 묵시문학에서 환상들을 본다. 그러나 그것들이 전적으로 묵시적인 것은 아니다. 그리스도의 환상은 묵시문학 밖에서 일어난다. 그리고 이런 이유로 Eduard Schweitzer는 갈라 1, 16 배후에서 더 오래된 "묵시적 사람의 아들" 전승을 보려고 한다 (*TDNT* 8. 383) ; 또한 Ulrich Wilckens, "Der Ursprung der Überlieferung der Erscheinungen des Auferstandenen," in ***Dogma und Denkstrukturen, Festschrift für Edmund Schlink*** (Göttingen: Vandenhoeck & Ruprecht, 1963) 56—93, 83f.

144) 참조. 갈라 1, 1·4·11 ; 3, 13 ; 4, 4—6.

란 용어는 많은 것들을 뜻할 수 있다.[145] 대부분의 주석가들은 그 개념을 고린토전서 9장 1절과 15장 8절과 유비하여 해석하는데, 거기에서 바울로는 또한 자신이 받은 계시에 대해서 말한다. 그러나 고린토전서에서 그 술어는 다르다. 고린토전서 9장 1절("내가 우리 주 예수를 보지 못했읍니까?")과 15장 8절("그가 〔sc. 그리스도〕 나에게도 나타나셨읍니다")에서, 그 용어들은 ὁρᾷν("보다")의 형태며, 한번은 능동형이고(9, 1) 한번은 수동형이다(15, 8). 둘은 내적 체험보다는 외적 환상들이다.[146] 이것은 "내 안에"(ἐν ἐμοί)를 어떻게 해석할 것인가라는 다른 문제를 제기한다. 이것은 "신비적" 체험을 가리키는가,[147] 또는 단순히 여격(="내게")과 같은 언급인가? "신비적" 해석은 많은 사람들이 지지했으나 요즘에는 잘 받아들여지지 않고 있다. 역시, 여격으로서의 해석은 갈라디아서 1장 16절을 고린토전서 9장 1절, 15장 8절 그리고 사도행전의 보도들(9, 1—19 ; 22, 3—16 ; 26, 9—18)과 일치시키는 것을 더 용이하게 한다.[149] 그러나 우리는 외부의 영향들이나 변증적 관심들에 의하여 그 문제를 결정하는 것을 피해야 한다. 우리는 바울로가 자신의 갈라디아서 1장 16절과 고린토전서 9장 1절, 15장 8절에서 모순된 말을 하고 있는 것으로 느끼고 있다고 생각해서는 안 된다. 명백히 그에게 있어서 두 형태의 환상들(외적이고 내적인)은

145) 참조. 갈라 1, 12 ; 2, 2 ; 3, 23 ; 고전 9, 1 ; 15, 1ff ; 필립 3, 8ff·12ff. 다음을 보라. Albrecht Oepke, "ἀποκαλύπτω κτλ.," *TDNT* 3.563—592 ; Lührmann, *Offenbarungsverständnis* 79 n. 1 ; Stuhlmacher, *Evangelium* 1. 72ff.

146) 두 형태의 환상 간의 차이가 지적되어왔다. 특히 Alfred Wikenhauser, *Die Christusmystik des Apostels Paulus* (Freiburg: Herder, ²1956) 88—90 ; 같은 저자, *Pauline Mysticism: Christ in the Mystical Teaching of St. Paul* (New York: Herder, 1960) 134—36 ; Albert Schweitzer, *The Mysticism of Paul the Apostle*(New York: Macmillan, 1956) ; Lietzmann, 7—8 ; Schlier, 55. 또한 Ernst Benz, *Die Vision*(Stuttgart: Klett, 1969).

147) 또한 다음을 보라. Richard Reitzenstein, *Die hellenistischen Mysterienreligionen nach ihren Grundgedanken und Wirkungen*(Stuttgart: Teubner, ³1927) 371 ; Béda Rigaux, *Letters of Saint Paul* (ed. and tr. Stephen Yonick; Chicago: Franciscan Herald, 1968) 51—55.

148) 철학적 문제에 관해서는 다음을 보라. BDF, § 220, 1 ; BDR, § 220, 1 ; Bauer, *s.v.* ἐν, Ⅳ, 4, a ; Lührmann, *Offenbarungsverständnis*, 79 주 1 ; Stuhlmacher, *Evangelium* 1, 82 주 1 ; Oepke, 60f ; Mussner, 86f.

149) 사도행전의 보도들은 바울로 자신의 편지들에 의해서 알려진 것같지 않다. 둘은 조화될 수도 없으며 전적으로 모순되지도 않는다.

일부 주석가들이 보는 것처럼 구별되는 않는다. 바울로는 자신의 소명을 기술할 때 다양한 개념들과 언어들을 사용할 수 있다. 아뭏든 그는 그의 소명을 좀처럼 기술하지 않는다. 그러나 우리가 그의 말들을 진지하게 생각해야 할 암시들이 있다. "내 안에서"는 갈라디아서 2장 20절("그리스도께서 내 안에서 사시는 것입니다"),[150] 그리고 4장 6절("하느님께서는 우리 마음에 그의 아드님의 영을 보내주셔서……")[151]과 일치한다. 바울로는 어떻게 세 귀절들이 서로 관계되는지를 설명하지 않는다. 그러나 우리는 그것들이 서로 보완하는 것이라고 가정할 수 있을 것이다. 이것은 바울로의 체험이 본래 황홀했으며, 이 황홀의 과정에서 그가 환상을(외적이든 내적이든 또는 양자든간에— "나는 하느님께서 아시는 것을 모릅니다"〔참조. 고후 12, 2·3〕)—가졌다는 것을 의미할 것이다. 이 해석은 ps.-Clem. *Hom.* 17. 13—19에 있는 바울로의 환상에 대한 토론에 의해서 뒷받침된다.[152]

바울로의 그리스도 환상의 목적과 결과는(ἵνα〔"하시려고"〕)[153] "이방 사람들 가운데서 복음을 전하기 위한"(εὐαγγελίζωμαι...ἐν τοῖς ἔθνεσιν) 그의 위임이었다.[154] 다시, 우리는 이 점에서 바울로가 우리에게 말하려고 하는 것보다 더 많은 것을 기대해서는 안 된다. 그러므로, 어떻게 그가 환상의 의미가 무엇인지를 즉시 알 수 있었는지 물어도 소용없다.[155] 바울로는 대단히 간결하게 말한다. 반면 사도행전에서 그 이야기들은 상세하게 충족된다. 어구 εὐαγγελίζεσθαι αὐτόν("그 아드님

150) 또한 갈라 4, 19 ; 고후 4, 6 ; 11, 10 ; 13, 3 ; 로마 8, 9 ; 골로 3, 16 참조.

151) 또한 다음을 보라. 로마 8, 9·11·15·16 ; 고전 3, 16 ; 6, 19 ; 고후 6, 16. (이것에 관해서는 아래 부록 2를 보라 ; Betz, "2Cor 6 : 14—7 : 1," 93—95) ; 에페 3, 16 이하 ; 디후 1, 14. 전체 개념에 대해서는 Johannes Haussleiter, "Deus Internus," *RAC* 3, 794—842 ; Eduard Schweizer, "πνεῦμα," *TDNT* 6. 424—34를 보라.

152) 아래 부록 3을 보라.

153) "속죄의" ἵνα에 관해서는 또한 갈라 2, 16·19 ; 3, 14·22·24 ; 4, 5를 보라.

154) P[46] D*는 εὐαγγελίσωμαι로 읽는다. 문법상의 교정 같다.

155) 이 점에 대한 고찰들은 사도행전의 다른 보도들에 의해서 일어났다. 사도행전의 보도들에서 다마스커스 근처에서의 바울로의 회개(9, 1 이하; 22, 3 이하 ; 26, 9이하), 그의 선교사로서의 기간(13, 1 이하), 그리고 예루살렘 성전에서 본 특수한 환상에서의 그의 마지막 위임(22, 17—21)이 조심스럽게 구별된다. 그러나 사도행전은 무엇보다도 루가의 해석을 나타내며, 바울로만이 갈라 1, 16에서 이 시기에 그에게 있어서 가장 중요한 결과가 무엇인지를 보도한다. 참조. Barnikol, *Zeit des Paulus*, 18ff; Schoeps, *Paul*, 54, 72, 168; Mussner, 87f.; Burchard, *Der dreizehnte Zeuge*; Löning, *Saulustradition*, 126ff ; Stolle, *Zeuge*, 155ff.

의 복음을 전파하게")는 주목할 만하다. 1장 11절 이후로 우리는 인격적인 목적어 그리스도 대신에, 동사에 대한 중성 목적어를 기대하고 있다.[156] 그러나 바울로는 또한 다른 곳에서 "복음"과 "그리스도"를 동일시한다. 복음의 내용은 예수 그리스도,[157] 또는 "십자가에 달린 예수 그리스도"이다.[158] 바울로가 위임받은 전도는 분명하게 이방인들에게 제한된다.[159] "이방 사람들 가운데서"라는 서술은 바울로의 선교가 유다인들을 제외한 전 세계 사람들을 포함한다는 것을 시사한다.[160]

그 절의 마지막 부분(16절 c)은 실제로 17절에 속한다. 그래서 그것은 17절에서 취급될 것이다.

[17] 16c—17절에서 바울로는 환상과 위임에 대한 반응을 서술한다. 이상하게도 그는 무엇보다도 먼저 그것을 부정적으로 서술한다. 그는 그가 하지 않았던 것을 말한다 : "나는 '살과 피'와 즉시 의논하지 않았으며……."[161] 주석가들은 부사 εὐθέως("즉시")가[162] 이전의 문장과,[163] 16절 c에 있는 부정적인 진술들과,[164] 또는 "아라비아로"까지의 뒤따르는 문장 전체와[165] 연결되어야 하는

---

156) 참조. 또한 갈라 1, 8·9·23 ; 4, 13 ; 또 2, 2 ; Eduard Schweizer, "υἱός," *TDNT* 8. 384f를 보라.

157) 로마 1, 2—5 ; 15, 18f ; 16, 25—27 ; 고후 1, 19 ; 필립 1, 15를 보라. 또한 Molland, ***Evangelion***, 40, 64ff를 보라.

158) 다음을 보라. 갈라 3, 1 ; 고전 1, 23 ; 2, 2 ; 또한 1, 17f ; 2, 8 ; 고후 13, 4 ; 갈라 5, 11·24 ; 6, 12·14 ; 필립 2, 8 ; 3, 18 등.

159) 이방인들 가운데서 복음을 전하라는 바울로의 위임은 예루살렘 회의에서 승인되었다(갈라 2, 1—10). 후에 바울로는 로마 11, 13에서 자신을 τῶν ἐθνῶν ἀπόστολος("이방인들의 사도")라고 칭한다 ; 참조. 또한 로마 1, 1·5·13 ; 15, 16·18 ; 데전 2, 16 등. 이 개념은 다음에 바울로 전승의 일부가 된다. 에페 3, 1·8 : 디전 2, 7 ; 3, 16 ; 디후 4, 17 참조. 골로 1, 23 ; 사도 9, 15 ; 22, 15·21 ; 26, 17·18·20 ; 28, 28. Edward P. Blair, "Paul's Call to the Gentile Mission," *BR* 10(1965) 19—33을 보라.

160) 참조. 로마 10, 19에 있는 신명 32, 21의 인용.

161) 보통, 번역들은 표현의 어색함을 없애는 경향이 있다 : ***RSV***는 부사를 생략한다. 참조. ***NEB*** : "그것이 일어났을 때, 어떤 사람과도 상의하지 않고…" ***JB***는 너무 자유롭다 : "나는 이것을 어떤 사람과 논의하기 위해 멈추지 않았고…"

162) εὐθέως의 어형에 대해서는 BDF, § 102, 2 ; BDR, § 102 n. 2 ; Bauer, *s.v.*를 보라.

163) Sieffert, 63—65에서의 정보를 제공하는 토론을 보라.

164) 그렇게는 Zahn, Sieffert, Oepke, Schlier; 참조. Mussner, 89 주 56.

지에 대해서 의견을 달리한다. 명백한 것은 바울로가 부름에 대한 그의 즉각적인 반응을 강조하려고 한다는 점이다. 사도행전 26장 19—20절에서 하듯이, 왜 그는 자신의 순종을 단순하게 진술하지 않을까? 부정적인 진술은 정말로 신비스럽다. 부사 "즉시"는 "부름 이야기들"[166]에 속하는 것 같으나, 17절의 이곳에서 그것은 얽혀져 있다. 바울로가 하지 않았다고 부인하는 것은 *προσανατίθεσθαι*("상의하다", "의논하다")다.[167] 그런 의논을 할 수 있었던 대상이 없다.[168] 어구 "살과 피"(*σαρξ καὶ αἷμα*)는 특별한 이름들을 언급하는 것이 아니라 인간 일반을 언급하는 것이다.[169] 그것은 1장 1·11·12절에서와 동일한 관심을 표현하고 있다. 물론 문제는, 왜 바울로가 이런 부인하는 말들을 해야만 한다고 느끼고 있는가 하는 점이다. 16절 c는 그가 인간적인 스승으로부터 자신의 복음을 받았다고 주장하는 반대되는 보도들에 대한 논박일까? 사도행전의 이야기들(특히 사도 9, 6·20)은 이 환상을 실증하려고 한다. 왜냐하면, 사도행전에 따르면 바울로는 아나니아를 통해 성령을 받기 위해 다마스커스로 보내졌기 때문이다(9, 10—19). 갈라디아서 1장 16절 c에서 그는 그가 받은 위임의 독립

165) 그렇게는, 예를들면, Lightfoot; Burton; Lietzmann.

166) 마르 1, 18 ; 마태 4, 20·22. 참조. 사도 26, 19f : "그러므로 아그리빠왕 전하, 저는 하늘로부터 오는 환상을 거스리지 않고 먼저는 다마스커스에 있는 사람들에게, 다음은 예루살렘과 유다 온 지방 사람들에게, 나아가서는 이방 사람들에게까지 회개하고 하느님께 돌아와서 회개에 합당한 일을 행하라고 전했읍니다"(*RSV*). 참조. *CMC* 44. 2(*παραχρῆμα*).

167) 그 용어는 희귀하다. 다음을 보라. LSJ, *s.v.*; Bauer, *s.v.*; Friedrich Preisigke, ***Wörterbuch der griechischen Papyrusurkunden mit Einschluss der griechischen Inschriften, Aufschriften, Ostraka, Mumienschilder usw. aus Agypten*** (vol. 1—3 : 1924—31 ; vol. 4, 1—4 rev. Emil Kiessling; ***Supplement*** 1. 1—3 : 1969—71 ; Berlin and Marburg: Selbstverlag, 1924—71) *s.v.* 갈라 2, 6에서 그 용어의 의미는 다르다.

168) 참조. 갈라 2, 2에서 *ἀνατίθημι*("숙고하기 위해 소개하다"). 바울로는 그가 이것을 나중에 했다는 것을 주저하면서 인정한다. 16절 c에서의 그의 부인은 같은 일을 염두에 두었을 것이다. 또한 사도 25, 14 ; 2Macc 3, 9를 보라. 바울로가 의미할지도 모르는 것은 루가가 사도 15, 6 이하에서 우리에게 말하는 것이다.

169) 연구는 이름들을 채워넣으려고 노력해 왔다. 그 가능성들에 관해서는 Bonnard, 31f를 보라. 어구 "살과 피"에 관해서는 마태 16, 17 ; 고전 15, 50 ; 에페 6, 12 ; 히브 2, 14를 보라. 배경에 대해서는 다음을 보라. Str-B 1. 730f ; Eduard Schweizer, "*σάρξ*," *TDNT* 7. 109f, 124, 128f ; Jewett, ***Paul's Anthropological Terms***, 95ff.

성을 변호하기 위해 명백히 그런 이야기들을 부인한다.[170]

바울로는 17절에서, 16절 c에서 염두에 두었던 구체적인 예, 혹은 그것과는 다르지만 그보다 훨씬 더 중요한 예를 언급한다.[171] "나보다 먼저 사도가 된 사람들을 찾아 예루살렘으로 올라가지도 않았읍니다." 유다교에 있어서 중요했던 예루살렘은[172] 갈라디아인들의 마음 속에서도 큰 비중을 차지했음에 틀림없다. 왜냐하면 바울로의 반대자들이 자신들의 권위를 거기로부터 끌어냈기 때문이다(참조. 갈라 2, 4—5·11—14 ; 4, 25·26). 예루살렘에 가지 않음으로써[173], 바울로는 자신이 교회의 최고 권위자들, 그러나 인간적인 권위자들로부터 독립해 있었다는 것을 설명한다(참조. 2, 6). 우리는 여기서, 바울로가 이 언급을 1장 11—12절의 주장에 필요한 증거의 일부로 제시하고 있다는 것을 주목해야 한다. 도리상 바울로는 예루살렘의 모(母) 교회에 대한 "권위"를 부인하지는 않는다(2, 6). 또한 자신보다 먼저[174] 사도들이

---

170) Lütgert, *Gesetz und Geist*, 46 ; Zahn, 67 ; Schlier, 57을 보라.

171) οὐδέ는 절정이다. Schlier, 58도 그와 같다.

172) 바울로가 가장 자주 사용하는 철자는 'Ἰερουσαλήμ이다(갈라 4, 25·26 ; 로마 15, 19·25·26·31 ; 고전 16, 3). 그러나 갈라 1, 17·18 ; 2, 1에서 그는 'Ἱεροσόλυμα로 쓴다. 이 문제에 대해서는 다음을 보라. BDF, § 56, 1 ; BDR, § 56, 1 ; Bauer, *s.v.;* Joachim Jeremias, "*ΙΕΡΟΥΣΑΛΗΜ/ΙΕΡΟΣΟΛΥΜΑ,*" *ZNW* 65(1974) 273—76 ; Ben Zion Wacholder, *Eupolemus* (Cincinnati: Herbrew Union College, 1974) 87. 신약에서 예루살렘 도시에 관해서는 다음을 보라. Joachim Jeremias, *Jerusalem in the Time of Jesus* (Philadelphia: Fortress, 1969) ; Georg Fohrer and Eduard Lohse, "*Σιών,*" *TDNT* 7.292—338 ; Hans Kosmala, *BHH* 2.820—850 ; James C. De Young, *Jerusalem in the New Testament*(Kampen: Kok, 1960) ; Emil Schürer, *The History of the Jewish People in the Age of Jesus Christ* (tr. T.A. Burkill; ed. M. Black and others; Edinburgh: Clark, 1973) 1. § 2.

173) 언덕 위에 있는 그 도시의 위치 때문에 "올라"가야 한다. ἀνέρχομαι ("올라가다")는 갈라 1, 17·18에만 나온다. 반면 ἀναβαίνω는 더 흔히 쓰인다(다른 곳에 있는 귀절들에 대해서는 갈라 2, 1·2 그리고 Bauer, *s.v.*를 보라). P⁵¹ BDG *al*에 의해 판독되는 ἀπῆλθον("그는 떠났다")라는 異文은 아마 다음에 나오는 동사와의 혼동 때문인 것 같다.

174) 유사한 표현들에 대해서는 로마 16, 7 ; 고전 9, 5 ; 15, 7·9를 보라. 참조 또한 *CMC* 71.18f. 그러나 바울로는 이 사도들을 열 두 제자 또는 어떤 다른 그룹과 동일시하지 않는다. 모든 사람들이 동의할 수 있었던 사도직의 정의가 없었다. 다음을 보라. 아래 "사도"에 관한 보론, 그리고 또한 Conzelmann, *1 Corinthians*, 고전 9, 1·2에 관해서 ; Walter Schmithals, *The Office of the Apostle in the Early Church*(tr. John E. Steely; Nashville and New York, 1969) 82ff. Mussner, 91 주 64는 이

있었다는 사실을 부인하려는 것도 바울로의 의도가 아니다. 그러나 그의 복음은 그 사도들과 함께 시작되지 않았다. 사도는 계속해서 "아라비아"로 갔었다고 말한다. 이 부수적인 언급은 대단히 모호하다. 바울로는 그가 어디로 갔는지 또 무슨 목적으로 갔는지를 정확하게 말하지 않는다. 그러나 우리는 그가 아카바(Aqaba)만의 동쪽과 남동쪽 사막으로 갔다기보다는 나바태아 왕국(Kingdom of Nabataea)의 도시들("*provincia Arabia*"로 불렸음)로 갔다고 가정할 수 있다. 최근의 발굴작업을 통해 학자들은 바울로가 방문했던 시기에 번영이 절정에 달했던 그 지역의 문명을 밝혀냈다.[176] 건축물과 비문들을 보면 헬레니즘의 영향을 강하게 받았음을 알 수 있다.[177] 이 문화의 중심지들은 페트라(Petra)와 보스트라(Bostra)의 도시들이었으나, 더 많은 도시들이 보스트라와 아카바만 사이에서, 그리고 페트라, 가자(Gaza), 그리고 엘-아리쉬(El-'Arish) 사이에 있는 네게브(Negev)에서 발견되었다.[178] 비문들은 나바태아의 영향들이 시나이 반도와 아라비아 사막의 북쪽 지역들에까지 미쳤다는 것을 보여준다. 서쪽으로는 데카폴리스(Decapolis)의 일부 도시들이 포함되었다 : 필라델피아(Philadelphia, 'Ammān), 게라사(Gerasa, Jerash), 디움(Dium, n.1), 그리고 아드라아(Adraa, Der'ā).[179]

와 다르다.

175) 아라비아에 관해서는 Schürer, *History* 1.574—86(위의 주 172)를 보라. 더 오래된 저술들이 여전히 권위를 잃지 않고 있다 : Félix-Marie Abel *Géographie de le Palestine* (Paris: Lecoffre, ³1933—38) 1.288—98 ; Rudolf E. Brünnow and Alfred von Domaszewski, *Die Provincia Arabia* (3vols.; Strassburg: Trübner, 1904—09) ; René Dussaud, *La pénétration des Arabes en Syrie avant l'Islam* (Paris: Geuthner, 1955) ; Franz Altheim, *Die Araber in der Alten Welt* (5 vols.; Berlin: de Gruyter, 1964—69).

176) 참고문헌과 현재의 연구상황에 대한 조사를 위해서는 다음을 보라. Jean Starcky, "Pétra et la Nabatène," *DB Sup* 7(1966) 886—1017 ; Glen W. Bowersock, "A Report on *Arabia Provincia*," *JRS* 61(1971) 219—42 ; Schürer, *History*(위의 주 172) 575—86.

177) 다음을 보라. Frederic V. Winnett and William L. Reed, *Ancient Records from North Arabia* (Toronto: University of Toronto, 1970) ; Joseph T. Milik, *Recherches d'épigraphie proche-orientale. I : Dédicaces faites par des dieux* (Paris: Geuthner, 1972). 현재의 결과들은 "Bulletin d'épigraphie sémitique," *Syria* 44[1967]과 그 이후의 호들에 보고되어 있다.

178) *IEJ* 17(1967) 이후의 호들에 있는 Abraham Negev의 보고들은 보라.

179) 다음을 보라. Hans Bietenhard, "Die Dekapolis von Pompeius bis Trajan," *ZDPV* 79(1963) 24—58 ; S. Thomas Parker, "The Decapolis Reviewed," *JBL* 94(1975) 437—41.

바울로 시대까지 나바태아인들은 아레다왕 4세(주전 8—주후 40년)의 지배를 받았는데, 이것은 바울로 자신이 고린토후서 11장 32절에서 언급한 사실이다. 주후 106년 그 왕국은 아라비아라는 이름을 가진 로마 속령이 되었다.[180] 아랍인들과 유다인들의 접촉은 때때로 다방면에 걸쳐 여러가지로 이루어졌음이 틀림없다.[181] 엔-게디(En-Geddi)로부터 최근 발견된 파피루스 사본들은, 바 코흐바(Bar Kokhba) 반란 시대에 속하긴 하지만 귀중한 문서들이다.[182] 바울로는 왜 아라비아에 갔는지를 말하지 않지만, 우리는 그가 선교할 목적으로 갔을 것이라는 가정을 할 수 있다. 그 당시 그곳에 그리스도교 회중들이 이미 있었는지 또는 바울로의 선교가 성공적이었는지를 알아보는 것은 흥미로운 일일 것이다. 바울로의 침묵은 그 어느 쪽의 선택도 보증하지 않는다. 아뭏든, 갈라디아서 1장 17절은 아라비아에서의 그리스도교 활동에 대한 가장 오래된 언급이다.[183]

아라비아로부터 바울로는 "다마스커스로 돌아왔다": *καὶ πάλιν ὑπέστρεψα εἰς Δαμασκόν*.[184] 이 간단한 언급은 그가 아라비아로 가기 전에 다마스커스에 있었다는 것을 암시한다. 사도행전 역시 바울로가 회심한 후에 다마커스로 갔다는 것을 보도한다.[185] 우리는 바울로가 다마스커스를 나바태아 왕국의 일부로 생각하지 않았다고 가정할 수 있을 것이다.[186] 그러나 약간의 애매함이 있다. 바울로 시대까지 다마스커스는 로마의 지배하에 있었으며, 대단히 아름답고 풍요로운 도시였다.[187]

180) 그 역사에 대한 개관은 Bowersock, "*Arabia,*" 228 이하에서 발견된다.

181) 참조. 1Macc 5, 25·39 ; 9, 35 ; 12, 31 ; 2Macc 12, 10.

182) 다음을 보라. Yigael Yadin, ***The Finds from the Bar-Kokhba Period in the Cave of Letters*** (JDS 1 ; Jerusalem: Israel Exploration Society, 1963) ; 같은 저자, *Bar-Kokhba* (Jerusalem: Weidenfeld & Nicolson, 1971).

183) 원시 그리스도교 문헌에서 갈라 1, 17 또한 4, 25 ; 사도 2, 11 ; *1 Clem.* 25. 1, 3(참조. 로마 15, 19)와는 별도로 아라비아가 언급된다. 다음을 보라. Adolf von Harnack, ***Die Mission und Ausbreitung des Christentums in den ersten drei Jahrhunderten*** (Leipzig: Hinrichs, ⁴1924) 699ff ; Bornkamm, *Paul,* 27 ; Mussner, 92 주 66. 이상한 것은 바울로의 방문 목적에 대한 Ambrosiaster의 언급이다(CSEL 81/3, p. 15).

184) Schlier, 58f도 그렇다. *πάλιν*("다시")는 갈라 4, 9 ; 사도 18, 18에서처럼 중복어다. BDF, §484 ; BDR, §484를 보라.

185) 사도 9, 3 이하 ; 22, 5 이하 ; 26, 12 이하 ; 20을 보라.

186) Justin *Dial.* 78. 10는 이와 다르다.

187) 신약 시대의 다마스커스에 관해서는 다음을 보라. Carl Watzinger and Karl Wunzinger, ***Damaskus, die antike Stadt*** (Berlin and Leipzig, 1921) ;

문학적으로 그것은 헬레니즘의 도시였으나, 커다란 유다 공동체를 이루고 있었다.[188] 만일 고린토전서 11장 32절의 정보가 옳다면, 그 도시는 나바태아왕 아레다 4세의 감독하에 있었음이 분명하다. 어쨌든, 다마스커스에 있는 그리스도교 회중은 가장 일찍 형성된, 심지어 바울로의 "개종"보다도 앞서 형성된 회중 중의 하나였다.[189]

보론 3. 사도(ἀπόστολος) : "현재 사도직의 기원과 개념에 관한 문제는 신학에서 가장 복잡하고 풀기 어려운 문제들 중의 하나다." 1896년 하우프트(Erich Haupt)가 내린 판단이자 1964년 쉬네멜혀(Wilhelm Schneemelcher)가 재언급한(HSW, *NT Apocrypha* 2.25에서) 이 판단은 오늘날에도 여전히 타당하다. 주요 문제들은 우리의 자료가 제한되어 있다는 사실에서부터 생기는데, 그 자료들만 가지고서는 그리스도교 최초의 시기와 사도직의 그리스도교적 개념의 시작을 충분히 밝혀낼 수 없다. 신약성서 자료들은 이미 진전된 발전단계의 반영들이긴 하나, 이 후대의 강력한 묘사가 현재까지의 역사적 연구들을 결정지었다.

사도직의 개념들에 대한 근본적인 문제들 중의 하나는 갈라디아서 논쟁이다. 그 편지의 호칭에서 바울로는 자신을 "사도"로 부른다(1, 1에 관해서 보라). 갈라디아서 1장 17절에서 그는 "나보다 먼저 사도가 된" 사람들에 대해서 말하나 그들을 열거하지는 않는다. 1장 18절에서 그는 게바를 그들 중의 하나로 언급하지만, 야고보에 대한 또 다른 칭호를 알고 있으며("주의 형제") 그 칭호로써 바울로는 야고보가 사도가 아니었다는 것을 지시하는 것 같다(1, 19에 관해서 보라). 예루살렘 회의에 관해서 언급할 때, 바울로는 "기둥들"인 야고보, 게바, 그리고 요한을 언급하나(2, 9), 그들이 또한 "사도들"

Louis Jalabert, "Damas," *DACL* 4(1920) 119—45 ; A. Legendre, "Damas," *DB* 2 (1912) 1213—32 ; A. Barrois, "Damas," *DB Sup* 2(1934) 277—87 ; Jean Sauvaget, *Les monuments historiques de Damas* (Beyrouth: Imprimerie Catholique, 1932) ; 같은 저자, "Esquisse d'une histoire de la ville de Damas," *Revue des études islamiques* 8(1934) 421—80 ; N. Elisséeff, "Dimashk," *Encyclopedia of Islam* 1 (1965) 277—91.

188) Josephus *BJ* 2.559—61 ; 7.368을 보라. 그 단편들이 쿰란에서도 발견된 "다마스커스 두루마리"가 다마스커스와 어떤 실제적인 관련을 갖고 있는지는 알려져 있지 않다. Joseph A. Fitzmyer, *The Dead Sea Scrolls: Major Publications and Tools for Study* (Missoula: Scholars, 1975)를 보라.

189) 사도 9, 10 이하를 보라. 참조. Harnack, *Mission und Ausbreitung*, 553, 622, 633, 655ff. 바울로가 쿰란종파의 다마스커스 지부와 어떤 접촉이 있었다는 것이 제시되었으나, 그것에 대한 증거가 없다. Braun, *Qumran*, 1.206을 보라.

로 불린다고는 말하지 않는다. 다음에 2장 9절에서 바울로는 "할례받은 자들을 위한 사도직"이 베드로에게 주어졌으나(!), 반면에 그 자신과 바르나바는 이방인들에게 보내졌다고 보고한다—그러나 병행구인 "할례받지 않은 자들을 위한 사도직"을 언급하지 않는다. 만일 이 묘사가 정확하다면, "기둥들"은 교회의 "권위자들"로서 예루살렘에 체류했던 자들이었으며, 반면 "사도"는 베드로가 디아스포라 상태에 있는 유다인들에 대한 선교로 비난받았을 때의 그의 칭호였다(!). 그러나 베드로는 "사도"로 불리웠던 유일한 사람은 아니었다(참조. 1, 17). 그러나 그 단계에서 바울로와 바르나바는 명백히 "사도들"로 불리지 않았다. 예루살렘에서의 논쟁점은 그들의 "사도직"도, 특히 바울로의 "사도직"도 아니었다(보론과 2, 1—10의 해석을 보라). 후에 바울로는 자신을 "이방인들의 사도"(...*εἰμι ἐγὼ ἐθνῶν ἀπόστολος* 〔로마 11, 13〕)로 불렀다. 이 특수한 개념은 갈라디아서 1장 1·12—16절에서 설명되는 것보다 더 자주 전제되고 있다. 그러나 그것은 로마서 1장 1—7절에서 주의깊게 규정된다. 바울로의 주장은, 그 자신도 흔히 인정하듯이, 원시 그리스도교에서 뜨겁게 논란되었다(참조. 고전 9, 1—27 ; 15, 1—11 ; 고후 10—13장 등). 바울로는 자신의 "사도직"이(아마 그의 반대자들로부터 빌린 용어로 보이는) "달이 차기 전에 태어난 자"(*ἔκτρωμα* 〔고전 15, 8〕)라는 것을 인정한다. 유다 그리스도교는 2세기에서조차도 "이방인들을 위한 사도"를 인정하지 않았다(참조. Irenaeus, *Adv. haer.* 1.26.2 ; 3.15.1 등 ; 자료와 개관을 위해서는 Walter Bauer in HSW, *NT Apocrypha* 2.71—74를 보라).

이 증거에 비추어 볼 때 사도직의 그리스도교적 개념이, 우리가 신약에서 발견하는 바와 같이, 하나의 기원에서 유래되는 것 같지 않다. (1) 우리는 사도직에 대한 바울로의 개념의 가장 가까운 병행들과 내력을 시리아의 영지주의에서 찾아볼 수 있다. 이 가설과 함께 우리는 비덴그렌(Geo Widengren)의 연구들을 따른다. (2) 예수가 살아있는동안 제자들과 관련하여 사용되었던 것과 같은 "사도" 개념은, 유다교에 그 뿌리를 두고 있을 것이다. 그러나 사도 개념이 유다교의 어떤 가지로부터 비롯된 것이며, 그 가지가 후에 규범을 벗어난 유다교(anormative Judaism)로 여겨진 것들과 어떤 관련이 있었는지에 관한 문제가 남는다. 어쨌든, 사도 개념에 대한 두 개의 뿌리가 있는 듯이 보인다. 그리고 그들은 원시 그리스도교의 기원이라고 하는 개척되지 않은 연구분야에서 갑자기 나타났다. 바울로의 사도직 개념은, 그가 갈라디아서 1장 1·12절—2장 10절에서 그것을 전개시키는 바와 같이, 영지주의자들 사이에서 대단히 널리 퍼졌다. 영지주의자들은 바울로를 뛰어난 "사도"로 간주했다. 이 사실과 함께, 바울로가 현상적으로 볼 때 마니(Mani)와 무하마드(Muhammad)같은 인물들과 비슷해 보인다는 사실은 우연이 아니라 바울로적 개념이 나왔을 법한 기원을 반영한다.

참고문헌 : Karl Heinrich Rengstorf, *TDNT* 1 *s.v.* "*ἀπόστολος*"; Harald Riesenfeld, "Apostel," *RGG* 1.497—99 ; Günter Klein, "Apostel," *BHH* 1.111—12 ; HSW, *NT Apocrypha* 2.35—89, 그리고 색인, *s.v.*; Walter Schmithals, *Office* ; 같은 저자, *Paul and the Gnostics;* Elaine H. Pagels, *The Gnostic Paul.* Geo Widengren의 연구에 충분한 관심이 기울여지지 않았다 : 다음을 보라. 그의 *The Great Vohu Manah and the Apostle of God: Studies in Iranian and Manichaean Religion* (Uppsala: Almqvist & Wiksell, 1945) ; 같은 저자, *The Ascension of the Apostles and the Heavenly Book* (Uppsala: Almquist & Wiksell, 1950) ; 같은 저자, *Muhammad, the Apostle of God, and His Ascension* (Uppsala: Almquist & Wiksell, 1955) ; 같은 저자, *Religionsphänomenologie,* 503ff, 506, 548, 555, 564, 566, 628f ; idem, *The Gnostic Attitude* (tr. and ed. Birger A. Pearson; Santa Barbara: University of California, 1973) 28ff, 그밖에 여러곳. *CMC*는 두루 그 개념을 가지고 있다(특히 17.7 ; 45.5f ; 60.13—63.1 ; 63.2ff ; 66.5 ; 71.17ff를 보라). 또한 Foerster and Wilson, *Gnosis* 2.325, *s.v.* "Apostle(s)," and 2.347, *s.v.* "Messenger"를 보라.

더 전통적인 사상 노선에 있는 것은 Karl Kertelge의 다음과 같은 연구논문이다. "Das Apostelamt des Paulus, sein Ursprung und seine Bedeutung, "*BZ* 14 (1970) 161—81 ; Joseph Eckert, "Die Verteidigung der apostolischen Autorität im Galaterbrief und im zweiten Korintherbrief," *Theologie und Glaube* 65 (1975) 1—19.

[18] 이 년 내지 삼 년[190] 뒤에서야[191] 바울로는 처음으로 예루살렘에 갔다 : "그리고 삼 년 후에……예루살렘에 올라가서." 바울로의 언급들은 간결하게 기록되어 있으며 그의 변호를 위해 필요한 것만을 포함한다. 이것은 그가 실제로 사용하는 저 말들을 강조하고 있다는 것을 뜻한다. "삼 년 후에"라는 귀절 때문에 16절c(참조. 17절 a)의 "즉시"(*εὐθέως*)라는 말이 이상하게 들린다. 바울로는 즉시 예루살렘에 올라간 것이 아니라 상당한 시간이 지난 후에 예루살렘에 갔다. "그리고"(*ἔπειτα*)는 바울로가 이 방문을 또 다른 시기의

190) 첫 해가 만 일년으로서 계산되므로, 그 시기를 정확히 결정짓는 것이 가능하지 않다. Schlier, 59를 보라.

191) 준거점이 불명확하다. 그가 그리스도의 환상을 본 후 삼년이었을까 또는 다마스커스로 돌아온 후 삼년이었을까? 예루살렘에의 바울로의 첫번째 방문을 사도행전과 조정하는 신빙성 없는 문제는 여기서 논의될 수 없다. 다음을 보라. Charles H. Talbert, "Again: Paul's Visits to Jerusalem," *Nov T* 9(1967) 26—40 ; D.R. De Lacey, "Paul in Jerusalem," *NTS* 20(1974) 82--86. 여기서 더 이상의 문헌을 볼 수 있다.

일부로 여기며,[192] 그리스도의 환상에 대한 반응의 일부가 아니라는 것을 나타낸다. 방문의 중요성은 바울로가 게바[193]만을 방문했으며, 두 주간이라는 짧은 기간 동안[194] 그와 함께 머물렀다는 사실에 의해 더 약화된다. 그의 방문은 공적인 성격이나 목적이 없었다. 그 방문을 묘사하기 위해 바울로는 이렇다 할 특징이 없는 어구(*ἱστορῆσαι Κηφᾶν*("게바를 만나려고")을 선택한다.[195] *ἱστορεῖν*이라는 용어가 많이 연구되었으나, 보통 그 귀절의 문학적인 문맥과 기능을 고려하지 않은 채 연구되었다. 확실히, 바울로는 이 때에 그가 복음 또는 예수에 대한 가르침을 받았다는 것(참조. 1, 12)을 배제하고 싶어한다.[196] 이 몇 년이 지난 후에 바울로가 유명한 게바를 비공식적으로 "방문"한 것은 이해할 수 있으며, 그 방문 사실이 그가 복음을 인간적 출처로부터가 아니라 신적 계시로부터 받았다는 주장에 문제를 제기하지는 않는다.[197]

---

192) *ἔπειτα*("그 다음")은 〈*narratio*〉의 첫 부분의 두번째 시기의 시작을 가리킨다(참조. 1, 21 ; 2, 1).

193) *Κηφᾶς*는 아람어 성 כיפא("바위")를 희랍어로 고쳐쓴 것이다. 바울로는 거의 언제나 게바를 이름으로서 사용한다(갈라 1, 18 ; 2, 9·11·14 ; 고전 1, 12 ; 3, 22 ; 9, 5 ; 15, 5). 갈라 2, 7·8은 예외다. 거기서 *Πέτρος*("베드로")가 사용된다. 본문 전승의 문제는 어려운데 사본 전승의 일부에서 "게바"가 "베드로"에 의해서 대체되었기 때문이며, 아마 "베드로"가 후에 선택된 이름이 되었기 때문일 것이다. Metzger, ***Textual Commentary***, 591. "게바"에 관해서는 또한 Joseph A. Fitzmyer, "The Contribution of Qumran Aramaic to the Study of the New Testament," *NTS* 20 (1974) 382—407, 401을 보라.

194) *ἡμέρας δεκαπέντε* ("15일"), Bauer, *s.v.* *δέκα*를 보라.

195) 다음을 보라. 예컨대, George D. Kilpatrick, "Galations 1 : 18 *ΙΣΤΟΡΗΣΑΙ ΚΗΦΑΝ*," in ***New Testament Essays, Studies in Memory of T. W. Manson*** (Manchester: Manchester University, 1969) 144—49 ; Oscar Cullmann, ***Peter: Disciple, Apostle, Martyr*** (Philadelphia: Westminster, ²1962) 40.

196) "…로부터 정보를 얻음"으로 *ἱστορέω*를 해석하는 Kilpatrick의 입장은 언어학적으로는 가능할지라도, 바울로의 변호에 어긋난다. 또한 다음을 보라. W.D. Davies, ***The Setting of the Sermon on the Mount***(Cambridge: Cambridge University, 1966) 453—55 ; Ernst Haenchen, "Petrus-Probleme," *NTS* 7(1961) 187—97.

197) 이것은 Chrysostom, Jerome, Augustine, Ambrosiaster에 의해서 잘 이해되었다(Mussner, pp. 94ff에 의해서 발췌된 인용문들을 보라). Jürgen Roloff (***Apostolat-Verkündigung-Kirche*** [Gütersloh: Mohn, 1965] 67f, 86)는 다르게 생각한다. 그는 또한 바울로가 예수에 대한 그리고 지상에서의 그의 삶에 대한 믿을 만한 정보를 얻기 위해, 그리고 그의 신

보론 4. 게바 : 바울로는 갈라디아에서 여러 차례 게바(베드로)를 그리스도교의 지도적 인물로 언급한다. 그가 처음 예루살렘으로 여행갔을 때, 그것은 게바를 방문하기 위한 것이었다(1, 18). 게바는 그 당시 사도들 가운데서 지도적인 인물이었던 것 같다(1, 19), 소위 사도회의에서(2, 1—10) 게바는 바울로와 바르나바와 함께 합의에 이르렀던 "기둥들" 중의 하나로서, 야고보 다음이며 요한 앞에 등장한다(2, 9). 그 합의는 그에게 유다인들에 대한 선교 책임을 맡겼다(2, 7—8 : 이 귀절에서 그의 이름은 베드로로 언급된다〔이 문제에 관해서는 아래 2, 7에 관해서 보라〕). 후에 안티오키아에서(2, 11—14) 바울로는 서로 헤어지게 되는 계기가 되었던 저 심각한 충돌에서 게바와 부딪쳤다. 게바의 영향력은 고린토에서의 게바 그룹의 존재에 의해서 더 잘 입증된다(고전 1, 12 ; 이것에 관해서는 아래 언급된 Vielhauer의 논문을 보라). 원시 그리스도교 문헌의 다른 부분들에서 게바—베드로라는 인물은 대개 전설에 의해 알려지며, 믿을 만한 역사적 자료는 희귀하다. 아마 믿을 만한 자료에 의존하고 있는 단락인 요한복음 1장 35—42절은 그의 이름을 "요한의 아들 시몬" (*v.l.* "요나의 아들")[198]으로, 그리고 그와 그의 형제의 고향을 베싸이다로 표현한다.[199] 두 형제들, 시몬과 안드레아는 예수의 제자가 되기 전에는 세례자 요한의 제자들이었다. 시몬은 결혼했으며(마르 1, 29—31 ; 고전 9, 5), 가파르나움에 집이 있었는데(마르 1, 29) 최근의 발굴작업에서 나온 집이 그 집일지도 모른다. 그의 직업은 어부였을 것이다(마르 1, 16 병행 ; 루가 5, 2 ; 요한 21, 3). "게바"는 존칭적인 이름이다(아람어 כיפא "바위"; 희랍어 *πέτρα*, 는 *Κηφᾶς*로 옮겨 쓰이며 희랍어로 *Πέτρος*로서 번역된다. 라틴어 ***Petrus***, 영어 "Peter"). 언제 그리고 왜 시몬이 이 이름을 얻었는지는 그의 소명 전설에서 묘사된다(마태 16, 16—19).[200] 예수가 죽은 후, 게바는 환상에서 부활한 예수를 본 첫번째 사람이었을 것이다(고전 15, 5 ; 루가 24, 34). 그는 예루살렘 교회의 제 1 인자로서 등장한다(갈라 1, 18 ; 사도 1, 15 그리고 도처에). 순교자로서의 그의 죽음은 신약성서에서 입증된다(참조. 요한 21, 18—19 ; 베전 5, 1〔?〕; 베후 1, 14 ; 또한 1 *Clem.* 5. 1—7을 보라). 전승에 의하면 로마가 순교의 장소이나(가장 그럴 듯하다), 그것은 소아시아와 시리아

학을 베드로의 신학과 조정하기 위해 그 방문을 이용했다고 생각한다.

198) 마태 16, 17에서 그 이름은 *Σίμων βαριωνᾶ*이다 ; 요한 1, 43에서 그것은 *Σίμων ὁ υἱὸς Ἰωάννου*이다. 요한 21, 15·16·17 : *Σίμων Ἰωάννου*; 베후 1, 1 : *Συμεών*. Samuel Sandmel, "John," *IDB* 2. 930.

199) 요한 1, 44 ; 12, 21. 그 위치의 문제에 관해서는 Bauer, *s.v.*; Michael Avi-Yonah, "Beth-Saida," *IDB* 1. 396f 참고문헌을 보라.

200) 마태 16, 16—18 ; 요한 1, 42 ; 또한 *PGL, s.v. πέτρα*를 보라. 바울로의 소명에 대한 병행구로서 마태 16, 16—19에 관해서는 갈라 1, 15·16을 보라. 고전 15, 3—5에 관해서는 Conzelmann, *1 Corinthians*, 248—57을 보라.

도 될 수 있다(덜 그럴 듯하다). 바티칸 밑에서 발견된 "베드로의 무덤"이 역사적인지, 또는 그것에 대한 것이 역사적인지는 모든 공표에도 불구하고 여전히 의심스럽다. 게바가 죽은 날짜 또한 불확실하다. 僞 클레멘트 문서에 들어 있는 反 바울로적 문헌들은 바울로의 주요 반대자들로서 야고보와 함께 베드로를 내세운다. 이 상황은 갈라디아서와 일치되는 것으로 보이며, 실제로 그것은 역사적일지도 모른다.

참고문헌 : Oscar Cullmann, *Peter: Disciple, Apostle, Martyr*(tr. Floyd v. Filson; Philadelphia: Westminster, ²1962) ; 같은 저자, *TDNT* 6, *s.v.* "*Πέτρος, Κηφᾶς*," 참고문헌과 함께 ; Karl Heussi, *Die römische Petrustradition in kritischer Sicht* (Tübingen: Mohr, Siebeck; 1955) ; Kurt Aland, "Wann starb Petrus? Eine Anmerkung zu Gal. Ⅱ 6," *NTS* 2(1955/56) 267—75 ; Gerhard Schulze-Kadelbach, "Die Stellung des Petrus in der Urchristenheit," *ThLZ* 81(1956)1—14 ; Erich Dinkler, "Die Petrus-Rom-Frage," *ThR* 25(1959) 189—230, 289—335 ; 27(1961), 33—64 ; Erick Peterson, "Das Martyrium des Hl. Petrus nach der Petrus-Apokalypse," in his *Frühkirche, Judentum, Gnosis* (Freiburg: Herder, 1959) 88—91 ; Ernst Haenchen, "Petrus-Probleme," *NTS* 7(1960/61) 187—97 ; Klein, *Rekonstruktion*, 11ff, 49ff, 99ff ; Paul Gächter, *Petrus;* Béda Rigaux, "Der Apostel Petrus in der heutigen Exegese: Ein Forschungsbericht," *Concilium* 3(1967) 585—600 ; Rudolf Pesch, "Die Stellung und Bedeutung Petri in der Kirche des NT," *Concilium* 7(1971) 240—45 ; John K. Elliott," *Κηφᾶς: Σίμων Πέτρος: ὁ Πέτρος*: An examination of NT Usage," *Nov T* 14(1972) 241—56 ; HSW, *NT Apocrypha* 2, 문헌; Raymond E. Brown (ed.), *Peter in the New Testament* (Minneapolis: Augsburg, 1973); Philipp Vielhauer, "Paulus und die Kephaspartei in Korinth," *NTS* 21(1975) 341—52 ; Daniel W.M. O'Conner, "Peter in Rome: A Review and Position," in *Christsanity, Judaism and other Graeco-Roman Cults: Studies for Morton Smith at Sixty* (Leiden: Brill, 1975) 2.146—60 ; Michael Mees, "Das Petrusbild nach ausserkanonischen Zeugnissen," *ZRGG* 27(1975) 193—205.

[19] 바울로는 그가 예루살렘에서 적어도 다른 한 사람을 만났다는 것을 인정해야 하나, 이것이 방문의 사적 성격을 바꾸지 않는다. 먼저 그는 사도들 중에 다른 사람을 만났다는 것을 부인한다 : *ἕτερον δὲ τῶν ἀποστόλων οὐκ εἶδον*("다른 어떤 사도와도 만난 일이 없읍니다").[201] 분명히 바울로는 게바를 역시 예루살렘에

201) 다음을 보라. L. Paul Trudinger "*ΕΤΕΡΟΝ ΔΕ ΤΩΝ ΑΠΟΣΤΟΛΩΝ*

있었던, 그리고 만일 그가 보기를 원했다면 만날 수 있었던 사도들 속에 포함시킨다. 이 "다른 사도들"이 누구였으며 왜 바울로가 그들을 방문하지 않았는지 우리는 알지 못한다.[202] 클라인(G. Klein)은[203] 이 사도들을 "열 두 제자"(*οἱ δώδεκα*)라 불린 그룹과 동일시 할 이유가 없음을 설득력 있게 보여주었다. 그러나 바울로는 또한 주의 형제, 야고보를 만났다는 것을 인정하도록 강요당한다 : *εἰ μὴ Ἰάκωβον τὸν ἀδελφὸν τοῦ κυρίου*("주의 형제 야고보밖에는"). 바울로가 야고보를 사도로 여겼는지 어떤지에 관한 문제는 광범위하게 논의되어 왔다.[204] 그 답변은 *εἰ μή*가 포괄적으로("……은 별문제로 하고") 해석되어야 하는지 또는 배타적으로("……을 제외하고") 해석되어야 하는지의 여부에 달려 있다. 맨먼저 야고보는 "다른 사도들" 중의 한 사도로 여겨졌으나, 반면 후자의 경우 그는 다른 범주에 속한다. 언어학적으로 양자모두 타당성이 있다. 야고보가 원시 그리스도교에서 특별한 위치[205]를 차지했다는 것은 다른 귀절들로부터 명백하다. 그것은 그의 칭호에 의해서 표시되었다 : "주의 형제"(*ὁ ἀδελφὸς τοῦ κυρίου*).[206] 확실히 그는 "사도"[207]로도 "열 두 제자" 중의 하나로도 여겨지지 않았다. 그

OYK EIΔON EI MH IAKΩBON: A Note on Galatians i 19, "*NovT* 17(1975) 200—202). 그는 다음과 같이 번역할 것을 제안한다. "나는 주의 형제, 야고보 외에는 사도들과는 다른 어느 누구도 만나지 않았읍니다." 그런 부정에 대해서는 또한 *Herm. Vis.* 1.1.2에 있는 평행귀절를 보라—D* lat는 *εἶδον οὐδένα*로 읽고, P51vid E는 *οὐκ εἶδον οὐδένα*로 읽는다. 이 異讀들은 본문을 명백하게 하려는 이차적인 시도들일 것이다. 참조. Zahn, 71 주 86.

202) 갈라 1, 17a를 보라. Zahn(pp. 70f)은 바울로가 사도 9, 26—30에서 우리가 읽는 것의 정반대를 말한다고 지적한다—마치 바울로가 그 이야기의 그런 번역본을 부인하고 싶어하는 것처럼 사도행전은 또한 바울로의 곤경에 대한 이유들을 말한다. 교회가 그를 신뢰하지 않으며, 유다인들은 적대적이다. 아마 이것이 사실인 것 같다(Lietzmann, 9; Oepke). 다른 사도들이 그 당시 도시에 없었을지 모른다는 Ramsay(pp. 238f)와 Sieffert (p. 70)의 제안은 무리다.

203) Klein, *Zwölf Apostel*, 44ff(위 주 103) ; 참조. Schmithals, *Office*, 82ff. 대부분의 주석가들은 야고보를 열두 제자 가운데 넣지 않았다(예, Zahn, Schlier, Oepke, Bonnard, Mussner).

204) 다음을 보라. Lightfoot 252—91 ; Josef Blinzler, *Die Brüder und Schewestern Jesu*(SBS 21 ; Stuttgart; Katholisches Bibelwerk, 1967) 119ff.

205) 고전 9, 5는 사도들, 주의 형제들, 그리고 게바를 구별한다.

206) 이 칭호는 *Kerygmata Petrou* (ps.-Clem. *Hom.* 11. 35. 4〔참조. 부록 3. b〕)에서도 야고보에게 주어진다. Strecker, *Judenchristentum*, 194f를 보라.

렇다면 왜 바울로가 게바(18절)와 야고보의 이름을 언급하는가 하는 문제가 또한 제기된다. 그가 그렇게 하는 것은, 반대파들이 이 두 사람들로부터 자기들의 권위를 끌어낸다는 사실 때문일 것이다.[208]

보론 5. 야고보 : "주의 형제"[209] 야고보는 그 이름을 가진 신약성서의 다른 인물들과 혼동되어서는 안 된다. 예를 들어 제베대오의 아들 야고보와 알패오의 아들 야고보 등과는 구별되어야 한다. 마르코복음 6장 3절(=마태 13,55)은 야고보를 예수의 형제들 중의 하나로 언급한다. 예수의 생애동안 야고보는 예수 운동의 일원이 아니었다(참조. 마르 3,21·31—35, 그리고 병행구; 요한 7,3—5). 바울로처럼 야고보는 예수의 환상을 보고 개종했다(고전 15,7).[210] 그는 예루살렘 교회의 일원이 되었으며(사도 1,14) 빨리 유명해졌다(갈라 1,18—19 ; 2,1—10 ; 사도 15,13 ; 21,18—19). 베드로가 떠난 후(사도 12,17) 그는 유다 그리스도교의 지도적 인물이 되었다. 순교자로서의 그의 죽음은 A.D. 62년에 있었던 것으로 요세푸스에 의해서 입증된다.[211] 그는 그 자신의 경건함 때문에 ὁ δίκαιος("올바른 사람")란 칭호로 불렸다.[212] 야고보의 신학에 대해서 알려진 바는 없으나, 그가 죽은 후 그는 유다 그리스도교에서 중요한 인물이 되었으며, 僞 서간문서들의 저자 또는 수신인이 되었다.[213] 바울로의 반대파들은 야고보를 그들의 지도자로 만들었다. 그 과

---

207) Zahn, 70f.

208) 참조. 특히 갈라 2,11—14 그리고 반바울로의 *Kerygmata Petrou*(아래 부록, 3.c를 보라).

209) 이것은 그의 칭호이다(Hegesippus, in Eusebius *H.E.* 2.23.4; Epiphanius *Adv. haer.* 78.13 등을 보라).

210) 그 환상은 *Gospel according to the Hebrews* (in Jerome *Vir. inl.* 2 ; 참조. HSW, *NT Apocrypa* 1.165)에서 더 길게 이야기된다.

211) Josephus, *Ant.* 20.200 ; Hegesippus, in Eusebius *H.E.* 2.23.10—18 ; 1 and 2 *Apoc. Jas. NHC* V.3, 42.20—44,6 ; V.4,61,1—63,29. 다음을 보라. Nils Hyldahl, "Hegesipps Hypomnemata," *StTh* 14(1960) 70—113, 특히 103ff ; Alexander Böhlig, *Mysterion und Wahrheit* (Leiden: Brill, 1968) 102—11 ; Kurt Rudolph, "Gnosis und Gnostizismus," *ThR* 34(1969) 157ff ; 36(1971) 118f ; Karlmann Beyschlag, "Das Jakobusmartyrium und seine Verwandten in der frühchristlichen Literatur," *ZNW* 56(1965) 149—83 ; Donald H. Little, *The Death of James the Brother of Jesus* (Ph. D. diss.; Houston: Rice University, 1971).

212) 야고보의 칭호들에 관해서는 다음을 보라. Charles H. Torrey, "James the Just, and His Name Oblias," *JBL* 63(1944) 93—98 ; Klaus Baltzer and Helmut Koester, "Die Bezeichnunh des Jakobus als *ΩΒΛΙΑΣ*," *ZNW* 46(1955), 141f ; Hyldahl, 앞 책, 103ff.

213) 야고보서에 관해서는 주석서들과 신약에 대한 개론을 보라 ; 신약 위경에 관해서는 HSW *NT Apocrypha*, 색인 ; ps-Clem. 문헌에 관해서는

경은 갈라디아서 2장 11—14절에서 시작하여 2세기의 유다—그리스도교 그룹들에서 계속된다.[214)]

참고문헌 : 자료들은 Theodor Zahn, *Forschungen zur Geschichte des neutestamentlichen Kanons und der altchristlichen Literatur* (6.2 ; Leipzig: Deichert, 1900)에 수집되어 있다. 참고서 : Kurt Aland, *RGG*³ 3.525—26 ; William A. Beardslee, *IBD* 2.790—94; Karl-Heinrich Rengstorf, *BHH* 2.800; Schürer(1973) 1. 428—41 : "Excursus Ⅱ : Josephus on Jesus and James." 연구논문 : Franz Mussner, *Jakobusbrief* § 1—2 ; Hugo Koch, "Zur Jakobusfrage Gal 1 : 19," *ZNW* 33 (1934) 204—09 ; Hans von Campenhausen, "Die Nachfolge des Jakobus: Zur Frage eines urchristlichen Kalifates," *ZKG* 63 (1950/51) 133—44 ; Ethelbert Stauffer, "Zum Kalifat des Jakobus," *ZRGG* 4(1952) 193—214 ; Paul Gächter, *Petrus*, 258—310 ; William K. Prentice, "James the Brother of the Lord," in *Studies in Roman Economic and Social History in Honor of A.C. Johnson* (ed. Paul R. Coleman-Norton; Princeton University, 1951) 144—52 ; Munck, *Paul*, 여러 곳; Ethelbert Stauffer, "Petrus und Jakobus in Jerusalem," in *Begegnung der Christen* (ed. Maximilian Roessle and Oscar Cullmann; Stuttgart and Frankfurt: Evangelischer Verlag, 1960) 361—72 ; Joseph Blinzler, *Die Brüder und Schwestern Jesu* (SBS 21: Stuttgart: Katholisches Bibelwerk, 1967) 119ff ; Schmithals, *Paul and James*, 여러 곳; Schoeps, *Theologie und Geschichte*, 여러 곳 ; 같은 저자 *Jewish Christianity*, 여러 곳.

[20] 엄숙한 맹세[215)]로써 앞의 이야기가 종결된다.[216)] 바울로는 진실을 말했다는 것을 확인하기 위해 맹세 법식을 사용한다 : ἃ δὲ γράφω ὑμῖν, ἰδοὺ ἐνώπιον τοῦ θεοῦ ὅτι οὐ ψεύδομαι("내가 지금 여러분에게 쓰는 이 말은 하느님 앞에서 결코 거짓말이 아닙

Strecker, *Judenchristentum*, 여러 곳을 보라. 나그 함마디 사본들은 *Ap. Jas.*를 포함한다(Codex Jung, 1〔=2, 최근의 발견에 의하면, James M. Robinson〕). 그리고 두 *Apoc. Jas.*(위 주 211을 보라).

214) Strecker, *Judenchristentum*, 187 이하 ; Schoeps, *Jewish Christianity*, 여러 곳을 보라.

215) 맹세의 다른 예들에 대해서는 로마 1,9 ; 9,1 ; 고전 15,31 ; 고후 1,23 ; 11,31 ; 필립 1,8 ; 데전 2,5·10 ; 디전 5,21 ; 디후 2,14 ; 4,1. Theodor Klauser, "Beteuerungsformeln," *RAC* 2.218—24.

216) 주석서들은 어떤 본문이 맹세에 포함되는지에 관해서 다르다. Burton(p. 61)은 13절부터 또는 15절이후부터 모든 것을 포함시키려 한다. Sieffert (p.71)는 18f절만 ; Schlier (p.62)는 19절만, 나는 Burton에 동의하고 싶으나, 그 결정은 직관적이다.

니다!"). 수사학에서 그런 맹세의 기능은 의심받고 있는 점을 감추기 위한, 일종의 "증거"를 제공하는 것이다.[217] 그러나 바울로의 말들이 너무 간결해서, 우리는 그 말만 보고서는 의심받았던 것이 무엇이고 그 이유가 무엇인지를 단정지을 수 없다. 우리는 사도행전 9장 26—30절이, 바울로의 확신보다는 오히려 의심들을 뒷받침하는 또 다른 전승의 이야기를 보여준다고 말할 수 있다. 그러나 사도행전이 바울로에게 불리했던, 또는 후에 불리한 것으로 나타났던, 또는 바울로의 반대자들이 그에게 반대하기 위해 사용했던 전승들을 포함했는지의 여부는 알 수 없다.[218]

[21] 바울로의 활동의 다음 국면은 예루살렘으로부터 멀리 떨어진, 그곳으로부터 미치지 않는 지방들이었다.[219]: *ἔπειτα ἦλθον εἰς τὰ κλίματα τῆς Συρίας καὶ τῆς Κιλικίας*("그 후에 나는 시리아와 길리기아 지방으로 갔읍니다"). 바울로가 어떤 지역들을[220] 염두에 두고 있는지 명백하지 않으나, "시리아"[221]는 안티오키아 주변

217) 수사학에서 맹세의 기능에 대해서는 ps.-Aristotle, ***Rhet. ad Alex.*** 17, p. 1432a 33을 보라. 그 주제에 관해서는 다음을 보라. Kurt Latte, ***Heiliges Recht*** (Tübingen: Mohr, 1920) chap. 1; Volkmann, ***Rhetorik***, 184—86; Lausberg, ***Handbuch***, § 351; Martin, ***Rhetorik***, 98, 100.

218) 이 제안들은 많은 학자들에 의해서 되어왔다. 참조. Zahn, 74; Bligh, 142; Eckert, ***Die urchristliche Verkündigung***, 181; Mussner.

219) 갈라 1,21은 사도 9,30과 일치한다. 거기서 바울로는 다르소로 파견되는데, 그것은 그를 죽이려는 예루살렘의 유다인들의 손길이 미치지 않는 곳에 그를 두기 위해서다. 갈라 1,21과 루가 이전의 자료일 수도 있는 사도의 편지의 문안인 사도 15,23 사이에 또 일치가 있다. 이 편지는 "안티오키아와 시리아와 길리기아에 있는 사람들"에게 보내진 것이다. 지방들은 갈라 1,21과 같고, 이름들은 로마 지방으로서의 시리아에 대한 루가의 전형적인 이해에 일치하지 않는다.

220) *τὰ κλίματα*는 로마의 속령들이 아니라 "지방들"을 가리킨다. 참조. 로마 15,23; 고후 11,10에서 그 용어의 사용, Ramsay, ***A Historical Commentary on St. Paul's Epistle to the Galatians*** (Grand Rapids: Baker, 1965) 278ff; Bauer, *s.v.*를 보라.

221) 갈라 1,23은 바울로가 유다를 시리아의 일부로서 여기지 않고 있음을 보여준다. 그것은 그가 유다를 포함하는 지역을 염두에 두고 있지 않다는 것을 의미한다. 참조. 마태 4,24; 루가 2,2; 사도 18,18; 20,3; 21,3. 시리아에 관해서는 다음을 보라. René Dussaud, ***Topographie historique de la Syrie antique et médiévale*** (Paris: Geuthner, 1927); Ernst Honigmann, "Syria," *PW* 2. Reihe 4(1932) 1549—1727, bib.; Jean Lassus, "Syrie," *DACL* 15. 2(1953) 1855—1942, 참고문헌과 함께; Helmuth Th. Bossert, ***Alt-Syrien*** (Tübingen: Wasmuth, 1951);

에 있는 다소의 남쪽 지역을, 그리고 길리기아[222]를 바울로의 고향 다르소 주변에 있는 지역을 언급한다고 가정해도 무방하다.

[22] 바울로가 시리아와 길리기아로 떠남으로써 그는 유다에 있는 유다—그리스도 교회들에 개인적으로[223] 알려지지 않았다[224] : *ἤμην δὲ ἀγνοούμενος τῷ προσώπῳ ταῖς ἐκκλησίαις τῆς Ἰουδαίας ταῖς ἐν Χριστῷ*("그래서 유다에 있는 '그리스도'의 교회들은 나를 개인적으로 알 기회가 없었읍니다"). 바꿔 말해, 필시 바울로는 그들의 모임에 나가지 않았을 것이며 그들로부터 가르침을 받지 않았을 것이다.[225] 이 그리스도교 교회들은 어떤 종류의 교회들이었으며,[226] 왜 바울로는 여기서 그들을 언급하는 것일까? 유다[227]는 사마리아의

Philip K. Hitti, *History of Syria, Including Lebanon and Palestine* (London: MacMillan, ²1957) ; Henri Seyrig, *Antiquités syriennes* (5 vols.; Paris: Geuthner, 1934—58) ; Georges Tchalenko, *Villages antiques de la Syrie du Nord* (3 vols.; Paris: Geuthner, 1953—58) ; Jones, *Cities*, 226—94, 각주와 함께 ; Magie, *Roman Rule* 1, 360ff와 색인, *s.v.* Syria.

222) *Κιλικίας* 앞에 있는 관사의 반복은 특수하다. ℵ* 33 1611 pc만이 그것을 생략한다. 사도 15, 41에서 어떤 MSS는 관사를 삽입한다(Burton, 62를 보라). 길리기아는 66 B.C. 이래로 로마의 속령이었다 : 그곳의 유다 공동체는 사도 6, 9에서 언급된다. 길리기아에 관해서는 Ruge, "Kilikia," *PW* 11(1921) 385—90 ; Konrat Ziegler, *KP* 3(1969) 208f ; Jones, *Cities*, 191—214, 참고문헌과 함께 ; Magie, *Roman Rule*, 266ff, 그리고 색인 ; Machteld J. Mellink, "Cilicia," *IDB* 1, 426—28을 보라.

223) 관계의 여격을 가진 *τῷ προσώπῳ*("얼굴로, 개인적으로")는(참조. BDF, § 197 ; BDR, § 197) 1, 23과 대조적이다 : "소문을 듣고" 참조. 또한 데전 2, 17 ; 3, 10 ; 골로 2, 1 그리고 Bauer, *s.v.* 1, b.

224) *ἤμην ἀγνοούμενος*는 迂言的 어법이다. BDF, § 352f를 보라. Lagrange는 뒤에 나오는 *ἀκούοντες ἦσαν* (1, 23)과 함께 계속의 半과거로서 번역한다 : "*Or je n'était point connu....*"

225) 바울로의 언급은 사도 9, 26—30과 모순된다. 거기서는 바울로가 예루살렘에서 전도했으며 자유로이 그 도시 안팎으로 다녔다는 것이 가정된다. 그 귀절들을 조화시키려는 더 오래된 시도들에 대해서는 Sieffert, 73을 보라.

226) 그 교회들의 자상한 명칭에 대해서는 데전 2, 14 참조 : *αἱ ἐκκλησίαι τοῦ θεοῦ αἱ οὖσαι ἐν τῇ Ἰουδαίᾳ ἐν Χριστῷ Ἰησοῦ*("그리스도 예수 안에서 유다에 있는 하느님의 교회"). 또한 데전 1, 1 ; 데후 1, 1 ; 사도 9, 31 ; 10, 37 ; 11, 1·29를 보라. Klaus Berger, "Volksversammlung und Gemeinde Gottes. Zu den Anfängen der christlichen Verwendung von 'ekklesia'," *ZThK* 73(1976), 167—207, 187f.

227) 유다에 관해서는 다음을 보라. Georg Beer, *PW* 9(1916) 2458—60 ; Hans W. Hertzberg, *RGG* 3. 964f ; Kenneth Clark, "Judea," *IDB* 2. 1011f ;

남쪽, 네게브의 북쪽 지역이었으며, 그 경계는 서쪽으로는 지중해, 동쪽으로는 요르단강과 사해였다. 우리는 이 교회들의 정확한 위치를 알지 못한다. 아마도 예루살렘은 그중 하나로 간주되었을 것이다. 적어도 바울로는 그 교회들을 따로따로 구별해 생각하지 않는다.[228] 갈라디아서 1장 22절은 이 교회들에 대한 가장 오래된[229] 언급들에 속하며, 이 교회들은 그리스도교 세계에서 가장 오래된 교회들임에 틀림없다.[230] 종교적으로, 그것들은 유다—그리스도교였으며 율법을 충실히 지켰다.[231] 후대의 반—바울로파는 이 교회들에 그 뿌리를 두었다. 갈라디아에 들어온 그 침입자들은[232] 거기서부터 유래했을 것이다. 바로 이 때문에 바울로는 여기서 그 교회들을 언급했을 것이다. 그 교회들은 바울로를 직접적으로 알고 있지 못했다. 다시 말해 그를 개인적으로 알지 못했던 것이다. 그 교회들이 알고 있던 것은 소문뿐이었다(23절).[233]

[23—24] 만일 그 당시 바울로의 반대파가 자신들의 권위를 유다 교회들로부터 끌어왔다면, 바울로가 과거의 그 교회들의 증언으로 제시한 바에 의하면 이것은 정당화되지 못했다.[234]

Jones, *Cities*, 233, 235, 248f, 251—58, 269—81 ; Schürer, *History* 1, 여러 곳(위 주 172) ; M. Stern, "The Province of Judaea," *Compendium Rerum Judaicarum ad Novum Testamentum* (Assen: Gorcum, 1974) 1. 308ff.

228) 대부분의 현대 주석가들이 그렇게 생각한다 : Burton, Oepke, Schlier, Mussner. Eckert, *Die urchristliche Verkündigung*, 182f에 있는 논의를 보라.

229) 다른 언급은 후대의 삽입일 수 있다. Birger A. Pearson, "1 Thess 2 : 13—16 : A deutero-Pauline Interpolation," *HTR* 64 (1971) 79—94를 보라.

230) 다음을 보라. Harnack, *Mission und Ausbreitung*, 50ff ; Leonhard Goppelt, *Apostolic and Post-Apostolic Times* (London: Black, 1970) 25ff ; Hans Conzelmann, *History of Primitive Christianity* (tr. John E. Steely; Nashville and New York: Abingdon, 1973) 62ff.

231) 이 점에서 바울로(참조. 갈라 2, 1 이하)와 사도행전(참조. 2, 46 ; 3, 1 이하 ; 5, 12·20·21·42 ; 15, 1 이하 ; 21, 26 등)이 일치한다. 저 이른 시대에 그가 율법에서 자유로운 복음을 선포했다는 것을 바울로는 말하지 않는다. 만일 그가 이것을 했었더라면, 유다의 그리스도인들은 그것을 거의 찬성할 수 없었을 것이다.

232) 다시, 바울로와(참조, 갈라 2, 1ff·12 ; 로마 15, 31) 사도행전이 일치한다. 바울로가 토라없이 그의 복음을 전하기 시작했을 때, 아마 이 교회들이 그를 배반한 것같다.

233) 1, 23 : μόνον δὲ ἀκούοντες ἦσαν ὅτι....

바울로가 그리스도교로 개종했던 초기에, 믿음에 대한[235] 그의 설교를 그 교회들은 적극적으로 받아들였다.[236] 바울로는 그 당시 그들이 자신에 관해서 유포시키고 있던 것을 축어적으로 인용한다.[237] : ὁ διώκων ἡμᾶς πότε νῦν εὐαγγελίζεται τὴν πίστιν ἥν ποτε ἐπόρθει("전에 자기들을 박해하던 사람이 지금은 전에 없애려고 애쓰던 그 신앙을 전파하고 있다").[238] 그 교회들은 사건들의 이러한 전환을 하느님의 역사로서 받아들였으며,[239] 그 점에 있어서 그를 찬양하였다 : καὶ ἐδόξαζον ἐν ἐμοὶ τὸν θεόν("그들은 내가 하는 일로 하느님께 영광을 돌렸읍니다").[240] 에른스트 밤멜(Ernst Bammel)[241]은, 그 "인용"이 유다 교회들 자체로부터 나온 바울로 이전의 사상들을 포함하고 있으며, 따라서 우리는 여기서 실제로 그리스도교의 가장 오래된 신학적 진술들 중의 하나를 보게 된다는 것을 보여주려고 하였다. 바울로 이전의 사상들은 바울

---

234) 바울로는 그가 개인적으로 유다의 교회들을 박해했다고 말하지 않으나 사도행전이 그것을 가정한다(참조. 7, 58 ; 8, 1·3 ; 9, 1 ; 26, 10). Burton, 65를 보라 : "유다에 있는 교회들이 이 시기에 바울로의 선교 활동에서 발견했던 만족은 후에 예루살렘에서 전개되었던 그에 대한 반대와 날카롭게 대조된다." Goppelt, *Apostolic and Post-Apostolic Times*, 73는 다르게 생각한다. 만일 유다에 있는 유다인 그리스도인들이 토라에 따르고 있었다면, 바울로는 그들을 박해할 이유가 없었을 것이다. 또한 다음을 보라. Walther Schmithals, *Paul and James*, 24 ; Bligh, 143 ; Eckert, *Die urchristliche Verkündigung*, 182f.

235) 절대적인 상태 안에 있는(3, 23—25 ; 6, 10 처럼) 여기서의 πίστις("믿음")은 신앙의 행동이라기 보다는 믿음의 내용으로서(*fides quae creditur*) 이해된다. Rudolf Bultmann, "πιστεύω," *TDNT* 6. 209ff. 그 용어가 절대적으로 바울로적인지 또는 일반적으로 그리스도교적인지는 분명하지 않다. 그러나 그 점을 지나치게 강조해서는 안 된다(Ernst Bammel이 하듯이, "Galater 1, 23," *ZNW* 59〔1968〕 108).

236) 남성 분사를 여성 명사와 연결시키는 문제에 대해서는 BDF, § 134, 2 ; BDR, § 134, 2를 보라.

237) ὅτι는 서술적이다. BDF, § 470 ; BDR, § 470을 보라.

238) 참조. 또한 갈라 1, 13에 관해서, 또한 여기서 G는 ἐπόρθει 대신 ἐπολέμει로 읽는다.

239) 유다인 그리스도인들은 그들의 박해의 끝을 지시하지 않는다. 그러므로 ἡμᾶς("우리들을")가 박해받은 자들이 누구였는지를 자세히 말하지 않는다. 만일 우리가 우리 앞에 "방랑하는 메시지"를 가지고 있다면 특히 그렇다. 다른 견해에 대해서는 Oepke, 38. 참조.

240) 이 귀절은 또한 로마 1, 21 ; 15, 6·9 ; 고전 6, 20 ; 고후 9, 13에서 그리고 복음서들과 사도행전에서 흔히 발견된다. 비슷한 것은 Flaccus의 체포 후 유다인들의 기도이다(Philo *Flacc.* 123f).

241) "Galater 1, 23," *ZNW* 59(1968) 108—12, Barnikol, *Zeit des Paulus*, 57—59를 보라. 참조. Burchard, *Der dreizehnte Zeuge*, 49 주 34.

로의 회심을 유다인의 순교 이념에 따라 표현하는데, 그 순교 이념에 있어서 하느님의 기적적 행위로 인한 박해자의 회심은 하나의 진부한 주제〔표현〕(*topos*)이다.[242] 이 말은 밤멜의 제안을 무효로 하지는 않지만, 바울로적이다.

보론 6. 예루살렘 회의 : 바울로의 두번째 예루살렘 여행은 흔히 사도회의로 불리는 회의에 참석하기 위한 것이었다. 이 회의 명칭이 친숙하긴 하지만, 그것은 오해의 여지가 있다. 바울로와 바르나바는 사도로서 참석하지 않았다. 열렸던 그 회의의 형태를 후대의 교회 회의들과 혼동해서는 안 된다. 그럼에도 불구하고, 예루살렘 회의는 원시 그리스도교의 역사에 있어서 대단히 중요한 사건이었다.

그 사실들을 확인하는 일이 쉬운 것은 아니다. 우리가 갈라디아서 2장 1—10절과 사도행전 15장 1—29절에서 그 사건에 대한 상당히 상세한 두 개의 보도를 발견할 수 있는 것은 사실이다. 갈라디아서 2장에서 바울로 자신의 보도는 직접적인 증언의 보도이며, 의문이 있을 경우 그 보도가 우선권을 가져야 한다. 그러나 갈라디아인들에게 보내는 편지에서 변호의 환경과 기능이 그의 보도를 채색시켰다. 그의 보고의 목적은 객관적인 목격자로서 이야기를 하기 위한 것이 아니라, 그것을 자신의 변호에 증거로서 사용하기 위한 것이었다. 이 때문에 그의 보도는 어떤 선택과 경향성을 띠었음에 틀림없으나, 보도된 사실들이 반드시 믿을 수 없는 것은 아니다. 사도행전 15장 1—29절은 간접적인 자료에, 아마도 안티오키아에 기원을 둔 자료에 기초해 있을 것이다. 사도행전의 저자는 역사적 세부사항에 관심을 가진 역사기록자이다. 그러나 그는 후대의 관점으로부터 기술하고 있기 때문에, 정보가 제한되어 있다. 그는 자신이 전해받은 전거 자료에 이미 포함되어 있었을 어떤 경향성들에 그의 경향성들을 덧붙인다. 그러나 이 문제들의 그 어떤 것도 그 자료를 반드시 믿을 수 없게 하는 것은 아니다.

갈라디아서 2장과 사도행전 15장의 보도들에 의해 제기된 문제들은 광범위하게 논의되어 왔다(아래의 해당 참고문헌을 보라). 그것들은 (1) 그 회의의 날짜에 관계된 문제, (2) 회의를 열게 된 원인, (3) 협상의 과정, 그리고 (4) 도달한 합의들을 포함한다.

(1)의 날짜 문제는 사실에 가깝게만 해결될 수 있을 뿐이다. 그에 관한 복잡한 문제들에 대해서는 Kümmel, *Introduction* §13(그는 그것을 주후 48년

242) ἐν ἐμοί("내가 하는 일로")는 바울로를 언급한다. 참조. 고전 15,10. ἐν의 이 의미에 관해서는 Bauer, *s.v.*, Ⅲ.3을 보라. 순교사적 자료는 Bammel에 의해서 수집되었다(위 주 241을 보라). 신약 귀절들, 마르 15,39 병행 ; 사도 16,27 이하 ; 또한 26,28 ; 27,3·42·43을 보라.

으로 잡는다)와 Bornkamm, *Paul*, 31(주후 48년경)과 Vielhauer, *Geschichte*, 77—78(A.D. 44년)을 보라. (2)의 그 회의를 개최한 이유들은 사도행전 15장으로부터 결론을 내릴 수 있다. 그리스도교가 이방인들에게 선교한 결과, 유다 토라에 따르지 않고 할례받지 않은 많은 수의 개종자들이 생기게 되었다. 이러한 사태가 진전됨에 따라 그것은 점점 유다인 그리스도교에 딜레마가 되었으며, 유다 그리스도인들을 점차 안절부절하게 만들었다. 일들이 심각한 위기 속에 빠질 때까지 주요한 결정이 내리지 않았던 것 같다. 이제 결정되어야 했던 문제는 다음과 같은 것이었다 : 토라와 할례는 유다교만의 독특한 관습이며 이방 그리스도교에 부적절한 것인가, 또는 "하느님의 이스라엘"로서 전체 그리스도교 교회가 유다의 토라를 준수하고 할례받을 의무가 있는가? 만일 "토라의 멍에"가 그리스도인의 구원이해에 중요하지 않다면, 왜 유다 그리스도인들, 특히 흩어져 살고 있는 자들이 계속 그 멍에를 메고 있어야만 하는가? 만일 이방 그리스도인들이 토라의 보호영역 밖에서 산다면, 어떻게 그들이 의식적(儀式的)으로 순결할 수 있으며 공동체의 일원으로 받아들여질 수 있을까?

사태가 위기에 빠진 것은 보수적인 유다 그리스도인들이 모든 이방 그리스도인들의 할례를 요구하기 위해서 안티오키아에 도착했을 때였다. 충돌의 결과, 대표단이 형성되어 예루살렘에 보내졌다. 그 대표단의 지도자들은 바울로와 바르나바였다. 이 대표단이 성취하고자 했던 목적은 이방인들 사이에서 전해졌던 것과 같은 복음, 즉 유다의 토라와 할례에 대한 함축된 복종이 없는 복음이 타당하다는 승인, 그리고 이방 그리스도인들을 위한 구원이 보장되었다는 승인이었다. 그 대표단에는 디도가 포함되어 있었는데, 그는 이방 그리스도교 선교사로서 할례받지 않고 그리고 예루살렘에서 합의된 사항의 생생한 본보기로서 안티오키아에 돌아왔다.

(3)의 협상은 세 당파간에 이뤄졌다. 즉 안티오키아에서 온 대표(바울로와 바르나바에 의해서 대표됨), 예루살렘에 있는 지도자들(야고보, 게바, 그리고 요한), 그리고 바울로가 "거짓 형제들"(2, 4)이라고 부르는 보수적인 유다 그리스도인들의 세번째 그룹이 그것이다. 논쟁은 격렬했음에 틀림없다.

(4)의 도달한 마지막 합의는, 안티오키아에서 온 대표단이 자신들의 목적을 달성했으며 보수파가 패배했다는 것을 보여준다. 그러나 그 대가는 비쌌다. 바울로가 2장 7—9절에서 언급하는 합의들(아래를 보라)은 세번째 파를 희생시킨 두 파의 타협을 나타낸다. 세상에 대한 선교는 둘로 나뉘어져, 하나는 베드로를 지도자로 유다인들에게 향하며 다른 하나는 바울로를 지도자로 이방인들을 대상으로 한다. 활동의 이러한 분할은 "무할례의 복음"과 "할례의 복음"(2, 7)이라는 두 복음의 개념에 의해 일어났으며, 그것은 양자를 통해서 인류의 구원을 역사하시는 한 하느님에 의해 결합되었다(2, 8). 그 합

의는 베드로의 사도직을 인정했음이 분명하나 바울로에게는 어떤 특별한 칭호를 남기지 않았다. 바울로가 그 당시 이방인의 사도로서 인정되기를 요구했는지의 여부는 확실하지 않으며, 적어도 본문에서 제시되지 않는다. 만일 그가 실제로 그런 요구를 했다면, 그것은 합의에서 무시되었다. 무슨 일이 일어났든지간에, 이 상황은 후에 바울로의 사도직을 질문하는 계기가 되었다(갈라 1, 17에서 "사도"에 관한 보론을 보라). 그 합의는 또한 교회 일치의 회생 —만일 그런 일치가 있었다면— 을 의미하였다.

세번째 파는 합의과정에서 제외되어 바울로에 반대하는 선동을 계속했는데, 그 일부가 안티오키아에서 충돌(2, 11—14) 했으며 갈라디아를 현재의 위기에 빠뜨렸다. 이방 그리도인들에 의한 된 또 하나의 양보는 예루살렘에 있는 가난한 사람들을 위한 재정적 모금이었다(2, 10). 이 요구는 그 회의의 주요 논점들과는 관계가 없었으나 이방 그리스도인들이, 특히 바울로 자신이 달성하기 위해 전념해야 하는 부가적 요구였다는 점에서 바울로의 생각은 옳았던 것 같다.

"기둥 사도들"은 안티오키아에서 온 대표와 보수적인 유다 그리스도인들 사이에서 중간 입장을 취했던 것 같다. 이 입장이 신학적으로 특수했던 것인지 또는 단순한 관대함이었는지 우리는 알지 못한다. 어쨌든, 그것은 타협이자 도박이었다. 그 타협은 깨지기 쉬웠으며 역사의 격렬한 변화에서 살아남지 못했다. 그 중간 입장은 지킬 수 없는 것으로 드러났으며, 예루살렘 지도자들은 후에 그들의 입장을 바꾸어야만 했다. 갈라디아서 2장 11—14절은 야고보가 그 당시 이미 입장을 바꾸었을지도 모르며, 그리고 야고보 또는 다른 사람들이 야고보의 이름으로 다른 사람들로 하여금 입장을 바꾸도록 했다는 것을 보여준다. 베드로는 예루살렘으로부터 도피해야 했다. 야고보는 순교자로서 죽었다. 갈라디아인들에게 편지를 쓸 시기까지, 바울로는 자신의 입장을 지켰던 유일한 지도자였다. 그러나 갈라디아의 위기는 바울로조차도 갈라디아에서 회중들을 잃어버릴 위험에 빠져 있다는 것을 보여준다.

예루살렘에서 도달했던 합의들의 실패에도 불구하고, 그 회의는 초기 그리스도교 역사에서 중요한 전환점이 되었다. 이방 그리스도교의 권리와 존속을 위한 그 신학적 메시지는 "중요한 사람들"에 의해서 공식적으로 인정되었다. 바울로는 이방 그리스도인들의 지도자로서 확고하게 되었다. 그에 따라 교회의 장차 진로가 결정되었다. 유다 토라가 없는 복음의 그리고 이방인들에 대한 독립된 선교의 인정은 2세기 후반부 동안 이방 그리스도교의 거대한 확장을 가져왔다. 그 회의의 궁극적인 결과는 오늘의 그리스도 교회들이 문화적으로 이방적이며 유다적이 아니라는 사실이다. 다른 한편으로, 유다 그리스도교는 점점 더 고립 속에 빠져들었다. 중간 집단이 해체되었으며, 그들의 입장은 부식되었다. 그래서 유다 그리스도교는 반—바울로파의 통제하에 들어갔다. 중간 입장이 마태오나 야고보와 같은 신약성서의 문서들 일부에서 어떤 형태로든 살아남았는지 여부를 아는 것은 흥미로운 것이다. 그러나 그 증거가 없다. 어쨌던, 유다와 이방 그리스도교간의 차이는 계속해서 넓어졌다. 마지막 역사적 결과는 교회의 한 지파로서의 유다 그리스도교의 실제적인 사멸이다.

참고문헌 : Eduard Meyer, *Ursprung und Anfänge*, 3. 64ff ; Johannes Weiss, *Das Urchristentum* (Göttingen: Vandenhoeck & Ruprecht, 1917) 192ff ; = *Earliest Christianity* (New York: Harper & Row, 1959) 1. 258ff ; Wilfred L. Knox, *St. Paul and the Church at Jerusalem* (Cambridge: Cambridge University, 1925) ; Martin Dibelius, "Das Apostelkonzil," in his *Aufsätze zur Apostelgeschichte* (Göttingen: Vandenhoeck & Ruprecht, 1957) 84—90 ; = *Studies in the Acts of the Apostles* (New York: Scribner's, 1956) 93—101 ; Johannes Munck, *Paul*, 93ff ; 231ff ; 282ff ; 그리고 여러 곳에 ; 참조. Morton Smith, "Pauline Problems: Apropos of J. Munck, *Paulus und die Heilsgeschichte*," *HTR* 50(1957) 107—31 ; Ernst Haenchen, *Acts*, 464—68; Walter Schmithals, *Paul and James*, 2장 ; Schoeps, *Paul* 63ff ; Georg Strecker, "Christentum und Judentum in den ersten beiden Jahrhunderten," *EvT* 16 (1956) 458—77 ; 같은 저자, "Die sogenannte zweite Jerusalemreise des Paulus (Act. 11, 27—30)," *ZNW* 53(1962) 67—77 ; Bo Reicke, "Der geschichtliche Hintergrund des Apostelkonzils und Antiochia-Episode, Gal 2, 1—14," in *Studia Paulina in honorem J. de Zwaan* (Haarlem: Bohn, 1953) 172—87 ; Olof Linton, "The Third Aspect: A Neglected Point of View, a Study in Gal. I—II and Acts IX and XV," *StTh* 3(1949/50) 79—95 ; Dieter Georgi, *Kollekte*, 13—30 ; Jack T. Sanders, "Paul's 'Autobiographical' Statements in Gal 1—2, "*JBL* 58(1966) 335—43 ; Günter Klein, "Galater 2, 6—9 und die Geschichte der Jerusalemer Urgemeinde," *ZThK* 57(1960) 275—95 ; = *Rekonstruktion*, 99—118 ; 118—28 : *addendum;* Martin Hengel, "Die Ursprünge der christlichen Mission," *NTS* 18 (1971/72) 15—38 ; Traugott Holtz, "Die Bedeutung des Apostelkonzils für Paulus," *Nov T* 16(1974) 110—48 ; Bauer, *Orthodoxy and Heresy*, 여러 곳 ; Robinson and Koester, *Trajectories*, 120—21 ; *Conzelmann*, *History*, 82ff ; Leonhardt Goppelt, *Apostolic and Post-Apostolic Times*, 61ff ; Schlier, 64—81 ; Mussner, 127—32.

[2, 1] 갈라디아서 2장 1—10절은 〈진술부〉(위, 1, 12—2, 14의 분석을 보라)의 두번째 부분에 해당한다. 해석을 위해서 우리는 "사실들의 진술"의 다른 부분들에서와 마찬가지로 이 부분

에서 작용하는 원칙들을 염두에 두어야 한다. 그 삽화는 그 자체를 위해서가 아니라 바울로의 변화를 위해서 이야기된다. 그가 하느님으로부터 복음을 받았다는 것(참조. 1, 11—12)을 증명하고 싶어하는 그 다음 경우는, 그의 두번째 예루살렘 여행이다: "그리고 십 사 년 후에 나는 ……다시 예루살렘으로 올라갔읍니다." "그리고"(그 다음, ἔπειτα)는 진술하는 사건들을 계속 열거한다(참조. 1, 16 : εὐθέως["즉시"] ; 1, 18·21 : ἔπειτα).[243] 다시, 우리는 그 십 사 년[244]을 마지막 "그 후에"(1, 21. 시리아와 길리기아 방문)와 함께[245] 계산하기 시작해야 하는지, 첫번째 예루살렘 여행과 함께 시작해야 하는지(1, 18),[246] 또는 바울로의 그리스도 환상과 함께 시작해야 하는지(1, 15)[247] 결정하기 어렵다. 문제는 "그리고"(ἔπειτα)가 단순히 이야기를 나누기 위해서 사용되었느냐, 또는 그것이 역사적 관련성을 갖고 쓰이느냐 하는 것이다. 그 애매함 때문에 분명한 결정을 내릴 수 없으나, 1장 21절이 가장 개연성 있는 관련 귀절인 것으로 보인다. 확실히 이 귀절과의 관련은, 바울로의 연대기를 확립하기 위해 십 사 년을 이용하는 데 있어서 어려움을 더해준다.[248] 또한 바울로는 시리아와 길리기아에 얼마동안 머물렀는지를 밝히지 않는다. 어쨌든, "다시 예루살렘으로 올라갔읍니다"(πάλιν[249] ἀνέβην)라는 표현은 첫번째 예루살렘 방문을 언급하는 1장 18절을 고려하여 얘기된다. 우리가 갈라디아서에서 보는 두 번

243) 연대기적 문제에 대한 그 이상의 논의를 위해서는 다음을 보라. Kümmel, *Introduction*, § 31 ; Suhl, *Paulus*, 46ff ; J. van Bruggen, "Na veertien jaren": *De datering van het in Galaten 2 genoemde overleg te Jerusalem* (Kampen: Kok, 1973). 참조. A.F.J. Klijn, *ThLZ* 100(1975) 201f.
244) 속격을 가진 διά("후에")에 관해서는 다음을 보라. BDF, § 223(1) ; BDR, § 223 n.4 ; Bauer, *s.v.* A. Ⅱ.2 ; Moule, *Idiom Book*, 56. Grotius에 의해 제시된 τεσσάρων("4")의 판독에 관해서는 Sieffert, 77 주 ; Burton, 69를 보라.
245) Sieffert, 77f를 보라.
246) 다음을 보라. Sieffert; Zahn; Marie-Joseph Lagrange, *Saint Paul, Epître aux Galates* (Paris: Gabalda, 1918, ²1925) ; Burton; Lietzmann, 9 ; Oepke; Schlier.
247) 다음을 보라. Ramsay; Alfred Loisy, *L'épître aux Galates*(Paris: Nourry, 1916) ; Georgi, *Kollekte*, 13 ; Suhl, *Paulus*, 46f.
248) Georgi, *Kollekte*, 91—96 ; 그리고 위 서론 § 3을 보라.
249) πάλιν은 몇몇 異本들과 교부들의 글에서 보이지 않는다. 아마 사도행전과 모순되기 때문인 것 같다. 참조. Metzger, *Textual Commentary*, 591.

의 방문이 사도행전과 조화될 수 없다는 것은 명백하다. 사도행전에서 몇 차례의 방문들은 '사도회의'에 참석하기 위한 바울로와 바르나바의 예루살렘 여행보다 먼저 보도된다(참조. 사도 22,3 ; 8,3 ; 9,1—2·26—29 ; 11,27—30 ; 12,25 ; 15,2).[250] 예루살렘 여행은 회의의 결정들의 결과인 것으로 보이지만, 갈라디아서에는 이 여행보다 먼저 일어난 사건들에 대한 아무런 정보도 들어 있지 않다. 그 여행에는 그 당시 같은 지위에 있었던 것으로 보이는[251] 바울로와 바르나바가 참석했었다(참조. 2,9). 또한 특별한 목적을 위해서(참조. 2,3), 그리고 아마 바울로의 요청으로, 이방—그리스도인 동료 선교사인 디도가 동행하였다.[252] 바울로는 여행의 동기나 목적이 무엇이었는지 또는 출발지가 어딘지를 자세히 말하지 않으나, 그 여행이 안티오키아로부터 온 공식적인 대표단의 선교였다고 가정해도 무방할 것이다.[253]

보론 7. **바르나바** : 바르나바는 가장 중요한 그리스도교 선교사들 중의 한 사람이었다. 그는 갈라디아 2장 1절에서 처음으로 언급된다(또한 갈라 2,9·13; 고전 9,6을 보라). 사도행전에 의하면 그의 이름은 요셉이었는데 사도들이 바르나바(="위로의 아들")라는 이름을 그에게 부여하였다(4,36—37),

250) Georg Strecker, "Die sogenannte zweite Jerusalemreise des Paulus(사도 11,27—30)," *ZNW* 53(1962) 66—77 ; Georgi, *Kollekte*, 13 주 3.

251) 그렇게 보는 학자는 Haenchen, *Acts*, 464 ; Georgi, *Kollekte*, 14 주 9 ; 16 주 20.

252) συμπαραλαμβάνω("보조자 또는 조수로서 따라가다")(LSJ, *s.v.*). 그 용어는 사도 12,25 ; 15,37f에서도 사용된다. 그것은 디도의 낮은 지위를 제시해 준다. 또한 Bauer, *s.v.*를 보라. Georgi (*Kollekte*, 16)는 디도가 그 회합에서 결정될 문제—이방 그리스도인들이 할례를 받아야 하는지 어떤지—를 위한 산 증인으로 동행되었다고 제시했다. 이 해석은 이미 Luther, 1519 (*Luther's Works* 27,200)에서 발견된다 : "…그들 양자와 함께 [*sc.* 바르나바와 디도] 나타남으로써 그는 자신이 마음대로 디도와 함께 이방인이 될 수 있고 바르나바와 함께 유다인이 될 수 있다는 것을 분명히 하려고 하였다. 이와같이 그는 각기의 경우에서 복음의 자유를 증명하려고 한다. 즉 할례받는 것이 허용될 수 있으며 그러나 할례는 필요한 것이 아니며, 그리고 이것은 사람들이 전체 율법을 생각해야 하는 방법이라는 것을 증명하고자 한다."

253) 사도 15,1 이하에서 주어진 정보는 응당 주의하여 받아들여져야 한다. 그러나 그 귀절이 얼마나 많은 믿을 만해 보이는 정보를 가지고 있는지 주목할 만하다. 이 문제에 관해서는 다음을 보라. Haenchen, *Acts*, pp.443f,464ff ; Conzelmann, *Apostelgeschichte*, 81f ; 같은 저자 *History of Primitive Christianity*, 82ff(위 주 230) ; Bornkamm, *Paul*, 31f ; Suhl, *Paulus*, 57ff.

그는 키프로스 출신의 유다인으로서 예루살렘에 이주해서 그리스도인이 되었으며, 땅 일부를 팔아 교회를 후원했다. 바르나바는 바울로의 조언자가 되었으며 그를 사도들에게 소개하였다(9, 27). 그는 그리스도교 선교사로서 안티오키아에 갔으며(11, 22) 거기서 지도적 인물이 되었다(11, 30 ; 12, 25 ; 13, 1—3 ; 14, 12·14 ; 15, 2·25 ; 또한 13, 7·43·46·50 ; 15, 22·35를 보라). 안티오키아에서 충돌한 후(갈라 2, 11—14 ; 참조. 사도 15, 33—41 ; 골로 4, 10) 바울로와 바르나바는 별도로 활동하였다. 사도행전 14장 4·14절은 바르나바를 "사도"로 칭한다(옛 자료?). 후기의 정보는 아마 전설일 것이다.

참고문헌 : Bauer, *s.v.*; Montgomery J. Schreyer, *IDB* 1. 356—57 ; Conzelmann, *History*, 158—60 ; HSW, *NT Apocrypha* 2, 색인.

보론 8. 디도 : 디도는 헬라 사람이었으며(갈라 2, 3) 바울로의 동료 선교사였다. 그는 바울로 때문에 개종했을 것이다(참조. 디도 1, 4). 고후 2, 13; 7, 6·13·14 ; 8, 6·16·23 ; 12, 18에 의하면 디도는 예루살렘을 위한 헌금사업의 주요한 조직자였다. 사도행전은 그를 언급하지 않는다. 디모테오후서 4장 10절은 달마디아에서 활동하는 디도를 기록한다. 디도서 1장 5절은 그레데에 있는 그를 기록한다. 후대의 전승에 의하면 거기서 그는 주교였다.

참고문헌 : Howard C. Kee, *IDB* 4. 656—57 ; Conzelmann, *History*, 160—61; C.K. Barrett, "Titus," *Neotestamentica et Semitica: Studies in Honour of Matthew Black* (Edinburgh: Clark, 1969) 1—14 ; HSW, *NT Apocrypha* 2, 색인.

[2] 바울로는 예루살렘 회의가 열리게 되었던 환경에 대한 특수한 역사적 정보를 우리에게 제공하지 않는다. 그의 변호의 문맥에서 그는 1장 11—12절에서 한 자신의 주장을 뒷받침해주는 점들을 언급할 뿐이다. "내가 거기로 올라간 것은 계시에 의한 것이었읍니다"(*ἀνέβην δὲ κατὰ ἀποκάλυψιν*)라는 귀절은 전체 문제를 소명과 위탁받음과 같은, 그리고 복음의 본질과 같은 동일한 범주에 놓는다(참조. 1, 1·12·16).[254] 결정이 내려져야 할 때 —예컨대 여행을 시작해야 하는지 아닌지— 계시에 의지하는 고대의 관행[255]을 바울로는 지킨다.[256] 그러나 그는 자신이 염두에 두고 있는 계시가 어

254) 안티오키아 사건 후로 바르나바와의 동역이 끝났기 때문에 바울로는 여기서 자신에 대해서만 말한다(참조. 2, 13). 그래서 바르나바는 현재의 변호에서 포함되지 않는다.

255) 예컨대, Xenophon *Anab*. 3. 1. 5ff ; Philo *Mos*. 1. 268 ; Plutarch *Gen. Socr*. 579E (*PECL* 1. 254)를 보라.

256) 또한 데전 2, 18 ; 로마 1, 13 ; 15, 22를 보라.

떤 종류의 것인지를 가리키지 않는다.[257] 한편 그런 계시들은 실제로 현실적인 상황들과 이유들을 배제하지 않았다. 예루살렘 여행을 하게 했던 교회의 확장된 음모에 대한 사도행전 15장 1—2절(참조. 15, 24)의 정보[258]는 결코 그런 계시와 모순되지 않는다. 사도행전에 의하면 "유다로부터 내려온" 대표단은 안티오키아에 와서 이방 그리스도인들이 할례를 받아야 한다는 요구를 제시했다.[259] 한쪽은 유다에서 내려온 유다—그리스도교 대표단, 그리고 다른 한쪽인 바울로와 바르나바 간의 상당한 논쟁 후에, 안티오키아 교회는 바울로와 바르나바, 또한 교회의 다른 구성원들을 예루살렘에 있는 사도들과 장로들에게 보내기로 결정했는데, 그것은 그 논쟁을 해결하기 위한 것이었다.[260]

사도행전에서 얻을 수 있는 정보는 그 여행의 목적에 관한 바울로 자신의 보도와 잘 일치한다: "나는 이방 사람들 가운데서 내가 선포하는 복음을 그들에게 설명했읍니다……그것은 내가 지금까지 달리고 또 이제껏 달린 것이 허사가 되지 않게 하려는 것이었읍니다." 이같은 표현 방식은 바울로의 복음이 쟁점이었다는 것을 전제하는데, 그 이유는 그가 할례를 지시하지 않았던 반면에 다른 유다의 그리스도인들은 그것을 요구했기 때문이다.[261] 만일 이것을 가정한다면, 예루살렘에 파견된 대표단은 이 이유들을 알았으며[262] 반대파에 응수할 준비를 했었다. 바울로는 갈라디아서 2장 4절에서 그 반대파를 "거짓 형

257) 사도행전을 보면, 그것은 꿈의 계시(16, 9 ; 18, 9 ; 23, 11 ; 27, 23), 무아경에 사로잡힘(22, 17), 성령의 표징(16, 6f ; 19, 21 ; 20, 22—23), 예언자에 의한 표징(11, 28 ; 21, 4·10f)이었을 수 있다. Schlier, 66 ; Lührmann, *Offenbarungsverständnis*, 4f를 보라. *κατὰ ἀποκάλυψιν*("계시에 의해서")라는 어구는 로마 16, 25 ; 에페 3, 3 ; *Mart. Pol.* 22.3 또한 *Epilogus Mosquensis* 5에서 나온다. 참조. *κατ' ὄναρ*("꿈에 의해서") 마태 1, 20 ; 2, 12·13·19·22 ; 27, 19.

258) Georgi (*Kollekte*, 15f)와 일치한다. 참조. Haenchen, *Acts*, 464ff ; Bornkamm, *Paul*, 31ff ; Conzelmann, *History of Primitive Christianity*, 82—84(위 주 230) ; Suhl, *Paulus*, 57ff. 그 원인은 유다의 "감독자들"과 함께 있었던 예루살렘 교회의 난점들이었다는 Schmithals의 논제에 관해서는 Suhl, 앞 책, 52—56을 보라.

259) 사도 15, 1은 그런 요구의 법식조차 간직해 왔다. "모세의 관례대로 할례를 받지 않으면 구원을 얻을 수 없다." 아래 보론 1과 4를 보라.

260) 사도 15, 2 ; 참조. 11, 30.

261) 갈라 2, 3—4를 보라. 현재의 반대는 갈라디아인들에 대해서 같은 요구를 하고 있다(갈라 5, 2·3 ; 6, 12·13).

262) 사도 15, 5를 보라. 그리고 이 점에 관해서는 Georgi, *Kollekte*, 15f를 보라.

제들"로 규정한다. 살아있는 시험케이스로서 디도를 동행시키는 것은 역시 이 사태에 적절하다(참조, 2,1).[263] 그러나 왜 바울로가 그렇게 오랫동안 복음을 전한 후 —분명히 반대가 없다가— 이 때에 가서야 자신의 복음을 제시하느냐라는 문제가 제기된다. 율법에서 자유한 그의 복음이 그렇게 뒤늦게서야 쟁점이 되었던 이유는 무엇인가? 몇가지 가능성들이 있다. 바울로 반대파는 후기 단계에 가서야 형성되었을 것이다. 반면에 초기에는 누구나 다 동의했었다. 이것은 바울로가 갈라디아서 2장에서 자신의 변호를 위해 표현했던 것과 같은 상황이다. 그러나 그가 토라와 할례로부터의 자유를 포함한 복음을 전함으로써 시작했다는 것은 명백하지 않다. 그가 말하는 것은, 언제나 율법에서 자유로운 복음을 이방인들에게 전했다는 것뿐이다. 어떻게 그가 유다인들에게 그것을 전했는지 우리는 모른다. 토라와 할례로부터 자유한 복음의 개념은 이차적인 발전이었음에 틀림없다. 이 개념이 발전하고 있었을 때에서야 그에 대한 반대가 전개될 수 있었다. 율법에서 자유로운 이 복음을 위해서 바울로가 예루살렘의 권위자들에 의존하지 않았다는 것 역시 자명하다. 일단 논쟁이 격렬해졌을 때, 예루살렘의 권위자들은 어쩔 수 없이 그 문제를 다루어야 했다.

바울로는 의심할 바 없이 만일 할 수만 있었다면 그 충돌을 피하고자 했을 것이다. 그가 승인받기 위해 자신의 복음을 제시했다는 것을 인정할 때, 그는 부득이 그런 승인을 받지 않을 수 없었다. 이것은 예루살렘에 있는 권위자들에게도 마찬가지였을 것이다. 그러면 회의의 목적은 무엇이었을까? 권위자들로부터 바울로와 바르나바의 복음, 즉 토라와 할례에서 자유로웠던 복음에 대한 뒤늦은 승인[264]을 받기 위해서 그 대표단이 예루살렘에 파견되었다는 것을 바울로 자신이 인정한다. 교회 일치의 보존[265]이나 또는 이방인들에 대한 선교와 역사적 예

---

263) Georgi, 앞 책, 16을 보라.

264) 참조. Schlier (pp.65f). 그는 예루살렘 권위자들을 전체 교회의 최고 권위자들("나이들고 공인된 사도들")로 생각한다. 그들은 바울로의 ("새롭고 특별한 사도") 특수한 가르침을 승인해야만 한다. Schmithals (*Paul and James*, 42f)는 만일 예루살렘 지도자들이 그런 보편적 권위를 가졌다면 초기에 승인을 필요로 했을 것이라는 점을 강력하게 반대한다.

265) 소위 "거짓 형제들"이 합의에 반대했기 때문에 일치가 보존되지 못했다는 사실. 다른 입장은 Schlier, 65f ; 또한 Conzelmann, *History of Primitive Christianity*, 84—87(위 주 230)을 보라.

수간의 일관성의 확립[266]과 같은 다른 이유들이 주석자들에 의해 때때로 언급된다. 그러나 이런 고찰들은 본문에 토대를 두고 있다고 볼 수 없다.

바울로는 그가 청원자로서 예루살렘에 가지 않았다는 것을 강조하는데 그는 옳았던 것 같다. 위기에 처해 있던 그 문제는, 예루살렘에 있는 교회 권위자들로 하여금 격렬한 반대에 직면해 있는 바울로의 복음을 사후 승인하도록 했으며,[267] 그로 인해 소아시아에 있는 반—바울로 세력들을 패배시키는 데 도움을 주었다. 그런 목적은 상당한 정치적 영향력을 요구한다. 그러므로 바울로는 겸손한 청원자로서 갔던 것이 아니라, 예루살렘 권위자들로 하여금 그들이 부득이 했다고 생각할 수 있는 결정을 내리게 했던 강고한 협상자로서 갔다.

바울로는 그 회의에서 일어났던 사건들을 상당히 자세하게 묘사한다. 공무적인 정치적 언어의 사용은 그 사건이 공적인 법적 구속력의 성격을 가졌다는 것을 보여준다. 대표단의 임무는 복음의 메시지[268]를 바울로와 그의 동료 선교사들에 의해서 이방 그리스도인들에게 전해졌진 것으로 "고려하도록 제출하는"[269] 것이었다. 바울로는 물론 이 동일한 복음을 갈라디아인들에게 전했었고, 그래서 바울로의 주장에서 예루살렘 회의와 그 결과는 법적인 중요성을 갖는다.[270]

사도는 제안을 받아들여야 했던 특수한 그룹을 어느 정도 분명하게 이름을 밝히지는 않는다. 그는 두 사건[271]을 염두에 두고 있는 것

266) 다른 입장은 C.K. Barrett, "Paul and the 'Pillar' Apostles," *Studia Paulina in Honorem J. de Zwaan* (Haarlem: Bohn, 1953) 18 ; Wolfgang Beyer, *Der Brief an die Galater* (rev. by Paul Althaus; NTD 8 ; Göttingen: Vandenhoeck and Ruprecht, ⁸1962) 15—16.

267) 그런 입장은 Georgi, *Kollekte*, 다른 입장은 Schmithals (*Paul and James*, 42ff). 그는, 바울로의 의도와는 달리, 회의에 대한 당시의 해석과 그것의 역사적 목적 사이를 구별한다.

268) 참조. 갈라 1, 2·6—9·11·16 ; 6, 14f. 그것은 "무할례의 복음"(참조. 2, 7)과 동일하다 ; κηρύσσω("선포하다")"란 용어는 기술적이다. 참조. 5, 11 περιτομὴν κηρύσσω("할례를 선포하다"), Gerhard Friedrich, "κηρύσσω, *TDNT* 3. 703—14를 보라. 바울로에게 있어서 "복음을 선포하는 것"과 "그리스도를 선포하는 것"(1, 16) 또는 "그리스도의 십자가" (3, 1 ; 6, 14)는 같은 것이다.

269) ἀνατίθημι τινι τι란 용어의 공무상의 어조에 대해서는 사도 25, 14에 있는 병행구 ; 그리고 LSJ, *s.v.*; Bauer, *s.v.* 2 ; PGL, *s.v.*; *Polybios-Lexikon, s.v.*; *Index Verborum Plutarcheus, s.v.*; Preisigke, *Wörterbuch* 4/1. 142f, *s.v.*를 보라.

270) 또한 갈라 2, 4—5를 보라.

같다 : 한 사건은 "그들"(αὐτοῖς)[272]을 포함했다 —그들이 누구였던지간에 ; 다른 경우에서 그는 "개인적으로"(κατ' ἰδίαν)[273] "중요한 사람들"(οἱ δοκοῦντες)[274] 즉 "기둥들"인 야고보, 게바, 그리고 요한을 만났다(참조 2, 9). οἱ δοκοῦντες("영향력 있고 명성있는 사람들")라는 표현은 정치적 수사학에서 흔한 것이며,[275] 이 표현은 긍정적으로도[276] 부정적으로도(경멸적으로나 반어적으로)[277] 사용된다. 가장 흥미로운 것은 플라톤의 『변명』에서의 반어적 용법이다.[278] 거기서 그 용어는 바울로의 경우와 비슷한 목적에 쓰인다. 수사학적 장치인 "중요한 사람들"이라는 표현은 법정에서 권위를(*pro forma*) 인식하거나 진지한 철

271) 2, 2c에서 분사 δέ는 두 사건들 간의 차이를 가리킨다.

272) 첫번째는 "총회"였을까? 이 제안에 대해서는 Schlier, 66 ; Mussner, 104f를 보라.

273) 그 관례는 정치활동으로 알려져 있다. 참조. Josephus, *BJ* 2. 199 : "그는 귀족들과 사적 모임을, 백성들과 공적 회합을 가졌다"(τοὺς δυνατοὺς κατ' ἰδίαν καὶ τὸ πλῆθος ἐν κοινῷ συλλέγων). 또한 Plutarch *Romulus* 20. 4 (Helge Almqvist, *Plutarch und das Neue Testament* [ASNU 15 ; Uppsala: Almqvist & Wiksell, 1946] 109). 또한 LSJ, *s.v.* ἴδιος Ⅵ. 3 ; Bauer, *s.v.* 4 ; Schlier, 67 주 1 ; BDR, § 241 주 9 ; § 286을 보라.

274) 그 용어는 신약에서 갈라 1, 2·6·9에서만 발견된다. 참조. 마르 10, 42.

275) 다음을 보라. LSJ, *s.v.* δοκέω Ⅱ. 5 ; Bauer, *s.v.* 2, b ; Werner Foerster, "Die δοκοῦντες in Gal. 2," *ZNW* 36(1937) 286—92 ; Barrett, "Paul and the 'Pillar' Apostles," 1—19 ; Schlier, 67 ; Mussner (104 주 25)는 1QSa Ⅱ 2, 8, 11, 13에서 "이름 있는 사람들"(אנושי השם)을 언급한다.

276) 예컨대 다음을 보라. Xenophon *Cyr.* 7. 1. 41 ; Euripides *Hec.* 295 ; Plutarch *Superst.* 166B ; *Mul. virt.* 244E ; *Quaest. Rom.* 282A ; *Quaest Gr.* 296F ; *Isid. et Os.* 363D ; *Frat. am.* 488B.

277) 예컨대 다음을 보라. Demosthenes *Or.* 21. 213 ; Josephus *C. Apion.* 1, 67 ; Philo *Mos.* 2. 241 ; Plutarch *Aud.* 47E ; *Adulat.* 72A ; *Invid, et od.* 538D ; *Laud. ips.* 540A, 544D, 546.

278) *Apol.* 21B, C, D, E ; 22A, B ; 29A ; 36D ; 41E. 소크라테스는 "현인이라고 불리는 사람들"(τῶν δοκούντων σοφῶν εἶναι, 21B)에 대해서 말한다. 그는 그 주장을 인정하면서 동시에 자신을 그것으로부터 떼어놓는다. 또한 *Gorg.* 472A ; *Euthyd.* 303C를 보라. 또 다음을 보라. Barret, "Paul and the 'Pillar' Apostles," 2—4 ; Edouard Des Places, *Lexique de la langue philosophique et religieuse de Platon*, in *Platon. Oeuvres complètes* 14. 1 (Paris: Les belles lettres, 1970) 143. 에픽테투스는 그 개념이 후에 어떻게 작용하는지를 보여준다 : "네가 누군가를 만나려고 할때, 특히 그가 높이 평가받고 있는 사람들 중의 하나일 때, 다음 질문을 하도록 하라. '소크라테스나 제노는 이런 상황 하에서 무엇을 했을까? 그러고 나면 너는 그 경우를 적절히 이용하는 데 당황하지 않을 것이다"(*Ench.* 33. 12).

학적 의미에서 권위를 받아들이는 것과의 혼동을 피한다. 유추해서, 그 표현은 바울로로 하여금 하느님과 그리스도가 그의 복음 배후에 있는 유일한 권위라는 자신의 신학적 입장을 손상시키지 않고서도 "중요한 사람들"이 하는 사실상의(*de facto*) 역할을 인정하게 해준다(참조. 1, 1·12·15—16).[279)]

이 토대 위에서 난해한 귀절인 2장 2절 c는 이렇게 해석되어야 한다: "아마 내가 헛되이 달리고 있는 또는 달려왔을 것"(μήπως εἰς κενὸν τρέχω ἢ ἔδραμον).[280)] 가정법과 결합되어서, μήπως("……하지 않도록")에서 μή는 통상 우려를 나타낸다.[281)] 여기 있는 문장에 적용될 때, 문제는 누구의 우려가 표현되고 있느냐 하는 점이다. 바울로는 그가 복음을 예루살렘 교회에 설명했었다는 것을 의미할 수 있다. 왜냐하면 그는 이 복음이 순수하고 정당하지 않을지도 모른다는 것을 실제로 걱정했기 때문이다.[282)] 그러나 그런 승인은 그 자신이 그의 복음에 대한

279) 그런 입장은 Joseph Klausner, ***From Jesus to Paul*** (tr. William F. Stinespring; London: Allen & Unwin, 1946) 581; Barret, "Paul and the 'Pillar' Apostles," 4; 바울로의 용어에서의 反語에 반대하는 학자는 Lightfoot; Burton; Lietzmann, 9—10; Oepke; Gerhard Kittel, "δόγμα," *TDNT* 2. 232f; Karl Ludwig Schmidt, "ἐκκλησία," *TDNT* 3. 508; 함축적으로 또한 Mussner, 104f.

280) 번역은 Bauer, *s.v.* μήπως 2에 있는 것이다.

281) τρέχω는 주어의 의지에 종속된 가정법이다; 변경할 수 없는 과거로서의 ἔδραμον은 직설법이다. 다음을 보라. BDF, §370(2); BDR, §370. 주 4; Edwin Mayser, ***Grammatik der griechischen Papyri aus der Ptolemäerzeit*** (2 vols.; Berlin: de Gruyter, ²1970) 2/2. 549. 다른 해석들에 대해서는 Oepke, 74; Schlier, 67을 보라.

282) 이것은 Schlier의 견해다(pp. 67—69). 그는 그리스도의 계시가 바울로의 사도직을 위한 충분한 기초라는 것을 바울로 자신이 확신하지 못했다고 결론짓는다. 슐리어는 그 본문을 교회의 권위에 대한 그의 로마 가톨릭 교리의 기본 구조로 해석하는 것을 망설이지 않는다. (1) "참된 복음과 합법적인 사도적 선교는 그것들 안에서 세계성을 향한 경향을 갖는다. 왜냐하면 교회는 하나의 사도직을 통해서 전달되는 하나의 복음을 통해서만 세워지기 때문이다. 그러나 이 일치는 가시적이어야 한다. 그것은 단순히 가정될 수 없다." 더우기, 예루살렘 사도들이 그에게 오는 대신에 바울로가 예루살렘에 가는 사실은 (2) "결정적인 권위가 더 이른 복음과 더 이른 사도직에 의해서 대표된다"는 것을 보여준다. 슐리어의 견해에 의하면 바울로는 "그 자신의 통찰과 뜻에 기초해서가 아니라 계시 때문에 이 "전승과의 관련 원칙"을 단언한다. 복음과 사도직의 일치, 그리고 그것에 의한 교리의 일치는 "근본적인 문제들에 대한 이론적이거나 실천적인 타협에 의해서가 아니라, 예루살렘 권위자들에 의한 바울로의 복음과 사도직의 공적인 인정에 의해서

허가의 필요성을 느꼈었다는 것을 제시함으로써 그의 변호를 설명할 것이다.[283] 이와같이 바울로 자신은 예루살렘에 있는 교회 권위자들에 종속되는 것을 받아들이려 했다. 그러므로 우리는 그 변증의 컨텍스트를 고려해야 한다.[284] "헛되이 달림"은 갈라디아인들의 현재의 관심을 반영할 것이다. 이 관심 때문에 그들은 할례와 토라의 준수를 생각하고 있다. 그것은 또한 할례와 토라 없이 그들이 "헛되이 달리고 있다"는 것을 갈라디아인들에게 말하고자 했던 반대파의 관심이기도 하다. 바울로는 그것을 반박하기 위해 이러한 관심을 갖는다. 예루살렘에서의 사건 보도는, 그 회의에서 그가 현재 선포하고 있는 복음이 헛되지 않은 것으로 인정되었으며,[285] 그래서 갈라디아인들의 의심이 근거없다는 것[286]을 보도할 기회가 되었다. τρέχω("달리다")라는 용어는 비유적이며 바울로가 자신의 선교 활동을 묘사하기 위해 다른 곳에서 사용하는 "*agon* 동기"와 관계될 수 있을 것이다.[287] 정말로, 만일 갈라디아인들의 복음을 받아들임과 그리스도에 대한 믿음이 그들의 종말론적 구원을 위해 충분한 것이 아니었다면, 바울로는 "헛되이" 달린 셈이 될 것이다.[288]

성취되었다"는 사실은 이 원칙을 보여준다. "교회의 일치는 교회 권위자들의 판단을 통해서, 그리고 복음의 진리와 하나의 사도직에 대한 그들의 공동 발견과 승인에 의해서 생긴다." 이 해석은 바울로의 의도를 놓쳐버린다. Schlier 그리고 또한 Klaus Wengst의 거의 비슷한 견해("Der Apostel und die Tradition," *ZThK* 69〔1972〕155f)와 다른 견해는 Mussner (pp. 102f)의 입장이다. 그는 간접적인 질문에서 표현된 의견을 2,4—5의 "거짓 형제들"에게 돌린다. 현저하게, 슐리어의 입장은 반바울로의 *Kerygmata Petrou*에서 표현된 입장과 일치한다. ps.-Clem. *Hom.* 11.35.4 ; *Recog.* 4.34—35의 규정을 보라 ; (아래 부록 3을 보라). 어느 사도, 교사, 또는 예언자도 "만일 그가 그의 케리그마를 야고보에게—"주의…형제, 그에게 예루살렘에 있는 '히브리인들'의 회중이 맡겨져 있다"—제출하지 않았다면, 받아들여질 수 없다.

283) 이 경우에 바울로는 갈라디아서 첫장을 헛되이 썼을 것이라고 Georgi (*Kollekte,* 17 n.27)는 바르게 말한다.

284) 참조. 갈라 4,11 : "나는 여러분을 위한 내 수고가 허사로 돌아가지 않았나 염려됩니다."

285) 2,7—9를 보라.

286) 다음을 보라. 2,4 ; 5,7a : "여러분은 지금까지 잘 달려왔는데…"

287) 다음을 보라. 로마 9,16 ; 고전 9,24·26 ; 필립 2,16 ; Pol. *Phil.* 9.2 ; 또한 갈라 5,7 ; 데후 3,1 ; 히브 12,1. 용어에 대해서는 다음을 보라. Otto Bauernfeind, "τρέχω," *TDNT* 8.225—35 ; Victor C. Pfitzner, *Paul and the Agon Motif*(NovTSup 16 ; Leiden: Brill, 1967) 99ff.

288) 참조. 또한 필립 2,16 ; 데전 3,5 ; 고후 6,1 ; 또 고전 15,10·14 ; 데전

바울로의 언급은 바울로 복음에 대한 갈라디아인들의 평가에 흥미 있는 빛을 던진다. 반—바울로파의 영향을 받아, 그들은 바울로의 복음이 어떤 구원의 효력과 권능을 가지고 있는지 어떤지 의심하기에 이르렀다. 자신의 복음이 "충분하다"는 것을 보여주는 것이 또한 바울로 변호의 핵심이다.[289)]

[3] ἀλλά("그러나")로 이야기가 계속되는 것은 "헛되이 달렸다"(2, 2)는 말에 대한 간헐적인 부정을 시사한다.[290)] 그러나 바울로는 즉시 그 증거,[291)] 즉 디도의 경우를 가리킨다. 디도의 경우는 바울로가 "잘 달리고 있다"는 것을 보여준다(참조. 5, 7). 그가 그리스인이었고[292)] 할례받지 않은 그리스도인이었기 때문에, 디도는 살아있는 하나의 증거로서 예루살렘에 동행하였다(참조. 2, 1).[293)] 그 시험의 결과는 그가 할례에 따르도록 강요받지 않았다는 것이었다(...*οὐδὲ Τίτος... ἠναγκάσθη περιτμηθῆναι*).[295)] 그는 그리스도교 교회의 한 일원으로서 충분히 받아들일 수 있다는 것이 입증되었다. 의심할 바 없이, 이러한 결론은 그 회의에 대표로 참석했던 그룹들간의 열띤 토론 후

2, 1 ; 에페 5, 6. Bauer, *s.v.;* Moule, *Idiom Book*, 70을 보라.

289) 갈라 2, 15—21의 〈*propositio*〉을 보라.

290) BDF, §448(6) ; BDR, §448 주 7을 보라.

291) 변증의 수준에서, 디도는 갈라디아인들 자신을 위한 원형으로서 작용한다(3, 1—5 ; 5, 2—12 ; 6, 12·13을 보라.

292) "*Ἕλλην ὤν*. Moule, *Idiom Book*, 102를 보라. 참조. 3, 28 거기서 그 대조는 "유다인"('*Ἰουδαῖος*)이다. 차이는 할례와 무할례에 의해서 그어진다(참조. 5, 6 ; 6, 15). 적어도 엄격한 그룹의 유다 사상에 의하면(참조. 2, 4—5), 그 차이는 또한 토라 계약에의 참여자 대 비참여자를 명백히 한다. 그래서 토라 계약 밖에 있는 자들은 "죄인들"로 불리운다(참조. 2, 15·17). 그러나 바울로에 의하면, 그리스도인들은 그리스도 안에서의 구원 때문에 "죄인들"과 똑같지 않다(참조. 1, 4 ; 2, 15·17f ; 3, 19—25). 디도는 어떻게 이방인이 유다의 토라 계약의 참여자가 되지 않고서 하느님의 구원의 참여자가 될 수 있는가를 보여준다. Hans Windisch, "*Ἕλλην*," *TDNT* 2. 504—16를 보라.

293) *οὐδέ*("…조차 아니다")는 디도의 경우의 증거적 가치를 나타낸다. 만일 그것이 그에게 사실이라면, 그것은 원칙으로서 사실이다.

294) *ἠναγκάσθη*(참조. 2, 14 ; 6, 12). Oepke, 75 ; Georgi (*Kollekte*, 17)가 그 요구가 실제로 있었다고 —비록 우리가 엄격파(2, 4—5)가 그것을 했다고 추론할 수만 있다할지라도— 가정하는 것은 무리가 아니다. 참조. 또한 아래 갈라 6, 12에 관한 주 9 ; 그리고 부록 4.

295) 그 결과, 현 반대자들의 할례에 대한 요구는 바울로에 의해서 거부된다(5, 1—12 ; 6, 12—16). 갈라디아인들에게 이것이 의미하는 바가 무엇인지는 Ambrosiaster, CSEL 81. 3, 19에서 지적된다.

에야 내려졌다(참조. 2,4—5). 더우기, 바울로가 갈라디아인들에게 편지를 쓰지 않을 수 없는 현재의 상황은 그 투쟁이 회의와 함께 끝났던 것이 아니라 계속해서 바울로를 괴롭혔다는 것을 보여준다.[296] 소위 "거짓 형제들"(2, 4—5)은 디도가 할례받아야 한다고 요구했었지만, 다른 유다 그리스도인들은 그들의 요구를 거부했다. 그들에게 있어서 할례는 구원받는 데 절대 필요한 것이 아니었다. 우리는 바울로 시대에 있어서 개종자들이 예외없이 할례를 받아야 하는지 어떤지에 관해서 유다교가 합의하지 못했다는 것을 알고 있다.[297] 이와같이, 유다교 내부의 논쟁이 그리스도교 내부의 충돌이 되었다. 신약성서 학자들은 갈라디아서 2장 3절을 사도행전 16장 3절 —이 귀절은 바울로가 디모테오에게 할례를 주었다고 보도한다— 과 조정시키려는 시도를 항상 해왔다.[298] 그러나 디모테오는 경우가 다르다. 왜냐하면

---

296) 할례의 문제는 바울로에 의해서 갈라 2, 7·8·9·12 ; 5, 1—11 ; 6, 12·13·15 ; 로마 2, 25—29 ; 3, 1·20 ; 4, 9—12 ; 15, 8 ; 고전 7, 19 ; 필립 3, 3—5에서도 언급된다.

297) 이 문제에 관해서는 Karl Georg Kuhn and Hartmut Stegemann, "Proselyten," *PWSup* 9(1962) 1248—83 ; Folker Siegert, "Gottesfürchtige und Sympathisanten," *JJS* 4(1973) 109—64 ; Neil J. McEleney," Conversion, Circumcision and Law," *NTS* 20(1974) 319—41 ; Heinz-Wolfgang Kuhn, "Jesus als Gekreuzigter in der frühchristlichen Verkündigung bis zur Mitte des 2. Jahrhunderts," *ZThK* 72(1975) 1—46, 특히 32. 일반적으로 할례 의식에 관해서는 다음을 보라. Str-B 4/1. 23—40 ; Rudolf Meyer, "*περιτέμνω*," *TDNT* 6. 72—84 ; Friedrich Stummer, "Beschneidung," *RAC* 2, 159—69 ; J. Philipp Hyatt, "Circumcision," *IDB* 1, 629—31 ; Leonard V. Snowman, "Circumcision," *EncJud* 5(1971) 567—76 ; Erich Isaac, "Circumcision As a Covenant Rite," *Anthropos* 59(1964) 444—56 ; Jack M. Sasson, "Circumcision in the Ancient Near East," *JBL* 85(1966) 473—76.

298) Haenchen (*Acts*, 482)과 Conzelmann (*Apostelgeschichte*, 88f)은 바울로가 때때로 할례에 동의했었다는 소문이 있었으며(참조. 또한 갈라 5, 11 ; 사도 21, 20ff), 전승으로 옮겨진 이 소문들을 루가가 사도 16, 3에서 쉽게 받아들이고 있다는 점을 시사한다. 왜냐하면 그것은 바울로가 충실한 유다인이었다는 그 자신의 이론을 입증하기 때문이다. 많은 주석가들은 "그는 할례를 강요당하지 않았읍니다"를 "그는 그것을 자발적으로 받았읍니다"를 뜻하는 것으로 해석했다. 그러나 이것은 인위적인 구성이다. 이것에 관해서는 다음을 보라. Francis C. Burkitt, *Christian Beginnings* (London: University of London, 1924) 118 ; Johannes Weiss, *Das Urchristentum* (Göttingen: Vandenhoeck & Ruprecht, 1917) 202—204 (ET *The History of Primitive Christianity* [New York: Wilson, Erickson, 1937] 1. 271—73) ; Burton, 75—86 ; Bligh, 160f ; Haenchen, *Acts*, 478—82.

그는 부모가 유다인이며 따라서 유다인으로 생각되었기 때문이다. 디도와의 차이는, 갈라디아서 2장 3절에서는 유다인의 압력에 바울로가 저항했으나 반면 사도행전 16장 3절에서는 굴복했다는 데 있는 것이 아니라 디도는 이방인이었고 디모테오는 유다인으로 여겨질 수 있었다는 데 있다. 바울로 자신은 유다인들이 그리스도인들이었을 때조차도 그들의 유다교적 의식(儀式)을 부인하지 않았다. 그래서 양편 설명들이 모두 사실일 수 있다.

〔 4 〕 예루살렘 회의에서 일어난 일들에 대한 바울로의 서술(2, 4—8)은 몇가지 점들에서 여담과 삽화에 의해 순조롭게 진행되지 않는다.[299] 첫번째 여담(2, 4—5)은 문법적으로 파격구문이다.[300] 바울로는 2장 3절에서 대결의 결과를 보도한 후에, 2장 4—5절에서는 다시 그 대결로 되돌아가서 그것에 대해 더 상세하게 서술한다. 사도는 반대자들에 대한 묘사로 시작하며, 앞에서 그랬던 것처럼(참조. 1, 6—7) 정치적으로 선동적인 언어를 사용한다. 먼저 그는 반대파를 소개하고 명명한다 : *διὰ δὲ τοὺς παρεισάκτους ψευδαδέλφους*. 이 문장은 번역하기가 어렵다. 왜냐하면 서두의 전치사 구문이 앞뒤로 연결되지 않기 때문이다(*δέ* 〔"그러나"〕를 제외하고). 그러나 그 문장의 의미는 명백하다. 이 문장은 사건 전체를 일으켰던 상황을 기술하고 있으며,[301] "거짓 형제들이 몰래 들어왔기 때문에 이제 이것이 일어났다"로 번역될 수 있다. "거짓 형제들"이란 칭호[302]는 물론 그들

299) 이 귀절의 분석에 대해서는 위 서론, §5를 보라.

300) 충분한 이유에서 Schlier, Mussner, 그리고 대부분의 현대 주석들, Herman Ljungvik, "Aus der Sprache des Neuen Testaments," Eranos 66 (1968) 24—51, 30—34에서의 문법상의 선택에 대한 주의깊은 분석을 보라. 또한 Bernard Orchard, "Ellipsis Betwen Gal 2 : 3, 2 : 4," *Bib* 54(1973) 469—81 ; A.C.M. Blommerde, "Is There an Ellipsis Between Gal 2 : 3 and 2 : 4?" *Bib* 56(1975) 100—102 ; BDR, §467 주 2.

301) Schlier, Mussner, 그리고 대부분의 현대 주석가들은 *διὰ δέ*를 새로운 문장의 시작으로서 옳게 생각한다. 그 전치사는 설명적인 언급을 도입할 수 있다. 참조. 사도 16, 3 *διά τοὺς 'Ιουδαίους*("유다 사람들 때문에") *διά*에 관해서는 Bauer, *s.v.* B. Ⅱ. 1 ; Mayser, *Grammatik* 2/2. 426 ; Mussner, 107 주 37. Marcion은 *δέ*를 생략한다(Harnack, Marcion *70을 보라).

302) 그 칭호는 물론 모든 종류의 사람들에게 적용될 수 있다. 그러나 바울로가 여기서 예루살렘에 있는 그의 반대자인 유다 그리스도인들을 언급했다는 것은 의심의 여지가 없다. 참조. 고후 11, 26 ; Pol. *Phil.* 6. 3 ; 또한 고후 11, 13의 관련된 "거짓 사도"(*ψευδαπόστολος*). 바울로는(로마 9, 3) 비그리스도교의 유다인들을 *ἀδελφοὶ κατὰ σάρκα*("육에 의한 형

에 대한 바울로의 부정적인 판단과 개인적인 역겨움과 경멸감을 표현한다. 그러나 이 표현이 "거짓 형제" 자신들의 이해와 혼동되어서는 안 된다. 그들은 의심할 바없이 자기들이 정통적인 그리고 양심적인 그리스도인들이라고 생각했으며, 그들의 그리스도인으로서의 존재의 본질을 다른 용어로 단순하게 이해했었다.[303] 그러나 바울로가 보기에 이 유다 그리스도인들은 "거짓 그리스도인들"이며 따라서 이방 그리스도인들에 관련된 한, "거짓 형제들"이다. 그들은 이방 그리스도인들이 하느님의 은혜로 구원된다는 것을 부인한다(참조. 2,21). 그들은 이방 그리스도인들이 먼저 유다인들이 되지 않는 한, 그들을 "형제들"로 받아들일 수 없다. 이방 그리스도인들로서는 그들은 "형제들"이 아니다. 그러나 바울로에게서조차도 유다인, 즉 이 반대자들은 거짓 형제들인데, 왜냐하면 그가 보기에, 그들은 그리스도를 통한 이방인들의 구원을 포함하는 하느님의 우주적 구원 계획을 부인하기 때문이다(참조. 특히 로마 9—11장).

바울로가 예루살렘에 있는 그의 반대자들에 대해서 말하는 것은 모두 다 갈라디아에 있는 그의 현재의 반대파에게도 적용된다는 것 또한 명백하다.[304] 그는 갈라디아 독자들의 눈 앞에 있는 현재의 선동자들을 불신할 수 있는 기회를 놓치지 않는다. 불신은 바울로가 그들의 활동의 성격을 규정하는 기능을 한다. 이런 이유에서 그는 정치적 선

제들")이라고 부른다. 이것은 Schmithals(주 303을 보라)에 반대해서 Wegenast에 의해서 지적된 사실이다. 또한 BDR, § 119, 5 ; Georgi, *Kollekte*, 16 주 19 ; Stuhlmacher, *Evangelium*, 1.90 주 1 ; Schmithals, Paul and James, 108 주 16을 보라. 바울로의 반대자들에 대한 문제 전반에 관해서는 서론 § 2. C를 보라.

303) 다른 입장은 Schmithals, *Paul and the Gnostics*, 14f ; 같은 저자, *Paul and James*, 38ff, 109ff. 여기서 그는 우리는 예루살렘 그리스도교에 있어서 율법의 위치가 무엇이었는지에 대해서 모르며, 비그리스도인 유다인들만이 그것에 관심을 가질 수 있었다는 것을 주장한다. 그러므로, "거짓 형제들"은 "헬레니스트들"(사도 8, 1·4)의 박해 후 유다 당국에 의해서 예루살렘 그리스도인들의 감독자들로서 임명되었던 비그리스도교 유다인들이었음이 분명하다.

304) "거짓 형제들"은 예루살렘이 아니라 갈라디아에 있다는 것을 가정하는 Munck (*Paul*, 86f)와는 다르다. 참조. A.S. Geyser, "Paul, the Apostolic Decree and the Liberals in Corinth," in *Studia Paulina in Honorem J. de Zwaan* (Haarlem: Bohn, 1953) 124—38. 그러나 하나의 가능성이 다른 가능성을 배제하지 않는다. 바울로는 현재의 그의 반대자들을 신용하지 않으려는 분명한 목적에서 예루살렘에 있는 반대파에 대해서 말한다. Schlier (p. 71)는 할례에 대한 주장을 제외하고는 현재와 과거의 반대자들이 동일하다는 것을 부인한다. 그밖에 무엇이 필요한가?

동의 언어, 즉 정치적 은유들로 바뀐 호전적 언어를 사용한다. 이것은 또한 독자들에 의해서 갈라디아에 있는 현재의 선동가들에게 적용될 것이다. 이 선동가들은 염탐자와 음모자들처럼 "몰래 들어왔다"(παρεισάκτοι).[305] 그들의 활동은 바울로가 "그리스도 안에서 누리는 우리의 자유"(τὴν ἐλευθερίαν ἣν ἔχομεν ἐν Χριστῷ Ἰησοῦ)라고 부르는 것에 대한 "침투"(παρεισέρχεσθαι)[306]이며 "비밀조사"(κατασκοπεῖν)[307]이다. 물론 바울로의 언급은 적극적으로 표현되며 "구원의 표시인" 이방 그리스도인을 바울로가 이해한 대로 규정한다.[308] 그러나 반대파는 의심할

305) 그 표현은 신약에서 여기서만 발견된다. 원래 그 용어는 군사적 또는 정치적 음모를 묘사한다(다음을 보라. 예, Polybius 1.18.3 ; 2.7.8 ; Diodorus Sic. 12.41.4 ; Plutarch *Mor.* 261B 그리고 자주〔*Index* Verborum Plutarcheus, *s.v.* παρεισάγω를 보라〕). 그리스도교 문헌에서 그것은 "이단"에 자주 쓰인다(예, 베후 2,1 ; 더 후대의 언급들에 대해서는 *PGL*, *s.v.*를 보라). 불가타 성서는 이렇게 번역한다. Sed propter subintroductos falsos fratres. 참조. Ambrosiaster, CSEL 81/3.20 14—15행 : Subinductos dicit, quia cum dolo intraverunt, ostendentes se fratres, cum essent in inimici.

306) 참조. Polybius 1.7.3 : παρεισελθόντες δ' ὡς φίλοι("친구로서 받아들여진 후") ; 2.55.3 ; Plutarch *Mor.* 596A, 964C, 980B 등(*PECL*, 284 ; *Index Verborum Plutarcheus, s.v.*를 보라) ; ps.-Lucian *Asinus* 15 ; Philo *Op.* 150 ; *Ebr.* 157 ; *Abr.* 96 ; *T. Judah* 16.2. 참조. 동의어들. 예컨대 παρεισπορεύομαι (2Macc 8.1) ; παρεισδύ(ν)ω (Jude 4) ; παρείσδυσις (*Barn.* 2.10 ; 4.10) ; Philo *L.A.* 116, 200 등 : παρεισφθείρομαι. Schlier (p.71)는 갈라 2, 11—14 ; 사도 15, 1·24에서 그런 행동의 예들을 지적한다. 다음을 보라. LSJ, *s.v.*; Bauer, *s.v.*; *PGL*, *s.v.*; 불가타 성서의 번역 : ***subintroierunt***. 참조. Ambrosiaster, CSEL 81/3.20 16—17행 : fingentes amicitiam.

307) 그 용어는 신약에서 단 한번 나오는 어구다. 불가타역은 *explorare*로 번역한다. 참조. Ambrosiaster, CSEL 81/3.20 19행 : explorare est sic intrare, ut aliud fingat et aliud quaerat...다음을 보라. *LSJ*, *s.v.*; Bauer, *s.v.*; *PGL*, *s.v.*, κατασκοπέω, κατάσκοπος; Ernst Fuchs, "κατασκοπέω," *TDNT* 7.416f ; 더 진전된 예는 *Index Verborum Plutarcheus*, *s.v.*; *Polybios-Lexicon* (ed. Arno Mauersberger; Berlin: Akademie-Verlag, 1966), 1.1337f, *s.v.* Karl Holl ("Der Kirchenbegriff des Paulus in seinem Verhältnis zu dem der Urgemeinde," in his *Gesammelte Aufsätze zur Kirchengeschichte* 2 〔Tübingen: Mohr, Siebeck, 1928〕 44—67, 57)은 그들 자신이 감독권을 갖고 있다는 예루살렘 사도들의 주장에 반대해서 바울로가 말하고 있다고 주장했다. 그러나 이 가설은 사도행전으로부터 추론된다. 참조. 또한 *PGL*, *s.v.* κατάσκοπος; Georgi, *Kollekte*, 15 주 18 ; Schlier (p.71)는 반대자들이 "조사"할 권한을 주장했을지 모른다고 제시한다.

308) 갈라 5, 1·13에 관해서 보라. 참조. 야고 1, 25 ; 2, 12. 거기서 "자유"는

빠없이 이것을 무법으로 보았으며 그 종교적 위치를 영원한 정죄로 이끄는 것으로 판단했다.[309] 반대자들의 목적은, 바울로의 중상적인 언어를 사용하자면, 그와 이방 그리스도인들을 자신들의 통제 하에 두려는 것이었다: "우리를 노예로 만들려고."[310] 그들이 실제로 의도했던 것은 그들에게 할례를 받게 함으로써 그리고 그것으로 그들을 토라 계약의 참여자들이 되게 함으로써 이방 그리스도인들을 안전하게 하는 것이었다.[311] 그러나 바울로가 보기에, 그런 행동은 "세상의 요소들"(τὰ στοιχεῖα τοῦ κόσμου)에 붙잡혀 있는 "노예상태"로 끝날 것이었으며, 그들이 그리스도를 체험하기 이전의 상태로 되돌아가는 것이었다.[312]

[5] 반대자들, 그들의 활동, 그리고 그들의 목적을 기술한 후에(4절), 바울로는 그들의 요구에 대한 자신의 굽힐 줄 모르는 저항 의식(5절 a)과 그 자신의 목적(5절 b)을 상기시킨다. 5절 a는 많이 논의된 본문상의 문제를 포함하고 있다.[313] 그러나 이독들은 이차적인데 Nestle-Aland의 판독을 받아들여야 한다: οἷς οὐδὲ πρὸς ὥραν εἴξαμεν τῇ ὑποταγῇ("우리는 잠시도 그들에게 굴복하지 않았읍니다"). 많은 증거들[314]이 οἷς οὐδέ를 생략하며, 그것에 의하여 바울로가 —디도의 할례에 동의함으로써— 잠시동안 실제로 굴복했다는 견해를 나타낸다.[315] 그런 독해는 갈라디아서 2장 3—4절과 사도행전 16장 3절 사이의 일어날 수 있는 충돌을 해소시킬 수 있을 것이다. 실제로, 그것은 하나의 전승 —그것에 따라서 바울로는 때때로 할례에 동의하

긍정적인(반—바울로의?) 면에서 율법과 관계된다. "예수 그리스도 안에서"의 의미에 관해서는 갈라 2, 17; 3, 14·28; 5, 6을 보라.

309) 갈라 2, 17 또한 2, 15를 보라.

310) 또한 그 용어는 원래 "정치적"이다. LSJ, *s.v.*; Bauer, *s.v.*; *Index Verborum Plutarcheus. s.v.*; *Polybios-Lexikon*(주 307을 보라) 1. 1299, *s.v.*를 보라. 그 표현은 또한 유사한 논쟁인 고후 11, 20에서 나온다. 불가타역은 갈라 2, 4c를 이렇게 번역한다: ut nos in servitutem redigerent. G는 아마도 2, 5와의 관련 때문에 ἡμᾶς 앞에 부인(μή)을 첨가한다.

311) Ambrosiaster, CSEL 81/3. 20 25행: cogentes nos subici legi circumcisionis.

312) 참조. 갈라 4, 1—11; 5, 1—12.

313) Nestle-Aland와 Aland의 연구자료 *Greek New Testament;* Metzger, *Textual Commentary*, 591f를 보라. 충분한 토론에 대해서는 다음을 보라. Zahn, 91f, 289—98; Lagrange; Burton; Oepke; Schlier; Mussner; Benjamin W. Bacon, "The Reading οἷς οὐδέ in Gal. 2:5," *JBL* 42 (1923) 69—80.

314) D* it[d] Marius Victorinus 그리고 라틴어 사본들. Metzger, *Textual Commentary*, 591를 보라.

315) Mussner에 의거하여 우리는 이렇게 결론내린다.

지 않았다— 을 반영할 수 있다.[316] 마르시온은 οἷς를 생략하며,[317] 그래서 바울로는 "거짓 형제들"에게나 사도들에게 —그가 보기에(그리고 그 자신의 이후의 경험) 사도들은 전자와 많이 다르지 않았다— 양보하지 않았다.[318] 어쨌든 이런 신학적 경향들은 이독들이 이차적인 것이라는 점을 보여준다. 5절 a에서의 진술의 구조는 4절 a와 병행한다(διὰ δὲ τοὺς...). 그가 "잠시도"[319] "복종함으로써[320] 양보하지"[321] 않았다는 바울로의 강조는 물론 반바울로파의 요구를 현재 받아들이고 싶어하는 갈라디아인들과 대조된다.[322]

5절 b는 갈라디아의 현재 상황을 고려하여 4절 c에 대조되게 바울로의 목표들을 공식화한다: "복음의 진리가 언제나 여러분과 함께 있도록 하기 위한." 만일 그가 예루살렘에서 양보했더라면, "복음의 진리"에 대해 타협을 보았을 것이며, 그랬을 경우 갈라디아인들은 복음을 조금도 받지못했을 것이라는 점을 바울로는 주장한다.[323] 바울로가 예루살렘에서 피했던 바로 그 실수를 이제 그들이 저지르려고 한다. 그 결과 그들은 그 즉시 복음 없이 지내게 될 것이다.[324] "복음의 진리"(ἡ ἀλήθεια τοῦ εὐαγγελίου)라는 표현[325]은 특수하다. 그것은 "참

316) 이 문제에 관해서는 갈라 2, 3; 5, 11에 대한 주석을 보라.

317) Harnack, *Marcion*, 71*을 보라. 같은 생략이 sy^p Ephraem에서 발견된다. 또한 Ambrosiaster, CSEL 81/3. 20—22를 보라.

318) 예루살렘 사도들에 대한 Marcion의 비판과 관련된 귀절들에 대해서는 Harnack, *Marcion*, 37—39를 보라.

319) 이 표현에 대해서는 고후 7, 8; 필레 15; 데전 2, 17; 요한 5, 35; *Mart. Pol.* 11. 2을 보라. 또한 Mayser, *Grammatik*, 2/2. 499를 보라.

320) τῇ ὑποταγῇ. 대격은 연합적이다. BDF, § 198; BDR, § 198을 보라. 중복어로서 그 표현은 강조다. 관사는 공식적인 요구가 실제로 있었는지의 문제를 제기한다. Brun and Fridrichsen, *Paulus*, 30 주 1에서 Lyder Brun을 보라(Anton Fridrichsen 다음에). Burton, 84; Schlier, 72f; Gerhard Delling, "τάσσω (ὑποταγή)," *TDNT* 8, 46f.

321) εἴκω("양보한다")는 신약에서 한 번 나오는 어구다. Bauer, *s.v.*; BDR, § 67, 1a를 보라.

322) 갈라 3, 1—5; 4, 8—11·21; 5, 1·7—12를 보라. 바울로가 행하기를 거부했던 것이 바르나바와 안티오키아의 다른 유다 그리스도인들에 의해서 행해졌다(갈라 2, 11—14).

323) διαμένω πρός τινα는 신약에서 한 번 나오는 어구다. 참조. 그러나, 사도 10, 48D. Bauer, *s.v.*는 "누군가와 계속 남아있다"로 번역한다. LSJ, *s.v.*; Preisigke, *Wörterbuch* 4/3, *s.v.*를 보라.

324) 참조. 1, 7a; 5, 2·4.

325) 그 표현은 여기와 갈라 2, 14에서만 나온다. 또한 골로 1, 5; 고후 11, 10을 보라.

된 복음" 대 "거짓 복음"(참조. 1,6—9),[326] 또는 "복음의 실제 결과들",[327] 또는 "복음의 완전"[328]을 뜻할 수 있다. 아마 라이트푸트(Lightfoot)가 옳은 것 같다 : "바울로의 언어는 은총론을 나타낸다." 반대파에 양보했으면 복음으로부터 은혜를 제거시켰을 것이다. 이것은 갈라디아인들의 현재의 계획에도 해당되었을 것이다.[330]

[6] 예루살렘 교회 권위자들과의 회담에 관한 바울로의 이야기체의 서술(2,6—10)은 신약성서 문헌에서 가장 색다르고 역사적으로 재미있으며 본문상 복잡한 단락들 중의 하나다. 6—10절의 전 단락은, 만약 이 부분만 없으면 잘 구성되었을 편지 속에 들어 있는 회선상(回旋狀)의 문장으로서 낯설게 느껴진다. 그러나 상세히 분석해 보면 그 단락은 결코 부주의하게 구성되어 있지 않다는 것을 알 수 있다. 반대로, 그것은 단순히 복잡할 뿐이다. 만약 바울로가 보도하는 사건이 "사실들을 언급하는 데" 있어서 중심을 이루는 요소라고 한다면, 그가 이 단락에 큰 관심을 쏟은 이유가 설명될 수 있다. 이것이 사실이라면, 예루살렘에서의 사건들과 갈라디아에서의 현재의 위기 사이에 관련이 있음에 틀림없다. 그렇다면 현재의 선동자들과 그들의 신학적 입장 역시 분명히 어떤 점에 있어서 예루살렘의 권위자들과 관계가 있다. 이러한 관계를 아마 바울로뿐만 아니라 선동자들과 갈라디아인들도 마음 속으로 생각하고 있었을 것이다. 이 관계는 "야고보가 보낸 사람들"(참조. 2,11—14)과 현 위기 사이의 관계와 병행하는 것으로 보아야 한다.

바울로는 반대자들의 특성을 묘사하는 것(2,4)과 비슷하게 예루살렘 권위자들의 특성을 묘사함으로써 이 단락(2,6—10)을 시작한다.[331] 확실히 이 특성 묘사는 훨씬 더 객관적이며 동시에 덜 적대적이다. 물론 우리는 예루살렘 교회를 이끌어가는 사람들과 바울로가 후기에 맺은 관계에 관해서뿐만 아니라, 그의 현재의 변호적 입장을 고려함으로써 어조상의 이 차이를 평가해야 할 것이다. 만일 바울로가 그의

326) Rudolf Bultmann, "Untersuchungen zum Johannesevangelium," *ZNW* 27 (1928) 129 ; 같은 저자, *Exegetica*, 139, 143.
327) Schlier, 73. 참조. Mussner, 111 주 58 ; "복음의 논리"
328) Lightfoot, 107 ; 비슷하게 Burton, 86.
329) 앞 책.
330) 갈라 2,21 또 1,6—9·15 ; 2,9 ; 5,4 ; 6,18을 보라.
331) 6절의 시작은 4절의 시작과 병행한다. 이 단락의 분석에 대해서는 서론, §5를 보라.

복음과 사명을 예루살렘 권위자들로부터가 아니라 하느님 자신으로부터(참조. 1, 1·12) 받았다면, 이 권위자들이 그를 위해서 해야 할 역할이 무엇인지에 대한 질문에 응해야 한다. 무엇보다도 그와 바르나바가 왜 예루살렘까지 가야 했을까? 그 회의에서 실제로 어떤 일이 일어났을까? 만일 이 회의가 예루살렘에 의존하고 있는 바울로의 입장을 입증하지 않았다면, 과연 무엇을 입증했을까?

바울로는 먼저, 어떻게 그가 그 당시 그리고 지금 예루살렘 사도들과 관계를 맺게 되었는지의 문제를 다룬다. 그가 그들에게 붙이는 칭호는 그의 답변에 있어서 중요한 작용을 한다(참조. 2, 3) : 그는 그들을 "중요하다는 사람들"(*οἱ δοκοῦντες εἶναί τι*)이라고 부른다. 만약 변증적 문맥이라고 한다면,[332] 바울로는 이렇게 표현함으로써, 이 사람들이 권위와 권력을 가지고 있다는 사실을 인정하면서도 또한 그런 권위에 대한 그 자신의 추종에 관한 한, 거리를 둘 수 있다.[333]

삽입구 6절b—c에서 바울로는 자신이 어떻게 이 권위자들을 평가하고 있는지를 더 설명한다. 그의 평가는 그들의 지위의 본질, 그들 지위의 논쟁적인 가치, 그리고 바울로의 평가에 대한 신학적인 이유에 관한 언급을 포함한다. 그 삽입구는 다음의 말을 포함한다 : "그들이 어떤 사람이었든 간에 내게는 문제될 것이 없읍니다 : '하느님은 사람을 겉모양으로 판단하시지 않으십니다.'" 처음 단어들인 *ὁποῖοί ποτε ἦσαν*("그들이 어떤 사람이었든 간에")은 하나의 표현으로서,[334] 또는 단독으로 *ποτε*("〔그들이〕 어떤 사람〔이었〕든 간에")를 강조하는 것으로서[335] 해석될 수 있다. 더 곤란한 문제는 왜 바울로가 현재 시제 — 그것은 *οὐδεν διαφέρει*("문제될 것이 없읍니다")라는 말 다음에 나오는 현재와 일치한다— 대신에 미완료 시제 *ἦσαν*("그들이 ……이었던"을

332) 갈라 2, 3에 관해서 보라.

333) "중요한 사람들"이 실제로 보잘 것없는 사람이라는 것은 플라톤의 Apol. 41E에서 명백해진다. 참조. 갈라 6, 3 : "어떤 사람이 있어 자기가 아무것도 아니면서 무엇이나 된 것처럼 생각한다면 그는 자기를 속이는 것입니다" 참조. Schlier (p. 76). 그는 바울로가 사도들을 신용하지 않으려고 하지 않는다는 것을 인정하나, 그는 바울로에게 있어서 사도들의 권위가 신학적인 이유들 때문에 제한되고 있다는 것을 보지 못한다.

334) BDF, § 303 ; Bauer, *s.v.* Burton (p. 87)은 여기서 그 용어가 지위나 신분을 언급한다고 지적한다.

335) 참조. 갈라 1, 13·23. Schlier는 의미에 있어서 실제적인 차이가 없음을 말한다 : *ἦσαν* 때문에 과거 시제가 사용되었다.

썼느냐 하는 것이다.[336] 시제들간의 불일치는 문법적으로 어색하며 바울로가 고의로 그렇게 했다는 인상이 들게 한다. 왜냐하면 그는 과거와 현재를 구별하려고 했기 때문이다. 이 점에서 많은 가설들이 제시되었다. 칼 호이씨(Karl Heussi)[337]는 많은 간행물을 통해서, ἦσαν("그들이……이었던")은 바울로가 편지를 썼을 때 베드로, 야고보 그리고 요한이 죽었다는 것을 가리킨다는 가설을 변호하였다. 그러나 그 문제에 관한 논의의 결과, 이 가설이 신빙성이 없다는 점이 밝혀졌다.[338]

다른 학자들은 ἦσαν("그들이……이었던")을 사도들이 한때 가졌으나 이제는 더 이상 갖고 있지 않는 〈긍정적〉 자질들을 언급하는 것으로 해석해왔다. 슐리어(Schlier)[339]는, 바울로가 오순절 이전의 사도들의 생애에 관해 언급하려 한다고 믿고 있는 학자들의 입장을 요약한다: "그들은 역사적 예수와 특히 부활한 예수-메시야와 친교를 가졌을

---

336) 그 문제는 특히 다음에서 지적되었다. Barrett, "Paul and the 'Pillar' Apostles," 19 주 1 ; Günter Klein, "Galater 2,6—9 und die Geschichte der Jerusalemer Urgemeinde," *ZThK* 57(1960) 275—95(현재는 보완되어 그의 *Rekonstruktion und Interpretation: Gesammelte Aufsätze zum Neuen Testament* [BEvTh 50 ; Munich: Kaiser, 1969] 99—128에 있다) ; Eckert, *Die urchristliche Verkündigung*, 188f ; Schütz, *Authority*, 136ff.

337) 그 문제에 대한 그의 최종적인 평가는 그의 책 *Die römische Petrustradition in kritischer Sicht* (Tübingen: Mohr, Siebeck, 1955)에서 언급된다. 거기에 또한 그 주제를 다룬 Heussi의 다른 많은 간행물들이 실려있다. 더 이상의 자료를 위해서는 Erich-Dinkler, "Die Petrus-Rom-Frage," *ThR* 25(1959), 189—230, 289—335 ; 27(1961) 33—64를 보라.

338) 다음을 보라. Kurt Aland, "Wann starb Petrus? Eine Bemerkung zu Gal. II.6," *NTS* 2(1955/56) 267—75 ; Gerhard Schulze-Kadelbach, "Die Stellung des Petrus in der Urchristenheit," *ThLZ* 81(1956) 1—14, 특히 8ff ; Klein, Rekonstruktion, 100ff ; Schlier, 75 주 4 ; Mussner, 113 주 67.

339) Schlier, 75f. 실제로 이 주장은 이미 ps.-Clem. *Hom.* 17.18에 있는 반바울로 귀절에서 발견된다. 거기서 베드로는 자신이 바울로보다 더 잘 "계시"를 이해한다고 주장한다. 왜냐하면 바울로는 환상에만 의존해야 하나 베드로는 그것을 예수의 생애에서 배웠기 때문이다(아래 보론 3을 보라). 슐리어에 의하면, 바울로는 예루살렘 사도들의 권위가 아니라 그 권위에 대한 잘못된 정당화만을 부인하려고 한다. 이런 식으로, 슐리어는 교리 문제들에 관한 한 교회가 권위를 가지고 있다는 것을 바울로가 원칙적으로 거부하려고 했다는 결론을 피한다. 또한 비슷하게 Lightfoot; Barrett, "Paul and the 'Pillar' Apostles," 18f. 비판에 대해서는 Klein, *Rekonstruktion*, 101f.

것이다. 그들 자신들 또는 다른 사람들은 그들의 명성의 기초를 그 친교 위에 두고 있을 것이다. 또는 야고보는 *Χριστὸς κατὰ σάρκα*〔"육에 따른 그리스도"〕의 친척일 것이다(참조. 고후 5, 16). 〔그러나〕 하느님은 바울로를 불렀을 때 이 역사적 자질들에 유의하지 않았다. 그러므로 바울로는, 사도적 결정들이 내려져야 할 때, 그것들에 주의를 기울이지 않는다." 또 어떤 이들은 "그들이……이었던"이라는 어구가 회의시에만[340] 또는 바울로의 복음 선포 전에만[341] 있었던 이로운 상황을 언급한다고 믿는다. 또 일반적인 자질들이 상대화될 수 있다.[342] 또 하나의 접근은 "그들이……이던"을 사도들의 교육의 부족[343] 또는 예수의 수난시의 그들의 불충성[344]과 같은 〈부정적〉인 자질들과 관계시킴으로써 특징지워진다.

어느 정도 새로운 해결책이 클라인(Günter Klein)에 의해서 제시되었는데,[345] 그는 또한 그 문제를 해결하기 위한 이전의 시도들을 가장 날카롭게 비판하기도 했다. 딩클러(Erich Dinker)[346]와 함께 그는 갈라디아서 2장 7—9절이 사도회의의 "합의서"(protocol)에서 인용된 말을 포함하고 있다고 생각한다. 따라서, 이 귀절들에는 그 회의에서의 상황에 대한 정보가 들어 있다. 이것은 1장 18—19절과 일치한다 : 베드로는 유다인들에 대한 사도직을 책임맡고 있었다. 바울로의 두번째 방문인 2장 7—8절에서 이 상황은 바뀌지 않았다. 두 방문에 관한 보도에서 우리는 "중요하다는 사람들"이나 "기둥들"(야고보에 대해서는 제외하고—그는 예수의 형제로서 언급된다 : 1, 19)에 대해서 아무 것도 듣지 못한다. 그러므로, 클라인의 주장에 의하면 "중요하다는 사람들"과 "기둥들"에 대한 언급은 사도회의 자체의 상황이 아니라 바울로가 갈

340) 예를 들면, Zahn; Sieffert; Oepke; 그리고, 이들에 대한 비판에 대해서는 Klein, 앞 책, 103을 보라.

341) Aland, "Wann starb Petrus?" *NTS* 2, 274f, 위의 주 338.

342) 예를 들면, Lagrange; Lietzmann; Morton Smith, "Pauline Problems," *HTR* 50(1957) 107—31, 120f ; 비판에 대해서는 Klein, *Rekonstruktion*, 103f.

343) Werner Foerster, "Die *δοκοῦντες* in Gal 2," *ZNW* 36(1937) 288 ; Munck, *Paul*, 99(사도 4, 13에 대한 함축적인 언급과 함께). 참조. Smith, 앞 책, 120f ; Klein, *Rekonstruktion*, 105 ; Schlier, 76 주 2 ; Eckert, *Die urchristliche Verkündigung*, 188 주 3.

344) Ethelbert Stauffer, "Zum Kalifat des Jakobus." *ZRGG* 4(1952) 193—214, 203 주 11a.

345) Klein, *Rekonstruktion*, 109ff.

346) 참고하려면 갈라 2, 7—9에 관해서 보라.

라디아 사람들에게 편지를 쓰고 있던 때의 상황을 반영할 뿐이다. 그러는 동안에 권위의 변화가 일어났다. 다른 순서의 이름들은 야고보의 영향이 늘어난 반면 베드로의 영향은 감소했음을 보여준다.[347] 첫번째 예루살렘 방문시 베드로는 완전히 감독받고 있는 것 같았으나(1, 19), 후에 다른 사람들이 우세해졌으며 이 과정은 사도회의 때까지 끝나지 않았다. 베드로는 그 당시도 여전히 힘을 갖고 있었으나 활동적인 사람들은 야고보와 요한이었다. 다시 한번 되돌아보면(2, 3·9), 사도회의 당시 활동적이었던 사람들 그리고 그 사이에 완전히 인계받았던 사람들이 실제로 그 합의의 조건에 동의했다는 것은 바울로에게 있어서 더 중요하다. 그 당시 야고보, 베드로, 그리고 요한이 삼두정치(三頭政治)를 하고 있는데, 야고보는 의장으로서 유다인들에 대한 선교 책임도 나눠 맡고 있다. 그러므로 사도회의의 합의서가 작성되는 사이에(2, 7—8) 그리고 갈라디아 사람들에게 편지가 씌어졌던 시기에 (2, 9), 베드로에서 삼두 "기둥"들에로의 권력의 변화가 일어났다. 이 변화가 과거시제 *ἦσαν*("그들이……이던")에 의해 표현되고 있다.

그러나 *ἦσαν*("그들이……이던")의 해석 문제는 2장 6절b, *οὐδέν μοι διαφέρει*("내게는 문제될 것이 없읍니다")가 현재 시제의 의미를 포함할 뿐만 아니라 그 요소들 모두가 그것과 관계되어야 하는 삽입구 전체를 포함한다. 이미 언급한 바와 같이, "내게는 문제될 것이 없읍니다"라는 구는 현재 시제로 언급된다. 이 현재 시제는, 클라인(Klein)이 주장하는 것처럼, 현재 존재하는 그러나 이전에는 존재하지 않았던 상태를 지시할 수 있다. 그러나 지시의 형태와 희랍 문학에서의 병행구들[348]은 "속담의 현재"를 연상시킨다.[349] "중요하다는 사람들"과 관련해서 이 지시는 다른 어떤 것보다도 더 많이 그들의 권위가 비본질적인 문제(*adiaphoron*)라는 것을 선언한다. "비본질적인 문제들"에 대한 스토아 철학의 교의에 의하면[350], *δοξα* 대 *ἀδοξία*("명성" 대

347) Klein, ***Rekonstruktion***, 112f, 124f를 보라.

348) 그 문구에 대해서는 ***Antipho*** 5. 13 ; Plato ***Prot.*** 316B, 358E ; ***Phaedo*** 89C ; ***Leg.*** 887B를 보라. 그 이상의 예들은 LSJ, *s.v.* *διαφέρω* III. 2 ; Bauer, *s.v.* 2. C ; Konrad Weiss, "*φέρω* (*διαφέρω*)," *TDNT* 9. 62—64에 수록되어 있다.

349) Eduard Schwyzer, ***Griechische Grammatik*** (3 vols.; HKAW 2. 1—3 ; Munich: Beck, ²1959—60), 2. 270f를 보라. 다른 입장은 Berthold Haesler, "Sprachlich-grammatische Bemerkungen zu Gal II, 6," *ThLZ* 82 (1957) 393f ; Mussner, p. 114.

350) 이 주제에 관해서는 Johannes Stelzenberger, "Adiaphora," *RAC* 1, 83—

"무명") 또는 *εὐδοξία*와 *εὐγένεια* 대 *ἀδοξία*와 *δυσγένεια*("좋은 명판"과 "귀족" 대 "평판이 좋지않음"과 "천민 태생")은[351] 예루살렘에 있는 "중요하다는 사람들"의 "권위"를 상대화시킨다. 바울로는 다른 귀절들과 문맥들에서도 이 아디아포라의 교의에 동의한다.[352] 그러므로 예루살렘 사도들의 권위를 상대화시키기 위한 하나의 원칙으로서 그가 여기서 그것을 사용하고 있다고 결론지을 수 있다.

만일 우리가 이것을 가정한다면, 2장 6절 c는 그 원칙에 대한 신학적 근거를 제공한다 : *πρόσωπον* [*ὁ*] *θεὸς ἀνθρώπου οὐ λαμβάνει*("하느님은 사람을 겉모양으로 판단하시지 않으십니다"). 이 교리적 진술은 오래된 신학적 교리를 상기시키는데, 그것에 의하면 "하느님은 더럽혀질 수 없는 그리고 인물을 중시하지 않는 판관이시다."[353] 히브리어 נשא פנים[354]은 구약성서에서 이미 널리 적용되고 있으나 판단들[355]과 하느님[356]에 관련해서 사용되고 있는 점이 두드러진다. 그 도그마는 일반적으로 유다교에 들어있었으며[357] 후에 초대 그리스도교가 그것을 받아들였다.[358] 바울로는 그것을 여기서는, "중요하다는 사람들"의

87을 보라.

351) 예컨대 다음을 보라. Zeno SVF 1.190 ; de Vogel, Greek Philosophy 3, nos. 1012b, c ; 1018—22 ; 1030b ; 1034b ; 1050a ; 1087a ; 1088b. 필로는 그 교의가 헬라적 유다교에 의해서 채용되었음을 보여준다(*Det.* 122 ; *Post.* 81 ; Mos. 2.240f ; L.A. 2.17 ; *Op.* 74 ; *Sac.* 99 ; *Fuga* 152 ; Her, 253 ; *Praem.* 70 ; *Spec.* 2.46 ; *Prob.* 61 ; 83).

352) 그 구 자체는 신약성서에서 한 번 나온다. 그 내용에 대해서는 고전 1,26—29와 필립 3,7—8 등을 보라. Braun, "Die Indifferenz gegenüber der Welt bei Paulus und bei Epiktet," in *Studien*, 159—67 : Betz, *Paulus*, 97을 보라.

353) 다음을 보라. Eduard Lohse, "*πρόσωπον* (*προσωπολημψία*)," *TDNT* 6.779f ; Schlier, 75 ; Klein, *Rekonstruktion*, 105 ; David M. Hay, "Paul's Indifference to Authority," *JBL* 88(1969) 36—44.

354) Ludwig Köhler and Walther, *Lexion in Veteris Testamenti Libros* (Leiden: Brill, 1953), s.v. נשא, 4를 보라. נשא פנים은 70인역에서 *λαμβάνειν πρόσωπον* 또는 *θαυμάζειν πρόσωπον*으로 번역된다. פנים הכיר(70인역 : *γινώσκειν ἄνθρωπον*)는 동의어.

355) 다음을 보라. 특히 70인역 레위 19,15 ; 신명 1,17 ; 16,19 ; 시편 81,2 ; 잠언 18,5 ; 욥기 13,10 ; 말라 2,9 ; 열하 19,7.

356) 70인역 창세 32,21 ; 신명 10,17 ; 집회서 35,13 ; 솔로몬의 시편 2,18 ; 희년서 5,16 ; Abot 4.22 ; 등을 보라.

357) Str-B3.79—83 ; Lohse, "*πρόσωπον*," *TDNT* 6.779f.를 보라.

358) 갈라 2,6은 별도로 로마 2,11 ; 에페 6,9 ; 골로 3,25 ; 사도 10,34 ; 베전 1,17 ; *Barn.* 4.12를 보라. 사람에 관해서 그것은 야고 2,1(참조.

독특한 지위에 적용한다. 우리는 또한 λαμβάνει의 현재시제가 διαφέρει의 그것과 같으며, 둘다 "금언형태를 띤 현재"(proverbial presents)라는 사실을 고려해야 한다. 이것은 진술들간에 실제적인 불일치는 없으나, 그것들이 예루살렘 사도들의 과거 지위를("그들이 ……이었던) 현재에서 따질 만한 가치가 없는 것으로 평가한다는 것을 뜻한다. 달리 말하자면, 바울로가 관심을 갖는 것은 사람들의 그때와 지금의 역사적 환경의 변화가 아니라 회의에서의 그들의 과거 지위가 이제 논점으로서 이용될 수 없다는 원칙이다. 지금 신학적인 문제가 결정되어야 하고, 이 결정에 있어서 외적인 지위가 영향을 미치는 일은 부당하다. 그러나 하느님의 공정한 지배를 적용함과 동시에 과거나 현재의 사람들의 기존하는 지위를 비판하는 것은 적절하다.

삽입구를 다 쓴 후, 바울로는 6절 d에서 그가 6d—10절에서 보도하는 회의의 결과들을 보고하기 시작한다. 그는 문장의 서두(참조. 6절 a)를 반복하면서, 먼저 그 회의의 가장 중요한 결과를 언급한다: "그 중요하다는 사람들에게서 나는 새로운 제안을 받은 일이 없읍니다." 동사 προσανατίθημι("누구에게 무엇을 덧붙여 주다")[359]는 여기서 1장 16절과는 다른 의미를 가지고 있다.[360] 바울로는 그것을 여기서 중간태가 아니라 능동태로 사용한다.[361] 그래서 그것의 의미는 ἀνατίθημι와 다르지 않다.[362] 바울로는 어떤 "덧붙임"을 염두에 두고 있을까? 그것은 그의 반대자들이 요구했던(참조. 2,3—4) 그리고 현재의 반대자들이 실제로 요구하고 있는 것일 뿐이다: 이방 그리스도인들을 토라와 할례에 복종시키는 것(참조. 4,9; 5,1b). 예루살렘 회의에서 현재와 같은 그의 복음이 승인되었으며 반대자들이 현재 하고 있는 것 같은 부가적인 요구가 없었다는 것을 보도하고 실증할 수 있다는 것은, 바

2,9); *Barn.* 19.4; *Did.* 4.3; 1 *Clem.* 1.3; Pol. *Phil.* 6.1에서 사용된다. 예수에 관해서는 루가 20,21 병행; 이단에 관해서는 유다 16절.

359) 이 뜻으로 사용되는 말은 신약에서 단 한 번 나온다. Bauer, *s.v.* 1; Johannes Behm, "ἀνάθεμα," *TDNT* 1.353f.를 보라.

360) 그런 입장은 Oepke, 78f.; Schlier, 74 주 2. Zahn은 다르다.

361) "추가로 짐을 지우다"(LSJ, *s.v.* I); LSJ는 갈라 2,6을 "저절로 기여하는" (*sc.* to another)로 번역한다.

362) 슐리어도 그렇다. p.74; 참조. LSJ, *s.v.* ἀνατίθημι B.I. Burton은 그 용어에 긴 주를 단다(pp.89—91); 그는 사도들이 바울로에게 교리나 실천상의 새로운 짐을 부과하지 않았다는 의미에서 다음과 같이 번역한다. "왜냐하면 나에게 있어서 중요하다는 사람들은 아무런 새로운 것도 가르쳐주지 않았읍니다."

울로의 변호에 있어서 가장 결정적인 역할을 한다.[363] 그에 따라 반대자들이 하고 있는 현재의 요구는 불법적인 것으로 선언된다.

[7] 6절에서 그 회의의 가장 중요하지만 소극적인 결과를 언급하고 나서, 이제 바울로는 적극적인 결과로 돌아선다.[364] 6절에서처럼 그것은 길고 난해한 문장으로 진술된다(7—9절). 그가 보기에, 적극적인 결과는 그의 복음과 선교가 예루살렘 사도들에 의해서 공식적으로 인정되었다는 사실에 있다. 이 사실은 의심할 바없이 바울로가 하고 있는 주장의 가장 애매한 부분이다. 왜냐하면 그것은 회의에서 바울로가 예루살렘 사도들을 더 높은 권위의 법정으로서 적어도 암묵적으로 존중했다는 의견을 지지하는 것 같기 때문이다. 그 결과 그의 변호는 그 반대, 즉 그런 인정이 그 당시 일어나지 않았다는 것을 보여주어야 한다. 그러므로 바울로는 그가 예루살렘 사도들을 인정한 것이 아니라 그들이 그를 인정했다고 주장한다. 7절은 바울로가 인정되었던 이유를 밝힘으로써 시작한다: "도리어 그들은 할례받은 사람들에게 복음 전하는 일을 하느님께서 베드로에게 맡기신 것같이 할례받지 않은 사람들에게 복음 전하는 일을 내게 맡기신 것을 알게 되었읍니다." 이유의 형태는 "신학적 통찰"(ἰδόντες)이었다.[365] 바울로는 어떻게 언제 이러한 통찰이 이뤄졌는지 지적하지 않는다. 그러나 우리는 회의에서 열띤 토론을 거친 후에야 비로소 그러한 통찰이 생긴 것으로 가정해도 좋을 것이다.[366] 또한 흥미로운 것은 그 통찰의 내용을 묘사하는 데 비(非)바울로적인 언어가 사용된다는 사실이다.[667] 딩클러(Erich Dinkler)[368]는 "할례받은 자들에

---

363) 또 그런 견해에 대해서는 Schlier, 74f; Mussner, 114f를 보라. Georgi (*Kollekte*, 19f)는 바울로가 자신의 동의없이 다른 사람들에 의해서 발표되었던 소위 "사도령"(사도 15, 24—29)을 특별히 염두에 두고 있다고 제시한다. 그러나 이 제시는 갈라디아의 논쟁에 맞지 않는다. 바울로가 그 "령"을 알고 있었는지의 문제는 입증할 수 없다. 명백히, 그것은 할례의 요구를 포함하고 있지 않다. 사도행전은 그것을 위반으로서 그리고 "부가적인 요구"(참조. 사도 15, 10·19·28)로서가 아니라 예루살렘 합의들의 유기적인 부분으로 간주한다. 전체 문제에 관해서는 August Strobel, "Das Aposteldekret in Galatien: Zur Situation von Gal I und II," *NTS* 20(1974) 177—90을 보라.

364) 강조형의 "도리어"(*ἀλλὰ τοὐναντίον*)를 주목하라.

365) 참조. 갈라 2, 14; 마태 27, 3·24; 사도 12; 3.

366) 이 점에서 사도 15장은 역사적 실제를 반영한다.

367) 그러나 이것은 *πεπίστευμαι*("내게 맡기신")에 있어서는 사실이 아니다. 그것은 바울로의 표현이다. 로마 3, 2; 고전 9, 17; 데전 2, 4; 또한 디

게 복음 전하는 일"[369]과 마찬가지로 "할례받지 않은 사람들에게 복음 전하는 일"[370]과 같은 개념들은 바울로의 언어가 아니며, 그것들은 갈라디아서 1장 6—7절에서 한 그의 진술과 모순된다는 것을 강조하였다.[371] 또 놀라운 것은 이 귀절에서 평소의 "게바"[372] 대신에 "베드로"[373]라는 이름을 쓰고 있는 점이다. 홀(Karl Holl)[374]과 메르크스(Adalbert Merx)[375]는 텍스트를 정정함으로써 명칭 문제에 대한 해결책을 제의했는데, 그들은 "베드로"가 후대의 편집자들 —그들에게 있어서 이것이 표준적인 이름이었다— 에 의해서 삽입되었다고 가정하였다. 바니콜(Ernst Barnikol)[376]은 베드로와 바울로를 동등한 수준에 두

전 1, 11 ; 디도 1, 3 ; Ign. *Mag*. 6. 1 ; Ign. *Phld*. 9. 1을 보라. Rudolf Bultmann, "πιστεύω," *TDNT* 6. 177f ; 203을 보라.

368) *Signum Crucis*, 282 ; Klein, *Rekonstruktion*, 118 주 3은 동의한다.

369) "할례"는 "유다인들"에 대한 약기이다(갈라 2, 12 ; 로마 3, 30 ; 4, 9·12 ; 15, 8 ; 에페 2, 11 ; 골로 3, 11 ; 4, 11 ; 디도 1, 10 ; 사도 10, 45 ; 11, 2를 보라). 참조. 反바울로적인 *Kerygmata Petrou, Ep. Petr*. 3. 3에서 사용된 τὸ νόμιμον κήρυγμα의 개념(아래 부록 3을 보라).

370) 그것은 이방인들의 복음이다. ἀκροβυστία("包皮")에 관해서는 고전 7, 18f ; *Barn*. 9, 5를 보라. 그것은 περιτομή("할례")의 반대다. 갈라 5, 6 ; 6, 15 ; 로마 2, 25·26 ; 4, 10 ; 에페 2, 11 ; 골로 3, 11을 보라. 전자는 "이방인"의 약기로서 소용된다(참조. 로마 3, 30 ; 4, 9 ; 에페 2, 11 ; 골로 3, 11 ; Ign. *Phid*. 6. 1). Karl Ludwig Schmidt, "ἀκροβυστία," *TDNT* 1. 225f ; Rudolf Meyer, "περιτέμνω," *TDNT* 6. 72ff를 보라.

371) 술리어는 다르다(p. 76), 그는 Tertullian, *De praescriptione haereticorum* 23을 인용한다 : "Inter se distributionem officii ordinaverunt, non ut separationem evangelii, nec ut aliud alter sed ut aliis alter praedicarent." (그들은 그들 간의 임무를 구분하였다. 그것은 복음을 구분하거나 또는 어떤 이는 이것을 전하고 다른 이는 저것을 전하려는 것이 아니라 어떤 사람은 어떤 사람들에게, 그리고 다른 이는 다른 사람에게 전하려는 목적에서였다").

372) 갈라 1, 18 ; 2, 9·11·14 ; 고전 1, 12 ; 3, 22 ; 9, 5 ; 15, 5.

373) 이 이름은 갈라 2, 7·8에서만 나온다.

374) "Der Kirchenbegriff," 45 주 3.

375) *Die vier kanonischen Evangelien nach ihrem ältesten bekannten Texte*, 2 : 1 : *Das Evangelium des Matthäus* (Berlin: Reimer, 1902) 161ff. 비판에 대해서는 Schulze-Kadelbach, *ThLZ* 81(1956), 10 주 48 ; Schlier, 77 주 2를 보라.

376) *Der nichtpaulinische Ursprung des Parallelismus der Apostel Petrus und Paulus* (*Gal* 2, 7—8) (Forschungen zur Entstehung des Urchristentums, des Neuen Testament und der Kirche, Heft 5 ; Kiel: Mühlau, 1929). 비판에 대해서는 다음을 보라. Johannes Behm, *ThLZ* 58(1933) 29 ; Hans Lietzmann, *ZNW* 33(1934) 93 ; 같은 저자, Galater, 13 ; Schlier, 77 주 2 ; Dinkler, *Signum Crucis*, 279f ; Klein, *Rekonstruktion*, 106 주 37.

고자 했던 후대의 삽입으로 생각하였다. 홀(Holl)[377]은 "베드로"는 선교사의 이름이었고, 반면에 "게바"는 예루살렘에 있는 사도의 이름이었다고 가정하였다. 다른 사람들[378]은 두 이름이 동일 인물을 가리킨다는 것에 의심을 표명하였다. 차프만(John Chapman)[379]은 바울로가 마태오복음 16장 16—19절의 영향 하에서 갈라디아서 2장 7절을 서술했다고 주장하였다.

더 납득이 가는 것은 딩클러(Erich Dinkler)[380]가 세운 또 하나의 가설인데, 그는 선임자들로서 바니콜(Ernst Barnikol)[381]과 쿨만(Oscar Cullmann)[382]을 인용한다. 바니콜은 2장 7—8절이 두 개의 분사 *ἰδόντες* (7절)와 *γνόντες*(9절)를 분리시키며, 문장을 파손시키지 않고 중간 단락을 빼낼 수 있다고 보았었다. 쿨만은 바울로가 "*Petros*란 형태가 사용되었던 희랍어역의 공문서를 여기서 인용한다"고 시사했다.[383] 딩클러는 이 가설을 입증하고자 했으며 또 실제로 그 인용을 재구성하려고 했다. 그는 회의에서 공식적인 "교령"이 발표되었었고, 그것이 희랍어와 아람어[384] 본에 있는 기록들에 포함되었다고 가정하였다. 딩클러에 의하면, 바울로는 이 주장을 위한 증거로서 희랍어 본으로부터 말 그대로 인용하였다. 딩클러가 재구성하는 실제 인용문은 바울로의 문맥에 적합시키기 위해 약간의 변경을 요구한다 : "그들은 베드

377) Holl ("Der Kirchenbegriff," 45)에 반대해서 Dinkler, *Signum Crucis*, 278f ; 같은 저자, "Die Petrus-Rom-Frage," 198.

378) Kirsopp Lake, "Simon, Kephas, Peter," *HTR* 14(1921) 95—97 ; Donald W. Riddle, "The Cephas-Peter Problem, and a Possible Solution," *JBL* 59(1940) 169—80 ; Clemens M. Henze, "Cephas seu Kephas non est Simon Petrus!" *Divus Thomas* 61(1958) 63—67 ; Joseph Herrera, "Cephas seu Kephas est Simon Petrus," *Divus Thomas* 61(1958) 481—84. 쿨만(*Peter*, 20 주 7)은 그 가설의 교부적 대표자들을 언급한다.

379) "St. Paul and Revelation to St. Peter, Matt XVI. 17," *Revue Bênédictine* 29(1912) 133—47. 비판에 대해서는 Munck, *Paul*, 63 주 2 ; Klein, *Rekonstruktion*, 106 주 37.

380) "Der Brief an die Galater," VF 1953—55, 182f ; 그의 *Signum Crucis*, 279ff에 있다 ; 같은 저자, "Die Petrus-Rom-Frage," 198. 같은 견해로는 Klein, *Rekonstruktion*, 106ff ; 118ff. Schlier, 77 주 2. 참조. 또한 Munck, *Paul*, 61f.

381) 주 376을 보라.

382) *Peter*, 20 ; 같은 저자, "*Πέτρος, Κηφᾶς*," *TDNT* 6. 100 주 6.

383) *Peter*, 20.

384) Dinkler, *Signum Crucis*, 280. 원래의 논문 281f에 대한 보충에서, Dinkler는 Peshitta에 기초한 "원안"의 재구성에 의해서 그의 논제를 입증하고자 한다.

로에게 할례받은 사람들에게 복음 전하는 일이 맡겨진 것처럼, 바울로에게는 할례받지 않은 사람들에게 복음 전하는 일이 맡겨졌다는 것을 알게 되었읍니다. 왜냐하면 할례받은 자들을 위한 사도직을 베드로에게 주신 분이 할례받지 않은 자들을 위한 사도직을 바울로에게 주셨기 때문입니다…….” 그러나, 불행히도, 이 가설은 비판적으로 검토할 때 무너진다. 7절의 정식화는 대체로 바울로 자신의 것이다 : 일인칭 복수는 “기록들”의 일부가 될 수 없으며, 틀림없는 바울로 어법의 일부이다.[385] 그러므로 7절은 그 자신의 위치에 적합한 합의에 대한 바울로 자신의 평가이다. 그러나 “베드로”라는 이름과 마찬가지로 “할례받은 사람들에게” 그리고 “할례받지 않은 사람들에게 복음을 전하는 일” 등의 비바울로적인 개념들은 기본적인 공적 진술로부터 나온 것이다. 우리는 또한 7절에서 바울로가 자신을 먼저 언급하는 (우리말 역에서는 그. 반대다 : 역주) 반면에(그 자신의 정식화), 8절에서는 베드로를 먼저 언급하고 바울로를 두번째 언급한다는 것을 알 수 있다. 결론적으로, 딩클러의 재구성은 7절 전체에 관한 것이 아니라 어떤 개념들과 베드로라는 이름에 관한 것이다. 작성된 의정서로부터 “인용”한다기보다, 바울로는 양파가 합의했던 용어들을 사용함으로써 독자들에게 합의점들을 상기시킨다.

[8] 8절의 삽입구적인[386] 진술은 실제로 대단히 생소하다. “그리하여……할례받은 자들을 위한 사도직을 베드로에게 주신 분이 이방인들을 위한 사도직을 내게 주셨다…….” 서두의 γάρ(“그리하여”)는 앞 문장과의 연결점을 제공하지만, 그 진술은 연결 없이도 그 자체로서 완전하다. 그것은 어떤 의미에서 9절 d와 병행한다 : “우리는 이방 사람들에게로……그들의 할례받은 이들에게로…….” 7절에서처럼, 8절에서도 또한 비바울로적인 언어가 사용되며, 다시 베드로의 이름이 평소의 게바 대신으로 쓰인다.[387] “할례받은 사

385) 위 주 367을 보라. 물론, 그 문서의 아람어 본에 대한 증거는 없다. 언어학적 측면에서의 반론들은 가정된 문서의 희랍어 “텍스트”에 대해서 제기됐음에 틀림없다. 참조. Ulrich Wilckens에 맞선 부적합한 방어로는, Klein, *Rekonstruktion*, 118 주 3. Dinkler와 Klein에 대한 비판으로는 다음을 보라. Georgi, *Kollekte*, 14. 주 10 ; Haenchen, *Acts*, 466—67 ; 같은 저자, “Petrus-Probleme,” *NTS* 7(1961), 187—97, 192ff ; rep. in his *Gott und Mensch* (Tübingen: Mohr, Siebeck, 1965), 63ff.

386) Schlier, 77 그리고 대부분의 주석가들에게 있어서 그러하다. BDF, §465 ; BDR, §465를 보라.

387) 위 2, 7에 관해서 그리고 주 372와 373을 보라. 여격 *Πέτρῳ*와 *ἐμοί*는

들을 위한 사도직"이란 표현은 비바울로적이며[388] "할례받은 사람들에게 복음 전하는 일"(7절)과 상응한다. 그것은 신약성서에 단 한번 나오는 어구이다. 놀랍게도 그 진술은 바울로의 "이방인들을 위한 사도직"(ἡ ἀποστολὴ τῶν ἐθνῶν)의 병행 개념을 포함하고 있지 않다. 특징적인 것은 바울로의 선교를 기술하고 있는 그 진술이 그 용어를 생략하고 있는 데 있다.[389] 그 문장만을 단독으로 해석해 볼 때, 그것은 베드로의 사도직과 바울로의 새로운 선교의 관계에 대한 요약적인 또는 유사—법적인 정의처럼 보인다.[390] 그 정의는 분업과 관련하여 역량을 진술한다. 베드로의 사도직이 먼저 언급되고는 있지만, 두 선교 전략들이 동등하게 인정된다. 동등한 이유는 같은 구원론적 기반을 공유하고 있기 때문이다. 곧 같은 하느님께서[391] 두 사람을 통해 "일하신다."[392] 다른 점이 있다면 베드로의 선교만이 "사도직"(ἀποστολή)으로

*dativi commodi*이거나(Schlier, p. 78 주 1에서 그러하다 ; BDF, § 188 ; BDR, § 188), 또는 *instrumentalis*일 수 있다(BDF, § 195 ; BDR, § 195).

388) 명백히, 그리스도의 계시에 대한 바울로의 기록인 갈라 1, 15·16은 "사도"로서의 그의 임명을 언급하지 않는다. 사도직에 대한 바울로의 주장에 대해서는 갈라 1, 1·17 ; 로마 1, 5 ; 고전 9, 1ff ; 15, 9 ; 고후 11, 5 ; 12, 11f을 보라.

389) 그것을 *comparatio compendiaria*의 한 예로서 다루는 Schlier (p. 78 주 2)와 Mussner (p. 116 주 91)에 반대해서 이런 해석에 대해서는 Schwyzer, *Grammatik* 2. 99 주 1 ; BDF, § 479, 483 ; BDR, § 479, 483을 보라. 그러나 이 가설은 필요하지 않다. Mussner (p. 116 주 91)는 그것을 "아주 하찮은 일"로 간주하나, 이 일은 예루살렘 모임에서 정말로 무엇이 일어났던가의 문제를 결정한다.

390) 광범위한 연구는 양식 비판적인 평행구들을 제시한다. Lightfoot와 Schlier (p. 78 주 2)는 *Acta Pauli et Theclae*, 40 (eds. Lipsius and Bonnet, *Acta Apostolorum Apocrypha* [Darmstadt: Wissenschaftliche Buchgesellschaft, 1959] 1. 266, 8—10행)에 있는 이상한 진술을 언급한다. 거기 보면 Thecla는 바울로에게 말한다 : *Ἔλαβον τὸ λουτρόν, Παῦλε· ὁ γὰρ σοὶ συνεργήσας εἰς τὸ εὐαγγέλιον κἀμοὶ συνήργησεν εἰς τὸ λούσασθαι*("바울로, 나는 목욕을 하였읍니다. 왜냐하면 복음을 위해 당신과 함께 일하셨던 분이 세례에 있어서 나와 함께 또한 일하셨기 때문입니다." tr. HSW, *NT Apocrypha* 2. 364). ps.-Clem. *Hom.* 8. 5—7에서 유다인들과 그리스도교인들 간의 관계를 서술하고 있는 특수한 교설도 비슷하다.

391) 이 문장의 주어는 하느님이다. 참조. 갈라 1, 6·15 ; 3, 5 ; 5, 8.

392) ἐνεργέω는 번역하기 어려운 말이다. Bauer는 "활동중이다. 효력이 있다"로 옮긴다. 그것은 하느님의 구속 활동을 총체적으로 언급한다. 고전 12, 6을 보라 : "모든 것 안에서 모든 것을 행하시는(ὁ ἐνεργῶν) 하느님은 동일한 하느님이십니다." 참조. ps.-Clem. *Hom.* 17. 7. 3 : *πανταχόθεν γὰρ ἀκούει, νοεῖ, κινεῖ, ἐνεργεῖ, ποιεῖ*("모든 방면으로부터 그[즉, 하

불리는 반면에, 바울로의 선교에는 특별한 명칭이 주어지지 않고 다만 동등한 지위만이 주어지고 있는 점이다. 또한 다른 것은 일의 방향이다 : 베드로에게는 유다인들을 위한 선교의 책임이 맡겨지고, 바울로에게는 이방인들을 위한 선교의 책임이 맡겨진다.[393] 이 요약적인 진술은 예루살렘에서 이루어진 합의로부터 인용된 것일 것이다. 그것이 씌어진 문서로부터 인용되었다고 가정하는 것은 실제로 필요하지 않다. 그것은 구전 인용, 즉 기억하기 쉽고 또 상이한 문맥들에 쉽사리 적용될 수 있는 유사법적인 규정일 수 있다. 만일 이것이 사실이라면, 그 진술은 예루살렘에 있는 사도들로부터 복음의 메시지를 받지 않았다는 바울로의 주장에 증거를 제공할 것이다. 실제로 사도들은 바울로의 복음을 그들의 것과 동등한 것으로 인정했으나, 그를 "사도"로서 인정하지는 않았다.[394] 사도 칭호에 대한 그의 주장을 그 자신만이 인

느님)는 듣고, 생각하고, 움직이고, 일하고, 행하기 때문입니다"). 참조. Diog. L. 9. 19에 나와 있는 Xenophanes. 다음을 더 보라. 고전 12, 11 ; 갈라 3, 5 ; 필립 2, 13 ; 데전 2, 13 ; 에페 1, 11·20 ; 3, 20. 슐리어는 데전 2, 13을 기초로 하여 해석한다 : 하느님께서는 사도들의 설교에 권능을 주심으로써 그의 말씀이 효력이 있게 하신다. 그러나 데전 1, 5 ; 로마 15, 19 ; 고전 2, 4 ; 고후 12, 12 ; 로마 1, 16은 그 용어가 포괄적인 의미로 이해되어야 한다는 것을 보여준다. 또 다음을 참조하라. Kenneth W. Clark, "The Meaning of '*ΕΝΕΡΓΕΩ* and *ΚΑΤΑΡΓΕΩ* in the New Testament," *JBL* 54(1935) 93—101 ; Georg Bertram, "ἐνεργέω," *TDNT* 2. 652—54.

393) 갈라 1, 16 ; 2, 2·7·9를 보라. 참조. 마니 법전(CMC 87. 19—21), 여기서 "그는 이방인들에게 가서 희랍의 빵을 먹고 싶어한다"(εἰς τὰ ἔθνη βούλ [εται πο] ρευθῆναι καὶ 'Ελ [ληνικὸν] ἄρτον φαγεῖν)라는 표현은 "율법의 적이 되는 것"(87, 16—19), 즉 Elchasaite sect로부터 배교자가 되는 것(참조. 또한 80, 16—18 ; 89, 13f)과 동일시된다. 그 표현은 그의 부모들의 종교로부터 벗어나려는 데 있어서 바울로를 모방하는 마니에 반대하는 Elchasaites의 입에서 나온다. 인용문은 Henrichs and Koenen, "Mani-Codex," *ZPE* 5(1970) 139 ; 참조. 145, 157. 이 책 서론, 주 28을 보라.

394) 여기서 대부분의 현대 주석가들은 다른 결론을 제시한다. 대표적인 것은 슐리어(pp. 76—81)와 무쓰너(pp. 117f)인데, 그들은 예루살렘 회의의 주요 결과들 중의 하나가 바울로의 사도직과 사도적 은총의 인정이었다고 가정한다. 그런 인정이 텍스트에서 발견되지 않는다는 것은 Lipsius에 의해서, 또 Rudolf Bultmann, *History of the Synoptic Tradition* (tr. John Marsh; New York: Harper & Row, ²1968) 289에서 바르게 지적되었다. 그 문제는 마니 법전(위 주 393을 보라)에서 흥미있는 병행구를 가진다. CMC 71. 1—20은, 그 전기의 변증적인 목적으로서, 마니의 적대자들이 마니의 계시와 선임 사도들의 계시가 동일하다는 것을 받아들일 수밖에 없다고 언급한다.

정했다는 이 사실은, 바울로의 편지들과 사도행전에서 알 수 있는 것처럼, 물론 반대파에 의해서 그에 맞서는 데 이용되었다.[395)]

[9] 인정에 대한 합의의 요약으로부터(8절) 우리는 그 모임을 결론짓는 공식적인 행동으로 나아간다. 다시 문장의 구성이 독특하다. 공적인 행동에 대한 상세한 정보가 아주 간결한 진술 속에 들어 있다. 처음 나왔음에도 불구하고, 그 진술은 분명하게 조직화되어 있다. 이 점에서 저자가 그렇게 신중한 이유는 변호를 위한 주장과의 관련성 때문이다. 특수한 행동들과 합의들에 대한 상기는 변증에서 제어장치의 역학을 한다. 9절이 이 논쟁의 신경 중추에 도달하고 있음은 의심할 여지가 없다.

(1) 진술은 먼저 7절에 있는 분사 *ἰδόντες*("그들은……알게 되었다〔인정하게 되었다〕")로 되돌아가서 바울로 자신의 말로 그것을 평가한다: "내게 주신 이 은혜를 인정하고"(*καὶ γνόντες τὴν χάριν τὴν δοθεῖσάν μοι*). 그 용어들은 바울로적인데 특히 "은혜"가 그렇다. 그 서신의 문맥에서, "은혜"는 바울로의 복음 메시지의 내용이다.[396)] 이 중대한 지점에서 바울로가 나중에 그러는 것처럼,[397)] "은혜"를 자신의 사도직과 동일시하지 않는다는 것을 아는 것이 중요하다. 더우기, 공적인 행동의 이유는 "교회 정치"가 아니라(참조. 10절의 보충적인 합의!) "은총"으로서의 하느님의 구속 활동에 대한 "신학적 활동"이었다.[398)] 이것은 예루살렘의 사도들이 바울로의 메시지와 신학을 이해하고 승인하였음을 뜻한다.[399)]

---

395) 바울로의 사도직에 대한 문제에 관해서는 갈라 1, 17, "사도"에 관한 부기를 보라. 갈라 2, 8은 예루살렘 회의 때까지 바울로가 "사도"로 불리지도 않았고 그가 자신을 "사도"로 칭하지도 않았으나, 그 후에야 이 칭호를 명백히(갈라 1, 1) 주장했다는 것을 보여준다. 그러므로 예루살렘 회의를 "사도회의"로서 불려서는 안 된다.

396) 바울로는 그 용어를 일반적으로 하느님의 구속과 관련해서(갈라 1, 6·15; 2, 21; 5, 4; 등) 또는 특별히 그의 사도직과 관련해서 사용할 수 있다(특히 다음을 참조하라. 로마 1, 5 〔"그를 통하여 은혜와 사도의 직분을 받았읍니다"〕; 12, 3; 15, 15; 고전 3, 10; 10, 30; 15, 10; 필립 1, 7; 참조. 또한 에페 3, 2·7·8).

397) 갈라 1, 1·17을 보라.

398) "이 은혜를 인정하고"의 귀절에 대해서는 고후 8, 9를 보라. 참조. 필립 3, 10; 사도 15, 11; 고후 13, 6 등.

399) 많은 주석가들과 반대된다. 특히 Schlier, 78. 그는 "은혜"를 "사도직의 은혜"("Apostelgnade")를 언급하는 것으로 생각하며 로마서와 에페소서로부터 나오는 내용에서 보충한다. 슐리어에게 있어서 이 직책은

(2) 예루살렘 쪽 지도자들은 그들의 이름과 직함에 의해 밝혀진다. 야고보가 이제 처음 나오고,[400] 그다음 게바(!),[401] 마지막으로 요한이 호칭된다. 학자들에 의해 자주 거론되어온 것처럼, 야고보가 이제 지도적인 인물로서 등장하고(참조. 1, 19),[402] 반면에 게바는 서열과 중요성에 있어서 두번째다.[403] 예루살렘 지도자들은 삼두정치를 구성하며, "기둥들"(*οἱ στῦλοι*)이란 칭호를 얻는다.[404]

(3) 바울로는 다음에 합의에 대한 공식적 행동을 말한다: "나와 바르나바에게 친교의 오른손을 주어." 대개 친교의 표현인[405] 악수의 몸

확립된 교회의 직분이다("das Amt der Gnade"). 그러나 슐리어는 사도직의 개념을 너무 많이 후기 고대 교회의 관점으로부터 해석한다. 예루살렘회의 때 사도들은 전 교회가 아닌 여러 계파들 가운데 한 계파만의 대표들이었으며, 그들이 보장해야 했던 "사도직의 일치"가 없었다. "교회의 일치"는 회의 전이나 후에도 없었다. 슐리어의 입장은 Mussner, 118 ; Akira Satake, "Apostolat und Gnade bei Pauls," *NTS* 15 (1968/69) 96—107에 의해서 이어진다. 참조. 또한 Schütz, *Authority*, 147ff.

400) 참조. 갈라 1, 18·19.

401) 게바 대신, 희랍명 베드로가 많은 증거문헌들에 쓰인다. P[46]DFG it[d,g,r] goth Ambrosiaster *et. al.*(참조. 1, 18에 관한 주석) 증거물들의 일부는 또한 베드로, 야고보, 요한의 순서를 선포한다. 그러나 이것들은 명백히 이차적인 해독들이다. Metzger, *Textual Commentary*, 592를 보라; 다른 입장은 James N. Sanders, "Peter and Paul in the Acts," *NTS* 2 (1955/56) 133—43, 137.

402) 이 점에 대해서는 Klein, *Rekonstruktion*, 107—09, 123ff ; Mussner, 118—20을 보라.

403) 참조. 갈라 1, 18 ; 2, 7—8.

404) 바울로의 서술은 두 가지, 즉 "중요하다는 사람들"(참조. 2, 2·6에 관해서)과 존칭적인 호칭인 "기둥들"을 "기둥처럼 존중히 여김을 받는자들"(*οἱ δοκοῦντες στῦλοι εἶναι*)로 묶는다. 신약에서 "기둥"이란 칭호는 여기서만 언급되나, 1 *Clem.* 5.2에서 베드로와 바울은 "가장 위대하고 의로운 기둥들"(*οἱ μέγιστοι καὶ δικαιότατοι στῦλοι*)로 불리운다. 확실히, 이 칭호는 유다교에서 발견하는 것과 유사한 존칭적인 별칭이다. 또 디전 3, 15, 묵시 3, 12를 보라. 그러나 그 별칭이 영적 성전으로서의 교회의 개념과 연결된다는 증거는 없다. Ulrich Wilckens, "*στῦλος*," *TDNT* 7.732—36 ; Schlier, 78f ; Barrett," Paul and the 'Pillar' Apostles," 5f ; Mussner, 120f를 보라. 유다교의 사용에 관해서는 또 Str-B. 1.208f ; 3.537 ; Braun, *Qumran* 1, 207f를 보라

405) 몸짓의 의미에 관해서는 다음을 보라. Carl Sittl, *Die Gebärden der Griechen und Römer* (Leipzig: Teubner, 1890) 27—31, 135—38 ; 276f, 363, 368 ; Gerhard Neumann, *Gesten und Gebärden in der griechischen Kunst* (Berlin: de Gruyter, 1965) 49ff ; Walter Grundmann, "*δεξιός*," *TDNT* 2.37—40 ; Mussner, 121.

짓만이 공식적으로 합의를 매듭짓는다.[406] 거기에 내포된 의미들이 명백해야 하나 불행히도 그렇치 않다. 그러나 바울로와 바르나바가 자신들이 종속되어 있음을 인정했다는 의미는 전혀 들어 있지 않다.[407] 악수는 예루살렘 사도들에 관한 한, 자동적으로 우위성의 인정을 뜻하는 것이 아니다.[408] 반대로, 합의가 동등한 파트너들 사이에서 이루어졌던 것이 분명하다.[409] 그러나 "동등한"이라는 말이 의미하는 바가 무엇인지는 분명치 않다. 소유격 "친교의"(κοινωνίας)는, 친교가 이미 있었으며 단순히 바울로와 바르나바에게 확대된다는 것을 의미하거나 또는 그 친교가 그 시점에서 처음으로 이루어졌다는 것을 뜻할 수 있다. "오른손을 주어 친교의"는 그 행위에 의미가 내포되어 있다는 것을 명백하게 한다는 것을 뜻할 수 있다.[410] 마지막으로, "친교"는 여러 형태의 관계, 즉 일치로부터 분리까지의 어느 것이나 포함할 수 있다.[411]

(4) 다음 언급은 이방 그리스도교 지도자들인 바울로와 바르나바의 이름을 부르는 것이다. 바울로는 자신을 먼저 언급하는데, 아마 그가 둘 중에서 더 중요했기 때문이거나, 또는 아마도 그가 지금 일차적으로 그 자신의 변호에 급급하고 있기 때문일 것이다. 우리의 기대와는 달리, 바울로와 바르나바에게 어떤 칭호가 주어지지 않았다는 것이 또한 흥미롭다. 법적인 문맥에서 이러한 생략은 우연한 일일 수 없다 (참조. 2, 8에 관해서).

(5) 마지막으로, 바울로는 8절에서처럼 요약된 진술을 포함시킨다. 그 진술의 법식적 특성은 합의된 내용을 말하는 것이다 : "그래서 '우리는 이방 사람들에게로 가게 되고 그들은 할례받은 이들에게로 가게 되었읍니다'"(ἵνα ἡμεῖς εἰς τὰ ἔθνη, αὐτοὶ δὲ εἰς τὴν περιτομήν). 놀랍게

406) Otto Eger, *Rechtsgeschichtliches zum Neuen Testament* (Basel: Reinhardt, 1919) 40f ; Schlier, 79를 보라.

407) 참조. 역상 29, 24 ; 역하 30, 8 ; 애편 5.6.

408) Schlier, 79.

409) 참조. Xenophon *Anab.* 1.6.6 ; 2.5.3 ; Diodorus Sic. 16.42.3 ; 유다 쪽에서는 열하 10, 15 ; 에즈 10, 19 ; 마상 6, 58 ; 11 : 50·62·66 ; 13, 45·50; 마하 4, 34 ; 11, 26 ; Josephus *Vita* 30 ; *Ant.* 18.326, 328. 더 많은 병행구들이 Wettstein, 2, 220f에 수집되어 있다.

410) 참조. Schlier, 79.

411) 참조. Homer I 1.2.341 ; Euripides *Med.* 21 : δεξιᾶς πίστις μεγίστη ("오른손의 가장 센 서약") ; Xenophon *Anab.* 7.3.1 ; Statius *Theb.* 1.470 ; Livy 1.1.8등. "협정"으로서의 κοινωνία에 관해서는 Eger, *Rechtsgeschichtliches*, 40 주 97.

도, 합의에 대한 이 서술은 8절에서 보도된 것과 다르다. 이제 바울로는 자신과 바르나바(="우리들")를 먼저 언급하고 그들("기둥들")을 두번째로 언급한다. 7—8절이 베드로와 바울로를 나란히 놓았던 반면에, 9절에서 바울로와 바르나바는 세 "기둥"인 야고보, 게바, 그리고 요한과 함께 나란히 놓인다. 그렇지만 두 상황 사이의 관계는 분명한 것 같다. 첫번째 행동은(7—8절) 바울로와 그의 복음을 신학적으로 타당한 것으로 인정하는 것이었다. 두번째 행동은(9절) 첫번째 행동의 결과로서 선교 지역을 분할한다.[412] 전치사 εἰς("에게")[413]는 지리적인 영역이 아니라 인종적 분할을 가리킨다.[414] 암암리에 그 합의는 협력적인 그러나 독립적인 선교 노력을 시작하게 한다.[415] 유다인들에 대한 오랜 선교는 "기둥들"의 권위 하에서 계속된다. 이방인들에 대한 새로운 선교는 똑같이 정당한 것으로서 그리고 전자의 논리적 확장으로서 통합된다. 일의 분할은 하느님 이해, 하느님의 인간 구원, 그리고 예수 그리스도의 복음 등에 대한 이해에 있어서의 불일치 때문이 아니라 유다인들과 이방인들 간의 문화적 장벽 때문에 필요하다.

그 법식은 또한 그렇게 할 수밖에 없었던 역사적 타협을 반영한다. 교회의 일치를 계속 유지하는 일은 가능하지 못했다.[416] 분명히 바울로의 반대파, 즉 "거짓 형제들"(참조. 2, 4—5)은 그 합의를 인정하지 않았다. 그래서 원래의 세 파들 중에서 두 파만이 합의에 도달했고, 반면에 세번째 파는 언급되지 않았으나 반대파로 남아 있었다고 결론지을 수 있다. 물론 세번째 파는 바울로의 현 반대자들 배후에 있다. 그 법식이 칭호들을 사용하지 않고 선교 전략에만 관심한다는 것이

412) 이 언급에 관해서는 Klein, ***Rekonstruktion***, 107—09, 121ff ; Mussner, 122f를 보라.
413) 갈라 2, 7—8 ; 1, 16 ; 2, 2 ; 3, 14 ; 로마 1, 5 ; 15, 16·18 ; (16, 26)에서의 전치사의 사용을 보라. 참조. Schlier, 79f ; Georgi, ***Kollekte***, 21f.
414) Schmithals, ***Paul and James***, 45f ; Bonnard; Mussner, 122(그러나 완전히 분명하지는 않다) ; Oepke; Schlier는 그와 다르다.
415) Georgi, ***Kollekte***, 21f.
416) 예컨대 다음을 보라. Ferdinand Christian Baur, ***Paulus*** (Stuttgart: Becher & Müller, 1845) 1. 142f ; Loisy; Albert Schweitzer (***Die Mystik des Apostels Paulus*** [Tübingen: Mohr, Siebeck, ²1954] 199)는 두 선교 사업들의 분할을 강조하였다. 참조. 다른 견해들, Lagrange, Schlier (pp. 79f), Mussner (pp. 122f)가 이에 속하는데, 그들은 교회의 평화와 일치를 보존하는 것이 그 목적이었다고 가정한다. 무쓰너에 대한 바우어(122, 주 118)의 비판은 예루살렘 회의에서의 상황과 그 자신의 현재 관점 사이를 분명하게 구별하지 못한다.

또한 주목할 만하다.

보론 9. 사도 요한 ; "기둥들"(2,9) 중에서 언급된 세번째 인물은 소위 사도 요한이며, 그는 믿을 만한 역사적 정보로는 별로 알려진 것이 없는데, 전설로는 너무 많이 알려진 신비의 인물이다. 갈라디아서 2장 9절에서 그는 유다인들에 대한 선교의 책임을 나누어 맡는 반면, 사도행전 15장의 병행 보도에는 전혀 언급되어 있지 않다. 그가 베드로와 관련해서 언급되는 곳에서, 그는 두번째 언급된다. 그만큼 덜 중요했던 것이다. 복음 전승으로부터 우리는 요한이 제베대오의 아들이자 야고보의 형제였다는 것을 안다(마르 1,16—20 ; 3,17 ; 10,35—45 ; 14,33 ; 또한 마태 27,56 ; 요한 21,2 ; 사도 1,13 ; 3,1·3·4·11 ; 4,13·19 ; 8,14 ; 12,2). 후대의 전승은 마르코복음 10장 39절의 예언을 제베대오의 아들들의 순교에 관한 예언으로서(*ex eventu!*) 해석하였다. 만일 이것이 역사적이라면, 그것은 갈라디아서 2장 9절과 사도행전 12장 2절에서 이야기되는 사건 후에 일어나야 했다. 후대 전승의 특징 역시 신원 확인에 있다 : 요한은 제 4 복음서의 "사랑하시는 제자"와 동일시되었다(요한 13,23 등). 그리고 그는 요한 문서의 저자가 되었다(요한, 요한서신들, 묵시록). 이 전승들에 역사적 정보가 보존되었는지는 해결되지 않고 있는 문제이다.

참고도서 : Gerhard Delling, *RGG*³ 3.803—04 ; Floyd V. Filson, *IDB* 2.953—55 ; HSW, *NT Apocrypha*, 2.51—56, 그리고 색인 ; Rudolf Schnackenburg, *Das Johannesevangelium* (HThK 4.1 ; Freiburg: Herder, 1967) 60—88 ; Kümmel, *Introduction*, 234—46 ; Conzelmann, *History*, 138—40.

[10] 회의의 세번째 결과는 추가적 성격을 띠고 있다 : "한가지 그들이 우리에게 요구한 것은 가난한 사람들을 기억해 달라는 것." 처음에 있는 부사 μόνον("한가지")은 논의중이었던 이전의 문제와 이 내용을 구별한다.[417] 동시에 그것은 용인을 나타낸다. 바울로는 6절 d에서 그에게 추가로 요구된 것이 없다고 주장했다. 그러나 이제 그는 그런 요구가 결국 있었다는 것을 용인하는 것 같다. 우리는 이 불일치를 어떻게 다룰 것인가? 바울로가 "단 한가지"라고 말하는 걸로 보아, 분명히 그는 이 추가된 요구를 중요시하지 않고 있으며, 또한 그 요구는 추가로 된 것으로서 논쟁의 쟁점들과는 무관한, 그리고 갈라디아의 현 위기에 그렇게 중요하지 않은

417) Bauer, *s.v.* μόνος, 2,b ; Schlier, p.80 주 2. 참조. 필립 1,27의 병행구들 ; 데후 2,7 ; Ign. *Rom.* 5.3.

것으로 보인다. 바울로의 말투에서 추측컨대, 그가 부탁받은 요구는 일종의 박애적인 제스처였던 것 같다. 그럼에도 불구하고 바울로가 그 요구를 받아들임으로써 실제로 자신의 변호를 강화시킨다는 점을 우리는 알아야 한다.

갈라디아인들은 물론 가난한 사람들을 위한 이 모금에 대해서 알고 있다. 그들은 모금사업에 참여해왔기 때문이다.[418] 이처럼 그들은 예루살렘회의의 합의사항을 집행하고 있었다. 그리하여 그들은 과거 사건들에 대한 보도의 단순한 독자들로부터 예루살렘회의의 합의사항을 이행하는 적극적인 참여자들로 자신들의 위치를 바꾼다. 그러나 그들이 관여했던 모금은, 만일 합의의 다른 부분들 —예를 들어 바울로의 사도로서의 자격 인정 등을 포함해서— 이 동시에 이루어지지 않았더라면, 요구되지 않았을 것이다. 바꾸어 말해, 갈라디아인들은 이제 더 이상 바울로가 그들에게 말하는 것을 믿도록 강요받는 것이 아니라, 지금 그들 자신이 직접 참여하고 있는 확고한 증거(예루살렘회의의 합의 사항 중의 하나인 모금사업)를 생각하게 된 것이다. 목적어 "가난한 사람들"(*οἱ πτωχοί*)이 앞에 나오고 ἵνα("그러므로")가 후치된다.[419] 동사 *μνημονεύω*("기억하다")는 여기서 특수하면서 현재 진행 중인[420] 재정적 보조를 가리킨다.[421]

이 재정적인 보조를 받는 자들은 고대의 존칭인 "가난한 사람들"로 불리운다. 학자들은 꽤 오랫동안 이 "가난한 사람들"이 예루살렘 교회 전체를 가리키는지 또는 그 교회 내에 있는 한 그룹을 말하는지, 이 사람들이 단지 재정상으로만 가난한지 또는 "가난한"이 특별한 종류의 경건, 즉 "*anawim* 경건"을 표현한 것인지와 같은 중요한 문제들을 논의해 왔다.[422] 다른 곳에서, 예루살렘 교회의 신도들은 "성도

---

418) 고전 16, 1—4를 보라.

419) 다음을 보라. BDF, §475, 1 ; BDR, §475 주 1 ; Moule, *Idiom Book*, 144 ; Schlier, 80 주 3 ; Mussner, 124 주 122.

420) *μνημονεύωμεν*은 가정법 현재이며 진행중인 활동을 가리킨다. Georgi, *Kollekte*, 27ff, 그리고 그의 논문의 제목 : "The History of Paul's Collection for Jerusalem"을 보라.

421) 이 의미에서 그 용어는 신약에서 여기에만 나온다. Bauer, *s.v.*, 1, 6을 보라. "기억하다"에 관해서는 Willy Schottroff의 기초적인 연구, "*Gedenken*" *im Alten Orient und im Alten Testament* (WMANT 15 ; Neukirchen: Neukirchener Verlag, ²1967) 160ff를 보라.

422) 다음을 보라. Holl, *Gesammelte Aufsätze* 2. 58f ; Lietzmann, Römer, 로마 15, 25에 관해서 ; Bauer, *s.v.* *πτωχός*, 1 ; Friedrich Hauck and Ernst

들"(οἱ ἅγιοι)로 불리운다.[423] 로마서 15장 26절은 그들을 훨씬 더 완전하게 "예루살렘에 있는 가난한 성도들"(οἱ πτωχοὶ τῶν ἁγίων τῶν ἐν Ἰερουσαλήμ)이라고 부른다. 아마 그들은 양편 모두였을 것이다.[442] 헬라—이방 그리스도인들의 표준으로 볼 때 경제적으로 "가난"했을 뿐만 아니라 유다 "아나윔 경건"을 대표하는 이들로서 나면서부터 유다—그리스도인에 속했을 것이다.[425] 그들이 가난한 이유에 대해서는 알려진 바가 없다. 초대 공동체 초기에 재산을 공유했기 때문에 그들이 가난하게 되었다는 것은 사도행전에 근거를 둔 추측이다.[426] 그들이 특히 압제와 박해로 인해 고난을 겪었다고 꼭 가정해야 할 —이것이 부분적인 이유는 될 수 있었을지 몰라도— 부득이한 이유는 없다.[427] 예루살렘의 경제적, 사회적 조건들은 그리스와 소아시아의 다른 헬라 도시들보다 덜 좋았다. 경제적, 사회적 조건 외에도 많은 유다인들과 그리스도인들은 가난을 개인적 경건의 표현으로 신봉했다. 마침내 그런 개인적 경건이 외부의 도움에 의존해야 한다는 것은 그밖의 다른 곳[428]에서는 잘 알려진 종교적 현상이다.

그 문장의 두번째 부분(10절 c)에서 바울로는 이 추가적인 합의에

Bammel, "πτωχός," *TDNT* 6,885—915; Leander Keck, "The Poor Among the Saints in the New Testament," *ZNW* 56(1965), 100—29; idem, "The Poor Among the Saints in Jewish Christianity and Qumran," *ZNW* 57(1966) 54—78.

423) Georg Strecker는 Bauer (*Orthodoxy and Heresy*, 272)에서 로마 15,25·26에서만 "가난한 성도들"이란 표현이 사용되며, 바울로는 다른 곳에서 단순히 "성도들"이라고 말한다는 것을 강조한다(로마 15,25·31; 고전 16,1; 고후 8,4; 9,1·12; 사도 11,29; 24,16·17을 보라).

424) Bammel ("πτωχός," *TDNT* 6.908f)은 그 이름을 히브리어 כידושלים אביונים ועניים로 다시 번역한다. 그러나 자아—칭호로서 이 결합은 이상하다. "*anawim* 경건"의 배경에 관해서는 Jacques Dupont, *Les Béatitudes* 2(Paris: Gabalda, ²1969); Johannes Botterweck, *TWAT* 1, *s.v.* אביון를 보라.

425) 또한 Franz Mussner, *Der Jakobusbrief* (Freiburg: Herder, ²1967) 76ff를 보라. 참고도서도 보라.

426) 사도 2,44f; 4,32.

427) Georgi, *Kollekte*, 22ff.

428) 로마 15,27을 보라. "이렇게 기쁜 마음으로 구제한다 해도 역시 그들〔마케도니아와 아카이아 사람들〕은 예루살렘성도들에게 빚진 자들입니다. 이방사람들이 그들에게서 영적인 것을 나누어받았으니 육적인 것으로 그들에게 봉사할 의무가 있읍니다"(개역). 참조, 15,25f; 고후 8,9.

응할 것을 단언한다 : "그것은 바로 내가 열심으로 행해오던 일이었읍니다." 우리는, 예루살렘 회의와 바울로가 이 편지를 쓰는 사이에, 바울로와 바르나바가 헤어진 것으로 추측할 수 있으며,[429] 그럴 경우 바울로가 일인칭 복수로부터 일인칭 단수로 표현을 바꾼 이유가 설명될 수 있을 것이다. 바울로가 바르나바나 다른 유다의 그리스도인들과 헤어졌음에도 불구하고 그 추가적인 합의를 계속 이행해 왔다는 것은 흥미롭다.[430] 그밖에, 합의되었던 일반적인 조건들이 그 사이에 극적으로 바뀌었다. 어쩌면 주요 합의점들이 더 이상 유효하지 않고, 추가적인 합의만이 유효한지도 모른다. 그러면 바울로는 모금을 계속하는 새로운 이유들이 있어야 한다.

현재의 주장의 문맥에서, 바울로의 "열심"(σπουδάζειν)[431]은 합의가 사실상 매듭지어졌었으며 그는 그 조건을 존중해왔었다는 증거가 된다. 갈라디아인들 자신은 이에 대한 증인들이다. 왜냐하면 그들은 모금에 참여하고 있기 때문이다. 게오르기(Georgi)가 제시했던 것처럼,[432] 그들이 참여를 중단했다고 믿을 만한 이유는 없다. 반대로, 갈라디아인들이 바울로의 반대파에게로 돌아선다면, 그들이 예루살렘을 위해 모금하는 것은 더욱 더 그럴 듯하게 될 것이다. 그럼에도 불구하고, 그들은 바울로의 모금 활동에 —반대자들의 활동을 위해서가 아니라— 기여하고 있으며, 예루살렘 교회 외의 다른 수령자들에게 기부금을 보내지 않는다. 이것이 바로 예루살렘 교회가 바울로를 승인했다는 산 증거가 된다. 결국, 만일 예루살렘 교인들이 바울로의 돈을 받는다면, 예루살렘 교회는 바울로를 받아들여야 한다![433]

갈라디아인들이 모금에 참여했다는 것을 우리는 고린토전서 16장 1—4절로부터 알 수 있다[434] : "유다에 있는 성도들을 돕기 위한 헌금에 관하여는 내가 갈라디아 여러 교회에 지시한 대로 여러분도 실행

429) 갈라 2, 13 ; 사도 15, 39를 보라.
430) 강조적인 *αὐτο τοῦτο*("그것은 바로")을 주목하라. 참조. BDF, § 297 ; BDR, § 290 ; Schlier, 81 주 1.
431) 로마 15, 26·27 ; 고전 16, 3 ; 고후 9, 1이하 ; 사도 24, 17을 보라. *σπουδάζω*("열중하다")에 관해서는 Bauer, *s.v.* 2 ; Günther Harder, "*σπουδάζω*," *TDNT* 7. 559—68, 특히 565을 보라. 참조. 갈라 1, 14 ; 4, 17·18.
432) Georgi, *Kollekte*, 30ff. 참조. Borse, *Standort*, 144f ; Mussner, 124 주 125.
433) 참조. 사도 24, 17.
434) 이 귀절에 관해서 Conzelmann, *1 Corinthians*, 295f를 보라.

하기를 바랍니다. 내가 그리로 간 후에 비로소 헌금하는 일이 없게 하기 위하여 여러분은 매주 첫째날마다 각각 수입에 따른 얼마씩을 따로 저축해 두기를 바랍니다. 내가 그리로 가게 되면 그때 여러분이 선정한 사람들에게 내가 소개 편지를 써 주어 그들이 여러분의 선물을 가지고 예루살렘까지 가도록 하겠읍니다. 만일 나도 가야 한다면 같이 가도록 하겠읍니다." 재정적 기부를 위한 헌금의 초기 형태는 고린토에서보다 더 일찍 갈라디아에서 시작되었음이 틀림없고, 그것은 갈라디아의 교회들 가운데서 잘 시행되었음이 분명하다. 그래서 바울로는 그 방법의 채용을 고린토인들에게 추천할 수 있다. 갈라디아서가 씌어졌을 때 헌금이 여전히 진행 중이었다는 것은 별로 의심할 바가 못된다.

보론 10. 예루살렘을 위한 모금 : 바울로와 바르나바는 안티오키아 교회의 대표로 활동하면서, 예루살렘 교회의 가난한 자들을 위한 모금에 힘썼다. "가난한 사람들"이라는 명칭에 대해서는 2장 10절에 관한 주석을 보라. 몇몇 학자들(Nickle, 74—99를 보라. 아래 참고 도서 참조)은 이렇게 추측한다. 즉 원래의 합의는, "세금"의 일종이었다는 것, 다시 말해 구원사에 있어서의 예루살렘 교회의 독특한 위치 때문에 그리고 유다 "성전세"의 유비 때문에 예루살렘 교회가 받을 자격이 있다고 생각되었던 정규적인 교회의 부과액이었다는 것이다. 그러나 이러한 유비나 그것과 함께 그 가설은 입증되지 못한다. 모든 그리스도인들이 기부한 것이 아니라 어떤 이방 교회들만이 기부했으며, 그것은 바울로의 권유 때문이었다. 그것은 해마다 내는 부과가 아니라 오랜 기간에 걸친 일회 모금이었다. 그 실행은 어떤 것과의 유비에서 나온 것이 아니라 새로운 모험으로 생각되었다. 그 근거는 제의적인 것이 아니라 사회적인 것이었다. 왜냐하면 그 모금은 법적 의무가 아니라 상대적으로 부유한 신설된 이방 교회들에 의한 자발적인 자선이었기 때문이다(고후 8, 9·14—15를 보라). 그것은 예루살렘에 있는 모교회에 대한 감사의 행동이었다(참조. 로마 15, 28).

자발적인 자선 행위는 이방 그리스도교의 자의식을 보여주며 동시에 이방 그리스도교의 중요성이 점차 증대해감을 보여준다. 그것은 또한 바울로 교회 편에서 독립을 과시한 행위였다. 바울로의 이러한 참여는 개인적으로 그 자신에 대한 중대한 결과들을 초래했다. 헌금사업은 그에게서 많은 시간과 에너지를 빼앗아 갔다. 특히 로마서 15장 25—29절과 고린토전서 16장 1—4절, 고린토후서 8·9장을 보라(이 마지막 두 장은 아마 기금 모집 서신들일 것이다). 그의 마지막 예루살렘 여행에서 그는 그 헌금을 전달할 예정이었으나, 그가 염려했던 대로(로마 15장 30—32절을 보라) 그의 도착은 불안과 말썽으로 이어졌다. 수령자들이 그 헌금을 거부했던 것 같다. 말썽의 와중에서 바울로는 체포당했으며 로마로 이송되었다(참조. 사도 11, 29 ; 24, 16—28, 31).

참고도서 : Charles H. Buck, "The Collection for the Saints," *HTR* 43(1950) 1—29 ; Keith F. Nickle, *The Collection: A Study in Pauline Strategy* (Naperville: Allenson, 1966) ; Dieter Georgi, *Kollekte*, 도서목록참고 ; Georgi에 대한 Walter Schmithals의 서평을 보라. *ThLZ* 92(1967) 668—72 ; 동저자 *Paul and James*, 79—84 ; Klein, *Rekonstruktion*, 81—83 ; Käsemann, *Römer*, 381ff ; Suhl, *Paulus*, 57ff ; David Hall, "St. Paul and Famine Relief," *Exp Tim* 82(1971) 399—411.

보론 11. 안티오키아에서의 충돌 : 갈라디아서 2장 11—14절에서 바울로는 이야기의 마지막 에피소드를 보도한다(그 단락에 대한 서론과 위 서론, §5를 보라). 다른 에피소드들의 경우에서와 같이, 그의 변증적 주장으로 해서 생긴 바울로의 경향들은 실제 사실들과 주의깊게 구별되어야 한다. 그의 변호 전략에 의하여, 마지막 에피소드는 여러 목적들에 맞는다. 가장 중요한 것은 그 에피소드는 현재의 상황에 이르기까지의 문제의 전역사(全歷史)를 서술해야 한다는 것이다. 바울로는 이러한 앞뒤관계를 14절 c에 서술된 딜레마에서 밝힌다. 현재, 갈라디아인들은 베드로가 안티오키아에서 직면하는 것과 같은 동일한 딜레마에 다만 방향만 달리 하여 직면해야 한다. 그들은 유다의 생활 방식을 따르라는 압력을 받고 있는 이방인들이다(또한 2, 4—5• 17 ; 4, 8—11 ; 5, 1—12 ; 6, 13—14를 보라). 이 에피소드의 기록은 또한 처음에 좋았던 바울로와 예루살렘 권위자들 사이의 관계가 어떻게 나빠졌는지를 그리고 이것이 바울로의 과실 때문이 아니라는 것을 보여준다. 이야기의 세 부분들의 관계가 절정을 이룬다. 첫 단락(1, 13—24)은 국외자인 바울로가 어떻게 유다—그리스도교 공동체에 받아들여졌는지를 보여준다. 두번째 단락(2, 1—10)은 어떻게 바울로의 복음과 선교가 반대파를 물리치고 예루살렘 권위자들에 의해서 공식적으로 인정되었는지를 보여준다. 세번째 단락은 원래의 합의들이 일부는 역사적 발전의 결과로서, 일부는 특히 베드로의 인간적 실수에 의해서 어떻게 깨졌는지를 보여준다. 바울로는 그가 언제나 변호했던 그리고 예루살렘 권위자들에 의해서 또 정말로 하느님 자신에 의해서 승인되었던 동일한 입장을 신실하게 지켜왔다고 주장한다.

사실들은 간단하다. 이유가 언급되어 있지는 않지만 게바가 안티오키아에 왔었고 이방 그리스도인들과 함께 식탁친교를 가졌으며 아마 이방인의 생활방식까지도 따랐던 듯하다. 무슨 이유에서든지 이것은 참석한 자들 모두에 의해 적합하게 여겨졌다. 그 다음, 또다시, 알려지지 않은 이유들로 해서 "야고보가 보낸 사람들"의 대표단이 도착하였다. 그들의 압력을 받고, 게바와 다른 유다 그리스도인들은 태도를 바꾸었고 그들의 이방인 동료 그리스도인들과의 친교에서 빠져나갔다. 그들은 다시 유다교적 생활방식, 특히 부정한 자로부터의 의식적(儀式的)인 구별의 일부를 따랐다. 바울로는 다른 유다 그리스도인들의 행동을 따르지 않고 이방인들과 함께 머물면서 공개 토론에서 게바와 맞섰다. 이 대결의 결과는 알려져 있지 않다. 바울로와 그의 이전 조언자인 바르나바를 포함한 다른 유다—그리스도교 선교자들간의 불화가 회복될 수 없었던 것 같다. 그 사건은 초대 교회에서 잘 알려졌던 것 같다. 특별히 중요한 것은 *Kerygmata Petrou*(아래 부록 3을 보라)에서 안티오키아에서의 베드로의 입장을 변호하는 점이다. 사도행전의 저자는 보도를 피하나, 바울로와 바르나바의 헤어짐은 인정한다(사도 15, 36—39).

바울로는 예루살렘 회의 후의 발전을 보도한다. 중도 그룹(야고보, 게바, 요한)은 해체 과정에 있다. "야고보가 보낸 사람들"은 이제, 할례가 아니라 정결이 문제이긴 하지만, 예루살렘에 있는 "거짓 형제들"과 같은 입장에 선다. 대부분의 유다 그리스도인들은, 선택해야 하는 상황에 직면했을 때, 유다적 입장을 택한다. 바울로만이 새로운 개종자들과 남는다. 결단은 두려운 것이면서 동시에 비극적이다. 유다 그리스도인들은 의심할 바없이 자신들의 결정을 뒷받침해 주는 그럴 듯한 이유들을 가졌다. 그러나 그 이유들은 그리스도교 신학에서보다는 유다교의 신학에서 나왔다. 그들은 안전한 전통과 종교적인 보수주의를 위해서 결정하였으나 역사의 과정에 역행하는 결정이었다.

참고도서 : Franz Overbeck, *Über die Auffassung des Streits des Paulus mit Petrus in Antiochien* (*Gal.* 2, 11ff.) *bei den Kirchenvätern* (Basel: 1877 ; rep., Darmstadt: Wissenschaftliche Buchgesellschaft, 1968) ; Lightfoot, 128—32 ; Theodor Zahn, "Petrus in Antiochien," *NKZ* 5(1894) 434—48 ; Benjamin W. Bacon, "Peter's Triumph at Antioch," *JR* 9(1929) 204—23 ; Paul Gächter, "Petrus in Antiochien," *ZKTh* 72(1950) 177—212 ; 같은 저자, *Petrus*, 213—57 ; Munck, *Paul*, 여러 곳 ; Ernst Haenchen, "Petrus-Probleme," *NTS* 7 (1960/61) 195—96 ; Georgi, *Kollekte*, 31ff ; Bornkamm, *Paul*, 43—48 ; Schmithals, *Paul and James*, 63—78 ; Klein, *Rekonstruktion*, 83 ; Conzelmann, *History*, 89—90 ; Mussner, 146—67.

보론 12. 오론테스 위에 있는 안티오키아 : 바울로는 북서 시리아 오론테스 위에 있는 도시 안티오키아(=현대의 안타키아〔터키〕)에 관해서 언급한다. 그 도시는 기원전 300년에 Seleucus I Nicator의 헬라적 근거지로서, 그는 그의 아버지 Antiochus의 이름을 따라 그 도시명을 지었다. 처음부터 그 도시는 헬라적 성격이 강했으며, 마케도니아인들, 그리스인들, 시리아인들이 섞여 살았고 유다의 퇴역군인들로 구성된 파견대가 있었다(아래 참고도서에서 Kraeling을 보라). 유다인들에게는 셀류커스軍에 복무한 대가로 안티오키아 주변의 땅이 주어졌었다. 그것이 인구의 구성에 있어서 국제적인 중심지였던 것처럼, 그것의 좋은 위치와 부근 항구는 그 도시가 번창하고 교화되는 것을 도왔다. 안티오키아는 로마와 알렉산드리아 다음가는 세번째로 중요한 도시가 되었다. 셀류커스가의 정치적 수도로서, 그리고 기원전 64년 이래로, 시리아 지방을 통치하는 로마 총독의 거주지로서, 그 도시는 정치적으로 큰 영향력을 갖고 있었다. 건축술과 예술의 화려함이 인상적이었을 것임에 틀림없다. 바울로의 시대까지 안티오키아는 절정을 이루었다.

많은 종교적 제의들이 그 도시에 모여 있었는데, 그것들 중에는 규모가 상당히 큰 유다 공동체도 있었다. 그리스도교 교회의 기원에 대한 믿을 만한 약간의 정보를 우리는 사도행전에서 찾아볼 수 있다. 사도행전 11장 19—30절에 따르면, 스데파노를 따르는 자들의 일부가 그의 순교 후 안티오키아로 도망갔다. 키프로스와 키레네 출신의 유다—그리스도교 피난자들은 안티오키아에서 이방인들에게 그리스도교 메시지를 전하기 시작했으며, *οἱ Χριστιανοί* ("그리스도인들")로 불리운 한 그룹을 모았다. 예루살렘 교회는 바르나바를 안티오키아에 보냈으며, 이번에는 바르나바가 바울로를 그 교회로 데리고 갔다. 안티오키아의 또 다른 그리스도인들의 이름은 사도행전 6장 5절과 13장 1절에서 언급된다. 사도행전은 안티오키아를 시리아와 소아시아에 있는 이방세계 가운데서 선교 활동의 주요 중심지로 본다. 안티오키아 교회에 대한 가장 오래된 정보는 갈라디아 2장 11—14절에서 발견된다(아래 참조). 그 모임 후로, 안티오키아의 감독인 이그나티우스(Ignatius) 때까지는(기원후 110년 이후에 곧 로마에서 순교했다) 확실한 어떤 것도 알려져 있지 않다. 많은 학자들이 가정하듯이, 바울로가 안티오키아에서 밀려났는지 하는 문제는 의심할 여지가 없을 정도로 입증될 수 없다. 우리가 가지고 있는 자료들은 갈라디아 2장 11—14절에서 보도된 충돌 후에 그가 안티오키아로 돌아갔다는 것을 말하지 않는다. 그러나 사도행전은 저자가 안티오키아의 자료들에 접했을 텐데도 —만일 그가 안티오키아 출신이 아니라면— 그 사건을 무시한다. 이그나티우스는 바울로 추종자임을 고백하나 역시 그 사건을 무시한다. 베드로가 안티오키아의 "초대 감독"이었다는 것은 후대의 전설적인 전승이다(Oscar Cullmann, ***Peter: Disciple, Apostle, Martyr*** 〔tr. Floyd V. Filson; Philadelphia: Westminster, [2]1962〕 54). 이그나티우스는 또한 비밀집회소들 내에 있는 교회의 "주변"에 분명히 존재하는, 유다—그리스도인의 반대를 언급한다. 그러나 이것은 그 자신의 논쟁일지 모른다(참조. Ign. *Mag.* 8—11 ; *Phild.* 6. 1—2 ; *Smyrn.* 2.4—7). 이 반대가 바울로에 대한 초기의 반대의 계속이라는 것은 그럴 듯하다. 고대 교회의 역사를 통해서 안티오키아는 동방 지중해에서 그리스도교 생활의 주요한 중심지로 남았다.

참고도서 : Victor Schultze, *Altchristliche Städte und Landschaften*(vol. 3; Gütersloh: Bertelsmann, 1930) ; *Antioch-on-the-Orontes*(vols. 1—5 ; Princeton: Department of Art and Archaeology, 1934—52) ; Glanville Downey, *A History of Antioch in Syria: From Seleucus to the Arab Conquest*(Princeton University, 1961). 참고도서도 참조 ; André J. Festugière, *Antioche païenne et chrétienne* (Paris: Boccard, 1959) ; Arnold H.M. Jones, *The Cities of the Eastern Roman Provinces* (Oxford: Clarendon, ²1971) ; John H.W.G. Liebeschütz, *Antioch: City and Administration in the Later Roman Empire* (Oxford: Clarendon, 1972),

안티오키아에 있는 교회에 대해서는 다음을 보라. Harnack, *Mission und Ausbreitung*, 57ff, 660ff ; Ernst Bammel, "Zum jüdischen Märtyrerkult," *ThLZ* 78(1953) 119—26 ; Bauer, *Orthodoxy and Heresy*, index, *s.v.* Antioch; Robinson and Koester, *Trajectories*, index, *s.v.* Antioch; Carl H. Kraeling, "The Jewish Community at Antioch," *JBL* 51(1932) 130—60 ; Robert M. Grant, "Jewish Christianity at Antioch in the Second Century," in *Judéo-Christianisme, Recherches historiques et théologiques offerts en hommage au Cardinal Jean Daniélou* (=*RechSR* 60[1972] 97—108) ; Sherman E. Johnson, "Asia Minor and Early Christianity," in *Christianity, Judaism and other Greco-Roman Cults: Studies for Morton Smith at Sixty* (Leiden: Brill, 1975) 2.77—145 ; C.K. Barrett, "Pauline Controversies in the Post-Pauline Period," *NTS* 20(1974) 229—45 ; August Strobel; "Das Aposteldekret in Galatien: Zur Situation von Gal I und II," *NTS* 20(1974) 177—90.

[II] 〈진술부〉의 다른 부분들에서처럼, 바울로는 사건에 관한 사실들을 간략히 말함으로써 마지막 에피소드를 시작한다.[435] 그것은 "게바가 안티오키아에 왔을 때에" 생겼다. 바울로가

435) δέ("그러나")는 이전 내용으로부터 에피소드를 구분짓는다(참조. 1,15 ; 2, 12 ; 4, 4).

그 일에 대해서 말하는 이유는 이렇다 : κατὰ πρόσωπον αὐτῷ ἀντέστην, ὅτι κατεγνωσμένος ἦν("그가 잘못한 일이 있어서 나는 그를 면박했읍니다"). 그 일이 언제 일어났는지에 관해 언급이 없고,[436] 장소만이 안티오키아로 언급된다("오론테스 위에 있는 안티오키아"). 또 바울로는 게바[437]가 안티오키아에 온 이유를 말하지 않는다. 아마 이 일은 그 당시 독자들에게 이미 잘 알려져 있었던 것 같다. 게바의 안티오키아 방문은 어떤 것이었을까? 그것은 임시 방문,[438] 아마 어떤 다른 곳으로 가는 도중에 잠시 들른 것이었을 수 있다. 또는 그것은 예루살렘에서의 불리한 형편 때문에 예루살렘에서 안티오키아로 가는 마지막 이동이었을 수 있다.[439] 안티오키아에서의 상황에 관한 문제들도 있다. 분명히, 게바는 바울로가 그에게 대항하는 일이 있기 전에 도착했음에 틀림없다.[440] 이방인들과 유다 그리스도인들로 구성된 하나의 교회가 있었을까? 아니면 두 개의 교회, 즉 하나의 이방인 교

436) ὅτε("언제")는 불확정하다. 참조. 갈라 1, 15 ; 2, 11·12·14 ; 4, 3·4. 안티오키아 에피소드는 예루살렘 회의 후에 생겼다. 그러나 일부 학자들은 그 순서를 뒤집으려 하였다. 이것은 설득력 있는 근거들을 갖고 있지 않다. 참조. Zahn, 110f, 더 오래된 문서와 함께 Munck, *Paul*, 74f, 100ff ; Schoeps, *Jewish Christianity*, 19 ; Henricus M. Féret, *Pierre et Paul à Antioche et à Jerusalem: Le "conflict" des deux apôtres* (Paris: Cerf, 1955) 참조. 결정적인 비판에 대해서는 Jacques Dupont, "Pierre et Paul à Antioche et à Jérusalem, "*RechSR* 45(1957) 42—60, 225—39를 보라. 또한 Betz, "Composition," 367 그리고 이 책 서론, §3을 보라.

437) 이름은 다시 게바다(1, 18 ; 2, 9·14 ; 참조 2, 7·8), 그리고 그것은 더 좋은 증거문헌들에 의해서 입증된다. 허나 *Textus Receptus* DG minuscules, it^{d,g} Vg^{mss} syr^{h} goth *al*은 다시 Πέτρος로 읽는다. Metzger, *Textual Commentary*, 593을 보라.

438) 사도행전은 예루살렘과 안티오키아간에 방문이 자주 있었음을 시사한다(사도 11, 19—27 ; 14, 26 ; 15, 1 이하·22·30 ; 18, 22를 보라). 이 묘사는 유다 자료에 일치한다. Carl H. Kraeling, "The Jewish Community at Antioch, "*JBL* 51(1932) 130—60을 보라.

439) 사도 12, 1—17에서 얘기되는 전설은—그것은 어떤 류의 자료로부터 나온 것 같다—안티오키아에 오기 전 베드로의 예루살렘에서의 마지막 날들을 묘사하는지 모른다. 12, 17의 "다른 곳으로 갔읍니다"는 안티오키아를 염두에 둔 것일까? 베드로가 떠난 후 야고보가 교회의 유일한 지도자로서 예루살렘에 남았다(사도 12, 17). Haenchen, *Acts*, 380ff ; Conzelmann, *Apostelgeschichte*, 69ff ; Wolfgang Dietrich, *Das Petrusbild der lukanischen Schriften* (Stuttgart: Kohlhammer, 1972) 296—306.

440) συνήσθιεν에 관해서는 12절을 보라.

회와 하나의 유다 그리스도인 교회가 있었을까?[441] 만일 후자라면, 게바는 둘 중 어디에 속했을까? 이방 그리스도인들과의 식탁 친교(12절)는 그 자신의 개인적인 결정이었을까 아니면 다른 사람들과 함께 한 결정이었을까? 그 식사에는 게바와 이방 그리스도인들이 참석했을까 또는 하나의 이방 그리스도교 파(하나의 유다 그리스도교 파뿐만 아니라)가 참석했을까? 그 식사는 일종의 시위적인 행동이었을까 또는 계획에 없었던 우연한 사건이었을까? 우리는 이 질문들을 제기할 수 있을 뿐이지만, 약간의 정보를 바울로의 보고로부터 얻을 수 있다.

"야고보가 보낸 사람들"(12절)이 도착하기 전에, 그 사건에 참여한 자들은 모두 그들의 식탁 친교가 마땅하다고 동의했던 것 같다. 실제로, 그것은 예루살렘 합의의 전제들과 일치하는 것 같다(2,7—9). 다른 한편으로, 게바의 참여가 특별하다는 것이 이해되었던 것 같다. 그리고 다시, 이것은 예루살렘 합의들에 비추어서 해석될 수 있다. 게바가 안티오키아에 왔을 때에 그는 유다 그리스도교의 대표로서 왔다.[442] 이방 그리스도인들과 함께 식사하는 것은 유다인들(그리고 그리스도인들)이 이해한 대로, 율법 계약에 의해 그어진 선을 넘는 것을 의미하였다. 신탁 친교를 갖는 것은 예루살렘에서 된 합의들에 대한 바울로의 이해와 일치하였다. 식탁 친교로부터 물러나는 것은 이 합의들에 대한 보수적인 유다인의 이해에 따른 것이었다. 바울로가 강조하는 것은 그리스도 안에서의 구원의 일치였다. 그러나 유다인들의 강조점은 제의상의 구분에 있었다. 두 해석들은 모두 예루살렘 합의에 근거를 두고 있다. 바울로가 "게바를 면박하게" 된 것은[443] 게

441) 원시 그리스도교를 단란하게 묘사하려는 저자의 경향 때문에 사도행전을 기초로 해서는 어떤 결론도 끌어낼 수 없다. 후에, 안티오키아의 이그나티우스는 유다—그리스도교 반대자들과의 싸움에 끼어들었다. 그러나 그는 그들이 그의 회중에 속하는지 또는 갈라진 집회소들에 속하는지에 대해서 불분명하다. 안티오키아에서의 그리스도교의 문제에 관해서는 보론 "Antioch-On-the-Orontes"를 보라.

442) 물론, 게바는 시몬 베드로와 동일인이며, 일부 주석가들이 생각하듯이(Clement *Hypotyposes*를 따라서 〔Eusebius *H.E.* 1.12.2에 의하면〕) 다른 사도가 아니다. 베드로를 무죄가 되게 하려는 시도들에 대해서는 아래 부록 3을 보라. 또 Cullmann, *Peter*, 48f; Schlier, 82 주 1. 기이한 것은 Hermann Grosch, *Der im Galarterbrief Kap.* 2, 11—14 *berichtete Vorgang in Antiochia: Eine Rechtfertigung des Verhaltens des Apostels Petrus* (Leipzig: Deichert, 1916).

443) 바울로가 행했던 것은 14절에서 설명된다. 동사 ἀνθίστημι("반대하다")

바가 두 선택들 사이에서 갈팡질팡하고 있었기 때문이었다. 이러한 대결은, 그 만남이 애당초 계획했던 것과 정반대로 흘렀다는 것을 보여준다. 게바가 "잘못한 일이 있다"(*κατεγνωσμένος ἦν*)[444]라는 말은 바울로의 승리로서가 아니라 그 모임의 실패의 결과로서 그리고, 참으로 예루살렘 합의의 끝장으로서 해석되어야 한다.

[12] 전체 사건에 대한 전반적인 정보를 제공한 후(11절), 바울로는 그 사건들에 대한 좀더 상세한 보도와 그에 대한 그 자신의 평가를 시작한다. 그는 게바의 행동에 대한 보도로써 시작한다. 그 보도는 세 단계로 구별될 수 있다 : (1) "게바가 이방사람들과 함께 음식을 먹고 있었는데"(12절a) ; (2) 행동의 변화 : "야고보가 보낸 사람들이 그리로 오자……그 자리를 떠나 물러났읍니다"(12절b) ; 마지막으로 (3) 바울로는 게바가 행동을 바꾼 이유를 말한다 : "그는 그 할례받은 사람들이 두려워서(12절c)." 달리 말해, 게바는 입장을 바꾸었고, 이것은 갈라디아인들이 다른 복음으로 돌아선 전제조건들 중의 하나가 되었음이 분명하다(참조. 1,6—7).

상황은 이러했다 : 안티오키아에 도착한 후에 게바는 "이방 사람들"(*τὰ ἔθνη*),[445] 즉 이방 그리스도인들 —그러나 바울로와 바르나바와 같은 유다 그리스도인들을 포함하였다— 과 식탁 친교를 갖기로 동의하였다. 바꿔 말해, 게바는 바울로와 바르나바와 같은 생활방식을 채택했었다. 그들에게 있어서 이것은 지극히 자연스러워 보였다. 왜냐하면 그것은 "유다인이나 헬라사람이나"(3,28)와 같은 법식들, 또는 6장 15절과 5장 6절에서 발견되는 것과 같은 "역할들"의 적합한 결과로서 해이되었기 때문이다. *συνήσθιεν*("함께 음식을 먹고 있었는데")의 미완료 형태[446]는 그가 반복해서 거의 습관적으로 그렇게 해왔다는 것을

는 본래 군사적인 그리고 정치적인 용어다. "이단"과 "협잡꾼"의 폭로와 그것의 관련을 보라(사도 13,8 ; 디후 3,8 ; 더 이상의 귀절들에 대해서는 Bauer, *s.v.*를 보라). *κατὰ πρόσωπον*("맞대고")도 동일하다. 고후 10,1 ; 사도 25,16 등을 보라. Bauer, *s.v.*, 1, c, δ ; Eduard Lohse, "*φέρω* (*διαφέρω*)," *TDNT* 6.769, 777 ; Mussner, 137 주 15를 보라.

444) 다시, 그. 용어는 정치 생활로부터 나온 것이다. Josephus, *BJ* 2.135를 보라 : "그들은 하느님께 간청하지 않고는 믿어지지 않는다는 자들은 이미 잘못한 일이 있다고 말하기 때문에"((*ἤδη γὰρ κατεγνῶσθαι*) ; Plutarch *Quaest. Rom.* 280E ; *Alcib.* 22(202F) ; Mauersberger, *Polybios-Lexikon*, 1295 *s.v.*; LSJ, *s.v.* II ; Bauer, *s.v.*; BDF, § 312, 1 ; BDR, § 312 주 1. *Kerygmata Petrou* (ps.-Clem. *Hom.* 17.19)는 뚜렷이 그 용어를 인용한다(아래, 부록 3 참조).

445) 이 용어에 의해서 바울로는 이방 그리스도인들을 언급한다. 또한 갈라

시사한다.[447] 이 식사들이 일상적인 것이었는지[448] 또는 주의 만찬을 집행하는 것이었는지[449] 또는 둘 다였는지[450] 언급되지 않는다.

관심의 요지는 어떤 식사를 하든지간에 준수되어야 하는 유다교의 청결 요구이다. 문제가 되고 있는 점은 처음에 식사를 같이 하다가 나중에 그 자리에서 물러남으로써 게바가 친교를 깼다는 데 있는 것이 아니라, 유다의 식사와 청결법에 대한 그의 태도 변화에 있다. 처음에 게바와 다른 사람들은 이방 그리스도인들이 유다인들이 아니긴 하지만 그리스도에 대한 그들의 신앙 때문에 "이방 죄인"(참조. 2, 15)으로 간주되지 않는다는 점에 동의했었다. 그러므로 양심적인 유다인에게 있어서 그들은 불결한 자로 보일 수 없었다. 이러한 이유로 게바가 그들과 함께 먹었음에 틀림없다.

"야고보가 보낸 사람들"이 누구였고, 무슨 문제 때문에 그들이 안티오키아에 여행하게 되었는지에 관해서는 신약성서학에서 많이 논의된 문제다.[451] 그들은 바울로의 반대자들이었기 때문에, 바울로는 그

1, 16 ; 2, 14·15—16 ; 3, 8·14 ; 로마 15, 16 ; 16, 4를 보라.

446) συνήσθιον("그들이 함께 먹었다")는 P46에 의해 판독된 "개선"임이 분명하다.

447) Burton, Schlier, Mussner의 입장도 그렇다.

448) 유다의 관점에서 볼 때, 쟁점은 κοινοφαγία("부정한 음식을 먹음")의 문제다. Josephus *Ant.* 11. 346을 보라. 토론을 위해서는, Jan N. Sevenster, *The Roots of Pagan Anti-Semitism in the Ancient World* (NovTSup 41 ; Leiden: Brill, 1975) 139를 보라. 참조. 고르넬리오의 이야기(사도 10, 1—11, 18), 그 이야기 중에서(11, 3) "할례받은 사람들"(*οἱ ἐκ περιτομῆς*)이 베드로를 비난한다 : "당신은 할례받지 않은 사람의 집에 들어가서 그들과 함께 식사를 한 사람입니다(*συνέφαγες αὐτοῖς*)." 전체 이야기는 베드로의 행동을 정당화시키려는 목적은 갖고 있다(참조. 특히 10, 9—16). 복음 전승에서 *συνεσθίω*("함께 먹다")와 동의어들은 "죄인들과 세리들"과(마르 2, 16 병행 ; 루가 15, 2·30 ; 19, 1—10) 그의 제자들과의 식탁친교를 말한다(마가 14, 14·18·20 병행 ; 마태 8, 11 ; 24, 49 ; 루가 7, 36 ; 요한 12, 2 ; 13, 8). 또한 *Pap. Egerton* 2 (*λεπροῖς... συνεσθίων*["나병환자와 함께 먹다"]) ; 고전 5, 11).

449) 사도 10, 41을 보라 : "그가 죽은 자들 가운데서 다시 살아나신 후에 우리는 그와 함께 먹기도 하고 마시기도 했읍니다." 또 루가 24, 30 ; 요한 21, 13을 보라.

550) 고전 11, 20—34를 보라. 이 선택은 Schlier, 83에서 두둔된다. 그는 "사적인 식사들"을 격하시키면서, 성찬식에서 물러나는 것은 교회의 일치를 부인하고 깨버리는 것이었던 반면에, 게바가 이방 그리스도인들과 함께 사적인 식사를 할 이유가 없었다고 말한다. 또한 Bornkamm, *Paul*, 45를 보라.

451) Sieffert, 127f ; Oepke; Schmithals, *Paul and James*, 66ff ; Mussner,

들의 이름을 밝히지 않고(참조. 1,7) 그들을 "어떤 사람들"(τινές)이라고만 말한다.[452] 독자들도 알고, 바울로도 알고 있으나 자진해서 선전해보았자 아무 소용이 없다! "야고보가 보낸 사람들"은 주님의 형제 야고보가 파견한 사람들일까,[453] 아니면 야고보란 이름을 (좋게 또는 나쁘게) 사용했던 어떤 한 그룹에 속한 사람들일까?[454] 그들은 예루살렘에서 왔을까, 그것이 아니라면 어디서 왔을까? "야고보가 보낸 사람들"과 "거짓 형제들"(2,4—5)의 관계는 어떠했을까?[455] 그들의 행동은 실제로 같으나, 그들을 동일시해서는 안 된다. 바울로는 의심할 바없이 그들을 "거짓 형제들"의 고질적인 반대를 그대로 답습하는 사람들로 본다.[456] 우리는, 예루살렘의 "거짓 형제들"이 예루살렘 회의에서 합의된 사항들을 승인하지 않았다는 것을 기억해야 한다. 그러나 "야고보가 보낸 사람들"은 그 합의사항들을 승인했으며 실제로 그것들의 실행을 주장한다.

"야고보가 보낸 사람들" 배후에 야고보가 있었다는 것을 의심할 만한 이유는 거의 없다. 학자들이 이 점을 의심한 것은 단지 사도행전 15장 때문이다.[457] 사도행전 15장 24절의 변증적인 편지에는 "변증적"으로 생각되는 하나의 부인(否認)이 나온다: "그런데 우리 가운데서 어떤 사람들이 우리가 시키지도 않았는데 여러 말로 그대들을 혼란하게 하며 마음을 불안하게 한다는 말을 들었읍니다." 그렇다면 게바가 그리스도인 이방인들과 식사한 것을 역사적 야고보가 왜 반대했을까? 바울로의 보도에 의하면, "야고보가 보낸 사람들"이 왔을 때,[458] 게

139f ; Jewett, "Agitators," 198—212를 보라.

452) τινα 대신 τινας가 P46vid itd,r Irenaeus에 의해 판독된다. 그것은 아마도 필기자의 실수일 것이다. Metzger, *Textual Commentary*, 592를 보라.

453) 사도행전의 영향을 명백히 받아, 슐리어(p. 83)는 야고보가 그들을 보냈을 것이나 그들은 "야고보의 지지자들"은 아니었다고 생각한다. 슐리어는 야고보가 그런 공식적인 "방문들"을 시작할 수 있었다고 생각할 수 없다. Burton, Oepke, 그리고 다른 사람들을 따라서, 슐리어는 소문이 예루살렘에 퍼졌으며 야고보는 더 많은 정보를 얻기 위해서 그 사람들을 보냈었다고 믿는다. 그러나 이것은 게바의 "두려움"을 일으킬 수 없었다(12c절).

454) 참조. Schmithals, *Paul and James*, 66ff.

455) Schoeps (*Paul*, 67f, 74f)는 "거짓 형제들"을 "야고보가 보낸 사람들"과 사도 15,5의 열심히 율법을 지키는 자들과 동일시한다. 그가 보기에 그들은 후대 에비온파의 선구자들이다.

456) 참조. Schmithals, *Paul and James*, 67.

457) 이 귀절에 관해서는 헨첸과 콘첼만의 주석들을 보라.

458) ἦλθον 대신 ἦλθεν이 많은 좋은 증거물들(P46vid ℵ BD* 33 330 *al*)에 의

바는 이방—그리스도인 형제들과 하고 있던 식탁 친교를 중단했다. 이 갑작스런 변화는 "야고보가 보낸 사람들"의 요구에 대한 그의 반응이었음에 틀림없다.[459)]

이 변화를 묘사하기 위해 바울로가 사용한 용어는 대단히 논쟁적이며 군사적, 정치적 언어의 병기고로부터 인용된다. 동사 ὑποστέλλω("물러나다")는 눈에 띄지 않는 또는 숨겨진 위치로 후퇴하는 군사적, 정치적 행동을 묘사하는 듯하다.[460)] 그 용어는 게바의 행동을 전술적인 것으로 묘사한다. 그는 바울로와 동일한 신학적 확신들을 가지긴 했으나 그것들을 용기있게 표현하지는 못했다.[461)] 이런 종류의 표리부동한 행동은 게바의 이미지의 일부를 이루고 있었음에 틀림없다. 왜냐하면 반(反) 바울로적인 *Kerygmata Petrou*에서는 베드로가 그런 행동에 반대해서 자신을 명백하게 옹호하기 때문이다.[462)] 두번째 동사는 더 구체적이다 : ἀφορίζειν ἑαυτόν("떠나")은 "부정한 자"로부터의 제의적 분리를 묘사하는 유다교의 전문적인 용어다.[463)] 만일 게바의 태도 변화가 "떠남"으로써 끝났다면, 이것은 "야고보가 보낸 사람들"이 요구한 것임에 틀림없다. 만일 그들이 이런 요구를 했다면, 그것은 예루살렘 합의(참조. 2, 7—9)에 내포된 의미에 대한 그들의 이해

해서 판독된다. 그러나 복수가 분명히 맞다(ACD^{c}H^{vid}KPΨ 81 614*al*). Metzger, *Textual Commentary*, 592f를 보라.

459) Schlier, 84f에 반대해서 ; 또한 Burton, 107.

460) 그 용어는 ἑαυτόν과 함께 또는 그것없이 사용될 수 있다. 이 의미로 그것은 바울로에게서 여기서만 사용된다. 군사적인 그리고 정치적인 용법에 대해서는, 다음 귀절들을 보라. Polybius (1.16.10 ; 6.40.14 ; 7.17.1 ; 10.32.3 ; 11.21.2) ; Plutarch *Demetrius* 47, 912E("두려움" 동기와 함께) ; *Crassus* 23, 557D ; 26, 559F ; *Lucullus* 38, 518A ; *Aratus* 47, 1049B ; *Adulat.* 60C ; Philo *Leg.* 71 그리고 자주. LSJ, *s.v.*; Bauer, *s.v.*, 1 ; Karl Heinrich Rengstorf, "ὑποστέλλω," *TDNT* 7. 597f를 보라.

461) Schlier, 84f에 반대해서.

462) 아래, 부록 3을 보라.

463) 여기서와 같은 의미가 고후 6, 14에서 발견된다. 아래, 부록 2 ; 그리고 Betz, "2 Cor 6, 14—7, 1," 96을 보라. 제의적인 분리에 관해서는 다음 귀절들을 보라. Bauer, *s.v.* ἀφορίζω; Karl Ludwig Schmidt, "ἀποδιορίζω," *TDNT* 5.455 ; Braun, *Radikalismus* 1.31 주 1 ; 같은 저자, *Qumran* 1.202, 2.288f ; Wilfried Paschen, *Rein und Unrein* (StANT 24 ; Munich: Kösel, 1970) 44 ; Jacob Neusner, *The Idea of Purity in Ancient Judaism* (SJLA; Leiden: Brill, 1973) 59(바울로에 관해서) ; 같은 저자, *A History of the Mishnaic Law of Purities* (11 Vols.; SJLA 6.1—11 ; Leiden: Brill, 1974—76) ; Lawrence H. Schiffmann, *The Halakhah at Qumran* (SJLA 16 ; Leiden: Brill, 1975), 특히 123f.

때문이었다. 예루살렘 회의에서 유다인들과 이방인들에 대한 선교를 분리하기로 합의한 것은 베드로가 자신의 유다 생활방식 —이것은 무엇보다도 식탁 규정과 청결법을 포함하였다— 을 보유하려 했다는 것을 뜻했을 것이다. 결과적으로, 제의상의 구별은 이방 그리스도인들과 식탁 친교를 갖는 동안에도 지켜져야 했다. 이것은 특히 디아스포라에서 중요했는데, 그곳에서는 불경스러운 일이 일어날 수밖에 없었던 것 같다.[464)]

만일 우리가 이러한 구별을 그 당시 상황에서 가능했던 계획안으로 생각한다면, "야고보가 보낸 사람들"은 단순히 예루살렘 합의의 조건들을 주장했을 뿐이라고 볼 수 있다. 그들은 게바가 그 조건들을 위반했다는 것을 비난했음이 분명하다.[465)] 그렇다면 틀림없이 게바는 그들이 자신을 비판하는 것이 당연하다는 결론에 도달했을 것이며, 그와 같은 필연적인 결론에 따라 그는 물러났다. 바울로가 볼 때, 물론 이 단계는 파멸적이었다. 그가 12절c에서 게바에게 갖다붙인 이유는 대단히 논쟁적으로 표현된다: "그는 유다인들을 두려워하여"(*φοβούμενος τοὺς ἐκ περιτομῆς*). 달리 말해, 게바는 자신의 신학적 확신을 토대로 해서가 아니라, 단지 두려움 때문에 불합리하게 처신했다.[466)] 이 판단은 지금까지 많은 추측을 불러일으켰다. 게바가 왜 두려워했을까? 누구를 두려워한 것일까? 만일 그가 굴복하지 않았더라면 과연 그가 두려워했던 바가 일어났을까? 그 답변들이 무엇이든지 간에, "두려움" 자체는 바울로가 보는 바로는 불합리한 동기였으며, 실제로 미신적인 정신 자세의 증거였다(참조. 로마 8,15 ; 갈라 4,9—10). 그러나 논

---

464) 특히 사도 11,3을 보라(위, 주 448에서 인용됨). 디아스포라에 대한 견해는 특히 다음을 보라. 다니 1,8ff ; 에스 4,17x 〔14,17*vg*〕 LXX ; 토비 1,10·11 ; *Jub.* 22.16 ; 3Macc. 3,4 ; 7,11 ; Josephus *Ant.* 4.137 ; 13.243 등. Philo *Jos.* 202 ; *Jos. et As.* 7.1 ; Edgar W. Smith, *Joseph and Aseneth and the Early Christian Literature* (Ph. D. Diss. ; Claremont Graduate School, 1974) 92 ; Justin *Dial.* 47(아래, 부록 4를 보라). 그 주제에 대해서는 Bousset-Gressmann, *Religion*, 93f ; Moore, *Judaism* 2.75 ; Str-B. 3.421f ; 4.374ff를 보라.

465) Schmithals (*Paul and James*, 65)의 입장은 다르다. 그는 안티오키아에서의 식탁 친교가 율법과 2,7—9의 합의들을 위반했다고 보지 않는다. 그에 의하면, 유다인이 볼 때 베드로는 유다 그리스도교의 완전한 해방을 시작하기 위해 그 식사를 오용했다.

466) Cullmann ("*Πέτρος*," *TDNT* 6.110)은 이것이 실제로 일어났던 것이라고 생각한다. 그러나 요한 7,13 ; 9,22 ; 19,38 ; 20,19 ; 사도 16,3 등은 그 동기가 흔히 있는 일이었음을 보여준다.

쟁적인 수사에도 불구하고 바울로가 옳을지 모른다. 왜냐하면 사도행전(10, 45 ; 11, 2)의 보도에 따르면, 베드로가 유다교 출신 그리스도교인들에 의해 비난받았기 때문이다(οἱ ἐκ περιτομῆς πιστοί). 사도행전 16장 3절에서 바울로는 디모테오에게 할례를 주라는 유다인(유다—그리스도인의?) 압력에 굴복한다(참조. 갈라 2, 3—5에 관해서). 결국 게바는 유다 그리스도인들의 신학적 전제들을 가정할 때, 그 자신이 회개하는 것이 당연하며,[467] 그의 식탁 친교는 변호의 여지가 없다는 결론을 내렸을지 모른다. 바울로의 표현들을 보면, 게바는 그 자신의 권력의 위치를 상실하게 될지도 모르는 "정치적" 결과들을 "두려워하였다." 베드로는 권력의 위치를 택했고 신학적 확신들을 부인하였다.[468]

[13] 게바가 이방인들의 식탁에서 떠난 것이, 타당한 이유들에 근거했음에 틀림없는 또 하나의 이유는 "다른 유다 사람들"([καὶ][469] οἱ λοιποὶ Ἰουδαῖοι)이 그의 예를 따랐던 점이다: "다른 유다 사람들도 그와 함께 위선을 행했고 마침내 바르나바까지도 그들의 위선에 함께 끌려갔던 것입니다." 게바의 이 "승리"를 묘사함에 있어서,[470] 바울로는 또 다시 극히 논쟁적인 언어를 사용한다. 가장 어려운 것은 συνυπεκρίθησαν αὐτῷ라는 구절이다. 왜냐하면 번역하는 것이 거의 불가능하기 때문이다.[471] 그러나 그리스 문헌에 있는 병

467) 용어상으로 갈라 2, 7·8·9·12 ; 5, 6·11 ; 6, 15를 보라—모두 유다 그리스도인들을 언급한다. 달리는 Bauer, *s.v.*; Munck (*Paul*, 87ff)에게 있어서 바울로는 할례받은 이방인들을 염두에 둔다 ; 참조. Bo Reicke, "Der geschichtliche Hintergrund des Apostelkonzils und der Antiochia-Episode, Gal. 2, 11—14," ***Studia Paulina in honorem J. de Zwann*** (Haarlem: Bohn, 1953) 172—87, 176ff ; Schmithals, ***Paul and James***, 67 ; Klein, ***Rekonstruktion***, 83 주 205 ; Mussner, 141f.

468) 슐리어 (84 주 4)는 게바에서 죄를 벗기려는 이전의 시도들을 거부하나, 그 자신이 이것으로부터 자유로운 것은 아니다. Alphons Steinmann에 동의하면서, 그는 "야고보가 보낸 사람들"에게서 베드로에 대한 중상을 퍼뜨리는 위험스런 선전자들을 본다. 그래서 베드로의 두려움이 무리없이 정당화된다. 베드로 자신은 그의 마음을 바꾸지 않았으나 그의 접근방법이 실지로 가능했는지는 불확실해졌다.

469) καί("또한")는 많은 좋은 증거물들(𝔊 𝔎 DG it sy *al*)에 쓰여 있다. 그러나 P⁴⁶ B 1739vg Origen에서 생략된다. 참조. Burton, 109 : "외적인 또는 내적인 어느 증거도 결정적이지 않다."

470) Benjamin W. Bacon, "Peter's Triumph at Antioch," *JR* 9(1929) 204—23을 보라.

471) συνυποκρίνομαι는 신약에서 단 한번 나오는 어구다. LSJ, *s.v.*는 "핑계삼아…에 순응하다." Bauer, *s.v.* 핑계댐에 또는 "역할을 함에 참여하다" "위선을 향함에 참가하다"(참가하는 자의 여격과 함께)로 번역한다.

행구들을 통해 우리는 그 구절을 이해하는 데 있어서 도움을 받을 수 있다. 그 배경은 정치적 영역인 것 같다. 폴리비우스(Polybius)는, 이 문맥에서 인간의 본성에 관해 흥미있는 관찰을 한다 : "모든 사람들은 시대에 순응하게 되며 그 시대에 맞는 특성을 취하게 된다. 그래서 그들의 말과 행동으로부터 각자의 원칙들을 판단하기란 매우 어려우며, 많은 경우 진실은 가려져 있다."[472] 바울로의 생각으로는, 게바의 행동은 정치적 타협에 의해서 그리고 "다른 유다 사람들"[473]의 추종적 태도 변화에 의해 이해되어야 한다. "다른 유다 사람들"이라는 말에 들어 있는 또 다른 요소는 "역할—행위"(role-playing)라는 요소다. 에픽테투스(Epictetus)는 바울로가 말하고 싶어하는 바를 다음과 같은 잘 알려진 문장에서 거의 완벽하게 표현하고 있다 : "예컨대, 우리가 두 가지 신앙으로 망설이는 사람을 볼 때마다, 다음과 같이 말하는 버릇이 있다. '그는 유다인이 아니라, 단지 그 역할을 하고 있을 뿐이다.'" 계속해서 에픽테투스는 그런 사람들을 가리켜 "표면상 유다인, 그러나 실제로는 우리가 〔즉, 그들이〕 고백하는 원칙들을 적용하기는 커녕 우리〔즉, 그들〕 자신의 이성에 공감하지 않는……그럼에도 아는 자들이라고 자랑하는……그 무엇"으로 부른다.[474] 우리가

또한 다음을 보라. Ulrich Wilckens, "*ὑποκρίνομαι κτλ.*", *TDNT* 8. 568f ; *PGL*, *s.v.* 이것은 갈라 2, 13에 대한 Chrysostom의 주석을 가리킨다.

472) Polybius 3.31.7 : *πρὸς μὲν γὰρ τὸ παρὸν ἀεί πως ἁρμοζόμενοι καὶ συνυποκρινόμενοι τοιαῦτα καὶ λέγουσι καὶ πράττουσι πάντες ὥστε δυσθεώρητον εἶναι τὴν ἑκάστου προαίρεσιν καὶ λίαν ἐν πολλοῖς ἐπισκοτεῖσθαι τὴν ἀλήθειαν* (tr. W.R. Paton, LCL). 또한 Polybius 3.52. 6 ; 3.92.5 등 ; Plutarch *Marius* 14.8, 413A ; 17.3, 415B ; *Ep. Arist.* 267을 보라.

473) "다른 유다 사람들"이란 표현은 게바, 바르나바, 그리고 바울로 같은 사람들, 즉 안티오키아에 있는 다른 유다 그리스도인들을 언급한다. 이들을 넘어서서 바울로는 유다인 그리스도교 회중 또는 이름으로 언급된 자들과 같은 다른 개인들을 언급하는 것일까? 어쨌든, 이 사람들은 12절("할례받은 사람들")에 있는 자들과 같은 사람들이었음이 분명하다. *'Ιουδαῖος*("유다인")는 로마 1, 16 ; 2, 9·10 ; 3, 9 ; 10, 12 ; 고전 1, 24 ; 10, 32 ; 12, 13 등에서와 같은 "*Ἕλλην*("헬라 사람")의 반대어로서 갈라 2, 13·14·15 ; 3, 28에서만 나온다. Walter Gutbrod, "*'Ισραήλ*," *TDNT* 3 ; Paul Gaechter, ***Petrus und seine Zeit: Neutestamentliche Studien*** (Innsbruck: Tyrolia, 1958) 235 ; Mussner, 143 주 39를 보라.

474) Epictetus *Diss.* 2.9.20 : *καὶ ὅταν τινὰ ἐπαμφοτερίζοντα ἴδωμεν, εἰώθαμεν λέγειν "οὐκ ἔστιν 'Ιουδαῖος, ἀλλ' ὑποκρίνεται."* 2.9.21 : *...λόγῳ μὲν 'Ιουδαῖοι, ἔργῳ δὲ ἄλλο τι, ἀσυμπαθεῖς πρὸς τὸν λόγον, μακρὰν*

이 말을 안티오키아에서의 상황에 적용할 때, 게바가 식탁에서 물러난 행위는 ὑπόκρισις("假裝")의 사건이었다. 더우기 συνυπεκρίθησαν αὐτῷ ("그와 함께 위선을 행했고")를 이 의미에서 해석하면, 그것은 교묘하게 조정된 행동이었다. 즉 게바는 식탁에서 물러날 때 "다른 유다 사람들"이 자기에게 합류하도록 했다. 물론, 이것은 바울로가 자기 변호의 일환으로서 내놓은 평가다. 그것은 대단히 주관적이고 논쟁적이다. 실제로, "다른 유다 사람들"은 단순히 게바와 같은 결론에 도달했다. 그들은 바울로의 논거를 납득하지 못했다. 그러므로 우리가 오늘날 "다른 유다 사람들"을 도덕적으로나 영적으로 타락했다고 정죄할 이유는 없다. 13절 b에서, 바울로는 게바의 결정이 그의 이전 조언자이며 동료인 바르나바까지도[475](게바와 함께보다는) "다른 유다 사람들"과 함께 가게 했다는 것을 인정해야만 했다. 더우기 이것은 "그들의 위선"을 통해(τῇ ὑποκρίσει) 일어났다는 것이 바울로의 설명이다. 바르나바는 "그들의 위선에 함께 끌려갔다"(συναπήχθη). 동사 συναπάγομαι τινί("누군가에게 끌려가다")는 불합리성을 강하게 내포하고 있으며[476], 바르나바가 감정에 의해 끌려갔다는 것을 의미한다. 따라서 바르나바는 게바나 "다른 유다 사람들"과 비교할 때 경우가 달랐다. 그는 조종자가 아니라 교묘한 조종의 희생자였다. 여격 τῇ ὑποκρίσει는 수단이나 양식(modality)의 여격인 것 같다.[477] 그것은 다시 신학적인 모순과 마찬가지로 조작된 "역할—행위"를 언급한다.[478] 우리는, 바르나바가 반바울로 집단에 합류함에 있어서 어떤 이론적 근거를 가졌었는지에 관해서 단지 추론할 수 있을 뿐이다. 바울로는 자신의 입장이 다른 사람들의 입장과 같지 않았다는 것, 그리고 그가 게바파에 참가하기 전에 망설였음에 틀림없다는 것을 시사한다. 바르나바와 같

ἀπὸ τοῦ χρῆσθαι τούτοις ἃ λέγομεν, ἐφ' οἷς ὡς εἰδότες αὐτὰ ἐπαιρόμεθα (tr. Oldfather LCL).

475) 갈라 2,1·9를 보라. 여기서 그리고 사도 15,36—39에서 주어진 바울로와 바나바의 충돌 이유들은 완전히 다르다.

476) 베후 3,17 ; 로마 12,16 ; 또한 갈라 5,18 ; 로마 8,14 ; 고전 12,2을 보라. LSJ, *s.v.*; Bauer, *s.v.*; PGL, *s.v.*를 보라.

477) Burton, 109 ; Schlier, 85 주 1을 보라.

478) Wilckens ("ὑποκρίνομαι κτλ.," *TDNT* 8.563ff)는 디아스포라 유다교에서 그 용어의 사용을 지적한다. 거기서 ὑποκριτής는 정통 실천(orthopraxy)을 가장하는 자를 묘사하는 חנף("배교자")의 번역이다. 참조. Schmithals (*Paul and James*, 71f)는 2, 14에서 ὀρθοποδέω("똑바로 걷다")를 지적한다.

은 사람이 이전에 자신의 학생이자 동료 사역자인 바울로에 반대하는 결정을 내렸다는 것은, 안티오키아 회의가 결정해야 했던 문제가 얼마나 심각했던가를 단면적으로 보여준다.

[14] 바울로는 이제 그 자신의 간섭[479]과 게바[480]와의 대결로 돌아간다. 먼저, 그는 게바가 이끈 유다—그리스도인 집단의 행동으로 빚어진 상황을 평가한다: "그러나 나는 그들이 복음의 진리대로 똑바로 걷지 않는 것을 보고……." 바울로는, 어떤 시점에 가서는 공개적으로 게바에게 간섭하고 그와 대결해야만 했던 결론에 이르렀다는 것을 전제한다. 그 시기는, 게바 주위의 유다 그리스도인들이 막 취하려고 했던 행동의 방향이 바울로 자신이 "복음의 진리"[481]라고 생각했던 것과 일치하지 않는다는 것을 "보았을" (εἶδον)[482] 바로 그때였다. *οὐκ ὀρθοποδοῦσιν πρὸς τὴν ἀλήθειαν τοῦ εὐαγγελίου*는 특히 *ὀρθοποδέω*라는 단어 때문에 난점들을 제기한다. 현 문맥에서 그 단어는 "정통"을, 아니 그보다는 정통성의 부족함을 묘사한다.[483] 그 은유는 일상회화에서 나왔을지도 모른다. 왜냐하면 어떤 예들에서 그 반대되는 말은 *χωλεύω*("절룩거리다")이기 때문이다.[484] 그 말은 "한가지 목표를 향해 똑바로 가다" 또는 "바른 길로 나아가다"

---

479) *ἀλλά*("그러나")는 전환점을 가리킨다. 참조. Mussner, 143 주 43.

480) *Κηφᾶ*("게바에게")는 P⁴⁶ ℵ A B C H 33 88 *al* vg sy: cop^sa,bo arm eth에서 그렇게 읽힌다. 반면에 Textus Receptus, 다음의 D F G K L P, 대부분의 소문자들, it^d,g vg^mss sy^h goth *al*는 *Πέτρῳ*("베드로에게")로 읽는다. 갈라 1, 18에 관해서 그리고 Metzger, ***Textual Commentary***, 593을 보라.

481) 2, 5에서 사용된 것과 같은 이 개념을 보라. 참조. 5, 7.

482) 병행구인 2, 7을 보라.

483) 그 용어는 신약에서 단 한번 나온다. 다음을 보라. George D. Kilpatrick, "Gal 2 : 14 *ὀρθοποδοῦσιν*," ***Neutestamentliche Studien für Rudolf Bultmann*** (BZNW 21 ; Berlin: Tōpelmann, 1957) 269—74 ; Bauer, *s.v.*; 같은 저자, ***Orthodoxy and Heresy***, 63, 114f, 263f, 312 ; Hans Dieter Betz," Orthodoxy and Heresy in Primitive Christianity," ***Int*** 19(1965) 299—311, 305—08. 참조. Qumran (1QH 7.14)에 있는 병행구: "나의 발걸음을 의의 길로 돌림"(צדקה פעמי לנתיבות לישר). 비슷한 것은 디후 2, 15 : *ὀρθοτομοῦντα τὸν λόγον τῆς ἀληθείας* (Bauer, 진리의 말씀을 똑바르게 전하고").

484) Kilpatrick(앞의 주를 보라)과는 별도로, 다음을 보라. Charles H. Roberts, "A Note on Galatians 2 : 14," ***JTS*** 40(1939) 55f ; John G. Winter, "Another Instance of *ὀρθοποδεῖν*, ***HTR*** 34(1941) 161f ; LSJ, *s.v.*; Suppl., *s.v.*; Herbert Preisker, "*ὀρθοποδέω*," ***TDNT*** 5.451 ; ***PGL***, *s.v.*; Mussner, 144.

를 뜻할 수 있다. 현 문맥에서 그것은 도덕적 용어가 아니라 "정통성"을 묘사한 것이다.[485]

2장 4—5절과의 대조가 명백하다 : 만일 바울로가 예루살렘에서 "거짓 형제들"의 압력에 굴복했더라면, 그는 자신이 지금 목도하고 있는, 게바와 그의 집단의 상황과 같은 상황에 처하게 되었을 것이다. 그러나 바울로는 예루살렘에서 "거짓 형제들"의 압력을 이겨냈다. 그 당시 게바와 그의 집단 역시 안티오키아에서 바울로처럼 해내야 했었다. 물론, 갈라디아인들에게도 똑같은 상황이 적용된다(4,8—10을 보라). 그것은 또한 "복음의 진리"가 무엇인지 모두에게 명백하지 않았던, 그리고 그 진리가 점진적으로 이해되어야 했던 경우였을 것이다.[486] 다른 한편으로, 그들 모두가 자신들의 결정을 내려야 하는 교리적인 원칙들을 알고 있었기 때문에(2,15—16을 보라),[487] 그 결과는 명백해야 했다. 그러나 분명히 상황은 혼란에 빠졌다. 바울로는 그때 새로운 게바파의 지도자인 게바와 "많은 사람 앞에서"(ἔμπροσθεν πάντων) 대결할 것을 결심하였다. 이 경우는 아마 예루살렘에서의 회의와 비슷한(2,2)[488] 총회의 일종이었음이 분명하다. 이 회의는 이 특별한 목적을 위해서 다시 소집되었을까? 또는 그 당시 회기 중이었을까? 그 회의에 한 교회의 전 교인이 참여했을까 아니면 하나의 이방—그리스도인 교회와 하나의 유다—그리스도인 교회의 교인들이 참석했을까? 이에 대해 우리는 아는 바가 없다. 우리가 받는 인상에 의하면, 각기 다른 파들이 문제를 토론하고 있었던 한 회중만이 있었다. 그 모임 후에 어떤 일이 일어났을까? 그 교회가 같은 식으로 계속해서 존재했을까, 두 개의 교회로 갈라졌을까, 아니면 바울로가 예루살렘의 "거짓 형제들"처럼 축출되었을까(2,4—5)? 만일 바울로가

485) 다른 평가에 대해서는 Schlier (pp.85f)를 보라. 그는 그 대결을 게바와 바울로 간의 단지 개인적인 의견 차이로 끌어내리려 한다. 둘다 원칙에 있어서는 동의하나 전략에 있어서 불일치할 뿐이다. 슐리어는 다음과 같이 말함으로써 바울로를 옹호한다. "교회 내에서는 무언의 행동이 없다. 그리고 엄격히 말해, 비본질적인 행동이 없다"(p.85).

486) Bauer, *s.v.* ὀρθοποδέω를 보라.

487) Mussner, 144도 그렇다.

488) 2,2에 관해 보라. 참조. 고전 11,18·20 ; 14,23 ; 디전 5,20 ; Ign. *Phld.* 7—8 ; 쿰란에 있는 *Moshab ha-rabbim.* 그것에 대해서는 Edmund F. Sutcliffe, "The General Council of the Qumran Community," *Bib* 40(1959) 971—83 ; Lawrence H. Schiffman, *The Halakhah at Qumran* (SJLA 16 ; Leiden: Brill, 1975) 68ff를 보라.

축출되었다면, 사도행전과 안티오키아의 감독인 이그나티우스의 서신들에 보도된 바울로에 대한 존경은 이해하기 어렵다.

게바에 대한 바울로의 반대는 질문 형식에서 딜레마로써 서술된다. 그것은 게바의 상황을 일종의 자기 모순으로 말한다.[489] 분명이 이 딜레마는 바울로 자신의 평가다. 또한 흥미로운 것은 문학적 서술이다.[490] "당신은 유다 사람인데도 유다 사람 같이 살지 않고 이방 사람 같이 살면서 어찌하여 이방 사람들더러 유다 사람같이 되라고 강요합니까?" 물론 여기에 함축된 답변은 게바가 그렇게 할 수 없다는 것이다. 조건절에서 바울로는 게바의 현 종교적 신분을 유다적 생활방식을 저버린 유다인으로서(*'Ιουδαῖος ὑπάρχων*)[491] 표현한다. 그는 이방인처럼 산다(*ἐθνικῶς*).[492] 즉, 더 이상 유다의 관습과 법(*οὐκ 'Ιουδαϊκῶς*)을 준수하지 않고서 산다.[493] *ζῇς*("살면서")의 현재 시제는 그리스도인이 된 이방 사람들과 식탁 친교를 갖는 것보다 훨씬 많은 것을 의미한다.[494] 그것은 식탁 친교가, 유다교로부터 게바가 완전히 해방되었다는 사실에 대한 외적 상징일 뿐이었음을 시사한다. 결구는 게바의 최근의 행동 변화를 자기 모순으로서 전제한다: "어찌하여 이방 사람들더러 유다 사람 같이 되라고 강요합니까?"

그러나 이 정식화는 몇가지 문제점을 제기한다. 본래, 그 딜레마는

---

489) 병행구들에 대해서는 갈라 3, 3 ; 4, 9를 보라. 바울로 자신은 고전 9, 27에서 그런 가능성을 경계한다. "…내가 남에게 선교하고 나 자신은 버림을 받을까 두려워하기 때문입니다." 참조. 또한 고후 13, 5—7 ; 갈라 5, 26 ; 6, 1—10 ; 야고 1, 22·23 ; 디도 1, 16 ; 마태 23, 3—4 등. 또한 Betz, *Lukian*, 114f ; 같은 저자, *Paulus*, 여러 곳.

490) 기술적으로 그것은 그 자신의 인용이다. 문학 형식으로서의 딜레마에 관해서는 위 주 66을 보라. *πῶς*("어떻게")에 의해 도입되는 비슷한 질문들이 갈라 4, 9 ; 로마 10, 14·15 ; 고전 15, 12 ; 마태 12, 34 ; 22, 22 ; 요한 3, 4 ; 4, 9 ; 7, 15 ; 9, 16에 나온다.

491) 또한 갈라 2, 13·15 ; 로마 11, 1 ; 고후 11, 22 ; 필립 3, 5를 보라. *ὑπάρχων*에 관해서는 Bauer, *s.v.* *ὑπάρχω*, 2 참조.

492) 그 말은 신약에서 단 한번 나온다. 참조. 형용사 *ἐθνικός* 마태 5, 47 ; 6, 7 ; 18, 17 ; 요 3 7. Bauer, *s.v.* *ἐθνικός*, *ἐθνικῶς*; Karl Ludwig Schmidt, *TDNT* 2. 72, *s.v.*; *PGL*, *s.v.*를 보라.

493) *καὶ οὐκ 'Ιουδαϊκῶς ζῇς*는 문자상 불확실하다. 𝔎 D vg[cl]는 다른 어순으로 되어 있다 ; P[46] 917d Ambrosiaster Marius Victorinus는 처음 세 단어를 생략한다. 대수롭지 않은 문제는 *οὐκ*, *οὐχ* 또는 *οὐχί*간의 변화다. 상세한 토론에 대해서는 Sieffert, 133f 주 ; Burton, 114f를 보라. 부사 *ἰουδαϊκῶς*("유다 관습에 따라")는 신약에서 단한번 나온다. Bauer, *s.v.*, Walter Gutbrod, "*Ισραήλ*," *TDNT* 3. 381 ; *PGL*, *s.v.*를 보라.

494) Burton, 112 ; Schlier, 86에 그렇게 정확하게 되어 있다.

게바가 유다교로 귀환했음을 명백히 언급하지 않으며, 또 거기에는 이방인들이 할례와 유다 율법에 복종해야 한다는 게바의 요구도 나타나 있지 않다.[495] 바울로의 평가는 사건이 일어난 후에 내려진 것으로서 그 중간의 많은 문제들을 전제로 하고 있다. 유다의 관습과 법의 준수로 되돌아감으로써 유다 그리스도인들은 유다교로부터의 그들의 해방을 역류시켰다. 그들이 율법의 준수를 포기했을 때, 그들은 또한 그리스도인으로서 율법 없이 인간이 구원받을 수 있다는 것을 인정했다. 율법으로 돌아간다고 해서 율법 준수의 필요성을 부인했던 그 처음 단계가 간단히 무시될 수는 없다. 그밖에도, 율법 준수로 돌아가는 것은, 그리스도인들에 있어서까지도 율법 밖에서 사는 것은 "이방 죄인"(2, 15—16을 보라)과 다름없는 생활이라는 판단을 표현한다. 그러므로, 게바는 이방인들이 율법 계약의 동참자가 될 것을 명백히 또는 암묵적으로 요구했었다. 실제로, 게바는 예루살렘에 있는 "거짓 형제들"(2, 4—5)과 똑같은 짓을 하였다. "강요하다"(*ἀναγκάζω*)[496]라는 말은, 디도에 대한 할례의 요구와 갈라디아에 있는 현 선동자들에게 토라와 할례를 받아들이라는 요구가 서술되어 있는 2장 3절과 병행해서 이해되어야 한다(6, 13을 보라). 바울로가 볼 때, *ἰουδαΐζειν*("유다화하다")[497]는 유다의 식사법들을 따르는 것 이상을 의미한다. 그것

---

495) Lagrange; Schlier, 86 주 6 ; Mussner, 145 주 52를 보라.

496) 마카베오서들에서 보면 그 용어는 강제적인 헬라화에 대한 유다의 투쟁에서 중요한 역할을 한다(참조, 예, 마카상 2, 25 ; 마카하 6, 1·7·18 ; 4 Macc 5, 2·27 ; 8, 1 ; 18, 5 ; Josephus *BJ* 1. 34 등 ; Philo *Leg*. 293). 또한 Justin *Dial*. 47. 1(부록 4 참조)를 보라.

497) 그 용어는 신약에서 한번 나온다. 그것은 *ἰουδαϊκῶς ζῆν*("유다인으로서 살다")와 동의어가 아니라, 새로운 개종자들의 다소 인위적인 태도를 묘사하는 것 같다. 참조 Esth. 8, 17 LXX : "…그리고 많은 사람들은 유다인들이 두려워서 할례를 받고 유다교를 실천하였다"(*καὶ πολλοὶ τῶν ἐθνῶν περιετέμνοντο ἰουδάϊζον διὰ τὸν φόβον τῶν 'Ιουδαίων*). Josephus *BJ* 2. 454에 의하면, 로마 장교 Metilius는 유다인이 될 것을 또한 할례까지 받기로 약속함으로써 생명을 구했다(*καὶ μέχρι περιτομῆς ἰουδαΐσειν*). Josephus *BJ* 2. 463은 *οἱ ἰουδαΐζοντες*("유다화된 자들")와 *οἱ 'Ιουδαῖοι*("유다인들")을 구분하는 것 같다. 비슷하게 그 말은, Plutarch *Cicero* 7. 5, 864C에 의해서, 유다교를 실천하는 것으로 생각되는 한 노예에서 해방된 자유민에 관해서 사용된다. 그리스도교 문헌에서, 그 말은 유다의 관례를 따르고 있는 그리스도인들을 특징짓는다. 예, Ign. *Mag*. 10. 3 : "'예수 그리스도'를 말하면서 유다교를 실천하는 것은 불합리하다"(*ἄτοπόν ἐστιν, 'Ιησοῦν Χριστὸν λαλεῖν καὶ ἰουδαΐζειν*). 그밖의 자료에 대해서는 *PGL*, *s.v.*를 보라.

은 토라 전체를 지켜야 하는 유다교 개종자가 되도록 강요하는 것을 뜻한다(참조. 5,3). 그러므로 아이러니칼하게도 게바는, 유다인들에게는 유다 그리스도인의 모습을 보존하도록 하면서도 그리스도를 믿는 자들로서의 이방인들에게는 그리스도인들의 모습을 간직하지 못하게 한다. 그는 그들을 그리스도로 개종한 자들로서 환영하기는 커녕, 그들을 유다교의 개종자들로 만들려고 한다. 이러한 태도는 지금까지 신앙의 기초가 되어 왔던 믿음에 의한 인의론의 원칙들과 모순된다(2,15—16을 보라).

Ⅳ 주 장 2장 15—21절

—propositio

2,15 나면서부터 유다 사람이요 이방 죄인이 아닌 우리는 16 한 인간[1]이 율법을 행함으로가 아니라 예수 그리스도를 믿음으로써〔만〕 의롭게 된다는 것을 알고 있읍니다. 그래서 우리도 예수 그리스도를 믿은 것입니다. 그것은 우리가 율법을 행하는 행위로가 아니라[2] 그리스도를 믿는 믿음으로 의롭게 되기 위한 것이었읍니다. 율법의 행위로는 아무도 의롭게 되지 못할 것입니다.[3] 17 그러나 우리가 그리스도 안에서 의롭게 되기를 구하다가 우리 자신들이 죄인으로 나타난다면 그리스도께서 죄의 종이란 말입니까? 결코 그럴 수 없읍니다!

18 만일 내가 헐었던 것을 다시 세운다면 나는 나 자신을 범죄자로 만드는 것입니다.[4]

19 나는 율법에 대해서는 이미 율법에 의하여 죽었읍니다. 그것은 내가 하느님을 향하여 살기 위한 것입니다. 나는 그리스도와 함께 십자가에 달렸읍니다. 20 이제 사는 것은 내가 아니라 그리스도께서 내 안에서 사시는 것입니다. 내가 지금 육으로 살고 있는 것은[5] 나를 사랑하시고 나를 위하여 자기 몸을 내어주신 하느님의 아들을 믿는 믿음 안에서 사는 것입니다.

21 나는 하느님의 은혜를 헛되게 하지 않습니다. 만일 의롭게 되는 것이 율법을 통하여 되는 것이라면 그리스도는 헛되게 죽으셨읍니다.

---

1) *RSV*, *NEV*, *JB*는 ἄνθρωπος("인간")를 "사람"으로 번역한다.
2) *NEB*는 약간 오해를 일으킬 여지가 있다: "율법에 의해 지시된 행위로가 아니라…"
3) 보통 번역들은 그 문장을 적극적으로 옮긴다: "율법의 행위 때문에 누구도 의롭게 되지 못합니다."(*RSV*).
4) 참조. *RSV*: "입증하는 것입니다;" *NEB*: "나타내는 것입니다." *JB*는 여기서, 전체 절에서와 마찬가지로, 아주 자유롭게—의미에 관한 한—그러나 정확하게 의역한다.
5) *RSV*, *NEB*, *JB*는 보충한다: "내가 지금 살고 있는 생활은…"

〔분석〕

안티오키아에서의 에피소드에 대한 바울로의 설명이 2장 14절에서 끝나는지, 또는 그것이 그가 안티오키아에서 했던 연설의 요약으로서 2장 15—21절을 포함하는지에 관한 문제는 오래 전부터 논의되어 왔다.[6] 2장 14—21절은 바울로가 안티오키아에서 게바와 그 교회에 말했던 것의 재진술이라고 가정하는 자들은, 그것이 역사적으로 정확한지, 요약인지, 자유로운 의역인지, 또는 단순히 수사적 목적을 위해 꾸며낸 이야기인지 등등의 문제를 또한 논의해 왔다. 바우어른화인드(Otto Bauernfeind)[7]는 문학 형태를 고려할 필요성이 있다고 보고 그것을 "연설에 대한 기록"(*Redereferat*)의 형태로 생각했다. 현 신약학에서도 이에 대한 전반적인 문제가 풀리지 않고 있다. 대부분의 학자들은 중간 입장을 취하며, 바울로가 게바에게는 형식적으로, 갈라디아인들에게는 구체적으로 말한다고 본다.[8]

진술(*narratio*)과 증명(*probatio*)[9] 사이에 고대의 수사학자들은 주장(*propositio*, Quintilian이 사용하는 명칭)을 삽입한다.[10] 퀸틸리안은 연설 중에서 이 주장 부분에 대해 가장 많은 기록을 남겼다. 그러나 그

6) 더 오래 전의 주석가들에 의해서 취해진 입장들에 관해서는 다음을 보라. Friedrich Zimmer, "Paulus gegen Petrus," *ZWTh* 25(1882), 129—88 ; Sieffert, 139f ; Zahn, 119f ; Franz Overbeck, *Über die Auffassung des Streits des Paulus mit Petrus in Antiochen* (*Gal.* 2,11ff) *bei den kirchenvätern* (Basel 1877 ; rep.: Darmstadt: Wissenschaftliche Buchgesellschaft, 1968). 현대의 입장들에 대해서는 주석서들, 그리고 Otto Bauernfeind," Der Schluss der antiochenischen Paulusrede," in *Theologie als Glaubenswagnis, Festschrift für Karl Heim* (Hamburg: Furche-Verlag, 1954) 64—78 ; Rudolf Bultmann, "Zur Auslegung von Galater 2,15—18," in his Exegetica, 394—99 ; Gaechter, *Petrus und seine Zeit*, 251—54 ; Schmithals, *Paul and James*, 72—78 ; Klein, *Rekonstruktion*, 181—202 ; Werner Georg Kümmel, "'Individualgeschichte' und 'Weltgeschichte' in Galater 2,15—21," in *Christ and Spirit in the New Testament, In Honour of C.F.D. Moule* (eds. Barnabas Lindars and Stephen S. Smalley; Cambridge: Cambridge University, 1973) 157—73.

7) Bauernfeind(위, 주 6을 보라), 71.

8) Oepke; Lietzmann; Lightfoot; Burton; Schlier, pp.87f, 104.

9) 위, 갈라 3,1—4,31 관해서 그리고 서론, §5를 보라.

10) Quintlilian은 4.4.1—4.5.28에서 증명의 형식들과 가능성들을 다룬다(또한 3.9.2,5 ; 3.11.27을 보라). Cicero *De inv.* 1.22.31—23.33을 보라. 그는 그것을 *partitio*라 부른다. 반면 *Rhet. ad Her.* 1.10.17은 *divisio*를 사용한다. Volkmann, *Rhetorik*, §15 ; Lausberg, *Handbuch*, §346 ; Joachim Adamietz, *Ciceros de inventione und die Rhetorik ad Herennium* (Marburg: Mauersberger, 1960) 36ff ; Martin, *Rhetorik*, 91—95를 보라.

는 그러한 방식을 적용함에 있어서 특별한 입장을 취한다. 우리는 *Rhetorica ad Herennium*에서 그리고 키케로(Cicero)의 *De inventione* 에서 —그것들간에 또한 상당한 차이가 없는 것은 아니지만— 일반적인 견해를 발견한다. *Rhetorica ad Herennium*은 〈진술부〉 다음 부분에 대해 두 가지를 언급한다 : "원인의 분류는 두 부분으로 나뉘어진다. 사실들에 대한 진술이 끝났을 때, 우리는 무엇보다도 우리와 우리의 반대자들이 합의하고 있는 것 —우리에게 유익한 점들에 합의가 된다면— 과 아직도 여전히 논쟁중인 것을 명백히 구별해야 한다."[11] 다음에 분류(*distributio*)가 두 부분, 즉 개괄(*enumeratio*)과 해설(*expositio*)로 나온다. 전자는 논의된 점들의 항목을 알리고, 후자는 이 항목들 하나 하나를 간결하고도 완벽하게 말한다.[12] 〈주장〉의 기능은 두 가지다 : 그것은 사건의 개요에 의해 〈진술부〉의 합법적인 내용을 요약한다. 그리고 다음 부분인 증명의 단계로 쉽게 넘어갈 수 있는 전환점을 마련한다.[13]

갈라디아서 2장 15—21절은 〈주장〉의 형식과 기능과 필요조건에 일치한다. 그것은 〈진술〉의 마지막 에피소드의 끝(2, 11—14)에 첨가되어 〈진술〉의 구체적 내용을 요약한다. 그러나 그것은 〈진술〉의 일부가 아니다.[14] 그리고 그것은 뒤에 나오는 〈증명〉부분에서(3장과 4장) 논의될 논점들을 말해준다.[15] 전제된 합의점들이 처음에 언급된다(2, 15—

---

11) *Rhet. ad Her.* 1. 10. 17 : "Causarum divisio in duas partes distributa est. Primum perorata narratione debemus aperire quid nobis conveniat cum adversariis, si ea quae utilia sunt nobis convenient, quid in controversia relictum sit..." 참조. Cicero *De inv.* 1. 22. 31.

12) 주장은 다음의 특색들을 갖추어야 한다 : *brevitas, absolutio, paucitas*("간결, 완벽, 간명"). Cicero *De inv.* 1. 22. 32 ; 비슷하게 *Rhet. ad Her.* 1. 10. 17 ; Quint. 4. 5. 26—28. 다음 참조. Lausberg, *Handbuch*, § 671, 1 ; Martin, *Rhetorik*, 94.

13) Quint. 4. 4. 1 : "Mihi autem propositio videtur omnis confirmationis initium, quod non modo in ostendenda quaestione principali sed nonnunquam etiam in singulis argumentis poni solet..."("그러나 나에게 있어서 모든 증명은 가령 어떤 주요한 문제점을 제시하거나 개개 주장을 명확하게 표현하려 할 때 사용하는 "명제"로부터 출발한다…"). Lausberg, *Handbuch*, § 343—45를 보라.

14) 이 형식적인 주장은 또한 15—21절이 바울로의 안티오키아에서의 연설의 일부로서 간주되어야 하는지 또는 아닌지 하는 오랜 논쟁을 결정할 것이다. 위, 주 6을 보라.

15) 이것은 공식적인 고려없이, Schlier, 87f에서 인정되었다.

16). 이 귀절은 신앙에 의한 인의론인데 완전히 바울로적이다. 그러나 그 자신은 이 교리를 유다 그리스도교와 공유한다는 바울로의 주장이 진지하게 받아들여져야 한다. 요약은 〈진술〉 전체로부터 끌어내려 하는 논리적 결론형식으로 서술된다. 17—18절은 모순을 서술한다. 여기서 특별히, 반대파의 입에서 나온 말이 차용된다. 19—20절은 뒤에서 자세히 설명될 네 개의 신학적 논제들의 형태로 된 설명을 담고 있다. 21절은 반박(*refutatio*), 즉 비난에 대한 날카로운 부인으로 끝난다.[16] 바울로는 〈분할법〉(*partitio*)이나 〈개괄〉을 사용하지 않는다. 변호해야 할 것이 하나만[17] 있기 때문이다(2, 17).[18] 〈주장〉은 극히 간결하고 주로 교리적 약기(略記), 즉 교리에 대한 아주 짧은 법식의 요약들로 구성된다.

〔해석〕

〔 15 〕 바울로는 그가 전제로 하고 있는 것이 자신이나 유다 그리스도교에 공통된다는 것을 진술함으로써 주장을 시작한다. 그는 유다 그리스도인들의 "자기 규정"을 밝히는데,[19] 자기 자신을 포함해서[20] 그들을 유다인들로[21] 간주함으로써 시작한다 : "나면서부터 유다 사람인…우리는" 여기서 유다인됨은 출생에서 이

16) 주장에서의 그런 반박들의 예들에 대해서는 Quint. 4.4.6—8 ; 4.5.11—13을 보라. 참조. 서론(*exordium*, 1, 6f)과 요약(*recapitulatio*, 6, 12—16)과의 관계.
17) Quint. 4.5.8을 보라 : "Itaque si plura vel obiicienda sunt vel diluenda, et utilis et iucunda partitio est ut, quid quaque de re dicturi simus, ordine appareat; at si unum crimen varie defendemus, supervacua."("결과적으로 만일 우리가 많은 사항들을 입증하거나 논박해야 한다면 구분(*partition*)은 유용하고 매력적일 것이다. 왜냐하면 그것은 우리가 자기의 주제에 대해서 말하고자 하는 것을 정연하게 보여주기 때문이다. 다른 한편으로 만일 우리가 하나의 문제를 여러가지 이유들로 변호한다면, 구분은 불필요할 것이다"). Lausberg, *Handbuch*, §347을 보라.
18) 아래, 2, 17에 관해서 보라.
19) 자기 정의에 관한 고후 6, 16b : "우리는 살아계신 하느님의 성전입니다"를 참조하라. 아래, 부록 2 ; 또한 Betz, "2Cor 6 : 14—7 : 1," 92를 보라. 또한 로마 2, 17 이하 ; 3, 1 이하 ; 9, 4—5 ; 필립 3, 5—6을 보라. 참조. Oepke(p. 58)는 그 말의 "단정적" 성격을 강조한다. 슐리어(p. 88)는 *a captatio benevolentiae*로 주장한다.
20) 15—17절에 나온 "우리"(ἡμεῖς)는 모든 유다 그리스도인들을 포함한다. 참조. Oepke; Schlier.
21) Ἰουδαῖοι("유다인들") ; 2. 13·14 ; 3. 28에 관해서 보라.

미 결정된다.[22] 이것은 또한 "이방 죄인"이라는 유다인의 표현으로 불리우는 이방 사람들[23]과 유다 사람들을 구분한다. 이 점에서 우리는 바울로의 첫번째 교리적 약기(略記)를 발견한다 : "이방 죄인"[24]이란 표현은 인간의 죄[25]에 대한 유다교적 개념을 전제한다. 유다교에 의하면 유다교 내의 죄인들은, 비—유다 시민 출신으로 구원에 참여하고 싶어하는 (이방) 죄인들과 구별되어야 한다.[26] 유다인들은 율법을 위반할 때 죄를 범한다. 그리고 그들은 여러 제의적 수단에 의해서 또는 대리 고난을 통하여, 즉 율법에 의해서 용서를 얻을 수 있다. 그러나 이방인들은 이방인으로서 "죄인"이며, 토라 계약의 밖에는 구원이 없다.[27]

[16] "자기 규정"의 둘째 부분은 유다 그리스도인들이 그리스도인으로서 주장하는, 하느님 앞에 서는 자격을 규정한다. 이 부분에는 전통적으로 바울로의 믿음에 의한 인의론으로 칭하는 내용이 담겨 있다 : "우리는 인간이 율법을 행함으로써가 아니라 예수 그리스도를 믿음으로써만 의롭게 된다는 것을 알고 있읍니다." 우리가 이 유명한 교리에 접근할 때 염두에 두어야 할 두 가지 중요한 사항이 있다. 첫째는, 이 문맥에서 믿음에 의한 인의론은 유다—그리스도교 신학에 속한다.[28] 그것은 유다인으로서의 유다 그리스도

22) φύσει의 의미에 관해서는 로마 2, 27 ; 에페 2, 3 ; 갈라 1, 13—14를 보라. Bauer, *s.v.* φύσις, 1 ; Helmut Koester, "*φύσις κτλ.*," *TDNT* 9. 272 ; Schlier, 88 주 2를 보라.

23) 다른 곳에 나오는 τὰ ἔθνη("이방 사람들")는 물론 갈라디아 교회들을 포함하는 이름이다(갈라 1, 16 ; 2, 2·8·9·12·14 ; 3, 8·14).

24) ἐξ ἐθνῶν("이방으로부터")은 또한 로마 9, 24 ; 고후 11, 26에 나온다.

25) 여기서 죄의 개념은 유다적이다. Str-B, 3.537을 보라. 이방인들이 죄인인 이유는 그들이 율법을 가지고 있지 않기 때문에(참조, 로마 2, 14), 그리고 율법없이는 그들이 의를 성취할 수 없기 때문이다(참조, 로마 9, 30·31 ; 3, 1—2 ; 고전 6, 1 ; 9, 21 ; 12, 2 ; 데전 1, 9—10 ; 4, 5 ; 필립 3, 6). 또한 Str-B. 3.36ff ; Lightfoot, 115 ; Oepke, 90 ; Schlier, 88f ; Karl Heinrich Rengstorf, "*ἁμαρτωλός*," *TDNT* 1.332—33을 보라. Burton, 119은 이와는 다른 견해를 표명한다. 바울로의 개념에 대해서는, 로마 5, 12 이하와 Walter Grundmann, "*ἁμαρτάνω*," *TDNT* 1.308—13을 보라.

26) 참조. 갈라 2, 14에 있는 "유다화하다"라는 말.

27) 마하 6, 12—17은 비유다인들과는 구별되는 유다인들의 죄에 대한 유다적 입장을 언급한다. 이방인들의 죄는 파멸시킬 목적에서(*πρὸς παιδείαν*) 처벌되지만 유다 죄인들은 단지 징계될 뿐이다(*πρὸς παιδείαν*).

28) 믿음에 의한 인의론은 바울로의 교리였을 뿐만 아니라, 유다 그리스도교에 의해서 어느 정도 공유되었다. 그 교리에 대한 비—바울로적인 유다—그리스도교적 표현을 반영하는 것은 야고 2, 14—26 ; ps.-Clem. *Hom.*

인들의 자기 규정에 기초하며(15절을 보라), 16절은 15절에서 언급된 것에 대한 첨가다.[29)]

두번째 문제는 전체 〈주장〉 그리고 그 서신의 다른 부분들에 관계된 것으로서, 그 교리가 많은 교리적 "약기들"로 구성되어 있다는 점이다. 이 약기들은 번역하기가 어렵다. 그것들을 주석한다는 것은 그것들이 약기하려는 교리적 진술들을 분해하는 것을 의미한다(서론, §6.4를 보라).

16절의 첫번째 단어는 유다인이 되는 것과는 별개로, 그리스도인이 되는 것의 토대를 진술한다. 이 토대는 출생과 대조되는 "신학적 확신"(εἰδότες〔"우리는…알고 있읍니다"〕)[30)]이다(15절).

그런 다음에 그 확신의 내용이 다시 교리적 원칙들의 형식으로 주어진다. 그것은 정통 유다교(바리사이주의)의 구원론을 거부한다.[31)] 유다교의 이 교리에 따르면, ἄνθρωπος("한〔=모든〕 인간")[32)]는 하느

8.5—7 등이다. 또한 Heb and Justin, *Dial.* 116 ; 로마 3,21—31 ; 사도 15,10—11 ; 마태 12,37 ; 루가 15,11—32 ; 16,15 ; 18,11—14 ; 사도 13,39 ; Justin, *Dial.* 46.1 ; 47.1(아래, 부록 4)를 보라. Georg Strecker, "Befreiung und Rechtfertigung. Zur Stellung der Rechtfertigungslehre in der Theologie des Paulus," in *Rechtfertigung, Festschrift für Ernst Käsemann zum* 70, *Geburtstag* (Tübingen: Mohr, Siebeck; Göttingen: Vandenhoeck & Ruprecht, 1976) 479—508을 보라.

29) δέ는 φύσει("나면서부터" : 15절)와 εἰδότες("알고 있읍니다" : 16절) 사이의 대조를 나타낸다. 그 단어가 P^{46} A 𝔎 *al* syr.에는 나오지 않는다. Nestle-Aland, 26판도 그 단어의 진정성을 의심한다. 또한 Sieffert, 142 각주를 보라.

30) 갈라 4,8·13 ; 로마 2,2 ; 3,19 ; 5,3 ; 6,9·16 ; 7,15 등에서 이 개념이 사용된 경우를 살펴보라. Justin, *Dial.* 46.20을 보라(아래, 부록 4). 바울로 신학에서 "신앙"과 "지식"의 관계에 대해서는 Wilhelm Mundle, *Der Glaubensbegriff bei Paulus* (Leipzig: Heinsius, 1932) 18f ; Bultmann, *Theology*, §36,2 ; Günther Bornkamm, "Glaube und Vernunft bei Paulus," 그의 책 *Studien* 119—37 ; 같은 저자, "Faith and Reason in Paul," 그의 저서 *Early Christian Experience* (tr. Paul L. Hammer; London: SCM; New York: Harper & Row, 1969) 29—46 참조.

31) 비슷한 종류의 원칙적 서술들이 다음에서도 발견된다. 로마 3,20 : "율법의 행위로는 누구도 그 앞에서 의로와질 수 없읍니다". 갈라 3,11 : "율법에 의해서 누구도 하느님 앞에서 의롭게 되지 않읍니다". 비슷한 언급들에 대해서는 로마 3,28 ; 4,5 ; 10,5—6 ; 11,6 ; 필립 3,6—9를 보라. 참조. 갈라 2,21 ; 5,4. 또한 야고 2,24—26과 대조하라.

32) ἄνθρωπος("인간")의 의미에 대해서는 갈라 1,1·10·11·12 ; 2,6·16 ; 3,15 ; 5,3 ; 6,1·7을 보라.

님의 종말론적 심판에서 δικαιοῦσθαι("의롭게 됨")[33]가 필요하며, 야 "인의"는 토라의 의식을 행하고 완료함으로써 얻어질 수 있다.[34] 이것이 약기 ἐξ ἔργων νόμου("토라의 행위에 기초하여")[35]의 완전한 의

33) 갈라디아서에서 동사 δικαιόω("의롭게 하다")는 2, 17 ; 3, 8·11·24 ; 5, 4에서도 나온다. 참조. 로마 2, 13 ; 3, 4·20·24·26·28·30 ; 4, 2·5 ; 5, 1·9 ; 6, 7 ; 8, 30·33 ; 고전 6, 11. J.A. Ziesler, *The Meaning of Righteousness in Paul* (*SNTSMS* 20 ; Cambridge: Cambridge University, 1972) 특히 172—74를 보라. 명사 δικαιοσύνη("의")는 갈라 2, 21 ; 3, 6·21 ; 5, 5 ; 로마 1, 17 ; 3, 5·21·22·26를 비롯해서 자주 나온다. 이에 관한 문헌은 방대하다 : Gottlob Schrenk, "δικαιοσύνη," *TDNT* 2. 202—10 ; Bultmann, *Theology*, §§ 28—30 ; Conzelmann, *Outline*, § 25(Ⅱ) ; Peter Stuhlmacher, *Gerechtigkeit Gottes bei Paulus* (*FRLANT* 87 ; Göttingen: Vandenhoeck & Ruprecht, 1965) ; Karl Kertelge, '*Rechtfertigung*' bei Paulus (*NTAbhNF* 3 ; Münster: Aschendorff, 1967) ; 같은 저자, "Zur Deutung des Rechtfertigungsbegriffs im Galaterbrief," *BZ* 12(1968) 211—22 ; Hans Conzelmann, *Theologie als Schriftauslegung: Aufsätze zum Neuen Testament* (Munich: Kaiser, 1974) 200ff ; Dieter Zeller, *Juden und Heiden in der Mission des Paulus* (Forschung zur Bibel, 1 : Stuttgart: Katholisches Bibelwerk, 1973) 163ff ; Günter Klein, "Gerechtigkeit Gottes als Thema der neuesten Paulusforschung," *VF* 12(1967) 1—11 ; Georg Eichhholz, *Glaube und Werk bei Paulus und Jakobus* (Munich: Kaiser, 1961) 215—36 ; Hermann Ridderbos, *Paul: An Outline of His Theology* (tr. John R. de Witt; Grand Rapids: Eerdmans, 1975) 159—81 ; Ernst Käsemann, *Perspectives on Paul* (tr. Margaret Kohl; Philadelphia: Fortress, 1971), 여러 곳 ; 같은 저자, *An die Römer* (HNT 8a ; Tübingen: Mohr, Siebeck, 1973, ³1974) 특히 18ff. *Käsemann Festschrift*에는 그 교리의 의미를 광범위하게 다룬 논문들이 많이 수록되어 있다. *Rechtfertigung, Festschrift für Ernst Käsemann zum* 70. *Geburtstag* (ed. Johannes Friedrich, *et al.*; Tübingen: Mohr, Siebeck; Göttingen: Vandenhoeck & Ruprecht, 1976).

34) 라삐 신학의 인의론에 관해서는 Str-B 3. 160—64 ; Ferdinand Weber, *Jüdische Theologie auf Grund des Talmud und Verwandter Schriften* (eds. Franz Delitsch and Georg Schredermann; Leipzig: Dörffling, ²1897) §§ 55—72 ; Solomon Schechter, *Aspects of Rabbinic Theology* (New-York: Schocken, 1961(1909년의 재판)) ; Moore, *Jadaism* 1. 445ff, 2. 180 ; Schoeps, *Paul*, 168ff 참조.

35) 이 略記는 바울로 신학에서만 나온다(갈라 2, 16 ; 3, 2·5·10 ; 로마 3, 20 ; 4, 2 ; 9, 11—12·32 ; 11, 6 ; 바울로의 전승에 대해서는 에페 2, 9 ; 디도 3, 5 ; Pol. *Phil.* 1. 13을 보라). "율법의 행의"에 대한 개념은 Str-B 3. 160—62 ; Georg Bertram, "ἔργον," *TDNT* 2. 643—48 ; Ernst Lohmeyer, "Gesetzeswerke," 그의 책 *Plobleme paulinischer Theologie* (Stuttgart: Kohlhammer, n.d.) 31—74 ; Schlier, 91f ; Joseph B. Tyson, "'Works of Law' in Galatians," *JBL* 92(1973) 423—31 참조. 바울로의 νόμος("율법") 이해에 관해서는 3, 19—25를 보라.

미다. 유다교(바리사이주의)의 이러한 교리는 바울로에 의해 가차없이 부정된다(그가 가정하는 바처럼, 유다 그리스도교와 일치해서).[36] 그와는 달리 하느님 앞에서의 인의는 "오직"(ἐὰν μή)[37] —그리고 지금 또 하나의 약기가 뒤따른다— "예수 그리스도를 믿음으로" 얻을 수 있다.[38] 이 약기는 오래된 것임에 틀림없으며, 그것을 바울로 이전의 유다—그리스도교 용어들로 해석하는 것은 용이하다. "믿음"은 나중에 종말론적 인의를 "가능하게 하는" 토라의 행업(行業, works)와 같은[39] "토대"가 아니다. 인의는 "믿음으로"(διὰ πίστεως)[40] 전달된다. 이 "믿음"[41]은 독특한 내용을 담고 있다. πίστις 'Ιησοῦ Χριστου("그리

36) 야고보에게 나타나는 행위와 신앙의 유다—그리스도교 교리도 또한 암시적으로 반—바리사이적이다(특히 야고 2,14—26을 보라). Martin Dibelius, *James: A Commentary on the Epistle of James* (rev. Heinrich Greeven, tr. Michael A. Williams; Hermeneia; Philadelphia: Fortress, 1976), 149—80 ; Franz Mussner, *Der Jakobusbrief* (HThK 13.1 ; Freiburg: Herder, ²1967) 127—57을 보라. 그것은 쿰란 공동체—바울로와 아주 유사하게 은총에 의한 인의론을 주장한다—에서도 다른 식으로 나타난다. Herbert Brown, "Römer 7,7—25 und das Selbstverständnis des Qumranfrommen," 그의 책 *Studien*, 100—19 ; Siegfried Schulz, "Zur Rechtfertigung aus Gnaden in Qumran und bei Paulus, "*ZThK* 56(1959) 155—85 ; Kertelge, "Rechtfertigung", §3 ; Ziesler, *Righteousness*, 93ff ; Otto Betz, "Rechtfertigung in Qumran," in the *Käsemann Festschrift*(위, 주 33을 보라) 17—36을 보라. 한가지 독특한 문제는 바울로의 교리와 구약의 관계에 관한 것이다 : D.H. van Daalen, "Paul's Doctrine of Justification and its OT Roots," *Studia Evangelica* 6 (TU 112 ; Berlin: Akademie-Verlag, 1973) 556—70 ; Rafael Gyllenberg, *Rechtfertigung und Altes Testament bei Paulus* (Stuttgart: Kohlhammer, 1973).

37) 갈라 1,7의 εἰ μή를 보라. 문법상의 문제들에 관해서는 BDF, §376 ; BDR, §376을 보라.

38) Schlier (p.92 주.6)에게 있어서도 마찬가지다.

39) 참조. 로마 3,21에 있는 χωρὶς νόμου("율법 없이") ; 로마 3,28의 χωρὶς ἔργων νόμου("율법적 행위 없이") ; 4,6.

40) 그 표현은 διὰ πίστεως("믿음으로")로 나타난다. 갈라 2,16 ; 로마 3,22·30 ; 필립 3,9. 참조. 에페 2,8 ; ἐκ πίστεως("믿음에서, 믿음을 기초로") 갈라 2,16 ; 3,8·22·24 ; 로마 3,26—30 ; 5,1 ; 9,30 ; 10,6 ; πίστει.("믿음에 의하여")—로마 3,28. 여전히 다른 형태들이 로마 4,5·9·11·13 ; 10,11 ; 필립 3,9에서 사용된다. Kertelge, "Rechtfertigung," 161f를 보라.

41) 바울로의 "믿음"의 개념에 관해서는, Rudolf Bultmann, "πιστεύω κτλ.," *TDNT* 6.209—28,217ff ; 같은 저자, *Theology*, §35—37 ; Conzelmann, *Outline*, §20 ; 같은 저자, *Theologie als Schriftauslegung*, 191—206, 215—28 ; Henrik Ljungman, *Pistis* (Lund: Gleerup, 1964) ; Kertelge, "*Rechtfertigung*," 162ff ; Dieter Lührmann, *Glaube im frühen Christentum* (Gütersloh: Mohn, 1976)를 보라.

스도 예수의〔=를〕 믿음")가 바로 그것이다.[42] 이 독특한 약기는 분해되어야 한다. 그것은 "그리스도 예수"라는, 또는 더 그럴 듯하게는 "그리스도는 예수다"라는 내용을 가진 믿음이다(*fides quae creditur*). 이 약기는 오래된 것 같으며 메시야 칭호로서 *Χριστός*의 신분을 나타낸다.[43] 메시야가 예수라는 것을 믿는 것이(*fides quae creditur*) 하느님의 보좌 앞에서 "인의"를 중재하는 —토라의 행업을 "하는" 대신— 통로가 된다. 확실히 이런 이해는 전(前)—바울로적이다. 사도에게 있어서 "예수 그리스도를 믿음"은 그리스도의 십자가와 부활을 믿는 것(갈라 1,1·4 ; 2,20 ; 3,1·13 ; 4,4—6을 보라), 즉 "그리스도 안에 있는 것"(갈라 2,19—21 ; 3,26—28 ; 5,5—6·24 ; 6,14를 보라)이다. 우리는 갈라디아에서의 논쟁을 고려하여, 유다교의 교리를 부정하는 것이 곧 "토라의 행업들"이 필요없다는 것을 뜻하는 것은 아니라는 점을 유의해야 한다. 토라의 행업들이 하느님 앞에서 인의를 가능하게 한다는 것만을 부인한다.

유다 그리스도인들에게 있어서, 이 "신학적 확신"이 이유가 되어 유다인들이 그리스도를 믿게 된 결과를 낳았다(16절 b). 바울로는 물론 자신을 포함한 모든 유다 그리스도인들이 한가지 목적에서 그리스도 신자들이 되었다는 사실을 언급한다 : "우리도 예수 그리스도를 믿은 것입니다." 그 이유는 —바울로는 지금 앞의 진술을 적용한다— "우리가 율법을 행하는 행위로가 아니라 그리스도를 믿는 믿음으로 의롭게 되기 위한 것이었읍니다."[44] 바울로는 16절 서두에서와 동일한

---

42) 그 略記는 갈라 2,16 ; 3,22 ; 로마 3,22에서 약간 다른 형태들로 나온다(*πίστις Χριστοῦ 'Ιησοῦ* 또는 *'Ιησοῦ Χριστοῦ*〔Nestle-Aland〕; 이름의 순서가 다르다. *apparatus criticus*를 보라). *'Ιησοῦ*("예수")와 함께—로마 3,26 ; *Χριστυῦ*("그리스도")와 함께—필립 3,9 ; *τοῦ υἱοῦ τοῦ θεοῦ*("하느님의 아들")—갈라 2,20. Bultmann, "*πιστεύω κτλ.*," *TDNT* 6.210 n. 267을 보라. 그 교리의 해석은 여전히 논란 중에 있다. Erwin Wissmann, *Das Verhältnis von ΠΙΣΤΙΣ und Christusfrömmigkeit bei Paulus* (FRLANT NF 23 ; Göttingen: Vandenhoeck & Ruprecht, 1926) ; Rudolf Bultmann, "*πιστεύω κτλ.*," *TNDT* 6.209ff ; Fritz Neugebauer, *In Christus* (Göttingen: Vandenhoeck & Ruprecht, 1961) 150ff ; Kertelge, "Rechtfertigung," 162ff를 보라.

43) 이 문제에 대해서는 Walter Grundmann, "*χρίω κτλ.*," *TDNT* 9.540—80을 보라.

44) 갈라 2,16의 병행구들에 대해서는 다음을 보라 : 로마 3,20·28 ; 4,5 ; 11,6 ; 필립 3,7—10 ; 에페 2,8. 전치사 *εἰς*를 가진 동사 *πιστεύω*는 또한 로마 10,10·14 ; 필립 1,29에서 나온다. 참조. 로마 6,8 ; 데전 4,14. Kertelge, "*Rechtfertigung*," 172를 보라.

교리적 약기들을 사용한다. 그러나 논쟁을 향한 변화가 명백하다. ἡμεῖς εἰς Χριστὸν Ἰησοῦν ἐπιστεύσαμεν("우리가 예수 그리스도를 믿은 것입니다")이라는 귀절은 앞서의 구절 "예수 그리스도의(를) 믿음"(πίστις Ἰησοῦ Χριστοῦ)에 있는 속격을 해석한다. 이 해석은, 그 속격이 예수 자신이 가졌던 믿음을 뜻한다는 곧잘 제시되는 잘못된 견해를 배제한다.[45] 전치사 εἰς("안에")는 전체 그리스도론과 구원론 —그리스도인이 "그리스도를 통한" 그 자신의 하느님과의 믿음의 관계를 통해서 인의를 기대할 수 있는 이유를 설명하는— 을 나타낸다. ἵνα("그래서")로 시작하는 16절 c는, 그리스도인이 되는 것이 신학적 목적들을 위해 내디딘 한 걸음이었다는 것을 보여준다. 하느님 앞에서의 인의의 필요성을 믿고 토라의 행업 교리를 받아들이지 않았던 유다인들은 그리스도를 믿는 자들이 되었다.[46] 그들은 이런 식으로 그들이 필요로 하는 것을 얻을 수 있다고 믿었기 때문이다. 약기들 ἐκ πίστεως Χριστοῦ("그리스도의 믿음을 토대로")와 ἐξ ἔργων νόμου("율법의 행업을 토대로") 사이의 대조점은 바울로에 의해서 논쟁적으로 강조된다. 왜냐하면 비—바울로 문맥에서 둘이 서로를 반드시 배제하는 것은 아니기 때문이다. 그러나 바울로의 서술에서 첫번째 약기는 두번째를 배제시키는 것으로 사용된다. 또한 그 귀절은 인의는 희망 사항으로 남으며 현재의 보증이 아니라는 것을 가리킨다.[47]

45) 더 오래된 문헌은 Kertelge, "*Rechtfertigung*," 164—66에서 논의된다. 최근에 이 해석은 Erwin R. Goodenough, "Paul and the Hellenization of Christianity," in *Religion in Antiquity. Essays in Memory of E.R. Goodenough* (Leiden: Brill, 1967) 47ff; Greer M. Taylor, "The Function of *ΠΙΣΤΙΣ ΧΡΙΣΤΟΥ* in Galatians," *JBL* 85(1966) 58—76; George Howard, "On the 'Faith of Christ,'" *HTR* 60(1967) 459—65에서 되살아났다. 문법상의 모호함 때문에 그 문제는 문맥분석과 앞의 저자들이 무시하는 방법론적 원칙에 의해 결정되어야 한다.

46) 신도가 된다는 것이 무엇을 의미하는지는 로마 10,9—10에서 설명된다. ἐὰν ὁμολογήσῃς ἐν τῷ στόματί σου κύριον Ἰησοῦν, καὶ πιστεύσῃς ἐν τῇ καρδίᾳ σου ὅτι ὁ θεὸς αὐτὸν ἤγειρεν ἐκ νεκρῶν, σωθήσῃ("당신이 '예수는 주님이시다'고 당신 입으로 고백하고 또 '하느님께서 그를 죽은 자들 가운데서 다시 살리셨다'고 당신 마음으로 믿는다면 당신은 구원을 얻을 것입니다") 이 귀절의 해석에 대해서는 다음을 보라. Conzelmann, *Theologie als Schriftauslegung*, 109—14, 120—30; 같은 저자, *Outline*, §9; Klaus Wengst, *Christologische Formeln und Lieder des Urchristentums* (StNT 7; Gütersloh: Mohn, 1972) 27ff; Martin Rese, "Formeln und Lieder im Neuen Testament," *VF* 15(1970), 75—96, 87ff.

47) 갈라 5,6; 6,7—9; 또한 1,8—9에 있는 종말론적 귀절들을 보라.

마지막 부분(16절 d)은 "토라의 행업" 교리에 대한 전적인 거부를 강화시키는 신학적 전제를 인용한다. "율법의 행위로는 아무도 의롭게 되지 못할 것입니다." 그 언급은 바울로의 시편 143편 2절(=142, 2 LXX)에 대한 해석으로 이루어진다.[48] 그것은 인용 법식으로 보이는 것에 의해서 도입된다(*ὅτι* ["that"]).[49] 그 진술 자체는 성서로부터의 인용과 인용의 일부가 된 바울로의 해석 양편을 모두 포함한다. 그래서 그 전체는 신학적 교리의 진술을 형성한다.[50] 요소들을 비교해보면 그 진술의 구성이 드러난다 : MT: כי לא יצדק לפניו כל־חי; LXX: *ὅτι οὐ δικαιωθήσεται ἐνώπιόν σου πᾶς ζῶν*("모든 살아 있는 존재는 당신 앞에서 의롭게 되지 못할 것입니다") ; 갈라디아 2장 16절 : *ὅτι ἐξ ἔργων νόμου οὐ δικαιωθήσεται πᾶσα σάρξ*("율법의 행위로는 아무도 〔모든 살아있는 자는〕 의롭게 되지 못할 것입니다").

바울로의 주석[51]은 "모든 살아 있는 존재"(*πᾶς ζῶν*)가 "모든 살아 있는 자"(*πᾶσα σάρξ*)[52]를 의미한다는 것을 가리킨다. 왜냐하면 "율법의 행위"는 "육"(*σάρξ*)인 "인간"(*ἄνθρωπος* 〔16절 a〕)에 의해서 행해지기 때문이다. 바울로는 다음에 시편의 "당신 앞에서 의롭게 되다"를 해석한다. *δικαιωθήσεται*("의롭게 될 것이다")의 미래형은 종말론적 심판을 언급하는 것으로 사용되는데, "당신 앞에서"라는 말에 붙는 해

48) 동일한 인용구가 로마 3, 20에 있는 비슷한 문맥에서 발견된다. 아주 유사한 간략한 문장은 갈라 3, 11 ; 로마 1, 17(하바 2, 4) ; 갈라 3, 6 ; 로마 4, 3(창세 15, 6)이다.

49) *ὅτι*. 참조. 로마 3, 20 : *διότι*.

50) 이런 식의 성서 주석에 대해서는 Otto Michel, ***Paulus und seine Bibel*** (BFCTh 2. 18 ; Gütersloh: Bertelsmann, 1929 ; rep. Darmstadt: Wissenschaftliche Buchgesellschaft, 1972) 73ff ; Betz, "2 Cor 6 : 14—7 : 1," 92ff를 보라.

51) 또한 다음을 보라. Ulrich Wilckens, "Was heisst bei Paulus: 'Aus Werken wird kein Mensch gerecht'?" ***EKKV*** 1(1969) 51—77 ; 같은 저자, ***Rechtfertigung als Freiheit: Paulusstudien*** (Neukirchen-Vluyn: Neukirchener Verlag, 1974) 77—109.

52) "모든 살아있는 자"는 유다적 표현이다. 그것은 로마 3, 20 ; 고전 1, 29에서도 나온다. *σαρξ*의 개념에 대해서는 갈라 1, 16 ; 2, 16·20 ; 3, 3 ; 4, 13·14·23·29 ; 5, 13·16·17·19·24 ; 6, 8·12·13을 보라. 참조. Bultmann, ***Theology***, § 22 ; Conzelmann, ***Outline***, 178f ; Jewett, ***Paul's Anthropological Terms***, 49f ; Eduard Schweizer ***et al.***, ***TDNT*** 8, ***s.v.*** *σάρξ*; Egon Brandenburger, ***Fleisch und Geist: Paulus und die dualistische Weisheit*** (WMANT 29 ; Neukirchen-Vluyn: Neukirchener Verlag, 1968) 42 ; Alexander Sand, ***Der Begriff "Fleisch" in den paulinischen Hauptbriefen*** (Regensburg: Pustet, 1967) 125, 149ff, 232.

석이다.[53] 더 중요한 것은 왜 "사람"에 의해서는 의롭다함을 얻을 수 없는지 하는 문제가 답변되는 것이다. "사람"에 의한 인의는 "율법의 행위에 의한(ἐξ ἔργων νόμου)" 인의를 의미할 수 있을 뿐이다. 그래서 바울로는 이 약기를 덧붙였다. 사람은 단연코 그 자신의 조건과 노력에 의하여 의롭게 될 수 없다. 그것은 "토라의 행업을 통한" 것이기 때문이다.[54]

마지막으로, 바울로가 〈증명〉(*probatio*) 항목(3, 1—4, 31)에서 사용하려고 하는 증거의 두 중요한 형식, 즉 목격자 증거("우리도…믿은 것입니다"〔16절 b〕)와 성서로부터의 입증을 간결하게 소개했다는 점에 주목해야 한다.

〔 17 〕 전제된 동의에 대한 진술로부터(15—16절) 우리는 이제 부조화로 옮겨간다. 그 부조화는 유다 그리스도인들에게 있어서 믿음에 의한 인의론에 관한 것이 아니라, 이방 그리스도인들에게 있어서 그 교리의 의미에 관한 것이다. 이것은 물론 예수 그리스도를 믿음으로써 얻게 되는 의인론이 문제가 되어 있음을 뜻한다. 바울로가 보기에, 이 교리에 내포된 의미들은 그 교리 자체가 의미하는 바가 무엇인지를 보여준다. 그의 진술은 극히 복잡하며 많은 문제들을 제기한다. 다음과 같은 문제들은 어느 주석가도 거론하지 못하고 있다.[55] 전체 문장이 하나의 질문인가[56] 또는 μὴ γένοιτο("결코 아니다!")로 답변되는 사실에 대한 서술문인가?[57] 첫번째 조건

---

53) 그러나 그것은 로마 3, 20에 나온다.

54) 이것은 "육체를 자랑하는 것"과 같다(이 개념에 대해서는 갈라 6, 13—14를 비롯해 여러 귀절들을 보라). 바울로가 자랑을 거부하듯이 유다교의 일부 사람들도 같은 견해를 가졌다. Str-B 3. 156f, 162 ; 4/2. 1108 ; Davies, *Paul and Rabbinic Judaism*, 11 n. 3을 보라. 쿰관에 대해서는 1*QS* 11. 2ff, 9ff ; 1*QH* 4. 29—31 ; Braun, Qumran 1. 173, 209를 보라.

55) 과거의 학자들이 취했던 여러 입장들에 대한 상세한 분석은 주석들, 특히 Sieffert, 146ff ; Burton, 125ff ; Schlier, 95f ; 연구논문들 Wilhelm Mundle, "Zur Auslegung von Gal 2 : 17, 18," *ZNW* 23(1924), 152f ; Rudolf Bultmann, "Zur Auslegung von Galater 2, 15—18," 그의 책 *Exegetica*, 394—99 ; Klein, Rekonstruktion, 185ff를 보라.

56) Nestle-Aland와 Aland, *Greek New Testament*에서는 이렇게 이해한다. Oepke(p. 92)는 뒤따르는 부정이 보통 질문 다음에 나온다는 점을 지적한다(참조. 로마 3, 3·4·5·6 ; 갈라 3, 21 ; 로마 3, 31 ; 6, 2·15 ; 7, 7·13 ; 9, 14 ; 11, 1·11 ; 고전 6, 15). 전체 문제에 관해서는 Klein, *Rekonstruktion*, 186—89 ; BDF, §440, 2 ; BDR, §440 n. 3을 보라.

57) Bultmann (*Exegetica*, 394f)이 이렇게 주장한다. 그는 17절a를 갈라 7, 21 그리고 고전 15, 17("만일 그리스도께서 다시 살아나시지 않았다면

절은 가정일까,[58] 또는 사실일까? 어떤 의미에서 그리스도가 "죄의 종"으로 잘못 이해될 수 있을까? 17절은 반대자들에 의한 비난을 담고 있는 것인가? 그리고 바울로는 그것을 받아들여 반증하는 것인가?

부조화에 대한 바울로의 진술은 두 부분으로 되어 있다. 첫째로, 그는 거짓 주장을 내세운다. 이 주장은 가정처럼 보인다. 그러나 실제로 그것은 반대자들의 실제 주장을 담고 있는 것이다. 물론 거짓 주장은 비판하고 반박하기 위해서 내세웠다(18·21절). 바울로는 거짓 주장을 두 가지 가정 위에다 세우는데, 첫번째 가정은 옳고 두번째는 거짓이다: "그러나 우리가 그리스도 안에서 의롭게 되기를 구하다가…" 그리고: "죄인으로 나타난다면…." 첫번째의 올바른 가정은 16절에 있는 규정의 진술을 내세우며, 이제 "믿음에 의한 인의"는 "의롭게 되기를 구하는"(ζητεῖν δικαιωθῆναι)[59] 종말론적 희망이라는 것, 그리고 이 "의롭게 되기를 구하는 것"은("예수 그리스도를 믿는 것" 〔16절 b〕과 같다) "그리스도 안에서"(ἐν χριστῷ) 일어난다는 것을 강조한다.

이 마지막 구는 또 하나의 약기로서 그것은 이 "의롭게 되기를 구함"이 "그리스도의 몸"에 참여함으로써 실행된다는 것을 말한다.[60] 이런 이유로 두번째 가정은 거짓임이 분명하다: "그리스도의 몸"의 지체인 자들[61]은 그 용어의 유다적 의미에서 "죄인"으로, 즉 하느님의 구원의 영역 밖에서 사는 자들[62]로 간주될 수 없다.[63] 바울로에게

여러분의 믿음은 헛된 것이 되고 여러분은 아직도 죄 가운데 있는 것입니다")과 병행하는 것으로 해석한다. 불토만에게 있어서 그 언급들은 신학적 "모순들"을 구성한다. 불트만에 반대해서 클라인은 17절과 21절이 병행할 수 없다고 주장한다.

58) Bultmann (*Exegetica*, 395f)에게서 그렇다. 그는 더 오래된 많은 주석들을 따른다.

59) "구함"(ζητέω)은 16절로부터 나온 결론이다. 이 용어에 대해서는 또 데전 2,6; 로마 2,7; 3,11; 고전 1,22; 골로 3,1을 보라. 참조. Bauer, *s.v.*

60) 문제는 바울로가 "그리스도 안에서"라는 법식을 언급하는 것인지(그것에 관해서는 갈라 1,22; 2,4; 3,14·26—28; 5,6 등을 보라) 또는 그가 ἐν νόμῳ("율법으로")에 대조해서 서술하고 그에 따라 그 구를 수단으로 삼는지("그리스도를 통해서") 하는 것이다. Oepke (p. 92 n. 228)는 후자의 견해를 택하여, 그 구를 갈라 3,11; 로마 5,9과 유사하게 본다. 참조. 또 고전 6,11: ἐν τῷ ὀνόματι 'Ιησοῦ Χριστοῦ("예수 그리스도의 이름으로").

61) αὐτοί("그들 자신들")은 15절을 언급하는 것이 아니라 그리스도 안에서 의롭게 되기를 구하는 자들을 말한다.

62) ἁμαρτωλός("죄있는")의 의미는 2,15에서와 같다. 또 로마 6,1("여전히

있어서 그리스도인들을 하느님의 은혜의 영역 밖에서 사는 자들로 생각할 가능성은 없다. 그렇다면 이것은 15절과 "이방 죄인"의 개념에 적용되어야 한다. 만일 유다 그리스도인들이 "이방 죄인"이 아니라면 —물론 아니다— 이방 그리스도인들도 마찬가지다. 왜냐하면 그들은 같은 식으로 "'그리스도 안에서' 의롭게 되기를 구하기" 때문이다. 만일 구원이 그리스도를 믿음으로써 온다면 어떤 사람이 유다인이건 이방인이건 상관이 없다. "그리스도 예수 안에서는 할례나 무할례가 문제되는 것이 아닙니다"(5,6 ; 6,15). 그러므로 이방 그리스도인들은 비록 그들이 할례를 받지 않았고(그 용어의 유다적 의미에서) 토라 계약에 참여하지 않았다 할지라도 더 이상 "이방 죄인들"의 상황에서 존재하는 것으로 여겨질 수 없다.

이 기초 위에서, 바울로는 이상한 질문을 제기한다(17절 b) : *Χριστὸς ἁμαρτίας διάκονος*;("그리스도께서 죄의 종이란 말입니까?) 그 언급은 하나는 옳고 하나는 그릇된, 앞서의 두 가정들로부터 나온 결론으로 제시된다. 그 결과 이 논리적인 이유만으로 그것이 거짓임에 틀림없다. 그러나 거짓이라는 것이 단순히 그 결론이 부조리하다는 것을 의미하지는 않는다. 만일 반대파가 주장하는 대로, 이방 그리스도인들이 토라의 지배하에 들어올 때까지는 그리스도인이면서도 죄인이라면, 그리스도는 사실 "죄의 종"이 되어 왔다.

문제는 바울로 자신이 이 생각을 해냈는지 또는 반대자들로부터 슬로건을 채용했는지 하는 것이다.[64] 결정하기는 곤란하나 그 구절 자체는 일종의 슬로건의 형태, 확실히 논쟁적 슬로건의 형태로 되어 있다 : *Χριστὸς ἁμαρτίας διάκονος*("그리스도, 죄의 종").[65] 그 슬로건은

죄 가운데 있어야 하겠읍니까?")을 보라.

63) *εὑρίσκω*("발견하다")의 의미에 대해서는 로마 7,10 ; 고전 4,2 ; 15,15 ; 고후 5,3 ; 11,12 ; 필립 2,8 ; 3,9를 보라. Bauer, *s.v.*, 그를 보라.

64) 참조. 僞클레멘스 문서에서 *ἄνομος*("율법없는"), *ὁ ἐχθρὸς ἄνθρωπος* ("유해한 사람") 같은 바울로에 대한 反바울로적 칭호들 (*Ep. Petr.* 2.3 ; *Recog.* 1.70.1 ; Hom. 2.15.5 : "남은 약자의 협력자"). 참조.. 마태 5,17—20 ; 야고 2,9—10 ; 고후 6,14—7,1(아래, 부록 2를 보라). 흥미롭게도 "이 사람은 우리 율법의 적이다"(*οὗτ* [*ός ἐ*]*στιν ὁ ἐχθρὸς το*[*ῦ*] *νόμου*] *ἡμῶν*)라는 비난이 Mani에 반대해서 세례자들에 의하여 사용되었다(Henrichs and Koenen, "Mani-Codex," 139를 보라. 참조. 서론, §2. C).

65) 참조. 또한 Helmut Feld ("'Christus Diener der Sünde'; Zum Ausgang des Streites zwischen Petrus und Paulus," *ThQ* 153[1973] 119—31). 그는 17절이 안티오키아에서 게바가 말했던 것이라고 믿는다.

로마서 15장 8절에서 "할례받은 자의 종 그리스도"(*Χριστὸς διάκονος περιτομῆς*) 또는 고린토후서 3장 9절에서 "의를 선포하는 직분"(*ἡ διακονία τῆς δικαιοσύνης*)과 같은 유사한 서술들에 대한 모순되는 댓구로 되어 있다. 21절 c에 있는 병행구는 비슷한 문제를 제기한다. 2장 17절 b에 있는 부조리한 그리스도론적 서술 형태가 반대자들로부터 나온다는 것은 생각할 수 있고 또한 있을 법한 일이다. 그러나 바울로는 그것을 받아들여 반대자들이 자신의 그리스도론에 대해서 생각하는 바를 요약하는 자기 풍자로 바꾸었다.[66] 이 설명이 옳든지 그르든지 간에 한가지는 명백하다: "결코 그럴 수 없읍니다(*μὴ γένοιτο*)!"[67]

[18] 바울로는 이전의 거짓 주장에 대해 법적으로 명백하게 비판한다(17절). 그 비판은 전체 문제가 바울로에 의해서 종교법의 하나로서 인식되고 취급되었다는 것을 보여준다.[68] 그의 비판은 그가 로마서 4장 15절 b에서 명백히 언급하는 법적 원칙을 전제한다: "율법이 없으면 그 율법을 범하는 죄도 없을 것입니다."[69] 현 문맥에 적용될 때, 이 원칙은 두 가지 가설적인 전제들을 요구한다: 바울로에게 있어서 "죄인"과 "의인"의 차이가 "토라의 행업"이 있거나 없거나에 의해서 결정되지 않는다는 의미에서 "나는 토라를 헐었다."[70] 그 결과, 어느 누구도 그 자신이 복종하도록 요구되지도

66) 병행구에 대해서는 Philo, *Spec.* 2.10f를 보라. 참조. 고후 5,18에 있는 바울로 자신의 자기이해: *ἡ διακονία της καταλλαγῆς*("화해의 직분"). 또 주목할 만한 것은 *Odes Sol.* 10.5에 나오는 병행구이다. 거기서 그리스도는 말한다: "그리고 흩어졌던 이방인들이 다시 모였다. 그러나 그들을 사랑했다고 해서 내가 더럽혀지는 것은 아니다…"(tr. Charlesworth).

67) 그 표현은 비방을 담은 헬라의 연설문에서 흔히 볼 수 있다. 바울로에게서 그것은, 갈라 2,17과는 별도로, 3,21; 로마 3,4·6·31; 6,2·15; 7,7·13; 9,14; 11,1·11; 고전 6,15에서 발견된다. Rudolf Bultmann, *Der Stil der paulinischen Predigt und die kynisch-stoische Diatribe* (FRLANT 13; Göttingen: Vandenhoeck & Ruprecht, 1910) 33,68; *BDF*, §384; *BDR*, §384; Bauer, *s.v.* *γίνομαι*, Ⅰ.3.a을 보라.

68) Bultmann, *Exegetica*, 397f; Schlier, pp.96—98.

69) 참조. 또 갈라 4,1—2; 로마 3,20; 7,1—3·7.

70) *καταλύω*("없이 지내다, 폐기하다, 무효로 하다, 폐지하다"〔Bauer, *s.v.*〕)라는 용어는 여기서 법적인 의미로 사용되었다. LSJ, *s.v.*; Bauer, *s.v.*, 1.c; Friedrich Büchsel, "*λύω*," *TDNT* 4.335—36; 같은 저자, "*καταλύω*, *κατάλυμα*," *TDNT* 4.338; Str-B 1.241, 3.537f를 보라. 신약에서 이 용어는 마태 5,17에서만 이 의미로 사용되었다. 만일 이 용어가 이미 마태 5,17에서 이러한 의미로 사용되지 않았다면, 그것은 바울로에 대한 비난들에서 처음으로 사용되었을 것이다(참조. 로마 3,31; 사도 18,13;

않은 율법을 범한 자로[71] 간주될 수는 없다. 반대 쪽으로 방향을 돌리면, 그 전제는 이렇다 : "만일 내가 다시" 율법을 "제정한다면,"[72] 나는 그 토라를 범하는 자[73]가 될 수 있다. 환언하면, 만일 내가[74] 이방 그리스도인들을 토라를 "범한 자들"로 그리고 "죄인들"로 간주하고 싶다면, 그 용어의 유다적 의미에서, 나는 먼저 토라를 이방인들이 복종하게 될 법으로서 다시 제정해야 한다. 그러나, 만일 이방 그리스도인들이 최후 심판에서 그들의 인의를 위해 "토라의 행업"을 한다는 이유에서가 아니라면, 왜 누군가가 그런 요구를 해야만 하는가?[75] 만일 이것이 이유가 되어야 한다면, 합의점, 즉 믿음에 의한 인의론(15—16절)은 무너지고 만다(참조. 21절 b—c).

[19] 19—20절에서 바울로는 그 자신의 신학적 입장의 기본 요소들을 밝힌다. 수사학적으로 이 귀절은 "해설"(*expositio*)에 해당된다. 그 요소들은 네 개의 "논제들"로 이야기된다. 이 논제들은 17—18절에서 제기된 질문—"토라의 행업"으로가 아니라

21, 28 ; *Ep. Petr.* 2.4(아래, 부록 3을 보라)). 바울로는 로마 3, 31 ; 6—8장에서 이 비난에 대해 자신을 변호한다. 참조. 또 사도 21, 24—26; 22, 3 ; 24, 14 ; 25, 8.

71) παραβάτης("범죄자")는 여기서 유다의 율법에 특별히 적용되는 법률 용어다. 참조. 로마 2, 25·27 ; 야고 2, 9—11 ; 루가 6, 5D. Johannes Schneider, "παραβάτης," *TDNT* 5.740—41 ; Schlier, 97f ; 이와 다른 견해로는 Oepke, 93.

72) οἰκοδομέω("짓다")는 물론 은유다. 참조. Philo *Somm*, 2.284f : οἰκοδομεῖν δόγμα("교리를 만들다") ; 또 Otto Michel, "οἰκοδομέω," *TDNT* 5.138—44를 보라. 참조. Plutarch *Cup. div.* 526C의 ἐνοικοδομέω 사용에서 법률적인 뉘앙스. 라삐문헌의 병행구들에 대해서는 Str-B 3.537 ; Michel, "οἰκοδομέω," *TDNT* 5.140—41, 146—47을 보라.

73) συνιστάνω의 번역은 어렵다. Bauer (*s.v.*, *l.c.*)는 이렇게 번역한다 : "나는 내가 범죄자라는 것을 증명한다." 슐리어(p.97 n.3)는 그것이 "나 자신을 누군가로 만들다"에 가깝다고 시사한다. 법적인 의미가 명백하다. 또 LSJ, *s.v.*; Wilhelm Kasch, "συνίστημι κτλ.," *TDNT* 7.896—98을 보라. 참조. 단순한 ἵστημι. 로마 3, 31.

74) 18절에서 바울로는 일인칭 복수로부터 일인칭 단수로 바꾼다. 이렇게 인칭이 바뀌는 것에 대해 많은 토론이 야기되었다. 그것에 대해서는 특히 Burton, 130f ; Oepke, 93 ; Schlier, 96f ; Mussner, 177f ; Klein, *Rekonstruktion*, 195ff를 보라. 우리는 그것이 수사적인 특색이라는 것을 부인해서는 안 된다. 그것에 의해 바울로는 자신을 보기로서 사용한다. 그 변화는 또한 이것과 다음이 유다 그리스도교에 의해서 공유되지 않았다는 것을 가리킨다.

75) 참조. 율법과 할례를 받아들이려는 갈라디아인들의 현재 계획(갈라 4, 21)을 보라.

그리스도를 믿음으로 하느님 앞에서 의롭게 되기를 구하는 그리스도인이 어떻게 "죄인"이 되는 것을 피할 수 있는가?—에 대한 바울로의 답변일 뿐만 아니라, 그것들은 또한 그 편지의 나머지에서 설명된다. 그러나 그 논제들이 제시되는 표현 형식은 특수하다. 바울로는 일인칭 단수, 즉 그 자신을 모든 그리스도인들에게 적용되는 모범적 예로 설명한다.[76] 수사학적으로 이 표현 형식에 있어 난점은 없으나,[77] 덕론(德論)과 관련된 진술[78] 그리고 신비 제의들의 주문(呪文)들(*synthemata*)[79]과 비슷한 점이 눈에 띈다. 네 가지 진술들은 다음과 같다:

19a〕 1. *ἐγὼ διὰ νόμου νόμῳ ἀπέθανον ἵνα θεῷ ζήσω*

19b〕 2. *Χριστῷ συνεσταύρωμαι*

20a〕 3. *ζῶ οὐκέτι ἐγώ, ζῇ δὲ ἐν ἐμοὶ Χριστός*

4. *ὃ νῦν ζῶ ἐν σαρκί, ἐν πίστει ζῶ*
τῇ τοῦ υἱοῦ τοῦ θεοῦ
τοῦ ἀγαπήσαντός με
καὶ παραδόντος ἑαυτὸν ὑπὲρ ἐμοῦ

19a〕 1. "나는 율법에 대해서는 이미 율법에 의하여 죽었읍니다. 그것은 내가 하느님을 향하여 살기 위한 것입니다."

19b〕 2. "나는 그리스도와 함께 십자가에 달렸읍니다."

20a〕 3. "이제 사는 것은 내가 아닙니다. 그리스도께서 내 안에서 사시는 것입니다."

20b〕 4. "내가 지금 육으로 살고 있는 것은 나를 사랑하시고 나를

76) 참조. 갈라 6, 14·17b ; 1, 10·11·12ff; 4, 12—20 ; 5, 2·10·11 ; 고전 15, 10; 고후 10, 1 ; 12, 1—10 등.

77) Betz, *Paulus*, 64, 73ff를 비롯한 여러 곳 ; 또 같은 저자, "Eine Christus-Aretalogie bei Paulus (2Kor 12, 7—10)," *ZThK* 66(1969), 288—305를 보라.

78) 예컨대 *Corp. Herm.* 1. 30 ; 13. 11을 보라. 참조. William Grese, *Corpus Hermeticum XIII and Early Christian Literature* (Ph. D. dissertation, Claremont Graduate School, 1977 〔unpubl.〕)에 있는 주석. 다른 병행구들은 Lucian의 "Philosophies for Sale" (*Vit. auct.*)에서 철학자들의 그 자신들에 대한 표현에서 발견된다.

79) Synthemata의 수집에 대해서는 Albrecht Dieterich, *Eine Mithrasliturgie* (Darmstadt: Wissenschaftliche Buchgesellschaft, 1966) 213ff를 보라. 또 Günter Zuntz, *Persephone* (Oxford: University, 1971)에서 Orphic Gold Tablets에 대한 주석 ; John G. Griffiths, *Apuleius of Madauros: The Isis-Book* (*Metamorphoses Book* XI) (EPRO 39 ; Leiden: Brill, 1975), 294ff를 보라.

위하여 자기 몸을 내어주신 하느님의 아들을 믿는 믿음으로 사는 것입니다."

(1) 19절 a는 첫번째 논제를 담고 있다: "나는 율법에 대해서는 이미 율법에 의하여 죽었읍니다. 그것은 내가 하느님을 향하여 살기 위한 것입니다." 이 설명의 핵심(*crux interpretum*)을 해석하기가 어려운 것은 "판독"되어야 하는 "약기"의 본질 때문이다. 바울로가 가리키는 "나"(ἐγώ)는 개인적인 "나"가 아니라 이미 18절에서 나왔던 원형적인 "나"다. 그 진술의 내용은 증명(*probatio*)부분, 특히 3장 19—25절에서 확대된다. "토라에 의하여"는 구원에서의 적극적인 역할을 토라에 돌림으로써(3,22) 3장 19—25절에서 부연된다. 반면에 "나는 토라에 대해서는 …죽었읍니다"는 토라의 저 역할이 끝났음을 말한다(3,25; 참조. 로마 7,4; 10,4).[80] 부정(不定) 과거 ἀπέθανον("나는…죽었읍니다")은 은유적인 방법으로 일종의 죽음에 대한 체험을 가리키는데, 그것은 다음 명제에 의해 명백해진다: "나는 그리스도와 함께 십자가에 달렸읍니다." 그 목적과 의도는 이 문장에서 진술된다: ἵνα θεῷ ζήσω("내가 하느님을 향해 살기 위해").[81] "토라에 대한 죽음"은 "하느님을 향해 살기 위한" 전제가 된다. 그러나 권고단락(5,1—6,10)이 보여주듯이, "하느님을 향한 삶"은 자동적으로 일어나지 않는다. "하느님을 향해 사는 것"은 바울로의 윤리와 구원론, 그리고 그리스도인의 존재 개념을 요약해준다.[82] 아마 우리는 그것을 철학적 문헌에서 발

80) "나"는 17절의 "우리가…나타난다"와 나란히 있다. 그러나 바울로는 그 "자신의 경험"(Burton, p.132) 보다 많은 것을 염두에 둔다. 또 C.F.D. Moule, "Death 'to Sin', 'to Law', and 'to the World': A Note on Certain Datives," in *Mêlanges Bibliques en hommage au R.P. Béda Rigaux* (Gembloux: Duculot, 1970), 367—75를 보라.

81) ἵνα("~하기 위하여")라는 낱말의 구원론적 의미에 관해서는 갈라 2,16; 3,22·24; 4,5; 로마 5,20; 6,1·4·6; 7,4; 8,17; 11,32; 고후 5,15; 필립 3,8; 데전 5,10을 보라. 또 Ethelbert Stauffer, *TDNT* 3, *s.v.* ἵνα을 보라.

82) 그 개념은 로마 6,10·11(여기서 그것은 "그리스도 안에"에 의해 보충된다)에서도 나온다. 그 반대는 "자신을 위해 살다"(ζῆν ἑαυτῷ)이다. 참조. 로마 14,7; 고후 5,15. 관련되는 표현은 "주를 위해 살다" 로마 14,8; 고후 5,15; "그리스도와 함께 살다" 로마 6,8; 고후 7,3; 13,4; 데전 5,10; (디후 2,11); 참조. 필립 1,21—22; "성령으로 살다" 갈라 5,25; 참조. 로마 8,13; "믿음으로 살다" 갈라 3,11; 로마 1,17; "믿음 안에서 살다" 갈라 2,20. 또 루가 20,38; 히브 9,14; 베전 2,24; 4,6; *Herm. Mand*, 3.5.를 보라. Rodolf Bultmann, *TDNT* 2, *s.v.* ζάω κτλ., 특히 863 주 263를 보라.

견되는 것들과 비슷하게 바울로의 "목적 법식"(*telos formula*)이라고 부를 수 있을 것이다.[83]

(2) 두번째 논제(19절 b)도 매우 간결하다: Χριστῷ συνεσταύρωμαι ("나는 그리스도와 함께 십자가에 달렸읍니다"). 비슷한 진술이 권고(*exhortatio* 5, 24)와 결론(*peroratio* 6, 14)에서 나온다.[84] 그러나 비교할 수 있는 귀절은 3장 26—28절이다. 좀더 상세한 해석은 로마서 6장 1—10절에서 발견된다. 그러나 여기서 방법론적인 문제가 생기는데, 그것은 갈라디아서 2장 19—20절이 로마서 6장에 기초해서 해석되어야 하는가 하는 점이다. 갈라디아서 2장 19—20절이 로마서 6장의 요약일까?[85] 대개의 해석자들은 긍정적으로 대답하며 따라서 로마서 6장

83) 참조. 특히 *Sent. Sextus* 201 (Henry Chadwick, *The Sentences of Sextus: A Contribution to the Early Christian History of Ethics* [Cambridge: Cambridge University, 1959] 34에서): τέλος ἡγοῦ βίου τὸ ζῆν κατὰ θεόν("하느님에 따라서 사는 삶의 목적으로 생각하라"). 참조. 또한 Pyth. *Sent.* 30(같은 저자, 87). 유다의 병행구들에 대해서는 4 Macc. 6, 18; 7, 19; 16, 25; Philo *Her.* 111; *Mut.* 213을 보라. 참조. *Her.* 57; *Post.* 73; *Det.* 48. "목적 법식"에 관해서는 Gerhard Delling, "Telos-Aussagen in der griechischen Philosophie," *ZNW* 55(1964) 26—42를 보라; 이제는 그의 *Studien zum Neuen Testament und zum hellenistischen Judentum: Gesammelte Aufsätze* 1950—1968 ed. Ferdinand Hahn *et al.*; Göttingen: Vandenhoeck & Ruprecht, 1970) 17—31에서.

84) "그리스도와 함께 죽음"에 대한 다른 법식적 진술들이 로마 6, 3—10; 8, 17; 필립 3, 10·21; 골로 2, 12—14·20; 3, 3—4; Ing. *Eph.* 9. 1; Ign. *Trall.* 11.; Ign. *Smyr.* 1. 1; 7, 2에서 발견된다. 전체적인 개념에 대해서는 Bultmann, *Theology*, § 33; Conzelmann, *Outline*, 209, 281; Betz, *Nachfolge*, 169—85; Robert C. Tannehill, *Dying and Rising wih Christ* (BZNW 32; Berlin: Töpelmann, 1967), 특히 55—61; Eduard Schweizer, "Die 'Mystik' des Sterbens und Auferstehens mit Christus bei Paulus," 그의 책 *Beiträge zur Theologie des Neuen Testaments* (Zurich: Zwingli, 1970) 183—203; 같은 저자, "Dying and Rising with Christ," *NTS* 14(1967) 1—14; Rudolf Schnackenburg, *Baptism in the Thought of St. Paul* (New York: Herder, 1964); 같은 저자, "Todes-und Lebensgemeinschaft mit Christus: Neue Studien zu Röm 6, 1—11," 그의 책 *Schriften znm Neuen Testament* (Munich: Kösel, 1971) 361—90에 광범위한 참고도서가 있음; Peter Siber, *Mit Christus Leben* (AThANT 61; Zurich: Theologischer Verlag, 1971) 특히 192, 196, 222ff. 대개의 저자들이 갈라 2, 19—20에서 세례의 개념을 찾기 때문에 세례에 관한 문헌은 흔히 그 귀절을 논의한다. Mussner (pp. 179ff)와 그 참고도서를 보라.

85) Blank, *Paulus und Jesus*, 298f를 보라.

을 갈라디아서 2장 19—20절과의 관련성 속에서 해석한다.[86] 확실히, 바울로는 갈라디아서 3장 27절에서 단 한번 세례를 언급하는데, 그것은 바울로 이전의 세례 법식에 속할 것이다. 이상하게도 3장 27절에서 바울로는 그리스도와 함께 죽는 것을 말하지 않는다. 한편 5장 24절, 6장 14절에서 그가 그리스도와 함께 죽는 것을 말할 때, 그는 세례를 언급하지 않는다. 그 귀절들의 어느 곳에서도 그는 그리스도의 부활이나 로마서 6장의 어떤 다른 개념들을 말하지 않는다. 이 차이는 우연일 리 없다. 갈라디아서는 고린토전서 1장 13—17절에서 볼 수 있는 바와 같이 세례에 관해서 비슷한 자제심을 표현하는 것 같다. 로마서 6장에서만 바울로는 세례 의식을 그리스도와 함께 죽음과 부활이라는 말로 해석한다. 그 해석은 이차적인 것이 분명하며 슐리어가 하는 식으로 세례와 완전히 결합될 리가 없다. 실제로 그것은 그 반대일 것이다. 즉 갈라디아서 2장 19절은 신학적 원칙을 내포하고 있으며 그것에 의해서 바울로는 로마서 6장에서 세례의식을 해석한다.

[20] (3) 네 "논제들" 중 세번째는(19절을 보라) $\delta \epsilon$("그러나")에 의해 연결되어 20절 a에 이어진다 : "이제 사는 것은 내가 아니라 (그러나) 그리스도께서 내 안에서 사시는 것입니다." 내용에 있어서 이 진술과 서신의 나머지 부분간에는 물론 많은 연관점이 있다. 놀랍게도 바울로는 "내가"[81] 죽었음을 선언한다. 만일 그가 "하느님을 향한 삶"을 그리스도인의 존재 목표로서 말한다

86) 이것은 슐리어(pp. 99f)에 의해서 체계적으로 연구되는데, 그는 교부 주석가들을 따르며 죽음의 사건을 "세례 행위에서 세례받는 자에게 일어나는 객관적 사건"으로 해석한다. 이 행위는 "그리스도의 죽음과 결합하는 것"이며, 그것은 "죄에" 의해서 완전히 지배되었던 그의 삶의 기초와 '옛 사람'을 실제로—비록 볼 수 없을 지라도— 제거하는 것"을 뜻한다. 그것은 또한 삶의 새로운 기초를 만드는 것 —거기서 예수 그리스도 안에 있는 사람이 하느님 앞에 드러난다— 을 의미한다. 대개의 최근 주석가들은 Schlier, 특히 Blank, ***Paulus und Jesus***, 298f ; Kertelge, "Rechtfertigung," 239—42를 따른다. 이 성찬중심주의에 대한 비판에 관해서는 다음을 보라 : Schulz, "Katholisierende Tendenzen in Schliers Galater-Kommentar," *KD* 5(1959), 33—41 ; Betz, "2 Cor 6 : 14—7 : 1," 106 주 111.

87) 갈라디아서에서 ἐγώ("나")의 의미는 2,19, 주 76을 보라. 이상하게도 바울로에 있어서 그 개념에 대한 만족스런 연구가 발견되지 않는다. 그 밖의 문헌으로는 다음을 보라 : Ethelbert Stauffer, "ἐγώ," *TDNT* 2. 356—62 ; Rudolf Bultmann, "Rōmer 7 und die Anthropologie des Paulus," 그의 책 ***Exegetica***, 198—209 ; Werner Georg Kümmel, ***Rōmer 7 und das Bild des Menschen im Neuen Testament*** (Munich: Kaiser, 1974).

면, 그 "삶"은 "나"의 "삶"과 달라야 한다. "그리스도와 함께 십자가에 달림"은 "율법에 대한 죽음"(2, 19)을 뜻할 뿐만 아니라 "'나'에 대한 죽음"도 뜻한다. 그 "나"는 "정욕과 욕망을 가진 죄많은 육신"(5, 24)에 속하며 이런 까닭에 "세상"에 속한다. 바울로에게 있어서 "그리스도와 함께 십자가에 매달림"은 또한 "세상에 대하여 못박혀 죽음"을 뜻한다. 그런 이유에서 그는 "내가" "죽었다"고 선언할 수 있다.

우리는 "나"에 대한 이 교리와, 그 문제를 다른 방식으로 보다 정교하게 취급하고 있는 로마서 7장 9—25절을 혼동하지 말아야 한다:[88] 토라가 들어오기 전에 "나"는 살았으나(로마 7, 9), 토라와 죄가 인간 존재 속으로 들어왔을 때 "나"는 죽었다(7, 10). 그리스도교 이전의 인간들은 "나"를 소유하고 있으나 그것은 죽은 것이며 그 자리는 "육신"(σάρξ) 전체가 그렇듯이 "죄"에 의해 점유된다(로마 7, 14·17). 우리가 갈라디아서 2장 20절을 로마서와 비교할 때, 갈라디아서 2장 20절은 세례에서 그리스도와 함께 죽는 로마서 6장 6절의 "우리의 옛사람"(ὁ παλαιὸς ἄνθρωπος ἡμῶν) 개념과 비교될 수 있다. 또한 갈라디아서와 다른 점은 로마서 7장 22절은 "속사람"(ὁ ἔσω ἄνθρωπος)의 개념을 소개한다는 것이다.[89] 바울로는, 그가 갈라디아서에서 말하듯이, "내가" 악 자체라고 말하지 않고 새로운 구별을 짓는다: "육체"와 "죄많은 몸"(τὸ σῶμα τῆς ἁμαρτίας)과 동일시되는 "우리의 옛사람"은 그리스도와 함께 죽는다. 그러나 로마서 7장 22—23절에 따르면, "나"

88) 우리는 여기서 특히 슐리어(pp. 101f)와 다르다. 그는 로마 8, 9—10과 골로 3, 3—4을 혼합해서 갈라 2, 20을 해석한다: "그리스도는 우리의 생명이며,"(골로 3, 3—4) 세례에서 그와 함께 죽은 우리는 또한 하느님 안에 감추어진 방법으로 그리스도와 함께 산다. 그는 내재하는 영을 통해 우리 안에 사신다(로마 8, 9f). "우리는 그리스도를 통해 인의를 얻음으로써 옛 사람은 죽고 그리하여 율법으로부터 벗어났을 뿐만 아니라, 그리스도 안에서 새로 감추어진 사람을 우리 안에 갖게 되었다. 그는 성령과 믿음으로 강해지며 '형상을 이룬다'(갈라 4, 19)." "우리 안에 있는 그리스도"는 "속사람"이며, 우리는 그것을 세례에서 입는다(에페 3, 16—17; 골로 3, 9—10). 슐리어에 의하면, "그리스도"와 "우리"를 상관시키는 모든 표현들은(예컨대, "그리스도 안에 있는 우리," 그리고 "우리 안에 있는 그리스도") 세례 법식이다. Kertelge, "Rechtfertigung," 240도 이와 유사하다. 로마 7, 9 이하에 관해서는 Käsemann (*Römer*, 183ff)과 그 참고목록을 보라.

89) 이 개념에 대해서는 고후 4, 16; 또 에페 3, 16을 보라. 여기서 그 개념은 다르게 사용된다. Conzelmann, *Outline*, 180; Jewett, *Paul's Anthropological Terms*, 391ff를 보라.

의 일부인 "마음"(νοῦς)을 가진 "속사람"은 선을 바라지만 "내 지체 속에 있는 죄의 법"이 그것을 성취하는 것을 방해한다.[90] 달리 말해, "나"의 모든 것이 죽은 것은 아니다. "속사람"의 "마음"(νοῦς)은, 비록 그것이 감금되어 있고 그것의 활동을 방해당하고 있지만, 아직 살아 있다.

갈라디아서로 돌아가서, "나"는 죽었으므로 만일 "내가 하느님을 향하여 살 것이다"(19절)라는 진술이 받아들여지려면 다른 대리인이 "내 안에서 살아야" 한다.[91] 바울로는 "그리스도가 내 안에 산다"(ζῇ δὲ ἐν ἐμοὶ Χριστός)는 것을 지적하여 말한다. 이 진술은 갈라디아서 1장 16절 ("하느님께서 내 안에 그의 아들을 계시해주셨읍니다"), 그리고 4장 6절("하느님께서는 우리 마음에 그의 아드님의 영을 보내주셨다")과 연관시켜서 이해되어야 한다. 근본적인 가정은 부활한 그리스도(1,1)가 그리스도인들에게 주어진 "영"(고후 3,17a) —그것은 그들 안에 거하며 그들에게 "하느님을 향한 삶"을 준다— 과 동일하다는 것이다.[92] 여기서 바울로가 "신비적인" 용어로 말한다는 것은 의심할 바없다.[93]

90) 로마 7,24a("나"는 "죄많은 자"일 뿐이다)와 아마 바울로 이후의 삽입일 7,24b—여기서 "나"는 분열한다—에서 상이한 의미를 주목하라. 다음을 보라 : Bultmann, *Exegetica*, 278f ; Käsemann, *Römer*, 190ff.

91) 참조. 필립 1,21 : ἐμοὶ γὰρ τὸ ζῆν Χριστός("내게 있어서는 사는 것이 그리스도요"). Bultmann, "ζάω," *TDNT* 2.866—70을 보라.

92) 로마 8,2—11은 보다 더 조직적이면서 약간 다른 해석을 제공한다. 로마 8,9—10에서 "하느님의 영", "그리스도의 영," 그리고 내재하는 그리스도는 모두 하나다. 만일 그리스도가 그리스도인 안에 거한다면, 그것은 "죄 때문에 몸은 죽어 있다"는 것과 "의 때문에 영은 생명"이라는 것을 의미한다. 예수를 죽음으로부터 일으킨 영이 그리스도인들의 죽을 수밖에 없는 몸을 살아있게 한다(8,11). 슐리어(pp.101—03)는 로마서를 갈라디아의 빛에서 해석하면서 바울로 신학을 체계화시킴에 있어서 진일보한다. 그에 의하면, 세례를 통해 "새로와진 사람"은, 그리스도인의 삶의 근거가 되는 "객관적인 기초"로서 성례전적으로 창조된다. "영"과 "믿음"은 "세례에서 그리스도를 근거로 한 새로운 생명"이 그리스도인의 현실 생활에서 실제적이 되는 수단이다. 슐리어는 모든 "신비주의"를 "주관주의"로 보고 단호히 거부하며 성례전적 객관주의를 지지한다. Kertelge, "*Rechtfertigung*," 240도 비슷하다.

93) 참조. 유사한 병행구인 *Odes Sol.* 10.2 : "그리고 그(하느님)는 자신의 영원한 생명을 내 안에 거하도록 하셨으며 내가 평화의 결실을 선포하는 것을 허락하셨다"(Charlesworth). 사람 안에 내재하는 신에 대한 개념은 그리스도교를 포함한 고대의 여러 종교들에서 널리 받아들여졌다. 그 주제에 대한 문헌은 많다. 다음을 보라 : Widengren, *Religionsphänomenologie*, 516ff ; Reitzenstein, *Mysterienreligionen*, 361를 비롯한 여러 곳 ; Hermann Kleinknecht, "πνεῦμα, πνευματικός," *TDNT* 6.339—

내재하는 그리스도에 관한 교리는 성령을 다루는 귀절들의 〈증명〉(*probatio*) 단락에서(3, 2—5 ; 특히 4, 6) 그리고 "성령 안에서의 생활"을 다루는 귀절들의 〈권고〉(*exhortatio*) 단락에서(특히 5, 5·16·17·18·22—23·25 ; 6, 1·8) 전개된다.

(4) 20절 b는 네번째이자 결론적인 "논제"이다 : "(그리고) 내가 자금 육으로 살고 있는 것은 나를 사랑하시고 나를 위하여 자기 몸을 내어주신 하느님의 아들을 믿는 믿음 안에서 사는 것입니다." 다시, 이 논제는 앞의 논제들에 단순하게 덧붙여진다(δέ ["그리고"]). 내용에 있어서, 그것은 "그리스도께서 내 안에서 사신다"(20절 a)는 말이 의미하는 바를 더 풀어 해석한다. 삶에는 일종의 목적이 있다는 바울로의 이해는 생소하다[94] : ὅ("것")는 단순히 "삶"을 언급하는 것으로 이해될 수 있으며,[95] 그 삶을 제한하는 것으로 이해될 수 있고("내가 생명을 가진 정도까지,"[96] 또는 그 다음 말 "믿음 안에서"를 지칭할 수 있다.[97] 이것은 결정하기 어려운 문제다. 어쨌든, 삶에 대한 바울로의 개념은 삶을 영위하는 주체뿐만 아니라 내용—목적 또한 요구한다 : 즉 무엇인가를 사는 자들, 곧 삶을 사는 자들. 그 사도가 뜻하는 바는 명백하다 : 그리스도인의 삶은 "육체 안에서"(ἐν σαρκί) 일어난다.[98] 이 진술은 비록 단순하지만 논쟁을 불러일으킬 수 있다. 그것은 널리 많은 지지를 받고 있는 개념들 —그것들은 이미 그리스도교에서 그 근원을 찾았을 것이다— 을 거부하는데, 그것들에 따르면 "거

---

59 ; Brandenburger, *Fleisch und Geist*, 136ff·216ff ; Johannes Haussleiter, "Deus Internus," *RAC* 3. 794—842 ; Hans Dieter Betz, "The Delphic Maxim *ΓΝΩΘΙ ΑΥΤΟΝ* in Hermetic Interpretation," *HTR* 63(1970), 465—84 ; *PECL*, 부록, *s.v.* ἐνθουσιασμός, "Inspiration."

94) 참조. 로마 6, 10의 병행구.

95) Schlier, 102 주 4에 그렇게 나와 있다. 많은 주석가들이 Plutarch, ***Virt. et vit.*** 100F에 있는 병행구를 언급한다. ***καὶ γὰρ ὁ καθεύδουσι τοῦ σώματος ὕπνος ἐστὶ καί ἀνάπαυσις***...("수면이라는 것이 있는데, 그것은 몸을 위한 수면이자 휴식이다…").

96) 예컨대, 그런 입장은 Lightfoot, 119 : "내가 지금 육 안에서 사는 한…" 이 이해는 "육 안에서의 삶"이 아직 사후에 올 완전한 삶이 아니라는 것을 고려한다.

97) Bauer, *s.v.* ὅς, 7. C도 그렇다.

98) νῦν("지금")라고 하는 부사는 20절 a에 있는 οὐκέτι("더 이상…하지 않다")에 걸리며 그리스도인이 되기 전과 대조되는 그리스도인의 존재를 가리킨다(갈라 3, 3 ; 4, 9·29를 보라. 또 바울로서신들 여러 곳). 전체적인 개념에 관해서는 Peter Tachau, ***'Einst' und 'Jetzt' im Neuen Testament*** (FRLANT 105 ; Göttingen: Vandenhoeck & Ruprecht, 1972)를 보라.

룩한 삶"과 "육체"는 상호 배타적이며, 그래서 거룩한 삶을 누린다고 주장하는 자들은 또한 그들이 죽음의 상태를 떠났다고 주장한다.[99] "육체 안에서"의 그리스도인의 삶은 동시에 "믿음 안에서"(*ἐν πίστει ζῶ*)의 삶이다.[100] 달리 말해, 그리스도인이 그리스도의 내재하심을 통해 받은 "거룩한 삶"은 "믿음"으로서 표현된다.[101] 이 믿음은 물론 "그리스도 예수를 믿는 믿음"이다(2,16).[102] 우리는 이 "논제"에 대한 충분한 해석을 증명(*probatio*) 단락 전체(3,1—4,31)와 권고(*exhortatio*) 단락에서(5,1—6,10) 보게 될 것이다.

2장 20절에서 바울로는 그리스도론적 칭호 "하느님의 아들"[103]을 그리스도론적 법식과 결합시키는 진술에 의해서 "믿음"을 정의한다.[104] 칭호 "하느님의 아들"은 바울로에게서 잘 입증된다.[105] 그 다음의 그리스도론적 법식은 두 개의 분사적 표현을 —둘 다 다른 곳에서 나온다— 함께[106] 또는 따로따로[107] 결합한다 : "나를 사랑하시고 나를 위

99) 고후 10,3도 논쟁적이다 : "우리가 육신을 입고 살기는 합니다만"(*ἐν σαρκὶ γὰρ περιπατοῦντες*). Betz, *Paulus*, 140f을 보라. 참조. 갈라 6,12—17 ; 4,13f ; 5,1—6,10 ; 필립 1,22·24 ; 고후 4,11 ; 필레 16절 등. 이와는 달리, 로마 8,8—9는 "영에 따르는 삶"과 "육에 따르는 삶"을 대조시키고 다음과 같이 결론짓는다 : "그러나 여러분은 육에 속한 사람이 아니라 영에 속한 사람들입니다"(*ὑμεῖς δὲ οὐκ ἐστὲ ἐν σαρκὶ ἀλλὰ ἐν πνεύματι...*). "육"과 "영"의 이원론은 갈라 5,16 이하에서 뚜렷이 표현된다.

100) 참조. 고전 16 : 13 : *στήκετε ἐν τῇ πίστει*("믿음에 굳게 서 있으시오"); 고후 1,24 ; 13,5. Bauer, *s.v. πίστις*, 2.b.β.

101) 슐리어(p.102)에게 있어서 그리스도인의 "지상 존재"는 "새로운 존재 양식에서 : *ἐν πίστει*" 생긴다. 이 "새로운 존재 양식"은 세례를 통해 그리스도인에게 주어진다 : "우리가 그리스도의 존재 안에 심어진 한, 그리스도는 우리의 존재 안에 들어오셨다"(pp.101f). 이 성례전적 은총은 세례에서 받게 되며 믿음 안에서 계속된다. 참조. Kertelge, "Rechtfertigung," 241f에서 언급된 Schlier에 대한 비판.

102) 참조. 에페 3,17. 여기서 바울로가 의미하는 것이 언급된다 : *κατοικῆσαι τὸν Χριστὸν διὰ τῆς πίστεως ἐν ταῖς καρδίαις ὑμῶν*("믿음을 통하여 그리스도께서 여러분의 심정속에 머물러 계시기를 바랍니다").

103) *υἱοῦ τοῦ θεοῦ* 대신에 P^{46} B D* G $it^{d,g}$ Marius Victorinus pelagius는 *θεοῦ καὶ Χριστοῦ*로 해독한다. 그러나 "하느님과 그리스도를 믿음"이라는 귀절은 바울로가 쓴 것이 아니라 후대의 신학에 기인한다. Metzger, ***Textual Commentary***, 593을 보라.

104) 그런 "정의"의 다른 예들에 관해서는 Burton, p.139를 보라.

105) 이 칭호에 관해서는 갈라 1,16에 관해서 보라.

106) 참조. 에페 5,2 : "그는 우리를 위하여 그 자신을 내놓아 하느님 앞에 향기로운 제물과 희생 제물로 드리셨읍니다"(*καθὼς καὶ ὁ Χριστὸς ἠγ-*

하여 자기 몸을 내어주신." 그 법식은 사랑의 행위로서[108] 그리스도의 십자가 위에서의 죽음을 그리고 그리스도인을 위한 자기 희생을 가리킨다.[109]

[21] 주장(*propositio*)의 맺음말은 비난에 대한 반박이다:[110] "나는 하느님의 은혜를 헛되이 하지 않습니다." 물론, 이 반박은 주장(*propositio*)의 이전 진술들(2, 15—20)에 근거하며 사도가 서신의 다음 단락들에서 증명하고 변호할 것이 무엇인지를 예기케 한다. 바울로는 네 개의 "논제들"(19—20절)에서 설명했던 자신의 신학이 하느님의 은혜를 더럽히게 된다는 것을 부인한다. "하느님의 은혜"(*ἡ χάρις τοῦ θεοῦ*)라는 개념[111]은 그리스도 안에서의 구원의 전 과정을 기술한다 : 용어 *ἀθετέω*("헛되이 하다")는 어감이 꽤 강하며 법

άπησεν ἡμᾶς καὶ παρέδωκεν ἑαυτὸν ὑπὲρ ἡμῶν προσφορὰν καὶ θυσιάν τῷ θεῷ εἰς ὀσμὴν εὐωδιάς). 텍스특상의 문제에 대해서는 Metzger, *Textual Commentary*, 606 참조. 비슷한 법식이 에페 5, 25에서 발견된다.

107) 자기 희생의 그리스도론에 대해서는 갈라 1, 4 ; 3, 13 ; 로마 4, 25 ; 8, 32 디전 2, 6 ; 디도 2, 14 ; 또 필립 2, 6—7 ; 고전 11, 23—24 등을 보라. 그리스도의 사랑"에 대한 언급들은 부정과거 분사의 형태이거나(로마 8, 37을 보라. 에페 5, 2·25 ; 데후 2, 16) 또는 명사 *ἀγάπη*(로마 8, 35·39 ; 고후 5, 14 ; 에페 3, 19 ; 골로 1, 13을 보라)의 형태로 되어 있다. 그리스도의 사랑과 하느님의 사랑은 로마 8, 32·39에서 관련된다(참조. 5, 5; 고후 13, 11 ; 에페 2, 4 ; 데후 2, 13·16 ; 3, 5 ; 이그나티우스의 책 여러 곳). Marcion, Rufinus에 의한 異讀 *ἀγοράσαντος*는 갈라 3, 13에서 선택된 것 같고 따라서 이차적이다(Nestle-Aland, *apparatus criticus, ad loc.*).

108) *ἀγαπάω*("사랑")의 개념에 관해서는 또한 Robert Joly, *Le vocabulaire chrétien de l'amour est-il original? Φιλεῖν et ἀγαπιᾶν dans le grec antique* (Université libre de Bruxelles, Institut d'histoire du christianisme; Brussels: Presses Universitaires, 1968) ; Conzelmann, 1 *Corinthians*, 218—31을 보라.

109) 요아킴 예레미아스(*Abba*, 206f)는 갈라 2, 20이 이사 53장에서 나오는 "*ὑπέρ*—법식"을 포함하고 있음을 보여주려고 노력했다. 또 "*παῖς θεοῦ*," *TDNT* 5.706—07에서 그의 약간 다른 견해를 보라. 예레미아스에 반대해서, Kramer (*Christ, Lord, Son of God*, 30ff)는 갈라 2, 20을 이사 53장의 영향을 받지 않은 더 오래된 단계의 법식으로 생각한다. 전반적이나 주로 속죄론적인 논의에 대해서는 Wengst, *Christologische Formeln*, 55ff를 보라. 또, Harald Riesenfeld, "*ὑπέρ*," *TDNT* 8.507—16 ; Hermann Patsch, "Zum alttestamentlichen Hintergrund von Römer 4, 25 und I. Petrus 2, 24," *ZNW* 60(1969) 273—79 참조.

110) 반박에 관해서는 다음을 보라 : 예, 로마 3, 31 ; 6, 1 ; 7, 7 ; 마태 5, 17 ; 요한 7, 28 ; 8, 42 ; 12, 49 ; 15, 16.

111) "은혜"의 개념에 관해서는 갈라 1, 3·6·15 ; 2, 9 ; 5, 4 ; 6, 18을 보라.

적인 부대의미를 갖고 있다.[112] 여기서 암시하는 바는 그런 부인이 바울로의 반대자들이 실제로 한 비난을 거부한다는 점이다. "바울로가 하느님의 은혜를 헛되이 한다"는 비난이 실제로 그의 반대자들이 했다는 것은 상상할 수 있는 일이다.[113] 만일 그들의 신의 구원("하느님의 은혜")에 대한 개념이 토라 계약을 포함하는 것이라면, 그들은 그런 비난을 할 수 있을 것이다.[114] 그러나 반대자들이 바울로에 반대해서 말하는 것으로부터 결론을 끌어내고 그것을 부인하는 것은 또한 바울로 자신만이 할 수 있다.[115] 왜 그 반박이 정당화되는가? 그 비난이 거짓되기 때문이다. 비난은 거짓된 전제와 거짓된 결론에 근거한다. "만일 의롭게 되는 것이 율법을 통하여 되는 것이라면 그리스도는 헛되게 죽으셨읍니다." 약기 "율법을 통하여"(*διὰ νόμου*)[116]는 2장 16—17절의 "율법을 행함으로"(*ἐξ ἔργων νόμου*)와 같으며 "예수 그리스도를 믿음으로"와 대조된다. 명사 "의"(義 *δικαιοσύνη*)[117]는 의로운 행위(*δικαιοῦσθαι*)가 열매맺도록 기대되는 바가 무엇인지를 기술한다. 그것은 하느님 앞에서의 의로운 상태이다. 그러므로 조건절은 바울로가 16절에서 공적인 합의로서 말했던 것에 반대되는 진술이다. 이런 이유에서 그것은 거짓된 전제임에 틀림없다.[118] 그러나 만일 그것이 받아들여진다면, 유다교적(비그리스도교적) 교리를 단순히 긍정하는 것이 될 것이며, 그 경우에[119] 그리스도의 죽음은 그 구원적인 성격을 박탈당하게 될 것이다. 그의 죽음은 "헛된" 죽음(*δωρεὰν ἀπέθανεν*)

112) 이 개념에 관해서는 갈라 3,15; 고전 1,19; 디전 5,12; Ign. *Eph.* 10.3을 보라. 또 Bauer, *s.v.*; Wilhelm Maurer, "*τίθημι.*" *TDNT* 8.155—59를 보라.

113) 슐리어(p.104)는 바울로가 하느님의 은혜를 제거해버렸다는 비난을 실제로 받았을 수도 있다고 생각한다.

114) 유다교에서 "은혜"와 "율법"의 일치에 대해서는 Hans Conzelmann, "*χάρις, κτλ.,*" *TDNT* 9.387—91; Heinrich Gross, "Tora und Gnade im Alten Testament," *Kairos* 14(1972) 220—31; R.J. Zwi Werblowski, "Tora als Gnade," *Kairos* 15(1973) 156—63; Mussner, 185f를 보라.

115) 참조. 2,17에서의 비난. 116) 참조. 2,19a.

117) 이 개념에 관해서는 갈라 3,6·21; 5,5를 보라. 그에 관한 문헌은 2,16에 관한 주석을 보라.

118) 2,19; 3,21을 보라. 귀결절에 *ἄν*가 빠진 채, 조건절에서 비현실적인 직설법이 나오는 경우에 관해서는 BDF, §360; Reitzenstein, *Mysterienreligionen*, 375f 참조.

119) 분사 *ἄρα*에 관해서는 2,17; 3,29; 5,11 참조. Margaret E. Thrall, *Greek Particles in the New Testament: Linguistic and Exegetical Studies* (NTTS 3; Leiden: Brill, 1962) 36을 보라.

이었을 것이다.[120] 달리 말해, 바울로에 대한 비난은 그가 실제로 하고 있는 것에 반대되는 일을 행했을 경우에만 정당화될 것이다. 사실 반대자들은 바울로의 신학에 정반대되는 신학을 주장하는 자들이다. 그 때문에 —여기서 반박은 비난이 된다— "하느님의 은혜를 무효로 만든다"는 비난은 오히려 그의 반대자들에게 가해져야 한다. 바울로가 보기에, 예루살렘에 있는 "거짓 형제들"은 하느님의 은혜를 부인했으며(2, 4—5), 게바는 안티오키아에서 그것을 부인했고(2, 11—14), 현재의 반대자들 또한 부인하고 있으며, 갈라디아 사람들도 하느님의 은혜를 거부하려고 한다.[121]

만일 우리의 해석이 옳다면, 우리는 결론부(*peroratio*)에서 거듭될 반박을 기대해야 한다. 반박이 다시 나오긴 하지만, 비난에 대한 반박은 아니다. 왜냐하면 바울로는 그것을 증명(*probatio*)과 권고(*exhortatio*) 단락에서 충분히 반증하기 때문이다. 그가 결론에서 반복하는 것은 반대자들에 대한 반박이다(6, 12—13).

120) "헛되이"에 관해서는 2, 2 ; 3, 4 ; 4, 11을 보라.
121) 갈라 1, 6—7 ; 5, 4·11 ; 6, 12—14를 보라.

V 증 명 3장 1절—4장 31절

—probatio

1. 첫번째 주장 : 갈라디아인들의 성령체험 3장 1—5절

3,1 어리석은 갈라디아 사람들이여! 십자가에 달리신 예수 그리스도[1]가
여러분의 눈 앞에 밝히 나타나 있는데 그가 여러분을 미혹시켰읍니까?[2]
2 내가 이것만은 꼭 여러분으로부터 듣고 싶습니다; 여러분이 성령을 받은
것은 '율법을 행했기' 때문입니까? '믿음의 선포'[3]에 의한 것입니까? **3**
여러분은 그렇게도 어리석습니까? '성령에서' 시작했다가 이제 와서는 '육
에서' 끝맺으려는 것입니까?[4] **4** 여러분은 그런 일들을 헛되이 경험하였읍
니까? 만일 그렇다면, 그것은 정말 헛된 것이었읍니다![5] **5** 여러분에게

---

1) 케리그마의 이런 약어형식에 대해서는 5,1에 관해서 보라.
2) 참조. *RSV:* "…예수 그리스도가 십자가에 달리신 것으로 여러분의 눈앞에 공공연히 나타나 있는데 누가 여러분을 미혹시켰읍니까?" *NEB*는 그 말을 감탄사로 처리한다: "여러분은 미혹당했음이 분명합니다—예수 그리스도는 여러분의 눈앞에 그의 십자가 위에서 공공연히 나타나 있었읍니다!" *JB*는 고전 15,3—4의 빛에서 번역한다: "여러분이 예수 그리스도의 십자가형에 대해서 들었던 명백한 설명에도 불구하고, 누군가가 여러분을 홀렸읍니까?"
3) ἀκοή의 번역은 불가피하게 들음으로부터 메시지의 선포로 강조점을 바꾼다.
4) 참조. *RSV:* "성령으로 시작했다가 이제 와서는 육으로 끝맺으려는 것입니까?" *NEB*는 "유심론적" 개념들을 채용한다. "여러분은 영적인 것으로 시작했읍니다. 이제 와서는 여러분을 완전하게 하기 위해 물질에 기울어집니까?" *JB*는 유다화된 자들의 할례 요구를 지시하며, 따라서 다음과 같이 번역한다: "여러분은 성령에서 시작했던 것을 의적 외식에서 끝낼 만큼 어리석습니까?"
5) 참조. *RSV:* "여러분은 그 많은 것들을 헛되이 경험하였읍니까? 만일

성령을 주시고 여러분 가운데서 기적을 행하시는 그는 '율법을 행함'에 의해서 〔그렇게 하십니까?〕 또는 '믿음의 선포'에 의해서 〔그렇게 하십니까?〕.

〔주석〕

3장 1—5절은 서신의 증명(*probatio*)단락(3, 1—4, 31)의 서론에 해당하는 첫째 부분이다. 연설에 있어서 증명 부분은 그 안에서 "증명들"이 제시되기 때문에 가장 결정적인 단락이다.[6] 이 부분이 연설 전체의 성패 여부를 결정한다고 해도 과언이 아니다. 서설(*exordium*)과 진술부(*narratio*)는 이 중심부에 이르는 준비단계에 불과하다. 증명(*probatio* : 퀸틸리안이 이렇게 부르다) 혹은 확인(*confirmatio* : 키케로와 *Rhetorica ad Herennium*이 이렇게 부른다) 단계의 목적은 체계적인 주장에 의해 변호를 위한 진실성을 수립하는 것이다.[10]

증명(*probatio*)의 중요성 때문에, 그레꼬-로마의 수사학자들은 그들의 저작의 주요 부분을 그것에 충당했다. 주장의 개개의 모양과 형태의 분류, 확충, 그리고 효과에 관해서 상당한 의견의 차이가 또한 있다는 것은 이해할 만하다.

그렇다면 그것은 정말로 헛된 것입니다." *NEB:* "여러분의 모든 큰 경험들이 헛된 것이었읍니까? 만일 정말로 헛된 것이라면 그것들이 헛되어야 합니까?" *JB:* "여러분이 받은 모든 은혜들이 허비되었읍니까? 만일 그러하다면, 그것들은 필시 허비될 수 있었을 것입니다."

6) 증명(probatio)에 관해서는 특히 Volkmann, ***Rhetorik***, §§ 16ff ; Lausberg, *Handbuch*, §§ 348—430 ; Martin, ***Rhetorik***, 95ff를 보라.

7) Quint. 5, ***prooemium*** 5. 그리스어로는 *πίστις*인데(Aristotle, *Rhet.* 3. 13.4, p.1414b), Quint.는 문자적인 fides보다는 라틴어 probatio (5. 10.8)에 의해서 가장 잘 번역된다고 생각한다. Lausberg, Handbuch, §§ 348—49를 보라.

8) Cicero ***De inv.*** 1.24.34.

9) ***Rhet. ad Her.*** 1.10.18.

10) Cicero, ***De inv.*** 1.24.34에 나온 정의를 보라 : "확인과 증명은 주장하는 바를 열거함으로써 우리의 사건에 신용과 권위와 그리고 지원을 제공하는 연설의 일부이다"(Confirmatio est per quam argumentando nostrae causae fidem et auctoritatem et firmamentum adiungit oratio). ***Rhet. ad Her.*** 1.10.18 : "승리를 완전이 획득할 수 있을 거라는 희망과 설득의 완전한 방법은 증명과 반박에 달려 있다. 왜냐하면 우리가 우리의 주장을 내세우면서 동시에 반대편의 주장을 까부수었을 때, 우리는 물론 연사로서의 기능을 완전히 성취한 바이다" (Tota spes vincendi ratioque persuadendi posita est in confirmatione et in confutatione. Nam cum adiumenta nostra exposuerimus contrariaque dissolverimus, absolute nimirum munus oratorium confecerimus). Lausberg, ***Handbuch***, § 348을 보라.

수사학적 관점으로부터 갈라디아서를 보면 3장과 4장이 증명(*probatio*) 단락에 해당한다는 것을 곧 알 수 있다. 분명히, 수사학에 의해 이 장들을 분석한다는 것은 극히 곤란하다. 우리는 바울로가 그의 논쟁적인 전략을 숨김에 있어서 대단히 성공적이었다고 ―능숙한 수사학자에게서나 기대되는 것처럼― 말할 수 있을 것이다. 이것은 명백한 혼동에도 불구하고, 사상의 뚜렷한 흐름으로 기대되는 것이 있어야 함을 말하는 것이다. 이 장들이 그토록 혼동된 것처럼 보이는 것은, 대화, 예, 격언, 인용 등에 의해 주장이 담긴 단락이 자주 중단되기 때문이다. 그러나 이것은 그리스 수사학의 요구에 일치한다. 사실, 바울로 시대의 수사학자들에게 있어서 수사학적 기술의 완벽한 제시보다 더 지루한 것은 없었다.[11] 그러므로 미리 형성된 필연적인 삼단논법이라는 죽은 체계를 가지고 주장을 내세우는 것은 피해야 했다. 그 대신 생생한 방법으로 주장을 제시해야 했다. 퀸틸리안의 충고는 "천 개의 비유로 다양화시키는 것"이다.[12] 역설적으로, 극히 완벽한 논리는 진실성보다는 오히려 의심과 지루함을 자아낸다고 생각되었다. 반면에 약간의 논리와 감정적 호소와 지혜와 약간의 미와 약간의 여흥을 주도면밀하게 짜맞춰 혼합하는 것이, 청중의 본성에 맞는, 그리고 청중이 연사의 주장을 사실로 받아들이게 만드는 적절한 방법으로 생각되었다. 갈라디아서 3장과 4장에는 그런 모든 것이 혼합되어 있다.

증명 단락(3, 1—5)의 첫 부분은 흥미로운 면들을 보여준다. 바울로가 가담된 그 특수한 "사건"은 두 개의 성분으로 구성된다. 첫째, 사실(*factum*) 자체에 관해서는 합의하나 그 사실의 옳고 그름에 관해서는 의견이 다르다. 그러므로 주장은 사실 자체에 속하는 것이 아니라 그것의 질(*qualitas*)에 속한다. 따라서 변호는 사실이 합법적(*iure, recte*)이었다는 것을 증명하려고 해야 한다.[13] 이것은 그 사실의 행위자(*auctor*)에 대한 변호도 또한 포함한다.[14] 갈라디아서의 경우 사실에 관한 부

11) Quint. 5.14.27—35를 보라.

12) 같은 저자, 32 ; Lausberg, *Handbuch*, §257을 보라.

13) 질의 지위(status qualitatis)에 관해서는 Volkmann, *Rhetorik*, §7 ; Lausberg, *Handbuch*, §§89, 123—130, 134—138, 171—196 ; Martin, *Rhetorik*, 36—41을 보라

14) Lausberg, *Handbuch*, §§126, 175. 그는 Quint. 3.6.79를 인용한다 : "우리는…두 종류의 질을 구별해야 한다. 그중 하나는 비난받는 자와 그의 행동 양자가 변호될 때 활동하기 시작하고, 다른 하나는 비난받기 시작한다"(...qualitatis duplex ratio facienda sit, altera qua et factum defenditur, altera qua tantum reus).

분은 논의되지 않고 있는데 그 이유는, 바울로가 갈라디아 교회들을 세웠다는 사실을 당사자들 어느 누구도 문제삼지 않기 때문이다.[15] 문제는 오히려 그 교회 설립이 옳게 되었느냐 아니면 "헛되이" 되었느냐 하는 점에 있다.[16]

둘째로, 그 서신의 수신자들, 즉 주장을 듣는 자들은 또한 그 증거의 목격자들이다.[17] 이 상황은 서신의 필자에게 마치 목격자들이 "법정에" 있는 것처럼 처리할 가능성을 제공해준다.[18] 바울로는 3장 1—5절에서 이 기회를 십분 이용한다. 수사학자들이 소크라테스에게서 유래한 것으로 여겼던 "귀납법"을 적용해가면서 [19] 그는 이 증거들을 질문함으로써 첫번째 주장을 시작한다.[20] 모든 경우에 질문에 대한 답변은 자명하며 기록될 필요가 없다. 바울로는 목격자 자신들에게 질문할 수 있는 점에서 운이 좋을 뿐만 아니라,[21] 또 그들로 하여금

15) 갈라 1,6—9·11 ; 3,1—5 ; 4,13—15를 보라.

16) εἰκῆ 갈라 3,4 ; 4,11을 보라 ; 참조. 또한 2,2·15—21 ; 5,2—12 ; 6,12—16.

17) 참조. 3,1 : ...*οἷς κατ' ὀφθαλμοὺς 'Ιησοῦς Χριστὸς προεγράφη ἐσταυρωμένος*. 이 진술은 또한 수사학적 주제를 사용한다. Lausberg, *Handbuch*, §810 ; 부록 *s.v. oculus, conspectus*를 보라.

18) 참조. Aristotle *Rhet.* 1.15·15f (p.1376a) ; Quint. 5.7.1ff, 그리고 Lausberg, *Handbuch*, §354 ; Martin, *Rhetorik*, 99f.

19) Cicero, *De inv.* 1.31.51을 보라 : "귀납은 상대자로 하여금 아직 토론되지 않은 어떤 사실에 동의를 표하도록 유도하는 논증의 한 형태다. 이 동의를 통해서 귀납적인 논증은 의심스러운 주장에 대한 승인을 획득한다. 왜냐하면 그것은 상대가 동의한 사실과 유사하기 때문이다. 예컨대, Aeschines Socraticus와 나눈 대화에서 소크라테스는 …을 드러낸다"(Inductio est oratio quae rebus non dubiis captat assensiones eius quicum instituta est; quibus assensionibus facit ut illi dubia quaedam res propter similitudinem earum rerum quibus assensit probetur; velut apud Socraticum Aeschinen demonstrat Socrates...). 53 : "소크라테스는 이 대화법을 많이 이용했는데, 그 이유는 자기 스스로 논증하기보다는 대화자가 그에게 준 자료로부터 결과를 얻고 싶어했기 때문이다—대화자가 스스로 이미 승인했던 사실로부터 필연적으로 귀결되는 것으로 받아들일 수밖에 없는 결과"(Hoc modo sermonis plurimum Socrates usus est propterea quod nihil ipse afferre ad persuadendum volebat, sed ex eo quod sibi ille dederat quicum disputabat, aliquid conficere malebat, quod ille ex eo quod iam concessisset necessario approbare deberet). 참조. Quint. 5.11.3—5, 그리고 Lausberg, *Handbuch*, §§419—421.

20) 질문(interrogatio)에 관해서는 Quint. 5.7.8—37가 다룬 것을 보라. 참조. Lausberg, *Handbuch*, §354 ; Martin, *Rhetorik*, 100.

21) 참조. Quint. 5.7.1 : "그러나 증거는 변호자들에게 가장 큰 애로를 안겨준다. 증거는 법정에 참석한 증인들이 문서로나 혹은 구두로 제시한다"

모든 가능한 변론의 가장 유력한 것, 즉 부인할 수 없는 증거를 대도록 강요한다.[22] 이 부인할 수 없는 증거란 성령의 선물인데, 갈라디아인 자신들이 그것을 체험했다. 성령의 은사는 황홀한 체험이었다.[23] 갈라디아인들 가운데서 현재 일어나고 있는 기적들과 더불어,[24] 이것은 고대 수사학에 있어서 최고 질서의 증거인 초자연적 기원과 특성의 증거가 된다.[25]

바울로가 생각하는 대로, 만일 증거가 받아들여진다면, 그의 독자들은 할 수 없이 양보를 해야만 할 것이다 : 성령의 체험과 기적의 발생은 "율법을 행함으로"(ἐξ ἔργων νόμου)가 아니라 "믿음의 선포에 의해서"(ἐξ ἀκοῆς πίστεως) 일어났다.[26] 이것은 분명하다. 왜냐하면 이 체험을 할 때 갈라디아 사람들은 의심할 바없이 복음의 선포를 들었기 때문이며,[27] 율법 밖에 있었기 때문에 그들은 "율법의 행위"를 할 수 없었다. 이것이 자신의 요점, 즉 "율법을 행함에 의해서" 대신 "믿음에 의한 의"를 입증했다고 바울로는 주장한다(참조. 2, 16). 그러

(Maximus tamen patronis circa testimonia sudor est. Ea dicuntur aut per tabulas aut a praesentibus).

22) 참조. Cicero, *De inv.* 1.32.53 ; "이런 류의 변론에서 정해야 할 첫번째 규칙은, 유추의 기초로서 우리가 소개하는 진술은 반드시 그 참된이 인정된 진술이어야 한다"(Hoc in genere praecipiendum nobis videtur primum, ut illud quod inducemus per similitudinem eiusmodi sit ut sit necesse concedere). 또한 Quint. 9.2.8을 보라.

23) 갈라 3, 2—5에 관해서 보라.

24) 갈라 3, 5… : ἐνεργῶν δυνάμεις ἐν ὑμῖν….

25) 참조. Quint 5.7.35 : "만일 이런 종류의 증거에다가 신학이나 예언, 예감에 기초한 초자연적인 증거를 덧붙이고 싶다면, 이것들을 취급하는데 두 가지 길이 있다는 것을 상기시키고 싶다. 먼저 일반적인 방법이 있겠는데, 그에 대해서는 스토아파와 에피큐러스파 간에 세계가 섭리에 의해 지배되고 있느냐 하는 문제로 논쟁이 그칠 줄 모른다. 다른 하나는 특수한 방법인데, 그것들(점술의 부문들)이 당면한 문제에 영향을 미칠 수 있는지에 따라서 점술의 특수한 부문들과 관계된다"(His adiicere si qui volet ea, quae divine testimonia vocant, ex responsis oraculis, ominibus duplicem sciat esse eorum tractatum; generalem alterum, in quo inter Stoicos et Epicuri sectam secutos pugna perpetua est regaturne providentia mundus; specialem alterum circa partis divinationis, ut quaeque in quaestionem cadit). Quint.는 또한 그런 신적 증언들의 모호성에 대해 말한다(5.7.36). Lausberg, *Handbuch*, §176 ; Volkmann, *Rhetorik*, 239 ; Martin, *Rhetorik*, 98.

26) 갈라 3, 2•5.

27) 참조. 갈라 1, 6—9 ; 2, 5 ; 3, 2•5 ; 4, 13 ; 5, 7—10.

므로 질문(*interrogatio*)은 또한 다음에 할 주장, 즉 성서로부터의 주장을 위한 토대를 준비한다(3, 6—14를 보라).

〔해석〕

[I] 바울로의 서두 진술은 더 이상 이전처럼 우호적이 아니라(1, 11), 신랄하고 공격적이다 : "오, 어리석은 갈라디아 사람들이여 ! "(ὦ ἀνόητοι Γαλάται) 그러나 이 모독을 너무 심각하게 받아들여서는 안 된다. 그런 말버릇은 바울로 시대의 비방 잘하는 설교자들 가운데서 흔히 볼 수 있는 것이었다.[28] 바울로는 갈라디아 사람들이 두드러지게 지능이 낮았다는 것을 말하려 한 것이 아니다.[29] 오히려 그는 그들이 "아는"(참조. 4, 8—9 ; 6, 1) "영적 존재"로 행동해야 한다는 것을 강조하고자 한다. 다음 질문은 비꼬거나 또는 빈정거리기까지 한다[30] : "누가 여러분을 미혹시켰읍니까 ? "(τίς ὑμᾶς ἐβάσκανεν...;). βασκαίνω라는 용어는 비유적으로 사용되며("누군가를 미혹시키다"),[31] 적어도 플라톤 이래로 흔히 쓰인 용법이다.[32] 그 말

28) 비방 문학으로부터의 예들에 대해서는 Bultmann, *Stil*, 13f, 32f, 55, 60ff, 85ff ; Bauer, *s.v.*, 1을 보라. 신약에서 루가 24, 25 ; 갈라 3, 3 ; 로마 1, 14 ; 디전 6, 9 ; 디도 3, 3을 보라. 참조. 1 *Clem.* 21.5 ; 2*Clem.* 11.3 ; *Herm. Mand.* 10.2.1.

29) 제롬은 갈라 3, 1에 관해서 그렇게(*PL* 26.372) 생각한다. 올바른 이해는 Dio Chrys. 11.1로부터 나온다 : "모든 사람들이 가르치기는 어려우나 그들이 속기는 쉽다는 것을 나는 확신한다. 그들은 지식이 있는 소수의 사람으로부터 어렵게 배운다—만일 그들이 무언가를 배운다면. 그러나 그들은 알지 못하는 많은 사람들에 의해서, 그리고 다른 사람들에 의해서뿐만 아니라 그들 자신들에 의해서도 또한 너무 쉽사리 속아넘어간다. 왜냐하면 진리는 생각하지 않는 자에게 쓰고 즐거운 것이 못되지만 거짓은 달콤하고 즐겁기 때문이다. 나는 그들이 병든 눈을 가진 사람들과 같다고 생각한다…" 그 귀절은 Mussies, *Dio Chrysostom*, 184의 갈라 4, 16에 관한 대목에 나온다. 참조. 갈라 5, 7—10.

30) Oepke, p. 100.

31) Lightfoot, p. 133 ; Burton, pp. 143f. 본래 그 용어는 마술, 특히 "악한 눈"과 관계된다(참조. Plutarch *Quaest. conv.* 680C—683B). Wettstein, 갈라 3, 1에 관해서 ; Gerhard Delling, "βασκαίνω," *TDNT* 1. 594—95 ; Ernst Kuhnert, "Fascinum," *PW* 6(1909), 2009—14 ; Bernhard Kötting, "Böser Blick," *RAC* 2(1954), 474—82 ; Preisigke, *Wörterbuch* 4/2(1958), 353 ; Dov Noy, "Evil Eye," *Enc Jud* 6(1971), 997—1000을 보라.

32) Plato, *Phaedo* 95B에서 소크라테스는 말한다 : "나의 친구여, …하려고 하는 주장을 어떤 사악한 눈으로 하여금 꺾이지 않게 하려면 자랑하지 말라"(ὦ 'γαθέ,...μὴ μέγα λέγε, μή τις ἡμῶν βασκανία περιτρέψῃ τὸν μέλλοντα λόγον ἔσεσθαι). 참조. 또한 *Apol.* 17A ; *Gorg.* 452Eff.

의 목적은 반대자들과 그들의 궤변적인[33] 전략을 특징적으로 묘사하는 데 있다.[34] 또한 바울로의 다음 언급은 수사학적 전승에서 취한 것이다[35] : "십자가에 달리신 예수 그리스도가 여러분의 눈 앞에 밝히 나타나 있읍니다"(*οἷς κατ' ὀφθαλμοὺς Ἰησοῦς Χριστὸς προεγράφη ἐσταυρωμένος*). 고대 연설가들이 목표로 한 것들 중의 하나는 자신의 연설을 매우 생생하고 인상적으로 만들어서 청중들이 그 문제가 바로 눈 앞에서 일어나는 것처럼 생생하게 만드는 것이었다.[36] 그 취지를 달성하기 위해, 문장과 그림을 제시하는 것을 포함한 모든 종류의 기술이 추천되었다.[37] 바울로는, 반어적으로 과장되게 표현할 경우에 이 표현을 사

33) 수사학적 "마법"의 사상에 관해서는 Walter Burkert, "*ΓΟΗΣ*," *RhM* 105 (1962), 36—55, 42f ; 55 ; Betz, *Paulus*, 113(고후 11, 4·13—15·19—20에 관해서)을 보라.

34) 예컨대 다음을 보라 : Demosthenes 8. 19 ; 16. 19 ; 18 (*De Corona*), 108, 132, 139, 189, 242, 252, 307, 317 ; 20. 24 ; 21. 209등 ; *Exord*. 32. 3; Libanius (ed. R. Foerster, BT), *Ep*. 1403, vol. 11, 446 ; Philostratus, *Vita Apoll*. 6. 12 ; Lucian, *Philops*, 35 ; Philo, *Mos*. 1. 4 ; Hesychius, *Lex*. (ed. Latte), *s.v. βάσκανος: καὶ ὁ συκοφάντης παρὰ τοῖς ῥήτορσιν* ("또한 수사학자들 가운데 아첨꾼"). 루터는 3, 1에 관한 1535년판 주석에서 거짓 가르침과 환상적 신념의 "마력"을 인상적으로 기술한다. 슐리어(참조. p. 119)는 수사학적 배경을 인지하지 못하며 그 결과 마법적인 요소를 지나치게 강조한다. 그는 가정하기를, 바울로가 생각하기에 갈라디아 사람들이 하나의 이상한 마법사의 손과 악마적 마력에 실제로 빠졌다고 가정한다.

35) 그 문제는 *ἐβάσκανεν* 뒤에 갈라 5, 7에서 나온 말을 첨가하는 증인들에 의해서 바르게 이해되었다 : *τῇ ἀληθείᾳ μὴ πείθεσθαι* (C D K L P Ψ를 따르는 *Textus Receptus*, 대개의 소문자들, vg^{mss} syr^{h}goth eth, *al*. Metzger, *Textual Commentary*, 593가 그렇게 본다 ; 참조. Nestle-Aland, *apparatus criticus*).

36) 참조. Aristotle (Rhet. 3. 11, p. 1411b). 거기서 용어는 *πρὸ ὀμμάτων ποιεῖν*(다른 예들에 대해서는 Hermann Bonitz, *Index Aristotelicus* [Berlin: Reimer, 1870] *s.v. ὄμμα*, 8) ; *Rhet. ad Her*. 4. 47. 60 ; 4. 48. 61 ; 4. 49. 62 ; Cicero *De orat*. 3. 40. 160ff ; Quint. 4. 5. 22, 10. 2. 26 ; 특히 6. 2. 29—36. 이미 본 Wettstein, 갈라 3, 1에 관해 ; 또한 Lausberg, *Handbuch*, § 2, 부록, *s.v. oculus, conspectus*를 보라. 그 주제는 신약 기적—이야기들의 일부이기도 하다. 예컨대, 마르 2, 12를 보라. 참조. 4, 12 ; 8, 18.

37) Quint. 6. 1. 32가 그렇게 본다 : "여전히 나는 이 때문에 내가 읽었고, 또 내가 이따금 목격했던 관례, 즉 재판관이 시각적인 공포로 흥분할 정도로 목판이나 캔버스 위에 그린 범죄 그림을 법정에 들고가는 관례를 승인하는 데까지 나아가고 싶지 않다"(...depictam in tabula sipariove imaginem rei, cuius atrocitate iudex erat commovendus). 목적을 달성하는 다

용하며 그들에게 "십자가에 달리신 예수 그리스도"(Ἰησοῦς Χριστὸς ἐσταυρωμένος)[38]의 복음을 선포하기 위한[39] 자신의 최초의 노력을 갈라디아 사람들에게 상기시킨다.[40] 그러나 반대자들이 갈라디아 사람들에게 건 마력과 주문에 맞서서 그는 무슨 일을 할 수 있을까! "비합리적인" 무엇인가가 그들에게 일어났음이 분명하다. 그렇지 않고서는 그들이 왜 그토록 빨리 지금까지 믿었던 원래의 케리그마를 버렸는지를 설명할 수 없다(참조. 1,6—7 ; 5,7—10).

[2] 두번째 수사학적 질문은 바울로가 변호하는 요점을 소개한다. 바울로는 그것을 자신이 말하기보다는,[41] 갈라디아 사람들로부터 듣고 싶어 하며, 그래서 대화법을 사용한

른 수단에 대해서는 Quint. 6.1.29—36을 보라 : *realia* 중에서 그는 피묻은 검과 옷, 뼈조각, 붕대를 벗긴 상처, 그리고 매맞은 신체를 언급한다.

38) "케리그마"가 이같이 생략된 형태는 또한 고전 1,23 ; 2,2에도 나타난다. 참조. 고전 1,13·17·18 ; 2,8 ; 고후 13,4 ; 갈라 5,11·24 ; 6,12·14·17 ; 필립 2,8 ; 3,18 ; 골로 1,20 ; 2,14 ; 에페 2,16 ; Ign. *Eph.* 16.2 ; Ign. *Trall.* 9.1 등에서 발견된다. Johannes Schneider, "σταυρός κτλ.," *TDNT* 7.575—76 ; Bultmann, *Theology*, § 33 ; Conzelmann, *Outline*, § 24 ; Ernst Käsemann, "The Saving Significance of the Death of Jesus in Paul," 그의 책 *Perspectives*, 32—59 ; Heinz-Wolfgang Kuhn, "Jesus als Gekreuzigter in der frühchristlichen Verkündigung bis zur Mitte des 2. Jahrhunderts," *ZThK* 72(1975) 1—46, 특히 31—37을 보라.

39) προγράφω는 여기서 "공개적으로 묘사한다" 또는 "공개적으로 선언하다"를 뜻한다. LSJ, *s.v.*; Gottlob Schrenk, "προγράφω," *TDNT* 1.770—72 ; Bauer, *s.v.*, 2를 보라. 현대 주석가들은 일반적으로 두번째 선택을 좋아한다(Lightfoot; Burton; Oepke; Schlier; Mussner; Betz, *Nachfolge*, 178). 그러나 수사학적 자료는 첫번째도 지지한다(Chrysostom; Erasmus; Luther; Calvin; Sieffert, pp.162f에 있는 목록을 보라). D E F G K L 을 따르는 *Textus Receptus*, 많은 소문자들, it^{d,g} sy^{h} goth *al* 등은 ἐν ὑμῖν을 첨가한다(Metzger, *Textual Commentary*, 593f). 이것은 이 증인들이 아마도 "처음에"(참조. 갈라 4,13)의 의미에서 "προ—"를 이해했음을 가리킨다. *AV*는 "여러분 가운데서 십자가에 달리신"으로 번역한다. 그것은 루터의 해석과 일치하는데, 그에 의하면 바울로는 그들의 배교를 통해서 지금 갈라디아 사람들 가운데서 십자가에 달리신 자로서의 그리스도를 전했다(*In Epist. ad Gal.* [1535], 갈라 3,1에 관해서). 참조. Schlier, p.120 n.4 ; Mussner, p.207 n.11.

40) 서신은 이 모든 것을 다시 현재화시킨다. 참조. 갈라 4,13f ; 6,17. 이 점에 대해서는 Thraede, *Brieftopik*, 157ff ; Karlhans Abel, *Bauformen in Senecas Dialogen* (Bibliothek der Klassischen Altertumswissenschaft NF 2.18 ; Heidelberg: Winter, 1967) 31f.

41) 참조. 로마 1,13 ; 11,25 ; 16,19 ; 고전 10,1 ; 11,3 ; 12,1 ; 고후 1,8 ; 데전 4,13.

다[42] : "이것만은 꼭 여러분으로부터 듣고 싶습니다"(τοῦτο μόνον θέλω μαθεῖν ἀφ' ὑμῶν). 바울로가 그런 질문을 하는 이유는 그들 자신의 체험에서 나오는 그들의 답변을 기대하기 때문이다.[43] 이 체험은 부정할 수 없는 사실이며 할례와 율법을 받아들이려는 그들의 현재의 경향과 모순된다. "여러분이 성령을 받은 것은 '율법을 행했기' 때문입니까? '믿음의 선포'에 의한 것입니까?" 이 질문에 대한 답변은 자명하다. 갈라디아 사람들이 단지 지금 토라 아래 들어오는 것을 고려하고 있기 때문에, 그들은 바울로의 그리스도교 복음 선포를 들은 후 처음에는 토라 밖에서 성령을 받았음에 틀림없다. 우리는 "성령을 받음"이[44] 열광주의자의 경험이나 황홀한 체험을 뜻했다고 결론내릴 수

42) 다른 예들은 Sophocles, *Oed. Col.* 505 ; Euripides. *Iph. Taur.* 493 : τόδε μαθεῖν πρῶτον θέλω ("이것이 내가 첫째로 배우고 싶은 것이다"[질문이 먼저 나온다.]) ; *Troad.* 63 ; Dionysius Halic. 3.60.1 : ἓν τοῦτο μόνον ἔφη παρ' αὐτῶν βούλεσθαι μαθεῖν... ("이것만이 그가 그들로부터 배우고 싶었던 것이라고 말했다") ; 3.3.4, 5.54.3. 또한 Plato, *Phaedr.* 262 D; *Phaedo*, 63E; *Gorg.* 494D; Philo *Her.*33 ; *Fuga* 8 ; 164 ; *Decal.* 59 ; *Spec.* 1.36, 42 ; *Flacc.* 363 ; 그리고 *Corp. Herm.* 1.3을 보라.

43) 대개의 주석가들과 함께 슐리어(p.121)는 그렇게 본다. 특히 갈라 3,2에 대한 루터(1535)의 주석을 보라. 그는 3,1—5에서의 바울로의 주장이 경험에 기초해 있음을 인정했다(*argumentum ab experientia*, WA 40/1.328, 참고. 359).

44) "성령을 받다"(τὸ πνεῦμα λαμβάνειν)라는 표현은 갈라 3,14에도 나온다(τὴν ἐπαγγελίαν τοῦ πνεύματος λαμβάνειν, "성령의 약속을 받다"). 참조. 로마 8,15 ; 고전 2,12 ; 고후 11,4. 그것은 흔히 쓰이는 그리스도교 용어다 : 참조. 요한 20,22 ; 사도 2,38 ; 8,15·17·19 ; 10,47 ; 19,2. 거룩한 영의 교리는 갈라디아서에서 아주 중요한 역할을 한다. 사용된 용어는 일반적으로 τὸ πνῦμα("성령")이다. 3,2·3·5·14 ; 4,6·29 ; 5,5·13 *v. l.*·16·17·18·22·25 ; 6,1·8·18을 보라. 일반적으로 바울로의 성령론에 관해서는 다음을 보라 : Bultmann, *Theology*, §§ 37, 38 ; Eduard Schweitzer, "πνεῦμα, πνευματικός," *TDNT* 6.413—51, 긴 참고목록과 함께 ; Ingo Hermann, *Kyrios und Pneuma: Studien zur Christologie der paulinischen Hauptbriefe* (StANT 2 ; Munich: Kösel, 1961) ; Brandenburger, *Fleisch und Geist*, 여러 곳 ; Willibald Pfister, *Das Leben im Geist nach Paulus. Der Geist als Anfang und Vollendung des Christlichen Lebens* (Studia Friburgensia NF 34 ; Freiburg, Switzerland: Universitäts-verlag, 1963) ; Max Alain Chevallier, *Esprit de Dieu, paroles d'hommes. Le rôle de l'esprit dans les ministères de la parole selon l'apôtre Paul* (Neuchâtel: Delachaux & Niestlé, 1966) ; Béda Rigaux, "L'anticipation du salut eschatologique par l'Esprit," in *Foi et salut selon S. Paul* (AnBib 42 ; Rome: Pontifical Biblical Institute, 1970) 101—35 ; Johannes S. Vos. *Traditions-*

있다.[45] 이러한 전제의 기초는 확실히 가설적이다. 왜냐하면 적어도 이 귀절에서 아무 것도 언급되지 않기 때문이다.[46] 그러나 6장 1절에서 바울로는 갈라디아 사람들을 기술적인 용어를 써서 "성령을 따라 사는 사람들(οἱ πνευματικοί)"이라 —확실히 그들의 승인을 얻어— 부른다.

4장 6절에서, 신도들의 마음 속에 하느님의 아들의 영이 은사로 주어진 것에 대한 바울로의 묘사는 엑스타시를 시사한다. "아바 아버지"를 부르짖는 것은 바로 신도들의 영이다. 3장 2—4절은 다른 종교들, 특히 신비 종파들에 익숙한 용어를 사용한다. 예를 들면 ἐνάρχεσθαι ("시작하다")와 ἐπιτελεῖν("끝내다"),[47] 그리고 한쌍의 단어인 μαθεῖν/παθεῖν("배우다/경험하다") 등등. 세례가 어떻게 이 경험과 관련되는지 불분명한 채로 남아있다.[48] 어쨌든, 성령 체험이 율법 계약과는 상관없이 일어났다는 것, 즉 이제는 "율법을 행한"(ἐξ ἔργων νόμου)[49] 결과로서 일어난 것이 아니라는 것을 부정할 수 없다. 만일 성령 체험이 "율법을 행함"에 근거하지 않았다면, 그것은 "신앙의 선포"(ἐξ ἀκοῆς πίστεως)[50]에만 기초를 둘 수 있다. 만일 그 당시 이것만으로써

---

geschichtliche Untersuchungen zur paulinischen Pneumatologie (Assen: Van Gorcum, 1973) ; Martin Winter, *Pneumatiker und Psychiker in Korinth* (Marburger Theologische Studien 12 ; Marburg: Elwert, 1975) ; James D.G. Dunn, *Jesus and the Spirit* (Philadelphia: Westminster, 1975), 특히 199—342.

45) Widengren, *Religionsphänomenologie*, 111—13에서 성령에 관한 단락을 보라. 헬라 종교들로부터의 병행구에 대해서는 Conzelmann, 1 *Corinthians*, 204ff ; *PECL*, 부록, *s.v.* "*Spirit*"을 보라.

46) 그러나 바울로의 언급은 사도행전에 의해서 확증된다(참조. 10, 44·45·47 ; 11, 12·15 ; 15, 8 ; 19, 1—5).

47) Widengren, *Religionsphänomenologie*, 494를 보라.

48) 갈라 3, 27은 세례의 입회 의식을 전제한다. 그러나 성령은 3, 26—28의 문장에서 언급되지 않는다. 참조. 사도 10, 47—48 ; 11, 16—18. 세례에 대한 바울로의 유보는 고전 1, 14—17로부터 명백하다. 아마도 바울로는 단순히 성령이 세례를 통해 "중재된다"고 말하기를 망설였을 것이다(참조. Schlier, p. 123 ; Kertelge, "*Rechtfertigung*," 248f).

49) 이 개념에 대해서는 갈라 2, 16에 관해서 보라.

50) 이 개념은 선교 용어에서 나온다(갈라 3, 5 ; 로마 10, 16—17 ; 데전 2, 13 ; 히브 4, 12 ; 요한 12, 38을 보라). 그 개념에 관해서는 Albrecht Oepke, *Die Missionspredigt des Apostels Paulus* (Leipzig: Hinrichs, 1920) 40ff ; Gottfried Quell, "ἀγαπάω," *TDNT* 1. 22—23 ; Burton, p. 147 ; Oepke, p. 67 ; Schlier, pp. 121f ; Mussner, p. 207. 용어 ἀκοή는 신적 계시에 의해서 받았던 메시지가 구두로 선포되고 사람들이 그것을 들었

도 충분했다면, 왜 지금은 충분하지 않는가?

[3] 바울로는 다시 "여러분은 그렇게도 어리석습니까?" (*οὕτως ἀνόητοί ἐστε*) 하고 질문함으로써 거듭해서 독자들을 신랄하게 공격한다(참조. 3,1).[51] 그들이 "어리석은" 이유는, 그들이 현재 계획하고 있는 것처럼 율법에 얽매이게 둔다면, 자가당착에 빠지기 때문이다(참조. 4,21). 바울로는 자신이 그들의 자기 모순이라고 파악한 것을 딜레마와 교차적인 대구법의 표현 형식으로 언급한다.[52] "'성령에서' 시작했다가 이제 와서는 '육에서' 끝맺으려는 것입니까?"(*ἐναρξάμενοι πνεύματι νῦν σαρκὶ ἐπιτελεῖσθε;*). 2장 14절과 4장 8—9절이 그 병행구인 바울로의 대구법(*antitheton*)에서는 갈라디아 사람들의 일관성 없는 태도를 특징짓기 위해 몇개의 반대어를 사용한다. 시작과 끝,[53] 불완전한 시작과 절정에 이른 완전,[54] 영과 육[55] 등등. "성령에서" 시작한 것은 "성령에서" 계속되어야 한다[56]: "우리

다는 것을 암시한다. 듣는 것이 곧 "받아들임"의 행위일 때, 그것은 믿음을 창조한다. 왜냐하면 그 "받아들임"의 행위 속에는 신적 권능, 즉 "말씀의 능력"이 동반되기 때문이다(참조. 로마 1,16 ; 고전 1,18·24 ; 2,4f ; 4,19f ; 데전 1,5). *ἐξ ἀκοῆς πίστεως*라는 귀절은 *ἐξ ἔργων νόμου*의 대귀로서 구성된다. 토라는 사람에게 "율법을 행하도록" 요구하지만, 그리스도교 메시지는 사람에게 성령과 신앙을 "준다"(참조. 3,12—13 ; 로마 10,8—18). 바울로는 그 자신과 갈라디아 사람들간의 차이, 즉 그의 개종은 그리스도의 환상의 결과이지, 그들에게 있어서처럼, 그리스도교 메시지를 들은 결과가 아니라는 점을 중요하게 생각하지 않는다(참조. 1,12—16a).

51) 수사학에서 이 형태의 독설은 "이야기의 솔직함"에 해당될 것이다(*παρρησία, oratio libera, licentia*). *Rhet. ad Her.* 4.36.48, 그리고 Lausberg, *Handbuch*, §761 ; Martin, *Rhetorik*, 279를 보라.

52) 이런 형태의 연설에 관해서는 Lausberg, *Handbuch*, §796을 보라.

53) 시제상의 의미는 *ἐνάρχομαι*("시작하다")와 *νῦν*("지금")에 의해 표현된다. 참조. 갈라 6:9 ; 필립 1,6 ; 고후 8,6. 철학적인 유사어에 관해서는 Plutarch, *Prof. virt.* 77A—B를 보라.

54) *ἐπιτελέομαι*는 질적 함축성("완성", "완전")을 내포한다. 참조. 필립 1,6 ; 로마 15,28 ; 고후 8,6·11. 더 오래된 문헌에 대해서는 Bauer, *s.v.*, 1 : "중간태로서 : 여러분은 영에서 시작했다. 이제는 육에서 끝맺으려 하느냐? 또는 수동태로서 너희는 육에서 완전하게 되려 하느냐?" ; Oepke와 Schlier, Sieffert (p. 167)을 보라.

55) "영"(*πνεῦμα*)과 "육"(*σάρξ*)은 갈라 5,16—17, 그리고 4,23·29 ; 5,19—23 ; 6,8에도 나온다. 바울로의 "육"에 관한 교리는 2,16에 관한 해설 참조.

56) 여격 *πνεύατι*("성령에 의해서" 또는 "안에서")는 갈라디아서 도처에서 나온다(참조. 5,5·16·18·25 ; 또한 로마 8,13·14 ; 12,11 ; 고전 14,2·15·16 ; 고후 12,18 ; 필립 3,3). Bauer, *s.v.*, 5,d,*β*를 보라.

가 성령으로 삶을 얻었다면 성령의 인도를 따라 살아야 할 것입니다" (5, 25). 영과 육의 이원론의 컨텍스트에서, 육의 영역으로부터 영의 영역으로 나아가는 것만이 —결코 그 반대방향이 아니라— 이치에 닿는다. "육에 심는 사람은 육에서 썩을 것을 거두고 영에 심는 사람은 성령으로부터 영원한 생명을 거둡니다"(6, 8). 신적 영의 은사를 불완전한 시작으로 여기는 것은, 그리고 인간의 "육"에 행해지는 무엇으로부터 절정과 완전을 기대하는 것은 똑같이 불합리하다. 바울로의 언어에서 짙은 이교적 어조를[57] 감지하는 것이 중요하다. 아마 그 용어들 중의 하나는 반대자들을 유리하게 하는 역할을 했던 것 같다.[58] 어쨌든, σαρκί("육에서" 또는 "육을 통해서")[59]를 첨가함으로써 그 은사는 어리석은 것이 된다.[60] 물론 결국, 바울로는 갈라디아 사람들이 현재 고려하고 있는 할례를 언급한다.[61] 이렇게 접근하는 실제 이유는

57) ἐνάρχομαι("시작하다")라는 말은 이교적 색채가 짙다. 참조. Euripides *Iph. Aul.* 1470와 *PGM* 4.509 (vol. 1, p.90)의 마법에서 희생제사의 시작시의 용법. LSJ, *s.v.*; Paul Stengel, *Die griechischen kultusaltertümer* (HKAW 5.3 ; Munich: Beck, 1920), 109f ; Walter Burkert, *Homo Necans* (RVV 32 ; Berlin: de Gruyter, 1972) 11f, 19f를 보라. 만일 갈라디아 사람들의 처음 경험이 이교적인 색채를 띠었다 하더라도 그것이 "제사"의 개념을 반드시 포함한 것은 아니었다(Lightfoot, p. 135와는 반대로). ἐπιτελέω라는 용어는 모든 종류의 의식에 사용되었다. LSJ, *s.v.*에 적힌 귀절들 ; Bauer, *s.v.*, 2 ; Gerhard Delling, "ἐπιτελέω," *TDNT* 8. 61—62 ; Franciszek Sokolowski, *Lois sacrées des cités grecques* (Paris: de Boccard, 1969) 부록, *s.v.*를 보라. "에비온"과 유다법에 대한 그의 집착에 관해서는 Epiphanius, *Pan*, 2.2 : "유다인들과 사마리아 사람들에 의해서 수행되는(ἐπιτελεῖται) 안식일과 할례와 다른 모든 것들"이란 귀절을 참조하라.

58) 고후 7, 1에 있는 그 용어의 중요성을 주목하라(아래, 부록 2를 보라). 이것은 청결을 위한 계율을 지킨(고후 6, 17) 그리고 "영과 육의 모든 더러움에서 떠난" 결과임에 틀림없다. 또한 Betz, "2 Cor 6 : 14—7 : 1," 98f를 보라. 그 용어가 바울로의 반대자들에게서 나온다는 것은 전에 제시되었다(Sieffert, p. 168 ; Oepke, p. 68을 보라. 또한 야고보서에 있는 유사한 개념들의 중요성을 주목하라 : τελέω 야고 2, 8 ; τέλειος 1, 4·17·25 ; 3, 2 ; τελειόω 2, 22.

59) 이 형태는 바울로 이외에서는 정확한 병행구를 가지지 않는다. 그것은 πνεύματι에 병치해서 만들어진 것 같다(위, 주 56을 보라). 다른 의미에 대해서는 갈라 1, 16 ; 5, 13 ; 로마 7, 25 ; 8, 12 ; 고전 7, 28 ; 고후 12, 7을 참조. 사람이 "육에서"(ἐν σαρκί) 산다는 것은 이 "악한 세대"에서 인간존재의 일부이다(1, 4). 참조. 2, 16·20 ; 4, 13·14 ; 5, 13·16·17·19·24 등.

60) 갈라 6, 12의 병행구를 보라 : "육신의 겉모양을 꾸미기 좋아하는 사람들은" Eduard Schweitzer, "σάρξ," *TDNT* 7. 129—30 ; Branden burger, *Fleisch und Geist*, 45를 보라.

61) 이것에 관해서 갈라 5, 2—12 ; 6, 12—16 ; 또한 2, 3·7·8·9·12 ; 필립 3, 3·4

야고보서 2장 22절에서 드러난다. 거기서 "행함"은 "믿음"의 목표이자 완성이다. 바울로의 개념에 정반대되는 이 유다—그리스도교적 개념을 갈라디아에 있는 바울로 반대파도 함께 공유했을 것이다.

[4] 바울로는 어찌할 바를 모르는 것처럼 처신한다.[62] 그는 절망에 빠진 채 화가 나서 소리치는 것 같다: "여러분은 그런 것들을 헛되이 경험하였읍니까? 만일 그렇다면, 그것은 정말 헛된 것이었읍니다!"(*τοσαῦτα ἐπάθετε εἰκῇ; εἴ γε καὶ εἰκῇ*) 이 귀절의 번역은 난해하며 따라서 논쟁이 되고 있다.[63] 바울로가 언급하는 경험들은 성령과 연관된 경험들임이 분명하다(참조. 3,3).[64] 용어 *πάσχω*는 보다 더 중립적인 의미로나("경험하다") 또는 신약성서에서 자주 쓰이듯이 부정적인 의미로 (겪다) 사용될 수 있다.[65] 또한, 바울로가 특히 신비 종교들의 컨텍스트로부터 우리에게 알려진 용어를 가지고 말했을 가능성도 있다.[66] 이것은 황홀 체험과 기적 때문뿐만 아니라, 또한 *παθεῖν*("경험하다")과 *μαθεῖν*("배우다": 3, 2)라는 말의 결합 때문에 가능해진다. 이 단어의 쌍은 그리스 사상에서 오

를 보라. 로마 2, 28는 이와는 다르다.

62) 그것은 의심(*dubitatio*)의 경우일 것이다. 참조. Lausberg, *Handbuch*, §§ 776—78.

63) 그 번역에 관한 주를 보라. 분사의 의미에 관해서는 BDF, § 439; BDR, § 439; Bauer, *s.v.* *γέ*, 3, a; John D. Denniston, *The Greek Particles* (Oxford: Clarendon, ²1954) 126; Thrall, *Greek Particles*, 86f를 보라.

64) Lightfoot (p. 135)와 대조적이다. 그는 바울로가 그들이 견딘 박해를 언급한다고 생각한다. 이 해석은 Chrysostom에까지 소급된다(Sieffert, p. 168을 보라). 그것은 Zahn도 마찬가지다; Lütgert, *Gesetz und Geist*, 97. 그러나 갈라디아 사람들이 박해당했다는 것을 바울로는 그밖의 어느 곳에서도 말하지 않는다(참조. 6, 12).

65) Bauer, *s.v.*, 1; Wilhelm Michaelis, "*πάσχω*," *TDNT* 5.904—39, 특히 912; Burton, Oepke, Schlier, Mussner 등을 보라.

66) 참조. Aristotle, *Περὶ φιλοσοφίας*, 15 (ed. Ross): "[신비들 속에] 입회한 사람들은 무엇인가를 단지 배워야 하는 것이 아니라 경험해야 하고 어떤 배열 속에 넣어야, 즉 그들은 어울릴 줄 알아야 한다고 아리스토텔레스가 생각하는 바와 같이"(*καθάπερ 'Αριστοτέλης ἀξιοῖ τοὺς τελουμένους οὐ μαθεῖν τι δεῖν ἀλλὰ παθεῖν καὶ διατεθῆναι, δηλονότι γενομένους ἐπιτηδείους*). Nilsson, *Geschichte*, 1.654. Plutarch *Frag*. 178: "…그러나 그 시간이 올 때, 그것(영혼)은 대신비들 속으로 입문하고 있는 사람들의 것과 같은 경험을 가진다"(*τότε δὲ πάσχει πάθος οἷον οἱ τελεταῖς μεγάλαις κατοργιαζόμενοι*). Nilsson, *Geschichte*, 2.680; *PECL* 1.322를 보라.

랜 역사를 가지고 있으며,[67] 바울로가 자신의 요점을 강조하기 위해 여기서 도입한 것 같다. 성령의 은사, 열광주의, 기적들,[68] 그것들이 모두 헛되었을까? 그 다음 문장은 여러가지로 해석될 수 있다. 그것은 또 다른 질문으로서 해석될 수 있거나 또는 그것이 "헛된" 것이었다는 것을 강력히 부인하거나 혹은 실제로 위협하는 외침일 수 있다.[69] 바울로는 다른 곳에서 갈라디아에서의 노력이 헛되었을 것이라는 생각을 표현한다.[70] 또한 갈라디아 사람들도, 자신들이 바울로의 선교가 "허사"였다고 생각한 것과 바로 그 이유로 그의 반대자들에게 돌아가야 한다는 것을 무심결에 인정한다.[71] 수사학에서 감탄조의 "헛되이"는 의심스러운 정치적 거래와 책동에 관여하는 사람들을 위협하기 위해 널리 사용되었던 용어였던 것 같다.[72] 그러므로, 그 말은 수사학적 외침으로 보이며 이제 바울로 자신이 대답한다 : "만일 그렇다면, 그것은 정말 헛된 것이었읍니다!"

67) Mario Untersteiner, *Le origini della tragedia e del tragico dalla preistoria a Eschilo* (Turin: Einaudi, 1955), 572—81 ; Heinrich Dörrie, *Leid und Erfahrung. Die Wort-und Sinnverbindung παθεῖν-μαθεῖν im griechischen Denken* (AAWLMG, Jg. 1956, No. 5 ; Wiesbaden: Steiner, 1956)과 많은 참고문헌을 보라. 신약에서 Dörrie는 히브 5,8(39f)만을 인용한다.

68) 갈라 3,5.

69) εἴ γε καὶ εἰκῇ는 격려하는 것으로서 이해될 수 있다. 그 경우 그것은 헛된 것이었을 수 없다(그렇게는 Chrysostom, Ambrosiaster, Luther, Calvin 등 ; Sieffert, pp. 170f에 있는 목록을 보라). 또는 위협으로서 이해될 수 있다(Sieffert, Oepke, Burton, Schlier, Mussner가 그렇게 본다). 라이트푸트(p. 135)는 바울로의 전략을 가장 잘 파악하는 것 같다 : "이것을 믿기란 어렵다. 사도는 그의 개종자들의 더 좋은 일들을 바란다. εἴγε는 의심할 여지를 남기며, 이것을 넓히며, 연사의 편에서 믿지 않으려 함을 암시한다." εἰκῇ에 관해서는 또한 BDF, §26 ; BDR, §26을 보라.

70) 참조. 갈라 4,11·15a ; 2,2·5·14·21 ; 고전 15,2.

71) 참조. 갈라 1,6—9 ; 2,4·14 ; 5,10 ; 고전 15,2·14·17 ; 16,22 ; 고후 11,3—4 ; 13,5. 슐리어(pp. 124f)는 이와 다르다. 그에게 있어서 세례를 통해 받은 성령은 파괴할 수 없는 은사다. 참조 Mussner, p. 210.

72) εἰκῇ는 수사학자들에게서 그리고 비방 철학자들에게서 자주 나온다. 특히 유사한 것은 Epictetus, *Diss.* 2.23.3이다. "신은 여러분에게 아주 헛되이(εἰκῇ) 눈을 주었읍니까, 그는 눈 속에 헛되이(εἰκῇ) 그토록 강한 기운을 넣었읍니까?" 또한 다음을 보라 : 3.23.3 ; 4.3.3 (εἰ δέ' μή,... εἰκῇ...), 그리고 자주 ; Demosthenes 27.54, 28.5, 30.20, 33.1, 48.43 ; Isocrates, *Ep.* 1.10 ; 2.9, 22 ; 6.11 ; *Paneg*, 12, 136 ; *Eir*, 30 ; Antid. 157, 209, 그리고 자주 ; Isaeus 1.9. 병행구들이 Plato, *Gorg.* 506D ; *Alcib*, 2.141C에서도 발견된다.

〔 5 〕 바울로는 이제 갈라디아 사람들에게 그가 변호하는 주요 논점을 들이댐으로써[73] 이 단락을 끝낸다.[74] 단순히 2절의 질문을 반복하는 것 이상으로 그는 2절에 담긴 몇몇 요소들을 보다 충분히 해석하고 3절의 내용을 포함시킴으로써 2절을 다른 식으로 읽히게 한다. 그는 또한 계속해서 질문 형식을 사용하는데, 그 이유는 갈라디아 사람들이 해야 할 답변이 필히 긍정적이어야 하며, 이리하여 바울로의 주장을 지지해야 하기 때문이다:"여러분에게 성령을 주시고 여러분 가운데서 기적을 행하시는 그는 '율법을 행함'에 의해서 〔그렇게 하십니까?〕 또는 '믿음의 선포'에 의해서 〔그렇게 하십니까?〕" 그가 2절에서 했던 것처럼 단순히 경험을 말하는 대신, 바울로는 이제 그것의 출처를 계속해서 확인한다:"여러분에게 성령을 주시는 자"(ὁ...ἐπιχορηγῶν ὑμῖν τὸ πνεῦμα)는 물론 하느님 이외의 다른 자가 아니다.[75] 성령이 하느님의 은사인 것처럼.[76] 또한, 이 경험은 (그들이 그리스도교를 받아들인) 초기에 한정되는 것이 아니며 따라서 현재까지도 그들 가운데서 성령이 나타난다.[77] "기적"(δυνάμεις)[78]은 성령이 그들 가운데서[79] "활동중"이라는[80] 사실에 대

---

73) 이것은 바울로가 고전 2,4에서 *ἡ ἀπόδειξις πνεύματος καὶ δυνάμεως*("성령과 권능의 증거")라고 부르는 것일 것이다. 또한 Lausberg, *Handbuch*, §§ 358—72를 보라.

74) *οὖν*("그러므로")의 의미에 관해서는 Bauer, *s.v.*, 1,c ; Schlier (p. 125 n. 2)를 보라.

75) 참조. 특히 갈라 4,6 ; 또한 1,1·4·15 ; 2,21. 이 귀절들은 하느님이 바울로의 구원 개념의 원천임을 강조한다. 참조. 또 데전 4,8 ; 고후 1,22 ; 로마 5,5 ; 8,15.

76) 참조. 필립 1,19 : *διὰ τῆς...ἐπιχορηγίας τοῦ πνεύματος Ἰησοῦ Χριστοῦ*("예수 그리스도의 영의 도우심으로").

77) 분사 *ἐπιχορηγῶν*("부여하다"는 처음 단계에 순식간에 일어나는 "유출"이라기보다는 계속적인 공급을 시사한다(참조. 고후 9,10 ; 골로 2,19 ; 에페 4,16 ; 1 *Clem.* 38.2 ; *Herm. Sim.* 2.5,6,7에서 그 용어의 사용).

78) *ἐνεργεῖν*와 관련해서 *δύναμις*는 기적의 발생을 가리킨다. 마르 6,14 ; 마태 14,2 ; 에페 2,2 ; 또한 고전 12,10·28—29 ; 고후 12,12 ; 데후 2,9 ; 사도 2,22로 보라. Walter Grundmann, "*δύναμαι, δύναμις,*" *TDNT* 2. 304—17 ; Bauer, *s.v.*, 4 ; Betz, *Paulus*, 95를 보라. 바울로가 어떤 종류의 기적을 염두에 두었는지 불명확하다. 슐리어(p. 126)는 귀신 축출을 생각하는데, 왜냐하면 그것이 1절과 대조를 이루기 때문이다:"하느님이 악마들을 이기기 위한 권능을 주셨던 갈라디아 사람들은—그래서 그들이 악마들을 쫓아내도록—그들이 율법의 전도자들로 나타날 때 악마들에 의해 미혹되고 포로가 된다." 그러나 이것은 과대 해석이다. 슐리어(*Paul and the Gnostics*, 47)는 황홀한 현상을 생각한다. 무쓰나

한 증거로서 제시될 수 있다. 결국 하느님은 그들 가운데서 지금 역사하고 계심이 분명하다.

그 문장의 나머지 부분은 생략되었으므로,[81] 우리는 "그는 그렇게 합니까? …"와 같은 식으로 빠진 부분을 보충해야 한다고 주장하는 요지는 명백하다. 만일 전술한 것을 가정한다면, 2절에서 소개된 선택에 대해서 이것은 무엇을 뜻할까 : 이 일들이 "율법을 행함을 토대로 하여"(ἐξ ἔργων νόμου) 일어났는가 또는 "믿음의 선포를 토대로 해서"(ἐξ ἀκοῆς πίστεως) 일어났는가? 대답은 명백하다. 왜냐하면 갈라디아 사람들은 그들이 그리스도인의 생활을 시작할 때 "토라 아래" 있지 않았고 또 그들은 지금 율법을 준수하는 자들이 아니기 때문이다. 하느님은 성령을 주셨고 바울로가 십자가에 달리신 그리스도를 전한 결과로서, 즉 율법 준수와는 무관하게 기적이 일어나게 하신다. 이것은 그리스도교의 믿음 선포만이 하느님의 은혜를 받기에 충분하며, 따라서 갈라디아 사람들의 구원에 충분하다는 것을 뜻한다. 분명 이것이 바울로의 입장이다. 그러나 이것만이 생각할 수 있는 유일한 입장일까? 가정컨대, 사도의 반대자들은 그 문제를 다르게 보고 있으며, 그들이 영향을 미친 결과 갈라디아 사람들도 자신들을 달리 되돌아보게 되었음에 틀림없다. 그 이상 말한다는 것은 그리고 순수한 추론에서 벗어나기란 거의 불가능하다. 그러나 적어도 3절에서 우리는 다음의 사실을 추측할 수 있다. 즉 바울로가 갈라디아인들에게 선교했던 첫단계가 지나자, 바울로의 반대자들은 그리스도교로 개종하게 된 갈라디아인들에게 완성과 완전에 이르는 구원을 받는 데 있어서 필요하고도 최종적인 조치들을 부여할 수 있다고 주장했을 것이다. 그래

(p. 211)는 카리스마적 은사를 생각한다.

79) ἐν ὑμῖν("여러분 가운데서"). Burton와 Schlier, Mussner를 비롯한 대개의 주석가들이 그렇게 본다. 그러나 라이트푸트(p. 136)는 "여러분 안에서"로 옮긴다(참조. 또한 Sieffert, p. 171). 같은 문제가 갈라 4, 9—20에 있다.

80) 하느님의 ἐνεργεῖν에 관해서는 갈라 2, 8 ; 데전 2, 13 ; 필립 2, 13 ; 고전 12, 6·10·11("성령") ; 필립 3, 21("그리스도")를 보라. 그 용어에 관해서는 Kenneth W. Clark, "The meaning of ἐνεργέω and καταργέω in the New Testament," *JBL* 54(1935), 93—101 ; Georg Bertram, "ἔργον κτλ.," *TDNT* 2. 652—54 ; Eduard Schweitzer, "πνεῦμα, πνευματικός," *TDNT* 6. 421—22 ; Bauer, *s.v.*; Bultmann, *Theology*, § 14 ; Käsemann, *Römer*, 19ff를 참조.

81) 이것에 대해서는 BDF, § 479 ; BDR, § 479를 보라.

서 바울로는 자신이 선교한 그 첫단계로써 충분하며 자신의 복음이 결코 부족하거나 미숙하거나 위법적인 것이 아니라는 점을 분명히 밝힘으로써 자신을 변호하고자 했다.[82)]

2. 두번째 주장 : 아브라함에게 한 하느님의 약속 3장 6—14절

3,6 〔기록된〕 바와 같이, "아브라함은 하느님을 믿어 그것으로 그가 의롭다함을 얻었읍니다." **7** 그러므로 믿음으로 사는 사람[1)]이야말로 아브라함의 자손이라는 것을 알아야 하겠읍니다. **8** 이방 사람들이 믿음으로 의롭다함을 얻게 하시려는 하느님의 경륜을 성경은 미리 내다보았읍니다. 그러므로 성서는 아브라함에게 "네 안에서 모든 나라가 복을 받을 것이다" 하는 기쁜 소식을 미리 전해주었던 것입니다. **9** 그러므로 믿음으로 사는 사람들은[1)] 믿음의 사람인 아브라함과 함께 축복을 받는 것입니다. **10** 율법을 행함으로 살려는 사람은[2)] 저주 아래 있읍니다. 왜냐하면 "율법책에 기록된 모든 것을 끊임없이 지켜 행하지 않는 사람은 다 저주 아래 있다"고 씌어 있기 때문입니다. **11** 그러므로 율법으로는 하느님 앞에서 의롭다함을 얻을 사람이 하나도 없다는 것이 분명합니다. 그것은 "의인은 믿음으로 살리라"고 했기 때문입니다. **12** 또한 율법은 믿음에 의한 것이 아닙니다.[3)] "율법을 행하는

82) 슐리어(p. 126)는 그것을 달리 본다. 즉 바울로가 이 첫번째 논쟁에 오랫동안 연연해하지 않는 것은 "그는 보다 더 근본적으로 말해야 하기 때문"이라는 것이다. 바울로는 다음에 성서로부터 논쟁을 이끌어내는데, 이것은 "갈라디아 사람들에게 그리고 바울로의 반대자들 모두에게 여전히 더 중요하다." 무쓰너(p. 211)는 5절을 답변으로 간주하지 않는다 : "그리고 아직 답변이 있는데, 갈라디아 사람들이 그들의 그리스도인 체험을 기초로 해서 주는 또는 바울로 자신이 주는 답변이 아니라 성서가 주는 답변이다."

1) *RSV*, *NEB*에 이렇게 되어 있다. *JB*는 "믿음에 의지하는 사람들"로 번역한다.

2) 참조. *RSV* : "율법을 행하는 것에 의지하는 사람들 모두" ; *NEB* : "율법에 대한 순종에 의지하는 사람들" ; *JB* : "율법을 지킴에 의지하는 사람들."

3) 참조. *RSV* : "율법은 믿음에 의지하지 않습니다" ; *NEB* : "율법은 믿음을 갖는 문제가 전혀 아닙니다" ; *JB* : "율법은 믿음에 기초되어 있지조차 않습니다."

자는 율법으로 살리라." 13 그리스도께서는 우리를 위하여 저주가 되심으로[4] 율법의 저주에서 우리를 속량하셨읍니다. "나무에 달린 사람은 모두가 저주받은 자들이다"고 기록되어 있기 때문입니다. 14 그것은 아브라함에게 주신 복을 예수 그리스도를 통해 이방 사람들에게 미치게 하려는 것이었으며 그리하여 우리가 믿음으로 그 약속된 성령을 받게 하려는 것이었읍니다.

〔분석〕

3장 6—14절에는 증명의 두번째 부분, 아브라함의 모범(*exemplum*)을 사용하는 성서로부터의 논쟁이 들어 있다.[5] 이 단락의 바울로의 논거가 대단히 이해하기 어렵다는 점에 주석가들은 동의한다. 오늘날의 독자들에게, 특히 역사비판적 성서 해석의 방법들로 훈련받은 사람들에게, 바울로의 논쟁방법은 매우 임의적인 것으로 보인다. 그래서 로이지(Alfred Loisy)와 같은 비판적인 사람이 그것을 "창의적인 환상"이라고 부른 것은 이해할 만하다.[6]

그러나 방법론적 원칙의 문제로서, 우리는 성서로부터의 인용문들과 바울로가 그의 방법론 —단순히 현대적 의미에서의 방법론이 아니라— 에서 발견하는 의미, 그 양자를 분석해야 할 것이다. 그러기 위해서 우리는 바울로가 이해한 인용문들의 의미와 또 같은 인용문이 다른 저자들에게 의미했던 것이 무엇인가, 그리고 물론 그 인용문들이 본래 의미했던 것과 역사적으로 의미했던 것이 무엇인지를 구분해야만 한다.[7] 우리는 바울로의 방법으로부터 그 자신의 시대에 기대되었던 것보다 더 많은 것을 기대할 수 없다. 그 당시에는 어떤 사람의 사상과 개념이 증빙본문으로 제시되는 귀절에 의해서 입증되거나 또 그 귀절 속에 들어 있다는 것을 어떤 합의된 방법으로 증명을 통해 설명할 수 있다고 생각되었다.[8] 그러므로 기본적인 기술은 논쟁에서

4) 참조. *NEB*: "그리스도는 우리를 위하여 비난받는 자가 되심으로써 율법의 저주로부터 우리에게 자유를 사주셨읍니다."

5) 루터(1535)가 그렇게 보는데, 그것은 옳다: "이제 바울로는 아브라함의 모범을 첨가하며 성서로부터의 간증들을 이야기한다"(Iam addit exemplum Abrahae et recitat testimonia Scripturae." *WA* 40/1. 359).

6) Loisy, p. 151.

7) Peter Jung, "Das paulinische Vokabular in Gal 3: 6—14," *ZKTh* 74 (1952) 439—49는 이와는 다르다. 만일 내가 Jung을 이해한 것이 정확하다면, 융은 바울로의 주장의 일관성은 성서 인용문들로부터 어휘를 끌어낸다는 사실에서 나온다고 본다—그것을 그의 구원 개념의 원형으로서 삼기 위해.

8) Gottlieb Klein (*Studien über Paulus* 〔Stockholm: Bonniers, 1918〕67f)를

사용하는 것과 같은 용어가 들어 있는 귀절들을 성서 속에서 발견하는 것이었다.[9] 이러한 그 당시의 방법론을 우리가 염두에 둔다면, 바

따라서 쉽스(*Paul*, 177f)는 3,11—12에서 바울로가 R. Ishmael의 13번째 미다(middah)를 사용한다고 시사했다. 하바 2,4: "의인은 믿음으로 살리라", 그리고 레위 18,5: "그것들〔즉, 율법의 계명들〕을 행하는 자는 그것들로 살리라라"—이 두 귀절은 상호 모순되는 성서 귀절로 다음과 같은 문제를 제기한다: 사람은 믿음으로 사는가 또는 행함으로 사는가? 쉡스에 따르면, 바울로는 R. Ishmael의 13번째 미다(שני כתובים)를 적용함으로써 이 라삐적 문제를 푼다: "두 개의 절은 세번째 절에 의해 해결될 때까지 서로 모순된다." 이 세번째 절은 창세 15,6으로 생각된다: "아브라함은 믿었으며 이것은 그에게 의로서 여겨졌다"(3,6). 그러나 이 흥미로운 가설은 다음 이유들 때문에 받아들일 수 없다: (1) 13번째 미다는 A.D. 135년경의 죽은 그리고 그것을 만들었다고 사람들이 믿는 R. Ishmael 전에는 나타나지 않는다. 이것에 관해서는 Adolf Schwarz, ***Die hermeneutische Antinomie der talmudischen Literatur*** (Vienna and Leipzig: Hölder, 1913), 그리고 Vigdor Aptowitzer, "Die talmudischen Literatur der letzten Jahre," *MGWJ* 60(1916) 174—81에 의한 정정; 참조. 또한 Louis Jacobs, "Hermeneutics," *Ecn Jud* 8(1971) 366—72. 더 이상의 참고목록에 대해서는 Shmuel Safrai, "Ishmael Ben Elisha," *Enc Jud* 9(1971) 83—86. (2) "세번째 절"은 13번째 미다에 의해서 요구되는 것처럼 뒤따르지 않는다. 그러나 쉡스에 의하면 그것은 갈라 3,6에서 이미 예기된다. 쉡스의 가설의 변형은 다음에서 제안되었다: Nils A. Dahl, "Motsigelser i Skriften et gammelt hermeneutisk problem'" *STK* 45(1969) 22—36; "Widersprüche in der Bibel, ein altes hermeneutisches Problem"로서 *StTh* 25(1971) 1—19에 재판. 달(Dahl)은 Ishmael의 13번째 미다가, 전통적으로 이해되었던 것처럼, 바울로의 경우에 적용되지 않는다고 생각한다. 그러나 그는 그 규칙에 대한 Hillel의 더 오래된 이해로 돌아가고자 한다. 그것에 의하면 관련은 있으나 모순되는 두 귀절은 그것들을 그것들 각자의 콘텍스트에 관련시킴으로써 똑같이 타당한 것으로 시인되어야 한다. 그 규칙은, 만일 바울로가 실제로 두 모순되는 귀절들의 문제에 관심을 갖는다면, 물론 갈라 3,11—12에 적용될 것이다. 그러나 바울로의 논의에서 실은 그렇지 않다. 바울로의 신학에 따르면, 성서는 "믿음"과 "율법"의 개념들이 반대된다고 말한다. 이것은 서로 반대되는 두 성서 본문들의 라삐적 문제와 다르다. 바울로에게 있어서 하바 2,4와 레위 18,5은 서로 모순되는 것이 아니라 잇따른 주장에서 하나하나의 요점들을 입증한다. Dahl에 대한 반대에 대해서는 또한 Ragnar Bring, "Tosrättfärdighet och lagens fullgörande," *STK* 45(1969) 101—15를 보라.

9) 이것은 또한 Wilhelm Koepp, "Die Abraham-Midraschimkette des Galaterbriefes als das vorpaulinische heidenchristliche Urtheologumenon," ***Wissenschaftliche Zeitschrift der Universität Rostock***, 2,3(1952/53) 181—87에서 제시된 가설을 부정하도록 이끈다. Koepp는 갈라 3—4를 택하여 그것을 다섯 개의 "미드라쉼"(midrashim)으로 나눈다. 그는 바울로가

울로의 논쟁이 일관성이 있다는 것을 알 수 있다.[10]

바울로는 그가 3장 6—14절에서 하는 논쟁 전체에 대한 증빙 본문이 된다고 보는 성서 귀절을 인용함으로써 시작한다(3, 6). 이것은 그의 주석상의 논제 제시에 의해서 계속된다(3, 7). 주요 단락에는(3, 8—13) 3장 7절에서의 논제에 대한 증거로서 준비된 다섯 개의 성서 증빙 귀절이 들어 있다. 그 귀절들을 통해 3장 7절이 3장 6절에서 인용된 성서 귀절에 대한 바른 해석이라는 것이 입증된다. 단락 3장 8—13절은 인용문들과 주석상의 결론들을 특이한 방법으로 혼합하고, 바울로가 결론에 도달하게 되는 대부분의 방법들을 설명하지 않은 채 남겨둔다. 일반적으로 주석상의 결론들은 성서 인용문들 앞에 나온다. 그러나 본문의 경우 첫번째 증명에서만(3, 8—9) 교리적인 전제가 앞서고 결론은 실제 인용문 뒤에 나온다(3, 89). 다섯개 증명 가운데 첫번째와 마지막 귀절은 적극적인 의미를 띠며(3, 8—9·13), 하느님의 대리자로서의 "성서"와 "그리스도"에 집중한다—그리스도론적 교리로서 공식화된 마지막 증명(3, 13). 두번째, 세번째, 네번째 증명들은 소극적인 의미를 지닌 것들로서 반대파의 대안들, 특히 구원에 이르는 방법으로서의 율법을 배제시키는 데 소용된다. 그 단락에 대한 두 개의 결론이 있다(3, 14). 첫번째는(3, 14a) 3장 6—13절의 토론 결과를 진술하고, 두번째(3, 14b)는 이 결과를 첫번째 논쟁(3, 2·5)에 관련시키며, 또한 다음 단락에서 다룰 중요한 단어 "약속"을 소개한다.

보론 13. 아브라함: 아브라함이 유다교에서 한 역할은 집회서 44장 19—21절, "조상들의 찬양"에서 명백하게 요약된다(*NEB*); "위대한 아브라함은 수많은 민족의 아버지였다. 아무도 그 영광을 따를 사람은 없었다. 그는 지극히 높으신 분의 율법을 지켰다. 그는 그분과 계약을 맺고 자기 살에 그 계약의 표시를 새기었다. 그리고 시련당했을 때 그는 충실하였다. 그러므로 맹세로써 그에게 약속하시기를, 그의 후손을 통해서 만백성을 축복하고 땅의 먼지처럼 번성하게 하며 그의 후손을 별과 같이 높여 주고 이 바다에서

그것을 안티오키아에 있는 교회로부터 이어받았다고 생각한다. 그러나 Koepp는 그의 가설의 많은 고리 중 어느 것도 증명하려 하지 않는다.

10) 이 논쟁의 다른 면은 반-바울로적인 색채가 짙은 *Kerygmata Petrou*에서 볼 수 있다. 거기에 주장된 바에 의하면, 기록된 구약 텍스트는 *Kerygmata Petrou*에 반대되는 교리를 입증할 목적에서 "거짓 단화들"을 삽입한 "위조꾼들"이 위조했다고 한다. 이것에 관해서는 HSW, *NT Apocrypha* 2. 111—15, 118—21; Strecker, *Judenchristentum*, 166ff를 보라. 또한 서론, §2, c, 그리고 부록 3을 보라.

지 바다까지, 에집트 강에서 땅 끝까지를 유산으로 주겠다고 하였다." 참조. *Jub.* 23.10 (Charles역): "왜냐하면 아브라함은 주님과 함께 한 자신의 모든 행동에 있어서 완전했고, 일생동안 의로움에 있어서 부족함이 없었기 때문이다." 하느님께서 이사악에게 말씀하기를 아브라함은 "나의 음성을 따랐고, 나의 명령과 계명, 그리고 나의 율법, 나의 법령, 나의 계약을 지켰다"(24.11)고 했다.

유다의 하가다(haggadah)는 더 길고 보다 상세하게 이 모델을 발전시켰다. 특히 이사악의 희생은 아브라함의 유혹 중에서 가장 힘든 것으로 여겨졌다. 그러나 그 일을 통해 더욱 더 그의 신실함을 입증했다(*εὑρέθη πιστός* ("그는 충실하였다") [집회 44,19—21; 마상 2,52]). 유다교 신학에 의하면, 아브라함의 믿음은 결코 그의 행위와 모순되지 않는다. 오히려, 하느님의 약속에 대한 이 굳은 신뢰와 모든 유혹에 대해서 그의 확고부동함이 그 자신의 행함을 보충하여, 따라서 그로 하여금 의의 보상을 받는 데 부족함이 없게 한다. 결국 필로(Philo)가 *πίστις*("충성")를 아브라함의 가장 큰 덕으로서 삼았을 때 그는 옳다.

신약성서에 있어서, 아브라함에 대한 이런 해석은 야고보서 2장 21—23절에서 볼 수 있으나(또한 *1 Clem.* 10을 보라), 바울로에 의해서 부인된다. 바울로는 하느님의 약속에 대한 아브라함의 믿음과 유다교의 율법에 대한 그의 복종을 구별한다. 그는 유다교 율법이 430년 뒤에 나타났다는 이유로 아브라함 시대에 율법이 있었다는 것을 부인한다(참조. 갈라 3,17). 그러므로 아브라함의 믿음은 하느님의 약속에 대한 그 자신의 신뢰 이외의 아무것도 아니다. 그래서 이 "믿음"이 "율법을 행함"에 반대되는, 즉 유다 토라에 대한 복종에 반대되는 것으로 설명된다. 그 결과로서 아브라함은 유다교(그리고 유다—그리스도교)의 토라 준수자에 반대되는, 이방—그리스도교 신자의 원조가 된다. 문제는 이같이 아브라함과 모세의 계명을 대조시키는 것이 바울로 자신의 창안인가 아니면 선례가 있었나 하는 것이다. Elias Bickermann(*Der Gott der Makkabäer* [Berlin: Schocken, 1937] 126ff)를 따라서 헹겔은 ***Judaism and Hellenism*** 1.277ff, 그리고 자신의 논문인 "Zwischen Jesus und Paulus: Die 'Hellenisten', die 'Sieben' und Stephanus(Apg 6,1—15; 7,54—8,3)," *ZThK* 72(1975) 151—206에서 마카베오 폭동 이전에 유다의 지방주의를 끝내고자 했던 예루살렘에 있는 "헬라주의적 개혁자들"에게 다시 주의를 환기시켰다. 분명히 이 개혁자들은 유다 신정론의 법적 기초로서의 모세의 계명을 폐지시키고자 했으며, 그것을 단지 종교적 관습과 의식의 법전으로서만 존속시키고 싶어했다. 이 변화는 유다교로 하여금 그것의 헬라적 환경과 충분히 통합되는 것을 허용했을 것이다. 개혁을 정당화시킴에 있어서 지지자들은 "기원과 퇴보"에 대한 포시도니우스(Posidonius)의 이론을 이용했을 것이다(Hengel, *Judaism and Hellenism* 1.300ff). 만일 이 이론이 유다교의 역사에 적용된다면, 모세의 토라는 "후대의 첨가"로 생각될 수도 있을 것이다(참조. 아래 3,19b에 관해서). 흥미로운 것은 그 개혁자들의 최초의 영웅들 중 하나가 아브라함이었던 것 같다는 점이다 : "아브라함은 특히 그에 대한 가장 주목할 만한 보도들이 유포되어 있었던 바와 같이, 무엇보다도 그들에게 관심이 있었던 것 같다 : 베로쏘스(Berossos)는 이미 그를 언급했었다. 그는 페르가메네스(Pergamenes)와의 친교에 참여했고 다마스커스의 왕으로서 한동안 지배했다고 한다. 그는 또한 승려들의 말을 들으러, 그리고 신들에 대한 자신의 견해를 그들의 것과 비교하기 위해 에집트에 갔다고 한다. 이것은 이 산만한 보도들이 모두 기원전 175 년경부터 예루살렘에 있는 '헬라주의자들' 로부터 나온다는 것을 말하는 것이 아니다. 그러나 그것들은 초기 헬라적 유다교에서, 아마도 개종과 연관해서, 아브라함과 다른 조상들에 대한 견해가 있었다는 것을 —그것의 세계적인 폭에 있어서 벤시라가 가장 잘 드러나는 위치에서 설명하는 것과 근본적으로 달랐다— 보여준다"(Hengel, *Judaism and Hellensim* 1.302). 바울로는 이 "헬라주의자들"과 어떤 관계를 맺고 있을까? 아마 그들의 사상이, 현존하는 자료들 때문에 우리가 믿게 되는 것과는 반대로, 모두 배제되지는 않았을 것이다. 이 사람들을 올 세계로부터 몰아머는, *m. Sanh.* 10.1에서의 신비적인 논쟁에 주의를 기울여야 할 것 같다 : "그는 율법에 규정된 죽은 자의 부활이 없다고 말한다. 그리고 율법은 하늘로부터, 그리고 에피큐러스파로부터 오지 않는다고 〔그는 말한다〕"(Danby; 참조. Henry Fischel, *Rabbinic Literature and Greco-Roman Philosophy* 〔Leiden: Brill, 1973〕 35ff). 필로는 토라의 반대자들에 대한 다른 진술들을 갖고 있다(아래, 갈라 3,19에 관해 보라). 스테파노의 연설이—"헬라주의자들" 중의 하나(참조. 사도 6,1 ; 9,29 ; 11,20 異讀)—아보라함으로 시작해서 율법을 반대하는 논쟁으로 끝나는 것은 아마 우연이 아닐 것이다(참조. 사도 7 : 2—53). 율법에 대한 언급(사도 7,53)은 —그것은 스테파노의 순교에 이른다— 갈라디아서와 문자적으로 일치하는 두 개의 병행구를 갖는다 : "그대들은 하느님의 천사들이 전해준 율법을 받기만 하고〔참조. 갈라 3,19d〕 지키지는 않았읍니다〔참조. 갈라 6,13〕." 자료의 부족 때문에 우리는 바울로가 토라와 아브라함을 대조시키는 것이 소위 "헬라주의자들"의 운동에 그 기원을 두고 있을 것이라는 사실을 제시할 수 있을 뿐이다.

참고도서 : 자료들은 Bernhard Beer, *Leben Abraham's nach Auffassung der jüdischen Sage* (Leipzig: Leiner, 1859) ; Ginsberg, *Legends*, 1.183—308 ; 5.207—69 ; Str-B, 4.1213 *s.v.* Abraham에 수집되어 있다. 연구서와 참고문헌에 대해서는 다음을 보라 : Otto Schmitz, "Abraham im Spätjudentum und

Urchristentum," in *Aus Schrift und Geschichte: Theologische Abhandlungen Adolf Schlatter zu seinem* 70. *Geburtstage dargebracht*...(Stuttgart: Calwer Vereinsbuchhandlung, 1922) 99—123 ; Geza Vermes, *Scripture and Tradition in Judaism* (Leiden: Brill, ²1973) 66—126 ; Samuel Sandmel, *Philo's Place in Judaism* (Cincinnati: Hebrew Union College, ²1972) ; Nahum M. Sarna *et al.* "Abraham," *Enc. Jud.* 2(1971) 111—25 ; Goodenough, *By Light, Light,* 5장 ; Hengel, *Judaism and Hellenism,* 여러 곳 ; Günter Mayer, "Aspekte des Abrahambildes in der hellenistisch-jüdischen Literatur," *EvT*32 (1972) 118—27 ; Ben Zion Wacholder, *Eupolemus* (Cincinnati: Hebrew Union College-Jewish Institute of Religion, 1974) 76 ; John Van Seters, *Abraham in History and Tradition* (New York and London: Yale University, 1975). 중요한 보론은 Lietzmann, *Römer*(로마 4,21에 관한 부분)과 Dibelius-Greeven, *James,* 168—74에 들어 있다.

바울로의 아브라함 해석에 대해서는 다음을 보라 : Christian Dietzfelbinger, *Paulus und das Alte Testament: Die Hermeneutik des Paulus, untersucht an seiner Deutung der Gestalt Abrahams* (*ThExh* NF 95 ; Munich: Kaiser, 1961) ; Luz, *Geschichtsverständnis,* 177—82 ; Klaus Berger, "Abraham in den paulinischen Hauptbriefen," *MThZ* 17(1966) 47—89, 광범한 참고문헌과 함께 ; Ronald Clements, *Abraham and David* (London: SCM, 1967) 87f, "아브라함 전승과 시나이 전승 간의 구약의 조상들을 가리킴 ; Kertelge, *Rechtfertigung,* 185ff ; Käsemann, *Römer,* 99ff ; 같은 저자, "The Faith of Abraham in Romans 4," *Perspectives,* 79—101 ; Ulrich Wilckens, "Die Rechtfertigung Abrahams nach Römer 4," in his *Rechtfertigung,* 33—49 ; Dieter Zeller, *Juden und Heiden in der Mission des Paulus* (Forschung zur Bibel 1 ; Stuttgart: Katholisches Bibelwerk, 1973) 79ff ; Nils A. Dahl, "The Atonement—An Adequate Reward for the Akedah?," in *Crucified Messiah and Other Essays* (Minneapolis: Augsburg, 1974) 146—66 ; Davies, *Gospel... Land,* 168—79.

〔해석〕

[6] 바울로는 유다교[11]와 그리스도교 양자[12]의 성서 해석에 있어서 유명한 귀절인 창세기 15장 6절을 인용함으

11) 유다교 문헌에서 창세 15,6에 대해 언급된 부분에 대해서는 Str-B 3.199—201에 있는 자료를 보라. Philo *Mut.* 177 ; 186(참조. 181f ; 218) ; L.A. 3.228 ; *Mig.* 44 ; Her. 90—95(참조. 101) ; Abr. 262—274 ; 참고. 또한 *Deus* 4 ; *Virt.* 216—218 ; *Praem.* 27—30을 보라. 안타깝게도 쿰란에서 발견된 창세기 위경은 창세 15,6 앞에서 찢어지고 없다(Joseph A.

로써 두번째 논쟁을 시작한다. 그 인용문은 서언적인 법식 *καθώς*("바와 같이 〔즉, 기록된〕)"[13]가 그 인용문의 특징을 이루며, 칠십인역과 거의 축어적으로 동일하다.[14] 유일한 예외가 있다면 처음에 아브라함의 이름을 말하는 것뿐이다.[15] : "아브라함은 하느님을 믿어 그것으로써 그가 의롭다함을 얻었읍니다"(*'Αβραὰμ ἐπίστευσεν τῷ θεῷ, καὶ ἐλογίσθη αὐτῷ εἰς δικαιοσύνην*).

이 귀절을 인용함으로써, 바울로는 논거로서 성서를 내세울 뿐만 아니라 아브라함의 두드러진 모습 —유다의 전승에 의하면 그는 유다교 "신앙"의 가장 위대한 모범이었다— 을 또한 내세운다.[16] 그러나

Fitzmyer, *The Genesis Apocryphon of Qumran Cave* 1, *A Commentary* (Biblica et Orientalia 18 ; Rome: Pontifical Biblical Institute, ²1971) 164를 보라).

12) 다른 귀절들은 로마 4,3·9·22·23 ; 야고 2,23 ; 1 *Clem.* 10.6 ; *Barn.* 13.7 ; Justin, *Dial.* 23.4 ; 92.3 ; 119.6을 포함한다. 마르시온은 그 서신으로부터 갈라 3,6—8을 제거했다(Harnack, *Marcion,* *72를 보라). 더 이상의 참조를 위해서는 *Biblia Patristica: Index des citations et allusions bibliques dans la littérature patristique, des origines à Clément d'Alexandrie et Tertullian* (Paris: Editions du Centre National de la Recherche Scientifique, 1975) 79f를 보라. 신약에 관해서는 Ferdinand Hahn, "Genesis 15,6 im Neuen Testament," in *Probleme biblischer Theologie, Festschrift für Gerhard von Rad zum* 70. *Geburtstag* (Munich: Kaiser, 1971), 90—107, 특히 97—100을 보라.

13) 이 생략된 법식은 바울로서신들 중에서 여기서만 나온다. Michel, *Paulus,* 72 ; E. Earle Ellis, *Paul's Use of the Old Testament*(Edinburgh: Oliver & Boyd; Grand Rapids: Eerdmans, 1957) 22ff. 그것은 쿰란 문서에서 나오지 않는다. Joseph A. Fitzmyer, "The Use of Explicit Old Testament Quatotations in Qumran Literature and in the New Testament," *NTS* 7 (1961) 297—333을 보라. 그의 책 *Essays on the Semitic Background of the New Testament* (London: Chapman, 1971) 3—58에서 재인용했음. 갈라 3,6에서 G Ambrosiaster vg[clem]은 로마 4,3에서 취해진 것 같은 —거기서 더 긴 법식이 사용된다(야고 2,23 ; 1 *Clem.* 10.6과 같이)— 첨가된 *γέγραπται*를 갖고 있다. Zahn, p.146 n.90을 보라. 참조. *RSV, NEB.* 그것들은 인용 법식보다 예에 대한 참조를 더 많이 가리키는 것 같다.

14) 70인역 : *καὶ ἐπίστευσεν 'Αβρὰμ τῷ θεῷ καὶ ἐλογίσθη αὐτῷ εἰς δικαιοσύνην.* MT와의 차이는 미미하다. והאמין ביהוה ויחשבה לו צדקה. Aemilius F. Kautzsch, *De Veteris Testamenti locis a Paulo Apostolo allegatis* (Leipzig: Metzger & Wittig, 1869) 25을 보라.

15) Philo L.A. 3.228 또한 그렇게 본다. 로마 4,3은 70인역과 문자 그대로 일치한다.

16) 아브라함에 관해서는 위 보론을 보라.

유다교에 반대하여 바울로는 유다적 의미에서가 아니라 그 자신의 신학에 의해서 "믿음"의 개념을 해석한다.[17] 그가 볼 때, 아브라함의 모범은 유다적 의미에서 충실과 신뢰를 보여주는 모범이 아니라 바울로의 의미에서 믿음을 보여주는 모범이다. 그러므로 창세기 15장 6절이 "율법을 행함에 의해서"에 반대되는 "믿음에 의한 의"에 대한 이해를 입증한다는 그의 주장은 그의 신학적인 그리고 방법론적인 전제들에 공감하는 자들만을 확신시킬 수 있다. 이것은 바울로쪽의 순진함을 말하는 것이 아니다. 그는, 그가 로마서 4장에서 보다 더 충분히 보여주듯이, 그의 믿음의 개념이 사실이라는 것 —그것이 성서에서 발견되기 때문에— 을 진지하게 설명하고 싶어한다. 이것을 하는 가능성은 유다 전승에서 아브라함의 "믿음"과 그의 "행함" 간에 부자연스러운 연합이 존재한다는 사실에서 나온다.[18] 바울로는 그 연합을 해체시키고, 그리고 아브라함을 의롭게 한 것은 그의 행함이 아니라(로마 4,2) 그의 믿음이라고 주장한다(로마 4,16). 이 믿음은 의로운 자의 믿음이 아니라, 불의한 자를 의롭게 하시는(로마 4,5), 죽은 자를 살리시는, 그리고 없는 것을 있는 것같이 불러내시는(로마 4,17) 하느님을 믿는 자의 믿음이다. 그것은 "희망에서 희망으로"(*παρ' ἐλπίδα ἐπ' ἐλπίδι*) 우리를 나아가게 하는 믿음이며, 눈으로 볼 수 있는 증거에 맞서서 하느님의 약속을 신뢰하는 믿음이다(로마 4,18—20). 이 믿음은 그래서 "하느님께서 의롭다고 인정하시는"(로마 4,4)[19] 믿음인 바, 공로(*κατὰ ὀφείλημα*)로서가 아니라 하느님의 은혜에 의해서

---

17) 바울로 신학에서 "믿음"에 대해서는 위 2,16에 관해 보라. 바울로에 있어서 "믿음"의 중요성에 대한 루터의 주목할 만한 언급을 보라. WA 40/1.360ff.

18) 유다적 입장은 야고 2,20—26에서 현저하게 주장된다.

19) 본래 현저하게 유다적인 이 개념은 바울로에 의해서 로마 4,3·9·22·23에서도 사용된다(참조. 2,3·26 ; 3,28 ; 4,4·5·6·8·10·11·24 ; 6,11 ; 등). 참조. 야고 2,23. 그 개념에 관해서는 Str-B 3.201(또한 121—23)에 있는 자료를 보라. Hans Wolfgang Heidland, *Die Anrechnung des Glaubens zur Gerechtigkeit* (BWANT 4.18 ; Stuttgart: Kohlhammer, 1936) ; 같은 저자, "*λογίζομαι*," *TDNT* 4.286—92 ; Bauer, *s.v.*, 1 ; Gerhard von Rad, "Die Anrechnung des Glaubens zur Gerechtigkeit," *ThLZ* 76(1951) 129—32 ; Kertelge, *Rechtfertigung*, 185—95. 루터(1535)는 이 점에서 동시에 의인이며 죄인으로서의 그리스도인이라는 자신의 유명한 교리를 발전시킨다 : "Sic homo Christianus simul iustus et peccator, Sanctus, prophanus, inimicus et filius Dei est" (WA 40/1.368). "의"(*δικαιοσύνη*)의 개념에 관해서는 위 갈라 2,16·21에 관해서 보라.

(κατὰ χάριν) 인정된다.

[7] 창세기 15장 6절의 인용은 바울로의 주석적 "논제"에 의해서 이어진다 : "그러므로 믿음으로 사는 사람이야말로 아브라함의 자손이라는 것을 알아야 하겠읍니다"(γινώσκετε ἄρα ὅτι οἱ ἐκ πίστεως, οὗτοι υἱοί εἰσιν 'Αβραάμ).[20] 서두의 γινώσκετε는 직설법("여러분은 압니다")으로도[21] 또는 명령법("알아야 하겠읍니다")으로도[22] 해석될 수 있다. 후자가 바람직한데, 그 이유는 그것이 교훈문학(didactic literature)에 있는 병행구를 따르기 때문이다.[23] 갈라디아 사람들에게 알아야 한다고 요구되는 바가 명백하진 않으나 다음에 이어질 논거의 결과가 여기서 예기된다.[24] 바울로는 로마서 4장에서 그 "논제"를 보다 더 충분하게 논의한다. 그러나 로마서 4장과는 달리, 갈라디아서 3장 6—14절에서 바울로는 아브라함의 두드러진 모습을 먼저 논의하지 않고[25], 직접 "아브라함의 아들들"과 그들의 믿음에 초점을 둔다. οἱ ἐκ πίστεως("믿음으로 사는 사람들")는 하느님 앞에서의 그들의 존재가 믿음에(ἐκ) 기초를 두고 있는 자들이다. 그 어구는 바울로 서신들 중에서 여기서만 나오며[26] 아마 οἱ ἐξ ἔργων νόμου("율법을 행함으로 살려는 사람들")[27]과 οἱ ἐκ περιτομῆς("할례받은 사람들")[28]에 대조해서 바울로가 만들어낸 것 같다. 이 "믿음으로 사는

20) ℵ^{c} A C 𝔎 D G *PL*에는 εἰσιν 뒤에 υἱοί이 나오다 Nestle-Aland의 본문을 택해야 한다(P⁴⁶ ℵ* B *pc*). Sieffert, p. 173을 보라.

21) 이전의 많은 주석가들은 그렇게 생각한다. 예. Cyprian (Sieffert, p. 173에 있는 목록을 보라).

22) 대개의 현대 주석가들, 또한 Lightfoot, Zahn, Lagrange, Burton, Oepke, Schlier, Mussner는 그렇게 본다. 더 이전의 주석가들 중에서는 Ambrosiaster, Vg, Luther, Calvin (Sieffert, p. 174에 있는 목록을 보라).

23) 참조. 예, *2Clem.* 5.5 ; 16,3 (γινώσκετε) ; 9.2 (γνῶτε) ; 또한 *Corp. Herm.* 1.6. 더 일반적인 것은 μάθετε (*Barn.* 5.6, 6.9 등등 ; 참조. Philo *Sac.* 8 ; L.A. 3.51 ; *Deus* 4 등등).

24) 이런 형태의 "지식"에 관해서는 야고 2, 20 ; *Barn.* 1.5 ; 6.9 ; 7.1 ; 13.7 ; 14.7 ; 16.2 ; *1Clem.* 32.1 ; 40.1 ; 41.4 등을 보라. Rudolf Bultmann, "γινώσκω," *TDNT* 1.708을 보라.

25) 로마 4장의 마지막에 가서야 바울로는 "신도들"이라는 주제로 돌아간다 (4, 23—25 : 참조. 16).

26) 참조. 로마 4, 16 : τῷ ἐκ πίστεως 'Αβραάμ.

27) 갈라 3, 10을 보라.

28) 이것에 대해 그리고 이와 유사한 표현에 대해서는 갈라 2, 12 ; 로마 4, 12 ; 사도 10, 45 ; 11, 2 ; 또한 로마 2, 8 : οἱ ἐξ ἐριθείας를 보라.

사람들"은 "아브라함의 아들들"과 동일시된다.[29] 왜냐하면 그들은 아브라함이 믿었던 것과 똑같은 것을 믿기 때문이다.[30] 확실히 이러한 동일시는 반(反) 유다적인 입장[31]을 의도한 것이다. 바울로는 자신의 논제를 입증하기 위해 다음 단락(3,8—13)에서 성서로부터 다섯 가지의 증명을 제시한다.

[8] 첫번째 증명은 유명한 "아브라함의 축복"에 대한 해석이다. 문장은 아브라함 축복부분에서 발견되는 칠십인역의 어느 귀절과도 정확하게 동일시될 수는 없지만, 인용문의 특징을 분명히 취하고 있다. 그러므로 바울로의 말은 그 자신의 것이다: *ἐνευλογηθήσονται ἐν σοὶ πάντα τὰ ἔθνη*("네 안에서 모든 나라가 복을 받을 것이다").[32] 유다교 신학에서 *ἐν σοί*는 많은 주의를 끌며 "율법에

29) "아브라함의 아들들"이라는 개념은 또한 갈라 4,22—31의 마지막 주장의 일부이다. 그러나 그것 전에 바울로는 "아브라함의 아들들"을 "하느님의 아들들"과 동일시했다(3,26; 4,6·7). 동일시되는 것은 또한 "아브라함의 후손"이다(3,16·19·29; 참조. 로마 4,13·16·18; 9,7·8·29; 11,1; 고후 11,22; 등). 참조. 또한 "우리 육신의 조상 아브라함"(로마 4,1·12). 원래 그 개념들은 유다적이었으며 반대파의 신학의 일부였을 것이다. Burton, pp.153f를 보라; 참조. Betz, "2Cor 6:14—7:1," 97f, 고후 2,18에 대한 언급(아래 부록 2를 보라). "아브라함의 아들들"의 개념에 대해서는 Str-B. 3.263ff에 있는 자료; Eduard Schweizer, "*υἱός κτλ.*," *TDNT* 8.365(이 책은 더 많은 언급들을 가지고 있다)을 보라; E. Jacob, "Abraham et sa signification pour la foi chrétienne," *RHPhR* 42(1962) 148—56; Franz Leenhardt, "Abraham et la Conversion de Saul de Tarse, suivi d'une note sur Abraham dans Jean VIII," *RHPhR* 53(1973) 331—51을 보라.

30) 모든 유다인이 "아브라함이 우리의 조상"이라고 말할 수 있는지(참조. 마태 3,9; 루가 3,8; 16,24; 요한 8,33—34) 또는 "이스라엘에서 난 사람이라 하여 다 이스라엘 자손은 아니다"(로마 9,6: 참조. 2,28f)라는 문제는 그리스도교와 유다교 양편에서 논의되었다. 참조. 순교자들의 경칭 *'Αβραμιαῖοι* 4Macc 9,21; 18,23; Philo *Virt.* 195—97; Str-B 3.263f,535에 있는 라삐들의 자료를 보라. 일반적인 유다의 秘敎主義(esoterism)에 관해서는 Braun, *Qumran* 2.235ff를 보다.

31) 바울로의 입장에 대한 광범위한 변호에 대해서는 로마 9—11을 보라.

32) 아브라함의 축복은 여러 형태로 인용된다. 그 어느 것도 갈라 3,8과 완전히 일치하지 않는다(참조. 창세 12,3; 18,18; 22,18; 26,4; 28,14; 시편 71,17 LXX; 집회 44,21 LXX; 사도 3,25; 또한 로마 4,13ff를 보라). 텍스트상의 문제에 대해서는 Kautzsch, *De Veteris Testamenti locis*, 60f를 보라. 아브라함의 축복의 역사에 관해서는 다음을 보라: Josef Scharbert, *Solidarität in Segen und Fluch im Alten Testament und in seiner Umwelt* (BBB 14; Bonn: Hanstein 1958) 1장; Josef Schreiner,

따라 행함으로"를 뜻하는 것으로 해석된다.[33] 그러나 바울로는 주로 어구 πάντα τὰ ἔθνη에 관심이 있다. 그가 볼 때 그것은 "모든 나라"를 뜻한다.[34] 확실히, 구약성서에서 하느님은 많은 후손과 그 후손들이 살 수 있는 땅을 갖게 될 것을 아브라함에게 약속했다(창세 12, 1—2·7 ; 13, 14—18 ; 15, 5—6·18 ; 17, 4—8·16—21 ; 18, 18 ; 22, 17을 보라). 하느님이 아브라함과 그의 후손과 맺은 계약은 이것에 기초되었다(창세 17, 7—14 ; 18, 19 ; 22, 16—17을 보라). 그렇지만 바울로의 질문은 구약성서를 넘어선다 : 어떻게 하느님께서 이방인들을 축복하실 수 있겠는가? 이 질문은 바울로 당시의 유다교에 근거해서 볼 때 긍정적으로 대답될 수 있다.[35] 바울로 당시의 유다교는 아브라함 때문에 모든 나라들에 주어진 어떤 축복들에 대해서 알고 있다 : 천지창조와 인간의 죄에도 불구하고 그 창조가 지속된 것, 은혜, 유일신론, 참회, 개종, 과학적 지식, 문화적 성취 등등. 바울로는 그가 단순히 축복을 하느님의[36] "은혜"(χάρις)[37] 그리고 그분의 "믿음에 의한 의"(ἐκ πίστεως δικαιοῖ τὰ ἔθνη ὁ θεός("하느님은 믿음을 통해 이방인들을 의롭게 하신다")[38]와 동일시할 때 의심할 바 없이 이보다 훨씬 더 나아간다. 이 약속을 받았던 아브라함도 그 약속을 역시 같은 의미로 이해했을까? 바울로는 아브라함이 그렇게 했다고 결론짓는다. 그리하여 사도는 아브라함에게 독특한 역할을 돌린다 :[39] 그는 그리스도 이전에[40] 실제

"Segen für die Völker in der Verheissung an die Väter," *BZ* 6(1962), 1—31, 특히 7f ; Wolfgang Schenk, *Der Segen im Neuen Testament* (Theologische Arbeiten 24 ; Berlin; Evangelische Verlagsanstalt, 1967) 42ff ; Gerhard Wehmeier, *Der Segen im Alten Testament* (Basel: Reinhardt, 1970) 177—79.

33) 참조. 유다교의 자료에 대해서는 Str-B 3.539—41.

34) 참조. 갈라 1,16 ; 2,2·8·9·12·14·15 ; 3,14.

35) 귀절들에 대해서는 Str-B 3.539—41을 보라.

36) 수동태 ἐνευλογηθήσονται("그들이 축복받을 것이다")는 유다주의이며 하느님의 활동을 나타낸다. 참조. 갈라 2,16에서 δικαιωθῆναι("의롭게 되다"), 그리고 3,13f에서 그리스도론.

37) 참조. 갈라 1,6 ; 2,21 ; 5,4.

38) 참조. 갈라 2,15—21. 확실히 믿음은 나라들에 의해서 채워져야 하는 조건이 아니다. 따라서 새로운 종류의 행함이 아니다(Mussner, p.200 n.41은 다르다).

39) 여기서 바울로는 유다교 전승과 일치한다. 참조. Bernhard Beer, *Leben Abrahams nach Auffassung der jüdischen Sage*(Leipzig, 1859) 86—92.

40) 참조. 갈라 3,22—23.

로 복음을 알았던 그리고 그것을 믿었던[41] 유일한 사람이다. 어떻게 이것이 있을 수 있는가? 바울로는 자신이 알고 있는 성서 개념을 언급함으로써 그것을 설명한다 : "…〔그것을〕 성경은 미리 내다보았읍니다"(πορϊδοῦσα δὲ ἡ γραφή).[42] 그리고 "아브라함에게…미리 전해주었던 것입니다"(προευηγγελίσατο τῷ 'Αβραάμ).[43]

[9] 이 말은 첫번째 증명을 종결짓는다(3,8—9).[44] 8절에서 제시된 해석이 성취된다면, 그 결과는 이렇다 : "그

41) 슐리어(p.130)는 Sieffert의 말(p.175)을 의심한다 : "그 약속은 복음 이전의 복음이었다." 슐리어는, 이방인들의 축복이 될 것이라는 아브라함에게 주어진 약속이 복음의 시작이었다는 의미로 그것을 해석하려고 한다. 그러나 그것이 복음은 발전하는 것이라는 의미는 아니다. 왜냐하면 아브라함의 믿음과 그리스도교의 믿음 사이에 구체적인 차이가 존재하는 것같지 않기 때문이다. 어떻게 이 상황이 그리스도론과 조정될 수 있는지 또는 될 수 없는지는 바울로의 신학에서 하나의 문제점이다. Hendrikus W. Boers, *Theology out of the Ghetto* (Leiden: Brill, 1971) 74—82 ; Betz, "2Cor 6 : 14—7 : 1," 104를 보라. 무쓰너(p.222)는 "집단적 인격"(corporate personality)의 개념을 도입함으로써 바울로의 그 문제를 해결하려고 했다 : "아브라함 안에서" 나라들은 축복받았다. 왜냐하면 그것들은 "집단적 인격"으로서 "그 안에"(참조. ἐν σοί) 영적으로 포함되었기 때문이다. 그러나 "집단적 인격"의 개념은 바울로에 의해서 아담과(로마 5,15를 보라) 그리스도("그리스도 안에서"에 대해서는 갈라 2,17을 보라)에 관련해서만 사용된다.

42) 바울로는 "성경"(ἡ γραφή)을 한 인간처럼 행동하는 실재와 거의 같은 것으로 취급한다(또한 갈라 3,22 ; 4,30 ; 로마 4,3 ; 9,17 ; 10,11 ; 11,2; 그리고 그 주제에 관해서는 Gottlob Schrenk, "γραφή," *TDNT* 1.754—55를 보라). 성경에 "미리 본다"는 사상(참조. 역시 로마 9,29 ; 사도 2,31)은 "율법이 무엇을 보았느냐?"라는 표현이 보여주듯이 라삐적이다(자료는 Str-B. 3.538을 보라) : Wilhelm Michaelis, "προοράω, προςεῖδον," *TDNT* 5.381—82를 보라). 참조. 또한 Philo L.A. 3.118 : εἰδὼς γοῦν ὁ ἱερὸς λόγος("거룩한 말씀이 알았다") ; Therapeutae에 대한 *Cont.* 78 : "왜냐하면 이 사람들에게 율법서 전체는 몸과 영혼 —그것의 말 가운데 들어있는 보이지 않는 정신—을 위한 문자적 법령을 가진 살아있는 피조물을 닮은 것 같기 때문이다."

43) Προευαγγελίζομαι는 신약에서 매우 드물게 나오는 어구다. 그것은 Philo *Op.* 34 ; *Mut.* 158에서도 발견된다. Bauer, *s.v.*; Gerhard Friedrich, "προευγγελίζομαι," *TDNT* 2.737을 보라. 시제상의 의미에 관해서는 Peter Stuhlmacher, "Erwägungen zum Problem von Gegenwart und Zukunft in der paulinischen Eschatologie," *ZThK* 64(1967) 423—50, 434 ; Ulrich Luz, *Das Geschichts-verständnis des Paulus*(BEvTH 49 ; Munich: Kaiser, 1968) 111f를 보라.

44) 성서 주석에서 ὥστε("그러므로")의 기능에 대해서는 또한 갈라 3,24 ; 4,7을 보라.

러므로 믿음으로 사는 사람들은 믿음의 사람인 아브라함과 함께 축복을 받는 것입니다." 문구(8절) πάντα τα ἔθνη("모든 나라〔또는 : 이방인들〕")는 이방인들 중에서 아브라함처럼 믿는 사람들을 뜻하는 것으로 해석되어야 한다. 그들은 "믿음으로 살려는 사람들"(οἱ ἐκ πίστεως)이다.[45] 지금 아브라함의 전통적인 속성인 ὁ πιστός는 그리스도인들처럼 "믿는 자됨"의 의미에서 이해될 수 있다.[46] 유다교에서 "율법에 복종함으로써 얻은 의"의 원조인 아브라함은 이제 "믿음으로 살려는 사람들"의 원조가 되었다. 그들은 "아브라함과 함께 축복을 받는다."[47] 그것은 그들이 동일한 믿음을 공유하기 때문이다. 바울로가 εὐλογοῦνται("그들이 축복을 받는다")를 δικαιοῦνται("그들이 의롭게 되다")[48]와 대치시키지 않는 것은 주목할 만하다. 왜냐하면 그는 그다음 성서 증명을 위해 여전히 그 말이 필요하기 때문이다(3, 10).[49] 그러나 9절의 결론은 7절의 논제가 주석상으로 옳다는 것을 일찍 보여준다. 아직 남아 있는 일은 구원의 기초를 "토라의 행업"에 두고 있는 자들을 배제시키는 것이다. 더우기, 3장 10—13절에서 나올 "믿음으로"라는 개념에 대한 그리스도론적 그리고 구원론적 해석이 여전히 나오지 않고 있다.

〔 10 〕 바울로는 성서로부터 끄집어낸 두번째 증명을 소개한다.[50] 다시 그는 결론을 먼저 언급한다 : "토라의 행업으로 살려는 사람은 저주 아래 있읍니다"(ὅσοι γὰρ ἐξ ἔργων νόμου εἰσίν, ὑπὸ κατάραν εἰσίν). 바울로는 부정적인 추론에 의해서 결론에 도달한

45) 이 개념에 대해서는 갈라 3, 7는 보라.

46) 아브라함의 이름의 기원으로서의 ὁ πιστός("신실한 사람")는 신약에서 여기서만 나온다. 또한 1 *Clem.* 10. 6을 보라. 헬라주의적 유다 문학에서 그것은 자주 발견된다 : 집회 44, 20 ; 마상 2, 52 ; 마하 1, 2 ; Philo, *Post.* 173. 다음을 보라 : Rudolf Bultmann, "πιστεύω κτλ.," *TDNT* 6. 175, 201—02, 214—15 ; Bauer, *s.v.* πιστός; Roy B. Ward, "The Works of Abraham," *HTR* 61(1968) 283—90 ; 같은 저자, "Abraham Traditions in Early Christianity," *SBLCS* 2(1972) 165—79 ; Dieter Lührmann, "Pistis im Judentum," *ZNW* 64(1973) 19—38 ; 같은 저자, *Glaube im frühen Christentum* (Gütersloh: Mohn, 1976) 31ff.

47) 8절에서의 "너 안에서"(ἐν σοί)는 여기서는 아브라함"과 함께"로 해석된다.

48) 참조. 갈라 2, 16f ; 3, 8·11·24.

49) 참조. εὐλογία("축복") 갈라 3, 14.

50) γάρ는 주장에서 추론적인 것으로서("확실히, 그래서, 다음에는") 또는 다른 단계를 특징짓는 것으로서 가장 잘 해석될 것이다. 참조. Bauer, *s.v.*, 3—4.

다 : 만일 —9절에서 언급된 것처럼— "믿음으로 살려는 사람들"이 아브라함과 함께 축복받는다면, "믿음으로 살려는 사람들"이 아닌 자들은 "토라로 살려는 사람들"(*οἱ ἐκ νόμου*)임이 분명하며, 그들은 "저주 아래" 있어야 한다.[51] 축복받지 못하는 것은 저주받는 것과 같다. "믿음으로 살려는 사람들"에 속하지 않는 것은 "토라로 살려는 사람들"에 속하는 것이나 다름 없다. 이 두 형태의 사람들은 앞의 토론에서 언급되었다.[52] 더우기 "토라로 살려는 사람들"은 토라의 행업(*οἱ ἐξ ἔργων νόμου*)으로써 구원을 얻고자 하는 자들이다.[53] 결국 이 형태에 속하는 사람들은 모두 "저주 아래" 있다.[54] 바울로의 반대자들이 하는 것처럼, 토라 준수를 구원의 조건으로 간주하는 유다인들과 유다 그리스도인들이 거기에 포함된다. 만일 갈라디아 사람들이 토라 아래 들어가려는 자신들의 현재 계획을 이행한다면 그들도 또한 그 부류에 포함될 것이다.[55] 이리하며, 이 저주는 갈라디아서 1장 8—9절에서의 바울로 자신의 저주와 연관된다. 그러므로 바울로의 말 배후에 있는 논리에 따르면, 단순히 "축복"(참조. 6,16)에서 제외되는 것은 "저주"받는 것과 다름없다는 것이다.[56] 다음에서 고려할 문제들은 어떻게 이 저주가 그리스도 자신이 받았던 저주와 관련되는지[57] 그

51) 이 결론은 주장 부분인 갈라 2,15—21 (propositio)에 이미 들어있다.

52) 참조. 갈라 2,16 ; 3,2·5·7·8·9.

53) 참조. 로마 4,4—5.

54) *ὑπὸ κατάραν*("저주 아래")는 신약에서 여기서만 나온다. 참조. 3,22의 동의어들 : "죄 아래"(*ὑπὸ ἁμαρτίαν*) ; 4,2·3·8·9 : "세상의 원시종교 아래"(*ὑπὸ τὰ στοιχεῖα τοῦ κόσμου*)와 동등한 "보호자나 관리인의 지배 아래"(*ὑπὸ ἐπιτρόπους καὶ οἰκονόμους*).

55) *ὑπὸ νόμον*("율법 아래"). 참조. 갈라 4,4·5 ; 5,18 ; 또한 로마 6,14. 대격으로 된 *ὑπὸ*에 관해서는 Bauer, *s.v.*, 2,b ; Mayser, *Grammatik* 2/2.514를 보라.

56) 또한 Sieffert, p.178 ; Peter Jung, "Das paulinische Vokabular in Gal 3, 6—14," *ZKTh* 74(1952) 446 ; Schlier, p.133 ; Burton, pp.164f.도 마찬가지다. Mussner (p.223)는 다르다. 그는 바울로가 "성서" 외의 어떤 논리로 주장한다는 것을 부인한다.

57) 갈라 4,4—5와 3.13의 차이가 여기서 주목될 것이다 : 하느님께서는 그의 아들을 보내셔서 여자에게서 나게 하시고 "율법 아래" 있게 하셨읍니다. 그것은 "율법 아래" 있는 사람들을 속량하시려는 것이었읍니다(4,4—5) ; 그리스도께서는 "우리를 위하여" 저주받은 자가 되심으로 율법의 저주에서 우리를 속량하셨읍니다(3,13). 이 차이점들은 바울로 이전의 상이한 그리스도론들에 그 기원을 가진 것 같으며 사도에 의해서 손질되지 않았다.

리고 어떻게 바울로의 결론이 성서에 근거하고 있는지 하는 것이다. 바울로의 논제를 뒷받침하는 성서 귀절[58]은 신명기 27장 26절에서 인용된다. *γέγραπται...ὅτι*("…라고 씌어 있다")[59]라는 법식이 그 인용문을 특징지우며, 그 인용문은 다음과 같다 : *ἐπικατάρατος πᾶς ὃς οὐκ ἐμμένει πᾶσιν τοῖς γεγραμμένοις ἐν τῷ βιβλίῳ τοῦ νόμου τοῦ ποιῆσαι αὐτά*("율법책에 기록된 모든 것을 끊임없이 지켜 행하지 않는 사람은 다 저주 아래 있다").[60] 그러나 그 본문은 칠십인역[61] 또는 마소라 텍스트[62]와

---

58) *γάρ*("때문에〔for〕")는 여기서 진술에 앞선 이유를 소개한다. Bauer, *s.v.*, 1을 보라.

59) 이 형태의 인용 법식은 또한 갈라 4, 22에서 나온다. 참조. 로마 12, 19 ; 14, 11 ; 고전 1, 19 ; 3, 19. Michel, *Paulus*, 72 ; Ellis, *Paul's Use of the Old Testament*, 22ff(주 13, 위) ; Fitzmyer, *Essays*, 9을 보라.

60) A C 𝕶 D G *pm* Origen은 *ἐμμένυνει*+*ἐν*로 읽는다. 그러나 그것은 거의 신명 27, 26 (70인역)에 기초한 정정 같다. 대부분의 증거들은 *ἐμμένει* +여격으로 되어 있는데 그것들은 코이네 그리스어(Koine Greek)다. BDF, §202 ; BDR, §202 n.3을 보라. 많은 학자들이 *ἐμμένειν*+분사의 대격 (*ἐν*과 함께 또는 없이)은 (LXX) *ἐν πᾶσιν τοῖς λόγοις τοῦ νόμου*로부터 (*ἐν*) *πᾶσιν τοῖς γεγραμμένοις ἐν τῷ βιβλίῳ τοῦ νόμου*에로의 변화를 일으켰다고 제시했다. 다음을 보라 : Adolf Deissmann, *Bible Studies* (tr. Alexander Grieve; Edinburgh: Clark, 1931)248f ; 같은 저자 *Neue Bibelstudien* (Marburg: Elwert, 1897) 76f ; Moulton-Milligan, *s.v.*; Friedrich Hauck, "*ἐμμένω*," *TDNT* 4.576—77 ; Raphael Kühner and Bernhard Gerth, *Ausführliche Grammatik der griechischen Sprache* (Hannover: Hahn, ³1890—1904) 1.443 n.1 ; Mayser, *Grammatik* 2/2. 287 ; Adolf Berger, *Die Strafklauseln in den Papyrusurkunden* (Leipzig and Berlin: Teubner, 1911) 3f ; Preisigke, *Wörterbuch* 4.776 *s.v.*; 같은 저자, *Fachwörter des öffentlichen Verwaltungsdienstes Ägyptens in den griechichen Papyrusurkunden der ptolemäisch-römischen Zeit*(Göttingen: Vandenhoeck & Ruprecht, 1915) 74 *s.v.*; Otto Egner, "Rechtswörter und Rechtsbilder in den Paulinischen Briefen," *ZNW* 18(1917) 94 ; LSJ, *s.v.*; Bauer, *s.v.*, 2 ; Schlier, p.132 n.7.

61) 몇개의 異文들을 제외하고는, 70인역은 다음과 같다 : *ἐπικατάρατος πᾶς ἄνθρωπος, ὃς οὐκ ἐμμενεῖ ἐν πᾶσιν τοῖς λόγοις τοῦ νόμου τούτου τοῦ ποιῆσαι αὐτούς*("그것들을 하기 위해서 이 율법의 모든 말들을 지키지 않는 자는 누구나 저주 받는다").

62) MT는 다음과 같다 : לעשוה אוהמ ארור אשר לא-יקימ את-דבדי תהורא-הואה("그것들을 하기 위해서 이 율법의 말들을 지키지 않는 자는 저주 받는다") 70인역(참조. 또한 신명 28, 58 ; 30, 10)과 갈라 3, 10에 나온 "모든"("모든 말들")은 *Sam. Tg.*, *Lev. Rab.* 25(123a), *p. Sota* 21d6에서 또한 발견된다. Rudolf Kittel, *Biblia Hebraica*, *ad loc.*; Str-B 3.541f를 보라. 그 귀절은 Justin, *Dial.* 95.1 ; *Didasc. Apost.* 55. 15—17 (ed. Tidner)에서 또한 인용되고 논의된다.

완전히 일치하지 않는다. 바울로는 우리에게 알려지지 않은 칠십인역 이본으로부터 또는 기억으로부터 인용했을까, 아니면 의도적으로 본문을 바꾸었을까? 차이점들은 바울로에게만 국한된 것이 아니라 사본 전승에 있어서 다른 곳에서도 발견되기 때문에,[63] 바울로의 본문은 그가 인용했던 전승에서 그대로 따온 것인지도 모르며, 또는 그의 기억으로부터 나온 것인지도 모른다.[64]

그러나 그 귀절에서 해결하기 어려운 점은, 어떻게 바울로가 신명기 27장 26절이 자신의 결론을 입증한다고 생각할 수 있었는가 하는 점이다. 외관상, 신명기 27장 26절은 그 귀절이 말하고 있는 것으로 바울로가 주장하는 것과 반대되는 것을 말하고 있다. 학자들은 그 문제를 풀기 위해 여러 중요한 시도들을 해왔다.

(1) 노트(Martin Noth)는 저주를 일반화시키고 원래의 "이 토라"로부터(신명 27,15—26에 있는 12 저주들) 전체 "율법서"로 칠십인 역을 바꾼 것을 제외하고는, 바울로가 신명기를 정확하게 이해한다는 것을 보여주려고 노력했다. 노트에 의하면, 바울로는 야훼가 처음에 선조들을 축복했으며 그들에게 땅을 주기로 약속했다고 가정할 때 신명기를 정확히 해석한 것이다. 그 "계약"은 시나이 산에서 맺어졌으며, 토라는 이스라엘이 그것을 충실하게 지키며 그리하여 야훼의 약속들을 보유할 것이라는 기대 속에서 주어졌다. 율법을 단 하나만 위반하더라도 그것은 배신과 전체 계약의 파기 —그 때문에 저주는 효력을 발생할 것이다— 를 뜻할 것이다. 노트에 의하면 신명기 저자에게 있어서 이 모든 것은 실제로 일어났으며, 그래서 그는 이스라엘이 현재 저주 아래 있는 것으로 보았다. 노트가 실제로 신명기를 적절하게 해석했는지의 문제는 여기서 논의할 문제가 아니다. 하여튼 바울

63) 바울로의 인용문은 적어도 70인역 해독 A와 암브로시우스에 가깝다. Kautzsch, *De Veteris Testamentilocis*, 61f를 보라.

64) Kautzsch, 같은 책, 60도 마찬가지다

65) "For all who rely on works of the law are under a curse," 그의 책 *The Laws in the Pentateuch and Other Studies* (tr. D.R. Ap-Thomas; Philadelphia: Fortress, 1966) 118—31 ; 같은 저자 (German): "Die mit des Gesetzes Werken umgehen, die sind unter dem Fluch," *Gesammelte Studien zum Alten Testament*(Munich: Kaiser, 1957) 155—71. Walther Zimmerli, *Das Gesetz und die Propheten* (Göttingen: Vandenhoeck & Ruprecht, 1963) 78, 81—93은 비판적이다. 신명 27,26의 의미에 대해서는 또한 Willy Schottroff, *Der altisraelitische Fluchspruch* (WMANT 30 ; Neukirchen: Neukirchener Verlag, 1969) 26, 74ff, 220ff를 보라.

로의 입장은 신명기 기자의 입장과는 다르다. 바울로의 입장에 따르면, 토라는 계약으로서 충실하게 지켜지도록 주어졌던 것이 아니라 죄를 낳도록 하기 위해 주어졌다(참조. 3,19—25).[66]

(2) 쉡스(Hans Joachim Schoeps)[67]는 바울로의 의도가 토라 자체로부터 토라의 실현될 수 없는 본질을 보여주는 것이라고 가정한다. 그러므로 누구나 다 율법의 저주 아래 있다. 왜냐하면 어느 누구도 율법을 낱낱이 다 지킬 수는 없기 때문이다.[68] 바울로는 이것을 명백히 말하지 않는다. 왜냐하면 그에게 있어서 그것은 자명하기 때문이다.[69] 바울로는 토라 전체를 실현하는 것이 불가능할 것이라는 문제를 알고 있었던 일부 라삐 교사들과 생각을 같이 한다.[70] 그러나 암묵적인 이러한 주장은 설득력이 없다. 바울로는 쉡스가 자명하다고 생각하는 것을 말하지 않을 뿐만 아니라 또한 실제로 그 반대로 말한다.[71] 율법은 죄를 낳기 위해서 주어졌다는 것이다. 죄는 율법을 지키지 못하는 인간의 무능의 결과가 아니라 구원을 위해 필요한 전제이다.

(3) 슐리어(Schlier)[72]는 율법을 행하는 자들이 저주 아래 있다는 것을 말하는 것으로서 바울로의 입장을 설명한다. 그러므로 "믿음" 대신에 "행함"(ποιεῖν)에 강조점이 주어지며[73], 그 때문에 강조점은 아브라함의 "믿음"과는 정반대된다.

---

66) 다른 이유들에 대해서는 로마 2,13 이하 ; 5,12 이하 ; 필립 3,6—8을 보라.

67) *Paul*, 175—77.

68) 그러면 "모든"(πᾶσιν)은 "형식적인" 첨가 이상이다(참조. 위, 주 13). Oepke, p.105에 반대해서 Schoeps (*Paul*, 175—77)는 바울로가 율법의 613개 규정과 금지를 언급한다고 생각한다. 바울로가 갈라 5,3에서 말하는 것처럼 누구도 그 "모든" 것을 실현할 수 없다. 또한 Luz, *Geschichtsverständnis*, 149f ; Hans Hübner, "Gal 3,10 und die Herkunft des Paulus," *KD* 19(1973) 215—31을 보라.

69) 3,10에 관한 Lietzmann의 주석을 보라 ; Oepke, 105을 또한 참조하라.

70) Schoeps, *Paul*, 177. 또한 Moritz Lōwy, "Die Paulinische Lehre vom Gesetz," *MGWJ* 47(1903) 417—22 ; Moore, *Judaism* 3.150 n.209를 보라.

71) 갈라 1,13—14 ; 3,19—25 ; 필립 3,6—8 ; 고후 11,18 이하를 보라. 바른 견해에 대해서는 Bultmann, *Theology*, §27 ; Schlier, p.133을 보라.

72) Schlier, pp.132f, 134f ; 또한 Bonnard, pp.67,149 ; Luz, *Geschichtsverständnis*, 149f(불명확함)를 보라.

73) 이 입장은 야고보서에서 강조해서 주장된다 ; 특히 1,22—27, 그리고 Dibelius-Greeven, *James*, 114—23 그 귀절에 관해서 보라. Luz (*Geschichtsverständnis*, 149 n.56)는 슐리어가 로마 7,7 이하를 갈라 3,10 속으로 해석함을 올바로 지적한다.

(4) 루쯔(Luz)를 따라서 무쓰너(Mussner)[74]는 "행하는 것이 저주 아래 있는 것이 아니라 토라를 행하지 않는 것이 저주 아래 있다"고 말한다. 그 다음에 그는 쉡스와 슐리어가 한 설명들을 결합하여, 토라를 "행하는" 원칙은 구원에 관한 한 비효과적이라고 말한다. 왜냐하면 누구도 율법의 요구를 성취(행함)할 수 없기 때문이다. 무쓰너가 갈라디아서에 근거하지 않고(갈라디아서 6장 13절과 결합된) 로마서 3장 19—20절에 근거하여 이 설명을 한 것은 주목할 만하다.

그렇지만 지금까지 언급한 해결책들 그 어느 것도 만족스럽지 않기 때문에 갈라디아서 자체가 그 문제에 대한 바울로의 견해를 충분히 제시한다고밖에 말할 수 없다. 바울로에게 있어서 그리스도 안에서의 구원과 토라의 성취는 의심할 바없이 병행한다(참조. 5,14·19—23; 6,2). 문제는 "토라의 행업"이라는 유다교의 개념이 토라의 성취까지 가능하게 할 수 있는가 하는 것뿐이다. 이것을 바울로는 부인한다. 시나이 산 위에서 주어진 유다교 토라는 영원한 생명을 주려고 의도된 것이 아니라(3,21) "범죄 때문에"(τῶν παραβάσεων χάριν) 주어진 열등한 실체였다. 그가 보충설명 부분에서 유다 토라에 관해 설명하듯이(3,19—22), 율법을 세우는 것은 율법을 어기는 데로 귀착된다(참조. 2,18). 범죄의 축적은 죄를 너무 압도적으로 만들어서 "모든 것이 죄 아래 갇혀 있게"(3,22) 했다. "율법책에 기록된 모든 것대로 살지 않는 것"은 그것을 "위반하는 것"을 뜻하고, "죄 아래" 있는 자들은 "저주 아래" 있다.

[II] 세번째 성서 증명은 10절의 행에서 계속된다. 11절 a의 결론은 그 자체의 증명에서 나온 것이다: ὅτι δὲ ἐν νόμῳ οὐδεὶς δικαιοῦται παρὰ τῷ θεῷ δῆλον("그러므로 율법으로는 하느님 앞에서 의롭다함을 얻을 사람이 하나도 없다는 것이 분명합니다"). δέ는 앞서의 문제에 덧붙여서 하나의 문제("더우기")를 소개한다. 그래서 11절은 단순히 10절에 대한 "병행절" 이상이다.[75] 문구 δῆλον ὅτι("분명합니다")는 성서 해석의 컨텍스트에서 자주 발견된다.[76] 그러한 또 다른 성서 증명들에서와 같이 그것은 하바꾹 2장 4절로부터 나

74) Mussner, pp. 224—26.

75) Schlier, p. 133에 맞서서.

76) 또한 고전 15,27; 디전 6,7 *v.l.*; Ign. *Eph* 6.1을 보라. 자료 모음은 Hermann Hanse, "*ΔΗΛΟΝ*(Zu Gal 3,11)," *ZNW* 34(1935) 299—303; Rudolf Bultmann, "δηλόω," *TDNT* 2.61—62; Bauer, *s.v.* δῆλος에서 발견된다.

온 다음과 같은 인용문과 관련되어야 한다. "율법으로는"(즉, 유다 율법으로는)[77] 하느님 앞에서 의롭다함을 얻을 "사람이 하나도 없다"는 것은 주장(*propositio*)에서 전에 다른 말투로 진술되었다(2,16). 2장 16절에서는 "율법을 행함으로"라고 했는데,[78] 이제 바울로는 "율법으로는"이라고 간결하게 표현한다.[79] 아마 12절 ζήσεται ἐν αὐτοῖς("그는 그것들로 살리라")와 10절("율법책에 기록된 모든 것 안에 살다") 때문에 그랬을 것이다. 하바국 2장 4절에서 결론을 끌어내지만, 동시에 11절은 10절의 주장을 계속한다 : 만일 "율법으로 살려는 사람들"이 저주 아래 있다면, 그 율법으로는 누구도 하느님 앞에서 의롭게 될 수 없음이 명백하다.[80]

바울로의 취지를 입증하기 위해 인용하는 성서 귀절은 이번에는 통상적인 인용 법식없이 하바국 2장 4절로부터 채용된다[81] : ὁ δίκαιος ἐκ πίστεως ζήσεται("의인은 믿음으로 살리라"). 바울로는 로마서 1장 17절에서와 같은 형태로 그 귀절을 인용한다.[82] 그는 그 문장을 자신의 신학에 맞게, 즉 칠십인역[83]은 물론 마소라 텍스트[84]와 다르게 해석

77) ἐν νόμῳ을 유다 율법에 대한 언급으로 생각하는 것이 아니라 "율법은 어떤 의미에서 우주적인 법이 된다"는 무쓰너(p.228)의 견해에 반대된다. 유다인에게 있어서 이 구별은 물론 인위적이다. 바울로에게 있어서 "우주적인 법"은 전체로서의 구원과 동일한 "하느님의 뜻" 자체일 것이며(참조. 1,4 ; 5,14), 유다 율법과는 다르다.

78) 참조. 갈라 3,2·5·10.

79) 참조. 갈라 5,4 ; 로마 2,12·20·23 ; 3,19 ; 필립 3,6. 고전 9,9 ; 14,21에서의 용법은 다르다.

80) 참조. 갈라 3,19·21 ; 로마 2,13는 이와 다르다.

81) 갈라 3,12b ; 로마 9,7 ; 고전 15,27 ; 히브 10,37—38가 보여주는 바와 같이, 인용 법식이 생략될 수 있다. 쿰란에서 같은 현상에 대해서는 Fitzmyer, ***Essays***, 14를 보라. 로마 1,17에서 하바 2,4의 인용은 인용 법식으로 시작된다. 그래서 슐리어(p.133)가 말한 갈라 3,11에서의 생략 이유는 적용되지 않는다.

82) 신약에서 하바 2,4의 인용에 관해서는 다음을 보라 : Kertelge (*"Rechtfertigung,"* 89—95,115,150) ; August Strobel, *Untersuchungen zum eschatologischen Verzögerungsproblem auf Grund der Spätjüdischurchristlichen Geschichte von Habakuk* 2,2ff. (NovTSub 2 ; Leiden: Brill, 1961) ; Gerhart Herold, *Zorn und Gerechtigkeit Gottes bei Paulus. Eine Untersuchung zu Röm* 1 : 16—18 (Europäische Hochschulschriften 23. 14 ; Bern and Frankfurt: Lang, 1973) 170—84 ; Käsemann, ***Römer***, 18f, 28f.

83) 70인역은 다음과 같다 : ὁ δὲ δίκαιος ἐκ πίστεώς μου ζήσεται("의인은 나〔하느님〕의 신실하심으로 살리라"). 바울로 이외에(갈라 3,11 ; 로마 1,

한다. 바울로의 해석은 또한 유다교[85]의 그리고 다른 그리스도교[86]의 해석들과도 다르다. 그는 μου("나의")를 생략하고 문구 ἐκ πίστεως("믿음으로")를 신학적 법식 —"그리스도 예수를 믿음으로"— 으로서 이해한다(참조. 2,16).[87] 따라서, "의롭다"고 불리게 될 사람은 믿음 때문에 그렇게 불리며, 이 사람은 "믿음으로" 여기서 그리고 내세에서 영생에 접근한다고 성서는 말한다(참조. 2,20 ; 6,8). 거꾸로, "율법으로" 의로워지기를 구하는 자는 파멸로 끝나는(φθορά 6,8 ; 참조. 5,10), 그리고 영원한 구원으로부터 제외됨으로써 끝나는 "저주 아래"(10절a) 있는 것으로 간주되어야 한다.

[12] 바울로는 또 하나[88]의 주석적 결론을 진술한다 : ὁ δὲ
νόμος οὐκ ἔστιν ἐκ πίστεως("또한 율법은 '믿음에 의한'
것이 아닙니다"). 이전 결론(11절 a)은 "율법으로는" (=유다 토라로는) 하느님 앞에서 의롭다함을 얻을 사람이 하나도 없음을 말했었다. 왜냐하면 성서(하바 2,4)는 "의인은 믿음으로 살리라"(ἐκ πίστεως)

---

17) 일부 대사본은 μου("나의")를 생략한다. Joseph Ziegler, *Duodecim prophetae* (Septuaginta 13 ; Göttingen: Vandenhoeck & Ruprecht, 1943), 264 ; Kautzsch, *De Veteris Testamenti locis*, 71—73을 보라.

84) MT는 다음과 같다 : וצדיק באמונתו יחיה("의인은 그의 충실함 때문에 살리라"). Kertelge, "*Rechtfertigung.*" 89f ; Mussner, p.226을 보라. 그 귀절은 또한 1*QpHab.* 7.17—8.3에서 인용되었으나 불행히도 본문이 상실되었다.

85) Str-B 3.542—44를 보라. 1*QpHab* 8.1—3에서 "의로운"자는 토라를 행하는 자(עושההתורה)로서 그리고 "의의 교사"에 충실한 자로서 규정된다. 더 많은 참고문헌은 Braun, *Qumran* 1.169—71,209,2. 169,171f ; Gert Jeremias, *Der Lehrer der Gerechtigkeit* (SUNT 2 ; Göttingen: Vandenhoeck & Ruprecht, 1963) 142—44 ; Herold, *Zorn*, 152ff를 보라. 또한 Mussner, p.227 n.74를 보라.

86) 참조. 히브 10,38—39. 다수의 학자들은 바울로가 하바 2,3—4에 대한 일반 그리스도인의 친숙에 의존한다고 가정한다. 또한 Zahn, p.153 ; C.H. Dodd, *According to the Scriptures* (London: Nisbet, 1952) 51 ; Ellis, *Paul's Use of the Old Testament*, 120 ; Schlier, p.133 ; Strobel, *Untersuchungen* (위 주 82를 보라), 79f ; Kertelge, "Rechtfertigung," 91ff ; Käsemann, *Römer*, 28f도 마찬가지다.

87) ἐκ πίστεως("믿음으로")를 보다 구약적인 의미인 "하느님의 말씀에 신실함"으로 해석하는 슐리어(p.133)와는 다르다(유사하게 Kuss, Römerbrief, 25 ; Kertelge, "Rechtfertigung," 90). 정확한 해석에 대해서는 Käsemann, Römer, 8f를 보라. 구약 개념들의 의미에 관해서는 Alfred Jepsen, *TWAT*, *s.v.* אמן, 특히 Ⅶ, 1을 보라.

[illegible]는 ὅτι δέ 11절a와 병치되며 그러므로 "또한"으로 번역될 수 있다.

고 선언하기 때문이다.[89] 이제 바울로는, "믿음으로"라는 말은 유다교에서처럼 토라를 포함시킬 수 없다는 것을 레위기 18장 5절로부터 추론한다.[90] 물론 여기서 전제되는 것은 "행함"과 "믿는 것"의 대조이다. "믿음으로 살려는 사람들"이 율법을 행함으로써, 아브라함에게 한 약속의 참여자가 될 수 있는 것은 아니다. 확실히 바울로는 이 점에서 일반적으로 유다교에 반대할 뿐만 아니라, 또한 반 바울로파 때문에 갖게된 갈라디아 사람들의 기대 —토라를 "행함"이 그리스도를 통해 가지게 될 구원의 참여자가 되기 위한 전제라는 것— 에 반대한다.

바울로가 인용하는 귀절은 다시 인용 법식 없이,[91] 레위기 18장 5절에서 발췌된다 : *ὁ ποιήσας αὐτὰ ζήσεται ἐν αὐτοῖς*("그것들을 행하는 자는 그것들에 의해서 살 것이다").[92] 말의 의미는 칠십인 역 귀절의 전체 문장으로부터 파악해 볼 때 명확하다 : "그리고 너희는 나의 모든 계명과 나의 모든 칙령을 준수하고 그것들을 행하라. 그것들을 행하는 자는 그것들에 의해 살리라. 나는 주 너의 하느님이다." *ἐν νόμῳ* ("율법으로")는 실제로 그것을 행하는, 즉 "토라의 행업"을 하는 사람들이다.[93] 이 사람들의 삶의 방식은 "행함"에 의해서[94] 구성되지 "믿음"에 의해서(*ἐκ πίστεως*) 구성되는 것이 아니다.[95]

그 귀절은 구약성서[96]와 유다교[97]의 근본적인 교리들 중의 하나를

---

89) 이 신학적 법식에 대해서는 갈라 2,16 ; 3,7•8•9•11을 보라.

90) *οὐκ ἔστιν*은 해석적인 표현이다("…와 동등한 것이 아니다"). Bauer, *s.v.* *εἰμι*, Ⅱ,3을 보라.

91) 갈라 3,11b에 관해서 보라.

92) 인용문은 70인역을 정확히 따르지 않는다 : 70인역의 독법 *ἄνθρωπος*는 𝔎 *pm* Clement에 의해서만 입증된다. 바울로는 로마 10,5에서 같은 본문을 인용한다. *De Veteris Testamenti locis*, 44를 보라.

93) 참조. 갈라 2, 16 ; 3,2•5•10•11.

94) 슐리어(p.134)도 그렇게 생각한다. "율법은 '믿음으로' 존재하지 않는다. 그것은 삶의 원칙으로서, 믿음에 기초를 두고 있지 않다."

95) 로마 10,5—6에서 대조되는 것은 *ἡ δικαιοσύνη ἡ ἐκ τοῦ νόμου* ("율법에 기초한 의")와 *ἡ ἐκ πίστεως δικαιοσύνη* ("믿음에 기초한 의")다. 양자는 서로를 배제한다(로마 10,4). 이 귀절에 관해서는 Käsemann, *Römer*, 273ff를 보라. 참조. 또한 로마 2,13 : "그것은 율법을 듣는 사람이 하느님 앞에서 의롭게 되는 것이 아니라 율법을 행하는 자라야 의롭게 되는 것이기 때문입니다." 또한 Herbert Braun, "*ποιέω κτλ.*," *TDNT* 6. 479—84를 보라.

96) 구약에서 율법을 "행함"에 관한 귀절들의 모음에 관해서는 Walter Gutbrod, *TDNT* 4, *s.v.* *νόμος*, B; Braun, *TDNT* 6, *s.v.* *ποιέω κτλ.*, B Ⅱ

포함한다. 그것은 율법의 중심성뿐만 아니라 그것을 "행함"의 중요성을 확언한다. 유다교 문헌 전체가 이것을 확인한다. 그것은 *Pirqe 'Abot*에서 요약되는데 그것의 서두에(1.2) 의인 시몬의 말이 나온다[98]: "세상은 세 가지 일에 의해서 지탱된다: 율법에 의해서, [성전] 예배에 의해서, 그리고 친절한 행동에 의해서." *'Abot*의 마지막 장에는("토라의 습득"으로 불리는 6장) 토라에 대한 찬양이 들어 있다(6.7). 그것은 다음과 같이 시작된다: "율법은 위대하다. 왜냐하면 그것은 이 세상에서 그리고 올 세상에서 그것을 실행하는(עשה) 자들에게 생명을 주기 때문이다." 그리스도교 문헌, 특히 야고보 서신은 단순한 "믿음"에 반대해서 "행함"을 강조함으로써 그 원칙을 지지한다: "그러나 '완전한 자유의 율법'을 잘 살피고 또 그 안에 사는 사람은 듣고 잊어버리는 사람이 아니라 실제로 행하는 사람입니다"(*ποιητὴς ἔργου*). 이런 사람은 행함으로(*ἐν τῇ ποιήσει*) 복을 받을 것입니다."[99]

[13] 연달아 바울로는 이제 다섯번째 그리고 가장 중요한 성서 증명에 이른다. 그것은 또한 우리가 이해하기에 가장 난해한 것이기도 하다.

3장 10절에서 바울로는 구원을 "토라의 행업"에 둔 자들이 "저주 아래" 있다는 것을 보여주었다. 유다 토라를 준수하는 것이 곧 "하느님 앞에서 의롭다함"(3,11)에 이르지 않는다. 율법과 믿음은 근본적으로 구분되어야 한다(3,12). 그렇다면 어떻게 바울로는 그리스도인으로서 "우리"가 아브라함의 축복을 나누어 가진다고 말할 수 있을까? (참조. 3,9·14)[100] 누가 "우리"인가? 그 문맥에 의하면 바울로가 "우

5를 보라.

97) 유다교에 관해서는 다음을 보라. 필로의 해석 *Cong.* 86f와 Str-B 3.126—33,277f(레위 18,5에 관해)에 있는 자료; Gutbrod, *TDNT* 4, *s.v. λόγος*, C; Braun, *TDNT* 6, *s.v. ποιέω κτλ.*, B Ⅲ—Ⅳ; Meinrad Limbeck, *Die Ordnung des Heils* (Düsseldorf: Patmos, 1971).

98) 이 말과 의인 시몬에 대해서는 Jacob Neusner, *The Rabbinic Traditions about the Pharisees before* 70(3 vols.; Leiden: Brill, 1971) 1.29,41—44를 보라.

99) 야고 1,25. 1,22—25; Dibelius-Greeven, *James*, 114—20; 또한 마태 7,21—23, 24—27; *Ep. Petr.* 2.3(아래, 부록 3을 보라)을 보라.

100) 바울로는 자신의 주장을 이미 주장(*Propositio*) 2,15—21에서 개략적으로 밝혔다: 하느님 앞에서 더 이상 "율법을 행함으로"가 아니라 "예수 그리스도를 믿음으로" 의로와지기를 구하는 이방 그리스도인들은 이방 사람들처럼 "죄인"이 되지 않는다. 3,13에서 그는 왜 그들이 더 이상 "율법의 저주 아래" 있지 않은지를 설명한다.

리"라고 말할 때 염두에 둔 자들은, 그리스도를 통해 "율법의 저주" 로부터 구원된 사람들, 즉 3장 10절에서 묘사된 "저주 아래" 있던[101] 유다 그리스도인들[102]이다. 갈라디아의 이방 그리스도인들은 이 저주 아래 있지 않았다. 왜냐하면 그들이 그리스도교로 개종하기 전 그들은 "토라 아래" 있었던 것이 아니라 "'세상의 원시 종교' 아래"(ὑπὸ τὰ στοιχεῖα τοῦ κόσμου) 있었기 때문이다.[103] 그러나 바울로는 토라 아래 있는 것도 "'세상의 원시 종교' 아래" 있는 또 다른 방식일 뿐이라고 가정한다. 갈라디아 사람들이 할례와 토라를 받아들이기로 결심한다면, 그들은 또한 이 율법의 저주 아래 오게 될 것이다(참조. 1,8—9).[104]

"율법의 저주"의 개념은 생소하며 바울로 서신에서도 여기서만 나온다.[105] 그가 율법의 저주라고 말할 때 뜻하는 바는 무엇인가? 서신의 문맥에서 보면, 그는 하느님 앞에서 "율법의 행업으로서" 의롭게 되기를 구하는 자들에게 율법은 저주가 된다는 것을 분명하게 전제한다. 왜냐하면 그렇게 함으로써 그들은 그들 자신들로부터 "믿음으로 살려는 사람들"에게 주어진 아브라함의 축복을 박탈하기 때문이다(3,9). 그러나 문제는 바울로가 그 이상의 의미를 말하는지, 아니면 율법 자체를 저주라고 부르는지 하는 점이다.[106] 3장 19—25절의

---

101) 참조. 또한 갈라 2,16 ; 또 필립 3,4—11.

102) ἡμᾶς("우리를")는 2,15에 관련된다(참조. 3,10·22—24 ; 4,3—5). Zahn, Sieffert, Burton, Lietzmann, Lagrange 등도 그렇게 생각한다. Friedrich Büchsel, "ἐξαγοράζω," *TDNT* 1.126—27,450 ; Oepke; Schlier; Klein, *Rekonstruktion*, 207f ; Kertelge, "*Rechtfertigung*," 210 ; Luz, *Geschichtsverständnis*, 152f ; Mussner 등은 이와는 다르다. 로마 1,18 이하 ; 2,12 이하 ; 3,23 ; 5,12 이하를 갈라디아 속에서 해석함으로써 바울로를 체계화하는 다른 학자들 참조. 그러나 유다인과 이방인 양자에 대한 율법과 죄의 우주적인 지배는 갈라디아서에서가 아니라 로마서에서만 분명하게 언급된다. 갈라디아서에서는 유다인들이나 이방인들이나 모두 "세상의 원시 종교들 아래"(τὰ στοιχεῖα τοῦ κόσμου) 있다. 그것의 일부가 유다 율법이다(갈라 3,19—25 ; 4,1—3·8—10을 보라). 바울로는 로마서에 있는 이 개념을 되풀이하지 않는다.

103) 갈라 4,8—11을 보라.

104) 갈라 4,21 ; 5,4·10b ; 6,7—8·12—16을 보라.

105) 이 개념에 대해서는 Moritz Lōwy, "Die Paulinische Lehre vom Gesetz, I : Der Fluch des Gesetzes," *MGWJ* 47(1903), 417—22 ; Schoeps, *Paul*, 175—83 ; Friedrich Büchsel, "κατάρα," *TDNT* 1.450—51 ; Kertelge, "*Rechtfertigung*," 207—10을 보라.

106) 로마 7,7—12에 있는 병행구는 갈라디아서와 비교할 때 다른 입장을

내용으로 판단해보면 후자에 가깝다.[107] 바울로가 토라에 대해서 말할 수 있는 유일하게 적극적인 것은 그것이 시간과 기능에서 제한되었다는 것이다. 아브라함의 축복과 비교하면 그것은 확실히 열등하다. 누구나 다 갇혀 있고 "세상의 원시종교들" 아래서의 노예 상태와 다를 것이 없는, παιδαγωγὸς εἰς Χριστόν("그리스도의 때까지 관리인")으로서의 율법의 개념은 거의 저주라 할 수 있다. "율법의 저주는 율법이 가져오는 그리고, 바로 이런 의미에서 율법 그 자체인 저주다."[108] 그리고 율법은 아직 아브라함에게 한 약속에 반대되는 것이 아니라 그 약속들을 실현하기 위한 하느님의 도구로 남아 있다(3,21·22—24).[109]

"율법의 저주"로부터의 해방은 십자가 위에서 돌아가신 그리스도의 은혜로 생각된다.[110] 바울로는 그리스도론적—구원론적 교리에 대한 언급으로써 이것을 확인한다: Χριστὸς ἡμᾶς ἐξηγόρασεν ἐκ τῆς κατάρας του νόμου("그리스도는 율법의 저주로부터 우리를 속량하셨읍니다").[111] 이 교리는 "속량"[112]이 뜻하는 것이 무엇인지를 정의하기 위해 함께 끌어내 온 몇개의 개념들을 사용함으로써 간결하게 법식화되었다. 속량되기 이전의 인간성의 상황이 전제되어 있다: 구속받지 못한 인간성은, 특별히 유다인에 대해서 "율법의 저주 아래 있음"을 뜻하는 "세

나타낸다. 로마서에서 바울로는 그가 갈라 3,19—25에서 말했던 것을 반복하지 않으나 율법의 적극적 역할을 강조한다. 갈라디아서에서 이 적극적 역할은 분명히 표현되지 않는다(참조. 5,14 ; 6,2).

107) 참조. Schoeps, ***Paul***, 182f : "결국 이것은 율법이 하느님으로부터 나오는 것이 아니라 천사들로부터 나온다는 것을 뜻한다."

108) Schlier, p. 136.

109) 유다 그리스도교에서, Cerinthus는 처음으로 토라를 주었던 천사들을 유다인들의 신과 동등한 존재로 생각한 사람이다(Ps.-Tertullian *Adv. omn. haer*. 3 [CSEL 47,219]). Epiphanius는 토라를 준 천사들이 또한 세상을 창조했다는 견해를 Cerinthus에게 돌린다(*Anaceph*. 28.1·3 [GCS 1,313]). 이 교리는 물론 다른 영지주의자들과 마르키온에 의해서 공유된다. Adolf Hilgenfeld, ***Die Ketzergeschichte des Urchristentums*** (Leipzig: 1884 ; rep. Darmstadt : Wissenschaftliche Buchgesellschaft, 1963) 412f ; Harnack, ***Marcion***, 97—118 ; *73(갈라 3,13—14에 관해)를 보라.

110) 아래 갈라 3,13b를 보라.

111) 다른 그리스도론적 진술들에 대해서는 서론, §6을 보라. 관사없는 Χριστός에 관해서는 Conzelmann, 1 ***Corinthians***, 253f를 보라.

112) "속량"("Redeem")은 ἐξαγοράζω의 영어 동의어다. *PGL, s.v.;* Carl Andresen, "Erlösung," *RAC* 6.59를 보라.

상의 원시 종교들"에 사로잡혀 있다.[113] 무서운 운명으로부터 그 인간성을 구속하기 위해, 하느님은 자신의 아들, 예수 그리스도를 이 세상 속에 보내셨다. 한 인간("여자에게서 난")이 됨으로써 그리고 "율법 아래 있음"으로써(갈라 4,4) 그리스도는 "율법 아래"(4,5a) 있는 자들의 자유를 "사시고"[114], "세상의 원시 종교들 아래" 있는 자들에게(4,9b) "하느님의 아들"로서 양자삼는 것을 가능하게 한다.[115] 사도에게 있어서, 아들로서 양자삼고 자유를 주는 것은 결국 같은 것이 된다 : 둘 다 성령의 은사에서 명백해진다.[116] 이 개념은 노예를 위해 자유를 사는 언어가 종교적 은유로서, 또한 다른 출처들로부터 알려진 전위로서 사용되고 있음을 암시한다.[117] 이 종교적 언어를[118] 그리

---

113) 갈라 4,1·3·7·8·9·24·25 ; 5,1 ; 또한 2,4—5를 보라. 참조. *CMC* 69. 17—20 : *ὡς ἂν ἐξαγοράσῃ* (ι) *με καὶ λυτρώσαιτο*(ἐκ) *τῆς πλάνης τῶν τοῦ*(νό) *μου ἐκείν⟨ου⟩*("그가 나를 속량하시고(나를) 저 율법의 사람들(즉, Elchasaites)의 잘못으로부터 해방시키시기 위해)."

114) *ἐξαγοράζω*는 여기서 노예들을 위한 자유의 획득을 묘사하는 기술적인 용어가 아니다. 참조. Dionysius에 의해 노예로 팔렸던 플라톤에 관한 Diodorus 15.7.1 : "그러나 철학자들이 연합하여, 그(그의 자유)를 사서 그리스로 보냈다"(...*ἐξηγόρασαν καὶ ἐξαπέστειλαν*...). 또한 Diodorus 36.2.2도 그렇게 본다. 그러나 대개의 예들은 단순히 상업 언어다(예. Polybius 3.42.2 ; Plutarch *Crassus* 2.4 ; Dicaearchus 1.22 (*Geogr. graeci min.* 1, p,104)). Stanislaus Lyonnet, "L'emploi paulinien de *ἐξαγοράζειν* au sens de 'redimere' est-il attesté dans la littérature grecque?," *Bib* 42(1961) 85—89 ; Elpidius Pax, "Der Loskauf," *Antonianum* 37 (1962) 239—78을 보라.

115) 갈라 3,26—28·29 ; 4,1—7·21—31을 보라.

116) 갈라 3,2·5 ; 4,4—6·7·21—31 ; 5,1·13을 보라.

117) Deissman (*Licht vom Osten*, 270—78)은 바울로가 고대의 거룩한 법(sacred law)의 제도를 이용한다고 제안했다. 그것을 통해 신은 자유를 위해 노예를 살 수 있었다. 실제로 이 절차에 대해 소수의 알려진 경우들만이 있다. 거기서 "신 자신이" 노예를 사고 있다. 가장 인상적인 것은 이 말들이 들어있는 델피 신전의 비문이다(*SGDI* 2, No.2116) : *ἐπρίατο ὁ 'Απόλλων ὁ πύθιος Παρὰ Σωσιβίου 'Αμφισσέος ἐπ' ἐλευθερίαι σῶμ*(α) *γυναικεῖον ᾇι ὄνομα Νίκαια τὸ γένος 'Ρωμαίαν, τιμᾶς ἀργυρίου μνᾶν τριῶν καί ἡμιμναίου*("델피의 아폴로 신전은 자유를 위해 Sosibios of Amphissa로부터 로마 국적을 가진, Nicaia라는 이름의 한 여인을 3 1/2은 마이너스의 값으로 샀다").

그러나 더 일반적인 법식은 노예 소유자가 돈의 댓가로 신에게 노예를 판다고 생각한다. 이전 소유자는 구입 대금을 받는다. 그리고 난 다음 노예가 석방된다. 이 개념과 바울로의 그리스도론간의 차이는 정말로 크며 자주 지적되어 왔다. 델피에서 신의 역할은 단지 예를 보장하는 것뿐이다. 판매는 허구에 불과하다. 다음을 보라 : Friedrich Büchsel,

스도론에 적용하는 것은 아마 기원에 있어서 바울로 이전인 것 같다.[119] 아마도 이 그리스도론적 그리고 구원론적 교리는 유다 그리스도교에서 나오는 것 같다.[120]

이것은 다음 구성 요소로부터 명백해진다. 그것에 따르면 그리스도는 "우리를 위해 저주받은 자가 됨"으로써(γενόμενος ὑπὲρ ἡμῶν κατάρα)[121] 그 구속을 이루셨다. 이 진술은 희생에 관한 사상들 —그러나 상세히 설명되지는 않은— 을 전제한다. 바울로는 그리스도가 우리를 대신하여

"ἐξαγοράζω," *TDNT* 1.126—28 ; Werner Elert, "Redemptio ab hostibus," *ThLZ* 72(1947), 265—70 ; Pax, "Loskauf," 254—59(위, 주 114) ; Conzelmann, 1 *Corinthians*, 127—29. 논의가 계속된다. Franz Bömer에 의한 Deissmann 연구와 비판을 보라. *Untersuchungen über die Religion der Sklaven in Griechenland und Rom, Teil 2 : Die sogenannte sakrale Freilassung in Griechenland und die (δοῦλοι) ἱεροί* (AAWLMG 1 ; Wiesbaden: Steiner, 1960) ; 그리고 Louis Robert, *REG* 75(1962) 135—37 서평 ; Lienhard Delekat, *Katoche, Hierodulie und Adoptionsfreilassung* (Münchener Beiträge zur Papyrusforschung und antiken Rechtsgeschichte 47 ; Munich: Beck, 1964) 118ff ; S. Scott Bartchy, "*ΜΑΛΛΟΝ ΧΡΗΣΑΙ*": *First Century Slavery and the Interpretation of* 1 *Corinthians* 7 : 21 (SBLDS 11 ; Missoula: Scholars, 1973).

118) 다른, 다소 추론적인 가설들에 대해서는 Elert, 같은 책 265—70(주 18을 보라)을 보라. Stanislaus Lyonnet를 따르는 Pax(같은 책), "De notione emptionis seu acquisitionis," *VD* 36(1958) 257—69 참조.

119) 바울로 이전의 그리스도론을 담고 있는 것 같은 갈라 4,4—5에서, 그리스도의 죽음과 "저주"는 언급되지 않는다. 참조. 또한 고전 7,23(6,20) : τιμῆς ἠγοράσθητε("값을 치르고 여러분을 사셨다") ; 베후 2,1 ; 묵시 5,9 ; 14,3—4 ; *Mart. Pol.* 2.3. 참조. Bultmann, *Theology*, 1. 297f ; Conzelmann, *Outline*, 69f, 205 ; Käsemann, *Perspectives*, 36, 43f. 결과적으로 갈라 3,13과 4,4—5는 구분되어야 한다. Luz (*Geschichtsverständnis*, 283)는 이와 다르다. 그는 4,5a를, 바울로가 3,13에 기초해서 바울로 이전의 자료에 삽입한 첨가구로 해석함으로써 조화시키고자 한다.

120) 이 교리는, 바울로와 관계없이, *Ap. Jas.* (ed. Michel Malinine *et al.*, Codex Jung F. I^r-F. VIII^v ; Zurich & Stuttgart: Rascher, 1968) 13행 23—25 (p.71의 주와 함께)에 보존된 것 같다. HansMartin Schenke("Der Jakobusbrief aus dem Codex Jung," *OLZ* 66(1971) 117—30, 126)는 이렇게 옮긴다 : "나는 저주 아래 있는 너를 구원하기 위해 나 자신을 포기하였다." 화자는 그리스도다.

121) 비슷한 법식들에 대해서는 다음을 보라 : 고전 1,30 : "그리스도는 하느님께로부터 주어진 우리의 지혜요 의와 성결과 속량이십니다" ; 로마 3,24—26 ; 8,3—4 ; 9,3 ; 고전 4,9·13 ; 5,7 ; 11,25 ; 15,3—5 ; 고후 5,21. 참조. 디전 2,6. 어떤 경우이든 해석하는 데는 어려움이 따르고 논란의 여지가 있다. 주석들을 보라.

저주의 대상이 되었다는 것을 뜻할까,[122] 또는 "우리"를 화해시키는 수단으로써 "저주의 제물"이 되었다는 것을 뜻할까? 그 개념은 유다교로부터[123] 나왔을까, 갈라디아서 4장 4—5절에 있는 바울로 이전의 전승으로부터[124] 나왔을까, 또는 공식화된 특별한 용어일까?[125] 명확한 답변을 내릴 수는 없으나, 아마 그 진술은 예수의 죽음을 자기 희생과 보상으로 보는 바울로 이전의 해석에 근거했을 것이다(또한 갈라디아 1장 4절과 2장 20절을 보라). 그리스도의 성육신에 의하여(4, 4—5) 그는 한 인간으로서 죽임을 당했다. 그는 죄가 없었기 때문에 (참조. 고후 5,21) 그의 죽음은, 유다교의 용어로 표현해서, 특별하게 공적 있는 죽음이었다.[126] 그 결과로 "우리"[127]는 "율법의 저주"로부터 그리고 실로 율법 자체로부터 자유롭다. 그래서 바울로는 그리스도가 "율법의 끝"이라고 말할 수 있었을 것이다(로마 10,4 ; 갈라 2,19—20; 3,25 ; 5,6 ; 6,15). 이 마지막 결론은 필시 바울로가 내린 결론이겠지만,[128] 우리는 여전히 그 근저에서 예수의 죽음에 대한 유다교적 개

---

122) 술리어(p.138)는 고후 5,21에 유추하여 해석한다 : 그리스도는 우리의 유익을 위해 저주를 짊어지셨다. 그래서 그는 그이 위에 있는 그리고 그를 온통 덮은 저주를 대리했다. Hartwig Thyen (*Studien zur Sündenvergebung im Neuen Testament und seinen alttestamentlichen und jüdischen Voraussetzungen* 〔FRLANT 96 ; Göttingen: Vandenhoeck & Ruprecht, 1970〕 188f)은 이 개념이 속죄양의 개념과 가깝다는 것을 보여준다. 명백한 속죄양 그리스도론에 대해서는 *Barn.* 7을 보라.

123) 유다교에서 대리적인 속죄 죽음의 개념에 대해서는 다음을 보라 : Edurd Lohse, *Märtyer und Gottesknecht* (FRLANT NF 46 ; Göttingen: Vandenhoeck & Ruprecht, 1955) 특히 9ff ; Weber, *Jüdische Theologie*, §69—70 ; Str-B 2.274ff, 3.260ff ; Schechter, *Rabbinic Theology*, 304—12 ; Moore, *Judaism* 1.546—52 ; Rudolf Mach, *Der Zaddik in Talmud und Midrasch* (Leiden: Brill, 1957) 124—33.

124) 이 경우, "율법 아래 들어가는 것"은 "저주 아래 떨어지는 것"과 같다. 이 견해는 Kramer, *Christ, Lord, Son of God*, 25 ; Schweizer, *Beiträge*, 94, 104, 202 ; 같은 저자, "υἱός κτλ.," *TDNT* 8.383 n.358에서 주장된다.

125) 그렇게 Lohse, *Märtyrer und Gottesknecht*, 155.

126) 참조. 특히 필립 2,8 ; 고전 15,3—5, 또한 위 주 120 인용문 ; 그리고 Lohse, 같은 책, 113ff에 있는 자료의 논의. Dahl ("The Atonement," 153f)은 갈라 3,13—14를 창세 22에 기초해서 그리고 로마 8,32에 병행되게 —거기서 하느님은 대리자다— 해석하고 싶어한다.

127) 법식 "우리를 위해"(ὑπὲρ ἡμῶν)에 관해서는 갈라 1,4 ; 2,20 ; 그리고 Harald Riesenfeld, "ὑπέρ," *TDNT* 8.509ff를 보라.

128) 참조. 골로 2,13—15 ; 그리고 Lohse, *Colossians and Philemon*, 106ff ; 에페 2,14—18. 바울로의 화해 교리에 관해서는 다음을 보라 : Ernst

념, 즉 의인(義人)의 가치있는 죽음과 그것의 보상인 은혜의 개념을 볼 수 있다.[129)]

그의 그리스도론을 뒷받침하기 위해서 바울로는 다시 성서로부터 한 귀절을 인용한다. 서두의 법식은(ὅτι) γέγραπται("기록되어 있기 때문입니다")이다.[130)] 인용문은 칠십인 역과 완전히 일치하진 않지만, 신명기 21장 23절로부터 발췌한 것이다 : ἐπικατάρατος πᾶς ὁ κρεμάμενος ἐπὶ ξύλου("나무에 달린 사람은 모두가 저주 받은 사람이다").[131)] 신명기 21장 22—23절은 범죄자들을 목매다는 것에 대한 법적 규정을 담고 있다[132)] : "죽을 죄를 지은 사람을 처형하고는 나무에 달아 효시할 경우가 있다. '이렇게 나무에 달린 시체는 하느님께 저주를 받은 것이니' (κεκατηραμένος ὑπὸ θεοῦ πᾶς κρεμάμενος ἐπὶ ξύλου), 그 시체를 나무에 단 채 밤을 보내지 말고 그 날로 묻어라. 그렇게 두어서 너희 하느님 야훼께 유산으로 받은 너희 땅을 더럽히면 안 된다." 바울로가

Käsemann, "Erwägungen zum Stichwort Versöhnungslehre im Neuen Testament," in *Zeit und Geschichte, Dankesgabe für Rudolf Bultmann* (Tübingen: Mohr, Siebeck, 1964) 47—59 ; 같은 저자, *Perspectives*, 36,43f ; Peter Stuhlmacher, "Das Ende des Gesetzes," *ZThK* 67(1970) 14—39,29 ; Dieter Lührmann, "Rechtfertigung und Versöhnung," *ZThK* 67(1970) 437—52 ; Thyen, Studien, 152—94(위 주 122).

129) 바울로 자신의 자기 희생에 대해서는 로마 9,3 그리고 골로 1,24 ; 에페 3,1·13 ; 4,1 ; 디후 2,10에서 바울로의 고난과 죽음의 해석을 보라. Karl-Martin Fischer, *Tendenz und Absicht des Epheser-briefs*(FRLANT 111 ; Göttingen: Vandenhoeck & Ruprecht, 1973) 104—08을 보라.

130) 이 형태의 법식은 바울로에게서 여기서만 사용된다. Michel, *Paulus*, 72 ; Ellis, *Paul's Use of the Old Testament*, 22ff(위 주 13) ; Fitzmyer, *Essays*, 9를 보라.

131) 이중 복합어 ἐπικατάρατος는 갈라 3,10에서 바울로가 인용한 신명 27, 26으로부터 나오는 것 같다. 바울로는 70인역과는 달리 πᾶς(ὁ) 다음에 관사를 붙인다. 또한 ὑπο θεοῦ를 바울로는 생략한다. Kautzsch, *De Veteris Testamenti locis*, 92f ; Hans Vollmer, *Die alttestamentlichen Citate bei Paulus* (Freiburg and Leipzig: Mohr, Siebeck, 1895) 29 ; Str-B 3.544f ; Georg Bertram, "κρεμάννυμι," *TDNT* 3.917—19 ; Friedrich Büchsel, "κατάρα," *TDNT* 1.450—51를 보라. *MT*는 더 짧다 : כִּי־קִלְלַת אֱלֹהִים תָּלוּי. 그것은 70인역 전승의 일부와 일치한다 (*Aθ*) : κατάρα θεοῦ κρεμάμενος.

132) ξύλον("교수대," "십자가")이라는 개념은 구약에서 자주 발견된다 : 참조. 예. 창세 40,19·22 ; 41,13 ; 여호 8,29 ; 10,26 ; 삼하 4,12 ; 유딧 14,1·11 ; 마하 15,33. 그 이상의 귀절에 대해서는 Georg Bertram, "κρεμάννυμι," *TDNT* 3.917—18 ; Johannes Schneider, "ξύλου κτλ.," *TDNT* 5.39—40 ; Bauer, *s.v.* ξύλον, 2,c를 보라.

인용하는 말들은 신명기 자체에 있는 인용문처럼 보인다. 바울로의 인용문과 칠십인역간의 상당한 차이는 여러가지로 설명될 수 있다. 바울로는 어떤 다른 대본을 사용했거나,[133] 또는 그 자신이 변경했을지도 모른다.[134] 그 문제는 분명하지 않다. 출처가 무엇이든지 간에, 그 귀절은 십자가 위에서의 그리스도의 죽음이 성서의 말씀을 성취했다는 것을 바울로에게 입증한다.[135] 그것은 그리스도가 범죄자였다는 것을 뜻하는 것이 아니라, 십자가 위에 매달리는 행위를 통해서 저주가 효력을 발생했다는 것을 뜻한다.[136]

---

133) 예컨대 Vollmer, *Citate*, 29(위 주 131) ; Michel, *Paulus*, 54,75가 그렇게 본다. 참조. Josephus, *Ant*. 4.202 ; Philo, *Spec*. 3.151f ; *Post*. 26f에서 인용문의 형태 : 참조. *Som*. 2.213. 신명 21,23은 Qumran, col. 64,6—13행으로부터 나온 "사원 두루마리"(Temple Scroll)에서 또한 입증되며 해석된다. 다음을 보라 : Yigael Yadin, "Pesher Nahum(4 QpNah) Reconsidered," *IEJ* 21(1971) 1—12,7f ; Joseph M. Baumgarten, "Does *tlh* in the Temple Scroll Refer to Cruxcifixion?" *JBL* 91(1971) 472—81 ; Heinz-Wolfgang Kuhn, "Jesus als Gekreuzigter in der frühchristlichen Verkündigung bis zur Mitte des 2. Jahrhunderts," *ZThK* 72(1975) 1—46, 33—36.

134) 예컨대, Zahn, pp.156f ; Sieffert, pp.186f ; Schlier, p.138을 보라.

135) 이것은 그리스도교 변증가들과 일치한다(참조. 사도 5,30 ; 10,39 ; 13,29 ; *Barn*.5.13 ; 7,7,9 ; Pol. *Phil*. 8.1 〔1 Pet 2 : 24〕 ; *Gos. Pet*. 2 〔HSW, *NT Apocrypha* 1.183〕). 쉡스(*Paul*, 178—80)는 바울로가 תלה를 "매달린"과 "올리운"의 이중 의미에서 해석한다(참조. 필립 2,8f). 쉡스는 Klein, *Studien über Paulus*, 62—67(위 주 8)에서 이 제안을 취한다. 그러나 바울로가 히브리어를 알았다는 언어상의 표시가 없다(참조. 고후 11,22 ; 필립 3,5f). Schlier, p.139 n.2를 보라.

136) 대체로 라삐의 신학에서. "하느님의 저주"는 "하느님에 대한 모독"으로 간주된다. 다음을 보라 : Str-B 1.1012f,1034, 3.544f에 수록된 자료 ; 민수 25,4에 대한 *Tg. Yer*. Ⅰ, Ⅱ ; 4QpNah Ⅰ,7f ; 그리고 심마쿠스의 번역. 명백히 이것은 고대 유다의 反-그리스도교 논쟁을 위한 출발점이 되었다(참조. 고전 1,23). 다음을 보라 : Jeremias (*Lehrer der Gerechtigkeit*, 133—35) ; Peter Stuhlmacher ("Das Ende des Gesetzes," 29 n.32 ; 위 주 128) ; Hans Hübner ("Gal 3,10 und die Herkunft des Paulus," *KD* 19〔1973〕 215—30) ; Kuhn ("Jesus als Gekreuzigter," 21, 35f)은 신명 21,23과 그리스도의 십자가 사이의 연관을 바울로 자신의 그리스도교 이전 시대에서 유래하는 것으로 간주한다(이미 Klein, *Studien*, 62f도 그렇게 보았다). 유다적(그리스도교적) 기원은 또한 Ariston of Pella *Altercatio*에서, 갈라 3,13에 관한 제롬의 주석(*PL* 26.361f ; 또한 *Writings of the Ante-Nicene Fathers* 8.749에서)과 Justin, *Dial*. 32.1, 89.2, 90.1, 94.5에서 숙고된다. 그 이상의 참조는 *Biblia Patristica*, 117f, 484를 보라(위 주 12). 그 문제는 Ambrosiaster 주석에서 잘 이해되었다. 또한 Luther (1535) 3,13에 관해서 보라.

[14] *ἵνα*("하려는")로 시작하는 두 절은 3장 6—14절을 끝맺으며 그 결과를 진술한다. 첫번째 절은 일반적인 은혜를 말한다 : *ἵνα εἰς τὰ ἔθνη ἡ εὐλογία τοῦ 'Αβραὰμ γένηται ἐν 'Ιησοῦ Χριστῷ*("아브라함에게 주신 복을 예수 그리스도를 통해 이방 사람들에게 미치게 하려는 것이었으며"). 만일 *οἱ ἐξ ἔργων νόμου*("그들의 구원의 토대를 율법의 행업에 두는 사람들")가 저주아래 있다면(3,10), 만일 그들이 하느님 앞에서 토라로 의롭다함을 얻을 수 없다면(3,11), 만일 그들이 *ἐκ πίστεως*("믿음으로 살려는 사람들"[3,12])가 아니라면, 그러나 한편으로 만일 그리스도인들이 그리스도의 대속적인 죽음에 의해 구원된다면(3,13), "율법의 행업을 의지하는 사람들"은 아브라함의 축복의 상속자들이 될 수 없다. 만일 그들이 아브라함의 상속자들이 아니라면, 상속자들은 "예수 그리스도를 통해" 또는 "그리스도 예수 안에서"[137] 그들의 구원을 받았던 저 이방인들(*τὰ ἔθνη*)일 수밖에 없다. 이들은 "믿음으로 살려는 사람들"이다. 증명 본문들이 보여주듯이, 결국 성서는, 이방인들이라 할지라도 믿음을 가지게 되면 아브라함과 함께 축복받는 자들이라는 것을 실제는 미리 내다보았고 미리 말했다(참조. 3,8—9).

두번째 결론은 첫번째 결론을 전제하고 있는 것이지[138] 단순히 병행하는 상태가 아니다 : *ἵνα τὴν ἐπαγγελίαν τοῦ πνεύματος λάβωμεν διὰ τῆς πίστεως*("우리가 믿음으로 그 약속된 성령을 받게 하려는"). 14절a에서 결론지은 교리상의 논의로부터 바울로는 이제 경험적인 증거로부터(참조. 3,2·5) 주장에 되돌아 갈 수 있다. 그는 일인칭 복수로 바

137) 어순의 차이는 또한 의미의 차이를 의미한다. 만일 *ἐν 'Ιησοῦ χριστῷ* (B ℵ)를 택한다면, 그 문구는 그리스도의 구원의 죽음("예수 그리스도를 통해")을 언급하는 것이 된다. 만일 우리가 P⁴⁶ A C 𝔐 D G *pl* *ἐν Χριστῷ 'Ιησοῦ* 쪽으로 읽는다면, 그 문구는 "그리스도 안에서"라는 신앙고백을 언급하는 것이 된다(참조 1,22 ; 2,4·17 ; 3,26·28 ; 5,6에 관해서). 두 형태는 모두 바울로적이며 그러므로 둘 다 가능하다. 그러나 전자가 더 그럴 듯하다 : 그것은 13절을 언급하며, *ἐν νόμῳ*("율법으로는" [11절])에 반대되고, *διὰ πίστεως*("믿음으로" [14절b])와 병행한다. 참조. 또한 Burton(p.176)에서의 논의 ; 슐리어(p.140)는 "그의 인격 안에서"로서의 *ἐν*의 이해를 변호한다.

138) 참조. 갈라 4,5에 나온 두 *ἵνα*절. 그것들은 어형과 의미에 있어서 같다. 또한 고전 4,6 ; 고후 12,7 ; 에페 5,26—27를 보라. 무쓰너(pp.234—36)는 다르다. 그는 두 문장이 13절에 의존하는 것으로 생각한다. 이 때문에 또한 그는 "이방인들"이라는 말을 13절에서 사용하지 않는다. 그 결과 그가 보기에 "율법의 저주"는 이방인들을 포함한다. 참조. 위의 3,13에 관해서.

꾼다. 14절 b에서 새로운 요소는 하느님이 아브라함에게 한 약속이 이제는 "그 약속된 성령"으로[139] 불리는 것이다. 그는 다음 이유들로 해서 이 결론에 도달한다 : 이방 그리스도인들은 성령을 받았으며(3, 2·5),[140] 그들은 "믿음을 통해"(διὰ τῆς πίστεως) 그렇게 하였다.[141] 만일 이것이 하느님께서 아브라함에게 한 약속의 성취라면(3, 8), 약속의 내용인 축복은 성령의 은사여야 한다. 갈라디아 사람들이 성령을 받았을 때, 이것은 비합법적인, 미숙한, 또는 불완전한 사건일 수 없었다. 그들은 하느님이 아브라함에게 했던 엄숙한 약속의 성취를 경험했음이 분명하다.

3. 세번째 주장 : 율법의 일반적 관행 3장 15—18절

15 형제들이여, 사람들의 생활에서 예를 들어 말하렵니다. 마찬가지로[1], 사람들 사이의 계약도 한번 확실하게 맺어진 다음에는 아무도 그것을 무효

139) ἐπαγγελίαν("약속") 대신에 P⁴⁶ D* F^gr G^gg 489 it^d,g Marcion Ambrosiaster 는 al을 εὐλογίαν("축복")으로 읽는다. 그러나 이것은 14절a에 기인한 이차적인 발전임이 분명하다. 본문의 상황에 관해서는 Metzger, *Textual Commentary*, 594 ; Schlier, p. 140 주. 2 ; Schenk, *Segen*, 42ff를 보라.

"약속"이라는 용어는 다음 단락들에서 관심의 주요 대상이 될 것이다(3, 16·17·18·19·21·22·29 ; 4, 23·28). Julius Schniewind and Gehard Friedrich, "ἐπάγγελμα, προεπαγγέλλομαι," *TDNT* 2. 576—86을 보라. 바울로의 반대자들은 물론 동의하지 않는다. 참조. 고후 7, 1 ; Betz, "2 Cor 6, 14—7, 1," 98 ; 103ff. 아래, 부록 2을 보라.

140) 그 표현은 "(단지)성령의 약속을 받다"를 뜻하는 것이 아니라, "약속된 성령을 받다"를 뜻한다. 사도 2, 33 ; 요한 7, 39 ; 또한 사도 2, 38 ; 고전 2, 12 ; 고후 11, 4 ; 에페 1, 13 등을 보라. Bauer, *s.v.* ἐπαγγελία, 2, b ; Burton, 176 ; Schlier, pp. 140f를 보라.

141) 갈라 2, 16 ; 3, 2·5·7·9·11·12를 보라. 슐리어(p. 141)는 아브라함의 믿음과 그리스도인의 믿음 사이를 구별하려고 한다. 아브라함의 믿음은 약속에 대한 믿음이다. 그리스도인의 믿음은 그 약속의 성취에 대한 믿음이다. 그러나 바울로는 그런 구별을 하지 않는다 : 그리스도인들의 믿음은 또한 여전히 약속에 대한 믿음이다(갈라 5, 5). 또한 로마 4, 17·24를 보라 : 아브라함과 그리스도인들은 둘 다 죽은 자를 살리시는 하느님을 믿는다.

1) 바우어는 그렇게 본다. 참조. *RSV:* "인간의 의지조차도" ; *NEB:* "일상생활에서조차도…." 3, 15에 관해 보라.

로 하거나 거기에 덧붙이거나 할 수 없는 것입니다. **16** 하느님께서는 아브라함과 "그의 후손에게"[2] 약속들을 주셨읍니다. 그런데 그것은 많은 사람을 의미하는 "후손들에게"라는 말을 쓰지 않고 한 사람만을 의미하는 "네 후손에게"란 말을 썼읍니다. 그 한 사람은 곧 그리스도이십니다. **17** 내가 말하려는 것은 이것입니다. 하느님께서 미리 세워두신 계약[3]이 사백 삼십 년 후에 생겨난 율법 때문에 폐기되거나 그 약속이 무효화될 수는 없다는 것입니다. **18**이 상속이 율법에 의한[4] 것이라면 그것은 벌써 약속에 의한 것이 아닐 것입니다. 그러나 하느님께서는 약속을 통하여 아브라함에게 상속의 선물을 주신 것입니다.

〔분석〕

바울로의 세번째 주장(3, 15—18)은 일반적인 인간의 관행에서 끌어낸 그 자신의 말로 시작된다.[5] 그레꼬·로마의 수사학에 의하면, 이 형태의 주장은 실례(*exempla*, 그리스어 : παραδείγματα)라는 개괄적인 제목 하에 분류되어야 할 것 같다.[6] 바울로의 "예"는 법의 분야에서 끌어내온 것이기 때문에, 그것은 비교(*similitudo*, 희랍어 : παραβολή)라는 더 특별한 범주에 속한다.[7] 논쟁적인 가치는 3장 1—5절과 3장 6—14절에 있는 처음 두 주장들만큼 크지 않다. 왜냐하면 실례(*exempla*)는 인위적인 부류(*genus artificiale*)에 속하기 때문이다. 그러나 그 부류

2) 참조. *RSV:* "자손"(offspring) ; *NEB:* "자식"(issue). *JB*는 첫번째는 "그의 자손에게"("and to his descendants"), 그리고 두번째는 "그의 후세에게"("to his posterity")로 번역함으로써 바울로의 주장을 무효로 만들어버린다.

3) *RSV*는 15절에 있는 "의지"로부터 17절에 있는"계약"으로 바꾼다—15절에 대한 난외 주와 함께 : "또는 '계약'(17절에서처럼)" *NEB*에는 15절이 "의지와 계약," 그리고 17절이 "서약, 또는 계약"으로 되어 있다. *JB*는 모든 예들에서 "의지"로 옮김으로써 같은 용어를 가진다.

4) 참조. *NEB:* "법적 권리에 의해서" ; *JB:* "법적 권리로서."

5) 3,15a에 관해서 보라. 논증의 수사학적 본질은 루터(1535)에 의해 정확히 언급되었다 : "…바울로는 또 하나의 〔주장〕, 즉 인간 의지의 유사함 〔*a similitudine*〕에 기초한 주장을 덧붙인다. 이것은 수사학적 주장인 것 같다.

6) 이 주제에 관해서는, Lausberg, *Handbuch*, §§410—26 ; Martin, *Rhetorik*, 119—24를 보라. "예"에 대한 일반적인 정의는 Quint. 5.11.6에서 발견된다 ; "…예 : 그것은 우리가 말하고자 하는 것이 진실이라고 청중을 설득시키는 데 소용될, 실제적인 또는 가정된 과거의 어떤 행동을 인용하는 것이다…"("...exemplum, id est rei gestae aut ut gestae utilis ad persuadendum id quod intenderis commemoratio").

7) 이것에 관해서는 Lausberg, *Handbuch*, §§422—425를 보라.

(*genus*)내에서 논쟁적인 가치는 상대적으로 크다. 법적인 예는 자체 안에 증거를 갖고 있으며 있으며,[8] 바울로의 경우와 같이 유사 법적인 주장에 그것을 적용할 때는 단순히 그것과의 유비로부터 그 효과를 끌어온다.[9]

〔해석〕

〔 15 〕 바울로는 갈라디아의 독자들을 다시 "형제들"(ἀδελφοί)로 칭함으로써,[10] 그리고 예를 일상적인 인간 생활로부터 끌어왔다는 것(κατὰ ἄνθρωπον λέγω. Burton: "나는 일반적인 인간의 관행에서 예를 듭니다")[11]을 언급함으로써, 율법의 관행으로부터 끌어온 자신의 예를 소개하기 시작한다. 이 귀절의 의미를 명확히 이해하는 것은 어렵지 않지만 출처는 어느 정도 여전히 의심스럽다. 그것은 또한 로마서 3장 5절과 고린토전서 9장 8절, 그리고 약간 다른 형태로 로마서 6장 19절에서 발견되지만,[12] 그밖의 원시 그리스도교 문헌에서는 발견되지 않는다.[13] 바울로의 용법으로 보아 우리는 이 귀절에서 약간의 기술적인 표현을 접할 수 있다.[14] 그러나 이상한 사실은 유다교[15]나 그리이스[16] 문학 그 어디에도 그와 똑같은 병행귀절

8) 법적인 예(*exempla ex iure*)에 관해서는 좋은 예들이 나와 있는 Quint, 5.11.32—35를 보라.
9) 바울로는 갈라 4, 1—2에서 법으로부터 또 다른 예를 사용한다.
10) 갈라디아서에 있는 이 언급에 관해서는 1, 11 ; 4, 12·28·31 ; 5, 11·13 ; 6, 1·8을 보라.
11) 잔(p. 161)은 κατὰ ἄνθρωπον("인간들이 일을 하는 방식")이 흔히 하느님 또는 계시에 대한 대조를 뜻한다고 언급한다. 그러나 여기서는 바울로가 특별히 그런 의중을 갖고 있었던 것 같지 않다. 참조. Sieffert, p. 190을 보라.
12) David Daube (*The New Testament and Rabbinic Judaism* 〔London: Athlone, 1956〕 394)는 그 귀절들에서 의미상의 차이를 과장한 데 대해 Str-B 3.136을 바르게 비판한다.
13) 참조. 디전 3, 1 *v.l.*; 1, 15 *v.l.*
14) 이것은 Daube, *NT and Rabbinic Judaism*, 394f에서 인지되었다.
15) 비교할 수 있는 유다 자료는 Str-B 3.136—39 ; Daube, 같은 책, 394—400 ; Carl J. Bjerkelund, "'Nach menschlicher Weise rede ich': Funktion und Sinn des paulinischen Ausdrucks," *StTh* 26(1972) 63—100에서 논의된다. Bjerkelund는 "나는 성서로부터나 미쉬나(Mishnah)로부터가 아니라, 일상 생활로부터(מדרך ארץ) 그것을 너에게 증명해 보이고 싶다"라는 귀절에 주의를 환기시켰다.
16) 유사한 표현들에 대해서는 Aeschylus *Agam.* 351 ; *Sept.* 425 ; *Eum.* 310: Sophocles *Ajax* 761, 777 ; *Oed.* Col. 598 ; Plato *Phileb.* 62 A-B; Aristides *Or.* 19 (vol. 2, p. 16 ; ed. Keil) ; Athenaeus 10.444B ; Diodorus Sic. 16.

이 없다는 점이다.

예 자체는 법의 관례에서 나온다. 그러나 여기에 또한 난점들이 있다. 바울로는 법적인 절차를 기술한다 : *ὅμως ἀνθρώπου κεκυρωμένην διαθήκην οὐδεὶς ἀθετεῖ ἢ ἐπιδιατάσσεται*("마찬가지로, 사람들 사이의 계약도 한번 확실하게 맺어진 다음에는 아무도 그것을 무효로 하거나 거기에 덧붙이거나 할 수 없는 것입니다"). 바울로가 "계약"("testament")에 대한 법률상의 관례를 언급하는 것은 분명하지만,[17] 그가 어떤 종류의 계약을 염두에 두고 있는지는 전혀 확실하지 않다. 그리스[18]와 그리고 로마[19] 법에 의하면 계약은 어느 때라도 변경될 수 있다. 그 문제를 설명하기 위해, 밤멜(Ernst Bammel)[20]은 변경할 수 없는 유다의 מתנת בריא(*mattenat bari'*) 관례 — דייתיקי(*diyathiki*, 계약)와 구별하여 —에 주의를 기울였다.[21] "*mattenat bari'*"는 기증자로부터 기증받는 자에게 재산이 양도되는 것을 가리킨다. 그러한 양도는 즉시 효력을 발생하며, 기증자가 비록 그가 살아있을 때는 용익권(用益權)을 보유했다 할지라도 그가 죽음으로써 그 양도의 효력이 없어지지는 않는다. 그러나 이 양도는 취소되거나 변경될 수 없다. 만일 밤멜이 옳다면, 바울로의 용어 *διαθήκη*("계약")는 실제로 "*mattenat bari'*"의 법률상의 관

11.2 ; Porphyry *De abst.* 2.2를 참조. 또한 로마 3,5에 관해 Wetstein, Lietzmann, *Römer*, 3,5를 보라.

17) "Covenant"(계약)를 택하는 Burton (pp.178f, 496—505) 외에 현재 대개의 주석가들이 그렇게 본다. 또한 Johannes Behm and Gottfried Quell, "*διατίθημι, διαθήκη*," *TDNT* 2.104—34(뒤따르는 참고문헌과 함께) : Erich Bernecker, "Diatheke," *KP* 1.1514—17을 보라.

18) 특히 Raphael Taubenschlag, ***The Law of Graeco-Roman Egypt in the Light of the Papyri***, 332 B.C.—640 A.D.(Warsaw: Państwowe, ²1955) 190ff(많은 귀절들과 참고문헌과 함께)을 보라.

19) Max Conrat(Cohn), "Das Erbrecht im Galaterbrief(3 : 15—4 : 7)," *ZNW* 5(1904) 204—27 ; Boaz Cohen, ***Jewish and Roman Law*** (New York: The Jewish Theological Seminary of America, 1966) 1.35f ; Max Kaser, ***Das Römische Privatrecht*** (HKAW 10.3.3.1 ; Munich: Beck, 1971) §§160, 163, 165를 보라.

20) Ernst Bammel, "Gottes *ΔΙΑΘΗΚΗ* (Gal. Ⅲ 15—17) und das jüdische Rechtsdenken," *NST* 6(1959/60) 313—19 및 거기에 수록된 참고문헌 참조.

21) 이것에 관해서는 Reuven Yaron에 의한 기본적인 연구 ***Gifts in Contemplation of Death*** (Oxford: Clarendon, 1960) 19ff, 49ff ; 또한 Walter Selb, "*Διαθήκη* im Neuen Testament: Randbemerkungen eines Juristen zu einem Theologenstreit," *JJS* 25(1974) 183—96을 보라. Str-B 3.545—53에서의 논의는 적절히 수정되어야 한다.

례를 언급하는 것일 것이다. 이 가능성을 부인할 수 없으나 그것은 더 많은 문제들을 야기시킨다. 만일 이것이 순전히 유다의 관례라면, 어떻게 이방 그리스도인들이 이 실례를 이해할 것으로 기대될 수 있을까?[22] 이 문제를 해결할 수 있는 한가지 방법은 그것이 우리가 여러 자료들을 바탕으로 해서 아는 것보다 더 광범위하게 사용된 것으로 가정하는 것이다.[23] 이 문장에 있는 몇가지의 다른 전형적인 그리스의 법률 용어들에 의해서 이 가능성은 높아질 수 있을 것이다: *κυρόω* ("승인하다", "유효하게 하다", "비준하다")[24], 그 반대말 *ἀθετέω*("무효라고 선언하다", "폐기하다"),[25] 그리고 마지막으로 *ἐπιδιατάσσομαι* ("계약에 추가 조항을 덧붙이다").[26] 단어 *ὅμως*는 또한 문법적으로 해독하기가 어렵다.[27] 바우어(Bauer)는 "그럼에도 불구하고"(그것은

22) 이와는 달리, 바울로의 예가 "불완전하며"그의 시도가 "난해하다"는 쉡스의 항의(*Paul*, 181 주.5)는 여전히 적절하다.

23) 더 널리 사용되는 용법은 Yaron (*Gifts*, 46ff)이 논의한 에집트로부터의 자료에 의해서 제시된다. Yaron 교수는 1975년 4월 17일자 편지에서 이 제시에 동의한다: "…나는 *mattenat bari*"와 유사한 협정들이 신약 시대의 근동에서 널리 퍼졌다는 것을 거의 의심하지 않습니다. 나의 책에서… 나는 에집트의 자료를 특별히 강조했읍니다. … 그 이유는 건조한 기후로 해서 에집트의 자료가 법률적인 파피루스에 대한 우리의 일차적인, 거의 배타적인 자료이기 때문입니다. 그러나 이 법률적인 관례들은 널리 유포되는 경향이 있읍니다——특히 만일 그것들이 잘 법식화되고 사회적 필요에 만족스런 방법으로 응답한다면."

24) 그 용어는 이런 의미로는 신약에서 여기서만 사용된다. 다음을 보라: Johannes Behm, "*κυρόω, ἀκυρόω, προκυροω*," *TDNT* 3.1098—99; Bauer, *s.v.*, 1; Schlier, p.143 주.8; LSJ, *s.v.*; *Suppl.*, *s.v.*, Manfred Hässler, *Die Bedeutung der Kyria-Klausel in den Papyrusurkunden* (Berliner Juristische Abhandlungen 3; Berlin: Duncker & Humbolt, 1960).

25) 또한 갈라 2,21; 마르 7,9; 루가 7,30; 히브 10,28; 디전 5,12를 보라. Bauer, *s.v.* 1; Christian Maurer, "*ἀθετέω κτλ.*," *TDNT* 8.158—59; Preisigke, *Wörterbuch*, 4/1 (1944) 51, *s.v.*를 보라.

26) 그 용어는 신약에서 단 한번 나오는 어구다. 다음을 보라: LSJ, *s.v.*, Conrat, "Das Erbrecht im Galaterbrief (3,15—4,7)," *ZNW* 5(1904) 215f(위 주 19를 보라); Otto Eger, "Rechtswörter," *ZNW* 18(1917) 92f; Schlier, p.143 주.8; Gerhard Delling, "*διατάσσω, διαταγή*," *TDNT* 8.34—36; Preisigke, *Wörterbuch*, 4/3(1966) 577, *s.v.* *διατάσσω*; PGL, *s.v.*,은 Eusebius H.E. 5.16.3에 있는 익명의 저자를 기재한다: *ἐπισυγγράφειν ἢ ἐπιδιατάσσεσθαι τῷ τῆς εὐαγγελίου καινῆς διαθήκης λόγῳ, ᾧ μήτε προσθεῖναι μήτε ἀφελεῖν δυνατόν*...("무엇인가를 덧붙여 쓰는 것 또는 복음의 새 계약의 말씀에 조항 하나를 첨가하는 것, 그것에 무엇인가를 덧붙이거나 없애는 것은 있을 수 없는 일이다…).

27) 참조. 특히 Burton, 178f; Schlier, 143 주.4.

결국 다음과 같을 것이다 : "단지 사람의 뜻이라 할지라도, 그럼에도 불구하고…")보다는 "똑같이", "마찬가지로"의 더 오래된 의미를 택했는데 그것은 옳은 것 같다.[28] 그러나 이 모든 난점들에도 불구하고, 바울로의 말의 의미는 상당히 명백하다. 즉 법률상의 관행에 의하면, 한번 계약이 비준된 다음에는 누구도 그것을 폐기시키거나 또는 그것에 추가 조항을 덧붙일 수 있는 권리를 갖지 못한다[29]는 것이다.

[16] 실례를 적용함으로써(3, 15) 바울로는 자신이 염두에 두고 있는 바를 명료하게 한다. 그는 아브라함에게 주어진[30] 약속들을 생각하고 있는 중이다 : *τῷ δὲ 'Αβραὰμ ἐρρέθησαν αἱ ἐπαγγελίαι καὶ τῷ σπέρματι αὐτοῦ*("아브라함과 그의 후손에게 약속들을 주셨읍니다"). "약속"(*ἐπαγγελία*)[31]의 개념은 3장 14절에서 먼저 언급되었고, 지금 그 이상의 해석을 위해서 채택된다. 사도에게 있어서, 아브라함에게 주어진 약속들은 3장 6—14절에서 논의된 아브라함의 축복과 동일하다. 바울로는 다시 아브라함 전승을 해석한다(참조. 창세 12, 2—3·7 ; 13, 15—16 ; 15, 4—6 ; 17, 1—11 ; 22, 16—19 ; 24, 7—9 등). 실제로 창세기 17장 1—11절(칠십인역)에는 이 귀절에 대칭되는 용어들이 들어 있다 :[32]

"아브람이 구십 구 세 되던 해에 야훼께서 아브람에게 나타나시어 말씀하셨다. '나는 전능한 신이다. 너는 내 앞을 떠나지 말고 흠

28) 다음을 보라 : Bauer, *s.v.*; *BDF*, §450, 2 ; *BDR*, §450, 2 ; Joachim Jeremias, "*ΟΜΩΣ* (I Cor 14, 7 ; Gal 3, 15)," *ZNW* 52(1961) 127f ; Rudolf Keydell, "*ΟΜΩΣ*," *ZNW* 54(1963) 145f ; Schwyzer, *Grammatik* 2. 582f.

29) "아무도…않다"가 기증자(*ἄνθρωπος*)를 언급하는지 또는 그밖에 누군가를 말하는지는 분명하지 않다. Schlier, 143f를 보라.

30) *ἐρρέθησαν*([하느님께서] "그들에게 말씀하셨다")라는 낱말은 계약이 세워졌음을 말한다. 이것은 אמר 또는 כתב에 대한 라삐의 법에 상응한다(참조. Bammel, "Gottes *ΔΙΑΘΗΚΗ*," *NTS* 6. 316 주. 2 ; Schlier, p. 144 주. 2). Philo *Conf*. 169 ; *Mut*. 145에서 외형상 유사한 단어들을 보라.

31) *ἐπαγγελίαι*("약속들")는 창세기에는 나오지 않으나 여기서 바울로가 덧붙인다. 복수는 갈라 3, 16·21에서, 단수는 3, 14·17·18·22·29 ; 4, 23·28에서 발견된다. 아마 그 개념은 반대자들에 대한 논쟁에 있어서 중요할 것이다. 참조. 고후 7, 1(아래, 부록 2를 보라), 그리고 Betz, "2 Cor 6, 14—7, 1," 92—99, 104f ; 야고 1, 12 ; 2, 5 등.

32) Zahn, 166f ; Schlier, 144f ; Mussner, 237f도 마찬가지 견해다.

없이 살아라. 나는 너와 나 사이에 계약(διαθήκη)을 세워 너를 크게 불어나게 하리라.' 아브람이 얼굴을 땅에 대고 엎드리자 하느님께서 그에게 다시 말씀하셨다. '내가 너와 계약(διαθήκη)을 맺는다. 너는 많은 민족의 조상이 되리라. 내가 너를 많은 민족의 조상으로 삼으리니…네 이름은 이제 아브람이 아니라 아브라함이라 불리리라. 나는 너에게서 많은 자손이 태어나 큰 민족을 이루게 하고 왕손도 너에게서 나오게 하리라. 나는 너와 네 후손(σπέρμα)의 하느님이 되어 주기로, 너와 대대로 네 뒤를 이을 후손(σπέρμα)과 나 사이에 나의 계약(διαθήκη)을 세워 이를 영원한 계약(διαθήκη)으로 삼으리라. 네가 몸붙여 살고 있는 가나안 온 땅을 너와 네 후손에게 준다. 나는 그들의 하느님이 되어 주리라.' 하느님께서 또 아브라함에게 말씀하셨다. '너는 내 계약(διαθήκη)을 지켜야 한다. 너뿐만 아니라, 네 후손(σπέρμα) 대대로 지켜야 한다. 너희 남자들은 모두 할례를 받아라. 이것이 너와 네 후손(σπέρμα)과 나 사이에 세운 내 계약(διαθήκη)으로서 너희가 지켜야 할 일이다. 너희는 포경을 베어 할례를 베풀어야 한다. 이것이 나와 너희 사이에 세운 계약(διαθήκη)의 표다.'"

계약이 약속들, 곧 후손의 증가와 땅의 약속과 후손에게까지 그 약속이 유효하리라는 것 등을 포함하는 것과, 그 약속들이 아브라함과 그의 "후손"에게 주어졌다는 것은 바울로에게 있어서 중요하다. 이것이 바로 그가 상속(κληρονμία)[33]이라고 부르는 것이다. 그는 약속의 내용에 주의를 기울이지 않고, " ～와 그의 후손에게"[34]라는 문구로 직접 시작하며, 받는 사람들을 직접 가리킨다. 바울로가 보기에 이 귀절은 대단히 중요하다. 왜냐하면 여기에는 매우 심오한 의미가 담겨 있기 때문이다. 단수 σπέρμα("후손")에 기초하여 그는 먼저 전통적인[35] 해석을 거부한다 : οὐ λέγει·καὶ τοῖς σπέρμασιν, ὡς ἐπὶ πολλῶν("그

33) 창세기에서 그 동사는 15,3·4·7·8에서 발견된는 : 참조. 갈라 3,18·29 ; 4,30 ; 5,21.

34) Nestle-Aland는 καὶ τῷ σπέρματι를 칠십인역으로부터 인용한 문구로 표시한다. Kautzsch (*De Veteris Testamenti locis*, 20f)와 Daube(*NT and Rabbnic Judaism*, 438)가 지적했듯이, 문구 "…과 네 후손에게"는 땅의 약속과 관계되어서만 발견된다(참조. 창세〔MT〕 13,15 ; 17,8 ; 창세〔칠십인역〕 13,15 ; 17,8 ; 24,7). 반면에 아브라함의 자손과 관련해서 그 말들은 "네 후손에서"(창세 22,18)로 되어 있다 : 참조. 창세 13,15 ; 17,8 ; 22,18에 대한 언급과 함께 Str-B 3.553을 보라.

35) 시편 105,8 이하와 Str-B 3.211에 있는 자료를 보라. 바울로에게서 이

것은[36] 많은 사람들을 의미하는 '후손들에게'란 말을 쓰지 않고"). 바울로에게 있어서 그 단수는 그가 다음에 그리스도로서 동일시하는 한 사람의 상속자를 가리킨다[37] : *ἀλλ 'ὡς ἐφ' ἑνός. καὶ τῷ σπέρματί σου, ὅς ἐστιν Χριστός*("한 사람만을 의미하는 네 '후손에게' : 그 한 사람은 곧 그리스도이십니다"). 이 주장은 두 가지 차원에서 고찰해 보아야 한다. 전체적으로 이 주장은, "믿음으로 살려는 사람들"(3, 6—14), 즉 바울로가 아브라함과 함께 축복받은 자들로, 그리고 그리스도를 믿는 자들과 동일시된 자들로 설명했던 사람들이 동시에 계약과 약속의 상속자들이라는 것을 보여주려고 한다. 이것은 뒤에서 나올 논의에 대한 준비작업에 불과하다. 이 귀절에서 바울로는, 전통적인 유다교의 해석[38]을 배제하고 그리스도에게 상속자의 역할을 준비해 두기 위해 단수 "후손"을 사용한다. 확실히 이러한 동일시는 그리스도교적이긴 하나, 그것은 칠십인역 본문에 의해서도,[39] 심지어 유다교 사상에 의해서까지[40] 가능해졌을 것이다.

해석은 로마 4,16—17(창세 17,5) ; 9,4 이하 ; 15,8—9 ; 또 에페 3,6 ; 히브 4,1 이하 ; 11,9·11 ; 사도 13,22 ; 26,6—7에서 발견된다. 물론 유다교에서 상속자들은 유다인들 그리고, 어느 정도는 개종자들을 포함한다. 참조. *Ps. Sol.* 12.6 ; *T. Jos* 20 ; 지혜 12,21, 그리고 Str-B 3.270—09에 있는 자료 ; Schlier, p.145 주.2 ; Gottfried Quell and Siegfried Schulz, "*σπέρμα κτλ.*," *TDNT* 7.536—47.

36) *λέγει*의 주어는 하느님(*ἐρρέθησαν*〔참조. 위 주 30〕)이나 성서(참조. 갈라 3,8 ; 로마 15,10, 그리고 Bauer, *s.v. λέγω*, Ⅰ.7)일 것이다. *BDR*, §130, 주.7을 보라.

37) D* 81 Irenaeus[lat] Tertullian Ambrosiaster Augustin에는 *ὅς* 대신에 *ὅ*로 되어 있다. *ὅ ἐστιν*은 설명문구일 것이다(참조. 히브 7,2, 골로 1,24 ; 에페 5,5 ; Bauer, *s.v. ὅς*, 7에 있는 다른 예들) ; *ὅς ἐστιν*은 문체가 발전된 결과로 보인다(Schlier, p.145 주.5). G는 *οὗ*로 읽는다. 확실한 단정을 내리기가 어렵다.

38) Str-B. 3.553을 개정하면서, 다우베(*NT and Rabbinic Judaism*, 438—44)는 바울로의 가르침과 미드라쉬 가르침과의 일치를 —거기서 총칭단수는 특수한 단수로서 해석될 수 있다— 보여주기 위한 자료로 제시했다.

39) *σπέρμα*는 그리이스어에서 "자손"을 가리키는 것으로 사용될 수 있다. 특히 칠십인역에서 그렇다(참조. 창세 4,25 ; 21,13 ; 신명 25,5 등). 귀절들에 대해서는 Quell and Schulz, "*σπέρμα κτλ.*," *TDNT* 7.539—41을 보라.

40) 위 주 38을 보라. 일부 학자들은 바울로가 "후손"을 그리스도로 해석하는 것이 이삭-그리스도 유형론의 형태로 소위 *Akedat Jishap*의 그리스도교적 각색을 반영한 것이라고 시사했다. 그리고 "후손"은 이삭/그리스도의 희생을 언급하는 것으로 해석될 수 있다. 그러나 이 가설이 지

[17] 바울로는 15절에서 실례를 제시했었기 때문에 이제는 실제 문제를 설명한다. 구절 τοῦτο δὲ λέγω("내가 말하려는 것은 이것입니다")는 독자로 하여금 다음 사항에 주의를 기울이도록 한다.[41] 바울로가 염두에 두고 있는 "계약"[42]은 하느님이 아브라함에게 한 약속으로서 바울로는 그것을 διαθήκην προκεκυρωμένην ὑπὸ τοῦ θεοῦ("하느님께서 미리 세워두신 계약")로 부른다.[43] 15절의 법률적인 언어의 예를 그가 주장하려고 하는 문제에, 즉 아브라함에게 한 하느님의 약속에 적용하는 것은 명백히 바울로적인 방법이다. 또 다시 그 언어는 전문용어이다 : 용어 προκυρόω("미리 세우다")[44]는 희귀하며 또한 προ—("미리")는 μετά("후에")에 대조된다. 이 "계약"은 토라에 의해서 무효화될 수 없다. 왜냐하면 토라는 430년 뒤에 시나이 산에서 주어졌기 때문이다.[45] 확실히, ἀκυροῦν("무효화함, 폐기함")[46]

넌 문제는 첫째 이삭을 가리키는 표시가 갈라 3,16 어디에도 없으며 둘째 이 관계에서 흔히 논의되는 부문인 로마 8,22는 갈라 3,16을 해석하기 위한 기초로 간단하게 해석될 수 없다는 점이다. 참조. Schoeps, *Paul*, 147f ; Daube, *NT and Rabbinic Judaism*, 443f ; Dahl, "The Atonement," 146—60 ; 같은 저자, "Wdierspruche," 13. 더 이상의 참고문헌에 대해서는 J. Edwin Wood, "Isaac Typology in the New Testament," *NTS* 14(1967/68) 583—89 ; Mussner, p. 240 주. 147을 보라.

41) 이 형태의 참고문에 관해서는 다음을 보라 : Bauer, *s.v.* λέγω, I, 7 ; Boaz Cohen(*Jewish and Roman Law*〔New York: The Jewish Theological Seminary of America, 1966〕 1.35f) 그리고 무쓰너(p. 240)는 바울로가 여기서 *conclusion a minore ad maius*를 사용한다고 가정한다.

42) 슐리어(p. 146 주. 4)는, Burton(pp. 182f)가 제안했던 것처럼, 3,17에 있는 διαθήκη를 3,15와 다르게 옮겨서는 안 된다고 말하는데 그것은 당연하다.

43) 후대의 언셜 자체(字體)와 많은 소문자들(D[gr] G[gr] I[vid] K 0176 88 *al*)을 따라서 θεοῦ 뒤에 *Textus Receptus*는 εἰς χριστόν으로 읽는다. 이것은 3,16에 기초한 해석상의 어휘 같다(참조. 3,24). P[46] ℵ A B C 그리고 다른 좋은 증거물들은 더 짧은 본문을 지지한다. Metzger, *Textual Commentary*, 594를 보라.

44) 법률적인 의미는 현존하는 예들로부터 명백하다. 다음을 보라 : *Suppl. Epiger. Graec.* 3. 674 A, 29,31행(Rhodes, 2nd c.A.D) : ἐν τῷ προκεκυρωμένῳ ψαφίσματι("전에 비준된 칙령에서") ; Eusebius, *Praep. ev.* 10.4 (*PG* 21.780C) 등. LSJ, *s.v.*; *PGL*, *s.v.*; Johannes Behm, "ἀκυρόω, προκυρόω," *TDNT* 3.1099—1100 ; Bauer, *s.v.*; Bammel, "Gottes ΔΙΑΘΗΚΗ," *NTS* 6.316(위 주 20)을 보라.

45) ὁ νόμος는 시나이 산 위에서 모세에게 계시된 "토라"를 언급한다. 갈라 3,19—25 ; 로마 4,15 ; 5,13—14·20 ; 10,5 ; 고후 3,7·12를 보라.

46) 이 법률 용어는 희귀하다. 이 용어는 이런 의미로 신약에서 이곳에서만

은 아브라함에게 주어진 약속의 취소,[47] 곧 불합리한 가정으로 끝날 것이다. 성서에서 앞서는 자는 현실에서도 또한 앞선다는 라삐의 규칙에도 반영된 법률적인 유비성(15절)에 비추어 보더라도, 그 약속의 취소는 불합리하다.[48] 바울로의 연대기 —그것에 따르면 율법은 아브라함에 대한 약속이 있은 지 430년 후에 주어졌다— 는 출애굽기 12장 40절에 기초한다(칠십인역) : "이스라엘 백성이 에집트에 머무른 것은 사백 삼십 년 동안이었다."[49] 그러나 그 연대기 자체는 바울로의 특별한 관심사가 아니다.[50] 그의 관심사는 시나이산 위에서 계시된 토라로 말미암아 아브라함에게 주어진 약속이 취소될 수도 있다는 가능성을 뒤엎는 것이다.[51]

도대체 누가 그런 불합리한 가능성을 생각하려고 했을까? 규범적인 유다 전승에 따르면,[52] 율법이 훨씬 뒤에 주어지긴 했지만, 아브라함은 그것을 간직했다. 어떻게 그가 그렇게 할 수 있었는가는 여러

발견된다. LSJ, *s.v.; Suppl. s.v.* ἀκυρισμός; Preisigke, Wörterbuch 4/1 (1944) *s.v.;* Eger, "Rechtswörter," *ZNW* 18(1917) 92 ; Johannes Behm, "ἀκυρόω, προκυρόω," *TDNT* 3. 1098—99 ; Bauer, *s.v.*를 보라.

47) 용어 καταργέω("무효화하다", "취소하다")는 흔히 볼 수 없는 말이다. 그러나 바울로는 그것을 여러차례 몇가지 의미로 사용한다. 참조. 갈라 5,4·11 ; 로마 3,3·31 ; 4,14 ; 7,2·6 등 ; 또한 에페 2,15. Gerhard Delling, "καταργέω," *TDNT* 1. 453—54 ; Bauer, *s.v.* 1, b ; Schlier, 148 주. 2를 보라. 가장 가까운 병행절은 로마 4,14다 : "'율법을 지키는 사람'이 상속자가 된다면 믿음은 무의미한 것이 되고 약속은 무용한 것이 됩니다" (κεκένωται ἡ πίστις καὶ κατήργηται ἡ ἐπαγγελία).

48) *Sipre Num.* § 73. Karl Georg Kuhn, *Der tannaitische Midrasch Sifre zu Numeri* (Rabbinische Texte 2. 3 ; Stuttgart: Kohlhammer, 1959) 188을 보라.

49) 출애 12, 41 (B*는 435년으로 되어 있다). 창세 15,13(참조. 15,16)은 400년으로 되어 있다. 라삐의 주석은 규정 שניתובים의 도움으로 그 차이를 설명한다. 이 해결은 오래 된 것이며 칠십인역에서 이미 전제되었음이 분명하다. 참조. 또한 *Mek. Exod.* 12. 40(19ª) ; Tg. *Yer.* 1 Exod 12, 40f ; *Gen. Rab.* 63(39c) ; Josephus, *Ant.* 2. 15. 2. 대체로 Str-B 2. 668—71 ; Daube, *NT and Rabbinic Judaism,* 440 ; Dahl, "Widersprüche," 11 주. 18을 보라. 사도 7, 6이 창세 15, 13의 전승을 따라 400년으로 계산하는 것은 주목할 만하다.

50) Philip Vielhauer, "Paulus und das Alte Testament," in *Studien zur Geschichte und Theologie der Reformation, Festschrift für E. Bizer* (Neukirchen: Neukirchener Verlag, 1969) 33—62, 45도 그렇게 본다.

51) "약속"(ἐπαγγελία)의 개념에 관해서는 갈라 3, 18의 해설을 보라.

52) 자료 모음에 대해서는 Str-B 3. 204—06을 보라.

가지 방법으로 설명된다 : 그는 "자기 자신으로부터,"[53] 또는 비밀 문서로부터,[54] 또는 하느님에 의한 특별 계시를 통해서[55] 토라를 알았다. 그러므로 반대자들에 대한 자신의 논쟁의 일부로서 대안을 소개하는 이는 바로 바울로 자신일 것이다. 아마도 그의 입장은 마카베오 혁명의 "헬라주의적 개혁자들"과 어떤 관련이 있었을 것이다(위 3장 6절에 관해서 "아브라함"에 대한 보론 13을 보라). 만일 반대자들이, 유다교처럼 구원의 기초를 오로지 시나이산 위에서의 토라의 계시에만 두었다면, 바울로는 오로지 아브라함에게 주어진 약속에만 관심을 갖는다. 자신의 주장을 위해, 바울로는 자료들에 의해 제시되는 문제를 이용한다.[56] 바울로는 유다교가 결합시키려고 하는 것을 논쟁적으로 분리시킨다.[57] 유다교의 개념을 해체시키기 위해 그는 다음의 사실을 강조한다. 즉 아브라함이 토라를 알지 못했다는 것, 그리고 율법조항을 지킴으로써 의롭다함을 얻은 것이 아니라 그의 "믿음"의 결과로서 그가 의로운 자로 간주되었다는 것을 강조한다. 달리 말해, 바울로는 전통적인 유다교의 견해를 뒤집어 엎는다 : 아브라함에게 토라의 선이해를 돌리는 대신에, 바울로는 시나이 토라에서 어떤 의의도 박탈해버린다. 만일 아브라함이 토라의 지식 없이 의롭다고 인정

53) 예. R. Shimeon (150경), *Gen. Rab.* 61(38b) : "아버지는 그를 가르치지 않았으며, 그는 선생이 없었다. 그는 토라를 어디로부터 배웠을까?" Shimeon은 시편 16, 7에 대해 언급함으로써 설명한다 : 하느님은 아브라함에게 토라를 가르치기 위해 그의 사랑스러운 아들을 쓰셨다. 참조. Philo, *Abr.* 275f, 그리고 Str-B 3. 205에 있는 다른 귀절들.

54) 예. *Jub.* 21. 10, "에녹과 노아의 말들"에 대한 언급과 함께.

55) 예. R. Nathan in *Mek. Exod.* 20, 18(78b) ; *Gen. Rab.* 44(27d) ; Str-B 3. 206을 보라.

56) 필자의 논문 "2 Cor 6, 14—7, 1"에서 지적한 바와 같이, 고후 6, 14—7, 1 단락은 시나이 계약에 견고히 기초를 둔 유다-그리스도교 신학을 전제한다(아래, 부록 2를 보라). 슐리어(pp. 148f)는 반-바울로파들이 아브라함에 대한 약속과 시나이 토라 양자를 결합시켰다고 가정한다. 이것은 규범적인 유다의 신학을 대표할 것이다. 무쓰너(p. 241)는 반대자들이 시나이 토라를 아브라함 약속에 대한 단순한 추가조항이 되게 했거나 또는 그것을 무효화시키려 했다고 생각한다. 그러나 이것은 납득키 어려운 가설이다.

57) 규범적인 유다의 입장은 양자가 함께 속한다는 것이었다. 예컨대, 마하 2, 17—18을 보라 : "하느님께서는 당신의 모든 백성을 구원하셨고 그들 모두에게 그들이 차지할 땅(κληρονομία)과 왕국과 사제직과 거룩한 예식을 회복시켜 주셨읍니다. 이것은 하느님께서 율법을 통해서 회복하신 것입니다"(καθὼς ἐπηγγείλατο διὰ τοῦ νόμου). 또한 *Apoc. Bar.* 57. 2 ; *Job.* 24. 11 등을 보라. 자료모음에 대해서는 Str-B 3. 204—09를 보라.

받을 수 있었다면, 430년 뒤의 토라의 계시는 저 약속을 취소시킬 수 없었으며 결국 하느님 앞에서 토라 없이 그리고 믿음으로 의롭다함을 얻는 아브라함의 방법을 무효화시킬 수 없다.[58)]

[18] 여기서 바울로는 3장 15—17절에서의 주장을 요약한다. "상속"(*κληρονομία*)은 어디로부터 나왔는가 : 모세의 "토라로부터"(*ἐκ νόμου*)?[59)] 아니면 아브라함에 대한 "약속으로부터"(*ἐξ ἐπαγγελίας*)? 사도는 이것을 타협할 여지없이 하나의 대안으로서 제시한다[60)] : "이 상속이 〔모세의〕 토라에 의한 것이라면 그것은 벌써 〔아브라함에게 된〕 약속에 의한 것이 아닐 것입니다." 새로운 용어 "상속"[61)]이 지금 소개되었다는 것을 주목해야 한다. 그것은 여기서부터 계속해서 주요한 역할을 할 것이다. "상속"은 하느님의 구원활동의 모든 이득을 포함한다. 바울로는, 이 상속이 모세의 토라에

58) 또한 로마 4,13 이하에 그렇게 되어 있다 : 약속은 "토라를 통해서"(*δὶα νόμου*)가 아니라 "믿음, 곧 의를 통해서"(*διὰ δικαιοσύνης πίστεως*) 아브라함과 그의 후손에게 주어졌다.

59) 개념 *ἐκ νόμου*는 또한 갈라 3,21 ; 로마 2,18 ; 4,14·16 ; 10,5 ; 필립 3,9에서 나온다. 바울로에 있어서 그 의미는 그리이스의 관념과 다르다. 그리이스의 수사학은 "'법들 또는 법에 따라서'를 뜻하는 *ἐκ τῶν νόμων* 또는 *ἐκ τοῦ νόμου*를 가진다(Erik Wolf, *Griechisches Rechtsdenken*, 〔4 Vols.; Frankfurt: Klostermann, 1950—70〕 3.2,428, 색인 *s.v.*). 바울로의 개념은 유다적이다. 그것은 "모세의 토라에 기초한"에 대한 준말이다. P[46]은 아마도 로마 4,13의 영향 아래 그리고 *δι' ἐπαγγελίας*(갈라 3,18b)와 명백히 병치하여(갈라 3,18b) *διὰ νόμου*("율법을 통해")로 되어 있다.

60) 어떤 타협도 로마 4,13 이하에서 더욱 날카롭게 거부된다(위 3,17에 관해서 보라).

61) 명사 *κληρονομία*("상속")는 갈라 3,18에서 ; *κληρονόμος*("상속자")는 갈라 3,29 ; 4,1·7 ; 로마 4,13·14 ; 8,17에서 ; 동사 *κληρονομέω*("상속하다")는 갈라 4,30에서(칠십인역 창세 21,10을 인용한) 발견된다. 동사에 대해서는 고전 6,9—10 ; 15,50 ; 갈라 5,21를 참조하라. 만일 바울로가 그 용어를 칠십인역으로부터 직접 따오지 않았다면(참조. 창세 15,3·4·7·8 ; 21,10 ; 22,17 ; 24,60 ; 등), 그는 그것을 유다의 전승으로부터 받았을 것이다. 다음을 보라 : Werner Foerster and Johannes Herrmann, "*κληρονόμος*," *TDNT* 3.767—85 ; Paul L. Hammer, "A Comparison of *Kleronomia* in Paul and Ephesians," *JBL* 19(1960) 267—72 ; James D. Hester," Paul's Concept of Inheritance," *SJTh* (Occational Papers 14 ; Edinburgh: Oliver & Boyd, 1961) ; 같은 자가, "The 'Heir' and Heilsgeschichte: A Study of Gal 4 : 1ff," in *Oikonomia*, *Festschrift für Oscar Cullmann*(Hamburg-Bergstedt: Reich 1967) 118—25 ; Luz, *Geschichtsverständnis*, 182ff.

기초한다는 유다교의 주장은 사실상 아브라함에게 주어진 약속을 취소한다는 결론을 내린다. 확실히 유다교는 이 결론을 받아들이려 하지 않았을 것이며, 아브라함이 어느 정도 토라를 미리 알았을 것이라고 주장하고 싶어했을 것이다. 바울로가 생각하는 것처럼, 만일 아브라함이 토라없이 약속받았다면, 그 약속은 무엇에 기초한 것일까? 바울로의 결론은, 그것은 바로 하느님이 아브라함에게 준 은혜의 선물이었다는 것이다 : *δι' ἐπαγγελίας κεχάρισται ὁ θεός*. 용어 *χαρίζομαι*("선물을 만들다")는 아브라함에게 주어진 약속을 하느님의 현재의 구원활동에 관련지으며,[62] 그렇게 하여 갈라디아 사람들의 구원에까지 연결시킨다.[63]

4. (유다)토라에 관한 여담 3장 19—25절

3,19 그러면 율법은 무엇입니까?—그것은 약속된 후손이 오실 때까지[1]

---

62) 그 용어는, 특히 완료형에서 하느님의 "은혜"(*χάρις*), 즉 세상 사람들을 구원하시는 활동과 관계된다. 참조. 갈라 1,3·6·15 ; 2,9·21 ; 5,4 ; 6,18 ; 로마 4,4·16(*κατὰ χάριν*, "은혜에 따라서"). BDF, § 342 ; BDR, § 342,5 ; Moule, *Idiom Book*, 14f ; Mussner, 242f를 보라. 바울로는 여전히 법률언어를 사용할지 모른다. 거기서 그 용어는 또한 중요하다("은혜로운 선물을 만들다"). 다음을 보라 : LSJ, *s.v.*, Ⅱ ; Preisigke, *Wörterbuch*, 2(1927) 720f ; Ludwig Mitteis and Ulrich Wilcken, *Grundzüge und Chrestomathie der Papyruskunde* (rep.; Hildesheim: Olms, 1963) 2/2.305 line 25ff ; Bauer, *s.v.*; Schlier, p.149 주.3 ; Walther Zimmerli, "*χάρις κτλ.*," *TDNT* 9.365 16—366행 행 6 ; 9,379 19—20행 386—87 주.193. 참조. 또한 창세 17,2에 대해 말하며 다음 언급을 하는 Philo. *Mut.* 53f : "이제 계약들은 선물을 받을 가치가 있는 자들의 이득을 위해 체결된다. 그래서 계약은 하느님께서 그것을 제공하는 그 자신과 받는 사람간에 세우신 은혜의 표시다"(*διαθῆκαι δὲ ἐπ' ὠφελείᾳ γράφονται τῶν δωρεᾶς ἀξίων, ὥστε σύμβολον εἶναι διαθήκην χάριτος, ἣν μέσην ἔθηκεν ὁ θεὸς ἑαυτοῦ τε ὀρέγοντος καὶ ἀνθρώπου λαμβάνοντος*). 애매한 표현들이 바울로의 것과 유사하다는 것을 주목해야 한다.

63) 참조. 로마 11,6 : "그것이 하느님의 은혜로(*χάριτι*) 된 선택이라면 사람의 행위에(*ἐξ ἔργων*) 근거한 것은 아닐 것입니다. 그렇지 않다면 그 은혜는 벌써 은혜가 아닐 것입니다."

1) *RSV*는 그렇게 되어 있다. *NEB*는 정확하게 의역한다 : "그것은 약속된 '후손' (issue)이 도착할 때까지의 일시적인 조치였읍니다." *JB*는 갈라

죄 때문에 덧붙여주신 것입니다.[2] 그리고 이 율법은 천사들을 통하여 중재자의 손을 거쳐 제정된 것입니다.[3] 20 그러나 한 사람만 있을 경우에는 중재자가 필요없읍니다. 그런데 하느님은 한 분이십니다.[4]

21 그렇다면 율법은 (하느님의) 약속과 반대되는 것입니까?—결코 그렇지 않습니다! 만일 주어진 율법이 사람을 살릴 수 있는 것이었다면 의는 확실히 율법에서 생겼을 것입니다.[5] 22 그러나 성경은 모든 것을[6] 죄 아래 가둬 놓았읍니다. 그것은 약속한 것을 예수 그리스도를 믿는 믿음에 근거하여 믿는 사람들에게 주시려는 것입니다.[7] 23 믿음이 오기 전에는 우리가 율법의 감시를 받으면서 장차 올 믿음이 나타나 보일 때까지 갇혀 있었읍니다. 24 이리하여 율법은 우리가 믿음으로 의롭다함을 얻게 하려고 우리를 그리스도 때까지 인도하는 개인교사 노릇을 했다고 하겠읍니다. 25 그러나 이미 믿음이 왔으므로 이제는 우리가 개인교사의 지배를 받지 않게 된 것입니다.[8]

3,6—18에 의거하여 의역한다: "약속을 받은 자손(posterity)이 왔을 때까지."

2) *NEB*는 번역한다: "그것은 악행이 법률상의 죄가 되도록 하기 위해 덧붙여졌읍니다." *NEB*는 하나의 대안으로서 이렇게 번역한다: "죄 때문에 덧붙여졌읍니다."이 번역은 로마 4,15; 5,13·20; 갈라 2,18 등에 기초하고 있다. 참조. *JB*의 의역: "그러면 율법을 덧붙이는 목적은 무엇입니까? 그것은 범죄를 상술하기 위해 그랬읍니다." 또한 이것은 로마서에 기초하고 하는데 그것은 문장구조를 파괴한다.

3) *RSV*는 세번째와 네번째 정의를 결합한다: "그리고 그것은 천사들에 의해서 조정자를 통해 제정된 것입니다." *JB*는 더 나아간다: "율법은 조정자의 도움을 받아 천사들에 의해서 선포되었읍니다."

4) Burton이 그렇게 생각한다. 참조. *RSV*: "이제 조정자는 한 사람 이상을 의미합니다. 그러나 하느님은 한 분이십니다." *NEB*: "그러나 조정자는 홀로 행동하는 한쪽편을 위해서는 필요하지 않습니다." *JB*: 이제 두 당파간에 하나의 조정자가 있을 수 있읍니다. 그러나 하느님은 한 분이십니다." 이 번역들은 바울로의 언급의 배경인 중재자의 정의를 명확히 설명해 보려고 한다.

5) *NEB*의 번역은 갈라 2,15—16를 감안한 것 같다: "의는 확실히 율법을 지키는 데서 생겼을 것입니다.

6) 참조. *RSV*: "모든 것들." *NEB*: "온 세상."

7) *NEB*의 의역은 그 의미를 잘 옮겼다: "그래서 예수 그리스도에 대한 믿음은 약속된 축복이 주어지는 그런 믿음을 지닌 자들에게 주어지는 토대일 것입니다."

8) *NEB*의 번역문은 바울로가 염두에 두고 있는 것을 잘 나타낸다: "이리하여 율법은, 우리가 믿음으로 의롭다함을 얻게되어야 할 때, 그리스도가 오실 때까지 우리를 맡고 있는 가정교사의 일종이었읍니다. 그리고 이제 그 믿음이 왔으며 가정교사의 책임은 끝났읍니다." 그러나 주어진 대안은 "우리를 그리스도에게로 인도하는 일종의 가정교사"를 생각한다.

〔분석〕

3장 19절에서의 질문 "그러면 율법은 무엇입니까?"(τί οὖν ὁ νόμος)[9]는 바울로의 주장에 있어서 새롭고도 특별한 단락을 도입한다. 이 질문을 따라서,[10] 우리는 사도가 그레꼬—로마 세계의 철학자들과 신학자들에게 공통되는 논제인 "율법에 관하여"(περὶ νόμου)라는 주제 토의에 들어갈 것으로 기대할 수 있다.[11]

9) 이것이 질문의 정확한 표현 형식이다. P[46] G Irenaeus Ambrosiaster는 이와는 달리 *τί οὖν ὁ νόμος τῶν πράξεων* ("그러면 무엇이 행위의 법입니까?")라고 읽는다. 이것과, 그리고 다른 이문들은 바울로의 진술의 공격성을 완화시키려 한다(Oepke, 115; 참조. 또한 Zahn, 173). 그 질문의 생략형에 관해서는 BDF, §480,5; BDR, §480 n.9을 보라. 바울로 서신들에서의 병행구에 대해서는 고전3,5: *τί οὖν ἐστιν 'Απολλῶς*("대체 아폴로는 무엇입니까?")와 로마 3,1: *τί οὖν τὸ περισσὸν τοῦ 'Ιουδαίου* ("그러면 유다인의 나은 점은 무엇입니까?")를 보라.

10) 바울로의 질문은 중요한 선행자들을 가진다. 플라톤적 위서인 *Minos*, 즉 소책자 "법에 관하여"(*περὶ νόμου*)는 소크라테스의 이런 질문으로 시작된다: *ὁ νόμος ἡμῶν τί ἐστιν* ("법이 무엇인지 말씀해 주시겠읍니까?). 참조. 또한 *Minos* 313BC, 314B, 316E. Wolf, *Griechisches Rechtsdenken* 4/1, 81ff를 보라. 또한 키케로는 그의 *De leg.* (1.4.14)의 주제를 다음 말들로 소개한다: "sed iam ordire explicare, quaeso, de iure civili quid sentias"("그러나 민법에 대한 너의 의견 진술을 곧 친절하게 시작하라"). 참조. 뒤따르는 협의들(1.4.15ff). 헬라주의적 유다교에서 그 질문은 율법의 변호와 관련해서 작용한다. 참조. *Ep. Arist.* 128—171를 비롯해서 곳곳에; Philo, *Decal.* 2, 등; Josephus C. *Apion* 등. 이 문제에 관해서는 다음을 보라: Moriz Friedländer, *Geschichte der jüdischen Apologetik als Vorgeschichte des Christenthums* (Zurich: Schmidt, 1903) 441ff; Paul Krüger, *Philo und Josephus als Apologeten des Judentums* (Leipzig: Dürr, 1906) 51ff; Juda Bergmann, *Jüdische Apologetik im neutestamentlichen Zeitalter* (Berlin: Reimer, 1908) 94ff, 110ff; Adolf Schlatter, *Die Theologie des Judentums nach dem Bericht des Josefus* (BFCTh 2.26; Gütersloh: Bertelsmann, 1932) 62ff; Isaak Heinemann, *Philons griechische* und jüdische Bildung: *Kulturvergleichende Untersuchungen zu Philons Darstellung der jüdischen Gesetze* (Hildesheim: Olms, 1962) §10; Ehrhard Kamlah, "Frömmigkeit und Tugend. Die *Gesetzesapologie des Josephus in C. Ap.* 2,145—295," in *Josephus-Studien,... O. Michel zum* 70. *Geburtstag gewidmet*(eds. O. Betz *et al.*; Göttingen: Vandenhoeck & Ruprecht, 1974) 220—32; Hengel, *Judaism and Hellenism* 1.267ff; Willem C. van Unnik, "Josephus' Account of the Story of Israel's Sin with Alien Women in the Country of Midian (Num. 25: 1ff)," in *Travels in the World of the Old Testament, Studies Presented to Professor M.A. Beek* (Assen: van Gorcum, 1974) 241—61.

11) 더 고대의 문헌들, 특히 Plato *Leg.*; ps.-Plato *Minos*; ps.-Demosthenes

계속되는 주장에 비추어, 그런 논의는 확실히 순서에 맞다. 만일 아브라함의 축복과 아브라함에 대한 약속이 그리스도를 믿는 자들, 즉 ἐκ πίστεως("믿음으로 살려는 사람들")를 포함하면서도 ἐξ ἔργων νόμου ("토라의 행업으로 살려는 사람들")를 제외시킨다면, 그리고 만일 "약속"이나 "상속" 어느 것도 "토라로부터" 오지 않는다면, 토라 자체는 유다교에서 전통적인 역할을 박탈당할 듯하다.[12] 그러므로 그 주

Or. 25.15ff(이 연설에 관해서는 W.K.C. Guthrie, *The Sophists*[Cambridge: Cambridge University, 1973] 75ff)를 보라. 전반적인 문제에 관해서는 Wolf, 같은 책, 1—4/2를 보라. 또 Chrysippus, Frag. 314 (*SVF* 3.77) ; Cicero *De leg.*(이것에 관해서는 Ada Hentschke, "Zur historischen und literarischen Bedeutung von Ciceros Schrift 'De legibus," *Ph.* 115 [1971] 118—30) ; Epictetus *Diss.* 1.26 ; Dio Chrys. *Or.* 75 ; Stobaeus *Ecl.* 4, chap. 2(rep. in Stobaeus *Anthol.*, 4/1, 115—83 [eds. Curt Wachsmuth and Otto Hense; Berlin: Weidmann, ²1958]). 자료 모음을 위해서는 다음을 보라 : Auguste Bill, *La morale et la loi dans la philosophie antique* (Paris: Alcan, 1928) 265—99. 연구 상태에 대해서는 다음을 보라. Hermann Kleinknecht, "νόμος," *TDNT* 4.1022—35 ; J. Walter Jones *The Law and Legal Theory of the Greeks* (Oxford: Clarendon, 1956) ; 충분한 참고문헌을 가진 Jacqueline de Romilly, *La loi dans la pensée grecque des origines à Aristotle* (Paris: Les Belles Lettres, 1971).

12) 규범적인 유다인의 견해는 의인 시므온(Simeon the Righteous)에 의해서 *'Aboth*의 서두에서 언급된다(1.2) : "세계는 세 가지 것들에 기초되어 있다 : 율법, (성전) 예배, 그리고 자애로운 행위들." 이 견해는 *'Aboth*의 다른 여러 곳에서 관철된다 ; 특히 3.21 ; 6.1, 6, 7, 9를 보라. 또한 *'Aboth R. Nat.* B, 18(Saldarini의 주석55—59와 함께) ; Charles Taylor, *Sayings of the Jewich Fathers* (New York: KTAV, ²1969). 12를 보라. 비슷하게 요세푸스(*C. Apion.* 1.42)는, 비록 율법이 주어진 이후 오랜 시간이 흘렀지만, 어느 유다인도 감히 음절 하나라도 덧붙이거나 또는 삭제하거나 또는 바꾸지 않았다는 것을 확인한다. 그리고 태어난 날부터 그것들을(즉 토라의 조문들) 하느님의 칙령으로서 간주하고, 그것들을 지키고, 또 필요하다면 그것들을 위해 기쁘게 죽는 것은 모든 유다인에게 있어서 일종의 본능이다." 유다인의 입장에 관해서는 다음을 보라. Weber, *Jüdische Theologie*, 14ff를 비롯한 여러 곳 ; Schechter, *Rabbinic Theology*, chaps. 8—13 ; Bousset-Gressmann, *Religion*, chap. 4 ; Moore, *Judaism* 1.251—80 ; Walter Gutbord, "νόμος, *TDNT* 4.1036—59 ; Warren Harvey, "Torah," *EncJud* 15(1971) 1235—46 ; Meinrad Limbeck, *Die Ordnung des Heils: Untersuchungen zum Gesetzesverständnis des Frühjudentums* (Düsseldorf: Patmos, 1971). 쿰란에 관해서는 Braun, *Qumran*, 2, §12 ; 같은 저자, *Radikalismus*를 보라. 예수의 율법이해에 대한 가장 최근 연구는 Robert Banks, *Jesus and the Law in the Synoptic Tradition* (SNTSMS 28 ; Cambridge: Cambridge University, 1975)이다.

장은 이 점에서 다음 질문들에 대한 답변을 요구한다. 즉 바울로가 토라에 대해 그토록 많은 것을 했는데도 불구하고, 토라가 어떻게 정의될 수 있을까? 토라의 기능과 목적은 무엇인가? 바울로는 토라가 전적으로 부정적인 실체가 된다는, 그리고 그 자신을 토라의 적으로 비난하는 자들이 옳은 것으로 입증된다는 "마르시온주의자적" 비판에 직면할 수도 있다.[13]

수사학의 관점에서 보면, 3장 19—25절은 극히 간결한 "여담"(*digressio*)이다.[14] 그것은 변호에 새로운 주장을 덧붙이는 것이 아니라, 전술한 것에 근거해서 독자들이 도달할지도 모르는 잘못된 결론을 미리 방지한다.[15]

〔해석〕

[19] (유다) 토라에 관한 바울로의 여담은 "그러면 토라의 의미는 무엇인가"라는 질문으로 시작된다.[16] 이 질문

13) 율법의 적으로서의 바울로에 대한 비난은 신약 자체에서 바울로의 언급 갈라 2,17으로 시작된다. 또한 5,23 ; 로마 3,5—8 ; 6,1—2 ; 고전 9,19—23을 보라. 사도행전은 그것에 반대해서 바울로를 변호한다(18,13 ; 21,21·24 ; 24,5·13 이하 ; 25,7—8). 반-바울로적 유다 그리스도교가 후대에 계속된 상황에 대해서는 서론, §2.c ; 부록 3 ; 그리고 갈라 2,17에 관한 주석을 보라.

14) 그리이스·로마의 수사학에서 여담에 관해서는 Lausberg, *Handbuch*, §§340—42 ; Martin, *Rhetorik*, 89—91을 보라.

15) 율법에 관한 바울로의 교리는 여기서 충분히 취급될 수 없다. 간략한 개관은 Bultmann, *Theology*, §27 ; Conzelmann, *Outline*, §26 ; W.D. Davies, "Law," IDB 3.95—102, 특히 99f에서 발견된다. 문헌조사는 Otto Kuss, "Nomos bei Paulus," *MThZ* 17(1966) 172—227에 들어 있다. 여전히 볼만 한 것으로는 Hermann Kleinknecht and Walter Gutbrod의 논문, *TDNT*, *s.v.* *νόμος κτλ.*; Eduard Grafe, *Die paulinische Lehre vom Gesetz nach den vier Hauptbriefen* (Freiburg and Leipzig: Mohr, Siebeck, ²1893) ; Christian Maurer, *Die Gesetzeslehre des Paulus nach ihrem Ursprung und in ihrer Entfaltung dargelegt* (Zollikon-Zürich: Evangelischer Verlag, 1941)이 있다. 또한 다음을 보라 : Charles E.B. Cranfield, "St. Paul and Law," *SJTh* 17(1964) 43—68 ; Ragnar Bring, *Christus und das Gesetz*(Leiden: Brill, 1969) ; Andrea van Dülmen, *Die Theologie des Gesetzes bei Paulus*, (SBM 5 ; Stuttgart: Katholisches Bibelwerk, 1968) 특히 39ff ; Luz, *Geschichtsverständnis*, 186—222 ; Eckert, *Die urchristliche Verkündigung*, 106—30 ; 그리고 Schlier (pp. 176—88)와 Mussner(pp. 277—90)의 주석들. 反-바울로파에 대한 이해를 위해 중요한 것은 쉡스의 책(*Paul*, 특히 168—218)이 있다.

16) 질문의 본질에 관해서는 위 주 9와 10을 보라.

에 뒤이어 질문에 대한 바울로의 견해를 요약하는 네 개의 규정이 뒤따른다.[17] 그 규정들은 서로 관련이 없는 매우 간결한 진술들이 계속됨으로써 설명된다.[18] 병행문들에서 우리가 추측해볼 수 있는 것은, 이러한 형태의 정의가 관련 문헌에서는 공통된 것이었다는 점이다.[19] 다음에서 각 진술들이 따로따로 논의될 것이다. 왜냐하면 그것들 하나하나는 율법과 관계된 특수한 교리들을 담고 있기 때문이다:

3, 19b (1) *τῶν παραβάσεων χάριν προσετέθη*
3, 19c (2) *ἄχρις ἂν ἔλθῃ τὸ σπέρμα ᾧ ἐπήγγελται*
3, 19d (3) *διαταγεὶς δι' ἀγγέλων*
3, 19e (4) *ἐν χειρὶ μεσίτου*
3, 19b (1) "죄 때문에 덧붙여주신 것입니다"
3, 19c (2) "약속된 후손이 오실 때까지"
3, 19d (3) "천사들을 통하여 제정된 것입니다"
3, 19e (4) "중개자〔의 손을〕 통해"

---

17) 질문과 간단한 정의가 똑같은 형식으로 계속 반복되는 것에 관해서는 Epictetus *Diss.* 2.16.28를 보라: *τίς δ' ὁ νόμος ὁ θεῖος; τὰ ἴδια τηρεῖν, τῶν ἀλλοτρίων μὴ ἀντιποιεῖσθαι, ἀλλὰ διδομένοις μὲν χρῆσθαι, μὴ διδόμενα δὲ μὴ ποθεῖν, ἀφαιρουμένου δέ τινος ἀποδιδόναι εὐλύτως καὶ αὐτόθεν, χάριν εἰδότα οὗ ἐχρήσατο χρόνου*...("그리고 무엇이 하느님의 법인가? 그 자신의 것을 삼가는 것, 그 자신의 것이 아닌 것을 제것이라고 주장하는 것이 아니라 그에게 주어진 것을 사용하는 것, 그리고 주어지지 않은 것을 그리워하지 않는 것; 무엇인가를 잃었을 때에, 그것을 즉시 그리고 지체없이 포기하는 것, 그리고 그것을 사용했던 시간에 감사하는 것…" 또한 Plato *Prot.* 326D, 337D; *Leg.* 9.880 DE; Aristotle Pol. 3.11.4(p.1287 a lines 25ff); ps. Demosthenes *Or.* 25.16; Cicero *De leg.* 1.6.18; Dio Chrys. *Or.* 75.1을 보라.

18) 이 진술들이 어떤 정의를 표현하고 있다는 것이 루터에 의해서 강조되었다; "Paulus ergo hic novo capite incipit tractare legem et definit, quid sit..." *WA* 40/1.490, line 25("다음에 여기서 바울로는 새로운 제목 하에 율법을 논의하기 시작하여 그것이 무엇인지를 정의한다," *Luther's Works* 26.316).

19) *Gnomol. Vatic.* 427을 보라: *πλάτων πυθομένου τινὸς τί ἐστι νόμος εἶπε. "ψυχὴ πόλεως* 〔*ἢ δόγμα ἀθάνατον καὶ κοινόν*〕"("법이 무엇이냐는 질문을 받았을 때, 플라톤은 말했다: '도시의 영혼〔또는 불멸하는 그리고 일반적인 법령〕'"). 참조. Plato *Leg.* 1.644 D. 또한 *Gnom. Vatic.* 507: *Σόλων ἐρωτηθεὶς ὑπό τινος τί ἐστι νόμος εἶπε. "τῶν μὲν δειλῶν φόβος, τῶν δὲ τολμηρῶν κόλασις"* (Solon이 누군가로부터 법이 무엇이냐는 질문을 받았을 때, 그는 말했다: '겁쟁이들의 공포, 그러나 무모한 자의 처벌'").

(1) 규정에 대한 첫번째 진술(3, 19b)은 율법이 "죄 때문에 덧붙여진 것이었다"(*τῶν παραβάσεων χάριν προσετέθη*)고 결정을 내린다.[20] 이 진술은, 그것 자체만 가지고 이해해 볼 때, 여러가지로 해석할 수 있다. 만일 그 규정이 율법의 필요성을 진술한 것이라면, 그레꼬—로마 법사상은 거기에 동의할 것이다. 이같은 용어들로 이해해 보건대, 그것은 법이 인간에 대한 신의 선물이며 범죄 행위들을 통제하기 위한 없어서는 안 될 도구로서 여겨져야 한다는 일반적인 헬레니즘적 개념을 재확인할 것이다. 법의 타당성에 대한 이러한 긍정은 그 자체가 궤변가들과 함께 시작된 도덕적 상대주의에 대한 반동이다.[21] 이것은 그것이 또한 재확인(reaffirmation)이라는 것을 뜻한다 : "법 없이는 어느 도시도 다스릴 수 없다."[22] 그레꼬—로마의 자료들이 보여주는 바와 같이, 이러한 재확인은 일반적으로 법에 대한 필요성을 지지할 의도를 가진다. 그러나 그것은 또한 현자와 철학자는 그런 법을 필요로 하지 않는다는 이해를 수반한다. 법에 대한 이러한 규정을 선택하는 첫번째 예는 크리소스톰(Dio Chrysostom)의 *Oratio* 75, 법에 대한 찬사이다. 그것은 *νόμος βασιλεύς*("법이 왕이다")라는 핀다르(Pindar)의 유명한 금언[23]을 무조건 긍정한다. 이 금언은 일개 개인의 생활과

20) *παραβάσεων*("범죄들") 대신에 많은 증언들은 *πράξεων*("행위들")로 읽는다 : P^{46} F^{gr} G $it^{d,g}$ Irenaeus^{lat} Ambrosiaster Marius Victorinus *Speculum*; 또는 *παραδόσεων*("전통들") : D*. Metzger, *Textual Commentary*, 594를 보라.

21) 특히 Plato *Prot.* 326D, 그리고 그것에 관해 Wolf, *Griechisches Rechtsdenken*, vol. 2 ; 3/1 ; 4/1—2 ; 또 Aristotle *EN* 5.1, 1129a lines 32ff ; *Pol.* 7.12·3, 1332a lines 8—18. 이 해석은 Jerome과 Chrysostom 등에 의해 갈라디아서에 적용되었다(Sieffert, p. 202에 있는 목록을 보라). 또한 칼빈은 이것이 철학자들이 법에 대해서 말하는 방법이라고 언급한다. 참조. Schlier, 153 n. 1. 철학자들은 그 문제를 *φύσις/νόμος*("자연/법")에 의해서 논의한다. Felix Heinimann, *Nomos und Physis*(Schweizerische Beiträge zur Altertumswissenschaft 1 ; Basel: Reinhardt, 1945) ; J. Walter Jones, *The Law and Legal Theory of the Greeks*, 35ff(위 주 11) ; Guthrie, Sophists, 55ff를 보라.

22) 그것은 Dio Chrys. *Or.* 75.2로부터 인용한 것이다. 그러나 그것은 흔하다. 참조. Diog. L. 9.2에서 Heraclitus: "국민은 도시-벽(city-walls)을 지키기 위해 싸우듯이 법을 위해 싸워야 한다." 참조. Diogenes in Diog. L. 6.72.

23) Pindar *Frag.* 169 : *νόμος ὁ πάντων βασιλεὺς θνατῶν τε καὶ ἀθανάτων ἄγει δικαιῶν τὸ βιαιότατον ὑπερτάτᾳ χειρί*("죽을 것과 영원히 살 것, 그 모든 것의 主로서, 법은 고압적으로 모든 것을 쟁취하여, 폭력의 극

마찬가지로 도시들의 통치에도 적용된다 : "만일 사람이 생활에서 법을 추방한다면, 마치 정신을 잃은 것처럼, 그가 극도의 광기와 혼란 상태에 빠져들 것을 나는 믿는다."[24]

두번째 예는 특히 견유학파와 에피큐러스학파 사이에서 거론되고 있던 그레꼬 로마 사상이다. 견유학파가 원칙에 있어서 법을 경시한 것으로 유명했던 반면에,[25] 에피큐러스학파는 법의 필요성과 불필요성 양자를 결합시켰다. 에피큐러스[26]는 선언했다 : "법은 현자들 때문에 세워지는데, 그들이 불의를 범하지 않도록 하기 위해서가 아니라 그들이 불의를 당하지 않도록 하기 위해서다"(*οἱ νόμοι χάριν τῶν σοφῶν κεῖνται, οὐχ ὅπως μὴ ἀδικῶσιν ἀλλ' ὅπως μὴ ἀδικῶνται*). 현자 자신은 그로 하여금 악행을 못하게 하는 어떤 법도 필요로 하지 않는다. 왜냐하면 그는 그 자신의 통찰에 의해서 선과 악을 구별할 수 있으며 따라서 그는 그 자신에 대한 법이라 할 수 있기 때문이다.[27]

유다교에서 법에 대한 상황이 전혀 다른 것은 아니다. 유다교의 규정은 토라가 이스라엘 때문에 주어졌다는 것을 말하려고 한다.[28] 하

을 정당화한다"). 보통 그 말의 첫 부분만이 인용된다. 이 금언은 그리스인들의 법이론에 큰 영향을 끼쳤다. 더한 참고문헌으로써, Marcello Gigante, *ΝΟΜΟΣ ΒΑΣΙΛΕΥΣ* (Naples : Glaux, 1956) 그리고 Hans Volkmann의 서평, *Gnomon* 30(1958) 474—75 ; de Romilly, *La loi*, 62—69 ; Guthrie, *Sophists*, 131—34를 보라.

24) Dio Chrys. *Or.* 75.10.

25) 이미 Antisthenes는 그렇게 보았다. Diog. L. 6.11에 의하면 : "현자는 그의 공적인 행동에 있어서 제정된 법에 의해서가 아니라 미덕의 법에 의해서 인도될 것이라는 것." 야고 1,25(Dibelius-Greeven, *James*, 116—20에서 부기를 보라)에서 "자유의 완전한 율법"(*νόμος τέλειος ὁ τῆς ἐλευθερίας*)의 개념은 의도적으로 반대될 것이다.

26) *Frag.* 530, ed. Usener (Stobaeus *Flor.* 43.139에 의하면 ; Prophyry *Ad Marcell.* 27에 있는 판은 다르다).

27) 참조. Aristippus (Diog. L. 2.68) : "철학자들이 어떤 이점을 가지고 있느냐라는 질문을 받았을 때, 그는 응답했다 ; 만일 모든 법들이 폐지된다면, 우리는 우리가 현재 사는 것처럼 계속해서 살 것이다.'" 소크라테스가 법을 경멸한 것에 대한 비난(Xenophon *Mem.* 1.2.9), 그의 방어(같은 책, 1.2.34), 그리고 법과 정의에 대한 논의(같은 책, 4.4.12—25)를 보라. 전반적인 문제에 관해서는 Ragner Höistad, *Cynic Hero and Cynic King* (Uppsala: Blom, 1948) 113—15를 보라. 로마 2,14를 보라 : "그들 자신이 그들에게 율법이 되는 것입니다."

28) R. Aqiba in *'Aboth* 3.15 (tr. Danby)를 보다 : "이스라엘은 사랑을 받는다. 왜냐하면 귀중한 도구가 그들에게 주어졌기 때문이다. 더 위대한 것은 사랑인 바, 그 안에서 귀중한 도구가 주어졌다는 것이 그들에게 알려

느님의 선물로서 토라는 이스라엘 주변에 뚫을 수 없는 방벽을 제공한다. "이제 현자이며 하느님에 의해서 모든 것을 이해하는 재능을 부여받은 우리의 입법자는 각 세부사항을 포괄적으로 검토하였으며, 우리 둘레에 공략할 수 없는 성벽과 철책으로 울타리를 둘렀다. 그것은 우리가 다른 민족들 누구와도 전혀 섞이지 않고, 모든 헛된 상상들에서 벗어나서 몸과 영혼에서 순수하게 남고, 모든 피조물 위에 계신 전능하신 한 분 하느님을 예배하도록 하기 위한 것이었다."[29] 또는: "그리하여 우리가 어떤 증오에 의해서 더럽혀지거나 또는 우리의 생활이 악한 소식들에 의해서 나쁜 길로 빠지지 않도록 하기 위해서, 그는 순결의 규정들로 우리 사면을 둘러치셨다…."[30] 이 울타리의 개념은 디아스포라에서 특히 중요하다.[31]

어떻게 율법에 대한 바울로의 입장이 이 묘사와 조화될까? 그에 의하면, 토라는 유다교가 일반적으로 가정했던 것처럼 의와 생명을 제공하기 위한 목적에서 주어지지 않았다. 이 점에 관해서 바울로는 명확히 비—유다적 입장을 취한다: "죄를 위해"는 완전히 부정적인 방향에서 받아들여야 한다. 그러나 이상하게도, 바울로는 또한 유다 토라의 필요성에 대해서 알고 있다 —비록 이 필요성이 토라의 부정적인 역할에 포함되긴 하지만. 그는 유다교 토라가 "모든 것을 죄 아래 가둬놓는 데"(갈라 3, 22) 그리고 "그것을 감금시키는 데"(3, 23) 소용되었다는 것을 지적한다. 그리스도가 오실 때까지, 토라는 개인 교사로서 소용되었다(3, 24—25). 로마서에서 바울로는 이보다 훨씬 더 나아간다: 죄의 힘은 악마적 차원을 가진 거의 인격적인 실체로서 간주된다. 즉 그것은 토라가 주어지기 전에조차도 존재했으며(로마

졌기 때문이다. 나는 너희에게 좋은 교리를 준다; 나의 법이 아니라 너희를 포기하라"고 기록된 바와 같이, 세상은 그 귀중한 도구에 의해서 만들어졌다. "귀중한 도구"는 물론 토라이다. 더 이상의 귀절들에 대해서는 Str-B 3.115—18, 126—33을 보라.

29) *Ep. Arist.* 139 (APOT 2.107f). 또한 Chrysostom에 의한 설명을 보라 (3.19에 관한 그의 주석에서).

30) *Ep. Arist.* 142 (APOT 2.108); 참조. 또한 130—133; 3 Macc 3,4·7. Str-B 3.126—33, 587f에 있는 자료를 보라.

31) 예컨대 다음을 보라: Philo *Decal.* 2,15,17,32,36,44,50,52; Josephus *Ant.* 4.198. 거기서 그는 자신이 "관습과 원인"에 관한, 즉 법에 관한 책을 쓰고 싶다고 말한다; 3.84, 88, 213, 4.180—193, 196, 210, 16.31—43; C. *Apion.* 2.147—150, 151, 174, 218, 291f. 다른 문제는 "토라 둘레의 울타리"라는 랍비적 개념이다('*Abot* 1.1; 'Abot R. Nat. A, 1을 보라).

5, 13) "범죄를 증가시키기" 위해서 토라를 사용했다—그것은 다음에는 하느님의 은혜를 증가시켰다(로마 5, 20). 율법 없이는 범죄가 없기 때문에, 토라의 선물은 범죄를 낳았으며(로마 4, 15) 하느님의 은혜로써 간섭이 필요하게 될 때까지 그 범죄를 강화시켰다(로마 5, 20; 참조. 3, 20; 7, 4—13; 8, 3; 고전 15, 56; 고후 3, 6—9). 토라의 목적은 범죄를 막기보다는[32] 그 범죄를 "낳았다"는 것이 바울로의 견해다.[33] 그리스도의 오심은 토라의 이러한 역할에 종지부를 찍었다(갈라 3, 24—25; 로마 10, 4).

어떻게 과거에 바리사이파 사람이었던 바울로가 토라에 대해서 그토록 과격한 비—유다적 입장에 도달했을까?[34] 이 문제는 신약성서 학자들 간에 여전히 많은 논란이 되고 있다. 바울로가 그리스도 사건을 율법의 끝으로 해석했다는 사실은 본질적으로 충분한 설명이 아니다.[35] 어떻게 그가 이 설명에 도달했을까?

우리는 이 맥락에서 이것을 해야 한다. 즉 유다토라를 철저히 평가절하하는 것이 곧 하느님의 토라에 대한 바울로의 개념이라 할 수 있는 것 —그것은 그리스도의 토라와 동일하다— 을 중요시하는 것과 병치된다는 점을 언급해야 한다(참조. 갈라 6, 2; 5, 14; 로마 7, 12). 유다토라에 대한 이같은 격하와 그리스의 철학적 전통에서 도시법들의 철저한 평가절하 간에는 어떤 연관이 있을까?[36] 소크라테스적 전승에

---

32) 대개의 주석가들(Lightfoot, Zahn, Sieffert, Lietzmann, Oepke, Schlier, Mussner를 포함해서)은 율법의 목적이 "행동 속에 있는 죄의 인식 — 달리는 인식하지 못한 채 지나쳤을"— 을 가능하게 하는 것이었다는 더 오래된 해석을 거부하는데 그것은 지당하다(Burton, p. 188). 이 해석은 로마 3, 20에 기초하고 있다. 더 오래된 주석서들에 대해서는 Sieffert의 목록, p. 201을 보라.

33) *παράβασις*("범죄")는 법률용어다. 또한 로마 2, 23; 4, 15; 5, 14; *παραβάτης*("범죄자") 갈라 2, 18; 로마 2, 25·27; 또 로마 5, 20; 7, 7 이하; 8, 3; 11, 32; 야보 2, 9·11를 보라. Johannes Schneider, "*παραβαίνω, παράβασις, παραβάτης*," *TDNT* 5. 736—42.

34) 이 문제는 쉡스(*Paul*, 182f)에 의해서 정확히 설명되었다.

35) 갈라 2, 19—21; 3, 24—25; 로마 10, 4; 고후 3, 4 이하, 그리고 그 문제에 관해서는 쉡스(*Paul*, 168ff), 루쯔(*Geschichtsverständnis*, 139ff)를 보라. 그리스도의 죽음과 부활이 새로운 메시아적 시대를 가져온다는 바울로의 결론은 왜 율법이 끝나는지를 설명할 수 있으나, 그리스도의 도래 이전에 왜 율법이 그렇게 철저히 평가절하 되었는지를 설명할 수 없다.

36) *νόμος τύραννος*("법은 전제군주이다")의 개념은 엘리스의 히피아스(Hippias of Elis, 기원전 5세기 경)에 의해 처음으로 전개되었던 것 같

서 우리는, 도시법들의 평가절하와 "자연법" 또는 "불문법"(ἄγραφος νόμος)의 높은 평가가 결합되어 있는 것을 발견함에 비하여, 필로(Philo)는 토라에 대한 이러한 개념(자연법이나 불문법에 대한 높은 평가)의 적용을 반영한다.[37] 그 자신은 사막에서 하느님에 의해 계시된 토라 편에 서서 도시법들을 격하시킨다. 사실 그는 인간이 만든 법들, 특히 도시법들에 대한 그의 불신을 나타냄에 있어서 많은 철학적 전통을 이어받았다.[38] 그는 "자연법"에 대해서 말하며 아브라함이 혼자서란 "살아있는 법"인 현자의 유다적 모범임을 발견한다.[39] 필로는 토라에 전적으로 반대하거나 그것을 폐기하는 유다교의 반대자들에 맞서서 자신의 입장을 개진한다. "우리 조상들의 제도를 싫어하고, 율법을 공격하고 비난하는 것을 꾸준히 연구하는 사람들이" 다음과 같이 말하는 것으로 필로는 주장한다 : "여러분은 여전히…법령들을 절대적 진리의 규범들을 담고 있는 것으로 진지하게 말할 수 있읍니까? 여러분은 여러분의 소위 거룩한 책들이 또한 신화를 담고 있다

다. 플라톤은 *Prot.* 337 C/D에서 그것을 언급한다. 히피아스의 금언은 핀다르의 절에 대한 부정적 해석에 불과한 듯하다(참조. 위 주 23). Wolf, *Rechtsdenken* 2.76ff ; 3/1.75ff ; Horst-Theodor Johann, "Hippias von Elis und der Physis-Nomos-Gedanke," *Phronesis* 18(1973) 15—25 ; Guthrie, *Sophists*, 70, 138, 142ff, 280ff를 보라.

37) Philo *Ebr.* 198을 보라 : "이제 나 자신으로서는 어떻게 해서든지〔또는 : 그 출처가 무엇이든지 간에〕 소개받은 관례와 습관〔ἐθῶν καὶ νόμων〕에 대해 불명예스러운 노예상태에 속박되어 있는 무질서하고 난잡한 군중이, 그리고 요람에서부터 그것들에 대한 복종의 교훈으로 주입된 군중이, 복종으로 길들여진 그리고 어떤 고귀한 또는 관대한 감정을 향유할 수 없는 영혼을 가진 군중이, 주인과 폭군(δεσποτῶν ἢ τυράννων)에 관해서는, 단 한번에 물려받은 전통들을 신뢰해야 한다는 것이 이상스럽지가 않다…" Colson과 Whitaker (LCL Philo 3.508)는 하나의 병행문으로서 ps.-Longinus *Subl.* 44.3.4를 언급한다. 또한 Philo *Decal.* 2ff를 보라. 그리고 전반적인 문제에 관해서는 Heinemann, *Philons Bildung*, 448ff를 보라. Willem C. van Unnik(위 주 10을 보라)는 Josephus, 특히 *Ant.* 4.145—49에 있는 몇 귀절들에 주의를 환기시켰다. 거기서 배교자 Zambrias는 모세의 법을 "독재적"(τυραννικῶς)이라 부르며 그 법 아래서의 삶을 "독재자 밑에서 사는 것"(ἐν τυραννίδι ζῆν)이라고 부른다.

38) 특히 *Mos.* 2.4, 6 ; *Jos.* 29 ; *Agr.* 45—46 ; *Spec.* 1.319—325를 보라.

39) Philo *Abr.* 4—5, 276을 보라. Colson (LCL Philo 6.605)은 Erwin Goodenough, *The Political Philosophy of Hellenistic Kingship* (YCS 1, 1929) 56—101을 참조한다. 현자들이 "살아 있는 법"이라는 더 일반적인 견해는 *Abr.* 4—5 ; *Virt.* 194 ; *Spec.* 4.150에서 인용된다. Dibelius-Greeven, *James*, 116—20을 보라.

는 것을 보기 때문입니다. 여러분은 다른 것들과 관련해서 신화로 들을 때 그 법들을 언제나 꼭꼭 비웃습니다. 그리고 실제로…마치 우리가 율법책의 결점들을 밝히는 데 시간을 보낼 필요가 없듯이, 율법책에 대해서 흩어져 있는 수많은 예들을 수집할 필요가 없읍니다."[40)]

토라에 맞서는 바울로의 자세와 필로의 "도덕 폐기론자들"간에 어떤 관련이 있는지는 가능성으로 남아 있을 뿐이다.[41)] 어쨌든 바울로는 필로가 암암리에 거부하고 있는 입장을 대변한다. 필로는 유다교의 토라를 "자연법"과 의도적으로 동일시하며 그것을 인간이 만든 도시법들과 병치시킨다. 반면에 바울로는 배타적인 유다교 토라를 저열등한 모든 법들과 동등시하고, 하느님의 우주적인 토라와 대조시킨다.

이해하기 어려운 것은 또한 동사 προσετέθη("그것은 덧붙여 주어졌다")이다.[42)] 이 문맥에서, 이것은 아브라함에 대한 하느님의 약속 후 430년에 토라가 주어졌다는 것을 언급하는 것임이 분명하다(갈라 3,

40) Philo *Conf.* 2—3 ; 참조. *Migr.* 89—93.

41) *Apost. Const.* 8.12.23에 있는 기도 —아마 그 기원에 있어서 유다적인— 를 보라 : "당신은 아브라함을 그의 조상들의 경건치 못한 행실로부터 구원하셨으며, 그를 세상의 상속자로 임명하셨으며 그에게서 당신의 그리스도를 발견하신 분입니다… 25. 그리고 사람들이 자연의 법을 더럽혔을 때, 때로는 창조를 저절로 일어난 것으로(αὐτόματον) 생각했을 때, 때로는 그들이 해야 하는 것 이상으로 그것을 존중했을 때, 또 그것을 우주의 하느님이신 당신과 동등한 것이 되게 했을 때, 그러나 당신은 그들로 하여금 길을 잃고 고생하도록 하신 것이 아니라 당신의 거룩한 종 모세를 세우셨고, 그를 통해 자연법을 돕기 위한 성문법을 주셨읍니다…"(tr. Erwin R. Goodenough, *By Light, Ltghi: The Mystic Gospel of Hellenistic Judaism* [New Haven: Yale University, 1935] 323). 참조. *Apost. Const.* 8.9.8 (Goodenough, *By Light, Light*, 331). 유다의 도덕 폐기론의 기원은 모호하다. 위, 갈라 3,6에서 아브라함에 대한 보론을 보라. 라삐문학에 남겨진 흔적을 위해서는 Schoeps, *Paul*, 173—75를 보라. 더 후대의 역사에 대해서는, Gershom Sholem, *Sabbatai Sevi, The Mystic Messiah* (Princeton: Princeton University, 1973)을 참조하라.

42) προστίθημι("덧붙이다")는 여기서 일시적인 의미로 사용되나, 그것은 원래 법률용어였을 것이다("법률문서에 조목을 덧붙이다"). LSJ, *s.v.* A, Ⅲ,1 ; Preisigke, *Wörterbuch*, *s.v.*; Moulton-Milligan, *s.v.*; Bauer, *s.v.*, 1 ; Christian Maurer, "προστίθημι," *TDNT* 8.167—68을 보라. D* G it Clement Origen Irenaeus Ambrosiaster Vg *et al.*에 의한 ἐτέθη라는 낱말은 이차적인 것임이 분명하다. 그 의도는 갈라 3,15과의 가능성 있는 충돌을 제거하는 것이다. Zahn, p.173 n.31 ; Sieffert, p.201 n. ; Burton, p.188 ; Schlier; p.151 n.4를 보라.

17). 그러나 그 언급은 아마 바울로 이전의 문맥에서도 나올 것이다. 수동태는 하느님이 토라를 주었다는 것을 뜻하며, 뒤에 나오는 절(19절 d)에 언급된 바울로 자신의 말과 모순되고 있음을 암시한다.[43] 더우기 필로는 유다 율법책의 은유적 의미에 대해 흥미있는 해석을 하고 있다. 그는 히브리인들에게 있어서 율법 문제가 요셉의 이름으로 요구된다고 선언한다. 그는 그것이 "주님의 덧붙임"(κυρίου πρόσθεσις)을 뜻한다고 말한다 : "이와 같이 본래 특수한 정체(政體)들은 대개 단 하나의 자연의 정체에 대한 덧붙임이다. 왜냐하면 각기 다른 여러 나라들의 법들은 자연의 올바른 이성에 대한 덧붙임이기 때문이며, 정치가는 그 삶이 자연과 일치하는 자에 대한 덧붙임이기 때문이다."[44]

이러한 유형의 교리는 의심할 바없이 역사에서 선한 기원과 후대의 타락이라는 스토아 철학의 개념과 관련된다. 이 철학의 개념은 아마 일찌기 포시도니우스(Posidonius) 시대의 유다교에 적용되었을 것이며, 처음에 모세 하에서의 유다인들이 거의 이상적인 국가를 발전시켰었다는 것을 보여주었다. 그 다음에 사태가 악화되었다 : "그의 후계자들은 얼마동안 같은 길을 걸어갔으며, 의롭게 처신했고, 하느님에 대해서 참으로 경건했다. 그러나 후에, 먼저 미신적인 사람들이, 그 다음에는 독재적인 사람들이 사제직에 임명되었다. 그리고 미신에서 고기를 삼가는 것이 생겼고, 그리하여 오늘날까지도 그것을 삼가는 것이 그들의 습관이 되었다. 그리고 할례와 절단〔예를 들어 여성들의〕, 그와 비슷한 다른 준수들…"(*Strabo* 16. 2. 37). 소위 "헬라화된 자들"이 마카베오 혁명 초기에 유다교로부터 배타적인 법들과 정책들을 제거하고 그것을 헬라주의적 문화와 통합시키려는 그들 자신의 프로그램에 이 이론들을 적용했을 가능성이 크다.[45]

---

43) 외프케(p. 115)는 로마 5, 20에서처럼 율법의 기원이 모호하다는 것을 지적했다. 로마 5, 20에서 νόμος δὲ παρεισῆλθεν 안에 있는 동사는 그에게 갈라 2, 4를 상기시키며, 그는 이렇게 결론짓는다 : "또한 율법은 뒤에서 살그머니 들어왔다." 그러나 이 해석은 마르시온의 방향에서 너무 멀리 떨어진 것이다.

44) *Jos.* 31 ; 참조. 28—36. Colson (LCL 6. 600)은 Stoics Zeno(*SVF* 1. 262)와 Chrysippus(*SVF* 3. 332)를 참조한다. 또한 Heinemann, *Philons Bildung*, 449를 보라.

45) 다음을 보라 : Karl Reinhardt, *Poseidonios über Ursprung und Entartung* (Orient und Antike 6 ; Heidelberg: Winter, 1928) ; 같은 저자, "Poseidonios," *PW* 22/1(1953) 639f ; Isaak Heinemann, *Poseidonios' metaphysische Schriften* 1 (Breslau: Marcus, 1921) 97ff ; 2(1929) 72ff ; *FGH* II C, 196ff ; Elias Bickerman, *Der Gott der Makkabäer*(Berlin: Schocken,

그러므로 토라가 "덧붙여 주어졌다"라는 3장 19절 b의 서술은 바울로 이전의 전승에서 나온 것으로 여겨지며, 그 전승에서 그 말은 후대 유다교의 타락상태 때문에 토라가 도입되었다는 견해를 표명했다. 불행히도 우리는 바울로가 이 "헬라화된 사람들"과 어떤 관련을 가졌는지를 조사할 수 있게 해주는 자료들을 가지고 있지 못하다. 필로는 적어도 헬라화된 사람들이 그의 시대에 여전히 활동하고 있었다고 하는데, 따라서 그들과 바울로가 어떤 관련을 맺었을 가능성은 크다.

(2) 규정의 두번째 부분(19절 c)은 토라의 유효성을 시나이 산상에서 그것이 계시된 때로부터 그리스도가 오시기까지의 시기에 한정시킨다.[46] : "약속된 후손이 오실 때까지."[47] 확실히, 토라에 대한 그런 일시적인 제한은 정통 유다교에 반대된다. 유다교는 토라를 영원한 것으로 간주하며,[48] 또 어떤 전승들은 선재적인 것으로까지 간주한다.[49] 그와는 대조적으로 바울로는, 그리스도의 오심이 토라의 끝이

1937) 126ff ; Arthur Darby Nock, *Essays on Religion and the Ancient World*(2 vols.; ed. Zeph Stewart; Cambridge: Harvard University, 1972) 2.864f ; John G. Gager, *Moses in Greo-Roman Paganism* (SBLMS 16 ; Nashville: Abindon, 1972), 특히 38—47 ; Ben Zion Wacholder, *Eupolemus: A Study of Judaeo-Greek Literature* (Cincinati: Hebrew Union College-Jewish Institute of Religion, 1974) 71ff ; Menahem Stern, *Greek and Latin Authors on Jews and Judaism* (Jerusalem: The Israel Academy of Sciences and Humanities, 1974) 1.261ff.

46) 갈라 3, 22—25을 보라 : 참조. 사도 7, 52.

47) ἄχρις ἂν("~동안")은 B*pc* Clement에 의해서 읽혀진다. 반면에 ἄχρις οὗ는 P46 ℵ ℵ D G *pl.* Irenaeus Theodorus Mops에 의해 택해진다. 바울로는 또한 로마 11, 25 ; 고전 11, 26 ; 15, 25에서 ἄχρι οὗ를 가진다. 반면에 ἄχρις ἂν은 갈라 3, 19에서만 발견된다. 선택은 통례적인 바울로의 방법을 택하느냐 또는 바울로 이전의 난해한 독법을 택하느냐 하는 것이다. Nestle-Aland, 26판은 ἄχρις ἂν에서 ἄχρις οὗ로 바꾼다. *BDF*, § 21 ; 383 ; 455, 3 ; *BDR* § 21 ; 383 ; 455, 3 ; Bauer, *s.v.* ἄχρι, 2를 보라.

48) 토라의 영원성에 관해서는 집회 24, 9 ; 지혜 18, 4 ; 2Esdr 9, 37 ; 1 *Enoch* 99.2 ; *As. Mos.* 1.11ff ; Jos. C. *Apion* 2.38 ; Philo, *Mos.* 2.14를 보라. 유다의 자료에 대해서는 Str-B 1.244ff ; Weber, *Jüdische Theologie*, 14—18 ; Moore, *Judaism* 1.263—80 ; Hengel, *Judaism and Hellenism* 1.169ff를 보라. 초대 그리스도교의 부분들은 이 전승 방향을 계속한다 : 참조. 마태 5, 17—19, 그리고 특히 반-바울로적 *Kerygmata Petrou, Ep. Petr.* 2.5(부록 3.A를 보라).

49) Str-B 2.353—57에서 귀절들의 수집을 보라.

50) 참조. Schlier, pp. 155, 272f. 새로운 토라의 개념은 본래 복잡하다. 다음을 보라 : Weber, *Jüdische Theologie*, 378f ; Str-B 4/2.919 ; 1146 ; 1152f ; W.D. Davies, *Torah in the Messianic Age and/or the Age to*

라는 점을 암시한다. 이 귀절에서는 메시야적 시대에 주어지는 새로운 토라에 대한 언급이 없다. 바울로의 진술은 단순히 갈라디아서 3장 16절을 상기시키며, 그 귀절에서 바울로는 그리스도가 "후손" (τὸ σπέρμα), 즉 약속이 주어졌던 자손이라고 말했다.[51] 그러나 이것은 3장 19절 c의 진술이 3장 16절을 기초로 해서 법식화되었다는 것을 뜻하지 않는다. 두 곳에서 바울로는 바울로 이전의 전승으로 되돌아 가는 것 같은데, 그것은 그리스도가 곧 아브라함에게 주어진 약속이 말하는 후손이었다는 교리를 담고 있었다.[52]

(3) 규정의 세번째 부분 역시 유다교에 그 뿌리를 두고 있다 : 토라는 "천사들을 통하여 제정된 것입니다." 아브라함에 대한 약속 —그것은 하느님 자신이 직접 하셨다(참조. 갈라 3,8〔성서!〕·16)— 과 대비시키는 것은 물론 의도된 것이다. 동사 διατάσσω("제정하다, 명령하다")는 여기서 다시 계시의 문맥에서 사용되는[53] 법률용어다.[54] 아마 여기서 이 용어는 계약을 보통 설명하는 말일 것이다.[55] 전치사 διά ("통하여")는 하느님이 아니라 천사들이 토라의 창설자로 여겨진다는

Come(SBLMS 7; Philadelphia: SBL, 1952) ; 같은 저자, *Paul and Rabbinic Judaism*, 131ff, 147ff ; 같은 저자, *The Setting of the Sermon on the Mount* (Cambridge : Cambridge University, 1966) 363ff ; 같은 저자, "Torah and Dogma: A Comment," *HTR* 61(1968) 87—105 ; Jacob Jervell, "Die geoffenbarte und die verborgene Tora. Zur Vorstellung über die neue Tora im Rabbinismus," *StTh* 25(1971) 90—108.

51) ἐπαγγέλλομαι의 완료 수동태는 바울로에서 여기서만 발견된다. BDR, §311 n.1을 보라.

52) 그 기원은 유다교 자체 내에 있을 것이다. Dahl ("Widersprüche," 14)은 그것이 창세 49,10에 있는 유다(Judah) 신탁의 메시아적 해석이라고 믿는다. 그는 또한 유다인의 법률언어를 지적한다. 거기서 "누군가가 올 때까지"와 같은 귀절들은 법령의 잠정적인 본질을 표시한다. 예컨대, 에즈 2,63 ; 느헤 7,65 ; 마카상 4,46 ; 14,41을 보라. 또한 Qumran(*1QS* 9.10—11 ; *CD* 6.10—11 ; 12.23—24 ; 20.1—2)에 병행구들이 있다. 또한 Jeremias, *Lehrer der Gerechtigkeit*, 284,312를 보라.

53) 이것은 물론 그리스도를 통한 복음의 계시와 대비될 수 있다(갈라 1,1·12).

54) 바울로에서 다른 예들을 보라. 고전 7,17 ; 9,14 ; 11,34 ; 16,1을 보라. 참조. 또한 사도 7,44 ; 디도 1,5 ; 또 Bauer, *s.v.;* Gerhard Delling, "διατάσσω," *TDNT* 8.34—35 ; Preisigke, *Wörterbuch* 4/3 (1966) 557, *s.v.*를 보라.

55) 참조. 갈라 3.15·19b. 쉴리어(p.155)는 이 제안을 하며 Plutarch *An recte dictum*, 1129A에 있는 병행문을 언급한다. 파피루스에서의 병행문은 현재 Preisigke, *Wörterbuch* 4/3(1966) 557 *s.v.*, 4에 수록되어 있다.

뜻이거나,[56] 또는 그들이 하느님의 중재자들로서 그를 대신하여 행동한다는 것[57]을 뜻한다. "천사들"이라는 용어는 선한 천사들이나 악한 천사들 그 어느 쪽도 언급할 수 있으며,[58] 그럴 경우 토라 자체를 거룩하거나 악한 것으로 한정시킨다. 바울로가 어떤 식으로 그 문제를 이해했는가 하는 문제를 결정하는 것은, 바울로의 컨텍스트에서뿐만 아니라 또한 여기서 사용된 유다교의 전승에도 달려 있다.[59]

시나이 산상에서의 토라의 계시에 대한 구약성서 설화들에서 천사들은 나오지 않는다.[60] 그러나 계시를 수반하는 우주적 현상들은 후대에 "원시종교의 천사들"이 일으킨 것으로 해석되었다.[61] 칠십인역에 천사들의 현존이 전제되어 있다.[62] 그러나 가장 중요한 것은, 헤로드(Herod)가 어느 연설에서 말한 것이 담겨 있는 요세푸스의 귀절이다(*Ant.* 15. 136) : "…그리고 우리는 하느님께서 보내신 천사들을 통하여 우리 교리 중에 뛰어난 것과 우리 법 중에 가장 거룩한 것을 배웠읍니다."[63] 이 견해는 신약성서에도 또한 반영되어 있다(사도 7, 38·53

---

56) Bauer, *s.v.* δία, Ⅲ, 2, b를 보라.

57) 같은 책, Ⅲ, 2, a, 히브 2, 2에 대한 언급과 함께,

58) Bauer, *s.v.* ἄγγελος, 2를 보라.

59) 이 교리에 대한 자료들은 Str-B 3.554—56 ; Johann Michl, "Engel Ⅱ (jüdisch)," *RAC* 5.60—97에 수록되어 있다. 또한 Schoeps, *Paul*, 182f 를 보라.

60) 출애 19, 9·16 이하 ; 24, 15 이하 ; 신명 4, 11—12 ; 5, 22 이하 ; 2Esdr 3, 17 이하를 보라.

61) 칠십인역 시편 102, 20 ; 103, 4 ; *Jub*. 2.2ff ; 1 *Enoch* 60.1ff.

62) 신명 33, 2 칠십인역 : Κύριος ἐκ Σινὰ ἥκει, …ἐκ δεξιῶν αὐτοῦ ἄγγελοι μετ' αὐτοῦ("주님께서 시나이로부터 오신다, …그의 오른 편에는 그와 함께 천사들이 있다."). 후대의 라삐 전승들은 이 천사들의 목적이 무엇이었는지를 여러가지로 설명한다. Str-B. 3.554—56 ; Peter Schäfer, ***Rivalität zwischen Engeln und Menschen: Untersuchungen zur rabbinischen Engelvorstellung***(StJud 8 ; Berlin: de Gruyter, 1975) 43ff를보라.

63) Louis Ginzberg (***The Legends of the Jews*** [tr. Henrietta Szold; Philadelphia: Jewish Publication Society, 1909—38] 6.47)의 반론 —그는 요세푸스가 그같이 율법을 천사들에게 돌린 것은 불가능하다고 말한다— 을 따라서, Ralph Marcus (LCL *Josephus* 8.67)는 δι' ἀγγέλων을 "사자들로부터"로 번역한다. 그것은 예언자들 또는 사제들을 뜻한다. 이 견해는 또한 W.D. Davies ("A note on Josephus, Antiquities 14.136," *HTR* 47 [1954], 135—40), Francis A. Walton ("The Messenger of God in Hecataeus of Abdera," *HTR* 48[1955] 255—57)에 의해서 주장된다. 그러나 유다전승은 Ginzberg의 "불가능"을 배제하며, 비록 ἄγγελος가 "사자"를 뜻할 수 있지만, 그것이 요세푸스 귀절의 번역을 해결하지 않는다. 또한 *'Abot R. Nat.* B, 2 (tr. Anthony J. Saldarini, ***The Fathers***

〔위 3, 6에 관해서, "아브라함"에 대한 보론을 보라〕; 히브 2, 2). 그것은 원시 그리스도교에서 계속되고 더 발전된다. 헤르마스서신(*Hermas Sim*. 8. 3. 3)에서 대(大)천사 미카엘(Michael)은 "믿는 자들의 가슴 속에 법을 넣었던" 자였다고 얘기된다. 유다 그리스도교에서 그리고 초대 그리스도교 영지주의에서 이 교리들이 전개되었다. 토라를 주었던 천사들은 악마가 되었으며 세상을 창조한 악한 세력들과 동일시되었다.[64] 바울로는 확실히 여기까지 나아가지 않았으나 이같은 교리들이 "마르시온주의자"의 해결책을 가능하게 했다. 바울로 자신이 볼 때 유다 토라는 하느님의 구속사업에 있어서, 제한된 "긍정적인" 역할을 한다. 토라 자체도, 그것을 준 천사들도 악하지 않다. 그러나 모세의 토라는 아브라함의 약속보다 열등하다. 어떤 유다 전승들을 끌어냄으로써 바울로는, 모세의 토라가 한 하느님에 의해서 직접 주어진 것이 아니라 버금가는 거룩한 존재들을 통해서만 주어졌다는 것을 보여줌

---

according to Rabbi Nathan (Leiden: Brill, 1975) 25)안에 있는 논쟁을 보라: "'모세는 시나이에서 율법을 받았다.' 천사의 입으로부터도 아니고 천사장의 입으로부터도 아니라, 왕들 중에 왕들 위에 있는 왕, 거룩한 자의 입으로부터…"; *Jub*. 1.27ff; 6.22; 30.12,21; 50.1f; *Apoc. Mos*. 1; *Pesiq*. R. 21(103b): 천사들 가운데 2만의 שנאן אלפי가 이스라엘에 율법을 주기 위해서 하느님과 함께 시나이 산 위에 내려왔다. Pesiq. R. 1076 그리고 *Midr*. Ps. 68 §10(160a)에 있는 병행문들을 보라.

64) 이 교리는 Cerinthus (Epiphanius *Pan*. 28·1·3; ps.-Tertullian *Adv. omn. haer*. 3〔CSEL 47.219〕)에게서 시작될 것이며 많은 영지주의자들, 예컨대 마르시온(참조. Harnack, Marcion, 97ff)에 의해서 주장된다. 귀절들에 대해서는 *PGL, s.v. νόμος*, 921f; Johann Michl, "Engel Ⅲ (gnostish)," *RAC* 5.97—109를 보라. 그 문제에 대해서는 다음을 보라: Ludwig Diestel, *Geschichte des Alten Testaments in der christlichen kirche*(Jena: Mauke, 1869); Viktor E. Hasler, *Gesetz und Evangelium in der alten Kirche bis Origenes* (Zurich and Frankfurt: Gotthelf-Verlag, 1953); Pieter G. Verweijs, *Evangelium und neues Gesetz in der ältesten Christenheit bis auf Marcion* (Utrecht: Demplein, 1960).

65) *Barn*. 9.4를 보라. 거기서는 한 사악한 천사가 이스라엘에 할례를 가르쳤다고 서술 된다: 참조. 또한 Epiphanius *Pan*. 28.2.1.

66) 쉡스(*Paul*, 182)는 갈라디아 3,19에 있는 천사들이 "유다 사람들에게 명백히 적대적이었다"고 생각한다. 그러나 바울로가 이런 견해를 가지고 있다는 지적이 없다. 천사들을 이스라엘 사람들에게 적대적으로 해석하는 라삐의 전승은 후기다(Str-B. 3.555 No.3을 보라). 인용된 갈라 3,19의 영지주의적 해석은 *Exc. ex Theod*. 53.2(Foerster-Wilson, *Gnosic* 1.149)에서 발견된다. Elaine H. Pagels, *The Gnostic Paul: Gnostic Exegesis of the Pauline Letters* (Philadelphia: Fortress, 1975) 107을 보라.

으로써 이 점을 증명한다.[67]

(4) 바울로의 규정의 네번째 부분 역시 유다교 전승으로부터 채택된다 : "중재자[의 손]를 통해"(ἐν χειρί μεσίτου). 바울로가 염두에 두고 있는 중재가가 모세이며[68] 중재는 시나이 산상에서의 율법의 계시와 동일하다는 것은[69] 의심할 바 없다.[70] 레위기 26장 46절(칠십인역)은 그것을 다음 말들로 요약한다 : "야훼께서 시나이 산에서 '모세를 시켜'(ἐν χειρὶ Μουσῆ) 당신과 이스라엘 백성 사이에 세워주신 여러가지 규정과 관례와 법령은 이와 같다." ἐν χειρὶ는 히브리어 ביד("통하여", 또는 직역하면 "~의 손을 통해")을 번역한 것이다.[71] 그러나 칠십인역에서 ἐν χειρὶ Μωυσῆ는 거의 법식이 되었다.[72] 반면에 빌러벡(Billerbeck)에 의하면[73] "중재자를 통하여"는 *P. Meg.* 4. 74d. 9에서만 발견된다.

그러므로 바울로의 진술은 이번에도 역시 유다교 전승으로부터 나온 것으로서 그 자체로서는 모세의 부정적인 평가를 암시하지 않는다. 특

67) 참조. Philo, *Decal.* 61. 원시종교의 신격화에 반대하는 논쟁에서 그는 이렇게 말한다(53ff) : "대왕에게 돌려야 할 영예를 하급자 총독들에게 표했던 사람 누구나 그들의 주인에게 속했던 것을 종들에게 바침으로써 무지뿐만 아니라 무모함의 극치에 도달하는 것과 마찬가지로, 그들의 조물주에 대해 피조물과 같은 찬사를 바치는 자는 누구나 그가 동등하지 않은 자들에게 동등한 양을 줌과 같이, 사람들 중에 가장 무분별하고 부당하다는 것을 확인하게 될 것이다—비록 그가 그것에 의하여 천한 다수를 존경하는 것이 아니라 한 우월한 자를 폐한다 할지라도." 참조. 묵시 19, 10·22 : 8f.

68) 일반적으로 모세에 대해서는 Josef Scharbert, ***Heilsmittler im Alten Testament und im Alten Orient*** (Freiburg : Herder, 1964) 82—92, 242—44 ; Israel Abrahams *et al.*, "Moses" *Enc Jud* 12 (1971) 371—411 ; Siegfried Herrmann, "Mose", *EvTh* 28(1968) 301—28, 뒷 문헌과 함께.

69) 출애 19, 7·9·21 이하 ; 20, 19 ; 24, 3·4·12 ; 31, 18 ; 32, 16·19·30 ; 34, 1 이하 ; 신명 4, 14 ; 5, 4—5 등을 보라.

70) 더 오래된 주석들은 흔히 그리스도를 중재자라고 해석했다(Sieffert, pp. 205f). 그러나 현대의 학문은 모세를 택함에 있어서 이의가 없다. 또한 Joachim Jeremias, "*Μωυσῆς*," *TDNT* 4. 869—70 ; Albrecht Oepke, *TDNT* 4. 598—624, *s.v.* *μεσίτης κτλ.* 특히 618f를 보라.

71) 대개의 주석들이 그렇게 본다. 특히 Zahn, pp. 175f를 보라. Sieffert(p. 205)은 그것을 더 문자적으로 해석하고 싶어 한다. 또한 Burton, p. 189 ; Schlier, pp. 155, 158—61 ; Bauer, *s.v.*, 1 ; Eduard Lohse, "*χείρ*," *TDNT* 9. 430—31도 마찬가지다.

72) 칠십인역 민수 4, 37·41·45·49 ; 9, 23 ; 10, 13 ; 15, 23 ; 17, 5 ; 33, 1 ; 36, 13 ; 여호 21, 2 ; 22, 9 ; 판관 3, 4 ; 열상 16, 40 ; 열하 33, 8 ; 시편 76, 21 ; 바룩 2, 28을 보라.

73) Str-B 3. 556 ; 참조. 또한 3. 512, 515f.

별히 헬라주의적 유다교에서, 모세는 바로 토라의 중재자로서의 역할 때문에 "신적인 사람",[74] 심지어 천사같은 인물[75]로 여겨졌다.

그러면 어떻게 바울로가 중재자 모세를 부정적으로 평가하기에 이르렀는가? 슐리어(p. 161)는 질문한다: "갈라디아서 3장 19절에 언급된 바울로의 μεσίτης("중재자")라는 말 배후에는 모세를 ἀγγέλων〔'천사들'〕와 비슷한 것으로서 생각하는, 그리고 그 천사들을 ἄγγελος〔'천사' 또는 '사자'〕의 대표로 보는 개념이 숨겨져 있지 않을까?" 만일 이것이 사실이라면, 우리는 율법을 제정한 천사들이 왜 중재자로서의 모세와 관련되어 있는지를 이해할 수 있다. 슐리어는 또한 "중재자"의 총칭단수를 지적한다. 이것이 아무리 가능하다 해도, 규정의 세번째와 네번째 부분이 한 특수한 본성과 내적 관련을 가진다는 표시가 없다. 아마 네 개의 모든 진술들은 서로 독립된 것이며 바울로 이전의 유다교 전승들에서 나온 것일 것이다. 또한 19절 c의 말 속에는 율법을 평가절하는 아무런 암시도 들어 있지 않다. 그런 부정적인 평가는 20절의 결과일 뿐이다.

〔 20 〕 바울로는 "중재자"의 개념에 대한 일반적인 규정을 제시한다.[76] 다음에 이 규정은 그가 유다교 토라를 열등

74) 이것은 변증적인 반응일 것이다. 다음을 보라: John G. Gager, *Moses in Graeco-Roman Paganism* (SBLMS 16; Nashville: Abingdon, 1972); David Lenz Tiede, *The Charismatic Figure as Miracle Worker* (SBLDS 1; Missoula: SBL, 1972) 101—240. Hengel, *Judaism and Hellenism*, 여러 곳; Wacholder, *Eupolemus*, 71ff.

75) 특별히 필로가 언급될 필요가 있다. *Spec.* 1.116에서 그의 평가를 보라: "왜냐하면 율법은, 경계선상에서, 인간이 단지 인간적인 것보다 더 고귀한 자연에 견디어 내고 신에 가까이 가기를 바라기 때문에, 그 둘 사이에서 사람들은 중재자를 —그를 통해서 그들은 하느님을 달랠 수 있다— 그리고 하느님은 그의 풍성한 은혜를 사람들에게 확대시킴에 있어서 고용한 하느님의 하인을 가진다고 우리는 진실로 말할 수 있을 것이다." 더 많은 자료에 대해서는 다음을 보라: "Μωυσῆς," *TDNT* 4.848—73; Goodenough, *By Light, Light*, 199—234; Wayne A. Meeks, "Moses at God and King," in *Religions in Antiquity* (ed. Jacob Neusner; Leiden: Brill, 1968) 354—71; 같은 저자, "The Divine Agent and His Counterfeit in Philo and the Fourth Gospel," in *Aspects of Religious Propaganda in Judaism and Early Christianity* (Notre Dame: Notre Dame University, 1975) 43—67; Tiede, 같은 책, 101—37; Burton L. Mack, *Logos und Sophia: Untersuchungen zur Weisheitstheologie im hellenistischen Judentum*, SUNT 10; Göttingen: Vandenhoeck & Ruprecht, 1973) 그밖의 여러곳.

76) Luther, *WA* 40/1.501, line 17; Burton, p. 190로 그렇게 본다. 그 문장

한 것(3, 19)으로 생각하는 이유를 설명한다. 정의는 두 부분, 부정적인 부분(20절 a)과 긍정적인 부분(20절 b)으로 되어 있다 :

20절 a : ὁ δὲ μεσίτης ἑνὸς οὐκ ἔστιν, "그러나 한 사람만 있을 경우에는 중재자가 필요없읍니다."

20절 b : ὁ δὲ θεὸς εἷς ἐστιν "그런데 하느님은 한 분이십니다."[77]

학자들은 대단히 난해한 이 진술을 이해하기 위해 많은 노력을 기울였으므로, 우리는 지금까지의 학자들의 이러한 노력의 결과를 바탕으로 출발할 수 있을 것이다. 그러나 과거에 제안된 수많은 해결책들을 여기서 다 보고할 필요는 없다.[78] 남아 있는 주요한 문제는 규정과 컨텍스트의 관계이다 : 그것은 "사람들 —그들 사이에서 중재자가 행동한다—의 이중성"을 언급하는 것일까,[79] 아니면 중재자 개념에 내포된 복수가 하느님의 유일성과 대조되는가?

어떤 경우에서나 바울로는 중재자와 한 분 하느님을 서로 배타적인 개념들로 간주한다고 우리는 결론지을 수 있다. 문법적으로 부정사 οὐ("아니다")가 다음 동사에 걸린다는 것은 규칙이다.[80] 그러나 20절a에서 부정 동사는 그 자체에 부정의 의미를 담고 있으며,[81] 따라서 ἑνός("한 사람 가운데", "한 사람만 있을 경우에")는 하나의 남성형

구조는 일부 학자들로 하여금 3, 20이 후기에 삽입된 주해라는 것을 믿도록 했다. 그러나 그 정의는 주장을 위해 필요하며 처음부터 본문의 일부였음에 틀림없다. 참조. 20절을 주해로 생각하는 학설들에 대해서는 Sieffert, 209f ; Burton, 191f를 보라.

77) 문장의 어려움은 번역들에서 반영된다. 위. 그 번역에 관한 각주들을 보라. 참조. 또한 Bauer, *s.v.* εἷς 2, b.

78) 더 오래된 주석들은 많은 수의 가설들을 보도한다 : Georgius Benedictus Winer, *Pauli ad Galatas epistola latine vertit et perpetua annotatione illustravit* (Leipzig: Reclam, 1821) 250 ; August Friedrich Christian Vilmar, *Praktische Erklärung des Neues Testaments*(Vol. 2 ; Gütersloh: Bertelsmann, 1880), 400이상 ; Lightfoot, 250 또는 300 ; Burton, 300; Oepke, 430(이 수는 갈라 3, 17을 학문 이상으로 반영하는 것 같다 !). 다음 관찰들을 보라 : Sieffert, 209—18 ; Burton, 191f ; Oepke, p. 117 ; Marc-Francois Lacan, "Le dieu unique et son médiateur Galates 3, 20," in *L'homme devant dieu, Mélanges Henri de Lubac*(Paris: Aubier, 1964) 1. 113—125 ; Ragnar Bring, "Der Mittler und das Gesetz. Eine Studie zu Gal. 3, 20," *KD* 12(1966) 292—309 ; 같은 저자, *Christus und das Gesetz* (Leiden: Brill, 1969) chap. 3.

79) Burton, 190, Lightfoot, Luther 등이 그렇게 생각한다.

80) Schwyzer, *Grammatik*, 2, 596을 보라.

81) BDF, §433, 1 ; BDR, §433, 1을 보라.

이어야 한다.[82] 대신에 두 파와 관련된 매개자로서, 중재자는 하느님의 유일성과 대조되게만, 즉 복수의 대표자로서만 규정된다. 이 복수를 3장 19절 d에 있는 천사들로[83] 또는 시나이 전승에 있는 사람들로[84] 동일시할 필요는 전혀 없다. 바울로는 하느님의 단일성에 대조되는 것은 어떤 것이든지 열등하다고 주장한다. 중재자의 개념은 정의상 파당들의 복수를 전제하기 때문에 열등하며, 결과적으로 토라를 열등하게 한다.[85] 한 분 하느님의 참된 계시는 이 개념을 필요로 하

82) Burton, p. 191을 보라.

83) 그렇게 특히 Oepke, 118f ; 같은 저자, "*μεσίτης κτλ.*," *TDNT* 4. 618—19 ; Lietzmann; Mussner; 그리고 다른 사람들. 쉴리어의 입장에 관해서는 위 3, 19을 참조하라.

84) 특별히 Zahn (pp. 176f)이 그렇다. 그는 출애 20, 19 ; 신명 5, 19—25 ; 18, 16 ; 사도 7, 38을 언급한다. 필로(*Som.* 1. 142f ; *Spec.* 1. 116〔위 3. 19에 관한 주 75에서 인용됨〕; *Her.* 205f)와 교회 교부들 또한 이 해석을 지지할 수 있다. Clement of Alexandria가 내린 정의를 보라(*Paed.* 3. 1. 2. 1, ed. Stählin, GCS 1. 236f) : *μεσίτης γὰρ ὁ λόγος ὁ κοινὸς ἀμφοῖν, θεοῦ μὲν υἱός, σωτὴρ δὲ ἀνθρώπων*...("로고스는 양자에게 공통되는 중재가, 하느님의 아들, 그리고 사람들의 구세주이기 때문에…") ; *PGL*, *s.v. μεσιτεία, μεσιτεύω, μεσίτης*를 보라.

85) 이 점에서 바울로는 여러 곳에서, 예컨대, 쿰란에서 나타나 유다전승과 일치될 것이다. Menahem Mansoor에 의한 *1QH* 6. 13f의 복구가 정확하다면(*The Thanksgiving Hymns* 〔STDJ 3 ; Leiden: Brill, 1961〕 143f) : "그리고 중재자〔당신의 거룩한 자들에게〕…(천사) 알리는 〔자〕가 없다 …그리고 그들은 당신의 영광스런 말씀에로 돌아갈 것이다." 쉴리어는 이사 63, 9와의 관련을 생각한다(*NEB*) : "그들을 구원하신 이는 사절도 아니고, 천사도 아니라, 그분 자신이었다." 천상의 존재와 직접 함께 살기 때문에(*1QH* 3. 22f), 쿰란 공동체는 중재자들을 필요로 하지 않는다. 참조. Heinz-Wolfgang Kuhn, *Enderwartung und gegenwärtiges Heil* (Göttingen: Vandenhoeck & Ruprecht, 1966) 146f. 참조. R. Johanan의 이름으로 얘기된 R. Abbahu의 비유, *Pesiq.* R. 21. 5, 그것은 이렇게 끝난다 : "그의 자녀들에게 토라를 줌으로, 그는 충분히 설명된 그의 계명을 직접 이스라엘 그의 아들에게 맡기고 있다(tr. William G. Braude, *Pesikta Rabbati* 〔New Haven: Yale University, 1968〕 1. 420)." Clement of Alexandria의 변증적인 언급을 또한 주목해야 한다(*Paed.* 1. 7. 60. 1—2, 125, line 19). 그는 율법이 모세를 통해서 그러나 로고스에 의해서 주어졌다고 주장한다. 또는 Eusebius *De eccles. theol.* 2. 14(ed. Klostermann, GCS 4, 116, line 5) : 율법은 하느님으로부터 온다(*ἐκ τοῦ θεοῦ*). 반면에 모세는 종에 불과했다(*διάκονος καὶ ὑπηρέτης*). Simon Magus는 그와 반대되는 결론을 끌어내렸다(ps.-Clem. *Hom.* 3. 2. 2—3에 따라서 〔참조. 18. 12. 1 ; Epiphanius *Pan.* 21. 4, p. 243, line 15〕) : "두 신들, 그중에서 하나는 세상을 창조했고, 반면에 다른 신은 율법을 주었다"(*δύο ...θεούς, ἀφ' ὧν ὁ μὲν εἷς ἐστιν ὁ κόσμον κτίσας, ὁ δὲ ἕτερος ὁ τὸν νόμον δούς*).

지 않는다.[86]

이 근거는 규정의 긍정적인 두번째 부분에 내포되어 있는데, 그것은 유명한 환호 εἷς θεός("하느님은 한 분이십니다")의 인용문에 지나지 않는다.[87] 그것은 여기서 유일신론적 종교의 도그마로서 도입되며

86) 복음이 계시될 때, 그리스도는 바울로에게 "중재자"의 역할을 하지 않는다. 참조. 디전 2,5 : 히브 8,6 ; 9,15 ; 12,24.

87) 기본적인 연구는 Erik Peterson, *ΕΙΣΘΕΟΣ: Epigraphische, formgeschichtliche und religionsgeschichtliche Untersuchungen* (FRLANT NF 24 ; Göttingen Vandenhoeck & Ruprecht, 1926) ; 또한 Theodor Klauser, "Akklamation," *RAC* 1.230 ; Ethelbert Stauffer, "εἷς," *TDNT* 2.434—42 ; Hermann Kleinknecht, "θεός," *TDNT* 3.71—79 ; Bauer, *s.v.* εἷς, 2,b ; Preisigke, *Wörterbuch* 4/4(1971) 678 ; *PGL*, *s.v.* εἷς and θεός; André Feuillet, *Le Christ Sagesse de Dieu d'après les épitres pauliniennes* (Paris: Gabalda, 1966) 71ff ; Wengst, *Christologische Formeln*, §12 ; *PECL*, index *s.v.* εἷς θεός. 그 정식은 그리스이며, 아마 기원에 있어서 Dionysus 숭배에서(Orphic) 나온 것 같다(*Orphicorum Fragmenta*, ed. Kern, *Frag.* 31, line 23 ; 168, lines 6—7 ; 239 ; 245 line 8 ; 247 line 10을 보라). 헬라주의적 유다교는 그것을 채용했으며 그것을 신명 6,4의 일신론적 "신조"와 연관시켰다. 이것은 아마 Aristobulus 만큼 일찌기 된 것 같다(Eusebius *Praep. ev.* 13.12에 의하면) ; "율법"과의 관련은 주목할 만하다(또한 Eusebius *Praep. ev.* 13.13.5 ; 13.13.40, 그리고 이것에 관해 Nikolaus Walter, *Der Thoraausleger Aristobulos* [TU 86 ; Berlin: Akademie-Verlag, 1964] 103—15, 140f를 보라 ; 참조. Hengel, *Judaism and Hellenism* 1.163ff). 그 정식과 신명 6,4와의 유사점이 현저하며(참조. 또한 출애 20,2—3 ; 신명 5,6—7 ; 열하 32,12), 동일함을 예언할 수 있다. Gottfried Quell, "κύριος," *TDNT* 3.1079—81 ; Gerhard Lohfink and Jan Bergman, *TWAT* 1, s.v. אחד(뒤따르는 참고문헌과 함께)를 보라. 헬라주의적 유다교에서 그 정식은 또한 십계명과 관련된다(Josephus *Ant.* 3.91 ; 4.200 ; Philo *Op.* 170—172). 그러나 다른 "하나의 유일한"(one-only") 파생어들이 만들어졌다. 필로는 "한 하느님, 하나의 신전, 하나의 도시, 하나의 제단"을 말한다(*Spec.* 1.67, 그리고 참조. Leisegang's index, *s.v.* εἷς). 그 과정은 그리스도교에서 계속된다. 참조. 마르 12,29 ; 마태 23,9(참조. Str-B 2.28—30) ; 갈라 3,20 ; 고전 8,4·6 ; 로마 3,30 ; 디전 2,5("하느님은 한 분이시며… 중보자도 한 분[sc. 그리스도]") ; 에페 4,5—6("하느님도 하나요 주도 하나요 믿음도 하나요 세례도 하나입니다") ; Ign. *Magn.* 8.2 ; *Herm. Mand.* 1.1 ; *Kerygma Petrou*, Frag. 2(*Apocrypha* I [ed. Erich Klostermann; KIT 3 ; Bonn: Marcus & Weber, 1921] 13) ; *Diogn.* 3.2 ; Athenagoras *Leg.* 4.2ff, 8.1 ; Clemens Alex. *Paed.* 1.8, 1.10("한 분 하느님, 하나의 교회") ; ps.-Clem. *Hom.* 13.15 ("한 분 하느님, 아내 하나"). Clemens Alex.(*Strom.* 1.29, ed. Stählin, GCS 2,111, line 19)는 그 다음에 의식적으로"Plato"를 따른다 : 한 분 하느님, 하나의 법, 하나의 입법자, 하나의 로고스.

그러므로 그 자체 안에 주장하는 요지를 담지하고 있다.[88] 암시되고 있는 것은, 신적 구원은 하느님의 유일성에 복종하는 과정을 요구한다는 것이다.[89] 만일 이 주장이 타당성을 가지려면, 우리는 전제로서 고대의 법칙을 보충해야 한다 : *τὸ ὅμοιον τῷ ὁμοίῳ φίλον*("비슷한 것은 비슷한 것의 친구다" 〔LCL의 역〕).[90] 어떻게 이 주장이 형성되었는지에 관한 좋은 예는 요세푸스(C. *Apion.* 2.193)에 의해서 제시된다[91]: *Εἷς ναὸς ἑνὸς θεοῦ, φίλον γὰρ ἀεὶ παντὶ τὸ ὅμοιον, κοινὸς ἁπάντων κοινοῦ θεοῦ ἁπάντων*("하느님은 모두에게 공통되기 때문에 모두에게 공통된, 한 하느님을 위해 하나의 성전만을 갖고 있다〔왜냐하면 같은 것은 언제나 같은 것을 좋아하기 때문에〕"). 그러나 바울로의 주장은 우리가 "하나의 법"과 한 분 하느님을 연합시키는 스토아 철학의 개념[92]에

88) 그 지류들은 많으며, 종교적 및 정치적 분야까지 이른다. Samuel S. Cohon, "The Unity of God: A Study in Hellenistic and Rabbinic Theology," *HUCA* 26(1955) 425-79 ; Erick Peterson, "Der Monotheismus als politisches Problem," in his *Theologische Traktate*(Munich: Wild, 1951) 46—147 ; Guthrie, *Sophists*, 247—49 ; Erik Hornung, *Der Eine und die Vielen. Ägyptische Gottesvorstellungen* (Darmstadt: Wissenschaftliche Buchgesellschaft, 1971). 갈라디아서의 종교적이고 사회적인 함축성은 3, 26—28과 관계해서 논의될 것이다.

89) 참조. 고전 8, 4·6 ; 로마 3, 30에 나온 바울로의 논증. Conzelmann, 1 *Corinthians*, 142 n. 26 ; Daube, *NT and Rabbinic Judaism*, 443 ; Charles H. Giblin, "Three Monotheistic Texts in Paul," *CBQ* 37(1975) 527—47, 특히 537—43(뒤 따르는 문헌과 함께)를 보라.

90) Aristotle *EN* 1165b 17, 1155a 34 ; Plato *Gorg.* 510b를 보라. 기본적인 연구는 Carl Werner Müller, *Gleiches zu Gleichem: Ein Prinzip frühgriechischen Denkens* (Klassisch-philologische Studien 31 ; Wiesbaden: Harrassowitz, 1965) ; 뮐러는 바울로가 로마 12, 15에 있는 원칙을 사용한다고 생각한다(160 n. 30). 특히 고전 2, 11·13 그리고 Conzelmann, 1 *Corinthians*, 66f의 논의를 보라.

91) LCL, *ad loc.*에서 Thackeray의 주를 보라. 거기서 집회 13, 15(19)에 관해 언급된다. 다우베(*NT and Rabbinic Judaism*, 443)는 그외에도 집회 27, 9를 지적한다. 참조. 또한 Philo *Gig.* 9.

92) 특히 Marcus Aurelius 7. 9를 보라 : *κόσμος τε γὰρ εἷς ἐξ ἁπάντων καὶ θεὸς εἷς διὰ πάντων, καὶ οὐσία μία, καὶ νόμος εἷς, λόγος κοινὸς πάντων τῶν νοερῶν ζῴων, καὶ ἀλήθεια μία εἴγε καὶ τελειότης μία τῶν ὁμογενῶν καὶ τοῦ αὐτοῦ λόγου μετεχόντων ζῴων*("왜냐하면 만물로 구성된 하나의 우주와 만물 속에 내재하는 하느님 한 분, 그리고 하나의 실체와 하나의 법, 모든 지성적인 피조물들에 공통적인 하나의 이성과 하나의 진리가 동시에 존재하기 때문이다. 만일 실제로 같은 기원을 가진 그리고 같은 이성을 공유하는 살아 있는 피조물들을 완성시키는 일자가 또한 있다면"). 이 교리는 Zeno에게 소급된다(*SVF* No. 162 〔1.

동의하지 않는 한에서만 설득력이 있다는 것을 주목해야 한다.

만일 바울로가 이 스토아 철학의 개념을 알았더라면 —적어도 그럴 가능성은 있다[93]— 그는 토라 자체보다는 오히려 중재자의 개념에 초점을 둠으로써 그것을 피할 수 있었을 것이다. 바울로 자신의 구원론은 전체적으로 유일성의 원칙에 준거한다 : 한 분 하느님, 한 구속자 그리스도(3, 16), 하나의 복음(1, 6—7 ; 2, 5), 하나의 교회(3, 28 ; 참조. 5, 14), 하나의 "성령의 열매"(5, 22).

〔 21 〕 만일 율법에 대한 정의(3, 19—20)를 받아들인다면, 하느님이 아브라함에게 한 약속들에 대해서 그 규정으로부터 어떤 결과들[94]을 끌어낼 수 있는지에 관한 질문이 생긴다 : *ὁ οὖν νόμος κατὰ τῶν ἐπαγγελῶν* [*τοῦ θεοῦ*][95] ("그렇다면 율법은 〔하느님의〕 약속과 반대되는 것입니까?"). 아브라함에 대한 하느님의 약속의 문제는 이전에 논의되었다가(3, 6—18), 토라에 관한 여담에 의해 중단되었다(3, 19—25). 그러므로 21절a에서의 질문은 단순히 이전에 되었던 논의에 뒤이어 이제 그것에 19—20절에 언급된 정의의 결과를 적용한다. 그 질문은 가설적이나 결코 비현실적인 것이 아니다.[96] 모세의 토라와 아브라함에 대한 약속 사이의 전적인 분리는 가능성의 범위 안에 머물러 있으나, 바울로의 강한 부정 *μὴ γένοιτο*("결코 그렇지 않습니다!")[97]은 그가 그런 구별을 피하고 싶어한다는 것을 보여준다. 확실히 마르시온은 그런 결론에 도달했다. 그래서 마르시온은 아마 갈라디아서 본문으로부터 3장 15—25절 전체 단락을 생략했을 것이다.[98]

42f) 등 ; 또한 부록 *s.v. νόμος*를 보라) ; 참조. Clemens Alex. *Strom.* 1.29(위 주 87에서 인용됨).

93) 참조. 또한 반-바울로적인 *Ep. Petr.* 2.1의 "규칙" : "한 분 하느님, 하나의 법, 하나의 희망"(부록 3.A를 보라).

94) *οὖν*("그렇다면")은 결론을 가리킨다. 참조. 갈라 3, 5·19 ; 4, 15 ; 5, 1 ; 6, 10. *BDF*, §451 ; *BDR*, §451을 보라.

95) 단어 *τοῦ θεοῦ*("하느님의")는 대개의 증언들이 그렇게 읽으나, 몇몇 초기의 훌륭한 증언들에는 그것들이 나오지 않는다(P^{46} B it^{d} Ambrosiaster Marius Victorinus). 단어들은 바울로적이다(참조. 로마 4, 20 ; 고후 1, 20). 그 어구가 갈라 3, 20으로부터 보충되었거나 또는 우연히 탈락되었을 가능성이 있다. Metzger, *Textual Commentary*, 594f를 보라.

96) 참조. 로마 7, 7에서 비슷한 질문 : *ὁ νόμος ἁμαρτία;* ("율법 자체가 죄입니까?"). 또한 로마 8, 2—4 ; 갈라 2, 17을 보라.

97) 이 부정에 관해서는 위 2, 17에 관한 것을 보라.

98) Harnack, *Marcion*, *73을 보라.

마르시온의 결론을 피하기 위해서 바울로는 또 하나의 가설적인 경우를 제의한다.[99] 그러나 실제로 이 경우는 결코 가설적인 것이 아니라 유다교의 근본 사상들의 하나와 동일하다 : *εἰ γὰρ ἐδόθη νόμος ὁ δυνάμενος ζωοποιῆσαι, ὄντως ἐκ νόμου ἂν ἦν ἡ δικαιοσύνη*[100]("만일 주어진 율법이 사람을 살릴 수 있는 것이었다면 의는 확실히 율법에서 생겼을 것입니다").

하느님께서 이스라엘을 위해서 영원한 삶으로의 길을 주기 위해[101] 토라를[102] 주었다는[103] 것은 유다교의 기본 교리들 중의 하나다.[104] 우리는 바울로의 반대자들이 유다교의 입장에 동의했다고 확실하게 결론내릴 수 있다. 만일 그렇지 않았다면 그들은 갈라디아 사람들에게 할례와 토라를 받아들이라고 결코 요구하지 않았을 것이다.[105] 또한 바울로 자신이 그 교리를 부인하는 것은 분명하다. 그에게 있어서 생명

---

99) 참조. 갈라 1,10 ; 2,21 ; 3,18 ; 5,11.

100) 몇가지 본문의 異文들이 있다. 그러나 의미를 바꾸지는 않는다 : *ὄντως*("실제로")대신에 G는 *ἀληθείᾳ*("참으로")로 읽는다. 아마 라틴어로부터의 영향인 것 같다(그렇게 Nestle-Aland). 또한 *ἂν*의 위치가 바뀌거나(ℵ *al*, 𝔐 *pm*), 또는 그것이 아주 생략된다(D* *al*, G). *ἐκ νόμου*(A C) 대신에, 어떤 것들은 *ἐν νόμῳ*를 가진다(P46 B Clement). 이 모든 것들은 *ἂν*과 *ἦν*, *ἐκ*와 *ἐν*의 필기상의 혼동인 것 같다. Zahn, 178 n.43 ; Sieffert, 218 n,; Burton, 194f를 보라. 바울로 자신은 *ἐκ νόμου*(3,18)와 *ἐν νόμῳ*(3,11 ; 5,4)를 교체할 수 있다.

101) *ζωοποιέω*("살리다, 생명을 주다")는 바울로에게 있어서 구원론적 용어다. 로마 4,17 ; 8,11 ; 고전 15,22·36·45 ; 고후 3,6 ; 또 요한 5,21 ; 6,63 ; 베전 3,18 ; *Barn.* 6.17 ; 7.2 ; 12.5,7 ; *Herm. Mand.* 4.3.7 ; *Sim.* 9.16.2,7을 보라. Rodolf Bultmann, "*ζωοποιέω*," *TDNT* 2.874—75 ; Bauer, *s.v.*; *PGL*, *s.v.*를 보라.

102) *νόμος*("율법")는 여기서 관사없이 유다 토라를 언급한다. 갈라 2,21과 비교하라. BDF, §258,2 ; BDR, §258,2를 보라.

103) 수동형 *ἐδόθη*("그것이 주어졌다")는 기증자로서의 하느님을 가리킨다. 갈라 3,16·19·22에 관해서 보라.

104) 힐렐의 진술을 주목하라('Abot 2.8) : "…율법이 많을 수록 생명이 많다…." 참조. *'Abot* 6.1ff. 이미 구약에서 그렇게 본다 : 신명 30,15—20 ; 32,47, 등. 본문의 수집에 대해서는 Rudolf Bultmann, "*ζάω*," *TDNT* 2.855—72 ; Str-B 3.129—31, 498f. "생명"은 신적이며 인간적이다. 그것은 특히 지혜문학에서 강조된다. 예. 잠언 3,1—2 ; 집회 17,11 : "그는 그들에게 생명을 주는 법을 주신 자"(*νόμον ζωῆς*) ; 비슷하게 바룩 3,9 ; 4,1. 신약에서, 특히 마르 10,17—20 ; 마태 5,17—20 그리고 7,13—14를 보라.

105) 참조. 고후 6,16 : "우리는 살아계신 하느님의 성전입니다." 이것에 관해서 부록 2 ; 그리고 Betz, "2 Cor 6 : 14--7 : 1," 92—95를 보라.

은 성령을 통해서 주어진다.[106] 바울로에 의하면 토라로부터 생명을 기대하는 것은 거짓이다. 왜냐하면 그것은 결코 토라의 목적이 아니기 때문이다. 그러나 만일 생명이 토라로부터 나오지 않는다면, 의도 토라로부터 나오지 않는다.[107] 이 주장은, 사도에 맞선 반대자들이 가한 비난을 향하고 있다. 이 비난들은 모세의 토라와 아브라함에 대한 약속 사이의 바울로의 완전한 이원론적 구성에 반대하려고 한다.[108] 바울로는 공격을 가함으로써 자신을 변호한다. 즉 모세의 토라와 아브라함에 대한 약속의 대조는 토라가 전통적인 유다교적 역할을 보유할 때에만 인지될 수 있다는 것이다. 이러한 대조는 바울로 자신에 의해서가 아니라 바로 그의 반대자들에 의해서 수행된다. 그러므로 만일 그에 대한 그런 반대가 있었다면, 그것은 그의 신학을 잘못 이해한 데서 비롯된 것이다.[109]

[22] 21절에서 토라의 그릇된 개념, 그리고 모세의 율법과 아브라함에 대한 약속의 관계에 대한 그릇된 결과들을 거부한 후에, 바울로는 이제 규정에 대한 자신의 실증적 해석을 제시한다(3, 19). 이 부분은 22—25절을 포함한다. 먼저 우리는 배운다: *ἀλλὰ συνέκλεισεν ἡ γραφὴ τὰ πάντα ὑπὸ ἁμαρτίαν*...("그러나 성경은 모든 것을 죄 아래 가둬 놓았읍니다"). 토라로부터 성서로 문맥이 급격

106) 참조. 고후 3, 6 : *τὸ δὲ πνεῦμα ζωοποιεῖ*("영은 사람을 살립니다"). 로마 8, 2에서 바울로의 생소한 개념 *ὁ νόμος τοῦ πνεύματος τῆς ζωῆς* ("생명의 영의 법")는 많은 논의의 대상이 되었다. Eduard Lohse, "*ὁ νόμος τοῦ πνεύματος τῆς ζωῆς*. Exegetische Anmerkungen zu Röm 8, 2," in ***Neues Testament und christliche Existenz, Festschrift für Herbert Braun*** (eds. Hans Dieter Betz and Luise Schottroff; Tübingen: Mohr, Siebeck, 1973) 279—87을 보라.

107) 갈라 2, 21 ; 로마 3, 20—26 ; 4, 6·13 ; 8, 10 ; 9, 31 ; 10, 3—10 ; 14, 17 ; 필립 3, 6·9를 보라.

108) 참조. 갈라 2, 15—21. 고후 6, 14—7, 1을 대조하라. 거기서 율법과 약속은 동일하며 의에 이른다(6, 14·18). 부록 2를 보라.

109) 그러나 로마서에서 바울로는 다른 입장을 취한다 : 로마 7, 7—10에 의하면, 율법은 원래 *εἰς ζωήν*("생명을 주기 위해") 주어졌다. 그러나 죄의 방해 때문에 그것은 *εἰς θάνατον*("죽음을 주기 위해")으로 나타났다. 갈라디아서에서 죄의 이 적극적인 역할이 언급되지 않는다(또한 고전 15, 56b를 보라). 로마 7, 14 이하 ; 8, 2 이하에서 바울로는 두가지 율법에 대해서 말한다 : 죄와 죽음의 율법, 그리고 영과 생명의 율법. 이 구별은 또한 갈라디아서에서는 없다. 바울로는 "마르시온적"("영지주의적"?) 결과를 피하기 위해 갈라디아서를 쓴 후 로마서를 쓸 때쯤해서 자신의 입장을 바꾸었을까? 참조. 슐리어(p. 163). 그는 로마서를 갈라디아서를 근거로 해석한다.

히 바뀐 것은 우연한 일이 아니다.[110] 바울로가 21절에서 토라에 대해서 말했던 것으로 미루어 보아, 율법은 구원의 과정에서 더 이상 주체로 간주될 수 없으며 단지 대상일 뿐이다.[111] 그것은 더 이상 하느님의 구원의 대리자로 생각될 수 없다. 이 역할은 성서에게(ἡ γραφή) 주어진다. 거의 운명의 신처럼 활동하는 실체[112]인 성서가 "죄 아래"[113] 모든 것을 가둔다.[114] 이 점에서 바울로는 유다 전승 가운데 일부에서, 특히 묵시주의자들 가운데서 매우 극단적인 염세주의를 공유한다.[115] 그러나 죄 아래 우주적인 감금[116]은 구속자 그리스도가 오시기 이전의 일시적인 시기일 뿐이다. 그리스도께서 오셨기 때문에,

110) 바울로의 성서의 개념에 관해서는 갈라 3,8 ; 4,30 ; 로마 1,2 ; 4,3 ; 9,17 ; 10,11 ; 11,2 ; 15,4 ; 16,26 ; 고전 15,3—4를 보라. 슐리어(pp.164f)는 바울로가 율법과 성서를 구별한다고 지적한다. 외프케(p.119)는 이와는 다르다. 그는 그것들을 동일시한다. Burton(p.195), 그는 하나의 특별한 귀절을 생각한다(신명 27,26=갈라 3,10). 그 주석의 역사에 대해서는 Sieffert(p.221)를 보라.

111) 참조. 로마 7,5·10·13 ; 8,2.

112) 참조. Polybius 3.63.3 : "운명의 여신은 너에게 비슷한 위기를 가져다 주었다. 그녀는 너를 전쟁터에 투입된 것과 유사한 것에 가두었다…" 또한 2.60.4 ; 11.2.10 ; 11.20.7 ; Diodorus Sic. 15.63.1을 보라. 영지주의에서는 "집정관들"(archons)이 사람을 물질 속에 가둔다 ; 귀절들에 대해서는 다음을 보라 : Foerster-Wilson, *Gnosis* 2.325, *s.v.* "Archon, Archons;" 또 Hans Jonas, *The Gnostic Religion*(Boston: Beacon, ²1963) 62—65 ; 같은 저자, *Gnosis* 1.105f ; Pagels, *The Gnostic Paul*, 107. Otto Michel, "*συγκλείω*," *TDNT* 7.744—47에서 수집된 귀절들 ; Schlier, 164 n.2를 보라.

113) 이 표현에 대해서는 로마 3,9 ; 7,14 ; 참조. 또한 11,32(위 주 113) ; 또한 3,12·19—20 ; 5,12 ; 8,3을 보라.

114) 또한 갈라 3,23 그리고 로마 11,32은 매우 유사한 병행구다. 거기서 하느님 자신이 행동하신다 : *συνέκλεισεν γὰρ ὁ θεὸς τοὺς πάντας εἰς ἀπείθειαν ἵνα τοὺς πάντας ἐλεήσῃ*("하느님께서 모든 사람을 불순종에 가두신 것은 그들 모두에게 긍휼을 베푸시기 위한 것입니다").

115) 예컨대, 2Esd 7,46을 보라 : " 살아 있는 자 중에 죄짓지 않은 자가 있읍니까 또는 사람들 가운데 당신의 계약을 어기지 않은 자가 누가 있읍니까?"(tr. *RSV*, *The Apocrypha*[Oxford: Oxford University, 1965] 38). Str-B 3.155—57, 1.166f, 815f에서 귀절들의 수집을 보라. 쿰란에 대해서는 Braun, *Qumran* 1.177f, 2.166—72를 보라.

116) *τὰ πάντα*("모든 것")와 로마 11,32 *τοὺς πάντας*("모든 사람")는 동일함이 분명하나, 갈라디아서에서 율법의 우주적 지배를 설명하려는 시도는 없다. 바울로는 로마서에서 이 조처를 취할 뿐만 아니라 또한 이방인들을 율법 아래 놓는다(참조. 로마 2,14—15) ; 로마 2,1—3,20 ; 5,12를 보라.

이 전체 시기는 과거에 귀속될 수 있다. 암시하는 바는 토라가 성서의 수중에서 단순한 도구가 된다는 것이다. 그것의 목적은 그리스도가 오실 때까지 범죄와 널리 퍼진 죄를 낳는 것이다(참조. 3,19b—c·23—25). 그 시기가 끝났을 때(참조. 4,4—5), 그리스도는 성서가 미리 보았던 것과 같이 오셨으며(참조. 3,8), 하느님은 아브라함에게 한 약속을 이행했다(참조. 3,6—18 그리고 3,1—5). 그러므로 비록 토라가 생명을 주지 않는다 할지라도(참조. 3,21), 그것은 구원의 과정에서 긍정적인 부분을 차지한다 : *ἵνα ἡ ἐπαγγελία ἐκ πίστεως 'Ιησοῦ Χριστοῦ δοθῇ τοῖς πιστεύουσιν*("약속한 것을 예수 그리스도를 믿는 믿음에 근거하여 믿는 사람들에게 주시기 위해"). 이 진술에는 신학적 기본 개념들이 많이 들어있는데, 그 모든 것이 앞에서 논의되었다. 그러므로 이 진술은 3장 6—18절에 있는 앞서의 주장을 단순히 요약한다(참조. 특히 3,14b·18b).[117]

[23] 바울로는 22절에서 "죄 아래"에 대해서 말했던 것을 토라와 그리스도교 신앙에 적용한다. 이것은 여전히 3장 19절 b—c의 규정 설명의 일부이다 : *πρὸ δὲ τοῦ ἐλθεῖν τὴν πίστιν ὑπὸ νόμον ἐφρουρούμεθα συγκλειόμενοι εἰς τὴν μέλλουσαν πίστιν ἀποκαλυφθῆναι* ("믿음이 오기 전에는 우리가 율법의 감시를 받으면서 장차 올 믿음이 나타나 보일 때까지 갇혀 있었읍니다"). 그의 설명에도 불구하고 사도가 의견을 다소 모호하게 남겨둔다는 점이 말해져야 한다. 극히 간결한 그의 진술들만 가지고서는, 우리가 제기하는 모든 질문들에 답할 수 없다. 그렇지만 신화적—역사적인 두 시기들이 구별되어야 한다는 것은 명백하다:[119] 율법의 시대와 믿음의 시대[120]가 그것이다.

117) 정식 *ἐκ πίστεως 'Ιησοῦ χριστοῦ*("예수 그리스도의 믿음으로")에 관해서는 갈라 2,16 ; 3,7·8·9·11·12·24 ; 5,5를 보라. *δοθῇ*("주어질 것이다")에 관해서는 3,21 참조.

118) *δέ*는 세번째 위치하며, 주장의 다음 단계를 가리킨다. BDF, §475,2 ; BDR, §475,2 ; Schlier, 166 n.1을 보라.

119) 전반적인 문제에 관해서는 또한 Luz, *Geschichtsverständnis*, 153f, 191ff ; Eberhard Jüngel, "Das Gesetz zwishcen Adam und Christus: Eine theologische Studie zu Röm 5,12—21," *ZThK* 60(1963) 42—74 ; Feter Stuhlmacher, "'Das Ende des Gesetzes': Über Ursprung und Ansatz der paulinischen Theologie," *ZThK* 67(1970) 14—39를 보라.

120) *πίστις*("믿음")는 한 개인을 믿는 행위가 아니라, 역사적 현상의 발생을 묘사한다(참조. 갈라 1,23 ; 3,25 ; 5,6 ; 6,10 ; 또한 *CMC* 70.4). Käsemann (*Perspectives*, 83)은 "인격화된 형태로 믿음의 표명"에 대해서 말한다. Wilhelm Mundle (*Der Glaubensbegriff bei Paulus*[Leipzig:

그리스도의 오심(24절)과 믿음의 계시로[121] 전자는 끝나고 후자가 시작된다. 그리스도가 오시기 전에, 믿음은 약속으로서 아브라함에서 그리고 성서에서만 예외적으로 존재하였다. 하느님께서 자신의 아들과 아들의 영을 보내셨을 때에만(4,4—6 ; 3,2·5),[122] 그것은 인류에게 보편적인 가능성이 되었다.[123] 바꾸어 말하자면, 믿음은 그리스도가 오시기 전에는 인류에게 보편적으로 소용이 될 수 있었던 것이 아니라 미래를 위한 문제였다.[124] 이 기간동안 유다인들은 "토라 아래" (ὑπο νόμον)[125] 갇혀 있었다.[126] 이것은 이스라엘 주변의 "울타리"에

Heinsius, 1932] 93)과 리쯔만(3,23에 관해)은 그것이 "그리스도교"를 뜻한다고 생각한다. Stuhlmacher, *Gerechtigkeit Gottes*, 81 ; Luz, *Geschichtsverständnis*, 153 n.73을 보라. 슐리어(p.167)는 신앙 즉 구원의 객관적인 수단과 원칙인 신앙의 "근거"로서의 그리스도와 개인 신도에 의한 저 잠재적인 믿음의 "실제화"를 구별한다. 그는 믿음이 바울로에게 있어서 믿음의 "주관적인" 행위 이상이라고 결론짓는다(참조. Schlier, 94f).

121) 용어 ἀποκαλύπτω("나타내다")는 여기서 바울로에 대한 믿음의 계시를 언급하는 것이 아니라(참조. 갈라 1,12·16), 복음의 계시의 일반적인 의미에서이다(로마 1,16—17를 보라). Albrecht Oepke, "ἀποκαλύπτω," *TDNT* 3.582—87을 보라.

122) 이 보냄은 물론 그리스도의 죽음과 부활을 포함한다(갈라 1,1·4 ; 2,20—21 ; 3,13 ; 4,5를 보라).

123) 슐리어(p.166)는 다르게 본다. 그는 그리스도의 오심 전까지는 "신도들"을 가정한다. "예수 그리스도 안에 있는 구체적인 믿음에서와 같이 명백하게 모양을 갖춘 현상으로서의 믿음은" 존재하지 않았지만. 슐리어는 여기서 모세 이전의 율법의 존재에 비유한다(로마 3,15—16). 그것은 다음에 모세와 함께 왔다(갈라 3,15 이하). 그러나 모세 이전에 율법이 있었다는 것이 갈라디아서의 어느 곳에서도 제시되지 않는다. 따라서 이 생각을 로마서로부터 제공받아야 할 것이다.

124) 참조. 로마 8,18에서 유사한 때를 나타내는 언급들 : πρὸς τὴν μέλλουσαν δόξαν ἀποκαλυφθῆναι("장차 우리에게 나타날 영광"). 참조. 갈라 3,24 : εἰς χριστόν("그리스도 때까지"). εἰς의 의미에 관해서는 Bauer, *s.v.*, 2,a,*a*를 보라 ; μέλλουσαν에 관해서는 참조. 또한 베전 5,1 그리고 *BDF*, §474,5 ; *BDR*, §474,5.

125) 이 표현에 대해서는 다음을 보라 : 갈라 4,4—5·21 ; 5,18 ; 로마 6,14.15 ; 고전 9,20 ; 또한 로마 3,9 ; 7,14 ; 갈라 3,10·22·25 ; 4,2·3 ; 고전 15,56. "토라 아래"라는 표현은 "토라의 멍에"에 상응한다. 참조. 갈라 5,1 ; 고후 6,14(부록 2를 보라).

126) "우리는 갇힌 채… 구금되어 있었읍니다" C 𝕽 *pl* Clement는 완료시제 συγκεκλεισμένοι로 되어 있다. φρουρέω의 표현은 감금된 요소를 강하게 강조한다(참조. 갈라 3,22 ; 4,1—10). 또한 *LSJ*, *s.v.*; Bauer, *s.v.* 를 보라. 비유적인 의미에 대해서는 Aeschylus, *Eum.* 218 : "운명에 의해서 남자와 여자 간에 정해진 결혼은 맹세보다 더 강력하며 정의

대해 아주 부정적으로 해석한다. 유다교적 이해에 의하면 율법은 울타리가 되어야 한다.[127]

율법의 시대는 유다인들을 죄 안(3, 22)에 그리고 율법의 저주 아래(3, 10) 감금시켰다. 그것은 "원시종교"(4, 1—10) 하에서의 노예상태와 다르지 않은 상황이다.[128] 그러나 몇가지 질문들이 해결되지 않은 채로 남아 있다. 언제 율법의 시대가 시작되었나? 그 시대는 유다교의 역사와 어떻게 관계되는가? 그것은 유다교의 전체 역사와 동일한가 또는 단지 그것의 일부에 해당하는가? 비신자들로 남아있는 저 유다인들에게 그리스도를 통한 끝남은 무엇을 의미하는가? 이방인들에 대해서는 무엇을 뜻하는가? 그들은 율법 아래 있지 않았을까? 믿음의 시대의 시작이 갈라디아 사람들의 개종과 어떻게 관계되는가? 바울로는 원칙적인 교리들만을 취급하며 여기서 이 모든 질문들에 대답하지 않는다. 그는 로마서에서 그것들 중 일부에 응답하려고 노력했으나, 우리는 갈라디아서를 로마서와 단순하게 조화시키지 않도록 대단히 조심해야 한다. 로마서 1장 18절—3장 20절에서 사도는 유다인들과 이방인들 양자가 "죄 아래" 있다는 것을 보여준다(3, 9·19·23; 5, 12·14·16). 이 시기는 아담의 범죄와 함께 시작된다(5, 12—21). 그래서 모세 이전에조차도 죄와 죽음이 지배했다. 그러나 율법이 없었기 때문에 그것들은 인정되지 않았다(참조. 5, 14). 또한, 어떻게 그리스도교 이전 상황이 그리스도인에게 끝나는지의 문제는 로마서 5—8장에서 훨씬 더 신중하게 논의된다. 그것은 그리스도가 오신 후 비—그리스도교 유다인의 상황에 대한 바울로의 논의에 대해서도 마찬가지다. 그 문제는 갈라디아서에서 전혀 다루어지지 않으나 특히 로마서 9—11장에서 취급된다.

가 그 결혼의 보호자이다"(...τῇ δίκῃ φρουρουμένῃ)를 참조. 또한 지혜 17, 15 ; 신들에 대한 스토아 철학의 취급을 언급하는 Plutarch, *Defect, orac.* 426B : *φρουρεῖν συγκλείσαντας τῇ ὕλῃ*("그들을 물질로 에워쌈으로써 그들을 감금시킨다") ; *Diogn.* 6.4,7 참조. 그 용어는 고후 11, 32에서 문자적인 의미로, 그리고 필립 4, 7 ; 베전 1, 5에서 긍정적인 의미를 가지고 사용된다.

127) 이 개념에 관해서는 위 3, 19b에 관한 해설을 보라.

128) "죽음"은 갈라디아서에서 언급되지 않는다. 참조. 로마 1, 32 ; 5, 12·14·17·21 ; 6, 9·16·21·23 ; 7, 5·10·13·24 ; 8, 2·6 ; 고전 15, 21·56. Schlier, 167는 다르다.

129) 참조. Luz, *Geschichtsverständnis*, 153ff, 191ff.

[24] 24—25절에서 바울로는 3장 19—25절에 대한 결론을[130] 설명한다. 이 결론은 토라 문제에 대한(3, 19a) 최종적인 답변을 포함한다 : *ὥστε ὁ νόμος παιδαγωγός ἡμῶν γέγονεν εἰς Χριστόν, ἵνα ἐκ πίστεως δικαιωθῶμεν*("이리하여 율법은 우리가 믿음으로 의롭다 함을 얻게 하려고 우리를 그리스도 때까지 인도하는 개인 교사 노릇을 했다고 하겠읍니다"). 가장 중요하고 또한 가장 곤란하게 하는 것은 바울로가 토라를 우리의 *παιδαγωγός*("교육자")로 기술하는 것이다. 그 개념은 그의 독자들에게 익숙했던 것 같다. 우리는 교육자라 하면 잘 확립된 가르치는 직업에 종사하는 자들을 떠올린다. 그러나 고대에서[131] "교육자"라는 용어는 "교사"(*διδάσκαλος*)를 언급하는 것이 아니라, 학교에 학동과 함께 갔다가 돌아오는, 그리고 그의 책과 필기도구를 날라주었던 노예를 말했다. 이 노예의 임무는 어린이를, 시비거는 자들과 사고로부터 보호하고 또 그가 좋은 예절을 배우는가를 확인하는 것이었다. 이 교육자들은 거칠고 난폭하며, 다른 일에는 쓸모없다는 나쁜 이미지를 갖고 있었다. 학동은 사춘기까지 이 교육자의 감독 하에 남아 있었다. 비록 학생과 교육자 간에 평생동안 이어지는 애정의 증언들이야 있겠지만, 대중이 이 교육자를 그렇게 존중하지 않았다는 것은 이해할 만하다. 그 단계에서, 교육자는 그의 회초리로 알아볼 수 있는, 희극적인 타입으로서 보여질 수 있었다.

그러면 교육자의 이 모습이 어떻게 법과 관련될 수 있었는가에 관한 문제가 제기된다.[132] 이러한 관련성은 적어도 *παιδεία*("교육")와 법을 연관시켰던 플라톤 이래로 존재했다. 자제하는 사람을 묘사할 때, 아리스토텔레스는 "개인교사에 순종하여" 생활하는 소년과 비교한

---

130) 결론적인 의미에서 *ὥστε*("이리하여"). 갈라 3,9 ; 4,7을 보라. 참조. BDF, §391,2 ; BDR, §391,2 ; Bauer, *s.v.* 1,a.

131) Plato, *Lysis* 208C—D에서 전형적인 묘사를 보라. 전반적인 문제에 관해서는 Martin P. Nilsson, *Die hellenistische Schule* (Munich: Beck, 1955) ; Henri-Irenée Marrou, *A History of Education in Antiquity* (New York: Mentor, 1964) 220—22을 보라. 가장 중요한 본문들은 다음에서 발견된다 : E. Schuppe, "Paidagogos," *PW* 18(1942) 2375-85 ; Harald Fuchs, "Enkyklios Paideia," *RAC* 5.366—91 ; Georg Bertram, "*παιδεύω*," *TDNT* 5.596—625 ; Oepke, 120—22 ; Schlier, 168f. Alfred Stückelberger, *Senecas* 88. Brief: *Über Wert und Unwert der freien Künste* (Heidelberg: Winter, 1965) 31ff, 60ff ; Hengel, *Judaism and Hellenism* 1.65ff.

132) 특히 Plato *Leg*. 5.730B, 7.808E-810C를 보라. 그 주제에 관해서는 de Romilly, *Loi*, 226ff(위 주 11)을 보라.

다.[133] 물론 그런 *παιδεία εἰς ἀρετήν*("덕을 얻는 목표를 가진 교육")에 대해 부정적인 것은 없었다.[134] 헬라주의 경향이 짙었던 시기에, 유다교를 포함하여, 이 견해는 일반적이었다.[135] 교육자의 모습은 사람으로 하여금 덕을 성취하고 실현하도록 이끌어가는 데 있어서 어려운 그렇지만 꼭 필요한 도구로 생각된다. 그러나 분명히 이러한 견해만으로써는 바울로의 개념, 즉 율법을 철저히 평가절하하고 율법이 덕과 같은 것을 성취할 수 있다는 것에 대한 부인을 전제하는 개념을 설명하기에 충분하지 않다. 이러한 평가절하 때문에 교육자는 운명의 신에 비교될 수 있는, 못난 모습이 된다. 필로가 이 견해에 가까이 접근한 것은 주목할 만하며, 또한 그러한 사실은 바울로의 개념이 형성되었던 배경을 지시할 수도 있을 것이다. 이것은 필로가 토라를 평가절하하지 않는다는 사실에도 불구하고 그러하다. 그러나 그에게 있어서 *παιδεία*("교육")의 상징은 회초리다. 그의 설명은 이렇다 : "만일 어떤 범죄들에 대해 징벌받고 수치감을 느끼지 못한다면, 마음 속에 경고와 교정을 받아들일 길이 없기 때문이다."[136] 그 다음에 필로는 "회초리 아래" 오는 모든 일에 대해 말한다.[137] 적어도 한 곳에서 회초리는 운명의 신에 속하는 일단의 도구들에서 나타난다 : "반지, 믿음의 서약, 우주의 인장, 원형적인 이념 —그것에 의해서 전에 모양이나 질이 없던 만물이 모양찍히고 형성되는— 은 누구의 것인가? 끈, 즉 세계질서, 운명의 사슬, 영원히 끊어지지 않는 사슬을 가진 만물의 연락과 연속은 누구의 것인가? 견고히 박힌, 흔들리지 않는, 휘지 않는 장대(*ῥάβδος*), 또는 훈계, 단련, 훈련, 혹은 왕권, 왕위는 누구의 것인가? 그것들은 도대체 누구의 것인가? 하느님 혼자만의

133) *EN* 3.12.8, p.1119b 13 : "우리의 욕구는 원칙에 의해 다스려져야 한다. 마치 소년이 개인교사에 순종하는 생활을 해야 하는 것처럼." 참조. 또한 Pol. 3.11.4, 1287a 25 ; Plutarch, *Quaest. conv.* 645B(Helge Almqvist, *Plutarch und das Neue Testament* [ASNU 15 ; Uppsala: Almqvist & Wiksell, 1946] 110 no.230).

134) Ps.-Plato Minos 319C ; 참조. 320B.

135) 특히 4Macc 1,17에 그렇게 되어 있다 : *ἡ τοῦ νόμου παιδεία*, 또한 5,34. 라삐신학에 대해서는 Str-B 3.557,339f를 보라. 용어 *παιδαγωγός*는 외래어가 되었다 ; Samuel Krauss, *Griechische und lateinische Lehnwörter im Talmud, Midrasch und Targum* (Berlin: Calvary, 1899) 2.421 ; Schoeps, *Paul*, 30f.

136) Philo *Post.* 97 ; 참조. 또한 L.A. 2.89f ; *Spec.* 3.182 ; *Sac.* 63 ; *Fug.* 150 ; Det. 145 ; *Deus* 111—116.

137) *Cong.* 94.

것이 아닌가?"[138)]

바울로의 개념은 율법의 철저한 평가절하를 전제할 뿐만 아니라, 교육자의 다소 어리숙한 형 외에도 παιδεία("교육")의 엄한 개념을 또한 전제한다. 이 모든 요소들은 견유학파 및 스토아 철학의 비방문학에서 증언되며, 그 개념들이 비방문학의 문헌들에서 나왔다는 것은 분명하다.[139)] 바울로는, 그 개념들을 받아들였던 헬라주의적 유다교로부터 그것들을 전해받았음이 틀림없다.[140)] 사도에게 있어서, "교육자 밑에"서의 존재는 "원시종교 하에서"의 "노예상태"와 동등하며,[141)] "자유"와 "성숙"이 없는 "감금"이나 마찬가지다. 그리하여 그리스도인의 존재와 정반대의 상황에 놓이게 된다. 즉 축복이 아니라 저주의 상황에![142)]

이런 이유들 때문에 우리는, εἰς Χριστόν("그리스도에게로")이라는 말이 유다교로부터 그리스도교로 교육이 긍정적으로 발전되었다는 개념을 뜻한다는 해석을 받아들여서는 안 된다.[143)] 만일 그런 해석이 옳다면, 심리학과 교육을 통해 토라는 그리스도교의 메시지를 받아들이기 위한 "길을 준비"한 셈이 된다. 오히려 εἰς Χριστόν은 단순히 시제상의 의미로 해석되어야 한다("그리스도 때까지").[144)] 소년이 성숙한 나이에 이르렀을 때 교육자의 과제가 끝나는 것처럼, "그리스도의 오심"은 율법의 시대를 끝내었다(참조. 3,19c·23·25; 4,1—3·7).[145)]

그러므로 그리스도인에게 이 토라의 시대는 과거지사다.[146)] 토라는

---

138) *Mut.* 135.

139) 참조. Otto Hense, ed., *Teletis Reliquiae* (Freiburg, 1889) 6 lines 2f; 24 line 5; 50 lines 3—9; Epictetus *Diss.* 3.19.5; 3.22.7; 3.26.3f; 1.11.22; 2.22.26; Dio Chrys. *Or.* 75.1,8,9(Mussies, *Dio Chrysostom*, 183); Marcus Aurelius 5.9.1; 10.25.1. Bultmann, *Stil*, 35f,89를 보라.

140) 또한 고전 4,15·21을 보라.

141) 갈라 2,4; 3,23; 4,1—10; 5,1을 보라.

142) 갈라 3,8—14; 4,4—5를 보라.

143) 이 견해는 여러가지로 표현되었다. Zahn, 184—86; Sieffert, 224f; Ramsay, 381ff; Georg Bertram, "παιδεύω," *TDNT* 5.619—25를 보라.

144) 참조. Xenophon, *Laced.* 3.1: "소년이 아이의 티를 벗고 젊은이가 되기 시작할 때, 다른 사람들은 그를 도덕 교사와 학교 선생으로부터 풀어놓는다. 그러면 그는 더 이상 지배받지 않고 자기 생각대로 하도록 허락된다."

145) 또한 Burton, 200; Oepke, 122f; Schlier, 170; Mussner, 256—60을 보라.

146) γέγονεν("그것이었다"). P^{46} B Clement^{pt}는 ἐγένετο("되었다")로 읽는다. Zahn, 185 n.54를 보라. 참조. 갈라 3,25; 4,7의 οὐκέτι("더 이상 아니다").

"우리가 믿음으로 의롭다함을 얻게 하려고" 그것의 역할을 성취했다.[147] 이것이 의미하는 바는 앞에서 논의되었으며 다시 설명할 필요가 없다. 확실히 토라가 부정적이긴 하지만, 그것은 하느님의 구원의 일부로 남아 있다. 토라의 근본적인 폐기는 없다. 토라는 부정적인 배경의 표본이긴 하지만 그것 없이는 긍정적인 신적 구속이 결코 오지 않았을 것이다.[148]

[25] 이 단락(3,19—25)의 마지막 문장이자 결론(3,24—25)에 속하는 귀절이 제시된다 : ἐλθούσης δὲ τῆς πίστεως οὐκέτι ὑπὸ παιδαγωγόν ἐσμεν("그러나 이미 믿음이 왔으므로 이제는 우리가 개인 교사의 지배를 받지 않게 된 것입니다"). 앞에서 23절과 관련해서 주목되었던 바와 같이, 믿음이 오는 것은 그리스도의 오심과 동일하다(참조. 3,19c·24 ; 4,4). 그리스도인에게 있어서 이것은 그 자신이 "더 이상"(οὐκέτι)[149] "토라 아래"[150] 있지 않다는 것을 뜻한다. 왜냐하면 τέλος γὰρ νόμου Χριστὸς εἰς δικαιοσύνην παντὶ τῷ πιστεύοντι ("그리스도께서 모든 믿는 사람에게 의롭다함을 얻게 하시려고 율법의 마지막이 되셨기") 때문이다.[151] 이것은 무엇보다도 유다인에게 해당되는 사실이다. 우리는 단순히 바울로가 갈라디아서 2장 16—17·19절에서 언급했던 것을 떠올릴 수 있을 것이다 : "나는 토라에 대해서는 이미 토라에 의하여 죽었읍니다." 그러나 이방인들이 토라 아래 올 하등의 이유가 더 이상 없다는 의미에서, 그것은 이방인들에게도 또한 해당되는 사실이다. 이것이 곧 갈라디아 사람들이 현재 고려하고 있는 단계이다.[152]

중요한 것은 ἐσμέν("우리는 …이다")이라는 단어다. 슐리어(170·171

147) ἵνα("～하기 위해")로 시작하는 문장들에 관해서는 갈라 2,16·19 ; 3,14·22 ; 4,5 ; 또 2,17 ; 3,8·11을 보라.

148) 이 해석을 대개의 주석가들이 받아들인다. 예컨대, Burton, 200f ; Oepke; Schlier, 168—71 ; Luz, *Geschichtsverständnis*, 191—93 ; Mussner를 보라. 또한 Krister Stendahl, "Lagen som övervakare intill Kristus," SEA 18—19(1953—54) 161—73를 보라.

149) 참조. 2,20 ; 갈라 4,7 ; 로마 6,9 ; 11,6 ; 또한 에페 2,19. *Corp. Herm.* 13.9에 있는 병행구가 주목할 만하다.

150) 갈라 5,18 ; 로마 6,14·15 ; 7,24—25a. 참조 7,14 ; 고전9,20.

151) 로마 10,4. 이에 관해서는 Kertelge, "Rechtfertigung," 202ff ; Luz, *Geschichtsverständnis*, 136ff,139ff를 보라. 참조. 앞의 주 119에 적힌 문헌.

152) 갈라 1,6—7 ; 3,1—5 ; 4,9·21 ; 5,4를 보라.

면)는 그것을 "율법의 지배가, 근본적이고 바르게 이해하자면, 원칙적으로 중단되었다는 것"을 뜻하는 것으로 해석한다. 슐리어에 의하면, 그리스도는 사실상 우주 전체를 위해 율법의 마지막이 되었다(로마 10, 4). 만일 이와 달리, 율법이 믿음이 온 후까지도 아주 실질적인 힘으로서 여전히 세상에서 작용한다면, 이것은 율법이 끝났다는 바울로의 주장을 반증하는 것이 아니라, 세계가 그리스도 안에서 주요한 율법의 폐기와 그것에 대한 믿음의 승리를 아직 인식하지도 또 파악하지도 못했다는 것을 증명할 뿐이다. 그러므로 지금까지 슐리어의 해석에 따르면, 율법은 분쇄되지 않은 힘, 즉 그것 자체에 실제 힘을 가진 것 같은 외관을 부여하는 힘을 가장하고 있을 뿐이다. 이러한 해석은, 신자의 순전히 "주관적인" 믿음에 대조되는 그리스도 안에서의 구원의 "객관적인" 본질에 대한 슐리어의 관심을 드러낸다. 그는 또한 그 문제를 직접 세례의 성례전 교리에 관련시킨다. 그러나 갈라디아서 3장 25절에서 바울로는 우주에 대한 율법의 지배에 대해서 보편적으로 말하는 것이 아니라, 아주 특수하게 "토라 아래" 있었던 자들에 대해서 말한다(참조. 2, 15·16·17 ; 3, 13·14·23·24 ; 4, 4—5). 바울로는 토라의 일반적인 형이상학적 차원들에 관심을 가진 것이 아니라, 유다교 율법에 대한 그리스도교 신앙의 역할에 관심을 가진다. 비록 그가 우주에 대한 자신의 죽음에 대해서 말하는 것과 같은 방법으로(6, 14 ; 참조. 5, 24) 율법에 대한 자신의 죽음을 말할 수 있지만(갈라 2, 19), 갈라디아서에서 주장하는 바는 "그리스도를 믿는 것"이 그리스도인의 존재를 위한 본질적인 기초라는 것이다.[153)]

바울로의 주장은 3장과 4장에서 그가 유다인들의 토라 준수를 "원시종교"를 섬기는 것과 동등한 것으로 여긴다는 결론에 이른다(4, 8—10을 보라). 그러나 이 주장은 유다—그리스도교 반대파의 신학, 즉 그리스도인에게까지도 유다교 율법이 여전히 구원의 중요한 기초라는 것을 주장하는 신학을 반증하는 데 일차적인 목적이 있다.

만일 종교사의 견지에서 이 주장을 고찰해 본다면, 바울로는 유다인이라는 것과 그리스도인이라는 것 사이에 선을 긋는 셈이 된다.[154)] 물론 이처럼 경계를 정하는 것에 대해서는 여전히 논쟁적이나 로마서가 보여주듯이(로마 9—11장), 그것은 새로운 종교를 세우기 위해서 의

153) 갈라 1, 23 ; 2, 16·20 ; 3, 2·5·7·9·11·12·14·22·23·24·26 ; 5, 5·6 ; 6, 10 로마 1, 16—17 등을 보라.

154) 갈라 1, 13—14 ; 2, 4—5·11—14·15 ; 3, 26—28 ; 5, 2—12 ; 6, 10을 보라.

도된 것이 결코 아니다. 그러나 사실상 새로운 종교의 설립은 발생했다. 만일 유다 토라의 유효성이 유다인이 그리스도인이 될 때 끝난다면, 유다인들과 마찬가지로 이방인들이 유다의 종교를 신봉할 점이나 근거가 없어진다. 저 그리스도인들이 자신들을 더 이상 이교도들로서 생각하지 않기 때문에, 새로운 종교가 사실상 나타난 것이다.

슐리어가 제시하는 바와 같이, 바울로는 모든 법의 종말을 선언하려고 했던 것은 아니라는 점을 또한 인정해야 한다. 만일 그가 그런 생각을 가지고 있었다면, 그는 "율법의 완성"(5,14)과 "그리스도의 법"(6,2)에 대해서 말할 수 없었을 것이다. 바울로에게 있어서, 하느님의 뜻은 바울로 자신이 과거의 바리사이주의의 관점에서 이해했던 (5,3을 보라) 유다 토라와 동일하거나 그것에 의해 표현되는 것이 아니라, 그리스도 안에서의 구원과 동일하다(1,4를 보라). 하느님의 요구사항들(율법)에 대한 요지는, 그것들이 "지배하는" 것이 아니라 성취된다는 것이고 또한 이미 성취했다는 것이다. 이 말은 곧 그것들이 그리스도 안에서 얻게 되는 구원의 일부가 되었다는 뜻이다(5,14·19—23·24 ; 6,2·10).

덧붙여, 토라 문제가 바울로에 의해서 계속해서 논의된다는 것을 염두에 두어야 한다. 로마서에서 사도는 그리스도교의 다른 지역이 유다교와 더 적극적인 관계를 가지고 있다는, 그리고 비(非) 그리스도교적 유다교와 마찬가지로 그리스도교적 유다교가 전체적으로 갈라디아의 입장을 거부하고 전과 마찬가지로 율법에 집착한다는 사실에 직면해야 했다(참조. 로마 2—4장 ; 9—11장). 이 논의의 과정에서 바울로는 그의 입장을 수정했던 것 같다. 그러나 이같은 다소 광범위한 변화들은 이 주석의 주제가 될 수 없다. 한 세대 뒤에 그 문제는 완전히 사라졌던 것 같다. 바울로주의자였을 가능성이 상당히 큰 에페소서의 저자는 슐리어[155]가 바울로 자신에 대해서 이미 가정했었던 조치를 취할 수 있었다. 에페소서 2장 11—22절은 우주적인 악마적 세력으로서의 율법의 끝장을 선언한다. 그리스도 안에서의 구원을 통하여 이 율법은 폐기되었으며 다른 우주적 세력 즉 "사랑"(ἀγάπη).[156]에 의해서 대치되었다.

155) 슐리어가 바울로를 에페소서의 저자로 가정한다는 것을 우리는 주목해야 한다 : *Der Brief an die Epheser*(Düsseldorf : Patmos, ²1958) 22—28.

156) Joachim Gnilka, *Der Epheserbrief* (Freiburg: Herder, 1971) 17f를 보라. 그는 에페소서를 위(僞)비문적이라고 생각하며, 유다인의 문제를 과거지사로 생각한다. 또 보라 : Karl Martin Fischer, *Tendenz und Absicht*

5. 네번째 주장 : 그리스도교 전승
3장 26절—4장 11절

가. 세례 전승에 대한 언급 3장 26—29절

3, 26 여러분은 모두 그리스도 예수 안에서[1] 믿음을 통하여 하느님의 아들
들이 되었읍니다.
27 그리스도 안에서[2] 세례받은 여러분 가운데 많은 사람들이 그리스도를
입었읍니다.[3]
28 유다 사람도 헬라 사람도 없읍니다.[4] 종이나 자유인도 없읍니다. 남자
와 여자가 없읍니다.[5] 그것은 여러분이 그리스도 예수 안에서 다 하나이기
때문입니다.
29 여러분이 그리스도에게 속했다면[6], 여러분은 아브라함의 자손, 약속
에 의한 상속자들입니다.

〔분석〕

단락 3장 26—28절은 전체 문맥에서 동떨어져 있으며 증명단락(3, 1—4, 31)의 중심을 이루는 것 같다. 3장 25절에서 종결된 유다 그리스

---

des Epheserbriefes(FRLANT 111 ; Göttingen : Vandenhoeck & Ruprecht, 1973) 79-94 ; Lohse, *Colossians and Philemon* 108-13(골로 2, 14f에 관해) ; Hans-Martin Schenke, "Das Weiterwirken des Paulus und die Pflege seines Erbes durch die Paulusschule," *NTS* 21(1975) 505-18. 또한 아래 부록 2-4에서 논의되는 본문들을 보라.

1) *NEB*는 이 정식을 "그리스도 예수와 연합하여"로 옮긴다.
2) 참조. *NEB* : "그와 연합함으로써 세례받은…"
3) *NEB*와 *JB*는 "의복으로서" 그리스도를 입음을 강조한다(*NEB*). *JB* : "여러분은 그리스도 안에서 옷을 입었읍니다."
4) *JB*의 번역("그리고 유다사람과 헬라사람…사이에 더 이상의 차별이 없읍니다")은 로마 10, 12에 근거한다.
5) *RSV*, *NEB*, 그리고 *JB*는 단어들을 바꾸지 않고 세 행 28절a—c을 병행시킨다.
6) *NEB*의 번역 "한 사람"은 오해를 불러일으키기 쉽다.

도인들의 상황에 대한 논의에 뒤이어, 3장 26—28절은 이방 그리스도인들에 초점을 맞춰 하느님 앞에서의 그들의 상태를 규정한다. 이것은 바울로가 처음부터 겨누어 온 목표점이다.

가장 흥미있는 현상 하나는 그 단락의 외형적인 면, 그것의 구성과 구조이다. 양식비판적 분석은 그 구조가 복합적이라는 것을 보여준다. 다른 문헌에 있는 병행문들을 살펴보면, 이 본문 배후에는 여러 성분들로 구성된 격언 형식이 있다는 것을 추측하게 된다. 이 부분은 초기 그리스도교의 세례예식에서 그 자리와 기능을 가졌음에 틀림없다. 그 분석에 의하면 이 단락은 여섯 행으로 구성되어 있다:

3, 26〕 1. πάντες γὰρ υἱοὶ θεοῦ ἐστε διὰ τῆς πίστεως ἐν Χριστῷ Ἰησοῦ

3, 27〕 2. ὅσοι γὰρ εἰς Χριστὸν ἐβαπτίσθητε, Χριστὸν ἐνεδύσασθε

3, 28a〕 3. οὐκ ἔνι Ἰουδαῖος οὐδὲ Ἕλλην

3, 28b〕 4. οὐκ ἔνι δοῦλος οὐδὲ ἐλεύθερος

3, 28c〕 5. οὐκ ἔνι ἄρσεν καὶ θῆλυ

3, 28d〕 6. πάντες γὰρ ὑμεῖς εἷς ἐστε ἐν Χριστῷ Ἰησοῦ

3, 26〕 1. "여러분은 모두 믿음을 통하여 하느님의 아들이 되었읍니다. 그리스도 예수 안에서.

3, 27〕 2. 그리스도 안에서 세례받은 여러분 가운데 많은 사람들이 그리스도를 입었읍니다.

3, 28a〕 3. 유다 사람도 헬라 사람도 없읍니다.

3, 28b〕 4. 종이나 자유인도 없읍니다.

3, 28c〕 5. 남자와 여자가 없읍니다.

3, 28d〕 6. 그것은 여러분이 그리스도 예수 안에서 다 하나이기 때문입니다."

1행과 6행은 1행에서 바울로가 해석상 첨가한 것같은 문구 διὰ τῆς πίστεως("믿음을 통하여")를 제외하고는 명백히 병행한다.[7] 2행은 그 구성을 세례 의식과 관련시키는 설명적인 진술이다. 그 언어는 기원에 있어서 바울로 이전의 것으로 보이는 세례에 대한 교리들을 전제한다.

---

7) P⁴⁶ gig Clement는 διὰ πίστεως로 읽는다. 바울로는 다른 곳에서 관사 없이(갈라 2, 16; 참조. 로마 3, 22·27; 4, 13; 고후 5, 7; 필립 3, 9; 에페 2, 8) 또한 관사를 가지고(갈라 3, 14; 로마 1, 12; 3, 25〔참조. v.l.〕·30·31; 데전 3, 7; 참조. 골로 2, 12; 에페 2, 8 v.l.; 3, 12·17) 그 정식을 사용한다. P⁴⁶의 전체 문구는 다르다: διὰ πίστεως χριστοῦ Ἰησοῦ("그리스도 예수 안의 믿음으로"); 1739pc는 이름들이 바뀌어 있다.

갈라디아서 3장 27절은 세례가 바울로의 편지에서 어떤 역할을 하는지에 관한 질문을 제기한다. 이 절은 편지 전문에서 세례에 대해 명시하는 유일한 절이다. 주장에서조차도 이곳을 제외하고는 세례의 성례전이 인증되지 않는다. 다른 한편으로, 바울로가 일차적으로 관심을 갖고 있는 성령이 어떤 중요한 방식으로 세례와 관련되었다는 것을 우리는 알고 있다. 만일 전체 구성이 세례 예식에서 따른 것이라면, 세례 의식은 바울로의 주장에서 아주 독특한 역할을 맡게 될 것이다.

가운데 위치한 세 행은(3·4·5행) 특이하다. 5행이 3행 및 4행과 약간 다르지만, 그것들은 병행된다고 할 수 있다 : 5행은 *καί*("그리고")에 의해서 연결되며 중성이다. 반면에 3행과 4행은 남성이며 *οὐδέ*("…도 또한…않다")에 의해서 연결된다. 그래서 5행은 더 초기의 대본에 대한 이차적인 덧붙임인 것으로 보인다. 그것은 고린토전서 12장 13절과 골로사이서 3장 11절에 있는 병행구들에서는 발견되지 않는다. 3행과 4행, 5행 가운데 3행만이 주장에 있어서 역할을 하며, 다른 행들은 바울로가 하고 있는 주장에 "중복되는" 것으로 보인다.

갈라디아서 3장 26—28절의 구성이 흥미있는 문제들을 많이 제기하는데, 그것들 중 일부, 특히 세례 예식에서 기원의 문제와 양식비판적 분류의 문제를 밝혀볼 수 있다. 이 두 가지 고찰은 그 진술의 기능과 의미를 명확하게 이해하는 데 도움을 준다. 그 진술의 기원을 밝혀주는 몇가지 흥미로운 병행구들이 원시 그리스도교 문헌에 나온다 :

고린토전서 12장 13절

1. *καὶ γὰρ ἐν ἑνὶ πνεύματι ἡμεῖς πάντες εἰς ἓν σῶμα ἐβαπτίσθημεν*
2. *εἴτε Ἰουδαῖοι εἴτε Ἕλληνες*
3. *εἴτε δοῦλοι εἴτε ἐλεύθεροι*
4. *καὶ πάντες (εἰς)*[8] *ἓν πνεῦμα ἐποτίσθημεν*

1. "왜냐하면 한 성령 안에서 우리는 모두 세례를 받아 한 몸이 되었기 때문입니다.
2. 유다 사람이든 헬라 사람이든,
3. 종이든 자유인이든,

8) *εἰς*는 소수의 사본들에만 나온다. Nestle-Aland, *apparatus criticus;* Weiss, *Der erste Korintherbrief*, 304 n.1을 보라.

4. 그리고 우리는 모두 한 성령을 받게 되었읍니다."

1행과 4행은 병행한다. 1행에서 γάρ("왜냐하면")는 문맥에 귀절을 연결시키기 위해 덧붙여졌을 것이다. 그리고 ἐν ἑνὶ πνεύματι("한 성령 안에서")는 바울로가 해석상 첨가한 첨가구일 것이며,[9] 갈라디아서 3장 26절에 있는 문구 "믿음을 통하여"와 병행한다. 2행과 3행은, 비록 이인칭 복수 대신에 일인칭으로 언급되지만, 갈라디아서 3장 28절 a,b와 병행하며 상응한다.

골로사이서 3장 11절

두번째로 가까운 병행문은 골로사이서 3장 11절에서 발견되는데 그 서술형식은 더 차이가 난다. 하지만 그 문맥에는 그 서술형식이 보다 잘 어울린다. 그런데도 갈라디아서 3장 26—28절과의 연결성을 여전히 생각해 볼 수 있다. 세례에 대한 언급과 그리스도를 "입음"이라는 말이 있다(골로 3,9—10). 중간 부분은 특히 οὐκ ἔνι("…이 없다") 때문에 갈라디아서 3장 28절과 유사하다. 그러나 그것은 확대되며, 첫번째 행들(3행과 4행) 다음에 대조점들이 단순한 목록으로 바뀐다(5—6행). 종결짓는 행은 갈라디아서 3장 28절과 다르다(7행).[10]

1. ἀπεκδυσάμενοι τὸν παλαιὸν ἄνθρωπον σὺν ταῖς πράξεσιν αὐτοῦ,
2. καὶ ἐνδυσάμενοι τὸν νέον τὸν ἀνακαινούμενον εἰς 'επίγνωσιν κατ' εἰκόνα τοῦ κτίσαντος αὐτόν,
3. ὅπου οὐκ ἔνι Ἕλλην καὶ Ἰουδαῖος
4. περιτομὴ καὶ ἀκροβυστία
5. βάρβαρος Σκύθης
6. δοῦλος ἐλεύθερος
7. ἀλλὰ πάντακ αὶ ἐκ πᾶσιν Χριστός.

1. "옛 사람을 그 행실과 함께 벗어버리고,
2. 창조하신 이의 형상을 따라 지식에 있어서 새로와지고 있는 새 사람을 입으시오.
3. 거기에는 헬라 사람이나 유다 사람이 없고
4. 할례와 무할례
5. 미개인, 스구디아인
6. 종, 자유인
7. 그러나 그리스도가 모든 것입니다."

9) 참조. 고전 12,4·8·9·11.
10) 참조. 고전 15,28; 또한 Lohse, *Colossians and Philemon*, 143—46.

그러나 후대의 독특한 병행문이 나그함마디 사본들 중 하나에서 수집되었다. 그것은 세례의 삶의 자리를 가장 분명하게 반영하는 것 같다. 그것은 또한 이와 같은 말들이 어떻게 구성되었는지를 보여준다. 그 병행문은 마치 갈라디아서와 골로사이서가 그리스도 안에서의 새로운 삶에 대한 영지주의적 개념을 밝히기 위해서 병합되고 확대된 것처럼 보인다:

왜냐하면(*γάρ*) 우리가 그리스도(*Χριστός*) 안에 있는 왕국을 고백했을 때(*ὁμολογεῖν*) 그들은 이 모든 많은 우울과 불평등과 변천으로부터 해방되었기 때문입니다. 왜냐하면(*γάρ*) 마치 시초(*ἀρχή*)가 단독자인 것처럼, 종말은 다시 단독자의 본질을 받을 것이며, 거기에는 남성과 여성도 없고, 천사(*ἄγγελος*)도 남자도 없고(*οὐδέ*), 그리스도(*Χριστός*)가 모든 것이기 때문입니다.[11)]

양식 비판적 분류의 문제는 바울로와 다른 그리스도교 문헌에 있는 유사한 말들과 비교함으로써 충분히 명료해질 수 있다. 이 병행문들 가운데 일부를 여기서 인용하면:

데살로니카전서 5장 5절

πάντες γὰρ ὑμεῖς υἱοὶ φωτός ἐστε καὶ υἱοὶ ἡμέρας.

"여러분은 모두 빛의 아들이요 낮의 아들입니다."

마태오복음 23장 8절[12)]

εἷς γάρ ἐστιν ὑμῶν ὁ διδάσκαλος, πάντες δὲ ὑμεῖς ἀδελφοί ἐστε.

"너희의 선생은 한 분 뿐이요 너희는 모두 형제이다."

바울로서신들과 복음서 전승에 있는 이 말들의 형식 분석[13)]은 그것들의 기원, 형태, 그리고 기능의 문제를 제기한다. 이 문제들에 대한 연구가 없기 때문에, 당분간 예비적인 설명들로 만족해야 한다.[14)]

---

11) *NHC* Ⅰ, 4.132, lines 16—28, *Tri. Trac.* (Codex Jung F. 52—70 ; ed. Rodolphe Kasser *et. al.*; Bern: Francke, 1975)에서.

12) 참조. 또한 요한 13,35.

13) 특히 마태 5,13·14 ; 요한 13,10 ; 15,3 ; 요일 2,14 ; 4,4 ; 에페 2,8을 보라. 또한 로마 1,6 ; 6,16 ; 15,14 ; 고전 1,30 ; 3,3·9·16—17 ; 5,2·7 ; 6,2 ; 9,2 ; 12,27 ; 14,12 ; 15,17 ; 고후 1,7 ; 2,9 ; 3,2—3 ; 7,3 ; 갈라 3,29 ; 4,28 ; 에페 5,2·19 ; 골로 2,10 ; 데전 2,20 ; 4,9를 보라. 부정(예. 마태 10,20)과 질문(예. 고전 4,8)의 형태들과 마찬가지로 유다인에 반대하는 논쟁적 진술들이 관련된다(마태 23,28·31 ; 루가 11, 44·48 ; 16,15 ; 요한 8,23—44 ; 사도 3,25 ; 고전 2,17 이하).

14) 또한 나의 논문 "Spirit, Freedom and Law," 147—51 ; Michel Bouttier, "*Complexio Oppositorum:* sur les Formules de Ⅰ Cor. xii. 13 ; Gal. iii. 26—8 ; Col. iii. 10,11," *NTS* 23(1976) 1—19를 보라.

중요한 종교들의 비교사라는 보다 포괄적인 의미에서, 갈라디아서 3장 26—28절과 같은 진술은 적어도 다소의 관찰들을 허용한다. 그 말은 한 집단의 사람들을 이인칭 복수로 언급하며, 하느님 앞에서의 그들의 종교적 지위를 규정한다. 그런 진술은 하여튼 축복("macarism")의 형태와 관계되어야 한다. 전형적인 축복은 삼인칭 단수로 이야기된다("…하는 사람은 복이 있다"). 또한 이인칭 복수로 된 축복들도 많이 있다(…하는 여러분은 복이 있다").[15] 실제적인 차이는 갈라디아서 3장 26—28절에는 나와 있지 않는, 축복의 전형적인 형식[16]인 "복이 있다"(μακάριος)라는 용어이다. 문제는 그 차이가 실제로 얼마나 결정적인가 하는 것이다. 그러나 공통 요소는 그 말들의 종말론적 본질이다. 엄격히 말해, 그 말들은 예기된 종말론적 심판이다. "종말론적인 역전"의 요소가 있다. 예를 들어 산상설교의 축복들(마태 5, 3—11∥루가 6, 20—22)은 불행한 자를 찬양함으로써 자연질서를 뒤집어엎는다. 또한 갈라디아서 3장 26—28절은 사회적, 문화적, 종교적 특권들의 폐기를 선언한다(3, 28a—c). 바울로가 갈라디아서 4장 15절에서 언급하는 μακαρισμός("축복")가 3장 26—28절과 동일할까?

신약성서 밖에서,[17] 즉 구약성서[18]와 유다교[19]와 헬라주의적 신비

15) 이인칭 복수로 된 비슷한 축복에 대해서는 다음을 보라. 예. 마태 5, 11 ; 루가 6, 22 ; 10, 23 ; 요한 13, 17 ; *Herm. Vis.* 2. 2. 7 ; *Sim.* 9. 29. 3.

16) 축복에 대한 최근의 문헌들 가운데서 다음을 보라 : Walter Käser, "Exegetische Erwägungen zur Seilgpreisung des Sabbatarbeiters Lk 6, 5D," *ZThK* 65(1968) 414—30 ; Georg Strecker, "Die Makarismen der Bergpredigt," *NTS* 17(1971) 255—75 ; Eduard Schweizer, "Formgeschichtliches zu den Seligpreisungen Jesu," *NTS* 19(1973) 121—26 ; 또한 Jacques Dupont, ***Les Béatitudes*** (Paris: Gabalda, ²1969) ; Siegfried Schulz, ***Q-Die Spruchquelle der Evangelisten*** (Zurich : Theologischer Verlag, 1972) 76ff. 배후 자료는 Jacques Dupont, "Béatitudes égyptiennes," *Bib* 47(1966) 185—222 ; E. Lipinski, "Macarismes et Psaumes de congratulations," *RB* 75(1968) 321—67에 수록되어 있다. Christian H. Maahs의 학위논문 ***The Macarisms in the NT*** (Tübingen 1965[unpubl.])에는 귀절들이 많이 수집되어 있으나 분석이 별로 없다.

17) 또한 Jacques-E. Ménard, ***L'Evangile selon Thomas*** (*NHS* 5 ; Leiden: Brill, 1975) 80—82에 따른 Oxyrhynchus Pap. 654 no. 3 (Coptic *Gos. Thom.* logion 3)을 보라.

18) 이미 신명 14, 1 (LXX)을 보라 : *υἱοί ἐστε κυρίου τοῦ θεοῦ ὑμῶν*...("너희는 주, 너희 하느님의 아들들이다…") ; 레위 25, 23 ; 신명 1, 10 ; 7, 7 ; 1Esdr 8, 57 (LXX) ; 시편 81, 6 (LXX) ; 아모 9, 7 ; 이사 57, 4 ; 예레 18, 6 ; 에즈 34, 31 등.

19) 신비—제의 언어의 강한 영향을 보여주는 유다-헬라주의적 소설 ***Joseph***

종교들[20]과 비방문학[21]과 그리고 영지주의[22]에서, 우리는 다양한 컨텍스트와 형태로 "너희는 …이다"로 시작하는 비슷한 말들을 발견한다. 갈라디아서 3장 26—28절과 같은 말은 세례 의식에서 쉽사리 그

*and Aseneth*는 그 중심부에 입회식과 한 천사에 의해서 선포되는 축복을 가지고 있다(16.7) : μακαρία εἶ σύ, 'Ασενέθ, ὅτι ἀπεκαλύφθη σοι τὰ ἀπόρρητα τοῦ θεοῦ μυστήρια...("너, 아제니드는 복이 있다. 하느님의 비밀스런 신비들이 너에게 계시되었기 때문이다…"). Edgar W. Smith, *Joseph and Aseneth and Early Christian Literature*(Ph. D. 학위논문; Claremont Graduate School, 1974) 190f에서 논의된 내용을 보라 ; 또한 Christoph Kähler ("Zur Formund Traditionsgeschichte von Matth. xvi. 17—19," *NTS* 23〔1976〕 36—58)는 *Joseph and Aseneth*, 48—50 안의 축복을 논의한다.

20) 참조. Firmicus Maternus, *De errore prof. rel.* 22.1에 따르면, 한 승려가 신비제의의 입회자들의 귀에 속삭였던 "축복" : θαρρεῖτε μύσται, τοῦ θεοῦ σεσῳσμένου, ἔσται γὰρ ὑμῖν ἐκ πόνων σωτηρία("입회자들아, 기뻐하라. 왜냐하면 신이 구원받았으며, 고통으로부터의 구원이 너희의 것이기 때문이다"). "축복"의 형태에 관해서는 다음을 보라 : Eduard Norden, *Agnostos Theos*: *Untersuchungen zur Formengeschichte religiöser Rede* (Leipzig and Berlin: Teubner, 1913) 100f ; Reitzenstein, *Mysterienreligionen*, 400f ; Nock, *Essays*, 1.83f ; Nilsson, *Geschichte*, 2.639. 에페 2,8과의 형식상의 유사성이 현저하다 : "여러분은 은혜 가운데서 믿음을 통하여 구원을 받았읍니다." 참조. 또한 산상설교의 마지막 축복, 마태 5,12 : 참조. 루가 6,23. André-Marie-Jean Festugière (*La révélation d'Hermès Trismégiste* 〔Paris: Librairie Lecoffre, 1944—54〕 3.155 n.1)는 또한 Firmicus Maternus *De errore prof. rel.* 19.1을 언급한다.

21) 예컨대, Epictetus *Diss.* 3.22 : 4—8을 보라.

22) Festugière (*Révélation* 3.155 n.1)는 *Corp. Herm.* 13.8을 언급한다. 거기서 성취된 구원이 언급된다 : χαῖρε λοιπόν, ὦ τέκνον, ἀνακαθαιρόμενος τοῖς τοῦ θεοῦ δυνάμεσιν, εἰς συνάρθρωσιν τοῦ Λόγου("나의 아이여. 이제 기뻐하라. 로고스를 확립시키기 위해, 너는 하느님의 권능으로 깨끗해진다"). 참조. *Corp. Herm.* 1.28 ; 7.1—3 ; the "Hymn of the Pearl" (*Acts Thom.* 110 ; 참조 94,121) ; Valentinus, Clemens Alex. *Strom.* 4.13, §89,2—3 (tr. Foerster-Wilson, *Gnosis* 1.242)에 의하면 : "처음부터 너희는 불멸하는 영생의 자녀들이다. 너희는 죽음을 너희 몫으로서 너희 자신들에게 끌어들이고 싶어했다. 그 이유는 너희가 그 죽음을 파괴하고 완전히 전멸시키며, 죽음이 너희 안에서 그리고 너희를 통하여 죽게 하기 위한 것이었다. 3. 너희가 세계를 파괴시키고 너희 자신이 파괴되지 않을 때, 너희는 모든 창조물과 모든 부패한 것들을 지배하는 주인들(lords)이다." 참조. *Exc. ex Theod.* 78.2. 많은 흥미있는 병행문들이 *NHC*로부터 수집될 수 있다. 예컨대, 다음을 보라 : *Gos. Truth* 32.32: "너희는 완전한 날이다" ; 33.10 : "너희는 지혜다"(FoersterWilson, *Gnosis* 1.64) ; *Gos. Phil.* 112(Foerster-Wilson, *Gnosis* 1.96) : "하느님의 아들과 함께 있는 너희…" ; *Gos. Phil.* 44 ; *Thom. Cont.*, 138 lines 5ff ; 145 lines 2ff ; *Hyp. Arch.*, 96 lines 18ff.

것의 삶의 자리를 찾을 수 있었다.[23] 후대의 그리스도교 의식들은 갈라디아서의 귀절과 유사한 진술들을 포함한다.[24] 그러므로 바울로가 바울로 이전의 예식적 컨텍스트로부터 부분적으로나 전체적으로 갈라디아서 3장 26—28절을 따왔다고 감히 제시할 수 있을 것이다. 예식에서 원래 그 말은 새로 입문한 자들에게 정보를 전달하고자 했을 것이며, 마지막 심판을 예기함에 있어서 그들에게 하느님 앞에서의 그들의 종말론적 지위를 말해주고자 했을 것이다.[25] 또한 어떻게 이 지위가 영향을 끼치는지 그리고 실제로 지금 여기에서의 그들의 책임뿐만 아니라 그들의 사회적, 문화적, 종교적 자기 이해를 어떻게 바꾸는지를 그들에게 말해주려고 했을 것이다.[26]

23) 바울로 이전의 기원들은 전에 제시되었다: 참조. Georg Braumann, *Vorpaulinische Christliche Taufverkündigung bei Paulus*(BWANT 82; Stuttgart: Kohlhammer, 1962) 24f, 64f; Hubert Frankemölle, *Das Taufverständnis des Paulus* (SBS 47; Stuttgart: Katholisches Bibelwerk, 1970) 14, 50. Wayne A. Meeks("The Image of the Androgyne: Some Uses of a Symbol in Earliest Christianity," *HR* 13〔1974〕 165—208)는 그 귀절을 "세례의 재통일법식"(baptismal reunification formula, 180ff) 이라 부른다.

24) 이 주제에 관해서는 Hugh M. Riley, *Christian Initiation*(Washington: Catholic University of America, 1974); Robert Murray, "The Exhortation to Candidates for Ascetical Vows at Baptism in the Ancient Syriac Church," *NTS* 21(1974) 59—80을 보라.

25) 이 점에 관해서는 에브라임의 *Epiphany Hymns*(13.14)로부터 세례 축복을 인용하는 Murray를 보라(같은 책, 64f): "(너희), 세례의 자궁에서 하느님 나라를 발견한 세례받은 자들아. 내려와서 유일자를 입으라. 그는 하느님 나라의 주님이시다. 왕관이 씌워진 너희는 복이 있다." 또한 Robert Murray, *Symbols of Church and Kingdom: A Study in Early Syriac Tradition* (Cambridge: Cambridge University, 1975) 162f에서 인용된 시리아 출처의 자료를 보라.

26) 일부 학자들은 갈라 3, 26—28의 기원을 유다교의 아침 기도로 시작하는 *berakot*에 관련시켰다. 그 기도문을 통해 유다인들은 하느님께서 그들을 이방인, 무지한 사람, 노예, 여자로 창조하지 않으신 것을 하느님께 감사드린다. 이 기도에 관해서는 다음을 보라: David Kaufmann, "Das Alter der drei Benedictionen von Israel, vom Freien und vom Mann," *MGWJ* 37(1893) 14—18; Bousset-Gressmann, *Religion*, 426f; Elbogen, *Gottesdienst*, 89f; Albrecht Oepke, "γυνή," *TDNT* 1.776; Meeks, "Androgyne," *HR* 13(1974) 67f. J.J. Meuzelaar(*Der Leib des Messias: Eine exegetische Studie über den Gedanken vom Leib Christi in den Paulusbriefen* 〔Assen: van Gorcum, 1961〕 84f)는 갈라 3, 28이 그 기도에 기초되어 있다고 믿는다——그러나 이것은 신빙성이 없는 제안이다. 유사한 감사의 언급들이 그리이스인들(Plutarch *Marius* 46.1; Diog. L.

그러므로 바울로가 자신의 서신에서 그 말을 사용한 것은 기능에 있어서 이차적이다. 주장이라고 하는 현재의 컨텍스트에서 그것은 "생각나게 하는 것으로서"[27] 그리고 중요한 증거로서 소용된다. 다시금 바울로는 갈라디아인들이 목격한 상황을 활성화시킨다. 그들 자신들은 바울로가 자기들에게 상기시키고 있는 바들을 알고 있다. 즉 그들은 전에 그 말들을 이미 들었으며 그들로 하여금 그리스도 교회의 회원이 되게 했던 결정적인 의식에서 그 말들에 동의했었다. 그런데 지금 그 "감격"은 어디로 사라져버렸나?[28]

1.33 ; Lactantius *Inst.* 3.19.17)과 페르샤들에게서도 나타난다. 페르샤인들은 신도들인 자신들을 이란인들로 창조한 데 대해 그리고 올바른 종교, 노예가 아니라 자유인, 여자가 아니라 남자임에 대해 Ormuzd에게 찬양한다(James Darmesteter, *Une Prière Judéo Persane* (Paris: Cerf, 1891)). 이러한 형태의 기도의 기원이 아직 해결되지 않은 문제인 것처럼, 이전 자료와 어떤 제의의 법들, 예컨대 리디아에 있는 필라델피아의 성전법(기원전 1세기)과 관계가 있는지의 여부도 확실치 않다. 그 성전법에는 제우스에 관한 말이 담겨 있다.…π(*ρόσοδον διδόν*) *τ' εἰς τον ἑαυτοῦ οἶκον ἀνδρά* (*σι καὶ γυναιξὶν*) *ἐλευθέροις καὶ οἰκέταις* ("그는 남자들(그리고 여자들), 자유인들과 노예들에게 그의 성전에의 접근을 허락한다"). 그 성전법은 꿈—환상에서 계시되었으며 일반적으로 예배로부터 제외된 사람들에게 입장을 허락한다. 인용문은 Wilhelm Dittenberger, *Sylloge Inscriptionum Graecarum a Guilelmo Dittenbergero condita et aucta* (4 vols.; Leipzig: Hirzel, ³1915—21) no.985, lines 5—7에 의한 것이다. 또한 Franciszek Sokolowski, *Lois sacrées de l'Asie Mineure* (Paris: de Boccard, 1955) no.20 ; 비문의 번역은 Frederick C. Grant, *Hellenistic Religions* (Indianapolis and New York: Bobbs-Merrill, 1953) 28—30에서 발견된다. 다른 예는 히포크라테스의 선서인데, 거기에는 맹세가 씌어 있다 : "환자의 이익을 위해서라면 나는 어떤 집이라도 방문할 것이며, 모든 고의적인 불의나 모든 해악이나 특히 여자와 남자와의 성적 관계로부터 —그들이 자유인이든 노예이든— 멀어져 있을 것이다"(tr. Ludwig Edelstein, *The Hippocratic Oath* (Supplement to the Bulletin of the History of Medicine 1 ; Baltimore: Johns Hopkins, 1943) 3) : 참조. 34f.

27) Philo, *Cher.* 48에 있는 병행구를 보라. 거기서 필로는 그의 독자들에게 이러한 말들로 "상기시킨다" : 귀가 깨끗해진 너희 입회자들이여, 거룩한 신비처럼 이 생각들을 너희 영혼 속에 받아들여라.…" 또한 진주의 찬가(Hymn of the Pearl, *Acts Thom.* 110.44 (in HSW, *NT Apocrypha* 2.500))를 보라 : "네가 왕들의 아들이라는 것을 상기하라"

28) 갈라 4,15. 갈라 3,26—28과 공관복음서의 세례에 관한 단화 마르 1,9—11 사이에 연관성이 있는지의 문제가 최소한도 제기되어야 한다 : 참조. 또한 *Acts Thom.* 121.

〔해석〕

〔 26 〕 3장 26—28절에 들어 있는 "정의(定義)들" 중에서 첫번째 정의는 26절에서 제시된다 : "(왜냐하면) 여러분은 모두 그리스도 예수 안에서 믿음을 통하여 하느님의 아들들이 되었읍니다." 그 진술은 대단히 간결하며, 인지된 다음에 각자의 컨텍스트에 연관되어야 하는 다수의 신학적 법식들을 포함한다. 그외에도, 가장 중요한 변화는, 문체가 일인칭으로부터 이인칭 복수로 바뀐 것이다.[29] 그것은 2장 15절—3장 25절로부터 바울로가 유다 그리스도인들의 상황을 그 자신이 속해 있는 누군가와 함께 논의해왔다는 것을 암시한다. 25절에서 그 부분의 주장을 끝맺은 후에, 그는 이제 이방—그리스도인인 갈라디아 사람들의 상황으로 되돌아간다.[30] 그가 그들에게 말해야만 하는 것은 물론 유다 그리스도교의 상황에 대해 이전에 되었던 논의의 결과다.[31] 이방 갈라디아 사람들, 즉 모든[32] 이방 그리스도인들은 하느님 앞에서 그들이 "하느님의 아들들"이라는 말을 듣는다. 이 존칭[33]이 보통 유다인들에게 예비된 것이며, 또 유다인들조차도 하느님 자신으로부터의 최후심판에서만 이 지위를 받게 된다는 것은 말할 것도 없다.[34] 그러므로 바울로가 지금 이 지위를 이방인들에게 돌리는 것은 예외적이고 독특하다.[35] 문제는 어떻게 이 칭호를 설명할 수 있는가 하는 점이다. 그 설명은 그 진술의 법식들에

29) Lightfoot, Zahn, Burton, Sieffert, Mussner 등과 같은 주석가들이 대체로 그 변화에 주목한다.

30) Burton, p. 202에 그렇게 되어있다.

31) Burton (p. 202)은 γάρ("왜냐하면")라는 단어가 다음을 뜻한다고 본다 : "그리고 이것은 여러분 모두에게 적용됩니다."

32) "모든"에 대한 강조는 갈라디아서 도처에서 주목된다(2, 16 ; 3, 8·10·13·22·26·28 ; 4, 1·26(*v.l.*) ; 5, 3 ; 6, 10을 보라). 그것은 3, 16·20·28에 있는 일신론적인 εἷς("하나")에 상응한다.

33) 칭호 "하느님의 아들"에 관해서는 Eduard Schweizer, "*υἱός κτλ.*," *TDNT* 8. 389ff. 특히 391f(뒤따르는 문헌과 함께)를 보라.

34) 이것에 관해서는 고후 6, 18 참조. 거기서 "계약"에 충실한 자들은 하늘에서 "하느님의 아들들과 딸들"이 된다고 약속된다. 아래 부록 2 ; 그리고 Betz, "고후 6 : 14—7 : 1", 97f를 보라. 유다인의 특권으로서 "아들됨"에 대해서는 로마 9, 4·26 참조. 전반적인 문제는 Str-B 3. 15ff ; Georg Fohrer *et al.*, *TDNT* 8, *s.v.* υἱός, sections B. 5 ; C. I ; C. II, 3—4 ; D. IV를 보라.

35) 갈라 3, 7·29 ; 4, 6·7·22·30 ; 또한 4, 19·25·27·28·31 ; 에페 1, 5 ; 요한 1, 12 ; 요일 3, 1—2 등을 보라. 이 진술의 특이한 그리고 논쟁적인 성격은 여전히 Justin *Dial*, 123—24에서 볼 수 있다. 또한 Philo, *Conf.* 144f ; *Odes Sol.* 36 ; *Acts Thom.* 47f에 있는 병행구들을 보라.

들어 있으며, 그것은 바울로 신학의 전반적인 컨텍스트에서 이해되어야 한다. 우리는 또한 3장 7절에 있는 "논제"를 뒤따르는 주장을 상기해야 한다. "하느님의 아들"로서의 그리스도께서[36] 성령의 은사를 통해 소용가능한[37] "아들들"[38]로서 양자를 삼는다. 두 법식은 이 양자삼음을 위한 조건들을 언급한다 : "믿음을 통하여"(διὰ τῆς πίστεως)[39] 그리고 "그리스도의 몸", 즉 "그리스도 예수 안에서"의 편입을 통하여.[40] 이 정의는 명백히 논쟁적이며 바울로의 반대자들의 교리에 반대되는 것으로 보여짐에 틀림없다. ἐστε("여러분은…입니다")의 현재시제는 바울로가 독자들에게 상기시키는 과거의 사건을 실제로 언급한다. 이 사건은 세례의식 속에 신화, 의식, 그리고 경험의 국면들을 결합하였다(참조. 3, 27). 이 사건을 통하여 갈라디아 사람들은 "하느님의 아들들"이 되었고 현재도 그렇다.[41]

[27] 3장 26—28절의 형식상의 구성에서, 27절은 매우 중요한 해석상의 삽입으로서 눈에 띈다[42] : ὅσοι λάρ εἰς Χριστὸν ἐβαπτίσθητε, Χριστὸν ἐνεδύσασθε("그리스도 속으로 세례받은 여러분 가운데 많은 사람들이 그리스도를 입었읍니다"). 우리가 앞에서 제시했던 바와 같이, 이것은 갈라디아서에서 바울로가 세례에 관해 유일하게 명시하는 언급이다. 그것은 3장 26—28절을, 그리고 그것에 의해서 서신 전체를 그리스도교의 세례 의식과 연결시키는 데 소용된

---

36) 갈라 1, 16 ; 2, 20 ; 4, 4·6을 보라.
37) 갈라 3, 1—5 ; 4, 6 ; 로마 8, 2—29 등을 보라.
38) 갈라 4, 4—6 ; 로마 8, 3—4·14—17·29를 보라.
39) 이 정식에 관해서는 이 단락의 서론, 위 주 7을 보라. 중요하면서도 오해를 일으키기 쉬운 슐리어의 해석(pp. 171f)에 의하면, 세례에 의한 믿음의 역할이 덜 강조되며, 26절에 바울로는 신자의 개인적 믿음을 언급한다기보다는 오히려 "왔던"(3, 25) 객관적인 사실로서의 믿음에 관해 언급한다고 한다. 개인적인 믿음의 행위는 "매개물"("Mittel")로 끌어내려진다. 외프케(p. 124)에게 있어서 그것은 믿음의 "주관적인" 지각이 아니라 구원사이며, 바울로로 하여금 그런 확신을 가지고 회중을 보게끔 한다. 그러나 26절의 정식이 다음 주장(*propositio*, 2, 16)에서 볼 때 그 이전 개념을 취한 것은 명백한다 : "율법을 행함으로"에 반대되는 것으로서의 "그리스도 예수 안의 믿음으로."
40) 이 정식에 관해서는 갈라 1, 22 ; 2, 4·17 ; 3, 14·28 ; 5, 6을 보라. Bultmann, *Theology*, § 34, 3 ; Ernest Best, *One Body in Christ* (London: SPCK, 1955) 1ff ; Walter Grundmann, "χρίω," *TDNT* 9. 550—52 ; Conzelmann, *Outline*, 265 ; 같은 저자, 1 *Corinthians*, 21을 보라.
41) 의식의 의미에 관해서는 믹스의 논문, "Androgyne," 180—97을 보라.
42) 이 단락에 대한 서론을 보라.

다. 그렇지만 이 연결이 의미하는 것이 무엇인지는 의문이다. 어쨌든 의식이 진행되는 어떤 지점에서 세례를 받으려는 지원자들이 이제 "하느님의 아들들"의 지위를 차지했다는 것을 공식적으로 통고받았다는 것을 우리는 가정할 수 있다. 27절을 바울로가 썼는지 또는 그것이 그가 전해받았던 전승의 일부였는지를 아는 것은 중요할 것이다. 우리가 확신할 수는 없지만, 징후들은 전승에서 나타난다. 27절은 의식과 그 의식에 담긴 의미를 상기시키는 기능을 한다. *ὅσοι*("여러분 가운데 많은 사람들이")는 26절의 "모두"를 제한시키려는 뜻으로 언급된 것이 아니라, "모두"가 의미하는 바를 확인한다.[43] 모든 그리스도인들이 다 포함된다. 왜냐하면 그들은 모두 세례받았기 때문이다. 바울로의 언급에서 반영되는 세례의 신학은 바울로 자신의 신학보다 앞서 형성된 것 같다. 여기서 제기된 문제는 다소 난해한 문제다. "그리스도 안에서 세례받은"이라는 문구는, 바울로 자신에 의해서까지도 여러가지로 해석될 수 있고 또 실제로 그렇게 해석되었다.[44] 어떤 곳에서 바울로는 그 언어를 사용하는 것을 망설이지 않으나(3, 27에서와 같이), 다른 경우들에 있어서 그렇게 하는 데 어려움을 느끼는 것 같다. 우리는 초대 그리스도교의 세례 신학이 사도에게 심각한 문제를 제기했다는 것을 알고 있다. 데살로니카전서에서 그는 세례를 전혀 언급하지 않는다. 고린토전서에서 그는 세례에 대한 수락할 수 없는 해석들과 싸워야 했다(고전 1, 13—17). 또한 로마서에서 그는 "그리스도 안에서의 세례" 개념을 받아들이나, "그리스도와 함께 죽고 살아남"[45]이라는 그 자신의 개념에 의해 그것을 해석한 후에야 비로소 그렇게 한다. 바울로의 세례 언어에서 이 다양성들 때문에, 단순히 귀절들을 조화시키는 것은 권할 만한 것이 못 된다. 갈라디아서의 다른 곳에서 바울로는 "그리스도와 함께 죽고 살아나는" 교리를 언급한다. 그러나 그는 세례 의식에 대한 언급없이 그렇게 한다.[46] 그러므

43) 로마 6, 3을 보라 : *ὅσοι ἐβαπτίσθημεν εἰς Χριστὸν Ἰησοῦν*...("많은 우리가 그리스도 예수를 통해 세례받았읍니다…).

44) 바울로는 전치사 *εἰς*("속으로")의 아주 다양한 해석들을 사용한다. 로마 6, 3—4와는 별도로, 고전 1, 13—17 ; 10, 2 ; 12, 13 ; 15, 29 ; 또한 골로 2, 12를 보라.

45) 참조. Betz, ***Nachfolge***, 174f ; Tannehill, ***Dying and Rising;*** Eduard Schweizer, "Dying and Rising with Christ," ***NTS*** 14(1967) 1—14 ; 같은 저자, "Die Mystik des Sterbens und Auferstehens mit Christus bei Paulus," in Beiträge, 183—203.

46) 참조. 갈라 2, 19 ; 5, 24 ; 6, 14.

로 우리는 이 귀절들 속에서 세례를 해석해내서는 안 된다. 더우기 갈라디아서 3장 27절에서 바울로가 "안에서"를 "그리스도를 입음"(Χριστὸν ἐνδύειν)과 동일시할 때 그는 또 하나의 개념을 사용한다.[47] 고대 종교들에서 뚜렷하고 오랜 전승을 갖고 있는 이 개념은, "그리스도의 몸" 안으로 그리스도인이 편입되는 것을 "옷입는" 행위로써 기술하며, 그로써 그리스도를 옷으로 이해한다.[48] 이 개념을 더 고려하기 전에, 슐리어에 의하면[49] 이 귀절은 하늘의 옷, 즉 그리스도인을 감싸고 새로운 존재로 바꾸는 옷으로서의 그리스도의 그리스도론적—구원론적 개념을 전제한다는 것이 이야기되어야 한다. 그 언어는 확실히 비유적이긴하나, 종교 공동체에서 단순히 사회적, 윤리적 차원을 넘어선다.[50] 그것은 신적 변형의 사건을 시사한다.

슐리어와 그에 동의하는 사람들에게 이 말은 서신 전체의 해석에 있어서 결정적이다. 슐리어가 이해하는 것처럼, 사도는 그 주관적인 믿음이 흔들리는 사람들이 갈라디아 사람들에게 그들의 그리스도인적 존재의 객관적 기초를 상기시킨다.[51] 슐리어에 의하면, 이 객관적 기초는 세례의 성례전이다. 따라서 그리스도인의 상황은 한편으로는 존재(Sein)와 현존(Existenz)에 의해서, 그리고 다른 한편으로는 로마 가톨릭의 성례전주의에 의해서 묘사될 수 있다. 이 결합은 슐리어의 해석의 핵을 이룬다.

그러나 문제는 이 해석이 바울로의 신학에 적용되는가 하는 점이다. 이 문제는 극히 복잡하다. 왜냐하면 슐리어는 옳기도 하고 그르기도 하며, 또 근본적으로 아주 틀리기 때문이다. 바울로가 신앙이

47) 갈라디아서에서 이 개념은 여기서만 발견된다.
48) 더 이상의 설명에 대해서는 아래를 보라.
49) Schlier, pp. 173f. 로마서와 에페소서와 골로사이서의 결합을 로마 가톨릭의 성례전적 도그마의 관점에서 해석하는 세례 신학을 슐리어가 적용하고 있다는 것을 우리는 알아야 한다. 슐리어는 다음에 이 교리적 복합문을 갈라디아 속에서 해석한다. 이 접근이 방법상의 이유들 때문에 받아들일 수가 없으나, 골로/에페가 갈라 3, 27에서와 같이 동일한 바울로 이전의 세례 신학—물론 후대의 단계에서 그리고 다른 콘텍스트에서—을 반영한다는 것에 주목해야 한다.
50) 이것은 고전 12, 13에서조차 사실이다 : εἰς ἓν σῶμα βαπτισθῆναι("한 몸 속으로 세례받다"). "의식과 공동체"에 관해서는 Meeks, "Androgyne, 189—97을 보라.
51) 슐리어의 견해들은 널리 받아들여져왔다—전교회가 합의를 본 독특한 경우다. 또한 외프케(p. 124)는 바울로가 "객관성"을 강조하며 "마력적으로가 아니라 성례전적으로" 그렇게 한다고 생각한다.

혼들리고 있는 사람들을 다루어야 하는 한, 슐리어는 옳다. 바울로는 확실히 그들에게 그들의 그리스도교적 현존의 객관적 기초로서 세례 의식을 상기시킨다. 이 기초는 그 세례 의식이 그리스도교 종교에 참여하는 법률적 행위를 구성한다는 의미에서 객관적이다. 우리는 또한 그 의식 자체에 함축된 마법적 사상들을 지적할 수 있을 것이다. 비록 이 마법적 사상들이 슐리어의 성례전주의와 대단히 조화되기는 하지만 말이다. 그러나 슐리어는 다르다. 왜냐하면 바울로의 범주들은 슐리어의 것과 아주 다르기 때문이다. 그리스도인의 현존이 의지하는 그리고 바울로가 갈라디아 사람들에게 상기시키는 객관적 기초는, 양자삼음의 공식적인 선언, 세례에서 발생했던 법적 행위이다. 그러나 이 법적 기초는 이런 사건들의 결론일 뿐이다 : 갈라디아서 1장 4절, 2장 20절, 3장 13절, 4장 4—5절에서 언급된 그리스도론적—구원론적 사건들, 성령의 은사(3, 2—5 ; 4, 6), 그리고 갈라디아 사람들의 그리스도에 대한 믿음 등이 그것이다. 바울로는 갈라디아 사람들에게 이 모든 것을 상기시킨다. 달리 말해, 바울로가 말하는 객관적인 기초는 그리스도에 대한 믿음이지 자동적으로 효력을 발생하는 의식(*ritus ex opere operato*)으로서의 성례전이 아니다. 그리스도에 대한 믿음은 그리스도 밖의 실재가 아니라 그리스도 자신만을 기초로 할 수 있다. 바울로는 세례 의식을 "성례전적으로 객관적"이라고, 그리고 그리스도에 대한 믿음을 "주관적"이라고 부르는 것에 공감하지 않으며 심지어는 그것에 반대하고자 한다. 만일 우리가 이 범주들을 조금이라도 사용하고자 한다면, 바울로는 "그리스도에 대한 믿음"을 객관적인 기초라고 불렀을 것이다. 왜냐하면 그것이 성서에 의해서 예언되기 때문에 그리고 그것이 그리스도의 오심(3, 23·25 ; 4, 4—5)과 십자가 위에서의 자기 희생을 통해서 역사적 실재가 되었기 때문이다 (1, 4 ; 2, 20 ; 3, 13). 개개 그리스도인의 존재는 말씀의 선포와 성령의 은사에 의해서 구원에 접촉하였다(특히 3, 2—5 ; 4, 6을 보라). 또한 이 요소들은 바울로에 의해 "객관적"인 것으로 불리울 것이다. 바울로가 보기에, 그리스도인의 주관성은 이 전체 과정으로부터 분리될 수 있는 것이 아니라, 그 안으로 엮어진다.[52]

그러므로 갈라디아서에서 바울로의 세례 신학에 대한 슐리어의 제시가 그릇된 설명이라는 사실이 지적되어야 인다. 아마 슐리어는 바울로보다는 오히려 바울로 이전의 세례 신학과 공통점을 가지는 것

52) 이 점에 관해서 또한 Meeks, "Androgyne," 182를 보라.

같다.[53] 바울로 자신은 바울로 이전의 세례 신학에 본래부터 들어 있는 "제의적 형식주의"의 위험을 알고 있었던 듯 하며, 로마서에서 그 배경에 반대되는 주장을 하는 것 같다.[54]

"그리스도를 입음"이라는 개념은 아주 흥미롭다.[55] 초대 그리스도교 문헌에서 우리는, 병행구[56]에 표현되어 있듯이 세례에서 "그리스도를 입음"[57]과 장차 실현될 희망으로서의 "그리스도를 입음"을 구별해야 한다.[58] 옷입는다는 비유적인 언어는 구약성서에서 이미 발견되는,[59] 구속하는 자의 형상을 "입음"은 신비종교들[60]과 영지주의[61]에

53) 또한 Meeks, 같은 책, 181f에서 그렇게 본다.

54) 이 관심은 로마 6—8에서 세례에 대한 긴 토론 배후에 놓여있다.

55) 이 개념과 그리고 병행하는 자료 모음에 관해서는 다음을 보라 : Bauer, *s.v.* ἐνδύω, 2, b ; *PGL*, *s.v.* Albrecht Oepke, "ἐνδύω, *TDNT* 2. 319—21 ; 같은 저자, pp. 124f ; Schlier, pp. 173f ; Lohse, *Colossians*, 141f ; Joachim Gnilka, *Der Epheserbrief* (Freiburg: Herder, 1971) 231f ; Jacob Jervell, *Imago Dei. Gen: 1, 26f im Spätjudentum, in der Gnosis und in den paulinischen Briefen* (FRLANT 76 ; Göttingen: Vandenhoeck & Ruprecht, 1960) 231—56 ; Kertelge, "*Rechtfertigung*," 238f ; Meeks, "Androgyne," 183—89. 참조. Hermann-Joseph Venetz, "Christus anziehen," *Freiburger Zeitschrift für Philosophie und Theologie* 20(1973) 3—36.

56) 로마 13, 12·14 ; 골로 2, 12 ; 3, 9—10 ; 에페 4, 22—24 ; 6, 11·14 ; 데전 5, 8 등을 보라. Meeks, 같은 책, 184, 그리고 더 많은 참고도서를 보라.

57) 갈라 3, 27 ; 골로 3, 10 ; 에페 4, 24 ; *Gos. Phil.* 101 (*NHC* II, 75, 21—25). 또한 Meeks, 같은 책, 187f를 보라.

58) 고전 15, 53—54 ; 고후 5, 3 ; 또한 묵시 15, 6 ; 19, 14를 보라.

59) 참조. Albrecht Oepke, "ἐνδύω," *TDNT* 2. 320.

60) Ephippus in Athen. 12. 53, p. 537E (Bauer에서 인용됨〔위, 주 55를 보라〕) ; Plutarch *Is. et Osir.* 352B ; Apuleius *Met.* 11. 24 ; Philo *Fug.* 110을 보라. 다음을 보라 : Reitzenstein, *Mysterienreligionen*, 42f, 60—62, 266, 350f ; 같은 저자, *Die Vorgeschichte der christlichen Taufe* (Leipzig and Berlin: Teubner, 1929) 42f ; Goodenough, *By Light, Light*, 265f, 328f, 351, 367 ; Nilsson, *Geschichte*, 2. 632ff ; Geo Widengren, "Heavenly Enthronement and Baptism: Studies in Mandean Baptism," in *Religions in Antiquity, Essays in Memory of E.R. Goodenough* (ed. Jacob Neusner; Leiden: Brill, 1968) 551—82 ; Murray, *Symbols*, 69f, 310—12 ; J. Gwyn Griffiths, *Plutarch: De Iside et Osiride* (Cambridge: University of Wales, 1970) 267f ; 같은 저자, *Apuleius of Madauros*, 308—10, 313f.

61) 흔히 세례와 관련해서, 구원 또는 구속자를 "벗고" "입는"다는 언어는 영지주의 텍스트들에서 흔히 볼 수 있다. 참조. "Hymn of the Pearl" (*Acts Thom.* 108—113) ; *Gos. Thom.*, log. 36—37 ; *Gos. Phil.* 24 (*NHC* II, 57, 19—24) ; *Gos. Truth* 20·30ff ; *Thom. Cont.*, p. 143, 37 (Foerster-Wilson, *Gnosis* 2. 117). 더 이상의 귀절들에 대해서는 다음을 보라 :

서만 병행구가 나온다. 비덴그렌(Geo Widengren)[62]은 그 사상의 이란적 배경을 강력히 강조했다. 또한 인상적인 것은 인종학(ethnology)과 원시종교들로부터 나온 병행구들이다.[63]

그리스도를 "입음"과 세례를 연결시키는 것은 갈라디아서 3장 27절과 골로사이서 3장 10절, 에페소서 4장 24절, 그리고 영지주의, 특히 *Gos. Phil.* 101[64]에서 발견된다. 이러한 배경을 고려할 때, 우리는 그 개념이 "옛 사람"을 "벗고" "새 사람"을 "입는 것"을 의미한다고 가정할 수 있다. 이것은 왜 바울로가 그 행위를 또한 "새로 지음받음"으로 언급할 수 있는지를 설명해줄 것이다(갈라 6, 15).

이 개념을 "그리스도와 함께 죽고 살아난다"는 개념과 연결시키는 것은 로마서 6—8장에서처럼 갈라디아서에서 충분히 전개되지 않는다. 갈라디아서에서 바울로는 "그리스도를 입음"과 "그리스도와 함께 죽고 살아난다"는 개념들을 이 서신 다른 곳들에서 사용한다. 반면에

Foerster-Wilson, *Gnosis* 2, indices, *s.v.* "Coat," "Garb" ; "Garments" ; HSW, *NT Apocrypha* 2, index, *s.v.* "garment"; Fitzmyer, *Essays*, 405—08 (on Pap. Oxyr. 655) ; Jonathan Z. Smith, "The Garments of Shame," *HR* 5(1965), 217—38. 가장 흥미있는 것은 *Odes Sol.*(예, 7.4 ; 25.8 ; 33.12 ; 39.8), 만디아 문헌(Kurt Rudolph, *Die Mandäer* 〔FRLANT NF 57 ; Göttingen: Vandenhoeck & Ruprecht, 1961〕 2.181—88을 보라). 그리고 교회 교부들 (Hugh M. Riley, *Christian Initiation* 〔Washington: The Catholic University of America and Consortium, 1974〕 특히 413—51을 보라).

62) Geo Widengren, "Der iranische Hintergrund der Gnosis," *ZRGG* 4(1952) 105—14 ; 같은 저자, *Religions-Phänomenologie*, 434, 483, 485, 495ff ; 참조. Hans Jonas, *Gnosis*, 1.102, 320ff ; 같은 저자, *Gnostic Religion*, 118f, 122f ; Jervell, *Imago Dei*, 168. 상이한 견해들에 대해서는 다음을 보라. Eduard Schweizer, "σῶμα κτλ.," *TDNT* 7.1070—74 ; Ernest Best, *One Body in Christ*, 67ff(위, 주 40) ; Meuzelaar, *Der Leib des Messias*, 87ff, 92(위, 주 26) ; Pieter W. van der Horst, "Observations on a Pauline Expression," *NTS* 19(1972/73), 181—87 : 참조. Meeks, "Androgyne," 184 n. 83.

63) 참조. Hermann Baumann, *Das doppelte Geschlecht* (Berlin: Reimer, 1955) 14ff ; Marie Delcourt, *Hermaphrodite* (London: Studio Books, 1961) 9ff ; Mircea Eliade, *Shamanism: Archaic Techniques of Ecstasy* (Bollingen Series 76 ; New York: Bollingen Foundation, 1964).

64) "살아있는 물은 하나의 몸이다. 그것은 우리가 살아있는 사람으로 몸 입기에 적합하다. 그러므로 그가 물 속으로 들어갈 때, 이 몸을 입기 위하여 그는 옷을 벗는다"(tr. Foerster-Wilson, *Gnosis* 2.94). 그 귀절에 관해서는 다음을 보라. Hans-Georg Gaffron, *Studien zum koptischen Philippusevangelium unter besonderer Berücksichtigung der Sakramente* (Diss.; Bonn: Universität, 1969) 126ff, 각주들 ; Meeks, "Androgyne," 187f.

로마서 6—8장에서만 그는 그 둘을 일치시킨다(그러나 그는 또한 "그리스도와 함께 죽고 살아남"을 세례의 행위를 넘어서서 그리스도인의 삶 속으로 확대시킨다. 그리고 그것은 전체적으로 "그리스도를 뒤따른다"는 성격을 띤다).[65] 그리스도를 "입음"과 세례 의식의 단순한 동일성은 그리스도의 "이름으로"의 개념만큼이나[66] —그것을 그는 고린토전서 1장 13—17절에서 다소 비판적으로 논의했다— 바울로에게 많은 난점들을 제기하는 것 같다.

[28] 놀랍게도 28절은 정치적 사회적 이상들과 실천들을 언급하기에 이르렀다. 첫번째 부분(28절 a—c)은 현재 시제로 세 개의 유사한 진술을 담고 있으며, 그것은 그리스도인의 세례 입교의 종교적, 문화적, 사회적 결과들을 규정한다. 세 개의 진술들은, 비록 그것들이 극히 간결하지만, 세례받은 자의 옛 신분을 열거하고 이 옛 신분이 폐기되었음을 선언한다. 넌지시 새로운 신분[67]이 선언되나, 더 이상의 설명은 여기서 나오지 않는다. 바울로가 이 진술들을 유토피아적 이상들로서나 또는 윤리적 요구들로서가 아니라 성취된 사실들로서 말하는 것이 중요하다. 그러므로 문제는 "여러분은 …이다"는 문구의 현재 시제가 어떻게 이해되어야 하는가 하는 점이다. 왜 바울로는 그런 주장들을 할까? 그것들이 어떻게 세례와 관련될까? 이 주장들의 실재는 무엇일까?

이상하게도, 주석서들은 이 특이한 진술들을 다소 쉽게 지나쳐버린다.[68] 그러나 최근에 믹스(Wayne Meeks)는 그 현상을 보고서 이 귀절

---

65) 위, 주 45를 보라.

66) Conzelmann, 1 *Corinthians*, 35f : 참조. 또한 Lars Hartmann, "Baptism 'Into the name of Jesus' and Early Christology," *StTh* 28(1974) 21—48에서의 토론과 많은 문헌 ; 같은 저자, "Into the name of Jesus," *NTS* 20(1974) 432—40.

67) 참조. 갈라 6,15b : "새로운 피조물"

68) 주석자들은 바울로의 진술들에 정치적 함축성이 담겨 있다는 것을 한결같이 부인하였다. 참조. Burton, pp. 206f : "그 귀절은 민족성들의 동화나 노예제도의 폐지와 직접적인 관계가 없다…그러나 그 원칙이 간접적인 사회적 중요성을 가진다는 것은 2,11—14의 안티오키아 사건의 함축성에 의해 보여진다…" 이 귀절에 대한 외푸케의 주석을 읽는 것은 고통스러운 경험이다. 제 2 판(1957 ; pp. 90f)에 의하면, 바울로가 노예들과 여자들의 해방과 "희미한 국제주의"를 염두에 둔다는 것은 "불가능하다." 제 3 판에서(1973), 그 정치적인 용어가 새롭게 부각되지만, 그 때조차도 바울로는 "순수히 종교적으로" 말한다고 한다(126). 그것은 바울로가 실제로 말하는 것과는 반대된다 : "이것 때문에, 회중 안에 노

들을 "실행적인 언어"(performative language)에 관련지었는데, 그 기능을 그는 이렇게 묘사한다 : "초기 그리스도교 공동체 시대에 위험을 무릅쓰고 작은 공동체들 가운데 하나의 회원이 되었던 아시아 지방의 한 도시에 살았던 주민들은, 엄숙한 의식상의 선언으로서 인류의 재통일에 대한 유토피아적 선포를 들었을 것이다. 그런 선포는 극적인 몸짓들(옷을 벗음, 침수, 옷을 입음)에 의해 강화되어서, 상징적인 그러한 언어들을 의미심장하게 여겼던 공동체 내에서 상징적 우주를 형성하는 것을 도와주는 힘을 지녔을 것이다. 상징적인 우주에 의해서 그 그룹은 자체를 더 큰 사회의 보통 '세계'로부터 구별하였다."[69]

바울로의 진술들이 심지어는 혁명적 차원의 사회적, 정치적 요인을 함축하고 있다는 것은 의심할 바 없다.[70] 고대세계의 아주 오래되고 결정적인 이상과 희망이 그리스도교 공동체에서 실제로 이루어졌다는 주장이 있다.[71] 이 이상들은 유다인과 헬라인, 노예와 자유인,

---

예들과 자유인들, 남자와 여자 사이의 사회적 구별들뿐만 아니라 인종적 차이들을 위한 여지가 있다." 슐리어(p. 174)는 그리스도인들에게 있어서 "구 시대로부터 나오는 모든 형이상학적, 역사적 그리고 자연적 구별은 감추어진 그러나 실제적인 성례전적 방법으로 폐기된다"고 선언한다. 이것으로써 슐리어(p. 175)는 두 가지를 할 수 있다 : "평등의 실재"를 강하게 강조하며 그리고 교회 직무(!)와 정치질서에 관해서 이것으로부터 어떤 결론을 끌어낼 수 있다는 것을 부인한다.

69) Meeks, "Androgyne," 182. 또한 다음을 보라 : Karlmann Beyschlag, "Christentum und Veränderung in der Alten Kirche," *KD* 18(1972), 26—55 ; Gerd Theissen, "Soteriologische Symbolik in den paulinischen Schriften," *KD* 20(1974) 282—304.

70) 초대 그리스도 교회의 정치적 사회적 중요성에 관해서는 특히 다음을 보라 : Widengren, ***Religionsphänomenologie***, §21 ; Arnold Ehrhardt, ***Politische Metaphysik von Solon bis Augustin***, vol. 2 : ***Die Christliche Revolution*** (Tübingen: Mohr, Siebeck, 1959) ; Francis Dvornik, ***Early Christian and Byzantine Political Philosophy*** (2 vols.; Dumbarton Oaks Studies 9 ; Washington, D.C.: Dumbarton Oaks Center, 1966).

71) 오랜 이상들은 Plutarch, ***De Alex. Magni Fort.*** 329 A—B에 따라 Zeno의 ***Politeia***에서 요약된다 : "…이 세상의 모든 거주민들이 그들 각자의 정의의 법칙들에 의해서 분리된 도시들과 공동체들로 구별되어 살아야 하는 것이 아니라, 우리는 모든 사람들이 한 공동체와 한 정체에 속한 것으로 생각해야 한다는 것, 그리고 함께 먹고 들의 초장을 공유하는 양떼처럼 공동생활을 해야 하며 우리 모두에게 공통되는 질서를 가져야 한다." 더 이상의 자료에 대해서는 John Ferguson (***Utopias of the Classical World*** [Ithaca: Cornell University, 1975]) 참조. 그는 바울로를 언급하고 필립 3,20을 인용한다(pp. 68f). 헬라주의적 유다교에서 그 사상들의 수용에 대해서는 R. Goodenough, ***The Politics of***

남자와 여자 사이의 종교적, 사회적 차별의 철폐를 포함한다. 이러한 사회적 변화들은 구속 과정의 일부로, 그리고 다른 그리스도인들과 마찬가지로 갈라디아 사람들이 가졌던 황홀 체험의 결과로 주장된다. 현재의 악한 시대로부터 구조되는 것(갈라 1, 4)과 "새로 지음받은 상태"로 변화되는 것은 이러한 사회 정치적인 근본적 변화를 뜻한다. "이 세상"의 사회 정치적 구조들에 대한 그리스도인의 관계는 6장 14절에서 설명된 방식을 따른다 : "그〔=그리스도〕를 통하여 세상은 내게 대하여 못박혀 죽었고 나는 세상에 대하여 못박혀 죽었읍니다." 그리스도인은 이제 옛 세상질서에서의 특징인 사회적, 종교적, 그리고 문화적 차별들에 대하여 "죽었다"(참조. 갈라 2, 19).

에르하르트(Arnold A.T. Ehrhardt)[72]는 갈라디아서 3장 28절에 있는 바울로의 진술에 또한 적용될 수 있는 것을 명백히 설명한 적이 있다 : "혁명은 그것이 유포시킨 테러에 의해 판단되어서는 안 되고, 그 혁명이 맞서 싸우는 기존의 제도에 대해 정치적 대안을 제시할 능력이 있는지 없는지에 의해 판단되어야 한다는 사실이 정치적 이론에서 너무나 자주 간과되어 왔다. 만일 새로운 정치적 이상들이, 맞서 싸우는 기존질서 속으로 파고들어갈 수 없다면, 만일 그 이상들이 잘해야 한 시대가 지나 균형을 유지하지 못하게 된다면, 만일 지배원칙이 낱낱이 그리고 그 원칙의 가장 신중한 조치조차도 새로운 질서의 대표자들에 의해 철저히 비판된다면, …그렇다면 이 혁명적 원칙들을 선포하는 운동은 참으로 혁명적인 운동이다. 이러한 의미에서 초대 그리스도교는 철저한 혁명이었다…."

(1) 병행하는 첫번째 진술들은 그리스도 교회에서 유다인들과 헬라인들간에 종교적, 문화적, 그리고 사회적 구별들이 철폐된다고 선언한다 : "유다 사람도 헬라 사람도 없읍니다." *οὐκ ἔνι*는 *οὐκ ἔνεστιν*(*ἔνι*=*ἐν*)을 나타내며 "…이 없다"를 뜻한다.[73] "유다 사람도 헬라 사람도는" 바울로의 다른 서신들에서도 발견되는 슬로건이다.[74] 로마서 10장 12절로

Philo Judaeus, Practice and Theory (New Haven: Yale University, 1938) ; 같은 저자, *The Political Philosophy of Hellenistic Kingship* (YCS 1, 1929) 55—102 참조.

72) Ehrhardt, *Politische Metaphysik* 2.19.

73) 또한 고전 6, 5 ; 골로 3, 11 ; 야고보 1, 17을 보라. BDF, §98 ; BDR, §98 ; Bauer, *s.v.* *ἔνι*을 보라.

74) 참조. 고전 12, 13. 그 정식은 다른 정식, *'Ιουδαῖος πρῶτον καὶ 'Ελλην* "먼저 유다인, 다음에 헬라사람"에 관계된다 (로마 1, 16 ; 2, 9—10 ; 3, 9 ;

부터 우리는, 바울로가 관습적으로 유다 사람과 비유다 사람을 나누는 구별들을 제거하는 것에 관심하고 있다고 결론내릴 수 있을 것이다: "유다 사람이나 헬라 사람이나 차별이 없읍니다"(οὐ γάρ ἐστιν διαστολὴ Ἰουδαίου τε καὶ Ἕλληνος). 로마서 3장 1—20절과 8장 3—5절에 따르면, 이 철폐는 유다인들이 요구한 그리고 세례의식이 상징화한 종교적 특권들과 관계된다(참조. 갈라 5,6 ; 6,15 ; 로마 2,25—29 ; 4,9—12 ; 고전 7,19 ; 필립 3,3 ; 또한 골로 2,11 ; 3,11 ; 에페 2,11—22). 그렇다면 암암리에, 유다의 종교적 문화적 차별들을 제거하는 것은, 유다 사람들과 헬라 사람들을 평등하게, 즉 유다인들을 해방되게 한다. 유다 사람들을 맨먼저 언급하는 것은 유다인들이 자발적으로 자신들의 특권을 포기했음을 가리키는 것 같다.[75] 이런 종류의 자기 포기의 분명한 예는 안티오키아에서의 베드로의 행동이었는데, 그때 그는 그리스도교 이방인들과 식탁 친교를 가졌다(갈라 2,11—14). 반대로, 골로사이서 3장 11절은 헬라 사람들을 먼저 언급하며,[76] 따라서 헬라 사람들이 주장하는 그들의 사회—문화적 우위의 자기 부정을 암시한다.[77] 법식 "유다 사람도 헬라 사람도"는 그 기원으로 보아 헬라주의적 유다교를 가리키는 것 같다. 그것은 프로그램상 유다교의 보편화와 헬라화 양면을 선포한다.[78] 이 프로그램을 원시 그리스도교가 이어받은 것 같으며, 그리스도교 선교에 있어서 이 프로그램은 이전의 배타적인 유다적 특권들이 동시에 유다의 종교 사회적인 외적 차별들을 제거시킴으로써 이방 신자들에게 확대되었다. 이 프로그램에서 "선교"와 "헬라

참조. 또한 고전 1,24 ; 10,32 ; 사도 14,1 ; 18,4 ; 19,10 ; 20,21 ; *Kerygma Petrou* 2,15 line 7〔ed. Erich Klostermann, *Apocrypha* I ; KlT 3 ; Bonn:Marcus & Weber, 1921〕; Ign. *Smyrn.* 1.2 등 : 참조문들에 대해서는 또한 Bauer, *s.v.* Ἰουδαῖος, 2,C를 보라).

75) 이것은 바울로 자신이 했던 것이다(갈라 4,12 ; 1,13 이하 ; 2,11—14 ; 2,15—21 ; 로마 1,5·14 ; 2—4 ; 9—11 ; 필립 3,3—10).

76) 또한 사도 14,5를 보라 : 참조. 사도 2,10—11·14 ; 9,22.

77) 참조. 또한 고전 1,18—24. 거기서 헬라사람들의 문화적 우위가 부인된다.

78) 특히 Hans Windisch, "Ἕλλην," *TDNT* 2.504—16을 보라. 기본적인 연구는 Julius Jüthner, *Hellenen und Barbaren* (Leipzig: Dieterich, 1923) 27ff. 참조. 마카하 4,10 이하 : 야손이 유다인들을 헬라의 생활방식에 따르도록 했을 때, 어떤 일이 일어났는가에 대한 생생한 묘사가 나온다 ; 또한 마카하 6,1ff. 요세푸스(*C. Apion.* 1.180)는 한 헬라화된 유다인을 이렇게 특징짓는다 : "이제 이 사람은 헬라어를 말했을 뿐만 아니라… 헬라사람의 영혼을 가졌다." 또한 서론, §2.가를 보라.

화"는 필연적으로 하나가, 같은 일이 되었음에 틀림없으며, 그것은 바울로와 그의 선교적 노력에 대해 초기에 반대파들이 반대한 하나의 요인이 되었을 것이다.[79] 만일 그 법식이 헬라 유다적 기원을 가졌다는 이 가설이 받아들여진다면,[80] 갈라디아 사람들은 자기들이 그리스도교로 개종한 때부터 그러한 법식을 알았음에 틀림없다.[81] 그 당시 그들은 그 법식을 유다교의 외적 규범들에 종속되지 않고 하느님의 구원에 포함되는 좋은 기회로 환영했음에 틀림없다. 그러나 이제 그들은 이 자유가 실제로 구원에 방해가 된다고 의심했음이 분명하다.

"유다 사람도 헬라 사람도"라는 법식은 아마도 잘 알려진 헬라주의적 정치 슬로건 "헬라 사람들과 미개인들"(Ἕλληνες καὶ βάρβαροι)의 변형인 것 같다.[82] 이 슬로건은 바울로 이전 여러 세기 동안 유포되어 왔

79) 갈라 2,7—9를 보라. 정식 그 자체로서는 그리스도인들이 모두 유다인 또는 이방인으로 간주되어야 하는지, 또는 차후에 이해되었던 대로, "제삼의 인종"으로 간주되어야 하는지에 대해 해결되지 않은 채로 남아 있다(참조. *Kerygma Petrou*, Frag. 2〔ed. Erich Klostermann, *Apocrypha I*; KlT 3; Bonn: Marcus & Weber, 1921〕, 15 lines 7—8; tr. in HSW, *NT Apocrypha* 2.100). 이 모호성은 율법 아래 들어가려는 갈라디아 사람들의 현재의 경향 배후에 놓여 있을 것이다(참조. 4,21). 참조. 또 "하느님의 백성 이스라엘"(갈라 6,16), "참 유다인" "참된 할례" 등(로마 2,28f)에 대한 바울로의 개념들.

80) 이 점에서 우리는 Windisch, "Ἕλλην," 513—14(위, 주 78)을 따른다.

81) 그 정식은 확실히 고전 9,20 이하에 있는 "선교적 금언"에 또한 관련된다: "유다사람과 함께 있을 때에는 유다사람 노릇을 했읍니다. 그것은 유다사람을 얻기 위해서 그리한 것입니다. 율법에 매여 사는 사람들과 함께 있을 때에는…그것은 율법에 매여 사는 사람들을 얻기 위해서 그리한 것입니다. 율법 없이 사는 사람들과 함께 있을 때에는…그것은 율법 없이 사는 사람들을 얻기 위해서 그리한 것입니다." 이에 관해서 Daube, *NT and Rabbinic Judaism*, 336ff: Conzelmann, *1 Corinthians*, 159ff를 보라.

82) 바울로는 이 정식을 알고 있다(로마 1,14). 두 정식들은 골로 3,11에서 결합되고 확대된 것 같다: "거기에는 헬라사람이나 유다사람이나, 할례나 무할례나, 미개인, 스구디아인, 종, 노예가 없고…"(위, 이 단락에 대한 서론을 보라). 또한 Justin, *Apol.* 1.5.4; 7.3; 46.3; Tatian 1.1; 21.3; 29.1; 30.1(또 *PGL*, *s.v.*를 보라); *Gos. Phil.* 49(*NHC* II, 62, 26—35)를 보라. 다른 변형들이 또한 주목할 만하다: "유다인들과 그리스도인들"(Aristides *Apol.* 2.1); 영지주의자들에게 기원을 가지는 것은 다음 변형들이다: "더 이상 유다인들도 아니고, 아직 그리스도인들도 아니다"(Irenaeus *Adv. haer.* 1.24.6); "더 이상 유다인들도, 더 이상 그리스도인들도 아니다"(Epiphanius *Pan.* 24.5.5). 루터(1535; WA 40/1,542, lines 16—17)는 계속한다: "Non est magistratus neque subditus, non est doctor neque auditor, Non est paedagogus neque discipulus, Non

었다.[83] 그것은 헬라 사람들과 비—헬라 사람들을 나누는 문화적 장벽을 폐기함으로써 인류의 일치를 약속하거나 선포한다.[84] 유다인들은 이 슬로건을 자기들의 것으로 했던 것 같으며, 그들 자신들이 미개인에 속한다는 것을 솔직하게 가정한다.[85] 말의 순서를 바꿈으로써, 그들은 자신들이 오랜 정치적 이상을 실현하고 있는 중이라고 주장하였다.[86] 그리스도교 선교가 처음 그 슬로건을 이어받았을 때, 그 선교는 정치적 프로그램의 일부였음에 틀림없으며, 그 속에서 그 슬로건이 실제로 이루어졌다.[87] 바울로는 또한 인류의 일치가 하느님의 단

---

est Hera neque ancilla, etc"("행정장관도 신하도, 교수도 청강생도, 교사도 학생도, 숙녀도 하인도 없다" : *Luther's Works* 26. 353f).

83) 보라 : Jüthner, *Hellenen und Barbaren*(위, 주 78) ; 같은 저자, "Barbar," *RAC* 1. 1173—76, 참고문헌과 함께 ; Heinrich Greeven, *Das Hauptproblem der Sozialethik in der neueren Stoa und im Urchristentum* (Gütersloh: "Der Rufer," 1953) chap. 1 ; *Grecs et Barbares* (Entretiens sur l'antiquité classique 8 ; Vandoeuvres-Genève: Foundation Hardt, 1961) ; Harold C. Baldry, "Zeno's Ideal State," *JHS* 79(1959) 3—15 ; 같은 저자, *The Unity of Mankind in Greek Thought* (Cambridge: Cambridge University, 1965), Oswyn Murray의 서평과 함께, *CIR* 80(1966) 368—71 ; John M. Rist, *Stoic Philosophy* (Cambridge: Cambridge University, 1969) 64ff ; Joseph Vogt, *Kulturwelt und Barbaren: Zum Menschheitsbild der Spätantiken Gesellschaft* (AAWLMG 1967. 1 ; Wiesbaden: Steiner, 1967).

84) 참조. Antiochus I of Commagene의 비문 : "Persians and Greeks" (Wilhelm Dittenberger, *Orientis graeci inscriptiones Selectae* [2vols.; Leipzig: Hirzel, 1903—05] no. 383, line 30) ; 헬라사람과 에집트 사람을 관련시키는 유사한 자료가 Preisigke, *Wörterbuch* 3(1931) 269, *s.v.* Ἕλλην에 수록되어 있다. 그 정식의 역사와 변형에 대해서는 Jüthner, *Hellenen und Barbaren*, 여러 곳을 보라. 참조. 또한 Felix Stähelin (*Geschichte der Kleinasiatischen Galater* [Leipzig: Teubner, ²1907] 105—107). 그는 갈라디아인들의 친—로마적, 반—헬라적 감정을 가리킨다.

85) 참조. *Ebr.* 193—205 ; *Mos.* 2. 12, 20 ; *Spec.* 2. 44f, 165 ; *Op.* 128 ; *Joseph.* 28, 29, 30f ; *Cont.* 48 ; *Decal.* 153 ; *Leg.* 145, 162, 292에서 "헬라사람들과 미개인들"에 대한 필로의 용법.

86) 참조. Philo, *Mos.* 2. 18—20. 그는 이방 나라들이 모두 서로의 관습과 제도를 거부한다고 주장한다 : "우리들의 것에 있어서는 그렇지 않다. 그것들은 모든 사람들의, 미개인의, 헬라사람의, 본토와 섬에 있는 거주자들의, 동과 서의 국가들의, 유럽과 아시아의, 끝에서 끝까지의 사람이 살고 있는 전세계의 주의를 끌고 얻는다(20)." 필로는 또한 아담, 모세, 그리고 유다교의 현인들을 "코스모폴리탄들"이라 부른다(*Op.* 3. 142 ; *Conf.* 106 ; *Spec.* 2. 44f).

87) 유다의 선교와는 별도로, 스토아 철학자들은 그 옛 이상을 실현했다고 주장했다. 아마 궤변주의자들은 누군가 헬라사람과 비—헬라사람 간의

일성에 부합된다는 견해를, 유다교 및 스토아 철학과 함께 공유하였다.[88] 바울로에게서 특징적인 것은 그 일치가 그리스도와 성령의 은사를 통해서 완성되었다는 것이다.[89]

(2) 두번째 진술은 교회 내에서 폐지된 노예제도를 선언한다: "종이나 자유인도 없읍니다." 그 진술만을 생각한다면 그것은 두 가지로 이해될 수 있다[90]: (ㄱ) 사회의 노예제도의 폐지선언으로서, 또는

구별을 없애야 한다고 맨먼저 요구했었을 것이다(Guthrie, *Sophists*, 153, 160—63). 견유학파들은 사회를 공격했으며 그 요구를 도발적인 방식으로 개인적으로 실행했었다; 그들은 디오게네스(Diogenes)를 최초의 "코스모폴리탄"이라 불렀다. 그러나 로마의 스토아 철학자들만이 제노(Zeno)의 이상을 정치적 현실 속으로 끌어오려 했다. 그 주제에 관해서는 보다 최근의 연구들을 보라. 그 안에서 보다 오래된 문헌이 또한 발견될 것이다: Greeven, *Das Hauptproblem der Sozialethik in der neueren Stoa und im Urchristentum*(위, 주 83을 보라) 6ff; Hans-Rudolf Neuenschwander, *Mark Aurels Beziehungen zu Seneca und Poseidonios* (Bern: Haupt, 1951); Baldry, *Unity of Mankind*, 151ff; Arthur Bodson, *La morale sociale des derniers stoïciens, Sénèque, Epictète et Marc Aurèle* (Paris: Les belles lettres, 1967).

88) 제노의 *Politeia* (*De Alex. Magni Fort.* 329A)에 대한 Plutarch의 요약: *εἷς βίος καὶ κόσμος*("하나의 생명과 세계질서"). 329C/D에서 그는 알렉산더 대왕을 그의 왕국에서 이상을 실현시키기 위해 신들로부터 온 구원인물로 묘사한다. 필로가 요셉에 대해 말한 것으로 보이는 내용은 플루타크와 아주 유사하다(*Jos.* 28—31). 더 이상의 귀절들에 대해서는 *SVF* 3, no. 333—339를 보라.

89) 갈라 3, 1—18·20·28d; 4, 6 등; 고전 8, 6; 로마 11, 36 등을 보라. 또한 참조. D.W.B. Robinson, "The Distinction Between Jewish and Gentile Believers in Galatians," *ABR* 13(1965) 29—48; Dieter Zeller, *Juden und Heiden in der Mission des Paulus* (Forschung zur Bibel 1; Stuttgart: Katholisches Bibelwerk, 1973).

90) 고대 노예제도에 관한 저서들의 수는 헤아릴 수 없다. 뒤따르는 참고문헌과 기본적인 정보에 대해서는 다음을 보라: William L. Westermann, PW Sup. 6(1935) 894—1068; idem, *The Slave Systems of Greek and Roman Antiquity* (Philadelphia: The American Philosophical Society, 1955); Joseph Vogt, *Sklaverei und Humanität im Klassischen Griechentum* (AAWLMG 4; Wiesbaden: Steiner, 1953); 같은 저자, "Die Sklaverei im utopischen Denken der Griechen," *Rivista Storica dell' Antichità* (1971) 19—32; 같은 저자, *Ancient Slavery and the Ideal of Man* (Cambridge: Harvard University, 1975); Moses I. Finley, *Slavery in Classical Antiquity* (New York: Barnes & Noble, ²1968); Dieter Nestle, "Freiheit," *RAC* 8, 269—306; Herbert Rädle, *Untersuchungen zum griechischen Freilassungswesen* (Augsburg; Blasaditsch, 1969); 같은 저자, "Selbsthilfeorganisationen der Sklaven und Freigelassenen in Delphi," *Gymnasium* 77(1970) 1—5; *Forschungen zur antiken Sklaverei* (eds.

(ㄴ) 노예제도의 존속[91] 가능성을 포함한 노예제도의 부적합함의 선언으로서. 신약성서 자체에서 그리고 실제로 바울로 자신의 서신들에서, 우리는 노예제도에 대해서 두 가지 입장을 발견한다. 초대 및 그 후의 그리스도교에서 발견되는 압도적인 증거로 미루어보아 우리는, 두번째 선택만을 존속 가능한 것으로 추천할 수 있을 것 같다. 대부분의 주석가들이 이 견해를 추천한다.[92] 그렇다면 첫번째 선택은 보통 "오해"로 생각된다. 그러나 바울로의 견해들이 언제나 조화를 이룰 수 없다는 것을 염두에 두는 것이 중요하다. 갈라디아서 3장 28절과 고린토전서 7장 21—24절, 또는 필레몬서는 같은 주제에 대해 각기 다른 입장들을 표명한다. 고린토전서와 필레몬서에서 바울로는 그리스도교 노예들에게 자신들의 사회적 신분을 보지하도록 충고한다. 왜냐하면 그리스도인들에게 있어서 사회적으로 그들이 노예이거나 자유인이거나 하는 문제는 차이가 없기 때문이다. 갈라디아서 3장 28절에 병행하는 고린토전서 12장 13절은 고린토전서 7장 21—24절의 문맥에서 해석되어야 한다 : 유다인이거나 헬라 사람이거나, 종이거나 자유인이거나 간에, 우리는 모두 동일한 하나의 성령을 가지고 있으며 동일한 하나의 "그리스도의 몸"의 지체들이다. 갈라디아서 3장 28절의 표현형태가 반영된 골로사이서 3장 11절에서조차도, 주인들에게

Joseph Vogt and Hans Ulrich Instinsky; vols. 1—4 ; Wiesbaden: Steiner, 1967—71) ; Henneke Gülzow, ***Christentum und Sklaverei in den ersten drei Jahrhunderten*** (Bonn: Habelt, 1969) ; Siegfried Schulz, ***Gott ist kein Sklavenhalter*** (Zurich: Flamberg, 1972) ; S. Scott Bartchy, ***ΜΑΛΛΟΝ ΧΡΗΣΑΙ: First-Century Slavery and I Corinthians*** 7 : 21 (SBLDS 11 ; Missoula: Scholars, 1973).

91) 또한 고전 7,21—22 ; 12,13 ; 갈라 4,1 ; 에페 6,8 ; 골로 3,11 ; 묵시 6,15 ; 13,16 ; 19,18 ; Ign. *Rom.* 4.3을 보라.

92) 그러나 크리소스톰은 혁명적 해석의 가능성을 명백히 표현했으나, 그는 그것을 피했다. 갈라 3,28에 관해서(tr. Philip Schaff, ***A Select Library of the Nicene and Post-Nicene Fathers of the Christian Church*** 13 〔Grand Rapids: Eerdmans, 1956〕 30) 그는 말한다 : "이 말들보다 더 경외스러운 것이 무엇일까! 어제 헬라사람, 또는 유다인, 또는 노예였던 그가 천사나 천사장의 형태가 아니라 만인의 주님의 형태를 띠며, 그 위에 그의 인격을 통해 그리스도를 나타낸다." 필레몬서에 대한 그의 주석 서두의 주장에서(tr. Schaff, 같은 책, 546), 그는 그 문제에 대한 혁명적인 해석이 있다는 것을 인정한다 : "그러나 이제는 많은 것이 필연적으로 신성모독으로 떨어졌으며, 그리스도교는 모든 것을 파괴하기 위한 삶에 떨어졌다고 말하지 않을 수 없게 되었다. 주인들은 종들을 빼앗겼으며, 이것은 일종의 폭력이다."

복종하는 것이 종들에 대한 권고와 연결된다(골로 3, 22—25). 그럼에도 불구하고 갈라디아서 3장 28절이 노예제도에 대한 다른 관점을 나타낸다는 것을 시사하는 징후들이 있다. 예컨대 거의 확실한 바울로 이전의 기원[93]이라든지 성령의 황홀체험과의 관련이라든지 갈라디아서 다른 곳에서 종들이 노예상태에 남아 있어야 한다는 권면이 없는 것이라든지 28절에 있는 다른 진술들의 유비라든지, 이 모두는 고린토전서와 비교할 때 다른 상황을 나타낸다. 그밖에도, 바울로의 진술은 헬라세계에서 노예제도에 대한 사회적 비판의 오랜 전승과 일치한다(궤변가들, 견유학파들, 유다인들).[94]

노예제도에 대한 사회의 비판은 궤변주의자들에게서 시작되었던 것 같다.[95] 고르기아스(Gorgias)의 제자인 알키다마스(Alcidamas)는 다음과 같이 가르쳤다고 전해진다: "하느님은 모든 사람들을 자유롭게 하셨으며, 자연은 사람을 노예로 만들지 않았다."[96] 이 비판은 그 다음에 견유학파와 스토아철학의 일부가 되었다.[97] 제노의 *Politeia*는 노예들을 위한 평등을 포함하였다.[98] 그러나 이 비판은 큰 힘이 없었다고 얘기해야 한다. 왜냐하면 철학자들은 그들의 사상을 이행시킬 수 있

---

93) 이 단락에 대한 서론을 보라.

94) 노예제도에 대한 유다인의 태도에 관해서는 다음을 보라: Str-B 3.562f, 4/2. 698—744; Solomon Zeitlin, "Slavery During the Second Commonwealth and the Tannaitic Period," *JQR* 53(1962/63) 185—218; Haim H. Cohn, "Slavery," *EncJud* 14(1971) 1655—60; Hengel, *Judaism and Hellenism*, index, *s.v.* "slaves"; Bartchy, *Slavery*, 30ff(위, 주 90).

95) 참조. Aristotle, *Pol.* 1.2.3, p.1253 b20—24에서 보도되는 궤변주의적 입장: "그러나 다른 사람들은 어떠한 사람이 다른 사람의 주인이 되는 것은 자연에 위배된다(παρὰ φύσιν)고 주장한다. 왜냐하면 한편을 노예로 만들고 다른 한편을 자유인이 되게 하는 것은 인습(νόμῳ)일 뿐이며 본질적으로(φύσει) 그들 사이에는 차이가 없기 때문이다. 그러므로 그것은 부당하다. 그것이 힘에 기초해있기 때문이다." Guthrie, *Sophists*, 24, 155—60를 보라.

96) ἐλευθέρους ἀφῆκε πάντας θέος, οὐδένα δοῦλον ἡ φύσις πεποίηκεν (Frag. 1, eds. Georg Baiter and Hermann Sauppe, *Oratores Attici* 2[Zurich: Impensis S. Hoehrii, 1850] 154). Franz Bömer, *Untersuchungen über die Religion der Sklaven in Griechenland und Rom. Teil* 2: Die sogenannte sakrale Freilassung in Griechenland und die (δοῦλοι) ἱεροί (AAWLMG 1; Wiesbaden: Steiner, 1960) 36f를 보라.

97) Baldry, *Unity of Mankind*, 101ff를 보라.

98) 참조. Plutarch *Alex. Magni Fort.* 329A—B(위, 주 71과 88에서 인용됨); Baldry, 같은 책, 107f; Ragnar Höistad, *Cynic Hero and Cynic King* (Uppsala and Lund: Bloms, 1948) 여러 곳.

는 힘이 부족했기 때문이다. 그러므로 그 사상이 "내면화" 되었다는 것은 또한 이해할 수 있는 일이다.[99] 이 "내면화"의 결과는 "현자"만이 실제로 자유로우며, 반면에 "바보"는 진짜 노예가 된다는 개념이다. 이 견해는 견유학파 및 스토아 철학에 있어서 사회계급의 구별들이 실제로 적절치 않다는 것을 의미한다.[100] 철학자인 노예는 "자유롭다"고 불릴 것이며, 반면에 그의 정욕의 노예인 자유인은 자유롭다고 불릴 수 없을 것이다. 이 내면화는 또한 그 문제가 고대에서 계속적으로 논의되었다는 것을 확인해주었다.[101] 필로는 노예제도에 반대하는 옛 교설을 찬성하면서 인용한다.[102] 그는 유다교의 테라퓨태(Therapeutae)파와 에쎄네파 가운데서 노예들이 없었다는 것을 지적한다.[103] 그러므로 신약성서 시대까지 노예제도를 폐지시키려는 오랜 유토피아적 꿈이 아직 살아있었다고 —실행 가능성들은 극히 제한되었지만— 결론지어야 한다.[104] 노예 자신들은 자유를 그들의 제일 중요한 문제로 여기는 것을 멈춘 적이 없었다는 것, 그리고 그들은 자신들이 취할 수 있는 어떤 수단에 의해서라도 자유를 획득하려고 노력했다는 것은 분명하다.[105] 어느 정도, 종교는 그런 수단이었다.[106] 어떤 신비

---

99) 전형적인 예는 Crates의 페라의 도시에 관한 시에서 그가 모방한 시문이다(Diog. L. 6.85). 그 도시의 이름은 "배낭"을 뜻하는데 그것은 모든 철학자의 필수품이 들어있는 장비의 일부이다. 그 내용은 노예제도로부터 정욕과 무익한 일에 이르기까지의 해방이다.

100) *SVF* 3, no. 349—366에 포함된 자료들 ; de Vogel, *Greek Philosophy* 3, no. 1069—1076 ; 또한 Bodson, *Morale sociale*, 112ff(위, 주 87)을 보라.

101) Baldry, *Unity of Mankind*, 135ff를 보라.

102) Philo *Spec.* 2.69 : "누구도 본래 노예가 아니기 때문이다. 또한 2.122를 보라 ; 참조. *Prob.* 48. 필로는 "현자만이 자유롭다"는 견해에 같이 한다(*Post.* 138 ; 참조. *Prob.*, 여러 곳). 또한 Goodenough, *By Light, Light*, 70 ; Heinemann, *Philons Bildung*, 329—45를 보라.

103) Philo *Cont.* 9, 70 ; *Prob.* 79 ; Josephus *Ant.* 18.21을 보라.

104) 예컨대, Epictetus *Diss.* 2.2.12—13 ; 4.1—11 ; 3.22.40을 보라.

105) 예컨대, Philo, *Spec.* 2.84, 노예를 해방시킴에 관해서 보라 : "…나의 친구들이여, 본래 자유로운 그에게 자유를 주고 그것도 서슴없이 주라. 그리고 살아있는 피조물들 가운데 가장 지고한 자, 인간과 그의 주요한 관심에 이득이 되는 기회를 발견한 것을 기뻐하라. 왜냐하며 노예는 자유보다 더 큰 혜택을 가질 수 없기 때문이다." 전반적인 문제에 관해서는 Heinz Bellen, *Studien zur Sklavenflucht im römischen Kaiserreich* (Forschungen zur antiken Sklaverei 4 ; Wiesbaden: Steiner, 1971) 80 n. 566 ; Bartchy, *Slavery*, 82ff를 보라.

106) 이것에 대해서는 특히 Bömer, *Freilassung*(참조. 위, 주 96) ; Bellen, *Sklavenflucht*(참조. 위, 주 105) ; Bartchy, 같은 책, 121ff를 비롯한

종파들은 신도들 가운데서 평등을 실천하였다.[107] 후대의 그리스도교에서 바울로의 말들을 실행에 옮긴 것은 영지주의자들이었다. 알렉산드리아의 클레멘스(Clement of Alexandria)가 영지주의자 에피파네스(Epiphanes)의 것으로 돌리는 영지주의적 저술 『의에 관해서』(*On Righteousness*)는 그 오랜 꿈을 증언한다: "하느님께서는 …부자나 빈자, 백성이나 지배자, 바보들과 현인, 여자, 남자, 자유인들, 종들간에 어떤 차별도 두지 않으신다."[108] 벨렌(H. Bellen)은 갈라디아서 3장 28절을 문자적으로 받아들였던 수도원 운동에 주의를 환기시켰다. 그 밖에도, 아시아에서의 유스타티우스(Eustathius) 운동과 4세기 북아프리카에서의 써쿰셀리온들(Circumcelliones)의 운동과 같은 급진적인 운동들이 언급되어야 한다.[109] 유명한 베네딕트 규칙(*Rugula Benedicti*)까지도 그 직제에 참여하는 노예들의 해방에 관한 조항을 가졌으며, 그 조항에서 갈라디아서 3장 28절에 대한 언급이 있었던 듯하다.[110]

문제는 어느 정도로 우리가 바울로 자신의 시대에 있어서 그리고 바울로 자신에게 있어서까지 그런 경향을 가정할 수 있느냐 하는 것이다. 그의 실제 태도는 고린토전서 7장 21—24절과 필레몬서에서 볼 수 있는 사회적 제도에 대한 언급에서 표현되고 있으며, 갈라디아서 3장 28절의 문자적 이해는 후대의 오해라는 견해가 일반적으로 주장되고 있다. 그러나 갈라디아서 3장 28절은 원인의 혼동이라기보다는 혼동의 원인이었던 것 같다. 그리스도인 노예들이 세례식에서 들었던 것을 액면 그대로 받아들였다면, 그들은 그 메시지를 결코 오해할 수 없었을 것이다. 그

여러 곳을 보라.

107) Widengren, *Religionsphänomenologie*, 611을 보라.

108) Clemens Alex. *Strom.* 3.2.6.2 (ed. Stählin 2.198): …*μὴ διακρίνει πλούσιον ἢ πένητα, δῆμον ἢ ἄρχοντα, ἄφρονάς τε καὶ τοὺς φρονοῦντας, θηλείας ἄρσενας, ἐλευθέρους δούλους*. 참조. 3.2.7.1, 그리고 Adolf Hilgenfeld, *Die Ketzergeschichte des Ur-Christentums*(Leipzig, 1884; rep. Darmstadt: Wissenschaftliche Buchgesellschaft, 1963), 402ff. 또한 *Gos. Phil.* 49 (*NHC* Ⅱ, 62,26—35; Foerster-Wilson, *Gnosis* 2.86); 73 (*NHC* Ⅱ, 69,1—4; Foerster-Wilson, *Gnosis* 2.90).

109) *Sklavenflucht*, 80f, 147ff.

110) Benedict *Regula* 2.20 (ed. Rudolphus Hanslik, *CSEL* 75.22f): "quia sive servus sive liber omnes in Christo unum sumus et sub uno domino aequalem servitutis militiam baivlamus, quia non est apud deum personarum acceptio" (왜냐하면 노예든지 자유인이든지, 우리는 모두 그리스도 안에서 하나이며 한 주님 아래서 우리는 똑같은 봉사의 의무를 지고 있다. 하느님에게 있어서는 편파성이 없기 때문에"). 참조. 갈라 3,28; 2,6.

리스도인 노예들이 그들의 주인으로부터 도망간 것은 그런 설교를 들었기 때문일 것이며, 필레몬에게 보낸 바울로의 편지에서 오네시모의 경우는 그 전형적인 예일 것이다.[111] 필레몬서에서 노예 오네시모를 그의 주인에게 되돌려 보내는 바울로의 반응은, 세례의 메시지가 예측할 수 없는 결과를 초래한 사회문제들을 야기시켰다는 것을 보여준다. 오네시모를 보호하기 위한 바울로의 근심어린 권면들은, 그가 그런 행동을 취했던 것이 얼마나 고통스러웠는가를 알려준다.[112] 다른 한편으로, 바울로는 분명히 심하게 진압되었을 사회 반란의 대안을 피하였다. 그러므로 내면화하는 스토아 철학을 취하는 것이 문제를 해결하는 가장 논리적인 방법이었다. 고린토전서 7장 21—24절과 필레몬서에 언급된 그의 권면들은 이 방법을 취하고 있는 것 같으나, 고린토서의 귀절을 어떻게 해석할 것인가의 문제는 해결되지 않고 있다.[113] 후에 이 선택(고전 7, 21—24 ; 필레)은 유일한 선택으로서 강조되었으며 여러 세기 동안 노예문제를 억누르는 데 이용되었다.[114] 그렇지만 이 전승의 중요성에도 불구하고, 갈라디아서 3장 28절은 완전히 망각되지 않았다. 영지주의자들, 수도사들, 그리고 세속적인 입법조차도 이 귀절의 영향을 받았다.[115]

(3) 세 진술들 중에서 가장 이상한 것이 28절 c에서 발견된다 : "남

111) 특히 Bellen, *Sklavenflucht*, 78ff를 보라.

112) Bellen(같은 책, 79)은 오네시모를 그의 주인에게 되돌려 보낸 것은 그리스도인 노예들이 그들의 주인들로부터 *προφάσει εὐλαβείας*("종교를 핑계 삼아")—그것이 나중에 요구되었던 것처럼—대량 탈주하는 것을 방지하기 위한 바울로의 방법이었다고 생각한다. 만일 Bellen이 옳다면, 이것은 또한 필레몬서가 바울로의 편지들 가운데서 신약 안에 들어가게 된 이유일 것이다. 그것은 "Haustafeln"에서 노예들에 대한 권면과 동일한 기능을 한다. 필레몬에 관해서는, Peter Stuhlmacher, ***Der Brief an Philemon*** (EKK; Neukirchen: Neukirchener Verlag, 1975) 특히 또한 해석사에 관한 그의 장(58—66)을 보라.

113) Conzelmann, 1 *Corinthians*, 126—29 ; 그리고 Bartchy, *Slavery*, 여러 곳을 보라. 노예들에게 "하느님의 영광을 위해 노예상태를 참으라"는 권면에 대해서는 Ign. *Pol.* 4.3을 보라. 거기서 그것이 명백하게 언급된다 : "그들이(악한) 욕망의 노예로 발견되지 않도록, 그들로 하여금 교회의 경비로 자유롭게 되기를 바라지 않도록 하라." 골로 3, 22 ; 에페 6, 5—8 ; 디전 6, 1—2 ; 디도 2, 9—10 ; 베전 2, 18 ; 1 *Clem.* 55.2 ; *Herm. Sim.* 1.8에서 노예들에 대한 권면은 보다 솔직하지 못하다. 또한 Dieter Lübrmann, "Woman nicht mehr Sklave oder Freier ist. Überlegungen zur Struktur frühchristlicher Gemeinden," *WuD* 13(1975) 53—83을 보라.

114) Bellen, *Sklavenflucht*, 81, 147ff를 보라.

115) 같은 책, 81—92. 참조문과 함께.

자도 여자도 없읍니다." 이 말을 해석할 수 있는 방법이 여러가지 있으나, 모든 해석에서 남자와 여자의 성적 구별들이 그리스도교 교회에서 그 의의를 상실했다고 주장된다. 종과 자유인에 대한 앞의 언급과 비슷하게 이 진술도 또한 바울로의 주장에서 실제로 사용되지 않는다는 것을 인지하는 것이 중요하다. 이러한 사실은 바울로 이전의 자료를 암시한다.

앞선 진술들과는 대조적으로, 이것은 중성으로 성(性)을 말한다.[116] 그것은 남자와 여자간의 사회적 차이들("역할들")뿐만 아니라 생물학적 구별이 포함된다는 것을 가리킨다. 신약성서 다른 곳에서는 이 진술에 병행하는 귀절들이 없으나,[117] 그것들의 많은 것이 영지주의에서,[118] 특히 위경 복음서들에서,[119] 나그 함마디로부터의 다른 복음 자료에서,[120] 그리고 2 *Clem.* 12에서[121] 발견된다. 이 병행구들은 종종

116) BDF, § 34, 2 ; BDR, § 34, 2 ; Bauer, *s.v.* *ἄρσην*, *θῆλυς*를 보라.

117) 고전 12, 13 ; 골로 3, 11(위, 이 단락에 대한 서론을 보라)에는 그 행이 나오지 않는다. 참조. 마태 19, 12 ; 마르 12, 25 병행구 ; 묵시 14, 4—5.

118) Hippolytus, *Ref.* 5.7.15에 의하면, 나아쎄네들(Naassenes)은 여러 개념을 결합시켰다. 그것들 중의 하나는 갈라디아서에서 나온다 : "아티스(Attis)는 (여기)아래 피조물의 지상 부분들로부터 거세되었으며 즉(끊겨져 나갔으며), 여자도 남자도 없는〔참조. 갈라 3, 28〕…위에 있는 영원한 실체로 넘어갔다. 그러나 새로운 피조물〔참조. 갈라 6, 15〕, '새로운 사람'〔참조. 에페 2, 15 ; 4, 24〕, 그것은 양성(兩性)이다…"(*ὅπου... οὐκ ἔστιν οὔτε θῆλυ οὔτε ἄρσεν, ἀλλὰ καινὴ κτίσις, καινὸς ἄνθρωπος, ὅ ἐστιν ἀρσενόθηλυς*, tr. Foerster-Wilson, *Gnosis* 1, 266, 약간 변경됨).

119) 참조. *Gos. Eg.* 2 (Clemens Alex. *Strom.* 3.92.2 〔ed. Stählin, 238 lines 24—26〕) : *ὅταν τὸ τῆς αἰσχύνης ἔνδυμα πατήσητε καὶ ὅταν γένηται τὰ δύο ἓν καὶ τὸ ἄρρεν μετὰ τῆς θηλείας οὔτε ἄρρεν οὔτε θῆλυ* ("너희가 수치의 옷을 짓밟았을 때 그리고 둘이 하나가 될 때 또한 여자와 함께 한 남자가 남성도 여성도 아닐 때" ; tr. HSW, *NT Apocrypha* 1. 168).

120) 특별히 가까운 것은 *Gos. Thom.* 22 (tr. Bruce Metzger, in Kurt Aland, *Synopsis Quattuor Evangeliorum, locis parallelis evangeliorum apocryphorum et patrum adhibitis* 〔Stuttgart: Württembergische Bibelanstalt, 1964〕 520f : "너희가 둘을 하나로 만들 때, 안쪽을 바깥쪽으로 그리고 바깥쪽을 안쪽으로, 위쪽을 아래쪽같이 만들 때, 그리고 너희가 남성과 여성을 하나로 만들 때, 그리하여 남성은 남성이, 여성은 여성이 아닐 때, …그러면 너희는 〔하느님의 나라〕에 들어갈 것이다." 이 말에 관해서는 Jacques-E. Ménard, *L'Evangile selon Thomas* (Leiden: Brill, 1975) 113—15를 보라. 또한 *Gos. Phil.* 78 (*NHC* Ⅱ, 70, 9—17)을 보라 : "만일 여자가 남자와 나누어지지 않았더라면, 그녀는 남자와 함께 죽지 않았을 것이다. 그의 분리는 죽음의 시작이 되었다. 그러므로

예수의 말로서 소개된다. 갈라디아서 3장 28절에 관한 한, 우리는 여러가지 선택할 수 있는 것들 가운데서 선택해야 한다. 바울로의 진술은 다른 것들과 병행해서 여성들의 사회적 해방을 언급하는 것으로서 해석될 수 있다. 또는 만일 우리가 위경적 그리고 영지주의적 병행구들의 문맥에서 바울로를 해석한다면, "남자도 여자도"는 그리스도 안에서의 구원의 결과로서 생물학적 성차별에 대한 형이상학적 제거를 주장하고자 한다. 후자의 경우에서, 우리는 그러면 사회적 해방뿐만 아니라 양성(兩性)에 관해서 말해야 한다.[122] 또 하나의, 그러나 개연성이 적은 해석은 바울로가 스토아 철학의 인간학을 채용했음을 제시하려고 한다. 스토아 철학자들은 모든 인간과 마찬가지로 여자들도 남자들과 같은 "본성"을 가지고 있음을 가르쳤다.[123] 그러나 바울로는 이 스토아적 교리를 사용한 것 같지는 않다. 적어도 직접적으로는 말이다.

고대 여성들의 사회적 상황을 살펴보아도 갈라디아서 3장 28절을

그리스도는 처음부터 생겼던 분리를 다시 바로 세우기 위해, 둘을 연합시키기 위해, 그리고 분리되어서 죽은 자들에게 생명을 주기 위해 그리고 그들을 연합시키기 위해 오셨다." 이 통일은 "신부의 침실"의 성례전에서 일어난다. 또한 *Gos. Phil.* 73 (*NHC* Ⅱ, 69,1—4)를 보라: "짐승이나, 노예나, 더럽혀진 여자를 위해 신부의 침실이 있는 것이 아니라, 그것은 (다만) 자유한 남자와 처녀들을 위해 있다"(tr. Foerster-Wilson, *Gnosis* 2.90f). 또 *Gos. Phil.* 71,79,103 (*NHC* Ⅱ, 68, 22—26; 70,17—22; 76,6—9; Foerster-Wilson, *Gnosis* 2.90f,95)를 보라. 그 말에 관해서는 Richard A. Baer, *Philo's Use of the Categories Male and Famale* (AGSU 3; Leiden: Brill, 1970), 72—74; Ernst Haenchen, "Die Anthropologie des Thomasevangeliums," in *Neues Testament und christliche Existenz, Festschrift für Herbert Braun* (Tübingen: Mohr, Siebeck, 1973) 213f; Kurt Niederwimmer, *Askese und Mysterium: Über Ehe, Ehescheidung und Eheverzicht in den Anfängen des christlichen Glaubens* (FRLANT 113; Göttingen: Vandenhoeck & Ruprecht, 1975) 176ff.

121) 2 *Clem.* 12는 위경 복음서들에서 전해지는 것들과 유사한 예수의 말을 인용하며(위, 주 119,120을 보라), 해석을 제공한다. "여자와 함께 있는 남자는 남자도 여자도 아니다"에 대한 말(12.5)은 다음을 뜻하는 것으로 전해진다: "그는 이것을 뜻한다. 즉 한 형제가 자매를 볼 때 그는 그녀를 여자로서 생각해서는 안되었으며, 그녀도 그를 남자로 생각해서는 안 되었다."

122) 이 이해는 Meeks가 "Androgyne"(위, 주 23), 165—208에서 충분한 이유를 들어 제시된다.

123) *SVF* 3, no.254; Plutarch *Praec. coniug.* 34, p.142E—143A; Clemens Alex. *Strom.* 4.58.2—59.5 (ed. Stählin, 275)를 보라.

해석하는 데 도움되는 것이 별로 없다. 어떤 방식으로 보든지간에, 성적 차별의 전반적인 폐지는 그레꼬·로마의 자료들에서 발견되지 않는다.[124] 강한 금욕적 경향들이 공통적으로 있긴 하지만 이것들이 성차별의 폐지를 가져오는 것은 아니다. 어떤 철학 학파들은 회원들 가운데서 여성의 평등에 호의를 보이나, 이것은 예외적이다.[125] 유다교에서의 상황도 비슷하다.[126] 따라서 갈라디아서 3장 28절은 성차별의 폐지를 공공연히 선전하고 있는 최초의 교설이다.[127]

더우기, 갈라디아서 3장 28절의 세 진술들 모두에서 차별의 폐지가

---

124) 고대의 여성들에 관한 문헌은 물론 대단히 많다. 연구와 참고문헌에 대해서 다음을 보라 : Johannes Leipoldt, *Die Frau in der antiken Welt und im Urchristentum* (Leipzig: Koehler & Amelang, ²1962) ; Joseph Vogt, *Von der Gleichwertigkeit der Geschlechter in der bürgerlichen Gesellschaft der Griechen* (AAWLMG 2 ; Wiesbaden: Steiner, 1960) ; Carl Schneider, *Kulturgeschichte des Hellenismus* (Munich: Beck, 1967) 1.78—117 ; Walter K. Lacey, *The Family in Classical Greece* (London: Thames & Hudson, 1968) ; Klaus Thraede, "Frau," *RAC* 8 (1970) 197—269.

125) 성 관계가 상호 동의의 문제여야 한다는 디오게네스의 요구는 여성의 해방을 의미하지 않는다. 에픽테투스는 "성을 혼동하는"(συγχεῖν) 것에 반대하는 약간의 이상한 논쟁을 펴고 있다(*Diss.* 1.6.9 ; 1.16.10—14 ; 3.1.31ff). 또한 참조. John M. Rist, *Stoic Philosophy* (Cambridge: Cambridge University, 1969) 54—80 ; Daniel Babut, "Les Stoïciens et l'amour," *REG* 76(1973) 55—63 ; C.E. Manning, "Seneca and the Stoics on the Equality of the Sexes," *Mnemosyne* 4.26(1973) 170—77.

126) 유다교에서 남자와 여자의 차이는 율법에 대한 그들의 상이한 입장의 결과이다. Str-B 3.558—62에 있는 자료 ; Meeks, "Androgyne," 174ff, 185ff(위, 주 23)을 보라. 필로는 Therapeutae파 가운데서조차도 남자와 여자에 평등한 지위가 있다고 하지 않는다(*Cont.* 32f, 68, 80, 85—90). 쿰란문헌에 있어서 여성들의 역할은 아직 논쟁거리이다(Braun, *Qumran* 1.40—42, 2.288 ; Meeks, 같은 책 178f를 보라).

127) 신약성서에 관해서는 특히 다음을 보라 : Albrecht Oepke, "γυνή," *TDNT* 1.776—89 ; Gerhard Delling, "παρθένος," *TDNT* 5.826—37 ; Greeven, *Das Hauptproblem der Sozialethik in der neueren Stoa und im Urchristentum*, 123ff(위, 주 83) ; Krister Stendahl, *The Bible and the Role of Women* (Philadelphia: Fortress, 1966) ; Thraede, "Frau," 238—69 ; Meeks, 같은 책, 197ff ; Robin Scroggs, "Paul and the Eschatological Woman," *JAAR* 40(1972) 283—303 ; 같은 저자, "Paul and the Eschatological Woman: Revisited," *JAAR* 42(1974) 532—37 ; Elaine H. Pagels, "Paul and Women: A Response to Recent Discussion," *JAAR* 42(1974) 538—49 ; William O. Walker, "1 Corinthians 11.2—16 and Paul's Views Regarding Women," *JBL* 94(1975) 94—110 ; Niederwimmer, *Askese*, 여러 곳(위, 주 120).

"그리스도 안에서의 일치"에 결합되어 있다는 것을 고려하는 것이 중요하다. 따라서 양성을 가진 그리스도 표상의 개념이 이면에 놓여 있는지 어떤지 하는 문제가 생긴다. 확실히 신약성서에서 우리는 그런 그리스도론에 대한 명백한 언급을 가지고 있지 않으나, 영지주의 텍스트들에서 그것은 잘 입증된다. 그런 교리는 고대에서 더 오래된 몇몇 종교적 전승들에 의해서 주장되었다.

제우스가 남성이며 여성이라는 옛날의 오르픽 교리(Orphic doctrine)는 헬레니즘 시대에 독특한 역할을 수행했다. 위-아리스토텔레스 *De mundo* 401 b2(=*Orphicorum Fragmenta*, Frag. 21a, ed. Otto Kern)에 보존된 오래된 찬가에는 이런 행이 들어 있다 : *Ζεὺς ἄρσην γένετο, Ζεὺς ἄμβροτος ἔπλετο νύμφη*("제우스는 남자, 제우스는 영원히 죽지 않는 불멸의 아가씨"). 이미 플라톤에게 알려졌다면(*Leg.* 4. 715a), 이 찬가는 스토아 철학자들에 중요하게 된다(참조. Diog. Babyl., Frag. 33 〔=*SVF* 3, no. 33〕). 나중에 신플라톤주의에서 우리는 *ἀρσενόθηλυς μόνας*("남성—여성 단자" 〔Nicomachus of Gerasa〕)의 개념을 발견한다. 예상할 수 있는 바와 같이, 이 교리는 스토아—신플라톤파의 일원론에서 대단히 중요하게 된다.[128] 디오게네스 라엘티우스(Diogenes Laertius, 1. 3)는 더 널리 이해되었던 것으로 보이는 것을 요약한다 : "만물이 일치로부터 유래하며 다시 일치 속으로 환원된다."

헬라주의적 종교들은 또한 플라톤의 『심포지움』 189D—193D에 있는 유명한 신화에 익숙했었으며, 아리스토파네스(Airstophanes)는 그것을 언급한다. 이 신화에 의하면, 태초에 단지 남성과 여성의 두 성만이 아니라 세 종류의 인간이 있었다. "세번째 성"은 양성이었다 : "왜냐하면 '남자—여자'는 그때 이름에 못지 않게 형태에 있어서도 양

---

128) Kern은 그의 번역판에서 그리스와 라틴 문헌에 있는 다른 병행구들을 언급한다. 또한 Festugière, *Révélation* 4. 43ff(위, 주 20)을 보라. 양성을 가진 신들에 대해서는 *Wörterbuch der Mythologie* (ed. Hans W. Haussig; Stuttgart; Klett, 1973) 1. 179f, 190, 200f, 498, 548 ; Marie Delcourt, *Hermaphrodite* (London: Studio Books, 1961) ; eadem, *Hermaphroditea* (Bruxelles: Latomus, 1966) ; Mircea Eliade, *Patterns in Comparative Religion* (New York: Sheed & Ward, 1958) §§160—61 ; 같은 저자, *Shamanism: Archaic Techniques of Ecstasy* (New York: Bollingen Foundation, 1964) ; 같은 저자, *Mephistopheles and the Androgyne* (New York: Sheed & Ward, 1966) 78—124 ; Hermann Baumann, *Das doppelte Geschlecht: Ethnologische Studien zur Bisexualität in Ritus und Mythos* (Berlin: Reimer, 1955)를 참조.

성들로 구성된 그리고 남성과 여성을 똑같이 공유하는 단일체였기 때문이다"(ἀνδρόγυνον γὰρ ἓν τότε μὲν ἦν καὶ εἶδος καὶ ὄνομα ἐξ ἀμφοτέρων κοινὸν τοῦ τε ἄρρενος καὶ θήλεος...).[129]

이 신화는 계속해서 다음과 같이 설명해 나간다. 즉 두 성들 간의 성적 사랑을 그것들이 두 개의 반쪽으로 나뉘어진 결과로서, 최초의 단일상태를 회복하기 위한 그것들의 욕구로서, 그리고 그것은 옛 상처의 치유로서의 성적인 부부생활에서 성취된다(ποιῆσαι ἓν ἐκ δυοῖν καὶ ἰάσασθαι τὴν φύσιν τὴν ἀνθρωπίνην "둘로부터 하나를 만들고 인간의 본성을 치유한다" : 191D)고 설명해 나간다. 플라톤에 있는 그 신화는 더 오래된 동방의 인류발생론의 개념들을 모방한 것이다.[130] 이 신화는 또한 유다교에[131] 그리고 영지주의자들에게[132] 알려졌다.

유다교에서 그 상황은 복잡해 보인다. 아마 그리스와 동방의 양성 신화들의 영향 아래서, 하느님이 사람을 "남자와 여자로"(*MT:* זכר ונקבה ; *LXX* ἄρσεν καὶ θῆλυ) 지었다는 창세기 1장 27절의 진술은 유다교, 영지주의, 그리고 그리스도교에서 추론적인 해석들의 혼란에 빠지기 쉬웠다.[133] 창세기 1장 27절의 칠십인역은 해석하는 데 혼란

129) *Symp.* 189E.

130) 이 신화에 관해서는 Perceval Frutiger, *Les Mythes de Platon* (Paris: Alcan, 1930) 196f, 237ff ; Richard Batey, "The μία σάρξ Union of Christ and the Church," *NTS* 13(1967), 270—81 ; Niederwimmer, *Askese*, 45ff (위, 주 120)을 보라.

131) 필로는 *Op.* 151—152에서 찬성하면서 그 신화를 언급하나, *Cont.* 63에서는 그것을 거부한다. Baer, *Philo's Use*(위, 주 120을 보라) 38을 비롯한 여러 곳 ; Niederwimmer, 같은 책, 46ff를 보라. 그 신화는 또한 라삐의 유다교에도 알려졌다. *Gen. Rab.* 8.1.은 그러나 외래어 אנדרוגינוס 때문에 그리스 전승에서 나온 오래된 전승을 인용하는 것 같다 : "R. Jeremiah b. Leazar이 말했다. 축복받은 거룩한 자가 아담을 지었다. 그는 아담을 양성을 가진 자로 지었다. 왜냐하면 '그는 그들을 남자와 여자로 지으셨고 그들의 이름을 아담이라 부르셨다'(창세 5,2)고 씌어 있기 때문이다. R. Samuel B. Nahman은 말했다 : 주께서 아담을 지으셨을 때 그는 아담을 두 개의 얼굴을 가진 자로 지으시고 다음에 그는 아담을 나누어 그에게서 두 개의 등을 만드셨다. 하나는 이 쪽으로 다른 하나는 다른 쪽으로"(tr. Harry Freeman, *Midrash Rabbah: Genesis* [London: Soncino, ²1951] 1.54). 또한 Daube. *NT and Rabbinic Judaism*, 441—44를 보라.

132) 아마 그 신화는 *Exeg. Soul*, *NHC* II, p.131—132 (tr. in Foerster-Wilson, *Gnosis* 2. 105f)에서 사용되는 것 같다. William C. Robinson, Jr., "The Exegesis on the Seoul." *Nov T* 12(1970), 102—17, 114—16을 보라.

133) 이 문제에 대한 기본적인 연구는 Jervell, *Imago Dei: Gen* 1, 26*f in*

을 자아내게끔 되어 있다. 만일 그 귀절 속에 양성을 가진 원인간(Urmensch)의 신화가 이미 확실히 담겨져 있지 않는 한 말이다. 양성을 가진 원인간에 대한 해석은 예컨대 필로에게서도 볼 수 있는데, 그는 그 신화의 중기—플라톤판(middle-Platonic version)에 의존하고 있다(*Op.* 134ff). 처음에 하느님은 원인간을 지으셨다 : "(신적) 형상을 닮았던 그는 하나의 이데아 또는 타입 또는 상(相), 하나의 사고의 대상이었으며, 형체가 없고, 남자도 여자도 아니었으며, 본질적으로 부패할 수 없었다"(*ὁ δὲ κατὰ τὴν εἰκόνα ἰδέα τις ἢ γένος ἢ σφραγίς, νοητός, ἀσωματος, οὔτ' ἄρρεν οὔτε θῆλυ, ἄφθαρτος φύσει*). 인간은, 우리가 지금 지상에서 보는 바와 같이, 태초의 원형과 다르다. 왜냐하면 그는 다른 것들 사이에 남자 또는 여자로서 존재하기 때문이다.[134] 그가 혼자였던 한, 즉 "그가 하나였던 한, 그는 하느님의 단일성을 닮았다"(*μέχρι μὲν γὰρ εἷς ἦν, ὡμοιοῦτο κατὰ τὴν μόνωσιν κόσμῳ καὶ θεῷ*).[135]

그러다가 그가 여자를 만났고, 사랑이 그들을 사로잡았다—여기서 우리는 플라톤의 『심포지움』(*Symposium*)에서 그 신화에 대한 언급을 찾아볼 수 있다[136] : "악행과 위법의 시작인 저 쾌락, 그 쾌락을 위해서 사람들은 불멸과 희열 대신에 사망과 불행의 삶을 스스로 불러들인다."[137] 필로가 구원을 기술할 때, 성 구별의 극복은 구원의 결과들 중의 하나이다 : 사람은 다시 하나가 되어야 한다. 필로는 여러 방법으로 기술하지만,[138] 그가 안트로포스 신화(Anthropos myth)에 돌아가지 않는 것,[139] 그리고 인간의 구원을 이전의 상태에로의 복귀로서 기

Spätjudentum, in der Gnosis und in den paulinischen Briefen (*FRLANT* 76 ; Göttingen: Vandenhoeck & Ruprecht, 1960) 특히 107ff, 161ff 참조. 또한 다음을 보라. Peter Schwanz, *Imago Dei als Christologischanthropologisches Problem in der Geschichte der Alten Kirche von Paulus bis Clemens von Alexandrien* (Arbeiten zur Kirchengeschichte und Religionwissenschaft 2 ; Halle: Niemeyer, 1970) ; Suso Fank, *ΑΓΓΕΛΙΚΟΣ ΒΙΟΣ: Begriffsanalytische und begriffsgeschichtliche Untersuchung zum "engelgleichen Leben" im frühen Mönchtum* (Beiträge zur Geschichte des alten Mönchtums und des Benediktinerordens 26 ; Münster: Aschendorff, 1964) ; Niederwimmer, *Askese*, 여러 곳.

134) *Op.* 134.

135) *Op.* 151 ; 참조. *QGen* 1.42.

136) 위, 주 131을 보라.

137) *Op.* 152.

138) 특히 *Mos.* 2.288 ; *Mut.* 33f; *Som.* 2.70 ; *QEx* 2.29를 보라.

139) Baer ("Philo's Use," 45ff[위, 주 120을 보라)는 안트로포스 신화가 필

술하지 않는 것이 주목할 만하다.[140]

양성을 지닌 원인간 신화는 물론 많은 영지주의 자료들로부터 다양한 형태로 우리에게 알려져 있다. 여기서 양성은 최고의 신에게, 원인간에게 또는 "내적 사람"에게, 그리고 다른 많은 신적 인물들에게 있다고 할 수 있다.[141]

얼마만큼 바울로가 이 종교적 전승들에 대해서 알고 있었는지는 말하기 어렵다. 그는 지금까지 위에서 언급했던 신화적 교리들 가운데 그 어느 것에도 직접 호소하지 않는다. 그렇다고 해서 그가 그 신화적 교리들을 알지 못했다는 것을 반드시 의미하는 것은 아니다. 다만 그는 그러한 교리를 사용하지는 않은 채 그 교리를 암암리에 언급한 셈이다. 결국 바울로는 그리스도-안트로포스(Christ-Anthropos)라는 교리를 사용한다. 그는 또한 구속의 표지로서 일치를 생각하며, 그 일치가 바로 하느님께로 만물이 귀환한 상태라고 생각한다.[142] 바울로는 고린토전서와 로마서에서 그리스도—안트로포스를 사용하나,[143] 갈라디아서에서는 사용하지 않는다. 그러나 그가 그 개념을 사용하는 곳에서도 그는 결코 양성의 문제들은 언급하지 않는다. 이러한 상황 때문에 그리스도—안트로포스 개념의 기원과 바울로에 의한 그것의 사용 가능성이 아직도 그렇게 논쟁거리가 되고 있는지도 모른다.[144]

로에 의해서 한정된 정도로 사용된다는 것을 보여주었다. 그러나 그는 필로가 그 신화를 탐탁하게 여기지 않는다는 것과 무성(無性)과 양성의 차이를 과장한다. 필로에 관해서는 또한 J.M. Wedderburn, "Philo's 'Heavenly Man,'" *NovT* 15(1973) 301—26 ; Meeks, "Androgyne," 183ff를 보라.

140) 필로는 "Sophia" "Arete"를 양성을 가진 것으로 생각하나, 그는 그 문제를 논의하고 싶어하지 않는다(*fuga* 51f). Goodenough, *By Light, Light*, 18f, 201f, 248f; Baer, ibidem, 62f; Niederwimmer, *Askese*, 137ff를 보라.

141) 앞의 각주들에 있는 문헌 외에 Ernst Ludwig Dietrich, "Der Urmensch als Androgyn, "*ZKG* 58(1939), 297—345 ; Widengren, *Religionsphänomenologie*, 83ff를 보라.

142) 특히 고전 15,20—28 그리고 그것의 골로 3,11과의 관련 ; 또한 고전 8,6 ; 12,6 ; 로마 11,36을 보라. 갈라디아서에서 3,20·22·26·28d ; 5,14 참조. 더 명백한 것은 골로 1,15—20 ; 에페 2,14—18 ; 4,3—7 등이다.

143) 고전 15,21—22·45—50 ; 로마 5,12—21 ; 또 제 2 바울로 서신은 더 뚜렷하다(에페 2,15 ; 3,16—19 ; 4,22—24 등).

144) Carsten Colpe, *Die Religionsgeschichtliche Schule* (FRLANT 78 ; Göttingen: Vandenhoeck & Ruprecht, 1961) ; 같은 저자, *TDNT s.v.* ὁ υἱὸς τοῦ ἀνθρώπου (8. 400ff); Geo Widengren, "Die religionsgeschichtliche Schule und der iranische Erlösungsglaube," *OLZ* 58 (1963)

그렇지만 그리스도—안트로포스 신화가 갈라디아서 3장 28절 배후에 놓여 있을 가능성이 배제될 수는 없다.[145] 그밖에도, 만일 그 전체 법식이 그 기원에 있어서 바울로 이전이라면, 고린토전서와 로마서 이외의 다른 서신들에서 바울로가 그 법식에 대해 침묵한 것이 설명될 수 있을 것이다. 제 2 바울로 서신들은 그 개념을 긍정하는 것 같다. 만일 갈라디아서 3장 28절 c 배후에 양성을 가진 그리스도—구속자의 교리가 놓여 있다고 가정한다면, 성적 구별의 해소는 그리스도가 양성을 가진 인간으로서 나타나는 그리스도론과 결부된다는 것을 함축하고 있을 것이다. 그럴 경우 "그리스도 예수 안에서 하나" (갈라 3, 28d)라는 것은 "그리스도를 닮은" 형태일 것이고, 그 형태는 그리스도인이 "그리스도의 몸" 속에 포함됨으로써 가능할 것이다.[146] 그리스도가 양성이기 때문에, 그의 "몸" 역시 그럴 것이며, 그 "몸"의 지체들인 그리스도인들도 그럴 것이다.[147]

그러므로 이 교리가 갈라디아서 3장 28절 배후에 놓여 있다는 가설이, 비록 자료 부족으로 명확한 증명은 불가능하지만, 제시될 수 있다. 구속받은 그리스도인의 양성적 본성에 대한 이 교리는 바울로 이전의 것으로 생각된다.[148] 바울로는 자신의 편지들 다른 곳에서 그 교리를 반복하지 않는다.[149] 고린토전서는 노예 문제에 대한 답변과 마

533—48 ; Egon Brandenburger, *Adam und Christus* (WMANT 7 ; Neukirchen: Neukirchener Verlag, 1962) ; Luise Schottroff, *Der Glaubende und die feindliche Welt* (WMANT 37 ; Neukirchen: Neukirchener Verlag, 1970) ; Conzelmann, *I Corinthians*, 284—86 ; Käsemann, *Römer*, 131ff.

145) 비슷한 문제가 고후 5, 17과 관련해서 생긴다 : *ὥστε εἴ τις ἐν Χριστῷ, καινὴ κτίσις τὰ ἀρχαῖα παρῆλθεν, ἰδοὺ γέγονεν καινά* ("누구든지 그리스도 안에 있으면 그는 새로운 피조물입니다. 보시오, 옛것은 지나가고 새것이 되었읍니다"). 이것은 인간의 성별에 있어서 무엇을 뜻하는가?

146) 또한 고전 4, 8을 보라.

147) 고후 6, 18과의 차이를 주목하라. 거기서 성적 구별이 보지된다 : "너희는 내 자녀가 될 것이다"(아래, 부록 2 ; 또한 Betz, "2 Cor 6, 14—7, 1," 98, 106을 보라).

148) 고전 7, 1의 인용문(*καλὸν ἀνθρώπω γυναικὸς μὴ ἅπτεσθαι*, "남자가 여자에 접근하지 않는 것이 좋습니다")과 어떤 관계가 있을까? 참조. Conzelmann, *I Corinthians*, 115 ; Niederwimmer, *Askese*, 83ff.

149) Jervell, *Imago Dei*, 293f, 310ff는 이것을 설득력 있게 보여주었다. 그러나 그는 고린토에서의 여성의 평등을 "종교적 지위"에 제한시키고 싶어하며, 사회적 해방을 배제시킨다(293 n. 405, 298f). 이 한정은 확실히 인위적이다. 또한 Thraede, "Frau," *RAC* 8, 238—39를 보라.

찬가지로, 여자의 복종을 강조한다는 점에서도 갈라디아서의 이 귀절과 다르다. 고린토전서에 있는 갈라디아서 3장 28절의 병행구는 이 귀절이 빠져 있다.[150] 그대신 여자가 "남자 아래" 있는 것으로 되어 있다(고전 11,2—16).[151] 더우기 고린토전서에서 여자들의 문제에 할애된 예외적인 지면, 특히 소위 "처녀들"에 관한 귀절은(고전 7,25—40), 갈라디아서 3장 28절 c에서 선포된 여성들의 해방으로부터 생긴 난점들을 반영하는 것이 아닐까 하는 문제가 제기된다.[152] 이것은 바울로가 갈라디아서의 입장을 고린토전서에서는 철회했다는 것을 뜻할 수도 있다. 고린토전서 11장 11—12절에서 여전히 비슷한 단어들이 사용되긴 하나, 실제로 갈라디아서 3장 28절 c와 비교해 볼 때 바울로는 반대 방향에서 주장한다.

만일 바울로가 양성적인 그리스도—안트로포스에 대해 어떤 것을 알고 있었다면, 그는 양성의 문제에 대한 논의를 피하려 한 것 같다.[153] 아마 이것은 필로가 구원을 양성에 의해 묘사하기를 꺼려하는 것과 비슷할 것이다.[154] 만일 우리가 양성 신화를 바울로가 알지 못했다고 전제한다면, 그가 그 신화에 의해 소개되었던 종교적 전승들을 알지 못하고서 어떻게 그 언어와 그 개념들을 사용할 수 있었는지를 알아내기 어렵다. 실제로, 우리는 이렇게 가정할 수 있다. 즉 갈라디아서 3장 28절을 통해서 우리는 갈라디아의 초기 그리스도교 상황에 대해 알 수 있지 않을까 하고 말이다. 그 초기 상황은 나중에 영지주의 집단에서만 나타났던 가르침들과 연결되었을지도 모른다.[155] 바울로는 갈라디아서에서 암시한 기본 입장을 고린토전서에서는 명백히 바꾸었으며, 결국 로마서에 가서는 그 입장이 완전히 탈락되었다는 것은 우

150) 그것은 골로 3,11에서도 발견되지 않는다.

151) 제 2 바울로서신들은 여성의 종속을 긍정한다(골로 3,18 ; 에페 5,21—33〔그리스도는 신랑이며, 교회는 신부, 그리고 결혼제도는 지상에서 그것의 모방이다〕: 디도 2,5). 또한 Thraede, "Frau," *RAC* 8.239ff; Meeks, "Androgyne," 197ff; Niederwimmer, *Askese*, 124ff를 보라.

152) 특히 고전 6,12—20 ; 7,1—40 ; 11,2—16 ; 14,33—35를 보라. 참조. Niederwimmer, 같은 책, 74ff.

153) 신랑으로서의 그리스도의 개념 때문에 특별한 문제가 생긴다(고후 11,2—4 ; 또한 에페 5,22—33) ; Niederwimmer, 같은 책, 58ff, 134f를 보라.

154) 위, 주 139를 보라.

155) 다음을 보라 : Walter Schmithals (*Gnosticism in Corinth* 〔tr, John C. Steely; Nashville and New York: Abingdon, 1971〕 239f). 그는 갈라 3,26—28이 "영지주의적 기원을 가진 예식의 한 조각"이라고 가정한다 (239 n. 162) ; Niederwimmer, *Askese*, 177,178,183 n. 83.

연이 아닐 것이다.

(4) 문장 3장 26—28절의 마지막 행이(28절 d) 첫번째 행에(26절) 병행한다는 것은 금방 눈에 띈다.[156] 그러나 또한 다른 점들도 있다. 26절은 갈라디아 사람들에게 "여러분은…하느님의 아들입니다"라고 말하고 있으며, 28절 a—c는 모든 형태의 차별이 폐지된다고 주장한다. 이제 마지막 행에 의해서 이러한 변화의 근거가 제시된다: "그것은 여러분이 그리스도 예수 안에서 다 하나이기 때문입니다"(*πάντες γὰρ ὑμεῖς εἷς ἐστε ἐν Χριστῷ Ἰησοῦ*).[157] 26절에서는 포함이 강조되나, 28절 d에서는 하나됨이 강조된다. 명백히 이 "하나됨"은 한분이신 하느님(3,20), 한분이신 그리스도(3,16), 하나의 사도(1,1·10—12), 그리고 하나의 복음(1,6—9; 2,7—8; 5,14를 보라)에 일치한다. 바울로는 "그리스도 예수 안에서 하나"라는 말로써 그가 의미하는 것이 무엇인지를 상세히 설명하지 않으나[158], 우리는 이것을 로마서 10장 4절로부터("여러분 중에 많은 사람들이 그리스도 안에서 한 몸입니다" *οἱ πολλοὶ ἓν σῶμά ἐσμεν ἐν Χριστῷ*) 추론할 수 있다. 바울로는 갈라디아서에서 *σῶμα Χριστοῦ*("그리스도의 몸")의 개념을 사용하지 않으나, 삽입 단락에서처럼 이곳에서 그 개념을 가정하는 듯하다.[160]

[29] 바울로는 이제 3장 6절에서 시작했던 전체 주장에 대해서 3장 26—28절로부터 결론을 내린다: "여러분이

156) 위 이 단락에 대한 서론을 보라.

157) 형식적인 구성은 본문의 여러 변형들과는 다른 내용을 가리킨다. ℵ A는 *πάντες* 대신에 *ἅπαντες*로 읽는다. p[46] (ℵ*) A에 의해서 대표되는 해독 *ἐστε Χριστοῦ Ἰησοῦ*("여러분은 그리스도 예수에게 속합니다")는 갈라 3,29과 조화시킨 것일 것이다.

158) 참조. Justin, *Dial.* 116.3: "예수의 이름을 통하여 한 사람이 된 우리들…"(*ὡς εἷς ἄνθρωπος*): 참조. 또한 *Odes Sol.* 41.13—15; Carl Schmidt의 판 *Unbekanntes altgnostisches Werk* (GCS, *Koptisch-gnostische Schriften* 1)에서 미확인된 인용문, chap. 11, 351 lines 5—6: "그리고 기록된 바와 같이 그들은 모두 하나가 되었다: '그들은 모두 하나인 자 그리고 유일한 자 안에서 하나가 되었다'". 법식 "그리스도 안에서"에 관해서는 위 2,17을 보라.

159) 이 개념에 대해서는 또한 로마 12,4—5; 고전 10,17; 12,4—31 등을 보라. 전반적인 문제에 관해서는 다음을 보라: Eduard Schweizer, "*σῶμα κτλ.*," *TDNT* 7, 1064—74. Bultmann, *Theology*, § 15, 4e; § 34,2—3. Conzelmann, *Outline*, 260—65. Robert H. Gundry, *Sōma in Biblical Theology, with Emphasis on Pauline Anthropology* (SNTSMS 29; Cambridge: Cambridge University, 1976) 223ff.

160) 참조. 갈라 5,13—14; 6,2·10·15.

그리스도에게 속했다면, 여러분은 아브라함의 자손, 〔그〕 약속에 의한 상속자들입니다"(*εἰ δὲ ὑμεῖς Χριστοῦ, ἄρα τοῦ 'Αβραὰμ σπέρμά ἐστε, κατ' ἐπαγγελίαν κληρονόμοι*). 일방적으로, 3장 26—28절에 근거해서 바울로는 이제 "그리스도"가 그리스도에게 속하는 모든 사람들을 포함한다고 말할 수 있다. 왜냐하면 그들은 "그리스도의 한 몸"을 구성하기 때문이다.[161] 3장 29절에서 조건절은 이제 "그리스도 예수 안에서"라는 표현 대신에 "그리스도의 것이 된다"는 소유격을 사용함으로써 3장 26—28절을 요약한다. 이것은 두 문구가 의미에 있어서 다르지 않다는 것을 보여준다.[162] 결구는 두 개의 결론들로 구성된다.[163] 첫 번째 결론은 3장 16절의 논제, 즉 성서가 복수가 아닌 단수(*εἷς*: 일치)로 "아브라함의 후손"을 언급할 때 그것은 그리스도를 가리킨다는 논제를 확인한다.[164] 그러므로 두번째 결론은 그리스도를 믿는 자들로서 갈라디아 사람들이 실제로 "약속에 의한 상속자들"이라는 것을 언급할 수 있다. 아브라함에게 한 하느님의 약속이 그들에게서 성취되었으며, 그들은 "아브라함의 아들들"이다(3, 6—14·18·22를 보라).[165] 마지막 결론은 또한 연결고리의 역할을 하는 *κληρονόμος*("상속자")라는 용어를 통해 다음 단락으로 자연스럽게 넘어간다(4, 1·7·23·28·30·31을 보라).

161) 남성 *εἷς*대신에 중성 *ἕν*으로 28절을 읽는 증언들(F G 33 *al*)은 아마 29절(3, 16) *ἕν σπέρμα*를 생각하는 것 같다. Burton, p. 208을 보라.
162) *Χριστοῦ εἶναι*("그리스도의 것이다. 그리스도에 속하다")의 개념은 바울로적이다. 참조. 갈라 5, 24 ; 고전 1, 12 ; 3, 23 ; 15, 23 ; 고후 10, 7 ; 로마 8, 9. Schmithals *Gnosticism*, 199ff; Dieter Georgi, *Die Gegner des Paulus im 2. Korintherbrief* (WMANT 11 ; Neukirchen-Vluyn: Neukirchener Verlag, 1964) 227ff; Betz, *Nachfolge*, 172f; Walter Grundmann, "*χρίω*," *TDNT* 9. 547—52를 보라.
163) *ἄρα*를 가진 결론들에 대해서는 갈라 2, 17·21 ; 5, 11 참조. 또한 3, 14·18·24—25 ; 4, 7·31에 있는 결론들을 보라.
164) 참조. 또한 갈라 3, 20·28d.
165) 슐리어(p. 175)는 소유격 "그리스도의 것임"을 로마 8, 8—9(고전 3, 16 ; 12, 16 ; 갈라 5, 24—25)에 기초해서 "성례전적 *πνεῦμα Χριστοῦ*("그리스도의 영")을 소유한 것"으로서, 또는 "우리 안에" 그리스도가 있음으로서 해석한다. 바울로가 여기서 성령을 언급하진 않지만, 어쨌든 밑에 깔려 있는 사상은 성령의 체험(참조. 3, 1—5), "그리스도 안에 있음" 그리고 "그리스도에게 속함"이 하나를 그리고 같은 것을 가리킨다는 것이다.

라. 증명들 4장 1—7절

4,1 나는 〔여러분에게 하나의 예로서 이것을〕 말합니다. 상속자는 모든
것[1]의 주인이지만, 미성년자일 때는 종이나 다를 것이 없으며, **2** 아버지가
정해놓은 때까지 보호자나 관리인의 지배 아래 있는 것입니다. **3** 우리도 역
시 그와 같습니다. 우리가 미성년이었을 때는, "세상의 원시종교들"[2] 아래
얽매어 있었읍니다. **4** 그러나 기간이 찼을 때[3] 하느님께서는 그의 아들을
보내셔서 여자에게서 나게 하시고 율법 아래 있게 하셨읍니다. **5** 그것은 율
법 아래 있는 사람들을 속량하시기 위한 것이었으며 우리가 아들로서 채택
받도록 하기 위한 것이었읍니다. **6** 그리고 왜냐하면 여러분은 아들들이기
때문에 하느님께서는 우리 마음에 그의 아드님의 영을 보내주셔서 "아바!
아버지!"라고 불렀읍니다. **7** 그러므로 여러분은 이제 종이 아니라 아들입
니다. 그리고 아들이라면 〔그러면〕 또한 하느님을 통한 상속자입니다.

〔분석〕

바울로는 4장 1—7절에서 자신이 3장 26—28(29)절에서 말했던 내용에 대해 논의하고 있다. 먼저 그는 법의 관행으로부터 예증적인 비교를 끌어낸다(4, 1—2). 4장 3—7절에서 그는 그 비교를 갈라디아 사람들의 현재 상황에 적용한다. 이 적용은 그리스도론적 그리고 구원론적 "법식들"에 의해서 더욱 정당화된다(4, 4—6). 결론(4, 7)은 이 단락을 3장 29절과 연결하며, 3장 29절을 통해서 3장 1—28절과 연결시킨다(특히 3, 2—5·14를 보라). 4장 1—7절은 다음에 오는 단락들과 관련되는 부분들도 마찬가지로 많다. "자유"의 주제는 4장 3·5·7절에서 은연중에 도입되나(참조. 4,22—31 ; 5,1·13), 반면에 경험에 대한 강조는 4장 12—20절에 언급된 감정적인 호소를 예비한다.

〔해석〕

---

1) 즉 "상속"을 뜻한다. 참조. *RSV*, *NEB*는 "토지"(estate)를 덧붙힌다.
2) 번역들은 전문적인 표현을 옮기기 위해 의역을 사용한다. *RSV*, *NEB*: "우주의 기본적인 영들." *NEB*는 대안을 제시한다 : "자연세계의 요소들" 또는 "이 세상에 속하는 기본적인 사상들" *JB*는 "이 세상의 기본 원칙들"로 되어 있다.
3) *JB*는 2절에 대한 번역에 따른다 : "정해진 시간이 왔을 때" 참조. *NEB* : "기간이 끝났을 때."

〔 I 〕 바울로는 보호의 법적 관행으로부터 비교를 사용함으로써[4] 하느님 앞에서의 이방 갈라디아인들의 상황을 (4,1—11) 논의하기 시작한다. 서두 λέγω δέ("나는 〔여러분에게 하나의 예로서〕 말합니다")는 삽입구에 가깝다.[5] 예 자체는 문제가 없는 것이 아니다. 확실히 그것은 바울로와 그의 독자들에게 알려졌던 법적 관행으로부터 끌어낸 것이다. 바울로는 *tutela impuberis*("미성년자에 대한 보호"), 특히 *tutela testamentaria*("계약에 의해 세워진 보호")로 불리는 로마법에서의 관행을 언급한다.[6] 이 제도에 따르면, 가장은 자신이 죽은 후에 자신의 재산을 상속받을 자격이 있는 자녀들을 위해서 하나 또는 하나 이상의 보호자들(*paterfamilias*)을 임명한다. 상속자(ὁ κληρονόμος)[7]가 미성년자(νήπιος)[8]인 동안,[9] 그는 잠정적으로 그 상속[10]의 법적 소유자(ὁ κύριος)[11]이나, 당분간은 그 재산을

---

4) 다른 법과의 비교들에 대해서는 갈라 3,15 ; 로마 7,1—4를 보라.

5) 참조. 갈라 3,17 : 5,16 ; 또한 3,15 ; 5,2 ; 고전 1,12 ; 7,8. BDF, §465 (2) ; BDR, §465.

6) 이 법적 제도와 더 이상의 문헌에 대해서는 : Erich Sachers, "Tutela," *PW* 2 (Reihe 7〔1948〕) 1497—1599 ; Mitteis—Wilcken, *Papyruskunde*, 2.1,231—56 ; 2.2,340—83 ; Raphael Taubenschlag, *The Law of Greco-Roman Egypt in the Light of the Papyri* 332 B.C.—640 A.D.(Warsaw: Pánstwowe Wydawnictwo Naukowe, ²1955) 157ff; Max Kaser, *Das Römische Privatrecht* (HKAW 10. 3.3.1 ; Munich: Beck, ²1971) 1.83 ff, 352ff; Alan Watson, *The Law of Persons in the Later Roman Republic* (Oxford: Clarendon, 1967) 114ff을 보라.

7) 이 법률 용어에 관해서는 : 갈라 3,29 ; 4,7 ; 그리고 Werner Foerster, "κληρονόμος," *TDNT* 3.767—85 ; Bauer, *s.v.* 1 ; Taubenschlag, *Law*, 181ff; James Hester, "The 'Heir' and Heilsgeschichte : A Study of Galatians 4 : 1ff," in Oikonomia: *Heilsgeschichte als Thema der Theologie, Oscar Cullmann zum* 65. *Geburtstag gewidmet* (Hamburg-Bergstedt: Reich, 1967) 118—25를 보라.

8) 이 법률용어(갈라 4,1 ; 고전 13,11)는 삽입구적인 문맥들에서 대개 비유적으로 사용된다(갈라 4,3 ; 로마 2,20 ; 고전 3,1 ; 데전 2,7 ; 에페 4,14 등을 보라). 다음을 보라 : Walter Bauer, "Mündige und Unmündige bei dem Apostel Paulus" (1902, 지금은 *Aufsätze und kleine Schriften* 〔Tübingen: Mohr, Siebeck, 1967〕 122—54에서) : Bauer, *s.v.*, 2 ; Geoig Bertram, "νήπιος," *TDNT* 4, 912—23 ; Walter Grundmann, "Die *ΝΗΠΙΟΙ* in der urchristlichen Paränese, "NTS 5 (1959) 188—205 ; S. Légasse, *Jésus et l'enfant: "enfants," "petits" et "simples" dans la tradition synoptique* (Paris: Gabalda, 1969) 168ff.

9) 참조. 갈라 4,4 (τὸ πλήρωμα τοῦ χρόνου) ; ἐφ' ὅσον χρόνον에 관해서는 로마 7,1 : 고전 7,39 : 그리고 Bauer, *s.v.* ἐπί, Ⅲ, 2,b를 보라.

10) πάντων("모든 것의")은 κληρονομία("상속")를 언급한다. 참조. Mitteis-

처분하는 것이 금지된다. 비록 그는 법적으로(잠정적으로) 상속받을 전 재산의 소유자이지만, 종과 다름없이 보인다(οὐδὲν διαφέρει δούλου). 확실히 이러한 비교는 *cum granu salis*(?)로 생각되어야 한다.[12] 미성년자와 종의 유사점은 겉모습뿐이다. 그러나 바울로가 말하고자 하는 요지는 분명하다. 즉 미성년자와 종 모두 자기결정의 능력이 부족하다는 것이다.[13]

〔 2 〕 미성년자로서 상속자는 "개인교사〔=영어의 '보호자'〕와 관리인"(ὑπὸ ἐπιτρόπους καὶ οἰκονόμους)의 보호 하에 있으며, 그들에게 상속이 맡겨지고, 그리고 그들은 그를 위해서 사업을 한다. 이 상황은 계약에서 아버지가 정한 시점까지 계속되며, 그 시점에 이르면 보호는 끝난다. 이 때 상속자에게는 자유로이 상속받을 권리가 주어지며, 이제 개인교사는 그에게 제3자나 마찬가지이다.

이 예에서 문제가 되는 것은 미성년자(새 번역 : 어릴 때)라는 말이다. 또 이 말이 이 예에 사용됨으로써(4,3—4) 어떠한 영향을 미치는가 하는 것도 문제가 되는 것 같다.[14] 상속자가 한 사람의 개인교사보다 더 많은 것을 받는다는 것은 법적으로 가능하나,[15] ἐπίτροπος와 οἰκονόμος의 결합은 좀 어색하다. 전자는 "개인교사"에 대해 법적으로 요구되는 용어지만,[16] 반면에 후자는 단순히 법적인 의미를 갖지 않

Wilcken, *Papyruskunde* 2.2, 211 lines 33—34에 있는 병행구(Schlier, p.189 n.1에서 인용됨).

11) 이 법률용어에 관해서는 Bauer, *s.v.*, 1 : Taubenschlag, *Law*, 230ff를 보라.

12) 차이가 없다는 바울로의 주장은 과장이다. 왜냐하면 법적으로 자유인과 종 사이에는 큰 차이가 있기 때문이다. 바울로는 그가 그리스도인들의 그리스도인 이전 상황과 노예를 동등시하기 때문에 그 용어들을 대등시한다(갈라 2,4 : 3,23—25 : 4,3·7·9·21—31 : 5,1을 보라). 노예의 법적 상태에 대해서는 Taubenschlag, *Law*, 66ff; Watson, *Law of Persons*., 173ff(위, 주 6)을 보라.

13) Str-B 3.564를 보라.

14) Schlier, 188 : Bonnard, 83 : Mussner, 267가 그렇게 본다.

15) 그 문헌에 대해서는 위 4,1(2/6)에 관해서 보라.

16) 이 전문용어는 신약에는 여기서만 발견되나, *CMC* 16.8을 보라. 다음을 보라 : Theodor Thalheim, "'Ἐπίτροπος," PW 6(1907) 224f; Friedrich Preisigke, *Fachwörter des öffentlichen Verwaltungsdienstes Ägyptens in den griechischen Papyrusurkunden der ptolmeäisch-römischen Zeit* (Göttingen: Vandenhoeck & Ruprecht, 1915) 93 : Mitteis-Wilcken, *Papyruskunde* 2.1, 248—51 : Otto Eger, "*Rechtswörter und Rechtsbilder in den paulinischen Briefen*," 105—08 : Bauer, *s.v.*, 3 : Taubenschlag, *Law*

는 관리상의 용어다("관리인").[17] 만일 바울로가 보호를 위한 두 개의 기존하는 법적 제도들을 말하고 싶었다면, 그는 두번째 용어로서 κουράτωρ("도서관, 박물관 등의 관리자")를 사용했어야 했다.[18] 바울로가 두 용어를 결합시킨 것은 아마 노예에 대한 언급 때문에 생겼을 것이다(4, 3 ; 또한 4, 1). 왜냐하면 οἰκονόμος("관리인")는 노예의 감독자를 지칭할 수 있기 때문이다.[19]

또 다른 문제는 보호가 ἄχρι τῆς προθεσμίας τοῦ πατρός("아버지가 정해놓은 때까지")만 지속된다는 조항으로부터 생긴다.[20] 그러나 보통 고아들의 보호는 그 아이가 성년이 될 때 자동적으로 끝난다. 이 날짜는 아버지가 정하는 것이 아니라 정부가 정한다. 왜냐하면 보호제

153, 154, 157ff. 라틴어 동의어는 *tutor impuberis*("미성년자의 보호자"). 그것에 대해서는 Erich Sachers, "Tutela impuberum," *PW* 2. Reihe 7 (1948) 1503—88을 보라. 라삐의 법에서는 외래어 אפיטרופוס가 있다. 다음을 보라 : Str-B 3. 564—69 ; Moses Bloch, *Die Vormundschaft nach mosaisch-talmudischem Rechte* (Budapest and Pressburg: Alkalay, 1904); Marcus Cohn, "Jüdisches Waisenrecht," *Zeitschrift für vergleichende Rechtswissenschaft* 37(1920) 417—45 ; 같은 저자, "Vormund," *Jüdisches Lexikon* 5(1930) 1248—50 ; Ben—Zion Schereschewsky, "Apotropos," *EncJud* 3(1971) 218—22.

17) 그 용어는 보호와 아무런 관계가 없으나, 여러 법원 관리들을 지칭할 수 있다. 다음을 보라 : Preisigke, *Fachwörter*, 132f; 같은 저자, *Wörterbuch* 3. 137f ; Taubenschlag, *Law*, index, *s.v.* ; Bauer, *s.v.*, 1 ; Mitteis-Wilcken, *Papyruskunde* 1. 1, 150f; Otto Michel, "*οἰκονόμος*," *TDNT* 5. 149—51 ; John Reumann, *The Use of oikonomia and Related Terms in Greek Sources to about A.D.* 100, *as a Background for Patristic Applications* (Diss. University of Pennsylvania, 1957) ; 같은 저자, "'Stewards of God'—Pre-Christian Religious Application of OIKONOMOS in Greek," *JBL* 77(1958) 339—49 ; Gerd Theissen, "Soziale Schichtung in der Korinthischen Gemeinde," *ZNW* 65(1974) 232—272, 특히 237ff.

18) 그 용어는 희랍어로 된 외래어다. Taubenschlag, *Law*, 178, 180, 181을 보라.

19) Wilhelm Dittenberger (*Orientis graeci inscriptiones selectae* [Leipzig: Hirzel, 1903—05] 2, no. 669, pp. 395f)는 에집트에서 나온 비문을 가지고 있다. 거기서 두 용어들이 결합된다 : *ἐπίτροπος τοῦ κυρίου ἢ⟨ι⟩ οἰκονόμος*.

20) 전문어 *προθεσμία*("지정된 날, 정해진 시간")는 신약에서 한번 나오는 어구다. 다음을 보라 : LSJ, *s.v.;* Bauer, *s.v.;* Preisigke, *Fachwörter*, 147 ; 같은 저자, *Wörterbuch* 2. 370f; Schlier, p. 189n. 6 ; Giuseppe Flore, "*ΜΕΤΑ ΠΡΟΘΕΣΜΙΑΝ* e *ΤΗ ΠΡΟΘΕΣΜΙΑ* nelle '*ΑΠΟΓΡΑΦΑΙ* alla *ΒΙΒΛΙΟΘΗΚΗ ΤΩΝ ΕΓΚΤΗΣΕΩΝ*" (*Studi in Onore di Edoardo Volterra* [Rome: E. Giuffrè, 1971] 1. 733—42).

도는 공적인 임무로 여겨졌기 때문이다.[21] 그러나 지방의 법적 관행을 보면, 유언자가 피보호자의 일정한 나이에 보호의 끝남을 명시하는 예들도 있다.[22] 이것은 바울로가 로마법의 표준에 의해서보다는 지방에서의 법적 관행에 의해서 더 많이 영향받았다는 것을 뜻할 것이다. 또 하나의 가능성은, 바울로가 예 자체보다는 어떤 예를 적용하는 것에 더 관심을 가졌으며, 적용에 대한 그런 관심 속에서 그는 거기에 맞는 예를 찾아냈다고 가정하는 것이다.[23] 어떤 경우든, 그 예의 의미는 상당히 명확하다 : 보호는 법에 의해 정해진 날짜에 정확하게 끝난다.

[3] 바울로는 1—2절에 있는 비교를 그리스도인들의 현재 상황에 적용한다 : *οὕτως καὶ ἡμεῖς, ὅτε ἦμεν νήπιοι*("우리도 역시 그와 같습니다 : 우리가 미성년이었을 때"). 바울로가 여기서 일인칭 복수로 바꾼다는 점에 주목해야 한다.[24] 인칭을 그렇게 바꾼 이유는, 그가 말해야만 하는 내용이 유다인이건 이방인이건 모든 그리스도인들에게 적용되기 때문이다.[25] 그리스도인 이전 상황이었을 때 그들은 모두 다음과 같은 의미에서 미성년자[26]의 상황에 있었던 거나 다름 없다 : "우리는… '세상의 원시종교들' 아래 얽매여 있었읍니다"(*ὑπὸ τὰ στοιχεῖα τοῦ κόσμου ἤμεθα δεδουλωμένοι*). "세상의 원시종교들 하에서의 노예상태"라는 공통분모 하에 유다교와 이방인을 이같이 결합시킨 것은 도식적인 의의를 가진다고 외프케(Oepke, 129면)는

21) Sachers, "Tutela impuberum," 1587(위, 주 16을 보라) ; Taubenschlag, ***Law***, 167f; Watson, ***Law of Persons***, 139 ; Kaser, ***Privatrecht***, 1. 362f; Str-B 3. 569f를 보라.

22) Taubenschlag (***Law***, 167 n. 56)은 파피루스로부터 열거한다 : Pap. Oxyr. 487(A.D. 156) ; 491(A.D. 126) ; 495 (A.D. 181—89) ; Fouad 28(first c. A.D.). 그는 또한 더 이상의 문헌을 가지고 있다.

23) 참조. 갈라 3,19—25 ; 4,4.

24) 갈라 3,26을 보라. P⁴⁶ℵ D* G 33 pc는 *ἤμεθα*로, 𝔖 𝔎 pc, Clement는 *ἦμεν*으로 읽는다. 의미상의 차이는 없다. 참조. BDF, §98 ; BDR, §98. 완곡법적인 활용에 관해서는 BDF, §353 ; BDR, §353을 보라.

25) 다른 많은 주석가들도 그렇게 생각한다. 예컨대, Sieffert, Bousset, Ropes (pp. 37f), Lagrange, Lightfoot, Burton, Oepke, Schlier, Mussner. 다른 사람들(Zahn, Chrysostom, Ambrosiaster, 그리고 중세의 주석가들을 따라서)은 "우리"를 이전의 유다인들에게 제한시킨다. 왜냐하면 그들은 8—10절이 유다인들에게 적용될 수 없었다고 말하기 때문이다.

26) *νήπιος*("미성년")가 이제 비유적으로 사용된다는 것을 주목하라. 4,1에 관해서 보라.

지적했는데, 그것은 옳다. 그리스도인이 되기 이전의 상황을 노예상태로 이같이 묘사하는 것[27]은 물론 그리스도를 통한 해방과 대조될 수 있다.[28] 그러나 가장 중요한 것은 바울로가 뜻하는 *τὰ στοιχεῖα τοῦ κόσμου*("세상의 원시종교들")의 개념이며,[29] 그 말로써 그는 "노예 소유자들"을 암시한다. 수많은 학문적 연구들은, 이 "세상의 원시종교들"이라는 말이 "이 악한 세대"(1, 4)를 구성하고 제어하는 악마적 세력들을 나타낸다는 결론에 도달하였다.[30] 바울로 시대의 그레꼬·로마의 (그리고 유다의) 혼합주의는 세계에 대한 아주 부정적인 견해를 그 특징으로 한다. *κόσμος*("세계")는 넷이나 다섯 개의 "요소들"로 구성된다고 생각되었으며, 그것들은 단순히 유형적인 물질이 아니라 사람에게 적대적이었던 우주적 차원들과 별세계의 세력을 지닌 악마적 실재들로 여겨졌다.[31] 유다교에서 이 세력들은 "천사적 존재들"의 세

27) 참조. 갈라 2,4 ; 3,23—25 ; 4,7·8·9·24·25 ; 5,1.

28) 참조. 갈라 2,4 ; 4,22·23·26·30·31 ; 5,1·13·

29) 그 개념은 또한 갈라 4,9 ; 골로 2,8·20 ; 베후 3,10—12에서 발견된다. 참조. 또한 *CMC* 16,1—16.

30) 이차적인 문헌은 다음에 수록되어 있다 : Gerhard Delling, "*στοιχεῖον*," *TDNT* 7. 670—87 ; Adolf Lumpe, "Elementum," *RAC* 4. 1073—1100 ; Lohse, *Colossians and Philemon*, 96—98(excursus); Heinz Schreckenberg, *Ananke* (Zetemata 36 ; Munich: Beck, 1964); Braun, *Qumran* 1. 228ff; Alfred Adam, "Die sprachliche Herkunft des Wortes Elementum," *NovT* 6(1963) 229—32 ; Andrew J. Bandstra, *The Law and the Elements of the World* (Kampen: Kok, 1964) ; Eduard Schweizer, "Die 'Elemente der Welt' Gal 4, 3. 9 ; Kol 2, 8. 20," in *Verborum Veritas, Festschrift für G. Stählin* (Wuppertal: Brockhaus, 1970) 245—59(또한 *Beiträge*, 147—63에서) ; Gerhard Münderlein, *Die Überwindung der Mächte: Studien zu theologischen Vorstellungen des apokalyptischen Judentums und bei Paulus* (Zurich: Selbstverlag, 1971) 90—96 ; Johannes Lähnemann, *Der Kolosserbrief* (StNT 3 ; Gütersloh: Mohn, 1971) 89ff. Alf Thomas Kraabel, *Judaism in Asia Minor Under the Roman Empire* (Th.D. Thesis; Harvard Divinity School, 1968) 145 ; Mussner, pp. 291—303.

31) Schlier, p.191 n. 3 ; Delling, "*στοιχεῖον*," *TDNT* 7. 676—77 ; Schweizer, Münderlein, Herman Ridderbos (*Paul: An Outline of His Theology* [tr. John R. de Witt; Grand Rapids: Eerdmans, 1975] 148f)는 "원시종교들"이 "인격적인" 것으로 생각되었던 것을 의심하며, "원시종교들"의 유물론적 해석을 택한다. 또한 Eckert, *Die urchristliche Verkündigung*, 126ff를 보라. 그러나 용어 "인격적인"이 악마들에게 돌려질 수 있는 한, 그것들은 확실히 존재했다. 또한 다음에 있는 자료를 보라 : Hans Dieter Betz, "On the Problem of the Religio-Historical Understanding of Apocalypticism," *JTC* 6(1969) 134—56 ; Griffiths, *Apuleius of Ma-*

계 안에 통합되었다. 일반적으로 사람들은 이 세력들에 의해서 희망없는 상태로 아무 힘없이 삼킴을 당하고 압제받는다고 이해했다. 그 세력들은 사람이 세계 속으로 들어가는 시간부터 그곳을 떠날 때까지 그와 예고없는 시합을 갖는다. 그 세력들은 사람의 내부에서 활동하는 동안, 육체를 이루나 또한 외부에서도 그와 부딪친다. 그럴 경우, 인간은 무슨 "운명"(*Tyche*—이 단어는 통상적으로 그리스인들에 의해서 사용되곤 했다)에 처해 있든지간에 무시무시한 경험을 겪게 된다. 그런 조건 하에서 삶은 삶이 아니라 나날이 죽음의 연속이다.[32] 고대의 수많은 이교들에서, 그 악마적 세력들을 누그러뜨리고 달래기 위해 제의적 방법들이 개발되었다. 주로 기도, 의식, 희생, 제, 점성술, 마술, 마법 등이 여기에 포함되었다.[33] "세상의 원시종교들 하에서의 노예상태"라는 개념도 또한 그런 악마적 세력을 위한 제의적 방법이 성행했던 맥락을 참조함으로써 설명될 수 있다. 여기서 "원시종교들"은 4장 8절에서 언급되는 "본질상 신들이 아닌"(*τοῖς φύσει μὴ οὖσιν θεοῖς*) 저 존재들과 동일하다. 그것들은 4장 2절의 "보호자와 관리인", 노예들의 주인(4,3)이다.[34] "그것들 아래" 있는 것은 "율법 아래" 있는 것과 다를 바 없다(3,22—25).[35] "노예상태"는 이교의 요구에 대한 철저한 준수에 불과하다(4,9—10 ; 참조. 골로 2,8·16—23).[36] 비록 간단하지만, 갈라디아서 4장 3절은 그리스도 안에서 구속받기 전 하느님 앞에서의 인간의 상태에 대한 바울로의 사상을, 물론 그리

dauros, 301—303.

32) 로마 7,24 ; 고후 4,11—12 ; 7,10을 보라. 그 문제에 관해서는 Rudolf Bultmann, "*θάνατος, θανατόω, θνητός*," *TDNT* 3,7—22 ; 같은 저자, Theology, §§21—27 ; Conzelmann, *Outline*, 23 ; Güttgemanns, *Apostel*, 여러 곳 ; Betz, *Nachfolge*, 특히 169ff를 보라.

33) Theodor Hopfner, *Griechisch-ägyptischer Offenbarungszauber* (2 Vols.; Leipzig: Haessel, 1921, 1924 ; republished Amsterdam: Hakkert, 1974)에서 다룬 이 주제들에 관련된 문제들의 대요를 능가하는 것이 아직 없다. 또한 Jonas, *Gnosis*, 1,2·1 ; idem, *Gnostic Religion*을 보라.

34) 참조. 고전 8,4—6; Conzelmann, *1 Corinthians*, 142—45.

35) 참조. 갈라 3,10 ; 4,5. 그러나 바울로의 입장은 Cerinthus와 같은 영지주의자들과 다르다. 그에 의하면 세계는 최고의 하느님에 의해서 창조된 것이 아니라, 율법을 준 열등한 천사들에 의해서 창조되었다(Irenaeus, *Adv. hear*. 1.26.1 ; Epiphanius *Anaceph*. 28.1.3).

36) 골로 2,8에서 그 단어는 "사로 잡히다"(*συλαγωγεῖν*)이다. 로제의 주석 *Colossians and philemon*, 94,114—31 ; 또한 *PECL* 1.17,33,239,294,300에 들어있는 병행구들을 보라. 갈라디아서와 골로사이서의 관계는 본질적으로 문제가 된다 ; 참조. Vielhauer, *Geschichte*, 115f, 192—95.

스도교 신앙의 관점에서 본 사상을 담고 있다.[37]

[4] 노예상태로부터의 구속받음을 기술함에 있어서 바울로는 전통적인 그리스도론적 진술들을 사용하는 것 같다. 이 진술들은 본래 법식적인 것 같으며 바울로[38]와 요한[39]의 다른 문헌에서도 발견된다. 최근 연구들[40]은 이 법식들의 본질과 기원을 확증하려고 노력했다. 갈라디아서 4장 4—5절에 있는 법식은 그것 자체만 가지고 생각한다면, 구조에 있어서 교리적이며 그리스도론적이다. 아직도 불분명한 것은 바울로가 그 법식을 현재의 문맥에 변경시켜 포함시켰는지 또는 변경하지 않고서 포함시켰는지, 바울로 이전의 법식이 얼마만큼 확대되었는지, 그것이 4장 6절과 함께 있었는지, 그리고 그것이 나온 본래의 문맥이 어떤 것이었는지 하는 점들이다.[41]

37) 바울로가 이 사상을 로마서, 특히 5,12—7,24에서 더 상세히 논의했다는 것을 주목해야 한다.

38) 아마 또한 기원에 있어서 바울로 이전일 것이며 전체 그리스도론과 구원론을 담고 있는 더 긴 언급이 로마 8,3—4에서 발견된다. 참조. 또한 로마 8,14—17·23 ; 마르 12,1—12병행구. 갈라디아서에서 다른 그리스도론적 정식들에 대해서는 1,4 ; 2,20 ; 3,13을 보라(3,13과 4,4—5의 관계에 대해서는 위 3,13에 관한 논의를 보라).

39) 요한 3,16—17 ; 요일 4,9(참조. 4,10·14).

40) 다음을 보라 : Kramer, *Christ, Lord, Son of God*, §25 ; Eduard Schweizer, "Zum religionsgeschichtlichen Hintergrund der 'Sendungsformel' Gal 4 : 4f;Rom 8 : 3f; John 3 : 16f; 1 John 4 : 9," *ZNW* 57(1966) 199—210 ; (또한 *Beiträge*, 83—95) ; 같은 저자, "*υἱός κτλ.*," *TDNT* 8. 374ff; Luz, *Geschichtsverständnis*, 282f, 약간의 회의주의적 성향을 띠고 ; Blank, *Paulus und Jesus*, 260ff; Mussner, pp. 271—74. Klaus Wengst (*Christologische Formeln*, 59)는 그 정식의 존재를 부인하나, 부인할 수 없는 유사점들을 설명하지 못한다.

41) 에드워드 슈바이처는 그것의 기원이 유다교의 헬라주의적 지혜 사상과 그리스도론의 결합이라는 것을 제시하였다. 다음을 보라 : 위, 주 40에서 언급된 논문과는 별도로, 그의 "Zur Herkunft der Präexistenzvorstellung bei Paulus," in *Neotestamentica* (Zurich and Stuttgart: Zwingli-Verlag, 1963) 105—109 ; 같은 저자, "Aufnahme und Korrektur jüdischer Sophia-Christologie im Neuen Testament(같은 책, 110—21) ; 같은 저자, "*υἱός κτλ.*," 374—76 ; 또한 광범위한 참고문헌이 있는 André Feuillet, *Le Christ, Sagesse de Dieu d'après les épîtres pauliniennes* (Paris: Gabalda, 1966) ; Felix Christ, *Jesus-Sophia. Die Sophia-Christologie bei den Synoptikern* (AThANT 57 ; Zurich: Zwingli-Verlag, 1970) ; Burton L. Mack, *Logos und Sophia. Untersuchungen zur Weisheitstheologie im hellenistischen Judentum* (SUNT 10 ; Göttingen: Vandenhoeck & Ruprecht, 1973).

우리는 어느 정도의 개연성을 가지고 다음과 같이 말할 수 있다[42] :

4—5절은 상당히 복잡한 진술이다. 그것은 때를 나타내는 절(4절a)로 시작하며, 아들을 보내신 하느님의 행동을 계속해서 언급한다(4절b). 그리고 아들에 대한 일종의 정의를 제공하는 분사형태로 된 병행하는 두 진술(4절 c·d)이 이어진다. 5절은 병행하는 두 개의 ἵνα—절들을 덧붙이는데, 구원론적 교리를 담고 있다.

때를 나타내는 절(4절 a)은 이제 앞서 "아버지가 정해놓은 때"란 말로써 바울로가 의미했던 바가 무엇인지를 자세히 설명한다(4, 2 ; 참조. 3, 23·25) : ὅτε δὲ ἦλθεν τὸ πλήρωμα τοῦ χρόνου("그러나 기간이 찼을 때"). "기간이 참"이라는 문구는 바울로 서신들 중에서 여기서만 발견되나, 바울로가 가지고 있었던[43] 유다교 및 그리스도교의 종말론적 언어에 속한다.[44]

"하느님께서는 그의 아들을 보내셔서"(ἐξαπέστειλεν ὁ θεὸς τὸν υἱὸν αὐτοῦ)라는 귀절은 하느님의 구속 행위를 묘사한다. 그러나 이 행위는, 하느님께서 그의 아들을 보내시고 그 다음에 그의 아들의 영을 보내신(참조. 6절)[45] 두 행위 중에서 첫번째 행위에 해당할 뿐이다. 일반적으로 말해서, 그의 (또는 그녀의) 대리자를 "구속자"로서 세상 속에 보내는 신 개념은, 고대에서 여러가지 종교의 종파들에 의해서 여러 형태로 널리 알려져 있었다.[46] 이 개념들은 "선재" 사상을 당연히 전제하지도 않으며,[47] "하느님의 아들"과 같은 특수한 존칭들과

42) 가능성 있는 형태상의 기원은 2 *Clem.* (20.5)의 마지막에 있는 송영에 의해서 비쳐진다. Karl p. Donfried, *The Setting of Second Clement in Early Christianity* (NovTSup 38 ; Leiden: Brill, 1974) 187—89를 보라.

43) 갈라 1, 4·15 ; 고전 10, 11 ; 데전 5, 1 이하를 보라.

44) 참조. 에페 1, 10 ; 마르 1, 15 ; 16, 14 (*v.* 1.) ; 요한 7. 8 ; 히브 1, 2. Str-B 3. 570 ; Gerhard Delling, "πλήρης," *TDNT* 6. 283ff, 특히 303—04를 보라. 무쓰너(p. 269 n. 114)는 쿰란문헌으로부터 병행구(1 *QS* 4. 18—19 ; 1 *QM*14. 14 ; 1 *QpHab* 7. 13)들을 열거한다.

45) 또는 로마 8, 3. 다른 것은 필립 2, 6—11의 바울로 이전의 찬가이다. 거기서 구속자인 그리스도 자신이 지상에 내려갈 결정을 하며 성령은 아무 역할도 하지 않는다.

46) 바울로의 "구속자" 개념에 관한 참고문헌에 대해서는 Philipp Vielhauer, "Erlöser II. im Neuen Testament," RGG³ 2. 579—84 ; Schottroff, *Glaubende, passim* ; Widengren, *Religionsphänomenologie*, index, *s.v.* "Erlöser"를 보라.

47) 이에 대해서는 Wilhelm Bousset, *Kyrios Christos: A History of the Belief in Christ from the Beginning of Christianity to Irenaeus* (tr.

반드시 관계되지도 않는다.[48] 그러므로 우리는 "선재" 사상이나 "하느님의 아들"과 같은 주제들을 그것들 단독으로 취급해야 한다. 갈라디아서의 문맥에서 우리는, 3장 19·23·25절에서 그리스도의 "오심"에 대해 이미 들었으나 4장 4—5절의 그리스도론적 진술만이 그의 오심에 대해서 더 많은 것을 우리에게 말해준다. 그리스도의 출현은 4절b에서 극히 간결한 두 진술을 통해 기술되고 규정된다. 그 진술들은 표면상으로 병행하나, 4장 5절에 있는 두 개의 ἵνα—절처럼 의미에 있어서 연속적이다 : γενόμενον ἐκ γυναικός("여자에게서 나다"), γενόμενον ὑπὸ νόμον("율법 아래 두다"). 용어 γίνεσθαι ἐκ는 (신이 아닌) 인간 어머니"로부터" 한 인간의 탄생을 언급하나, 반면에 γίνεσθαι ὑπό는 인간의 존재 상황을 규정한다.[50] 4절 b의 진술은 몇가지 점에서 우리를 당황케 한다. 그 진술의 두번째 부분만("율법 아래 있게 하다")이 갈라디아서에 있는 주장에 맞는,[51] 반면에 첫번째 주장("여자에게서 나게 하시고")은 이 편지에서 결코 논의되지 않는다. 여기에서 이렇게 생각해 볼 수 있다. 즉 첫번째 주장은 바울로 이전 자료에 속하는 것으로서, 바울로가 자신의 주장부분에서 그것의 사용 가능성을 고려

John E. Steely; Nashville and New York: Abingdon, 1970) 208—10 ; Schweizer, *Beiträge*, 90에 정확히 나와 있다. 확실히, 바울로는 선재 그리스도론을 주장한다(고전 8,6 ; 고후 8.9 ; 로마 8,3 ; 필립 2,6—11 ; 로마 1,3—4는 다르다). 참조. 위, 주 41에 적힌 Schweizer의 논문들 ; 같은 저자, "Ökumene im Neuen Testament: Der Glaube an den Sohn Gottes," in *Beiträge*, 97—111 ; John Macquarrie, "The Preexistence of Jesus Christ," *Exp Tim* (1966) 199—202 ; Fred B. Craddock, *The Pre-existence of Christ in New Testament* (Nashville: Abingdon, 1968) ; Conzelmann, *Outline*, 199—203.

48) Schweizer, *Beiträge*, 91. 바울로는 "보냄"의 개념을 그리스도의 선재 및 "하느님의 아들"이라는 칭호에 연결시킨다. 칭호 "하느님의 아들"에 관해서는 갈라 1,16 ; 2,20 ; 4,6을 보라.

49) 참조, 로마 1,3 그리고 Moulton-Milligan, *s.v.*; Bauer, *s.v.* γίνομαι. I. 1, a; Schweizer, "υἱός κτλ.," *TDNT* 8.383f, 386 ; Mussner, 269f.

50) 참조. 루가 2,22—24·39. Bauer, *s.v.* γίνομαι, Ⅱ, 4, a; Schlier, 196 n.3을 보라.

51) 참조. 갈라 3,13 : 두 귀절들은 조화될 수 없다. 3,13에서 그리스도는 율법의 저주 아래 있는 자들을 구속하기 위해 십자가에서 저주받는 자가 된다. 4,4에서 그리스도는 사람이 되어 율법 아래서 산다. 그리고 그와 같이 율법 아래 있는 자들을 구속한다(5절). 두 귀절들이 교리적으로 그리고 역사적으로 서로 어떻게 관련되는지는 말하기 어렵다. 슈바이쩌("υἱός κτλ.," 383)는 4장 4절이 "발전"된 것이 3장 13절이라고 가정하는 데 그러나 이 가설은 거의 개연성이 없다.

하지 않은 채 생략하지 않고 그대로 이곳에 채용했다고 말이다. 전체적인 진술이 본래 바울로 이전의 그리스도론을 반영하고 있다 할지라도, 그 윤곽들만은 뚜렷이 알 수 있다.

이 그리스도론은 한 인간으로서의 그리스도의 존재, 특히 그가 유다인이라는 것을 강조한다.[52] "여자에게서 나게 하시고"에 병행하는 문구인 "율법 아래 있게 하셨읍니다"는, 현재의 (바울로의) 문맥에서는 부정적[53]인 의미를 지닌 것으로 보이나 이와는 달리 본래는 긍정적인 의미를 지녔음에 틀림없다.[54] 원래 그 진술은 그리스도론이 아니라 인간론이다.[55] 즉 그 진술은 인간의 삶에 대한 규정이다. 사람은 인간인 어머니에게서 태어난 존재이며[56] 인간의 법에 지배받는 존재이다.

52) 고대에는 이해하기 어려웠다(참조. 예컨대, 제롬과 루터의 주석들). 예수의 처녀 탄생의 교리는 4,4의 전승과 마찬가지로 바울로에게 알려지지 않았다. 이에 대해서는 Schlier, p. 196과 Mussner, p. 270에 자세히 나와 있다. 참조. Emile de Roover, "La maternité virginale dans l'interprétation de Gal 4 : 4," in ***Studiorum Paulinorum Congressus Internationalis Catholicus*** (AnBib 17—18 ; Rome : Pontifical Biblical Institute, 1963) 2 : 17—37 ; Heikki Räisänen, "Die Mutter Jesu im Neuen Testament," *Acta Academiae Scientiarum Fennicae*, 158(Helsinki, 1969) 3—217, 17—20.

53) 문귀 "율법 아래"는 갈라 3,23에서도 발견되나(참조. 또한 4,5·21 ; 5,18 ; 고전 9,20 ; 로마 6,14—15), 이 바울로의 용법은 바울로 이전의 기원과 문맥을 배제하지 않는다(Luz, *Geschichtsverständnis*, 282 n. 67에 반대해서).

54) 참조. 로마 8장 3절에서는 바울로 이전의 사상들을 반영하고 있는 것 같다. Käsemann, *Römer*, 8ff를 보라.

55) 올바르게도 Schlier, 196 ; Bonnard가 그렇게 생각한다. 여자 가장제의 법의 흔적에 관해서는 다음을 보라 : Victor Aptowitzer, "Spuren des Matriarchats im jüdischen Schrifttum," *HUCA* 4(1927) 207—40 ; 5 (1928) 261—97 ; Joachim Jeremias, *Jerusalem in the Time of Jesus* (Philadelphia: Fortress, 1969) 351. 참조. Str-B 3. 570 ; 또한 Mussner, 269f에 열거된 쿰란으로부터의 병행구들(*1QS* 11. 20f; *1QH* 13. 14 ; 18. 12—13, 16), 특히 *1QS* 11. 20f(Vermes 역) : "누가 당신의 영광을 가질 수 있으며, 당신의 놀라운 행위들 가운데서 사람의 아들은 무엇일까요? 당신 앞에서 과연 여자에게서 난 자가 무엇으로 간주될까요? 먼지로 빚어 만들어져, 그의 집은 벌레들의 자양물입니다." 영지주의 *Exc. ex Theod.* 80. 1로부터 발췌해 보라 : "어머니가 낳은 자는 죽음과 세상 속으로 끌려가나, 그리스도가 거듭 낳은 자는 Ogdoad 속에서 생명에 옮겨진다"(tr. Robert P. Casey, *The Excerpta ex Theodoto of Clement of Alexandria* [London: Christophers, 1934]). 참조. 또한 *Exc. ex Theod.* 67—68 ; *PGM* Ⅳ. 518—20.

56) 참조. Plutarch *Frag.* 177 (LCL 15. 314—16) 여기서 생일은 "큰 시련

여기서 "법"은 물론 유다 토라에 들어맞는다.[57]

이 인간론적 정의는 그리스도론적 목적을 위해 제시되며, 그리스도의 출현이 그 용어의 완전한 의미에서 한 인간의 출현이었다는 것을 가리킨다. 이 그리스도론은 바울로의 다른 그리스도론적 귀절들에 비해 독특한 차이를 보여주나, 그것은 바울로에게 받아들여질 수 있는 것이다.

[5] 그리스도가 세상 가운데 온 목적과 목표점은 유다인들과 이방인들 양자를 구속하는 것이었다.[58] 이 귀절에서 그리스도의 십자가[59]가 언급되지 않는 것이 흥미롭다. 구원론은 연속되는 두 문장으로 언급되는데 그 문장들은 각각 ἵνα("하기 위하여")로 시작되고 4장 4절에 교차적으로 관련된다. 이런 종류의 문장은 바울로 서신들의 다른 병행구들에서도 볼 수 있다.[60] 이중으로 된 문장들은 생소하며 설명이 필요하다.[61] 첫번째 문장은 "율법 아래" 있는 자들, 즉 유다인들의 구속을 언급한다[62] : ἵνα τοὺς ὑπὸ νόμον ἐξαγοράσῃ("율법 아래 있는 사람들을 속량하시기 위해"). 바울로는 그리스도의 구속적인 활동을 묘사하기 위해 이전에 3장 13절에서 ἐξαγοράζω("속량하다")라는 용어를 사용했었다.[63] 만일 첫번째 ἵνα—문장이 유다인들을 언급한다면, 마지막 ἵνα—문장의 주어는 미해결된 문

과 고난의 시작"을 의미한다(ἄθλων καὶ πόνων μεγάλων ἀρχή). *PECL*, 321을 보라.

57) 루가 2,21·22—24에서 예수의 할례와 봉헌을 보라. 영지주의와 유다 그리스도교에서 예수의 할례의 의의에 대해서는 Walter Bauer, *Das Leben Jesu im Zeitalter der neutestamentlichen Apokryphen* (Tübingen: Siebeck, Mohr, 1909) 74를 보라.

58) 갈라 3,26—28을 보라.

59) 참조. 갈라 1,4 ; 2,19—20 ; 3,1·13;5,24 ; 6,14.

60) 갈라 16 ; 3,14·22·24에 관한 주석을 보라.

61) 같은 현상이 또한 갈라 3,14; 로마 15,31—32 ; 고전 4,6 ; 고후 11,12 ; 12,7에서 발견된다. 참조. BDR, §369, n.8.

62) 그것을 전 인류를 언급하는 것으로 해석하는 Burton (p.219)과 슐리어(pp.196f)와는 다르다. 그러나 또한 이방인들이 "율법 아래"있다는 전제는 입증되지 않으며, 오히려 그것은 로마 2,14—15에 근거한 문장이다. 바울로는 "세상의 원시종교들"의 예배를 율법의 준수로 여기는 것이 아니라, 율법의 준수를 "세상의 원시종교들"의 숭배의 한 형태로 여긴다(참조. 4,9—10 ; 5,1). Lagrange를 비롯해서 Schlier(p.196 n. 4)가 열거한 다른 사람들이 그렇게 주장하는데 그것은 당연하다.

63) 그러나 이것은 바울로가 3장 13절 "로부터" 그 용어를 "취했다"는 것을 뜻하지 않는다(Luz, *Geschichtsverständnis*, 283에 반해서).

제이다. 두 문장은 아마 병행 관계가 아니라[64] 연속 관계일 것이며, 바울로가 다른 곳에서 사용하는 법식[65]대로 "먼저 유다인 다음에 헬라인"이라는 연속성을 반영할 것이다. 갈라디아서의 문맥에서 두 개의 ἵνα—문장은 각각 갈라디아서 2장 15절—3장 25절과 3장 26—29절의 연속을 요약한다.[66] 만일 이것이 사실이라면, 5절이 바울로 이전의 자료의 일부였는지 또는 그것이 바울로에 의해서 특별히 법식화되었는지 하는 문제가 비록 답할 수 있는 성질의 것이 아니라 할지라도 여전히 제기될 것이다.[67]

5절 b에서 두번째 ἵνα—절은 모든 그리스도인들을 포함한다 : ἵνα τὴν υἱοθεσίαν ἀπολάβωμεν("우리가 아들로 채택받도록 하기 위해서"). 바울로는 앞에서, 특히 3장 14—29절에서 어떻게 이 두번째 절이 첫번째 절에 기초하고 있는지를 설명했다. "채택"(υἱοθεσία)[68]이라는 용어 자체는, 원래 출생에 있어서 혈족이 아닌 자들이 아들로서 채택되는 것을 언급하는 법률용어다.[69] 신약성서에서 그 개념은 언제나 하느님에 의해서 아들로서 채택됨을 기술하는 종교적 의미로 사용된다.[70] 채택의 이러한 개념은 고대에서 널리 알려졌으며, 여러 종교들이 그것

64) 슐리어(pp. 196f)와는 다르다. 그는 5절 a를 부정적 병행구로, 그리고 5절 b를 긍정적 병행구로 생각한다. 또한 갈라 4,4에 관해서 보라.

65) 또한 Mussner, 270f에도 그렇게 되어 있다. 로마 1,16 ; 2,9·10 ; 3,9 ; 고전 1,24 ; 9,20—21 ; 10,32을 보라. 참조. 또한 갈라 2,1—10 ; 3,14. 루쯔(*Geschichtsverständnis*, 283)는 3절의 "개인적인 역사"와 4—5절의 "세계사" 사이에서 긴장을 본다. 그러나 이러한 생각들은 바울로에게는 낯선 것이다.

66) 이 귀절에 관해서 위를 보라.

67) 참조. 다소 추론적인 해석을 주는 Schweizer ("υἱός κτλ.," *TDNT* 8. 383f): 바울로 이전의 정식은 예수의 성육에 대해서만 말한다. 그래서 바울로는 그리스도의 "십자가 상에서의 대속적인 죽음 3.13b,"의 교리에 의해서 그것을 보충한다.

68) "아들됨"에 관해서는 다음을 보라. 많은 참고문헌을 가진 Peter Wülfing von Martitz, *et al*, *TDNT* 8, *s.v.* υἱός, υἱοθεσία, 특히 391f; Nock, *Essays* 1.85ff, 2.928ff; Werner Schlisske, *Gottessöhne und Gottessohn im Alten Testament* (Stuttgart: Kohlhammer, 1973).

69) 그리이스 로마의 법에서 양자 채택에 관해서는 Taubenschlag, *Law*, 133ff; Kaser, *Privatrecht*, 1. §15, 그리고 index, *s.v. adoptio*를 보라.

70) 또한 로마 8,15·23 ; 9,4 ; 에페 1,5을 보라. 양자 채택의 종교적 개념에 관해서는 Eduard Schweizer, "υἱοθεσία," *TDNT* 8.398 ; Bauer, *s.v.* υἱοθεσία; Leopold Wenger and Albrecht Oepke, "Adoption," *RAC* 1,99—112 ; C.F.D. Moule, "Adoption," *IDB* 1,48f를 보라.

을 사용하였다. 가장 두드러지는 것은 신비 종파들이다.[71] 갈라디아서에서 "아들됨을 얻는 것"은 세례의식에서 이루어진다.[72] 바울로는 또한 "성령을 받음"에 대해서도 말하나, 양자가 하나이며 동일하다는 것을 말하지는 않는다.[73] "아들됨"은 세례와 성령의 은사를 이어주는 일종의 연결고리인 것 같다. 바울로는 이곳과 로마서에서 성령을 떼어놓으려는 경향이 있다.[74] 이러한 경향은 다음의 진술(6절)에서도 또한 명백히 나타난다.

[6] 하느님의 아들을 보냄은 다시 하느님이 시작한 두번째 행동으로 이어진다: "그리고 왜냐하면 여러분은 아들들이기 때문에 하느님께서는 우리 마음에 그의 아드님의 영을 보내주셔서"(ὅτι δέ ἐστε υἱοί, ἐξαπέστειλεν ὁ θεὸς τὸ πνεῦμα τοῦ υἱοῦ αὐτοῦ εἰς τὰς καρδίας ἡμῶν).

확실히 ὅτι는 원인을 나타내며("왜냐하면")[75] 3장 26절로 되돌아가 언급한다. 주석가들은 "아들됨"이 먼저고 성령의 은사가 나중인지, 또는 그 반대인지에 대해 논의해왔다. 적절한 관계를 결정하기 위해 교리적이고 철학적인 범주들이 도입될 때, 부차적인 문제들이 생긴다. 슐리어[76]는 첫번째 행동인 아들의 보냄(4,4—5)을 그리스도인의 존재

71) Dieterich (*Mithrasliturgie*, 152)는 바울로가 신비종교들로부터 그 개념을 넘겨받았다고 가정했다. Wenger와 Oepke, 같은 책에서 귀절들의 모음 105ff을 보라. Schweizer, 같은 책, 399 n. 15은 다르다.

72) 갈라 3,26—27. 또한 마르 1,9—11의 병행구를 보라. 참조. *Odes Sol.* 7.4 (tr. Charlesworth: "내가 그를 받을 수 있도록 그는 나처럼 되셨다. 형태에 있어서, 그는 내가 그를 입을 수 있도록 나처럼 여겨졌다").

73) 갈라 3,2·14 ; 4,6 ; 로마 8,14—16을 보라.

74) 갈라 3,26—28에서 바울로는 세례에 대해서 말하나 성령에 대해서는 말하지 않는다. 그가 성령에 대해서 말하는 곳에서, 그는 세례를 언급하지 않는다. 참조. 또한 로마 5,5 ; 7,6 ; 8,2 이하와 함께 로마 6.

75) 대개의 고대와 현대 주석가들이 그렇게 본다. 다음에 있는 목록들을 보라 : Sieffert, 246 ; Schlier, 197n. 3 ; Oepke; Bonnard; Eduard Schweizer, "πνεῦμα, πνευματικός," *TDNT* 6.426 n. 624 ; Mussner, 274 n. 145.

76) 확실히 슐리어(p. 197)는 일련의 긴 전승과정을 주장한다. 그는 갈라 4,6에 관한 Johann Albert Bengel (*Gnomon of the New Testament* [2 vols.; tr. Charlton T. Lewis and Marvin R. Vincent; Philadelphia: Perkinpine & Higgins; New York: Sheldon, 1864])을 인용함으로써 그렇게 주장한다 : "Filiorum statum sequitur inhabitatio Spiritus sancti, non hanc illa"(성령의 내재하심은 아들들의 신분을 따르며, 거꾸로가 아니다"). 또한 루터(1519)를 인용하는 외프케(p. 133) ; 블랑크(*Jesus und Paulus*, 276)와 (그것을 말하지 않고서) 슐리어를 따르는 무쓰너(pp. 274f)를 보라. 그러나 원칙적인 문제는 이 인상적인 합의가 바울로 보

를 위한 새롭고도 객관적인 기초로 해석한다. 그런 다음 그 기초는 주관적인 경험으로서의 성령의 보냄(4,6)으로 이어져야 한다는 것이다. 그와는 달리 리츠만(Lietzmann)[77]은 언어상의 어색함을 염두에 두고 이렇게 옮긴다: "여러분이 실제로 〔하느님의〕 아들들이라는 것을 여러분은 이것으로부터 볼 수 있읍니다. 즉 하느님께서는…보내셨읍니다." 리츠만의 번역대로라면, 바울로는 성령의 은사를 통해서 하느님의 아들로서의 채택이 일어난다고 말한 셈이 된다.[78] 의견들의 충돌은 이 귀절의 병행구들이 부족하기 때문만이 아니라,[79] 또한 연루된 교리적—철학적 원칙들 때문에 쉽게 해결하기 어렵다. 이러한 외적 범주들이 슐리어의 로마 가톨릭적 입장과 리츠만의 자유주의적 프로테스탄트 입장을 결정한다.

이러한 범주들과는 별도로 결정될 수 있는 것은 다음과 같다.[80] (1) ὅτι의 의미는 원인을 나타내며, "아들됨"을 성령을 받는 데 필수적인 원칙으로 만들지 않은 채 3장 26절로 되돌아가 언급한다. 여기서 문제가 되는 것은 "객관적/주관적" 또는 "실재/인식" 또는 "법률적/영적" 범주들일 뿐이다. (2) 바울로는 갈라디아의 독자들도 성령을 받았다는 사실을 자신의 주장의 기초로 삼고 있다(3,2—5). 그러나 그들이 의심하고 있는 것은 비록 그들이 시나이 계약에 해당하지는 않지만 이미 지금 "하느님의 아들들"이냐 아니냐 하는 것이다. (3) 병행구인 로마서 8장 15—16절은 성령의 은사 이전의 아들됨의 지위

다는 교리적인 전승에 기초했다는 것이다.

77) 리츠만의 선행자들은 Ambrosiaster, Pelagius (Sieffert, p.246에 있는 목록을 보라), Zahn (pp. 202f), Loisy, Lagrange 등을 포함시킨다.

78) 이것은 3,1—5에 있는 바울로의 주장점과 일치한다. 거기서 성령 체험은 "증거"로서 사용된다. 라이트푸트(p.169)를 보라: "성령의 임재는 이와같이 그들의 아들됨의 증거다." 또한 Eduard Schweizer, "πνεῦμα, πνευματικός," 420—28(위, 주 5) 참조.

79) 병행하는 로마 8,15—16절은—그것에 주석가들은 도움을 구한다—그리스도인들에게 주어졌던 "아들이 되게하는 영"(πνεῦμα υἱοθεσίας)에 대해 말한다. 이 개념은 전자 또는 후자의 어떤 우선권도 배제한다. 세례가 로마 15—16에서 언급되지 않는다. 반면에 로마 6장에서 아들됨이나 영 어느 것도 언급되지 않는다. 또한 *CMC* 62.21f에 나온 "거룩한 영의 아들들"이란 표현을 보라.

80) 이 입장은 라이트푸트와 대부분 일치되나, Burton은 결정을 내리지 않는다. 또한 Antoine Duprez, "Note sur le rôle de l'Esprit-Saint dans la filiation du Chrétien: A propos de Gal. 4,6," *RechSR* 52 (1964) 421—31을 보라.

를 전제하지 않는다. (4) 종교 현상학의 관점에서, 성령의 황홀한 체험은 "객관적인" 증거로 간주되어야 하며, 이것은 바울로의 주장과 일치된다. 반면에 아들됨의 개념은 "주관적인" 자기이해의 문제이다.

이 본문에 있는 많은 문제들은 아마 세례의 맥락으로부터 나온 바울로 이전의 전승을 가리킬 것이다.[81] 바울로는 하느님을 성령을 보내신 자로 말하나, 그 성령은 "그의 아들의 영"이다. 모순 가능성 때문에뿐만 아니라 후대의 그리스도론적 고려들 때문에, 이 부분의 사본 전승은 그 상황을 수정하려는 시도들로 가득하다.[82] "그의 아드님의 영"이라는 표현은 바울로에 있어서 독특하나 유사한 표현들이 그의 서신들 다른 곳에서 발견되며,[83] 아들과 영이 동일하다는 것을 의미한다. 다시 말해 "그의 아드님의" 영은 사실상 그리스도의 현존하는 실재를 뜻한다는 것이다.

거룩한 영이 주어졌을 때, 그것은 인간의 마음(*καρδιά*) 안에 거주한다. 이러한 생각은 전통적이다.[84] 마음은 의지의 제어를 책임지는 기

81) 서론, §6을 보라. 세례 전승에서 갈라 4,6의 기원은 Alfred Seeberg, *Der Katechismus der Urchristenheit* (Leipzig: Deichert, 1903; rep. edition, Ferdinand Hahn의 서론과 함께, Munich: Kaiser, 1966) 225, 240—44; Georg Braumann, *Vorpaulinische christliche Taufverkündigung bei Paulus* (BWANT 82; Stuttgart: Kohlhammer, 1962) 62ff, 73f에서 제시되었다.

82) *ὁ θεός*는 B 1739t sa Tertullian에서 생략되어 있다. P[46] 그리고 Marcion (참조. Tertullian *Adv. Marc.* 5.4: "misit spiritum suum in corda nostra…"; 참조. Harnack, *Marcion*, 74f*)은 *τοῦ υἱοῦ αὐτοῦ*를 생략한다.

83) 참조. 로마 8,15: *πνεῦμα υἱοθεσίας* ("아들이 되는 영"); 로마8,9: *πνεῦμα Χριστοῦ*("그리스도의 영"); 고후 3,17: *πνεῦμα κυρίου*("주님의 영"); 필립 1,19: *πνεῦμα Ἰησοῦ Χριστοῦ*("예수 그리스도의 영"). 갈라디아 다른 곳에서 *πνεῦμα*("성령")는 항상 독립적으로 사용된다. Eduard Schweizer, "*πνεῦμα, πνευματικός*," *TDNT* 6.419 n.570을 보라.

84) 또한 로마 5,5; 고후 1,22를 보라. "마음"의 개념에 관해서는 Friedrich Baumgärtel and Johannes Behm, "*καρδία*" *TDNT* 3.605—14; Bauer, *s.v.*; Bultmann, *Theology*, §20; Conzelmann, *Outline*, 183f; Jewett, *Paul's Anthropological Terms*, 305ff (322f on Gal), 뒤따르는 참고문헌과 함께, 다음을 보라: Erich Dinkler, "Die Taufterminologie in 2. Kor. 1, 21f," in *Neotestamentica et Patristica: Eine Freundesgabe, Oscar Cullmann zu seinem 60. Geburtstag überreicht* (NovTSup 6; Leiden: Brill, 1962) 173—91; rep. in *Signum Crucis*, 99—117, 특히 113. 딩클러는 바울로가 "세례상의 언어"로부터 그 정식을 채택했다고 가정한다.

관이므로 성령의 내주를 위해 적합한 곳으로 생각되었다.[85]

마지막으로, 바울로가 이인칭 복수로부터 일인칭 복수로 바꾸는 것은 우연이 아니다. 3장 26절 이래로 그는 갈라디아인들을 "여러분"으로 불러왔다. 그러나 이제 아마 "우리 마음에"[86]라는 전통적인 문구 때문에 그는 모든 그리스도인들에 대해서 말한다.

성령에 대한 언급을 통해 또한 바울로의 주장은 갈라디아 사람들의 성령 체험[87]이라는 그의 가장 중요한 증거와 다시 연결된다 : *ἀββὰ ὁ πατήρ*("아빠! 아버지!")라는 환호[88]를 "부르는"(*κρᾶζον*)[89] 것은 성령이다. *'Αββά*("아빠")는 אב(아람어 : אב)의 강조형인 אבא의 그리스어 음역인데 그것은 또한 호격으로 쓰인다.[90] *ὁ πατήρ*("아버지")는

85) 로마 8,16은 다르다. 거기서 거룩한 영은 사람의 영과 결부된다. 그 이상한 사실을 인정하기를 거부하는 슈바이쩌(ibidem, 433—35)와 케제만(*Römer*, 220)을 보라. 또다시 갈라 2,20이 다르다. 거기서 바울로는 성령을 언급하지 않고 "내 안에 있는 그리스도"에 대해 말한다. 참조. Schweizer, 같은 책, 434—36.

86) 몇몇 후대의 언셜 자체(字體)사본(D^c E K L Ψ)과 소문자들을 따라 *Textus Receptus*는 조화롭게 *ὑμῶν*로 읽는다. 그러나 더 유력한 사본들은 *ἡμῶν*을 뒷받침한다. Metzger, *Textual Commentary*, 595를 보라.

87) 갈라 3,2·5를 보라.

88) 양식 비판적으로, "아바! 아버지!"는 "환호"이다(참조. 갈라 3,20에서 환호 *εἷς θεός*). 그 양식에 관해서는 Theodor Klauser, "Akklamation," *RAC* 1.216—33 ; Ernst Käsemann, "Formeln, Ⅱ. Liturgische Formeln im Neuen Testament," *RGG*³ 2.993—94를 보라.

89) 특히 1535년의 주석에서 이 용어에 대한 루터의 긴 해석을 보라. 참조. 로마 8,15 : *κράζομεν*("우리가 불렀다"). 그 용어는 엑스타시와 관계된다(바울로에서는 다만 갈라 4,6 ; 로마 8,15 ; 9,27). 영지주의의 병행구에 대해서는, 특히 *Corp. Herm.* 13.21, 또한 13.17—20에서 아버지에게 영감받은 찬양을 참조. 유다교의 병행구에 대해서는 다음을 보라 : Str-B 2.134ff; Walter Grundmann, "*κράζω*," *TDNT* 3.898—903 ; Bauer, *s.v.*; Dieterich, *Mithrasliturgie*, 32ff; Betz, *Lukian*, 64 n. 2 ; Bonnard; Schlier, p.198 n.2. 환호(주 88을 보라)와 그 용어의 연관에 관해서는 Erik Peterson, *ΕΙΣ ΘΕΟΣ* (FRLANT NF 24 ; Göttingen: Vandenhoeck & Ruprecht, 1926) 191—93 ; Schweizer, "*πνεῦμα, πνευματικός*," *TDNT* 6.422—24, 425—28을 보라.

90) "아바"에 관해서는 다음을 보라 : Str-B 2.49f; Gerhard Kittel, *TDNT* 1.5—6 ; Gottlob Schrenk, "*πατήρ*," *TDNT* 5.984—85 ; Bauer, *s.v.*; S. Vernon McCasland, "Abba, Father," *JBL* 72(1953) 79—91 ; T.M. Taylor, "'Abba, Father's and Baptism," *SJTh* 11(1958) 62—71 ; Lietzmann, *Römer*, 8,15에 관해서 ; Joachim Jeremias, "*Abba.*" *Studien zur neutestamentlichen Theologie und Zeitgeschichte* (Göttingen: Vandenhoeck & Ruprcht, 1966) 15—67 ; 같은 저자, *Theology* 1.61—68, 197 ;

그 말을 그리스어로 번역한 것이며, 호격이 아니라 주격이다.[91] 이중 표현이 나와 있는 이유는 분명하지 않다. 어쨌든 "아빠"라는 말은 그리스어를 말하는 그리스도인들이 아람어로 말하는 팔레스틴 교회로부터 채용해 왔다.[92] 아우구스티누스(*PL* 35. 2126f)를 따라서, 루터(1535)는 "바울로는 이방인들과 유다인들로부터 모여든 교회의 이중 성격 때문에 의도적으로 두 개의 표현을 사용하고자 했으며, 이방인들과 유다인들이 실제로 하느님을 각기 다른 언어로 '아버지'라고 부르긴 하지만 양자의 외침이 '아버지'라는 점에서 동일하다"고 말한다. "아버지"라는 부름이 이중으로 표현된 것은 2개국어를 썼던 초대교회의 특성을 반영하는 것 같다. 몇몇 학자들이 제시하듯이,[93] 바울로가 "주님의 기도"를 염두에 두었다고 가정할 필요는 없다. 갈라디아서 4장 6절에 담긴 바울로의 주장이 갖는 증거로서의 의의는 영감을 받은 환호 "아빠! 아버지!"가 기도하는 사람들의 영감과 또한 그를 "아버지"로 부르는 자들에 의한 아들로서의 자기이해 둘 다를 보여준다는 것이다.[94]

Witolt Marchel, *Abba, Père! La prière du Christ et des chrétiens* (AnBib 19A; Rome: Biblical Institute, ²1971) 특히 170ff; Käsemann, *Römer*, 219f.

91) *BDF*, § 147, 3; *BDR*, § 147을 보라.

92) 같은 양식이 로마 8,15; 마르 14,36에서 발견된다. 참조. *πάτερ μου*: 마태 26,39; *πάτερ*: 루가 22,42. 호격 *πάτερ*만이 또한 마태 11,25; 요한 17,1; 1 *Clem.* 8.3; Did. 10.2에서 발견된다. Gottlob Schrenk, "*πατήρ*," 984ff(위, 주 90)을 보라.

93) 다음을 보라: Gerhard Kittel, "*ἀββᾶ*," *TDNT* 1.6; Walter Grundmann, "*κράζω*," 903—04(위, 주 88); Cullmann, *Christology*, 208f; Jeremias, *Theology* 1.191ff; Oepke, 134. 비판적으로, Schrenk, 같은 책, 984f, 1006; Schlier, p. 199n. 1; Käsemann, *Römer*, 220. "압바"(*ἀββᾶ*)를 역사적 예수에게 소급시키려는 예레미아스의 시도에 대한 비판에 대해서는 Ernst Haenchen, *Der Weg Jesu* (Berlin: Töpelmann, 1966) 492 n. 7a를 보라.

94) 참조. 로마 8,15f. 또한 Ernst Käsemann, "The Cry for Liberty in the Worship of the Church," in *Perspectives*, 122—37을 보라. 갈라 4,6 그리고 로마 8,14—15·26—27이 "성령"론을 위한 출발점들을 제공한다는 것이 제시되었다. 다음을 보라: Nils Johansson, *Parakletoi* (Diss. Lund; Lund: Ohlssons, 1940) 268—73; Rudolf Bultmann, *The Gospel of John: A Commentary* (tr. G.R. Beasley-Murray; Oxford: Blackwell, 1971) 552—55, 566—72; Georg Kretschmar, *Studien zur frühchristlichen Trinitätstheologie* (BHTh 21; Tübingen: Siebeck 1956) 122 n. 4; Johannes Behm, "*παράκλητος*," *TDNT* 5.813; Schweizer, "*πνεῦμα, πνευματικός*," *TDNT* 6. 425—34, 442—44; Otto Betz, *Der Paraklet* (AGSU 2; Leiden: Brill, 1963).

[7] 바울로[95]는 이제 단락 4장 1—6절로부터 결론을 끌어내며 그것에 의해서 3장 26—29절, 즉 3장 1—29절을 다시 단언한다. 만일 이 전체 주장이 사실이라면, 그러면 "여러분은 이제 종이 아니라 아들이다"(οὐκέτι εἶ δοῦλος ἀλλὰ υἱός).[96] "이제 …이 아니다"는 3장 25절 이래로 주장의 일부가 되어 왔다(참조. 또한 2,20; 3,18). 그리스도가 오신 이후로 유다교나 이방인 출신의 그리스도인들의 노예상태는 끝난다. 바울로는 그리스도의 오심의 중요성을 지적함으로써(3,23—25), 또한 "세례의 축복"을 언급함으로써(3,26—28, 그리고 그 결론 3,29), 그리고 법으로부터의 예(4,1—2)와 그것의 교리적 응용(4,3—5)을 논의함으로써, 마지막으로 독자들에게 영감받은 환호 "아빠! 아버지!"를 상기시킴으로써 이것을 설명하였다.[97] 그들이 하느님의 아들들이라는 것을 만일 이 모든 것이 입증한다면, 그렇다면 그들은 또한 그들 자신들을 상속자들로 여겨야 한다: "아들이라면(그렇다면) 또한 하느님을 통한 상속자입니다"(εἰ δὲ υἱός, καὶ κληρονόμος διὰ θεοῦ).[98] 마지막 두 단어 "하느님을 통한"[99]은 이 이 편

95) 루터(1535)는 그 말을 "수사학적 환호"(epiphonema)라고 부른다. 그에 대해서 Pelikan은 그의 번역에서 Quint. 8.5.11을 바르게 언급한다. 루쯔(*Geschichtsverständnis*, 282)는 이와 다르다. 그는 또한 7절이 "옛(세례의?) 전승"이라고 가정한다. 이전의 결론에 대해서는 갈라 3,9·14·24·29; 또 4,28·31 참조.

96) 바울로는 일인칭을 이인칭 단수로 바꾼다. 이것은 좀 뜻밖이나, 비방문체의 수사학적 고안일 것이다. 참조. Epict. *Ench.* 51.1: οὐκέτι εἶ μειράκιον, ἀλλ' ἀνὴρ ἤδη τέλειος("너는 이제 소년이 아니라, 이미 성숙한 사람이다"). 이것과 그리고 다른 병행구들에 대해서는 Conzelmann, *1 Corinthians*, 226 n.84를 보라. 또한 슐리어(p.199): "그 문제는 모든 사람에게 개인적으로 적용된다." G에는 εἶ가 생략되어 있다. οὐκέτι에 대해서는 3,25에 관해서 보라.

97) 슐리어(p.200)에게 있어서 바울로의 입론은 "객관적, 보편적 가능태"(4,4f), "객관적, 개인적인 현실태"(3,26f), 그리고 "주관적 경험"(4.6)의 아리스토텔레스-토마스적 범주들과 일치한다. 이 체계를 그는 다음에 하이데거의 "존재"(esse)와 "실존"(existere)의 실존주의적 범주들과 결합한다.

98) 용어 κληρονομία("상속")는 3,18에서 소개되었다(참조. 3,22—23·29; 4,1·28·30).

99) διὰ θεοῦ는 초기의 그리고 여러 증거들에 의해서 잘 지지된다(p^{46} ℵ* A B C* vid33 it^{g,r} vg cop^{bo} Clement *al*). 다른 해석들은 그리스도를 중재자로서 강조하나, 이것은 후대의 그리스도론적 발전들 때문이다. Metzger, *Textual Commentary*, 595f를 보라. 그 의미에 대해서는, philo, *Cher.* 124—130에서 διὰ τοῦ θεοῦ에 대한 논의와 또한 *Corp. Herm.* 13.21에

지가 시작된 이래로 구속의 전 과정이 하느님의 일이라는 바울로의 주장을 상기시켜주는 말이다.[100)]

다. 질문(*interrogatio*) 4장 8—11절

4, 8 그러나 전에, 여러분이 하느님을 알지 못할 때에는 본질상 신들이 아닌 존재들[1)]에 사로잡혀 있었읍니다. **9** 그러나 지금은 여러분이 하느님을 알게 되었고, 아니 하느님에 의해서 알려지게 되었읍니다. 그런데 어찌하여 또다시 그 약하고 무력한 "세상의 원시종교들"[2)]로 돌아가 또다시 그것들에게 종노릇하기를 원합니까? **10** 여러분은 날과 달과 계절과 해를 지킵니다. **11** 나는 여러분을 위한 내 수고가 허사로 돌아가지나 않았나 염려됩니다.[3)]

〔분석〕

3장 1절—4장 7절에서 주장을 위한 기반을 다지고 나서, 바울로는 이제 공격을 시작할 수 있는 지점에 이르렀다. 물론 그의 목표는 갈라디아인들의 마음을 바꾸고 현재의 그들의 계획을 뒤엎는 것이다. 목표를 달성하기 위해, 바울로는 이어지는 단락들에서 여러가지 수사학적이고 논쟁적인 전략들을 사용한다. 4장 8—11절에서 그는 자신이 증명단락의 첫 부분에서 사용했던 질문(*interrogatio*)의 방식으로 되돌아간다(3, 1—5를 보라). 질문형식의 귀절은 4장 12—20절에서 우정의 주제에 기초한 주장에 의해 계속되며, 4장 21—31절의 비유에 의해 종결된다.

있는 영지주의의 병행구 참조. 거기서 Hermes의 요구로 *διὰ τοῦ Λόγου* ("로고스를 통하여")가 첨가된다.

100) 이 강조에 대해서는 갈라 1, 1·3·4·10·15·24 ; 2, 6·19·21 ; 3, 6·8·11·17·18·20·21·26 ; 4, 4·6·9·14 ; 6, 7·16을 보라.

1) 이 문장의 마지막 부분의 번역은 *RSV*를 따른다. 참조. Vg: "iis, qui natura non sunt dii." *NEB*: "그들의 본질상 신들이 아닌 존재들," 그리고 대안으로서 : "실제로 존재하지 않는 '신들'" *JB*: "실제로 조금도 신들이 아닌 '신들'"

2) 4, 3의 번역에 관한 주를 보라.

3) 그렇게 Bauer, *s.v.* *φοβέω*, 1, a. *NEB*는 의역한다 : "여러분은 내가 여러분을 위해 들인 모든 수고가 헛된 일이 된다는 것을 나로 하여금 염려하게 합니다."

〔해 석〕

[8] 바울로는 주장하기를, 만일 지금까지의 논증이 적용된다면, 갈라디아인들의 현재의 계획이 자기 모순임에 틀림없다고 한다.[4] 8절에서 그는 자기 자신과 갈라디아인들이 이교적 과거생활을 했다는 것에 동의하는 것을 진술한다[5]: "전에, 여러분이 하느님을 알지 못할 때에는 본질상 신들이 아닌 (또는 "실제로 존재하지 않는"[6]) 존재들에 사로잡혀 있었읍니다": *τότε μὲν οὐκ εἰδότες θεὸν ἐδουλεύσατε τοῖς φύσει μὴ οὖσιν θεοῖς*. 여기서 눈에 띄는 점은, 갈라디아들인이 과거에 신봉했던 종교들에 대해 바울로가 한마디도 하지 않는다는 점이다. 그들은 보다 고대의 켈틱 신들(Celtic Gods)을 섬기는 자들이었을까? 또는 다양한 이교들로부터 왔을까? 자신이 몸담고 있었던 유다교를 취급했던 것과는 달리, 바울로는 갈라디아인들의 이전 종교들에 대해 상세한 언급을 피한다. 그는 "세상의 원시종교들"(*τὰ στοιχεῖα τοῦ κόσμου*)이라는 표제 아래 그것들을 모두 함께 취급한다.

이런 시각에서 보면, 갈라디아인들의 이교주의는 두 가지 특색을 띠고 있다. (1) 그들은 "하느님을 알지 못하였다."[7] "이교도들"을 "하느님을 모르는" 자들로서 그리고 개종자들을 "하느님을 아는 자들"[8]

4) *ἀλλά*("그러나")는 전환점을 명백히 드러내는 것이다.

5) *τότε*("그때")는 회개 전의 시기를 언급하며(참조. 로마 6,21) *οὐκέτι*("이제…아니다. 갈라 2,20; 3,25; 4,7)에 상응한다. 참조. 로마 6,20; 7,5; 고전 12,2; 13,11; 데전 1,9 등. *τότε/νῦν*("그때/지금")의 병치에 관해서는 Peter Tachau, ***"Einst" und "Jetzt" im Neuen Testameut*** (FRLANT 105; Göttingen: Vandenhoeck & Ruprecht, 1972) 12,80,81,86,87,113,127을 보라.

6) *NEB*는 두가지의 해석을 제공하나(위, 주 1을 보라), *εἰδότες*를 "인정한다"로 번역하고 로마 1,21과 조화시킨다.

7) 다음을 보라: 데전 4,5(시편 78,6 칠십인역); 고전 15,34; 로마 10,3; 또한 약간 다른 고전 1,21; 로마 1,18—23; 또 에페 4,18; 데후 1,8(예레 10,25 칠십역역); 디도 1,16; 사도 17,23,30 등, 또한 ***Kerygmata Petrou*** (ps.-Clem. *Hom.* 2.15; tr. in HSW, NT *Apocrypha* 2.117); ***Kerygma Petrou*** Frag. 2a (HSW, *NT Apocrypha* 2. 99f); *CMC* 17.1—4. Rudolf Bultmann, "*ἄγνοια, ἀγνωσία*," *TDNT* 1.116—21, 같은 저자, "*γινώσκω*," *TDNT* 1. 689—714; 같은 저자, *Theology*, §9에 있는 귀절들과 참고문헌을 보라; Tachau, ***"Einst" und "Jetzt,"*** 99,105; *PECL*, 8—9 그리고 부록, *s.v.* "ignorance."

8) 이 개념에 대한 특별한 관심에 대해서는 고전 8,1—6, 그리고 로마 1,18—23을 보라. 다음을 보라: Conzelmann, *1 Corinthians*, 139—50; Bultmann에 의해 수록된 자료(위, 주 7을 보라); Albrecht Oepke, *Die*

로 동일시하는 이 사상은 선교적 언어로부터 나온다. 이러한 사상은 구약성서와 헬라주의적 유다교에 그 뿌리를 두고 있다.[9] (2) 갈라디아인들의 "노예상태"는 유다인들의 "율법 아래"서의 노예상태와 유사하다(참조. 3,22—24 ; 4,5). 실제로 이렇게 저렇게 해서 그들은 모두 "세상의 원시종교들"(τὰ στοιχεῖα τοῦ κόσμου : 참조. 4,3)에 사로잡혀 있었다. 이상하게도, 바울로는 계속해서 이 "세상의 원시종교들"을 "본질상 신들이 아닌" 존재들이라고 부른다.

이 표현은, 바울로가 유헤메리즘(Euhemerism)[10]의 명칭 하에서 통용되는 고대의 종교이론을 여기서 사용하는 것이 아닌가 하는 질문을 제기한다.[11] 전하는 바에 의하면 이 이론은 궤변주의자 크리티아스(Critias)에게까지 거슬러 올라가는 것 같다.[12] 그는 두 종류의 "거룩한 존재들"을 구별하였다 : φύσει("실재하는") 존재들과 θέσει("인습에

Missionspredigt des Apostels Paulus (Leipzig: Hinrichs, 1920) 82, 88f; Ulrich Wilckens, *Weisheit und Torheit* (BHTh 26; Tübingen: Mohr, Siebeck; 1959) 29ff; Jacques Dupont, *Gnosis: La connaissance religieuse dans les épîtres de saint Paul* (Paris: Gabalda, ²1960) 51ff를 비롯한 여러 곳 ; Bertil E. Gärtner, "The Pauline and Johannine Idea of 'to know God' against the Hellenistic Background," *NTS* 14(1968) 209—31 ; Heinrich Schlier, "Die Erkenntnis Gottes nach den Paulusbriefen," in *Gott in Welt, Festgabe für karl Rahner* (Freiburg: Herder, 1964), 515—35 ; Claus Bussmann, *Themen der paulinischen Missionspredigt auf dem Hintergrund der spätjüdisch-hellenistischen Missionsliteratur* (Bern: Lang, 1971) 57ff.

9) Horst D. Preuss, *Verspottung fremder Religionen im Alten Testament* (BWANT 92 ; Stuttgart: Kohlhammer, 1970) ; Juda Bergmann, *Jüdische Apologetik im neutestamentlichen Zeitalter* (Berlin: Reimer, 1908) 11ff를 비롯해서 여러 곳 ; Str-B. 3.48—62를 보라.

10) 이 주제에 관해서는 다음을 보라 : Carl Langer, "Euhemeros und die Theorie der φύσει und θέσει θεοί," *ΑΓΓΕΛΟΣ* 2 (1926) 53—59 ; Nilsson, *Geschichte* 2. 283—89 ; Klaus Thraede, "Euhemerismus," *RAC* 6. 877—90, 참고문헌과 함께.

11) 참조. Oepke, 138 : "거의 스토아 철학자처럼 보인다." Schlier, 201도 비슷하다. 참조. Mussner, 291 ; Bauer, *s.v.* φύσις.

12) Frag. 25(Diels-Kranz 88 B 25 〔Ⅱ, 386—89〕) : 참조. Plato의 비판, *Leg*. 10. 889E: θεούς,…εἶναι πρῶτόν φασιν οὗτοι τέχνῃ, οὐ φύσει ἀλλά τισι νόμοις…("이 사람들이 신들에 대해서 하는…첫번째 언급은 그들이 본래부터가 아니라 인공적으로—어떤 법적 관습에 의해서 존재한다는 것이다…"). 또한 Menahem Stern, *Greek and Latin Authors on Jews and Judaism*, 1 : *From Herodotus to plutarch* (Jerusalem: The Israel Academy of Sciences and Humanities, 1974) 53f.

의한") 존재들. 전자는 "실제로" 해, 달, 별들의 영체이며, 반면에 후자는 단지 "인습에 의해서" 생겼다. 나중에 이 이론은 메쎄네의 유헤메로스(Euhemeros of Messene)의 개념들과 합쳐져서 그리스의 신화와 종교를 비판하는 데 소용되었던 사상들의 집합체를 형성하였다.[13] 바울로 훨씬 이전에 헬라주의적 유다교는 다신론과의 싸움에서 이 이론을 채용했었다.[14] 필시 바울로는 헬라주의적 유다교로부터 나온 이 논점을 원시 그리스도교를 통해 직접 간접으로 물려받았을 것이다. 초대 그리스도교에서 그 논점은 선교적 언어의 일부로 사용되었다. 원시 그리스도교 선교사들은, 자신들이 다신론적 이교도들을 "한분이신 하느님"(참조. 3,20)을 믿도록 개종시킬 때 유다교의 선교사들과 같은 선교운동을 계속하였다.[15]

만일 이 이론이 바울로의 말들 배후에 놓여 있다고 가정한다면, 그 말들을 이해할 수 있는 두 가지 가능성이 있다. 그리스도인으로서의 바울로에게 있어서, 주 예수 그리스도를 죽음에서 일으키신(1,1) "한분 하느님"(εἶς θεος : 3,20)과 "우리 아버지"(1,1·4·5 ; 4,6)만이 "본질상 하느님"이라는 것은 의심할 수 없다.[16] 그렇다면 대조적으로, 이교 신앙에서 신들로 예배되는 저 존재들은 단지 "관습에 의한 신들"일

13) Nilsson 외에도(위, 주 11을 보라), Critias에 관해서 Guthrie (*Sophists*, 235—47)를 보라(243f) ; Eric R. Dodds, ***The Ancient Concept of Progress*** (Oxford: Clarendon, 1973) 8ff.

14) Eupolemus에게 잘못 돌려진 익명의 사마리아인을 보라(Eusebius ***Praep. ev.*** 9.17, 18.2 〔FGH Ⅲ. C, No. 724〕). 이 텍스트들의 논의에 대해서는 Ben Zion Wacholder, ***Eupolemus: A Study of Judeo-Greek Literature*** (Monographs of the Hebrew Union College 3 ; Cincinnati: Hebrew Union College-Jewish Institute of Religion, 1974)를 보라. 참조. ***Sib. Or.*** 3. 110—155, 545—560, 721—723 ; Artapanus (Euseb. ***Praep. Ev.*** 9.18.1 〔*FGH* Ⅲ. C, No. 726〕) ; ***Wis.*** 13—15 ; 또 제3 에스드라서 21—22 ; ***Ep. Arist.*** 135—137 ; ***Joseph et As.*** 13.11; Josephus; Philo 등. 참고도서들에 대해서는 다음을 보라 : Bousset-Gressmann, ***Religion***, 305f; Hengel, ***Judaism and Hellenism*** 1.88f, 266 ; 2. 138n. 638 ; 176n. 57 ; 177n.58 ; 같은 저자, in ***Pseudepigrapha Entretiens sur l'antiquité classique*** (Foundation Haardt 18; 1972) 323; Edgar W. Smith, ***Joseph and Aseneth and Early Christian Literature*** (Ph. D. dissertation; Claremont Graduate School, 1974) 162.

15) 고전 8,4 그리고 Conzelmann, ***1 Corinthians***, 142 n.26에 있는 자료 ; 또한 고후 6,16, 그리고 이 귀절에 관해 Betz, "2 Cor 6 : 14—7 : 1," 92를 보라.

16) Richard Reitzenstein, ***Poimandres*** (Leipzig: Teubner, 1904), 80 n.4.

뿐이다. 이 말은 첫째, 그것들이 "실제로"(φύσει) 존재하는 것이 아니라, 인간의 고안물로서만 존재한다는 것을 뜻할 수 있다. 이 경우, 바울로는 유헤메리스트 이론에 대한 무신론자적 해석을 따랐을 것이다.[17] 또한 그 말은 이교도들이 예배하는 존재들이 "신들"로서 존재하는 것이 아니라 "본질상"(φύσει) "악마들"이라는 것을 뜻할 수 있다. 만일 바울로가 이 해석을 주장한다면, 그는 우리가 또한 헬라주의적 유다교에서 볼 수 있는 악마론적 해석을 따른 것이다.[18] "본질상 신들이 아닌" 존재들과 "세상의 원시종교들"(τὰ στοιχεῖα τοῦ κόσμου)을 동일시하는 것[19]은 후자, 즉 악마론적 해석의 편에 서서 말한다.[20] 이 해석은 저 존재들이 실재하나 다만 열등한 악마적 실체들로서 실재한다는 것을 뜻할 것이다(9절).

고린토전서 8장 4—6절을 살펴볼 때 우리는 더 많은 것을 말할 수 있다.[21] 그 귀절에서 바울로는 "도대체 우상은 신이 아니며 오직 하느님 한 분 외에는 신이 없다"는 점에서 고린토 사람들과 동의한다. 그분 외에는 "소위 신들"(λεγόμενοι θεοί)만이 있을 뿐이다. 이 "소위 신들"은 존재하고 힘을 가지고 있으나, 그것들이 예배되고 있는 한에서만 그렇다. 달리 말해, 바울로는 이러한 "소위 신들"이 존재한다는 것을 부인하지는 않으나, 그들의 "존재"는 단지 미신적인 상상력과 예배자들의 투영으로 이루어진다고 본다. 신들의 존재에 대한 이 이론은 바울로에 의해서뿐만 아니라 또한 예컨대, 플루타르크(Plutarch)에 의해서 받아들여졌다. 플루타크는 무신론자와 유헤메리즘의 악마론적 설명 양자를 논하며 그것들이 상호 배타적이 아니라는 것을 보여준다.[22]

---

17) 또한 데전 1,9 ; 고전 12,2 ; 로마 1,18—23 ; Aristides, *Apol*. 8—11,13 ; *Kerygmata Petrou* (ps.-Clem. *Hom*. 3.23, cf. HSW, *NT Apocrypha* 2.117)을 보라. 그 결과는 그리스도인들이 "무신론"으로 비난받은 것이었다(참조. *Mart. Pol*. 3.2, 9.2 ; Justin *Apol*. 1.6.1,13.1 ; 등). Kdm Irenaeus[1at] Ambrosiaster가 φύσει를 생략할 때, 그것들은 또한 "무신론자" 입장을 택한다.

18) 그것은 물론 묵시적 유다교에서 대부분 발견된다 ; Bousset-Gressmann, *Religion*, 305f; Str—B 3.47—60 ; Hengle, *Judaism and Hellensim* 1. 266f(주들과 함께)에 수록된 자료를 보라.

19) 갈라 4,3·9.

20) 또한 Helmut Koester, "φύσις κτλ.," *TDNT* 9.272도 마찬가지다.

21) 또한 고전 10,19—20, 그리고 Conzelmann, *1 Corinthians*, 137—45, 172f를 보라.

22) 플루타르크는 *Superst*.에서 "무신론자" 입장을, 그리고 특히 *Is. et Osir.*

[9] 갈라디아인들은 하느님을 몰랐던 자신들의 이교적 과거와는 대조적으로, 그리스도인들로서 이제 "하느님을 알고 있다"는 말을 듣는다 : νῦν δὲ γνόντες θεόν, μᾶλλον δὲ γνωσθέντες ὑπὸ θεοῦ("그러나 지금은 여러분이 하느님을 알게 되었고, 아니 하느님에 의해서 알려지게 되었읍니다").

이제 또 다시 바울로는 그리스도인의 존재가 "나타나는 바"를 서술한다(참조. 3,26—28·29 ; 4,3·7). 그 진술은 "영지주의적" 분위기를 풍기고 있는 것 같다.[24] 확실히 바울로는 다른 곳에서 "하느님을 아는" 것에 대해서,[25] 또한 "하느님에 의해서 알려지는" 것에 대해서[26] 말한다. 그러나 아들됨의 본체, "세상의 원시종교들" 하에서의 노예상태로부터의 해방, 그리고 하느님에 대한 지식을 획득하는 것은 "영지주의적" 사상의 경향을 뚜렷하게 드러내고 있다.[27] 바울로는 또한 독자들

(특히 359F—360A)에서 "악마론적" 입장을 취한다. *PECL*, 52 그리고 부록 *s.v.* Atheism, Demonology를 보라. 다른 흥미있는 병행구는 ps.-Heraclitus *Ep.* 4에 있는 논의이다. 그것은 성격에 있어서 견유학파적이다. Rodolfo Mondolfo와 Leonardo Torán의 편집, *Eraclito: Testimonianze e Imitazione* (Florence: La Nuova Italia, 1972) 315—22를 보라.

23) νῦν("지금")의 의미에 대해서는 갈라 1,23 ; 2,20 ; 3,3 ; 4,29 참조. Tachau, "*Einst*" *und* "*Jetzt*," 여러 곳(위, 주 5)를 보라. *epidiorthosis*, "figure of thought"에 대해서는 BDF, §495,3 ; BDR, §495, n.12를 보라. 이미 루터(1535)는 그것을 언급한다.

24) 참조. Pyth. *Sent.* 9(Chadwick, *Sextus*, 85) : βούλει γνωσθῆναι θεοῖς; ἀγνοήθητι μάλιστα ἀνθρώποις("너는 신들에게 알려지기를 바라는가? 맨먼저 사람들에게 알려지지 말아라 !"). 참조. 또한 145, 그리고 Chadwick의 주, p.169.

25) 바울로는 그 용어를 로마 1,21 ; 고전 1,21에서 사용한다. 그러나 어느 곳에서도 그는 그리스도인의 존재를 "하느님의 지식"으로서 정의하지 않는다. 그러나 고전 2,6—16 ; 필립 3,10을 참조.

26) 고전 8,2—3 ; 13,12 ; 참조. 고후 4,6 ; 또한 사도 1,24 ; 15,8. 하느님에 의해서 알려지고 있는 언어는 이미 구약에 나타난다(예, 시편 139 ; 1,6; 37,18 ; 44,21 ; 94,11 등). Johannes Behm, "καρδιογνώστης," *TDNT* 3.613을 보라.

27) 그러나 또한 Philo, *Cher.* 115를 보라 : "지금 이 세상에서 조차도, 우리는 지배자라기 보다는 지배받는 자이며, 안다기 보다는 알려진다. 우리는 영혼을 모르지만 영혼은 우리를 안다…"(참조. 문맥 113—118). 참조. 또한 *Post.* 13 ; Plut. *Sera num.* 551D (*PECL*, 200) ; *Corp. Herm.* 10. 15 ; 13.22, 또한 1.31 : ἅγιος ὁ θεός, ὃς γνωσθῆναι βούλεται, γινώσκεται τοῖς ἰδίοις("알려지기를 원하시는 그리고 그 자신의 것에 알려지시는 하느님은 거룩하시다") ; *Odes Sol.* 41. 1f: "주님의 모든 자녀들로 하여금 그분을 찬양케 하라, 그리고 그분의 믿음의 진리를 받아들이자. 그

이 자신의 평가에 동의한다고, 또는 적어도 이전에 동의했었다고 가정한다. 이 지점에 이르러서, 바울로는 그들에게 2장 14절에서 게바가 직면했던 딜레마와 비슷한 질문을 한다 : *πῶς ἐπιστρέφετε πάλιν ἐπὶ τὰ ἀσθενῆ καὶ πτωχὰ στοιχεῖα, οἷς πάλιν ἄνωθεν δουλεύειν*[28] *θέλετε*("어찌하여 또 다시 그 약하고 무력한 "세상의 원시종교들"로 돌아가 또 다시 그것들에게 종노릇하려고 합니까?").

이 질문이 논쟁적이긴 하지만, 그것은 갈라디아인들 앞에 딜레마를 제기한다. 만일 그들이 이 시점까지 바울로의 주장을 따라왔다면, 이 질문에 대해 그들이 줄 수 있는 만족스런 답변은 없다.[29] 전문용어 *ἐπιστρέφειν*("돌아가다")[30]와 마찬가지로 이중적인 언어 *πάλιν*("다시")[31]을 통해 바울로는 갈라디아인들이 그들의 개종을 뒤엎고서 이교신앙에 되돌아가려고 한다는 것을 표현한다. 바울로는 여기서 그리스도교로부터 이교신앙으로 되돌아가는 것이 실제로 가능하다고 생각한다는 것을 보여준다. 그러나 이 가능성은 현실적으로는 불가능하다! 그리스도인이 된 후의 타락 상태(a post-Christian religious life)에 대해서 바울로가 어떻게 말하고 있는가를 알아보는 것은 흥미롭다. 참된 하느님의 지식에 이름으로써 얻게 되는 계몽된 상태는 단순하게 뿌리쳐 버릴 수 있는 성질의 것이 아니다. 따라서 다시 이교 신들의 예배로 되돌아 간다는 것은, 이 신들이 "약하고" "무력하다"[32]는 것을 알면

리고 그분의 자녀들은 그분에 의해서 인정받을 것이다…" 자료와 논의에 대해서는 다음을 보라 : Eduard Norden, ***Agnostos Theos: Untersuchungen zur Formengeschite religiöser Rede*** (Leipzig and Berlin: Teubner, 1973) 87ff, 287f; Reitzenstein, ***Mysterienreligionen***, 66f, 284ff; Bultmann, "*γινώσκω*," *TDNT* 1.709f; Schlier, 202 n.4,5 ; Jacques-E. Ménard, ***Evangile de Vérité*** (NHS 2 ; Leiden: Brill, 1972) 28f; Conzelmann, ***1 Corinthians***, 141 n.21 ; 229n.106—08.

28) Nestel-Aland에 의한 본문 ; B ℵ는 *δουλεῦσαι*를 가진다.

29) 동일한 주장에 대해서는 갈라 2,14 ; 3,3을 보라.

30) 그 용어는 개종(conversion)의 언어에 속한다. 다음을 보라 : 데전 1,9 ; 루가 1,16 ; 사도 3,19 ; 9,35 ; 11,21 ; 14,15 ; 15,19 ; 26,18·20 등. 또한 Bauer, *s.v.*; Georg Bertram, "*ἐπιστρέφω, ἐπιστροφή, μεταστρέφω*," *TDNT* 7.722—29. 실제로 갈라 4.9에서 그 용어는 "배교"를 뜻한다. 또한 베후 2,21—22도 마찬가지다. 중복어에 대해서는 *BDR*, §484를 보라.

31) 참조. 갈라 2,18 ; 4,19 ; 5,1.

32) 참조. 갈라 4,3에 관해서 : *τὰ ἀσθενῆ καὶ πτωχὰ στοιχεῖα*. 여기서의 표현은 악마론의 문맥으로부터 나오는 것 같다. Plutarch는 왜 악마들이 신들과 비교해서 열등한지에 관한 문제에 대해서 광범위하게 논의한다. 그의 주요한 이유는 악마들이 정욕과 사망의 지배를 받는다는 것이다.

서, 그것들은 "본질상" 그 실체가 얘기된 것이 아니라는 것을 이미 알면서 하는 짓이다. 그러므로 이교신앙에로 돌아가는 것은 다시 "예전의 노예상태"를 받아들이는 것 이상을 의미할 것이다.[33] 그런 행동은 비합리적이며, 모순투성이다. 이 말은 그리스도인이 된 후의 타락상태에 대해서 바울로가 무신론이나 미신만의 여지를 남겨둔다는 것을 시사한다.[34] 그러나 그가 갈라디아인들에게 말하듯이 그들은 바로 이러한 상태를 원한다.[35]

우리는, 갈라디아인들의 관점에서는 문제들이 상당히 다르게 느껴졌을 것이라는 점을 강조해야 할 것이다. 율법과 할례를 받아들임에 의해서 그들은 이교신앙에로 되돌아가려고 한 것이 결코 아니었다. 그들은 다만 바울로의 그리스도교로부터 할례와 율법에 대한 순종을 요구하는 유다 그리스도교의 형태로 돌아가기를 원했을 뿐이다. 그들의 생각에, 그리고 의심할 바없이 바울로의 반대자들의 생각에, 그런 이동은 현재 상황에 대한 향상이었다.[36] 반대로, 그들은 만일 자신들

악마들의 약함에 대해서는 *Is. et Osir*. 373D; 393F (*PECL*, 71, 101), 그리고 부록, *PECL*, *s.v.* "demonology"를 보라. 유사한 경우를 유다교의 천사론에 적용시킬 수 있다 ; Betz, *JTC* 6. 139ff에 있는 자료를 보라. 바울로의 전승에서 악마의 권세는 열등하다. 왜냐하면 그것은 그리스도에 의해 지배되기 때문이다(필립 2, 11 ; 고전 15, 20—28 ; 골로 2, 10·15 ; 1, 13·16 ; 에페 1, 10·21—22 등).

33) *πάλιν ἄνωθεν*("다시 새로이") 참조. 이 표현에 대해서는 Bauer, *s.v.*, 3. "노예상태"의 개념에 관해서는 갈라 2, 4 ; 3, 28 ; 4, 1·3·7·8·24·25 ; 5, 1 참조.

34) *PECL*, 1—35에서 Morton Smith가 쓴 Plutarch의 *Superst*.에 관한 논문을 보라. 비슷한 것은 *Kerygma Petrou*, Frag. 2(HSW, *NT Apocrypha* 2. 99f)인데, 그것은 그리이스인의 우상숭배를 무신론, 그리고 유다인들의 예배를 미신이라 부르고, 그리스도교 예배를 새로운 종교로서 변호한다.

35) 참조. 갈라 1, 7 ; 4, 21 ; 5, 17.

36) 슐리어(203)는 바울로의 평가와 갈라디아인들이 실제로 원하는 것 사이를 충분히 명확하게 구별하지 않는다. 그가 그것을 보는 바처럼, 유다—그리스도인 선전자들은 갈라디아인들에게 다시 세상의 권세들에 복종하도록 압력을 가한다. "어리석은 갈라디아인들"(3, 1)은 그런 일의 괴상한 본질을 이해하지 못한다. *Kerygmata petrou*(아래, 부록 3을 보라)로부터의 반바울로적인 *Contestatio*에서 기술된 이상한 의식에서 하늘, 땅, 물, 그리고 공기같은 요소들이 맹세에 대한 증거로서 기원되는 것이 흥미롭다. 참조. 또한 ps.-Clem. *Hom*. 11. 30. 2 (HSW, *NT Apocrypha* 2. 126) : "만일 이렇게 하기를 〔즉, 의식를 통해 깨끗해지기를〕 망설인다면, 네가 생명이 없는 우상들을 숭배했을 때 청결하라는 가르침들의 일부를 어떻게 지켰는지 마음에 상기해 보라. 네가 전념해야 할 때 지금

이 시나이 계약에 해당되지 않는다면 사실상 이교신앙을 저버릴 수 없다는 결론에 도달했을 것이다. 만일 그들이 고린토후서 6장 14절—7장 1절에 얘기된 형태의 유다 그리스도인들의 말에 귀를 기울였다면, 그들은 유다 율법에 대한 순종만이, 심지어는 그리스도교의 일부로서, "세상의 원시종교들"의 악한 세력들에 대한 유일한 방어책이라고 이해했을 것이다.[37] "율법 아래" 있는 것은 "'세상의 원시종교들' 아래" 있는 것과 같다는 바울로의 견해에 그들이 공감할 때에만, 그의 주장은 효력을 가진다.

바울로와 그의 반대자들의 투쟁은 실제로 종교의 두 개념들간의 싸움이다. 바울로는 "계몽된" 종교의 개념을 지지하는데, 그것은 제의적이고 의식적인 요구와 준수로부터 자유로우나 한 분이신 참 하느님의 지식을 기초로 하고 있다. 이와는 달리 반대자들은 그들의 종교를 악한 세력들에 대한 제의적—의식적 보호체계로 이해한다. 우리는 이런 종류의 투쟁을 고대에서 유다와 그리이스의 다른 지역들에서도 찾아볼 수 있다.[38]

〔 10 〕 바울로는 갈라디아인들의 의도에 대한 자신의 평가가 옳다는 것을 예증하는 테스트를 제시한다. 문장은 서술적이다[39] : "여러분은 날과 달과 계절과 해를 지킵니다"(ἡμέρας παρατηρεῖσθε καὶ μῆνας καὶ καιροὺς καὶ ἐνιαυτούς). 이 진술의 의미는 주

망설이고 있는 것을 부끄러워 하라…." 참조. 11. 31. 1—2.

37) 이 점에 관해서는 서론, §2.C를 보라.

38) 참조. 예컨대, Plutarch *Is. et Osir.* 2(351E)에서 주는 종교의 정의: "이런 이유로 진리에 대한 갈망(θειότητος ὄρεξις), 특히 하느님에 관한 진리에 대한 갈망은 신성에 대한 동경이다. 왜냐하면 그것은 그것의 훈련과 지적 추구에서 모든 의식상의 청결과 성전예배보다 더 거룩한 일을 구성하는 신성한 사랑의 획득을 포함하기 때문이다…"(tr. Griffiths, *Plutarch*, 119. 주석과 함께, 256). 또한 *PECL*, 38을 보라. 유다교의 비슷한 입장은 호세 6, 6과 함께 시작된다. "내가 반기는 것은 제물이 아니라 충성이다. 제물을 바치는 대신 이 하느님의 마음을 알아다오." Hans Walter Wolff, *Hosea* (Hermeneia; Philadelphia: Fortress, 1974) 120을 보라. 라삐적 해석에 대해서는 Str-B 1. 499f(특히 흥미 있는 것은 *'Abot R. Nat.* A, chap. 4)를 보라. 신약에서 마태 9, 9—13; 12, 1—8을 보라.

39) 대부분의 사본들은 실제로 그렇게 진술한다. p[46]은 분사 παρατηροῦντες를 읽으며 그러므로 그 문장을 θέλετε에 의존하는 질문의 일부로서 간주한다. 이것은 9절("원하다")과 10절("여러분은 〔현재〕 지킵니다") 사이의 모순에 의해서 제기된 문제를 해결한다. 참조. BDR, §316 n. 3.

장하는 문맥에 달려 있다. 현재 시제로 보아 이 진술은, 갈라디아인들이 이미 저 이교적인 의식들을 행하고 있는 것을 가리키는 것 같으나, 확실하지는 않다.[40] 9절에서 방금 바울로는 갈라디아인들이 율법과 할례를 받아들이는 문제를 고려하고 있다고 말했으나, 전체 편지로 판단해 보건대 그들이 아직 그렇게 하지 않았다는 것이 명백하다. 또한 10절에서 기술된 이교적 행위들은, 비록 그것들이 유다교와 이교신앙 양자에 알려져 있긴 했지만, (유다 그리스도교를 포함해서) 유다교의 전형적인 현상은 아니다.[41] 그러므로 그 서술은 갈라디아 사람들이 현재 몸담고 있는 행동들의 요약이 아니라, 과거에 그들이 율법과 할례를 받아들였을 적에 관련되었던 행위들의 요약으로 간주되어야 한다. 실제로 바울로는 종교적으로 세심한 사람들의 전형적인 형태를 묘사한다.[42]

서술 자체는 전형적이며 고대에 잘 알려진 문학적인 주제의 일부이다. 그것은 갈라디아 사람들을 δεισιδαιμων("종교적으로 세심한" 또는 심지어는 "미신적인")의 종교적 특성에 순응하는 것으로 묘사한다. 우리는 바울로의 주장에 담긴 힘을 충분히 이해하기 위해서는 테오프라스투스(Theophrastus)의 논문 "Character"[43]과 플루타크의 비방문헌 *De superstitione*[44]를 읽어야 한다. 이 문맥 안에서, 바울로가 열거하는 것과 같은 종교적 준수들은 δειλία πρὸς τὸ δαιμόνιον("신적인 것에 대해서 두려움이 많은 겁쟁이")의 특징을 띠는 행동패턴을 구성한

40) Eckert, *Die urchristliche Verkündigung*, 92f, 126ff에서 그렇게 진술되는데 나중에 Mussner, 301f도 그렇게 주장한다. 대부분의 주석가들은 다르게 주장하는데 특히 Schlier; Harald Riesenfeld, "παρατηρέω, παρατήρησις, διατηρέω, συντηρέω," *TDNT* 8.146—51; Bornkamm, *Paul*, 82가 그렇다.

41) Bultmann, *Stil*, 103; 또한 *Kerygma Petri*, Frag. 2a (HSW, *NT Apocrypha* 2.61; 그리고 병행구들에 대해서는 Ernst von Dobschütz, *Das Kerygma Petri* [Leipzig: Hinrichs, 1893] 31ff); Käsemann, *Perspectives*, 151 ; Eckert, 같은 책, 93을 보라.

42) 이미 Bultmann, 같은 책, 103에 그렇게 되어 있다.

43) *Charact.* 16. Hendrik Bolkestein, *Theophrastos' Charakter der Deisidaimonia als religionsgeschichtliche Urkunde* (RVV 21.2; Giessen: Töpelmann, 1929)를 보라.

44) *PECL* 1.1—35에서 이 논문에 대한 Morton Smith의 글을 보라. 그의 *Tannaitic Parallels to the Gospels* [SBLMS 6; Philadelphia: SBL, 1951] 74 n.11)에서 Smith는 *Sifre Num.* 15.31, "해지는 시간을 경멸하는 자"를 언급하고, 그것이 바울로 또는 그의 추종자들 중의 하나에 반대한 표현이라고 제시한다.

다.[45] 플루타크에 따르면, 두려워 하는 이런 태도는 "완전히 사람을 무참하게 하고 굴욕을 주며," 그의 마음과 감정을 타락시키며, 그를 무능력하게 한다. 그 결과 그는 일상적으로 필요한 것들과 문제들을 돌보지 못한다.[46] 어떤 철학적 세계관에 서서 말하는 플루타크에게 있어서, 미신에 사로잡힌 자의 이러한 생활은 노예상태보다 훨씬 열악하다.[47]

이 귀절의 용어는 전문적이다 : παρατηρεῖν("지키다")은 일반적인 의미에서 이교적 의식의 활동을 나타낸다.[48] 다른 용어들, "날과 달과 계절과 해"가 묘사하는 바는, 달력 준수의 복잡함, 즉 무슨 날인지, 무슨 달인지, 무슨 계절인지, 또는 어떤 해인지에 관한, 그리고 그 각각의 날과 달과 계절과 해에 사람이 해야 하는 것과 해서는 안 되는 것이 무엇인지에 관한 쓸데없는 문제들에 끊임없이 빠져 있는 상태이다. 불트만은 이 묘사가 수준높은 풍자라고 주장하는데 그것은 옳다.[49] 그 진술이, 우리에게 현재 갈라디아인들이 하고 있는 것에 대한 단서를 제공해주지 않는다는 것은 또한 명백하다. 이교적인 그러한 행동들은, 이교에 빠져 있었던 그들의 과거[50]에, 그리고 만일 그들이 그렇게 택한다면 유다교에서의 그들의 앞으로의 삶에 모두 적용된다. 그러나 비록 이교적 성격을 강하게 띠고 있는 세심한 태도를 예증하는 자료가 특히 유다교의 묵시주의와 쿰란문헌에서 다수 발견된다 할지라도, 일부 주석가들이 제시하는 것처럼 이 행동들이 전적

45) Theophr. *Charact*. 16. 1. Peter Steinmetz, *Theophrast*, *Charaktere*(Munich: Hueber, 1960—62) 2, 179—87을 보라.
46) Plut. *Sup*. 165 B/C.
47) 같은 책, 166 D/E. *PECL*, 30, 48, 54, 58, 또한 100을 보라.
48) 초대 그리스도교 문헌에서 그 용어는 이곳과 루가 17, 20에서만 발견된다 ; *Diogn*. 4. 5(참조. 1, 1). 참고서로는 Bauer, *s.v.*, Harald Rienfeld, "παρατηρέω, παρατήρησις, διατηρέω, συντηρέω," *TDNT* 8. 146—51; *PGL*, *s.v.* παρατήρησις를 보라. 또한 Plutarch *Is. et Os*. 363B(*PECL*, 58)를 보라.
49) 위, 주 41을 보라.
50) 만일 갈라디아 사람들이 이전에 고대의 Celtic 종교의 예배자들이었다면 바울로의 특성묘사는 확실히 맞다. 그러나 같은 것을 소아시아에 있는 다른 이교들에 대해 말할 수 있다. Celtic religion에 관해서는 다음을 보라 : Jan de Vries, *Keltische Religion* (*Die Religionen* der Menschheit 18; Stuttgart: Kohlhammer, 1961); Maartje Draak, "The Religion of the Celts," in *Historia Religionum* (Leiden: Brill, 1969) 1. 629—47; Françoise le Roux-Guyonvarc'h, "Keltische Religion" in *Handbuch der Religionsgeschichte* (Göttingen: Vandenhoeck & Ruprecht, 1971) 1. 245—76.

으로 유다교적인 것만은 아니다.[51] 어쨌든 바울로가 묘사하는 것과 같은 종교적 행동은 "하느님의 아들들"이 행해야 하는 것과 정반대된다.[52]

[II] 바울로는 표면상 의심을 나타내는 표현처럼 보이는 또 하나의 반어적인 언급과 함께 4장 8—10절에서의 공격을 끝맺는다 : *φοβοῦμαι ὑμᾶς μή πως εἰκῇ κεκοπίακα εἰς ὑμᾶς*("나는 여러분을 위한 내 수고가 허사로 돌아가지나 않았나 염려됩니다").[53] 미신에 젖어 있는 자들의 두려움을 비웃은 후에 그는 그 자신의 걱정을 시인하는데,[54] 사실 이것은 체념이 아니라 자기—반어법이다.[55] 물론 그는 자신을 위해서가 아니라 갈라디아 사람들을 위해서 걱정한다.[56]

---

51) 다음을 보라 : Smith, in *PECL*, 30 : "유다교의 *δεισιδαιμονία*는 속담의 형태로 되어있다. Josephus C. *Apion*. i. 205ff 등 ; Ac xvii 22는 이교도의 입으로 그것을 말한다(아마 아이러니) ; 그것은 Dg i1에서 그리스도교적 상투어로서 그것의 생애를 시작한다." *Kerygma Petrou* Frag. 2a(HSW, *NT Apocrypha*. 2. 100)에 있는 반—유다교적 논쟁이 이와 대단히 유사하다 : "누구도 그(즉, 하느님)를 유다인들의 방식으로 예배하지 않는다. 왜냐하면 그들은 또한 —그들은 자신들만이 하느님을 안다고 생각한다— 천사들과 천사장들, 계절(months)과 달(moon)을 예배하는 것을 이해하지 못하기 때문이다. 그리고 달이 빛나지 않을 지라도, 그들은 새로운 달을 찬양하지 않는다." 참조. "안식일들, 불충분한 식사들, 금식들, 그리고 축제일들을 나는 생각한다"라고 계속하는 Tertullian (*Adv. Marc*. 5. 4. 6). 저스탄(*Dial*. 46)은 유다교의 토라복종을 이렇게 요약한다 : "안식일을 지키는 것, 할례받는 것, 달을 지키는 것, 그리고 만일 모세에 의해서 금지된 어떤 것을 손에 댄다면, 혹은 성교 후에 씻음받는 것." 슐리어(204—207)는 유다교의 묵시적인 그리고 쿰란문헌으로부터 많은 귀절들을 수집했다. 그것은 그 상투어가 발견된다는 것을 예증해준다. 그러나 바울로의 반대자들이 이 특수한 사상들을 갈라디아 교회들에 이미 소개했었는지 어떤지는 명백하지 않다. 참조. 또한 Mussner(293—303)는 많은 자료와 최근의 이차적인 문헌에 대한 훌륭한 조사를 제공한다. 그외에, Meinrad Limbeck, *Die Ordnung des Heils* (Düsseldorf: Patmos, 1971), 여러 곳.

52) 참조. 고전 8, 7 이하 ; 10, 23 이하 ; 로마 14, 1 이하에 있는 종교적 세심성에 대한 묘사들. 반—바울로파 자체가 종교적으로 엄격했다는 것이 의심되어서는 안 된다. Betz, "2 Cor 6 : 14—7 : 1," 88—108; 골로 2, 16—23(이것에 관해서, Lohse의 주석 *Colossians and Philemon*, 114ff을 보라). 후대의 입장에 대해서는 Justin, *Dial*. 47(Appendix 4)를 보라.

53) Mussner, 304도 마찬가지다.

54) 위, 번역에 대한 주를 보라. 그리고 또한 BDF, § 370(1); BDR, § 370 참조.

55) 참조. 유사한 언급에 대해서는 고후 11, 3 ; 12, 20.

56) Sieffert와 Lietzmann, Schlier (207) 등이 그렇게 정확하게 주장한다. 그

바울로는 갈라디아 사람들을 위해서 선교사로서 자신이 했던[57] 아주 실제적이고 힘든 일[58]을, 갈라디아 사람들이 하고 싶어하는 쓸모없는 미신적 행동과 대조한다.[59] 만일 그들이 그런 미신에 관계한다면, 바울로의 일과 그들의 구원은 수포(εἰκῇ)로 돌아가게 될 것이다.[60]

6. 다섯번째 주장 : 우정 4장 12—20절

4,12 형제들이여, 나와 같이 남아있기를 바랍니다.[1] 왜냐하면 또한 내가 여러분과 같이 되었기 때문입니다.[2] 여러분이 내게 잘못한 일을 한 것은 없읍니다. 13 여러분이 기억하는 대로[3] 맨 처음에 여러분에게 복음을 전하게 된 것은 육체의 병 때문이었읍니다. 14 또한 여러분은 나의 육체로 인한[4]

것을 전제하면서 "여러분"을 끝에서 예기하는 Burton(235). 참조. BDF, §476(3); BDR, §476.

57) 로마 16,6·21 ; 고전 4,12 ; 15,10 ; 16,16 ; 필립 2,16 ; 데전 5,12 ; 골로 5,12 ; 에페 1,29 ; 4,28 등을 보라. 그 용어에 관해서 Bauer, *s.v;* Friedrich Hauck, "κλάω," *TDNT* 3.827—30을 보라.

58) κεκοπίακα는 계속되는 활동을 강조한다. 아마 편지쓰는 것을 포함해서; p^{46} 1739는 ἐκοπίασα라는 동사를 사용함으로써 그 활동을 과거지사로 여긴다.

59) 그러나 슐리어가 생각하는 것처럼(207), 그들은 율법으로 돌아가려고 계획하지 않는다.

60) 참조. 2,2(ἐις κενόν); 3,4(εἰκῇ); 고전 15,2(εἰκῇ) 10·14·58 ; 고후 6,1 ; 필립 2,16 ; 데전 2,1 ; 3,5(κενός).

1) 이 단락은 번역하기가 매우 어렵다. 대개의 번역자들은 의역에 의존한다. 본 번역은 원문에 충실하고자 노력했다. 더 나은 의역에 대해서는 *NEB.* 참조.

2) 또는 : "나처럼 있으십시오. 왜냐하면 또한 나는 여러분처럼 있기 때문입니다." 참조. *RSV:* "형제들이여, 나와 같이 되십시오. 왜냐하면 또한 나는 여러분과 같이 되었기 때문입니다." *NEB:* "나의 형제들이여, 내 자리에 여러분 자신을 두시기를 바랍니다. 왜냐하면 나는 여러분 자리에 나 자신을 두었기 때문입니다." *JB:* "형제들이여, 내가 요구하는 모든 것은 내가 여러분을 모방했던 것처럼 여러분도 나를 모방하라는 것 뿐입니다."

3) 직역하면 "여러분이 아는 대로."

4) 참조. *RSV:* "그리고 나의 조건이 여러분에게 시험이었지만, 여러분은… 하지 않았읍니다." *NEB:* "…여러분은 나의 좋지 않은 신체상태를 보고서도 경멸하거나 싫어하는 내색을 할 수 있는 어떤 유혹도 이겨냈읍니

〔어떤〕 시험도 〔이겨냈읍니다〕. 그리고 〔나를〕 멸시하고 외면한 것이 아니라 여러분은 내가 하느님의 천사인 것처럼, 내가[5] 예수 그리스도 〔자신〕인 것처럼 나를 환대해 주었읍니다.

15 그런데 여러분의 칭찬은 어떻게 되었읍니까?[6]—내가 여러분에 대하여 증거합니다. 할 수만 있었다면 여러분은 여러분의 눈이라도 뽑아내어 내게 주려고까지 했읍니다! 16 내가 여러분에게 진리를 말하기 때문에 여러분의 원수가 된 것입니까? 17 그들이[7] 여러분에게 열성을 보이는 것은 선의에서 나온 것이 아니라 여러분을 떼어내어 여러분이 그들에게 열심을 갖도록 하기 위한 것입니다. 18 내가 여러분과 함께 있을 때 뿐만 아니라 언제든지 선하게 열심을 품는 것은 좋은 일입니다. 19 나의 자녀들이여, 여러분 안에[8] 그리스도께서 형상을 갖출 때까지 나는 다시 해산의 고통을 겪습니다.—20 나는 지금 여러분과 함께 있었으면, 그리고 나의 목소리를 바꿀 수 있었으면 좋겠읍니다. 왜냐하면 나는 여러분에 대해서[9] 당황하고 있기 때문입니다.

〔분석〕

주석가들은 한결같이 4장 12—20절의 단락이 상당히 많은 문제들을 안고 있다고 지적한다. 문체는 산만하다. 바울로는 사고의 일관성 없이 한 문제에서 다음 문제로 뛰어넘고 있는 것 같다. 전통적으로 이러한 상황은 바울로의 감정이 격앙된 데 기인한 것으로 해석되었다. 심리학적 해석들은 그것을 이렇게 해석한다. 즉 바울로는 마침내 감정에 의해 움직이기 시작했으며, 그 결과 그는 주장에 대한 억제력을 상실하고, 그에게 충실하게 남아있는 갈라디아인들에 대한 열정적인 청원으로 끝낸다는 것이다. 이러한 해석을 최대한으로 이용하는 외프케(Oepke)[10]는 이 단락에 대한 모든 합리성을 부인하는 데까지 나아

다"(또는 : "그 시험에서 나의 좋지 않은 신체는 잘 견뎌냈읍니다").

5) *NEB*. 참조. *RSV:* "여러분은 나를 하느님의 천사로서, 그리스도 예수로서 받아들였읍니다…."

6) 참조. *NEB:* "여러분은 내가 여러분과 함께 하는 것을 얼마나 행복하게 생각했던지 잊어버렸읍니까?"

7) 즉, 바울로의 반대자들.

8) 혹은 : "여러분 가운데서."

9) 참조. *NEB:* "나는 지금 여러분과 함께 있을 수 있으면 좋겠습니다. 그러면 나는 나의 어조를 바꿀 수 있을 것입니다. 사실은 나는 여러분에 대해서 어찌할 바를 몰라하고 있읍니다."

10) 외프케(140ff)가 이 심리학적 해석을 대표하며 Burton(235)은 바울로가 "논쟁을 그만두었으며" 간청과 호소로 돌아갔다고 가정한다. 그 본문을 이해하려면 일차적으로 "보이지 않는 의미와 부록을 직감적으로 파악

간다. 슐리어(Schlier)[11]는 이 단락을 "가슴으로 하는 주장"(an argument of the heart)이라고 부른다. 이들이 인지하지 못했던 것은 이 귀절들의 수사학적 성격이다. 이것은, 언급된 주석가들이 관찰한 것들이 전적으로 잘못되었다는 것을 의미하지 않는다. 바울로가 이 단락에서 제시하는 것은 "우정"(περὶ φιλίας)의 주제에 속하는 일련의 〈진부한 주제〉(*topoi*)다. "우정"에 관한 많은 저작들이 —그것들 중 현존하는 저작들이 많다[12]— 증명하는 것처럼, 이 주제는 고대에서 널리 알려졌다. 바울로의 시대까지는 그 주제는 또한 비방문학[13]과 서신들에서 취급되었다. 서간문학에서 "우정"은 표준이 되는 토픽이기까지 했다.[14]

할 것"을 요구한다(Oepke, 141). 무쓰너(304f)는 이에 동의한다. 루터(1535)는 또한 그 귀절이 "감정으로 가득차 있다"고 기록하나 이것을 수사학의 도구로서 인정한다(4, 12에 관해서, *Luther's Works* 26. 412f).

11) Schlier, 208. Estius의 말을 재언급하면서, 그는 "강한 파토스"와 "사상의 산만한 흐름"을 강조한다.

12) 우정 개념의 중요성은 그리스·로마문헌이 그것을 다룬 긴 역사를 보면 알 수 있다. 그리스 문헌에서 우정에 관한 저술들은 Xenophon (*Mem.* 2.4—10), Plato (*Lysis*), Speusippus, Xenocrates, Aristotle, (*EN* 8—9, p. 1155a1—1172a15), Theophrastus, Clearchus, Praxiphanes, Epicurus, Cleanthes, Chrysippus, Panaitius, Poseidonius 등에 의해 씌어졌다. 연구와 참고문헌에 대해서는 다음을 보라 : Gustav Stählin, "*φίλος κτλ.*," *TDNT* 9. 146—71 ; Kurt Treu, "Freundschaft," *RAC* 8.418—34 ; P.A. Brunt, "'Amicitia' in the Late Roman Republic," *Proceedings of the Cambridge Philological Association* 191(1965) 1—20 ; Brunt는 로마의 정치에서 그 개념의 중요성을 가리킨다.

13) 특히 다음 저작들을 보라 : Isocrates: *To Demonicus*, *To Nicocles*, *Nicocles* (LCL, 1); Epictetus *Diss.* 2.22 ; Plutarch *Adulat.*; *De amic. mult.*; *De amicitia;* Lucian *Toxaris;* Maximus Tyr. *Diss.* 14, 35 ; Dio Chrys. 3. 86ff, 4. 42, 34. 76, 44. 1ff. 가장 중요한 것은 Cicero, *Laelius de amicitia* 그리고 Seneca, *De beneficiis*이다. Fritz Arthur Steinmentz, *Die Freundshaftslehre des Panaitios: Nach einer Analyse von Ciceros "Laelius de amicitia"* (Palingenesia 3 ; Wiesbaden: Steiner, 1967)를 보라.

14) 세네카의 *Epistulae ad Lucilium*?으로 시작됨. 다음을 보라 : Ulrich Knoche, "Der Gedanke der Freundschaft in Senecas Briefen an Lucilius," *Arctos*, NS 1(1954) 83—96 ; Wolfgang Brinckmann, *Der Begriff der Freundschaft in Senecas Briefen* (Philos. Diss. Köln, 1963) ; Hildegard Cancik, *Untersuchungen zu Senecas Epistulae Morales* (Spudasmata 18 ; Hildesheim: Olms, 1967) ; 그리고 Gregor Maurach에 의한 서평 *Gnomon* 41(1969) 472—76. 전반적인 주제에 관해서는 Koskenniemi, *Studien*, 115—27 ; Klaus Thraede, *Einheit-Gegenwart-Gespräch: Zur Christianisierung antiker Brieftopoi* (Diss. Theol. Bonn, 1968) ; 같은 저자, *Grundzüge griechisch-römischer Brieftopik* (Zetemata 48 ; Munich: Beck, 1970) 다수의 참고문헌과 함께.

그러므로 바울로가 그것을 이용한 것은 하등 이상한 일이 아니다. 바울로 이전에 이미 헬라주의적 유다교, 특히 벤 시락(Sirach)[15]과 필로(Philo)[16]는 그 주제를 다루었으며, 그 결과 그것은 헬라주의적 유다교를 거쳐 사도에게 이르렀다.[17]

이것은 갈라디아서에서 이 단락이 일관되어 있지 않은 것도 아니며 논쟁적인 힘이 부족한 것도 아니라는 것을 뜻한다. 확실히 이 단락은 앞의 단락들의 무거운 주장들과 비교할 때 훨씬 가벼운 단락이다. 우정에 대한 개인적인 호소는 헬라주의적 양식과 완전히 일치하는데, 그러한 호소는 무거운 단락과 가벼운 단락 사이에 변화를 요구하며 단순한 추상적 인상을 상쇄시킬 수 있는 감정적이고 개인적인 접근을 요구한다. 논쟁적인 힘은 토픽 자체에서, 즉 "참된" 우정과 "거짓된" 우정의 표시들에서 찾아볼 수 있다.[18] 이 진부한 주제들은 물론 갈라디아인들에게 알려졌으며, 그 내용은 모든 사람이 동의한 평범한 지혜에 속했다. 동시에 그 단락은 5장 1절과 함께 시작하는 주요한 권고 단락을 미리 준비한다.[19]

〔해 석〕

[12] 그 단락은 격언적인 역설로써 시작된다 : *γίνεσθε ὡς ἐγώ ὅτι κἀγὼ ὡς ὑμεῖς*. 이 격언은 여러가지 방법으로 번역될 수 있다 : "나와 같이 되십시오. 왜냐하면 또한 내가 여러분과 같이 되었기 때문입니다."[20] 또는 "나처럼 있으십시오. 왜냐하면 또한

15) 특히 집회 6, 5—17을 비롯한 여러곳 ; *Vita et Sententiae Aesopi-Achigari* 109—110 (ed. Albert-Marie Denis, *Fragmenta Pseudepigraphorum quae supersunt Graeca* 〔Leiden: Brill, 1970〕 138—40) 그리고 "Friendship in the OT and Judaism," Stählin, "*φίλος κτλ.*," *TDNT* 9. 156—59에 관해서 보라.

16) 필로에 관해서는 Stählin, 같은 책, 158—59 ; Treu, "Freundschaft," *RAC* 8. 424—25를 보라.

17) 그것의 방대한 자료 수록 때문에 Gottfried Bohnenblust, *Beiträge zum Topos ΠΕΡΙΦΙΛΙΑΣ* (Diss. Bern; Berlin: Schade, 1905)는 여전히 유용하다. 참조. 또한 Thraede, *Brieftopik*, 여러 곳.

18) Thraede(같은 책, 95—106)는 메전 2, 17 ; 고전 5, 3—4 ; 골로 2, 5에서 내림 동기를 다룬다. 그러나 갈라디아서는 그것을 다루고 있지 않다.

19) 슐리어가 하듯이(208), 그것을 "eine Mahnung zur Nachfolge" "제자직에 대한 권고"라고 부르는 것은 정확하지 않다. 바울로는 제자직의 개념을 결코 사용하지 않는다. Betz, *Nachfolge*, 137을 보라.

20) *RSV* (1973)도 그렇게 되어 있다.

나는 여러분처럼 있기 때문입니다."[21] 그러나 이 번역들 중에서 어느 쪽을 선택하는 것은 필요하지 않다. 왜냐하면 여러가지 방법으로 이해될 수 있는 것이 격언의 본질이기 때문이다. 밑에 깔려 있는 사상은 "참 우정"은 동등한 사람들 가운데서만 가능하다는 대중철학으로부터 나온 주제(*topos*)다. 그리스 사상에서 잘 알려진 용어들은 *ἰσότης*("평등"), *ὁμόνοια*("일치"),[22] 그리고 *ὁμοιότης*("유사")이다.[23] 가장 중요한 것은 키케로(Cicero)가 내린 우정의 정의인데 일반적인 의견을 반영한다 : "왜냐하면 우정은 인간적이고 신적인 모든 일들에서 상호 호의와 애정으로 결합된 일치일 뿐이기 때문이다."[24]

이 우정론에 내포된 의미는 고대에서 널리 논의되었다. 특별한 실례가 되는 것은 루시안(Lucian)의 "톡사리스"(*Toxaris*)인데, 그것은 "친구처럼 되는 것"이 왜 참된 우정의 확실한 표시인가를 보여주는 모범적인 이야기들을 수록한 것이다. 파선, 가난, 감옥, 심지어는 죽음에서 한덩어리가 되는 친구들에 대한 루시안의 이야기들은 "참된 친구들은 그들의 모든 운명을 같이 나누어야 한다"[25]는 것을 예증해준다. 갈라

21) 현대의 번역들은 크게 다르다. 참조. 위, 번역에 관한 주들 ; 가능한 번역들의 다양성이 주석들, 특히 제롬이나 루터(1519)에서 논의된다. 또한 Burton(236)을 보라 : "나같이(혹은 내가 되었던 것 같이) 되십시오. 왜냐하면 나는 여러분처럼 있기 때문입니다…"(또한 그의 논의, pp. 236f).

22) 바울로는 이 용어를 사용하지 않으나, 사도시대의 교부들은 그 교리를 충분히 이용한다(참조. Ign. *Eph.* 4. 2 ; Ign. *Trall.* 12.2 ; 1 *Clem.* 9. 4 ; 11.2 그리고 자주), 더 많은 귀절들에 대해서는 Bauer, *s.v.*를 보라. 바울로 서신 중에서는 다음을 참조하라. *μίᾳ ψυχῇ*("한 마음이 되어") : 필립 1, 27(또한 사도 4, 32) ; *ὁμοθυμαδόν*("한 마음으로") : 로마 15, 6(또한 사도 1, 14 ; 2, 46 ; 4, 24 ; 5, 12 등). Thraede, *Brieftopik*, 122f; Bohnenblust, *Beiträge*, 40을 보라.

23) 참조. Ign. *Eph.* 1. 3. 기본적인 정의에 대해서는 다음을 보라 : Aristotle, *EN* 8. 8. 5, p. 1159b2f: *ἡ δ' ἰσότης καὶ ὁμοιότης φιλότης, καὶ μάλιστα μὲν ἡ τῶν κατ' ἀρετὴν ὁμοιότης*("우정은 권리와 가치의 동등, 특히 덕에 있어서 서로 같은 자들의 동등함이다"). 갈라디아서에서 이것은 특히 갈라 2, 9 ; 3, 26—28 ; 5, 6 ; 6, 15에서 표현된다. 또한 고후 8, 13—14 ; 골로 4, 1등. Bohnenblust, 같은 책, 42 ; Gustav Stählin, "*ἴσος*," *TDNT* 3. 345ff; 같은 저자, "*φίλος κτλ.*," *TDNT* 9. 152를 보라.

24) *De amicitia* 20 : Est enim amicitia nihil aliud nisi omnium divinarum humanarumque rerum cum benevolentia et caritate consensio (tr. William A. Falconer, LCL). 병행구들의 수집에 대해서는 Bohnenblust, 같은 책, 27, 42를 보라.

25) Lucian *Toxaris* 5 : …*χρὴ τοῖς φίλοις ἁπάσης τύχης κοινωνεῖν*. Bohnenblust, 같은 책, 11 ; Stählin, "*φίλος κτλ.*," *TDNT* 9. 153—54.

4장 12절 a에서 이 주제는 바울로와 갈라디아인들의 관계에 적용된다.[26] 그는 그들에게 호소할 수 있으며, 실제로는 그들에게 명령까지 할 수 있다.[27] 왜냐하면 그들의 사도로서 그는 좋은 친구일 뿐만 아니라 참된 친구이기 때문이다.[28] 사도로서 그는 자신을 본받으라는 요구를 할 수 있다 : μιμηταί μου γίνεσθε("나와 같은 자들이 되라").[29] 이 때 이 말은 다음을 뜻한다 : "나와 같이 남아 있어라." 왜냐하면 현재 갈라디아인들은 "바울로와 같으며", 유다 토라 밖에 있는 그리스도인들이며 그러므로 "이삭과 같기"(4, 28) 때문이다. 그러나 그들이 할례와 토라를 받아들인다면, 바로 그때부터 그들은 더 이상 "그와 같지" 않을 것이다(참조. 1,6—7).[30] 그러므로 바울로의 호소는 구체적으로 다음을 뜻한다 : "율법없이 남아 있으라!" 이 호소는 격언의 두번째 부분에 일치한다. ὅτι는 확실히 원인을 나타낸다("왜냐하면"). 그것은 바울로의 과거의 상황과 따라서 그의 현재의 상황을 진술한다. 적어도 두 가지 생각이 이 진술 배후에 놓여 있다. 분명히 얘기되지는 않으나 "참된 우정"은 상호관계에 기초되어야 한다는 것이 전제된다.[31] 한 친구는 다른 친구에게 "그의 다른 나"(ἕτερος ἐγώ, *alter ego*)같이 되어야 한다.[32] 전제되어 있는 또 한 가지의 생각은 바울로의 다른 서

26) 그 주제는 또한 Justin, *Oratio ad Graecos* 5. 7 : γίνεσθε ὡς ἐγώ, ὅτι κἀγὼ ἤμην ὡς ὑμεῖς를 보라. Thraede (*Brieftopik*, 5—8)는 그 주제들을 사용하는 것이 창조성을 배제하지 않는다고 말하는데 그것은 옳은 것 같다.

27) 참조. 갈라 5, 26 ; 로마 12, 16 ; 고전 7, 23 ; 10, 7·20·32 ; 14, 20·25·26·40 ; 15, 58 ; 16, 14 ; *phlm* 6.

28) 이것은 우정 주제와 일치하지 않는 것이 아니다. 왜냐하면 "참된 친구들"은 서로의 *custos*("보호자, 충고자")로서 일해야 하기 때문이다. Knoche, "Freundschaft," 86ff; Ilsetraut Hadot, *Seneca und die griechisch-römische Tradition der Seelenleitung* (Quellen und Studien zur Geschichte der Philosophie 13; Berlin: de Gruyter, 1969) 164ff를 보라.

29) 고전 4, 16 ; 11, 1 ; 데전 2, 14 ; 필립 3, 17 ; ὡς ἐγώ에 대해서는 고전 7, 7·8·40 ; 10, 33을 보라. "모방"의 개념에 대해서는 Wilhelm Michaelis," "μιμέομαι κτλ.," *TDNT* 4. 659—74; Betz, *Nachfolge*, 특히 143f, 152, 169를 보라.

30) 갈라 4, 12a는 필립 3, 17에 대한 병행구이다. 그것은 비슷한 논쟁의 일부이다. Helmut Koester, "The Purpose of the Polemic of a Pauline Fragment (Philippians Ⅲ)," *NTS* 8(1962) 317—32 ; Betz, *Nachfolge*, 145—53을 보라. 반대되는 권고에 대해서는 고후 6, 14 ; 그리고 그 해석에 관해서는 Betz "2 Cor 6 : 14—7 : 1," 89f; 아래, 부록 2를 보라.

31) 참조. 특히, Cicero, *Amic*. 22f, 45—48, 56—61을 보라.

32) Cicero *Amic*. 23 : Verum etiam amicum qui intuetur, tamquam exemplar aliquod intuitur sui("다시, 참된 친구를 보는 자는, 말하자면, 그 자신

신에서도 표현된 생소한 "선교적 교설"이다. 바울로가 그들과 같이 되었고, 유다 토라 밖에 있는 그리스도인이 되었던 것은 갈라디아 사람들을 위해서였다.[33] 그는 그들을 구원하기 위해서 유다의 토라를 떠났었다.[34] 주석가들은 일반적으로 병행구인 고린토전서 9장 19—23절을 적절하게 언급한다.[35] "자유로운" 자로서 바울로는 그들 모두 구원할 목적으로 자유롭게 유다인들에게는 유다인이 되며 이방인들에게는 이방인이 된다.[36] 이러한 적응성은, 비록 유감스럽기는 하지만, 안티오키아에서 게바가 실행하였다(2,11—14). 그것은 물론 목적에 의해 제한되며 "참된 친구"의 반대 타입인 "거짓 사도"나 "아첨꾼" (κόλαξ)의 특징으로 오해되어서는 안 된다.[37] 그러나 이것만은 분명하다. 즉 바울로는 자신이 과거의 갈라디아 사람들,[38] 말하자면 이교도 죄인들이 되었다는 것을 뜻하는 것이 아니라, 현재의 그들이 되었다는 것을 말하고 싶어한다. 그가 그들 가운데서 살았을 때, 그는 유

의 이미지를 본다"). 이 사상에 관해서는 Bohnenblust, *Beiträge*, 39f; Stählin, "φίλος κτλ.," *TDNT* 9.152 ; Steinmetz, *Freundschaftslehre*, 32,139,143. 202를 보라. 이미 Theodor Beza (Sieffert, p.257을 보라) 그리고 Hugo Grotius (*Annotatiione in Novum Testamentum* [Erlangen: Tetzchner, 1756] 2.566)는 "alter ego"를 언급한다.

33) 갈라 1,12—2,14·15·16 ; 참조. 필립 3,6 이하.

34) 로마 11,13—14 ; 고전 9,19—23 ; 10,33 ; 고후 2,14—17 ; 데전 2,14—16.

35) 참조. Lightfoot, 174 ; Sieffert, 256—59 ; Zahn, 215 ; Burton, 236 ; Schlier, 208ff; Mussner, 305f.

36) 그 귀절에 관해서 다음을 보라 : Conzelmann, *1 Corinthians*, 158—61 : Henry Chadwick, "All Things to All Men (I Cor IX. 22)," *NTS* 1 (1955) 261—75; Betz, *Nachfolge*, 143f; Georg Eichholz, *Die Theologie des Paulus im Umriss* (Neukirchen: Neukirchenner Verlag, 1972) 48—55.

37) "아첨꾼"에 관한 생생한 묘사에 대해서는 Plutarch, *Adulat.* 51E-54B를 보라. 모든 것에 순응하는 그리고 무한히 적응할 수 있는 "아첨꾼"의 문학적 주제는 널리 입증된다. Philo, *Mig.* 111 ; *L.A.* 3.182 등 ; 바울로에서는 데전 2,5를 보라. Johannes Schneider, "(κολακεύω) κολακία," *TDNT* 3.817—18을 보라. 기본적인 연구는 아직도 Otto Ribbeck, "Kolax," *Abhandlungen der philologisch-historischen Classe der Kgl.-Sächsischen Gesellschaft der Wissenschaften* 9(1884) 1—114이다. 참조. Bohnenblust, *Beiträge*, 31ff; Ernst Wust and August Hug, "Parasitos," PW 18(1949) 1381—1405.

38) 참조. 갈라 2,15—17 ; 고전 9,21. 슐리어의 해석은 바울로가 과거에 이교도가 되었다고 말할 때 분명하지 않다. 이런 계열의 해석에 대한 개관에 대해서는 Sieffert (256f)를 보라. 정확한 이해는 Mussner, 306에서 발견된다.

다인으로서나 이교도로서가 아니라 그리스도인으로서 그렇게 하였다. 이 동등함과 상호관계는 또한 "형제들"(ἀδελφοί)이라는 호칭을 반복함으로써 강조된다.[39]

δέομαι ὑμῖν("나는 여러분에게 바랍니다")과 문맥과의 관계는 금방 명백해지지 않는다. 특히 우정이라는 주제와 관련된[40] 편지 귀절로서[41] 그 귀절은 앞뒤 문맥과 반드시 뚜렷하게 연결될 필요는 없다. 또한 그다음 진술이 접속사를 생략하고 있다 : οὐδέν με ἠδικήσατε("여러분이 내게 잘못한 일을 한 것은 없읍니다"). 이 말의 의미는 바울로와 갈라디아 사람들간의 친교가 갈라디아 사람들 편에서의 비행이나 나쁜 짓에 의해 지금까지 방해된 적이 없다는 것이다.[42] 확실히 이해하는 데 있어서 애를 먹게 되는 이 진술은 갈라디아서에서는 독특하나,[43] 우정 주제에 속하는 서간문에 나오는 상투적인 문구로 이해될 수 있다.[44] "참된 친구들"끼리는 서로가 서로에게 잘못을 저지르지 않는다는 신뢰가 있다.[45]

〔13—14〕 처음 부분은 난해하지만, 이 진술도 우정의 주제에 해당된다. 루터(1535)는 이 진술을 "갈라디아인들에 대한 큰 칭찬"이라고 일컬은 점에서 옳았다. 바울로는 갈라디아인들에게 그들이 그리스도인이 되어 생활한 초기에 그들이 보여주었던 큰

39) 이 호칭에 대해서는 갈라 1,11 ; 3,15 ; 4,28·31 ; 5,11·13 : 6,1·18을 보라.

40) 참조. Knoche ("Freundschaft," 86). 그는 세네카의 서신들에서 ***te hortor, te rogo, te admoneo, iubeo te, suadeo te*** 등이 자주 발견됨을 가리킨다. 또한 키케로(*Amic.*, 104)는 그런 권고로 끝맺는다. 바울로 서신에서는 고후 10,2 ; 데전 3,10 참조. 또한 Terence Y. Mullins, "Petition as a Literary Form," *Nov* 5(1962) 46—54를 보라.

41) 예컨대, ps.-Libanius ***Charact. epistol., Demetrii et Libanii qui feruntur ΤΥΠΟΙ ΕΠΙΣΤΟΛΙΚΟΙ et ΕΠΙΣΤΟΛΙΜΑΙΟΙΧΑΡΑΚΤΗΡΕΣ*** (ed. V. Weichert; BT, Lipsiae: Teubner, 1910) nos. 17 and 18(27) ; ***Ep. Phalar.*** 130(ed. Rudolphus Hercher, ***Epistolographi*** *Graeci* [Paris: Didot, 1873]) 449 참조.

42) Schlier, 209에 매우 정확히 나와 있으며 Sieffert는 이와는 달리 주장한다.

43) 참조. 고전 6,7·8 ; 고후 7,2·12 ; 필레 18 ; 또한 고전 13,6 ; 고후 12,13.

44) 해석상의 다른 가능성들에 대해서는, Burton, 237f. 참조.

45) 참조. Plato ***Lysis*** 208E; Aristotle ***EN*** 8.4.3, p.1157a 23f: *καὶ τὸ πιστεύειν ἐν τούτοις, καὶ τὸ μηδέποτ' ἂν ἀδικῆσαι*("그리고 그들에게는 상호 신뢰가 있으며 서로 악을 행할 힘이 없다") ; Plutarch, ***Adulat.*** 37F ; Dio Chrys. 3.113, 34.41 ; Cicero ***Amic.*** 76—78. Steinmetz, ***Freundschaftslehre***, 134—36 ; Bohnenblust, ***Beiträge***, 43.

호의를 상기시킨다. 바울로가 그들에게 복음을 가지고 왔을 때 처음에 그들은 그를 "하느님의 천사"처럼, 또는 심지어 예수 그리스도 바로 그분인양 아무 기탄없이 그를 받아들였던 것이다. 그들은 사도가 그 당시 앓고 있던 질병에도 불구하고 그렇게 하였다. 언어는 바울로 특유의 것이지만, 진술 전체는 우정의 주제를 나타낸다. 큰 곤경에 빠져있을 때, 특히 병에 걸려있을 때 한없는 도움을 주는 것은 참된 우정의 표시다.[46] 참된 우정은 고통과 괴로움의 경험과 함께 시작될 것이다.[47] 참된 친구들은 서로에게 그들이 함께 먹었던 "다량의 소금"을 상기시킬 것이다.[48] 바로 이러한 배경이 바울로로 하여금 그 자신과 갈라디아인들의 과거 경험들을 뒤돌아보게 (δέ "그러나") 한다. 처음 말들 "여러분은 알고 있읍니다(=기억하고 있다)"(οἴδατε)가 암시하는 바와 같이, 바울로는 독자들에게 그들이 그와 가졌던 과거 경험을 상기시키고 싶어한다.[49] 용어 ἀσθένεια τῆς σαρκός("약함" 또는 "육체의 병")[50]는 아마 바울로가 실제로 앓았던 병을 가리킬 것이다.[51] 그가 맨처음[52] 갈라디아 사람들에게 갔을 때 그는 그 병으로

46) 예들에 대해서는 다음을 보라 : Xenophon, *Mem.* 2.4.3, 2.7.1ff, 10.1ff.; Aristotle, *NE* 8.1.2, p.1155a 12ff; 8.3.8, p.1156b 25ff; *EE* 7.2. 9ff, p. 1236a 16ff; Plutarch, *Adulat.* 68F-69A; Epictetus *Diss.* 2.22.12; *Lucian Toxaris* 18 ; Dio Chrys. *Or.* 3.100.

47) Plutarch *Amic. mult.* 6 ; Lucian, *Toxaris*, 여러 곳.

48) 참조. Cicero *Amic.* 67 ; "…오래 될 수록 좋아지는 포도주의 경우에서처럼, 가장 오래된 우정은 가장 즐거워야 한다. 더우기, 잘 알려진 격언은 사실이다 : '사람들은 우정의 주장이 이루어지기 전에 함께 많은 양의 소금을 먹어야 한다'" 또한 78, 103f; Plutarch *Amic. mult.* 3 ; 그리고 Aristotle, *EN* 8.3.8, p.1156b 27—28을 보라.

49) 참조. 갈라 1,6—9 ; 3,2—5. 수사학적 용어 οἴδατε("여러분은 안다")에 대해서는 또한 로마 6,16 ; 11,2 ; 고전 3,16 ; 5,6 ; 6,2·3·9·15·16·19 ; 9,13·24 ; 12,2 등을 보라.

50) 루터(1519, 1535)에서 그 문제의 광범위한 논의를 보라. 참조. 고전 12,7—10에 있는 병행구, 이 귀절의 해석에 대해서는 다음을 보라 : Hans Dieter Betz, "Eine Christus Aretalogie bei Paulus (2 Kor 12, 7—10)," *ZThK* 66(1969) 288—304 ; 같은 저자, *Paulus*, 92ff; C.K. Barrett, *A Commentary on the Second Epistle to the Corinthians* (New York: Harper & Row) 314—18.

51) Bauer, *s.v.* ἀσθένεια, 1 ; Schlier, p. 210 ; Güttgemanns *Apostel*, 170ff ; 그리고 대개의 현대 주석서들(Burton, Oepke, Lietzmann, Mussner [또한 314—16])을 보라. 더 오래된 주석서들은 흔히 바울로가 박해로부터의 상처, 인상적이지 못한 외모, 소심증, 성적 욕구 등을 말하는 것으로 이해하였다(Jerome; Luther[1535] ; Sieffert, 261f; Schlier, 210 n.3). 그러

고생하고 있었다. 그런데 왜 이 병이 그들 가운데 선교를 하게 된[53] 이유[54]가 되었는지 사도는 말하지 않는다. 아마 무쓰너(p. 307)의 해석이 옳을 것이다 : "복음이 선포되어야 했을 그때, 바울로와 같은 사람에게 있어서 모든 것이 *καιρός* ("좋은 기회")가 되었다."

〔 14 〕 바울로는 갈라디아 사람들이 그를 거부하지 않고 그들의 첫번째 시험을 성공적으로 통과했다고 말한다 : *καὶ τὸν πειρασμὸν ὑμῶν ἐν τῇ σαρκί μου οὐκ ἐξουθενήσατε οὐδὲ ἐξεπτύσατε*("또한 여러분은 나의 육체로 인한 〔어떤〕 시험도 〔이겨냈읍니다〕. 그리고 〔나를〕 멸시하고 외면한 것이 아니라"). [55] 이 문장의 번역은 그것의 관용적인 언어 때문에 어려우나 그 의미는 명백하다. 또한 본문상의 문제들도 있다 : *ὑμῶν*("여러분의 시험")은 *μου*("나의 시험")보다 더 좋은 독해이다. 왜냐하면 그것은 더 어렵기 때문이다. [56] 확실히 바울로의 병은 갈라디아 사람들이 그를 외면하기에 좋은 이유가 되었을 것이다. 고린토후서 12장 7—10절이 보여주듯이, 병은 일반 사람들에 의해서 악마의 소치로서 해석되었던 듯한데, 그것은 사도의 주장과 모순되는 사실이다. [57] 그러므로 그 시험은 미신과 편견으로 하여금 복음의 문제를 판단케 하는 것이었다. [58] 문구 *ἐν τῇ σαρκί μου*("나의

나 그 귀절의 문자적인 그리고 은유적인 의미는 분리되어야 한다(참조. 고전 2,3 ; 고후 10,1·10 ; 데전 1,5 ; 2,1—2) ; Betz, *Paulus*, 44ff를 보라.

52) *τὸ πρότερον*은 "원래". "처음때"로 번역되어야 한다(BDF, §62 ; BDR, §62 ; LSJ, *s.v.*, A, Ⅳ ; *Bauer*, *s.v.* 1, b, β; 또한 주석들, Burton, 239—41 ; Schlier, 209 ; Mussner, 307을 보라). 바울로는 초기 갈라디아의 상황들을 또한 1,8·9·11 ; 3,2—5에서 언급한다. 참조. 또한 사도 16,6. 그러나 어느 곳에서도 다시 그의 병이 언급되지 않는다. 4,13이 그가 그 편지를 쓰기 전에 바울로가 두번 갈라디아를 방문했다는 의견을 지지하는 것 같지는 않다(서론, §3. A. 를 보라).

53) 용어 *εὐαγγελίζομαι*("복음을 전하다")에 대해서는 갈라 1,8·9·11·16·23에 관해서 보라.

54) *Διά*+대격은 제한시키는 조건이 아니라(vg: *per* infirmitntem), 요인이 되는 원인을 표현한다(Latin: *propter*). BDR, §222 n. 2 : 또한 Lightfoot, Burton, Schlier, Mussner, Bauer (*s.v.*, *διά* Ⅱ, 1 참고서들과 함께)를 보라.

55) *NEB*: 다소 자유로운 번역은 그 의미를 아주 잘 명백하게 한다. 위, 번역에 관한 주를 보라.

56) *ὑμῶν*("여러분의")은 ℵ* A B C^{2vid} 33 D* G $it^{d,g,r}$ vg Ambrosiaster에 의해서 지지된다. p^{46} it^{61}은 *al*을 *μου*("나의")로 읽는다. 그러나 이 번역은 그 문장의 문법적인 어색함을 제거한다. Metzger, *Textual Commentary* 596 ; Mussner, 307 n. 71을 보라.

57) 참조. 고후 12,7의 표현 "사탄의 천사."

58) 바울로가 보기에, 그리스도인들은 사탄의 유혹으로부터 면제되지 않는

육체에!")는, 비록 난해하지만, 고린토후서 12장 7절에 있는 병행구 σκόλοψ τῇ σαρκί("몸에 가시")에 의해서 가장 잘 설명될 수 있다. 그것은 그의 몸 안에 있는 사악한 악마로 해서 생긴 바울로의 병을 묘사하는 은유다.[59] 이 병이 정확히 어떤 질병이었는지 우리에게 알려져 있지 않다. 그 문제를 다룬 많은 연구들은 대개 추론에 머문다.[60] 자신의 병에 대해서 말할 때 바울로는 의학적인 언어가 아닌 은유적이고 악마론적 언어를 사용한다. 용어 ἐξουθενέω("멸시하다")는 또한 고린토후서 10장 10절에서 바울로에 관해서 사용되는데, 거기서 그것은 바울로에 대한 그리스도인들의 부정적인 반응 —그는 그들에게 사도로서보다는 "협잡꾼"으로 보였다— 을 묘사한다.[61] 원래 돈호법적(頓呼法的, apostropeic) 용어인 ἐκπτύω("내뱉듯이 말하다")는 무례함의 태도뿐만 아니라 악마를 피하는 태도를 묘사한다. 그 용어가 원시적인 미신에 기원을 두고 있지만, 그것은 후에 "멸시하다"와 다소 동일시되었다.[62]

이런 종류의 유혹들은 "참된 우정"에 대한 시험이다. 키케로(*Amic.* 62·63)는 그것을 이런 식으로 표현한다: "그러므로 우리는 굳세고 견실하고 변치않는 사람들을 선택해야 한다. 그런 부류는 극히 부족하다. 그리고 동시에 시련없이 결단에 이르기는 대단히 어렵다. 반면에 그런 시련은 실제적인 우정에서만 일어날 수 있다…그러므로 달려드

다. 갈라 6,1; 고전 7,5; 10,9·13; 고후 2,11; 11,14; 데전 3,4 등을 보라. 고후 13,5(Betz, *Paulus*, 89, 134—37을 보라)는 이와 다르다. 바울로에서 전체적인 개념에 대해서는 다음을 보라. Heinrich Seesemann, *TDNT* 7.161—62; Karl-Georg Kuhn, "*Πειρασμός-ἁμαρτία-σάρξ* im Neuen Testament und die damit zusammenhängenden Vorstellungen," *ZThK* 49 (1952) 200—22; Güttgemanns, *Apostel*, 176f.

59) σάρξ(여기서 "몸")의 개념에 대해서는 갈라 2,16에 관한 귀절들과 참고문헌을 보라.

60) Güttgemanns, *Apostel*, 162—65, 173—77에 수집된 자료를 참조하라.

61) 이것에 관해서는 Betz, *Paulus*, 44—69를 보라. 용어 ἐξουθενέω("멸시하다")는 또한 로마 14,3·10; 고전 1,28·6; 4,16,11; 데전 5,20에서 발견된다. Bauer, *s.v.* BDR, §§33 n.2; 108n.2를 보라.

62) 그 용어는 초기 그리스도교 문헌에서 여기서만 발견된다(p[46]은 그것을 생략한다). 그러나 마르 7,33; 8,23; 요한 9,6; *Barn.* 7.9 참조. 다음을 보라: Heinrich Schlier, "ἐκπτύω," *TDNT* 2, 448—49; Bauer, *s.v.* ἐκπτύω, πτύσμα; *PGM* (IV 2299; Betz, *Lukian*, 150f; *PECL*, 226. 두 용어가 함께 *Jos. et As.* 2.1에 나온다; Edgar W. Smith, *Joseph and Aseneth and Early Christian Literature: A Contribution to the Corpus Hellenisticum Novi Testamenti* (Ph.D. diss. Claremont 1975) 55를 보라.

는 전차를 저지하듯이 성급히 몰려오는 호의를 억제할 줄 아는 것이 지혜의 일부이다. 그리고 그런 식으로 우정을 유지해나감으로써 우리는 친구들의 기질을 어느정도 —우리가 말들을 그렇게 다루듯이— 예비적으로 시험해 볼 수 있다."[63] 그런 시험들 중에서 가장 힘든 경우는 친구가 병이 났거나 보기 흉하게 되었거나 못생긴 경우들이다.[64] 루터(1535)는 그 시험이 바울로가 표현하는 "십자가의 걸림돌"과 같다는 것을 올바르게 지적한다.[65]

갈라디아 사람들은 그들의 시험을 훌륭하게 통과했었다 : ἀλλὰ ὡς ἄγγελον θεοῦ ἐδέξασθέ με, ὡς Χριστὸν Ἰησοῦν("여러분은 내가 하느님의 천사인 것처럼, 내가 예수 그리스도 자신인 것처럼 나를 환대해 주었읍니다").[66] 또 다시 표현의 간결함 때문에 해석과 번역에 있어서 몇가지 선택들이 남게 된다. 바울로의 다른 서신에 정확한 병행구가 나오지 않는 ἄγγελος θεοῦ("하느님의 천사")라는 개념은, 단순히 하느님의 사자를 가리키거나 또는 실제로 하느님이 보낸 천사적 존재를 언급할 수 있다.[68] 사자를 뜻하는, 그 용어의 의미가 신약성서에서 꽤 자주 발견되지만, "하느님의 천사"가 더 그럴 듯한 번역 같다.[69] 확실히 고대에는 그 둘 사이에 큰 차이가 없었다. 왜냐하면 사람이 신적인 천사를 만나고 있었는지 또는 인간적인 사자를 만나고 있었는지

63) "Sunt igitur firmi et stabiles et constantes eligendi, cuius generis est magna penuria; et iudicare difficile est sane nisi expertum, experiendum autem est in ipsa amicitia…Est igitur prudentis sustinere et cursum, sic impetum benevolentiae, quo utamur, quasi equis temptatis, sic amicitia, aliqua parte periclitatis moribus amicorum." 이 점에 관해서는 Steinmetz, ***Freundschaftslehre***, 116—19 ; Bohnenblust, ***Beiträge***, 32—34 ; Theodor Middendorp, ***Die Stellung Jesu ben Siras zwischen Judentum und Hellenismus*** (Leiden: Brill, 1973) 14f를 보라 ; Middendorp는 그리스 영향의 예로서 집회 6,6을 언급한다.

64) Lucian의 ***Toxaris***는 참된 우정의 그런 시험들에 대해 일련의 이야기들을 포함하고 있다(그 주제에 대해서 5f; 병에 관해서 18,19,53,60,61 ; 추함에 관해서 24,30f를 보라).

65) 루터는 또한 수난설화들에서 그 주제를 언급한다. 특히 루가 22,28 : "너희는 내가 시련을 겪는 동안 함께 당해왔다." 그리고 마태 11,6(루가 7,23)는 축복을 언급한다 : "나를 공격하지 않는 사람은 복이 있다."

66) ***NEB*** 역.

67) 참조. 고전 13,1 ; 고후 11,14에서 인간에 대한 언급과 함께 "천사" 개념의 용법.

68) "천사"에 관한 문헌에 대해서는 갈라 1,8에 관한 것을 보라.

69) 그렇게 생각하는 현대의 주석가들은 다음과 같다 : Zahn, Burton, Lietzmann, Oepke, Schlier, Mussner.

확신할 수 없었기 때문이다.

그러나 "하느님의 천사"라는 표현은 이미 갈라디아서 1장 8절에서 사용되었으며("하늘에서 온 천사") 그때 그것은 "사탄의 사자"(고후 12,7)와 대조된다. 고대인들에게 있어서 신적인 존재의 갑작스런 출현이나 또는 유다교의 상황에서 천사적 존재의 갑작스런 출현은, 만일 그들이 인간적인 겉모양에 상관없이 그 외양을 환영할 경우, 사람들에게 행운을 가져다 준다. 이것은 익숙한 종교적, 문학적 주제였다.[70] ὡς("것처럼")는 차이를 표현한다. 왜냐하면 바울로는 그가 실제로 천사로서 왔다는 것을 말하려 한 것은 아니기 때문이다. 의심할 바없이, 그리스도의 사도로서 그는 자신을 갈라디아인들의 구원을 위해서 하느님이 그들에게 보낸 사자라고 생각한다.[72] 확실히 그들은 마치 그가 예수 그리스도 자신인 것처럼 그를 환영하였다.[73] 이 언급은 또한 단순한 과장 이상의 것이다. 왜냐하면 바울로는 사도로서 그리고 그리스도를 "따르는 자"로서[74] 그리스도를 대리하기 때문이다.[75] 그를 환영하는 자들은 그리스도를 환영한다.[76] 그럼에도 불구하고 바

70) 이 주제에 대해서는 특히 사도 12,15 ; 14,11 이하 ; 히브 13,1—2를 보라 구약의 병행구들에 대해서는 창세 18—19에 있는 설화들 ; Str-B 3.707f 에 있는 라삐적 자료 ; *Jos. et As.*, 여러 곳을 보라. 헬라주의적 문헌에 대해서는 다음을 보라 : Conzelmann, *Apostelgeschichte* 14,11ff에 관해서 ; Betz, *Lukian*, 116 n.1 ; 132 n.4 ; Nock, "'Son of God' in Pauline and Hellenistic Thought" in his *Essays* 2.936—39 ; David L. Tiede, *The Charismatic Figure as Miracle Worker* (SBLDS 1 ; Missoula : SBL, 1972).

71) 참조. 고후 11,16 ; 필레 17. BDR, §453을 보라.

72) 사도직의 개념에 대해서는 갈라 1,17에 관한 보주(補註)를 보라.

73) δέχομαι("받다, 환영하다")에 관해서는 마태 10,14 병행구 40·41 ; 마르 9,37 병행구 ; 고후 7,15 ; 11,4·16 ; 필립 4,18 ; 데전 1,6 ; 2,13 등을 참조. Bauer, *s.v.*, 1 : Betz, *Lukian*, 132를 보라.

74) 특히 고전 11,1 ; 데전 1,6을 보라. 그리스도의 "모방자"로서의 사도의 전체적인 개념과 더 이상의 문헌에 대해서는 Betz, *Nachfolge*, 여러 곳을 보라.

75) 참조. 고후 2,14—17 ; 5,18—20 ; 13,3—4 ; 골로 1,23—2,5 ; 에페 3,1—19 ; 디전 1,12—17. 또한 다음을 보라 : Karl Martin Fischer, *Tendenz und Absicht des Epheserbriefes* (FRLANT 111 ; Göttingen: Vandenhoeck & Ruprecht, 1973) 104—08 ; Martin Dibelius and Hans Conzelmann, *The Pastoral Epistles: A Commentary on the Pastoral Epistles* (tr. Philip Buttolph and Adela Yarbro; ed. Helmut Koester; Hermeneia; Philadelphia: Fortress, 1972) 27—31.

76) 그 개념은 또한 루가 10,16 ; 마태 10,40·41 ; 25,40 ; *Did.* 11.2,4 등에서

울로가 그 자신에 대해서 하는 진술들은 과장이다. 그것은 결국 갈라디아인들에 대한 칭찬이 되며,[77] 흔히 있는 "참된 친구들끼리의 칭찬"에 해당한다.[78]

[15] 15절 a의 수사학적 질문, *ποῦ οὖν ὁ μακαρισμὸς ὑμῶν*("그런데 여러분의 칭찬은 어떻게 되었읍니까?")은 여러 가지로 해석될 수 있으며, 그것은 *ὁ μακαρισμὸς ὑμῶν* ("여러분의 칭찬")이라는 말의 의미에 달려 있다. 만일 *ὑμῶν*("여러분의")이 대부분의 주석자들에게 있어서처럼 주어 소유격으로 생각되어야 한다면, 그것은 바울로가 갈라디아 사람들에게 복음을 가져갔을 때 그들이 자신들에 대해서 공언했던 "자기 칭찬"을 언급할 것이다. 그는 이제 좀 아이러니칼하게 "여러분 스스로의 그 자기 칭찬은 어떻게 되었읍니까?" 하고[79] 물었을 것이다. 이러한 해석은 가능하며 15절 b는 이 해석을 뒷받침할 수 있다.[80] 그러나 만일 우리가 목적어 속격을 가진다면, 그밖에 누군가가,[81] 즉 바울로가 갈라디아 사람들에 대해서 칭찬의 말을 했을 것이다. 이 언급은 처음에 큰 물결처럼 높아지던 그들의

발견된다. 전체적인 개념에 대해서는 다음을 보라 : Gerd Theissen, "Wanderradikalismus. Literatursoziologische Aspekte der Überlieferung von Worten Jesu im Urchristentum," *ZThK* 70(1973) 245—71 ; Bernd Jaspert, "'Stellvertreter Christi' bei Aponius, einem unbekannten 'Magister' und Benedikt von Nursia, *ZThK* 71(1974) 291—324.

77) *μακαρισμός*에 관해서 4,15 참조.

78) 이 주제에 관해서, 예컨대, Plutarch *Adulat.*, chaps. 12—17 ; 그리고 Bohnenblust, *Beiträge*, 34f에 있는 자료의 수집 ; Thraede, *Brieftopik*, 139f를 보라.

79) 번역들은 이 부분에서 아주 자유롭다. 참조. 위, 번역에 관한 주 ; 또한 *RSV*: "여러분이 느꼈던 만족은 어떻게 되었읍니까?" *JB*: "여러분이 가졌던 열광은 어떻게 되었읍니까?" Burton: "그런데 여러분 자신들의 그 만족은 어디에 있읍니까?" 참조. 또한 주석서들에서 다른 번역들과 Bauer, *s.v.* *μακαρισμός*: "그런데 여러분의 축복, 즉 여러분이 자신들을 축복했던 마음 속의 기분은 어디에 있읍니까?"(무쓰너에 의해서 채택됨).

80) 자기만족의 어떤 양식은 많은 고대 문헌에서와 마찬가지로 바울로에게도 의심스러운 것이었다. 갈라 6,15에 관한 문헌과 Betz, *Paulus*, 70ff를 보라.

81) 참조. 루터(1535) : "이런 식으로 바울로는 쓴 잔, 즉 날카로운 견책을 완화시키고 경감시키려고 노력한다…." Sieffert(266)는 이 해석의 지지자들로서 Jerome, Theodoretus, Theophylactus, 그리고 Oecumenius를 든다.

열광에 대한 바울로의 판단을 서술한 것이다(15절 b).[82] 그는 또한 우정의 주제의 일부로서 그리고 "여러분의 시험"(14절)에 병치해서 그 자신의 칭찬을 언급할 수 있었을 것이다. 이 경우에 우리는 다음과 같이 옮겨야 한다: "그런데 여러분의 〔여러분이 받은〕 칭찬은 어떻게 되었읍니까?" 아마 바울로의 아이러니칼한 어조는 여러 면에 동시에 영향을 미칠 것이다. 어쨌든 *μακαρισμός*("칭찬하다")라는 용어는 여기서 그것의 본래적이고, 세속적인 의미[83]에서 사용되며, 그리스도교적 의미[84]에서 사용되지 않는다. 또한 바울로의 질문[85]은 아이러니칼한 놀람에서 나오는 질문이다: 저 칭찬은 어떻게 되었느냐? 그것이 사라졌느냐?[86] 토라와 할례를 받아들이려는 갈라디아인들의 현재의 모습은 그들의 초기의 열광을 시기상조의 것으로 만들어 버린다. 또한 적어도 바울로가 이전 귀절인 3장 26—28절 —우리는 그 귀절이 축복의 문학적 양식과 관계된다는 것을 밝혔다— 을 언급할 가능성도 있다. 그러므로 단지 수사학적 질문처럼 보이는 이 귀절은, 갈라디아인들이 당면한 실제 문제를 말하고 있다는 것이 판명된다.

15절 a는 바울로와 그의 복음에 대한 갈라디아인들의 과거의 평가와 현재의 평가 사이에 커다란 차이가 생겼다는 것을 암시한다. 이 차이

82) 이 방향으로 기우는 것 같은 Oepke (143)를 보라.

83) 좋은 병행구는 Plutarch, *Solon* 27. 6—7인데, 그가 모든 사람들 중에서 가장 행복한지 어떤지에 대해서 Solon이 Croesus와 하는 토론이다. Solon은 이런 의견을 제출한다: "왜 냐하면 모든 사람에게 다가오는 미래는 변화가 많고 불확실하기 때문이다. 그러나 신이 끝까지 한 사람에게 번영을 줄 때, 그 사람을 우리는 행복하다고 〔*εὐδαίμων*〕 생각한다. 누군가가 아직 살고 있으며 삶의 위험을 겪고 있는 동안, 그를 행복하다고〔*μακαρισμός*〕 말하는 것은 경기자가 상을 타려고 겨루고 있는 동안 그를 승리자라고 선언하고 그에게 영광을 주는 것과 같다. 그 판정은 불확실하고 권위가 없다." 참조. Plutarch, *Cohib. ira* 462 DE에서 Aristippus와 Aeschines의 우정에 대한 일화.

84) 사도 26,2; 로마 4,6·9· 전체적인 개념에 관해서는 Friedrich Hauck and Georg Bertram, "*μακάριος*," *TDNT* 4, 362—70; Bauer, *s.v.*를 보라.

85) *Ποῦ οὖν*은 ℵ A B C F G P 33 104 *al*에 의해서 잘 입증된다. 𝕽 D *al*가 *τίς οὖν ἦν* 혹은 *ἐστίν*을 둘 중 하나로 읽는 것은 두 선택들간의 타협을 시도하는 것 같다. 더 충분한 논의에 대해서는 Zahn, 220 n. 11; Burton, 243; Schlier, 211 n. 4; Mussner, 308 n. 79를 보라. 또한 로마 3,27: *Ποῦ οὖν ἡ καύχησις*("그러면 우리가 자랑할 것이 어디에 있읍니까?"); 고전 1,20; 12,17·19; 15,55; 루가 8,25; 베후 3,4에 있는 병행구들을 보라.

86) 그것은 사실상 갈라 1,8—9의 저주가 될 것이다. 참조. 6,16.

는 우정이라는 진부한 주제(topos)로부터 나온 15절 b의 또 하나의 익숙한 질문에서 지적된다. 바울로가 다소 진지하게 확신의 맹세 법식과 함께 시작할 때 그것은 완전한 아이러니다: μαρτυρῶ("내가 증거합니다").[87] 바울로는 "이전에 할 수만 있었다면 여러분은 여러분의 눈이라도 뽑아내어 내게 주려고까지 했읍니다"라고 말한다. 일반적으로 주석가들은, 눈이 사람의 가장 정교하고 값비싼 기관이라는 고대의 관념을 정확하게 지적한다.[88] 그럴 경우 바울로가 다음과 같이 말한 것으로 해석된다: "그들은 자신들에게 있어서 가장 가치있는 것을 그에게 주었으며, 그러므로 그를 위해서 할 수 있는 모든 일을 다했다."[89] 그러나 그밖에도, 바울로는 문학적인 주제를 언급한다. 참된 우정은 우정론을 가르치며, 기꺼이 지고한 희생을 치를 것을 요구한다.[90]

루시안은 그의 논문 "톡사리스"에서 스키디아사람(Scythians)들 단다미스(Dandamis)와 아미조케스(Amizoces) 사이의 우정을 이야기한다. 사우로마태인들(the Sauromatae)이 자신의 친구를 포로로 잡았을 때, 단다미스는 적장에게 직접가서 아미조케스를 석방시키기 위한 몸값을 협상하였다. 단다미스의 모든 소유물들이 이미 사우로마태인들에 의해서 빼앗겼기 때문에, 그는 자기 자신의 몸 외에는 줄 수 있는 다른 아무것도 가지고 있지 않았다. 그러나 그 또한 지금 적들의 수중에 있었기 때문에 적들은 그를 거부하였다. 단다미스가 아직도 주어야 할 것이 있느냐고 물었을 때, 그는 눈을 바치라는 말을 들었다. 그는 즉각 그것을 빼내도록 지시했으며, 친구들은 떠나는 것이 허용되었다. 이 엄

87) 그 정식은 바울로에서 여러 형태로 발견된다—μαρτυρῶ("나는 증거합니다"): 로마 10,2; 고후 8,3; 또한 골로 4,13; θεὸς μάρτυς("하느님은 나의 증거이십니다") 또는 유사한 형태들: 로마 1,9; 고후 1,23; 필립 1,8; 데전 2,5·10. 참조. 또한 갈라 1,20. Theodor Klauser, "Beteuerungsformeln," *RAC* 2, *s.v.*; Gustav Stählin, "Zum Gebrauch ven Beteuerungsformeln im Neuen Testament," *Nov T* 5 (1962) 115—43을 보라. Lucian의 *Toxaris*에서 참된 우정에 대한 이야기들은 흔히 맹세와 함께 나온다(참조. 9,11,12,18,19,20,38,42,56).

88) 참조. *Barn.* 9.19: "너희는 너희에게 주님의 말씀을 말하는 모든 사람들을 너의 눈동자처럼 소중히 할 것이다." 고대 문헌으로부터의—성서를 포함해서— 다른 병행구들은 다음에 수집되어 있다: Wettstein 2.227f; Oepke; Schlier, 211 n.5; Bauer, *s.v.* ὀφθαλμός, 1; Wilhelm Michaelis, "ὀφθαλμός," *TDNT* 5. 376—78; *PGL*, *s.v.*, B,6.

89) Schlier, 211. εἰ δυνατόν에 관해서는 BDR, §127,2; 128,n.4; 360 n.2; 495 n.5를 보라.

90) 참조. Plato, *Lysis* 219D; Aristotle *EN* 9.8.9, p.1169a 20ff.

칭난 우정의 증거는 시디아 사람들을 고무시켰으며 사우로마태인들을 너무 놀라게 해서 그들은 기가 꺾여 밤 사이에 슬그머니 도망쳤다. 그러나 아미조케스는 눈먼 친구를 보는 것이 견딜 수 없었으며, 그래서 자신의 손으로 자신의 눈을 멀게 해버렸다.[91] 이 이야기는 바울로가 심중에 두었던 바를 설명해 주는 것 같다. 그는 그 시대에 거의 격언적이었음에 분명한 문학적 주제를 언급한다.[92] 그러므로 신약성서 주석가들이 자주 추론하듯이, 바울로가 눈의 질병으로 고통을 당했었다고 가정할 이유가 없다.[93]

용어 ἐξορύσσω("파내다, 잡아빼다")는 이런 문맥으로는 신약성서에서 여기서만 나온다.[94] ἐδώκατέ μοι("내게 주려고까지 했읍니다")의 의미는 루시안의 "톡사리스"에 나온 이야기에 의해서 가장 잘 설명된다.[95]

[16] 이 절은 역시 우정의 주제에 속하는 질문을 도입한다: ὥστε ἐχθρὸς ὑμῶν γέγονα ἀληθεύων ὑμῖν; ("내가 여러분에

91) *Toxaris* 40—41. 베트슈타인(2.227)은 그 병행구를 인용했었으나, 후대의 주석가들은 그것의 중요성을 이해하지 못했다. 리츠만은 그것을 기록하나 외프케와 슐리어, 그리고 무쓰너는 기록하지 않는다. Burton (244)은 명확하지 않다.

92) 참조. Xenophon, *Mem.* 2.4.7: "사람이 그의 손으로 할 수 있는, 그의 눈으로 직접 볼 수 있는, 그의 귀로 직접 들을 수 있는, 또는 그의 발로 달성할 수 있는 모든 것 중에서 어느 것도 도움을 주는 데 있어서 수줍어 할 벗이 아니다." Plato, *Lysis* 209E—210A; Plutarch, *Adulat* 53 C-F (Dionysius의 식객들은 그의 약해지는 시력을 모방하려는 데까지 나아간다!); 69A(친구에게 하는 솔직한 말은 염증이 있는 눈에 시력을 제공하는 것에 비교된다); 비슷하게 72B; Dio Chrys. *Or.* 3.104f(또한 3.118). Bohnenblust, *Beiträge*, 38f를 보라.

93) 바울로의 병에 대한 광범위한 그러나 주로 상상에 근거한 문헌은 다음에 수록되어 있다: Bruce M. Metzger, *Index to Periodical Literature on the Apostle Paul* (New Testament Tools and Studies, 1; Leiden: Brill, 1960) nos. 242—57; Güttgemanns, *Apostel*, 174n.18; Schlier, 211 n.1; Otto Kuss, *Paulus* (Regensburg: Pustet, 1971) 300 n.2. 그 추론은 슐리어와 보나르드, 무쓰너 등에 의해서까지 계속된다.

94) Bauer, *s.v.*를 보라. 마태 5,29; 18,9에 있는 동사는 ἐξαιρέω이다.

95) 다른 견해들에 대해서는 Sieffert, 266f에 있는 리포트를 보라. 참조. 루터(1535): "그리고 확실히 갈라디아인들은 그를 위해서 그들의 생명을 바쳤다. 왜냐하면 그들이 바울로를—세상은 그를 모든 자중에서 가장 위험하고, 저주받은 그리고 지옥에 떨어질 자로 여겼지만— 받아들이고 지지했을 때, 그들은 스스로, 바울로의 당파들이자 옹호자들로서, 이방인들과 유다인들 모두의 노염과 미움을 얻었기 때문이다."

게 진리를 말하기 때문에 여러분의 원수가 된 것입니까?")[96] ὥστε("그러므로")의 연결은 확실히 막연하다.[97] 그 질문은 바울로가 그의 독자들에게 던진 것으로서 그들로 하여금 스스로 답변하게 한다는 의미에서 수사학적이다.[98] 그것은 "말의 솔직함"(παρρησία)이라는 우정의 주제에 대한 언급이다.[99] 참된 친구들끼리는 적이 되지 않고서 진실을 솔직하게 말하는 것이 가능하다. 이런 식으로 진실을 이야기하는 것은 "참된 친구"를 "아첨꾼"과 구별하게 한다. 반면에 진실을 말하는 자들을 싫어하는 것은 교양없는 대중의 방법이다.[100] 이 문제는 격언적으로까지 되었다.[101] 용어 ἐχθρός("원수")는 여기서 단순히 소외된 친

---

96) 번역들이 상당히 차이가 난다. *RSV:* "그러면 나는 진리를 말함으로써 여러분의 원수가 되었읍니까?"(대안 : "여러분을 진실되게 대함으로써"). *NEB* : "그리고 여러분에게 솔직함으로써 나는 지금 나 자신을 여러분의 원수로 만들었읍니까?" *JB:* "나를 여러분의 적으로 만들었던 진리를 여러분에게 말하고 있는 것입니까?" Lightfoot: "내가 여러분의 원수가 되었다는 것이 사실입니까?"

97) 질문을 도입하는 ὥστε ("그러므로")는 이 구문에 어울리지 않는다. 그것은 앞에서부터 결론을 끌어내나, 그 결론이 사실인지 아닌지는 미결상태다. 참조. Lightfoot: "'그러므로'는 직접적인 주장에 의해서 자연스럽게 뒤따라야 한다. 그러나 이 결론을 피하고 요행을 바랄 때 그 사도는 그것을 의문사로 대체한다…." 참조. 또한 Sieffert, Burton, Schlier.

98) 그러한 견해를 지닌 학자들 : Nestle-Aland, Lightfoot, Lietzmann, Oepke, Schlier, Mussner. Zahn, Sieffert, Burton는 이와 다른 견해를 표명한다.

99) 참조. 루터(1535) : "만일 친구가 잘못에 빠져있을 때 그에게 자유스럽게 충고하는 것은 친구로서의 책임이다…" Bohnenblust, *Beiträge*, 35 ; Heinrich Schlier, "παρρησιά, παρρησιάζουαι," *TDNT* 5. 871—75, 882—24를 보라. 이 주제에 대해서 아주 중요한 것은 Plutarch, *Adulat*, 여러 곳 ; Cicero *Amic.* 89—104이다(이것에 관해서는 Steinmetz, *Freundschafslehre*, 148ff 참조).

100) 그것은 "*amicitia vulgaris*"의 특성이다. 참조. Lucian, *Abdic.* 7 : "모든 자들이 사실을 솔직히 말하는 사람들을 보고 화를 낸다"(ὀργίζονται γοῦν ἅπαντες τοῖς μετὰ παρρησίας τἀληθῆ λέγουσιν).

101) 참조. 격언 "Obsequium amicos, veritas odium parit"(아첨은 친구를 만들고, 진실은 미움을 낳는다"). 그것은 여러 형태로 자주 인용되었다(Terence. *Andria* 1. 1. 41 ; Sophocles *Ajax* 1345 ; Herodotus 7. 101, 104 ; Lucian *Abdic.* 7 ; Cicero, *Amic.* 89). 다음을 보라 : Michal Swoboda (*De Proverbis a Cicerone Adhibitis* [Towarzystwo Naukowe w Toruniu. Prace Wydzialu Filologiczno-Filozoficznego, 14. 3 ; Toruń 1963] 105f). 그는 또한 제롬(*Ep.* 116. 31[PL 22. 951])에 의한 인용문을 언급한다 ; Archer Taylor, *The Proverb* (Copenhagen: Rosenkilde & Bagger, 1962) 146(후대의 변형들과 함께) ; *Corpus Paroemigraphorum Graecorum* (eds. E.L. Leutsch & F.G. Schneidewin; Göttingen: Vandenhoeck

구를 언급한다.[102] ἀληθεύω("진리를 말하다")는 κολακεύω("아첨하다")의 반대말로서 그 말의 일반적인 의미에서 이해되어야 한다. 그러나 이 귀절과 반바울로적인 성향이 강한 *Kerygmata Petrou* —여기서 바울로는 "적의를 품은 사람"으로 묘사된다[103]— 사이에 관계가 있는지의 여부는 분명하지 않다.[104]

[17] 다소 예기치 않게, 바울로는 반대자들에 대해서 날카로운 논쟁을 시작하는 것 같다 : ζηλοῦσιν ὑμᾶς οὐ καλῶς, ἀλλὰ ἐκκλεῖσαι ὑμᾶς θέλουσιν, ἵνα αὐτοὺς ζηλοῦτε("그들이 여러분에게 열성을 보이는 것은 선의에서 나온 것이 아니라 여러분을 떼어내어 여러분이 그들에게 열심을 갖도록 하기 위한 것입니다").[105] 바울로는 또 다시 우정의 주제를 사용하여, 갈라디아인들의 환심을 사기 위해 반대자들이 기울인 노력을 풍자한다. 원래 ζηλοῦν("열성을 보이다")은, 사랑하는 자가 자신이 사랑하는 사람을 제어하기 위한 계략을 묘사하는 성적 어휘에 속한다. 이 언어는 또한 우정의 주제와의 관련성 속에서도 인지된다. 거기서 그 말은 한 친구가 다른 친구에 대해서 가지는 진실하고 깊은 관심을 묘사하는 데 이용된다. 그 언어가 또한 스승과 제자들의 관계를 묘사할 수 있다는 것은 이상한 일이 아니다.[106] 이 전승에 서서, 바울로는 반대자들의 노력을 이기적인 목적

& Ruprecht, 1839—51) 2.433, no. 24e ; Hans Walther, ***Lateinische Sprichwörter und Sentenzen des Mittelalters*** 2.5 (Göttingen: Vandenhoeck & Ruprecht, 1967) no. 33 157 k-1 ; August Otto, ***Die Sprichwörter und sprichwörtlichen Redensarten der Römer*** (Leipzig: Teubner, 1890) 368.

102) 참조. Ammonius, ***De adfinium voc.*** diff. (ed. Klaus Nickau; Leipzig: Teubner, 1966) no. 208 : ἐχθρὸς μὲν γάρ ἐστιν ὁ πρότερον φίλος("'적'은 과거에 친구였던 자이다").

103) 또한 루터(1535)와 지페르트도 마찬가지다. 다른 견해에 대해서는 Rudolf Bultmann, "*ἀληθεύω*," *TDNT* 1.251 ; Schlier, Zahn, Lietzmann, Mussner를 보라. 다른 사람들, 예컨대, Burton, Oepke와 같은 학자들은 견해가 분명치 않다.

104) Ps.-Clem. *Hom.*, *Ep. Petr.* 2.3 : ἐχθρὸς ἄνθρωπος; ps.-Clem. *Recog.* 1.70.1 : homo quidam inimicus. 서론, §2.C, 2,17에 관한 주석, 그리고 부록 3을 보라.

105) 참조. 라이트푸트 : "진실로 그들은 여러분에게 열성을 보입니다 : 그러나 여러분에 대한 그들의 관심은 얼마나 거짓되고 불성실합니까! 그들이 원하는 바는 여러분을 그리스도로부터 제외시키는 것입니다. 그리하여 여러분은 어쩔 수 없이 그들에게 열성을 보이게 될 것입니다."

106) 라이트푸트가 이렇게 주장한다. 그는 또한 Plutarch, *Virt.* 448E를 가-

을 위해서 또는 물질적인 이득을 위해서 행해지는 나쁜 종류의 ζηλοῦν과 동일시한다.[107] 바울로가 4장 12절에서 요구했던 상호관계의 원칙에 어긋나게, 반대자들은 여기서 자신들의 열성에 대한 훌륭한 보답을 생각하고 있다고 서술된다. 키케로는 그런 태도를 우정 관계와 사업 수행의 혼동이라고 비난한다: "만일 우리가 우리의 우정을 우리가 사랑하는 자들에 대한 이익에 그 기초를 두는 것이 아니라 우리 자신들을 위한 이익에 기초를 둔다면, 그것은 결코 우정이 아니라 이기적 이해관계의 물물교환에 불과할 뿐이다."[108] 그런 태도는 우정의 이상을 반영하는 대신에, "대중들의 천박한 사심"을 반영한다: "그러나 대다수의 사람들은, 어떤 이익을 안겨주지 않을 경우 인간의 경험 속에 있는 그 어떤 것도 좋은 것으로 인식하지 않으며, 친구를 가축처럼 여기고, 가장 큰 소득을 기대할 수 있는 자들을 가장 높이 평가한다."[109] 바울로가 이런 종류의 언어를 사용할 때, 그는 갈라디아인들이 보는 앞에서 반대자들의 신용을 손상시킬 목적으로 그렇게 한다. 바울로는 반대자들을 천박하고 거짓되고 뭐든지 가로채려 하는 "아첨꾼들"로만 묘사한다.[110] 이 풍자는 물론 그것이 실제 자체인 것처럼

리킨다. 남녀 간의 구혼에 대한 언급에 뒤이어서 Plutarch는 말한다: "그렇게 다시, 젊은이들이 교양있는 스승들을 발견했을 때, 그들은 처음에는 그들의 이용성 때문에 그들을 따르고 헌배한다(ἕπονται καὶ ζηλοῦσιν); 그러나 후에는 그들이 또한 그들에 대한 애정을 느끼기 시작하고, 친숙한 동료와 학생들 대신에 그들은 연인들이라 불리우고 실제로 그렇다."

107) 우정의 주제를 다루는 저작들에서 그 문제는 "우정"과 "실리"의 문제로서 논의된다. 특히 Cicero *Amic*. 26—32(이것에 관해 Steinmetz, *Freundschaftslehre*, 36ff; Bohnenblust, *Beiträge*, 29f)을 보라. 예들은 신약에서도 발견된다. 거기서 거짓 친구의 원형은 돈 때문에 예수를 배반한 가리옷 유다이다(특히 마태 26, 49—50; 27, 3—10; 사도 1, 15—20을 보라). 참조. 또한 헤로데와 빌라도 사이의 정치적 우정(루가 23, 12).

108) Cicero *Nat. deor*. 1.22: "quam si ad fructum nostrum referemus non ad illius commoda quem diligimus, non erit ista amicitia sed mercatura quaedam utilitatum suarum." 그 사상은 널리 퍼져 있으며 적어도 아리스토텔레스 만큼 오래되었다(*EN* 8.7.2, p.1158a21); 참조. Arthur Stanley Pease의 주석, *M. Tulli Ciceronis de natura deorum libri* III (Darmstadt: Wissenschaftliche Buchgesellschaft, 1968) 1.532f; 또한 Steinmetz, *Freundschaftslehre*, 55ff.

109) Cicero, *Amic*. 79; Steinmetz, *Freudschaftslehre*, 136ff, 148ff를 보라.

110) 참조. 루터(1535): "이제 바울로는 거짓 사도들의 감언을 공격한다." 병행구들에 대해서는, 참조. Plutarch, *Adulat*. 54C: 아첨꾼들과는 대

무비판적으로 받아들여져서는 안 된다. 왜냐하면 그 풍자는 그 반대자들이 실제로 어떤 자들이었는지 그리고 그들이 실제로 심중에 두었던 것이 무엇이었는지에 관한 문제에 대해서 거의 아무것도 의미하지 않기 때문이다.[111]

이러한 불확실한 사태로 말미암아 17절 b의 용어 *ἐκκλείω*("떼어내다")에 의해서 바울로가 의미했던 바가 무엇인가를 결정하는 것이 훨씬 더 어렵게 되었다.[112] 그 용어는 아마 비유적인 의미[113]를 가지고 있는 것 같으며, 따라서 정치적[114]이거나 법률적인[115] 뉘앙스를 가질 수 있다. 이 문맥에서 그 용어는 정치적 활동들로부터의 배제, 음모들, 또는 권리나 철학적 가르침의 박탈 등을 언급할 수 있다.[116] 바울로가 이 용어를 사용할 때 모든 의미가 다 가능하지만, 흥미로운 것은 그것이 바울로가 말하고 싶어하는 것과 밀접하게 관련되어 보이는 우정 주제의 문맥 —비록 그것의 라틴어 상당어구에 한해서라 할지라도[117]— 에서 나온다는 것이다. 키케로에 의하면 "참된 우정은 무수한 한계들을 감싸 안는다. 네가 하고자 하는 곳에서 방향을 바꾸어라. 우정은 언제나 네 편에 있다. 어떤 장애물도 우정을 막을 수는

조적으로, "참된 친구들 간에는 경쟁도 질투도 없다"(*ζῆλος, φθόνος*). *ἔρως, ζῆλος, φθόνος*의 결합은 일찌기 Plato *Phileb.* 47E에서 발견된다. 바울로는 이 언어를 또한 다른 곳에서 사용한다 : 참조. 고후 7,7·11 ; 9,2 ; 11,2 ; *ζῆλος*와 *ἔρις*의 결합 로마 13,13 ; 고전 3,3 ; 고후 12,20 ; 갈라 5,20 ; 또 고후 11,28—29 ; 12,14. 대조적으로 고전 13,4를 보라 : *ἡ ἀγάπη…οὐ ζηλοῖ*("사랑은 시기하지 않는다") ; 갈라 5,26을 보라. 비슷한 사상들에 대해서는 Xenophon *Mem.* 2.4.6을 보라. 전체적인 문제에 관해서는 Albert Stumpff, "*ζῆλος, ζηλόω*," *TDNT* 2.877—88; Bauer, *s.v.*를 보라.

111) 참조. 갈라 1,7·10 ; 2,4·11—14 ; 3,1 ; 5,7—12 ; 6,12—13.

112) 그 난해한 용어는 신약중에서 여기서만 나온다. 참조. *Herm. Sim.* 1.5 ; Vis. 3.9.6. 가능한 해석들의 다양함에 대해서는 Sieffert, 269f; Mussner, 310f를 보라.

113) 바우어의 취급은, 비록 그가 다소 바른 의미를 추측했다 할지라도, 만족스럽지 않다 : "친교의 철회의 뜻에서". Mussner, 311. 참조. F.R. Montgomery Hitchcock, "The Meaning of *EKKΛEIEIN* in Galatians Ⅳ 17," *JTS* 40(1939) 149—51 ; LSJ, *s.v.*

114) 참조. Aeschines 2.85, 3.74 ; Josephus, *Vita* 294.

115) 참조. *Herm.Sim.* 1.5; Preisigke, *Wörterbuch* 4/4, *s.v.*

116) 참조. Aristotle, *Magna Mor.* 1.34. 31, p.1198b 16; Cicero *Fin.* 3.36; Seneca, *Vita beata* 23.3 ; *Gnomol. Vatic.* 25.

117) *ἐκκλείω*의 라틴어 동의어는 *excludo*. *Oxford Latin Dictionary* (Oxford: Oxford University 1971), *s.v. excludo*를 보라.

없다. 우정은 결코 때의 제한을 받지 않으며 결코 방해받지 않는다."[118] 반대로, 이 교설에 따르면, 폭군은 참된 친구들을 만들 수 없다. 왜냐하면 소위 그의 많은 "친구들"은 말하자면 너무 많은 권력을 가지고 있으며, 바로 이것이 "충실한 우정에 대한 장애물"이기 때문이다.[119] 그러므로 제거는 그것이 또한 결실을 맺은 제자—스승 관계의 반대인 것처럼 참된 우정의 정반대이다.[120]

만일 이것이 바울로의 진술의 배경이라면, 우리는 슐리어가 제시하는 것과 같은 신학적 해석에 대해서 조심해야 한다: "이것은 사도의 반대자들이 교회로부터 〔즉, 갈라디아인들을〕 제거한다고 위협함으로써 할례에 대한 압력을 보강하는 것을 뜻할 것이다. 아마 우리는 또한 바울로로부터의 그리고 '다른 모든 영향들'로부터의 격리를 생각해야 한다."[121] 바울로가 보기에, 누구나 이것을 반대자들이 의도하는 바[122]의 불가피한 결과로 생각하려고 할 것이다. 만일 갈라디아 사람들이 그들을 택하려고 한다면 말이다. 그러나, 바울로가 말할 때 언제나 진실하게 그리고 신학적으로 깊이 있게 말하고 있느냐 하는 것은 해석상의 문제이다. 적어도 갈라디아서 4장 17절에서 표면상 그 언어는, 바울로가 "신학적으로"라기보다는 감정적으로 자신의 반대자들의 신용을 손상시키는 수사학적 주제들과 장치를 사용하고 있음을 가리킨다. 그는 반대자들을 가리켜 갈라디아인들을 "독점하기" 위해서, 그런 다음에 자기네들의 사리사욕을 위해 그들을 이용해먹기 위해서 나타난 거짓 친구들이자 나쁜 교사들이라고 한다(참조. 6, 12—13).

동일한 경향성이 17절 c에 있는 마지막 언급에서 나타난다: ἵνα

---

118) Cicero *Amic*. 22: "amicitia res plurimas continet: quoque te verteris praesto est, nullo loco excluditur, numquam intempestiva, numquam molesta est."

119) 위 책, 54: "…mores veros amicos parare non potuerunt, sic multorum opes praepotentium excludunt amicitias fidelis." 키케로의 저작이 아마 분실된 그리스의 자료에 근거하고 있는 것 같다는 것이 지목돼야 한다. 그 문제에 관해서는 Steinmetz, *Freundschaftslehre*, 특히 97f를 보라. 신약에서, 요한 19, 12의 "카이사르의 충신"의 개념(참조. Gustav Stählin, "*φίλος κτλ.*," *TDNT* 9. 166—67). 참조.

120) 그것은 "친구들과 함께 나눔"(*amicis impertio*)의 개념의 반대다; 참조. Cicero, *Off*. 1.92: "소크라테스의 토론"은 참여로부터 다른 사람들을 "배제하지" 않는다(*excludat alios*).

121) 갈라 5, 4에 대해 언급한 Schlier (pp. 212f) 참조.

122) θέλω("will")는 반대자들의 목표를 가리킨다: 참조. 갈라 1, 7; 6, 12·13.

αὐτοὺς ζηλοῦτε("여러분이 그들에게 열심을 갖도록 하기 위해").[123] 슐리어는 이것이 풍자라기보다[124]는 다음을 뜻한다고 해석한다 : "여러분이 그들의 교리에 마음을 열고 여러분의 교사들로서 그들에게 관심을 갖도록 하기 위해." 확실히 이것은 갈라디아 사람들이 "돌아선" 결과일 것이다.[125] 그러나 바울로가 사용한 우정의 주제는 역설적임을 시사한다. 갈라디아 사람들은 자기네들의 구원을 보장받기에 급급한 나머지 그토록 분별력이 없어져서 더 이상 진실된 오랜 친구와 거짓된 새로운 친구를 구별할 수 없게 되었으며, 가장 고질적인 인간 속임수 중의 하나의 희생물로 끝장나야 하는 것일까?

[18] 일종의 규정[126]이 17절에서의 바울로의 논쟁을 뒷받침한다 : *κάλὸν δὲ ζηλοῦσθαι ἐν καλῷ πάντοτε*("언제든지 선하게 열심을 품는 것은 좋은 일입니다").[127] 양식상 이 진술은 참된 우정의 원칙들 중의 하나에 대한 정의를 포함하는 격언(*sententia*)이다.[128] : 선한 열성은 선한 방법으로 그리고 계속해서 행해져야 한다. 이 원칙은 물론 17절에 묘사된 *ζηλοῦσιν οὐ καλῶς*("나쁘게 열성을 보임")의 반대다. "언제든지"는 일찌기 아리스토텔레스 시대에 지적되었

123) D* G it Ambrosiaster는 고전 12,31에 기초한 이 말들(*ζηλοῦτε δὲ τὰ κρείττω χαρίσματα* "그러나 여러분은 더 귀중한 은혜의 선물을 구해야 합니다")을 첨가하고 그럼으로써 그 문장의 의미를 완전히 바꾼다.

124) Schlier, 212.

125) 흥미롭게도 루터(1519)는 바울로의 말을 "그리스도로부터 그리고 그에 대한 신뢰로부터 여러분을 제외시키려고…"를 뜻하는 것으로 해석한다. 1535년에 그는 그의 시대의 소종파 열광주의자들이 루터를 제외시키려고 하는 것처럼, 반대자들이 바울로를 제외시키려 한다는 것을 강조한다.

126) 𝔐 D G pm은 *ζηλοῦσθαι* 앞에서 *τό*를 읽는다. 곧 문체의 수정 ; B ℵ *pc* Vg Origen은 그 격언을 찬사가 되게 하는 것으로 현재시제 *ζηλοῦσθε*를 읽는다.

127) 현대 번역들은 자주 지레짐작에 의존한다. 참조. *RSV*: "좋은 목적을 위해서라면 추켜올리는 것은 언제나 좋습니다…." *NEB*: "정직한 시샘을 받을 만하다는 것은 언제나 좋은 일입니다"(대안 : "훌륭하게 설득받는 것은"). *JB*: "사람을 설득하는 것은(대안 : 좋은 것에 설득되는 것은) 언제나 좋은 일입니다—그리고 나는 여러분과 함께 거기 있을 필요가 없습니다—그러나 그것은 좋은 목적을 위한 것이어야 합니다." Burton: "선한 일을 열심히 추구하는 것은 좋습니다. 언제나…" 또한 Moule, ***Idiom Book***, 25f, 210을 보라.

128) *καλόν*("…좋은 일입니다")로 시작한 격언들은 신약의 여러 곳에서 발견된다 : 참조. 마르 9,42·43·45·47 병행구 ; 로마 14,21 ; 고전 7,1 ; 히브 13,9. 참조. 또한 *PECL*, 86. Graydon F. Snyder, "The *Tobspruch* in the New Testament," *NTS* 23(1976) 117—20을 보라.

던 것처럼 우정론에서 *βεβαιότης* ("확고부동")의 원칙을 언급한다.[129] 키케로의 *De amicitia*에서 그것은 확고(*stabilitas*)와 불변(*constantia*)으로 표현된다 : "지금 우리가 우정 속에서 찾는 저 변치 않는 항구성을 지지하고 지속하는 것은 충실이다."[130] 그와 유사하게 플루타르크는 말한다 : "왜냐하면 우정은 계속되는 교제와 상호간의 친절한 행동에 의해서 사람들을 결합시키고 그들을 한 덩어리가 되게 하며 그들을 밀접한 친교 속에서 일치시키기 때문이다—엠페도클레스(Empedocles)가 그것을 설명하듯이, 마치 무화과 즙이 흰 유액을 단단히 굳어지게 하는 것처럼(왜냐하면 그것은 참된 우정이 성취하고 싶어하는 일치이며 통합이기 때문이다)…"[131] "그러나 참된 우정은 이리저리 옮기는 것이 아니라 한 장소에서 하나의 교제만으로 계속되는, 고정되고 변함없는 품성을 찾는다."[132] *ἐν καλῷ*("선하게")라는 문구는 좋은 친구라면 자신의 동료는 오직 선하게 섬겨야 한다는 교설을 말하는 것 같다 : "참된 친구는 모든 것을 모방하는 자도 모든 것을 언제나 칭찬하는 자도 아니며, 다만 가장 좋은 일들…."[133] 키게로는 우정과 정의 사이의 충돌 가능성에 대해 전반적인 논의를 하고 있다. 플루타르크와 마찬가지로 그도 모든 형태의 *συναδικεῖν τῷ φίλῳ*("친구의 도움을 받아 불법적인 행동을 저지름")를 비난한다. 이것은 물론 특히 로마에서 정치적인 의미를 가지고 있었다.[134] 키케로는 우적의 제 1 원칙(*prima lex amicitiae*)을 말하기까지 한다 : "친구들에게 명예로운 것만을 부탁하라. 명예로운 것만을 친구들을 위해서 행하며 부탁받을 때까지 기다리지 말라. 언제나 열심을 가지되, 망설이는 일이 없도록 하라. 솔직하게 용기를 가지고 참된 충고를 하라…"[135]

---

129) 이 주제에 관해서는 Steinmetz, *Freundschaftslehre*, 116—23을 보라.
130) *Amic.* 65 : "Firmamentum autem stabilitatis constantiaeque est eius quam in amicitia quaerimus fides est…"
131) 참조. Plutarch's, *Amic. mult.*, 특히 95 A/B. 그는 이것을 "아첨꾼"의 변하기 쉬운 성질과 대조한다. 그 주제는 이미 Aristotle, *EN* 8.8.4, p. 1159 a/b ; 또한 Plutarch *Adulat.* 52A—53B ; *Aquane an ignis* 955F ; Epictetus, *Diss.* 2.22.25에서 발견된다.
132) Plutarch *Amic. mult.* 97B : …ἡ φιλία στάσιμόν τι ζητεῖ καὶ βέβαιον ἦθος καὶ ἀμετάπτωτον ἐν μιᾷ χώρᾳ καὶ συνηθείᾳ.
133) Plutarch, *Adulat.* 53C, 다시 "아첨꾼"과 대조해서 ; 참조. "모방"과 관련해서 *Virt. prof.* 84F
134) *Adulat.* 64C ; Cicero *Amic.* 36—44. Steinmetz, *Freundschaftslehre*, 62—76.
135) 같은 책, 44, 참조. 40. Steinmetz, *Freundschaftslehre*, 75f를 보라.

18절 a는 18절 b에 정의된 내용에 반대되는 진술을 한다 : *καὶ μὴ μόνον ἐν τῷ παρεῖναί με πρὸς ὑμᾶς*("내가 여러분과 함께 있을 때뿐만 아니라"). 바울로는 갈라디아 사람들이 그에게 불충실하게 된 것을 공개적으로 비난한다기보다, 그들이 삶의 스타일에 있어서 "안보면 멀어진다"는 규칙을 따르는 부류의 사람들일거라는 것을 은근히 꼬집고 있다. 바울로의 진술이 이제 또 다시 우정의 주제와 편지 작성법 (epistolography) 양자와 관계된 주제라는 것이 흥미롭다. 우정 주제에 따르면, 일시적인 이별은 우정을 시험해보는 까다로운 방법들 중의 하나이다. 만일 상대편이 "그의 친구들이 곁에 없다고 해서 자신의 슬픔을 손쉽게 견딜 수 없다면," 그것은 우정이 약하다는 표시(*infirmus est mollisque natura*)라고 키케로는 말한다.[136] 플루타크는 그것이 *πολυφιλία*("많은 친구들을 가짐")의 징조들 중의 하나라는 것, 즉 많은 친구들을 갖기를 열망하는 사람들은 뜨거운 우정을 유지할 수 없다는 것을 보여준다 : "…우리는 서로 등한시하고 사이가 멀어진 우리의 이전 동료들을 붙잡을 수 없다." "따라서 이것은 우리 모두가 누구라도 경험할 수 있는 일이다. 왜냐하면 어떤 새로운 것이 우리를 매혹시켰다가도 곧 시들해지는 법이기 때문에, 비록 우리가 한꺼번에 많은 우정을 맺고 교제하는 일로 분주할 때조차도, 우리를 유혹하고 우리의 마음을 변하게 하는 것은 언제나 신선하게 피어나는 꽃과 같은 이제막 사귄 친구이다. 그러나 그 친구조차도 우리가 추구하고 열망하는 사람에 좀처럼 이르지 못한다. 우리는 이미 우리의 손 안에 들어온 자를 돌보기 때문이다."[137] 물론 이것은 참된 우정의 태도가 아니라, "떼지어 다니는 가축과 까마귀"의 태도와 다를 바 없으며, "자기의 친구를 또 하나의 자아로서 간주하며, 마치 '다른 자아'를 인정하기라도 하는 것처럼 그를 '형제'라고 부르는 것과 같다."[138] 확실히 참된 우정은 친구들이 떨어져 있을 때조차도 변하지 않는다.[139]

136) 같은 책, 75 ; 참조. 62ff, 76ff. 거기서 그는 깨진 우정을 대하는 방법들을 논한다. 그 문제의 논의에 대해서는 Steinmetz, *Freundschaftslehre*, 134ff를 보라.

137) *Amic. mult.* 93D.

138) 같은 책, 93E. Plutarch의 *Amic. mult.*는 전적으로 그 문제를 위해 읽어야 한다. Steinmetz, *Freundschaftslehre*, 82f; Wolfgang Brinckmann, *Der Begriff der Freundschaft in Senecas Briefen* (Philos. Diss.: Köln, 1963) 10, 94f; 또한 Bohnenblust, *Beiträge*, 36f, 37f를 보라.

139) Plutarch *Amic. mult.* 98B에서 마지막 정의를 보라(위, 주 132에서 인용됨).

이 점에서 우정의 관례와 편지 작성법의 관례가 만난다.[140] 즉 바울로의 문구 "내가 여러분과 함께 있을 때"는 우리에게 서간문구 *ἀπὼν τῷ σώματι, παρὼν δὲ τῷ πνεύματι*("몸으로는 떠나 있으나 영으로는 함께 있으니")[141] 또는 "잠시 여러분을 떠난 것은 얼굴뿐이요 마음은 아닙니다"[142]를 연상시킨다. 서신 자체는 육적으로 함께 있는 것을 대신하는 것으로서 공간을 극복하고 우정을 지속하도록 해준다.[143] 이제 우리는 "우정의 편지"라는 장르가 고대에서 갖는 큰 중요성을 이해하게 된다. 그러므로 갈라디아 사람들에게 보낸 바울로의 편지는, 일정한 한계 내에서 그로 하여금 그들에게 현존하는 것이나 다름없게 해주며 그들 서로로 하여금 이런 식으로나마 서로의 오랜 관계를 유지해나갈 수 있도록 해준다.[144]

[19] 표면상 갑작스럽게 바울로는 또 하나의 주제로 돌아가서, "자녀들"로서의 갈라디아 사람들에게 호소한다. 문법이 난해한데, 우리는 18절에 있는 문장이 파격구문이라는 것을 전제해야 한다(Schlier, Bonnard, Mussner가 이렇게 주장한다). 바울로의 호소는 우리에게 다소 감상적으로 들릴지 모르나, 그것은 편지 작성법에 따르면 적절한 방법에 속하며 바울로의 가장 중요한 구원론적 교리들을 담고 있다 : *τέκνα μου, οὓς πάλιν ὠδίνω μέχρις οὗ μορφωθῇ Χριστὸς ἐν ὑμῖν*("나의 자녀들이며, 여러분 속에 그리스도께서 형상을 갖출 때까지 나는 다시 해산의 고통을 겪습니다").[145] 호칭 "나의 자

---

140) 서신 작성법과 우정 주제의 연관에 대해서는 Koskenniemi, ***Studien***, 115ff를 보라. 예컨대, ps. Libanius, ***Charact. epistol.*** (ed. Weichert), no. 50(p. 35) ; 또한 nos. 1(p. 21f); 14(p. 25f) ; 15(p. 26) ; 19(p. 27)를 보라.

141) 고전 5, 3 ; 참조. 또한 골로 2, 5.

142) 데전 2, 17. 그 정식들은 다음에서 분석되었다 : Robert W. Funk, "The Apostolic ***Parousia:*** Form and Significance" in ***Christian History and Interpretation: Studies Presented to John Knox*** (ed. William R. Farmer ***et al.:*** Cambridge: Cambridge University, 1967) 249—68 ; Thraede, ***Brieftopik***, 95—106 ; Gustav Karlsson, ***Idéologie et cérémonial dans l'épistolographie byzantine*** (Acta Universitatis Upsaliensis, Studia Graeca Upsaliensia 3 ; Uppsala: Almqvist & Wiksell, ²1962) 34ff, 40ff.

143) 골로 2, 5 그리고 고전 5, 3의 해석에 대해서는 Gustav Karlsson ("Formelhaftes in Paulusbriefen?" ***Eranos*** 54(1956) 138—41)을 보라.

144) 참조. 또한 갈라 4, 20 ; 고후 10, 2·11 ; 11, 9 ; 13, 2·10 ; 필립 1, 27 ; 골로 1, 6.

145) 번역들은 그 의미의 불명료함을 반영해준다. ***RSV:*** "나의 어린 자녀들이여, 그리스도께서 여러분 안에 형성될 때까지 나는 다시 여러분과 함께 해산의 고통을 겪어야 합니다!" ***NEB***는 그 호칭을 앞 문장의 일

녀들이여"는 바울로 서신들에서 독특한 것은 아니지만, 다른 곳에서 그는 또한 자신을 그가 세웠던 회중들의 아버지로 간주한다.[147] 데살로니카전서 2장 7절에서 그는 자신을 자녀들을 귀중히 여기는 유모와 비교한다.[148] 확실히 갈라디아서 4장 19절은 특수하다. 왜냐하면 여기서 바울로는 영적 자녀들인 회중을 직접 낳은 어머니로서 자신을 말하기 때문이다.[149]

이처럼 낯선 개념의 배경을 살펴보는 데 있어서 몇가지 문제들이 고려되어야 한다. 첫째로, 사랑하는 어머니와 비교하는 것은 우정의 주제에 속한다.[150] 그러나 바울로가 단순히 자기 자신을 어머니와 비

부로서 생각하고 19절에서 그것을 반복한다 : "여러분은 나의 자녀들입니다. 그리고 나는 여러분이 그리스도의 형상을 취할 때까지 다시 한번 해산의 고통을 겪어야 합니다." *JB:* "…나의 자녀들이여! 그리스도께서 여러분 안에 형성될 때까지 나는 다시 한번 여러분을 해산하는 고통을 겪어야 합니다." Burton: "오, 나의 자녀들 여러분과 함께 그리스도께서 여러분 안에 형성될 때까지 나는 다시 해산의 고통을 겪어야 합니다."

146) 참조. 고전 4,14·17 ; 고후 6,13 ; 필레 10 ; 또한 갈라 4,28. Albrecht Oepke, "παῖς," *TDNT* 5. 636—54 ; Pedro Gutierrez, *La paternité spirituelle selon Saint Paul* (Paris: Gabalda, 1968) 213—23을 보라. B ℵ* D* G *pc* it Marcion은 τέκνα로 읽는다. 그 말은 τεκνία (A C 𝔐 *pl* Clement al)에 반대해서 택해졌을 것이다. 그 단어는 그밖의 바울로 서신에서는 발견되지 않는다. 문법적인 문제들에 대해서는 BDF, §§192 n.1 ; 296n.3을 보라. 티쉔도르프나 쉴리어, 무쓰너 등은 그 호칭을 새로운 문장의 시작으로 보고, 18절 뒤에 마침표를 찍으며, 19절을 파격구문으로 남겨둔다. 라이트푸트나 Burton (pp. 248)은 이와는 견해가 다르다.

147) 고전 4,15 ; 데전 2,11 ; 필레 10. "영적 아버지가 됨"의 개념에 관해서는 다음을 보라 : Str-B 3.340f; Reitzenstein, *Mysterienreligionen*, 40f; Gottlob Schrenk, "πατήρ," *TDNT* 5,958—59 ; Gutierrez, 같은 책, 여러 곳 ; Pieter A.H. De Boer, *Fatherhood and Motherhood in Israelite and Judean Piety* (Leiden: Brill, 1974).

148) 이 귀절에 관해서는 Abraham J. Malherbe, "'Gentle As a Nurse,': The Cynic Background to I Thess ii," *NovT* 12(1970) 203—17을 보라. 또 고후 12,14에서 "영적 부모됨"의 개념 ; 또한 *CMC* 63.11.

149) 주석가들은 때때로 "어머니됨"과 "아버지됨"을 혼동한다. 예컨대, *RSV*, 4,19에 관한 주를 보라.

150) 예로서 다음을 보라 : Plato, *Lysis* 207E; Aristotle *EN* 8.1.3 p.1155a 15—20 ; 8.8.3 p.1159a28—34 ; 8.12.2f p.1161b17—34 ; 9.4.1 p.1166a6f; 9.7.7 p.1168a 25—27 ; Plutarch *Amic. mult.* 93F—94A; Cicero, *Amic.* 27. 이 주제의 역사에 대해서는 Steinmetz, *Freundschaftslehre*, 48f를 보라.

교하는 것 이상을 말하고 싶어한다는 것이 또한 분명하다. 그는 그 자신의 임무를 실제로 그리스도교 교회들을 직접 탄생시키는 것으로 이해한다. 갈라디아서 4장 19절에 나오는 서로 다른 많은 개념들이 구별되어야 한다:

(1) 아이를 낳는 "어머니"처럼 공동체를 "낳는다"는 바울로의 개념은 영지주의에서만 병행구가 나오는 것 같다.[151] 나그 함마디 문서 Ⅵ, 논문(Tractate) 6에서(*Disc.* 8—9), 아버지 역할을 하는 트리스메기스토스(Hermes Trismegistos)는 "아들"에게 거듭남과 아들됨을 설명한다. 아들이 묻는다(53, 15 이하): "아버지, 그들은 또한 어머니들을 가지고 있나요?" 여기서 트리스메기스토스는 답변한다: "아들아, 그들은 영적인 〔어머니들〕이란다. 왜냐하면 그들은 잠재력이기 때문이지. 그들은 영혼들을 성숙시킨단다. 그래서 그들은 영원하다고 말할 수 있는거지."[152] 사람들이 병행구들을 발견하기를 기대했던 신비 이교들에서,[153] "영적 아버지의 자격"은 잘 입증되나 영적[154] "어머니의 자격"은 입증되지 않는다.[155] 그러므로 주석가들이 들이댄 많은 병행구들은 여기에 적용되지 않는다. 쿰란문헌인 *Hôdāyôth*(1*QH* 3.1 이하)에서, 저자는 자신을 큰 고통 하에서 출산하는 어머니와 비교하긴 하지만, 그 이미지는 출산의 대상으로서의 공동체를 가리키는 데 사용

151) 참조. Pol. ***Phil.*** 3.2—3에서 바울로에 대한 언급: "그가 없었을 때 그는 여러분에게 편지를 썼읍니다. 그것은 여러분이 여러분에게 주어진 믿음 속에서 여러분 자신들을 쌓아올릴 수 있을 것이라는 생각에서였읍니다. 그분은 우리 모두에게 어머니입니다…(…*πίστιν ἥτις ἐστὶν μήτηρ πάντων ἡμῶν*…)." 마지막 문장은 사실상 갈라 4, 26b와 동일하다. Polycarp이 갈라디아서를 알고 있는 것 같으므로(참조. Pol. ***Phil.*** 3. 3; 5.1, 3; 9.2; 12.2), 이것은 인용문일 수도 있다.

152) 나는 Karl-Wolfgang Troeger ***et al.***의 번역을 따른다. "Die Sechste und siebte Schrift aus Nag Hammadi-Codex Ⅵ," ***ThLZ*** 98(1973) 495—503, 498f. 또한 ***Corp. Herm.*** 13.1—2(그리고 그 귀절에 관해서 Nock, ***Essays*** 1.298, 342; William C. Grese, ***Corpus Hermeticum XIII and Early Christian Literature*** (Ph. D. diss., Claremont, 1977)). 신약에서 요한 3, 4(그리고 그 귀절에 관해서는 Bultmann, ***John***, 136—38)을 보라.

153) Lietzmann, Oepke, Güttgemanns (***Apostel***, 185—94).

154) 위, 주 147을 보라.

155) 참조. 그러나 Hippolytus, ***Ref.*** 5.8.40—45를 언급하는 Dieterich (***Mithrasliturgie***, 138, 256); Joseph Dey, ***ΠΑΛΙΓΓΕΝΕΣΙΑ*** (Münster: Aschendorff, 1937) 60f, 128f; Nilsson, ***Geschichte***, 2.688f.

되지 않는다.[156] 따라서 "영적인 어머니됨"의 개념이 "거듭남"이라는 복합개념에 속했다는 가능성만이 남는다. 이에 대한 언급이 없는 것은 우연일 것이다. 만일 이 가설이 받아들여진다면, 바울로는 그 개념을 이러한 배경으로부터 받았을 것이다.

Οὓς는 감각을 향한 구조(*constructio ad sensum*)이다.[157] πάλιν("다시")은 회중을 세우는 것을 가리킨다. 갈라디아 사람들이 비교할 경우, 그 이전까지의 전 행동이 다시 행해져야 할 것이다. 동사 ὠδίνω("진통 중에서 누군가를 낳다")[158]는 비유적이며, 다른 곳에서도 발견되는 용법이다. 그러나 이 은유적인 의미에 있어서 그 개념의 병행구는, 구약성서와 유다교,[159] 특히 필로[160]와 마술적인 파피루스에서 찾아볼 수 있다.[161]

(2) "거듭남"의 개념은 비록 명확하게 표현되지는 않았지만 바울로의 말에 함축되어 있다.[162]

(3) 바울로의 "해산의 고통"은 "그리스도께서 여러분 안에(또는 : "여러분 가운데") 형상을 갖출 때까지" 계속된다고 한다.[163] 전통적

156) Otto Betz, "Die Geburt der Gemeinde durch den Lehrer," *NTS* 3(1956/57) 314—26 ; 같은 저자, "Das Volk seiner Kraft" *NTS* 5(1958) 67—75를 보라 ; 비판에 대해서는 Johann Maier, *Die Texte vom Toten Meer* (Munich: Reinhardt, 1960) 2. 72ff; Braun, *Qumran* 1.211 ; Georg Bertram, "ὠδίν," *TDNT* 9.670—71을 보라.

157) BDF, §296, 3을 보라.

158) Bauer의 번역. LSJ, *s.v.*; Georg Bertram, "ὠδίν," 667—74 ; *PGL*, *s.v.*를 보라.

159) Str-B 3.340f; Bertram, 같은 책, 668—72 ; H.-J. Fabry, "חבל," *TWAT* 2.716—20을 보라.

160) 필로는 대체로 영혼의 운명을 묘사하기 위해 그 이미지를 사용한다 : *Sac.* 3, 102 ; *Det.* 127 ; *Cher.* 42, 57 ; *Post.* 135 ; *Deus.* 14, 137 ; *Conf.* 21 ; *Agr.* 101 ; *Mig.* 33 ; L.A. 1.74f. 참조. Bertram, 같은 책, 671. 또 Clemens Alex. *Quis dives* 16.2(3.170, ed. Stählin)를 보라.

161) 참조. *PGM* 2.92. 참조. 최초에 로고스의 형성의 개념과 동일한 "거듭남의 창조자"(γενεσιουργὸς τῆς παλιγγενεσίας)의 개념(*Corp. Herm.* 13.5, 9) ; Grese, *Corpus Hermeticum.* XIII (위, 주 152) ; Apuleius, *Met.* 11.257에서 영적 "부모"(*parens*)의 개념, Richard Reitzenstein, *Poimandres* (Leipzig: Teubner, 1904) 216 ; Dey, *ΠΑΛΙΓΓΕΝΕΣΙΑ*, 100(위, 주 55)을 보라.

162) 갈라 3, 27 ; 6, 15 ; 그리고 또한 Dey, 같은 책, 158, 173 ; Nock, *Essays* 1.101ff; Widengren, *Religionsphänomenologie*, 217ff를 보라.

163) 저스틴 이전의 초대 그리스도교 문헌에는 이 μορφοῦσθαι의 개념에 대한 병행구가 없다. Bauer, *s.v.*; Johannes Behm, "μορφόω," *TDNT* 4.753—54를 보라. 그 귀결은 Justin, *Apol.* 1.5.8이다 : του λόγου μορφωθέντος καὶ ἀνθρώπου γενομένου("로고스가 형상을 취해 사람이 되었

으로 사람들은, 신자들의 마음 속에 그리스도께서 태어난다는 개념이 이 귀절에 담겨 있는 것으로 믿었는데, 이 개념은 후대의 그리스도교와 특히 신비주의[164] 및 영지주의[165]에 잘 알려져 있었다. 그리스도교 밖에서, 우리는 신자 안에 신성의 "탄생"으로서의 "거듭남"의 개념을 발견한다.[166] 만일 바울로가 이런 의미로 말했다면, *ἐν ὑμῖν*은 "여러분 내부에"로 번역되어야 할 것이다 : 그리스도는 마치 태아처럼 그리스도인들 안에서 "형상을 갖추어" 신자들의 마음 속에서 태어난다. 동시에 그 신자들은 "자녀들"로서 다시 태어난다. 그러나 *ἐν ὑμῖν*은 또한 살아있는 유기체로서의 그리스도교 공동체, 즉 "그리스도의 몸"의 창조를 뜻할 수 있다.

위에 언급한 다른 가능성들 중의 하나를 택할 필요는 없는 것 같다. 바울로는 동시에 그 모든 개념들을 다 의미하고 있는 것인지도 모른다. 그는 그리스도께서 신자 안에 살고 계신다는 자신의 믿음을 표현한다.[167] 교회 전통도 이렇게 이해해왔다.[168] 다른 한편으로, 그

을 때"). 참조. 또한 Bousset, *Kyrios Christos*, 164ff; Reitzenstein, *Mysterienreligionen*, 77.

164) 다음을 보라 : Hugo Rahner, "Die Gottesgeburt. Die Lehre der Kirchenväter von der Geburt Christi im Herzen des Gläubigen," *ZKTh* 59 (1935) 333—418 ; Rudolf Hermann, "Über den Sinn des *Μορφοῦσθαι Χριστὸν ἐν ὑμῖν* in Gal. 4,19," *ThLZ* 80(1955) 713—26 ; Johannes Haussleiter, "Deus Internus," *RAC* 3.794—842 ; Gerhard Binder, "Geburt II," *RAC* 9.153—55. 이 해석은 또한 칼빈에 의해서도 주장된다 : "우리가 그의 삶을 살도록 그는 우리 안에 태어나신다"(nascitur in nobis, ut vivamus eius vitam).

165) 참조. Hippolytus, *Ref.* 5.7.40 ; 5.8.37, 41—45를 따라 나세네인들(Naassenes); Hippolytus, *Ref.* 5.17.4를 따라 페라테인들(Perates); "Exegesis on the Soul" (*NHC* II, 134 lines 5,29 ; 137 line 8) ; "Unbekanntes altgnostisches Werk," chap. 14 (in *Koptisch-gnostische Schriften* [GCS 13] 1.355 lines 26ff); *Exc. ex Theod.* 34.1 ; 59.1, 68, 79, 80 ; Hippolytus *Ref.* 6.31.7f; 32.2f; 42.8 ; 46.2 ; 7.18.1 : 8.9.4 ; Clemens Alex. *Strom.* 7.14.88.3 (3.62, ed. Stählin) ; *Paed.* 3.1.1.5(1.236, ed. Stählin).

166) 참조. *Corp. Herm.* 13.7 : "네 자신 속에 끌어들여라, 그러면 그것이 올 것이다. 기꺼이 하라. 그러면 그것이 생길 것이다. 몸의 지각작용을 중지시키라, 그러면 신성이 발생할 것이다"(*ἐπίσπασαι εἰς ἑαυτόν, καὶ ἐλεύσεται. θέλησον καὶ γίνεται. κατάργησον τοῦ σώματος τὰς αἰσθήσεις, καὶ ἔσται ἡ γένεσις τῆς θεότητος*). 참조. 13.9 : *εἰς συνάρθρωσιν τοῦ Λόγου*("로고스의 형성을 위해"). Grese, *Corpus Hermeticum XIII*에 있는 귀절의 논의를 보라(위, 주 152).

167) 갈라 1,16 ; 2,20 ; 3,5 ; 4,6 ; 로마 8,9—11 ; 고후 13,3·5 ; 필립 1,20을

는 그리스도인들이 "그리스도의 몸"의 지체들이라는 견해를 가지고 있다.[169] 그 모호성으로 말미암아 해석자들 사이에 혼란이 야기되었다. 그 개념을 "우리 안에 계신 그리스도"의 개인주의적 의미에서 해석하는 경향이 흔히 우세하다는 것은 이해할 만하다.[170] 그러나 편지 전체를 통하여 바울로는 교회의 일치와 공동체적 국면을 매우 강조한다.[171] 그러므로 갈라디아서 4장 19절은 모두 "거듭남"이라는 복합개념에 속하는 개념들의 집합체로 다루어야 한다.[172] 바울로는 어떻게 이 개념들이 서로 관계되는지를 정확하게 밝히지는 않는다.

아마 바울로는 이미 독자들이 이 개념들에 친숙하다고 전제할 수 있었을 것이다. 또한, 나중에 해명이 요구된 오해들이 아직 일어나지 않았다. 바울로에게 있어서 거듭남이 대단히 복잡한 문제라는 것은 분명한 사실이다. 어쨌든, 여러 사상들의 집합체라 할 수 있는 이 귀절에서, 사도는 그리스도교 공동체를 "탄생시키는" 창설자라는 결정적인 역할을 한다. "태어난" 자는 그리스도이며, 그의 "탄생"은 곧

보라.

168) 참조. 골로 3,15—16 ; 에페 1,18 ; 3,17 ; 5,19 ; 디후 2,22 ; 베전 3,15 ; *Did.* 10.1 ; Ign. *Mag.* 12 ; *Barn.* 6.15, 16.8 ; *Diogn.* 11.4. 또 Rahner, "Gottesgeburt"(위, 주 164)에 수록된 자료를 보라.

169) 갈라 3,26—28·29 ; 또한 2,4 ; 3,14 ; 5,6을 보라. 거기서 정식 "그리스도 예수 안에서"(*ἐν Χριστῷ 'Ἰησοῦ*)가 나온다. 이것은 "그리스도의 몸"(*σῶμα τοῦ Χριστοῦ*)의 개념과 동일하다. 그것은 갈라디아서에서 입증되지 않는다. 고전 12,12—13·27 등을 보라. 다음을 보라 : Conzelmann, *1 Corinthians*, 210ff; 그리고 뒤따르는 참고문헌, Robert H. Gundry, *SOMA in Biblical Theology, with Emphasis on Pauline Anthropology* (SNTSMS 29 ; Cambridge: Cambridge University, 1976) 223ff; Murray, *Symbols*, 69ff.

170) 참조. 로마 14,4—5 ; 고전 1,12—13 ; 3,18 ; 4,6 ; 7,40 ; 8,2 ; 10,12 ; 11,21 ; 12,11 ; 14,37 ; 갈라 6,3. Schmithals, *Gnosticism*, 166ff를 보라.

171) 갈라 3,28 ; 5,13—15·26 ; 6,2—10 ; 로마 12,4—5 ; 15,6 ; 고전 1—4 ; 10,16—17 ; 11,17 이하 ; 12,4 이하 ; 필립 1,27 ; 2,2 ; 데전 2,11 ; 5,11 등을 보라.

172) 그 귀절을 "비유"로서 다루는 루터(1535)를 보라. 슐리어(214)는 다르다. 비록 그는 개인들 안에 있는 그리스도의 존재를 부인하지 않지만, "그리스도의 몸"으로서의 "여러분 안에" 또는 "여러분을 통하여"를 택한다. 더 오래된 대부분의 주석서들은 개인주의적 해석을 택한다(특히 Zahn, Sieffert, Lietzmann, Burton, Oepke). Bonnard ("여러분과 함께" "여러분에게는 한 실재"란 의미에서), Lagrange, Hermann("죄 위에," 위, 주 164), 그리고 Mussner(312f)는 이단에 대조되는 올바른 그리스도론적 교리를 생각한다.

그의 현현이다. 그의 "탄생"은 또한 "하느님의 아들들"은 물론 바울로의 "자녀들"로서의 그리스도인들의 "거듭남"과 동시에 일어난다. 이 모든 것은 개개 그리스도인들 "안에서" 뿐만 아니라 그들 "가운데서" 성령의 은사를 통해 일어난다.[173] 왜냐하면 "그리스도의 몸"의 지체들로서 그들은 "그리스도 안에서" 하나이기 때문이다.[174]

〔 20 〕 이 단락의 종결문장은 다시 심각한 문제들을 제기한다. 이 귀절에 대한 많은 주석가들의 해석은 단지 지레짐작한 의견에 불과하다.[175] 그러나 우리가 편지 작성의 주제로서 이 귀절을 살펴볼 때, 진상은 훨씬 명백해질 수 있을 것이다:

ἤθελον δὲ παρεῖναι πρὸς ὑμᾶς ἄρτι
καὶ ἀλλάξαι τὴν φωνήν μου,
ὅτι ἀποροῦμαι ἐν ὑμῖν

("그러나 나는 지금 여러분과 함께 있었으면, 그리고 나의 목소리를 주고 받았으면 〔또는 나의 어조를 바꾸었으면〕 좋겠읍니다. 왜냐하면 나는 여러분에 대해서 당황하고 있기 때문입니다.")

분사 *δέ*("그러나")는 무엇을 끝맺는 효력을 가지는 것 같다.[176] 어형 *ἤθελον*("…면 좋겠읍니다")는 불완전한 노력이며, 소망이 현재 성취될 수 없는고로 대체물인 이 편지에 족해야 한다는 사실을 나타낸다.[177] 편지에 의존해야 하는 대신에 독자와 함께 있고 싶어 하는 소망은 편지 쓸 때 상투적으로 언급된다. 소위 *πόθος*("갈망") 모티프가 그것이다.[178] 만일 그렇다면, 다음 귀절 *ἀλλάξαι τὴν φωνήν μου*

173) 참조. 갈라 4, 6.
174) 갈라디아서에서 거듭남의 개념이 세례와 명백히 관계되지 않는다는 것을 주목해야 한다.
175) 제시된 많은 해석들에 관해서는 Schlier, 214f; Gerhard Wilhelmi, "*ἀλλάξαι τὴν φωνήν μου*? (Galater 4 : 20)," *ZNW* 65(1974) 150—54를 보라.
176) Mayser (*Grammatik*, 2/3, 125—27)의 견해를 참조하여 "계사적" 의미를 제안하는 무쓰너의 입장을 참조.
177) 참조. 사도 25, 22 ; 로마 9, 3 ; *BDF*, §§326, 359 ; *BDR*, §§326, 359 ; Schlier, 214 n. 4 ; Moule, *Idiom Book*, 9 ; Mussner, 313 n. 110.
178) 바울로는 또한 이 모티프를 로마 1, 11 ; 15, 23—24 ; 고전 16, 7 ; 필립 2, 26 ; 데전 2, 17·18 ; 3, 6·10에서 사용한다. 참조. 또한 디후 1, 4 ; 고후 12, 20 ; 필립 1, 27. 다음을 보라 : Koskenniemi, *Studien*, 169—72 ; Karlsson, *Idéologie*, 48ff(위, 주 142). Thraede, *Brieftopik*, 97, 165ff ; Terence Y. Mullins, "Visit Talk in New Testament Letters," *CBQ* 35 (1973) 350—58 ; Mussner, 313 n. 110.

("나의 목소리를 바꿀 수")는 또 서간문의 하나의 주제이며, 편지대신에 "나의 목소리를 주고 받다"로 번역되어야 한다.[179] 헬라주의적 편지작성법에 의하면, 편지는 이야기를 주고받는 대신으로 보내는 것이다(*littera pro lingua*).[180] 그렇다면 "나의 목소리를 주고 받다"라는 귀절은, 바울로가 빈약한 대용물인 편지에 의해서보다는 구두로 갈라디아 사람들에게 더 잘 말할 수 있다는 그의 심중을 표현한 것이리라.[181] 그외에도, 여기서 그는 수사학적 *expolitio*("세련")를 언급했을 수도 있다. "세련"은 청중을 설득한 목적으로 음성을 조정하는 것을 말한다.[182] 그럴 경우 이 귀절은 "나의 어조를 바꿀 수"로 번역되어야 할 것이다. 마지막 언급이 또한 수사학적이다. 바울로는 자신이 당황하고 있다고 말한다. 이런 수사법은 반신반의(*dubitatio*)라는 명칭으로 잘 알려져 있다.[183] 이렇게 강한 감정적 청원은 무력함의 고백

179) "나의 어조를 바꾸다"로 번역하면서 Artemidorus, *Oneirocr*. 2.20을 언급하는 바우어(*s.v.* ἀλλάσσω, 1)를 참조하라(*s.v.* φωνή, 2, b: 그는 Artemidorus, *Oneirocr*. 4.56을 언급한다). 양 귀절들은 아기의 웃음소리(crow)에 대해서 말한다(또한 4,32를 보라). 더 중요한 것은 Wettstein이 인용한 Apuleius *Met. prooem*이다. 거기서 문학적—수사학적 용어 *vocis immutatio*가 발견된다. 이것에 관해서는 Lausberg, *Handbuch*, 2, index, *s.v. immutatio*; Martin, *Rhetorik*, 353—55를 보라.

180) 참조, 예들로서, Demosthenes *Ep*. 1.3—4 ; Isocrates, *Ep*. 1.2—3 ; *Philip*. 25—26. 무쓰너(p.314 n.115)에 의해서 이어지는 Thraede (*Brieftopik*, 39ff, 149f)를 보라.

181) 이미 제롬(*Commentarius*, 413, 그리고 *Ep*. 53.2)과 특히 루터(1519, 1535년에 확대됨)는 서간문적 주제를 설명한다. Sieffert, 276f를 보라. 참조. 고전 4,21 ; 5,3—4 ; 고후 10,2·11 ; 13,2·10. 그 문제에 관해서는 Gustav Karlsson, "Formelhaftes in Paulusbriefen?" 138—41(위, 주 143) ; Thraede, *Brieftopik*, 97ff를 보라.

182) *Rhet. ad Her*. 4.42. 54—58를 보라. 54에 있는 정의와 함께 : "세련시킴(*expolitio*)은 같은 화제를 상세히 말하면서도 언제나 새로운 무엇인가를 말할 것 같은 데 있다. 그것은 두 가지 방법으로 성취된다 : 같은 사상을 단순히 반복함으로써, 또는 그것을 자세히 설명함으로써. 우리는 같은 것을 정확하게 반복할 것이 아니라—왜냐하면 그것은, 확실히 듣는 사람을 지루하게 하고 사상을 세련시키지 않을 것이기 때문이다— 변화를 가지고 반복해야 할 것이다. 우리의 변화들은 세 가지 종류, 즉 단어들에서, 전달에서 그리고 논하는 법에서의 변화들이다." 또한 Lausberg, *Handbuch* 1. §§830—42를 보라. 참조. Otto Betz, "φωνή κτλ.," *TDNT* 9.293.

183) 이것은 루터에 의해서 잘 언급된다(1519 : Erasmus와 Jerome을 언급함 ; 또한 1535). 거기서 그는 의역한다 : "나는 마음을 너무 가눌 수가 없어 멀리서 편지로 여러분과 무엇을 또 어떻게 다루어야 할지 모르겠읍

으로 그리고 주장에서 패배의 승인으로 끝난다.[184] 바울로는 마치 그가 주장할 것들을 다 말해버린 것처럼 행동한다. 물론 이 수식은 있는 그대로 보아야 한다.[185]

바울로는 3장 1절에서 갈라디아 사람들을 "어리석은 사람들"(ἀνόητοι)로 부름으로써 이야기를 시작했었다. 지금까지 3장과 4장에는 심히 논쟁적이면서도 그 밑바닥에 뜨거운 감정이 짙게 깔려 있는 단락들이 포함되었다. 그 주장들은 모두 사도의 편에서 압도적으로 전개되었다. 그러나 고대 수사학의 심리학에 의하면, 설득당해야 될 사람들이 그처럼 경시된 상태로 있어서는 안 된다. 4장 20절에서 자신의 당혹함을 고백함으로써 바울로는, 모든 주장과 모든 답변을 할 수 있는 자의 거만한 위치로부터 스스로 물러난다. 다음 단락은 이러한 전략에서 나온 것이며, 거기서 바울로는 갈라디아 사람들이 그들 스스로 진리를 발견할 수 있는 기회를 부여한다(4,21—31).

7. 여섯번째 주장 : 사라와 하갈의 비유
4장 21—31절

4,21 율법 아래 있기를 원하는 사람들이여, 말해보시오. 여러분은 율법이 말하는 것을 듣지 못합니까? **22** 이런 말이 기록되어 있읍니다. 아브라함에게 두 아들이 있었는데 하나는 여종에게서 났고 하나는 자유로운 여자에

니다." 참조. 또한 사도 25,20 ; *Herm. Sim.* 8.3.1 ; 9.2.5,6 ; 영지주의의 대화에서 *Corp. Herm.* 13.2. 반신반의(ἀπορία)에 관해서는 Lausberg, *Handbuch* 1. §§776—78을 보라. 다르게는 고전 13,1 ; 14,10—11의 도움을 받아 해석하는 슐리어(214f) : 바울로는 회중을 점유했던 마술적 주문을 없애기 위해 그의 언어를 하늘의 언어로 바꾸고 싶어한다.

184) ἐν ὑμῖν은 갈라디아 사람들을 언급한다. 그 특수한 용법에 관해서는 고후 7,16 참조. 무쓰너(314 n.111)는 그것을 관계를 뜻하는 대격의 대치물이라고 생각하며, Mayser, *Grammatik* 2/2, 398을 참조한다.

185) 참조. 루터(1535) : "그는 어느 것도 빠뜨리지 않는다. 그는 갈라디아 사람들을 꾸짖고, 그들에게 간청하고, 그들을 달래고, 경탄할 만한 말들로 그들을 칭찬한다. 그리고 성실한 연사로서 그의 주장을 애써서 그리고 믿음을 가지고 제시한다—모두 그들을 복음의 진리에로 되돌아오도록 하기 위해서…."

게서 났읍니다. 23 그러나 여종에게서 난 아들은 "육을 따라" 났읍니다.
한편 자유로운 여인에게서 난 아들은 "약속을 통해" 났읍니다. 24 이것들은
알레고리적 의미를 가지고 있읍니다. 왜냐하면 그들은 두 계약이기[1] 때문입
니다. 하나는 시나이 산으로부터 나와 종될 자를 낳았읍니다. 그 여인이 하
갈입니다. 25 지금 하갈은 아리비아에 있는 시나이 산입니다. 그러나 그것은
또한 지금의 예루살렘에 해당합니다. 왜냐하면 예루살렘이 그의 자녀들과
함께 노예상태로 살기 때문입니다. 26 대조적으로 위에 있는 예루살렘은 자
유스럽습니다. 이 여인이 우리의 어머니입니다.
27 왜냐하면 이렇게 기록되어 있기 때문입니다 : "즐거워하라. 오 아기 못
낳는 여인이여.

소리 높여 외치라, 해산의 고통을 겪는 여인이여. 홀로 사는 여인의 자녀
가 남편 가진 여인의 자녀보다 더 많을 것이기 때문이다."
28 그러나 여러분, 나의 형제들은 이사악과 같은[2] 약속의 자녀들입니다.
29 그리고 그때 "육을 따라" 난 사람이 "영을 따라" 난 사람을 박해한 것과
같이 지금도 그러합니다. 30 그런데 성경이 무엇이라고 말합니까?
"여종과 그 아들을 쫓아내라. 왜냐하면 여종의 아들은 자유로운 여인의
아들과 함께 상속을 받지 못할 것이기 때문이다."
31 마지막으로 나의 형제들이여, 우리는 여종의 자녀가 아니라 자유로운
여인의 자녀입니다.

〔분석〕

4장 21—31절[3]의 단락은 종결짓는 증명으로 되어 있는데 그것은 성

1) NEB: "～을 나타낸다(stand for)."

2) 직역하면 "영을 따라 난 사람"(29절)과 병행하는 "이사악을 따른". *RSV*, *NEB*, *JB*는 "이사악과 같은"으로 옮긴다.

3) 이 단락에 관해서는(주석서들과는 별도로) 다음을 보라 : 특히 Pieter A. van Stempvoort, *De Allegorie in Gal.* 4 : 21—31 *als hermeneutisch Problem* (Nijkerk: Callenbach, 1953) ; Robert M. Grant, *The Letter and the Spirit* (New York: Macmillan, 1957) 47ff ; Luz, *Geschichtsverständnis*, 57, 64, 130, 185, 283—85 ; idem "Der alte und der neue Bund bei Paulus und im Hebräerbrief," *EvTh* 27(1967) 318—36 ; Herbert Ulonska, *Die Funktion der alttestamentlichen Zitate und Anspielungen in den paulinischen Briefen* (Diss.: Münster, 1963) 64—73 ; Richard P.C. Hanson, *Allegory and Event* (London: SCM, 1959) 80ff ; Philipp Vielhauer, "Paulus und das Alte Testament" in *Studien zur Geschichte und Theologie der Reformation, Festschrift für E. Bizer* (ed. L. Abramowski *et al.* Neukirchen: Neukirchener Verlag, 1969) 33—62 ; Klaus Berger, "Abraham in den paulinischen Hauptbriefen," *MThZ* 17 (1966) 47—89, 특히 59—63 ; Klein, *Rekonstruktion*, 168, 216f, 222f.

서로부터 인용한 증명이다. 이 주장은 갈라디아 사람들과 같은 이방 그리스도인들이 여종 하갈보다는 오히려 자유인으로 태어난 아브라함의 아내 사라의 자손이라는 성서의 알레고리적 해석에 의해 논증된다. 이 단락이 잘못 놓여져 있다거나[4] 또는 앞에 이야기된 내용을 단순히 반복한다는 등의 의견들이 제시되었으나, 그러한 가설들은 근거 없는 것으로 판명된다.[5] 바울로의 해석의 방법은 24절 a에서 명백히 언급된다.[6] 그가 "알레고리"라고 일컫는 것은, 실제로는 우리가 알레고리와 유형론으로 부를 수 있는 것 두 개가 혼합된 것이다.[7] 두 방법들이 밀접하게 관계된다는 것을 인정해야 한다. 유형론[8]은 원그리스도교에서 공통적으로 사용된 역사적 자료를 해석한다. 인물들, 사건들, 그리고 성서의 제도들과 전승이 지금의 인물들, 사건들, 그리고 제도들의 원형으로 해석되고, 또 후자가 구원사의 틀 안에서 전자의 성취, 반복, 완성으로 설명된다.[9] 유형론과는 달리, 알레고리는 성서와 전승(신화론)에 언급된 구체적인 사건들을 밑에 깔린 더 심오한 진리들의 피상적인 모습이나 자취로 해석하면서, 알레고리를 통해 그 진리들을 밝혀낼 수 있다고 주장한다. 알레고리에 의해서 텍스트에 있는 구체적인 사건들이 철학적 또는 신학적 진리의 일반적인 개념들로 전환된다. 바울로의 본문은 그리스어로 번역된 유다교의 하가다와 칠십인역으로부터 인용한 문구들로 구성된다. 그는 그 두 본문(하가다와 칠십인역)을 구별해서 인용하지 않는다.[10] 일반적인 의미에서, 아브라함 전승과 하

4) Oepke, 147 ; Luz, "Der alte und der neue Bund," *EvTh* 27 (1967) 319 ; Mussner, 316f.

5) 슐리어(p. 216)는 루터(1535)를 따른다. Burton을 비롯한 몇몇 다른 학자들은 그것을 "재고"로 여긴다. 외프케(147)는 바울로가 4, 20을 썼고 또 칠십인역에서는 그 귀절이 좀더 길게 서술되었기 때문에 그가 약간 더 생각했다고 가정한다. 외프케처럼 Erich Stange는("Diktierpausen in den Paulusbriefen. *ZNW* 18〔1917〕 115) 바울로가 21절에서 새로 시작하기 전에 잠시 쉬었다가 구술했다고 한다.

6) 또한 아래 4, 24a에 관해서 보라.

7) James Barr, *Old and New in Interpretation* (London: SCM, 1966) 110ff를 보라.

8) Rudolf Bultmann, "Ursprung und Sinn der Typologie als hermeneutischer Methode," in his *Exegetica* 369—80 ; Geoffrey W.H. Lampe and K.J. Woolcombe, *Essays on Typology* (SBT 22 ; London: SCM, 1957)를, 보다 더 이상의 문헌을 위해서는 Leonhardt Goppelt, "*τύπος κτλ.*," *TDNT* 8. 246—60 ; Luz, *Geschichtsverständnis*, 52—64, 283ff를 보라.

9) *Exegetica*, 369 ; 또한 377에 실린 불트만의 정의를 보라. 참조. Lausberg, *Handbuch*, § 901.

10) 전반적인 문제에 관해서는 필하우어의 훌륭한 논의를 보라(위, 주 3을

갈과 사라라는 두 인물들에 대한 바울로의 해석은 그런 해석사의 일부이다. 그러나 바울로는 단순히 이 해석을 이어받는 데 그치지 않고 동시에 거기에 그 자신의 인상을 덧붙인다.[11]

4장 21—31절에 있는 바울로의 알레고리는 갈라디아서의 구성에 관해서 두 가지 질문을 제기한다. 왜 그는 이 알레고리를 증명(*probatio*) 단락의 마지막에 삽입하는 것일까? 그리고 그는 그 알레고리를 통해 어떤 논쟁적인 효과를 노리는 것일까? 퀸틸리안은 증명(*probatio*) 단락에서 주장들을 어떻게 배치시킬 것인가에 대해 몇 가지 충고를 하고 있다.[12] 그는 가장 강력한 주장이 처음에 나오거나 아니면 처음과 마지막으로 나뉘어 나와야 한다는 의견을 지지한다. 그는 "가장 유력한 증명들로부터 가장 약한 증명으로 전개해가는" 순서를 명백히 거부한다.[13] 그러나 일부 수사 학자들이 증명에 대해 논의한 것들을 조사해 보면, 알레고리는 유력한 증명인 것 같지는 않다. 그것이 예(*exemplum*)와 은유에 관계되기 때문에, 알레고리는 환유 형태에 포함된다(*figurae per immutationem*).[14] 그것의 논쟁적인 효과는 그것의 모

보라).

11) 바울로가 사라와 하갈에 대한 필로적 형태의 비유를 알고 있다는 지적이 없다 : 참조. Brandenburger, ***Fleisch und Geist***, 200ff; Alfred Stückelberger, *Senecas* 88. *Brief* (Heidelberg: Winter, 1965) 61f; ***Gnomon*** 38(1966) 455—60에서 Karlhans Abel의 서평을 보라.

12) Quint. 5.12.1ff.

13) Quint. 5.12.14 : "판관의 마음을 사로잡기 위해서 가장 유력한 주장들이 맨먼저 나와야 하는지 또는 그것에 인상을 남기기 위해서 마지막에 나와야 하는지, 또는 그것들이 증명의 시작과 마지막 사이에서 나뉘어져야 하는지 그리고 그것들이 이웃으로부터 힘을 끌어내도록 하기 위해 중앙에 가장 빈약한 것을 두는 호머의 배열을 채택해야 하는지에 관한 질문이 뒤따라 제기되었다. 그러나 우리의 주장을 배열함에 있어서 우리는 개개 경우의 장단점에 따라 판단해야 한다. 내 견해로는 이 일반적인 규칙에 단 한가지 예외가 있는데, 즉 우리는 가장 유력한 주장으로부터 가장 빈약한 주장으로 내려가는 것을 피해야 한다는 것이다"("Quaesitum etiam, potentissima argumenta primone ponenda sint loco, ut occupent animos, an summo, ut inde dimittant, an partita primo summoque, quod ut Homerica dispositione in medio sint infirma, ut ab aliis crescant? Quae prout ratio causae cuiusque postulabit, ordinabuntur, uno, ut ego censeo, excepto, ne a potentissimis ad levissima decrescat oratio" (ed. Harold E. Butler, LCL)).

14) 참조. *Rhet. ad Her.* 4.34. 46에 있는 정의 : "Permutatio (ἀλληγορία) est oratio aliud verbis aliud sententia demonstrans"("알레고리는 말의 자구에 의해서 어떤 것을 나타내고 그것의 의미에 의해서 다른 것을 나타내는 이야기의 한 방법이다"). 또한 Lausberg, ***Handbuch***, §§421, 564,

호성에 의해 약화된다.[15] 그러므로 4장 21—31절에 있는 알레고리는 증명 단락에 있는 주장들 중에서 가장 빈약한 주장이라는 결론에 이를 수 있다. 이 경우에 바울로의 구성은 퀸틸리안이 제시한 것과 같은 비판을 받게 될 것이다.

그러나 위-데메트리우스(ps.-Demetrius)의 충고를 따를 경우,[16] 긍정적인 평가가 가능해질 것이다. 이 저자는 "직접적인"(ἁπλῶς) 주장들이 반드시 가장 효과적인 주장들은 아니라고 주장한다. "희미하게 암시하는 어떤 표현은 독자들을 오히려 더 깜짝 놀라게 한다. 그리고 그것의 의미는 청중들에 따라 각기 다르게 추측된다. 다른 한편, 분명하고 단조로운 표현들은 옷을 벗었을 때의 사람들과 마찬가지로 경멸받기 쉽다."[17] 그는 또한 증거로서 미스테리들을 언급한다: "그러므로 신비들은 어둠과 밤에 결합된 것 같은 전율과 두려움을 고취시키기 위해 비유적 형태로 표현된다."[18] 그리스도교의 컨텍스트에서 아브라함 전승이 미스테리 자체의 거룩한 전승에 의해 미스테리 안에 자리를 차지하고 있다는 것을 고려할 때, 바울로의 주장은 여기서 아주 강력하다.[19]

그밖에 또 하나의 수사학적 전략이 있을 수 있다. 위-데메트리우스는, "모든 가능한 문제들이 꼼꼼하고 지루하게 설명될 것이 아니라 어떤 것은 듣는 사람의 이해와 추론에 맡겨두어야 한다……"[20]고 말함으로써 테오프라스투스(Theophrastus)의 의견을 따른다. 듣는 사람에게 미치는 영향은 이렇다: "……그가 당신이 말하지 않고 남겨둔 것을 깨달았을 때, 〔그는〕 당신의 청중이 될 뿐만 아니라 또한 당신의 증인, 그것도 아주 우호적인 증인이 된다. 그는 자신이 지성적이라고 생각하는데, 그것은 당신이 그에게 그 자신의 지성을 볼 수 있는 수단을 제공했기 때문이다. 흡사 당신의 청중이 바보이기라도 한 것처

894, 895—901을 보라.

15) 그것의 모호성 때문에 알레고리는 쉽사리 수수께끼로 넘어갈 수 있다. Lausberg, *Handbuch*, §899를 보라.

16) *De eloc.* 2.99—101, 151, 222, 243을 보라(ed. W. Rhys Roberts, LCL).

17) 같은 책, 100.

18) 같은 책, 101: *Διὸ καὶ τὰ μυστήρια ἐν ἀλληγορίαις λέγεται πρὸς ἔκπληξιν καὶ φρίκην, ὥσπερ ἐν σκότῳ καὶ νυκτί. ἔοικε δὲ καὶ ἡ ἀλληγορία τῷ σκότῳ καὶ τῇ νυκτί.*

19) 비유에 관한 문헌을 위해서는 아래, 4, 24a에 관해서 보라.

20) *De eloc.* 4.222: …*ὅτι οὐ πάντα ἐπ' ἀκριβείας δεῖ μακρηγορεῖν, ἀλλ' ἔνια καταλιπεῖν καὶ τῷ ἀκροατῇ συνιέναι, καὶ λογίζεσθαι ἐξ αὐτοῦ.*

럼 그에게 모든 것을 낱낱이 말하는 것은 그를 멸시하는 것처럼 보인다."[21]

이와 같은 수사학적 고찰에 비추어 보면, 4장 21—31절의 비유의 위치와 기능에 대한 설명이 가능해진다. 바울로는 4장 20절에서 이전 단락을 당혹함의 고백으로 끝맺었다(...ὅτι ἀποροῦμαι ἐν ὑμῖν). 그런 고백은 하나의 수식이었으며, 이전의 모든 주장들이 독자들을 납득시키지 못했다는 것을 표면상 인정한 것이다. 그런 다음 4장 21절에서 갈라디아 사람들에게 답변할 것을 요구함으로써 그는 다시 시작한다. "……말해 보시오. 여러분은 율법이 말하는 것을 듣지 못합니까?" 환언하면, 그 비유는 바울로로 하여금 또 다른 통로를 통해 3장 1—5절(참조, 4,8—10)에서 사용된 질문이라는 방법을 다시 사용하게끔 한다. 그 귀절에서 이 방법은 갈라디아 사람들로 하여금 목격자들로서, 그 증거가 바울로를 옹호해 준다는 사실을 인정하도록, 즉 "어리석은 자들"(ἀνόητοι)의 상태에 그들이 남겨져 있다는 것을 인정하도록 하는데 사용되었다. 그러나 설득당해야 할 사람들을 열등한 위치에 놓아서는 안 된다. 바울로는 갈라디아 사람들을 더 높은 수준의 이해로 끌어올리기 위해 두 차례 수단을 강구한다. 4장 20절에서 그는 이미 모든 주장점들을 소유하고 공급하는 자의 거만한 위치로부터 물러났었다. 4장 21—31절의 비유를 통해 그는 갈라디아 사람들로 하여금 그들 스스로 진리를 발견하게 한다. 바울로는 이런 방법으로 그들 자신들을 납득시킴으로써 그들로 하여금 또한 "어리석은 자들"[22]에 불과하다는 비난을 면할 수 있게 한다.

일인칭 복수로 언급된 4장 31절에서의 결론은 판단을 내리는 독자들을 포함한다. 그 "알레고리"에 대한 결론 뿐만 아니라 전체 증명 단락(3,1—4,31)에 대한 결론을 내림에 있어서 바울로는, 전체 주장이 이미 그의 독자들을 납득시켰다는 것을 예감하고 있다.

---

21) 위 책 : *συνεὶς γὰρ τὸ ἐλλειφθὲν ὑπὸ σοῦ οὐκ ἀκροατὴς μόνον, ἀλλὰ καὶ μάρτυς σου γίνεται, καὶ ἅμα εὐμενέστερος. συνετὸς γὰρ ἑαυτῷ δοκεῖ διὰ σὲ τὸν ἀφορμὴν παρεσχηκότα αὐτῷ τοῦ συνιέναι, τὸ δὲ πάντα ὡς ἀνοήτῳ λέγειν καταγινώσκοντι ἔοικεν τοῦ ἀκροατοῦ.*

22) 참조. 루터(1535) : "일반 사람들은 알레고리와 비유(parable)에 의해서 깊이 감동된다. 그래서 그리스도는 또한 그것들을 자주 사용하셨다. 그것들은 일종의 그림과 같아서 단순한 사람들에게 마치 바로 그들의 눈앞에 있는 것처럼 사물을 보여준다. 그리고 이런 이유로 특히 교육받지 않은 사람의 마음에 깊은 영향을 끼친다."

〔해석〕

〔 21 〕 4장 21—31절은 본질상 교리적이다. 이것은 갈라디아 사람들에 대한 첫 질문에서 명백해진다 : "율법 아래 있기를 원하는 사람들이여, 말해 보시오. 여러분은 율법이 말하는 것을 듣지 못합니까?" 문체상 이런 종류의 호칭은 헬라주의적 비방문학의 관계와 일치한다.[23] 바울로는 대화적 상황을 가정하며, 편지를 대화의 한 편법으로 보는 고대의 이해에서 그렇게 했을 것이다.[24] 다소 반어적인 어조로 바울로는[25] 갈라디아의 그리스도인들을 유다 토라에 금방 복종하려고 하는 사람들로 부른다.[26] 그의 질문에 대한 답변은 자명하다. 만일 그들이 토라 자체에 귀를 기울이기만 한다면,[27] 그리고 토라가 말하는 바[28]를 이해한다면 그들의 계획한 바의 모순성이 그들 스스로에게 분명해질 것이다. 이런 종류의 질문을 우리는 비방 문학에서 흔히 볼 수 있다.[29] 그것은 또한 사도의 알레고리적 해석을 전

23) 또한 갈라 3, 1—5 ; 4, 8—9를 보라. 비방문학에 있는 예들에 대해서는 다음을 보라 : Epictetus, *Diss.* 1. 11. 12 ; 2. 1. 23 ; 2. 2. 22 ; 2. 5. 18 ; 2. 11. 10 ; 2. 19. 18 ; 2. 7. 6f. 참조. Bultmann, *Stil*, 10ff, 64ff.

24) 참조. 아리스토텔레스의 서신들의 편집자인 Artemon의 편지의 정의 ps. Demetrius, *De eloc.* 4. 223 : "…편지는 대화와 같은 방법으로 씌어져야 하며, 그에 의해서 대화의 두 편 중의 하나로서 여겨져야 한다." ps.-Demetrius는 덧붙인다 : "그가 말하는 것에는 아마 어느 정도의 진리가 있을 것이나, 진리 전체는 아니다. 편지는 대화보다 좀 더 연구되어야 한다. 왜냐하면 후자가 즉흥적으로 말하는 반면에 전자는 쓰는 일에 온 힘을 기울이고(어떤 의미로는) 선물로서 보내지기 때문이다." 이 이론에 관해서는 Thraede, *Brieftopik*, 17ff를 보라.

25) 그 호칭들은 3, 1과 동일하며, Lütgert (*Gesetz und Geist*, 11, 88)가 제시했던 것처럼 갈라디아의 교회들에서 "유다화된 사람들"을 따랐던 그 그룹만이 아니다. 대개의 주석서들도 마찬가지다. 특히 Oepke, Schlier (p. 216 n. 3) Mussner를 보라 ; 다른 견해에 대해서는 Ulonska (*Zitate und Anspielungen*, 65, 위, n. 3)를 참조. 그는 바울로가 반대자들을 언급한 것이라고 한다.

26) 참조. 갈라 4, 9. 현재 갈라디아 사람들은 이제 "율법 아래" 있지 않으나(참조. 아래, 주 30), 반대자들이 그들로 하여금 그러한 조치를 취하도록 재촉한다(참조. 1, 6—7 ; 4, 17 ; 5, 1—4 ; 6, 12—13).

27) 참조. 로마 10, 18 ; 마태 13, 13 ; 마르 8, 18 등 : *ἀκούω*는 "듣다"와 "이해하다" 양자를 뜻한다. Bauer, *s.v.*, 1, a ; 7 ; Schlier, 217 n. 1 ; Mussner를 보라.

28) *ἀκούετε*대신에 D G *pc* lat sa는 "이해"를 배제하는 *ἀναγινώσκετε*("읽다")로 읽는다. 그러나 바울로는 다음의 내용을, 즉 갈라디아 사람들이 성서를 읽으나 그가 다음에서 전개시키려고 하는 그 의미들을 이해하지 못했다는 것을 전제하는 것이 분명하다.

제한다. 토라를 이해하는 것은 그것의 알레고리적 의미를 이해하는 것을 뜻한다.[30] 이런 의미에서 그의 요구는 구약성서에서 "주님의 말씀을 들으라"는 예언자의 요구와는 다르다.[31] 바울로는 또한 의도적으로 용어 νόμος("율법")를 모호하게 사용한다.[32] 첫번째는 그것이 유다 토라를 가리키고, 두번째는 알레고리적으로 해석된 "성서" 또는 더 정확히 성서적 전승을 가리킨다.

[22] 바울로가 인용 법식[33] "……기록되어 있읍니다"(γέγραπται γὰρ ὅτι)를 사용하긴 하지만, 실제로 성서 귀절들을 그대로 인용하는 것이 아니라, 창세기 16장 15절과 21장 2—3·9절(칠십인역)의 일종의 요약된 내용을 제시하며, 그것을 가리켜 νόμος("율법")라 부른다(참조. 갈라 4,21). 즉 그는 단순히 전승을 인용한다. 이 전승은 또한 흥미있는 해석을 포함한다: "아브라함에게 두 아들이 있었는데 하나는 여종에게서 났고, 하나는 자유로운 여자에게서 났읍니다"('Αβραάμ δύο υἱοὺς ἔσχεν, ἕνα ἐκ τῆς παιδίσκης καὶ ἕνα ἐκ τῆς ἐλευθέρας). 바울로는 창세기 설화를 역사적으로 정확히 보도하는 데는 관심이 없다. 그는 아브라함이 둘 이상의 아들을 가졌다는 사실을 고려하지 않는다(참조. 창세 25,1—6).[34] 또한 그는 이 전승을 3장 6—14

29) 또한 마르 12,10 병행구; 마태 12,5; 루가 10,26; 24,25—26; 요한 7,19; 10,34; 12,34; 로마 4,3; 11,2; 고전 9,8을 보라. 에픽테투스로부터의 예에 대해서는 *Diss.* 3.24.9를 보라: "우리가 철학자들로부터 들은 것을 우리는…상기하지 않는가?"(Οὐκ…μεμνησόμεθα ὧν ἠκούσαμεν παρὰ τῶν φιλοσόφων;).

30) 참조. 사도 8,30에서 필립보의 질문: "그대가 읽는 것을 이해하시오?"(ἆρά γε γινώσκεις ἃ ἀναγινώσκεις;). 이와 반대되는 내용에 대해서는 Justin *Dial*. 10.3을 보라. 거기서 트리포는 그리스도인에 반대해서 주장한다: "저 영혼이 여덟째 날 할례받지 않을 그의 사람들로부터 떨어져 나갈 것이라는 것을 여러분은 읽지 않았소?"

31) 참조. 바울로의 요구를 구약 예언자들의 요구와 더 조화되는 것으로 보는 무쓰너의 견해(317f). 그러나 "야훼의 말씀을 들으라"는 예언자의 요구는 따르라는 요구였지만 바울로는 성서적 전승에 강조를 두는 것이다.

32) 바울로는 의도적으로 "유다율법"으로서의 νόμος와 "성경" 사이에서 망설인다(참조. 3,8·22; 4,30). 귀절 ὑπὸ·νόμον εἶναι("[유다] 율법 아래")는 전문용어인 것 같다. 그것은 또한 3,23; 4,4·5; 5,18에서 발견되며, 율법에의 전념 그리고 준수를 언급한다(참조. 5,3; 6,13).

33) 이 정식에 대해서는 갈라 3,10; 로마 12,19; 14,11; 고전 1,19; 3,19를 보라.

34) 참조. 또한 로마 4,19; 9,7 이하. εἷς…εἷς…의 문법상의 문제에 대해서는 BDR, §§247,3; 250n.2; BDF, §247(3)을 보라.

절에서의 그 자신의 주장—거기서 그는 아브라함의 한 아들만을 생각한다—과 조화시키려는 생각도 없다. 이곳 4장 22절에서 바울로가 관심하는 바는 하갈의 아들 이스마엘과 사라의 아들 이사악 사이의 이원론적 대조이다.[35] 우리는 왜 전승이 이곳에서 유용하게 사용되는지를 쉽게 볼 수 있다. 이스마엘의 어머니가 "여종"(παιδίσκη)이었다는 것,[36] 반면에 이사악의 어머니가 "자유로운 여자"(ἐλευθέρα)였다는 것[37]은 바울로의 주장에 잘 들어맞는다. 그는 이미 그리스도인이 되기 이전 상황을 율법과 "세상의 원시종교들" 하에서의 "노예상태"로서 낙인을 찍은 바 있으며, 반면에 그리스도 안에서의 "자유"는 적어도 희미하게나마 언급했었다(2,4 ; 3,26—28 : 참조. 1,10). 실제로 "자유"의 개념은 편지의 다음 단락들에서 주요한 화제로 등장할 것이다(4장 31절과 5장 1·13절을 보라).

[23] 바울로는 아브라함 전승에 대한 해석에서 한 단계 더 나아간다. 그에게 중요한 것은 두 어머니들의 상이한 사회적 지위 뿐만 아니라 또한 그들의 아들들 간의 대조이다. 그러나 아들들의 출산은 그들에게 적용되는 그리고 그들에 의해서 대표되는 신학적 개념의 관점에서 고찰되어야 한다. 만일 "여종"과 "자유로운 여인"의 대조가 아들들에게 적용된다면, 그 차이점은 "육"과 "약속"의 차이다. "그러나 여종에게서 난 아들은 '육을 따라' 났읍니다. 한편 자유로운 여인에게서 난 아들은 '약속을 통해' 났읍니다." 접속사 ἀλλά("그러나")는 앞과 다른 점을 소개하는 것이 아니라 다음 것—그것을 위해서 앞의 것이 얘기되었다—에로의 변화를 표시한다. 분사

35) 바울로는 갈라 4,24—25에서 하갈의 이름을 언급한다. 사라는 로마 4,19 ; 9,9에서 : 이사악은 갈라 4,28 ; 로마 9,7·9에서 언급된다. 이스마엘의 이름은 언급되지 않는다.

36) 하갈이 여종이었다는 것은 갈라 4,22·23·30·31에서만 언급되고 로마서에서는 언급되지 않는다. 그것은 창세기와 일치한다(칠십인역 창세 16,1 이하 ; 21,10 이하 ; 25,12). 필로에서 하갈은 "학교들의 더 저급한 교육"으로서 해석되는 반면에 사라는 철학적 지혜와 덕을 나타낸다. 이 해석에 대해서는 LCL Philo, 10.317—19에 있는 부록을 보라. παιδίσκη("여종")에 관해서는 Bauer, *s.v.*를 보라.

37) 사라가 "자유로운 여자"였다는 것은 칠십인역에서 언급되지 않는다. 필로에서 그녀의 이름은 "주권"(ἀρχή)을 뜻하는 것으로 해석된다. LCL Philo, 10.413—19에 있는 부록을 보라. 바울로는 "자유로운 여자"라는 문구를 하갈과 함께 병치시킴으로써, 또는 이 대조가 전승으로부터 이미 발견된 것으로써 취급함으로 그 의미를 획득했다. 만일 후자가 옳다면, 그것은 바울로의 전승이 필로의 전승과 달랐다는 표시다.

μέν(“한편”)이 일부 중요한 사본들에는 빠져 있는데,[38] 그 결과 학자들은 대다수의 사본들에 그 말이 들어 있음에도 불구하고 본문 비판에 있어서 그것을 제거하는 쪽으로 기우는 것 같다. 따라서 최초의 판들 중에서 주의의 표시를 아예 없애버린 것도 있다.[39] κατὰ σάρκα (“육을 따라”)와[40] διὰ τῆς ἐπαγγελίας(“약속을 통해”)[41]의 개념들은 의심할 바 없이 바울로 특유의 것이다. 그 개념들은 갈라디아서의 문맥에도 맞아떨어지며,[42] 창세기 설화들에도 맞아떨어진다.[43] 흥미롭게도 바울로는 여기서 “육을 따라”와 “영을 따라”(κατὰ πνεῦμα)를 대조시키는 것이 아니라, “약속을 통해”에 머문다. 왜냐하면 그 말이 3—4장에 있는 그의 주장에 알맞기 때문이다.[44] 일반적으로 바울로는 이사악의 기적적인 탄생을 자주 다루었던 유다교의 전승에 따른다. 그러나 여기서 그는 이 전승에다 그 자신의 독특한 방식을 가한다.[45]

〔 24 〕 22—23절에서 아브라함의 두 아들에 대한 알레고리를 설명하고 나서, 바울로는 이제 그 이상의 알레고리적 해

---

38) P[46] Bfvg.

39) Nestle-Aland, 25판 : 〔μὲν〕, 26판 : μὲν(=Aland, *Greek New Testament*).

40) κατὰ σάρκα(“육을 따라”)라는 표현은 갈라 4, 23·29에서 발견되고, 로마서에서 더 자주 발견된다(1, 3 ; 4, 1 ; 8, 4·5·12·13 ; 9, 3·5 ; 고전 1, 26 ; 10, 18 ; 고후 1, 17 ; 5, 16 ; 10, 2·3). 참조. 또한 골로 3, 22 ; 에페 6, 5. 그 “준말”은(참조. 위, §7, 4 서론) “인간의 표준을 따라”(Bauer, *s.v.*, 6을 보라)로부터 특별하게 부정적, 이원론적인 “사악한 육을 따라”(참조. 로마 9, 8 : “육의 자녀들”(τὰ τέκνα τῆς σαρκός))에 이르는 의미들을 가진다. 갈라 4, 23에서 완료형 γεγέννηται는 현재에서 계속되는 영향을 나타낸다(BDF, §342 ; BDR, §342 n. 6을 보라). 필로에서 이스마엘은 “스스로 익힌 지혜”(이사악)와 대조적으로 열등한 “궤변”을 대표하는 것이 주목할 만하다 ; LCL Philo, 10·331—33에 있는 부록을 보라. 이와 다른 견해에 대해서는 Schlier, 217; Eduard Schweizer, “πνεῦμα, πνευματικός,” *TDNT* 6.429 ; 같은 저자, “σάρξ,” *TDNT* 7. 125ff, 131을 보라.

41) δι' ἐπαγγελίας는 갈라 3, 18에서 발견된다. p[46] ℵ A C *al*은 4, 23에서도 이렇게 읽는다. 반면에 대다수의 증거들은 διὰ τῆς ἐπαγγελίας (Nestle-Aland)를 택한다. 4, 23에서 διά(“통하여”)는 아브라함에 대한 하느님의 약속을 그의 탄생에 대한 일차적인 이유로서 밝힌다. 참조. 로마 4, 16—21.

42) “약속”(ἐπαγγελία)의 개념에 대해서는 갈라 3, 14·17·18·19·21·22·29 ; 4, 1—7 ; 4, 28 ; 또한 로마 4, 13·14·16·20 ; 9, 4·8·9를 보라.

43) 참조. 창세 16, 1—4a ; 17, 15—19 ; 21, 1—7.

44) 참조. 갈라 3, 29 ; 4, 28·31 ; Luz, “Der alte und der neue Bund,” *Ev Th* 27(1967) 321 ; 같은 저자, *Geschichtsverständnis*, 283—85를 보라.

45) 유다교 전승에 대해서는 Str-B 3.216f; 그리고 LCL Philo, 10.324—31에 있는 부록을 보라.

석을 덧붙인다. 이 해석 방법은 24절a에서 소개된다. "이것들은 알레고리적 의미를 가지고 있읍니다"(ἅτινά ἐστιν ἀλληγορούμενα). 'Ατινα는 22—23절의 내용("이것들")을 요약해서 언급한다. 용어 ἀλληγορέω("알레고리적으로 해석하다")[46]는 원그리스도교 문헌에서 단 한번 나오는 어구(*hapax legomenon*)이다.[47] 그러나 우리는 다른 자료들로부터 바울로가 적용하고자 의도하는 방법이 어떤 것인지를 잘 알고 있다.[48]

용어 ἀλληγορέω는 ἄλλο ἀγορεύω("달리 무엇인가를 말하다")로부터 나온다.[49] 소위 알레고리적 방법은 바울로의 시대까지에는 잘 발전되었다.[50] 우리는 일반적으로 헬라주의적 수사학에서 그 개념의 용법과 문학적 자료들(특히 호머) 및 특히 신화론적 전승들의 알레고리적 해석을 구별해야 한다. 그 방법은 해석해야 될 자료가 표면상으로는 나타나지 않은 "더 깊은 뜻"을 포함하고 있다는 가정에 의존한다. 사람들은 알레고리적 방법을 통해 더 깊은 뜻을 밝힐 수 있다고 믿었다. 그러나 실은 대부분 더 깊은 의미가(사람들이 그 의미를 통해 설명된다고 주장하는) 그 자료에 있어서 이차적인 것으로서 실제로는 해석자와 그의 사상, 그의 견해에서 비롯된다. 유다교[51]는 바울로보다 오래 전에 그 방법을 채용했으며, 그것을 자신의 전승에 적용했었다. 바울로는 그 방법을 유다교로부터 물려받았음에 틀림없겠으나,[52] 또한 그가

46) LSJ, *s.v.*를 보라.

47) Bauer, *s.v.*; Joseph C. Joosen and Jan H. Waszink, "Allegorese," *RAC* 1(1950) 283—93을 보라.

48) 참조. 고전 10,1—13 ; 고후 3,14—18.

49) 수사학적 정의에 대해서는 Quint. 9.2.46을 보라 ; ἀλληγορίαν facit continua μεταφορά("은유의 철저한 사용은 알레고리를 만든다"). Lausberg, *Handbuch* §§895—901을 보라.

50) 현재의 연구상태에 대해서는 다음을 보라 : Felix Buffiére, *Les mythes d'Homère et la pensée grecque* (Paris: Les belles lettres, 1956) ; Jean Pépin, *Mythe et allégorie* (Paris: Aubier, 1958) ; Reinhold Merkelbach, *Roman und Mysterium in der Antike* (Munich: Beck, 1962) ; John G. Griffiths, "Allegory in Greece and Egypt" *JEA* 53(1967) 79—102 ; idem, *Plutarch*, 100f; Irmgard Christiansen, *Die Technik der allegorischen Auslegungswissenschaft bei philo von Alexandrien* (Beiträge zur Geschichte der Biblischen Hermeneutik 7; Tübingen: Mohr, Siebeck, 1969).

51) Nikolaus Walter, *Der Thoraausleger Aristobulus* (TU 86 ; Berlin: Akademie-Verlag, 1964) 124ff; Hengel, *Judaism and Hellenism* 1,164f; 246f(주와 함께)를 보라.

52) 바울로와 알레고리에 관해서는 다음을 보라 : Joseph Bonsirven, *Exégèse rabbinique et exégèse paulinienne* (Paris: Beauchesne, 1939) 309—11 ; Schoeps, *Paul* 243f, 238 n.3; Brandenburger, *Fleisch und Geist*, 200ff;

그 방법을 사용했다는 것은 원그리스도교가 그것을 적어도 어느 정도 수용하고 있었다는 것을 전제한다.

바울로의 알레고리적 해석 자체는 24b—26(27)절에 들어 있다. 그것은 개념들을 동일시함으로써 이루어진다.[53] 첫째, 우리는 두 어머니들, 하갈과 사라가 계약에 정반대되는 두 사람을 대표한다는 것을 배운다: "왜냐하면 그들은 두 계약이기 때문입니다." 바울로에게 관심있는 것은 역사적 인물로서의 두 여인이 아니라 그들이 대표하는 두 세계다.[54] 두 계약, 즉 "옛 계약"(ἡ παλαιὰ διαθήκη)[55]과 "새 계약"(ἡ καινὴ διαθήκη)[56]은 두 개의 정반대 되는 제도와 다름없다.

용어 διαθήκη는 번역하기가 까다롭다. 여기서 그 의미는 갈라디아서 3장 15·17절에서 그것이 법적 계약을 언급하는 것을 넘어선다. 히브리어 ברית—그리스어 동의어는 διαθήκη—는 신적 법령에 의해서 명해진 하나의 세계 질서나 다름없다. 그것은 인간 삶의 기초와 목적에 대한 하느님의 정의를 담고 있다.[57] 분명히 바울로는 구원이 오기 전

Luz, *Geschichtsverständnis*, 61ff; Richard P. C. Hanson, *Allegory and Event* (London: SCM, 1959); Leonhard Goppelt, *Typos: Die typologische Deutung des Alten Testaments im Neuen* (Darmstadt: Wissenschaftliche Buchgesellschaft, ²1966); 같은 저자, *TDNT* 8, *s.v.* τύπος; Philipp Vielhauer, "Paulus und das Alte Testament" in *Studien zur Geschichte und Theologie der Reformation*, *Festschrift für E. Bizer* (ed. L. Abramowski *et al.*; Neukirchen: Neukirchener Verlag, 1969) 33—62; Barnabas Lindars, *New Testament Apologetic* (Philadelphia: Westminster, 1961).

53) 참조. 예컨대, 고전 10,4; "그 바위는 그리스도였읍니다"; *Barn.* 8.2—3; 9.8 그리고 곳곳에.

54) *Barn.* 8.7을 보라: "그리고 이런 이유로 이렇게 행해진 일들이 우리에게는 명료하나(φανερά), 그들에게는 모호합니다(σκοτεινά). 그것은 그들이 주님의 음성을 듣지 않았기 때문입니다."

55) 고후 3,14.

56) 고후 3,6; 고전 11,25; 참조. 로마 9,4; 11,27.

57) διαθήκη의 개념에 관해서는 다음을 보라: Gottfried Quell and Johannes Behm, "διατίθημι, διαθήκη," *TDNT* 2. 106—34; Hans Pohlmann, "Diatheke," *RAC* 3(1957) 982—90; Bauer, *s.v.*; Willem C. van Unnik, "La conception paulinienne dela Nouvelle Alliance," in *Littérature et Théologie Paulinienne* (Bruges: Desclée de Brouwer, 1960), 109—26; Ceslaus Spicq, *L'épître aux Hébreux* (Paris: Gabalda, 1953) 2. 285—99, 참고문헌과 함께; George E. Mendenhall, "Covenant," *IDB* 1. 714—23; Ulrich Luz, "Der alte und der neue Bund bei Paulus und im Hebräerbrief," *EvTh* 27(1967), 318—36; idem, *Geschichtsverständnis*, 283ff. 구약에 관해서는 M. Weinfeld, *TWAT* 1. 781—808; Ernst Kutsch, *Verheissung und Gesetz* (BZAW 131; Berlin: Töpelmann, 1972); 같은 저

그리스도인 이전 상태로서의 "옛 계약"에 대한 신용을 붕괴시키는 것을 목적으로 하고 있다. 그러나 그가 증거로서 제시한 것은, 많은 사람들이 처리할 수 있는 영역을 넘어선 것으로서 그 독자들에게 쉽사리 받아들여질 수 없는 것이었다. 니체는 그것을 가리켜 "구약성서에 관한 경청되지 않는 철학적 익살극"이라 했는데 니체의 이 표현이 종종 인용된다.[58] 적어도 바울로의 의도는 간파하기 쉽다. "하나는 시나이 산으로부터 나와 종될 자를 낳았읍니다. 그 여인이 하갈입니다." 사도의 말은 극도로 압축된다 : "하나는 시나이 산으로부터"는 "시나이 계약"을 언급한다.[59] 그것은 여종 하갈에 의해서 대표되며,[60] 그 자녀들의 운명은 노예상태(εἰς δουλείαν)이다.[61] 이 계약, 곧 유다교의 토라 계약에 속하는 사람들은 "율법 아래 있는 노예상태"의 상황에 처해 있다(참조. 갈라 3,22—25·28 ; 4,1—10 ; 5,1 ; 2,4).

[25] 25절a의 본문은 실질적인 해석의 핵심(*crux interpretum*)을 담고 있다.[62] 그것은 간결하게 서술된다. τὸ δὲ 'Αγὰρ Σινᾶ ὄρος ἐστὶν ἐν τῇ 'Αραβίᾳ("지금 하갈은 아라비아에 있는 시나이 산입니다"). 이 부분에 대한 본문 전승을 살펴보면 사본마다 각기 다르게 번역하고 있는데, 의심할 바 없이 그렇게 된 이유의 대부분은 그 문장의 의미상의 문제로 인한 것이다. 그 변형들은 본문을 분명히 하거나

자, "'Ich will euer Gott sein': b^erît in der Priesterschrift," *ZThK* 71 (1974) 361—88을 보라.

58) Friedrich Nietzsche, *Morgenröte*, in *Werke* (Darmstadt: Wissenschaftliche Buchgesellschaft, 1963) 1.1068, Schoeps, *Paul*, 235에서 인용됨.

59) 시나이 산의 명칭은 바울로가 갈라 4,24·25에서만 언급한다. 참조. 또한 사도 7,30·38 ; *Barn.* 11.3 ; 14.2 ; 15.1. 그 산은 구약과 유다교에서 중요한 역할을 하지만, 그 정확한 위치는 명백하지 않다. 그 문제에 대해서는 Str-B. 3.572f; Siegfried Herrmann, "Sinai," *BHH* 3. 1801—02 : George E. Wright, "Mount Sinai," *IDB* 4, 376—78 ; Eduard Lohse, "Σινᾶ," *TDNT* 7, 282—87을 보라.

60) 하갈은 초대 그리스도교 문헌에서 여기와 25절에서만 언급된다. 위, 4,22에 관해 보라. 24·26절 : ἥτις=ἡ τοιαύτη(참조. 로마 16,7 ; 고전 3,17 ; 필립 1,28 ; 디전 3,15 ; BDF, §293,4 ; BDR, §293 n.9를 보라).

61) 참조. 갈라 4,22—23.

62) 주석서들과는 별도로 다음을 보라 : Franz Mussner, "Hagar, Sinai, Jerusalem," *ThQ* 135(1955) 56—60 ; Eduard Lohse, "Σινᾶ," *TDNT* 7, 282—87 ; Hartmut Gese, "Τὸ δὲ 'Αγὰρ Σινὰ ὄρος ἐστὶν ἐν τῇ 'Αραβίᾳ (Gal 4 : 25)," in *Das ferne und nahe Wort. Festschrift für Leonhard Rost* (ed. Fritz Mass; Berlin: de Gruyter, 1967) 81—94 ; (또한 in *Vom Sinai zum Zion* [Munich: Kaiser, 1974] 49—62) ; G.I. Davies, "Hagar, El-Heğra and the Location of Mount Sinai," *VT* 22(1972) 152—63.

바르게 하려는 시도들로 보이기 때문에,[63] 네슬—알란드 26판이 난해독법(*lectio difficilior*)을 택한 것은 옳다.

만일 이 본문이 가장 최초의 것으로서 전제된다면, 그것은 알레고리적 주장을 뒷받침하려고 하는 지리적 정보를 제공한다.[64] 바울로는 하갈이라는 이름[65]이 일반적으로 시나이 산으로 알려진 아라비아에 있는 산을 언급한다고 생각했음에 틀림없다.[66] 문제는 바울로가 동등한 것으로 정당화할 수 있었던 것을 우리가 어떻게 이해하는가 하는 점이다. 비록 그의 정보가 부정확하다 할지라도, 그는 적어도 그것이 정확하다고 믿었음에 틀림없다. 이 정보는 두 가지 종류일 수 있다.[67] (1) 단순히 지리적인 정보—"하갈이라는 말은 아라비아에 있는 시나이 산을 가리킵니다." 그런 정보는 주장에 무엇을 덧붙이는 것이 아니라 사실 그대로일 것이다. 또는, (2) "하갈이라는 말은 아라비아에 있는 시나이 산에 대한 이름입니다." 그것에 의하여 "아라비아에 있는"이라는 말은 거의 "아라비아의 …에 있는"을 뜻하는 것으로 해석되어야 할 것이다. 아라비아에서 얼마 동안을 보냈던(갈라 1, 17) 바울로가 시나이 산 지역에 있는 산맥에 관해 사용되는 단어, 아라비아의 *ḥadjar*("바위")를 생각했을지 모른다는 것이 제시되었다. "알레고리"에 깊이 빠져 있거나 혹은 가장 피상적인 유사점이라도 찾으려 하는 아라비아어 ḥ가 히브리어 ה에 해당되지 않는다는—그리스어는 말할 것도 없고—사실[68]을 전혀 개의치 않을 것이다.[69]

---

63) 두 이름 중의 하나를 생략함으로써 그럴 수 있었을 것이다. Zahn (230)은 "하갈"이 앞의 γάρ를 잘못 중복하여 쓴 데서 기원했다고 제시했다. 그 경우에 가장 오래된 해독은 ℵ C G Origen에서 발견되는 τὸ γὰρ Σινᾶ 일 것이다. 더 충분한 논의에 대해서는 Zahn, 230ff, 298—301 ; Burton, 258—61 ; Schlier, 219f; Mussner, 322—24를 보라. 그러나 δέ는 현재 γάρ (p^{46} A B D^{gr} syr^{h} $cop^{sa,bo}$) 보다 더 잘 입증된다. Metzger, *Textual Commentary*, 596을 보라.

64) Burton(259)이 제시하는 대로 비록 25절이 어구 주석이라 할지라도 이것은 옳을 것이다.

65) 여성 하갈과 관련된 중성관사 τό는 바울로가 그 이름을 고려하고 있다는 것을 확실하게 해준다.

66) 용어 "시나이 산"은 알려진 것으로서 해석되나 "하갈"은 새로운 정보이다.

67) Lightfoot; Lagrange; Lietzmann; Schlier; Oepke; Bauer (*s.v.* 'Αγάρ), Lohse, "Σινᾶ," *TDNT* 7. 285—86 ; Mussner에 있는 논의들을 보라.

68) 이 반론에 대해서는 Lagrange, Lietzmann, Schlier를 보라.

69) 참조. Oepke(150) : "Aber das sind Zwirnsfäden, über die die Allegorese nicht stolpert"("그러나 이것들은 알레고리의 걸음을 멈출 수 없는 거미

이 설명은 만일 우리가 난해독법(*lectio difficilior*)을 원문으로 가정한다면 아직도 가장 개연성이 크다.[70] 한편 이 가정은 이 부분에서 "하갈"이라는 이름이 빠져 있는 본문 전승에 의해 상당히 약화된다.[71] 하갈이라는 이름 자체는 시나이를 예루살렘과 더 뚜렷이 관련시킴으로써 그 주장을 뒷받침하려고 하는 후대의 삽입으로 쉽게 해석될 수 있다.[72]

하갈과 시나이 산을 동일시하는 것에 뒤이어 25절b에 있는 두번째 동일시가 나온다 : *συστοιχεῖ δὲ τῇ νῦν Ἰερουσαλήμ*("그것은 또한 지금의 예루살렘에 해당합니다"). 이 동일시는 *δέ*에 의해서 앞의 것과 연결되며, 그러므로 "또한"으로 번역되어야 한다. 용어 *συστοιχέω*는 본래 "같은 선에 서다" 또는, 더 일반적으로, "상응하다"를 뜻한다. 원그리스도교 문헌에서 그 용어는 단 한번 나온다.[74] 갈라디아서 4장 25절에서 이 말은 몇몇 용어들을 연결시키는 피상적인 의미로, 또는 개념들의 연결을 정당화해 주는 비유적 논리를 나타내는 범주로 사용될 수 있다.[75] 리츠만은 갈라디아서 4장 22—30절에서 하갈과 사라의 이름에 종속되는 일종의 *συστοιχία*("상응") 개념들을 볼 수 있다는 것을 매우 분명하게 지적하였다.[76]

줄이다"). 무쓰너도 이와 비슷한 견해를 가지고 있다.

70) 라그랑게는 바울로가 하갈을 이스마엘의 어머니로 생각했을지 모른다고 생각한다. 아랍인들은 그의 후손들이라고 믿어졌다(참조. *'Αγαρηνοί*, הגרים 시편 칠십인역 82,7 ; MT 83,7 ; 역상 5,19). 그러나 갈라디아의 독자들은 이 역사적 세부사항을 이해해야 할 것이며, 상상하기 힘든 연결고리(하갈은 아랍인들의 조상)를 제공해야 할 것이다. 또한 R.F. Schnell, "Hagrite," *IDB* 2.511을 보라.

71) 중요한 사본이나 번역본들에는 "하갈"이라는 이름이 나와 있지 않다 : p[46] ℵ C G *al*,it vg Origen Ambrosiaster *al*. 그 증거의 더 완전한 기록에 대해서는 Aland, *Greek New Testament;* Metzger, *Textual Commentary*, 596 ; Mussner, 322를 보라.

72) 해석에 대해서는 Mussner, 322—24를 보라.

73) D* G lat는 여성 하갈을 여성 도시와 관련시킨다 : *ἡ* (D* 관사없이) *συστοιχοῦσα*.

74) LSJ, *s.v.;* Bauer, *s.v.;* Gerhard Delling, "*στοιχεῖον*," *TDNT* 7. 669를 보라.

75) 피타고라스의 철학에서 *συστοιχία*는 개념들의 "대등한 쌍" 또는 "비슷한 기둥들"을 뜻한다. 유사한 방식으로 또한 문법학자들이 그것을 사용하였다. 참고도서에 대해서는 LSJ, *s.v.*를 보라.

76) Lietzmann, Burton, Oepke, Delling ("*στοιχεῖον*," *TDNT* 7.669)을 보라. 라그랑게와 리츠만은 Gematria에 의해서(즉, 편지들의 수적 가치에 의해서) 그 관련을 설명하려는 시도들이 실패했다는 것을 보여주었다.

하갈	사라
여종의 아들(이스마엘)	자유로운 여인의 아들(이삭)
"육을 따라"	"약속을 통해"
옛 계약	새 계약
시나이	
지금의 예루살렘	하늘의 예루살렘
노예상태	자유
"육을 따라"	"영을 따라"
유다교	그리스도교

시나이 계약에 기초하고 있기 때문에, "지금의 예루살렘,"[77] 즉 유다교의 정치적·종교적 제도는—거룩한 도시는 예루살렘을 상징하는 말이다—"시나이/하갈"과 관련될 수 있다. 바울로의 의도는 명백하다. 즉 그는 유다—그리스도교의 입장에 서 있는 자신의 반대파를 붕괴시키기 위해 "유다교"와 "그리스도교" 사이에 이원론적 양극을 만들고자 한다 : *δουλεύει γὰρ μετὰ τῶν τέκνων αὐτῆς*("왜냐하면 예루살렘이 그의 자녀들과 함께 노예상태로 살기 때문입니다").[78]

이 결론은 유다인들에 대한 바울로의 가장 날카로운 공격들 중의 하나다. 그는 유다인들을 공격하기 위해서 유다인들의 자기이해를 사용한다. 이 자기이해는 출애굽기 32장 16절("그 판은 하느님께서 순수 만드신 것이었다. 그 판에 새겨진 글자도 하느님께서 순수 새기신 것이었다")에 대한 벤 레비(R. Jehoshua ben Levi A.D. 280년 경)의 해석에 잘 표현되어 있다 : "*ḥaruth*(새겨진)가 아니라 *ḥeruth*(자유)로 읽어라. 왜냐하면 토라 연구에 종사하는 자 외에는 그 누구도 우리와 같은 자유인이 될 수 없기 때문이다."[79] 그러나 예루살렘 그리스도인

---

77) 이름의 형태에 대해서는 갈라 1,17·18 ; 2,1에 관한 해설을 보라. νῦν의 수식상의 위치에 대해서는 Gustav Stählin, "νῦν," *TDNT* 4.1108,1114 ; BDR, §261 n.3을 보라. "우리의 어머니"로서의 예루살렘(시온)의 유다적 개념은 이사야 이후부터 발견된다(49,14—21 ; 50,1 ; 51,18 ; 54,1 ; 60,4 ; 등) : Str-B 3.573에 있는 자료를 보라. 참조. Joachim Jeremias, ***Jerusalem in the Time of Jesus*** (Philadelphia: Fortress, 1967) 351 n. 32 ; Pieter A.H. de Boer, ***Fatherhood and Motherhood in Israelite and Judean Piety*** (Leiden: Brill, 1974).

78) 갈라 3,22에 관해서 보라.

79) '*Abot* 6.2 (tr. Travers Herford). 그 귀절은 아마 후대의 것일 것이나, 그것은 그 문제에 대한 라삐의 이해를 잘 표현해준다. 참조. 요한 8,33에서 유다인들 : "우리는 아브라함의 후손이요 아무에게도 종노릇한 일이 없읍니다." 더 이상의 자료에 대해서는 Str-B 1.116—21을 보라.

들이 특별히 "예루살렘은 우리의 어머니다"라는 구호를 앞세우고 일했다는 증거는 없다.[80)]

[26] "지금의" 예루살렘(25절), 즉 유다교의 정치적, 종교적 기관에 반대되는 것은 "위에 있는 예루살렘"(ἡ ἄνω Ἰερουσαλήμ)이다. 독자들이 그것을 이미 잘 알고 있다는 점을 가정하고서, 바울로는 더 이상의 설명 없이 이 유명한 유다교의 개념을 소개한다. 자신의 편지들에서 바울로는 그 말을 이곳에서만 사용하지만 신약성서 다른 곳에서도 발견된다(히브 12, 22 ; 13, 14 ; 묵시 3, 12 ; 21, 2·9—22, 5 ; 또한 *Herm. Sim.* 1. 1. 2를 보라). 그 개념은 유다교의 묵시주의에서 더 현저하다.[81)] 유다교의 묵시주의에서 우리는 그 개념의 여러 형태들을 구별할 수 있다. 더 오래된 한 형태는 그 역사적 도시가 종말론적 시대에 다시 재건될 것을 기대한다.[82)] 또는 "지상의" 예루살렘은 하늘로부터 나오는 새로운 예루살렘에 의해 대치되어야 한다.[83)] 이 대치는 옛 것의 성취로서 또는 "새로운 시대"에 의한 그것의 파괴로서 간주될 것이다.[84)] 바울로의 개념은 여전히 다르다. 그의 "하

80) 그렇게 Eckert, ***Die urchristliche Verkündigung***, 217 ; Mussner, 26 n. 121b; 325(Heinrich Julius Holtzmann을 따라). 참조. Irenaeus, ***Adv. haer.*** 1.26.2, 에비온파의 예루살렘 숭배에 대해서 : "…Hierosolymam adorent quasi domus sit Dei"("그것이 마치 하느님의 집인 것처럼 예루살렘을 숭배함"). 또 Epiphanius, ***Pan.*** 19.3.5—6, 그리고 그 주제에 관해서 Schoeps, ***Theologie und Geschichte***, 140f를 보라.

81) "하늘의 예루살렘"의 개념과 광범위한 참고문헌에 관해서는 다음을 보라 : Georg Fohrer and Eduard Lohse, "Σιών κτλ.," ***TDNT*** 7. 292—338 ; W.D. Davies, ***The Gospel and the Land*** (Berkeley: University of California, 1974) 138ff, 140ff, 142ff, 162, 196ff; Lietzmann, 갈라 4, 26에 관해서 ; Oepke, 150f; Schlier, 221—26; Mussner, 325f. 유다교 문헌에 대해서는 다음을 보라 : Str-B 3.573 ; Bousset-Gressmann, ***Religion***, 283ff; Moore, ***Judaism***, 2.314f; Paul Volz, ***Die Eschatologie der jüdischen Gemeinde im neutestamentlichen Zeitalter*** (Tübingen: Mohr, Siebeck, 1934) 371ff ; Gert Jeremias, ***Der Lehrer der Gerechtigkeit*** (SUNT 2 ; Göttingen: Vandenhoeck & Ruprecht 1963) 244—49(Qumran에 관해서) ; Brandenburger, ***Fleisch und Geist***, 200ff (philo에 관해서). 헬라주의적 문헌에서 "하늘의 도시"의 개념에 관해서는 Betz, ***Lukian***, 92ff를 보라.

82) 예컨대, 이사 54, 10 이하 ; 60—66 ; 에제 40—48 ; 토비 13, 9—18 ; 14, 7 ; ***Jub.*** 4.26 ; 2 ***Apoc. Bar.*** 4.2—7 ; 32.2—3 ; ***Orac. Sib.*** 5.420ff를 보라. 참고도서에 대해서는 Bousset-Gressmann, 같은 책, 38, 238f, 283, 285; Eduard Lohse, "Σιών κτλ.," ***TDNT*** 7.324—38을 보라.

83) 예컨대, 4 Ezra 7, 26 ; 10, 40ff; ***1 Enoch*** 90.28f를 보라.

84) 묵시 3, 12 ; 21, 2 이하를 보라.

늘의 예루살렘"은 선재하며 하늘에 남아 있다. 그 안에서 살 사람들은 그곳으로 올라가야 한다.[85] 이 개념은 예컨대, 제 2 바룩서 4.1—6 (tr. Charles, *APOT* 2.482)에 나온다.

> "그리고 주님께서 나에게 말씀하셨다 : '이 도시는 당분간 내팽개쳐진 채로 있을 것이며 사람들은 잠시 징벌받을 것이다. 그리고 세상은 결코 이 일을 잊지 않을 것이다. 〔너는 이 도시를 "내 손바닥 위에 내가 너희들을 생각하느냐? 지금 가운데 세워진 이 건물은 내가 계시했던 것도 아니며, 내가 낙원을 만들기 위해 상의하면서 아담이 죄짓기 전에 그에게 보여주었던 때부터 여기에 미리 준비되었던 것도 아니다. 그가 계명을 어겼을 때 그 도시는 또한 낙원과 마찬가지로 그로부터 제거되었다. 그리고 이 일들이 일어난 후에 나는 그 도시를 밤을 틈타 희생자들의 일부 중에서 나의 종 아브라함에게 보여 주었다. 그리고 다시 내가 그에게 비슷한 성막과 그것의 모든 그릇들을 보여주었을 때, 나는 또한 시나이 산에 있는 모세에게 그것을 보여주었다. 이제 보라. 그것은 또한 낙원과 마찬가지로 나와 함께 보존되어 있다….' "[86]

슐리어(224·225)는 바울로의 개념인 "하늘의 예루살렘"이 이 개념의 영지주의적 각색과 유사하다는 것을 바르게 지적했다. 그러나 이 개념과 그것의 묵시적 기원 사이의 모순을 생각할 필요는 없다. 유다교의 묵시주의에서처럼 바울로에게서 "하늘의 예루살렘"은 사실상"새로운 시대"와 동일하다. 그러나 그는 유다교와 그리스도교를 대표하는 것들로 두 도시를 나누는 철저한 이원론에 의해 유다교의 묵시주의와 다르다. 그가 유다교만을 "지금의 예루살렘"으로 부르지만, 그 상대인 "하늘의 예루살렘"도 또한 "현존한다." 그 언어가 정확하게 대응하는 것은 아니다 : "지금의 예루살렘"[87]은 "위에 있는 예루살렘"과 병치된다.[88] 그 개념들은 바울로가 뜻하는 것을 실제로 말하는 것이

85) 2 *Enoch* 55.2 (*APOT* 2.463)을 보라 : "가까운 장래에 나는 하늘에, 곧 가장 위에 있는 예루살렘, 나의 영원한 거주지에 올라갈 것이다."

86) 참조. *T. Dan* 5, 12f. 라삐들의 자료에 대해서는 Str-B 3.573, 795f; 4.883—85, 919—31 ; Davies, *Gospel and the Land*, 148ff를 보라.

87) 그 표현은 바울로에서 여기서만 발견된다. 참조. ὁ νῦν αἰών("지금 시대") 디전 6,17 ; 디후 4,10 ; 디도 2,12 ; ὁ νῦν καιρός("이 때") 로마 3,26 ; 8,18 ; 11,5 ; 고후 8,14 ; *Barn.* 4.1. Bauer, *s.v.* νῦν, 3, a; Str-B 3.573 ; Gustav Stählin, "νῦν," *TDNT* 4,1106—23을 보라.

88) 또한 이 표현은 바울로에서 독특하다 : 참조. 필립 3,14 ; 골로 3,1—2 ; 요한 8,23 ; 사도 2,19 ; 또한 ἄνωθεν("위로부터") 요한 3,3·7·27(*v.l.*)·

아니라는 것이 또한 주목할 만하다. 그에게 있어서 두 도시들은 "육" (σάρξ)과 "영"(πνεῦμα)의 영역을 대표한다. 만일 바울로가 자신의 용어를 사용한다면, 그는 "지금의" 예루살렘을 "육을 따른(κατὰ σάρκα) 예루살렘", 그리고 "하늘의" 예루살렘을 "영을 따른(κατὰ πνεῦμα) 예루살렘"으로 부를 것이다.[89] 전자는 "세상", "율법", "죄", "죽음"을 대표하고, 후자는 하느님, 그리스도, 성령, 구원의 모든 이득들을 대표한다. 슐리어는 영지주의에서 이 이원론에 가까운 병행구들을 알아낸다. 히폴리투스(Hippolytus, *Ref.* 5.7.39 〔88, 16ff〕)에 의하면, 홍해를 통한 에집트로부터의 탈출은 "더 낮은 혼합물로부터, 살아 있는 사람의 어머니인 더 위의 예루살렘에로의"(ἀπὸ τῆς κάτω μίξεως ἐπὶ τὴν ἄνω Ἰεσουσαλήμ, ἥτις ἐστὶ μήτηρ ζώντων) 해방으로 해석되었다.[90] 대조적으로 ἡ κάτω Ἰερουσαλήμ("아래 있는 예루살렘")은 "더 낮은, 멸망하기 쉬운 세대"(τὴν κάτω γένεσιν τὴν φθαρτήν)를 나타낸다.[91]

하갈(="지금의" 예루살렘)과 대조적으로 "하늘의 예루살렘"은 "자유롭다"(ἐλευθέρα ἐστίν).[92] 그것은 또한 "우리의 어머니"(ἥτις ἐστὶν μήτηρ ἡμῶν)이다.[93] 이 결론에 도달함에 있어서 바울로는, 의심할 바 없이 논쟁적으로, 유다교 신학의 유명한 금언 "예루살렘〔또는, 시온〕은 우리의 어머니다"를 채용하며,[94] 그것을 그리스도인들에게 주장한다.[95]

---

31 ; 19,11 ; 야고 1,17 ; 3,15·17 ; *Herm. Mand.* 9.11 ; 11,5·20·21. 상응하는 라삐적 개념들에 관해서는 Str-B 3.573을 보라. 또한 Bauer, *s.v.* ἄνω; ἄνωθεν을 보라. 참조. 또한 필립 3,20 ; 에페 2,6·19 ; 5,29. 바울로에 유사한 것은(그에게 의존?) 2 *Clem.* 14.2 : "그리고 더우기 책들과 사도들은 교회가〔단순히〕 현존하는 것이 아니라(οὐ νῦν εἶναι) 위로부터(ἄνωθεν) 내려와 현존한다고 선언한다.

89) 참조. 개념들 ὁ Ἰσραὴλ κατὰ σάρκα("육을 따르는 이스라엘") 고전 10, 18 그리고 ὁ Ἰσραὴλ τοῦ θεοῦ("하느님의 이스라엘") 갈라 6,16.

90) Foerster-Wilson, *Gnosis* 1.270에서 번역. 쉴리어는 또한 다음을 인용한다 : Hippolytus *Ref.* 5.8.37(96, 1ff) ; Irenaeus, *Adv. Haer.* 1.26.2 ; 그리고 Mandaic 문헌 중에서, *Right Ginza* 29.33 ; 30.13 ; 51.9ff ; 181.27ff, 338ff; 410.10ff; *Mandaic Liturgies* 211 ; *Book of John* 75ff, 191ff. 또한 Foerster-Wilson, *Gnosis* 2, indices, 333 ; 346, *s.v.* "Jerusalem"을 보라.

91) Hippolytus, *Ref.* 5.8.37(96, 1ff). 참조. Foerster-Wilson, *Gnosis* 1.277에서 번역.

92) 참조. 갈라 4,22·23·30·31.

93) ℵ^c A C^3 K P 81 614 arm *al*은 πάντων ἡμῶν으로 읽는다. 그러나 더 유력한 증거는 이 변형에 반대해서 말한다(P^{46} ℵ* B C* D G Ψ 33 1739 it vg *al*). Zuntz, *Text*, 223 ; Metzger, *Textual Commentary*, 596을 보라.

우리는 바울로의 유다—그리스도교 반대자들이 이 개념에 어떤 특별한 주의를 기울였는지 어떤지에 관해서 잘 모르겠으나 어쨌든 바울로가 이방 그리스도인들을 포함시킨 것에 대해서 그들이 공격적이었음에는 틀림없다.[96]

마지막으로, 바울로가 밝히지는 않았으나 동등한 개념들이 있다. 그는 자신이 만들어낸 개념 "우리의 어머니 예루살렘"과 이전에 사용한 개념인 회중의 "어머니"로서의 자기 자신을(4, 19) 조화시키려 하지 않는다.[97] 슐리어(223)가 말한 것과는 달리, 바울로는 "하늘의 예루살렘"을 교회와 대등하게 여기지 않는다. 그리스도인들은 "약속의 자녀들"(28절)로 불리긴 하나, 교회의 현재의 신도들이 "하늘의 예루살렘의 거주자들"과 단순히 동일하다고 선언되지는 않는다.[98]

94) 귀절들에 대해서는 위, 4,25(주 77)에 관해서 보라. Joseph C. Plumpe의 연구를 보라 : *Mater Ecclesia: An Inquiry into the Concept of the Church as Mother in Early Christianity* (The Catholic University of America, Studies in Christian Antiquity, no. 5 ; Washington, D.C.: The Catholic University of America, 1943) ; 또한 Wilhelm Michaelis, *TDNT* 4, 642—44 ; Murray, *Symbols*, 143—50.

95) 브란덴부르거(*Fleisch und Geist*, 200f)는 "하느님의 하늘 도시"와 "지혜"의 대등함이 바울로에게 알려졌었다는 것을 보이려고 노력했다. 그러나 필로와 영지주의에서 그런 것처럼, 바울로에게는 두 개념의 명백한 관련은 없다. Foerster-Wilson, *Gnosis* 1. 191을 보라(Hippolytus *Ref.* 6. 34. 3—4).

96) 참조. 갈라 4,25(주 80)에 관해서.

97) 바울로에 대한 후대의 예언에서 이러한 연관이 나오며, *Ep. Apost.* 33 (tr. HSW, *NT Apocrypha* 1. 214)에 언급되어 있다 : "저 사람은 네가 만들어야 하는 교회를 갈기갈기 찢기 위해서 실리키아 땅으로부터 시리아에 있는 다마스커스로 떠날 것이다. 나는 너를 통해서(그에게) 말할 것이며, 그는 빨리 올 것이다. 그는 그의 믿음 안에(강하며 : *ms.* C) 있을 것이며, 다음의 예언의 말씀이 성취될 것이다. '보라, 시리아 땅으로부터 나는 새로운 예루살렘을 부르기 시작하리라. 나는 시온을 정복할 것이며 그것은 빼앗기리라. 자녀가 없는 여인은 결실을 맺을 것이며 나의 아버지의 딸이라 불리울 것이다. 그러나 나에게 있어서는 나의 신부이리라. 왜냐하면 그것은 나를 보내신 그를 대단히 기쁘게했기 때문이다.'"

98) 쉴리어 "가톨릭적" 해석의 이 요소에 관해서는 Siegfried Schulz, "Katholisierrende Tendenzen in Schlier's Galater-Kommentar," *KD* 5(1959) 23—41, 40을 보라. 쉴리어(223f)는 지지자들로서 다수의 개신교 주석가들을 내세울 수 있다. 아주 의의있는 것은 1535년의 주석에서 루터가 한 광범위한 논의이다. 그는 하늘의 예루살렘을 지상에 있는 교회와 동일시하나, 그 동일함을 "*generatio*"에 제한시킨다 : "Generat tamen in spiritu ministerio verbi et sacramentorum,… non in corne"("교회는 …육체적으로가 아니라 말씀과 성례전의 사역에 의해서 성령을 낳는다"). 무쓰너(326) 또한 바울로의 서신 속에서 "승리자 교회론"을 읽는 것에

[27] 바울로는 칠십인역에 따른[99] 이사야 54장 1절을 인용함으로써 그의 알레고리를 끝맺는다. 그것은 *γέγραπται γάρ*("기록되어 있기 때문입니다")라는 인용법식에 의해 도입된다.[100)]

εὐφράνθητι, στεῖρα ἡ οὐ τίκτουσα,
ῥῆξον καὶ βόησον, ἡ οὐκ ὠδίνουσα·
ὅτι πολλὰ τὰ τέκνα τῆς ἐρήμου μᾶλλον ἢ τῆς ἐχούσης τὸν ἄνδρα

("즐거워하라, 오 아기 못 낳는 여인이여,
소리 높여 외치라, 해산의 고통을 겪는 여인이여.
왜냐하면 홀로 사는 여인의 자녀가 남편 가진 여인의 자녀보다 더 많을 것이기 때문이다.")

이사야 54장 1절로부터 나온 이 신학[101)]은 유다교의 종말론적 기대에서 아주 중요한 역할을 한다.[102)] 바울로는 의심할 바 없이 유다교로부터 그 전승을 이어받았다. 바울로 이후에 이 신탁은 그리스도교 문헌 다른 곳에서 두드러지게 사용되었다.[103)] 그가 볼 때, 그 인용문은 사

대해 경고한다.

99) 참조. Rahlfs; Joseph Ziegler편, *Isaias* (Septuaginta: Vetus Testamentum Graecum, Auctoritate Societatis Litterarum Gottingensis editum XIV; Göttingen: Vandenhoeck & Ruprecht, 1939) 323.

100) 갈라 3,10 ; 4,22에 관해서 보라.

101) 이사 54,1의 문학양식에 관해서는 Claus Westermann, ***Das Buch Jesaja, Kapitel*** 40—66 (ATD 19 ; Göttingen: Vandenhoerk & Ruprecht, 1966) 218f; 그리고 신명—이사야에서 전체 시온—예루살렘 이데올로기에 대해서는 Dieter Baltzer, ***Ezechiel und Deuterojesaja*** (BZAW 121 ; Berlin: de Gruyter, 1971) 170f, 그리고 162—75를 보라.

102) 참조. 예컨대, *Tg. Is* (ed. and tr. John F. Stenning, ***The Targum of Isaiah*** [Oxford: Clarendon, 1949] 182) : "오 예루살렘아, 노래하여 찬양하여라, 아기 낳지 못하는 여인들을 찬양과 기쁨을 터뜨려라, 너 임신하지 못했던 여인이여. 사람이 사는 로마의 자녀들보다 황폐한 예루살렘의 자녀가 더 많을 것이라고 주께서 말씀하셨다." *Pesiq. R.* 32.2는 예루살렘의 종말론적 재건의 문맥에서 사라를 언급하며 이사 54,1을 인용한다. 귀절들의 수집에 대해서는 Str-B. 3.574f를 보라. 필로는 ***Praem.*** 158f에서 그 귀절을 인용하나 그것을 영혼에 적용한다(*ἐπὶ ψυχῆς ἀλληγορεῖται*). Martin Dibelius, ***Botschaft und Geschichte*** (2 vols.; ed. Günther Bornkam; Tübingen: Mohr, Siebeck, 1953, 1956) 1.25—31을 보라.

103) *Ep. Apost.* 33(위, 4,26에 관해 인용됨, 주 97) ; 2 *Clem.* 2.1—3 ; Justin *Apol.* 53 ; the "Naassene Sermon" (Hippolytus *Ref.* 5.8.34 ; tr. in HSW, *NT Apocrypha* 1.276) ; *Gos. Phil.* 36 (*NHC* Ⅱ, 59, 31—60, 1, tr. in Foerster-Wilson, *Gnosis* 2.84)를 보라. Karl P. Donfried, ***The Setting of Second Clement in Early Christianity*** (Nov TSup 38 ; Leiden: Brill, 1974) 82f, 107f, 192—200을 보라.

라(Sarah)를 지칭한다. 그녀는 처음에 자녀를 낳을 수 없었으며, 나중에 많은 사람들의 어머니가 되었다. 바울로는 이 예언을 "하늘의 예루살렘"(4,26)을 어머니로 가지고 있는 (이방) 그리스도인들에게 적용시켰다. 이 결론은 사라=하늘의 예루살렘=그리스도교라는 *συστοιχία*("개념들의 병행하는 기둥들")를 완성시킨다.[104)]

[28] 바울로는 갈라디아 사람들에게 성서 증명 부분(4,22—27)의 결론들을 상세히 말한다 : *ὑμεῖς δέ, ἀδελφοί, κατὰ Ἰσαὰκ ἐπαγγελίας τέκνα ἐστέ*("그러나 여러분, 나의 형제들은 이사악과 같은 약속의 자녀들입니다"). 문맥과 논점은 분명히 이인칭 복수를 요구한다.[105)] 성서로부터의 증명들은 이방—그리스도인들인 갈라디아 사람들이 아브라함에게 주어진 거룩한 약속의 "상속자들"에 속한다는 것을 다시 한번 보여주었다.[106)] 그들은 이스마엘에 의해서가 아니라 이사악에 의해서 대표된다.[107)] 그러므로 그들은 "이사악과 같으며", "약속의 자녀들"로 불릴 수 있다 : 사라에 대한 하느님의 약속은 갈라디아 사람들에게 또한 사실이 되었다.[108)] 그러므로 그들은 "형제들"이다.[109)]

[29] 28절 사실은 경험에 의해서 확인된다 : *ἀλλ' ὥσπερ τότε ὁ κατὰ σάρκα γεννηθεὶς ἐδίωκεν τὸν κατὰ πνεῦμα, οὕτως καὶ νῦν*("그러나 그때 '육을 따라' 난 사람이 '영을 따라' 난 사람을 박해

104) 위, 갈라 4,25에 관해서 보라. 루터에게서 (특히 그의 1535년 주석에서) 하갈은 율법을, 사라는 복음을 대표한다는 것이 주목되어야 한다. 신교에서 아주 영향력있게 되었던 율법과 복음의 이 병치는 타당하게 바울로에 기초된 결론이나 그의 신학과 동일한 것은 아니다. 율법과 복음의 병치가 갈라디아서 속에서 읽혀질 때, 난점들은 갈라 6,2에서 율법에 대한 바울로의 긍정적인 이해 때문에 기인한다.

105) 이 본문은 초기의 다양한 증언들에 의해서 강력하게 지지된다 : P^{46} B D* G 33 1739 $it^{d,g}$ syr^{pal} cop^{sa} *al. Textus Receptus*에는 ℵ A C D^c K P Ψ 614 *al*을 따라서 28·31절과 또한 26절에서 일인칭 복수 *ἡμεῖς*… *ἐσμέν*("우리는…이다")로 되어 있다. 이것에 관해서는 Zuntz, *Text*, 107 n.2 ; Metzger, *Textual Commentary*, 597을 보라.

106) 그 결론은 3,26·29 ; 4,7을 재언급한다. 참조. 또한 4,31.

107) 참조. 로마 9,7·10.

108) 사라에게 한 하느님의 약속은 아브라함에게 한 약속보다 먼저 일어났다(3,14·16·17·18·19·21·22·29 ; 4,7). 이것은 또한 주석가들이 때때로 가정한 것처럼(예. Ulrich Luz, "Der alte und der neue Bund bei Paulus und im Hebräerbrief, *EvTh* 27(1967), 319) 4,21—31이 문맥 밖에 있지 않다는 것을 보여준다.

109) 또한 4,12을 보라. 호칭 "형제들"에 대해서는 1,11 ; 3,15 ; 4,31 ; 5,11·13 ; 6,1·18을 보라.

한 것과 같이 지금도 그러합니다"). ἀλλά("그러나")는 대조를 나타낸다기보다는 다음 주장에로의 전환을 마련해준다.[110] 현재의 주장은 유형론적이다 : "그때 …한 것과 같이 지금도 그러합니다."[111] 바울로가 이제 더 이상 이사악과 이스마엘의 이름들을 사용하지 않고, 단순히 그들이 대표하는 형태들에 관해서 말하고 있는 것을 간파하는 것이 중요하다.[112] 이 형태들은, 그것이 "육을 따른"(*κατὰ σάρκα*)[113] 사람들과 "영을 따른"(*κατὰ πνεῦμα*)[114] 사람들의 두 종류에 속하는 것처럼, 육과 영의 이원론을 구성한다.[115]

이 이원론이 갈라디아 사람들 전체의 기초를 이루고 있기 때문에, 그것을 다시 여기서 쟁점으로 끌어들이는 것이 바울로의 목표 외에 틀림없다. 이스마엘이 이사악을 "박해했다"(ἐδίωκεν)는 전승은 구약성서에서 발견되지 않는다. 그러나 우리는 유다교의 하가다에서 그 흔적을 발견한다. 거기서 창세기 21장 9절의 מצחק("그가 장난했다, 놀았다, 굶렸다")라는 말은 적대적으로 해석되었다.[116] 바울로에 의하면,

110) 이것에 관해서는 Bauer, *s.v.*, 3을 보라.

111) 또한 로마 5,12·19 ; 6,4·19 ; 11,30 ; 고전 15,22를 보라.

112) 이 해석의 배경에 대해서는 위, 단락 4,21—31에 대한 서론을 보라. 쿰란에 관해서는 Braun, *Qumran* 2. 301—25를 보라.

113) 참조. 갈라 4,23.

114) 참조. 갈라 5,1·5·16·18·25 ; 6,1 : "여러분은 성령으로 삽니다."

115) 참조. 갈라 3,3 ; 5,16—17·19—23·24—25 ; 6,7—8.

116) Str-B. 3.575f에 있는 자료는 이것이 여러 방법으로 행해질 수 있었음을 보여준다. *t. Sota* 6,6(304)는 R. Yishmael(+ca. 135)에게 돌린다: "מצחק는 유혈만을 뜻한다." 그는 유사한 단어 שחק("싸움을 수행하다")의 도움으로 이 의미에 도달한다. 삼하 2,14 : "이것은 어떻게 이스마엘이 이사악을 죽일 의도로 화살을 쏘았는지 사라가 보았다는 것을 가르친다." *Gen. Rab.* 53(34a)도 이와 유사하다. 사용된 방법은 *gezerah shavah*("비슷한 말들의 비교")이다. *Tg. Ps.-J.* 창세 22,1은 두 형제들 간에 "언쟁"을 나타낸다(*syncrisis* 모티프를 사용하는). 다음을 보라 : John Bowker, *The Targums and Rabbinic Literature* (Cambridge: Cambridge University, 1969) 224ff; Roger le Déaut, "Traditions targumiques dans le corpus paulinien?" *Bib* 42(1961) 28—48, 특히 37—43 ; Louis Ginzberg, *The Legends of the Jews* (tr. Henrietta Szold; Philadelphia: Jewish Publication Society, 1909—38), 1.264, 5. 246n. 211. 요세푸스는 그 전승을 또한 알고 있으나(*Ant.* 1.215), 필로는 명백히 모르고 있다(참조. *Cher.* 8). 이사악에 관해서는 또한 Martin McNamara, *The New Testament and the Palestinian Targum to the Pentateuch* (AnBibl 27 ; Rome: Pontifical Biblical Institute, 1966) 164—68 참조.

이 박해는 유다인들에게 박해받는 현재의 그리스도인들에게서 반복된다. 과거에 그 자신이 교회의 박해자였으나(참조. 1, 12·23) 지금 그는 박해받는 자들과 운명을 함께 한다(참조. 5, 11·12).[117] 갈라디아 사람들은 바울로의 이러한 상황을 역사적 사실로서 알고 있으나, 이전에 그들은 그것을 의심의 꼬투리로 삼은 것이 아니라 오히려 진실을 확인할 수 있는 근거로 간주하였다(참조. 4, 14 ; 6, 17).[118]

[30] 성서로부터의 증명이 또 하나 뒤따른다. 그것은 어조가 강한 ἀλλά("그런데" : 참조. 29절)에 의해 고지되며, 질문형태의 인용법식에 의해서 도입된다. "성경이 무엇이라고 말합니까?"(τί λέγει ἡ γραφή;).[119] 바울로는 창세기 21장 10절을 인용하나 그 인용문은 칠십인역과 약간 달랐던 것 같다.[120] ἔκβαλε τὴν παιδίακην καὶ τὸν υἱὸν αὐτῆς· οὐ γὰρ μὴ κληρονομήσει ὁ υἱός τῆς παιδίσκης μετὰ τοῦ υἱοῦ τῆς ἐλευθέρας("여종과 그 아들을 쫓아내라. 왜냐하면 여종의 아들은 자

117) 쉴리어(227 ; 또한 Oepke, Lietzmann, Bonnard, Mussner를 보라). 유다교에 의한 박해(참조. 갈라 1, 13·23 ; 데전 2, 14—16)와 반대파의 활동들을(참조. 갈라 1, 7 ; 2, 4 ; 3, 1 ; 4, 17 ; 5, 7—10 ; 6, 12f) 구별함에 있어서 쉴리어는 옳다. Sieffert, Zahn, Lagrange, Burton 등은 이와 견해가 다르다.

118) 또한 루터(1535)를 보라 : "우리는 이것을 오늘 우리 자신의 경험으로부터 배우고 있다. 우리는 모든 것이 소동, 박해, 종파, 그리고 범죄로 가득 차있는 것을 본다." 그는 그에 대한 비난을 포함해서 이 점을 길게 논한다 : "복음이 오기 전에는 모든 것이 조용하고 평화로웠으나 그것의 발견 이후로 만사가 소란하고 전 세계가 소동과 혁명 속에 있다는 말을 우리가 들어야 할 때 그것은 특히 우리를 슬프게 한다. 영적이 아닌 사람(고전 2, 14)이 이것을 들을 때, 그는 당장 화를 내며 그들의 행정관에 대한 백성의 불복종, 선동, 전쟁, 흑사병, 기아, 국가, 지방의 전복, …이 모두 이러한 가르침으로부터 생겨났다는 결론에 이른다. 우리는 세상에서 영적인 사람이 선동적이고 분열적이며 말썽꾼이라는 이름과 평판을 들어야 한다는 이 드센 공격에 대항해서 이러한 친절한 위로로 우리 자신들을 강화시키고 지탱해나가야 한다."

119) 이러한 정식을 위해서는 로마 4, 3을 보라. 참조. 11, 2 ; 9, 17 ; 10, 11 ; 디전 5, 18. 창세 21, 10에서 말하는 이가 사라라는 것은 바울로에게 관심이 없다. 그에게 있어서 그것은 모두 ἡ γραφή "성서"의 말이다(참조. 갈라 3, 8·22).

120) οὐ γαρ μή의 읽음과 ταύτης의 생략은 A(칠십인역)와 일치한다. τῆς-ἐλευθέρας (D* G it Ambrosiaster) 대신 변형 μου 'Ισαάκ는 칠십인역과의 조화시킴이다. 그 본문에 관해서는 다음을 보라 : Kautzsch, *De Veteris Testamenti Locis*, 62f; John W. Wevers, *Genesis* (Septuaginta: Vetus Testamentum Graecum, Auctoritate Academiae Scientiarum Gottingensis editum I; Göttingen: Vandenhoeck & Ruprecht, 1974) 207f.

유로운 여인의 아들과 함께 상속을 받지 못할 것이기 때문이다").

두 단어 "자유로운 여인의"(τῆς ἐλευθέρας)는 칠십인역에는 나오지 않는데, 바울로 자신의 해석으로 간주되어야 한다. 그는 그 귀절을 인용문에 포함시킨다.[121] 이것은 우리가 창세기 21장 10절을 갈라디아서 4장 28—29절의 관점에서 읽어야 한다는 것을 시사한다 : 만일 하느님께서 이방 그리스도인들에게 상속을 주셨다면(참조. 3, 14·29 ; 4, 1·7), 유다인들은 거기서 제외되며, 그리스도인들이 "하느님의 이스라엘"(6, 16)을 구성한다. 그러므로 "제외하다"(ἐκβάλλω)[122]는 용어는 신중하게 해석되어야 한다. 바울로는 유다—그리스도인 반대자들이 그에게 하고자 하는 것과 동일한 것을 유다인들에게 행한다.[123] 이 점에서 갈라디아서와 로마서 사이에 결정적인 차이가 있다는 것을 주목해야 한다. 즉 갈라디아서에서는 로마서 11장 25—32절에서와 같은 유다교의 종말론적 구원에 대한 여지나 가능성이 없다.[124] 그러므로 로마서 9—11장에서 우리는 갈라디아서와 비교해 볼 때 바울로의 사상이 바뀌었다는 것을 알 수 있다.[125] 갈라디아서에 따르면, 유다교는 전적으로 구원으로부터 제외되며, 따라서 갈라디아 사람들은 바울로와 유다교 사

121) 이 방법에 관해서는 Michel, *Paulus*, 특히 §4 ; Betz, "2 Cor 6, 14—7, 1," 94, 97f를 보라.

122) 그 용어는 요한 9, 34—35에서("회당으로부터") ; 요삼 10("교회로부터")에서처럼 전문적으로 사용될 수도 있다("누군가를 한 집단으로부터 내쫓다"). Bauer, *s.v.*, 1을 보라 : 참조. 또한 Philo, *Cher*. 9—10에 서술된 해석.

123) 갈라 4, 17(ἐκκλείω)외에, 1, 6—9 ; 6, 16 ; 고전 5, 13 ; 16, 22 ; 또한 고후 6, 14—7, 1 그리고 Betz의 해석, "2 Cor 6, 14—7, 1" 88—108 참조. 쉴리어(227)는 바울로의 반대자들이 유다인들이 아니라 유다 그리스도인들이라는 이유로 이것을 부인한다. 그러나 바울로에게 있어서 율법의 평가가 그가 유다 그리스도인들을 종교적인 의미에서 유다인들로 간주할 것인지 아닌지를 결정한다. 참조. Luz, *Geschichtsverständnis*, 285 ; Mussner(332). 그는 갈라디아에서의 현상황과의 관련을 본다.

124) 쉴리어(227)는 그 문제를 보나 그 다음에 차이점들을 덮어버리며, 갈라 4, 30이 로마 9—11을 "확증한다"고 주장한다. 그러나 갈라디아서에는 "이스라엘의 구속의 신비"에 대한 고려가 없다(로마 11, 25 이하). 또 하나의 조화시킴은 루쯔(*Geschichtsverständnis*, 285f)에 의해서 제시된다. 상이한 환경 때문에 바울로는 갈라디아서에서 한가지를 그리고 로마서에서 다른 하나를 말하나 여전히 같은 것을 말한다.

125) 이와 같은 주장은 Oepke, 152에 정확히 제시되어 있다. 참조. Mussner, 332 n. 79 : "만일 사도가 그렇게 짧은 시간에 그런 중요한 문제들에 대한 모순되는 교리들을 제출할 수 있다면" 그것은 "정신분열증에 가깝다."

이에서 선택해야만 한다. 만일 그들이 할례를 받고 토라를 준수함으로써 바울로의 유다—그리스도교인 반대자들을 따르기로 결정한다면 그들은 사실상 유다교를 선택한 것이며 자기 자신들을 은혜로부터 제외시켜 "저주 아래" 놓는 것이 된다.[126] 그러므로 창세기 21장 10절의 인용문은 갈라디아 사람들이 바울로의 반대자들에 대해서 해야 할 바를 넌즈시 알려줄 뿐만 아니라, 만일 그들이 거룩한 명령을 실행하지 않을 경우, 그들이 스스로에게 초래하는 바가 무엇인지를 또한 명백히 한다.[127]

[31] 이 점은 4장 21—30절 뿐만 아니라 전체 주장인 3장 1절—4장 30절의 결론이기도 하다 : *διό, ἀδελφοί, οὐκ ἐσμὲν παιδίσκης τέκνα ἀλλὰ τῆς ἐλευθέρας*("마지막으로 나의 형제들이여, 우리는 여종의 자녀가 아니라 자유로운 여인의 자녀입니다"). 이전에 이 주장이 나왔으므로 이 결론은 새삼스러울 것이 없다. 그 결론은 3장 9·14·24·29절과 4장 7절에 있는 앞에 나온 결론들을 다시 언급하고 요약한다. 서두의 *διό*("그러므로", "마지막으로")[128]는 보다 더 자주 쓰이는 *ὥστε*("그러므로")[129] 또는 *ἄρα*("그러므로")[130]를 나타내며, 또한 주장(*argumentatio*)부분의 단락이 끝나가고 있다는 것을 암시한다. 단순한 격식이 아니면서도 두드러지는 것은 "나의 형제들이여"라는 호칭의 반복이다.[131] 그것은 "거짓 형제들"(*ψευδάδελφοι*)[132]의 배척(참조. 4,30)과 대조를 이루어 사용된다. 일인칭 복수로 말할 때, 사도는 지금 "율

126) 갈라 1,6—9 ; 2,4·11—14·21 ; 5,1—2 ; 6,16을 보라.

127) Estius의 설명을 보라 : "Terret hac sententia Galatas, ut intelligant se excludendos ab haereditate, si legem recipiant"("이 문장에 의해서 그는 갈라디아 사람들을 놀라게 한다. 그래서 만일 그들이 율법을 받아들인다면, 상속으로부터 자신들을 배제시킨다는 것을 그들은 이해 한다"). 다른 사람들은(Zahn, Lagrange, Mussner) 바울로가 반대자들을 추방시킬 것을 명한다고 이해한다.

128) 그것은 갈라디아에서 여기서만 발견된다. Bauer, *s.v.*를 보라. 본문 전승은 그것을 잘 뒷받침한다(ℵ B D* *al*). 비록 변형들도 잘 입증되지만 : *ἄρα* (P^{46} D^c KL *al*, syr^h d g vg Chrysostomus Theodorus Marius Victorinus Hieronymus Ambrosiaster); *ἄρα οὖν* (G sa [?] go *al*) ; *ἡμεῖς δέ* (A C P min sy^{pe} bo Augustin Hieronymus); *ἡμεῖς οὖν* (sy Ephraem). 이것에 관해서는 Zahn, 246 n.56 ; Schlier, 228 n.1 ; Mussner, 333 n.82를 보라.

129) 논의의 마지막에서 : 갈라 3,9·24 ; 4,7.

130) 논의의 마지막에서 : 갈라 2,21 ; 3,29(참조. 3,7) ; 5,11 ; 6,10.

131) 또한 갈라 1,11 ; 3,15 ; 4,12·28 ; 5,11·13 ; 6,1·18.

132) 갈라 2,4 : 또한 1,7 ; 4,17 ; 6,12—13를 보라

법을 행함으로"가 아니라 "예수 그리스도를 믿음으로" 하느님 앞에 의롭게 됨을 구하는 사람들로서의 이방 그리스도인들 가운데 자기 자신을 포함시킨다(참조. 4,3—6).[133] 3장과 4장에서 다양한 "증명들"이 논증했던 것처럼, 이들은 정말로 하느님께서 아브라함에게 하셨던 약속의 상속자들이다.[134] 그들은 아브라함의 후손,[135] 자유롭게 태어난 사라의 자손들[136]이다. 그들은 "모두 그리스도 예수 안에서 하나"이다.[137] 일인칭 복수는 또한 그 편지의 독자들이 바울로의 마지막 결론을 승인하며, 따라서 그 증명들을 타당한 것으로 인정한다는 것을 전제한다. 마지막 두 단어들 τῆς ἐλευθέρας("자유로운 여인의")는 앞의 30절의 마지막 부분을 반복하며, 또한 권면이라는 새로운 단락의 시작(5, 1)을 가리킨다. 그것들은 5장 1절에서 시작되는 새로운 단락 전체가 그것의 주된 개념인 "자유"(ἐλευθερία)에 의해서 지배된다는 것을 가리킨다.[138]

---

133) 갈라 2, 15—21을 보라.
134) 갈라 3, 6—4, 7 ; 4, 30.
135) 갈라 3, 6—29.
136) 갈라 4, 21—31.
137) 갈라 3, 28 : 참조 5, 5—6 ; 6, 15.
138) 이와 같은 견해 : Schlier, 228 ; Mussner, 334 ; Bonnard, 100 ; Lietzmann, Steinmann, Oepke, Burton, Sieffert도 같은 견해. 이와 다른 견해 : Zahn, Lagrange, Bousset, 그리고 31절을 삽입 단락의 시작으로 간주하는 다른 사람들. 이것에 관해 Lightfoot, 185, 200—202 : Sieffert, 296을 보라.

Ⅵ. 권고

—exhortatio

1. 유다교 토라의 수락에 대한 경고

5장 1—12절

5,1 그리스도께서 자유를 위하여 우리를 자유하게 하셨읍니다. 그러므로 굳게 서서 다시는 종의 멍에를 메지 마십시오. **2** 나 바울로는 여러분에게 말합니다. 만일 여러분이 할례를 받는다면 그리스도는 여러분에 아무 유익이 없읍니다. **3** 내가 할례받은 모든 사람에게 다시 증언합니다. 그들은 율법 전체를 행할 의무가 있읍니다. **4** 율법으로 의롭다함을 얻으려는 여러분은 그리스도에게서 끊어졌고 은혜에서 떨어졌읍니다.[1] **5** 왜냐하면 성령을 통해서 믿음으로 우리는 의롭다함을 얻을 희망을 품고 있기 때문입니다.[2] **6** 그리스도 예수 안에서는 할례나 무할례가 문제가 되는 것이 아닙니다. 다만 사랑으로 행하는[3] 믿음만이 중요합니다. **7** 여러분은 잘 달리고 있었읍니다. 누가 진리를 따르는 여러분의 길 안에 들어왔읍니까? **8** 그와 같은 꾐은 여러분을 부르신 이로부터 난 것이 아닙니다. **9** 적은 반죽이 온 누룩을 부풀게 합니다. **10** 여러분이 다른 생각을 품지 않으리라는 것을 나는 주 안에서 확신합니다. 여러분을 교란시키는 사람은 그가 누구든 간에 심판을 받을 것

1) 참조. *RSV:* "여러분은 은혜에서 탈락했읍니다." *NEB:* "여러분은 하느님의 은혜의 영역으로부터 탈락했읍니다."

2) 참조. *NEB:* "왜냐하면 우리에게, 우리가 애타게 기다리는 저 의롭다함을 확인하려는 우리의 희망은 믿음을 통한 성령의 일이기 때문입니다."

3) 또는 : "효과있게 되는"(대안으로서 *RSV*에 의해서 주어짐). *NEB* : "사랑 안에서 활동하는"(대안, "사랑에 의해 고무된") ; *JB:* "중요한 것은 사랑을 통해서 그 힘을 느껴지게 하는 믿음입니다."

입니다. 11 나의 형제들이여, 내가 아직도 할례를 전한다면, 어찌하여 아직
도 박해를 받겠읍니까? 그렇다면 '십자가의 걸림돌'은 제거되었읍니다. 12
저 선동자들에 대해서는 그들은 차라리 스스로 아주 거세해버렸으면 좋겠습
니다.[4]

〔분 석〕

갈라디아서 본체부의 마지막 부분(5,1—6,10)은 그 내용이 권고와 훈계로 되어 있다. 그 주제를 논의할 때 제기되는 난점들에도 불구하고, 우리는 이 부분에 대해 비교적 많은 것을 말할 수 있다.[5] 서문의 권고가 지닌 형태상의 특성과 기능에 대한 연구가 얼마되지 않는다는 것은 놀라운 일이다.[6] 디벨리우스(Martin Dibelius)의 정의는 확실히 너무 모호하다 : "우리는 훈계를 흔히 일컫는 말로 종종 서로 연결되지 않는 일련의 상이한 권고들로 부른다."[7] 칸칙(Hildegard Cancik)[8]

4) 그렇게 *NEB*. 5,12에 관한 주석을 보라.

5) Betz, "Composition," 375—77을 보라. 이와 다른 견해에 대해서는 Otto Merk ("Der Beginn der Paränese im Galaterbrief," *ZNW* 60 〔1969〕 83—104) 참조. 그는 권면 단락의 시작과 관련하여 여러 의견들의 유용한 개관을 제공한다. 그러나 그 자신의 결론은 문장 분석에 기초되어 있지 않으며, 그러므로 수긍이 가지 않는다.

6) 연구들은 보통 훈계의 요소들을 대상으로하고 있으나, 편지들의 권면 단락들 전체를 대상으로 하지 않는다. 참고문헌에 대해서는 William G. Doty, *Letters in Primitive Christianity* (Philadelphia: Fortress, 1973) 49ff를 보라. 더 큰 문제에 대해서는 Konrad Gaiser, *Protreptik und Paränese bei Platon* (Tübinger Beiträge zur Altertumswissenschaft 40 ; Stuttgart: Kohlhammer, 1959) ; Paul Rabbow, *Seelenführung* (Munich: Kösel 1954) 특히 270f; Hadot, *Seelenleitung* ; 또한 Peter, *Brief*, 225ff를 보라.

7) Martin Dibelius, *Geschichte der urchristlichen Literatur* (Munich: Kaiser, ²1975) 140. 그 주제에 대한 그의 취급은 광범한 저자들로부터 다양한 자료를 임의로 수집한 것이나 거의 마찬가지다. 또한 다음을 보라 : 같은 저자, *Die Formgeschichte der Evangeliums* (Tübingen. Mohr, Siebeck, ³1959) 234—65, 특히 239ff; Wolfgang Schrage, *Die konkreten Einzelgebote in der paulinischen Paränese* (Gütersloh: Mohn, 1961) ; Victor P. Furnish, *Theology and Ethics in Paul* (Nashville and New York: Abingdon, 1968) ; Vielhauer, *Geschichte*, 49—57, 69, 120f, 그리고 index, *s.v.* Paränese.

8) Hildegard Cancik, *Untersuchungen zu Senecas Epistulae morales* (Spudasmata 18 ; Hildesheim: Olms, 1967). 또한 이 중요한 저서에 대한 Gregor Maurach의 서평, *Gnomon* 41(1969) 472—76 ; 같은 저자, *Der Bau von Senecas Epistulae morales* (Bibliothek der klassischen Altertumswissenschaft, *NF* 2. 30 ; Heidelberg: Winter, 1970) 여러 곳을 보라.

은 언어분석의 방법을 이용하여 세네카의 서신들 속에 있는 두 형태의 주장, 즉 "기술적인" 언어의 형태와 "규범적인" 언어의 형태를 구별하였다. 이 구별은 주장의 두 가지 수단, 즉 "합리적인" 수단과 "감정적인" 수단에 상응한다. 칸칙은 학문적 주장이 "기술적" 언어에 의해서 뿐만 아니라 마찬가지로 "규범적" 언어에 의해서도 설득력 있게 전개되므로, 훈계는 단지 합리적 주장과 이론의 결과만을 적용하는, 논리가 부족한 축소된 형태(Kümmerform)로 간주될 필요가 없음을 지적한다.[9] 그녀는 또한 훈계의 단순한 요소들(일련의 규정들, 금지들, 권면들, 경고들 등)과 이것들이 기술적 요소들과 결합된 것들을 구별한다. 그밖에도 우리는 예, 비교 등을 고려해야 한다.[10]

훈계가 고대의 수사학적 안내서들에서—비록 수사학 자체에서는 아니라 할지라도— 단지 주변적인 역할만을 한다는 것을 보게 될 때 우리는 다소 당혹함을 느끼게 된다.[11] 결과적으로 현대의 고대 수사학 연구들 또한 그 주제에 많은 관심을 기울이지 않는다.[12] 이와는 달리 철학적 문헌, 특히 헬라주의 시대의 비방문학에서는 훈계가 특징을 이루고 있다.[13] 이 자료에서 우리는 수사학이 생명없는 삼단논법의 혼합에 불과한 것으로 한결같이 비난되는 것을 발견한다.[14] 바울로의 서신을 연구하는 학도들에게 가장 흥미있고 그 대다수가 현존하는 철학적 서신들은 거의 어김없이 마지막 단락은 훈계로 되어 있다.[15] 이러한 현상이 두드러진데도 불구하고 이 서신들은 몇몇 연구들만의 주제가 되었을 뿐이며, 내가 아는 바로는, 그 중 어느 연구도 훈계 자료

9) Cancik, 같은 책, 16ff. 10) 같은 책 17.

11) 같은 책, 23.

12) Quint.까지도 그에 대해 특별히 취급하지 않는다. 다만 부수적으로 그는 관계된 교리를 가진 다른 연사들을 언급한다. 아리스토텔레스에 의하면, 두 종류의 신중한 연설, προτροπή와 ἀποτροπή가 있다(*Rhet.* 1.3.3, p. 1358b). 이 교리는 나중에 또한 발견되나(참조. Rhet. ad Her. 1.2.2 ; Quint. 9.4.130) 훈계와의 명확한 관계를 가지지 않는다. 다음을 보라 : Lausberg, *Handbuch*, §§61,2 ; 1109 ; 1120 ; Johann C.G. Ernesti, *Lexicon Technologiae Graecorum, Latinorum Rhetoricae* (Leipzig 1795, 1797 ; rep. Hildesheim: Olms, 1962) *s.v.* *προτροπή*, *suasio* (*παραίνεσις* 등은 목록에 실리지조차 않는다).

13) André Oltramare, *Les origines de la diatribe romaine* (Lausanne-Geneva-Neuchâtel: Payot, 1926) ; Wilhelm Capelle and Henri-Irenée Marrou, "Diatribe," *RAC* 3, 특히 990—1009를 보라.

14) 더 이상의 문헌에 대해서는 Betz, *Paulus*, 57ff를 보라.

15) 참조. Cancik의 Seneca, *Ep.* 76(18ff) 분석.

를 특별하게 다루지는 않는다. 그러나 세네카의 서신들 중의 하나에서(*Ep.* 85.1) 우리는, 그 철학적 서신들이 훈계를 포함시킨 주요 이유가 될 만한 내용을 읽게 된다: "…나는 그런 증명들(즉 무미건조한 삼단논법들)을 즐기지 않는다는 것을 재천명하는 바이다. 그 분야에 들어가서 오로지 송곳으로만 무장한 신들과 인간들을 위해 싸운다는 것이 부끄럽다."[16]

갈라디아서의 훈계단락은 세 부분으로 세분된다. 이것들의 각 부분은 구원의 "표시"(indicative)에 대한 재진술에 의해 인지될 수 있다.[17] (1) 5장 1—12절은 이에 대한 재진술로 시작되며(5, 1a) 유다 토라의 멍에를 메는 것과 할례를 받아들이는 것에 대해 경고한다. (2) 5장 13—24절은 다시 이 재진술로 시작되며(5, 13), "육체"에 의한 타락에 대한 경고가 들어 있다. (3) 5장 25절—6장 10절은 구원의 "표시"의 마지막 재진술로 시작되며(5, 25a) 적극적인 권면을 형성하는 일련의 격언적 문장들을[18] 포함한다. 그 단락은 종말론적 경고(6, 7—9)와 전체훈계 단락의 요약(6, 10)으로 끝난다.

〔해 석〕

〔 I 〕 권면 단락(5, 1—6, 10)은 갑작스럽게 새로운 서두로 시작한다. 전환을 표시하는 구나 분사가 특별히 나오지 않는데 현대 주석가들은 이 점을 이상하게 여긴다. 이것은 이미 본문 전승에서 혼란을 일으킨 요인이었던 것 같다.[19] 그러나 외프케(p. 117)가 결론짓는 것처럼 전환을 나타내는 구나 분사가 없다고 해서 이 절

16) *Ep.* 85.1: "Illud totiens testor, hoc me argumentorum genere non delectari. Pudet in aciem descendere pro dis hominibusque susceptam subula armatum" (ed. and tr. Richard M. Gummere in LCL). 나는 그 귀절에 대해 Cancik, 22f에 빚지고 있다. 또한 Winfried Trillitzsch, *Senecas Beweisführung* (Berlin: Akademie-Verlag, 1962) 69ff를 보라.

17) 그 재언급들은 4, 31(증명 단락의 결론)을 언급하며, 함축적으로 전체적인 법정 논쟁을 언급한다. 참조. 6, 16에서 *κανών*("규칙")

18) 갈라에서 격언적인 문장들에 대해서는 아래 5, 25—6, 10에 관해서 보라.

19) 번역된 본문은 Nestle-Aland, 26th edition, 그리고 Aland, *Greek New Testament*의 본문이다. 그것은 B A ℵ C* D* H P 1739 *al*에 의해서 잘 뒷받침된다. 다른 해독들은 *τῇ ἐλευθερίᾳ οὖν, ᾗ ἡμᾶς*…를 포함한다 (D^{bc} E K L min $syr^{s,pes}$, ect.), 다음에서 본문상의 문제에 대한 논의를 보라: Burton, 270f; Oepke; Sieffert, 296 n.; Zahn, p. 244 n. 57: Schiier, 229: Karl Heinrich Rengstorf, "Zu Gal. 5, 1," *ThLZ* 76(1951) 659—62: Metzger, *Textual Commentary*, 597.

이 "갑작스럽게 시작한다"든지 "이상하게 보인다"고 결론지을 실제적인 이유는 없다. 증명단락(3,1—4,31)은 이미 끝났으며, 새로운 단락의 시작이 기대되고, 그 시작은 분명히 지시되어야 한다. 본문 전승의 일부는 4장 31절로부터 5장 1절에로의 전환을 원활하게 하려고 노력하였으나 이 시도들은 이차적이다.

5장 1절a에서 바울로는 그리스도인의 구원의 "표시"를 재진술한다. *τῇ ἐλευθερίᾳ ἡμᾶς Χριστὸς ἠλευθέρωσεν*("자유를 위하여 그리스도께서 우리를 자유하게 하셨읍니다"). 바울로는 이전에 자유의 개념을 소개했었으나,[20] 이제 그는 그것을 윤리적 권면에 관한 단락의 처음 부분에서 강조하며, 그렇게 하여 주장의 중심부에 배치시킨다. 자유의 개념이 갖는 중요성은 사실의 진술(*narratio*) 단락에서 이미 명백해졌으며, 그때 사도는 그의 투쟁의 유일한 목적이 그리스도인의 자유를 보존하는 것이라는 점을 선언하였다.[21] 그리스도론적 귀절[22]들에서는 자유의 개념이 사용되지 않고 그대신 유다의 이교적 언어가 사용된다. 그러나 이 언어는 "악한 세대"(1,4)의 현상태로부터의 해방의 관점에서 해석된다. 이 경향은 3장 26—28절에서 충분히 표면에 드러난다.[23] 결과적으로 *ἐλευθερία*("자유")는 이 세상에서와 마찬가지로 하느님 앞에서의 그리스도인의 상황을 요약하는 중심적 신학 개념이다. 그것은 편지 전체를 통해서 바울로의 주장의 기저를 이루고 있는 기본개념이다.[24] 여격 *τῇ ἐλευθερίᾳ*는 특수하다. 그것은 원인과 방편의 여격이 아

20) 갈라 4,22—31을 보라. 21) 갈라 2,4—5를 보라.

22) 1,4 ; 2,20 ; 3,13 ; 4,4—5를 보라.

23) 그러나 3,28에서 *ἐλεύθερος*("자유인")의 상이한 용법을 주목하라.

24) 또한 5,13을 보라. "자유" 개념의 중요성은 또한 다른 바울로 서신들로부터 명백하다 : 참조. 로마 6,18·20·22 ; 7,3 ; 8,21 ; 고전 7,21·22·39 : 9,1·19 ; 10,29 : (12,13) : 고후 3,17 ; 골로 3,11 ; 에페 6,8. 바울로의 개념 "율법으로부터의 자유"가 *Cologne Mani Codex* (*CMC* 17.1ff)에 의해서 사용되었고 Elchasaites의 법들에 적용된 것이 흥미롭다. 루터(특히 1535)는 그 개념을 그의 수도원 경험들에 적용한다(5,3에 관한 루터의 주석을 보라). 바울로의 개념과 더 이상의 문헌에 대해서는 다음을 보라 : Bultmann, *Theology*, §§38—40 : Conzelmann, *Outline*, 275ff; Heinrich Schlier, "*ἐλεύθερος*," *TDNT* 2. 487—502 : Dieter Nestle, Eleutheria: *Studien zum Wesen der Freiheit bei den Griechen und im Neuen Testament* (Tübingen: Mohr, 1967) : 같은 저자, "Freiheit," *RAC* 8,269—306 ; Hans Jonas, *Augustin und das paulinische Freiheitsproblem* (FRLANT NF 27 : Göttingen: Vandenhoeck & Ruprecht, ²1965) ; Jean-Cambier, "La liberté chrétienne selon saint Paul," *Studia Evangelica* (TU 87 ; Berlin: Akademie-Verlag, 1964) 315—53 : Ernst Käsemann, "The-

니라 "운명"과 "목적"의 여격이며, 그것은 5장 13절에 있는 ἐπ' ἐλευθερίᾳ("자유를 위하여")와 병행해서 해석되어야 한다.[25] 문장 전체는 아주 간결한 형태로 바울로적 의미에서 그리스도인의 구원에 대한 "직설법"과 "명령법" 양자를 진술한다.[26] 그리스도인의 자유는 그리스도께서 자신을 믿는 자들을 해방시킨 결과("표시")이나, 이 결과는 그리스도인의 삶을 위한 목표점, 목적 그리고 방향으로서 언급된다("명령"). 이와같이 그 문장은 편지의 주장 단락(원칙상 1장 6절—4장 31절 전체를 포함하는)과 훈계 단락(5,1—6,10)을 관련짓는 "논리"를 요약한다. 신학적으로, 바울로는 만일 사람에게 먼저 자유의 기회가 주어지지 않는다면 결코 자유 안에서 존재할 수가 없으나, 그 자유의 기회는 오로지 자유를 위한 과제로서만 주어진다는 것을 언급한다. 그런 다음 바울로는 이 과제란 자유를 〈보존〉하는 것이라고 정의한다.

바울로의 인간학에 따르면, 인간이 가진 최초의 자유의 잠재력은 아담이 범죄를 통해 인간 세계에 죄를 도입했을 때 타락하고 상실되었다.[27] 그때 이후로 인류는 죄의 권세 아래서 감금 상태에서 살아왔으며, 그 상태는 최초의 자유의 박탈과 동일시될 수 있다. 갈라디아

Cry for Liberty in the Worship of the Church," in *Perspectives*, 122—37; Bonnard, 110—12; Kurt Niederwimmer, *Der Begriff der Freiheit im Neuen Testament* (Berlin: Töpelmann, 1966): Rudolf Schnackenburg, *Christian Existence in the New Testament* (Notre Dame: University of Notre Dame, 1969) 2.31—53: Karl Hermann Schelke, *Theologie des Neuen Testaments* (1—4.1—2; Düsseldorf: Patmos, 1968—76) 3,10: Franz Mussner, *Theologie der Freiheit nach Paulus* (Freiburg: Herder, 1976).

25) 이에 대한 자세한 설명은 Mussner, pp. 342f에 나와 있다. "목적의 여격"에 관해서는 Mayser, *Grammatik* 2.2, 243f를 보라. 참조. 병행구들 로마 8,24: τῇ ἐλπίδι ἐσώθημεν("우리는 이 희망으로 구원을 받았기 때문입니다"): 로마 8,20 ἐφ' ἐλπίδι를 채택함: εἰς τὴν ἐλευθερίαν 로마 8, 21. Burton, 271; Oepke; Schlier, 229; Moule, *Idiom Book*, 44 n.2에 있는 논의들을 보라.

26) 이 용어에 관해서는 Rudolf Bultmann, "Das Problem der Ethik bei Paulus," *ZNW* 23(1924) 123—40(또한 *Exegetica*, 36—54에서); Betz, *Nachfolge*, 169ff; Furnish, *Theology and Ethics* 208ff을 보라. 형태상 5,1a는 *figura etymologica* (*polyptoton*, *paronomasia*)를 사용한다.

27) 특히 로마 5,12 이하를 보라. 바울로는 원래 인간이 자유로왔다는 것을 명백히 말하지 않으나, 이것은 인간의 "감금"을 구성하는 "죄"와 "죽음"(참조. 6,22—23; 7,24—25a)이 아담이 범죄한 순간에만 들어온다는 사상으로부터 결론내릴 수 있다. 갈라디아서는 인간의 최초의 존재상태에 대한 숙고를 포함하지 않는다는 점에서 로마서와 다르다.

서[28]에서 바울로는 그리스도 사건이 일어나기 전의 인류의 상황을 세상을 지배하는 악한 요소들(τὰ στοιχεῖα τοῦ κόσμου)에 얽매여 있는 노예상태의 한 가지로 묘사하기 위해 여러 가지 개념들을 사용한다.[29] 그리스도인에게 주어지는 자유는 그리스도를 통한 하느님의 구속에 기초한다. 그러나 자유는 하나의 이론일 뿐만 아니라 자유의 경험이다. 갈라디아 사람들로 하여금, 모든 그리스도인들처럼, 자유를 경험하도록 해준 것은 성령의 은사였다(참조. 3,2—5). 이 경험은 "세상의 원시종교들"과 그것들의 독재적인 악한 지배로부터의 해방과 같았으며(1,4; 4,1—10), 율법과 죄 아래서의 노예상태로부터의(참조. 2,19; 3,13·25; 4,5), 죽음으로부터의(참조. 2,20; 3,11; 5,25; 6,8), 하느님의 무지로부터의(4,8—9), 미신으로부터의(4,8—10), 그리고 사회적 압제와 종교적—문화적 차별로부터의(3,26—28) 해방을 포함하였다. 바울로가 "성령의 열매"를 기술할 때(5,22—23), 자유는 성령의 은사의 목록에서 빠진 것이 눈에 띈다. 그 이유는 자유가 그것들 모두의 기초이자 결과이기 때문이다. 실제로 고린토후서 3장 17절은 바울로에게 있어서 성령과 자유가 하나이며 동일한 것이라는 점을 명백히 한다.[30]

> ὁ δὲ κύριος τὸ πνεῦμά ἐστιν·
> οὗ δὲ τὸ πνεῦμα κυρίου, ἐλευθερία
> ("주는 곧 영이십니다;
> 주의 영이 계신 곳에는 자유가 있습니다").

이론과 경험이 분리될 수 없다는 것이 바울로 신학의 특징이다. 교리의 모든 항목은 동시에 경험의 비판적 반성이며, 모든 경험은 비판적 반성과 이론에 의해서 동반된다. 그러므로 갈라디아 사람들이 성령을 체험했을 때, 그것은 하느님께서 보내신 그리스도의 영이었다(참조. 4,6). 이것은 그리스도인들이 그리스도의 해방시키는 구속적 행동에, 그의 십자가 처형과 그의 부활에 참여하는 것을 가능케 하였다(참조. 1,1·4; 2,20; 3,13; 4,5). 그리스도의 참여자가 된 그리고 "그리스도를 입은"(참조. 3,27) 사람들은 그의 십자가 처형을 함께 나눈다. 이와 같이 그리스도의 부활을 함께 나누어가짐은 성령의 은사를 통하여 그의 십자가

---

28) 갈라 1,4; 2,20; 3,13·22—25; 4,1—10을 보라.
29) 귀절들의 수집에 대해서는 위, 갈라 4,3에 관해서 보라.
30) 슈미탈스(*Gnosticism*, 315ff)에 반대되게 우리는 고후 3,17을 순전히 바울로의 귀절로서 간주한다.

형을 함께 나누어가짐에 이른다. 이것은 율법으로부터(참조. 2,19 ; 3,25 ; 5,18), 육과 그것의 "정욕과 욕망"으로부터(참조. 5,24), 그리고 세상 전체로부터(참조. 6,14)의 해방을 포함한다. 그리스도를 믿는 존재에게 요구되는 "새로 지음받음"(참조. 6,15)은 분명히 인간의 최초의 자유의 재창조다. 그러나 그것은 그 이상의 것이다. 그 자유는 그리스도의 해방의 행동의 결과이며, 그 행동에 함께 참여하는 것이다.

바울로의 의미에서, "자유하다"는 것은 그리스도의 십자가형과 부활에 참여하는 것을 뜻한다.[31] 성령의 은사는 그리스도인들에게 그것이 주어진 그때부터 계속해서 능력있는 삶을 가능케 하며, 따라서 자유와 성령은 바울로의 윤리의 주된 개념들이다. 그리스도인의 윤리적 존재가 "자유 안에서"의 존재인 것처럼, 그것은 "성령 안에서 그리고 성령에 의한"("성령 안에서 걷다" *πνεύματι περιπατεῖν*),[32] "성령의 인도를 받는"(*πνεύματι ἄγεσθαι*),[33] "성령을 따르는"(*πνεύματι στοιχεῖν*)[34] 존재와 동일하다. 이 용어들은 바울로가 여격 *τῇ ἐλευθερίᾳ*("자유를 위해")로써 5장 1절a에서 표현하는 것을 묘사한다. 우리는 또한 자유가 "성령의 열매"(*ὁ καρπὸς τοῦ πνεύματος*)에 대한 또 하나의 용어라고 말할 수 있다.[35] 이런 이유로 5장 1절 a에 있는 진술은 5장 13절 a와 동일할 뿐만 아니라, 또한 역설적인 격언 5장 25절과도 동일하다 : "우리가 성령으로 삶을 얻었다면 성령의 인도를 따라 살아가야 할 것입니다."[36] 이 자유의 개념이 그리스도인의 "윤리"의 기초이자 내용이다.

1절 b에서 사도는 갈라디아 교회의 현상태에 대한 그리스도교 윤리의 일반적인 과제를 정의한다 : *στήκετε οὖν καὶ μὴ πάλιν ζυγῷ δουλείας*

---

31) 해방자로서의 그리스도의 개념은 갈라디아서에서 여기서만 나온다. 그것은 로마서에서 반복되지 않는다. 거기서 바울로는 조심스럽게 표현한다(참조. 로마 6,18·22 ; 8,2·21). 흥미롭게도 갈라디아서는 요한에 가깝다(8,32·36 : *ἐὰν οὖν ὁ υἱὸς ὑμᾶς ἐλευθερώσῃ, ὄντως ἐλεύθεροι ἔσεσθε* ("그러므로 아들이 너희를 자유롭게 하면 너희는 참으로 자유롭게 될 것이다.")). 참조. 또한 ***Acts Thom.*** 142(p.249,1). 거기서 그리스도는 *ὁ ἐλευθερωτὴς τῆς ἐμῆς ψυχῆς ἐκ τῆς τῶν πολλῶν δουλείας*("많은 자의 노예상태로부터 나의 영혼의 구원자") ; Alfred Resch, ***Agrapha: Ausserkanonische schriftfragmente*** (Leipzig: Hinrichs, [2]1906), 128f(No. 88). 후대의 그리스도론에 대해서는 ***PGL***, ***s.v.***, 2를 보라.

32) 갈라 5,16.

33) 갈라 5,18.

34) 갈라 5,25.

35) 갈라 5,22f.

36) 참조. 또한 갈라 5,5.

37) *οὖν* ("그러므로")은 권면 단락을 도입시키기 위해 바울로에 의해서 자주 사용된다. Wolfgang Nauck, "Das *οὖν*-paraeneticum," ***ZNW*** 49(1958)

ἐνέχεσθε("그러므로 굳게 서서 다시는 종의 멍에를 메지 마십시오"). 명령조의 στήκετε("굳게 서다")는 바울로가 1절a에서 규정했던 것처럼 그리스도를 통한 해방의 윤리적 결과들을 요약한다. 그것은 다음과 같은 의미로 이해되어야 한다: "자유 안에 굳게 서서 자유를 보존하시오."[38] 만일 그리스도께서 그리스도인들에게 자유를 가져왔다면, 그 자유는 그 안에서 존재할 수 있는 능력을 부여받은 사람들이 그것을 누릴 때에만 존재한다. 끊임없이 계속되는 위험은 저 자유를 잃고 노예상태로 물러서는 것이다. 그러므로 그리스도교 윤리의 과제는 자유를 "보존하는 것"으로 정의될 수 있다. 이것은 바울로가 범죄의 방지와 율법(토라)의 의식적인 관례의 요구에 대한 성취로서의 유다적 "윤리" 개념에 찬성하지 않는다는 것을 뜻한다.[39] 또한 바울로는, παιδεία에 의한, 즉 훈련을 받음으로써, 그리고 덕(ἀρεταί)을 점차적으로 획득함으로써 원래의 인간성이 향상될 수 있다는 일반적인 헬라적 윤리개념에도 찬성하지 않는다.[40] 사도에게 더 이상 어떤 율법도 없으며, 그러므로 범죄도 없다. 그리스도는 "율법의 마지막"이시다.[41] 다른 한편, "그리스도를 통해서" 사람에게 이미 주어지지 않은 것을, 인간이 성취할 수 있는 것이라고는 아무 것도 없다.[42] 인간 본성 자체는 덕을 획득함으로써 향상될 수 없다. 왜냐하면 사람은 그의 본성에 관한 한 능력을 부여받아야만 하기 때문이다. 그리고 이것은 개인적으로 특별한 신적인 구속 행위들에 의해서 가능해진다.

바울로에게 있어서 윤리는, 아직 성취되지 않은 어떤 것을 성취해 가는 것이 아니라는 점에서 유다교나 그리스의 윤리개념들과 또한 다르다. 성취되어야 했던 것은 그리스도를 통한 신적 구속에 의해서 이미 성취되었다. 바울로에게 있어서 윤리적 과제를 조건짓는 위험성

134f를 보라.

38) 그렇게 Bauer, *s.v.* στήκω. 무쓰너(343)는 자유를 포함하는 것으로서 은혜를 생각한다.

39) 바울로는 그리스도인의 그리스도인(유다인) 이전 상황에 대해서만 갈라디아서에서 ἁμαρτία("죄")의 개념을 사용한다: 1,4; 2,17; 3,22; 6,1에 있는 용어 παράπτωμα("범죄")는 일반적인 법률용어다.

40) 참조. 그러나 에페 6,4; 디후 3,16; 히브 12,5·7·8·11.

41) 갈라 2,17—18—19: 3,21—25; 5,18을 보라. 참조. 로마 10,4; 4,15; 6,14—15; 7,4—6·8·10.

42) 이것은 "은혜"(χάρις)의 개념에 의해서 갈라 1,6·15; 2,9·21; 5,4(1,3; 6,18)에서 암시된다; 은혜는 물론 종말론을 포함한다: 5,4—5·10·21: 6,7—10·16. 관련되는 것은 "새로운 피조물"이다(6,15).

은 그 구속적 성취가 다시 상실된다는 것이다. 이것으로부터 윤리적 과제는 구원이 상실되는 것을 방지한다는 결론이 나온다. 이런 의미에서 우리는 바울로의 윤리개념을 그 용어의 일상적인 의미와는 다르다고 말해야 한다.

갈라디아 사람들이 빠진 위험은, 만일 그들이 자유를 행사하지 않을 경우, 그리스도 안에서의 그들의 자유를 상실하게 될 것이라는 점이다. 그러므로 바울로의 경고 "굳게 서서"는 실제로 "그것을 행사함으로써 여러분의 그리스도인의 자유를 보호하다"라는 말이다.[43)]

바울로는 또한 그리스도를 통한 구원을 상실한 상태로 자신이 생각한 것을 개괄적인 방법으로 말한다. 그것은 종의 멍에로 돌아가는 것이다.[44)] 이 "종의 멍에"[45)]는 물론 여러 형태를 취할 수 있다. 다음 단락들에서 바울로는 갈라디아 사람들의 상황과 관련되는 두 가지 걱정, 즉 유다 토라의 멍에를 메는 것(5,2—12)과 육에 의한 타락(5,13—24)에 관해 개진할 것이다. 용어 ἐνέχω(수동태)는 "종속되다" 그리고 "짐이 실리다"를 뜻한다.[44)] 이 두 의미는 주인 밑에서의 노예들의 참혹한 복종의 이미지,[45)] 그리고 노예된 자가 견뎌야[46)] 하는 압박의 무거운 짐을 상기시킨다.[47)]

---

43) 이 명령에 대해서는 또한 고전 16,13 ; 필립 1,27 ; 4,1 ; 데전 3,8 ; 또 데후 2,15 ; 로마 14,4를 보라. 전체적인 개념에 관해서는 Walter Grundmann, "*στήκω*," *TDNT* 7,636—38 ; Karlheinz Müller, *Anstoss und Gericht* (SANT 19 ; Munich: Kösel-Verlag, 1969) 110f; Mussner, 343 n.7을 보라. 바울로 자신은 언제나 굳게 섰으나(2,4—5 11—14), 게바는 그러지 못했다(2,11—14). 지금 갈라디아 사람들 자신들이 "떨어질" 위험에(참조. 1,6—7 ; 3,1·3 ; 4,11—12 ; 5,4·7—10), 그리고 게바, 바나바 및 바울로의 다른 이전 동료들처럼 될 위험에 빠져 있다(참조. 2,11—14).

44) *πάλιν*("다시")은 갈라디아 사람들이 과거에 "율법의 멍에" 아래 있었다는 것을 뜻하지 않는다(참조. 2,18). 그들은 이교도들로서 *στοιχεῖα τοῦ κόσμου*("세상의 원시종교들")하에 있었다. 갈라 4,1—10 ; 2,4f를 보라.

45) "멍에"의 개념에 관해서는 마태 11,29—30 ; 사도 15,10 ; 디전 6,1 ; *Did.* 6.2 ; *Barn.* 2.6을 보라. Georg Bertram and Karl Heinrich Rengstorf, "*ζυγός, ἑτεροζυγέω*," *TDNT* 2. 896—901 ; Michael Maher, "Take my yoke upon you (Matt xi.29)," *NTS* 22(1975) 97—103을 보라. 바울로의 반대자들과 관련해서 고후 6,14의 해석에 대해서는 Betz, "2 Cor 6,14—7,1," 89f; 또한 아래, 부록 2를 보라.

46) 참조. 데후 1,4 v.1. 그 용어에 대해서는 Bauer, *s.v.*, 2 ; Preisigke, *Wörterbuch* 4.4(1971) 795를 보라.

47) 바울로는 그 언어를 비유적으로 사용한다. 다이쓰만(*Licht vom Osten*, 274ff)과 리츠만(갈라 5,1에 관해서)은 바울로가 델피에 있는 아폴로 신

[2] 바울로가 보는 것처럼, 갈라디아 사람들이 누리고 있는 그리스도인의 자유를 위협하는 두 가지 위험이 있다. 유다 토라를 수락(5, 2—12)하는 것과 "육"으로써 그들의 삶을 타락(5, 13—24)시키는 것이 그것이다. 가장 직접적인 위험이 먼저 다루어진다. 2절에서 사도는 갈라디아 사람들이 유다교 할례의식에 복종하는 것에 대한 그리스도론적이고 구원론적 의미들을 지적함으로써 자신의 "사도적 증언"을 시작한다(5, 2—4) : *Ἴδε ἐγὼ Παῦλος λέγω ὑμῖν ὅτι ἐὰν περιτέμνησθε Χριστὸς ὑμᾶς οὐδὲν ὠφελήσει*("나 바울로는 여러분에게 말합니다. 만일 여러분이 할례를 받는다면 그리스도는 여러분에게 아무 유익이 없읍니다"). 바울로가 이 진술을 도입하는 단호한 방법에서 우리는, 그가 사도로서의 자신의 전 권위를 동원하고 있음을 알 수 있다.[48] "할례받는 것"을 갈라디아 사람들은 현재 고려하고 있다.[49] 물론 그들은 단순히 신체적 수술보다 더 많은 것을 심중에 두고 있다. "할례"는 유다교의 수락을 상징하는 외적 의식이기 때문이다.[50] 비록 그것이 그리스도교적 유다교의 형태를 취한다 할지라도 말이다.[51] 바울로는 이 조치가 갈라디아 사람들의, 그리스도 교회의

전에서 있었던 자유를 위해 노예들을 사는 법적 제도를 이용한다는 것을 보여주려고 노력하였다. 이 제도는 노예 소유주가 신에게 노예를 "팔고" 신전 기금으로부터 판값을 받는 것을 허용하였다. 이전 노예의 자유는 그 다음에 보호되었다. 왜냐하면 그는 신에 의해서 "소유"되었기 때문이다. 따라서 사회적으로 자유로왔다. 유사한 방법으로 렝스토르프(위, 주 45를 보라)는 노예제도에 관한 라삐의 법을 입증하려고 노력하였다. 그러나 바울로에 의해서 여기서 사용된 언어는 매입의 조건, 매입가격 또는 "그리스도의 노예"를 포함하지 않는다. 또한 무쓰너(344f)와 위, 갈라 3, 13·26—28에 관해서 보라.

48) ἴδε("보라"), 단순한 분사가 된 원래의 명령. Bauer, *s.v.*; *BDF* § 144를 보라. 바울로는 그의 편지들에서 그 자신의 이름을 때때로 언급하나(고전 1, 12—13 ; 3, 4·5·22 ; 데전 2, 18 ; 필레 9 ; 참조. 골로 1, 23 ; 에페 3, 1), 이 강력한 청원은 고후 10, 1에서만 병행구를 가진다(아마 또한 편지의 훈계 단락의 시작, 그 시작은 상실되었다 ; Betz, *Paulus*, 1ff를 보라). 비방문학에서 강조된 "나"에 관해서는 Gustav Adolf Gerhard, *Phoinix von Kolophon* (Leipzig and Berlin: Teubner, 1909) 65—68을 보라.

49) 즉, 여기서부터가 할례의 실행이다 : 참조. Oepke; Schlier(231 n. 2).

50) 할례 의식과 더 이상의 참고문헌에 관해서는 위, 갈라 2, 3에 관해서 보라.

51) 반대자들은 갈라디아 사람들에게 그들이 할례받을 것을 요구했다(갈라 6, 12·13 : 참조. 2, 3—5). 또한 사도 15, 1—5에서 흥미있는 정보를 보라. 유다 그리스도교는 후대에서 그 의식을 계속하였다. 아래, 갈라 6, 12에 관해서 보라.

신도들로서 실존에 모순되는 것으로 보고 거부한다.

우리는 그가 그러한 입장을 취하게 된 이유를 묻기 전에, 그가 이미 편지의 앞 부분에서 그 문제를 논했다는 것을 기억해야 된다 : (1) 이방 그리스도인 디도는 할례에 굴복할 필요가 없었다(참조. 2,3) ; (2) 이방인들에 대한 선교는 유다인들에 대한 선교와 구분되었다. 그것은 바울로에게 있어서 그리스도교 이방인들이 유다 토라와 할례를 따르지 않고서도 하느님의 구원의 동참자들이 된다는 것을 뜻한다(참조. 2,7—9). 만일 이방 그리스도인들이 얼마동안 그리스도인이었다가 이제와서 할례를 받아들인다면,[52] 그들은 바울로가 과거의 교회의 관행이었던 것으로 제시한 것을 위반하는 셈이 된다. 더우기 그들은 지금 할례를 도입할 것을 숙고한다. 왜냐하면 그들은 그것을 어떤 점에서 구원에 〈필요한〉 것으로 여기기 때문이다.[53] 그렇게 함으로써, 그들은 오로지 그리스도를 통해 받은 이전의 구원을 불충분한 것으로 따라서 가치없는 것으로 만들게 될 것이라고 바울로는 생각한다. 만일 그리스도 혼자만으로 불충분하다면 —바울로는 前記(1,1·4)에 있는 그리스도론적 법식들을 인용함으로써, 그리고 편지 전체에 걸쳐서 그들에게 상기시킨다— 그들은 그리스도가 자기네들의 구세주라는 것을 부인할 것이다. 그들은 "그리스도를 믿는 자들"로서의 그들의 신분을 부인할 것이며, 그렇게 하여 종말론적 심판에서 그들을 구원할[54] 그들의 "믿음으로 의롭다함을 인정받는 것"[55]을 부인할 것이다. 그들은 그리스도라는 이름이 포함하고 있는 모든 구속적 은사들로부터 자신들을 제외시킬 것이다.[56] 왜 이것이 사실인지를 다음 문장들에서 사도는 계속해서 설명한다.

[3] 과거에 바리사이인이었던 바울로가 이방 갈라디아 사람들에게, 유다교의 할례의식을 받아들이는 것이 무엇을 의미하는가에 대해 말한다는 것은 분명히 다소 역설적이다 : *μαρτύρομαι δὲ πάλιν παντὶ ἀνθρώπῳ περιτεμνομένῳ ὅτι ὀφειλέτης ἐστὶν ὅλον τὸν*

52) 이 계획들에 대해서는 갈라 1,6·7 ; 5,3·6·11 ; 6,12·13·15 참조.

53) 참조. "유다인들"의 요청. 사도 15,1·5.

54) *ὠφελήσει*의 미래 시제는 마지막 심판을 가리키는 것 같다(참조. 5,5 ; 6,7—9 ; 또한 로마 2,25 이하를 보라).

55) 갈라 2,16·20 ; 3,2—29 ; 5,5·6 ; 6,14—16을 보라.

56) 갈라 2,21 : 만일 하느님 앞에서의 의가 율법을 통해 나온다면 그리스도의 죽음은 그가 이루었다고 그리스도론적 정식들이 말하는 것을 이루지 못한 것이며(참조. 1,4 ; 2,20 ; 3,13 ; 4,4—5), 그러므로 "공허한" 것이다.

νόμον ποιῆσαι("내가 할례받은 모든 사람에게 다시 증언합니다. 그들은 율법 전체를 행할 의무가 있읍니다").

맹세 법식[57]은 갈라디아 사람들이 이미 할례의 의미에 대해 들었음에도 불구하고, 할례에 대해 여전히 미온적 태도를 고집하기 때문에 여기서 다시 사용된 것 같다. 바울로가 이렇게 증언할 수 있는 이유는, 갈라디아 사람들로서 그들이 모르는 것을 바리사이파 유다인으로서 그는 알고 있기 때문이다. πάλιν("다시")[58]이라는 단어는, 갈라디아 사람들이 자신들이 지금 막 하려고 하는 일의 의미를 계속해서 이해하지 못하고 있다는 것을 시사한다. 만일 갈라디아 사람들이 할례를 받을 경우 그들과 같은 류의 개종자들에 직면해서, 바울로는 과거에 바리사이인이었던 자신의 태도를 여기서 표명하는 것 같다. 율법의 모든 것을 완전하게 지킬 때에만 그 외적 의식(할례)에 의미가 있다는 사실이 그들에게는 자명하지 않으나, 바리사이파 유다인인 바울로에게는 그 의미가 자명하다.[59]

그러나 이 진술의 의미에는 많은 어려움이 따른다. 유다교에서 토라와 할례의 관계는 무엇이었을까? 일세기 유다교는 거기에 대해 답변이 일치하지 않았다.[60] 바울로 자신의 견해는 로마서 2장 25절의 논의에서 찾아볼 수 있다. 할례는 할례받는 사람이 토라를 지킬 때에만 의미가 있다. 만일 그가 토라를 지키지 않는다면, 그는 할례받지 않은 사람과 같다.[61] 이것은 바울로가 유다교에서 강경파 계열에 있어서 할례라는 외적 의식은 구원을 보장하기에 충분한 조건이 아니

57) 또한 갈라 4,15를 보라 : 참조. 에페 4,17 ; 사도 20,26.

58) 그것은 D* G 1739 *pc* it goth arm에서 생략된다. 아마도 바울로가 그의 편지에서 이전에는 같은 언급을 하지 않았기 때문일 것이다. 그것이 위치하는 바와 같이, 그것은 단순히 "더군다나"(furthermore)를 뜻하거나 또는 현재 서신과는 별도로 더 이른 교신을 언급할 수 있다. 참조. Mussner, 347.

59) 같은 교리가 야고 2,10 ; ps-Clem. *Hom.* 8.5—7에서 언급되는 것이 흥미롭다. 용어 ὀφειλέτης("빚진 사람")에 관해서는 로마 1,14 ; 8,12 ; 15,27 ; 또한 13,7·8 ; 15,1 ; 고전 5,10 ; 7,3·10 ; 11,7·10 ; 필레 18 ; 에페 5,28을 보라. Friedrich Hauck, "ὀφείλω, ὀφείλη, ὀφείλημα, ὀφειλέτησ," *TDNT* 5,559—66 ; C. F. D. Moule, "Obligation in the Ethics of Paul," *Christian History and Interpretation, Studies Presented to John Knox* (Cambridge: Cambridge University, 1967) 389—406.

60) 개종한 이교도에게 할례를 요구하는 문제가 유다교 자체에서 논란되었다. 위, 갈라 2,3에 관해서 그리고 아래, 부록 1과 4를 보라.

61) 로마 2,25—29 그리고 Kuss, *Römerbrief*, 88—98 ; Käsemann, *Römer*, 66—72를 보라.

다. 최후 심판에서 희망의 실제적인 기초는 토라의 요구들을 엄격히 지키는 것이다.[62] 이 요구란 물론 토라 〈전체〉를 뜻한다.[63] 바울로 시대까지에는 이 견해가 유다교에서 일반적으로 받아들여졌다는 점에 거의 의심할 바가 없다. 그때까지도, "전체 토라"를 구성하는 요소가 무엇인지에 대해서 광범위한 논란이 있었다. 율법학자들에 따르면, 토라를 구성하는 613개의 규정과 금지사항들이 있었다. 그러나 토라 전체를 지키는 것을 가능하게 만들기 위해서, 율법학자들은 요구사항들의 수를 공통분모로 통분하기 위해 여러 가지 시도를 또한 했었다.[64] 또 하나의 접근은 쿰란 공동체에 의해 취해졌다. 그들에게 있어서 전체 토라를 지킨다는 것은 추가적인 요구를 뜻한다. 그 추가적인 요구로 해서 그들은 평범한 유다인들보다 더욱 철저히 토라를 준수하였다.[65] 어떻게 사람에게 모든 토라를 행하도록 요구되었는지는 분명하지 않았다.[66] 여러 가지 유다교의 입장들 중에서 어느 것을 바

---

62) Str-B. 3.119는 율법학자들이 로마 2,25에서 보이는 것과 같은 언급을 거부했을 것이라고 시사한다. 그러나 이것은 명백하지 않다. 왜냐하면 율법학자들 사이에서조차도 의견의 일치가 없었기 때문이다. 단순히 외적인 할례에 비판적인 견해는 예레 4,4에 소급되며 쿰란도 같은 입장이다(IQS 5.5). Braun, *Qumran* 1.172f를 보라.

63) 그 개념은 갈라 5,3 그리고 야고 2,10에서 발견된다 : 참조. 또한 갈라 3,10 : 5,14, 그리고 또 마태 5,17—20 ; 22,40 ; 23,23 ; 마르 10,20 병행구 ; 사도 21,21 이하. Karl Georg Kuhn, "*προσήλυτος*," *TDNT* 6,739를 보라. 참조. 또한 Justin *Dial.*, 46f에서 그 문제의 흥미있는 논의. 그것은 여러 유다 그리스도인 집단들이 율법에 대해 상이한 태도를 취했다는 것을 보여준다. 에비온파들은 희생제사에 반대하였다(Frag. 5〔ed. Klostermann, *NT Apocrypha* Ⅱ, p.14 ; 또한 Frag. 6 in HSW, *NT Apocrypha* 1.158〕; 참조. Schoeps, *Theologie und Geschichte*, 3—4장).

64) Str-B. 1.357ff에 있는 자료를 보라. 그 문제는 *Šabb.* 31a (tr. of the Soncino edition)에 있는 유명한 이야기에 의해서 잘 설명된다 : "전에 또 한번 어떤 이방인이 샴마이 앞에 와서 그에게 말한 적이 있었다. '내가 한 발로 서 있는 동안 당신이 나에게 모든 율법을 가르친다는 조건으로 나를 개종자로 만드시오.' 그래서 그는 그의 손에 있던 건축가의 자로 그를 내쫓았다. 그가 힐렐 앞에 갔을 때, 그는 그에게 말했다. '당신에게 싫은 것을 당신의 이웃에게 하지 마시오 : 이것이 율법의 전부요. 나머지는 그것에 대한 주석에 불과하오. 가서 그것을 배우시오.'" Neusner, *Rabbinic Traditions* 1.322—24를 보라.

65) Braun, *Radikalismus*, index, *s.v.* כל ; 같은 저자, *Qumran* 2.229ff; 같은 저자, *Studien*, 327f를 보라.

66) 바울로는 "행함"을 역설한다(참조. 3,10·12 ; 또한 5,17·21 ; 6,9). 440 *pc* sy[h] Marcion에 의한 해독 *πληρῶσαι*("이행하다")는 갈라 5,14 그리고 마태 5,17를 조화시킨 것이다.

울로가 심중에 두고 있는지 명백하지 않다. 5장 3절에서 그는 "모든 율법을 이행하는" 그 자신의 견해에 대해서 말하는 것이 아니라(참조. 5,14), 그의 견해와 정반대되는 유다교의 견해에 대해서 말하고 있음이 명백하다. 문제는 할례를 받아들이는 것이 모든 토라를 행할 때에만 의미가 있다는 이 결론을 바울로가 어떤 이유에서 주장해야 했는가 하는 것이다. 갈라디아 사람들의 완고함은 반대자들의 신학과 관련이 있는 것일까, 그리고 만일 관련이 있다면 어떤 관련일까?

대답에는 몇 가지 가능성들이 있다. (1) 갈라디아 사람들은 바울로가 자기네들에게 말하는 바가 무엇인지 아주 잘 안다. 따라서 그의 언급은 과거를 상기시키는 말이라 할 수 있다. (2) 갈라디아 사람들은 할례를 받아들이려고 한다. 그러나 그들은 "특별한" 율법만을 지키려고 하며, 아마 그것을 "그리스도의 법"으로까지 부르는 것 같다(참조. 6,2). 그런데 바울로는 이 가정을 정정하고자 하며, 모든 토라 외에 그런 "특별한" 율법이 없다는 것을 주장하려고 한다. (3) 슈미탈스(Walter Schmithals)[67]는 반바울로파를 형성하는 영지주의자들이 갈라디아 사람들에게 마법적 의식으로서의 할례 의식을 소개했으나, 그들은 유다의 토라준수를 요구하지 않는다고 주장하였다. 슈미탈스는, 5장 3절과, 마찬가지로 애를 먹이는 6장 13절(반대자들 자신들은 율법을 지키지 않는다)을 결합시키면서, 반대자들은 마법적 의식에만 관심을 가졌을 뿐 유다 토라에 관한 한 그들이 자유사상가였다고 결론짓는다. 슈미탈스의 논제는 매력적이다. 왜냐하면 그는 난해한 두 귀절을 동시에 설명할 수 있기 때문이다.[69] 문제는 유다 율법에 찬동하지 않고서도 할례만을 실행한 유다—그리스도교 영지주의자들이 일찌기 있었다는 증거를 우리가 가지고 있지 않다는 것이다. 슈미탈스가 증거로 사용하는 본문은 실제로는 그의 논제를 뒷받침해 주지 못한다.[70] 반대자들이 "특별한" 율법으로서 할례만을 지켰다는 표시가 본문들에 나오지 않는다. 고린토후서 6장 14절은, 비록 "모든 토라"에 대해 강조하고 있지는 않지만 토라의 준수를 전제한다. 실제로 할례도 율법도 특별하게 언급되지 않는다.[71]

---

67) Schmithals, *Paul and the Gnostics*, 13ff.

68) 갈라 6,13에서 바울로는 반대자들이 할례는 받았으나 율법을 지키지 않는다고 말한다. 그 귀절의 해석에 대해서는 6,13에 관해서 보라.

69) 그러나 한 문제를 다른 것의 도움으로 푸는 것은 의심스러운 방법이다.

70) 이 점에 관해서 Betz, *Nachfolge*; 148f를 보라.

71) 참조. Betz, "2 Cor 6 : 14—7 : 1," 89f.

그러므로 합리적으로 생각해 볼 때 확실한 것은 첫번째 선택 뿐이다. 바울로는 그 자신의("바리사이파적") 관점에 서서 "유다교에로의 새로운 개종자들"에게 그들이 자신들을 어디로 끌고가고 있는지를 상기시킨다. 즉 할례를 받는 것은 그들이 토라의 멍에를 철저하게 멜 때에만, 다시 말해 마지막 심판에서 하느님께 받아들여질 수 있도록 하기 위해 토라의 모든 요구들을 빠짐없이 준수할 때에만 의미가 있다는 것을 상기시킨다.[72] 모든 토라를 "행한다"는 것은 그 요구들을 하나도 빠짐없이 행하는 것을 뜻한다. 왜냐하면 하나라도 위반하면 모든 노력이 허사로 돌아갈 것이기 때문이다.[73]

[4] 바울로는 5장 3절에서 유다교 도그마를 설명한 후에, 갈라디아 사람들이 이제 그리스도의 영향권에서 벗어나려 하고 있다는 사실을 단호하게 서술한다. 바울로 신학의 표현으로 말하자면 그들은 "율법으로 의롭다함"(ἐν νόμῳ δικαιοῦσθε)을 구하고 있다.[74] 이것은 그들이 "은혜에서 떨어졌다"(τῆς χάριτος ἐξεπέσατε)[75]는 것과 또한 그들이 "그리스도에게서 끊어졌다"(κατηργήθητε ἀπὸ Χριστοῦ)[76]는 것을 뜻한다. 사도에게 있어서 "은혜"와 "그리스도"는 "율법"에 반대된다. 그러나 "은혜"와 "그리스도"가 본래적인 의미에서 "율법"과 대치되어 있었던 것은 아니다. 반대로 우리는 유다의 그리스도교에서 양 개념들, 즉 "은혜"와 "그리스도"의 개념과 "율법"의 개념이 모순을 일으키지 않고 함께 보조를 취했음에 틀림없다는 추측을 얻어낼 수 있다.[77] 반바울로파가 갈라디아 사람들을 바울로의 신

72) 참조. 갈라 1, 13—14 ; 필립 3, 6에서 반영된 바울로 이전의 그리스도인 상태.

73) 참조. *'Abot* 4.2 (tr. Herford): "벤 아자이〔c. 110〕가 말했다 : 하나의 가벼운 교훈에 신속하라. 그리고 범죄로부터 피하라. 왜냐하면 교훈은 교훈에 이르며 범죄는 범죄에 이끌리기 때문이다. 왜냐하면 교훈의 댓가는 교훈이며 범죄의 댓가는 범죄이기 때문이다."

74) 참조. 갈라 2, 16·17 ; 3, 8·11·24 ; 2, 21 ; 3, 6·21 ; 5, 5.

75) 참조. 갈라 1, 6 ; 2, 21 ; 1, 15 ; 2, 9. 그 상황을 바울로는 예루살렘에서 피했으며(2, 4—5) 그것 때문에 그는 안티오키아에서 게파를 비난했었다(2, 11—14). 그 용어에 관해서는 베후 3, 17, 그리고 Bauer, *s.v.* ἐκπίπτω, 3a를 참조하라.

76) 참조. 갈라 2, 21 ; 4, 11·19 ; 5, 11 ; 3, 17 ; 로마 7, 2·6. Gerhard Delling, "καταργέω," *TDNT* 1, 452—4 ; Bauer, *s.v.*, 3을 보라.

77) 참조. *Kerygmata Petrou, Ep. Petr.* 2. 3(아래, 부록 3을 보라)의 νόμιμον κήρυγμα. 또한 율법과 그리스도가 조화되고 있는 반—바울로적 단편인 고후 6, 14—7, 1를 참조하라. "은혜"라는 용어는 발견되지 않는다. Betz, "2 Cor 6 : 14—7 : 1," 89—99, 그리고 아래, 부록 2를 보라.

학으로부터 유다—그리스도교 신학으로 돌아서도록 설득했을 때에도, 그들은 "은혜에서 떨어지거나" 그리스도를 버리는 것을 뜻한 것은 아니다. 실제로, 갈라디아 사람들이 볼 때는 반대파로 돌아선다고 해서 유다교만을 지지하고 그리스도교는 포기하는 것이 아니었다는 점을 우리는 가정해야 한다. 그것은 오히려 "교단"을 바꾸는 경우였으며,[78] 갈라디아 사람들은 반대파로부터 그 결과에 대한 보장을 받았음이 분명하다.[79]

그렇다면 바울로는 자신의 교회들을 일치시키기 위하여 극단적인 결과들을 인위적으로 만들어낸 것일까? 모든 주장이 단순히 교회 정치에 관한 문제에 불과할까? 그는 이방 갈라디아 사람들의 경우가 "나면서부터 유다 사람"(참조. 2,15)인 사람들의 경우와 다르다고 주장한다. 나면서부터 유다 사람들인 그리스도인들, 그래서 할례를 이미 받은 그리스도인들은 현재의 상태로 있어도 좋으며 또한 유다인으로서 하는 일을 계속해서 해도 좋다. 왜냐하면 그들은 그리스도인들이 됨으로써, 유다인인 것만으로는 하느님 앞에서 구원을 보장받지 못한다는 것을 이미 증명해 보였기 때문이다. 그러나 이와는 반대로 그리스도인이 되었으면서 또한 동시에 유다인이 되고 싶어 하는 이방 사람들은 그들에게 "은혜"와 "그리스도"(즉, 토라 밖에서의 그리스도를 통한 구원)는 충분하지 않다는 것을, 그리고 토라 아래 메이는 것이 구원에 필요하다는 것을 드러내보인다. 그렇다면 함축적으로 "그리스도"는 이제 더 이상 구세주가 아니며 "은혜" 또한 더 이상 은혜가 아니다. 결과적으로 그런 사람들은 "교단"을 바꾸는 것일 뿐만 아니다. 또한 사실상 비—그리스도교적 유다교에로의 개종자들이 된다.[80] 그렇다면 이 개종은 1장 8—9절에서 말한 파문의 저주를 가속화시킨다.

〔 5 〕 3절과 4절의 부정적인 언급에 뒤이어서, 바울로는 이제 반대자들에게 대조되게 그리스도인(유다—그리스도인이건 이방 그리스도인이건 간에!)의 실존을 특징짓는 것이 무엇인가를 긍정적인 문체로 정의한다. 이 문장의 형태가 특이한 것은, 사도가 일전에 편지에서 사용했던 일련의 교리적 약기들을 간단하게 말

78) 참조. 1,6—7. 신의의 그런 변화에 대한 예는 또한 갈라 2,11—14이다.
79) οἵτινες에 의해서 바울로는 갈라디아 교회들 내에 있는 한 집단만을 여기서 언급하는 것이 아니라 전체로서의 교회들이다(Zahn; Lütgert 〔*Gesetz und Geist*, 11f〕에 반대해서).
80) 갈라 2,14에 있는 용어 "유다 사람이 되다"(ἰουδαΐζω)는 이것을 뜻한다.

한다는 사실 때문이다 : ἡμεῖς γὰρ πνεύματι ἐκ πίστεως ἐλπίδα δικαιοσύνης ἀπεκδεχόμεθα("왜냐하면 성령을 통해서 믿음으로 우리는 의롭다함을 얻을 희망을 품고 있기 때문입니다").

이 문장은 분명히 번역하기가 거의 불가능하나, 그것이 교리적 진술들의 약기들로 쓰이는 일련의 교리적인 법식적 표현들로 구성되어 있다는 것을 알고나면 그 구조는 명확해진다. Πνεύματι("성령을 통해서")[81]가 맨 먼저 나온다. 왜냐하면 그것은 그리스도교인이 되는 데 있어서 일차적인 전제조건이기 때문이다. ἐκ πίστεως("믿음으로")[82]는 특히 3장에서 광범위하게 논의되었다. ἀπεκδέχεσθαι("희망을 품고 있다")[83]는 그리스도인이 "몸으로"[84] 살고 있는 한 그렇다는 것이다. 마지막으로 ἐλπὶς δικαιοσύνης("의롭다함을 얻을 희망")는 그리스도인의 구원의 종말론적 성격을 말한다.[85] 즉 "믿음으로 의롭다함을 인정받음"은 하느님 안에서의 "희망" 사항이다.[86] 마지막 진술에서, 하느님 앞에서의 의가 마지막 심판에서만 주어질 것이며, 지금 그것은 희망 사항이라는 의미에서, 바울로는 자신의 유다—그리스도인 반대자들을 포함한 유다교와 동의한다.[87] 그러나 문제는 이 희망이 사람이 "율법

81) 갈라 3,2·3·5·14 ; 4,6 ; 5,16·18·22·23·25 ; 6,1을 보라. 그런 "약기들"의 목록에 대해서는 서론, §5를 보라.

82) 갈라 2,16 ; 3,2·5·7·8·9·11·12·22·24를 보라. 참조. 3,14·26.

83) 그 종말론적 용어는 갈라디아서에서 여기서만 나오나, 로마 8,19·25 ; 고전 1,7 ; 필립 3,20을 보라 : 참조. 히브 9,28.

84) 갈라 2,20 ; 5,7·25·26 ; 6,7—10·16을 보라.

85) 참조. 로마 5,19. 용어 ἐλπίς("희망")은 갈라디아서에서 여기서만 나오나, 로마 4,18 ; 5,2·4·5 ; 8,20·24·25 ; 2,12 ; 15,4·13 ; 고전 9,10 ; 13,13 ; 고후 1,7 ; 3,12 ; 10,15 ; 필립 1,20 ; 데전 1,3 ; 2,19 ; 4,13 ; 5,8을 보라. 바울로에서 그 개념에 관해서는 또한 Rudolf Bultmann, "ἐλπίς," *TDNT* 2,530—33 ; idem, *Theology* §35,3 ; Conzelmann, *Outline* §22를 보라. 더 이상의 문헌에 대해서는 아래의 갈라 6,7—9에 관해서 보라.

86) 참조. 갈라 2,16 ; 3,8·11·24.

87) 갈라 5,10 ; 6,7—10·16을 보라. 바울로에서 "믿음에 의한 의인"과 "마지막 심판"의 문제에 관해서는 위, 2,15·16에 관해서 보라. 슈툴마허(*Gerechtigkeit Gottes*, 228ff)와 Jürgen Becker (*Das Heil Gottes: Heils- und Sündenbegriffe in den Qumrantexten* [SUNT 3 ; Göttingen: Vandenhoeck & Ruprecht, 1964] 267ff)는 바울로에서 "이중 의인"이 있다는, 즉 하나는 세례시 주어지고(고전 6,11 ; 로마 6,7) 하나는 마지막 심판에서 주어진다는(갈라 5,6) 개념을 거부하는데 이는 정당하다. "이중 의인"의 논제는 Joachim Jeremias, "Paul and James," *Exp Tim* 66(1954/55) 369에서 제시되었다. 고전 6,11은 적어도 사도가 사고와 표현에서 언제나 일치했는지 하는 문제를 제기한다.

을 행하는 것"에 기초하고 있는가 또는 믿는 자들이 구원받을 것이라는 "아브라함에 대한 약속"에 기초하고 있는가 하는 점이다.[88] 바울로는 이 "희망"이라는 말로써 자신이 뜻하는 바가 무엇인지를, 로마서 8장 18—39절에서처럼 여기서는 자세히 말하지 않는다. 그것은 구원의 은사의 종말론적 본질이다. 그것은 지금 보이지 않으며 얻을 수 없으나, 갈라디아 사람들이 경험한 성령의 은사 때문에, 그리고 독자들이 3—4장에서 읽은 "주장들" 때문에, 이 희망은 현세에서조차도 확실한 일일 수 있고 또 확실한 일이어야 한다.

[6] 계속해서 간결한 법식들만을 언급한 후에 바울로는 교회에서 제기된 할례문제와 관련하여 5절의 윤리적(또는 의식적) 결과들을 언급한다 : *ἐν γὰρ Χριστῷ Ἰησοῦ οὔτε περιτομή τι ἰσχύει οὔτε ἀκροβυστία...*("그리스도 예수 안에서는 할례나 무할례가 문제가 되는 것이 아닙니다…"). 바울로의 진술은 이전에 3장 26—28절에서 진술했던 것을 상기시킨다. "할례"[89]와 "무할례"[90]는 유다교 제의법의 전문용어들에 함께 속한다. 유다교에서 그 용어들은 율법계약에 속하는 사람들 그리하여 그들의 구원을 보증받은 사람들과 저 계약 밖에 있는 사람들 사이의 분기선을 상징한다.[91] 그러나 그리스도인들에게 이 유다교 개념들은 그 의미를 상실했다. 왜냐하면 바울로가 볼 때 그리스도인의 구원은 "그리스도를 믿는" 사람들에 대한 하느님의 약속에 근거하고 있기 때문이다.[92] 만일 저 믿음이 구원의 결정적인 기초가 되었다면, 유다교의 제의적 상징들과 그것들의 의미는 아무 관계가 없는 것임이 분명하다.[93] 할례(또는 무할례)의 상징은

88) 바울로가 반대해서 주장하는 입장은 유다 그리스도교에서 발견된다. 야고 2,14—26 ; 마태 7,21—23, 그리고 도식적으로 나와 있는 *Ep. Petri* (ps.-Clem. Hom.) 1.5(부록 3을 보라)을 보라 : *εἷς θεός, εἷς νόμος, μία ἐλπίς*("한분 하느님, 하나의 율법, 하나의〔종말론적〕 희망").

89) *περιτομή*("할례")의 개념에 관해서는 갈라 2,3·7—9·12 ; 5,2·11 ; 6,15를 보라.

90) *ἀκροβυστία*("무할례")의 개념에 관해서는 2,7 ; 6,15를 보라.

91) 참조. 로마 2,25 이하 ; 3,1 이하. 위 갈라 2,3에 관해서 보라.

92) 법식 *ἐκ πίστεως*("믿음으로")에 관해서는 갈라 5,5를 보라.

93) 6,15에서 *κανών*("법칙")의 표현은 그 문장을 거의 축어적으로 채용하며 그것에 의해서 그것이 편지 전체의 끝이라는 것을 나타낸다. "법칙"은 또한 고전 7,19에서 다른 형태로 인용된다 : *ἡ περιτομὴ οὐδέν ἐστιν, καὶ ἡ ἀκροβυστία οὐδέν ἐστιν, ἀλλὰ τήρησις ἐντολῶν θεοῦ*("할례를 받든 안 받든 그것은 문제가 되지 않습니다. 다만 하느님의 계명을 지키는 것만이 중요합니다").

이제 더 이상 어떤 힘도 가지지 않는다.[94] 이것은 이방 갈라디아 사람들에게 사실이다. 왜냐하면 그들이 "그리스도 안에" 있기 때문이며,[95] 그래서 할례에 대한 그들의 관심은 신학적 기초가 없기 때문이다. 우리는 비교종교의 관점에서 바울로가 옳은 것 같다고 말할 수 있을 것이다. 종교적 상징들과 관행은 그것들이 어떤 특수한 종교의 교리적 전제들에 상응할 때나 통합될 때에만 의미를 가진다. 바울로가 이방 그리스도교를 유다교로부터 분리시켜 그것을 사실상 새로운 종교로 설정하는 한, 이것은 갈라디아 문제에 대해서도 적용된다. 확실히 이것은 그 양자를 토라계약으로 함께 묶으려는 그의 반대자들의 의도에 어긋난다. 그러나 우리는 로마서 9—11장에서 바울로 역시 유다교와 그리스도교의 유사성을 유지시키고 싶어한다는 것을 보게 된다. 거기서 그는 유다교와 그리스도교를 함께 묶기 위해, 그리고 하나를 다른 하나에 복종시키지 않으려고 열심히 투쟁한다. 로마서 9—11장에서 바울로의 입장은 갈라디아서 이후의 비판적 반성을 보여 준다. 즉, 갈라디아서에서 그는 양자간의 불화를 아직 내다보지 못하나 로마서에서는 그것을 한탄한다. 그러나 로마서에서 비록 그가 이방 사람들에 대한 할례를 인정하지도 않지만, 동시에 유다인들을 잃고 싶어 하지도 않는다(참조. 또한 로마 15,8).

6절 a에서의 부정적인 판단은 거기에 대한 긍정적인 대응으로 이어진다: "그리스도 예수 안에" 있는 사람들에게 중요한 것은 그 대신 *ἀλλὰ πίστις δι' ἀγάπης ἐνεργουμένη*("다만 사랑으로 행하는 믿음")이다. 또 다시 우리는 법식적 약기들을 보게 된다. "믿음"은 물론 "예수 그리스도에 대한 믿음"이다. 이것은 3—4장에서 광범위하게 논의되었기 때문에 당연하게 받아들여질 수 있겠으나,[96] "권능"으로서의 그것의 새로운 정의는 뜻밖이다.[97] 바울로의 견해에 따르면, 그리스도인은

94) 그것은 구원과 하느님 앞에서의 의(참조. 갈라 2,16·21 ; 3,11·21 ; 5,4), 또는 "영생"(3,21)을 성취하는(*ἰσχύει τι*) 힘을 가지지 않는다. 참조. 로마 3,30 : *εἷς ὁ θεὸς ὃς δικαιώσει περιτομὴν ἐκ πίστεως καὶ ἀκροβυστίαν διὰ πίστεως* ("하느님은 오직 한분뿐이십니다. 그러므로 그는 할례받은 자(즉, 유다인들)도 믿음으로 의롭다 하시고 무할례자(즉, 이방인들)도 믿음을 통하여 의롭다 하십니다").

95) 이 법식에 대해서는 갈라 2,4·17 ; 3,14·26·28을 보라. 일부 본문상의 증거들은 *'Ἰησοῦ*("예수의")를 읽지 않는다 : B Marcion Clement. 참조. 갈라 2,17.

96) 갈라 1,23 ; 2,16·20 ; 3,22·26을 보라.

용어 *ἐνεργεῖν*은 이미 갈라 2,8 그리고 3,5에서 나왔다. 5,6에서 그것은

예수 그리스도에 대한 믿음을 가지고 있는 개인일 뿐만 아니라, 신자가 됨으로써 동시에 그는 ἀγάπη("사랑")라는 신적 권능을 전하는 통로가 된다. 바울로가 윤리의 개념으로서 ἀγάπη("사랑")의 개념을 도입한 것은[98] 이곳이 처음이다. 여기서부터 이 개념은 훈계 단락을 지배할 것이다.

어떻게 해서 신도가 사랑을 표현하는 사람이 되는가? 2장 20절에 있는 그리스도론적 법식은 그리스도의 십자가 위에서의 죽음이 사랑의 행위라는 것을 설명하였다. 이와 같이 그리스도인이 "예수 그리스도를 믿을"때 그는 하느님의 아들이 십자가 위에서 죽었다는 것을 믿는다. 왜냐하면 그분은 "나를 사랑하셨고 나를 위해서 그 자신을 포기하셨기" 때문이다. 그리스도인이 하느님의 아들의 영을 받을 때(4, 6), 그는 또한 그리스도로 하여금 그렇게 행하도록 했던 거룩한 사랑의 권능을 부여받는다. "성령의 열매"라고 불린 목록에서 사랑이 맨 먼저 언급된다(5, 22—23). 사랑은 공동체에서와 마찬가지로 개개 그

한가운데서 사용된다("효과적이 되다," "표현하게 되다"). 그것의 의미에 대해서는 갈라 5,21—23을 보라. 그 용어의 다른 용법에 대해서는 로마 7,5 ; 고후 1,6 ; 4,12 ; 데전 2,13 ; Bauer, *s.v.*, 1,b를 보라. 또 고전 12,6·11 ; 필립 2,13 ; 3,21 ; 데전 2,13 ; 필레 6을 보라. 후대의 바울로주의자들은 "에너지"로서 이 믿음의 개념을 잘 다듬었다(참조. 골로 1,29 ; 2,12 ; 에페 1,11·19·20 ; 3,7·20 ; 4,16. 참고문헌에 대해서는 또한 위, 갈라 2,8에 관해서 보라).

98) "사랑"의 중요한 윤리적 개념에 대해서는 다음을 보라 : 갈라 2,20 ; 5,13·14·22 ; 로마 12,9 ; 13,8—10 ; 14,15 ; 15,30 ; 고전 8,1 ; 13 ; 14,1 ; 16,14 ; 고후 2,4·8 ; 6,6 ; 8,7·8·24 ; 필립 1,9·16 ; 2,1·2 ; 데전 1,3 ; 3,6·12 ; 4,9 ; 5,8·13 ; 필레 5·7·9. 많은 수의 연구들의 참고문헌에 대해서는 다음을 보라 : Harald Riesenfeld, "Étude bibliographique sur la notion biblique d' ἀγάπη, surtout dans 1 Cor 13," *Con NT* 5(1941), 1—32 ; Bauer, *s.v.*; Ceslaus Spicq, *Agapè dans le Nouveau Testament*(3 Vols.; Paris: Gabalda, 1958—9), ET. *Agape in the New Testament* (3 Vols.; St. Louis: Herder, 1963—66) ; Robert Joly, *Le vocabulaire chrétien de l'amour est-il original? Φιλεῖν* et *'Αγαπᾶν dans le grec antique* (Brussels: Presses Universitaires, 1968) ; Bultmann, *Theology*, § 39,3 ; Schelkle, *Theologie*, 3, § 8—9 (n.24, 위) ; Victor P. Furnish, *The Love Command in the New Testament* (Nashville: Abingdon, 1972) ; Reginald Fuller, "Das Doppelgebot der Liebe" (in *Jesus Chritus in Historie und Theologie, Neutestamentliche Festschrift für H. Conzelmann* [Tübingen: Mohr, Siebeck, 1975]137—29) ; Luise Schottroff, "Gewaltverzicht und Feindesliebe in der urchristlichen Jesus-tradition (Mt 5,88—48 ; Lk 6,27—36) [같은 책], 197—221 ; 고전 13,13의 원형으로서의 갈라 5,6에 대해서는 Conzelmann, 1 *Corinthians*, 229, 특히 n.114 참조.

리스도인에게서 명백해진다(2,20 ; 5,13). 토라를 완성시키는 것은 이 사랑이다(5,14). 이 사랑만이 그리스도인의 종말론적 희망의 기초가 된다(5,25—6,10).

바울로의 신학에서 믿음과 사랑은 많은 점에서 상호보완된다. 그렇다고 다음과 같이 말하는 것은 너무 단순하다 : "믿음을 가짐으로써 비로소 사랑은 가능케 되며 사랑을 가짐으로써 비로소 믿음은 효과적으로 그리고 실제적으로 된다."[99] 비록 이것이 사실이라 할지라도 우리는 동시에 그리스도가 보여준 사랑과 하느님께서 보내신 그리스도의 영을 그리스도인으로 하여금 믿음과 사랑을 갖도록 해주는 매체들로 생각해야 한다. 여기에다 우리는 사도의 사랑과 그리스도교 공동체의 사랑이 서로에 대해 그리고 바깥 세계에 대해 끼친 영향력을 덧붙여야 한다. 그러므로 바울로의 신학에서 "믿음"과 "사랑"을 "이론"과 "실천"으로서 구분하는 것은 불가능하다.[100] 오히려 그리스도인의 실존은 믿음과 사랑에서 명백해진다. 양자는 상호관계된 것으로 보아야 한다. 즉 양자는 서로 능력을 주고 받는 잠재력이다.[101]

[7] 7—12절의 단락은 비방문체로 되어 있다. 고도로 압축된 1—5절의 단락과는 대조적으로 새로운 단락은 문체에 있어서 훨씬 자유롭다. 즉 날카로운 언급들과 수사학적 질문들, 격언적 표현들, 위협, 아이러니 등이 두서없이 엮어져 있는 것처럼 보이며, 그것들 모두를 정점화시켜 하나의 적나라한 풍자적 농담으로 만든다. 7절은 비방 문학으로부터 잘 알려진 "경기(*agon*)의 모티프"를 도입한다 : ἐτρέχετε καλῶς("여러분은 잘 달리고 있었읍니다").[102] 바울로는

---

99) Schlier, 235가 그렇게 본다.

100) 갈라(5,6)에 관한 Stanislas Lyonnet (*Les Epîtres de Saint Paul aux Galates, aux Romains* [Paris. Cerf, 1953]에 반대되게 그는 믿음을 의인과 구원의 원칙으로서 규정하는 많은 사람들을 대표한다. "살아있는 믿음"으로서 그것은 사랑의 매개를 통하여 활동한다. 또한 같은 저자, "Foi et charité d'après Saint Paul," *Foi et Salut selon S.Paul* (*AnBib* 42 ; Rome Pontifical Biblical Institute, 1970) 211—24를 보라.

101) 1535년의 주석에서 루터는 "사랑으로 행하는 믿음"이라는 귀절에 대해 길게 그리고 포괄적으로 논의한다. 거기서 그는 이 귀절에 새로운 행함에 의한 의의 근거를 두는 "궤변주의자들"에 반대하는 주장을 편다. 이것은 인의의 개념이 믿음보다 사랑과 관련될 때 행해진다. 그래서 사랑의 행동은 믿음에 의한 인의가 된다.

102) "agon 모티프"에 대해서는 또한 갈라 2,2 ; 로마 9,16 ; 고전 9,24—26; 필립 2,16 ; 3,14 ; 데후 3,1을 보라. Otto Bauernfeind, "τρέχω, δρόμος, πρόδρομος," *TDNT* 8,226—35, 특히 2311f; Victor C. Pfitzner, *Paul*

갈라디아 사람들이 과거에 성취한 것을 경기장에 있는 선수들과 비교한다.[103] 그들이 잘 달리고 있던 동안, 갑자기 불합리한 무슨 일인가가 일어났다 : *τίς ὑμᾶς ἐνέκοψεν* 〔*τῇ*〕 *ἀληθείᾳ μὴ πείθεσθαι*("누가 진리를 따르는 여러분의 길 안에 들어왔읍니까?").[104] 첫번째 단어들은 아직도 경기장 내의 상황에 몰두해 있는 것 같으며, "누가 여러분의 길 안에 들어왔읍니까?"와 같은 무엇인가를 시사한다.[105] 표현된 경악은 물론 하나의 수식이다.[106] 질문 자체가 그렇다. 다른 바울로의 서신들로부터의 병행구들은 바울로가 사탄을 생각하고 있다는 것을 거의 확실하게 한다.[107] 이 인유(引喩)는 그 문장의 두번째 부분에서 우리가 비유적(figurative) 언어로 옮겨간다는 것을 시사한다.[108] 바울로는, 흔히 사람들이 어떤 진리를 알고 있으면서도 어떤 알 수 없는 이유들로 해서 그들이 그 진리에 거슬러서 결정을 내리는 불합리한 현상에 대해 말한다.[109] 그 문제는 원래 격언적이나,[110] 바울로는 "복음의 진

---

and the Agon Motif (NovTSup 16 ; Leiden: Brill, 1967) 특히 136—38을 보라.

103) 갈라디아 사람들의 과거 성취에 대해서는 갈라 4,12—20 참조.

104) 그 본문은 Nestle-Aland의 것이다. 관사 *τῇ*는 P⁴⁶ C 𝔎 D G *pl*에 의해서 읽혀진다.

105) 참조. Hesychius, *Lexicon* (Hauniae: Munksgaard 1966), 2.104 : *ἐμποδίζων, διακωλύων*. 또한 다음을 보라 : LSJ, *s.v.*; Bauer, *s.v.*; Gustav Stählin, "*ἐγκοπή, ἐγκόπτω*," *TDNT* 3,855—60 ; Preisigke, *Wörterbuch* 4/3(1966) 648f, Pap. Mich. 56.4 (3rd C. B.C.)를 인용함 : *γέγονεν αἴτιον τὸν 'Αρίστανδρον ἡμῖν ἐγκόψαι*("아리스탄드로스가 너의 길 안에 들어왔던 것이 문제다").

106) 참조. 갈라 3,1.

107) 참조. 데전 2,18 : *ἐνέκοψεν ἡμᾶς ὁ σατανᾶς*("사탄이 우리를 방해했읍니다") ; 로마 15,22 ; 고전 9,12.

108) 아마 이것은 일부 사본전승(G it vgˢ)이 그 문장을 의문표와 함께 끝맺는 이유일 것이다. 그 점의 논의에 대해서 Stählin, "*ἐγκοπή, ἐγκόπτω*," *TDNT* 3,856n. 6 ; Rudolf Bultmann, "*πείθω*," *TDNT* 6.4 n. 11을 보라.

109) G it vgˢ는 새로운 문장 *paronomasia*를 사용하는 격언을 만든다 : *τῇ ἀληθείᾳ μὴ πείθεσθαι μηδενὶ πείθεσθε*("진리를 거역하면서까지 복종하지는 말라"). 참조. 또한 갈라 4,16 ; 로마 2,8. *paronomasia*에 관해서는 BDF, §488,1 ; BDR, §488,1을 보라.

110) 참조. Hans Walther, *Lateinische Sprichwörter und Sentenzen des Mittelalters* (Göttingen: Vandenhoeck & Ruprecht, 1963) no.33, 157 : Veritas paucis amatur: fabulam plures colunt("몇몇 사람만이 진리를 사랑한다 ; 많은 자들은 허구에 주의를 기울인다"). 그리고 no.33, 157t : Veritas vulgo semper odiosa("진리는 언제나 군중의 귀에 거슬린다").

리"와 관련해서 그것을 해석한다.[111] 어쨌든 진리를 알면서도 그것을 따르지 않는 것은 어리석다는 표시다. 왜냐하면 "우리는 진리를 거슬러서는 아무 것도 행할 힘이 없으며 다만 진리를 위해서만 힘이 있기 때문"이다(고후 13, 8).[112]

[8] 비슷한 어근과 음을 가진 단어들을 사용하면서 바울로는 또 하나의 다소 풍자적인 언급을 덧붙인다 : *ἡ πεισμονὴ οὐκ ἐκ τοῦ καλοῦντος ὑμᾶς*("그와 같은 꾐은 여러분을 부르신 이로부터 난 것이 아닙니다"). 용어 *ἡ πεισμονή*("꾐")는 여기서 처음으로 그리스어로 논증된다. 그러나 그것이 희귀한 단어로 남아 있기 때문에, 그 의미는 확증하기 어렵다.[113] 그 말은 행위로서 또는 완성된 사실로서("확신") "설득"을 뜻하거나 또는 "복종"을 뜻할 수 있다. "복종"이라는 뜻일 경우, 7절에 G it Vg[s]의 번역을 채택하게 된다. 그러나 그 번역은 권고할 만한 것이 못된다.[114] 첫번째 의미인 "설득"은 몇 가지 사항을 고려함으로써 뒷받침될 수 있다. (1) 그것은 명백히 하느님으로부터 그리고 바울로로부터 나오는 "진리"(참조. 5, 7)에 대조되는 부정적인[115] 무엇을 뜻한다. (2) 바울로의 이원론적 사고에서 볼 때, 설득은 하느님에 반대되는 위치에 있어야 한다.[116] (3) 후대의 병행구들은 그것을 "믿지 못할 수사학"(empty rhetoric)과 결합시킨다.[117] 그러므로 그 용어는 바울로의 반-수사학적 병기고에 속하

111) "복음의 진리"의 개념에 대해서는 갈라 2,5.14를 보라.

112) 참조. 사도 4,20 ; 5,29. 비슷한 잠언에 대해서는 Livy 22.39.19 참조: Veritatem laborare nimis saepe aiunt, extingui numquam("진리는 빈번히 그 빛이 어두워지나 결코 꺼지지 않는다고 그들은 말한다"). 다른 본(本)들에 대해서는 August Otto, *Die Sprichwörter und sprichwörtlichen Redensarten der Römer* (Leipzig: Teubner, 1890) 367f; 또한 Bauer, *s.v. πειθαρχέω*를 보라.

113) Vg: *persuasio*. LSJ, *s.v.*; Bauer, *s.v.*; Rudolf Bultmann, "*πεισμονή*," *TDNT* 6.9 ; *PGL*, *s.v.*; 그리고 Burton, 283 ; Lietzmann; Schlier, 236. n.5에서의 토론들을 보라.

114) 위, 5,7에 관한 주 109를 보라. 불트만(같은 책)은 이것을 택하는 것 같다.

115) *οὐ* ("not")를 생략하는 증거들은 그것을 긍정적인 뜻에서 해석한다는 것을 주목해야 한다(D* *pc* it Origen Ephraem).

116) 참조. Ign. *Rom*. 3.3 : *οὐ πεισμονῆς τὸ ἔργον, ἀλλὰ μεγέθους ἐστὶν ὁ Χριστιανισμός*…("그리스도교는 설득의 일이 아니라 위대함의 일이다…").

117) 참조. Epiphanius, *Adv. haer*. 30.21. 2(p.361,19) ; Chrysostom, *Hom*. 1. 2 in 1 Thess (PG 11. 427 D)에서 그 용어는 *κολακεία*("아첨")과 관

는 것 같으며, 유사한 종류의 진술들과의 관련성 속에서 고찰되어야 한다.[118] 갈라디아 사람들의 현재의 신학적 입장을 "꾐"으로 부르는 것은 그것을 반대파의 특징인 "수사학적 책략"으로 보는 것이나 다름 없다.[119] 그런 책략은 물론 "복음의 진리"와 양립할 수 없다. 만일 저 꾐이 바울로를 통해서 갈라디아 사람들을 부르셨던 하느님에게서 나오지 않았다면,[120] 그것은 쉽사리 추측할 수 있는 다른 출처로부터 나온 것일 수밖에 없다.[121] 그의 날카로운 수사학은 별문제로 하고 바울로는 옳다. 즉 현재 갈라디아 사람들은 기초가 단단하지도 않고 변화할 수도 없는 입장을 확고히 믿으려 하고 있는 것이다.

[9] 편지[122]나 비방 문헌에서 관습적으로 그러하듯이 바울로도 잠언을 삽입한다 : *μικρὰ ζύμη ὅλον τὸ φύραμα ζυμοῖ* ("적은 누룩이 온 밀가루 반죽을 부풀게 합니다"). 이 잠언은 바울로 서신중에서 이곳과 고린토전서 5장 6절에서만 나타난다.[123] 그러나 그

계되며 거기서 우리는 이 대비를 발견한다 : *οὐ πεισμονὴ ἀνθρωπίνη, ἀλλὰ θεοῦ δύναμις*("사람의 설득이 아니라 하느님의 권능").

118) 참조. 고전 2,3—5 ; 고후 10,1·10 ; 11, 4·13—15·19·20. Betz, *Paulus*, 57ff를 보라.

119) 참조. 갈라 1,10 ; 3,1 ; 5,7b. 또한 Justin, *Dial*. 47(부록 4)를 보라.

120) "부름"에 관해서는 갈라 1,6·15 ; 5,13을 보라. 전치사 *ἐκ*는 ***gen. auct.***를 나타낸다. Mayser, ***Grammatik*** 2/2, 344, 382를 보라.

121) 헬라적 유다교 변증론에 의하면, 이단은 악마의 일이다. Juda Bergmann, ***Jüdische Apologetik im neutestamentlichen Zeitalter*** (Berlin: Reimer, 1908) 32ff. 참조. 고후 11,14 ; 디전 1,20 ; 5,15 ; 묵시 2,9 등. ***NHC*** Ⅵ.4, 45 lines 14ff에 의하면, 적그리스도는 할례를 소개하는 배교자들을 이끈다. 그리고 적그리스도는 "할례받지 않은(참된) 사람들에 심판을 고한다"(lines 20—22, Frederik Wisse의 번역에 따라 : 참조. Karl-Martin Fischer ***et al.***, ***ThLZ*** 98(1973) 174).

122) 다음을 보라 : ps.-Demetrius, *De eloc*. 4.232 : *Κάλλος μέντοι αὐτῆς αἵ τε φιλικαὶ φιλοφρονήσεις καὶ πυκναὶ παροιμίαι ἐνοῦσαι· καὶ τοῦτο γὰρ μόνον ἐνέστω αὐτῇ σοφόν, διότι δημοτικόν τί ἐστιν ἡ παροιμία καὶ κοινόν, ὁ δὲ γνωμολογῶν καὶ προτρεπόμενος οὐ δι' ἐπιστολῆς ἔτι λαλοῦντι ἔοικεν, ἀλλὰ μηχανῆς* ("그러나 그것은 우호적이고 친절한 조그마한 충고의 형태로 좋은 몇몇 잠언들과 뒤섞인 채 꾸며졌다. 이 마지막이 그것에서 받아들일 수 있는 유일한 철학이다—잠언은 사람의 지혜, 세상의 지혜이다. 그러나 금언적인 격언들과 권면들을 말하는 사람은 더 이상 편지에서 친숙하게 말하고 있는 것 같지 않으며 사원에서(***ex cathedra***) 말하는 것 같다. 편지 속의 잠언에 관해서는 Peter, ***Brief***, 20f, 27 ; Thraede, ***Brieftopik***, 24f, 그리고 index, ***s.v.*** "Sprichwort"를 보라.

123) 고전 5,6에서 그것은 인용법식 *ὅτι*("왜냐하면")에 의해서 표시된다.

것이 대중의 지혜로부터, 심지어 시인들로부터도, 혹은 양쪽에서 다 나온다는 것은 거의 의심할 바가 못 된다.[124] 누룩의 상징적 해석은 복음서 전승[125]과 필로[126]와 로마의 시인들[127]로부터 또한 알려진다. 누룩의 부정적인 해석은 필로와 플루타르크에서 잘 나타난다. 바울로는 또한 그것을 "반죽을 못 쓰게 만드는" 것으로 해석한다.[128] 갈라디아 5장 9절에서[129] 그 잠언은 더 이상의 해석없이 진술된다.[130] 그 의미

124) 이미 루터(1519, 1535)는 그 문장들을 "잠언적"이라고 부른다. 참조. Anton Schön ("Eine weitere metrische Stelle bei St. Paulus?" *Bib* 30 〔1949〕 510—13). 그는 그것을 古典期 후의 短長格의 3보격 시행(iambic trimeter)으로서 생각하고 싶어한다. Hans Windisch, "ζύμη," *TDNT* 2,902—06 ; Conzelmann, 1 *Corinthians*, 98f를 보라.

125) 루가 13,21,∥마태 13,33 ; *Gos. Thom.*, log. 96 ; 참조. 또한 마르 8,15,∥루가 12,1∥마태 16,6 ; Ign., *Mag.* 10.2 ; Justin, *Dial.* 14.2,3 ; ps.-Clem. *Hom.* 8.17. "누룩"의 부정적인 의미에 관해서는 Joachim Jeremias, *The Parables of Jesus* (tr. S.H. Hooke; rev.; New York: Schribner's, 1963), 148 ; Robert W. Funk, "Beyond Criticism in Quest of Literacy: The Parable of the Leaven," *Int* 25(1971) 161f. 라삐 문헌에서 그 용법에 대해서는 Str-B 1.728f, 2.359f; 그리고 교부들에 의한 용법에 대해서는 *PGL, s.v.* ζύμη, ζυμόω를 보라.

126) Philo, *Spec.* 1.293 ; 2.184f; *QE* 1.15. Windisch, "ζύμη," *TDNT* 2.905를 보라.

127) 참조. Plautus, *Cas.* 2.5.326 ; *Mercat.* 5.3.959 ; Petronius *Sat.* 76. 그 참고서들은 Otto, *Sprichwörter*, 133(위, 주 112를 보라)으로부터 택해진다.

128) Plutarch, *Quaest. Rom.* 289F: "누룩은 그 자체가 부패의 산물이며, 그것이 섞어가는 반죽을 부패하게 만든다. 왜냐하면 반죽이 흐늘해지고 활력이 없어지기 때문이며 전체적으로 발효시키는 과정은 부패의 과정 같다. 어쨌든 만일 부패가 너무 심해질 경우 누룩은 반죽을 완전히 시게 하고 못쓰게 만든다."

129) 몇몇 사본들은(D* it[d] vg goth Marcion Marius Victorinus Ambrosiaster *al*) 여기서 그리고 고전 5,6에서 ζυμοῖ("부풀게한다")대신에 δολοῖ("왜곡시키다")로 읽는다. Zuntz, *Text*, 114f; Metzger, *Textual Commentary*, 597 ; Mussner, 356n.91을 보라 : "그러나 난해 독법은 ζυμοῖ이다." 이 증거들은 그 잠언 자체에 부정적인 해석을 미치게 한다. 고후 4,2에 반영된 방향 : δολοῦν τὸν λόγον τοῦ θεοῦ("하느님의 말씀을 비뚤어지게 한다").

130) 슐리어(237)와 무쓰너(356f)는, 만일 할례의 한가지 요구를 도입하는 것이 허용된다면, 전체 진리와 갈라디아 사람들의 믿음 전부를 파괴할 수 있는 반대자들의 교리와 누룩을 동일시함으로써 그 잠언을 비유화 한다. 이 해석은 오랜 전승에 서 있으며, 아마 Ign. *Mag.* 10. 1에서 시작해서 Chrysostom, Theophylactus, Luther, Calvin, Cornelius a Lapide, Lipsius, Sieffert, Schäfer, Kuss, Burton, Lietzmann, Oepke 등을 포함한다. 그러나 바울로는 이 보조를 취하는 것이 아니라 단순히 그 잠언을

는 문맥에서 저절로 분명해진다.[131)

[10] 9절에 있는 잠언은 10절에서 관례적인 편지 문구인 확신의 표현에 의해 이어진다 : ἐγὼ πέποιθα εἰς ὑμᾶς ἐν κυρίῳ ὅτι οὐδὲν ἄλλο φρονήσετε("여러분이 다른 생각을 품지 않으리라는 것을 나는 주 안에서 확신합니다"). 그 문장은 전후 문장과 사실상 아무런 관련이 없다. 헬라의 서간문학에 있는 것[132)]과 마찬가지로 바울로의 다른 서신들[133)]에 나오는 병행구들은 사도가 서간문의 주제를 사용하고 있다는 것을 보여준다. 그러나 문제는 만일 갈라디아 사람들이 그를 저버릴 정도였다면, 그리고 반대자들에게 넘어갔다면 어떻게 그가 그런 확신을 가질 수 있느냐 하는 것이다.[134)] 우리는 확신에 차 있는 이 서간문구와 바울로가 전하고 있는 구체적인 상황이 모순되고 있는 듯한 인상을 받게 될지도 모른다. 그러나 구체적인 상황 때문에 바울로는 ἐν κυρίῳ("주 안에서")를 덧붙임으로써 갈라디아 사람들에 대한 그의 확신을 나타냈을 것이다. 그런 자신감의 표현은

인용한다.

131) 이 점에서 그것은 고전 15,33에서 병행구를 가진다. 거기서 Menander의 *Thais*가 인용된다 : φθείρουσιν ἤθη χρηστὰ ὁμιλίαι κακαί("나쁜 동료가 좋은 버릇을 망친다"). 중세의 잠언이 갈라 5,9 그리고 고전 15,33 양자에 관계되는 것이 흥미롭다 : Fermentat celebres numerosa pecunia mores("많은 돈이 훌륭한 버릇을 발효시킨다[부패시킨다]"). 그 인용문은 Walther, *Lateinische Sprichwörter*, no. 9339에서 따온 것이다(위, 주 110을 보라). 또한 Prudentius, *Liber Apotheosis* (CChr 126 ; ed. Mauritius Cunningham, 1966) 353ff를 보라.

132) 불트만("πείθω, "*TDNT* 6. 3)은 2Macc 9,27을 병행구로 언급한다. 다른 것들은 다음에 있다 : *Ep. Petr.* (ps. Clem. *Hom.*) 1.2(부록 3을 보라) ; Pap. Flind. Petr. Ⅱ,11,1 : πέπειρμαι ῥαιδίως με τῶι βασιλεῖ συσταθήσεσθαι("당신이 나를 왕에게 기꺼이 소개시켜 줄 것을 확신한다."[*Epistulae privatae graecae*, ed. Stanislaus Witkowski, BT, Leipzig: Teubner, 1911, no. 3]) ; *Demetrii et Libanii qui feruntur Τύποι ἐπιστολικοί* et *'Επιστολιμαῖοι χαρακτῆρες*; ed. Valentin Weichert (BT, Leipzig: Teubner, 1910) no. 41 (33 line 21) ; no. 62(39 line 23) ; *Ep. Phalarid.* 130 (ed. Rudolphus Hercher, *Epistolographi Graeci* [Paris: Didot, 1873] 449).

133) 참조. 로마 14,14 ; 15,14 ; 고후 2,3 ; 필립 1,6·25 ; 2,24 ; 필레 21 ; 또한 데후 3,4 ; 디후 1,5·12 ; Ign. *Trall.* 3.2 ; Pol. *Phil.* 9.2 ; *Barn.* 1.4.

134) 참조. 갈라 1,6 ; 3,1 ; 4,9—11·15a·16·19·21 : 5,4·7 ; 6,12—16.

135) 이 바울로의 법식은 갈라디아서에서 여기서만 발견되나 다른 서신들에서는 더 자주 발견된다 : 참조. 로마 14,14 ; 16,2·8·11·12·13·22 ; 고전 1,31 ; 4,17 ; 7,22·39 ; 9,1·2 ; 11,11 ; 15,58 ; 16,19 ; 고후 2,12 ; 10,17

"육"에 대한[136] 확신이 있을 수 없다는 바울로의 전체적인 신념에 의해서 또한 정당화된다.[137] 다른 한편으로, 교회들이 충실한 자신의 지지자들로 남아 있을 것이라는 얼마간의 실제적인 희망을 사도가 갖지 않았다면, 관례적인 문구를 사용하는 것조차도 모순일 것이다.

그 상황은 갈라디아 사람들이 처해 있는 동요와 불확정의 상황임이 분명하다. 그것이 결코 좋은 상황은 아니지만 적어도 바울로가 말할 필요가 있다고 느끼는 것을 말할 수 있다. 그렇다면 틀림없이 그 편지의 삶의 자리는 다음과 같을 것이다. 즉 갈라디아 그리스도인들은 바울로주의적 입장에서 많이 떠나 있긴 하지만, 그들은 아직 자신들의 마음을 최종적으로 정하지도 않았으며, 바울로에 대한 마음의 문을 완전히 닫아버리지도 않았다.[138] 바울로의 낙관주의의 얼마만큼이 관례에서 나온 것이고[139] 또 얼마만큼이 실제에 기인하고 있는지는 여전히 의아스럽다. 바울로는 갈라디아 사람들이 이미 다른 생각을 품었을 것이라는 점을 무시한 채, 그들이 자신의 편지를 읽고 나서 다시 마음을 바꿀 것이라는 데 희망을 걸고 있다.

10절b에서 위협이 뒤따른다 : *ὁ δὲ ταράσσων ὑμᾶς βαστάσει τὸ κρίμα, ὅστις ἐὰν ᾖ*("여러분을 교란시키는 사람은 그가 누구든 간에 심판을 받을 것입니다"). 누구라는 것을 칭하지 않은 채, 바울로는 반대자들에게 말을 건다.[140] 그들의 지도자나 또는 집단 전부가 신의 심판 하에 있을

필립 1,14 ; 2,19·24·29 ; 3,1 ; 4,1·2·4·10 ; 데전 3,8 ; 4,1 ; 5,12 ; 필레 16,20. 참조. 또한 골로 3,18·20 ; 4,7·17 ; 에페 4,1·17 ; 5,8 ; 6,1·10·21 등. Ernest Best, *One Body in Christ* (London: SPCK, 1955), 1ff, 29,31 ; 그리고 더 이상의 참고문헌에 대해서는 Conzelmann, *Outline*, 208—12를 보라.

136) 참조. 필립 3,3·4 ; 고후 10,2 ; 또한 로마 2,19 ; 고후 3,4 ; 갈라 1,10.

137) 명백히 그것은 로마 14,14 ; 필립 1,14 ; 2,24 ; 데후 3,4에 또한 있는 편지문구의 일부다. 갈라 5,10a에서 B는 그것을 읽지 않는다.

138) 문구 "여러분이 다른 생각을 품지 않다"에 대해서는 필립 3,15 ; 2 *Clem.* 17.3 ; Ign. *Smyr.* 5.2. 또한 Georg Bertram, "*φρήν κτλ.*," *TDNT* 9. 232—33. 참조.

139) 서간문적 주제에 대해서는 ps.-Libanius *Charact. epistol.*(참조. 위, 주 133) no. 10(p.24 lines 7-8) 참조. 아마 그것은 "정신에 있어서 일치"의 주제와 관계될 것이다(그것에 대해서는 Thraede, *Brieftopik*, 110ff, 125를 보라).

140) 바울로는 1,7 ; 4,17 ; 5,12 ; 6,12·13에서 한 집단을 들어 말한다. 그래서 5,10b에 있는 단수는 총칭단수로 해석되어야 한다. 또한 Sieffert, Burton, Oepke, Bonnard, Schlier, Mussner 등도 마찬가지다. 또는 사탄에 대한 언급이 포함될까(5,8에 관해서 보라)? 용어 *ταράσσειν*("교란

것이며,[141] 물론 1장 8—9절에서 말한 저주에 떨어질 것이다. 바울로가 어느 한 특정한 인물을 염두에 두고 있는지, 만일 그렇다면 그가 누구인지를 추측하는 것은 어려운 일이다.[142] 사람의 이름을 말하지 않는 것은 관례적으로 그런 것이며, 반대파를 공개적으로 알리지 않기 위한 것이다.[143]

[II] 독자들에게 준비할 틈도 주지 않고 바울로는 자신에 관한 수사학적 질문과 진술을 퍼붓는다 : *'Eγὼ δέ, ἀδελφοί, εἰ περιτομὴν ἔτι κηρύσσω, τί ἔτι διώκομαι*("나의 형제들이여, 내가 아직도 할례를 전한다면, 어찌하여 아직도 박해를 받겠읍니까?"). 사도가 정확히 염두에 두고 있는 것이 무엇인지는 쉽게 알 수 없다. 가정컨대 그는 그 자신과 갈라디아 사람들에게는 잘 알려진 어떤 문제들, 그러나 우리로서는 잘 알 수 없는 어떤 문제들을 지칭한 것 같다. 마찬가지로 우리를 당황케 하는 것은, 바울로가 그 문제를 갑자기 떠난 후 더 이상의 언급 없이 그것을 즉시 생략한다는 점이다.

이 문장을 분석함에 있어서, 우리는 바울로가 그 자신에 대해 진술하고 있다는 것은 알 수 있다 : "그는 그 자신에 대해서 말한다."[144] *ἐγώ*("내가")는 문장의 첫부분에 강조해서 나온다.[145] 다음에 "나의 형제들이여"라는 호칭이 반복된다.[146] 그 진술은 다음에 두 가지 사실

시키다")에 대해서는 1,7에 관해서 보라.

141) 참조. 데전 2,16 ; 고후 11,15에 있는 직접적인 병행구들을 보라. 고후에서 바울로는 반대자들의 운명을 예견한다 : "그들의 마지막은 그들이 행한 대로 될 것입니다." 이 언급은 누구나 다 그의 행위에 따라서 하느님에 의해서 심판받을 것이라는 유다교, 그리고 원시 그리스도교 종말론과 일치한다. 참조. 또한 갈라 5,5 ; 6,5·7—10 ; 로마 2,2·3·6 ; 3,8 ; 13,2 ; 14,10 ; 고전 5,5 ; 11,29·34 ; 고후 5,10. 전반적인 문제에 관해서는 Gillis P. Wetter, *Der Vergeltungsgedanke bei Paulus* (Gōttingen: Vandenhoeck & Ruprecht, 1912), 56ff; Luz, *Geschichtsversāntdnis*, 313ff.

142) 그 사람이 누구일지에 대한 추론에 대해서는 Zahn, 244 ; Sieffert, 309 ; Oepke; Lietzmann; Bligh; Mussner, 358 n.104. 어구 *ὅστις ἐὰν ᾖ*("그가 누구든간에")에 대해서는 병행하는 갈라 2,6 참조.

143) 참조. 5,10에 관한 Chrysostom의 언급 : "그리고 그들이 더욱 뻔뻔스럽게 되지 않도록 하기 위해 그가 이 음모자들의 이름을 결코 언급하지 않고 있음을 관찰하라. 비슷한 이유가 Ign. *Smyr.* 5,3에 의해서 주어진다(위, 갈라 1,7에 관해서 인용됨).

144) Oepke, 161 ; Schlier, 238.

145) 참조. 갈라 6,17 ; 고전 9,15 ; 고후 12,11·15 ; 참조. 고후 12,13·16 ; 필립 3,4·13.

146) 참조. 갈라 1,2·11 ; 3,15 ; 4,12·28·31 ; 5,13 ; 6,1·18.

들을 보도한다. (1) 바울로는 그가 아직도 박해당하고 있다는 것을 인정하나 왜 그리고 누구에 의해서인지를 밝히지 않는다.[148] (2) 그는 그가 "아직도"(ἔτι)[149] 할례를 전한다는 것을 부인하며, 처음 진술을 증거로서 사용한다. 그가 박해받고 있다는 부인할 수 없는 사실은 할례를 불합리하게 하고 그럼으로써 불가능하게 함으로써 그가 아직도 할례의 보급에 종사하고 있다는 전제를 반증한다. 그러한 전제는 바울로가 만들어낸 본질적으로 사실이 아닌 가설적인 해석일까(참조. 2,21b)?[150] 누가 실제로 그렇게 생각할 수 있었으며, 또 그 생각을 변호할 수 있었을까?

일부 학자들은 반대자들이 소문을 퍼뜨렸음에 틀림없다고 추론하였다. 반대자들은 바울로가 그 반대, 즉 율법으로부터의 자유를 전한다

147) 그런 박해의 예들은 갈라 2,4·5·11—14 ; 4,29이다 : 참조. 6,17. 우리는 또한 "위험한 상황들의 목록"을 언급해야 한다(고전 4,10—13 ; 고후 4,7—10 ; 6,4—10 ; 11,23—27 ; 12,10 ; 데전 2,14—16 ; Wolfgang Schrage, "Leid, Kreuz und Eschaton. Die Peristasenkataloge als Merkmale paulinischer theologia crucis und Eschatologie," *Ev T* 34 [1974], 141—75). 똑같이 중요한 것은 골로사이서(특히 1,24 이하) 그리고 에페소서(특히 3,1 이하)에 있는 언급들이다. 디전 1,12 이하 ; 디후 2,12 이하 ; 사도 13—28 등.

148) 전반적인 문제에 관해서는 다음을 보라 : Philipp Seidensticker, ***Paulus, der verfolgte Apostel Jesu Christi*** (Stuttgart: Katholisches Bibelwerk, 1965) ; Morton Smith, "The Reason for the Persecution of Paul and the Obscurity of Acts," in ***Studies in Mysticism and Religion presented to Gershom G. Scholem*** (ed. E.E. Urbach *et al.*; Oxford: Oxford University, 1967) 261—68. 그 배경에 관해서는 Odil H. Steck, ***Israel und das gewaltsame Geschick der Propheten*** (WMANT 23 ; Neukirchen: Neukirchner Verlag, 1967) ; Güttgemanns, *Apostel*, 여러 곳 ; Betz, *Nachfolge*, 173ff를 보라.

149) ἔτι ("아직도")는D G it arm goth Ephraem *al*에 나오지 않는다. 그것은 같은 문장에서 분사가 두번이나 나오기 때문에 아마 별로 중요하지 않게 생각되었을 것이다. 참조. Mussner, 359 n. 112.

150) Chysostom이 이 결론을 끌어냈다 : "그가 모든 곳에서 유다화했으며 그의 전도에서 위선적인 태도를 취했다는 비난으로부터 얼마나 명백히 그가 자신을 면제시키고 있는지를 보라." 그러나 그 결론은 아마 사도 16,3에 기초되어 있는 것 같으며, 거기서 바울로가 디모테오에게 할례를 주었다고 말해진다. 그리고 그것은 갈라 2,3—5에 있는 이독들과 관련해서 보아야 한다(위를 보라). 그 문제에 관해서는 Lütgert (*Gesetz und Geist*, 22ff), Sieffert, Zahn, Oepke, Mussner에 있는 논의들을 보라. 여기서의 바울로의 언급은 *Ep. Petr.* (ps.-Clem. *Hom.*) 2.4—7에 약간 이상한 형태의 병행구가 나온다. 거기서 베드로는 그가 율법의 폐지를 전한다고 주장하는 소문들을 부인한다(부록 3을 보라).

는 것을 너무도 잘 알고 있었으며, 갈라디아 사람들도 그러하였다. 만일 반대자들이 바울로의 선교에 대해서 앞의 전제와는 반대되는 것을 말했다면 그것이 더 일리가 있을 것이며, 그리고 사도행전에 따르면 사실 그들이 그렇게 했다.[151] 만일 갈라디아 사람들이 반대자들에게서 바울로가 할례를 전한다는 말을 들었다면 어떻게 그것을 믿을 수 있었겠는가?[152] "할례를 전한다"는 말은 반대자들이 바울로에 반대해서 한 주장이었을까 아니면 그들이 바울로의 탓으로 돌린 것에 대해 바울로가 만들어낸 말일까?

그 언어는 *κηρύσσειν περιτομήν*("할례를 전하다")이 그의 통상적인 개념인 *κηρύσσειν Χριστόν*("그리스도를 전하다")[153]와 대조적으로 표현된 바울로의 언어라는 것을 시사한다.[154] 그러므로 반대자들이 "할례를 전한다"는 말을 그에게 했는지조차도 불확실하다. 그러나 바울로는 실제로 그가 한 일과는 정반대로 주장된 무엇인가를 그 자신의 말로 〈재진술〉하는 것 같다. 주석가들은 실제로 바울로가 그리스도인이 되기 전에 할례를 전했던 것을 가리키는 것인지도 모른다고 제시했다. 또는 그는 자신이 그리스도인으로 탈바꿈한 더 이른 시기를 가리킨다. 그때 그는 할례에 관해서 현재 입장과 반대되는 유다—그리스도교적 견해를 가졌다.[155] 슐리어(p. 239)는 갈라디아서 3장 28절과 5장 6절, 6장 15절에서 바울로가 한 진술들이 사실상 할례를 지지하는 것으로도 반대하는 것으로도 해석될 수 있다는 것을 올바르게 파악했다. 바울

151) 사도 21, 20—26·28을 보라. 참조. 18, 13 ; 25, 18—19.

152) 아마 갈라디아 사람들 자신들은 그들이 할례는 받았느냐 아니냐 하는 문제가 바울로에게 중요하지 않을 것이라고 생각했을 것이다. 왜냐하면 그에게 있어서 할례와 무할례는 그 의미를 상실했기 때문이다(참조. 5, 6 ; 6, 15 ; 그리고 규칙 고전 9, 19—23). 그러나 유다 그리스도인인 그에게 중요하지 않은 것이 이방 그리스도인들인 그들에게는 중요하다!

153) 고전 1, 23 ; 필립 1, 15 ; 또한 갈라 2, 2 ; 로마 10, 8 ; 고전 15, 11—12 ; 고후 1, 19 ; 11, 4 ; 데전 2, 9 ; 골로 1, 23을 보라.

154) 그 표현은 이곳에만 나오며 대개의 주석가들에 의해 바울로에 의한 이 문제에 관한 법식으로서 해석된다. 특히 Karlheinz Müller, *Anstoss und Gericht* (SANT 19 ; Munich: Kösel-Verlag, 1969) 114f; Mussner, 359 n. 114, 116을 보라. 아마 이것이 옳을 것이다. 그러나 갈라 2, 8에 있는 표현 "할례의 복음"(그것에 대해서 2, 8에 관해서 보라)과 그리고 2, 17—29참조.

155) Barnikol (*Zeit des Paulus*, 18—24)의 제시를 따라 웹스는 바울로가 선교사로서의 그의 그리스도인 이전의 활동을 언급한다고 생각한다(*Paul*, 219 ; 참조. Schlier, 238 n. 4).

로는 출생에 있어서 유다인인 사람들과 이방인인 사람들을 다룰 때, 각각의 경우 할례를 다르게 취급한다. 그의 견해로는, 출생부터 유다인인 사람들은 만일 그들이 원한다면 계속해서 할례를 실행해도 좋다. 왜냐하면 그것은 "무관한" 것으로서 구원을 위한 조건이 아니기 때문이다. 아마 반대자들은 실수로 아니면 고의로 바울로의 그런 입장을 "오해"했을 것이다. 우리로서는 바울로가 단순한 "비방"을 부인하는 것인지 또는 부분적으로 사실이었던 주장까지를 부인하는 것인지 아마 결코 알 수 없을 것이다.

11절a에 대한 불확실성은 11절b에서도 계속된다 : *ἄρα κατήργηται τὸ σκάνδαλον τοῦ σταυροῦ*("그렇다면 '십자가의 걸림돌'은 제거되었읍니다"). 이 귀절은 5장 2—11절a(12절)에 대한 결론으로서, 또는 단순히 11절a에 대한 이유로서,[156] 또는 두 가지로 다 해석될 수 있다. 바울로는 다른 곳에서는 *ἄρα*("그러므로")로 시작되는 문장으로 전체 단락을 끝맺지 않는다(참조. 2,21 ; 3,29 ; 6,10/3,7은 약간 경우가 다르다). 또한 5장 11절b는 주장(*propositio*)(2,15—21)의 결론인 2장 21절c의 병행구다. 그러므로 우리는 할례에 관한 논의(5,2—12)의 끝과 결론으로서 11절b를 가장 잘 해석할 수 있을 것이다. 12절은 농담을 덧붙이는 것 같으며 13절은 다른 문제로 넘어간다.

바울로는 편지의 주요 관심사들을 요약하는 후기에서 할례 문제를 다시 언급한다(6,12—16). 바울로의 결론은 만일 갈라디아 사람들이 할례에 굴복하고 토라를 따른다면 "십자가의 걸림돌"이 제거된다는 것을 지적한다(참조. 5,2). 이렇게 말함으로써 그가 의미하는 바는, 갈라디아 사람들에 관한 한 "그리스도의 죽으심은 무의미하며"(2,21), 그들은 그리스도로부터 끊어졌고 은혜에서 떨어졌다는(5,4) 것이다. 또한 "복음의 진리"가 왜곡되었으며(참조. 2,5b.14), 전혀 복음이 아닌 "다른 복음"으로 바뀌었고(1,6—7), 갈라디아 사람들 가운데서의 바울로의 일이 "헛되었다"(참조. 3,4 ; 4,11·19 ; 또한 2,2)는 것이다. "걸림돌"이라는 개념[157]은 갈라디아서에서 이곳에서만 사용된다. 바울로

156) 이것은 슐리어(239)와 무쓰너(360)의 해석이다. 참조. Müller, *Anstoss und Gericht*, 115f; Thrall *Greek Particles*, 36.

157) 가장 중요한 것은 고전 1,23에 있는 병행구다 : *ἡμεῖς δὲ κηρύσσομεν Χριστὸν ἐσταυρωμένον, Ἰουδαίοις μὲν σκάνδαλον, ἔθνεσιν δὲ μωρίαν*… ("나는 십자가에 달리신 그리스도를 전합니다. 이것이 유다사람들에게는 걸림돌이 되고 이방사람에게는 미련한 것이 되지만…"). *σκάνδαλον* ("걸림돌")에 관해서는 로마 9,33(이사 8,14) ; 11,9 (시편 69,23) ; 14,

의 관심은 "십자가의 걸림돌"이 그리스도교 복음과 그리스도인의 실존으로부터 제거되지 않는다는 것이다.[158]

용어 *σκάνδαλον*("걸림돌")은 원래 함정, 당황과 공격의 원천, 분개와 저항을 유발시키는 자극적인 것을 가리킨다.[159] "십자가의 걸림돌"이라는 어구는 바울로의 법식적 언어의 또 하나의 예다. 이 어구는 바울로의 "십자가" 신학의 몇몇 본질적인 면들을 요약한다(참조. 3,1 ; 5,24 ; 6,12—14). 바울로에 따르면, 그리스도교 메시지의 "걸림돌"은, 구원이 그리스도의 십자가형과 죽음을 기초로 해서 선포된다는 것이다. 이것은 유다인들에 대한 공격이다. 왜냐하면 구원은 "그리스도 예수를 믿음으로"써 약속되며(참조. 2,16), 따라서 토라 준수를 통한 유다교의 구원개념은 무효화된다는 것을 뜻하기 때문이다. 그것은 또한 그레꼬 로마 문화에 대해 "걸림돌"이 된다. 왜냐하면 그리스도교의 구원 개념은 그리스의 파이데이아[160](*paideia* "교육" 혹은 "훈련")의 방법에 대한 어떤 타당성도 부인한다는 것을 암시하기 때문이다. 그러므로 그리스도교의 메시지는 불신자[161]를 "자극하고" "소외시키는" 피할 수 없는 중요한 요소를 제시한다. 이 요소가 없어질 경우, 그리스도교의 메시지는 그것의 완전성과 자기 정체, 즉 그것의 진리를 상실하게 된다.[162]

[12] 하나의 추가 표현으로서 바울로는 풍자적인 그리고 정말로 "살벌한" 농담을 덧붙인다 :[163] *ὄφελον καὶ ἀποκό-*

---

13 ; 16,17을 보라. 동사는 로마 14,21 ; 고전 8,13 ; 고후 11,29에서 발견된다. 그 용어의 의미와 참고문헌에 대해서는 다음을 보라 : Gustav Stählin, *Skandalon* (Gütersloh: Bertelsmann, 1930) ; 같은 저자, "*σκάνδαλον κτλ.*, "*TDNT* 7.339—58 ; Müller, 같은 책, 113—21 ; Mussner, 360—63 ; Heinz-Wolfgang Kuhn, "Jesus als Gekreuzigter," *ZThK* 72 (1975) 36—37.

158) *καταργέω*의 의미에 대해서는 갈라 3,17 ; 5,4 ; 2,21 ; 고전 1,18—31 ; 로마 1,16f 등을 보라. Müller, 같은 책, 116을 보라.

159) 그 용어는 *παγίς*("올가미")와 관계될 수 있다 : 참조. 여호 23,13 ; 시편 141,9 (140 ; 9 칠십인역) ; 마상 5,4 ; 로마 11,9(시편 69,23[68,22 칠십인역]). 더 많은 자료에 대해서는 Bauer, *s.v.* 를 보라.

160) 이 점에 관해서는 특히 고전 1,18—31을 보라.

161) Ign. *Eph.* 19.1은 그가 "십자가는 불신자들에게(즉 비그리스도인들) 걸림돌이다"고 말할 때 바울로의 전승에 선다.

162) 신학적 의미에 관해서는 Rudolf Bultmann, "Das Befremdliche des christlichen Glaubens," *ZThK* 55 (1958) 185—200(또한 그의 *Glauben und Verstehen* [4 Vols.; Tübingen: Mohr, Siebeck, 1952—65] 3. 197—212)을 보라.

ψονται οἱ ἀναστατοῦντες ὑμᾶς("저 선동자들에 대해서는 스스로 아주 거세해버렸으면 좋겠습니다!"(NEB)).[164] 그가 이 농담으로 자신의 주장들을 더욱 강하게 피력해 나갈 때, 비방 전도자들의 관행에 따르고 있다.[165] 거세된 남자들을 조롱하는 것은 비방 전도자가 흔히 써먹는 수법이었다.[166] 이 농담은 갈라디아 사람들이 실제로 시벨레—아티스(Cybele-Attis) 종파의 γάλλοι("거세된 승려들")의 영향 하에 있었다는 것을 뜻하는 것이 아니다.[167] 단지 바울로는 자신의 반대자들과 그들의 할례의식 —거세와는 관계가 없음이 분명한— 을 손상시키기 위해서 이 의식들에 대해 대중이 역겨워하는 표현을 사용할 뿐이다. 미래를 지시하는 'οφελον은 고전 그리스어에서 그것의 용법과는 달리 달성할 수 있는 소망을 표현한다.[168] 아마 또한 그 용어는 5장 2—3절에 있는 비슷한 언어를 지칭할 것이다. 용어 ἀποκόπτω는 여기서 유다교 할례의식을 풍자한 특수한 의미로 사용된다("거세하다").[169] 반대자

163) Hans von Campenhausen, "Ein Witz des Apostels Paulus und die Anfänge des christlichen Humors," *Neutestamentliche Studien für Rudolf Bultmann zum* 70. *Geburtstag am* 20. *August* 1954 (BZNW 21, 1954) 189—93을 보라.

164) 번역들은 종종 바울로가 사용하는 외설적인 언어를 피하는 경향이 있다 : 예, vg: utinam et abscihdantur, qui vos conturbant; Luther, *Heilige Schrift* (1545) : "Wolte Gott das sie auch ausgerottet würden die euch verstoren," 정확한 번역은 제롬을 따른 1519년의 루터의 주석에서 발견된다. *JB* : "내가 칼이 지나가는 것을 보고 싶어 한다고 당신을 교란시키는 사람들에게 말하시오."

165) 나쁜 일을 하기 위한 반어적 도구전, 즉 비방 주제에 관해서는 Bultmann, *Stil*, 32ff, 66, 특히 62를 보라. 그는 갈라 4,9—10 ; 5,12 ; 필립 3,19 ; 고전 11,6을 반대 의견들의 "거짓된 그리고 터무니 없는 제시"의 예들로서 든다(103, 105),

166) 예컨대, Epictetus, *Diss*. 2.20.17—20,1.2.25 ; Lucian, *Eunuch*., 특히 8 ; Dio Chrys. 79.11 ; phiol, L.A. 3.8 ; *Spec*. 1.325를 보라 Betz, *Lukian*, 78을 보라.

167) 뷔트게르트 (*Gesetz und Geist*, 81ff)를 따르는 외프케 (163f). 참조. Lightfoot, 갈라 5,12에 관해 ; Burton, 288f; Betz, *Lukian*, 77—79.

168) BDF, § 384 ; BDR, § 384를 보라. P⁴⁶은 대신 ἄρα("그러므로")로 읽는다. P⁴⁶ D G는 가정법 ἀποκόψωνται로 읽는다.

169) ἀποκόπτειν 그리고 ἀποκόπτεσθαι("거세하다") ; 참조. BDF, § 317 ; BDR, § 317. 이 해석은 Chrysostom과 Ambrosiaster에 의해서 제시되었다. 그 용어의 의미에 관해서는 Gustav Stählin "κοπετός, κόπτω," *TDNT* 3,853—5 ; Bauer, *s.v.* 를 보라. , 가장 중요한 것은 필립 3,2에 있는 병행구다 : βλέπετε τὴν κατατομήν("절단을 주장하는 자들을 조심하시오—나는 그것을 '할례'라고 부르지 않을 것입니다"(NEB)).

들 자신들은 평범한 정치적 "선동자들" 또는 "민중 선동가들"을 묘사하는 용어인 *οἱ ἀναστατοῦντες*로 불리운다.[170] 이 용어는 물론 반대자들을 풍자하고 그럼으로써 그들을 손상시킬 의도로 사용된다.[171]

2. 육적인 타락에 대한 경고 5장 13—24절

5,13 나의 형제들이여, 여러분은 자유를 위하여 부르심을 받았읍니다. 그
러나 이 자유가 육을 위한 기회가 되지 않게 하십시오.[1] 오히려 사랑으로
서로 종이 되십시오. **14** 왜냐하면 모든 율법이 한 말씀에 다 완성되기 때문
입니다 : '네 이웃을 네 몸과 같이 사랑하라.' **15** 그런데 여러분이 서로 물
고 찢으면 피차 망할 것이니 조심해야 합니다. **16** 그러나 나는 말합니다.
성령에 의해서 걸으시오. 그리하면 여러분은 육체의 욕망을 채우지 않을 것
입니다. **17** 육신의 욕망은 성령을 거스르고 성령의 의욕은 육신을 거스릅니
다. 그것들이 서로 반대되는 것이기 때문에 여러분은 자기가 원하는 일을
할 수 없게 되는 것입니다. **18** 그러나 여러분이 성령에 의해 인도된다면 율
법 아래 있는 것이 아닙니다. **19** 육이 하는 일은 명백합니다.[2] 음행, 더러
움, 방탕, **20** 우상숭배, 마술, 원수맺기, 싸움, 시기, 분노, 반목, 분열,
분파, **21** 질투, 술주정, 흥청대며 먹고 마시는 것, 또 그와 비슷한 것들입
니다. 내가 〔전에도〕 경고했던 것처럼 이것들에 대해 여러분에게 경고합니
다 : '그런 일들을 행하는 사람들은 하느님 나라를 차지하지 못할 것입니다'
22 그러나 성령의 열매는 사랑, 기쁨, 평화, 인내, 친절, 선함, **23** 신실,
온유, 절제입니다. 그런 것들을 금하는 법은 없읍니다. **24** 그러나 그리스도

---

170) 참조. 사도 17,6 ; 21,38 (*ὁ ἀναστατώσας*—"반란을 일으켰던 사람"). 그 언어는 정치적이다 : 참조. 다니 7,23 칠십인역 ; ps.-Clem. *Hom.* 2.15. LSJ, *s.v.*; Bauer, *s.v.* Preisigke, *Wörterbuch* 4/1 (1944), 141, *s.v.*; *PGL*, *s.v.*를 보라.

171) 아마 vg를 따르는 것 같은 Stählin, *TDNT* 3,854는 계속해서 거세를 신명 23,2에 있는 금지와 관련시킨다. 그것은 바울로가 사실상 이미 축출된 자들에게 "자아—축출"을 권한다는 결론을 내리기 위해서다. 농담 섞인 이러한 신학화는 그 자체가 흥미롭다.

1) 참조. *NEB*:"그러나 여러분의 자유를 자신의 저급한 본성을 허락하는 것이 되게 하지 마시오."

2) 참조. *NEB*: "누구나 저급한 본성에 속한 저러한 종류의 행태를 볼 수 있읍니다."

〔예수〕에게 속한 사람들은 정욕과 욕망과 함께 그들의 육신을 십자가에 못 박았니다.

〔해 석〕

[13] 이 단락의 첫 귀절에서 바울로는 그리스도인의 구원의 '서술'(indicative)에 대한 중요한 정의를 재진술한다 : ὑμεῖς γὰρ ἐπ' ἐλευθερίᾳ ἐκλήθητε, ἀδελφοί("나의 형제들이여, 여러분은 자유를 위하여 부르심을 받았읍니다"). 5장 1절a와 구별되게 구원의 표시는[3] 여기서 수동태로, 이인칭 복수로 진술된다. 그러나 1절a가 우리를 위해 행하신 그리스도의 활동에 초점을 두는 반면에, 2—18절이 하느님의 활동에 초점을 두는 이인칭으로 갈라디아 사람들에게 말한다는 것을 제외하고는 1절a와 13절a 사이에 의미상 큰 차이가 없다. 두 진술들의 의도는 동일하다.[4] 그리스도에 의한 해방[5]과 하느님의 부르심[6]은 같은 구원과정의 일부다. 또 하나의 문제는 접속사 γάρ("왜냐하면")의 의미다. 많은 주석가들은 그것이 13절과 12절을 연결하려고 하며 그 이유를 부여한다고 가정한다.[7] 그러나 이것은 명백하지 않다. 편지에 있는 다른 예들과 병행되게, γάρ는 주장에서의 또 하나의 단계를 가리키는 용어일 것이며, 이러한 용법은 필시 우리가 이곳에서 처음 보는 것이리라.[8]

---

3) 이 용어에 대해서는 위, 권면에 대한 서론을 보라.
4) 여기서 주요한 변화를 보는 슐리어(241f)에 반대되는 견해다—슐리어는 그리스도를 통한 해방은 "모두에게 잠재적으로 일어났으나(5,1a) 갈라디아 사람들은 하느님의 부르심을 통해 그것에 참여한다고 한다. 분명히 슐리어는 다른 점을 표현하기 위해 잠재와 실재의 범주들을 적용시킨다. 그러나 이 범주들은 바울로의 염두에 있지 않다. 슐리어(242)는 그가 세례에서 성취된 하느님의 부르심을 본다고 언급하며, 그럼으로써 그 실재를 성례전과 동일시한다. 이것은 슐리어의 로마 가톨릭 신학에 부합되나 그것은 확실히 바울로에게 없다. 무쓰너(366f)는 슐리어를 따른다.
5) "자유"의 개념에 대해서는 5,1에 관해서 보라. 표현 ἐπ' ἐλευθερίᾳ("자유를 위하여"), 그리고 여격을 가진 ἐπί의 의미 용법에 대해서는 다음을 보라 ; 데전 4,7 ; 에페 2,10 ; 디후 2,14 ; Bauer, *s.v.* Ⅱ, 1, b,ε; BDF, §235(4) ; BDR, §235, n. 6 ; Moule, *Idiom-Book*, 50 : "여러분은 자유를 위해(또는 그런 목적으로) 불리워졌다." Almqvist, *Plutarch*, 111 no. 234.
6) καλέω("부르심")의 의미에 대해서는 1,6·15 ; 5,8을 보라.
7) Schlier, 241과는 달리 ; 참조, Mussner, 366.
8) γάρ의 이 용법에 대해서는 Bauer, *s.v.*, 4를 보라.

'직설법' (13절a)과 '명령법' (13절c) 사이에서 바울로는 갈라디아 사람들이 직면해야 하는 구체적인 문제에 대한 단서인 것으로 보이는 진술을 삽입했다(13절b) : *μόνον μὴ τὴν ἐλευθερίαν εἰς ἀφορμὴν τῇ σαρκί*("그러나 이 자유가 육을 위한 기회가 〔되지〕 않게 〔하십시오〕"). *μόνον μή*("only not")[9]로 시작되며 동사가 없는[10] 이 진술은 앞의 문장에 중요한 제한을 덧붙인다. "걸림돌과 같은 이 말에 관해서 그 편지의 사상은, 자유로부터 그것에 날카롭게 피조되는 면인 자유를 남용하는 위험에로 방향을 바꾼다."[11] 13절까지 바울로는 갈라디아의 그리스도인들이 받을 자격이 있는 자유를 일관하여 변호했었다. 문제는 여기서 그가 지금 그 변호로부터 방향을 돌리느냐 또는 그 변호를 계속하느냐 하는 것이다.

사도는 "이 자유"(*τὴν ἐλευθερίαν*)[12]가 "육을 위한 기회"(*ἀφορμὴ τῇ σαρκί*)가 될 수 있다는 것을 인정한다. 용어 *ἀφορμή*는 원래 군사 용어("작전 기점, 기지")이지만 여기서는 더 일반적으로("기회, 구실") 사용된다.[13] 기회가 주어져서는 안 되는 적은 "육"(*σάρξ*)이다. 그러므로 전체 귀절은 바울로가 다른 곳에서 "시험"[14]으로 부르는 것이나 다름없다. 다음 단락 전체를 지배하는 개념은 *σάρξ*("육")의 개념이다. 바울로는 앞에서 그것을 "단순히 인간적인 것"(1, 16 ; 2, 16·20 ; 4, 13·14)의 의미로, 또는 성령에 반대되는 것으로서 언급했었다(3, 3 ; 4, 23·29). 결과적으로 13절b—c에 있는 진술 전체는 자유를 보존하는 윤리적 과제에 대한 정의가 된다.

다음에서 그리스도인의 자유를 보존하는 이 과제는, "육체"의 힘을 효과적으로 다룰 줄 아는 과제로 기술된다.[15] 갈라디아서에서 인간학적 개념으로서의 육은 첫째, 인간을 "육과 피"를 가진 존재, 곧 그의 신

---

9) *μόνον* ("오직")의 용법에 대해서는 갈라 4, 18 ; 1, 23 ; 2, 10 ; 3, 2 ; 6, 12 참조. Bauer. *s.v.* *μόνος* 2, c를 보라.

10) 동사의 생략과 함께 *μή*의 사용에 대해서는 다음을 보라 : Burton, 292 ; Oepke ; Schlier, 242 n. 2 ; Mussner, 368 n. 14 ; Bauer, *s.v.* *μή*, A, Ⅲ, 6 (병행구들과 함께) ; BDF, §§ 190(4) ; 481 ; BDR, §§ 190(4) ; 481.

11) Burton, 291.

12) 그 관사는 Burton (292)이 지적하는 것처럼 지시하는 힘을 가진다.

13) 참조. 로마 7, 8·11 ; 고후 5, 12 ; 11, 12 ; 디전 5, 14 ; *Ign. Trall.* 8. 2에서 그 개념의 사용, LSJ, *s.v.*; Bauer, *s.v.*; Georg Bertram, "*ἀφορμή*," *TDNT* 5. 472—74를 보라.

14) 참조. 갈라 4, 14 ; 6, 1 ; 또한 고전 7, 5 ; 10, 9·13 ; 데전 3, 5.

15) 참조. 갈라 5, 16·17·19·24 ; 6, 8·12·13.

체와 도덕과 연약함을 가진 존재로서 기술하며, 둘째, 그리스도인을 육과 성령의 반대 세력들의 싸움터로 기술한다.[16] 성령이 주어졌지만 (3, 2·5), 그리고 죄(1, 4 ; 2, 15—17 ; 3, 22)와 율법(2, 16·19 ; 3, 13·24—25 ; 4, 4—5 ; 5, 18)과 "세상의 원시종교들"(4, 3·9)로부터의 자유가 부여되었지만, 이 세상에서의 그리스도인은 여전히 ἐν σαρκί("육 안에서" : 2, 20 ; 4, 14 ; 6, 7—10)에서 존재한다. 이 "육"은 그 자신의 삶의 방식이 있다. 즉 그것은 성령에 반대해서 활동하는 "욕망과 정욕"을 산출한다(5, 16—17·19—21). 그리스도인이 "정욕과 욕망과 함께" 자신의 "육신을 십자가에 못박았지만"(5, 24), 이 육은 완전히 제거된 것이 아니라 계속해서 잠재적인 위협으로 작용한다.

어떻게 그리스도인의 자유가 "육을 위한 기회"가 될 수 있을까? 죄와 율법과 "세상의 원시종교들"로부터의 해방의 결과인 자유 자체는 하나의 기회이다. 자유는 그리스도인이 지금부터 그의 존재를 "성령의 열매"(5, 22—23)로 구성하거나 또는 "육이 하는 일"(5, 19—21)로 구성할 수 있는 선택 앞에 서 있음을 뜻한다. 그 선택은 이제 더 이상 "세상의 원시종교들"에 의해서 내려지는 것도 아니며 그렇다고 또한 성령에 의해서 내려지는 것도 아니다. 그리스도인이 선택을 할 경우, 자유만이 그 선택을 조종할 수 있다. 즉 그는 자신이라는 존재로 하여금 육을 위한 또는 성령을 위한 작전기지가 되는 것을 허용한다. 만일 그리스도인이 육이 우세하게끔 허용한다면 그 직접적인 결과는 자유의 상실이다. 왜냐하면 이 자유는 성령의 은사이기 때문이다. 그러므로 "그리스도인의 윤리"는 자유를 실행하거나 그 자유를 지키는 것으로 정의될 수 있다. 그렇다면 자유의 부패와 상실은 "세상의 원시종교들"의 노예상태로 되돌아가는 것과 같다.[17]

---

16) 로마 7—8장과 비교할 때 "육"의 개념은 갈라디아서에서 다소 단순하다. 그것은 성령과 병치된 인간의 모습을 기술하는 인간학적 개념이다. 이 단순한 이원론은 로마서에 있는 더 복잡한 상황과 혼동되어서는 안 되며, 갈라디아서가 이 점에서 "로마서를 통해" 읽혀져서는 안 된다. 그 개념과 참고도서에 대해서는 Bultmann, *Theology*, §22—23 ; Eduard Schweizer, "*πνεῦμα, πνευματικός*," *TDNT* 6.428ff; 같은 저자, "*σάρξ*," *TDNT* 7.125ff; Brandenburger, *Fleisch und Geist*, 42ff ; Jewett, *Paul's Anthropological Terms*, 101ff를 보라.

17) 다른 해석에 대해서는 슐리어(242f) 참조. 그는 갈라디아서의 "nomism"을 "자기—의"와 결부시키며 그것을 "도덕 폐기론"(antinomianism)과 대조시킨다. 이 도덕폐기론은 율법을 거역함으로써 "자기 중심주의"(Selbstsucht)로 바꾼다. 이 해석이 고린토전서와 로마서에 대해서 옳을

거기에 덧붙여 문제는, 어떻게 이 교리들이 갈라디아의 상황과 관계되느냐 하는 것이다. 바울로의 권고는 너무 일반적이라 "구체적인 문제들"을 위한 여지가 없는 것 같다. 그러나 갈라디아서 6장 1절은 그의 권고가 구체적인 삶의 자리가 없는 것이 아니었다는 것을 보여준다. "어떤 사람이 범죄한 것이 드러나는 때"라는 귀절은 단지 가설적인 가능성들만을 가리키는 것이 아니라 하나의 구체적인 예 또는 여러 개의 예들을 분명히 가리킨다. 그리스도인들이 저지른 끔찍스런 비행은 갈라디아 사람들이 당면해 있던 문제들 중의 하나이거나 심지어 가장 주요한 문제였음에 틀림없다. 우리는 유감스럽게도 그런 비행이 인간적 실수의 결과였는지 또는 "방종"의 결과였는지 알지 못한다.[18] 그것이 해방(참조. 3,26—28)과 관계되었으며, 또 그리스도인에게 옳고 그른 것을 구체적으로 말하는 새로운 법전의 부족과 관계되었다는 결론을 우리는 피할 수 없다. 옛 의식들과 관습들의 폐지는 죄와 범죄의 개념들이 더 이상 적용되지 않는다는 것을 뜻한다.

그런 상황에서 인간적인 실수와 비행이 발생할 수 있다. 더우기 이러한 경험들에 대한 판단이 흐려질 수밖에 없었을 것이다. 법전이 부재하는 상황에서 어떻게 범죄를 취급해야 할까? 이러한 딜레마 때문에 갈라디아인들은, 할례에 굴복하고 토라를 따르기 위해 반바울로파에게 마음의 문을 열어놓았던 것 같다. 갈라디아 사람들이 범죄를 가볍게 생각했다고 믿을 만한 이유가 없다. 반대로 틀림없이 그들은 그런 예들을 통해 그리스도 안에서의 구원에 대한 희망이 파괴되리라는 점을 크게 근심했을 것이다.[19] 왜 반바울로파가 그들의 눈에 매력적

지라도, 갈라디아서에서 우리는 유다 율법에 대한 바울로 자신의 반대를 제외하고는 "도덕 폐기론적" 경향을 발견하지 못한다.

18) 그 문제를 해결하는 가장 쉬운 길은 갈라디아서 속에서 고린토전서의 상황을 읽는 것이다. 이 해석의 좋은 예는 루터(1535)이다. 그러나 구호 *πάντα μοι ἔξεστιν*("나는 어떤 것을 행하든 자유롭다")은 갈라디아서에서 입증되지 않으며, 그것이 갈라디아 사람들 사이에서 실행되었다는 증거가 있다. 참조. 고전 6,12 ; 10,23.

19) 신비 종파들과 영지주의에 있는 윤리와 금욕주의에 대한 전체 문제는 비교되어야 한다. 참조. 예로서 Plutarch의 *Is. et Osir.* 351E—352A에 있는 "system"에 대한 나의 분석 : Hans Dieter Betz, "Ein seltsames mysterientheologisches System bei Plutarch," *Ex Orbe Religionum, Studia Geo Widengren oblata* (Leiden: Brill, 1972) 1. 347—54 ; Jan Bergman, "Decem illis diebus. Zum Sinn der Enthaltsamkeit bei den Mysterienweihen im Isisbuch des Apuleius," 같은 책, 332—46 ; *PECL*, 36ff; Grifiths, *Apuleius of Madauros*, index, *s.v.* "Abstinence" 유다 그리스도교에서

으로 보였는지도 이제 이해할 만하다. 그들은 구체적인 도움을 필요로 했으며 바울로의 반대자들은 그것을 제공할 수 있었다. 시나이 계약을 다시 맺고 토라에 복종함으로써 그들은, 구원을 위태롭게 하지 않는 방법으로 사람의 실수와 비행을 처리할 수 있는 수단을 얻을 수 있다고 생각했을 것이다.

단락 5장 13—24절의 의의는, 할례와 율법을 받아들이는 것에 단순히 반대만 해가지고서는(5, 2—12 ; 특히 2, 15 : 5, 12) 갈라디아 사람들의 문제를 올바르게 다룰 수 없다는 점을 바울로가 깨달았다는 데 있다. 비행과 실수, 즉 "육"을 효과적으로 다루는 방법에 대한 적극적이고 실행 가능한 제안이 뒤따라야 한다는 것이다.

그러면 율법을 도입하지 않고서도 어떻게 자유를 유지할 수 있겠는가? 이에 대한 바울로의 주요한 답변이 윤리적 과제에 대한 정의의 두번째 부분인 13절c에서 얘기된다 : *ἀλλὰ διὰ τῆς ἀγάπης δουλεύετε ἀλλήλοις*("오히려 사랑으로 서로 종이 되십시오").[20] 달리 말해, 그리스도인의 자유를 지키고 행사하는 유일한 길은 *ἀγάπη*("사랑")를 행하는 것이다. 사랑이라는 개념의 주요한 의미는 이미 앞에서 지적되었다(5장 6절에 관해서 보라). 갈라디아 사람들이 부르심을 받았던 그 자유(참조. 5, 13a)와 그리스도께서 그들을 해방시켰던 자유(참조. 5, 1a)는 그리스도 자신이 실행하셨던 것과 동일하다 : 그것은 다름아닌 사랑의 자유다(참조. 2, 20). 그러므로 바울로는 사랑을 실천하는 것과 자유를 행사하는 것을 같은 것으로 여긴다. 역설적으로 자유와 사랑의 행사는 서로의 *δοῦλος*("노예", "종")가 되는 것을 뜻한다. 틀림없이 용어들의 이 병치는 의도적이다. 바울로는 복종, 억압, 면밀성, 그리고 공포의 일방적인 관계인 율법과 "세상의 원시종교들" 하에서의 노예상태[21]와 자유로우며 사랑의 자발적인 행동인 다른 "노예상태"를 대조시킨다. 사랑의 실천은 물론 다른 사람들의 사랑을 받아들이는 자

그리고 바울에서 성적 금욕주의의 발전에 대해서는 Niederwimmer, *Askese*를 보라.

20) *διὰ τῆς ἀγάπης*("사랑으로") 대신에 많은 사본들은(D G 104 it vg^{cl} sa goth Ambrosiaster) *τῇ ἀγάπῃ τοῦ πνεύματος*("성령의 사랑으로")로 읽는다. 이것은 확실히 훌륭한 바울로의 신학이다(참조, 갈라 5, 22 ; 로마 5, 5 ; 15, 30. 거기서 그 귀절이 또한 발견된다). 그러나 다수의 증언들은 Nestle-Aland 본문을 지지한다. Zahn, 262에 있는 논의를 보라.

21) 참조, 갈라 2, 5 ; 3, 28 ; 4, 1·3·7·8·9·24 ; 5, 1 ; 또한 로마 6, 6·17·20 ; 8, 15.

유를 포함한다. 아직도 이것은 왜 바울로가 상호간의 사랑을 노예상태라는 극한적인 표현으로까지 일컫게 되었나 하는 문제를 남긴다. 그가 의도적으로 그렇게 한다는 것은 거의 의심할 바 없다. 사랑은 자발적이며 호혜적이나 그것은 어렵고도 긴박한 환경에서까지도 유지되어야 하는 헌신을 포함한다.[22] 헌신의 필요와 인간관계를 유지하는 어려움들이 바울로로 하여금 사랑의 자유로운 행사를 상호 노예상태라는 표현으로 묘사하도록 한다.[23] 다음 단락인 5장 14절—6장 10절은 이 문제에 대해 한층 더 나간 논의와 예들을 제공한다.[24]

[14] 이상하게 바울로는 율법의 주제로 되돌아간다(참조. 3,19—25). 이것은 많은 질문들을 제기한다. 그가 전에 3—4장에서 대답했었던 율법(토라)의 문제들로 이와같이 되돌아가는 이유는 무엇일까? 왜 그는 훈계 단락에서 다시 율법을 취급할까? 5장 12절까지에서 율법에 대해 완전히 부정적으로 표현된 견해가, 5장 14절—6장 10절의 율법에 대한 긍정적인 해석과 어떻게 관련될까? 바울로는 두 가지의 율법개념을 가지고 있는 것일까? 그가 거부하는 유다교 토라와 그가 수락하는 사랑의 율법에 대한 그리스도교의 계명을 이 사랑의 계명은 갈라디아서 6장 2절에 나오는 "그리스도의 법"과 동일할까? 사랑의 명령 역시 토라가 유다인들에 대해 갖는 것과 같은 의미로 "법"이라 할 수 있을까?

14절에서 우리는 두 가지 관심사를 구별할 수 있다. (1) 14절a에서 바울로는 일반적으로 율법에 대한 논제를 개진한다. 반면에 (2) 14절b에서 그는 칠십인역으로부터 특수한 귀절을 인용한다. 14절a에 있는 진술은 유다의 하나로의 복구(*reductio in unum*)의 법률문구이다 : *ὁ γὰρ*

22) 이 긍정적인 의미에서 그리스도는 "종"이 되셨고(필립 2,7), 바울로는 그리스도의 종이고(갈라 1,10 ; 로마 1,1 ; 필립 1,1 ; 2,22 ; 고전 9,19 ; 고후 4,5 ; 아래, 주23을 보라). 그리스도인은 일반적으로 노예상태에서 생활하고 있다(로마 6,16 이하 ; 7,6 ; 12,11 ; 14,18 ; 16,18 ; 고전 7,21—3 ; 데전 1,9 등). Bultmann, *Theology*, §39를 보라.

23) 참조, 특히 고후 4,5 : *οὐ γὰρ ἑαυτοὺς κηρύσσομεν ἀλλὰ χριστὸν 'Ιησοῦν κύριον, ἑαυτοὺς δὲ δούλους υμῶν διὰ 'Ιησοῦν*("우리는 우리 자신을 전하는 것이 아닙니다. 우리는 주가 되시는 그리스도를 전하는 것입니다. 우리 자신들은 그리스도를 위하여 여러분을 섬기는 종들입니다")

24) 또 다시 쉴리어의 해석(244)과는 다르다. 그는 그리스도인의 "노예상태"가 그리스도의 희생과 비교해서 자유의 자발적인 포기를 뜻한다고 생각한다. 이것은 "자신을 하느님과 다른 사람들의 자유에 맡기는" 것에 이른다. 우리는 얼마나 쉽사리 바울로의 자유 개념이 비—자유의 새로운 형태로서 오해될 수 있는지를 볼 수 있다.

πᾶς νόμος ἐν ἑνὶ λόγῳ πεπλήρωται("왜냐하면 모든 율법이 한 말씀 안에 다 완성되었기 때문입니다"). 접속사 *γάρ*(왜냐하면")[25]는 그 진술을 앞의 것(13절c)과 연결시키거나 또한 소개될 새로운 문제를 지시한다. "모든 율법"의 개념은 전에 논의되었다(참조. 5,3 ; 3,10). 그것은 전체로서의 율법을 지칭한다. 그러나 여기서 문제는 바울로가 유다교 토라의 규정과 금지사항들의 모든 규정들을 염두에 두고 있는지, 또는 그가 토라 전체를 요약하고 포함하는 하나의 원칙(라삐의 כלל)을 생각하고 있느냐 하는 것이다.[26] 유다교에서 우리는 동일한 모호성을 발견하게 되는데, 따라서 우리는 그 문제에 대한 바울로 자신의 답변을 발견하기 위해서 그의 본문에 충실해야 한다.

다음과 같은 두 가지 이유들은 바울로가 개개 규정과 금지사항의 합계보다는 오히려 하나의 원칙을 생각하고 있다는 것을 뒷받침한다. 첫째 그는 14절a에서 그 자신의 명백한 표현을 제공한다.[27] 둘째 "모든 율법"은 개개 법들이 행해져야 하는 것처럼 "행해져야"(*ποιεῖν*) 하는 것이 아니라 오히려 "완성된다." 금언적인 수동완료로서 진술되는 이 후자의 용어(*πεπλήρωται*)는 특별한 주의를 필요로 한다.[28] 유다교에서는 "율법을 완성하는"이라는 용어가 그것을 "행하는" 것과 동일할 수 있으나,[29] 바울로에게 있어서 특별한 것은 그가 그 둘을 구별

---

25) 위, 갈라 5,1a에 관해서 보라. 거기서 *γάρ*가 빠져있다.

26) 라삐 신학의 이 점에 대해서는 Str-B 1.907f; Daube, *NT and Rabbinic Judaism*, 63—66 ; Davies, *Sermon on the Mount*, 401 n. 2를 보라.

27) *ἐν ἑνὶ λόγῳ*("한 말씀 안에")는 칠십인역 레위 19,18의 인용문을 말한다. 그리스도교에 율법의 완성을 완전하게 보유하기 위한 왕성한 노력이 이독(異讀)들에서 반영된다. 의심할 바없이 이차적이다 : Marcion은 단지 *ἐν ὑμῖν*("여러분 가운데서" 또는 "여러분 안에서")만을 인정한다. D* G it Ambrosiaster는 다음과 같이 읽는다. : *ἐν ὑμῖν ἐν ἑνὶ λόγῳ*("여러분 가운데〔또는 ; 안에〕 한 말씀 안에") ; 1611 syr[h] Ephraem은 *ἐν ὀλίγῳ*("요컨대")로 읽는다. Zahn. 262 n.90을 보라.

28) 𝔎 D G *pm*은 *πληροῦται*로 읽는다. 그러나 그 병행구는 완료를 말한다. 로마 13,8 : *ὁ γὰρ ἀγαπῶν τὸν ἕτερον νόμον πεπλήρωκεν*("남을 사랑하는 사람은 율법을 다 이룬 것입니다"). 참조, 또한 갈라 6,2. 그 문제에 관해서는 Walter Gutbrod, "*νόμος*," *TDNT* 4.1071 ; Käsemann, *Römer*, 344ff.

29) 율법을 "완성함"이라는 개념은 문맥 속에서 해석되어야 한다. 다음을 보라 : Str-B 1.241 ; Henrik Ljungman, *Das Gesetz erfüllen* (Lund: Gleerup, 1954) ; Bauer, *s.v. πληρόω* 4, b; W.D. Davies, *Christian Origins and Judaism* (Philadelphia: Westminster, 1962) 32ff; Gerhard Delling, "*πληρόω*," *TDNT* 6, 286—98.

하고자 하는 것이다.[30] 그에 의하면 유다인은 토라를 행해야 하지만 (참조. 3, 10·12 ; 5, 3 ; 또한 6, 13). 반면에 그리스도인은 사랑의 행위를 통해서 그리스도에게 자유케 한 토라를 완성한다(5, 1·13). 이점이 율법과 사랑의 결정적인 차이다. 유다교 토라의 규정들과 금지사항들은 "행해져야" 하는 요구로서 유다인 앞에 있으나, 반면에 사랑은 해방의 결과이며 성령의 은사이다. 유다인은 "토라의 일들"을 행하지만 그리스도인은 "선"을 행한다(6, 9–10). 사랑이 일어나는 것은 하나의 은사, 즉 하느님으로부터, 그리스도를 통해, 성령 안에서 주어지는 은사이며, 또한 사람들 사이에서 상호적이다. 이 은사에 대해서 우리는 또한 그것이 율법의 완성이라고 말할 수 있다. 그리고 율법은 언제나 사랑함으로써 완성된다. 그러나 그런 진술은 회상 속에서 나온다.[31] 그러므로 바울로 신학에 있어서 사랑하라는 계명은, 유다교 신학에서 말하는 토라를 행하라는 계명들과 비교할 때 전혀 다른 방식으로 작용한다.

왜 그러면 바울로는 여기서 다시 율법의 문제를 꺼낼까? 그 자신의 신학에 관한 한, 그는 율법이 없어도 된다. 그러나 그가 그 문제를 피할 수 없다는 것은 확실하다. 왜냐하면 갈라디아 사람들은 할례와 토라에 너무 골몰해 있기 때문이다. 만일 그가 자신의 교회들을 원래대로 돌이키려 한다면, 그는 그들의 생각 속에 가장 크게 자리잡고 있는 그리고 그의 반대자들의 신학에 있어서 중심적인 그 문제를 무시할 수는 없다. 아마 그들은 "율법"에 대한 그리스도교적 개념 — 그것을 그들은 "그리스도의 법"으로까지 부를지도 모른다— 에 의해서 매혹된 것 같다(참조. 6장 2절에 관해서). 그러므로 훈계 단락에 있는 바울로의 주장은 다음과 같은 방식으로, 즉 반대파의 유다교적(유다—그리스도교적) 개념은 제거하면서도 반면에 윤리적 문제에 대한 갈라디아 사람들의 관심을 고려하는 방식으로 토라 개념을 조정해야만 했다.

바울로는 이 목표를 다음과 같이 성취한다. 첫째, 조심스럽게 토라의 "행함"과 "완성함"을 구별함으로써, 다시 말해 유다 토라를 "행하

30) 다른 곳에서 바울로는 그 구별을 암시한다 : 참조. 로마 3, 3이하 ; 8, 4·8·10 ; 필립 1, 11등. 참조. 구별하지 않는 Schlier, 244ff; Burton, 295f; Sieffert, 316f.

31) 특히 로마 13, 8—10을 보라. 거기서 바울로는 더 광범위한 논의를 제공한다. 10절에서 그는 이렇게 말한다 : πλήρωμα οὖν νόμου ἡ ἀγάπη("그러므로 사랑은 율법의 완성입니다").

는 것"은 그리스도인들에게 요구되지 않으나, "완성하는 것"은 요구된다. 둘째, 토라와 성서를 구별함으로써, 그리고 구원사에서 아주 긍정적인 역할을 후자에게 부여함으로써, 다시 말해 성서는 "미리 내다보며", 그렇게 하여 그리스도교적 구원방식을 내포하고 또 그 길을 열어놓는다(참조. 3,6—14, 특히 3,8·22 ; 4,21—31). 세째, 그리스도인의 실존을 "성령의 열매" —그것은 토라에 어긋나기는 커녕(참조. 5,23) 실제로 토라의 완성이다(5, 19 이하)— 로 생각함으로써 결과적으로 갈라디아 사람들이 토라를 완성하는 데 있어서, 유다—그리스도교의 반대파가 선전하는 토라에의 복종이 필요치 않다. 그들은 할례도 시나이 계약도 필요로 하지 않는다. 대신에 그들은 오직 성령의 인도하심에 따라 지내야 한다. 왜냐하면 그런 삶이 사실상 토라의 완성이기 때문이다.[32]

그런 다음 바울로는 칠십인역에 따른 레위기 19장 18절을 인용한다.[33] 그러나 그가 칠십인역으로부터 직접 인용했다는 말은 아니다. 아마 그는 그것이 널리 입증되는 원그리스도교 전승으로부터 그 인용문을 채용한 것 같다.[34] 그 인용법식[35]을 보면, 또한 그 절이 갈라디아 사람들에게 이미 알려져 있었다는 것을 추측할 수 있다 : *ἐν τῷ. ἀγαπήσεις τὸν πλησίον σου ὡς σεαυτόν*("〔즉〕 〔말씀〕 안에서 : '네 이웃을 네 몸과 같이 사랑하라'"). 레위기 19장 18절에 들어 있는 것과 같은 율법의 진수를 담은 그 법식은 결코 그리스도교만의 독특한(*proprium*) 표현이 아니며, 유다교 전승에서 특히 힐렐(R. Hillel)의 저서에서도 나타난다.[36] 그다나 그 전승은 전설적이기가 쉽다.[37] 후대에 그러한 법

32) 대개의 주석가들도 그렇게 본다. Schlier, 245f; Mussner, 370을 보라.

33) 같은 인용문이 로마 13,9에 나온다. Kautzsch, *De Veteris Tesamenti Locis*, 14를 보라.

34) 레위 19,18은 원시 그리스도교 문헌에서 자주 인용된다(마태 5,43 ; 19, 19 ; 마르 12,31∥마태 22,39∥루가 10,27 ; 로마 13,9 ; 갈라 5,14 ; 야고 2,8 ; Did. 1.2 ; *Barn.* 19.5〔참조 2〕 ; Justin *Dial.* 93.2). 다음을 보라 : Davies, *Sermon on the Mount*, 370,373,402,405 n. 1 ; Victor P. Furnish, *The Love Command in the New Testament*(Nashville: Abingdon, 1972), 여러 곳 ; Klaus Berger, *Die Gesetzesauslegung Jesu* 1 (WMANT 40 ; Neukirchen: Neukirchener Verlag, 1972) 80ff; André Feuillet, "Loi ancienne et Morale chrétienne d'apres l'Epître aux Romains," *NRTh* 42 (1970) 785—805, 798.

35) 인용법식 *ἐν τῷ* (*sc. λόγῳ*)는 바울로 서신에서 여기서만 발견된다 : 참조. 고전 15,54 ; 로마 9,9 ; 특히 13,9.

36) *b Šabb.* 31a. 그 자료의 논의에 대해서는 Str-B 1.356ff; Davies, *Sermon*

식은 아퀴바(R. Aqiba)에게서도 나타난다.[38] 비록 힐렐이 바울로와 같은 표현을 사용했다 할지라도, 바울로가 "힐렐 신봉자"였다고 결론내려서는 안 된다. 오히려 어떤 의미로는 원그리스도교 전체가, 레위기 19장 18절을 언급함으로써 토라의 진수를 설명하려고 했던 라삐적 유다교의 저 지류와 관계되었다.[39] 그러나 바울로가 말한 레위기 19장 18절의 해석은 보편적인 것으로서, 단지 동료 유다인(그리고 완전한 개종자)만을 포함하는 것이 아니라 일반적으로 같은 인간을 다 포함하는 명령이 들어 있다.[40] 바울로의 해석은 6장 10절에 있는 단락의 끝에서 명백하게 규명된다: "모든 사람에게 선한 일을 합시다. 믿음의 식구들에게는 더욱 그렇게 해야 합니다."[41]

[15] 풍자적인 경고가 비방문체에 이어 첨가된다: *εἰ δὲ ἀλλήλους δάκνετε καὶ κατεσθίετε, βλέπετε μὴ ὑπ' ἀλλήλων ἀνα-*

---

on the Mount, 401 n. 2; Neusner, *Rabbinic Traditions* 1.322f를 보라.

37) 참조. Neusner, 같은 책, 3.331,359.

38) *Gen. Rab.* 24.7. 참조. 이것과 다른 귀절들에 대해서는 Str-B 1.357f.

39) Joachim Jeremias는 "바울로가 힐렐 신봉자였다"는 것을 보이려고 노력하였다: "Paulus als Hillelit," in *Neotestamentica et Semitica, Studies in Honour of M. Black* (eds. E.E. Ellis and M. Wilcox; Edinburgh: Clark, 1969) 88—94. 그러나 자료들은 바울로를 이 특별한 교사와 연관시키는 것을 허용하지 않는다.

40) 유다교에서 "이웃"(רֵעַ, *ὁ πλησίον*)은 통상적으로 동료 유다인(완전한 개종자를 포함한)으로 해석되었다. 반면에 그 용어를 모든 사람들을 언급한다고 생각하는 보편주의자의 해석은 우리가 후대로부터 가지는 자료들에서만 나타난다. 그러나 그 후대의 해석은 우리의 자료들이 우리로 하여금 믿도록 허용하는 것보다 더 오래된 것일지도 모른다. 그 문제에 관해서는 다음을 보라: Str-B 1.353ff, 907; 3.306; Johannes Fichtner and Heinrich Greeven "*πλησίον*," *TDNT* 6.311—18; Bauer, *s.v.*; Berger, *Gesetzesauslegung*, 81ff(위, 주34를 보라); Hugh Montefiore, "Thou shalt love thy Neighbour as thyself," *NovT* 5(1962) 157—69; Mussner, pp. 370—2; Andreas Nissen, *Gott und der Nächste im antiken Judentum*(WUNT 15; Tübingen: Mohr, Siebeck, 1974).

41) 갈라 6,10; 데전 3,12; 로마 15,2 등. 또한 루터의 언급을 보라(1535): "마침내, 여러분이 사랑을 행해야 하는 어느 피조물도 여러분의 이웃보다 더 고귀하지 않다. 그는 악마가 아니며, 사자나 곰 또는 늑대가 아니며, 돌이나 통나무가 아니다. 그는 여러분과 아주 흡사한 살아있는 피조물이다. 지상에 있는 어느 것도 더 기쁘고, 더 사랑할 만하고, 더 쓸모있고, 더 친절하고, 더 편안케 하고, 또는 더 필요한 것이 없다. 그 밖에도 그는 문명화된 그리고 사회적인 존재에 자연스럽게 어울린다. 그러므로 어느 것도 전 우주에서 우리의 이웃보다 사랑에 있어서 더 가치있는 것으로 여겨질 수 있는 것은 없다"(WA 40/2.72; 또한 *Luther's Works* 27.58에서).

λωθῆτε("그런데 여러분이 서로 물고 찢으면 피차 망할 것이니 조심해야 합니다"). 그런 "짐승 같은" 행동은, 14절에서 방금 서술된 상호간의 사랑과 물론 날카롭게 대조된다.[42] 나쁜 품행을 사나운 짐승들의 행동과 비교하는 것은 비방 문학에서 흔히 있는 일이었다.[43] 조건 절은 〈사실처럼〉(*realis*) 진술되나(εκ 직설법과 함께),[44] 이것은 바울로가 그런 행동의 구체적인 예들을 염두에 두고 있다는 것을 뜻하는 것은 아니다.[45] 의도적으로 그 언어는 과장되어 있다.[46] δάκνω("물다")라는 말에서 그치지 않고 κτεσθίω(Bauer : " '찢는' 것과 같은 무엇")라는 말까지 나온다.[48] 절정은 결구에서 계속된다 : ἀναλίσκω("소멸시키다", "절멸시키다").[49] 그러한 비교를 통해 서로 너무 사납게 싸워 서로를 죽이고야마는 성난 짐승들이 묘사된다.[50]

---

42) δέ("그러나" "그렇지만")는 대조를 표현한다.

43) 이런 종류의 비교에 관해서는 Gerhard, ***Phoinix***, 22—30, 48—54 ; Bultmann, ***Stil.***, 36f, 91 ; Ernst Weber, ***De Dione Chrysostomo Cynicorum sectatore*** (Leipzig: Hirzel, 1887) 108ff, 173ff; Betz, ***Lukian***, 188을 보라 ; 더 이상의 문헌에 대해서는 Victor Pöschl(ed.), ***Bibliographie zur antiken Bildersprache*** (Heildelberg: Winter, 1964) 569—71을 보라. 신약의 예들은 갈라 5,15 ; 필립 3,2 ; 마태 7,15 ; 루가 13,32 : 베후 2,22를 포함한다.

44) BDF, §372 ; BDR, §372를 보라.

45) 그렇게 또한 Oepke; Mussner, 373f; Schmithals (***Paul and the Gnostics***, 43ff)에 반대하여, 그는 Lütgert를 따라 "자유사상가들"에 반대하는 논쟁을 가정한다. 쉴리어(pp. 246f)의 견해도 이와 비슷하다. 그는 15절을 잘못된 종류의 열광주의자들이 가지는 자유의 내적 부족, 거짓 경건, 유모어의 부족 등의 심리학적 분석으로서 해석한다.

46) 이에 대해서는 Lausberg, ***Handbuch***, §§579,894,909—10을 보라.

47) 다음을 보라 : 하바 2,7칠십인역 ; Teles (ed. Hense) 9 line 3 ; Epictetus *Diss.* 2.22.28 ; 2.1.17 ; 3.2.8 ; 3.24.108 ; 4.1.122 ; 4.5.21 ; 4.8.23 ; 4.10.23 ; ***Ench.*** 46.2 ; philo L.A. 2.8 ; Lucian ***Revivesc.*** 36 ; ***Gnomol. Vatic.***, n. 19 ; Porphyry ***De abst.*** 2.8 등 Karl Jöel, ***Der echte und der xenophontische Sokrates*** (Berlin: Gaertner, 1893—1901) 2.933 ; Gerhard, ***Phoinix***, 38 ; Bauer, ***s.v.***, 2를 보라.

48) 참조. Plutarch ***Adv. Colot.*** 1124E: "만일 누군가가 법들을 제거하고 우리에게 Parmenides, Socrates, Heracleitus, 그리고 Plato의 가르침들을 남겨둔다면, 우리는 서로 멸하지도 사나운 짐승들의 생활을 하지도 않을 것이다(ἀλλήλους κατεσθίειν καὶ θηρίων βίον ζῆν)." 신약에서 고후 11,20 그리고 더 이상의 자료에 대해서 Bauer, ***s.v.***, 2를 보라.

49) 비유적 사용에 대해서는 데후 2,8 *v*.1. 그리고 Bauer, ***s.v.***, 병행구들과 함께 참조.

50) 참조, 또한 갈라 5,12에 있는 병행구.

[16] 바울로 자신의 도덕론은 이제 갈라디아 사람들이 씨름해야 하는 중심적인 문제인, "육체"의 세력들을 효과적으로 다루는 방법에 초점을 맞춘다. *Λέγω δέ, πνεύματι περιπατεῖτε καὶ ἐπιθυμίαν σαρκὸς οὐ μὴ τελέσητε*("그러나 나는 말합니다. 성령에 의해서 걸으시오. 그리하면 여러분은 육체의 욕망을 채우지 않을 것입니다"). 서두의 *λέγω δέ*("그러나 나는 말합니다")는 바울로가 중요한 진술을 시작하려고 한다는 사실을 나타낸다.[51] 이 진술은 두 부분으로 되어 있다.

(1) *πνεύματι περιπατεῖτε*("성령에 의해서 걸으시오")라는 명령은 사도의 권면을 요약하며, 따라서 그리스도인의 생활에 대한 바울로의 개념을 정의한다. *περιπατέω*("걷다")라는 개념은 유다와 그리이스의 고대 인간학과 윤리의 보다 중요한 용어들 중의 하나에 의해서 그리스도인의 생활을 묘사한다.[52] 그 용어는 인간의 삶이 본질적으로 "삶의 방식"이라는 견해를 표현한다. 인간은 역사와 문화에서 제시되는 삶의 방식들 가운데서 선택해야 하며 또 언제나 선택한다. 고대인에게 있어서 삶의 방식들은 "삶의 스타일" 이상의 것을 의미한다. 삶의 방식들은 외관에 있어서 다를 뿐만 아니라, 상이한 외관은 기초 요소와 결정 요소가 각기 다르기 때문이다. 이 요소들은 사람들이 "걷는" "방식"을 부여함으로써 인간의 행동에 영향을 미친다. 그러므로 사람들의 삶의 방식은 그들의 삶의 질을 결정한다. 단순히 외적 스타일의 문제 이상으로 삶의 방식은, 악에 대해 매일매일 투쟁해나가는 데 있어서 지속성과 지침을 제공하고 지원한다.[53]

갈라디아의 그리스도인들에 관한 한, 그들은 성령에 기초한 삶의 방식을 택했었다.[54] 갈라디아 사람들을 잘 상징하는 여격 *πνεύματι*("성

51) 참조. 갈라 1,9 ; 3,17 ; 4,1 ; 5,2.

52) 이 개념에 대해서 다음을 보라 : Georg Bertram and Heinrich Seesemann, "*πατέω*," *TDNT* 5, 940—45 ; F.J. Helfmeyer, "הלך", *TWAT* 2. 415—33 ; Gustav Wingren "'Weg,' 'Wanderung' und verwandte Begriffe," *StTh* 3 (1951) 111—23 ; Betz, *Nachfolge*, 76ff ; Furnish, *Theology and Ethics*, 227ff.

53) *περιπατέω*("걷다")의 개념은 바울로에 의해서 자주 사용된다 : 로마 6, 4 ; 8,4 ; 13,13 ; 14,15 ; 고전 3,3 ; 7,17 ; 고후 4,2 ; 5,7 ; 10,2·3 ; 12, 18 ; 필립 3,17·18 ; 데전 2,12 ; 4,1·12. 동의어는 *στοιχέω* : 갈라 5,25 : 6,16 ; 로마 4,12 ; 필립 3,16.

54) 갈라 3,3 : *ἐναρξάμενοι πνεύματι*("여러분은 성령으로 시작했읍니다") ; 3,2·5 ; 4,6 ; 5,5를 보라.

령에 의해서")[55]는 저 삶의 방식의 질 뿐만 아니라 그 기원을 표현한다.[56] 그러므로 바울로의 충고는 간단히 말해서 "너희가 해왔던 것을 계속해서 하라"는 것이나 다름없다. 갈라디아 사람들은 현재 그들의 삶의 방식을 성령에 빚지고 있다. 결과적으로 악마의 세력들에 대해서 이 삶을 방어하는 것은, 성령의 권능으로 하여금 반대 세력인 "육"(σάρξ)에 맞서서 그 일[57]을 하도록 하는 것을 뜻하리라. 만일 갈라디아 사람들이 육에 대해 문제를 느낀다면, 그들은 그들에게 삶을 허락한 바로 그 권능으로부터 —그것과 반대되는 저 육보다는— 협력을 구하도록 충고받는다.[58]

(2) 16절은 약속을 담고 있다 : "여러분은 육체의 욕망을 채우지 않을 것입니다." 이 약속[59]은 앞에 있는 명령에 종속되어 있으며, 그것의 결과이다. 그 약속을 이해하기 위해 우리는 함축적인 전제들을 깨달아야 한다. 그 진술은 πνεῦμα("영")과 σάρξ("육")의 철저한 이원론을 전제하는 것으로 이해된다.[60] 육은 활동하며, 의도는 물론 악한 의도를 실행하는 힘이다. 이것이 사도가 ἐπιθυμία σαρκός("육체의 욕망")라는 말로써 뜻하는 바다.[61] 만일 "육체의 욕망"이 채워지도록 방치된다면, 그 결과는 5장 19—21절에 나열된 "육이 하는 일들"에서 명백히 드러난다. "육이 하는 이 일들"이 일어날 때, 육의 목표들은 성취된다.

τελέω("실행하다")[62]라는 용어는 복잡하다. 그것의 문법상의 주어는

---

55) 갈라 3,3 ; 5,5·16·18·25 ; 로마 8,13·14 ; 12,11 ; 고전 14,2 ; 15 ; 고후 3,3 ; 12,18 ; 필립 3,3 ; 베전 4,6. 또한 Brandenburger, ***Fleisch und Geist***, 193 n. 2를 보라.

56) Bauer, ***s.v.πνεῦμα***, 5, d,β는 "성령 안에서" 또는 "성령을 통해"로 번역한다. 또한 Schlier, 247f를 보라.

57) 참조. 갈라 5,18.

58) 참조. 특히 갈라 3,2·3·5 ; 5,18·24 ; 6,13.

59) 그 진술의 약속적인 성격은 Schlier, 248에 의해서 바르게 강조된다. 참조. 갈라 6,7—10. "미래에 대한 부정의 가장 명확한 형태"로서 가정법을 가진 *οὐ μή*에 대해서는 BDF, §365 ; BDR, §365를 보라.

60) 참조. 갈라 5,17.

61) 그 개념은 성적 욕구(Vg: ***desideria carnis***)에 제한되는 것으로서 오해되어서는 안된다. 그것은 실체로서가 아니라 목적 지향적인 에너지로서의 "육"을 묘사한다(참조, 갈라 5,17·24 ; 그리고 특히 로마 7,7—11 ; 또한 1,24 ; 6,12 ; 13,14 ; 데전 4,5 ; 에페 2,3 ; 4,22 ; 골로 3,5 등). 전체적인 개념에 관해서는 Friedrich Büchsel, "*ἐπιθυμία, ἐπιθυμητής, ἐνθυμέομαι, ἐνθύμησις,*" ***TDNT*** 3. 168—72 ; Bultmann, ***Theology***, §23,3 ; Bauer, ***s.v.***, 3 ; Käsemann, ***Römer***, 184 참조.

"육체의 욕망"을 채우는 인간 개인이다.[63] 그러나 실제에 있어서 그 인간 주체는 그 자신의 의도를 완성하는 논리적 주체인 육체에 의해서 조종된다. 말일 인간 주체가 성령으로 하여금 자신의 삶에 완전히 영향을 미치게 하고, 또한 성령으로 자신의 삶을 채운다면, 반대세력인 육체의 의도는 그 목표를 달성하지 못하게 될 것이고, 따라서 "육이 하는 일들"이 일어날 수 없다는 것이 결론이다.[64]

[17] 바울로는 16절 뿐만 아니라 그의 전체 권면의 기초가 되는 인간학적—구원론적 이론을 제시한다 : ἡ γὰρ σάρξ ἐπιθυμεῖ κατὰ τοῦ πνεύματος, τὸ δὲ πνεῦμα κατὰ τῆς σαρκός("육신의 욕망은 성령을 거스르고 성령의 의욕은 육신을 거스릅니다…"). 여기서 우리는 분명히 아주 간결한 형태로 표현된 바울로의 근본적인 인간학적 교리들 중의 하나를 보게 된다.[65] 그것은 하나의 원칙으로서 교차법적 형태로 진술되나,[66] 또한 공통적인 지식을 가정한다.[67] 원칙

---

62) 5,16에 있는 τελέω의 의미에 관해서는 Bauer, *s.v.*, 2 ; Gerhard Delling, "τελέω," *TDNT* 8.59를 보라.

63) 참조. 갈라 3,3 : νῦν σαρκὶ ἐπιτελεῖσθε("이제 와서는 육적인 것으로 그것을 끝 맺으려는 것입니까?). 바울로는 반대자들의 목표점들을 조소한다. 아마 고후 7,1은 반대자들이 실제로 심중에 두었던 것을 포함할 것이다 : ἐπιτελεῖν ἁγιωσύνην ἐν φόβῳ θεοῦ("하느님을 두려워하는 생활 가운데서 완전히 거룩하게 됩시다"). Betz, "2 Cor 6 : 14—7 : 1," 98, 그리고 아래, 부록 2를 보라.

64) 일어나게 될 것은, 바울로에 의하면, 고후 12,9에 있는 다른 문맥 때문에 표현된다 ; ἡ γὰρ δύναμις ἐν ἀσθενείᾳ τελεῖται("[그리스도의] 권능은 약한 데서 완전해진다"). 학자들은 갈라 5,16 이하와 1 QS 3.13—4.26에 있는 인간학적 귀절들간의 큰 유사성을 자주 지적하였다. 그러나 상이점들이 더 현저하며 바울로의 신학을 대조의 방법에 의해서만 설명한다. Davies, ***Paul and Rabbinic Judaism***, 169ff; Braun, ***Qumran*** 1. 213ff; Peter von der Osten-Sacken, ***Gott und Belial*** (SUNT 6 ; Göttingen: Vandenhoeck & Ruprecht, 1969) 116ff를 보라.

65) "육"과 "영"의 이원론에 대해서는 갈라 3,3 ; 4,29 ; 5,19—24 ; 6,8 ; 로마 2,28 ; 8,4 이하 등을 보라. 자료의 연구는 Eduard Schweizer, "πνεῦμα, πνευματικός" *TDNT* 6,428—30 ; 같은 저자, "σάρξ,*TDNT* 7.125—35 ; Bultmann, ***Theology***, § 22—23,38—40에서 발견된다. 기초적인 연구들은 Brandenburger, ***Fleisch und Geist***, ***passim***; Jewett, ***Paul's Anthropo-Terms***, 특히 49ff; Schottroff, ***Glaubende***이다.

66) 교차법에 관해서는 BDF, §477 ; BDR, §477 ; Joachim Jeremias, "Chiasmus in den Paulusbriefen," ***ZNW*** 49 (1958) 145—56을 보라.

67) 새로운 연구들에도 불구하고 그것의 기원에 대한 전반적인 문제는 충분히 탐구되지 않았다. Hildebrecht Hommel ("Das 7. Kapitel des Römerbriefs im Licht antiker Überlieferung," *ThViat* 8 (1961/62) 90—116)은

에 대한 이 진술은 바울로의 신학 전체에 대해 심각한 문제들을 일으키며, 종교사에 있어서 그것의 기원과 배경의 문제를 제기한다. 사도가 여기서 이 이론을 펼쳤다고 해서 그 자신이 그것을 만들어낸 것은 아니다. 그 이론은 단순히 그 자신의 가설이 아니다.[68] 그 이론은 유다교[69]와 헬라주의적 종교들[70]에 있는 같은 교리에 대한 다른 여러 변형들에서도 나타난다. 또한 그것은 그리스도교 저작들, 특히 요한복음에서 나타난다.[71] 현재의 바울로 연구에서 논란되고 있는 문제들 중의 하나는 영과 육의 이원론의 기원에 대한 문제이다.[71] 또 다른 문제는 갈라디아서와 로마서에 있는 논의들이 조화되는 것 같지

그 이론이 소크라테스의 파이데이아 사상의 철학적 비판에 관계된다는 것을 보여주었다. 그러나 Hommel은 갈라 5,17에 주의를 기울이지 않는다. 헬라주의적 철학에 있는 배경은 그러면 로마 7/갈라 5,17과 헬라주의적 필자들—그들 가운데는 필로를 포함한 헬라주의적 유다교—의 많은 병행구들에 대한 설명을 제공할 것이다. 그 문제에 대한 브란덴부르거 연구의 약점은 그가 더 넓은 배경을 경시하는 것이다. 더 이상의 유사한 견해들에 대해서는 로마 7,15에 대한 Wettstein; 로마 7,15에 대한 Lietzmann, *Römer*를 보라.

68) 바울로가 그 표현에 책임을 진다는 Eduard Schweizer와는 다른 견해. 다음을 보라; 위, 주 65에서 언급된 그의 논문들; 또한 같은 저자, "Die hellenistische Komponente im neutestamentlichen σάρξ-Begriff," in his *Neotestamentica* (Zurich: Zwingli-Verlag, 1963) 29—48; 같은 저자, "Röm. 1, 3f und der Gegensatz von Fleisch und Geist vor und bei Paulus," *Neotestamentica*, 180—89; idem, "Gegenwart des Geistes und eschatologische Hoffnung bei Zarathustra, spätjüdischen Gruppen, Gnostikern und den Zeugen des NT," *Neotestamentica*, 153—79. 슈바이쩌의 비판에 대해서는 Brandenburger, ***Fleisch und Geist***, 18ff를 비롯한 여러 곳 참조.

69) 이전의 연구들 외에, 특히 Davies, Paul and Rabbinic Judaism, 17ff; idem, "Paul and the Dead Sea Scrolls," in his ***Christian Origins and Judaism***, 145—77(위, 주 29)를; Braun, ***Qumran***, 2, §15를 보라. 다른 연구들은 Jewett, ***Paul's Anthropological Terms***, 82—95에서 논의되고 평가된다.

70) 다음을 보라: Reitzenstein, ***Mysterienreligionen***, 71,282,284ff, 308ff, 333ff, 377ff, 420; Bousset, ***Kyrios Christos***, 172ff; Goodenough, ***By Light, Light***, 특히 370—413; 같은 저자, Alf T. Kraabel, "Paul and the Hellenization of Christianity," in ***Religions in Antiquity, Essays in Memory of E. R. Goodenough*** (Leiden: Brill, 1968) 23—68, 특히 53f를 보라.

71) 참조. 특히 요한 3,6. 요한에서 육과 영의 이원론의 문제에 관해서는 Bultmann, ***John***, 62f, 138—43; Schottroff, ***Glaubende***, 273ff를 보라. 참조. 야고 4,1ff.

72) Brandenburger, ***Fleisch und Geist***; Jewett, ***Paul's Anthropological Terms***, 49ff에서 연구사의 개관을 보라.

않다는 사실에 의해 제기된다. 로마서에 의하면 율법을 통해 몸에 있는 욕망을 산출하는 것은 죄(ἁμαρτία)의 힘이다(6, 12 ; 7, 7—8). 반면에 육은 오히려 수동적인 희생물처럼 그리고 죄의 도구처럼 보인다. 갈라디아서에서 육은 욕망을 발생시키는 적극적인 힘이나 반면에 죄의 힘은 전혀 그 상황의 일부가 아니다. 그러나 로마서와 갈라디아서 양편에서 영과 육의 이원론이 보존된다. 우리는 상이점들과 일치점들을 어떻게 설명할 수 있을까?

17절a에서 이원론은 다소 단순한 형태로 얘기된다 : 육과 영은 반대 세력들로서 지칭되며 양자는 서로 맞서서 선동한다. 육과 그것의 "욕망"(ἐπιθυμέω)은 악마의 인간적 매체이지만, 반면에 영은 선의 신적 매체이다. 17절b는 이 이원론의 인간학적 결과들을 상세히 말한다 :[73] *ταῦτα γὰρ ἀλλήλοις ἀντίκειται, ἵνα μὴ ἃ ἐὰν θέλητε ταῦτα ποιῆτε*("이것들이 서로 반대되는 것이기 때문에 여러분은 자기가 원하는 일을 할 수 없게 되는 것입니다"). 중성 *ταῦτα*("이것들은")는 육과 영을 인간 내부에서 작용하는, 그리고 서로에 맞서서 전쟁을 수행하는 비인격적 세력으로 인정한다.[74] 인간은 그 내부에 있는 이 세력들의 싸움터이며, 그 세력들은 그로 하여금 그의 뜻을 실행하지 못하도록 한다. 인간 "나"는 하려고 생각하나, 인간은 내부에 있는 이 이원론적 세력들을 통해서 마비되기 때문에 그 자신의 의지(*ταῦτα ποιῆτε*)를 실행하지 못하게 된다.[75] 결과적으로[76] 인간 "나"는 이제 더 이상 몸을 제어하는 주체가 아니다.[77]

---

73) 다수의 증거들이 *γάρ*("왜냐하면")에 의해서 그 문장을 앞의 문장과 관련시킨다 : P⁴⁶ B ℵ* D* G lat. 다른 것들은 *δέ*("그러나")에 의해서 : AC 𝔐 *pl.*

74) ἀντίκειμαι("반대되다")는 초대 그리스도교 문헌에서 다른 곳에서 처럼 여기서 비유적인 의미로 사용된다("영적 싸움"). Friedrich Büchsel, "*κεῖμαι κτλ.*," *TDNT* 3.655 ; Bauer, *s.v.*; LSJ, *s.v.*; *PGL*, *s.v.*를 보라.

75) 의욕을 가지는 주체로서의 "나"는 육이나 영과 동일하지 않다. 의욕의 이런 문제시는 로마 7, 15—24에서 더 연장된다.

76) ἵνα("~하기 위해")는 최종적인 또는 연속적인 의미로 해석될 수 있다 (BDF, § 391, 5 ; BDR, § 391 ; Bauer, *s.v.*, Ⅱ, 2 ; Schweizer, "*πνεῦμα, πνευματικός*," *TDNT* 6. 429 n. 641). 만일 그것이 최종적인 의미로 받아들여진다면, 그것은 반대되는 세력들 각자가 그것의 의욕을 인간의 의지에 부과시키려고 한다는 견해를 나타낼 것이다. Schlier, 249 ; Mussner, pp. 376—78 ; Paul Althaus, "'…Dass ihr nicht tut, was ihr wollt' (Zur Auslegung von Gal. 5, 17)," *ThLZ* 76(1951) 15—18을 보라.

77) 즉 "행함"(ποιεῖν)의 제어에서.

인간학적 상황에 대한 이러한 묘사는 많은 문제들을 제기한다. (1) 바울로는 두 세력들 때문에 인간은 자신의 뜻을 수행하지 못하게 된다는 것을 말하고 싶어한 것일까?[78] 아니면 그 뜻을 좌절시키는 것은 육 뿐이며, 반면에 성령은 그것과 협동하려고 한다는 말일까? 이 질문들에 대한 답변은 또 하나의 질문에 크게 좌우된다. (2) 갈라디아서 5장 17절과 로마서 7장 15—24절의 관계는 무엇일까? 분명히 갈라디아서 5장 17절은 그리스도교적 인간을 다루며, 반면에 로마서 7장 15—24절에서 바울로는 그리스도교적 관점으로부터 그리스도인 이전 상태를 평가한다.[80] 적어도 이것은 현재의 신약학에서 공통되는 의견이다. 그러나 만일 갈라디아서 5장 17절이 그리스도교인에게 적용되고 로마서 7장 15—24절이 그리스도인 이전 상황에 적용된다면, 무엇이 다른 점일까? 우리는 방법론적으로 갈라디아서 5장 17절을 로마서 7장 15—24절의 기초 위에서 해석해도 괜찮은 것일까? 우리는 바울로가 자신의 인간학을 완전히 정립했으며, 우리가 그것을 여러 서신들로부터 결합할 수 있다고 가정할 수 있을까? 또는 바울로의 사고 자체에서 변화 과정들과 발전을 가정해야 하는 것일까? 또한 이러한 변화들은 단순히 변화된 상황들의 반영으로서 바울로의 입장 표명은 다를 수 있으나 그의 본질적인 입장은 동일한 것일까? 아니면 그 변화들은, 새로운 상황들에서 문제가 발생할 때마다 더 건설적인 방법으로 거기에 응답하기 위해 바울로가 자신의 입장을 실제로 수정했다는 것을 의미하는 것일까?[81]

로마서 7장에서 바울로는 "속사람"(ὁ ἔσω ἄνθρωπος)[82]과 "그의 또 다른 의지"를 구별해서 말하고 있다. 선을 행하고자 하는 속사람은, 죄(ἁμαρτία)의 권세인 "그의 또 다른 의지"가 어떻게 악을 행하려 하고 또 실행하는지를 마치 감옥 창살을 통해 말하듯이 증언할 수밖에 없다는 것이다. 이와같이 로마서는 서로 대결하는 두 "의지", 곧 "속사람"과 죄의 권세에 대해 말한다. "나"조차도 둘로 분리되고, 동시에

78) 쉴리어를 비롯한 대개의 주석들이 그렇게 생각한다.

79) 그 문제는 Althaus에 의해서 분명하게 지적되었다(위, 주 76을 보라).

80) Rudolf Bultmann, "Römer 7 und die Anthropologie des Paulus," in his *Exegetica*, 198—209 ; Käsemann, *Römer*, 188ff를 보라.

81) 이 문제들에 적절한 주의를 기울이는 연구가 없다. 연구현황에 대해서는 Ernst Käsemann, "On Paul's Anthropology," in his *Perspectives*, 1—31 ; Jewett, ***Paul's Anthropological Terms***, 여러 곳을 보라.

82) 이 개념에 관해서는 Jewett, ***Paul's Anthropological Terms***, 394ff를 보라.

성령의 역할은 중요하지 않게 된다. 다른 한편으로 갈라디아서 5장 17절에서 우리는 세 가지 "의지"를 보게 된다 : "나," "성령," 그리고 "육." 이 배열은 우리가 그리스도인의 실존에서 생길 것으로 기대하는 성령과 "나" 사이의 협동을 무시하는 것 같으나, 이 점에 대한 해명이 18절에 나온다. 17절에서 바울로는 다소 간단한 용어들로 자신의 인간학적 전제들을 제시하지만, 어떻게 그의 구원론이 이 인간학에 영향을 미치는지에 관한 문제에 대해서는 미결상태로 남겨두는 것 같다. 18절에서 구원론적 전제들이 서술되지만 17절에 있는 이론은 언급되지 않는다. 이 상황은 우리에게 17절에 있는 이론이 기본적으로 "바울로 이전의 것"이라는 결론을 내리게 만든다. 17절에서 바울로는 그 자신의 교리를 기초로 해서 일반적인 인간학적 교리를 언급하나, 그 자신의 교리는 훨씬 더 복잡하다.

우리는 로마서 7—8장에서 갈라디아서 5장에서도 발견되는 요소들이 훨씬 더 발전되고 더 복잡하게 재구성되어 있는 것을 보게 된다. 이것은 갈라디아서 5장 17절이 로마서 7장의 압축되고 단순화된 형태가 아니라는 것을 뜻한다. 또한 그것은 우리가 바울로의 인간학을 기술함에 있어서 갈라디아서에 있는 진술들을 불충분하고 예비적인 것으로 여기고 로마서 7장의 진술을 더 적합한 것으로서 대치해야 한다는 것을 뜻하는 것도 아니다. 단지 우리는 바울로의 신학적 사고가 갈라디아를 쓴 이후 멈추지 않았다는 것, 그가 부딪친 새로운 상황들과 그가 얻은 새로운 통찰들 때문에 그의 입장을 표명하는 데 새로운 노력이 요구되었다고 가정할 수 있다.

갈라디아서 5장 17절의 이론은 그것이 말하는 그대로 해석되어야 한다. 사람의 몸은 육과 영의 세력들이 서로에 대항해서 싸우는 싸움터이며, 따라서 사람의 의지는 그것이 의도하는 바들을 행할 수 없게 된다는 것이다.[83] 이것은 그리스도인의 실존에 있어서 사실이다. 왜

83) 이와는 달리 무쓰너(377f)는 바울로를 그 반대 의미로 해석한다 : 양세력이 서로 반대한다는 사실은 그것들의 영향을 중화시키며 사람에게 자유로이 선택할 수 있는 상황을 부여한다. "그리스도께서 세례받은 자를 해방시키신 자유(5, 1·13)는 선과 악 사이의 선택의 실제적인 자유다" (378). 그의 견해에 있어서 갈라 5, 17은 윤리를 위한 기초가 된다 : 그리스도인은 선을 행할 수 있는 의지의 자유를 가진다. 무쓰너는 바울로에 대한 펠라기우스적 해석을 피하려고 애쓰며 Bonnard를 그점에 관해서 인용한다. 그러나 그가 다음과 같이 언급할 때 그는 불가피하게 바울로를 펠라기우스 같은 사람으로 만든다 : "영은 그로 하여금(즉 그리스도인) 하느님의 뜻을 성취하는 것을 돕는다. 그러나 그것은 그를 강

냐하면 거기서만 우리는 성령이 현존한다는 것을 가정할 수 있기 때문이다.[84)]

[18] 이 귀절은 17절에서 빠졌던 구원론적 전제들을 덧붙인다. 조건절은 현실을 진술하며(직설법으로 되어 있는 εἰ 문장),[85)] 실제로 독자들에게 "구원의 표시"를 상기시킨다 : εἰ δὲ πνεύματι ἄγεσθε("여러분이 성령에 의해 인도된다면…"). 갈라디아 사람들의 그리스도인으로서의 존재의 토대는, 그들이 성령에 의해 붙잡힌 바 되었다는 것이다.[86)] 이러한 성령의 체험은 본질상 "열광적"이며, 그것은 "인도받음"(ἄγεσθαι)의 체험이다. 육과 영의 세력들 간의 싸움에서는 비김이란 있을 수 없고 성령이 주도권을 잡고 압도하며, 그렇게 하여 악을 패배시킨다.[87)] 어떻게 이것을 상상할 수 있는지를 바울로는 다음에 이어지는 귀절인 5장 19—24절에서 설명한다. 결구는 독자에게 또 하나의 "직설법"을 상기시킨다 : οὐκ ἐστε ὑπὸ νόμον("율법 아래 있는 것이 아닙니다").[88)] 만일 그들이 성령에 의해서 이끌린다면, 그들은 토라 아래 있을 필요가 없다.[89)] 이 말이 왜 사실이며 어떻게 성령이 그리스도인을 토라에 떠맡기지 않은 채 악을 패배시키는지는 다음 단락인 5장 19—24절에서 설명된다.[90)]

보론 14. 악과 덕의 목록 : 갈라디아 5장 19—23절에서 바울로는 학계에서 "악과 덕의 목록"으로 명명된 문학 장르를 사용한다.[91)] 그 목록은 헬라주의

요하지 않는다."

84) 바울로는 자신이 2,19—20에서 언급했던 것을 여기서가 아니라 다음 단락에서만 고려한다는 것을 우리는 주목해야 한다.

85) BDF, §372 ; BDR, §372를 보라.

86) 갈라 3,2—5·14 ; 4,6·29 ; 5,5·16을 보라. 구원의 "표시"에 관해서는 위 5,1a·13a에 관해서 그리고 아래 5,25에 관해서 보라.

87) 참조. 로마 8,14 거기서 "하느님의 아들들"은 하느님의 영(πνεύματι θεοῦ ἄγονται)에 의해서 인도되는 자들로 정의된다. 또한 고전 12,2 ; 루가 4,1·9를 보라. 그 용어에 관해서는 LSJ, *s.v.*; Preisigke, *Wörterbuch*, 4/1(1944) 23, *s.v.*; Bauer, *s.v.*, 3 ; Betz, *Lukian*, 40 n 10을 보라.

88) 갈라 3,2·5·23—25 ; 4,21 ; 5,1을 보라.

89) "율법 아래"에 관해서는 3,23 ; 4,4—5·21을 보라.

90) 대개의 주석가들에 반대해서 갈라 5,18이 로마 7,7 이하와 필립 3,2 이하—거기서 "율법"은 사람으로 하여금 그 자신의 의(ἰδία δικαιοσύνη)를 구하도록 자극한다. 그것은 "죄"이다— 의 관점에서 해석되어서는 안된다는 것이 강조되어야 한다. 갈라 3,22—25에서 조차도 바울로는 "율법"이 "죄"를 고무시킨다는 것을 말하지 않는다. 갈라디아서에 따르면, 그것의 악한 일을 낳는 것은 "육"이다.

적 철학에 그 기원을 둔 윤리적 개념을 포함하고 있다. 그 개념들 중 일부는 그 자료가 헬라주의적—유다적 각색을 거쳤다는 것을 암시해 준다.[92] 그 외에도 21절bc는, 전체 귀절의 본래의 삶의 자리가 아마 세례와 관계된 원 그리스도교의 교리문답적 가르침이었다는 것을 보여준다. 그러므로 우리는, 바울로가 갈라디아 사람들에게 그들이 최초에 들었던 것, 즉 바울로가 그들에게 그리스도교 신앙을 처음 가르쳤을 때를 상기시킬 목적으로 여기서 그 귀절을 인용한다고 가정할 수 있다. "사랑"(ἀγάπη: 22절)을 제외한 모든 개념들은 헬라주의 철학에 있어서 일반적이다. 그러나 또한 목록들의 형태는 전통적이다.[93] 구약성서에는 병행구가 없으나 그 목록형태의 역사는 적어도 플라톤의 하데스(Hades) 신화(*Gorg.* 525A)에로 거슬러 올라갈 수 있다. 아마 고대 이란에서 그 기원을 찾아볼 수도 있을 것이다.[94] 신약성서 시대에 이런 종류의 윤리 목록들이 널리 퍼져 있었다. 큰 어려움 없이 그것들은 다양한 철학적 그리고 종교적 학파들에 적용될 수 있었다. 그러므로 우리는 여

---

91) 원시 그리스도교 문헌에 있는 다른 목록들에 대해서는 다음을 보라 : 로마 1,29—31 ; 13,13 ; 고전 5,10—11 ; 6,9—10 ; 고후 12,20—21 ; 에페 4,31 ; 5,3—4 ; 골로 3,5·8 ; 디전 1,9—10 ; 디후 3,2—5 ; 디도 3,3 ; 베전 2,1 ; 4,3·15 ; 마르 7,22 ; 마태 15,19 ; 묵시 21,8 ; 22,15 ; Did. 2.1—5.2 ; *Barn.* 18—20 ; Pol. *Phil.* 2.2,4.3 ; *Herm. Mand.* 5.2.4,6.2,8.3—5 ; *Sim.* 6,9.15 등 ; *Apoc. Pet.* 21—34 등. 참조. 야고 3,13—18. 바울로에게 특히 흥미있는 것은 *Kerygmata Petrou* (ps.-Clem. *Hom.* 11. 27—28)에 있는 목록 자료를 포함시키는 세례의 교리다. Chrysostom의 예식에서 그 용법에 대해서는 Hugh M. Riley, *Christian Initiation* (Washington, D.C.: The Catholic University of America, 1974) 165ff 이다.

92) 개개 개념들에 관해서 그리고 참고문헌에 대해서는 아래를 보라.

93) 다음의 기본적인 연구서들을 보라 : Anton Vögtle, *Die Tugend-und Lasterkataloge im Neuen Testament* (NTAbh 16.4—5 ; Münster: Aschendorff, 1936) ; Lietzmann, *Römer*, 35f; Burton S. Easton, "New Testament Ethical Lists," *JBL* 51(1932) 1—12 ; Siegfried Wibbing, *Die Tugend- und Lasterkataloge im Neuen Testament und ihre Traditionsgeschichte* (BZNW 25 ; Berlin: Töpelmann, 1959) ; Erhard Kamlah, *Die Form der katalogischen Paränese im Neuen Testament* (WUNT 7 ; Tübingen: Mohr, Siebeck, 1964) 특히 14—18 ; Schlier, 251ff; Johannes Thomas, "Formgesetze des Begriffskatalogs im Neuen Testament," *ThZ* 24(1968) 15—28 ; Lohse, *Colossians and Philemon*, 136ff; Conzelmann, *1 Corinthians*, 100f; M. Jack Suggs, "The Christian Two Way Tradition: Its Antiquity, Form, and Function," in *Studies in the New Testament and Early Christian Literature, Essays in Honor of A.P. Wikgren* (Leiden: Brill 1972) 60—74 ; Mussner, 379—89 ; Vielhauer, *Geschichte*, 50, 54, 120f.

94) 이 점에 관해 Kamlah, 같은 책, 여러 곳을 보라.

러가지 형태와 문맥과 여러 가지 기능들에서 그것들을 발견한다.[95] 유다교에서 특히 지혜문학과 필로의 저서들에서 그 목록들이 발견된다. 이 목록들이 헬라주의적 철학으로부터 채용된 것이 분명하다.[96] 특별한 문제가 1QS 4.3—11에 있는 긴 이중 목록에 의해서 제기된다. 왜냐하면 그 목록은 그리스 철학의 영향을 보이지 않기 때문이다.[97] 최근에 영지주의에서 특히 나그 함마디 문서들에서 목록들이 발굴되었다.[98]

초대 그리스도교는 널리 알려지지 않은 교육의 과정에서 소용된 그 목록들을 좋아했던 것 같다. 신약성서와 사도시대의 교부들의 저서에서 발견되는 많은 목록들에서, 특별히 그리스도교적 개념들을 소개하려는 노력들이 거의 발견되지 않는다. 그 목록들은 길이에 있어서나 개념들의 순서에 있어서나 본문 전승에서 그것들의 전달에 있어서나 크게 다르다. 완전함과 체계화, 또는 창조성에 대해 관심이 별로 없었던 것이 명백하다. 그 목록들이 그 시대의 관습적인 도덕을 요약하고 있는 것이 아마 그 이유였을 것이다. 그리스도교는 그리스도인의 존재가 "관례에 반대되어서"(참조, 갈라 5,23b)는 안 된다는 한도 내에서 그 도덕에 흥미를 가졌다. 바울로가 보여주는 바와 같이, 그리스도교의 관심은 그 개념들 자체나 그것들의 윤리설과의 관계에 있지 않았다. 그 개념들은 이유없이 마음대로 변경될 수 있다. 그 일차적인 기능은 그리스도인의 윤리생활이 그 시대의 도덕적 관례에 대강 부합되어야 한다는 것을 명백히 하는 것이었다. 이 기능은 물론 예비적이며 이 세상에서의 삶에 국한되었다.—비록 그 종말론적 차원을 부인해서는 안 되지만, 목록들의 제한된 초보적 성격 또한 명백하다. 그 목록들은 자체로서는 초대 그리스도교가 그리스도인의 삶에 대해서 가졌던 모든 관심들을

95) 헬라주의와 로마의 문헌으로부터 나온 자료들은 다음 연구서들에 실려 있다(주 3에 있는 문헌과는 별도로) : Bultmann, *Stil*, 19 n. 3 ; *SVF* 3. 377—490 (Stoics in general); Betz, *Lukian*, 185—94, 206—11 ; *PECL*, 31, 33, 40, 157, 208, 209, 227 ; Gerd Petzke, *Die Tradition über Apollonius von Tyana und das Neue Testament* (SCHNT 1 ; Leiden: Brill, 1970) 220—27 ; Mussies, *Dio Chrysostom*, 67—70, 172—77, 184f.

96) 참조. 특히 또한 Justin *Oratio ad Graecos* 5.7—9. 다음에 수록된 자료를 보라 : Kamlah, *Die Form der Katalogischen Parānese*, 여러 곳 ; Conzelmann, 1 *Corinthians*, 100 n. 66.

97) Wibbing의 연구(참조. 위, 주 93) ; Kamlah, 같은 책, 39ff; Osten-Sacken, *Gott und Belial*, 특히 150ff; Braun, *Qumran* 1.214를 보라.

98) 참조. *Corp. Herm.* 13.7ff; 또한 1.22f, 25. 다음을 보라 : Richard Reitzenstein, *Poimandres* (Leipzig and Berlin: Teubner, 1904) 231f; Albrecht Dieterich, *Nekyia: Beiträge zur Erklärung der neuentdeckten Petrusapokalypse* (Leipzig: Teubner, [3]1913) 163ff; Kamlah, 같은 책, 115ff. Nag Hammadi 문서들로부터 나온 병행구들은 Mussner, 379 n. 32에 수록되어 있다.

포함하지 않는다. 확실히 그리스도인의 생활은 일반적인 도덕을 넘어섰으며, 그리고 그것은 비판과 인습적인 도덕의 대치까지도 포함했음이 확실하다. 이 점에서 우리는 그리스도교 메시지가 전파되어감에 따라 은연중에 뒤따르는 변화의 세력들 그리고 악과 덕의 목록들이 영향을 미치는 인습의 무게 사이의 긴장에 주목해야 한다. 이 갈등은 그 이후로 줄곧 그리스도교 윤리의 일부가 되어 왔다.

갈라디아 5장 19—23절에 있는 목록들에 관한 한 몇 가지 문제들을 염두에 두어야 한다. (1) 개개 개념들은 결코 특별히 "그리스도교적"인 것이 아니라, 그 시대의 인습적인 도덕을 나타낸다. (2) 그것들은 그리스의 윤리의 의미에서 악과 덕을 나타내는 것이 아니라 악의 세력들("육이 하는 일")과 성령의 권능들("성령의 열매")의 현상이다. 또는 출현을 묘사한다. 이 점에서 바울로의 목록들은 눈에 띌 만큼 영지주의에 가깝다. (3) 덕의 목록들만이 성령과 관계된다. 이것은 1QS 4에 있는 목록들과 비교해서 —여기서 양 목록들은 서로 반대되는 두 영들과 관계된다—유사점과 상이점을 두드러지게 한다. (4) 악의 목록이 개념들의 무질서한 수집을 담고 있으나 반면에 덕의 목록은 잘 배열되어 있다. 이와 같이 그 목록들은 무질서한 많은 악들과 성령의 일치 사이의 이원론을 나타낸다.[99]

[19] 바울로는 이제 자신이 볼 때, 어떻게 해서 악이 생기는지를 계속해서 설명하는데, 그것은 어떻게 악을 물리칠 수 있는지를 보여주기 위해서다. 우선 그는 그가 의미하는 악이 무엇인지를 더 상세히 설명한다. 그는 5장 16—17절에서 "육이 원하는 것들"(ἐπιθυμίαι τῆς σαρκός)에 대해서 말했지만, 이제 그는 그런 원하는 것들의 결과가 "육이 하는 일"(τὰ ἔργα τῆς σαρκός)이라는 것을 진술한다. 이 "육이 하는 일들"은 그것들이 쉽게 준수될 수 있다는 점에서 "명백하다"(φανερά).[100] 이것은 또 하나의 중요한 가정을 포함하는 것 같다. 사도가 18절b에서 진술했던 것을 고려하면, 19절에서 그가 "육이 하는 일들"을 위법의 결과로서 묘사하지 않는 것이 이상

99) 참조. 루터의 논평들(1535, 갈라 5,15에 대해):"수학자들에 따르면, 단위를 넘어 무한한 수열이 있다. 이와 같이 만일 성령의 일치가 손상되고 파손된다면, …잘못들이 계속해서 무한히 발생할 것이다" 5,20에 관해 루터는 말한다. "바울로는 육이 하는 모든 일들을 열거하는 것이 아니라, 그런 일들의 무한한 수 대신 몇가지 경우를 들고 있다.

100) 이 용어의 의미에 대해서는 고전 3,13 ; 11,19 ; 14,25 ; 고후 5,10 ; 요일 3,10 ; 2 *Clem.* 16,3 ; *Barn.* 8.7 ; *Herm. Sim.* 4. 3f; *Mand.* 11. 10 ; Ign. *Eph.* 14.2 참조. Bauer, *s.v.*, 1 ; Rudolf Bultmann and Dieter Lührmann, "φανερόω," *TDNT* 9,3을 보라.

하다.[101] 실제로 "명백한"은 "율법 없이"를 뜻하는 것 같다. 사람은 악을 행하기 위해 하나의 법을 위반할 필요가 없다. 악을 기존하는 법의 위반으로서 정의하기보다는, 바울로는 악을 "나타난 것들"(manifestations)로서 취급한다. 물론 악한 행위들은 행해지며, 그러므로 "일들"로 불리운다.[102] 그것들은 사람에 의해서 행해지나 실제에 있어선 육이 하는 일이며,[103] 곧 그것들이 사람을 지배하고 그의 활동들을 명령한다(참조. 5,16—17).

악의 현상들에서 또한 특징적인 것은 그것들이 순서나 체계없이 일어난다는 것이다.[104] 바울로가 "악의 목록"의 양식을 사용할 때, 그는 임의로 수집한 용어들을 한데 모으며, 사람들 가운데서 일상적으로 발생하는 악을 묘사한다.[105] 외견상 무질서한 이 용어들의 배열은 악의 무질서한 본질을 반영한다. 이 무질서는 "성령의 열매"의 하나됨 그리고 그것의 질서 있는 배열과 대조할 수 있다(22—23절). 19절은 그 개념들의 첫번째 세 가지를 포함한다: "부정한 성행위"(πορνεία),[107] "도덕적 불결"(ἀκαθαρσία),[108] 그리고 "방탕"(ἀσέλγεια).[109]

---

101) 참조. 갈라 6,1.

102) 참조. 로마 13,12 "암흑에 속한 일들"(τὰ ἔργα τοῦ σκότους); 에페 5,11; 골로 1,21; 요한 3,19; 7,7; 8,41 등에서의 비슷한 표현들, Bauer, *s.v.* ἔργον 1, c, B를 보라. 쿰란문서들에 있는 그 용어는 비슷하나 같지는 않다. 참조. מעשי רשע(1 QS 2.5), מעשי רמיה(1 QS 4.23); Braun, *Qumran* 1.185; Kamlah, *Die Form der katalogischen Paränese*, 16. n. 2(위, 주 93을 보라).

103) 참조. 로마 7,8·13·15·17·18·20에 있는 용어: "일으키다, 낳다"(κατεργάζομαι).

104) 그 목록에서 어느정도 체계있는 순서를 발견하려는 시도들이 실패하였다. 참조. Schlier, 251; Johannes Thomas, "Formgesetze des Begriffs-Katalogs im Neuen Testament" *ThZ* 24 (1968), 15—28, 25f; 순서를 알아볼 수 없다는 무쓰너의 진술은 옳다(381).

105) 관계대명사 ὅστις의 이런 사용에 대해서는 BDF. §293; BDR, §293을 보라.

106) 𝔎 D(G) *pl* it syʰ Irenaeus에는 맨먼저 "간음"(μοιχεία)이 나온다. Zahn(264 n. 98)은 이 순서가 마태 15,19와 마르 7,21—22를 조화시킨 결과라고 가정하는데 그것은 아마 옳을 것이다.

107) 그 용어는 바울로에 의해서 또한 고전 5,1; 6,13·18; 7,2; 고후 12,21; 데전 4,3에서 사용된다. 그것은 마태 15,19∥마르 7,21; 고후 12,21; 에페 5,3; 골로 3,5에 있는 목록들의 일부이다. 더 이상의 자료에 대해서는 Bauer, *s.v.*; Friedrich Hauck and Siegfried Schulz, "πόρνη κτλ," *TDNT* 6.579—95; Petzke, *Apollonius*, 225를 보라.

108) 이 용어에 대해서는 로마 1,24; 고후 12,21; 에페 5,3; 골로 3,5에 있

[20] "우상숭배"(εἰδωλολατρία)의 개념은 기원에 있어서 헬라주의적—유다교적이다.[110] 이 개념은 다음에 나오는 전체 목록의 배경이 되는 종교들의 역사를 가리킨다. 그 다음에 "마술, 마법"(φαρμακεία),[111] "적대적인 감정과 행동들"(ἐχθραί),[112] "싸움"(ἔρις),[113] "시기, 질투"(ζῆλος),[114] "분노의 폭발"(θυμοί),[115] "반목"(ἐριθεῖαι; Bauer: "논쟁" 또는"이기심의 발생"),[116] "분열"(διχοστασί-

---

는 목록들 ; 로마 6,19 ; 에페 4,19 ; 데전 2,3 ; 4,7 참조. 다음을 보라: Bauer, *s.v.*, 2 ; Friedrich Hauck, "ἀκάθαρτος, ἀκαθαρσία," 3.427—29; ; Wilfried Paschen, *Rein und Unrein* (SANT 24 ; Munich: Kösel, 1970) ; Mussies, *Dio Chrysostom*, 70.

109) 이 용어에 대해서는 다음에 있는 목록들을 보라 : 마태 7,22 ; 로마 13,13 ; 고후 12,21 ; 에페 4,19 ; 베전 4,3 ; 더우기 베후 2,2·7·18 ; 유다 4. Bauer, *s.v.* ; Otto Bauernfeind, "ἀσέλγεια," *TDNT* 1,490 ; Betz, *Lukian*, 199 n. 3을 보라.

110) 그것 또는 εἰδωλολάτρης는 다음 목록들에서도 발견된다 : 고전 5,10·11 ; 6,9 ; 골로 3,5 ; 베전 4,3 ; *Did.* 3.4 ; 5.1 ; *Barn.* 20.1 ; 참조. 또 고전 10,7·14 ; *Barn.* 16. 7. Friedrichh Büchsel, "εἰδωλολάτρης, εἰδωλολατρία," *TDNT* 2.379—80 ; Bauer, *s.v.*; Betz, *Lukian*, 194 ; Mussies, *Dio Chrysostom.* 70 ; Betz, "2 Cor 6 : 14—7 : 1," 92 ; Horst D. Preuss, *Verspottung fremder Religionen im Alten Testament* (BWANT92 ; Stuttgart: Kohlhammer, 1971)을 보라.

111) 그 용어는 *Did.* 5.1 ; *Barn.* 20.1에 있는 목록들에서 발견된다 : 참조. 묵시 9,21 ; 18,23. Bauer, *s.v.*; Betz, *Lukian*, 201 n. 7 ; Petzke, *Apollonius*, 217 ; Mussies, *Dio Chrysostom*, 70 ; ps.-Phocylides *Sent.* 149 (ed. Denis)를 보라.

112) 참조. 로마 8,7 ; 에페 2,14·16 ; 야고 4,4 ; 루가 23,12. 다음을 보라 : Werner Foerster, "ἔχθρα," *TDNT* 2. 815 ; Bauer, *s.v.*; Petzke, *Apollonius*, 227 ; Mussies, *Dio Chrysostom*, 184f.

113) 참조. 로마 1,29 ; 13,13에 있는 목록 ; 고전 3,3 ; 고후 12,20 ; 필립 1,15 ; 디전 6,4 ; 디도 3,9 ; 또한 고전 1,11. Bauer, *s.v.*를 보라. 본문 전승은 갈라진다. ℵ A B D* 1739 syr^{p}에는 단수로 되어 있으며, 반면 𝔎에는 C D^{bc} F G K L N P *al* 등과 더불어 복수로 되어 있다. 단수는 가장 난해하며 그러므로 가장 개연성 있는 해독이다. 더 많은 증거에 대해서는 Metzger, *Textual Commentary*, 597을 보라.

114) 참조. 로마 13,13 ; 고전 3,3 ; 고후 12,20 ; 야고 3,14·16 목록들에 있는 그 용어. Albert Stumpff, "ζῆλος, ζηλόω," *TDNT* 2,877—82 ; Bauer, *s.v.*; Mussies, *Dio Chrysostom*, 185를 보라. 복수 ζῆλοι는 ℵ C 𝔎 *pl.* 등에 나온다.

115) 참조. 고후 12,20 ; 1 *Clem.* 46.5 목록에 있는 그 용어. Friedrich Büchsel, "θυμός," *TDNT* 3.167—68; Bauer, *s.v.*, 2를 보라.

116) 그 용어는 보기 드문 용어로서 아마 그 의미는 정치적일 것이다(참조. 고후 12,20 ; 필립 2,3 ; 야고 3,14·16 ; 또한 로마 2,8에 있는 목록들).

αι),[117] 그리고 "분파"(αἱρέσεις)[118]가 이어진다.

[21] 목록은 다음 세 개념들을 마지막으로 끝난다. "질투의 발생"(φθόνοι),[119] "술취하는 경우들"(μέθαι),[120] 그리고 "흥청대며 먹고 마시는 것들"(κῶμοι).[121] 마지막 구 "또 그와 비슷한 것들입니다"(καὶ τὰ ὅμοια τούτοις)는 그 목록이 완전히 끝난 것으로 받아들여서는 안 된다는 것을 확실히 한다. 악은 무수한 형태로 일어나는데 단지 그 일부만이 그 목록에 들어 있다.

21절b에서 뒤따르는 언급은 우리를 당황케 한다 : "내가 〔전에도〕 경고했던 것처럼 이것들에 대해 여러분에게 경고합니다"(ἃ προλέγω ὑμῖν καθὼς προεῖπον).[122] 그 병행구들은 우리가 우리 앞에 그 자신이 전에 말했던 것을 인용하는 관용문체를 가리키는 인용법식으로 되어 있음을 보여준다. 바울로가 인용하는 것은 종말론적 본질의 예언이며 경고이다. 용어 προλέγω("나는 예언한다")는 다음에서 인용되는 문장을 가리키나 καθὼς προεῖπον("내가 예언했던 것처럼")은 과거의 사건을 상기한다. 이 과거의 사건은 바울로가 갈라디아 사람들에게 기본적인 가르

해석상의 문제에 대해서는 Friedrich Büchsel, "ἐριθεία," *TDNT* 2. 660—61 ; Bauer, *s.v.*를 보라.

117) 그 용어는 정치적이다(참조. Plutarch *Adulat.* 20C; *Fort. Rom.* 321C; *Praec. gerend.* 788E; *Pyrrh.* 397C); ps.-Phocylides *Sent.* 151 (ed. Denis); 로마 16,17 ; 고전 3,3 *v.l.*; 1 *Clem.* 46.5 ; 51.1 등을 보라. 더 이상의 참고문헌에 대해서는 Bauer, *s.v.*를 보라.

118) 참조. 고전 11,19 ; Heinrich Schlier, "αἵρεσις," *TDNT* 1,180—83 ; Bauer, *s.v.*

119) 참조. 목록들 로마 1,29 ; 필립 1,15 ; 디전 6,4 ; 디도 3,3 ; 베전 2,1. 참조. 또한 갈라 5,26에 있는 동사. 더 이상의 자료에 대해서는 Bauer, *s.v.*; Ernst Milobenski, *Der Neid in der griechischen Philosophie* (Klassisch-philologische Studien 29 ; Wiesbaden: Harrassowitz, 1964), 그리고 A.W.H. Adkins, *ClRNS* 21(1971), 293f를 보라. 다수의 증언들이 Euripides *Tro.* 766ff 이래로 알려진 그리고 고대에서 자주 인용되었던 언어놀이 φθόνοι φόνοι("살인")로 읽는다. 그것이 또한 로마 1,29에서 발견되기 때문에(목록에서) 그것은 거기로부터 나올지 모른다. Metzger, *Textual Commentary*, 597f를 보라.

120) 참조. 목록들 로마 13,13 ; 1 *Clem.* 30.1 ; 또한 루가 21,34에 있는 그 용어. Bauer, *s.v.*; Herbert Preisker, "μέθη κτλ." *TDNT* 4.545—48을 보라.

121) 원래 그 용어는 Dionysos의 경축행사를 언급했다. 로마 13,13 ; 베전 4,3의 목록들에 있는 그 용어를 보라. 더 이상의 자료에 대해서는 Bauer, *s.v.*를 보라.

122) 비슷한 형식이 갈라 1,9에서 발견된다. 참조. 고후 13,2 ; 데전 4,6 ; *Did.* 7,1.

침을 주었을 때의 사건이었음에 틀림없다. 그러므로 우리는 또한 그의 언급이 원 그리스도교의 교리문답 교육과 관계될 수 있는 19—21·22—23절a에 있는 자료를 포함한다고 가정할 수 있다. 우리는 어떤 경우에 이 가르침이 주어졌는지를 정확히 알지는 못하지만, 갈라디아서 1장 8—9절이나 3장 26—28절, 그리고 다른 초대 그리스도교 자료에 있는 병행구들로 미루어 보아, 우리는 그것이 세례의 가르침이라는 것을 쉽게 추측해 볼 수 있다.[123]

이 인용문은 다소 고대적인 언어로 되어 있는데, 그것은 그 기원이 바울로 이전의 교리문답적 가르침에 있다는 것을 확인시켜 준다.[124] "그런 일들을 행하는 사람들은 하느님 나라를 차지하지 못할 것입니다"(οἱ τὰ τοιαῦτα πράσσοντες βασιλείαν θεοῦ οὐ κληρονομήσομήσουσιν). 이 귀절의 언어들은 대부분 비—바울로적인 것들이며, 따라서 바울로의 신학과 다소 긴장관계에 있다. "하느님의 나라"(βασιλεία θεοῦ)는 여기서 하늘 또는 낙원의 종말론적 영역을 가리킨다.[125] "차지하다"(κληρονομέω)[126]는 "속에 들어가다"를 나타내며,[127] 갈라디아서에 있는 그

123) *Did.* 7.1은 그 귀절에 가능한 삶의 자리를 보여주는 데 가장 중요하다 : "세례에 관하여, 이렇게 세례를 주어라 : 먼저 이것들 모두를 반복한 後에 〔즉, *Did.* 1—6〕, 아버지 아들 그리고 성령의 이름으로 세례를 주어라…"(*Περὶ τοῦ βαπτίσματος, οὕτω βαπτίσατε· ταῦτα πάντα προειπόντες, βαπτίσατε εἰς τὸ ὄνομα τοῦ πατρός*…). 참조. Justin, *Apol.* 1.61.

124) 다음을 보라 : Alfred Seeberg, *Der Katechismus der Urchristenheit* (Leipzig. Deichert, 1903 ; rep. Munich: Kaiser, 1966) 11,43 ; Weiss, *Der erste Korintherbrief*, 153f; Hans Windisch, "Die Sprüche vom Eingehen in das Reich Gottes," *ZNW* 27 (1928), 163—92 ; Johannes Schneider, "εἰσέρχομαι," *TDNT* 2,676—78 ; Vögtle, *Die Tugend-und Lasterkataloge*, 38—45(위, 주 93을 보라) ; Philip Carrington, *The Primitive Christian Catechism* (Cambridge: Cambridge University, 1940) 17f; Kamlah, *Die Form der katalogischen Paränese*, 14f, 21—3(위, 주 93) ; Johannes S. Vos, *Traditionsgeschichtliche Untersuchungen zur paulinischen Pneumatologie* (Assen. van Gorcum, 1973) 26ff. 그 인용문의 더 초기의 삶의 자리는 유다교의 가르침에 있었던 것 같다. 이것에 관해서는 Davies, *Paul and Rabbinic Judaism*, 118 n. 1 ; Str-B 4/2. 1183—92 ; John Gager, "Functional Diversity in Paul's Use of End-Time Language," *JBL* 89(1970) 325—37, 333ff를 보라.

125) 그 용어는 바울로 서신에서 드물게 사용된다 : 로마 14,17 ; 고전 4,20 ; 6,9—10 ; 15,24·50 ; 데전 2,12. 다음을 보라 : Kamlah, 같은 책, 14 n. 2 ; Joachim Jeremias, "Flesh and Blood cannot inherit the Kingdom of God (1 Cor 15,50)," *NTS* 2 (1955/56), 151—59 ; rep. in his *Abba*, 298—307.

용어의 다른 예들과 완전하게 일치하지 않는다.[128] 또한 "행하는"(πράσσω)이라는 낱말은 전통적이며 "육이 하는 일들"이라는 개념과 갈라디아서에 있는 그 동사의 다른 예들과 긴장관계에 있다. 양식비판적으로 21절b는 종말론적 경고이며, 이런 의미에서 종말론적인 법을 언급한다.[130] 그것은 악과 덕의 목록들에 관계된다.[131] 왜냐하면 그것들이 하느님의 나라에 들어가기 위한 조건들을 포함하기 때문이다. 병행구들은 이 전체 복합문이 세례에 대한 가르침의 일부였으나,[132] 물론 또한 제각기 기능할 수 있었다는 것을 보여준다.[133] 갈라디아서에서 우리는 그 가르침이 권면조의 주장을 위해서 회상되는 그런 한 예를 보게 된다. 바울로는, 그리스도인의 윤리에 대한 자신의 견해는 교회의 전통, 즉 갈라디아 사람들 자신들이 서 있는 전통과 다른 것이 아니라고 주장한다. 육에 대해서 무엇을 해야 할 것인가에 대한

126) 참조. 특히 고전 6,9—10 ; 15,50 ; 마태 25,34 ; Ign. *Eph.* 16.1 ; Ign. *Philad.* 3.3 ; 에페 5,5—6 ; 골로 3,24.

127) 참조. "하느님의 나라에 들어감"을 다루는 이야기들(예. 마르 10,15 병행구 ; 마태 7,21 ; 18,8—9 ; 19,17 등). 귀절들의 수록에 대해서는 Schneider와 Windisch(위, 주 124)가 쓴 논문들을 보라.

128) 참조. 갈라 3,18·29 ; 4,1·7·30.

129) 그 용어는 다음 목록들과 관련된다 : 로마 1,23(참조. 2,1—3) ; 고후 12,21 ; 또한 Ign. *Eph.* 16.2 ; 요한 3,20 ; 5,29 ; 로마 9,11 ; 13,4 ; 고후 5,10. 갈라디아서에서 πράσσω는 여기서만 발견되나, ποιέω 3,10·12 ; 5,3·17 ; 6,9 참조.

130) προλέγω("미리 말하다")라는 용어는 그 인용문이 하나의 경고라는 것 을 가리킨다. 참조. 데전 3,4 ; 일부의 본문전승(A C ℜ D *pl* Marcion Irenaeus·Clement)은 προεῖπον("나는 미리 통고했다. 예언했다") 앞에 καί ("그리고")를 덧붙인다. 쿰란문서로부터의 인상적인 병행구는 "거짓의 영의 길들"의 목록을 뒤따르는 종말론적 경고다(1 *QS* 4.11—14) : "그리고 이 영 안에서 사는 모든 자들의 재앙은 모든 파괴시키는 천사들의 손에 의한 수많은 역병, 하느님의 진노의 복수하는 분노에 의한 영원한 저주, 지옥의 불 속에서 수치스러운 사멸과 함께 영원한 고통과 끝없는 치욕일 것이다. 모든 그들의 세대들의 시대는 그들이 남은자 또는 생존자 없이 파괴될 때까지 비탄 속에서, 가혹한 불행 속에서 그리고 어둠의 재난 속에서 보낼 것이다"(tr. Geza Vermes, ***The Dead Sea Scrolls in English*** (Baltimore: Penguin, 1962) 77). 참조. Osten-Sacken, *Gott und Belial*, 160—63,

131) 로마 1,32 ; 고전 6,9—10 ; 에페 5,5 ; 골로 3,6 ; Herm. *Sim.* 9.15.2, 3 ; *Did.* 6.1 ; *Barn.* 21.1 ; 또한 마태 25,34.

132) 세례와의 관련이 *Did.* 7.1 ; Herm *Sim.* 9.16.2—4에서 맺어진다.

133) 마태 5,20 ; 7,13—14∥루가 13,23—24∥*Did.* 1.1 ; 마태 7,21 ; 18,3 ; 25,34 ; 마르 10,23—5∥마태 19,23—24∥루가 18,24—25 ; 요한 3,5 ; 사도 14,22 ; Ign. *Eph.* 16.1 ; *Philad.* 3.3 ; Pol. *Phil.* 2.3 ; 5.3 ; 2 *Clem.* 9.6 ; 11.7 ; 12.1 ; Herm. *Sim.* 9.12.3,4,5,8 ; 9.20.2,3 등.

바울로의 현재의 충고는 지금까지 갈라디아 사람들에게 알려지지 않은 새로운 사상들을 도입하려는 것이 아니라, 오히려 바울로가 그 교회들을 세웠던 원래의 합의를 재진술한 것이다.

[22] 악의 목록(19—21절a) 다음에 이제 덕의 목록이 이어진다(22—23절a). 그러나 이 목록의 아홉 가지 개념들은 그 용어의 그리스적 의미에서 덕이 아니다. 그것들은 사람이 그의 품성의 일부로서 선택하고, 도야하고, 사용할 수 있는 개인적인 행동의 특질을 나타내지 않는다. 그것들은 또한 유다교에서 말하는 윤리의 의미에서 "선행"이 아니다. 그것들은 지켜야 할 그리고 위반할 수 있는 법전으로부터 나온 것도 그것을 구성하는 것도 아니다. 이상하게 들릴지 모르지만, 그 목록은 갈라디아서 6장 2절에 나온 "그리스도의 법"과 단순히 동일시되어서도 안 된다. 악의 목록과 비교할 때 덕의 목록은 여러 가지 이유들로 해서 특이하다. 바울로는 그것을 "성령의 일들"로 부르지 않으며, 19절과 유사하게 그것에 "명백함"의 특성이 있다고 보지도 않는다(참조. 위, 5,19에 관해).

끝도 없고 체계도 없는 악의 목록[135]이 "성령의 열매"(ὁ καρπὸς τοῦ πνεύματος)[136]로 불리는 일치에 의해[137] 대조되는 것은 확실히 의도적

134) Schlier, 255 ; Mussner, 384.

135) 위, 5,19—23에 대한 서론을 보라.

136) 그 개념은 바울로에서 독특하다. 참조. 에페 5,9 : ὁ καρπὸς τοῦ φωτός ("빛의 열매") ; *Herm. Sim* 9.19.2 : καρπὸς ἀληθείας("진리의 열매") 또한 로마 6,21—22 ; 15,28 ; 필립 1,11·22 ; 4,17 ; 요한 15,2 이하 ; 야고 3,12·17—18. 용어 καρποφορέω("열매맺다")가 관계된다 : 로마 7,4—5 ; 골로 1,6·10 ; 마르 4,20 병행구. 참조. Ign. *Eph.* 14.2 ; Ign. *Trall.* 11.1,2 ; Ign. *Smyr.* 1.2 ; Pol. *Phil.* 1.2 ; 2 *Clem.* 1.3 ; 19.3 ; 20.3 ; *Barn.* 11.11. 다음을 보라 : Friedrich Hauck, "καρπός, ἄκαρπος, καρποφορέω," *TDNT* 3.614—16 ; Bauer, *s.v.*; *PGL s.v.*; Kamlah, *Die Form der katalogischen Paränese*, 181ff; Harald Riesenfeld, "La langue parabolique dans les épîtres de S. Paul," in *Littérature et théologie pauliniennes* (Bruges: Desclée de Brouwer, 1960) 47—59 (tr. in his *The Gospel Tradition* [Philadelphia: Fortress, 1970] 187—204).

137) 위, 3,20에 관해 보라. 참조, 특히 *Corp. Herm.* 13.12 : 10개 "덕들"은 "한 조", 성령으로부터 나오는 일치(ἡ ἑνάς)로 불리운다. 일치는 한 조를 포함하고, 한 조는 일치를 포함한다. 흥미있는 대조 병행구는 Pinchas ben Jair (C. 200)에게 돌려지는 "Midrash on the Steps to Perfection"이다. Felix Böhl, *Gebotserschwerung und Rechtsverzicht als ethisch-religiöse Normen in der rabbinischen Literatur* (Frankfurter Judaistische Studien 1 ; Freiburg: Schwarz, 1971) 109—17을 보라. Marcus Aurelius 6.30.4 : "하나는 지상 생활, 종교적 섭리 그리고 사회적 행동

이다. 성령의 아홉 가지 열매는 세 개념씩 묶어질 수 있는데 그 중에서 가장 중요한 것은 처음과 마지막 개념이다. "성령의 열매"[138]라는 표현은 아홉개 개념들이 성령으로써 또는 성령과 함께 주어진 "은혜"로서 받아들여져야 한다는 것을 뜻한다.[139] 환언하면, 갈라디아 사람들이 성령을 받았을 때, 그들에게는 또한 그 "열매"가 성장할 수 있는 토대가 주어졌다.[140] 여기서 제기되는 문제는, 바울로의 생각이 어떤 것인지, 즉 그 "열매"가 저절로 주어졌으며 그 결과 그 목록에 제시된 덕들을 갈라디아 사람들이 소유했다는 것인지 또는 성령을 받음으로써 그들 자신들이 저 열매를 맺는 것이 가능해졌고 또 열매를 맺도록 자극받았다는 것인지 하는 것이다. 윤리적 권면이라는 현재의 문맥에서 우리는 단순히 "성령의 열매"를 소유하는 것이 바울로가 뜻하는 바라고 결론지을 수 없다. 예컨대, 우리가 *Corpus Hermeticum* 13에서 발견하는 영지주의적 개념과는 반대로,[141] "성령의 열매"는

들의 열매다"(*εἷς καρπὸς τῆς ἐπιγείου ζωῆς, διάθεσις ὁσία καὶ πράξεις κοινωνικαί*).

138) 그 개념에 가장 비슷한 것들은 스토아 철학(참조. 특히 "정원의 열매"로서의 윤리의 개념 : *SVF* 2.38), 그리고 특히 필로에서 발견된다. 이 문맥에서 "영의 열매(들)"은 "덕"을 가리킨다(참조. Philo *L.A.* 1.22f, 3.93; *Mig*. 140,202,205 ; *Deus* 166 ; *Mut*. 74,98,192 ; *Post*. 171 ; *Det*. 111 ; *Agr*. 9 ; *Mos*. 2.66 ; *Cher*. 84). 그것들은 또한 *ὁ διανοίας καρπός*("지성의 열매")로 불릴 수 있다 : Plant. 138 ; *Somn*. 2.272 ; Epictetus, *Diss*. 1.4.32 : 참조. 1.15.7,8 ; 2.1.21 ; 4.8.36 ; Cicero, *Tusc*. 1.119. 전형적인 것은 필로의 정의이다(*Fug*. 176) : *καρπὸς δ' ἐπιστήμης ὁ θεωρητικὸς βίος*("명상생활은 지식의 열매다"). 참조. Marcus Aurelius 9.10.1. 영지주의에 대해서는 *Corp. Herm*. 13.22 참조 : "좋은 열매, 불멸의 결과"는 "재생"을 구성하는 힘들의 "한 벌"과 동일하다.

139) 특히 Philo, *Sacr*. 19—42를 보라. 거기서 "쾌락"과 "덕" 두 여인이 묘사된다 ; 그것들은 악과 덕의 목록들에 "이어진다"(*συνείποντο*).

140) 참조. *Barn*. 11.11 : …*ἡμεῖς μὲν καταβαίνομεν εἰς τὸ ὕδωρ γέμοντες ἁμαρτιῶν καὶ ῥύπου, καὶ ἀναβαίνομεν καρποφοροῦντες ἐν τῇ καρδίᾳ τὸν φόβον καὶ τὴν ἐλπίδα εἰς τὸν 'Ιησοῦν ἐν τῷ πνεύματι ἔχοντες*("…우리는 죄와 부정으로 가득찬 물 속으로 들어간다. 그리고 우리는 마음속에 두려움의 열매를 맺고서 그리고 성령 안에서 예수에 대한 희망을 품고서 나온다").

141) *Corp. Herm*. 13에 있는 목록에 관해서는 위, 주 136을 보라. 참조. Epictetus, *Diss*. 4.8.40 : "적어도 자연이 바라는 대로 익을 수 있도록 놔두십시오. 왜 당신은 우리가 폭풍우를 맞게 합니까, 왜 우리에게 그것을 강요합니까? 우리는 아직 야외에서 견딜 수 없읍니다. 뿌리가 자라게 하고 다음에는 그것이 첫번째 마디를, 그리고 나서 두번째 마디를, 그 다음에는 세번째 마디를 얻게 해주십시오. 그리고

사람의 적극적인 참여를 전제한다(참조. 5,25).

앞서 언급한 바와 같이, 그 목록의 구조는 세 가지 개념들의 세 묶음[142]이 서로 잇달아 나오며 그 중에서 가장 중요한 것은 처음과 마지막에 놓인다.[143] 처음 세 개념들은 그것들이 속한다는 하느님과 그리스도와 사람에게 속한다는 점에서 나머지와 다르다. "사랑"(ἀγάπη)은 하느님[144]과 그리스도[145]와 성령[146]의 사랑이며, 그리고 그것은 또한 그리스도인에게 요구된다.[147] "기쁨"(χαρά)은 아마도 그것의 감정적인 뉘앙스 때문에 하느님이나 그리스도에게 속한다고 명백히 말할 수는 없으나 신적 은사로서의 그것의 성격이 강하게 강조된다.[148] 세번째 개념은 "평화"(εἰρήνη)다. 하느님[149]의, 그리스도[150]의, 그리고 사람에게 주어진 성령[151]의 평화다. 평화는 그리스도인의 실존을 특징짓는다.[152]

그렇게 마지막에 나의 뜻에 어긋날지라도 그 열매는 참된 모습을 세차게 가질 것입니다"(…εἴθ' οὕτως ὁ καρπὸς ἐκβιάσεται τὴν φύσιν, κἂν ἐγὼ μὴ θέλω).

142) 슐리어(256)는 이 "세 짝의 형태"를 가리키며 고전 13,4—6을 상기한다.

143) 참조. 고전 13,13 : νυνὶ δὲ μένει πίστις, ἐλπίς, ἀγάπη, τὰ τρία ταῦτα· μείζων δὲ τούτων ἡ ἀγάπη("그러므로 믿음과 희망과 사랑, 이 세 가지는 언제나 있을 것입니다. 그런데 그 중에서도 제일은 사랑입니다").

144) 로마 5,8 ; 8,35—39 ; 고후 13,11.13 ; 데전 1,4 : 참조. 에페 1,4 ; 2,4 ; 골로 3,12 ; 데후 2,13·16 ; 3,5 ; 골로 1,13 ; 에페 1,6.

145) 갈라 2,20 ; 로마 8,35·37 ; 고후 5,14 ; 에페 3,19 ; 5,2·25.

146) 로마 15,30 : 그것은 "우리 마음 속에 부어져 있읍니다"(로마 5,5).

147) 갈라 5,6·13·14 ; 목록들에서 그것은 고후 6,6 ; 에페 4,2 ; 골로 3,14 ; 베후 1,7, 그리고 사도시대의 교부들에서 자주 발견된다. 더 이상의 참고사항에 대해서는 위, 갈라 5,6에 관해서 보라.

148) 참조. 로마 14,17 : δικαιοσύνη καὶ εἰρήνη καὶ χαρὰ ἐν πνεύματι ἁγίῳ ("의와 화평과 성령 안에서 누리는 기쁨") ; 15,13·32 ; 고전 7,30 ; 고후 1,15·24 ; 2,3 ; 7,4·13 ; 필립 1,4·18·25 ; 2,2·28·29 ; 4,1 ; 데전 1,6 ; 2,19·20 ; 3,9 ; 필레 7. 더 이상의 참조사항들을 위해서는 Bauer, *s.v.*; Hans Conzelmann, "*χαίρω κτλ.*," TDNT 9,359—72, 특히 369f를 보라.

149) 로마15,33 ; 16,20 ; 고전 14,33 ; 고후 13,11 ; 필립 4,7·9 ; 데전 5,23 ; 데후 3,16.

150) 골로 3,15 ; 에페 2,14—15.

151) 로마 8,6 ; 14,17 ; 15,13 ; 참조. 갈라 1,3 ; 6,16 ; 로마 1,7 ; 2,10 ; 5,1 ; 고전 1,3 ; 고후 1,2 ; 13,11 ; 필립 1,2 ; 4,9 ; 데전 1,1 ; 5,23 ; 필레 3 등.

152) 로마 5,1 ; 12,18 ; 고전 7,15 ; 고후 13,11 ; 데전 5,3·13 등. 다음을 보라 : Burton, 424—6 ; Bauer, *s.v.*; Gerhard von Rad and Werner Foerster, "εἰρήνη κτλ.," *TDNT* 2.400—20 ; Gerardo Zampaglione, *The Idea of*

세 개념들은 우선 그것들이 "영적 권능"을 나타낸다는 사실에 있어서 공통적이다. 말하자면 사람에게 있어서 그 개념들은, 그것들이 사람의 행위로서 요구될 수 있기 전에 먼저 사람 안에 창조되어야 한다는 정신-신체적(psychosomatic) 경향성을 띠게 된다. 이 구조는 바울로의 윤리의 중요한 면을 드러낸다. 즉 사람들은 윤리적으로 책임을 가지고 행동할 것을 그렇게 단순히 요구받을 수는 없고, 그렇게 행동하기 전에 먼저 그들은 가능성과 권능과 자극을 부여받아야 한다는 것이다. 이제 갈라디아 사람들은 하느님의 영을 받았기 때문에, 하느님과 그리스도의 사랑, 기쁨, 그리고 평화가 그들에게 깃들게 되었으며, 이 선물을 기초로 해서 그들은 그리스도인으로서 윤리적으로 행하는 것이 가능하게 되었다.

개념들의 두번째 묶음은 우리를 더 인간적 행동의 방향에서 파악한다. "인내"(*μακροθυμία*)[153]는 하느님의 속성으로 파악될 수 있으며,[154] 사람에게 요구된다.[155] "친절"(*χρηστότης*)도 마찬가지다.[156] "선함"(*ἀγαθωσύνη*)은 그리스 언어에 있어서 후대에 발달한 개념에 해당한다. 그것은 아마 헬라주의적 유다교로부터 유래한 개념일 것이다.[157]

[23] 마지막 묶음의 개념들은 헬라주의적 윤리로부터 나온 세 가지 유명한 덕들을 포함하고 있다. "신실"이라는

Peace in Antiquity (Notre Dame: Notre Dame University, 1973) ; Erich Dinkler, "Friede," *RAC* 8.434—505, 참고문헌과 함께.

153) 그 개념은 헬라주의적 윤리와 로마의 윤리에서 현저하다. LSJ, *s.v.*; Bauer, *s.v.*; Johannes Horst, "*μακροθυμία, μακροθύμως*," *TDNT* 4,374—87 ; *PGL, s.v;* R.A. Gauthier, ***Magnanimité. L'idéal de la grandeur dans la philosophie païenne et dans la théologie chrétienne*** (Paris: Vrin, 1951), 특히 202ff를 보라.

154) 로마 2,4 ; 9,22 : 참조. 베전 3,20 ; Ign. *Eph.* 11. 1.

155) 고후 6,6 : 참조. 고전 13,4 ; 데전 5,14 ; 에페 4,2 ; 골로 1,11 ; 3,12등

156) 하느님에 관해 : 로마 2,4 ; 9,23 *v.l.*; 11,22 ; 참조. 에페 2,7 ; 골로 3,12 ; 디도 3,4 ; 베전 2,3 ; 그리고 사도시대의 교부들의 문서. Bauer, *s.v.*, 2,b를 보라. 사람에 관해 : 고후 6,6 ; 갈라 5,22 ; 골로 3,12 ; 참조. 에페 4,32. 다음을 보라 : Bauer, *s.v.*; Konrad Weiss, "*χρηστός, χρηστότης, χρηστεύομαι, χρηστολογία*," *TDNT* 9, 483—92 ; Mussner, 387 n.85.

157) 그것은 칠십인역에서 처음 나온다(유딧 8,35 ; 9,16 ; 열하 24,16 ; 느헤 9,25·35 ; 13,31 ; 시편 37,20 ; 51,5 ; 전도 4,8 ; 5,10·17 ; 6,3·6 ; 7,15 ; 9,18 ; 2 Ezra 19,25.35 ; 23,31). 그것은 하느님에게 돌려진다 : *Barn.* 2.9 ; 사람에게 : 로마 15,14 ; 갈라 5,22 ; 에페 5,9 ; 데후 1,11. 다음을 보라 : Burton, p.316 ; Walter Grundmann, "*ἀγαθωσύνη, φιλάγαθος, ἀφιλάγαθος*," *TDNT* 1,18 ; LSJ, *s.v.*; *PGL, s.v.*; Schlier, 259 n. 3.

의미의 πίστις("이 개념은 일반적으로 22절에 속하는 것으로 간주된다)[158]와 πραύτης("온유," "유순"),[159] 그리고 마지막으로 ἐγκράτεια ("절제")가 그것이다.[160] 특별히 중요한 것은 마지막 용어다. 소크라테스는 그것을 그리스의 윤리에 도입했으며, 바울로의 시대까지는 그 것은 헬라주의적 윤리의 중심 개념이었다. 그리고 거기로부터 유다교와 그리스도교의 필자들은 그 개념을 채용해왔다. 바울로 서신에서 그것은 철저한 금욕주의의 문맥에서 나타난다.[161] 그 개념이 23절의 목록 맨 마지막에 나온 것이[162] 두드러지는데, 바울로가 의도적으로 이 개념을 맨 앞에 나온 사랑(22절)과 병치시킨 것이 분명하다. 현재의 문맥에서 바울로가 절제라는 개념을 통해 뜻하는 바는, 그리스도교의 윤리가 율법 뿐만 아니라(참조. 5,14) 그리스의 윤리가 주요하게 요구하는 것까지를 완성한다는 것이다. 성령의 은사와 "성령의 열매"는 그리스의 오랜 이상인 절제를 완성함으로써 그 절정에 이른

158) 그 용어는 특별히 그리스도인의 신앙을 언급하는 것이 아니라 "신실"을 언급한다는 것에 일반적으로 동의한다(참조. 하느님에 관해 : 로마 3,3 ; 데후 1,4 ; 디후 4,7 ; 디도 2,10), 이 의미에서 또한 고전 13,7 : (ἡ ἀγάπη) πάντα πιστεύει("사랑은 모든 것을 믿습니다"). Bauer, *s.v.*, 1, a; Rodolf Bultmann, "πιστεύω κτλ.," *TDNT* 6, 204, 206—07을 보라.

159) 참조. 특히 갈라 6,1 ; 고전 4,21 ; 고후 10,1 ; 에페 4,2 ; 골로 3,12 ; 디후 2,25 ; 디도 3,2 등. Bauer, *s.v.*; Friedrich Hauck and Siegfried Schulz, "πραΰς, πραΰτης," *TDNT* 6, 645—51 ; Klaus Winkler, "Clementia," *RAC* 3, 735—78 ; Schlier, 260 n. 3을 보라.

160) 그 용어는 신약에서 드물게 사용되나(단지 사도 24,25 ; 갈라 5,23 ; 베후 1,6) 사도적 교부들에서 더 빈번하다(*Barn.* 2.2 ; 2 *Clem.* 15.1 ; Pol, *Phil.* 4.2 ; *Herm. Vis.* 2. 3. 2 ; 3. 8. 4, 7 ; *Mand.* 6. 1. 1 ; 8. 1 ; *Sim.* 9.15.2). Walter Grundmann, "ἐγκράτεια," *TDNT* 2, 339—42 ; Bauer, *s.v.*; Henry Chadwick, "Enkrateia," *RAC* 5, 343—65를 보라.

161) 동사 ἐγκρατεύομαι("자제하다")는 고전 7,9 ; 9,25에서 나온다 : 참조. 디도 1,8.

162) 몇몇 사본들에는 더 긴 목록이 나와 있다 : D* F G it^{d,g} goth Cyprian Irenaeus^{lat} Ambrosiaster *al*은 ἁγνεία (*castitas* "순결")을 덧붙인다. 이것은 그 목록을 철학적인 개념보다는 오히려 종교적인 개념으로 끝맺는다. Vg에는 12개의 용어가 나오며 μακροθυμία를 *patientia*와 *longanimitas*로, 그리고 πραΰτης는 *mansuetudo*와 *modestia*로 옮긴다. "Midrash on the Steps to Perfection"(위, 주 136을 보라) 이 10단계와 12단계 사이의 전승들에서 다른 것이 흥미롭다. 참조, *Corp. Herm.*에 있는 12개 "악덕들." Schlier, 262 n. 2, 5 ; Metzger, *Textual Commentary*, 598을 보라. ἁγνεία("순결")는 또한 디전 4,12의 목록 마지막에도 나온다 : 참조. 1 *Clem.* 64.1(다음의 ἐγκράτεια) ; 21.7 ; Ign. *Eph.* 10.3 ; Ign. *Pol.* 5.2 등. Bauer, *s.v.*를 보라.

다. 절제라는 개념이 이와 같이 두드러진 위치를 차지하는 것은 바울로 서신들에서 흔히 볼 수 없는 독특한 현상인데, 그가 전체 귀절을 하나의 출처로부터 인용하고 있음을 암시해주는 것 같다.

"덕의 목록"과 율법은 어떤 관계일까? 곧 뒤이어서 나오는 바울로의 진술은 이 물음에 대한 약간의 설명이 된다 : *κατὰ τῶν τοιούτων οὐκ ἔστιν νόμος*("그런 것들을 금하는 법은 없읍니다"). 이 말은 두 가지를 의미한다. 첫째, "덕의 목록"은 그 자체가 "법"이 아니라는 것, 둘째, 그 덕들은 어떤 법도 위반하지 않는다는 것, 즉 그것들은 모두 "합법적"이라는 것이다. *τῶν τοιούτων*이 남성[163]인지 중성[164]인지는 확실하지 않으나,[165] 21절b와 유사한 것으로 보아 후자일 가능성이 크다.

우리는 이 끝맺는 언급을 어떻게 이해해야 할까?[166] 그것은 19절과 상응한다. 즉 악을 행하기 위해서 법을 위반할 필요가 없는 것처럼, 사람은 "선을 행할" 수 있다(참조. 6,10). 다시 말해 사람은 "법을 준수하지" 않고서도 윤리적으로 책임을 질 수 있다. 갈라디아 사람들이 당면하고 있는 상황을 고려하여, 바울로는 단순한 요구사항에 불과한 법전을 소개하는 것보다는 윤리적 책임을 수반하는 행동을 할 수 있다는 것이 더 중요하다는 것을 제시한다. 달리 말해, 갈라디아 교회들에 율법을 도입하는 것은 그 사람들이 자극을 받아 윤리적인 행동을 할 수 있는 능력을 부여받지 않는 한, 윤리적 책임에 이르지 못할 것이다. 그러나 또한 만일 그들이 자극을 받아 능력을 부여받을 경우, 그때부터 율법은 불필요하다.

[24] 이 끝맺는 진술의 목적은 그리스도론/구원론 그리고 "육"과 "성령의 열매"라는 이원론의 관계를 분명히 말하는 것이다 : *οἱ δὲ τοῦ Χριστοῦ* [*Ἰησοῦ*] *τὴν σάρκα ἐσταύρωσαν σὺν τοῖς*

---

163) 이 경우에 우리는 Aristotle, *Pol.* 3.8, p. 1384a 14에서 병행구를 가질 것이다 : …*κατὰ δὲ τῶν τοιούτων οὐκ ἔστι νόμος. αὐτοὶ γάρ εἰσι νόμος.*("그러나 그런 사람들에 반대되는 법은 없을 것이다. 왜냐하면 그들 자신들이 법이기 때문이다"). 이 인용문은 Helmut Koester에게서 따온 것이다. Lütgert (*Gesetz und Geist*, 18)는 de Wette를 따라 그 언급이 법에 구애받지 않는 "성령으로 사는 사람들"을 가리키는 것으로 생각한다(참조, 갈라 6, 1). 또한 Sieffert, 327f에 있는 주석가들의 목록을 보라.

164) Burton, Schlier (pp. 262f), Mussner (p. 389)를 포함한 대개의 주석가들.

165) Oepke, 183 ; Schlier, 262f; Mussner, 389에 있는 논의를 보라.

166) 반대적인 반—바울로 교리에 대해서는 Ep. Petr. (ps.-Clem. *Hom.*) 2.3—5(부록 3) 참조.

παθήμασιν καὶ ταῖς ἐπιθυμίαις("그러나 그리스도〔예수〕에게 속한 사람들은 정욕과 욕망과 함께 그들의 육신을 십자가에 못박았읍니다").[167] 형태에 있어서 이 진술은 교리적이며, "육"에 대한 특별한 진술로서 그리스도인의 윤리적 실존을 정의한다. 이 귀절은 2장 19—20절에 관련되나 주장(*propositio*)에서 간단히 서술되었던 내용을 확대 해석한 형태이다. 주장의 단락에서는 다음과 같은 기본적인 골격들이 진술되었다. 즉 그리스도인은 "그리스도와 함께 십자가에 못박히며," "그리스도께서 그이 안에 사신다."

5장 24절에서 그리스도인들은 더 나아가 "그리스도에 속한 자들"로서 정의된다.[168] 그리스도는 그들을 구속하신[169] 그들의 "주님"(κύριος)이다.[170] 그들은 "그리스도 안에"(ἐν Χριστῷ) 있다.[171] 그들은 "그리스도를 입었다"(3, 27 : Χριστὸν ἐνεδύσασθε). 그들에게 그리스도의 영이 주어졌다(4, 6). 그리스도, 곧 십자가에 달리셨다가 부활하신 주님, 그 분의 영인 "성령의 열매"가 이처럼 압도적으로 현존함으로써, 육이 의도하는 바는 "육이 하는 일들"(참조. 5, 16·19—21a)을 성취하지 못하게 된다. 그러므로 바울로는 "육이 십자가에 못박혔다"고 말할 수 있다.[172] 십자가에 달리신 그리스도가 "성령의 열매"로서 현존한

167) Nestle-Aland, 26th ed. P⁴⁶ ℵ D G lat syᵖ Marcion Clement에 따른 본문은 'Ἰησοῦ("예수의")를 읽지 않는다. 그것은 병행구들 때문에(다음의 주를 보라) 최초의 것일 것이다.

168) 참조. 갈라 3, 29 ; 고전 1, 12 ; 3, 23 ; 15, 23 ; 고후 10, 7. 슈미탈스의 언급을 보라(*Paul and the Gnostics*, 53 n. 120) : "Χριστοῦ εἶναι("그리스도에게 속함")은 고린토 영지주의자들의 배타적인 자기 칭호다(고전 1, 12 ; 고후 10, 7). 갈라 5, 24에서 바울로가 갈라디아의 영지주의자들과 같아 보이는 칭호를 채용하고 있다는 것은 물론 의심스럽다. 왜냐하면 원래 영지주의적—신화론적인 이 형식은 그리스도인의 상태를 나타내기 위해 바울로 자신이 사용한 것에 가깝기 때문이다(로마 8, 9 ; 고전 3, 23 ; 15, 23)."

169) 갈라 1, 4 ; 2, 20 ; 3, 13 ; 4, 4—5 ; 5, 1을 보라.

170) 갈라 1, 3·19 ; 5, 10 ; 6, 14·18을 보라.

171) 갈라 2, 16—17 ; 3, 26—28 ; 5, 6을 보라.

172) 갈라 2, 19 ; 3, 1 ; 5, 11 ; 6, 12—14를 보라. 라그랑게를 좇아 슐리어(263f)는 ἐσταύρωσαν("그들은 십자가에 못박았다")의 부정과거와 전체 문장을 로마 6, 6을 기초로 "성례전적"으로 해석한다 : 그의 견해에서 그 부정과거는 세례를 받아들이기 위한 "결단"을 언급한다(이와 비슷한 견해로는 또한 Burton; Oepke; Wilhelm Michaelis ("πάσχω," TDNT 5.930 lines 23ff))를 보라. ; Kamlah, *Die Form der katalogischen Paränese*, 15f (위, 주 93) ; Jewett, *Paul's Anthropological Terms*, 105. 그러나 이 "성례전적" 해석은 갈라디아서 다른 곳에서와 마찬가지로 여기서도 안

다는 것은, 육을 그것의 "정욕"($\pi\alpha\theta\acute{\eta}\mu\alpha\tau\alpha$)[173]과 "욕망"($\grave{\epsilon}\pi\iota\theta\upsilon\mu\acute{\iota}\alpha\iota$)[174]과 함께 십자가에 못박는 것을 의미한다.

우리는 바울로의 가르침과 매우 유사한 병행구를 다음과 같은 필로의 말에서 발견할 수 있다: "그러나 정욕을 사랑하는 자가 그 목표를 달성하기 위해 온갖 재간을 부려 노력한다 하더라도, 그 목표를 파멸하고 파괴하기 위해 날개 달린 존재들을 눈에 띄지 않게 보냄으로써 그것을 무효하게 만드시는 승리의 하느님께 감사하라. 따라서 삼라만물 중에서 기예를 빼앗긴 정신은 흡사 목없는 시체처럼 보일 것이다. 십자가에 매달려 있는 자같이 초라하고 비참한 무절제라는 나무에 못박힌 채, 목이 잘린 시체처럼 말이다."[175] 바울로와 필로 양자는 "육"($\sigma\acute{\alpha}\rho\xi$)이 "정욕과 욕망"을 통해 표현하는 그것 나름대로의 끈질긴 생명력을 가지고 있다고 가정한다.[176] 육을 "십자가에 못박는다"는 말은 결국 그것을 무효화한다는 말로 귀착될 것이다. 생명을 잃은 후에 육은 이제 더 이상 "육이 하는 일들"을 산출할 능력이 없다.[177]

바울로의 신학적인 견지에서 볼 때, 이 말은 "육 안에서"(ἐν σαρκί) 계속해서 사는 그리스도인도 이제 "하느님을 향하여 살" 수 있게 되

위적이다: 참조. Schulz, *KD* 5, 36ff; Betz, "Spirit, Freedom and Law," 148 n. 10; Mussner, 390f; 의심스러운 것은 Johannes Schneider ("σταυρόω," *TDNT* 7. 583)이다. 그는 세례 후 그리스도인들의 도덕적—종교적 결단("sittlich-religiöse Entscheidung)을 생각한다.

173) 그 용어는 헬라주의적 인류학에서 전문적인 것이며 바울로에 의해서 여기서 그리고 로마 7, 5에서만 사용된다. Bauer, *s.v.*, 2; Michaelis, 같은 책, 930—35; *PGL, s.v.*; Jewett, *Paul's Anthropological Terms*, 102ff를 보라.

174) 여기서는 복수: 참조. 갈라 5, 16.

175) *Som.* 2.213, tr. Colson and Whitaker in LCL. 결정적인 말들은 이렇다: …ὥσπερ τὸν αὐχένα ἀποτμηθεὶς ἀκέφαλος καὶ νεκρὸς ἀνευρεθήσεται, προσηλωμένος ὥσπερ οἱ ἀνασκολοπισθέντες τῷ ξύλῳ τῆς ἀπόρου καὶ πενιχρᾶς ἀπαιδευσίας. 참조. Clitarchus *Sent.* 86(Chadwick, *Sextus*, 80): οὐκ ἔστιν ἐλεύθερον εἶναι κρατούμενον ὑπὸ παθῶν. 더 이상의 귀절들을 위해서는 Brandenburger, *Fleisch und Geist*, 216ff를 보라.

176) 참조. Brandenburger (*Fleisch und Geist*, 19, 51, 55, 117f, 177ff). 그는 Eduard Schweizer, "σάρξ," *TDNT* 7. 121ff; 같은 저자, "Die hellenistische Komponente…"(위, 갈라 5, 17에 관한 주 68을 보라), 40—55에 언급된 견해를 수정한다.

177) 참조. Philo, *Cher.* 8: "그러면 또한 그들 위에 이삭의 빛—여자들의 거동을 그만 둔…그리고 정욕에 죽은(ἀποθανόντων τά πάθη) 자들에게 속하는 포괄적인 형태의 행복, 기쁨, 즐거움—이 비춘다…" 또한 *Gig.* 33; *Agr.* 17; *Ebr.* 69; L.A. 3. 131, 190을 보라.

었다는 것을 뜻한다.[178] 이 주장으로써 16—24절은 종결된다.

3. 경구(*sententiae*)의 형태로 권면함
5장 25절—6장 10절

5,25 만일 성령이 우리 삶의 원천이라면 그 성령으로 하여금 또한 우리의 진로를 지시하게 하십시오.[1] 26 우리는 허영에 들뜨거나 서로 싸움을 걸거나 서로 질투하는 일이 없어야 합니다.

6,1 형제들이여, 어떤 사람이 범죄하는 것이 드러나는 때 성령으로 사는 여러분은[2] 온유한 마음으로 이 사람을 바로잡아 주어야 합니다. 그리고 자기 자신을 살펴 유혹에 걸리지 않도록 조심해야 합니다.

2 서로의 짐들을 져줍시다. 그리하면 "그리스도의 법"을 이룰 것입니다.

3 만일 어떤 사람이 자기가 아무 것도 아니면서 무엇이나 된 것처럼 생각한다면 그는 자기를 속이는 것입니다.

4 각각 자기가 하는 일을 살펴봅시다. 그리하면 자기 스스로는 자랑할 근거가 있다 하더라도 남과 비교하여 남에게 자랑할 근거는 없을 것입니다.

5 왜냐하면 사람은 각각 져야 할 짐이 있기 때문입니다.

6 말씀을 배우는 사람은 가르치는 사람과 모든 좋은 것을 같이 나누어야 합니다.

7 속지 마시오. 하느님은 조롱당하실 분이 아닙니다. 사람은 무엇을 심든지 그대로 거둘 것입니다. 8 육에 심는 사람은 육에서 썩을 것을 거두고 영에 심는 사람은 성령으로부터 영원한 생명을 거둡니다.

9 선을 행하는 일에 싫증내지 맙시다. 만일 우리가 지쳐 쓰러지지 않는다면, 때가 오면 추수할 것입니다.

10 그러므로 시간[3]이 있는 대로 모든 사람에게 선한 일을 합시다. 믿음의 식구들에게는 더욱 그렇게 해야 합니다.

---

178) 갈라 2,19—20(주장), 그리고 다음 단락 5,25의 시작을 보라. 중요한 것은 병행하는 로마 8,13b다 : "그러나 성령의 힘으로 육적인 행위를 죽이면 살 것입니다"(εἰ δὲ πνεύματι τὰς πράξεις τοῦ σώματος θανατοῦτε, ζήσεσθε).

1) *NEB*. 참조. *RSV*: "만일 우리가 성령에 의해서 산다면, 또한 성령을 따라 행합시다."

2) *NEB*. 참조. *RSV*: "영적인 여러분은," Vg를 따라서 : "*vos, qui spirituales estis.*" 루터(1545)는 "*die jr geistlich seid*"로 읽는다.

3) 참조. *RSV*, *NEB*: "기회".

〔분석〕

5장 1절에서 시작하는 편지의 권면부분은 5장 25절—6장 10절에 수집된 경구들(*sententiae*)[4]과 함께 끝을 맺는다. 얼핏 볼 때 그 격언들이 두서없이 연결된 것 같으나 조직과 구조에 있어서 일관성이 전혀 없는 것은 아니다. 아마 바울로 자신이 경구 하나하나를 구성했을 것이다. 이것은 금언시인(gnomic poet)으로서의 그의 재능을 보여준다.[5] 편지에 그 경구의 양식과 수집과 언어, 그리고 기능에 가까운 병행구들이 나오지만, 그럼에도 불구하고 광범위한 연구는 축어적(verbatim)인 병행구들을 찾아내지 못했다. 더우기 이 단락은 편지의 현재의 문맥 속에 잘 들어맞는 것 같다. 그런 문장을 구성하는 것은, 철학자들 가운데서 특히 견유학파—스토아학파의 비방 전승에 있는 사람들 가운데서 흔히 볼 수 있는 관례였다.[6] 바울로 훨씬 전에 이 전승은 헬라주의적 유다교 —바울로가 속해 있었던 유다교 형태— 에 의해서 채용되었었다.[7] 바울로의 경구가 철학자들 가운데서 발견되는 경구들과

4) 격언(*sententia*)의 형태와 정의에 대해서는 Lausberg, *Handbuch*, §§ 872—9, 그리고 부록, *s.v.*; Martin, *Rhetorik*, 122—24, 257f를 보라.

5) 바울로의 격언적 경구들에 대한 연구는 신약학의 절실한 요구로 남아있다. 다음을 보라 : Johannes Weiss, *Beiträge zur paulinischen Rhetorik* (Göttingen: Vandenhoeck & Ruprecht, 1897) 여러 곳 ; Bultmann, *Stil*,; 여러 곳 ; Norbert Schneider, *Die rhetorische Eigenart der paulinischen Antithese* (HUTh 11 ; Tübingen: Mohr, Siebeck, 1970).

6) 참고문헌에 대해서는 다음을 보라 : Konstantin Horna, "Gnome, Gnomendichtung, Gnomologien," PWSup. 6 (1935), 74—87 ; 그리고 Kurt von Fritz가 덧붙인 주들 같은 책, 87—90 ; Jürgen Mau, "Gnome, "*KP* 2 (1967) 823—30 ; Gerhard, *Phoinix;* Leo Sternbach and Otto Luschnat, *Gnomologium Vaticanum e Codice Vaticano Graeco* 743(Texte und Kommentare 2 ; Berlin: de Gruyter, 1963) ; Chadwick, *Sextus;* James M. Robinson, "*Logoi Sophon:* On the Gattung of Q," (in Robinson and Koester, *Trajectories*, 71—113, 특히 100ff); Vielhauer, *Geschichte*, 316f.

7) 이 전승은 바울로 오래 전에 유다교에 영향을 미쳤었다. 다음을 보라 : Bousset-Gressmann, *Religion*, 497 ; Heinemann, Philons Bildung; Bo Reicke, "Sprichwort, Spruch," *BHH* 3. 1837—38 ; Gerhard von Rad, *Wisdom in Israel* (Nashville and New York: Abingdon, 1972) ; Hengel, *Judaism and Hellenism*, 1. 115, 129f, 149ff. *Sententiae Aesopi-Achiqari*에 관해서는 Albert-Marie Denis, *Fragmenta pseudepigraphorum quae supersunt graeca* (Leiden: Brill, 1970) 137—40 ; 같은 저자, *Introduction aux pseudépigraphes grecs d'Ancien Testament* (Leiden: Brill, 1970) 201—14 ; Gotthard Strohmaier, "Ethical Sentences and Anecdotes of Greek Philosophers in Arabic Tradition," *Actes du Ve Congrès international d'arabisants et d'islamisants* (Correspondence d'Orient, 11 ; 1970) 463—71 ; Henry Fischel, *Rabbinic Literature and Graeco-Roman Philosophy* (SPB 21 ; Leiden: Brill, 1973).

대단히 유사한 이유가 바로 그 때문일 것이다. 실제로 그 중 많은 경구들이 메난더(Menander)나 에피테투스(Epictetus)에 의해서 체계화될 수 있었다.

바울로의 경구들의 양식과 구성을 보면 바울로가 그것들을 주의깊게 짜맞췄다는 것이 엿보인다. 그것은 금언적 경구를 개인적으로나 공동체에서 사용하기 위한 서간문체에 속한다. 여기서의 배열은 연속적이다. 그 순서는 전혀 조정되지 않은 것도 아니며 그렇다고 특별히 체계화된 것도 아니다. 이 경구들은 언어와 내적 논리에 의해서 다소의 연결점을 갖고 있다. 배열은 철학적 문헌에 있는 다른 수집들의 배열과 일치한다. 배열은 독자가 지루해 하지 않을 만큼 자유로우나 독자로 하여금 여유를 갖고 생각할 여지를 남긴다. 이 경구들에는 독자가 생각해 보고 이상하게 여기기에 충분한 역설과 모순과 괴리가 있다. 자아—검토(self-inquiry)에 대한 얘기가 자주 나오는데 그것은 비판적 반성이 전개될 방향을 보여준다. 바울로의 경구들 가운데 상당한 변화가 나타난다. 우리는 삼인칭 단수(6, 3)로 된 격언 하나(6, 3), 이인칭 단수(6, 1c)와 복수(6, 2a)로 된 격언들, 명령형(6, 2a·4·6)이나 또는 호소의 형태(5, 25·26 ; 6, 9·10)를 사용하는 격언들을 보게 된다. 격언들은 추천(6, 1a—b)과 잠언들(6, 7·8)과 비유(6, 8)와 그리고 풍부한 은유적인 언어를 포함한다.

경구의 내용에 있어서 특별히 그리스도교적인 것은 거의 없다. 정의에 의하면 금언은 일반적("무한한")이어야 한다. 그것은 인간의 삶, 곧 개인의 삶 뿐만 아니라 공동체의 삶의 문제들을 다루는 일반적으로 인정된 원칙들을 포함해야 한다. 금언은 무엇이 나쁜 행동인가에 대한 비판적 관찰과 그것을 바로잡는 방법에 관한 충고를 제시한다. 그러므로 금언의 효과는 자극적이며 교정적이고 요구적이며 충고적이다.

이러한 형태의 권면은 바울로가 갈라디아 사람들에게 특별히 그리스도교적인 윤리를 제공하지 않는다는 효과를 노린 것이다. 그리스도인은 교육받은 책임있는 사람으로서 언급된다. 그리스도인은 그 시대의 헬라주의적 문화에서 교육받은 다른 사람들에게 기대되는 것과 마찬가지의 것이 기대된다. 다소 두드러지게 바울로는 그 당시 사람들의 윤리적 사상을 따른다. 그는 구체적인 어떤 것을 제시하지도 않으며, 절대적인 윤리 사상들을 기술하지도 않는다. 그는 인간의 약함은 물론 규범의 상대성을 고려하여 아주 온건하게 요구한다. 우리가 이

점을 인식할 때, 다음과 같은 결론을 얻게 된다. 바울로의 윤리적 가르침은 유다교 토라 준수에 대한 철저한 비판일 뿐만 아니라, 견유학파 및 스토아 철학의 비방적 가르침들에 함축되어 있는 더 오래된 소크라테스의 『파이데이아』("교육")에 대한 철저한 비판을 뜻한다. "윤리적" 행동은 문화의 가치들 —여기서 아주 일반적인 의미로 열거되어 있는 단지 표본적인 가치들— 을 올바르게 행하는 것을 뜻한다. 훈계의 목적은 독자들에게 그들이 할 수 없는 것 또는 하지 못할 것 같은 것을 하도록 권고하는 것이 결코 아니다. 오히려 바울로는 자신의 독자들이 그들이 행하도록 요구받은 것들은 이미 행하고 있다고 가정한다. 그의 의도는 윤리의식의 수준을 높이 유지하기 위해 자기 성찰과 자아 비판을 유발시키는 것이다.

다른 한편으로, 바울로는 만일 사람이 비판적으로 자신을 검토하기만 한다면 윤리적으로 책임성 있게 행하는 것을 배울 것이라는 더 오래된 이념에 공감하지 않는다. 바울로에게 있어서 자아성찰은 이차적인 기능만을 가진다. 즉 인간은 자신이 변화해 나가는 데 있어서 자아성찰을 통해 깨달음과 적응성과 자발성을 계속 유지할 수 있다. 그러나 먼저 사람은 거룩한 영에 의해서 "선을 행하는" 것이 가능해져야 한다. 이 가능케 함은 "성령의 열매"가 자라도록 허용될 때 일어난다(5, 22—23). 성령의 열매에 의해서만 "선"이 생긴다. 그리스도인은 단지 선을 행하도록 요구받으며 선이 일어날 때 거기에 참여하도록 요구받는다. 이것이 "성령을 따라"(5, 25)라는 표현이 의미하는 바다. 그러므로 "성령의 소유"(참조. 5, 18)와 "성령의 열매"(참조. 5, 22—23)와 그리고 경구들에서 강조되고 있는 자기성찰 사이에는 함수관계가 있다. 바울로의 윤리는 직업 윤리(선한 행동을 하는 것이 선을 낳는다)도 윤리적 이상들의 실현을 위한 요구도 아니다. 그의 윤리는 다른 유형에 속한다. 바울로에 의하면, 하느님의 구속을 믿는다는 것은 "선"이 신적 은혜를 통해서 발생한다는 것을 뜻한다. 그러나 사람은 성령의 압도하는 체험에 의해서 선을 보고 선에 참여하는 것이 가능해져야 한다. "성령의 열매"라는 것은, 사람이 "선"을 나타내는 데 참여할 때 생기는 것을 기술하는 하나의 이미지다. 확실히 자기성찰은 지적 활동이긴 하지만 바울로의 용법은 그리스 철학에 있는 용법과 다르다. 바울로에 따르면, 자기성찰은 그리스도인으로 하여금 그가 구원받기 이전의 상태로 전락하는 것을 방지하며, 하느님의 은혜를 방해하는 장애물이 되지 않도록 해준다. 만일 그리스도인이 "율법의 일들을 행함"으로써, 또는 그리스도교 공동체를 타락시키는 "육이 하는 일들"(참조5, 19—21)을 허용함으로써 헛되이 "선"을 성취하려고 시도한다면, 그는 하느님의 은혜를 방해하는 장애물에 불과할 것이다. 이 윤리설이 5장 25절—6장 10절에 있는 바울로의 권면의 기초를 이룬다. 바울로가 갈라디아 사람들에게 권유하는 자기성찰은, 물론 갈라디아의 교회들에게 보낸 편지에서 바울로 자신에 의해 원칙적으로 수행된다.

[25] 바울로는 이 권면 부분을 제일 중요한 경구로 시작한다 : *Εἰ ζῶμεν πνεύματι, πνεύματι καὶ στοιχῶμεν*("만일 우리가 성령에 의해서 산다면, 그 성령으로 하여금 또한 우리의 진리를 지시하도록 하십시오", *NEB*). 그 말은 교차적으로 구성된 역설적 금언의 형태로 되어 있다.[8] 문맥에서 그 기능 때문에, 마지막 단어가 강조된다. 반면에 그 문장의 첫번째 부분은 3장 3절 이래로 독자가 들었던 것을 요약한다. 실제로 3장 3절에서 바울로는 아이러니칼한 질문("성령에서 시작했다가 이제 와서는 육에서 끝맺으려는 것입니까?")에 의해서 논쟁적인 단락을 시작했었지만, 그는 이제 그 윤리적 질문에 대해 스스로 답변한다. 5장 5절과 5장 16절, 그리고 5장 18절에 있는 간단한 교리적 진술들은 독자에게 그리스도인의 삶의 기원에 대해 알려 주었다 : *πνεύματι*("성령을 통해"). 그러므로 5장 25절a에 있는 조건절은 5장 1a, 13절a —그러나 이제 5장 1—24절 전체를 포함하여— 에 병행하는 구원의 "직설법"을 다시 요약한다.[9] 특히 5장 22—24절에서 바울로는 자신이 이해한 바에 따라 어떻게 그리스도인이 거룩한 삶에 가까이 갈 수 있는지를 설명하였다 : "토라의 일들"을 행하지 않고, 그러나 실제로 "성령의 열매를 통하여" 토라를 성취함으로써, 현재 그는 거룩한 삶에 접근한다. 그러나 "성령에 의해서 산다는 것"은 성령을 맹목적으로 소유한다는 것도, 그것에 의해 나날의 삶의 투쟁에서 제외된다는 것도 아니다.[10] 따라서 경구의 호소는 이해할 수 있게 된다. 즉 만일 그리스도인이 거룩한 삶에 참여하게 되었다면, 그 삶은 그의 매일매일의 생활에서 분명히 구체화되

8) 이독들은 어순을 바꿈으로써 양식을 파괴시킨다 ; 참조. Nestle-Aland, 연구자료, 그리고 Zahn, 26 n. 4. 교차에 관해서는 BDF, §477, 2 ; BDR, §477, 2를 보라.

9) Zahn, 267 ; Lightfoot; Burton; Schlier; Mussner; Moule, *Idiom-Book*, 44.

10) 참조. 2, 19—20 ; 3, 11—12. 2, 14는 대조적이다. 로마 6, 2—14 ; 골로 3, 1—2 ; 에페 4, 30을 보라.

어야 한다.[11] 바울로가 *στοιχέω*("따르다")라는 용어를 선택한 것은, 비록 우리가 그 말의 의미를 여러 가지로 해석할 수 있지만 확실히 의도적이다.[12] *ἐξάρχομαι*("시작하다": 3, 3), *περιπατέω*("걷다": 5, 16), *ἄγομαι*("인도되다": 5, 18)라는 말에 이어 그는 이제 또 군사용어를 빌리는 것 같다("일렬로 정렬하다").[13] 만일 이것이 그 의미라면, 바울로는 갈라디아의 그리스도인들 모두에게 지도자 성령을 따라 일렬로 행진하라고 요구하고 있는 것 같다. 이와 마찬가지로 헬라주의적 철학자들도 "누군가의 철학적 원칙들을 따르라"는 것을 뜻하기 위해 이 용어를 사용한다.[14] 또 하나의 가능성은 "따르다"("동의하다," "조화되게 행하다)라는 의미다.[15] 이 두 가지 뜻에는 큰 차이가 없으나, "따르다"는 구체적인 윤리적 행동 뿐만 아니라 성령의 우선권을 강조한다.[16]

[26] 25절에 대한 부정적인 대비가 다음 금언에서 진술된다: "성령을 따르지" 못함은 공허한 허세로 끝난다. 26절은 그리스도인들에 의한 그런 미덥지 못한 행동에 반대해서 강력

11) 참조. Philo, *Det.* 60 : "행복은 덕의 실천과 향유에 있지 그것의 단순한 소유에 있지 않다"(*χρῆσις γὰρ καὶ ἀπόλαυσις ἀρετῆς τὸ εὐδαιμον, οὐ ψιλὴ μόνον κτῆσις*). 필로는 계속한다 : "그러나 당신께서 하늘로부터 씨앗을 내려보내서 그녀〔즉, 덕〕로 하여금 임신케 하지 않는다면, 그리고 그녀가 이삭 즉 완전한 행복을 낳지 않는다면, 나는 그것을 실천할 수 없다. 나는 행복이 완전한 삶에서 완전한 덕의 행사라고 단정했다." 참조. Sevenster, ***Paul and Seneca*** (NovTSup 4 ; Leiden: Brill, 1961) 153f.

12) 바울로는 그의 윤리 6, 16의 요약에서 다시 동일한 용어를 사용한다.

13) 참조. 로마 4, 12 ; 필립 3, 16 ; 사도 21, 24 ; Mart. Pol. 22. 1에서 그 용어의 사용 : 참조. *συστοιχεῶ*("일치하다") 갈라 4, 25. 그 용어의 의미와 역사에 대해서는 LSJ, *s.v.*; Bauer, *s.v.*; Gerhard Delling, "*στοιχέω*," ***TDNT*** 7. 666—9를 보라. 참조. Resch, ***Agrapha***, 199f (no. 173). 거기서 Ephraem Syr.로부터의 "예수의 어록"이 인용된다. "Qui spiritu Dei ambulant, hi sunt filii Dei"("하느님의 영에 의해서 걷는 사람들은 하느님의 아들들이다").

14) Delling, 같은 책, 667에 수집된 귀절들을 보라.

15) 이 의미는 Delling(같은 책, 667—69)에 의해서 택해지며 Mussner, 391에 의해서 계속된다. 참조. Lightfoot: "또한 성령을 따라서 행합시다."

16) 다음을 보라. 또한 이 귀절에 대한 불트만의 반복되는 취급 : "또한 Das Problem der Ethik bei Paulus," ***ZNW*** 23(1924) 123—40 ; 또한 in ***Exegetica***, 36—54 ; ET "The Problem of Ethics in the Writing of Paul" in ***The Old and New Man*** (tr. Keith R. Crim; Richmond: John Knox, 1967) 7—32 ; idem, ***Theology*** 1. 333, 337 ; Conzelmann, ***Outline***, 282—86.

하게 호소한다 :

26a : μὴ γινώμεθα κενόδοξοι. 허영에 들뜨거나,

26b : ἀλλήλους προκαλούμενοι, 서로 싸움을 걸거나,

26c : ἀλλήλοις φθονοῦντες 서로 질투하는 일이 없어야 합니다.

26절은 극히 간결한 독립된 세 부분으로 구성되어 있다. 하나의 호소(26a)와 병행하는[17] 두 개의 분사절(26b, c)이 그것이다. 호소(26a)는 일인칭 복수로 되어 있으며, 부정적으로 진술된다.[18] 이 양식을 바울로는 다른 곳에서는 이인칭 복수로만 사용한다.[19] κενόδοξος("잘난 체하는, 자랑하는")라는 용어는 헬라주의적 철학으로부터 잘 알려져 있는데 거기서 그 용어는 모든 종류의 지적이고 도덕적인 허풍을 묘사하는 데 사용된다.[20] 에피쿠루스(Epicurus)가 맨처음 만들어낸 것으로 보이는[21] 그 용어는 ἀλαζών("허풍장이")의 동의어가 되었는데, 헬라주의적 유다교[22]와 원시 그리스도교[23]는 자기네들의 논쟁무기의 일부로서 그 말을 채용했다. 두 분사절은 한 그룹의 사람들, 여기서는 그리스도인들이 그런 협잡군들의 집단이 될 수 있는 방법을 묘사한다. 아마 비방 전승으로부터 주제를 끌어내어, 바울로는 비윤리적 행동을 스포츠나 군대와 비교한다. 그 비교는 (1) "서로 싸움을 걸음"으로써(26절b), (2) "서로 질투함"으로써(26절c) 적대 행위에 참여하는 두 논쟁자들을 전제한다. 전자가 서로에 대한 적대적인 반항을 묘사하는

---

17) 그 평행은 ἀλλήλους를 또한 26c에서 읽는 저 증거들에 의해서 강화된다 (B G* *pm* Clement.).

18) γίνομαι를 긍정적인 형태로 사용한 경우에 대해서는 갈라 4, 12 ; 고전 4, 16 ; 10, 32 ; 11, 1 ; 14, 20 ; 15, 58 ; 필립 3, 17을 보라. 참조. 에페 4, 32 ; 5, 1 ; 골로 3, 15 ; 야고 1, 22.

19) 로마 12, 16 ; 고전 7, 23 ; 10, 7 ; 14, 20 ; 참조. 고후 6, 14 ; 에페 5, 7·17 ; *Did.* 3. 5(단수).

20) 귀절들에 대해서는 다음을 보라. LSJ, *s.v.*; Albrecht Oepke, "κενόδοξος," *TDNT* 3, 662 ; Bauer, *s.v.*, *PGL*, *s.v.*, Betz, ***Lukian***, 183. 201 n. 5 ; *PECL*, 263 ; 또한 Plut. ***De coh. ira*** 457B; Adolf Bonhöffer, ***Epiktet und das Neue Testament*** (RVV 10 ; Giessen: Töpelmann, 1911) 120.

21) Epicurus ***Sent.*** 30 (p. 78, 8 Usener). 또한 아래 갈라 6, 3에 관해서 보라.

22) 칠십인역은 동사(4 Macc 5, 10 ; 8, 24)와 명사를 가진다(Sap 14, 14 ; 4 Macc 2, 15 ; 8, 19). 형용사는 ***Ep. Arist.*** 8 ; Philo ***Som.*** 2. 105에서 발견된다. 참조. ***Mut.*** 96, 226 ; ***Jos.*** 36 ; ***Leg. Gai.*** 114 ; Josephus, ***BJ*** 6. 172, 395 ; ***Ant.*** 8. 264.

23) 형용사는 ***Did.*** 3. 5에서 나온다. 동사는 ***Mart Pol.*** 10. 1 ; 명사는 필립 2, 3 ; Ign. ***Phld.*** 1. 1 ; Ign. ***Magn.*** 11. 1 ; 1 ***Clem.*** 35. 5 ; ***Herm. Man.*** 8. 5 ; ***Herm. Sim.*** 8. 9. 3.

반면에, 후자는 서로 서로 얼굴을 돌림을 뜻한다.[24] προκαλέω("자극하다, 도전하다")라는 낱말은 신약성서에서는 여기서만 사용되나[25] 비방 문서에서도 나온다.[26] φθονέω("질투하다")라는 동사 역시 신약성서에서 여기서만 발견되나,[27] 명사는 갈라디아서 5장 21절에 있는 "덕"의 목록에 나온다.[28] 한편 그 개념은 비방 문서들과 다른 헬라주의적 철학에서 아주 현저하게 나타난다.

바울로가 기술하는 것과 같은 그런 행동은, "성령으로 사는 사람

24) 라삐의 병행구들에 대해서는 *'Abot* 4.23을 보라 : "R. Simeon ben Eleazar 이 말했다. 당신의 동료를 그가 화났을 때 달래지 말며, 그의 죽음이 그의 앞에 놓여있을 때 그를 위로하지 말라. 그리고 그가 맹세하는 시간에 그에게 묻지 말며, 그가 굴욕을 당하는 시간에 그를 보려고 하지 말라." 또한 *'Abot* 4.23(잠언 24, 17f) ; *'Abot R Nat.* A, chap. 29를 보라. 헬라주의적 유다교에 대해서는 philo *Agr.* 112를 보라(참조. 아래, 주 26) : "나는 패배했다. 그리고 이 사람이 승자이며, 그 자신을 대단히 우세한 자로 입증하여서, 그에게 승리를 주는 것을 싫어할 것으로 기대되었던 그의 적대자들인 우리들조차도 질투를 느끼지 않는다." 참조. *Agr.* 121 ; *Prob.* 128—30에서 한 철학자에 대한 일화 ; Flaccus, *Flacc.* 30에 대해 : "그리고 그 불행한 Flaccus는 그의 동료들에 의해서 그로 하여금…시기하도록 계획된 자극과 호소로 다시 분기되었다" (*καὶ προκαλούμενος φθόνου*). Epict. *Diss.* 1.9.20 : *διὰ τί ἄλλος ἄλλῳ φθονήσει;* ("왜 한 사람이 다른 사람을 질투해야 하는가?") ; 1.27.8 ; 2.12.7—9 ; 2.19.25 ; 2.21.12 ; 4.4.10 ; 4.12.20. 헬라주의적 유다교에 대해서는 다음을 참조. 토비 4, 7.16 ; Josephus *Ant.* 4.235 ; *Cont. Ap.* 2.268 ; *Ep. Arist.* 224 ; *T. Sim.* 2.14 ; 3.3, 6 ; *T. Gad* 3.3 ; 7.2 ; *T. Benj.* 4.4 ; *Sententiae Aesopi-Achiqari*, 109 (ed. Denis, *Fragm. pseudepigr.* gr., 138 lines 26—30 ; 139 lines 4—8) 등.

25) 그 용어는 헬라주의적 철학문헌에 흔히 있다 : 참조. Plutarch *Apophth.* 181C; *Quaest. Rom.* 272F; *Glor. Athen.* 346C; *An vitiositas* 499B. 나아가 LSJ, *s.v.*; Bauer, *s.v.*를 보라.

26) 참조. 특히 Philo, *Agr.* 110 : "이것은 욕설을 퍼붓는 경기에 도전했을 때, 고대인들 중의 한 사람에 의해서 뜻했던 바를 설명한다. 그는 그런 시합에 결코 나가지 않을 것이라고 말했다. 왜냐하면 그 시합에서 승자는 패자보다 더 나쁘기 때문이다." 다음 단락 전체 *Agr.* 111ff는 비방 양식에 있는 주제를 개진한다. 참조. 또한 2Macc 8, 11 ; Josephus, *Ant.* 7.315 ; 18.369.

27) 참조. 야고 4, 2 *v.l.*; 2 *Clem.* 15.5.

28) 또 Bauer, *s.v.*; Mussies, *Dio Chrysostom*, 185를 보라. 그 배경에 관해서는 Pfitzner, *Agon Motif*, 여러 곳 ; Ernst Milobenski, *Der Neid in der griechischen Philosophie* (Wiesbaden: Steiner, 1964) ; Willem C. van Unnik, "De ἀφθονία van God in de oudchristelijke literatuur," *Mededelingen der Koninglijke Nederlandse Akademie van Wetenschappen, Afd. Letterkunde* (N.R., Deel 36, No. 2, 1973) 참조.

들"(6, 1)에게 적합한 행동과 정반대된다. 그것은 "사랑"하는 것과도 반대되며, "서로 섬기는" 것과도 반대되는 그런 행동이다.[29] 그처럼 사랑이 타락하게 되면, 공동체도 타락하게 된다(참조. 5, 13).[30]

[I] 반복되는 호칭인 ἀδελφοί("형제들")[31]은 바울로가 이제 독자들에게 중요한 문제를 제시할 것임을 가리킨다. 실제로, 바울로가 이제 일반적인 권면으로부터 갈라디아 교회들이 당면하고 있는 구체적인 사건들로 돌아가고 있는 것 같다. 그러나 이것은 부분적으로만 사실이다. 바울로는 교회의 신도가 실제적으로 범죄한 경우에 처신해야 할 방법에 관해 권면한다. 그러나 그가 특수한 경우를 염두에 두고 있다는 암시는 없다.[32] 특수한 예를 댈 수 있다 하더라도, 그 권면은 여전히 일반적이다.[33] 권면에는 세 부분이 있다. 즉 맨먼저 절차를 밟게 하는 조건이 묘사(1절a)되며, 둘째, 사건을 취급하기 위한 절차(1절b)가 나오고, 마지막으로 그 절차를 집행하는 사람들에 대한 경고(1절c)가 서술된다.

조건절 1절a는 공동체의 생활에서 일어날 수 있었던, 그리고 아마 일어났던 것 같은 한 "사건"을 기술한다 : *ἐὰν καὶ προλημφθῇ ἄνθρωπος ἔν τινι παραπτώματι*…("어떤 사람이 범죄하는 것이 드러나는 때…"). 이 진술은 법률적이거나 적어도 준법률적인 문맥을 전제한다.[34] 용어 *προλαμβάνομαι*는 의미가 명백하지 않다.[35] 그것은 "발견되다, 들이닥

29) 참조. 갈라 5, 13 ; 6, 2 ; 그 반대에 관해서는 5, 15 ; 로마 1, 27. 다음을 보라 : 로마 13, 8 ; 14, 13 ; 고전 7, 5 ; 골로 3, 9 ; 디도 3, 3 ; 히브 10, 24 ; 야고 4, 11 ; 5, 9 ; 베전 4, 9 등.

30) 참조. 공동체의 분열보다는 개인의 "자기애"를 강조하는 슐리어의 견해

31) 참조. 갈라 1, 2·11 ; 3, 15 ; 4, 12·28·31 ; 5, 11·13 ; 6, 18.

32) 어떤 증거들은 그것을 더 구체적으로 만들려고 한다. P에는 이렇게 되어 있다 : *τίς ἐξ ὑμῶν*("여러분 중의 하나"). 𝔐(69) *pc* sy: *ἄνθρωπος ἐξ ὑμῶν*("여러분 가운데서 한 사람").

33) 이 정도로 갈라 6, 1의 경우는 고전 5, 11 이하의 경우와 다르다. 바울로의 권면의 "구체성"에 대한 전반적인 문제에 관해서는 Wolfgang Schrage, ***Die konkreten Einzelgebote in der paulinischen Paränese*** (Gütersloh: Mohn, 1961)을 보라.

34) 갈라 1, 8 ; 5, 2 ; 로마 2, 25 ; 7, 2—3 ; 고전 5, 11 등. 또한 마태 5, 23·24·32 ; 12, 11 ; 18, 17 ; 야고 4, 1—12 ; 5, 3·19·20을 보라.

35) 그 용어는 신약에서 여기서만 이 의미로 발견된다. LSJ, ***s.v.***, Ⅱ, 6은 갈라 6, 1("발견하다")을 병행구들 없이 기록한다. 또한 다음을 보라 : Bauer, ***s.v.***, 2, b, 참조들과 함께 ; Gerhard Delling, "*προλαμβάνω, προσλαμβάνω, πρόσλημψις, ὑπολαμβάνω*," *TDNT* 4. 14—15 ; Burton; 326f; Schlier, 270 n. 4 ; David Daube, "To Be Found Doing Wrong," *Studi in*

치다, 놀라다"로 해석될 수 있거나(Bauer, *s.v.* 2, 6), 또는 다음과 같은 내용을 뜻할 수 있다 : "형제에게 '무의식 중에' 드러난 잘못, 그래서 그것은 고의적인 잘못이 아니다"(Delling, *TDNT* 4, 14). 그러나 일반적인 용어 παράπτωμα("범죄")[36]는 우리가 전체 진술을 너무 특수하게 해석해서는 안 된다는 것을 알려준다. 현재의 문맥에서 볼 때, 범죄하는 자는 틀림없이 그리스도인일 것이며, 그 범죄는 5장 19—21절에 적힌 종류의 범죄들로 분류될 것이다.

이 귀절이 다음과 같은 사실, 즉 교회 신도들도 "범죄"를 저지를 수 있으며, 아마 이미 "범죄"를 저질렀을 것이라는 사실을 바울로가 공공연히 인정하는 유일한 귀절이라는 것을 깨닫는 것이 중요하다.[37] 바울로가 범죄를 말하기 위해 ἁμαρτία("죄")라는 용어를 사용하지 않고,[38] 그 대신 일반적인 법률 용어를 사용했다는 것은 아주 특이하다. 바울로는 "죄"를 그리스도인이 되기 전 상황에 적용되는 것으로 보기 때문에, 우리는 그 범죄를 "죄"로 말해서는 안 된다. 적어도 바울로가 말하는 그리스도인의 "죄"가 뜻하는 바가 무엇인지를 설명하지 않은 채 그렇게 해서는 안 된다. 적어도 바울로가 범죄를 인정한다는 사실은, 그가 갈라디아의 분쟁의 핵심을 인정한다는 증거다.[39] 바울로가 이전에 갈라디아인들에게 이런 권고를 한 적이 있었다고 가정할 이유는 없다. 갈라디아 사람들은 그들 가운데 발생한 범죄를 다룰 준비가 되어 있지 않았던 것 같다. 다만 이제서야 규정들을 요구하는 것 같으며 이에 바울로는 그것을 제공한다. 여기에서 우리는, 그리스

Onore di Edoardo Volterra (Pubblicazioni della Facoltà di Giurisprudenza dell' Univeısità di Roma 41 ; Milan: Giuffrē, 1971), 2. 1—13.

36) 그 용어는 일반적이며 어떤 종류든 비도덕적 행동을 가리킨다. 바울로는 그것을 또한 로마 4, 25 ; 5, 15·16·17·18·20 ; 11, 11·12 ; 고후 5, 19에서 사용한다. 다음을 보라 : Bauer, *s.v.;* Wilhelm Michaelis ("παραπίπτω, παράπτωμα, περιπίπτω," *TDNT* 6. 170—73). 그러나 그는 그것을 "하느님과의 관계의 붕괴"라는 신학적 의미로 해석한다(172).

37) 참조. 갈라 2, 17—18.

38) 그 용어는 갈라 1, 4 ; 2, 17 ; 3, 22에서 그리스도인이 되기 전 상황을 언급한다. 그 문제는 로마서에서 되풀이 되는데 거기서 바울로는 그 상황을 더 길게 다룬다. 로마 6, 1 ; 14, 23을 보라.

39) 이 점에 관해서는 Betz, "Spirit, Freedom, and Law," 153—55, 특히 또한 Paul Wernle, *Der Christ und die Sünde bei Paulus* (Freiburg and Leipzig: Mohr, 1897), 72—90 ; Hans Windisch, *Taufe und Sünde im ältesten Christentum bis auf Origenes* (Tübingen: Mohr, Siebeck, 1908), 154—63을 보라.

도인들이 저지른 범죄의 구체적인 예들이 예기치 않게 갈라디아 교회들에서 발생했었으며 그 때문에 바울로가 "육"의 타락을 논의하는 데 그토록 많은 지면을 할애했다는 결론에 이르게 된다. 또한 이러한 결론에서 우리는, 왜 갈라디아 사람들이 토라를 도입하는 것을 고려했었는지를 이해하게 된다. 우리가 바울로의 권고를 눈여겨 볼 때, 다른 한편으로 그는 범죄를 다루는 방법을 제시하는 데 법을 도입하라는 요구는 전혀 없다. 놀랍게도 바울로는 범죄 자체에 큰 관심을 갖는 것 같지 않다. 그는 그처럼 범죄를 다루어나가는 과정에서 그것을 집행하는 사람들이 악을 저지를 수 있다는 사실에 더 큰 관심이 있다. 그 때문에 그는 범죄자에게보다는 오히려 범죄자를 다루는 사람들에게 엄격한 제한들을 가한다. 누군가가 실제 "범죄"의 "현장에서 붙잡힐" 경우에만 소송이 제기될 수 있다. 이 법적 언어는 법정이 그것만으로는 인정하지 않을 것 같은 범죄들은 배제한다.

1절b는 절차를 규정한다 : *ὑμεῖς οἱ πνευματικοὶ καταρτίζετε τὸν τοιοῦτον ἐν πνεύματι πραΰτητος*("성령으로 사는 여러분은 온유한 마음으로 이 사람을 바로잡아 주어야 합니다"). 요컨대 그 범죄 사건은 "영적인 사람들"에게 적합한 방식으로 취급되어야 한다. 이것은 무엇을 뜻하는가? 물론 바울로가 갈라디아 사람들을 *οἱ πνευματικοί*("영으로 가득찬, 성령으로 사는 사람들")[40]로 부르는 것은 의도적이다.

바울로가 이 감정적인 용어를 사용할 때 어떤 망설임도 없었으며 비꼬는 뜻으로 그렇게 한 것도 아니다. 우리는, 갈라디아인들 자신들이 그 칭호를 받아들였고 자기칭호로서 사용했다는 것을 믿게 하는 여러 가지 이유를 다 알고 있다.[41] 그 칭호는 그들이 소유한 성령(*πνεῦμα*)

40) 그 개념은 갈라디아서에서는 여기서만 나온다. 그러나 고린토전서에서는 더 자주 나온다. 고전 14,37("예언자"와 함께) ; 2,15 ; 3,1 ; 또한 2,13; 12,1 ; 또 *Barn.* 4.11 ; Ign. *Eph.* 8.2를 보라. 그 문제에 관해서는 다음을 보라 : Conzelmann, 1 *Corinthians*, 2,13 ; 12,1에 관해 ; Bauer, *s.v.*; Eduard Schweizer, *TDNT* 6, *s.v.*; Birger Pearson, *The Pneumatikos-Psychikos Terminology in* 1 *Corinthians* (SBLDS 12 ; Missoula: Scholars, 1973) ; Martin Winter, *Pneumatiker und Psychiker in Korinth* (Marburger Theologische Studien 12 ; Marburg: Elwert, 1975).

41) Mussner. 참조. 바울로가 그 용어를 아이러니칼하게 사용한다고 생각하는 슐리어(270)의 견해. Lütgert (*Gesetz und Geist*, 12)와 그에 의존하는 다른 주석가들은 바울로가 여기서 모든 그리스도인들에게가 아니라 교회내의 열광주의자들의 그룹에게만 말하고 있다고 가정한다. 참조. 또한 Schmithals, *Gnosticism*, 166ff. ; 같은 저자, *Paul and the Gnostics*, 46ff.

을 바울로가 계속적으로 강조하고 있기 때문에 그들에게 가장 잘 어울린다.[42] 범죄자에 대해서 그들이 해야 할 일은, 바울로에 의해서 *καταρτίζειν*("바로잡다")으로 묘사된 행동으로서 그리스 철학에 있어서도 아주 중요한 또 하나의 개념이다. 그리이스 철학에 있어서 그 낱말은 철학자와 "정신치료학자," 교육자가 하는 일을 묘사한다. 이 일은 철학자들에게 카토(Cato)가 위탁한 바에 의해서 잘 요약된다: "이 사람의 한없이 부푼 자만심을 끌어내리고, 그에게 가장 큰 유익함을 안겨줄 수 있도록 그를 바로잡아 주는(복귀시키는) 것이 여러분의 의무다."[43]

바울로는 카토의 스토아 철학적 언어를 사용하는 것이 아니라, 보다 더 일반적인 그리스 대중철학의 용어들을 사용한다.[44] 그렇더라도 이 언어는 바울로 신학의 문맥에서 이해되어야 한다. 바울로 신학에서 그 용어는 철저한 영/육 이원론과 결합되어 있으며 "영으로 사는 사람"으로서 자신을 이해하는 그리스도인의 자기이해와도 결합되어 있다. 우리가 이 언어와 바울로의 신학적 컨텍스트를 또한 쿰란문서와 비교할 때, 그 전체 진술을 다르게 이해하게 된다. 쿰란문서에서도 우리는 초대 공동체에서 "범죄자들"을 취급한 비슷한 규정을 발견하게 된다.[45] 바울로가 "범죄자"를 "바로잡아 주라"고 권고할 때,

---

42) 갈라 3,2·3·5·14 ; 4,6·29 ; 5,5·16·17·18·22·23·25 ; 6,8·18을 보라.

43) Plutarch, *Cato minor* 65.5 : '*Γμέτερον…ἔργον οἰδοῦντα τοῦτον μαλάξαι καὶ καταρτίσαι πρὸς τὸ συμφέρον.* 또한 다음을 보라 : Plutarch, *Alex* 7.1 ; *Them.* 2.5—6 ; Anton Elter, *Gnomica homoeomata* V (Bonn: Kai.-serprogramm, 1904) 39* No. 27 (Plutarch); Epictetus *Diss.* 3.20.10; 4.9.16 ; Philo, *Agric.* 122 ; 또한 *Ep. Arist.* 191,281 ; Lucian. *Demon.* 7 : Demonax는 잘못된 것을 바로잡아주는 것이 하느님과 "신적인 사람"의 임무라고 생각했다. "그는 잘못을 저지르는 것은 인간이며, 빗나간 것을 바르게 하는 것은 신 또는 거의 신적인 사람이라고 생각했다"(*ἡγεῖτο γὰρ ἀνθρώπου μὲν εἶναι τὸ ἁμαρτάνειν, θεοῦ δὲ ἢ ἀνδρὸς ἰσοθέου τὰ πταισθέντα ἐπανορθοῦν*). Wettstein, *ad loc.*은 Pliny (*Ep.* 8.22)를 인용하는데 그는 Thrasea의 법칙을 해석한다 : Qui vitia odit, homines odit ("잘못을 미워하는 사람은 누구나 인류를 미워한다"). 이 사상들의 배경에 관해서는 Hadot, *Seelenleitung;* Heinz G. Ingenkamp, *Plutarchs Schriften über die Heilung der Seele* (Hypomnemata 34 ; Göttingen: Vandenhoeck & Ruprecht, 1971) 참조.

44) 참조. LSJ *s.v.*에서의 표현. 또한 다음을 보라. 루가 6,40 ; 고전 1,10 ; 고후 13,9·11 ; 데전 3,10 ; 에페 4,12 ; 베전 5,10 ; Ign. *Eph.* 2.2 ; Ign. *Phld.* 8.1 ; Ign. *Smyrn.* 1.1. Gerhard Delling, "*ἄρτιος*," *TDNT* 1.475—76 : Bauer, *s.v.; PGL, s.v.*를 보라.

크리소스톰이 본 바와 같이 이것은 그 절차가 처벌이나 정죄를 포함하지 않는다는 점에서 일정한 한계를 암시한다.[46] 바울로의 관대함[47]은, 또한 "온유한 마음으로" "바로잡아 주어야 한다"는 그의 관심에서 분명히 볼 수 있다 : "마음으로,"[48] 왜냐하면 그렇게 하는 것이 "영으로 사는 사람들"에게 적합하기 때문에, 그리고 "온유함"[49]으로, 왜냐하면 "영으로 사는" 동료의 결점을 다루고 있기 때문에.[50]

6장 1절의 마지막 부분은 단독으로 해석될 수 있는 격언으로 되어 있다 : *σκοπῶν σεαυτόν, μὴ καὶ σὺ πειρασθῇς*("자기 자신을 살펴 유혹에 걸리지 않도록 조심해야 합니다"). 사도는 이인칭 복수에서 이인칭

---

45) *'Abot* 1.1 : "심판하는 일에 신중하라." 또한 다음을 보라 : *'Abot* 1.8, 9 ; 2.5 ; 4.9, 10 ; 6.1, 6 ; *'Abot R. Nat.* B, 3 (tr. Anthony J. Saldarini, ***The Fathers According to Rabbi Nathan*** (Leiden: Brill, 1975) 28f) : "심판에 신중하라는 것은 사람이 성급해서는 안 되며 그의 동료를 가로막아서는 안 된다는 것을 뜻한다. 왜냐하면 성급한 사람은 누구나 그가 말하고자 했던 것을 잊고 끝내기 때문이다…" ; *IQS* 5.24—6.1 ; 10.26—11.1 ; *CD* 13.9f. 그리고 해석의 문제에 관해서는 Braun, ***Qumran*** 1.214를, 더 이상의 병행구들에 대해서는 Str-B 1.441—46을 보라.

46) Chrysostom, *ad loc.*: *οὐκ εἶπε κολάζετε οὐδὲ καταδικάζετε ἀλλὰ διορθοῦσθε*("그는 '벌주다,' '비난하다'가 아니라 '바로잡다'를 말한다").

47) 참조. Pliny, *Ep.* 8.22.1 : "여러분은 일종의 정욕 자체에 노예인 사람들을 알아야 한다. 그러면서도 그들은 다른 사람들의 잘못에 일종의 용서치 않는 분노를 표시하며, 그들이 가장 많이 닮은 사람들에게 가장 작은 자비를 보인다. 사람의 용서를 필요로 하지 않는 다른 사람들이 있지만 그러나 그들의 가장 큰 덕은 그들의 관용(*lenitas*)이다." 후자는 그 철학자에 의해서 그리고 그 철학자에게 권고된다. 다른 해석에 대해서는 Schlier, 270을 보라(Mussner, 398에 의해서 채용됨) : "교회는 죄인들에게까지도 자애롭게 행동한다."

48) 표현 "온유한 마음으로"는 갈라디아서에서는 여기서만 발견된다. 그것은 신적인 그리고 인간의 영 모두를 언급한다. 참조. 6, 18.

49) *πραΰτης*("온유")에 관해서 갈라 5, 23에 있는 목록 ; 또한 고전 4, 21 ; 고후 10, 1 ; 에페 4, 2 ; 골로 3, 12 ; 디후 2, 25 ; 야고 1, 21 ; 3, 13 ; 베전 3, 4·16 등을 보라. ***Herm. Man*** 11.8은 이것을 예언자들에 대해서 말하도록 만든다. "무엇보다도 위로부터 온 영을 가진 그는 온유하다…"(*πρῶτον μὲνὁ ἔχων τὸ πνεῦμα τὸ ἄνωθεν πραΰς ἐστι…*).

50) Chadwick (***Sextus***, 170)는 이상하게도 바울로에 가까운 바실리데스의 영지주의로부터 말을 인용한다(Clement ***Strom.*** 7.82.1) : "만일 선택된 사람의 이웃이 죄를 짓는다면, 그것은 선택된 사람의 잘못이다. 왜냐하면 만일 그가 이성이 지시하는 대로 처신했다면, 그런 생활에 대한 그의 이웃의 존경은 그가 죄짓는 것을 막았을 것이다." 또한 고전 2, 13에 있는 법칙을 보라 : *πνευματικοῖς πνευματικὰ συγκρίνοντες*("영적인 것을 영적인 것으로 해석함"—번역은 불확실하다).

단수로 바꾸어 말함으로써, 그 "사건"을 집행하는 임무를 띤 개개 그리스도인을 말하고 경고한다. 그는 자기성찰을 요구한다.[51] 용어 σκοπέω("비판적으로 검토하다, 지켜보다")는 그리스 철학에서 그 유래를 찾아볼 수 있는데[52] 원그리스도교 필자들이 곳곳에서 사용한다.[53] 그 격언의 첫번째 부분은 소크라테스의 전승에서 유래하며 의심할 바 없이 소크라테스 자신에게 소급된다.[54] 그 격언의 두번째 부분은 첫번째 부분에 대한 해석이다. 그러나 그 내용은 헬라주의적 문헌에 있는 비슷한 격언들을 능가한다. 바울로는 이 부분에 적용하기 위해서 대중철학의 전승[55]으로부터 그 격언을 채용했음에 틀림없다. 그가 보는 "유혹"은 여기서 두 종류다. 첫째, 범죄자에게 자기 의(義)와 자만을 나타내려는 유혹이 있고,[56] 둘째, 그런 유혹은 그것이 "육이

51) 마태 18, 15—17 ; 야고 3, 19—20. 그리고 쿰란 공동체로부터의 특징적인 차이를 주목하라. 후자는 그들 영들에 대한 상호 조사를 실시한다(1 *QS* 5. 21, 24 ; *CD* 13. 11). Braun, *Qumran* 1. 38—40을 보라.

52) 예컨대 다음을 보라. Epict. *Diss.* 1. 11. 20 ; 1. 18. 13 ; 2. 5. 25 ; 2. 10. 2 (또한 *Ench.* 30) ; 3. 5. 2 ; 3. 15. 1—2 ; (또한 *Ench.* 21. 1—2) ; 3. 22. 75; 4. 1. 163 ; 4. 3. 3 ; Philo *Post.* 174; *Her.* 22 ; *Som.* 1. 191 ; 2. 488 등. Bauer, *s.v.*: Ernst Fuchs, "σκοπέω," *TDNT* 7. 414—16을 보라.

53) 분사 σκοπῶν은 명령적인 의미를 가지며, καταρτίζετε에 병행한다. 이것에 관해서는 Daube, *NT and Rabbinic Judaism*, 97—99 ; Davies, *Paul and Rabbinic Judaism*, 329를 보라. 또한 로마 16, 17 ; 고후 4, 18 ; 필립 2, 4 ; 3, 17 ; 루가 11, 35 ; 1 *Clem.* 51. 1을 보라.

54) Plato, *Phaedr.* 230A에서 델피의 격언 "너 자신을 알라"에 대한 유명한 귀절을 보라. "그래서 나는 이(즉 부적절한) 문제들을 잊어버리고 그것들에 대한 재래의 신념을 받아들인다. 내가 방금 말했던 대로 내가 Typhon 보다 더 복잡하고 사나운 괴물인지 또는 거룩하고 점잖은 운명이 날 때부터 주어진 더 온화하고 더 단순한 피조물인지를 알기 위해 나는 이것들이 아니라 나 자신을 조사한다." 그리이스어로 중요한 말들은 σκοπῶ οὐ ταῦτα ἀλλὰ ἐμαυτόν이다. 참조. 또한 *Phaedr.* 232 D; *Euthyphr.* 9C. 그 주제에 관해서는 Hans Dieter Betz, "The Delphic Maxim *ΓΝΩΘΙ ΣΑΥΤΟΝ* in Hermetic Interpretation," *HTR* 63(1970) 465—84 ; *PECL*, 85f, 90, 128, 194 ; Pierre Courcelle, *Connais-toi toi-même de Socrate à saint Bernard* (2 Vols; Paris: Etudes Augustiniennes, 1974) 1. 43—47.

55) 역시 소크라테스의 전승 내에 서있는 격언들이 예컨대 다음에서 발견된다. Menander (ed. Siegfried Jaekel, *Menandri Sententiae* [BT; Leipzig: Teubner, 1964]) 629 : Πράττειν τὰ σαυτοῦ, μὴ τὰ τῶν ἄλλων σκόπει ("네 자신의 일을 하라. 다른 사람들의 과제를 보지 말라."). 또한 98, 255, 400 ; Chadwick, *Sextus*, 93 ; Gerhard, *Phoinix*, 39f를 보라. 이것의 예는 루가 4, 23이다. ἰατρέ, θεράπευσον σεαυτόν("의사여, 네 자신을 고치라"). 참조. 마태 27, 42a.

하는 일들"을 위한 기회를 부여한다는 점에서 공동체에 위협을 준다. 바울로는 범죄자를 고발하는 기소자들의 독선적인 태도가 범죄자의 범죄보다 더 큰 손상을 공동체에 유발시킬 수 있다는 점을 예리하게 간파한 것 같다.[57)]

[2] 이 절은 어떻게 바울로가 격언시인으로서 활동했는지를 대단히 명료하게 보여주는 또 하나의 격언을 담고 있다. 그 격언은 두 행으로 되어 있다:

2절a : *ἀλλήλων τὰ βάρη βαστάζετε,*

"서로 남의 짐을 져줍시다.

2절b : *καὶ οὕτως ἀναπληρώσετε τὸν νόμον τοῦ Χριστοῦ.*

"그리하면 그리스도의 법을 이룰 것입니다."

이 격언의 두 행을 살펴보면, 2절a는 본래의 격언이며 2절b는 그 격언에 대한 그리스도교적(바울로의) 해석이다. "우정"에 대한 소크라테스의 전승이나 그리스의 교설들에서 우리는, 첫번째 격언의 여러 변형들을 보게 된다. 가장 흥미있는 병행구는 크세노폰(Xenophon)[58)]이 소크라테스와 아리스타르쿠스(Aristarchus)에 대해 얘기한 긴 일화인데, 거기서 소크라테스는 말한다: *χρὴ δὲ τοῦ βάρους τοῖς φίλοις μεταδιδόναι· ἴσως γὰρ ἄν τί σε καὶ ἡμεῖς κουφίσαιμεν*("사람은 친구들이 진 짐을 함께 나누어져야 한다. 우리는 그대들의 짐을 가볍게 해주는 어떤 일인가를 할 수 있을지 모르기 때문에"). 비슷한 격언들이 메난더의 문장들 가운데서 발견된다.[59)] 예, 534 : *νόμιζε πάντα κοινὰ τῶν φίλων βάρη*

---

56) 참조. 갈라 4, 14 ; 5, 13.

57) 참조. Schlier, 270의 해석 : "교회는 신도들의 도덕적 연약함에 대해서 안다." 슐리어(271 n. 1)는 바울로의 입장이 쿰란의 그것과 전혀 다르다는 Karl Georg Kuhn에 반대하는데 그것은 옳다 : Karl Georg Kuhn, "*Πειρασμός-ἁμαρτία-σάρξ* im Neuen Testament, "ZThK 49 (1952) 200—22 (ET: "New Light on Temptation, Sin and Flesh," in *The Scrolls and the New Testament* 〔ed. Krister Stendahl; New York: Harper and Brothers, 1967〕 213f). 바울로의 입장은 쿰란의 엄격한 율법 준수와도, 그것의 "죄"의 개념과도 다르다.

58) Xenoph. *Mem*. 2.7.1—14. 다른 번역판이 우정의 의무들을 논하는 장에서 아리스토텔레스에 의해 인용된다(Aristotle, *EN* 9.11.1—6, p. 1171a21—1171b28, 1171a29에 있는 격언과 함께 : *κουφίζεται γὰρ οἱ λυπούμενοι συναλγούντων τῶν φίλων*("슬픔은 친구들의 동정에 의해서 가벼워진다"). 흥미롭게도, 비슷한 요구가 율법학자의 48개 의무 가운데 들어있다. *'Abot* 6.5f : חברו נושא כעול עם("그는 그의 동료 학자〔또는 이웃〕과 함께 같은 멍에를 멘다"). Str-B. 3.577을 보라.

("친구들이 진 모든 짐을 공동의 짐으로 받아들이라") ; 그리고 370 : *ἰδίας νόμιζε τῶν φίλων τὰς συμφορὰς*("여러분의 친구들의 불행을 여러분 자신의 것으로 받아들여라").

의심할 바없이 바울로는 그 말의 첫번째 부분(2절a)을 그리스 철학 전승으로부터 채용했다.[60] 그는 그 격언이 유용하다는 것을 안다. 왜냐하면 그것이 갈라디아서 5장 13—14절에 있는 그의 가르침을 요약하고 또한 6장 1절에 관계되기 때문이다. 그 언어는 은유적이다 : *τὰ βάρη*는 인간 생활의 "짐들"을 지칭한다.[61] *βαστάζω*는 "너그럽게 봐주다"(tolerate) 이상의 뜻이 있으며 효과적인 협력과 구제까지를 포함한다.[62] 6장 1절에 적용될 때 그 격언은, 그리스도인들의 "실수"를 "생활의 짐"의 일부로 간주해야 하며 그리스도교 공동체가 나누어 가져야 하고 분담해야 한다는 것을 뜻한다.[63]

격언의 두번째 행(2절b)은 첫번째 행에 대한 바울로의 해석이다 : *καὶ οὕτως*("그리하면")는 첫째 행이 요구하는 것을 행함으로써 "그리

59) No. 534는 옛 격언 *πάντα κοινὰ τῶν φίλων*("친구들은 모든 것을 공동으로 나눈다")의 해석이다. Euripides *Or.* 735 ; Plato *Phaedr.* 279C; *Men.* 71E; *Polit.* 449C; *Leg.* 5.739C; *Lys.* 207C. 그것이 우정 주제의 일부였기 때문에, 그것은 유다교에 의해서(예를 들면, Philo *Abr.* 235 ; *Mos.* 1.156), 그리고 그리스도교에 의해서(사도 4,32 : 참조. 또한 갈라 4,12 이하) 채용되었다. 그 주제에 관해서는 Bohnenblust, *Beiträge*(참조. 위 4,12—20에 관한 주 17), 41을 보라.

60) 가까운 병행구는 로마 15,1 그리고 그에 대한 해석, 헬라주의적 유다교와 헬라주의적 비방자료에서 발견되는 병행구들(참조. Maximus Tyr. 12.3)을, 그리스도교에 대해서는 Ign. *Pol.* 1.2 ; *Diogn.* 10.6을 보라. Käsemann, *Römer*, 365는 견해가 다르다.

61) 이러한 은유는 흔히 볼 수 있다. LSJ, *s.v.*, V; Gottlob Schrenk, "*βάρος*," *TDNT*, 1.553—56 ; Bauer, *s.v.*를 보라. "짐"은 율법의 짐이 아니며, 죄에 한정되는 것이 아니라 일상생활의 모든 투쟁을 포함한다(참조. 다른 견해에 대해서는 Mussner, 399). 마태 20,12 : "그날의 수고와 더위를 견디다"라는 귀절은 좋은 예다 : 참조. 또한 데전 2,7 ; 사도 15,28 ; 묵시 2,24 ; *Diogn.* 10.6. 철학적 배경에 대해서는 Epict. *Diss.* 1.9.11 ; 2.9.22 ; Philo *Mos*, 1.14 ; 1.39 ; *L.A.* 2.2 참조.

62) 이 비유도 또한 흔히 볼 수 있다 : LSJ, *s.v.*; Friedrich Büchsel, "*βαστάζω*," *TDNT* 1,596 ; Bauer, *s.v.*, 2, b, *β*; Str-B. 3.673을 보라. 다른 예들에 대해서는 로마 15,1 ; Ign. *Pol.*1.2 ; 마태 20,12 ; 사도 15,28 ; 묵시 2,3 ; *Did.* 6. 2를 보라. 비방자료에 대해서는 Epict. *Diss.* 2.9.22 ; 3, 15. 9 (*Ench*, 29.5)를 보라.

63) 나는 갈라 6,2이 그리스도를 모방하는 교리를 전제한다고 생각하는 슐리어에 동의하지 않는다. 이와 견해가 비슷한 무쓰너(399) : "그리스도께서 죄인들을 사랑하셨듯이 교회는 죄인들을 사랑한다."

스도의 법을 이룬다"[64]는 것을 뜻한다. *ὁ νόμος τοῦ Χριστοῦ*("그리스도의 법")라는 개념은 생소하다. 왜냐하면 그것은 여기서만 나오기 때문이며,[65] 바울로가 자신의 편지에서 거듭해서 거절했었던 것 —그리스도인이 율법을 지켜야 한다는 것[66]— 을 변호하는 것 같기 때문이다. 지금, 예기치 않게, 편지의 권면 부분에서 독자들은 자신들이 결국 율법을 행해야 한다는 말을 듣는다. 문제는, 전체 서신에서 가장 중요한 문제들 중의 하나인 문제는, 이 외견상의 모순을 설명하는 것이다. 다음은 사실로서 진술될 수 있다. (1) 이방 그리스도인들이 신적 구원에 동참자가 되기 위해서는 할례를 받아야 하고 유다교 토라를 준수해야 한다는 사상을 바울로는 일관하여 거부했다. 유다 그리스도인들에게와 마찬가지로 이방 그리스도인들에게 있어서 유다교 토라는 구원에 이르는 방편으로서 제거된다. (2) 그리스도인은 성령의 은사를 통해 신적 구원에 이미 참여하는 자가 되었다.[67] 그리스도인은 "율법의 일들"을 행함없이 "믿음을 통해"[68] 이 구원에 참여한다. "믿음"은 그러면 "사랑"에서 표현되고 이 "사랑"은 실제로 율법을 성취한다.[69] 그러므로 율법에 대한 그리스도인의 관계는 이렇다. 즉 그는 구원을 얻기 위해 "율법의 일들"을 행하라는 요구를 받지 않으며, "믿음을 통해" 신으로부터 구원을 얻음으로써 그는 또한 율법을 성취하게 된다. 엄격히 말해 성령이 율법을 완성시키며 그리스도인은 "성령을 따름"으로써(5,25) 그 완성을 나누어 가진다.

이 모든 것이 편지에서 분명해지지만, "그리스도의 법"이라는 표현

64) 미래시제 *ἀναπληρώσετε*는 (P^{46}) B G lat sy^{p} Marcion에 나온다. 그 용어는 초기의 여러 문서들에 입증되며 바울로의 사상에 잘 들어 맞는다. ℵ A C D^{gr} *al*에 의해 입증되는 부정과거 *ἀναπληρώσατε*가 또한 가능하다. Metzger- *Textual Commentary*, 598을 보라.

65) 똑같이 문제되는 유사한 표현들이 고전 9,21에서 나온다 : *ἔννομος Χριστοῦ* ("그리스도의 법에 따르다") [?]··참조. Bauer, *s.v.*, *ἔννομος*에서의 논의) ; 로마 8,2 : *ὁ νόμος τοῦ πνεύματος τῆς ζωῆς*("생명의 영의 법"); 참조. Eduard Lohse, "Exegetische Anmerkungen zu Röm 8,2," in *Neues Testament und christliche Existenz, Festschritft für Herbert Braun*,··· (Tübingen: Mohr, Siebeck, 1973) 279—87 ; 로마 3,27 : *διὰ νόμου πίστεως*("믿음의 법을 통해") ; 데전 4,2.

66) 갈라 2,16·19·21 ; 3,2·5·10·11·12·13·17·18·19—24 ; 4,4—5·21 ; 5,3—14·18·23 ; 6,13을 보라.

67) 갈라 3,26—28

68) 갈라 2,16·20 ; 3,2 이하 ; 5,5—6.

69) 갈라 5,6·14·22를 보라. 영지주의에서 유사한 경우에 대해서는 *Corp. Herm.* 13 : 9를 보라. "선이 어떻게 완성되는지 보라···"

은 여전히 어려운 문제로 남는다.[70] 문제는 그것이 어떤 의도가 담긴 특별한 표현, 즉 갈라디아 사람들이 토라에 사로잡혀 있는 것을 조롱하는 표현인가 아닌가 하는 것이다. 또는 바울로가 자신의 복음이 도덕율폐기론적이 아니라는 것을 보여주기 위해 그런 표현을 쓴 것일까? 갈라디아 사람들은 그런 표현을 전에 이미 알고 있었을까, 아니면 지금 처음 소개받은 것일까? 바울로는 그 개념을 전혀 다르게 해석하려 했던 자신의 반대자들로부터 그 개념을 끌어와서, "바울로화한"(Paulizing) 해석에 논쟁적으로 굴복시키기 위해 그런 것일까? 어느 것도 명확하게 말할 수 없다. 그러나 여러 이유들로 해서 바울로가 그 개념을 반대자들로부터 넘겨 받았다는 것이 그럴 듯하다.[71] 첫째 이유로는 그 주제에 대해 갈라디아서에서나 바울로에게서 그 개념이 생소하기 때문이다. 둘째는 "그리스도의 법"이라는 개념이 바울로와는 별도로 다른 그리스도교 전승들에서 상당한 역할을 했기 때문이며, 세째, 갈라디아에 있는 바울로의 유다—그리스도인 반대자들이 어느 정도 유다교 토라에 대한 복종을 그리스도에 대한 복종과 결합시켰다는 개연성이 크기 때문이다.[72] 마지막으로, 바울로가 "무법"의

70) "그리스도의 법"의 개념에 대해서는 Bultmann, *Theology*, §27, 39를 보라. 더 오래된 문헌은 Walter Gutbrod, "νόμος," *TDNT* 5, 1022—85 (Paul, section D, Ⅱ, 2—3에 관해)에서 발견된다. 다음을 보라 : C. H. Dodd, *Gospel and Law* (New York: Columbia University, 1951), 64—83 : "The Law of Christ" ; 같은 저자, "*ΕΝΝΟΜΟΣΧΡΙΣΤΟΥ*," in *Studia Paulina in honorem J. de Zwaan* (Haarlem: Bohn, 1953) 96—110 (rep. in his *More New Testament Studies* [Manchester: Manchester University. 1968] 134—38) ; Ernst Bammel, "*Νόμος Χριστοῦ*," *Studia Evangelica* 3 (TU 88 ; Berlin: Akademie-Verlag, 1964) 120—28 ; Schoeps, *Paul*, chap. 5, §5 ; Irene Beck, "Altes und neues Gesetz," *MThZ* 15(1964) 127—42 ; Kertelge, "Rechtfertigung," 223f ; Andrea van Dülmen, *Die Theologie des Gesetzes bei Paulus* (Stuttgart: Katholisches Bibelwerk, 1968) 66—68, 218—25(광범위한 참고문헌과 함께) ; Schlier, 176—88, 264—67 ; Mussner, 284—87 ; Heinz Schürmann, "'Das Gesetz des Christus' (Gal 6, 2). Jesu Verhalten und Wort als letztgültige sittliche Norm nach Paulus," in *Neues Testament und Kirche, Festschrift für R. Schnackenburg* (Freiburg: Herder. 1974) 282—300.

71) 그 가설은 Dieter Georgi에 의해서 처음으로 제시되었다. "Exegetische Anmerkungen zur Auseinandersetzung mit den Einwänden gegen die Thesen der Bruderschaften, in *Christusbekenntnis im Atomzeitalter* (*ThExh* 70; Munich: Kaiser, 1959) 111f; 같은 저자, *Kollekte*, 35f. 또한 Betz, "2 Cor 6 : 14—7 : 1, " 107.

72) 예컨대 마태오의 산상설교(마태 5, 3—7, 27) 이전 ; 또한 "자유의 완전

비난에 맞서서 자신을 변호해야 하기 때문이다.[73] 만일 그 가설이 사실이라면, 바울로는 반대자들의 신학으로부터 중요한 개념을 받아들여 그것을 자신의 신학에 맞추었을 것이다. 이 반대자들은 "토라"와 "그리스도"를 다른 방식으로 그러나 또한 긍정적인 방식으로 결합시켰던 것 같다. 아마도 그들은 모세의 토라를 그리스도와 결합시킴으로써 또는 그리스도를 "새로운" "메시아적" 토라를 가져오는 자로 간주함으로써 그렇게 결합시킬 수 있었으리라.[74] 확실히 바울로는 그 개념을 완전히 다르게 해석하였다. 바울로의 해석에 따르면, 사랑의 계명은 모든 토라의 완성이기 때문에(갈라 5,14) 사랑하는 사람은 토라를 완성한다. 그리고 그런 사랑은 그리스도의 사랑이므로(갈라 2, 20), 저 토라는 "그리스도의 토라"로 불릴 수 있다.

그밖에도, 만일 "그리스도의 법"이라는 개념이 바울로의 신학에서 근본적인 것이었다면,[75] 바울로는 편지의 서두에 도입했을 것이며 그것을 그의 다른 서신들에서 그 개념이 보다 더 현저한 역할을 할 것이라는 점을 우리는 주장할 수 있다. 갈라디아서의 서두(1,6—7)에서 바울로는 "다른 복음"에 대해서가 아니라 "다른 그리스도의 법"에 반대했을 것이다. "그리스도의 법"이라는 개념이 갖는 독특한 위치는 그것이 여기서 논쟁상 사용된다는 것을 뒷받침해 준다.

〔 3 〕 다음 경구는 삼인칭 단수로 나온다 : *εἰ γὰρ δοκεῖ τις εἶναί τι μηδὲν ὤν, φρεναπατᾷ ἑαυτόν*("만일 어떤 사람이 자기가 아무 것도 아니면서 무엇이나 된 것처럼 생각한다면 그는 자

한 법"의 개념을 보라(야고 1,25). 그런 신학이 어떻게 보이는지 고후 6,14—7,1에 의해서 또한 예시된다(해석에 대해서는 Betz, 같은 책, 89—99를 보라). 참조. 또한 그리스도론적 별칭 *νόμος καὶ λόγος* in *Kerygma Petrou*, Frag. 1 (ed. Erich Klostermann, *Apocrypha* 1 〔KIT 3 ; Bonn : Marcus & Weber, 1921〕 13 ; 참조. Ernst von Dobschütz (*Das Kerygma Petri* 〔Leipzig: Hinrichs, 1893〕 28f). 그는 그 이상의 병행구들을 기록한다. 특히 *Herm. Sim.* 8.3.2 ; Klaus Wengst (*Tradition und Theologie des Barnabasbriefes*) 〔Arbeiten zur Kirchengeschichte 42 ; Berlin: de Gruyter, 1971〕 82ff)는 *Barn.* 2.6 그리고 그것의 배경을 논한다.

73) 참조. 갈라 2,17 : "Christ a servant of sin." 또한 2,21 ; 3,20c ; 5,23b ; 로마 6,1 ; 고전 9,21.

74) 이 가설에 대해서는 다음을 보라 : Davies, *Paul and Rabbinic Judaism*, 특히 69—74, 142—45, 174—76 ; 같은 저자 *Torah in the Messianic Age and/or the Age to Come* (SBLMS 7 ; Philadelphia:SBL, 1952), 91f; Bammel (위, 주 70을 보라).

75) Davies, *Paul and Rabbinic Judaism* 특히 73f, 142—5 ; Schlier, 272f를 보라.

기를 속이는 것입니다").

이 경구의 내용과 마찬가지로 양식은 비방 문학과 플라톤[76]의 저서에서도 발견된다. 에픽테투스의 저서에서 볼 수 있는 두 가지 예들은 실례로서 충분할 것이다 : *κἂν δόξῃς τις εἶναί τισιν, ἀπίστει σεαυτῷ*("만일 네가 누군가에 대해 대단한 인물이라고 생각한다면, 너는 너 자신을 불신하는 것이 된다)[77] ; *δοκεῖς τις εἶναι, μωρὸς παρὰ μωροῖς*("네 스스로 대단한 인물이라고 생각한다면, 넌 바보 중에서도 바보!").[78] 루시안(Lucian)에게서 찾을 수 있는 또 다른 예는 그 말의 반(反)수사학적 배경을 보여준다 : *σκόπει γοῦν ὁπόσοι τέως μηδὲν ὄντες ἔνδοξοι καὶ πλούσιοι καὶ νὴ Δία εὐγενέστατοι ἔδοξαν ἀπὸ τῶν λόγων*("이전에 아무것도 아니었던 사람들 중에서 얼마나 많은 사람들이 자신의 웅변술 하나 때문에 유명해지고 부유하게 되었으며 심지어 귀족으로까지 추앙받게 되었는지를 좀 보라").[79]

사람의 "외양"과 "실제 모습" 사이의 대조는 비방철학의 표준 주제[80]였는데 그것으로부터 여기서 사용된 언어가 유래한다. 바울로는 "영으로 사는 사람들"에게서, 실제로는 "아무것도 아닌 자"인 데도 불구하고 자기 자신을 중요한 인물로 여기는 이러한 위험성을 본다. 우리가 고린토전서 여러 곳에서 유사한 말들을 발견하는 것은 결코 우연이 아닐 것이다(3, 18 ; 8, 2 ; 10, 12 ; 14, 37).[81] "보잘 것 없는 사람"이거나 "아무 것도 아닌 사람"이라고 해서 그것 자체가 잘못된 것은 아니다. 왜냐하면 바로 그것이 그 사람의 실상이기 때문이다. 그러나 스스로 "중요한 사람"으로 생각하는 환상에 빠지는 것은 잘못이다. 바울로가 서 있는 인간학적 전통은 초기 그리스 사상까지 거슬러 올

---

76) 다음을 보라 : Plato *Apol.* 21 B/C, 41B, E, 그리고 여러 곳.

77) *Ench.* 13 : 참조. 또한 소크라테스에 대한 일화 *Diss.* 2.8. 24f; 4.6.24; *Ench.* 33.12 ; 48.2—3. 참조. R. Hillel," 죽는 날까지 너 자신을 신뢰하지 말라"(*'Abot* 2.5).

78) *Diss.* 4.8.39.

79) Lucian *Rhet. praec.* 2 ; 참조. *Merc. cond.* 16 ; Dial. mort. 12.2, 그리고 여러 곳.

80) 다음을 보라 : *Teletis' Reliquiae*, Frag. 1 (ed. Otto Hense [Tübingen: Mohr, ²1909])에서 Teles의 비방 *Περὶ τοῦ δοκεῖν καὶ τοῦ εἶναι*("외관과 본질에 대해서") ; Chadwick, *Sextus*, 64. 3세기 경의 *Midr. Qoh.* 9.10 (42^b) [Str-B. 3. 578]에 있는 비슷한 말은 라삐들에 끼친 비방영향을 가리킬 수 있다.

81) 가장 가까운 병행구는 고전 3, 18이나 필립 3, 4와 대조된다. 참조. 야고 1, 26.

라간다. 흔히 우리는 "너 자신을 알라"는 델피의 격언에 대한 해석과 관련해서 비방전통에서 이런 사상을 발견한다.[82] 인간들은 자기 자신이 실제로 "아무 것도 아닌 자"라는 사실을 받아들이는 것을 배워야 한다.[83] 6장 1절에 적용하여 바울로는 갈라디아 사람들에게 말한다 : 만일 여러분이 "성령으로 사는 사람"이 아니면서 그런 사람이라고 생각한다면, 여러분은 터무니없는 위험한 환상에 사로잡혀 있읍니다. 동사 φρεναπατάω("속이다")는 원 그리스도교 문헌에서 단 한번 나오는 단어(*hapax legomenon*)이다.[84] 헤지키우스(Hesychius)[85]는 동의어로서 χλευάζω("누군가를 비웃다")를 말하나, 여기서의 의미는 고린토전서 3장 18절(μηδεὶς ἑαυτὸν ἐξαπατάτω: "아무도 자기를 속이지 말아야 합니다")이나 또는 야고보서 1장 26절(ἀπατῶν καρδίαν ἑαυτοῦ: "자기 자신을 속이다")과 크게 다르지 않을 것이다.[86]

[4] 중심이 되는 단어의 근(δοκ-)에 의해서 아마 3절과 연결되는 듯한 또 하나의 격언이 이어진다. 그러나 그 말 자체는 독립적이다. 그것은 자기 자신에 대한 또 다른 유형의 환상에 대해 경고하고 있다. 이 환상은 자신을 다른 사람들과 비교함으로써 생긴다.[87] 형태에 있어서 그 격언은 두 부분으로 구성된다. 먼저 본래의 격언(4절a)이 나온 다음, 격언에 담긴 충고의 중요성에 대한 설명과 함축적으로 그 격언 자체를 서술한 이유(4. b)가 나온다. 격언 4절a τὸ δὲ ἔργον ἑαυτοῦ δοκιμαζέτω ἕκαστος…[88]("각각 자기가 하는 일을 살펴봅시다…")는 또 다시 "너 자신을 알라"라는 델피의 격언에 기초하고 있으며 그것을 적용한 것이다. 비슷한 말들이 비방문학에서

---

82) 위 참고문헌을 보라. 또한 Chadwick, *Sextus*, 97ff 참조.

83) 참조. 바울로의 "고백" 고후 12,11 : οὐδέν εἰμι("나는 보잘 것없는 사람입니다"). 이 교리의 해석에 대해서는 Betz, *Paulus*, 118ff를 보라. 더 많은 참조에 대해서는 갈라 6,3에 대한 Wettstein을 보라.

84) 그리스도교 문헌에서 더 나중의 예들에 대해서는 *PGL*, *s.v.*를 보라. 명사 φρεναπάτης (LSJ, *s.v.*: "soul-deceiver")는 디도 1,10에서 발견된다. 참조. Bauer, *s.v.*

85) *Lexicon* (ed. Mauricius Schmidt, Vol. 3 ; Jena: Sumptibus Frederici Maukii, 1861) 257, no. 57.

86) 참조. 또한 에피크루스의 귀절 ταῖς κεναῖς δόξαις ἑαυτὸν ἀπατᾶν(쓸 데 있는 의견으로 누군가를 속이다") 298,29 Usener; 그리고 갈라 5,26에 있는 용어 κενόδοξος("자랑하는").

87) syncrisis 모티프 그리고 그것의 배경에 대해서는 Betz, *Paulus*, 118ff를 보라.

88) ἕκαστος는 P^{46} B sa에는 나오지 않는다.

발견된다.[89] 바울로의 격언에는 명시적으로나 함축적으로, 그리스의 철학자들과 바울로가 공유한 수많은 윤리적 교설들이 들어 있다. (1) *δοκιμάζειν*("비판적으로 검토하다")은 철학자의 으뜸가는 의무로 간주되었으며,[90] 지금 바울로에서 있어서 그리스도인의 하나의 의무로 간주된다. (2) "자아성찰"은 일차적인 목적이었으며, 바울로는 그것을 역시 승인한다.[91] (3) 사람의 전체적인 "삶의 행동"이 검토되어야 했다. 단순히 사람의 말만이 아니라,[92] (4) 자아성찰은 자신의 삶의 행동(*τὸ ἔργον*)[93]을 전적으로 검토하는 것을 뜻했다. 다른 사람들과의 비교가 아니다.[94] 이 모든 윤리적 교리들은 헬라주의적 철학에서는 일반적이다. 바울로는 그것들을 다른 곳에서와 마찬가지로 여기서 승인한다.[95] 언어를 바꿀 필요가 없었다. 왜냐하면 그것은 변화시키지 않고 바울로의 신학의 문맥에 그대로 관계시킴으로써 해석될 수 있었기 때문이다.[96]

---

89) 위, 주 5에 있는 문헌을 보라.

90) 다음을 보라 : Epict. *Diss.* 1.20.7 ; 또한 1.1.6 ; 2.12.20 ; 2.23.5ff, 8 ; 3.2.5ff ; 4.5.16 ; 4.6.13. Chadwick, *Sextus*, 540 : *παίδευε σαυτόν, εἶτα τοὺς ἄλλους*("너 자신을 교육시켜라. 그 다음에 다른 사람들을").

91) 참조. 예컨대, Epict, *Diss.* 4.7.40 : *σκέψαι τί μοι ποτ' ἔχεις τοῦτο καὶ πόθεν ἐληλυθός, τὸ πᾶσιν τοῖς ἄλλοις χρώμενον, πάντα τἄλλα δοκίμαζον, ἐκλεγόμενον, ἀπεκλεγόμενον*("네가 소유하고 있는 이것이 무엇인지, 그리고 다른 모든 것을 이용하고 테스트하고 선택하고 거부하는 그것이 어디서부터 나왔는지를 생각하라"). 물론 "그것"은 "이성"이다.

92) 참조. Menander, *Comp.* 1.63f : *Δοκίμαζε πρῶτον τόν τρόπον κοὺ τὸν λόγον, σεμνὸς τρόπος γὰρ διαφέρει καλῶν λόγων*("무엇보다도 먼저 말이 아니라 삶의 행동을 검토하라. 왜냐하면 존경할 만한 삶의 행동은 우아한 언어와 다르기 때문이다"). 또한 Schenkl편 Epictetus, 그리고 Chadwick, *Sextus*, index, *s.v.* *ἔργον*에 수록된 참고서들을 보라.

93) 참조. Philo, *Det.* 129 : *ἑκάστῳ γὰρ τὸ ἴδιον ἔργον ποθεινότατον*("각자에게 있어서 그 자신의 일이야말로 가장 중요한 욕망의 대상이다"(auth.)).

94) 참조. Epict, *Diss.* 3.2.9—18 ; Philo, *Det.* 126ff; 또한 Gerhard, *Phoinix*, 39f, 262, 269f,

95) 참조. 바울로에서의 병행구들 : 고전 11, 28 : *δοκιμαζέτω δὲ ἄνθρωπος ἑαυτόν*…("각기 자신을 비판적으로 성찰해야 한다…") ; 고후 13, 5 : *ἑαυτοὺς πειράζετε,*… *ἑαυτοὺς δοκιμάζετε*…("스스로 반성하고 시험하라"). Bauer, *s.v.* *δοκιμάζω*; Betz, *Paulus*, 132ff; Gérard Therrien, *Le discernement dans les écrits pauliniens* (Paris: Gabalda, 1973) 118—25를 보라.

96) 그러므로 *τὸ ἔργον*("일, 행동")이 *τὰ ἔργα νόμου*("율법이 하는 일들")과 혼동되어서는 안 된다. 그것에 대해서는 위, 갈라 2, 16 ; 3, 2·5·10 ; 5, 19에 관해서 보라. 참조. 로마 15, 18 ; 고전 3, 13—15 ; 고후 9, 8 ; 10,

4절b는 경고를 한 이유를 설명한다 : *καὶ τότε εἰς ἑαυτὸν μόνον τὸ καύχημα ἕξει καὶ οὐκ εἰς τὸν ἕτερον*("그리하면 자기 스스로는 자랑할 근거가 있다 하더라도 남과 비교하여 남에게 자랑할 근거는 없을 것입니다"). 자아성찰은 *ἔχειν τὸ καύχημα*이며, "자랑의 근거로서의 성취를 보여줄 수 있음"을 뜻하는 표현이다.[97] 용어 *καύχημα*는 여기서 "자랑의 대상," 즉 사람에게 자랑할 수 있는 자격을 주는 성취를 지칭한다.[98] 바울로는 고대 사람들과 마찬가지로, 사람이란 끊임없이 자신이 "중요한 사람"[99]임을 보여주려고 노력한다는 견해를 가진다. 이 "보여줌"은 흔히 자신을 동료들과 비교함으로써 행해졌다. 고대 사람들은 실제로는 아무 가치도 없는 꾸며진 "성취들"을 보여주는 데 뒤따르는 자기 환상의 위험성들을 잘 알고 있었다. 가장 만연된 환상들은 자신을 남들과 비교하는 데서 생긴다는 것을 누구나 인정하였다.[100] 이 경주를 함에 있어서, 사람은 마음내키는 대로 일들을 조작할 수 있으며 그 결과 비교는 언제나 자신에게는 유리하게 자신과 비교되는 사람에게는 불리하게 된다. 그러나 철학자들은 계속해서 이러한 시도의 위선과 가치없음을 지적하였다. 그들은 사람이 도대체 "참된" 성취를 할 수 있는지를 발견하기 위해서 자아성찰을 요구하였다. "참된" 성취란 *εἰς ἑαυτόν*("자기 자신에 관해서")에서만 존재한다는 것,[101] 즉 자신을 남들과 비교한 결과로서 나타나는 것이 아니라는 점에서 바울로는 헬라주의적 철학자들과 일치한다.

---

11 ; 갈라 6,10.

97) 그 귀절은 로마 4,2에서도 나온다. 참조. 고전 5,6 ; 9,15·16 ; 고후 1,14 ; 5,12 ; 9,3 ; 필립 1,26 ; 2,16. "자랑"의 전반적인 개념에 대해서는 다음을 보라 : Rudolf Bultmann, "*καυχάομαι*," *TDNT* 3,645—53 ; 같은 저자, ***Theology*** 1.242f, 264,267,281 ; Jorge Sanchez Bosch, 'Gloriarse' según San Pablo: Sentido y teologia de *καυχάομαι* (An Bib 40 ; Rome: Pontifical Biblical Institute, 1970) : 참조. Robert J. Karris의 서평, *JBL* 92 (1973), 144—46.

98) 참조. Plutarch, ***Aem. Paul.*** 27 (270A) : "그는 그 젊은이들을 재갈 물린 것처럼 그의 준엄한 말로 그들의 허영심 많은 거만(*τὸ καύχημα*)과 자만(*τὴν ὕβριν*)을 잘 제어하여 떠나 보냈다." 또한 Bauer, ***s.v.*** *καύχημα*를 보라.

99) 참조. 갈라 6,3.

100) 이 점에 관해서는 Betz, ***Paulas***, 118ff를 보라.

101) 이 표현은 바울로에서 독특하다 : 참조. *καυχάομαι* with *εἰς* ("~에 대해 자랑하다") 고후 10,13·15·16 ; 또한 13,3 ; Bauer, ***s.v.*** *καυχάομαι* 1 ; Moule, ***Idiom Book***, 70을 보라. 또한 Marcus Aurelius의 ***ΕΙΣ ΕΑΥΤΟΝ*** 칭호를 참조하라.

신약성서에서 이곳과 다른 곳곳에서 이 문제가 대단히 중요하게 다루어지는데 그 이유는 사람의 자기 이해와 그런 기준으로 한 동료에 대한 행동에 대해 갖는 그것의 의미 때문이다. 신약성서에서 이 관심이 가장 인상적으로 표명된 예들은 마태오복음 7장 3—5절과 바리사이파 사람과 세리의 비유이다(루가 18, 9—14). 거기서 자기 도취에 빠지는 환상은 바리사이파 사람으로 대표되며,[102] "있는 그대로의 참된 성취," 즉 어떤 성취가 없음을 고백하는 것은 세리로 대표된다.[103] 바울로 자신은 "자랑"에 대한 완전한 교리를 전개했다.[104] 예컨대 고린토전서 15장 10절에서 "올바른" 자랑의 예들을 말한다: *χάριτι θεοῦ εἰμι ὅ εἰμι*("나는 하느님의 은혜로 지금의 내가 되었읍니다").[105] 바울로가 자랑 자체를 거부하는 것이 아니라 도대체 저 자랑의 근거가 무엇인지를 물을 때, 그는 헬라주의적 철학과 일치한다. 물론 그는 그 물음이 *καύχημα*("자랑의 대상〔근거〕")라는 것이 무엇이냐는 정의(定義)로 이어질 때 그 철학과 궤를 달리 한다. 즉 그에게 있어서 자랑의 대상은 철학자들에게 있어서 그런 것처럼 이성이 아니라 바로 신적 은혜다.

〔 5 〕 또 하나의 격언이 첨가된다: *ἕκαστος γὰρ τὸ ἴδιον φορτίον βαστάσει*("왜냐하면 사람은 각각 져야 할 짐이 있기 때문입니다"). 5절과 4절 사이에 어떤 연관성이 있는지, 만일 그렇다면 그 관계가 무엇인지 명확하지 않다. 일부 주석가들은 *γάρ*("왜냐하면") 때문에 5절을 4절에 대한 이유문으로 해석한다.[106] 그러나 그런 식의 연결은 또한 단순히 비슷한 진술이 첨가되는 것을 표시하는 것으로 해석될 수 있다.[107] 그런 격언의 형태는 그것이 그 자체로서 독립되

---

102) 참조. 루가 18, 11: *ὁ θεός, εὐχαριστῶ σοι ὅτι οὐκ εἰμὶ ὥσπερ οἱ λοιποὶ τῶν ἀνθρώπων… ἢ καὶ ὡς οὗτος ὁ τελώνης*("하느님. 나는 다른 사람들과 같지 않으며 또 이 세리와 같지 않은 것을 감사합니다"); 또한 루가 15, 29—32.

103) 그 비교가 루가 18, 13에는 없는 것을 주목하라.

104) 또한. 고전 3, 21; 고후 11, 18; 12, 1—10을 보라. 그 주제에 관해서는 Bultmann, "*καυχάομαι*," *TDNT* 3. 648—52를 보라.

105) 바울로의 교훈은 고전 1, 31; 고후 10, 17; 갈라 6, 14에서 얘기된다. 그것은 특히 로마 8, 31—39에서 적용된다. 잘못된 종류의 자랑에 대해서는 로마 2, 1 이하; 고전 4, 6—8을 보라. 또한 Philipp Haeuser ("Jeder prüfe sein Werk, und er wird alsdann Ruhm nur für sich haben 〔Gal 6: 4〕," *BZ* 12〔1914〕 45—56)을 보라. 그는 이 귀절을 고후 12, 9·10; 로마 5, 3 이하에 따라서 해석한다.

106) Schlier를 비롯한 다른 많은 학자들.

어 있는 격언이고 *γάρ*("왜냐하면")라는 전치사는 종종 문맥의 연결과는 상관없이 그런 격언에 나올 수 있다는 것을 전제한다.

비방문학에 들어 있는 비슷한 격언들 가운데서[108] 가장 흥미있는 것 중의 하나는 비록 그 형태가 바울로의 격언과 약간 다르긴 하지만 에픽테투스의 저서로부터 나온다 : *οὕτως οὐδὲ τὴν τοῦ ἀνθρώπου ἐπαγγελίαν πληρῶσαι δυνάμενοι προσλαμβάνομεν τὴν τοῦ φιλοσόφου, τηλικοῦτο φορτίον, οἷον εἴ τις δέκα λίτρας ἆραι μὴ δυνάμενος τὸν τοῦ Αἴαντος λίθον βαστάζειν ἤθελεν*("세속적인 직업을 감당할 능력조차 없는 우리가 철학자라는 가외적 직업을 떠맡아야 하다니. 얼마나 무거운 짐인가! 그것은 마치 10파운드도 들어 올릴 수 없던 사람이 아이아스(*Αἴας*)의 돌을 들어올리려 하는 것과 같다").[109] 격언문학에서 *τὸ φορτίον βαστάζειν*("짐을 지다")이라는 귀절은 중요한 역할을 하는데, 일상생활에서 일반적으로 일어나는 어려움들에서부터[110] 노년[111]이나 아내[112]나 또는 가난[113]과 같은 특수한 짐들에 이르기까지 그 모두를 가리킨다. 너무 큰 짐을 지는 것은 바보의 표시이며, 현명한 사람은 그가 떠맡을 수 있는 정도만을 맡는다.[114] 그것의 이상(理想)은 *αὐτάρκεια*("자급자

107) *γάρ*의 이 의미에 대해서는 Bauer, *s.v.*, I, c, 4를 보라.

108) 참조. 특히 Teles의 비방 *Περὶ αὐταρκείας* (ed. Hense, 10 line 7, cf. p. XXIIIf.); *ἀσθενὴς πάλιν· μὴ ζήτει τὰ τοῦ ἰσχυροῦ* [*φορτία βαστάζειν καὶ διατραχηλίζεσθαι*]("다시 약자 : 힘센 사람의 짐을 나르려고 그리고 멍애 밑에 너의 목을 넣으려고]하지 말라"). Menander *Sent*, 459, 660 ; *Comp*. 1. 312 ; *Pap*. 1. 36, 18. 3. 9 ; Antiphanes Comic., Frag. 329 (ed. John M. Edmonds, *The Fragments of Attic Comedy* 2[Leiden: Brill, 1959] 308) ; Anaxandrides Comic., Frag. 53 (ed. Edmonds, 같은 책, 74) ; Secundus *Sent*. 9 (ed. Friedrich W.A. Mullach, *Fragmenta Philosophorum Graecorum* [Paris: Didot, 1860) 1. 513] ; Chadwick, *Sextus*, 335.

109) Epict. *Diss*. 2. 9. 22.

110) 참조. Epict. *Diss*. 4. 13. 16, 거기서 그것은 *περιστάσεις*("삶의 위기 상황들")와 동일하다. Plutarch, *De exilio* 599 CD도 이와 유사하다.

111) 사람이 모든 것 중에서 가장 큰 짐으로 여겨야 하는 것을 규정한 격언의 장르가 있다. 가장 큰 짐으로서의 노년에 관해서는 Anaxandrides로부터의 단편을 보라. (위, 주 108)

112) 다시 Anaxandrides를 보라(위, 주 108). 또한 Menander *Sent*. 459 ; *μεστὸν κακῶν πέφυκε φορτίον γυνή*("여자는 악마들로 가득찬 짐이다")

113) Menander, *Sent*. 660 : *πενίας βαρύτερον οὐδέν ἐστι φορτίον*("가난보다 더 무거운 짐은 없다").

114) 참조. Antiphanes Comic., Frag. 3 (ed. Edmonds, 2. 164) ; Demosthenes *Or*. 11. 14 ; Teles, 9f (ed. Hense) ; Epict., *Ench*. 43.

족"),[115] 즉 "자신의 짐을 나를 수 있는" 능력이다. 철학자는 철학에 의해서 자급할 수 있게 되는 반면에,[116] 바울로의 신학에 따르면 그리스도인은 그리스도인의 믿음과 성령의 안내를 통하여 자급하게 된다(5, 25).

바울로의 격언이 격언문학의 문맥에서 해석되어야 한다는 것은 의심할 바 없다.[117] 이 용어들에서 "짐"[118]은 삶의 일상적인 투쟁을 언급할 것이며 갈라디아서 6장 2절에 있는 *βάρος*와 다를 것이 별로 없다.[119] 미래시제는 종말론적이 아니라[120] 격언적이다("사람은 …을 져야 한다").[121] 그것은 마지막 심판을 가리키는 것이 아니라 삶의 불가피한 압박들을 가리킨다. 누구나 져야 할 짐이 있으며 그것을 지는 것을 배우는 게 좋다. 안심은 사람이 단 하나의 짐, 그 자신의 짐을 져야 한다는 것을 깨달을 때 비로소 찾아온다.[122] 이것에 의해서 바울로가 뜻하는 것은 사람은 그가 취급할 수 있는 것보다 더 많은 것을 맡지 말아야 한다는 것이다. 이 진술과 6장 2절에 있는 진술 사이에 모순이 없다. 왜냐하면 "삶의 짐을 나누어 진다"는 것은 누구나 다 자신과 함께 살아가는 방법을 배워야 한다는 사실을 배제하지 않기 때문이다. 필립비서 4장 11—13절과의 비교는 바울로가 "자급자족"[123]이라는 이 헬라주의적 개념을 공유한다는 것을 확인시킨다.

---

115) 참조. Teles, 3ff. (ed. Hense) ; Stobaeus *Ecl.* 85. 15 (5, p. 681, ed. Wachsmuth-Hense)에서 익명의 피타고라스 신봉자.

116) Diog. L. 7. 170는 Cleanthes가 그의 동료 학생들로부터 "나귀"라고 불렸다고 말하는데 그 이유는 그 혼자서 "Zeno의 짐을 나르는" (*βαστάζειν τὸ Ζήνωνος φορτίον*) 것으로 생각되었기 때문이다. 참조. Menander, *Pap.* 18. 3. 9 (ed. Jaekel, 23).

117) 라삐의 병행구들에 대해서는 *'Abot* 1. 10, 2. 2를 보라. 참조. Lietzmann, *ad loc.* (Cramer를 따라) 그는 "잠언적" 배경을 제시한다.

118) 원래 *φορτίον*은 지속적 형태다. 바울로에서 그것은 여기서만 나온다. 비유에 대해서는 또한 마태 11, 30 ; 23, 4 ; 루가 11, 46 ; ***Herm. Sim.*** 9. 2. 4를 보라. 참조. 위, 주 110. 다음을 보라 : LSJ, *s.v.*; Bauer, *s.v.*; Konrad Weiss, "*φορτίον*," *TDNT* 9. 84—86.

119) Schlier. 이와 다른 견해로는 Mussner, 401 : "사람의 죄의 짐."

120) Schlier; Oepke; Mussner, 401f는 이와 다르다. 또한 Sieffert, 337에 있는 목록을 보라.

121) Burton, 334 ; Sieffert, 337.

122) 참조. 로마 14, 5·12 ; 고전 3, 8b ; 7, 7b ; 데전 4, 11.

123) *αὐτάρκεια*("자급자족")에 관해서는 Joachim Gnilka, ***Der Philipperbrief*** (Freiburg: Herder, 1969) 174—6 ; Paul Wilpert, "Autarkie," *RAC* 1. 1039—50을 보라.

[6] 마지막 격언은 확실히 편지 전체를 통해 독자가 가장 당황하게 되는 것 중의 하나다 : *κοινωνείτω δὲ ὁ κατηχούμενος τὸν λόγον τῷ κατηχοῦντι ἐν πᾶσιν ἀγαθοῖς*(*RSV*: "말씀을 배우는 사람으로 하여금 가르치는 사람과 함께 모든 좋은 것들을 나누어 갖도록 하십시오"). *δέ*("그러나")라는 접속사는 앞문장과의 느슨한 관계를 나타내며, 이 격언이 5절에 계속된다는 것을 가리킬 뿐이지 별 의미는 없다. 그러므로 이 귀절의 의미는 먼저 이 귀절 자체의 용어들을 근거로 살펴보아야 한다. 주석가들의 의견은 크게 둘로 나뉘어질 수 있다. 즉 이 말을 생활용품을 스승과 나누라는 학생에 대한 충고로 해석하는 견해[124]와 그 말을 더 넓은 의미에서 "물질적인"재산과 "영적인" 재산을 포함하는 것으로 해석하는 견해[125]가 있다.

그러나 무엇보다도 먼저 그 말의 형태와 현재의 문맥에서 하는 역할, 그리고 배경을 조사해야 한다. 그 말의 형태를 보자면, 그 말은 명령형으로 언급된 또 하나의 격언이다. 그것의 기능은 다른 말들의 기능처럼 권면적이다. 내용은 특별히 그리스도교적인 것이 아니며 헬라주의적 비방문학에 나오는 그것의 병행구들을 기초로 이해되어야 한다. 그러므로 그리스도교적 의미는 이차적이고 현재의 문맥을 근거로 해서 추측해 볼 수밖에 없다.

그 격언은 "모든 좋은 것들"이라는 말로써 학생들과 스승들의 어떤 형태의 교제는 가정한다. 아마 이 추천은 피타고라스의 *πάντα κοινὰ τῶν φίλων*("친구들은 모든 것을 공동으로 나눈다")이라는 말의 변형이자 각색일 것이다.[126] 이 교설은 고대의 철학적 학파들에 지대한 영향력을 끼쳤다.[127] 피타고라스 학파는 적어도 한때 "공동재산"을 실천하였다. 바울로의 시대까지에는 "공동생활"이 널리 관심을 끈 하나의 이상이었다. 여러 가지 운동들, 그것들 가운데서 유다교[128]와 그

---

124) Theodore of Mopsuestia, Theodoret, Chrysostom, Ambrosiaster, Jerome, Lightfoot, Bousset, Loisy, Lietzmann, Lagrange, Kuss, Hauck. ("*κοινωνός, κοινωνικός, κοινόω*," *TDNT* 3. 808—09), Lyonnet, Schlier, Mussner,

125) Meyer, Lipsius, Sieffert, Burton (338, 양쪽을 포함함), Oepke (150—2).

126) 위 갈라 4, 12 이하 ; 6, 2에 관해서 ; 또 2, 10 ; 로마 12, 3 ; 15, 27을 보라.

127) Kurt von Fritz, "Pythagoras," PW 24 (1963) 220f; 또한 Friedrich Hauck, "*κοινός*," *TDNT* 3. 791—96 ; Gustav Stählin, "*φίλος κτλ.*," *TDNT* 9. 151—54를 보라.

128) 참조. ***Sententiae Aesopi-Achiqari*** 109 (ed. Denis, ***Fragmenta***(위, 주 7을 보라), 138 lines 7—8) : *τὸν κατηγητήν σου τίμα ἴσα γονεῦσι. τούτους γὰρ ευ ποιεῖν χρὴ διὰ τὴν φύσιν, τῷ δὲ ἐκ προαιρέσεως στέρξαντι*

리스도교[129]는 그것을 실현했다고 주장했다. 그 이상은 또한 철학적 학파들의 학생—스승 관계와 관련된 것처럼 우정의 이상과 관련되었다.[130] 공동생활을 하려는 시도들은 플라톤의 아카데미에서, 페리파토스(the Peripatos)에서, 그리고 에피쿠르스의 "정원"에서 있었던 것으로 보도된다. 가장 흥미롭게도, 히포크라테스의 "계약"(Covenant)은 이 조항을 포함한다 : *ἡγήσασθαί τε τὸν διδάξαντά με τὴν τέχνην ταύτην ἴσα γενέτῃσιν ἐμοῖσιν καὶ βίου κοινώσασθαι καὶ χρεῶν χρηίζοντι μετάδοσιν ποιήσασθαι*...("나에게 이 기술을 가르쳐 주신 자를 나의 부모와 똑같이 생각하는 것, 그리고 나의 삶을 그와 협력하여 사는 것, 그리고 만일 그가 돈이 필요하다면 그에게 나의 몫을 주는 것…").[132] 견유학파—스토아 학파의 비방은 또한 그 전승을 전했으며,[133] 그리고 격언 문학은 바울로의 것과 비슷한 말들을 담고 있다. 예컨대 메난더[134] 마지막으로, 자신의 스승을 경의의 뜻으로 말하는 것,[135] 누군가를 스

διπλασίους δεῖ ἀποδιδόναι χάριτας("너의 스승을 너의 부모처럼 존경하라 ; 사람은 본성상 그의 부모를 친절하게 대해야 하나, 선택에 의해서 애정을 보였던 스승에게는 갑절의 감사를 돌려야 한다"). 또한 Philo, Josephus, 그리고 Pliny에 의한 "에세네파"의 묘사를 보라. 참조와 참고문헌에 대해서는 Braun, *Radikalismus* 1.77—80을 보라. 참조. Hengel *Judaism and Hellenism* 1.245f. 참조. *'Abot* 1.6, 6.3.

129) 사도 2,44 ; 4,32. 참조. Sextus *Sent.* 227 ; ……. Chadwick의 주, p. 172.

130) Eurip. *Andr.* 376f. ; Xenoph, *Mem.* 2.6,22,23. 그 주제에 관해서는 Bohnenblust, *Beiträge*, 41f; Stählin, "*φίλος κτλ.*," 151—52(위, 주 127)을 보라.

131) Erich Ziebarth, *Das griechische Vereinswesen* (Preisschriften herausgegeben von der Fürstlich Jablonowski'schen Gesellschaft zu Leipzig 34 ; Leipzig: Hirzel, 1896) 69ff를 보라.

132) 본문 및 번역 Ludwig Edelstein, *The Hippocratic Oath: Text, Translation and Interpretation* (Supplements to the Bulletin of the History of Medicine, No. 1 ; Baltimore: Johns Hopkins, 1943). Edelstein은 그 "맹세"가 피타고라스 학파에 의해서 강하게 영향받고 있음을 설득력있게 보여주었다. Walter Burkert *Lore and Science in Ancient Pythagoreanism* (Cambridge: Harvard University, 1972) 179)는 신비종파들에 있는 공동실천들을 언급한다. "맹세"의 유사성은 Oepke에 의해서 언급된다.

133) 예컨대, Bion in Diog. L. 4.53 ; Diogenes in Diog. L. 6.37,72 ; Musonius, Frag. 13a (p.67, ed. Hense) ; Sextus *Sent.* 226,378,382 ; Pyth. *Sent.* 70(ed. Chadwick)을 보라.

134) Menander *Comp.* 1.85 ; 참조. 2. 173 ; *Sent.* 534(위, 갈라 6,2에서 인용됨). 참조. 또한 Epicurus in *Gnomologium Vaticanum Epicureum* (ed. Peter von der Mühll, Epicurus (BT), nos. 34, 39,67).

승으로서 추천하는 것, 또는 교육자의 지원을 부탁하거나 협의하는 것[136]은 편지작성의 관례였던 것 같다.

이러한 배경을 가정하면, 바울로의 격언은 갈라디아 교회들의 생활의 일부분인 일종의 교육기관을 가리킬 것이다. 우리는 얼마나 많은 교사들을 그들이 고용했는지 모른다. 왜냐하면 바울로가 대표 단수를 사용하기 때문이다. "교사"는 ὁ κατηχοῦν,[137] "학생"은 ὁ κατηχούμενος로 불리웠으며, 이것들은 후대의 그리스도교 문헌으로부터 우리에게 익숙한 용어들이다.[138] 가르쳐진 주제는 ὁ λόγος("말씀")[139]이라 불리우는데 이 문맥에서는 그리스도교의 "메시지"이다. 만일 이렇게 가정한다면, 바울로는 어린이들의 교육이라기보다는 성인 그리스도인들의 교육에 대해서 말하고 있다. 더 이상 말하는 것은 추론일 뿐이다. 갈라디아 사람들이 그들의 교사들을 지원하는 것에 관해서 어떤 구체적인 사안들을 가지고 있었음을 제시하는 것은 아무것도 없다.[140] 그것은 바울로가 그 자신을 위해 간접적으로 호소한 것도 아니며, 갈라디아 사람들이 예루살렘을 위한 자신의 재정적 모금운동에 적극적으로 참여하지 않았다고 불평하는 것도 아니다.[141] 일반적인 격언이 제시

135) Pliny *Ep.* 2. 18, 3. 3, 4. 13을 언급하는 Peter (*Brief*, 12)를 보라.

136) 가장 흥미있는 것은 Pliny, *Ep.* 4. 13, Pliny의 고향에 학교를 세우라는 부탁이다 : "확실히 그것은 여러분 아버지들에게 대단히 중요한 문제이다…여러분의 자녀가 여기 그 장소에서 공부해야 하지 않는가?…만일 여러분이 돈을 합한다면, 여러분이 교사들을 고용하는 데 얼마나 들까? 그리고 여러분은 그들의 봉급에 여러분이 지금 숙박에, 여행비에, 그리고 집으로부터 멀리 떠나서 드는 경비 일체를 덧붙일 수 있다…" 또한 승려 Philosarapis가 그의 이전 스승 Apion에게 보낸 편지를 보라. 그는 스승에게 그가 집으로부터 무엇인가 필요한 것이 있는지를 물으면서 그것을 제공하겠다고 약속한다(POxy. 1664, A.D. 3세경으로부터).

137) 그들은 οἱ διδάσκαλοι("교사들")과 동일하다 : 고전 12, 28·29. 참조. 에페 4, 11 등.

138) 참조. 로마 2, 18 ; 고전 14, 19 ; 루가 1, 4 ; 사도 18, 25 ; 21, 21·24 ; 2 *Clem.* 17. 1. Hermann Wolfgang Beyer, "κατηχέω," *TDNT* 3, 638—40 ; Bauer, *s.v.*을 보라.

139) 더 이상의 개념규정 없이 그 용어를 사용하는 것은 바울로에서 드물다(여기서 그리고 데전 1, 6에서만), 그러나 후기의 신약 문서들에서는 더 흔하다(예. 골로 4, 3 ; 디후 4, 2 ; Bauer, *s.v.* 1, b, B에 있는 귀절들을 보라.

140) 참조. Lütgert (*Gesetz und Geist*, 20f), Schmithals (pp. 41f), Schlier. 그는 갈라디아의 "성령으로 사는 사람들"이 자신들을 그런 의무들로부터 "자유하다"고 여긴다고 가정한다.

하는 것처럼, 바울로는 갈라디아 사람들에게 그들이 행하고 있었던 바를 계속하라고 권고한다. 아마 "모든 좋은 것"이라는 귀절은 물질적인 생활 필수품을 가리킬 것이지만,[142] 일반적인 의미로 받아들여지는 것들일 것이다.[143] 교사들의 지원에 대한 이러한 언급은 바울로에게 있어서 독특하지만, 그것은 서간문의 관례로서 그리스도인의 삶의 원칙과 그것이 일치될 경우 배제되지 않는다.[144]

[7] 단락 7—9절은 종말론적인 경고를 담고 있으며 μὴ πλανᾶσθε("속지 마시오")라는 말로써 도입된다.[145] 이 귀절을 우리는 바울로의 다른 서신들과[146] 견유학파—스토아 철학의 비방문헌에서도 찾아볼 수 있다.[147] 경고의 이유는 "잠언"인 것으로 보이는 것에서 표현된다.[148] θεὸς οὐ μυκτηρίζεται("하느님을 경멸스럽게 대해서는 안 됩니다").[149] 문장의 극히 간결한 형태는 그것의 내용과 함께 잠언을 시사한다. 용어 μυκτηρίζω("경멸스럽게 대우하다")는 그리이스의 문헌에서 흥미 있는 배경을 가지고 있다 : μυκτηρισμός("조롱")[150]는 누군가에 대한 지독한 경멸을 표현하기 위한 수식이다.[151]

141) 다른 주석가들, 예컨대 Lightfoot, Borse (*Standort*, 37f), Mussner 등은 이 입장을 취한다.

142) 용어 τὰ ἀγαθά("좋은 것들")의 용법을 루가 1,53 ; 12,18·19에서 보라. 참조. Bauer, *s.v.* ἀγαθός 2,b,β.

143) 참조. Xenophon *Mem.* 2.6. 22f;. Diog. L. 6.37,72.

144) 참조. 로마 12,13 ; 15,27 ; 고전 9,11 ; 고후 9,12—14 ; 필립 4,15—17 ; *Did.* 4.8 ; *Barn.* 19.8. 또 Oepke, 150f.; Friedrich Hauck, "κοινωνός, κοινωνικός, κοινόω," *TDNT* 3.807—08을 보라.

145) 참조. *NEB:* "이것에 대해 실수하지 마시오." Marcion의 텍스트는 부정을 생략하나 그 귀절은 일반적이다.

146) 고전 6,9 ; 15,33 : 참조. 또한 야고 1,16 ; 루가 21,8 ; Ign. *Eph*, 16.1; Ign. *Mag.* 8.1 ; Ign. *Phld.* 3.3.

147) 다음을 보라 : Herbert Braun, *TDNT* 6, *s.v.* πλανάω κτλ., 228f, 242f에 있는 참조들 ; 같은 저자, *Qumran* 1.191 ; Bauer, *s.v.* 2, c, γ; 다르게 Mussner, 404.

148) Lightfoot의 주 *ad loc* ; Burton(p.341)은 격언적 현재에 주목한다. 슐리어는 "잠언적" 성격을 인정하며, 고전 15,33을 평행귀로서 가리킨다. 그 잠언은 또한 Pol. *Phil.* 5. 1에서 인용된다(갈라 6,7로부터?) ; 그것은 다른 곳에서는 입증되는 것 같지 않다. 참조. Gerhard, *Phoinix*, 78—85 ; Chadwick, *Sextus*, 186,224,325 ; *PECL*, 143,215.

149) 직역하면 "turn up the nose"(경멸하다). Bauer, *s.v.*는 번역한다 : "그는 조롱받고 경멸받으며, 허를 찔려서도 안됩니다." 그 용어는 신약에서 여기서만 발견되나 루가 16,14 ; 23,35에 있는 ἐκμυκτηρίζω(Bauer: "비웃다, 조소하다") 참조. 그것은 그 용어가 의미하는 것을 생생하게 묘사해 준다 : 또 로마 2,2 이하.

그것은 "아이러니"에 속하나,[152] 기본적으로 "냉소적"이다. 그것은 또한 구짖음("비웃음")의 거칠은 형태인 χλευάζω와 관련될 수 있다.[153] 유다교 문학은 주로 "불경한" 인물과 이스라엘 사람들의 적을 묘사하기 위해서 보통 부정적인 어조로 그 표현을 채용했다.[154]

바울로는 그가 서 있던 헬라주의적—유다교적 전승으로부터 그 "잠언"을 전해받았음에 틀림없다. 그러나 그 "잠언"이 헬라주의적 세계에서 왜 일반적일 수 없었는지에 대한 이유는 없다. 그것이 널리 입증되지 않는다는 사실은 우연일 수 있다.[155] "잠언"에서 표현된 하느님의 사상은 고대에서 일반적이었다. 그는 그에게 반란을 일으키는 자들을 무자비하게 파멸하는 피할 수 없는 위험스러운 신으로 생각되었다. 그리스도를 통한 하느님의 구속을 거부하려는 반란자들의 어떠한 냉소적인 시도도 하느님의 분노를 초래할 것이다. 이것은 "영으로 사는 사람들"에게조차도 해당되며, 그 경우 하느님은 마치 그들을 결코 자신이 사랑했던 자들이 아니었던 것처럼 취급하실 것이다.

7절a의 이유문인 7절b는 또한 잠언적이다 : *ὃ γὰρ ἐὰν σπείρῃ ἄνθρωπος, τοῦτο καὶ θερίσει*("사람은 무엇을 심든지 그대로 거둘 것입니다").[156]

---

150) θεός("하느님")는 관사가 없다. 참조. BDF, §254, 1 ; BDR, §254.

151) 루시안(*Prom. es in verb.* 1)은, 그 시대의 지적으로 교만한 자의 "냉소"(attic sneer)를 언급한다. 또한 Longinus *De subl.* 34.2 ; Plutarch *Adulat.* 57A ; *Herod. malig.* 860E; Athenaeus 5. 182A, 187B; Quint. 8.6.59를 보라. 소크라테스에 대한 재미있는 이름들 중의 하나는 *μυκτὴρ ῥητόμυκτος*("수사학자들처럼 눈물을 감추기 위해 코를 푸는 냉소자"); Timon Phlisius, Frag. 25 (ed. Hermann Diels, *Poetarum philosophorum fragmenta* [*Poetarum graecorum fragmenta* 3.1 ; Berlin: Weidmann, 1901] 190). 또한 Herbert Preisker, "*μυκτηρίζω*," *TDNT* 4.796 ; Georg Bertram, "*ἐκμυκτηρίζω*," *TDNT* 4, 796—99 ; LSJ, *s.v.*; *PGL*, *s.v.*을 보라.

152) Lausberg, *Handbuch*, §583을 보라 ; 또한 index, *s.v.* "ironia."

153) Hesychius *Lex.* no. 1841(ed. Latte) : 참조. Pollux, *Onomasticon*(ed. Erich Bethe; Lexicographi Graeci 9 ; Leipzig: Teubner, 1900) 2.78.

154) 다음을 보라 : 특히 칠십인역 잠언 1,30(1 *Clem.* 57.5에서 인용됨); 11, 12 ; 12,8 ; 15,5.20 ; 23,9 ; 열상 18,27 ; 열하 19,21 ; 역하 36,16 ; 칠십인역 1 Esdr 1,49 ; 욥기 22,19 ; 시편 44,13(43,14 칠십인역) ; 80,6 (79,7 칠십인역); 이사 37,22; 예레 20,7; 에제 8,17; 1Macc 7,34; *Orac. Syb.* 1.171 ; *Ps. Sol.* 4.8(7) ; *T. Jos* 2.3 ; *'Abot* 2.1. 신들을 조소하는 문제에 관해서는 Preuss의 광범위한 연구를 보라(위, 4,8 주 9에 관해 보라). 참조. 또한 *Ep. Arist.* 210에서 참된 경건(*εὐσέβεια*)의 정의.

155) 참조. 1 *Clem.* 39.1(비방체) ; Prot. *Jas.* 3.1.

156) P[46]은 복수로 그 대상들을 읽는다 : *ἃ* 그리고 *ταῦτα*.

심고 거둠의 비유들은 모든 고대의 문헌에서 일반적이다. 동일한 비유가 신적 응벌의 사상에 대해서도 적용될 수 있다.[157] 그것이 내재적인 생활경험의 의미에서 이해되든지 또는 종말론적 심판의 의미로 이해되든지 간에 말이다.[158] 갈라디아서 6장 7절에서 바울로는 물론 마지막 심판에서 내릴 신의 응벌을 생각한다.[159] 그리고 마지막 심판때 행위에 따라 심판받기 위해[160] "사람"〔="누구다 다""〕(ἄνθρωπος) 이[161] 나타나야 할 것이다. "심음"과 "거둠"의 일치는 바울로가 갈라디아의 "성령으로 사는 사람들"[162]에게까지도 상호관계(ius talionis)의

---

157) 다음을 보라 : Lightfoot에 의해 수집된 자료 ; Friedrich Hauck, "θερίζω, θερισμός," *TDNT* 3.132—33 ; Siegfried Schulz and Gottfried Quell, "σπέρμα κτλ.," *TDNT* 7.536—47 ; Victor Pöschl(ed.), ***Bibliographie zur antiken Bildersprache*** (Heildelberg: Winter, 1964) *s.v.* "Säen und Ernten;" Harald Riesenfeld, ***The Gospel Tradition*** (Oxford: Blackwell, 1970) 194f; *PECL*, 76f, 90.

158) 종말론적 이해는 유다교와 Plutarch 양편에서 발견된다. Str-B 3.578 ; *PECL*, 76f.

159) 다음을 보라 : 특히 *'Abot* 1.7 : "응벌을 의심하지 말라 ; 4 Ezra 4,28ff; 2 *Bar*. 70.2ff; *Midr*. *Cant*. 8.14 ; 신약에서 : 마태 3,12 ; 루가 3,15 ; 마태 13,30·39 ; 요한 4,36—38 ; 묵시 14,15 이하. 참조. 야고 5,7. 다른 의미에 대해서는 고전 9,11 ; 고후 9,6 참조.

160) 특히 로마 14,10 ; 고전 3,12—17 ; 4,4 ; 6,9 이하 ; 9,24—27 ; 고후 5,10 ; 11,15 ; 필립 2,12를 보라. 참조. 고후 7,1(참조. 이것에 관해서는 Betz, "2 Cor 6 : 14—7 : 1," 98f) ; 야고 1,12—16.

161) 용어의 이런 사용에 대해서는 갈라 1,1·10·11·12 ; 2,6·16 ; 3,15 ; 5,3; 6,1을 보라. 관사없이 그 용어는 거의 "one"(사람)을 뜻한다 ; Bauer, *s.v.*, 3, a, γ; *PECL*, 18을 보라.

162) 바울로는 전통적인 유다교의 권면을 받아들인다(참조. *'Abot* 1—4의 끝과 4.29에 있는 종말론적 권면). 그러나 그 목적은 "율법의 일들"을 자극하는 것이 아니라 "성령을 따르는 것"이다(5,25). 바울로가 이 유다교의 권면을 통합하는 문제에 관해서는 다음을 보라 : Herbert Braun, ***Gerichtsgedanke und Rechtfertigungslehre bei Paulus*** (UNT 19 ; Leipzig: Hinrichs, 1930) ; Lorenz Nieder, ***Die Motive der religiös-sittlichen Paränese in den paulinischen Gemeindebriefen***(MThs 1.12 ; Munich:1956); Henry M. Shires, ***The Eschatology of Paul in the Light of Modern Scholarship***(Philadelphia: Westminster, 1966) ; Lieselotte Mattern, ***Das Verständnis des Gerichtes bei Paulus*** (AThANT 47 ; Zurich and Stuttgart: Zwingli, 1966) ; Anton Grabner Haider, ***Paraklese und Eschatologie bei Paulus***(NTAbh NF 4 ; Münster: Aschendorff, 1968) ; Franz Laub, ***Eschatologische Verkündigung und Lebensgestaltung nach Paulus***, (BibU 10 ; Regensburg: Pustet, 1973) 특히 63—66. 그러나 신적 응벌이 도덕을 고무시키려는 목적으로 이교도들에 의해서도 사용되었다는 것을 주목해야 한다 : Chadwick, *Sextus*, 14 그리고 주, 163 ; ps.-

종말론적 법칙[163]을 인정한다는 것을 뜻한다. 더 나아가 이 말은, 성령의 은사가 갈라디아 사람들을 법 위에 올려놓을 신격화라는 의미에서 성령의 은사를 생각해서는 안 되고, 그들로 하여금 하느님의 법을 성취하게 하는 능력을 부여하는 권능으로서 생각해야 한다는 것을 뜻한다(참조. 5, 14·22—23 ; 6, 2). 만일 그리스도인이 마지막 심판에서 하느님에 의해서 받아들여지지 않는다면, 틀림없이 그 이유는 그가 그리스도를 통해 주어진 구원을 상실했기 때문일 것이다(참조. 5, 19—23 ; 또한 1, 8—9 ; 6, 16 등).

[8] 바울로는 7절에 대한 그 자신의 해석을 덧붙이며, 어떻게 6장 7—10절에서 종말론적 경고를 하게 되었는지를 그 자신의 신학에 의해서 설명한다.[164] 그는 자신이 7절b에서 소개했던 "심음"과 "거둠"의 비유들을 사용하며, 그것들을 σάρξ-πνεῦμα ("육"—"영")의 이원론에 의해서 해석한다. 5장 17절에서 언급된 이 이원론은 갈라디아서의 신학 전체의 기초를 이룬다. 그 결과는 그행의 대조적, 교차적[165] 병행에서 종말론적 "법칙"으로서 법식화된다[166].

ὁ σπείρων εἰς τὴν σάρκα ἑαυτοῦ ἐκ τῆς σαρκὸς θερίσει φθοράν,
ὁ δὲ σπείρων εἰς τὸ πνεῦμα ἐκ τοῦ πνεύματος θερίσει ζωὴν αἰώνιον.

("육에 심는 사람은 육에서 썩을 것을 거두고 ;
영에 심는 사람은 성령으로부터 영원한 생명을 거둡니다").

비유들이 이제 알레고리로서 해석된다.[167] 심는 사람은 "육에" 또는 "영"에 심는다—마치 그것들이 밭인 것처럼.[168] 그리고 그는 "육에서" 또는 "성령으로부터" 거두어 들인다.[169] 그 수확은 영원한 "썩

Phocylides, 229—30 (ed. Denis, *Fragm. pseudepigr. gr.*, 156) ; Gerhard, *Phoinix*, 19f, 78—103.

163) 이 문제에 관해서는 Klaus Koch, "Gibt es ein Vergeltungsdogma im Alten Testament?" *ZThK* 52(1955), 1—42을 보라 ; 그리고 다음의 자료와 논의 Wolfgang Harnisch, *Verhängnis und Verheissung der Geschichte* (FRLANT 97 ; Göttingen: Vandenhoeck & Ruprecht, 1969), 198—210 ; Daube *NT and Rabbinic Judaism*, 255—59 참조.

164) ὅτι는 원인을 나타내거나(참조. Bauer, *s.v.* 3) 또는 선언적이다(참조. Mussner).

165) 연설의 이 형태에 관해서는 BDF, §477,2 ; BDR, §477, 2를 보라.

166) 로마 6,20—23 ; 8,6·13 ; 에페 4,22—24에 있는 병행구들을 보라.

167) "알레고리"에 관해서는 위, 4,24에 관해서 보라.

168) 참조. 마르 4,13—20 ; 마태 13,18—23 ; 루가 8,4—15 ; *Herm. Sim.* 9. 20.1 ; *Odes Sol.* 11.1,18—24 ; 38.16—21.

169) 전치사 ἐκ("부터")의 사용에 대해서는 갈라 2,16 ; 3,2.5·7·8·9·10·11·

음"이거나 또는 "영원한 생명"이다. πνεῦμα("거룩한 영")와 영원한 생명의 결합은 갈라디아서에 있는 다른 귀절들로부터 익숙하나,[170] σάρξ("육")와 φθορά("썩음")의 결합은 새로운 사상이다.

이전에 바울로는 "육"을 할례[171]와 그리고 "육이 하는 일들"[172]과 관련시켰었다. 그러나 6장 8절에서 그는 한걸음 더 나아간다. "육에 심는 것"은 구원에 대한 희망을 할례와 유다 율법에 대한 복종에 둠으로써 행해지며, 결국에는 구원을 전적으로 놓쳐버리게 될 행동이다(참조. 5, 2—12). 그러나 "육이 하는 일들"을 번성케 함으로써 마찬가지로 수확을 거둬들일 수는 있다(참조. 5, 19—21). 하지만 이렇게 "육"에 의해서 썩은 삶은 "하느님의 왕국을 차지할" 수 없다(5, 21). 이런 뜻에서, "육에 심는 것"은 "육에 기회를 주는 것"(5, 13)이나 다름없으며, "육신을 십자가에 못박는 것"(5, 24)과 정반대된다. 어느 경우에나 결말은 φθορά("영원한 멸망")다.[173]

[9] 바울로는 종말론적 경고(6, 7—9)를 "호소"로써 끝맺는다. 그것은 두 부분으로 되어 있다. 즉 그 말의 정확한 의미의 호소(9절a)와 그 호소를 강화시키기 위한 종말론적 약속(9절b)으로 되어 있다.

그 호소(9절a)는 δέ라는 낱말이 암시하는 것처럼 이전의 논의(7—8절)를 전제한다 : τὸ δὲ καλὸν ποιοῦντες μὴ ἐγκακῶμεν("선을 행하다가 낙심하지 맙시다"). τὸ καλὸν ποιεῖν("선을 행하다")이라는 말은 그리스도인이 행할 책임이 있는 모든 것을 다 포함한다. 그러므로 그것은 "성령의 열매"(5, 22—23)와 "성령을 따름"(5, 25 : 참조. 5, 16)이라는 개념들과 동일하다. 그 언어는 헬라주의적 철학으로부터[174] 유래한 것이

12·18·21·22·24 ; 5,5를 보라. 참조. 1,4 ; 3,13.

170) 특히 5,25를 보라. 그러나 또한 용어 πνεῦμα("영") 없이, 2,19·20 ; 3,11(참조. 12,21). ζωὴ αἰώνιος("영생")의 개념은 갈라디아서에서 여기서만 나온다. 또한 로마 2,7 ; 5,21 ; 6,22—23을 보라. 그 개념에 관해서는 다음을 보라 : Rudolf Bultmann, "ζάω, ἀναζάω, ζῷον, ζωογονέω, ζωοποιέω," *TDNT* 2,832—75 ; Bauer, *s.v.* ζωή, 2,b,β, 참고문헌과 함께.

171) 갈라 3,3 ; 6,12·13을 보라.

172) 갈라 5,13·16·17·19—21·24를 보라. 참조. Brandenburger, ***Fleisch und Geist***, 45.

173) 이 종말론적 개념은 갈라디아서에서는 여기서만 발견되나, 로마 8,21 ; 고전 15,42·50 ; 베후 1,4 ; 2,12·19 ; 또한 고전 3,17을 보라. Bauer, *s.v.*; Günter Harder, "φθείρω κτλ.," *TDNT* 9,93—106 ; *PECL*, 63,97, 150,270을 보라.

며, 따라서 *τὸ καλόν*과 *τὸ ἀγαθόν*[175]은 동일한 것을 뜻한다("좋은 것"). 이 절과 다음 절은 "선"을 "행해야" 한다는 말을 우리가 갈라디아서에서 듣게 되는 유일한 귀절들이다. 다른 귀절들에서 "행함"은 "율법의 일들"과 관련된다.[176] 그러나 "선을 행함"은 그것이 "성령의 열매"에 참여하게 된다는 점에서 "율법의 일들을 행함"과 다르다. 바울로는 현재 갈라디아 사람들이 실제로 선을 행하고 있다는 것을 가정한다.[177] 그러나 문제는 그들이 선을 행하는 데 싫증을 느낄 위험에 처해 있다는 것이다. 사도는 이처럼 "낙심"케 된 어떤 특별한 이유들을 제시하지는 않으나, 그 용어는 특히 묵시문학적 문서들에 익히 알려져 있는 용어로서[178] 모든 열광주의자들의 주요한 문제, 즉 시간을 가리킨다. 시간이 흐름에 따라 열광주의는 시들어가며, 그에 따라 지루함이 시작되고, 그러한 상황에서 "육"이 그 기회를 얻는다(참조. 5,13).

9절b의 약속은 9절a의 호소를 강화시킨다 : *καιρῷ γὰρ ἰδίῳ θερίσομεν μὴ ἐκλυόμενοι*("꾸준히 하노라면 거둘 때가 올 것입니다"). 또 다시, *θερίζω*("수확")의 비유가 종말론적 보상을 묘사하는 데 사용된다.[179] *καιρῷ ἰδίῳ*("때가 오면")라는 말은 종말론적 위기를 가리킨다.[180] 이

---

174) 그것은 갈라 4,18에서 또한 나온다. 전체 귀절 *τὸ καλὸν ποιεῖν*("선을 행하다")에 대해서는 로마 7,21 ; 고후 13,7 ; 또 Walter Grundmann, "*καλός*," *TDNT* 3,536—50 ; Bauer, *s.v.* *καλός*, 2, b를 보라. 참조. *Corp. Herm.* 13.15.

175) 갈라 6,10을 보라.

176) 갈라 3,10·12 ; 5,3을 보라 : 참조. 또한 5,17·21. 긍정적인 의미로 그 용어는 2,10에서만 사용된다. 하지만 대체로 바울로는 그것을 피하는 것 같다(참조. 5,13·14·23 ; 6,2). Herbert Braun, "*ποιέω κτλ.*," *TDNT* 6,480—81을 보라.

177) 참조. 갈라 5,7a.

178) 다음을 보라 : 데후 3,13에 있는 병행구, 그리고 에페 3,13의 권면 ; 루가 18,1 ; 묵시 2,3 ; 2 *Clem.* 2.2 ; *Herm. Man.* 9.8 ; Resch, *Agrapha*, 138(no. 96) ; 또 고후 4,1·16. Walter Grundmann, "*καλός*," *TDNT* 3, 486 ; Bauer, *s.v.*을 보라. 바우어는 또한 이독 *ἐκκακῶμεν*(read by C ℜ (G), *pl*), *s.v.* *ἐκκακέω*을 논의한다. 그것이 더 일반적인 것 같으며 심마쿠스의 칠십인역에서 나온다(참조. Hatch-Redpath, *s.v.*) ; *T. Job* 24 ; Menander *Comp.* 1.42.

179) 참조. 갈라 6,7b·8.

180) 이 종말론적 주제에 대해서는 데전 5,1 ; 고전 4,5 ; 7,29 ; 마르 13,33 ; 마태 16,3 ; 루가 21,8 ; 에페 1,10 ; 베전 5,6 ; 묵시 1,3 ; 22,10 ; *Did.* 16.2 등을 보라. 그러나 *καιρῷ ἰδίῳ*("때가 오면")가 또한 *Sententiae Aesopi-Achiqari* 110 (ed. Denis, Fragm. pseudepigr. gr., 139 lines 8—

종말론적 보상에 대한 조건은 "우리가 지쳐 쓰러지지 않는"(ἐκλύομαι) 것이다. 이것이야말로 명백히 종말론적 주제이다.[181] 9절a에 있는 용어 ἐγκακέω("지루해지다")와 비교할 때, ἐκλύομαι("지쳐 쓰러지다")는 그 정도가 훨씬 더 강한 것 같다. 그것은 바울로가 윤리적 과제로서 여기는 것, 즉 그리스도 안에서 자유의 삶을 유지하는 것을 요약한다. 그런 자유는 성령의 은사에 의해서 그리고 "성령의 열매"에 의해서 가능해졌으며(5, 22—23에 관해서 보라), 격언들에서 추천된 대로 (5, 25—6, 6) "성령을 따름"으로써 실천되어야 한다. 만일 그리스도인이 이 "하느님을 향한 삶"(2, 19)에 지친다면, 그리고 만일 그가 윤리적 책임들을 늦춘다면, "육이 하는 일들"이 다시 고개를 들고 자유 안에 있는 그리스도인의 실존을 파괴할 것이며, 동시에 그의 구원을 파괴할 것이다. 그러므로 저 자유를 지속하는 것은 장차 구원의 완성에 이르기 위한 조건이다(참조. 5, 1·13).

여기서 "율법의 일들을 행함"으로써 구원에 이르는 것과 "선을 행하여" 그리스도인의 생존을 지속시킴으로써 구원에 이르는 것이 실제로 어떤 차이가 있는지에 관한 문제가 제기되어야 한다. 종말론적 판단에 관한 한, 차이가 없다. 사람은 하느님의 뜻, 즉 토라를 성취할 책임이 있기 때문이다. 그런 성취없이는 구원도 없다. 그러나 문제는 어떻게 사람이 하느님의 뜻을 성취할 수 있는가 하는 점이다. 바울로에 의하면, 사람은 유다 토라의 금지조항들과 규정들을 세심하게 준

11)에서처럼 현세적으로도 해석될 수 있음을 주목해야 한다. Bauer, *s. v.* *καιρός*, 4 ; Gerhard Delling, "*καιρός*," *TDNT* 3.455—62 ; Erich Grässer, *Das Problem der Parusieverzögerung in den synoptischen Evangelien und in der Apostelgeschichte* (Berlin: Tōpelmann, 1957), 84ff를 보라.

181) 바울로는 그 개념을 여기서만 사용하나, 마르 8,3//마태 15,32 ; 히브 12,3·5(5절b=잠언 3,11) ; *Did.* 16.1(종말론적 권면의 시작에 !) 참조. Bauer, *s.v.* ἐκλύω를 보라. *NHC* Ⅵ.6, pp.64—65에서 인내를 위한 영지주의적 기도 · *PGM* 3,607—10 ; Asclepius 41 (eds. Nock and Festugière 2,353—55 ; 주 356,357과 함께)를 보라. 헬라주의적 비방문헌에서 그 개념은 윤리적 문맥에서 나타난다 : 참조. Epict. *Diss.* 2.18. 13 (of anger); 2.19.20 "등뼈없는 철학자들"에 관해 ; Lucian *Nigr.* 36 ; 이와 비슷한 경우 : Philo, *Sacr.* 81 ; *Det.* 167,168 ; *Cher.* 82 ; 이와 다른 경우 : *Virt.* 88 ; Plutarch *Non posse* 1099A. 참조. 야고 5,7—11 ; *'Abot* 2.5에 나오는 라삐적 경고들 : "Hillel이 말했다 : '…여유가 있을 때 공부하겠다고 말하지 말라—아마 너는 한가하지 않을지도 모른다'." *'Abot* 2.19 : R. Eleazar: "그 일은 끝내지기 위해 그들에게 부과된 것이 아니며, 너희는 그것을 그만둘 만큼 자유하지도 않다."

수한다고 해서 하느님의 뜻을 행할 수 없다. 이 "율법의 일들을 행함"이 바로 사람을 영원한 사망에 이르게 한다.[182] 다른 한편으로, 그리스도인은 하느님의 은혜에 의해서, 그리스도의 십자가 상에서의 희생적 죽음과 그의 부활을 통해서, 또한 성령의 은사와 "성령의 열매"를 통해서 비로소 율법을 성취하는 것이 가능해진다. 이것은 "성령의 열매"로 하여금 그리스도교 공동체의 삶을 채우도록 함으로써 달성되며, 그 결과, 비록 "육" 안에 있지만, 개개 그리스도인은 "하느님을 향해 산다."[183]

그러나 성령의 은사는, 그리스도인이 일종의 "새로운 그리스도교적 율법주의," 다시 말해 거기서 새로운 "율법의 일들"이 옛 유다교의 요구들을 대신하는 율법주의로 인도된다는 것을 뜻하지 않는다.[184] 이 귀절에서 그리스도인에게 요구되는 것은, 선이 그 주위에, 그와 함께, 그에게서 일어날 때 지루해하거나 지치치 말라는 것이다. 그는 선을 환영하고 촉진시키고 그것에 참여하도록 요청받는다. 만일 그가 이렇게 하면, 그는 또한 "선을 행하며," 그로써 토라를 성취한다(참조. 5, 14·23b ; 6, 2).

[10] 이 문장은 권면단락(5, 1—6, 10)을 요약하여 끝맺는다. 그것은 또한 손수 쓴 후기(6, 11—18)를 제외한 편지를 종결짓는다. 사도는, 권면단락의 결론[185]인 이 귀절에서 그리스도교 공동체의 윤리적 과제로 간주하는 바를 일반적인 방법으로 그리고 마지막 호소의 형태로 요약한다. 따라서 이 귀절은 그리스도교 윤리의 정의로서도 또한 소용된다.

때를 나타내는 절이 호소 자체의 서두가 된다 : *ὡς καιρὸν ἔχομεν*("시간이 있는 대로," 즉 기회).[186] 바울로가 볼 때 그리스도인의 윤리적

182) 위, 갈라 2, 15—21 ; 3, 10—14 ; 21장에 관해 보라.
183) 위, 갈라 2, 19·20 ; 3, 11 ; 5, 25 ; 6, 8에 관해서 보라.
184) 갈라디아의 바울로 반대자들은 엄격한 유다교 율법의 준수를 그리스도를 통한 구원을 받기 위한 필요조건으로 여겼다. 참조. 고후 6, 14—7, 1, 그리고 "2 Cor 6 : 14—7 : 1," 88—108에서 Betz의 해석.
185) 결론은 *ἄρα οὖν*("결과적으로")에 의해서 도입된다. 참조. *ἄρα*.는 갈라 2, 21 ; 3, 7·29 ; 5, 11에서 *ἄρα οὖν*는 로마 5, 18 ; 7, 3·25 ; 8, 12 ; 9, 16·18 ; 14, 12·19 ; 데전 5, 6 등에서 나온다. Bauer, *s.v.* *ἄρα*, 4 ; Thrall, *Greek Participles*, 10f를 보라.
186) 귀절 *καιρὸν ἔχω*("기회를 갖다")에 대해서는 히브 11, 15 ; 2 *Clem.* 16. 1 ; Ign. *Smyrn.* 9. 1 ; Ign. *Rom.* 2. 1 ; 또 골로 4. 5 ; 에페 5, 16을 보라. 참조. *Sententiae Aesopi-Achiqari* 110 (ed. Denis, *Fragm. pseudepigr.*,

책임은 그가 ἐν σαρκί("육에")[187] 사는 시간에 제한된다[188]는 것을 우리는 그 귀절에서 엿볼 수 있다. 그 요지는, 그리스도인은 "육에" 있을 때에만 "육이 하는 일들"이 다시 그에게서 그 힘을 되찾을지도 모르는 위험 속에 있다는 것이다. 그러므로 그 제한은 윤리적 가치들의 상대성에 의해서나 또는 세상의 임박한 묵시적 종말에 의해서가 아니라 "육"의 인간학적 세력에 의해서 주어진다. 그리스도인의 윤리는 그리스도 안에서의 구속에 따르는 하나의 사고이거나 단순히 하느님의 행위에 덧붙히는(*addendum*) 인간의 행위가 아니라, 저 구속 자체에 필요한 일부이다. 윤리적 반응이 없으면, "육이 하는 일들"은 필연적으로 그것들이 이전에 가졌던 능력을 회복하여 "하느님을 향한 삶"을 타락시킬 것이다.

호소 자체는 대단히 보편적으로 서술된다 : ἐργαζώμεθα τὸ ἀγαθὸν πρὸς πάντας…("모든 사람에게 선한 일을 합시다"). 용어 ἐργάζομαι ("하다")[189]는 다른 종류의 "율법의 일들을 행하는 것"으로 오해해서는 안 된다.[190] 이러한 오해는 단수 τὸ ἀγαθόν("선")[191] 때문에 불가능하다. 그 용어는 하나의 "성령의 열매"(참조. 5, 22)를 가리키며 "율법의 일들"의 그리고 "육이 하는 일들"의[192] 복수에 반대된다. 하나

gr. 139 lines. 8—10) ; ***Gnomologium Vaticanum*** (eds. Leo Sternbach and Otto Luschnat [Berlin: de Gruyter, 1963] no. 449) : Ὁ αὐτὸς πρός τινα τῶν μαθητῶν αὐτοῦ ἔφη· "ἐὰν καιρὸν ζητῇς πρὸς φιλοσοφίαν, καιρὸν οὐχ ἕξεις"("그가[플라톤] 그의 제자 중 하나에게 말했다. 네가 철학을 할 수 있는 기회를 찾는다면, 너는 어떤 기회도 갖지 못할 것이다").

187) 참조. 갈라 2, 20 ; 4, 13—14 ; 5, 13·16 ; 6, 8. 이와 다른 견해 : Schlier, 비슷한 견해 : Mussner, 407. "재림이 올 때까지." 그러나 재림은 갈라디아서에서 아무 역할도 하지 않는다.

188) 현재 또는 미완료를 가진 ὡς는 "~하는 한"을 뜻할 수 있다. Bauer, *s.v.*, IV, 1, b를 보라. 이러한 이해는 P^{46} A C 𝔐 D G *pm* lat Marcion Clement의 글들에서 설명된다. 이문 ἔχωμεν (B* ℵ 69 *al*)은 가정법을 가진 ὡς=ἕως를 가정하며 또한 "~하는 한"을 뜻한다(BDF, §455, 2.3 ; BDR, §455 ; Schlier). 그 증거는 두 가지 가능성들 사이에서 거의 똑같이 나누어진다. Nestle-Aland, 26th edition, *apparat. crit.*, *ad loc.*를 보라.

189) 그 용어는 갈라디아서에서 여기서만 나오나, 로마 2, 10 ; 13, 10 ; 에페 4, 28 ; *Herm. Man.* 2.4를 보라. 또한 Bauer, *s.v.*, 2, a를 보라.

190) 위, 갈라 6, 9에 관해서, 또한 6, 4를 보라.

191) 참조. τὸ καλόν("선") 갈라 6, 9.

192) 참조. 갈라 2, 16 ; 3, 2·5 ; 5, 19. "하나" 대 "다수"의 문제에 관해서는 위, 3, 20에 관해서 보라. 영지주의에 있는 유사한 교리에 관해서는, *Corp. Herm.* 13. 15 참조.

의 선한 일은 또한 일을 적용하는 보편성에 상응한다. 즉 그리스도인은 모든 사람에게 선을 행하도록 기대된다. 하느님의 구속의 보편적 성격은 그리스도인의 윤리적인 그리고 사회적 책임의 보편성과 일치한다.[193] 만일 그리스도를 통한 하느님의 구속이 보편적이라면, 그리스도교 공동체는 모든 윤리적, 민족적, 문화적, 사회적, 그리고 인간 공동체 내에서의 종교적 차이들까지도 무시해야 한다.[194] 하느님 앞에서는 편파성이 없기 때문에,[195] 자신의 동료에 대한 그리스도인의 태도에 편파성이 있을 수 없다.[196]

그러나 보편적 호소 다음에 어떤 제한처럼 여겨지는 귀절이 이어지는 것이 눈에 띈다 : μάλιστα δὲ πρὸς τούς οἰκείους τῆς πίστεως("믿음의 식구들에게는 더욱"). 이 마지막 언급[197]은 전형적인 바울로의 역설이다.[198] 그것은 앞서 강조된 보편주의를 취소하려는 것이 아니라, 독자들의 주의를 그리스도교 공동체라는 구체적인 역사적 현실로 돌리려는 것이다. "믿음의 식구들"이라는 말은 확실히 동료 그리스도인들을 언급한다.[199] 보편주의와 비교할 때 "식구"는 아주 작은 공동체처럼 느껴진다. 아마 이러한 대조는 의도적일 것이다. 그러나 이 그리

193) 참조. 갈라 2,16 ; 3,8·22·26—28에서 πας("모든")에 대한 강조. 또한 Sevenster, ***Paul and Seneca***, 173을 보라(위, 주 11).

194) 참조. 갈라 3,26—28. 참조. R. Hillel, *'Abot* 1.12 : "아론의 제자들 중에 평화를 사랑하고, 인류를 사랑하고 그들을 율법에 가까이 데려가는 자가 있다"((tr. Herford).

195) 참조. 2,6.

196) 바울로는 이것을 그의 이야기(*narratio*)단락에서 설명했다. 또한 로마 12,17—18 ; 14,18·20 ; 필립 4,5 ; 데전 5,15를 보라.

197) 그것은 서간문의 상투어다. Henry G. Meecham (***Light From Ancient Letters*** [London: Allen & Unwin, 1923] 116)은 POxy. 293,16 ; 294,31 ; 743,43을 언급한다. 또한 Treat. Res.를 보라(*NHC* 1,50 line 15, tr. in Foerster-Wilson, ***Gnosis*** 2.75 : "나는 여러분과 여러분을 형제애로 사랑하는 사람들에게 인사드립니다"). Str-B 3. 587은 유다교의 병행구를 기록한다(***Mek***. Exod. 22,24 [102a]).

198) 참조. 예컨대, 고전 6,12 ; 7,38. 형태에 관해서는 Chadwick, ***Sextus***, 165f, 277, 382, 395 참조.

199) 그 비유는 에페 2,19 ; *CMC* 63.8—9에서 또한 나온다. 다음을 보라. Otto Michel, "οἰκεῖος," *TDNT* 5.134—35 ; Bauer, *s.v.*; *PGL*, *s.v.*; Schlier, 278 n. 3 ; Willem C. van Unnik, "Die Rücksicht auf die Reaktion der Nicht-Christen als Motiv in der altchristlichen Paränese," in ***Judentum, Urchristentum, Gnosis, Festschrift für Joachim Jeremias*** (BZNW 26 ; Berlin: Töpelmann, 1960), 221—34.

스도인들이 필시 "가정교회들"을 이루고 있었을 것이라고 결론짓기 위해 잘 알려진 이 비유를 사용함에 있어서 우리는 주의해야 한다.[200] *ἡ πίστις*("〔그리스도인의〕 믿음")라는 낱말은 그리스도교 운동에 대한 공통된 명칭으로 생각된다.[201]

---

200) 속격은 친족관계의 형태를 정의한다. 참조. Polybius 5.87.3 : *τῆς ἡσυχίας οἰκεῖος*("평화에 기울어진다") ; Strabo 1.1.11 : *οἰκεῖοι φιλοσοφίας*("철학에 익숙한 사람들") ; 그 반대는 *ἀλλότριος*("동떨어진"). 참조. Borse (*Standort*, 38f. Mussner에 의해서 이어진다). 그는 그 귀절을 일차적으로 유다에 있는 그리스도인들과 모금을 언급하는 것으로 이해하려고 한다. 그러나 이 결합은 본문을 지지한다.

201) 참조. 갈라 1,23 ; 3,2·5·7·8·9·11·12·14·23·24·25·26 ; 5,5·6에서 그 용어의 사용.

Ⅶ. 후기 : 결론 6장 11—18절

6, 11 보시오, 내가 여러분에게 손수 이렇게 큰 글자로 씁니다. **12** 육신의
겉모양을 꾸미기 좋아하는 사람들은 여러분에게 할례를 강요합니다. 그것은
단지 그들이 그리스도의 십자가 때문에 받는 박해는 면하려는 것입니다. **13**
할례받은 자들조차도 율법을 지키지 않습니다. 그러면서도 여러분을 할례받
게 하려는 것은 여러분의 육때문에 자랑하려는 것입니다. **14** 그러나 내게는
자랑할 것이 결코 없습니다. 우리 주 예수 그리스도의 십자가 밖에는. 그것
을 통하여[1] 세상은 내게 대하여 못박혀 죽었고 나는 세상에 대하여 못박혀
죽었읍니다.

15 할례나 무할례가 중요한 것이 아니라 새로 지음받음이[2] 중요합니다.
16 이 법칙을 따라 사는 사람들에게—"그들에게 평안과 자비가 있기를 빕니
다. 그리고 하느님의 이스라엘 위에!" **17** 앞으로는 아무도 나를 괴롭히지
마십시오. 내 몸에는 예수의 낙인이 찍혀 있읍니다.[3] **18** 형제들이여, 우리
주 예수 그리스도의 은혜가 여러분의 심령에 있기를 빕니다. 아멘.

〔분석〕

6장 11—18절에서 바울로는 그 자신이 손수 쓴 후기를 첨가한다. 이것은 그 시대의 서간문상의 관례들에 일치한다.[4] 친필로 된 후기는

1) 또는 "그를 통하여"
2) 그 문장은 *NEB*에서 잘 의역된다 : "할례도 아무것도 아닙니다. 무할례도 아무것도 아닙니다. 중요한 유일한 것은 새로 지음받음입니다."
3) *NEB.*
4) 서간문의 후기에 관해서는 다음을 보라 : Karl Dziatzko, "Brief," PW 3 (1899), 839 ; Ferdinandus Ziemann, *De epistularum Graecarum formulis sollemnibus quaestiones selectae* (Diss. Hallel/Wittenberg; Halle: Karras, 1910) 362—65 : "De clausulis autographis"; Carl G. Bruns, *Die Unter-*

편지를 신빙성 있게 하고 그것의 주요점들을 요약하고, 또는 편지를 끝낸 후에 발신인의 마음 속에 떠오르는 관심들을 덧붙이는데 소용된다. 바울로의 친필 후기[5]는 이 편지의 저자에 대해서 몇 가지 문제들을 제기한다.[6] 왜냐하면 이 후기는 앞서의 편지가 한 필생, 즉 직업적 서기에 의해서 씌어졌다는 것을 전제하기 때문이다. 이 필생은 바울로가 구술했거나 초고상태로 그에게 주었던 것을 단순히 다시 쓴 필경자에 불과했을 수 있다. 그러나 그 필생이 편지 자체의 구성에 어떤 영향력을 가졌는가 하는 문제가 제기되어야 한다. 필생을 이용했다는 사실 자체는 편지를 아무렇게나 쓰지 않았다는 것을 말하며, 바울로의 초고와 필생이 쓴 사본이 있었다는 것을, 또는 초고, 구성, 그리고 사본이라는 일련의 작업과정을 시사하는 것이 명백하다. 이 편지가 고도로 능숙하게 구성되어 있는 걸로 보아 우리는, 편지작성상의 고도의 전문적 기술이 바울로에게서 나왔는지, 필생에게서 나왔는지, 또는 양자에게서 나왔는지 하는 문제를 제기하게 된다. 나는 그 구성을 바울로 자신에게 돌리고 싶다. 왜냐하면 그 편지는 단순히 관례를 따르는 것 이상이기 때문이다. 관례를 사용하고 있긴 하나 이 편지는 대단히 독창적인 창작이다. 그 편지 어느 곳에서도 형식과 내용이 분리되는 귀절은 나타나지 않는다. 이것은 개인적 후기에서조차도 사실이다. 후기는 그 자체로서 잘 구성되어 있으며, 그 편지의 나머지 부분과 잘 통합된다. 그럼에도 불구하고, 필생의 이용과 바울로 시대에 편지작성의 일반적인 관행을 가정하면, 저자의 문제는 우리가 앞에서 상상했던 것보다 더 복잡할 것이다.

하나의 수사학적 특징으로서[7] 갈라디아서의 후기는, 끝맺음 또는

---

schriften in den römischen Rechtsurkunden (Abhandlungen der königlichen Akademie der Wissenschaften zu Berlin, philol.-hist. Kl. 1876) 41—138 ; Deissmann, *Licht vom Osten*, 특히 132 n. 6, 136—41, 166f ; Otto Roller, *Das Formular der paulinischen Briefe* (BWANT 4.6 ; Stuttgart: Kohlhammer, 1933) 69f, 489—93 ; Franz Dölger and Johannes Karyannopulos, *Byzantische Urkundenlehre* 1 : *Die Kaiserurkunden* (Handbuch der Altertumswissenschaft 12·3·1·1 ; Munich : Beck, 1968), 54—56 ; Gordon J. Bahr, "The Subscriptions in the Pauline Letters," *JBL* (1968) 27—41 ; Joseph A. Fitzmyer, "Some Notes on Aramaic Epistolography," *JBL* 93 (1974) 201—25, 217.

5) 다른 바울로의 후기들에 대해서는, 고전 16,21 ; 필레 19 ; 골로 4,18 ; 데후 3,17 참조.

6) 다음에 관해서는 또한 Betz, "Composition, "356—59를 보라.

7) 보통 바울로의 편지 끝에 오는 "인사"(ἀσπασμός)는 갈라디아서에는 없

결론[8]으로서, 즉 그 편지의 중심부를 이루는 변증적 연설의 끝과 결론으로서 소용된다.

끝맺는 말(*peroratio*)[9]의 일반적인 목적은 두 가지다. 무엇보다도 그것은 재판관이나 청중에게 그 사건을 상기시키는 마지막 기회로 사용되며, 또 그들에게 되도록이면 강한 감정적인 인상을 주는 데 쓰인다. 끝맺는 말의 관례적인 세 부분은 이 과제를 수행한다 : 목록(*enumeratio*) 또는 요약(*recapitulatio.* ἀνακεφαλαίωσις)은 사건의 주요점들을 날카롭고 하고 개략적으로 말하며,[10] 분노(*indignatio*)는 반대자들에 대한 분노와 적대감을 일으키고,[11] 한탄(*conquestio*)은 연민을 자극한다.[12] 실제 사건에서 끝맺는 말은 물론 여러 상이한 형태들을 취하

다. 참고문헌을 위해서는 Bauer, *s.v.* ἀσπάζομαι 1,a,를 보라.

8) 이 문제의 취급에 대해서는 다음을 보라 : Aristotle, ***Rhet***. 3.19, 1419b ; ***Rhet. ad Alex*** 20, 1433 b 29ff ; ***Rhet ad Her***. 2.30.47—2.31.50 ; Cicero ***De inv***. 1.52.98—1.56.109 ; 가장 긴 논의는 Quint. 6,1.1ff에서 발견된다.

9) Volkmann, ***Rhetorik***, § 27 ; Lausberg, ***Handbuch***, §§ 431—42 ; Martin, ***Rhetorik***, 특히 147—66을 보라.

10) Quint. 6.1.1—2를 보라(ed. Winterbottom): "Rerum repetitio et congregatio, quae Graece dicitur ἀνακεφαλαίωσις, a quibusdam Latinorum enumeratio, et memoriam iudicis reficit et totam simul causam ponit ante oculos et, etiamsi per singula minus moverat, turba valet. In hac quae repetemus quam brevissime dicenda sunt et, quot Graeco verbo patet, decurrendum per capita"(두 종류의 끝맺음이 있다. 왜냐하면 그것은 사실을 다루거나 또는 사건의 감정적인 면을 다루기 때문이다. 그리스인들이 ἀνακεφαλαίωσις라고 부르는 그리고 일부의 우리 필자들이 목록이라고 부르는 사실들의 반복과 모음은 재판관의 기억을 새롭게 하는 데, 그리고 그의 눈 앞에 사건 전모를 놓는 데 소용되며, 그 사실들이 그에게 상세히 별 인상을 주지 않는다 할지라도, 그것들의 누적적인 효과는 상당하다. 이 마지막 요약은 가능한 한 간단해야 하며, 그리스인들이 가리키듯이 우리는 적합한 표제하에서 사실들을 요약해야 한다"(LCL 2.383)). 다른 참조들에 대해서는 Lausberg, ***Handbuch***, §§ 334—5 ; Martin, ***Rhetorik***, 147ff를 보라.

11) Cicero, ***De inv***. 1.55.106을 보라 : "Indignatio est oratio per quam conficitur ut in aliquem hominem magnum odium aut in rem gravis offensio concitetur"("분개는 어떤 사람에 대해 큰 증오나 어떤 행동에 대한 맹렬한 공격을 일으키게 되는 귀절이다"(LCL 2.151)). Lausberg, ***Handbuch***, § 438을 보라.

12) Cicero, ***De inv***. 1.55.106을 보라 : "Conquestio est oratio auditorum misericordiam captans"(한탄(또는 불평)은 청중의 연민을 불러일으키려는 귀절이다"(LCL 2.157)). 또한 Lausberg, 같은 책. § 439 ; Martin, ***Rhetorik***, 162ff.

나, 그것은 문제된 사건에 따라 달라야 하며, 또 될 수 있으면 간결해야 한다. 그것은 또한 연설의 개개 부분들과, 특히 서론과 밀접하게 관계되어야 한다.[13)]

수사학적 특징에서 볼 때, 끝맺는 말은 갈라디아서의 해석에 있어서 가장 중요하다. 그것은 편지 전체를 관류하고 있는 바울로의 주요 관심들의 이해에 대한 해석상의 단서들을 담고 있으며, 사도가 의도하는 바에 대한 해석학적 열쇠로 사용될 수 있다.

〔해석〕

[II] 바울로는 이어지는 말들을 그 자신의 친필로 썼다는 사실로 독자들의 주의를 환기시킨다 : *ἴδετε πηλίκοις ὑμῖν γράμμασιν ἔγραψα τῇ ἐμῇ χειρί*("보시오, 내가 여러분에게 손수 이렇게 큰 글자로 씁니다"). 왜 그가 후기를 "큰"[14)] 글자로 쓴다는 표현을 사용했는지는 금방 명확해지지 않는다. 다이쓰만(Deissmann)은, 바울로가 고된 노동을 하는 기술자였기 때문에 투박한 자신의 친필을 스스로 놀려대서 표현한 것으로 생각했다.[15)] 비록 다이쓰만이 비유적인 의미를 언급하긴 했지만,[16)] *πηλίκα γράμματα*라는 낱말은 "큰 글씨"를 뜻하지 "어색한 글씨"를 뜻하지 않는다.[17)] 그러므로 바울로가 이 마

---

13) Lausberg, 같은 책, §432를 보라. 갈라디아서의 마지막 단락이 목록, 분개, 그리고 한탄에 일치한다는 것, 그리고 바울로가 여기서 그리이스의 수사학에 의해서 영향받았다는 것은 이미 다음에서 제시되었다. Carl Strarcke, "Die Rhetorik des Apostels Paulus im Galaterbrief und die '*πηλίκα γράμματα*' Gal. 6,11" *Programm Stargard in Pr.*, 1911) ; *B. Π. Στογιάννου*, "'Η *ὑπὸ τοῦ Παύλου ἰδόχειρος ἀνακεφαλαίωσις τῆς πρὸς Γαλάτας*," *ΔΕΛΤΙΟΝ ΒΙΒΛΙΚΩΝ ΜΕΛΕΤΩΝ* 1 (1971) 59—79 ; 다르게 Bahr, "The Subscriptions…"(참조. 위, 주 4).

14) *πηλίκος*는 "얼마나 큰"을 뜻한다. 참조, Plato *Meno* 82 D:…*πηλίκη τις ἔσται…ἡ γραμμή*…("〔그림〕의 선이 얼마나 긴가). LSJ, *s.v.*; Bauer, *s. v.*, 1을 보라. P[46] B*는 고전적 어형인 *ἡλίκοις*를 읽는다(참조. BDF, §304 ; BDR, §304 ; Burton, pp.348f; Schlier, p. 280 n. 1). Minuscule 642에는 *ποικίλοις*("잡다한")로 되어 있다.

15) Adolf Deissmann, *Bibelstudien* (Marburg: Elwert, 1895) 262—64 ; 같은 저자. *Licht vom Osten*, 132 n. 6 ; Deissmann에 반대해서 : W.K.L. Clarke, "St. Paul's 'Large Letters,'" *Exp Tim* 24 (1912—13) 285 ; J.S. Clemens, "St. Paul's Handwriting," ibidem, 380 ; Starcke, *Die Rhetorik* (위, 주 13을 보라) ; Lietzmann; Oepke.

16) 한 좋은 예는 *Licht vom Osten*, 140에서 Oxyrynchus Papyri (2, no. 246, plate Ⅶ)로부터의 글씨 사진이다.

17) *γράμμα*는 여기서 알파벳의 "글자"를 뜻하며(로마 2,27·29 ; 7,6 ; 고후

지막 말들을 통해 자신이 말해야 하는 내용의 중요성을 강조하고자 한다는 것이 더 개연성이 있다.[18] 이러한 관행은 현대의 인쇄술에서 글씨의 변형(이태릭체, 대문자, 볼드체)과 비교될 수 있을 것이다.[19] 부정과거 ἔγραψα("내가 씁니다")는 "서간문적 부정과거"이며 이 편지의 6장 11—18절을 가리킨다.[20] 위에서 말한 바와 같이,[21] "손수"[22]라는 말에서 우리는 6장 10절까지의 편지가 필생에 의해서 씌어졌다는 것을 알 수 있다. "손수"라는 말은 편지 전체를 신빙성 있게 하고 후기인 다음 단락에서 말할 요점들을 강조하는 데 소용된다.

〔 12 〕 12—13절에서 바울로는 자신의 반대자들에 대해 날카로운 공격을 퍼붓는다. 그 공격은 추측컨대 설명하는 투로 적들의 실제 목표가 무엇인가를 폭로하고 있는 듯하다. 그러나 모든 논쟁에서 그렇듯이 이것은 또한 객관적인 사실들과 주관적인 판단들이 혼합된 것인데 양자를 구별하는 일이 쉽지 않다. 바울로는 자신의 반대자들을 이단자들로서 뿐만 아니라 또한 도덕적으로 열등하고 경멸받아 마땅한 자들로 비난한다. 그런 논쟁은 수사학에서 보면 약간의 과장(*amplificatio*)[23]이 섞인 분개의 표현임이 명백하다. 그것의

3,6·7), "편지"—그것에 대해서 바울로는 ἐπιστολή를 사용한다—가 아니다(고전 5,9 ; 16,3 ; 고후 3,1 이하 ; 10,9f). Bauer, *s.v.* γράμμα, 1을 보라.

18) Burton, 348f; Lagrange; Oepke; Schlier, 280 ; Mussner, 410.

19) Almqvist (*Plutarch*, 111)는 Plutarch, *Cato maior* 20.5 (348 B)에 있는 병행구를 언급한다. "그 자신이 우리에게 말하는 것처럼, 그는 그의 로마사를 손수 큰 글씨로 썼으며(ἰδίᾳ χειρὶ καὶ μεγάλοις γράμμασιν), 그의 아들이 그의 집에 그의 나라의 고대 전통을 잘 아는 조수를 가지고 있었다고 썼다."

20) 또한 필립 2,28 ; 필레 12·19·21 ; 골로 4,8을 보라. 그 용어는 또한 더 이전의 편지를 언급하거나(고전 5,9 ; 고후 2,3·4·9 ; 7,12 ; 요삼 9), 또는 편지의 이전 부분을 언급할 수 있다(로마 15,15 ; 고전 9,15 ; 필레 21 ; 베전 5,12 ; 요일 2,14·21·26). Burton, 349 ; Schlier, 279 nn. 2,3 ; Moule, *Idiom Book*, 2를 보라.

21) 이 장의 서문을 보라.

22) 같은 귀절이 또한 고전 16,21 ; 필레 19 ; 골로 4,18 ; 데후 3,17에서 발견된다. χείρ("쓴 것")의 의미에 대해서는 LSJ, *s.v.*, Ⅵ에 있는 참조들 Preisigke, *Wörterbuch*, 4.2 (1958) *s.v.* γράφω 3 ; Bauer, *s.v.* χείρ, 1을 보라. 참조. Philo, *Spec. leg.* 4.160 : "…그 입법자는 그에게 요약의 형태로 그것들을 모두 포함하는 법들에 대한 이 후편을 손수 쓰라고 명한다. 그는 이에 의해서 그 법령이 영혼에 견고히 결합되도록 쓴다"(LCL 8.109). 또 162,163.

23) 참조. *Rhet. ad Her*. 2.30.47 : Amplificatio est res quae per locum communem instigationis auditorum causa sumitur." 2.30.48에서 적용될 10

원인(*causa* : 1,6—7)과의 관계는 명확하다.[24] 1장 7절에서처럼 반대자들의 이름이 언급되지 않는다.[25] 단지 그들의 행동만이 밝혀진다 : ὅσοι θέλουσιν εὐπροσωπῆσαι ἐν σαρκί("육신의 겉모양을 꾸미기 좋아하는 사람들"). 이것은 풍자만화와 같은 효과를 노린 표현으로서, 우리는 반대자들이 실제로 이렇게 하려 했다고 쉽게 단정해서는 안 된다.[26]

εὐπροσωπέω("겉모양을 꾸미다")라는 용어는 보기 힘든 말이며 이제는 고문서들에서나 찾아볼 수 있다.[27] 바울로는 "육신"[28]이 반대자들의 "육신"(즉, 그들의 자랑)을 말하는지,[29] 또는 갈라디아 사람들의 "육신"(참조. 6,13b)을 말하는지 정확히 밝히지 않는다. 12절b는 사실 보도 같다 : οὗτοι ἀναγκάζουσιν ὑμᾶς περιτέμνεσθαι("이 사람들이 여러분에게 할례받기를 강요합니다"). 그러나 이것이 어떻게 "강요"되었는지 우리로서는 정확히 알 수 없다. 그러나 강요의 이전 예들은 기억할 수 있다(참조. 2,3·14). 그들은 물리적 힘에 의해서라기보다는(참조. 바울로 자신의 교회에 대한 박해 : 1,13·23), 아마도 갈라디아 사람들을 강압적으로 설득하고 확신시킴으로써 그렇게 했을 것이다(참조. 2,5·12—13 ; 3,1a ; 5,8).[30] 그 적들의 목적은 이방 갈라디아 사람들로 하여금 자발적으로 할례받은 준비를 갖추도록 하는 것이었다.[31]

개의 *loci communes*가 기록된다. 이와 비슷한 Cicero *De inv.* 1.53. 101 ff. Lausberg, *Handbuch*, §438을 보라.

24) 참조. 갈라 2,4—5·11—14 ; 3,1 ; 5,7·10—12.

25) 위, 1,7에 관해서 보라.

26) 반대자들의 계획들을 언급하는 것으로서의 θέλω("의도하다")에 관해서는 1,7 ; 4,17 ; 6,13을 보라. 그것은 갈라디아 사람들이 "원하는" 것과 구별되어야 한다. 4,9·21.

27) 그것은 신약에 한번 기록된 어구다. LSJ, *s.v.*; Bauer, *s.v.*; Eduard Lohse, "εὐπροσωπέω, προσωπολημψία κτλ.," *TDNT* 6.779 ; *PGL, s.v.*를 보라. 또한 갈라 1,10 ; 2,6b—c ; 2,13 ; 4,13·14 ; 6,13b ; 마태 23,27을 보라. 참조. *'Abot* 1.15,3.16.

28) 이 표현에 대해서는 갈라 2,20 ; 4,14 ; 6,13을 보라.

29) 참조. 갈라 6,4 ; 필립 3,2 이하. 17—19 ; 고후 11,12—15·18·30 ; 12,1—10. Betz, *Paulus*, 여러 곳.

30) 참조. 갈라 1,7 ; 5,10에 있는 용어 ταράσσω("방해하다").

31) 갈라 2,3 ; 5,2·3 ; 6,13에서 περιτέμνω의 사용을 보라. 흥미있는 병행구는 왕 Izates of Adiabene의 유다교에로의 개종이다(아래, 부록 1을 보라) ; Justin Dial. 47.5(아래, 부록 4) ; *NHC* Ⅵ. 4, p. 45 lines 14—24 (cf. Karl Martin Fischer *et al.*, "Der Gedanke unserer grossen Kraft [Noēma]," *ThLZ* 98 [1973], 169—75, 174). 유다 그리스도교에서의 할례의식의 계속에 관해서는 Schoeps, *Theologie und Geschichte*, 137ff; 같은 저자. *Jewish Christianity*, 19, 75, 113f, 137을 보라.

12절c에 있는 바울로의 다음 언급은 매우 어려운 문제를 제기한다: *μόνον ἵνα τῷ σταυρῷ τοῦ Χριστοῦ μὴ διώκωνται*("단지 그들이 그리스도의 십자가 때문에 받는 박해를 면하려는 것입니다").[32] 또 다시 이 귀절은 어투가 설명투로 바뀌고 반대자들의 실제 의도를 밝힌다. 이 점에서 12절c는 12절a에 병행하나, 그것이 반대자들이 목적하는 바에 대한 바울로 자신의 평가나 또는 그들의 의도에 대한 객관적 서술을 나타내는지 어떤지는 말하기 어렵다. 적어도 형식적으로 그 말은 바울로 자신의 결론을 나타낸다. 제한적 의미가 담긴 *μόνον*("단지")이라는 낱말은 논쟁적이며 단순히 정보를 제공하는 것이 아니다.[33] 다른 한편으로 사도의 말들은 자신의 주장이 다음과 같은 관찰에 기초하고 있다는 것을 시사한다. 즉 반대자들은 할례를 추천하는데 그들의 마음 속에 어떤 목적을 가지고 그렇게 한다는 것이다. 만일 저 목적이 박해를 피하는 것이라면 그들의 목표는 단지 전술적이다.[34] 이것은 실제로 그렇거나 또는 바울로의 결론일 것이다. 따라서 안티오키아에서의 에피소드(2, 11—14)에 관해서 제기되었던 것과 같은 동일한 질문이 여기서 제기되어야 한다.

우리가 간과해서는 안 될 또 하나의 질문이 있다. 바울로가 생각하고 있었던 저 박해자들은 누구였으며, 어떻게 그런 박해가 소아시아에서 일어날 수 있었을까?[35] 왜 유다 그리스도인들이 박해를 받아야만 했나? 바울로가 한 말들로 미루어 보아 이 질문들에 대해 두 가지 대답이 가능하다. 첫째, 반대자들은 그리스도의 십자가를 전했으

32) 그 본문은 Nestle-Aland, 26th ed.의 것이다. P^{46} B69 1175는 *'Ιησοῦ*("예수의")를 덧붙이나 "그리스도의 십자가"라는 표현은 바울로적이다(참조. 고전 1, 17 ; 필립 3, 18 ; 또한 갈라 5, 11 ; 6, 14 ; 또 3, 1 ; 5, 24). 여격은 원인을 나타낸다(참조, BDF, § 196 ; BDR, § 196). Moule (*Idiom Book*, 45)은 옮긴다. "십자가로 인한 박해를 피하기 위해."

33) 참조. 갈라 1, 23 ; 2, 10 ; 3, 2 ; 4, 18 ; 5, 13에서 사용된 그 용어.

34) 이것은 Schmithals, ***Paul and the Gnostics***, 39f의 견해다. 그러나 그는 어떻게 이 전술이 할례에 대한 반대자들의 의식상의 관심에—슈미탈스가 그들의 특징 중의 하나라고 믿는—관계되는지를 설명하지 않는다(참조. 위 책, 37ff). 또한 Willi Marxsen, ***Introduction to the New Testament*** (tr. G. Buswell; Philadelphia: Fortress, 1968), 53ff; Eckert, ***Die urchristliche Verkündigung***, 33 ; Jewett, "Agitators," 203ff를 보라.

35) 참조. 그리스도교 유다인들을 박해하는 자로서 비—그리스도교 유다인 바울로를 언급하는 갈라 1, 13·23 ; 율법에 자유로운 그리스도인을 언급하는 4, 29 ; 5, 11 ; 또 데전 2, 14—6 ; 로마 8, 35 ; 고전 4, 12 ; 15, 9 ; 고후 4, 9 ; 11, 23 이하 ; 12, 10 ; 필립 3, 6 등.

나, 박해를 피하기 위해서 나중에 추가로 할례받을 것을 권유했거나, 둘째, 반대자들은 애당초 그리스도의 십자가를 전한 것이 아니라 박해를 피할 목적으로 할례를 전했다. 병행구들을 보면, 반대자들의 구원 사건으로서의 그리스도의 십자가를 전하지 않는다는 것이 제시되나,[36] 이 판단 자체도 바울로 자신의 결론에 의한 것이리라. 어쨌든, 그들은 바울로가 했던 것과 같은 방식으로 십자가를 선포하지 않았다. 그러나 왜 그들이 박해받게 되었을까? 필시 그 반대자들은 바울로가 유다 토라로부터의 자유를 전했기 때문에[37] 박해받았던 것과 같은 이유로 박해받았을 것이다. 달리 말해, 유다—그리스도교 반대자들은 갈라디아의 이방 그리스도인들이 할례받을 것을 결국 권유했다는 말이 된다. 왜냐하면 그렇지 않으면 유다교 그리스도인들이 개종자들을 토라에 복종시키지도 않고 받아들인다는 비난을 받게 되거나 비난받을 수 있기 때문이다. 유다교적 관점에서 볼 때, 갈라디아 사람들은 유다교로 개종할 가능성이 있는 자들이였으며 또 그렇게 취급되어야 했다. 그러나 다른 한편으로, 바울로에게 있어서 "그리스도의 십자가"와 "율법"은 구원에 이르는 방편으로서 상호 배타적이며, 실제로 바울로는 유다—그리스도교 반대자들이 "그리스도의 십자가 때문에 오는" 박해를 피하려 애쓰고 있다고 말할 수 있다.[38]

그러므로 그 진술 전체는, 어떤 관찰할 수 있는 사실들을 근거로 한 바울로의 신학에서 나온 결론이다. 만일 바울로의 반대자들이 그들 자신들과 전체 그리스도교 운동을 여전히 유다교의 일부로 간주한다면, 그들이 할례를 강요한 것은 실제로 유다교로부터 파문받을지도 모른다는 두려움에서 나온 것이다. 나중에 일어난 사건들에서 우리가 볼 수 있듯이, 그들은 그러한 두려움을 분명히 가지고 있었다. 이러한 상황에서, 갈라디아 사람들이 할례를 자발적으로 수락했다면, 실제로 두려움을 자아낸 그 문제는 해결되었을 것이다. 왜냐하면 이미 그리스도교인이 된 갈라디아 사람들은 이제 유다교 개종자들로 생각

---

36) 특히 갈라 5,11을 보라 ; 그리고 암시적으로, 전체 이야기(*narratio*) 1,12—2,14. Braun (*Studien*, 181) 십자가의 "걸림돌"을 가리킨다. 구원 사건으로서의 십자가에 관해서는 Bultmann, *Theology*, § 33 ; Conzelmann, *Outline*, 199ff를 보라.

37) 갈라 5,11 ; 또한 2,4—5·11—14를 보라. 그 문제에 관해서는 다음을 보라. Morton Smith, "The Reason for the Persecution of Paul and the Obscurity of Acts," in *Studies in Mysticism and Religion* (presented to G. G. Scholem; Jerusalem: 1967) 261—68.

38) 참조. 갈라 5,11 ; 2,2·5·21 ; 3,1 ; 4,11·9 ; 5,2·4 ; 6,14—17.

되었을 것이기 때문이다.[39]

[13] 반대자들에 대한 바울로의 두번째[40] 진술은 서술적이면서 또한 논쟁적인데, 사실과 그 사실에 대한 평가를 구별해야 하는 문제를 또 다시 제기한다. 첫번째 문제는 바울로가 οἱ περιτεμνόμενοι("할례받은 자들")라고 부르는 사람들이 누구냐 하는 문제다. 그들은 6장 12절에서 바울로가 논의했던 사람들과 같은 사람들일까("할례받은 자들=유다인들"),[41] 아니면 —이것이 가장 개연성있는 해결책인데[42]— 할례를 받아들였으나 지금은 단순히 "할례받은 상태에"[43] 머물러 있는 저 이방 그리스도인들일까? 바울로의 유다—그리스도교 반대자들은 "태어날 때부터"(참조. 2,15) 또는 "개종함으로써"(디도가 그랬던 것처럼, 만일 그가 할례의식을 받았다면 : 참조. 2,3) 유다인이 될 수 있었다. 그러나 이 문제에 대한 정확한 답변은 불가능하다.

마찬가지로 어려움을 느끼게 되는 것은 "이 사람들 자신들은 율법을 지키지 않습니다"(οὐδὲ…αὐτοὶ νόμον φυλάσσουσιν)라는 바울로의 계속되는 주장이다. 그것은 바울로가 더 오래된 반(反) 유다교적 주장을 인용한 것일 수 있다. 왜냐하면 우리는 그러한 표현을 사도행전 7장 53절에 있는 아주 비슷한 문맥인 스테파노의 연설 끝부분에서 발견할 수 있기 때문이다.[44] 유다 그리스도인들이 할례를 주장하면서도 토라

39) Betz, "2 Cor 6 : 14—7 : 1," 88—108을 보라.

40) 비록 γάρ("왜냐하면")라는 말이 13절이 12절에 대한 이유를 제시하고 있음을 가리킨다 할지라도, 우리는 실제로 두번째 언급을 가진다. 그러나 그 용어는 단순히 연속을 표시할 것이다. 참조. Bauer, *s.v.*, 4.

41) 참조. 갈라 5,3 : 보통 바울로는 ἡ περιτομή("할례," 즉 유다인들)를 사용한다. 갈라 2,7—9·12. 6,13에서 바울로는 그의 유다 그리스도교 반대자들을 언급한다. 또한 Rudolf Meyer, "περιτέμνω," *TDNT* 6 : 82—83 ; Schlier, 281 ; Mussner, 413도 견해가 같다.

42) 이 견해는 다음에서 주장되었다 : Emmanual Hirsch, "Zwei Fragen zu Gal 6," *ZNW* 29 (1930) 192—97 ; Wilhelm Michaelis, "Judaistische Heidenchristen," *ZNW* 30 (1931) 83—89 : Lietzmann, *ad hoc.*; Schoeps, *Paul*, 65,77 ; Munck, *Paul*, 87—90. 이 견해에 맞서는 것은 Peter Richardson, *Israel in the Apostolic Church* (Cambridge: Cambridge University, 1969) 85ff; Eckert, *Die urchristliche Verkündigung*, 34f.

43) 이것은 P[46] B Ψ 614 *al*에 의한 이독 περιτετμημένοι의 해석일 것이다. ℵ A C D[gr] K P 33 81 *al*에는 현재시제로 되어 있다. Metzger, *Textual Commentary*, 598을 보라. 참조. 고전 7,18.

44) 동일한 비난이 스테파노의 연설에서 유다인들에 대해서 뿐만 아니라(사도 7,53 : 참조. 위, 3,6, 아브라함에 대한 보론) 또한. Epiphanius *Pan.*

를 지키기 않는다는 것은 생각할 수 있는 일이다. 안티오키아에서 일어난 에피소드에 대한 논의(2,11—14)에서 바울로는 실제로 유다 그리스도인들 —자신들은 율법을 지키기 않으면서 유다인임을 주장하는— 무엇보다도 우선 베드로를 취급한다. 베드로는 자신이 ἐθνικῶς ("이방인으로서")로 살면서 이방 그리스도인들에게 "유다화"하도록 강요했다고 바울로는 말한다. 우리는 디도의 할례를 주장했던 예루살렘 회의에 참석한 저 유다 그리스도인들(2,3—5를 보라)이 또한 토라에 세심한 준수를 요구했는지 어떤지 모른다. 비록 우리가 그 가능성들을 고려한다 할지라도, 할례받은 자들 자신들이 율법을 지키지 않는다는 바울로의 숨김없는 진술은 이상하다. 만일 이것이 논쟁적일 뿐만 아니라 실제로 사실이라면, 왜 그들이 율법을 준수하고 있지 않았는지 궁금하다. 그들은 자유주의자들이었을까,[45] 아니면 마술적 의식으로서의 할례에만 관심이 있었을까?[46] 그들은 토라의 일부만을 지켰을까?[47] 또는 한 특별한 토라만을 지켰을까?[48] 이 모든 질문들

9.1.5에서 Elchasai에 대해서 되어진다. 전문적 표현 νόμον φυλάσσειν ("율법을 지키다")는 로마 2,26; 사도 7,53; 21,24에서 나온다. 참조. 16,4. Bauer, *s.v.* φυλάσσω 1, f; George Bertram, "φυλάσσω," *TDNT* 9,236—41을 보라.

45) 이 견해에 대해서는 특히 Lütgert, *Gesetz und Geist*, 여러 곳; 또한 Morton Smith, *Clement of Alexandria and a Secret Gospel of Mark* (Cambridge: Harvard University, 1973) 180—183,245,258—63을 보라.

46) 여러 학자들과 마찬가지로 슈미탈스는(*Paul and the Gnostics;* 37ff) 반대자들이 율법을 거부했으나 할례의식을 지켰으며, 바울로는 갈라디아 사람들에게 이 사실을 알려주어야 한다고 가정한다. 왜냐하면 그들은 그 의미들을 이해하지 못하기 때문이다. 참조. Eckert, *Die urchristliche Verkündigung*, 34 n. 6.

47) 그런 해석은 5,3에 근거해야 할 것이다. 이것에 있어서 흥미있는 것은 Justin, *Dial.* 46에 있는 논의이다. 거기서 유다인 Trypho는 그가 이제 더 이상 예루살렘 성전에서 희생예식을 수행할 수 없으며 그러므로 "모든 모세의 법들"을 지킬 수 없음을 인정한다. 사람이 무엇을 할 수 있는지 질문받고 그는 대답한다: "…안식일을 지키고,…할례받고,…월들을 준수하고…모세에 의해서 금지된 무엇인가를 만졌거나 성교 후에는 몸을 씻어라" Epiphanius *Anaceph.* 28.1.1은 고린토 사람들이 유다교에 "부분적으로"(ἀπὸ μέρους) 집착했다고 보도한다. Justin, *Dial.* 46에 관해서는 아래, 부록 4를 보라.

48) 뒤따르는 문제는 그러면 반대자들이 이 "특별한 율법"을 "그리스도의 율법"으로 불렀는가? 하는 점이다. 이 개념에 관해서는 갈라 6,2에 관해서 보라. 참조. 사도행전에 관한 주석들에서 사도 15,23—29 "사도교령"(Apostolic Decree)에 관한 토론들을 보라(그러나 또한 위, 2,1—10에 관해서도 보라).

은 가능성만을 제시할 뿐 그 어느 것도 증거에 의해 입증될 수 없다.

13절b는 확실히 논쟁적이다 : *ἀλλὰ θέλουσιν ὑμᾶς περιτέμνεσθαι ἵνα ἐν τῇ ὑμετέρᾳ σαρκὶ καυχήσωνται*("여러나 여러분을 할례받게 하려는 것은 여러분의 육체를 가지고 자랑하려는 것입니다"). 반대의 뜻을 나타내는 *ἀλλά*("그러나")는 별 의미가 없다. 왜냐하면 13절b가 실제로 13절a와 대조되지 않기 때문이다. 갈라디아 사람들이 할례받기를 반대자들이 원한다는[49] 것은 편지 전체를 통해 사실로 보도되었다.[50] 그러나 바로 그 때문에 바울로가 논쟁 이상의 것을 덧붙여 말하고 있는 것이 아닐까?[51] "육체를 가지고 자랑"하려는 태도는 그리스도교의 신앙과 양립할 수 없는 것으로서 바울로가 다른 곳에서 철저히 거부한 태도이다.[52] 바울로는 개종자들을 생기게 한 보상 가치, 즉 유다교가 주장하는 교리를 암시한 것일까?[53] 그는 유다—그리스도교의 반대자들이 그러한 견해를 가졌다고 가정하는가? 만일 그들이 그 교리를 다같이 신봉하고 있다면, 그들은 "육으로" 자랑하고 싶어하지 않았을까?[54] 우리는 어느 정도라도 확실하게 알 수 없다. 우리는 바울로가 "주 안에서 자랑하는 것"[55]만을 고려하고 있는지도 알 수 없다. 그는 그렇게 말한 이유를 다음 문장에서 정의한다(6, 14). 그것은 아마 그 교리를 모든 그리스도인들이 공유하지 않았다는 표시리라.

[14] 바울로는 거짓 "자랑"으로 생각하는 것과 합당한 "자랑"에 대한 그 자신의 정의를 대조한다. 14절의 다소 어색한 문장구조는 바울로가 스스로 피할 수 없다고 본 교리상의 난점에 상응한다. 일반적으로, 고대 인간학은 사람을 그 자신과 그가 쌓은 업적들을 자랑하는 존재로 본다. 이 인간학적 가정은 철학자들과 신학자들에 의해 또한 널리 논의되었다.[56] 바울로 자신은 합당한

---

49) *θέλω*("의도하다")의 의미에 관해서는 6, 12에 관해서 보라.
50) 특히 갈라 2, 3 ; 5, 2—12 ; 6, 12·15를 보라.
51) 참조. 갈라 6, 12a; 2, 4 ; 4, 17.
52) 참조. 갈라 6, 14a; 고전 1, 29—31 ; 3, 21 ; 4, 7 ; 고후 11, 18 등.
53) "자랑"에 대한 바울로의 해석을 보라 : 로마 2, 17·23 ; 5, 3·11 ; 필립 3, 2 이하. 그 주제에 관해서는 Oepke, 201f; Schlier, 281 ; Bultmann, "*καυχάομαι*," *TDNT* 3.649 ; Kuss, *Römerbrief*, 219—24.
54) 이것은 구체적으로 "할례의 육신"을 언급할까? 참조. Eduard Schweizer, "*σάρξ*," *TDNT* 7, 129—30 ; Alexander Sand, *Der Begriff* "Fleisch" *in den paulinischen Hauptbriefen* (BU 2 ; Regensburg: Pustet, 1967) 133f.
55) 6, 4에 있는 그 용어의 의미를 제외하고.
56) ***Plutarch's Ethical Writings and Early Christian Literature*** (Leiden:

"자랑"은 무엇이고 합당하지 않은 "자랑"은 무엇인지에 대한 자기 나름대로의 교리를 전개시켰다.[57] 14절은 극히 간결한 형태로 그 교리를 담고 있다. 두 행이 있는데, 첫번째 행은 강한 부정이며, 두번째 행에서 그에 대한 한 예외가 덧붙여진다 : *ἐμοὶ δὲ μὴ γένοιτο καυχᾶσθαι εἰ μὴ ἐν τῷ σταυρῷ τοῦ κυρίου ἡμῶν 'Ιησοῦ Χριστοῦ*…("그러나 내게는 결코 자랑할 것이 없읍니다.—우리 주 예수 그리스도의 십자가 밖에는…"). 이 귀절의 문제는 그것의 모호성에 있다. 한편으로 사도는, 반대자들이 자랑하고 있다고 그가 말한 것과는 대조적으로,[58] 그에게 있어서는 도대체 "자랑"할 것이 없다고 강조한다. 다른 한편으로 그는 "자랑"할 수 있는 가능성이 있다는 것을 인정한다. 모든 형태의 "자랑"이 다 배제되는 것은 아니다. 사람이 "육에서" 사는 한, 어떤 형태의 "자랑"이 있을 것이다. 고린토후서에서 그는 아이러니칼하지만 "자랑이 필요하다"(*καυχᾶσθαι δεῖ*)[59]는 말에 동의할 수 있기까지도 한다. 바울로의 관심은 인간이 자랑하는 그 근거에 있다. 그는 비—그리스도교적 자랑을 언제나 "육"에, 즉 사람 자신의 업적들에 근거하는 것으로 본다(참조. 6, 13). 이러한 형태의 "자랑"은 그리스도인에게 엄격히 배제된다 : *μὴ γένοιτο*.[60] 그리스도인들이 자랑할 수 있고 또 자랑해야 하는 "업적들"은 과연 무엇일까? 그의 구원 밖에 없다. 그러나 이것은 그 자신의 노력을 통해서가 아니라 그리스도의 죽음과 부활을 통해서 성취되었다.[61] 그리스도인의 "자랑"은 그렇다면 그리스도의 십자가를 찬양하는 형태를 취해야만 할 것이며 바울로가 고린토전서 1장 31절과 고린토후서 10장 17절에서 말하는 법칙에 따라야만 할 것이다 : *ὁ δὲ καυχώμενος ἐν κυρίῳ καυχάσθω*("자랑하는 자는 주를 자랑하라")[62] 이 법칙은 또한 전체적으로 바울로의 윤리에 부합된다. 우리가 여전히 "육을 입고" 산다 할지라도 동안, 우리는 "육에 따라"(*κατὰ σάρκα*) 사는 것이 아니라 "성령에 따라"(*κατὰ πνεῦμα*) 살아야 한다.[63] 물론 이것

Brill, 1978), 367ff에서 Plutarch의 논문 "On Self-praise"에 대한 나의 분석을 보라.

57) 또한 갈라 6,4·13 그리고 위, 주 97에서 그 문제에 대한 문헌을 보라.

58) *δέ*("그러나")는 6, 13에서 거절된 문제를 가리킨다.

59) 고후 11, 30 ; 12, 1. Betz, *Paulus*, 72ff, 90,95f, 140을 보라.

60) 이 형태의 부인에 대해서는 갈라 2, 17 ; 3, 21을 보라.

61) 갈라디아서에서 바울로의 그리스도론에 대해서는 1, 4 ; 2, 19·20 ; 3, 13 ; 4, 4—6 ; 5, 24를 보라.

62) Betz, *Paulus*, 96을 보라.

63) 참조. 갈라 5, 16 ; 로마 6, 4 ; 8, 4 ; 고전 3, 3 ; 고후 10, 2·3.

은 그런 "주 안에서의 자랑"은 엄격히 말해 자랑이 아니라는 것을 뜻한다. "자랑"은 "자기-칭찬"의 형태이지만 "주 안에서의 자랑"은 "송영" 또는 "찬가"와 같은 문학형태로 표현될 수 있을 것이다. 상반되는 문학형태들은, 뒤따르는 이의제기와 결부된 강한 부정의 낯선 문장구조에 어울리는 것 같다. 그것은 사실상 부정을 극복하며 문장 전체를 재서술한다.[64]

14절b는 전치사 ἐν("안에")의 의미를 "우리 주 예수 그리스도의 십자가에서"라는 표현으로 설명한다. 어떻게 이 십자가가 자랑을 정당화하는 "업적"으로서 생각될 수 있을까? 이 질문에 대한 바울로의 답변은 그의 구원론의 요약에 담겨져 있다[65] : δι' οὗ ἐμοὶ κόσμος ἐσταύρωται κἀγὼ κόσμῳ("그것을 통하여〔또는 : 그를 통하여〕 세상은 내게 대하여 못박혀 죽었고 나는 세상에 대하여 못박혀 죽었읍니다"). 부당한 "자랑"과 바울로의 "주 안에서의 자랑" 사이의 전적인 차이는 14절a에 있는 강조적인 ἐμοί("나에게")[66]를, 훨씬 더 강조적인 δι' οὗ ἐμοί ("그것을 통하여〔또는 : 그를 통하여〕 나에게")로 대치시킴으로써 표현된다. 이것은 바울로에게 있어서 "나의 자랑"이란 단순히 "나에게 일어났던 것"을 근거로 할 수 있는 것이 아니라, "그리스도를 통해 나에게 일어났던 것"을 근거로 해야 한다는 것을 뜻한다. δι' οὗ가 그리스도의 십자가를 가리키는지,[67] 또는 그리스도의 인물을 가리키는지[68] 하는 문제는 중요하지 않다. 왜냐하면 바울로에게 있어서 "그

64) 참조. 갈라 1, 5. 거기서 바울로는 한 송영을 인용한다. 로마 8, 31—39에서 사도는 어떻게 "주 안에서 자랑함"이 적절한, 찬가적 형태로 행해져야 하는지를 실제로 실행했다.

65) 전체적인 바울로의 구원론에 관해서는 Bultmann, *Theology*, §§ 28—40 ; Conzelmann, *Outline*, § 24 ; Käsemann, "The Saving Significance of the Death of Jesus in Paul," in *Perspectives*, 32—59를 보라.

66) 일인칭 단수는 반대자들과 대조되게 바울로를 가리키며(참조. 6, 12·13), 모든 그리스도인을 대표하는 모범적 "나"를 가리킨다(참조. 2, 19—21).

67) 대개의 주석가들이 그렇게 주장하는데 대표적인 사람들은 다음과 같다: Lightfoot, Sieffert, Burton, Lietzmann, Lagrange, Oepke, Schlier, Mussner.

68) 그것은 갈라 1, 1에서 나오는 그리스도론적 법식 διὰ Ἰησοῦ Χριστοῦ("예수 그리스도를 통하여")와 동일할 것이다(참조. 1, 12·15). 참조. 또한 2, 16 ; 3, 14·26에 있는 법식들 διὰ πίστεως Ἰησοῦ Χριστοῦ("예수 그리스도의 믿음을 통하여") ; 4, 7(참조. 3, 18)에 있는 διὰ θεοῦ("하느님을 통하여"). 그 반대는 2, 19·21에 있는 διὰ νόμου("율법을 통하여") ; 3, 19에 있는 δι' ἀγγέλων("천사들을 통하여") ; 1, 1에 있는 δι' ἀνθρώπου ("사람을 통하여").

리스도"는 언제나 십자가에 못박히신 "구속자 그리스도"이기 때문이다.[69]

더 중요한 것은 바울로가 그리스도인의 "업적"으로 생각하는 것이 무엇인가 하는 점이다. 그것은 교차법으로서, 구원론적 역설로 서술된다. 이 역설을 이해하기 위해서 우리는 그것의 구성요소들을 분석해야 한다. 고린토전서 1장 31절과 고린토후서 10장 17절의 "법칙"을 전제함으로써,[70] 바울로는 *ἐν κυρίῳ καυχάσθω*("그는 주 안에서 자랑해야 합니다")를 *καυχᾶσθαι ἐν τῷ σταυρῷ τοῦ κυρίου ἡμῶν Ἰησοῦ Χριστοῦ*("우리 주 예수 그리스도의 십자가 안에서 자랑하시오")라는 말로써 해석하였다. 그런 "그리스도의 십자가 안에서 자랑함"은 *ἐν Χριστῷ*("그리스도 안에서"), 즉 "그리스도의 몸"[71]의 지체들인 자들에게만 가능하다. 그 결과 그리스도인과 *κόσμος*("세상")의 관계가 "십자가에 못박혔다."[72] 그것은 *στοιχεῖα τοῦ κόσμου*("세상의 원시종교들") 밑에 있는 노예[73]가 자유스런 "하느님의 아들"[74]로 바뀌었다. "세상"에 관해서 "그리스도 안에" 있는 사람들의 이 새로운 상태는, "자랑"이 정당화되는 것 때문에 "업적"을 구성하는 요소가 된다.[75]

[15] 바울로는 갈라디아의 논쟁에 대해서 14절의 결과들을 덧붙인다[76] : *οὔτε γὰρ περιτομή τί ἐστιν οὔτε ἀκροβυστία,*

---

69) 참조. 갈라 2,20 ; 3,1·13 ; 함축적으로 또한 4,5 ; 5,24. 또한 Tannehill, *Dying and Rising*, 62—65를 보라.

70) 그 "법칙"은 갈라디아서에서 인용되지 않으나 확실히 전제된다.

71) 이 개념은 갈라디아서에서 함축적으로만 발견된다. 1,22 ; 2,4·17 ; 3,26—28 ; 4,19 ; 5,6을 보라.

72) 참조. 율법과의 관계에 대해서는 갈라 2,19—20 : "육"에 대해서는 5,24.

73) 참조. 4,1—11 ; 1,4 : "이 악한 세대."

74) 3,7·26—28·29 ; 4,4—6·7·22 이하를 보라. 참조. 또한 5,1·13.

75) 참조. HSW, *NT Apocrypha* 1,261에서 인용된 Jeû의 첫번째 책(First Book of Jeû)으로부터의 예수의 "축복" : 세상(*κόσμος*)을 못박고, 세상(*κόσμος*)이 그를 십자가에 못박도록 허용하지 않은 자는 복이 있도다." 그 말은 주석에 의해서 이어진다. 또한 다음을 보라 : Gos. Eg. Ⅲ, 65, 18 eds.), Alexander Böhlig and Frederik Wisse, *Nag Hammadi Codices Ⅲ, 2 and Ⅳ, 2 : The Gospel of the Egyptians*(*The Holy Book of the Great Invisible Spirit*) (NHSt 4 ; Leiden: Brill, 1975) 152 : "…생명을 소유하고 오셔서 율법에서(*νόμος*) 십자가에 못박히신 예수." 갈라 6,14가 발렌티누스 영지주의에서 이용되었다. 그것에 대해서는 Foerster-Wilson, *Gnosis* 1.132f; Pagels, *The Gnostic Paul*, 112를 보라.

76) *γάρ*("왜냐하면")는 모호하다 : 그것은 15절이 14절에 대한 이유임을 가리킨다. 왜냐하면 그것이 거기서 전제되기 때문이다. 그러나 15절은 동

ἀλλὰ καινὴ κτίσις("할례나 무할례가 중요한 것이 아니라 새로 지음받음이 중요합니다").[77] 진술이 다시 극히 간결해진다. 16절에서 바울로는 그것을 "법칙"(ὁ κανών)이라 부른다. 이 법칙은 몇 가지 정의들로 이루어지며 편지의 마지막 부분을 간략하게 요약한다. 이 정의들은 다음과 같다. (1) 그리스도인의 "자랑"(참조. 14절)의 근거는 καινὴ κτίσις("새로 지음받음")로 불린다. 이 개념은 그것이 그리스도인의 실존에 관계되는 한 바울로의 구원론을 요약한다. 왜 그리스도인의 실존이 "새로운 피조물"일까? 요컨대 그 대답은 그리스도인이 "그리스도 안에"(ἐν Χριστῷ) 있기 때문에, 즉 그가 십자가에 달리시고 죽은 자로부터 부활하신(1, 1) 구속자, 그리스도의 "몸"의 한 지체이기 때문이다.[78] 지금 "그리스도 안에" 있는 사람들은(참조. 3, 26—28) "그리스도의 영"을 받았으며(참조. 4, 6), 세례를 통해 그리스도를 "입었다"(3, 27). 그리하여 그들은 "그리스도에 속하며"(5, 24), "새로운 삶"을 즐기며(2, 19·20 ; 5, 25), 그들 자체가 "새로운 피조물"이다.[79]

시에 14절의 결과이다.

77) 𝕽의 이독(대개의 소문자 사본들 it^d.g vg sy^h with* cop^sa bo eth^pp *al*을 따른 ℵ A C D F G K L P)은 아마 병행구 갈라 5,6에 의해 영향받은 것 같다 : ἐν γὰρ Χριστῷ Ἰησοῦ οὔτε περιτομή τι ἰσχύει οὔτε ἀκροβυστία. ("그리스도 예수 안에서는 할례나 무할례가 문제되는 것이 아닙니다"). 더 짧은 이독은 P[46] B Ψ 33 1175 *al.*에 나온다. Metzger, *Textual Commentary*, 559를 보라.

78) 갈라 6,14에 관해서 보라.

79) 표현의 간결함은 그것이 갈라디아 사람들에게 알려져 있었다는 것을 거의 확신케 한다. 이상하게도 그 문장은 나중에(?) *Apoc. Mos.*로부터의 인용문으로서 나타난다. 그러나 일반적으로 그 문장은 바울로가 쓴 것이라고 믿는다. 참조. Resch, *Agrapha*, 301 logion 11 ; Albert-Marie Denis, *Introduction aux pseudépigraphes grecs d'Ancien Testament* (Leiden: Brill, 1970) 137f, 160 ; Lightfoot; Burton, 356f n. "새로 지음받음"의 개념은 유다교에서 비슷한 것들이 있다. 반면에 신비 이교들은 "재창조"와 "중생"을 선호한다. 유다교의 평행개념들에 대해서는 다음을 보라 : Str-B 2. 421 no. 2 ; 3. 519 ; Werner Foerster, "κτίζω," *TDNT* 3, 1000—1035 ; Erik Sjöberg, "Wiedergeburt und Neuschöpfung im palästinensischen Judentum," *StTh* 4(1950) 44—85 ; idem," Neuschöpfung in den Toten-Meer-Rollen, *StTh* 9(1955) 131—36 ; Heinz Schwantes *Schöpfung der Endzeit* (Stuttgart: Calwer, 1963) 26—29 ; Bernard Rey, *Créés dans le Christ Jésus*(Paris: Editions du Cerf, 1966) 28—35; Nils A. Dahl, "Christ, Creation, and the Church," in *The Background of the New Testament and its Eschatology: Studies in Honor of C.H. Dodd*(Cambridge: Cambridge University, 1956) 422—43 ; Peter Stuhlmacher, "Erwägungen zum ontologischen Charakter der καινὴ κτίσις bei

이 개념은 과장된 형상일 뿐만 아니라, 또한 그것은 바울로의 인간학을 해석한다. "옛 피조물"은 갈라디아서에서 단순히 ἄνθρωπος("사람")와 σάρξ("육")로 언급된다. 즉 그리스도를 통한 하느님의 구속에서 동떨어진 인간존재[80]로 언급된다. 그리스도 사건을 통하여 그리스도인은 "그리스도 안에서"의 새로운 인간 실존에 참여하는 것이 가능해진다. 갈라디아서에서 그것은 "성령의 열매"로 기술된다.[81] 이러한 종교적 문맥에서 자주 발견하게 되는 "재창조"니 또는 "중생"이니 하는 용어를 바울로가 사용하지 않은 것은 중요하다. 사실상 그에게 있어서 "새로 지음받음"은 옛세계의 대치나 다름없다. 하느님은 단순히 사람을 "재창조"하신 것이 아니라, 그의 아들 그리스도를 옛 피조물 속에 보내셨으며(1, 4 ; 4, 4—5), 옛 피조물 한복판에서 구원을 성취하셨다. 그리스도인은 지금 "그이 안에" 살고 있는(2, 19—20), 십자가에 못박히시고 부활하신 그리스도를 "입었다"(3, 27). 그밖에도 하느님은 저 영의 황홀한 체험들에서 그리스도인이 붙잡힌 바된 "그리스도의 영"을 보내셨다(4, 6). 이 모든 개념들은 "새로 지음받음"이 옛세계의 한복판에서, "육에서" 일어나고 있다는 것을 보여주기 위해 사용된다.[82]

(2) "새로 지음받음"은 또한 그리스도인이 세계종교와 맺는 관계를 결정한다.[83] "할례" 또는 그것과 반대되는 "무할례" 같은 고대종교들의 특징인 제의적 독특성들은 그 의미와 기능을 상실하였

Paulus," *EvTh.* 27(1967) 1—35 ; Anton Vögtle, Das *Neue Testament und die Zukunft des Kosmos* (Düsseldorf: Patmos, 1970) 174—83 ; Gerhard Schneider, *Neuschöpfung oder Widergeburt?*(Düsseldorf: Patmos, 1961) ; 같은 저자, "Die Idee der Neuschöpfung beim Apostel Paulus und ihr religionsgeschichtlicher Hintergrund," *TThZ* 68 (1959) 257—70 ; Heinz-Wolfgang Kuhn, *Enderwartung und gegenwärtiges Heil* (SUNT 4 : Göttingen: Vandenhoeck & Ruprecht, 1966) 48—52, 75—78, 신비종교들에 대해서는 Hans Dieter Betz, "The Mithras Inscriptions of Santa Prisca and the New Testament," *NovT* 10(1968) 62—80, 71f; Widengren, *Religionsphänomenologie*, 217ff(많은 참조들과 함께)를 보라.

80) 특히 갈라 1, 1·10·11·12 ; 2, 16 ; 6, 1·7을 보라. 또 2, 15—3, 25 ; 4, 1—11·21—31 ; 5, 3—12·19—21을 보라.

81) 갈라 5, 22—23 : 참조. 2, 4·5·15—21 ; 3, 13·26—29 ; 4, 4—8·22—31 ; 5, 1·5·6·13·18·25.

82) 참조. 고후 5, 17에 있는 정의 : εἴ τις ἐν Χριστῷ, καινὴ κτίσις("누구든지 그리스도 안에 있으면 〔그는〕 새로운 피조물입니다"). 참조. 또한 로마 6, 1—8, 39. 거기서 그 교리가 충분히 전개된다.

83) 참조. 특히 갈라 4, 8·9.

다.[84] 이 종교적 구별들이 *κόσμος*("세상")에 속하기 때문에, 그것들은 그리스도인들에게 더 이상 아무런 의미도 없다.[85] 바울로는 그것을 자세히 말하기보다는 새로운 종교가 실제로 설립되었음을 고지한다. 이러한 바울로의 정의들이 갈라디아의 논쟁에 적용될 때는 "이교비판"의 기능을 한다. 그렇다면 할례를 받아들이려는 갈라디아 사람들의 현재의 시도는 새로운 종교에 대한 배교의 행위나 다름없게 될 것이다.[86] 또한 중요한 것은 유다교와 이교도가 "옛세계"의 일부로서 같은 수준에서 취급된다는 점이다. 그러나 유다교가 여기서 선택되는 것은 할례가 갈라디아 그리스도인들 가운데서 구체적인 쟁점이 되고 있기 때문이다. 바울로가 볼 때, 유다교로부터 이 의식형태를 이어받을 근거가 그리스도교에는 없다. 왜냐하면 그리스도교는 같은 교리상의 전제들을 나누어 갖지 않았기 때문이다.[87]

[16] 후기의 종결부분은(16—18절), 또한 세심한 배려에서 구성된다. 사도는 15절에서 말한 *κανών*("법칙")[88]에

84) 참조. 특히 갈라 5,6에 관해 거기서 그 용어가 더 충분히 논의된다. 또한 고전 3,7을 보라. 거기서 같은 원칙이 다른 상황에 적용된다.

85) 또한 고전 7,19에 있는 병행구를 보라. 참조. 로마 2,25—29.

86) 참조. 갈라 1,6—9 ; 2,1—10·11—14·21 ; 4,11·19 ; 5,4·10b·11 ; 6,8.

87) 참조. 갈라 2,14. 바울로는 "새로운 피조물"로서 그리스도교가 전적으로 새로운 의식들을 가져야만 한다고까지 말하지는 않는다. 그의 가정은 오히려 그리스도교가 무슨 의식을 가지든지 그것들이 그것의 교리적 전제들에 부합되어야 한다는 것이다. 바울로는 옛 의식들이 지속되도록 허락해 준 상이한 여러 종파의 교리적 전제들을 가졌을 유다—그리스도교 반대자들의 상황을 논의하지 않는다. 그런 가능성이 있었다는 것을 나는 다음 논문에서 밝히고자 한다 : "2 Cor 6 : 14—7 : 1," 88f: 참조. 또한 야고 1,18 그리고 Dibelius-Greeven *James*, 103—07.

88) 그 준—법적인 용어는 그리스 철학에서 긴 역사를 가지고 있다. 특히 Epictetus의 철학의 정의를 보라. *Diss.* 2.11.13 : *ἔρευνα δέ τις περὶ τὸ δοκοῦν εἰ ὀρθῶς δοκεῖ καὶ εὕρεσις κανόνος τινός*("일종의 표준적인 판단의 창안과 함께, 의견이 바르게 주장되고 있는지를 결정하기 위한 조사의 일종"), 그리고 2.11.24 : *καὶ τὸ φιλοσοφεῖν τοῦτό ἐστιν, ἐπισκέπτεσθαι καὶ βεβαιοῦν τοὺς κανόνας*("그리고 철학의 과제는 이것—즉 표준들을 검토하고 세우는 것이다"). Adolf Bonhöffer, *Epiktet und das Neue Testament*(RVV 10 ; Giessen: Töpelmann, 1911) 119f를 보라. 그 개념은 아마 헬라주의적 유다교를 통해서 바울로에게 왔다. 귀절들과 문헌에 대해서는 Hermann Wolfgang Beyer, "*κανών*," *TDNT* 3.596—602 ; LSJ, *s.v.*; Bauer, *s.v.*; *PGL*, *s.v.*; Betz, *Lukian*, 103 n. 3을 보라. 주요한 연구들은 다음과 같다 : Herbert Oppel, "*ΚΑΝΩΝ*, *Philologus Sup.* 30.4 (Leipzig: Dietrich, 1937) ; Leopold Wenger, *Canon in den römischen Rechtsquellen und in den Papyri*, *Sitzungsberichte der Akademie der*

따르거나 순응하는[89] 사람들에 대한 조건부 축복[90]을 16절에서 도입한다 : *καὶ ὅσοι τῷ κανόνι τούτῳ στοιχήσουσιν*("그리고 이 법칙을 따라 사는 사람들").[91] 이 조건부 축복은 편지를 읽은 후 바울로의 법칙에 따르려고 하지 않는 사람들, 그리고 결과적으로 저주에 떨어지는(1, 8—9)[92] 사람들에 대한 위협[93]을 뜻한다. 이것은 그 편지의 중심부(1, 6—6, 10)가 조건부 저주와 이 조건부 축복 사이에 위치한다는 것을 뜻한다. 이 편지의 주장 전체는 15절에 있는 법칙으로 수렴되어 간다. 바울로는 이야기(narratio : 1, 12—2, 14)에서 일관성있게 그 법칙을 따랐으나, 반면에 반대자들은 다른 표준을 따르거나 또는 표준이 없었다(참조. 특히, 2, 14). 증명(probatio : 3, 1—4, 31)은 권면(5, 1—6, 10) 못지 않게 바울로의 법칙을 따라야 한다는 것을 알게 모르게 강조하였다(5, 6). 실제로 바울로의 법칙에 순응하는 것과 성령을 따르는 것은 하나이며 같다. 바울로가 최종적인 축복을, 편지를 읽은 후에 자신의 복음에 충실하게 남아 있기로 결심하는 갈라디아의 그리스도인들에게 제한할 때, 바울로는 일관성이 있다. 바울로에게 반대하거나 반대자들을 지지하기로 결정하는 사람들은 자동적으로 저주에 떨어지게 된다. 그러므로 조건부 축복은, 조건부 저주와 마찬가지로(1, 8—9), 적어도 바울로적 이해에서는 교회로부터의 잠재적 파문이나 다름없다.

Wissenschaften in Wien, philos. hist. Kl. 220.2(1942).

89) 지시적 미래는 A C* D G *pc* it에 나온다. P[46]은 부정과거 가정법 *στοιχήσωσιν*으로 읽는데 아마 원문이 아닐 것이다. 그 용어의 의미에 대해서는 5,25에 관해서 보라.

90) 양식비판적으로, 16절은 "축복"(blessing)을 포함하나 "macarism"("기복주의")은 포함하지 않는다. Mussner, 416은 다르다.

91) 나는 여기서 그 용어를 너무 일반적으로 해석하는 무쓰너(416)에 반대한다. 바울로가 그 용어를 사용하는 다른 예들로부터 얻는 도움은 그렇게 크지 않다 : 고후 10,13·15·16 ; 필립 3,16(참조. *t.r.*). 또 하나의 반대 "법칙"이 반—바울로적 *Ep. Petr.* (ps.-Clem. *Hom.*) 1.5에서 발견된다 : "한 분 하느님, 하나의 율법, 하나의 희망"(*εἷς θεός, εἷς νόμος, εἷς ἐλπίς*). 아래, 부록 3a를 보라.

92) 참조. 고전 16,22 : *εἴ τις οὐ φιλεῖ τὸν κύριον, ἤτω ἀνάθεμα*("누구든지 주를 사랑하지 않는 자는 저주를 받을 것입니다"). 또한 고후 13,10; 필립 3,17—19 : 4,8—9를 보라.

93) Quint.은 서론(*exordium* 6.1.13)에서처럼 연설의 끝맺음(*peroratio*)에서 위협을 포함할 것을 추천한다 : "Metus etiam, si est adhibendus, ut facit idem, hunc habet locum fortiorem quam in prooemia," 참조. 또한 4.1. 20—22.

축도는 바울로 서신들에서 흔히 볼 수 없는 독특한 것으로서 학자들간에 상당한 논의를 불러일으켰다 : εἰρήνη ἐπ' αὐτοὺς καὶ ἔλεος, καὶ ἐπὶ τὸν 'Ισραὴλ τοῦ θεοῦ("그들에게 평안과 자비가 있기를 빕니다. 그리고 하느님의 이스라엘 위에!"). 이 축도는 바울로가 사용하고 있는[94] 다른 축도들과 다를 뿐만 아니라, 또한 유다교의 축도들, 특히 쉐모네 에스레(Shemoneh Esreh; 바빌로니아의 가정본)의 비르카트 하-샬롬(Birkat ha-Shalom "평화의 축복") 19번째와 매우 유사하다.[95] ברכה חן וחסד ורחמים עלינו ועל כל ישראל עמך שים שלום טובה("우리 위에 그리고 모든 이스라엘, 당신의 백성 위에 평화와 행복과 축복과 은혜와 인자함과 자비를 주십시오"). 이 축도가 얼마나 오래된 것인지는 확실하지 않으나 아마 적어도 바울로 시대만큼 오래되었을 것이다. 팔레스틴 개정본이나 다른 기도들에 나오는 축도의 변형들은 다른 형태의 축도들도 사용되었음을 보여준다.[95] 사도가 축도의 여러 형태들 중의 하나에 의존하고 있다는 것은 —쉐모네 에스레 자체에 의존하지 않았다면— 거의 의심할 바 없다.[97] 그렇다고 해서, 축도의 말 하나하나를 자신의 문맥에 맞추기 위해 바울로가 그 말들을 변경했을 수도 있다는 사실이 배제되는 것은 아니다. 구성요소들을 보면, 법식 εἰρήνη καὶ ἔλεος("평화와 자비")[98]는 그리스도교적이기보다는 오히려

94) 바울로에 있는 다른 축복들에 대해서는 로마 15,33 ; 16,20 ; 고전 16, 23·24 ; 고후 13,11·13 ; 필립 4,7·9·23 ; 데전 5,23·28 ; 필레 25를 보라. 바울로 전승에서 또한 에페 6,23·24 ; 골로 4,18 ; 데후 3,16·18 ; 디전 6,13 ; 디후 4,22 ; 디도 3,15. 전반적으로 "축복"에 관해서는 Brun, *Segen und Fluch;* Schenk, *Segen*을 보라. 또한 갈라 1,8—9에 관해서 보라.

95) Willy Staerk에 의한 텍스트, *Altjüdische liturgische Gebete* (KIT 58 ; Berlin: de Gruyter, 1930) 19. Shemoneh Esreh에 관해서는 다음을 보라 : Elbogen, *Gottesdienst*, 27ff, 232ff; Kaufmann Kohler, "The Origin and Composition of the Eighteen Benedictions With a Translation of the Corresponding Essene Prayers in the Apostolic Constitutions, "*HUCA* 1 (1924) 387—425 ; rep. in Jakob Petuchowski(ed.), *Contributions to the Scientific Study of Jewish Liturgy*(New York: KTAV, 1970) 52—90. 최근의 문헌은 *EncJud* 2(1971) 838—46, *s.v.* "Amidah"에 실려 있다. 또한 Str-B 3.578f; 4.1,208—49(excursus 10)을 보라.

96) Str-B 3.579는 축복들을 *qaddish* 끝에서 언급한다. 텍스트들에 대해서는 Staerk, 같은 책, 30—32를 보라.

97) 또한 Peter Richardson, *Israel in the Apostolic Church*(Cambridge: Cambridge University, 1969) 79를 보라.

98) 그것은 신약에서 독특하다 : 참조. 디전 1,2 ; 디후 1,2 ; 요이 3 ; 유다 2에 있는 다른 형태들 ; 또한 Ign. *Smyr*. 12.1 ; *Mart. Pol., prooem.* 편지의 인사에서 ἔλεος καὶ εἰρήνη를 보라. ps.-Bar 78.2 ; 결혼문맥에서 토

유다교적인 것같이 보인다. 이 짧은 형태는, 그 순서에 있어서 쉐모네 에스레에 있는 더 확대된 형태보다 훨씬 더 오래된 것처럼 보이긴 하지만 여기에 대해 우리는 아무 것도 정확하게 말할 수 없다. 귀절 ἐπ' αὐτούς("그들 위에")는 바울로 자신의 표현임이 분명하다. 그것은 문맥에서 요구되는 말로서 바울로의 법칙을 따르는 자들에게 축복을 제한한다.[99] 그 표현은 쉐모네 에스레의 "우리들 위에"의 각색처럼 보인다. 이러한 변경 때문에 다음 행이 모호해진다. "하느님의 이스라엘"이라는 귀절은 이제 또 하나의 그룹의 사람들을 언급하는 것 같다. 반면에 쉐모네 에스레에서 두번째 행은 일반적이며, 축복을 유다교 공동체의 모든 회원들에게 확대하여 거기 모인 예배자들을 초월한다.[100] 그러므로 바울로에게 충실한 그리스도교 갈라디아 사람들은 "하느님의 이스라엘"과 같은 그룹임에 틀림없다.

그러나 이러한 결론은 신약성서학에서 대단히 어려운 문제 중의 하나인, "하느님의 이스라엘"이라는 용어의 의미에 관한 문제를 제기하였다. 이 용어는 신약성서에서 이곳에서만 발견되며 유다교 문헌에서는 결코 발견되지 않는다. 그 표현은 어디서 유래한 것일까? 그것은 누구를 언급하는 것일까? 왜 바울로는 그 말을 여기서 사용할까? "하느님의 이스라엘"을 그리스도교 교회와 같다고 보는 일반적인 해석에 대해 최근 몇몇 학자들이 이의를 제기하였다. 쉬렝크(Gottlob Schrenk)[101]는 그 용어가 "유다적 그리스도교"를 언급하는 것이라고 주장했으나 달(Nils A. Dahl)[102]은 이 가설을 의문시했는데 그것은 옳다. 왜냐하면 그 가설을 인정할 경우, 갈라디아서에서의 바울로의 주장이 무효화될 것이기 때문이다. 편지 전체를 통해서 유다화된 사람들에 대해서 반론을 편 후에, 그가 마지막에서 그들을 축복해야 할 이유가 어디에 있겠는가? 아주 최근에 리차드슨(Peter Richardson)[103]

비 7, 11(א); 또한 *Ps Sol.* 4.29; 6.9; 7.9; 9.20; 13.11. Rudolf Bultmann, "ἔλεος," *TDNT* 2.484; Richardson, 같은 책, 77f.

99) 대격을 가진 ἐπί의 이 의미에 대해서는 Bauer, *s.v.*, Ⅲ, 1, b, γ을 보라.

100) Richardson, *Israel*, 79.

101) Gottlob Schrenk, "Was bedeutet Israel Gottes?" *Judaica* 5(1949) 81—94, 주석의 역사에 대한 조사와 함께; 같은 저자, "Der Segenswunsch nach der Kampfepistel," *Judaica* 6(1950) 170—90.

102) Nils A. Dahl, "Der Name Israel, I: Zur Auslegung von Gal. 6, 16," *Judaica* 6(1950) 161—70; idem, *Das Volk Gottes*(Darmstadt: Wissenschaftliche Buchgesellschaft, 1963) 209ff.

103) Richardson, *Israel*, 70ff, 특히 81—84(위, 주 97).

은 또 하나의 해결책을 제시했다. 그는 "하느님의 이스라엘"이 교회를 언급할 수 없고 원래의 이스라엘(=유다교)과 관련되어야 한다는 점에서 쉬렝크의 견해에 동의하나, 반면에 그는 또한 바울로가 그 축복을 유다교에까지 확대할 수는 없다는 점에서 달의 견해에 동의한다. 그러므로 그는 그 문제를 구두점을 다시 찍음으로써 해결한다: "하느님께서 이 법칙에 따라 사는 모든 사람들에게 평화를 주시기를, 그리고 그의 모든 신실한 백성 이스라엘에게 또한 자비를."[104] 리차드슨은 바울로가 쉐모네 에스레를 "아이러니칼하게 엮어서 짜맞춰" 가면서 이용했다고 주장한다.[105] 바울로가 실제로 이런 식으로 인용했을 경우 야기되는 문제는 그 편지의 독자들이 바울로의 교묘한 표현을 결코 이해하지 못했을 것이라는 점이다. 따라서 리차드슨이 제안한 대로 구두점을 다시 찍는 경우는 원문에서 더 찾아볼 수 없으며, 바울로가 "자비"라는 용어를 아이러니칼한 방법으로 사용했다고 가정할 만한 언어상의 이유도 없다.[106] 교회가 기원 후 160년까지는 그 자신을 이스라엘과 동일시하지 않았다는 리차드슨의 주된 논점[107] 역시 별로 중요하지 않다. 왜냐하면 바울로는 이미 교회를 "참된" 이스라엘과 동일시하고,[108] 유다교를 "육을 따르는 이스라엘"(*'Ισραὴλ κατὰ σάρκα*)[109]과 동일시하기 때문이다. 그러나 바울로가 다른 곳에서 교회

---

104) Richardson, 같은 책, 84.

105) 위 책.

106) 바울로는 *ἔλεος*("자비")를 드문드문 사용하나 값싸게 취급하지 않는다. 참조. 로마 9, 23; 11, 31; 15, 9. 또한 Rudolf Bultmann, "*ἔλεος, ἐλεήμων, ἐλεημοσύνη, ἀνέλεος, ἀνελεήμων*," *TDNT* 2, 477—87, 특히 484—85를 보라.

107) 중요한 귀절은 Justin, *Dial.* 123.7: 참조. 124. 1ff. Richardson, *Israel*, 83 n. 2를 비롯한 여러곳. 참조. 서평 J.C.H. Lebram, *VigCh* 26(1972) 148—52; 그리고 Davies의 언급, *Gospel…Land*, 171 n. 18.

108) 바울로가 *'Ισραὴλ κατὰ πνεῦμα*("영에 따르는 이스라엘")이라는 개념을 결코 사용하지 않는다는 것을 말함에 있어서 물론 슈렝크("Israel," 87f [위, 주 101])는 옳다. 그러나 갈라 4, 21—31, 특히 4, 29, 그리고 로마 2, 17—29; 9—11장은 그가 원했을 경우 그 용어를 사용할 수 있었다는 것을 보여준다. 전반적인 문제에 관해서는 다음을 보라: Gösta Lindeskog, "Israel in the New Testament-Some Few Remarks on a Great Problem," SEÅ 26 (1961) 57—92; Christian Müller, *Gottes Gerechtigkeit und Gottes Volk*(FRLANT 86; Göttingen: Vandenhoeck & Ruprecht, 1964); Luz, *Geschichtsverständnis*, 268ff; Käsemann, *Römer*, 241ff.

109) 이 용어는 고전 10, 18에서 나온다. 참조. 로마 9, 3 이하. 또한 갈라 1, 13f를 보라. 참조. 2, 13—15.

를 언급할 때는 "하느님의 이스라엘"이라는 용어를 사용하지 않는다는 리차드슨의 주장은 옳다. 말 그대로 보자면, "하느님의 이스라엘"이라는 표현은 군말이다. "하느님의 이스라엘"이 아닌 이스라엘에 대해서 말한다는 것은 이치에 맞지 않는다. 그러나 그런 표현은 "참된" 이스라엘과 "거짓된" 이스라엘의 결정적인 구별로서 의미가 있다. 비록 바울로가 다른 용어를 사용한다 할지라도, 그가 그런 구별을 짓는다는 것은 의심할 바 없다. 비슷한 소유격 한정들이 갈라디아서 다른 곳에서, 예컨대 "하느님의 교회"[110] 또는 "그리스도의 법"[111] 같은 용어에서 발견된다. 그러나 쿰란문서들은 유다교 내에서 그런 구별들이 아주 잘 되었다는 것을 보여주었다.[112] 확실한 증거는 없지만, 바울로가 이 표현을 자신에게 반대하는 유다—그리스도교 반대자들로부터 이어받았으며, 또한 그의 신학에 있어서 "하느님의 이스라엘"은 공식적 유다교를 부정하는 참된 유다교와 같다는 추측은 할 수 있다.[113] 마치 바울로가 유다인들의 특권들을 그 편지 다른 곳에서 이방 그리스도교인인 갈라디아 사람들에게 이전하듯이, 그는 여기서 또 하나의 개념을 끄집어내어 그것을, 물론 다소 도전적으로, 그 서신의 독자들, 즉 충실한 바울로 신봉자들로 남아 있기로 작정한 사람들에게 적용시키려 한다. 그러나 우리는 또한 그 축복에 바울로의 선교와 관련된 예루살렘 회의의 합의점들을 승인했던 그리고 아직도 아마 승인하고 있을 유다 그리스도교의 일부를 포함시켜야 한다(참조. 1,22—24 ; 2,1—10). 거기서 제외되어 저주에 떨어진 자들은 그때(참조. 2,4—5)나 지금(참조. 1,6—9)이나 분명히 "거짓 형제들"이다.

결론적으로, "하느님의 이스라엘"이라는 용어의 의미는 다음 몇 가지를 전제한다. 즉 갈라디아서가 씌어지던 때까지 그리스도교와 유다교의 경계선이 아직 명료하게 그어지지 않았다는 것, 그리스도교와 유다교의 다양한 운동들과 그룹들이 그리스도의 문제와 씨름하려고 했다는 것, 그리고 "하느님의 이스라엘"이라는 말로 표현된 주장을 상이한 여러 그룹들이 동시에 할 수 있었다는 것 등을 전제한다.[114]

---

110) 갈라 1,13. 111) 갈라 6,2.

112) 쿰란문서들은 "하느님의"와 비슷한 용어를 사용한다 : 쿰란 공동체를 지칭하는 이름들(יחד אל, עצתאל, קהלאל, 그러나 "하느님의 이스라엘"은 아니다). 쿰란으로부터의 증거에 관해서는 Braun, *Qumran* 1.214 f; 2.146, 326을 보라.

113) 참조. 고후 6,16에 있는 *ναὸς θεοῦ*("하느님의 성전")의 개념 그리고 Betz에 의한 해석 "2 Cor 6 : 14—7 : 1," 88—108, 특히 92.

따라서 바울로는 그 축복을 갈라디아에 있는 자신의 추종자들을 넘어서서 15절에 서술된 κανών("법칙")을 인정하는 저 유다—그리스도인들에게까지 확대한다.[115]

[17] 편지를 완전히 마무리해가는 단계에서 바울로는 또 하나의 언급, 아무리 보아도 이상한 언급을 덧붙인다[116]: τοῦ λοιποῦ κόπους μοι μηδεὶς παρεχέτω· ἐγὼ γὰρ τὰ στίγματα τοῦ 'Ιησοῦ ἐν τῷ σώματί μου βαστάζω("앞으로는 아무도 나를 괴롭히지 마십시오. 내 몸에는 예수의 낙인이 찍혀 있읍니다"). 바울로는 미래에 대해서, 십자가에 달리신 그리스도를 따르는 자로서의 자기 묘사와 결부된 사도적 임명으로써 끝맺음(peroratio)을 결론짓는다.[117] 여기서 바울로가 이런 언급을 하는 이유는, 만일 우리가 한탄(conquestio)을 예상한다면 이해할 만하다. 비록 6장 17절의 말이 매우 간단하기는 하지만, 한탄을 나타내지는 않는다. 키케로가 가장 효과적으로 사용했던 것으로 퀸틸리안이 언급한 예들 중에, 변호자의 "가치, 그의 남자다운 일들, 전투에서 받은 상처들로부터의 흉터…"를 재판관에 대한 조언으로 지적하는 예가 있다.[118] 갈라디아서 6장 17절은 그런 한탄이다. 왜냐하면 그것은 바울로가 사도적 선교의 결과로서 입었던 στίγματα τοῦ 'Ιησοῦ ("예수의 낙인")를 가리키기 때문이다. 그리고 그것은 제시된 사건과 동일하다.[119]

그러나 바울로가 공공연히 연민에 호소하지 않는다는 것이 또한 명백하다. 아마 그런 감정적 호소가 없는 이유는 퀸틸리안이 보도하는 대로 다음의 사실 때문일 것이다: "강연술에 관해 무엇인가 글을 남긴 대다수의 아테네 사람들과 거의 모든 철학자들은 요점 반복이 끝맺음의 유일한 형태임을 주장했다. 아테네 사람들이 그렇게 한 이유는 감정에 대한 호소가 아테네 연사들에게 금지되었기 때문이라고 나는 생각한다. 실제로 법정의 정리(廷吏)가 이러한 효력에 대해 선언했다.

114) 또한 D.W.B. Robinson, "The Distinction Between Jewish and Gentile Believers in Galatians," *ABR* 13(1965) 29—48을 보라.
115) 또한 Richardson, *Israel*, 82f. 무쓰너는(p. 417. n. 61) 그것을 대신 로마 11,26 πᾶς 'Ισραήλ("전 이스라엘")과 관련시키고 싶어하나, 하나가 다른 것을 반드시 배제하는 것은 아니다.
116) Schlier, 284.
117) 참조. 갈라 1,1·12·16; 2,19·20; 4,14; 5,24; 6,14.
118) Quint. 6.1.21. tr. H.E. Butler, LCL. 그것과 περιστάσεις의 목록 관계에 주목해야 한다(Betz, *Paulus*, 97ff).
119) 참조. 갈라 1,23; 4,29; 5,11; 6,12.

나는 이러한 견해를 취하는 철학자들이 당연하다고 생각한다. 왜냐하면 그들은 감정에 호소하는 것을 악으로 간주하고 재판관이 감정에 대한 호소 때문에 사실을 보는 눈이 흐려지는 것을 부도덕하다고 생각하며, 선한 사람이 자신의 목적을 위해 나쁜 절차들을 이용하는 것이 어울리지 않는다고 생각하기 때문이다. 그럼에도 불구하고 만일 진실과 정의와 공적 관심의 승리를 획득할 수 있는 다른 수단이 없을 때에는 감정에 호소하는 것이 필요하다는 것을, 그들은 또한 인정해야만 한다."[120] 퀸틸리안에 의하면 여기서 바울로가 감정에 호소하는 것을 억제하는 것은, 철학자들의 특징이었던 신중함 같은 것을 반영하는 것이다.[121] 사도가 17절a에서("앞으로는 아무도 나를 괴롭히지 마시오") 명령을 내릴 때, 그는 그 문제들이 해결되었으며 더 이상 말썽의 근거가 없으리라는 소망이 담긴 추측에서 그렇게 한다.[122] *κόπους παρέχειν*("괴롭히다")이라는 귀절은 바울로 서신들에서 이곳에서만 발견된다.[123] 우리는 바로 그 괴로움 때문에 바울로가 이 편지를 쓰게 되었을 것이라고 가정해도 무방할 것이다. 선교활동[124]에 있어서 짐이 되었던 것 중의 하나는, 그렇게 많은 희생들을 통해 세워졌던 그 교회들을 배교하려는 위협이었다.[125]

자신의 요구에 대한 한 가지 이유로서 바울로는 17절b에서 "내 몸에는 예수의 낙인이 찍혀 있읍니다"라는 말을 덧붙인다. 용어 *τὰ στίγματα*("낙인")는 원래 헬라주의적 세계에서 널리 사용되었던 종교적 문신의 표시를 언급한다.[126] 이 용어는 속격 "예수의"[127]에 의해 한정

120) Quint. 6.1.7.

121) 자비를 구함에 대한 거부는 Socartes(참조. Xenophon *Mem.* 4.4.4)에게 맨처음 돌려졌으며, 그 뒤로 소크라테스 전승의 일부가 되었다. 내가 *Paulus*, 특히 15ff에서 제안한 것처럼 이 전승은 바울로에게 영향을 끼쳤다.

122) *τοῦ λοιποῦ*("지금부터, 장차"). Bauer, *s.v.*, 3, a, β; Moule, *Idiom Book*, 39,161; BDF, §186,2; BDR, §186,4를 보라.

123) 참조. 마태 26,10; 마르 14,6; 루가 11,7; 18,5; *Herm. Vis.* 3.3.2에서 그 용어의 등장.

124) *κόπος*("일, 노동, 수고")는 특히 선교사의 *κόπος*다. 고후 10,15; 데전 1,3; 2,9; 3,5를 보라. 또한 갈라 4,11에 있는 동사 *κοπιάω*를 참조하라. Friederich Hauck, "*κόπος*" *TDNT* 3.827—30; Bauer, *s.v.* 2를 보라.

125) 참조. 갈라 4,11·19; 또한 2,11. 슐리어는 바울로가 반대자들의 적대감과 갈라디아인들의 연약함을 지적한다고 믿는다.

126) 그 개념은 신약에서 독특하다. 고대 종교들에 있는 자료에 대해서는 Bauer, *s.v.*; Otto Betz, "*στίγμα*", *TDNT* 7.657—64; Betz, *Lukian*, 79f; Mussies, *Dio Chyrsostom*, 185; Philo *et.* 9 D(27—29); *Spec.* 1.58

되며, 그 개념의 정신화를 가리킨다. 무엇이 "예수의 문신 표시들"일까? 그리스도인들이 그 당시 그들의 신앙의 상징들로, 아마 십자가로 문신을 했다는 것이 가능하다.[128] 그러나, 아마 바울로는 자신의 선교 활동 동안 그가 "그리스도와 함께 고생함"으로써 당하게 되는 모든 종류의 괴로움들을 언급할 것이다.[129] 그 언어는 그를 "그리스도를 따르는 자"(*μιμητὴς τοῦ Χριστου*)[130]로 묘사하는 언어와 관련되어야 한다. 바울로는 그것을 일찌기 편지 여러 곳들에서 언급했었다.[131] 그러나 *μιμητής*("본받는 자")라는 용어는 갈라디아서에서 발견되지 않는다.[132] 용어 *βαστάζω*("나르다")는 "십자가를 짐"[133]을 언급하는 것 같다. 바울로가 그 표시의 신체적 성격을 강조하는 것은 "내 몸에"라는 어구에서 나타나지만, 이 표시들이 실제로 무엇이었는가를 그는 밝히지 않는다.[134]

바울로가 서신의 마지막 부분에서 이방 사람들에게, 따라서 또한 갈라디아 사람들에게 자신에 관해 말하기를, 복음을 선포하기 위해 주님으로부터 보냄을 받은 그리스도의 사도라고 재차 말하는 것을 간파하는 것이 중요하다.[135] 그는 그들에게 복음을 전했을 뿐만 아니라,

---

을 보라. 또한 Udo Borse, "Die Wundmale und der Todesbescheid, *BZNF* 14(1970) 88—111을 보라.

127) P[46] A B C* 33 *al*에 의해서 지지되는 단순한 '*Ἰησοῦ*("예수의")대신에, 다른 증언들은 *Χριστοῦ*("그리스도의") 또는 더 긴 그리스도론적 법식들을 대치한다. Metzger, ***Textual Commentary***, 599를 보라.

128) 이 가설은 다음에서 제시되었다 : Erich Dinkler, "Jesu Wort vom Kreuztragen," in ***Neutestamentliche Studien für R. Bultmann***(BZNW 21(1954) 110—29) ; rep. in his ***Signum Crucis***, 93. Dinkler는 바울로의 몸에는 세례 때 받은 "Christos"를 대신하는 "X"가 찍혔다고 믿는다. 또한 Resch, ***Agrapha***, 226, n. 1을 보라.

129) 참조. 고후 4, 10 : "우리는 언제나 우리 몸에 예수의 죽은 바 됨을 짊어지고 다닌다"(Bauer 역) ; 1, 5 ; 4, 16 ; 13, 3—4 ; 필립 3, 10—11 ; (골로 1, 24). 또한 Borse, "Die Wundmale," 93ff(위, 주 126) ; Mussner, 418—20.

130) 이 개념에 대해서는 Betz, ***Nachfolge***, 183을 비롯한 여러 곳 ; idem, "Eine Christus-Aretalogie bei Paulus(2 Kor 12, 7—10)," ***ZThK*** 66 (1969) 288—305 참조.

131) 참조. 갈라 2, 19f ; 4, 13—14 ; 5, 24 ; 6, 14.

132) 참조. 고전 4, 16 ; 11, 1 ; 필립 3, 17 ; 데전 1, 6 ; 2, 14.

133) 참조. 루가 14, 27 ; 요한 19, 17 ; 그러나 갈라 6, 2·5 ; 로마 15, 1을 보라. 그 용어의 의미에 대해서는 Bauer, *s.v.* 2를 보라.

134) 참조. 고후 4, 10 ; 10, 10 ; 필립 3, 21, 그리고 전반적인 문제에 관해서는 Güttgemanns, ***Apostel***, 126—35를 보라.

135) 참조. 갈라 1, 1—2·6·7·11—12 ; 2, 2—10 ; 3, 1—5 ; 4, 12—20.

또한 "그리스도의 종"(1,10)으로서 그리스도 내림에서처럼(4,13—14) 그리스도를 대표한다. 그리스도께서 그이 안에 사시며(2,20) 그를 통해 말씀하신다(참조. 고후 13,3). 편지의 마지막에서 이렇게 언급함에 있어서, 바울로는 그들이 자신을 경멸하거나 거절하지 않고, 그들이 다시 유혹을 극복하여 자신을 "하느님의 천사, 그리스도 자신으로서까지" 환대해주기를 희망하면서, 동시에 그가 그들에게 갔을 때(참조. 4,13—14) 그들이 그리스도인이 되기 시작하던 상황을 또 다시 상기시킨다.

이와 같이 갈라디아 사람들에 대한 편지는 사도적 내림[136]과 갈라디아 사람들의 그리스도 교회를 재연한다. 다른 점이 있다면, 처음에는 그들이 "그리스도의 복음"을 받아들일 것인지 아닌지의 문제에 부딪쳤으나, 반면에 지금 그들은 그 복음에 충실하게 남아 배교함으로써 받을 저주를 피하도록 요구받는다.[137]

[18] 마지막 축도는 바울로의 다른 서신들과 어느 정도 다르다 : *ἡ χάρις τοῦ κυρίου ἡμῶν 'Ιησοῦ Χριστοῦ μετὰ τοῦ πνεύματος ὑμῶν, ἀδελφοί*("형제들이여, 우리 주 예수 그리스도의 은혜가 여러분의 심령에 있기를 빕니다").[138] 특이한 것은 이 편지에서는 대단히 중요하지만 바울로의 다른 서신들의 축도에서는 발견되지 않는 호칭 "형제들"이다.[139] 속격이 딸린 전치사 *μετά*("함께")는 일반적으로 축도들에 다 나오지만 "여러분의 심령에"라는 어구는 이곳과 필립비서 4장 23절, 필레몬서 25절(참조. 디후 4,22)에만 나온다.[140] 이 편지에서 항상 하느님의 또는 그리스도의 영을 언급하는 "심령"이라는 용어가 여기서는 인간의 영을 언급한다.[141] 이러한 특색들은 그

136) 이 주석에 대한 서론, §5 그리고 §7을 보라.
137) 갈라 1,6—9에 관해서 보라.
138) ℵ P 69 *pc*는 *ἡμῶν*("우리의")라고 쓰여있지 않으나 로마 16,20 ; 데전 5,28은 그렇게 되어 있다. 반면에 그것은 고전 16,23 ; 고후 13,21 ; 필립 4,23에서 생략된다. 필레 25에서 그것은 논란된다. 일반적으로 "축복"에 관한 문헌에 대해서는 갈라 1,8—9 ; 6,16에 관해서 보라.
139) 참조. 갈라 1,11 ; 3,15 ; 4,12·28·31 ; 5,11·13 ; 6,1 ; 또한 1,2.
140) 로마 16,20 ; 고전 16,23 ; 데전 5,28은 *μεθ' ὑμῶν*("여러분과 함께")로 되어 있다. 고후 13,13(또한 데후 3,18 ; 디도 3,15)는 *μετὰ πάντων ὑμῶν*("여러분 모두와 함께")로 되어 있다. 갈라디아서의 축복은 Laodiceans에 대한 위(僞)—바울로의 편지에서 사용된다(HSW, *NT Apocrypha* 2,138을 보라.
141) 갈라디아서에서 "심령"의 의미에 관해서는 위, 3,2·5에 관해서 보라.

축도가 전통적이며 바울로 자신이 한 것이 아니라는 사실에서 비롯되었다. "은혜"[142]라는 용어 역시 전통적인 것이지만 바울로의 해석에서 그것은 구원에 대한 대단히 포괄적인 개념이 되었다.

끝맺는 예식적 환호 ἀμήν("아멘")은 사본전승에서 잘 뒷받침된다.[143] 그러나 그것은 아마 원래 편지의 일부가 아니라, 그 편지가 예배에서 사용되었을 때 교회에 의해 첨가되었을 것이다. 이 편지가 다소 일찍 예배에서 사용되었기에 편지가 보존될 수 있었을지 모른다. 예배에서 이 편지에 대한 응답으로서 온 회중이 함께 "아멘"했을 것이다.[144]

142) 참조. 갈라 1,3·6·15 ; 2,9·21 ; 5,4. Brun, *Segen und Fluch*, 36f; Gerhard Delling, "Zusammengesetzte Gottes-und Christusbezeichnungen in den Paulusbriefen," in his *Studien zum Neuen Testament und zum hellenistischen Judentum* (Berlin: Evangelische Verlagsanstalt, 1970) 421을 보라.

143) 그것은 몇몇 사본들에 의해서 생략된다(G it^{g} Marius Victorinus Ambrosiaster). Metzger, *Textual Commentary*, 599를 보라.

144) 또한 로마 15,33 ; 16,24·27 ; 고전 16,24, 그리고 다른 편지들의 마지막들을 보라. 거기서 아멘은 전승의 일부에 의해서만 지지된다. "아멘"의 의미에 관해서는 갈라 1,5를 보라.

원서 부록에 대한 안내

편집자 주

원서 328-35쪽에는 4개의 부록이 실려 있는데, 이전 한국어판과 마찬가지로 이 한국어판에도 이 부분을 포함하지 않았다. 원서 부록의 내용은 아래와 같다.

1. Josephus, *Jewish Antiquities* 20.38–48
2. 2 Corinthians 6:14–7:1
3. The *Kerygmata Petrou*
   A. *The Epistle of Peter to James* (*Epistula Petri*)
   B. *Pseudo-Clementine Homilies 11.35.3–6*
   C. *Pseudo-Clementine Homilies 17.13–19*
4. Justin Martyr, *Dialogue with Trypho* 46–47

한국어 번역이 필요한 독자라면, 이 중에 1은 아래 번역을 참고하시기를 바란다.

요세푸스, 『유대 고대사 4』, 요세푸스 하바드판 제6권, 달산, 1992, 424-26쪽.

3.A.는 현존하는 한국어 번역은 아래의 것이 있다.

"베드로가 야고보에게 보낸 편지," 이동진 편역, 『제2의 성서: 신약시대』, 해누리, 2001, 457-460쪽.

원서의 원문을 www.rmaenge.com 의 이 책 소개 페이지에 올려서 누락된 부분을 보기 원하는 독자는 볼 수 있도록 해두겠다.

참고 문헌

1. 주석서

여기에 선별한 주석서 목록을 제시한다. 갈라디아서에 대해 쓰여진 수많은 저작물 중에서 중요한 학문적 공헌을 했거나, 학자들에게 오늘날까지 여전히 가치가 있는 것들을 선별했다. 이보다 훨씬 더 많은 수의 설교집, 강해서, 경건 서적은 제외했다. 더 광범위한 목록은 Mussner, xi-xvii쪽을 참고하기 바란다.

오래된 저작물

아래에 나열된 저작물들은 본 주석이 출간된 후 다수가 영어로 번역되었다. 최근에 출간된 수준 있는 영어권 주석서의 참고문헌이나 『갈라디아서 주석서 가이드』(알맹e, 2023)를 참고하면 최근 출간물 정보를 보조적으로 확인할 수 있다(편집자 주).

Cramer, John A.

Catenae graecorum patrum (vol. 5; Oxford: Oxford University, 1844).

Souter, Alexander

The Earliest Latin Commentaries on the Epistles of St. Paul (Oxford: Clarendon, 1927). 다음 주석가들을 포함한다:
Marius Victorinus
Ambrosiaster
Jerome
Augustine
Pelagius

Staab, Karl

Pauluskommentare aus der griechischen Kirche aus Katenenhandschriften gesammelt und herausgegeben (NTAbh 15; Münster: Aschendorff, 1933). 다음 주석가들을 포함한다:
Eusebius of Emesa (+ 359)
Severianus of Gabala (+ after 409)
Gennadius of Constantinople (+ 741)
Oecumenius of Tricca (6th c.)

Photius of Constantinople (c. 820–891)

Ephraem Syrus (+ 373)

S. Ephraemi Syri commentarii in epistolas D. Pauli, nunc primum e Armenio in Latinum sermonem a patribus Mekitharistis translati (Venice: Ex Typographia Sancti Lazari, 1893).

Chrysostom, John (354–407)

S. Joannis Chrysostomi Interpretatio omnium Epistolarum Paulinarum per Homilias facta (ed. Frederick Field; Oxford: Parker et al., 1852). *PG* 61.611–82.

Commentary of St. John Chrysostom, Archbishop of Constantinople, on the Epistle of St. Paul the Apostle to the Galatians (The Oxford tr. revised, with additional notes by Gross Alexander; NPNF 1.13; Grand Rapids: Eerdmans, 1956) 1–48.

Ambrosiaster (4th cent.)

Ambrosiastri qui dicitur commentarius in epistulas Paulinas (pars III: in epistulas ad Galatas, etc., recensuit Henricus Iosephus Vogels; CSEL 81.3; Vienna: Hoelder, Pichler, Tempsky, 1969).

Ps.-Augustine [Ambrosiaster?], *Quaestiones Veteris et Novi Testamenti CXXVII* (recensuit Alexander Souter; CSEL 50; Vienna: Tempsky & Freytag, 1908).

Marius Victorinus (+ after 362)

Marii Victorini Afri Commentarii in Epistulas Pauli ad Galatas, etc. (edidit Albrecht Locher; BT; Leipzig: Teubner, 1972).

PL 1.1145–98.

Augustine (354–430)

Aurelius Augustinus, *Epistulae ad Galatas expositio* (*PL* 35.2105–48).

Jerome (347–420)

PL 26.331–468.

Pelagius (+ after 418)

Pelagius' Expositions of Thirteen Epistles of St. Paul (ed. Alexander Souter; TextsS 9.1–3; Cambridge: Cambridge University, 1922–31) 2.306–43.

Theodorus of Mopsuestia (+ 428)

Theodori episcopi Mopsuesteni in epistolas Beati Pauli Commentarii. 그리스어 문헌 조각들의 라틴어역본 (2 vols.; ed. Henry B. Swete; Cambridge: Cambridge University, 1880–82) 1.1–111.

Theodoretus of Cyrus (+ c. 460)

PG 82.459–504.

Cassiodorus (+ c. 580)

PL 70.1343–46.

John of Damascus (+ c. 750)

PG 95.775–822.

Stegmüller, Friedrich

Repertorium Biblicum Medii Aevi (7 vols.; Madrid: Consejo superior de investigaciones científicas, Instituto Francisco Suárez, 1950–61).

Theophylactus (c. 1050–1108)

PG 124.951-1032.

Lombardus, Petrus (+ 1160)

PL 192.93-170.

Aquinas, Thomas (+ 1274)

Expositio in omnes S. Pauli Epistolas, in his Opera Omnia (vol. 13; Parma: Fiaccador, 1862) 383-442. *Commentary on Saint Paul's Epistle to the Galatians* (tr. F. R. Larcher; intro. R. T. A. Murphy; Albany: Magi, 1966).

Nicolaus of Dinkelsbühl (c. 1360–1433)

Der Galaterbrie fkommentar des Nikolaus von Dinkelsbühl (Textkritische Ausgabe von Rudolf Damerau; Studien zu den Grundlagen der Reformation 7; Giessen: Schmitz, 1969). *Die Quästionen zur Galaterbriefvorlesung des Nikolaus von Dinkelsbühl* (Textkritische Ausgabe von Rudolf Damerau; Studien zu den Grundlagen der Reformation 9; Giessen: Schmitz, 1970).

Erasmus, Desiderius ([1466] 1469–1536)

In Epistolam Pauli ad Galatas Paraphrasis. 1519 (first edition), in his *Paraphrases in Novum Testamentum*, ex recognitione Io. Clerici (vol. 3; Berlin: Haude & Spener, 1780) 517-61.

Lefèvre d'Etaples, Jacques (c. 1460–1536)

Commentarii in Epistolas Pauli (Paris: Estienne, 1512, 21515).
이 책과 다른 주석서들은 다음을 보라. Eugene F. Rice, *The Prefatory Epistles of Jacques Lefèvre d'Etaples and Related Texts* (New York: Columbia University, 1972) 558f;
Guy Bedouelle and Franco Giacone, *Jacques Lefèvre d'Etaples et ses disciples: Epistres et Evangiles pour les cinquante et deux dimenches de l'an* (Leiden: Brill, 1976).

Luther, Martin (1483–1546)

Luthers Vorlesung über den Galaterbrief 1516/17 (ed. Hans von Schubert; AHAWPH 5; Heidelberg: Winter, 1918).
Divi Pauli Apostoli ad Galat<h>as Epistola, WA 57.I-XXVI (intro. K. A. Meissinger); 5-49 (glosses); 51-108 (scholia). 첫 번째 갈라디아서 강의 1516/17.
Is epistolam Pauli ad Galatas M. Lutheri commentarius, WA 2.443-618. 두 번째 갈라디아서 강의 1518/19, 11519, 21523.
Lectures on Galatians 1519 (ed. Jaroslav Pelikan; *Luther's Works* 27; St. Louis: Concordia, 1964) 151-410.
In epistolam S. Pauli ad Galatas Commentarius ex praelectione D. Martini Lutheri collectus; WA 40/1-2. 세 번째 갈라디아서 강의 1531. 1535에 취합.
Lectures on Galatians 1535 (ed. Jaroslav Pelikan; *Luther's Works* 26-27; St. Louis: Concordia, 1963-64).
A Commentary on St. Paul's Epistle to the Galatians (Middleton판을 저본으로 Philipp S. Watson이 편집함; London: Clark, 1953, 1956).

Calvin, Jean (1509–1564)

Commentarius in Epistolam ad Galatas (Corpus Reformatorum 78; Brunsvick: Schwetschke, 1893).
The Epistles of Paul the Apostle to the Galatians (tr. T. H. L. Parker; Calvin's Commentaries II;

Grand Rapids: Eerdmans, 1965).

Bullinger, Heinrich (1504–1575)

In D. Apostoli Pauli ad Galatas, etc., epistolas Heinrychi Bullingeri Commentarij (Tiguri: apud Christophorum Froschouerum, 1535).

In omnes apostolicas, divi videlicet Paul xiiii, et vii canonicas, commentarii Heinrychi Bullingeri, ab ipso iam recogniti & nonnullis in locis aucti (Tiguri: apud Christophorum Froschoverum, 1537).

현대 저작물

Cornelius a Lapide (Van den Steen, Corneille Cornelissen)

Commentaria in omnes D. Pauli epistolas (Antwerp: apud heredes Martini Nutii, Ioannem Meursium, 1614, 21617).

Locke, John

A Paraphrase and Notes to the Epistle of St. Paul to the Galatians, etc. (London: Awnsham & Churchill, 1705-07).

Wet(t)stein, Johann Jacob

Ἡ Καινὴ Διαθήκη. *Novum Testamentum graecum. ... Tomus II, continens epistolas Pauli, etc.* (Amsterdam: Ex officina Dommeriana, 1752).

Grotius, Hugo

Annotationes in Epistolam Pauli ad Galatas, in his *Annotationes in Novum Testamentum* (Editio nova recensuit Ch. E. de Windheim; tomus 2, pars 1; Erlangen: apud I. C. Tetzschnerum, 1756), 544-82.

Winer, Georgius Benedictus

Pauli ad Galatas epistola latine vertit et perpetua annotatione illustravit (Leipzig: Reclam, 1821, 41859).

Rückert, Leopold Immanuel

Commentar über den Brief Pauli an die Galater (Leipzig: Köhler, 1833).

Usteri, Leonhard

Commentar über den Brief Pauli an die Galater (Zurich: Orell Füssli, 1833).

Schott, Heinrich August

Epistolae Pauli ad Thessalonicenses et Galatas (Leipzig: Sumtibus Joannis Ambrosii Barthii, 1834).

Meyer, Heinrich August Wilhelm

Kritisch-exegetisches Handbuch über den Brief an die Galater (KEK; Göttingen: Vandenhoeck & Ruprecht, 1841, 51870).

ET: *Critical and Exegetical Handbook to the Epistle to the Galatians* (tr. from the 5th edition of the German by G. H. Venables; Critical and Exegetical Commentary to the New Testament; Edinburgh: Clark, 1873).

de Wette, Wilhelm Martin Leberecht

Kurze Erklärung des Briefes an die Galater und der Briefe an die Thessalonicher, in Kurzgefasstes exegetisches Handbuch zum Neuen Testament (Leipzig: Weidmann, 1841, 31864) 2/3.1–91.

Hilgenfeld, Adolf

Der Galaterbrief übersetzt, in seinen geschichtlichen Beziehungen untersucht und erklärt (Leipzig: Breitkopf & Härtel, 1852).

Ellicott, Charles J.

St. Paul's Epistle to the Galatians (London: Longmans, 1854).

Bisping, August

Erklärung des zweiten Briefes an die Korinther und des Briefes an die Galater, in Exegetisches Handbuch zu den Briefen des Apostels Pauli (Münster: Aschendorff, 1857, 31883).

Estius, Wilhelm

In omnes Divi Pauli Apostoli Epistolas commentariorum tomus prior, posterior (Dvaci: Ex Officina Typographica Baltzaris Belleri, 1614–16; editio secunda curavit Joannes Holzammer; 3 vols.; Moguntiae: Sumptibus F. Kirchhemii, 1858–59).

Wieseler, Karl

Commentar über den Brief Pauli an die Galater (Göttingen: Dieterich, 1859).

Bentley, Richard

Epistola Beati Pauli Apostoli ad Galatas, in *Bentleii critica sacra*. Notes on the Greek and Latin text of the New Testament (ed. A. A. Ellis; Cambridge: Deighton & Bell, 1862) 93–117.

Lightfoot, Joseph Barber

Saint Paul's Epistle to the Galatians (London: Macmillan, 1865, 101890).

Holsten, Carl

Das Evangelium des Paulus (Teil 1.1, 2; Berlin: Reimer, 1880, 1898).

Sieffert, Friedrich

Der Brief an die Galater (KEK 7; Göttingen: Vandenhoeck & Ruprecht, 61880, 91899).

Bengel, Johann Albert

D. Joh. Alberti Bengelii Gnomon Novi Testamenti (Stuttgart: Steinkopf, 81887).
ET: *Gnomon of the New Testament* (2 vols.; tr. Charlton T. Lewis and Marvin R. Vincent; Philadelphia: Perkinpine & Higgins; New York: Sheldon, 1864; rep. as *New Testament Word Studies*; Grand Rapids: Kregel, 1971).

Schaefer, Aloys

Erklärung der zwei Briefe an die Thessalonicher und des Briefes an die Galater, in *Die Bücher des Neuen Testaments erklärt* (Münster: Aschendorff, 1890) 181–361.

Lipsius, Richard Adelbert

Briefe an die Galater, Römer, Philipper (Freiburg: Mohr, Siebeck, 21892) 2/2.1–69.

Ramsay, William M.

A Historical Commentary on St. Paul's Epistle to the Galatians (London: Hodder & Stoughton, 1899, 21900; Grand Rapids: Baker, 1965).

Zahn, Theodor

Der Brief des Paulus an die Galater (KNT 9; Leipzig: Deichert, 1905, 31922).

Bousset, Wilhelm

"Der Brief an die Galater," in *Die Schriften des Neuen Testaments* (Göttingen: Vandenhoeck & Ruprecht, 21908) 2.28-72.

Lietzmann, Hans

An die Galater (HNT 10; Tübingen: Mohr, Siebeck, 1910, 21923, 41971 [mit einem Literaturnachtrag von Philipp Vielhauer]).

Lake, Kirsopp

The Earlier Epistles of St. Paul: Their Motive and Origin (London: Rivingtons, 1911, 21914).

Loisy, Alfred

L'Epître aux Galates (Paris: Nourry, 1916). Lagrange, Marie-Joseph *Saint Paul, Epître aux Galates* (Paris: Librairie Lecoffre, J. Gabalda, 1918, 21925).

Burton, Ernest de Witt

A Critical and Exegetical Commentary on the Epistle to the Galatians (ICC; New York: Scribner's, 1920).

Rylands, L. Gordon

A Critical Analysis of the Four Chief Pauline Epistles, Romans, First and Second Corinthians, and Galatians (London: Watts, 1929).

Duncan, George S.

The Epistle of Paul to the Galatians (MNTC; London: Hodder & Stoughton, 1934).

Steinmann, Alphons

Die Briefe an die Thessalonicher und Galater, in *Die Heilige Schrift des Neuen Testaments* 5 (Bonn: Hanstein, 41935) 77-170.

Oepke, Albrecht

Der Brief des Paulus an die Galater (ed. Joachim Rohde; ThHK 9; Berlin: Evangelische Verlagsanstalt, 1937, 21957, 31973).

Beyer, Hermann Wolfgang

Der Brief an die Galater. Neu bearbeitet von Paul Althaus, in *Die kleineren Briefe des Apostels Paulus* (NTD 8; Göttingen: Vandenhoeck & Ruprecht, 1949, 81962).

Bonnard, Pierre

L'Epître de Saint Paul aux Galates (Commentaire du Nouveau Testament 9; Neuchâtel and Paris: Delachaux & Niestlé, 1953, 21972).

Lyonnet, Stanislas

Les Epîtres de Saint Paul aux Galates, aux Romains (Paris: Cerf, 1953).

Ridderbos, Herman Nicolaas

The Epistle of Paul to the Churches of Galatia (tr. Henry Zylstra; NICNT; Grand Rapids: Eerdmans, 1953). 『갈라디아서, 골로새서•에베소서』(성경주석 뉴 인터내셔널, 14, 이장림 역.

생명의 말씀사, 1988, 15-213).

Stamm, Raymond T.

The Epistle to the Galatians (*IntB* 10; Nashville: Abingdon, 1953) 427–593.

Bring, Ragnar

Commentary on Galatians (tr. Eric Wahlstrom; Philadelphia: Muhlenberg, 1961).

Viard, André

Saint Paul: Epître aux Galates (Paris: Librairie Lecoffre, J. Gabalda, 1964).

Bligh, John

Galatians: A Discussion of St. Paul's Epistle (Householder Commentaries 1; London: St. Paul, 1969). Hans Dieter Betz의 서평을 참고하라. *JBL* 89 (1970) 126–27.

Schlier, Heinrich

Der Brief an die Galater (KEK 7; Göttingen: Vandenhoeck & Ruprecht, 141971, 101949, 121962 rev.).

Grossouw, Willem K.

De Brief van Paulus aan de Galaaten (Bussum: Romen, 1974).

Mussner, Franz

Der Galaterbrief (HThK 9; Freiburg: Herder, 1974). Hans Dieter Betz의 서평을 참고하라: *SEÅ* 40 (1975) 145–46.

Becker, Jürgen

Die Briefe an die Galater, Epheser, Philipper, Kolosser, Thessalonicher und Philemon (NTD 8; Göttingen: Vandenhoeck & Ruprecht, 1976).

2. Studies

Barrett, C. K.

"The Allegory of Abraham, Sarah, and Hagar in the Argument of Galatians," in *Rechtfertigung, Festschrift für Ernst Käsemann zum 70. Geburtstag* (Tübingen: Mohr, Siebeck; Göttingen: Vandenhoeck & Ruprecht, 1976) 1–16.

Belser, Johann Evangelist

Die Selbstvertheidigung des heiligen Paulus im Galaterbrief (*1, 11–2, 21*) (BibS(F) 1.3; Freiburg: Herder, 1896).

Betz, Hans Dieter

"2 Cor 6:14–7:1*: An Anti-Pauline Fragment?" *JBL* 92 (1973) 88–108.

Betz, Hans Dieter

"Spirit, Freedom, and Law: Paul's Message to the Galatian Churches," *SEÅ* 39 (1974) 145–60. German: "Geist, Freiheit und Gesetz: Die Botschaft des Paulus an die Gemeinden in Galatien," *ZThK* 71 (1974) 78–93.

Betz, Hans Dieter

"The Literary Composition and Function of Paul's Letter to the Galatians," *NTS* 21 (1975) 353-79. 『갈라디아서 논쟁』(가제, 나노스 편집, 이레서원, 근간)

Betz, Hans Dieter

"In Defense of the Spirit: Paul's Letter to the Galatians as a Document of Early Christian Apologetics," in *Aspects of Religious Propaganda in Judaism and Early Christianity* (ed. Elisabeth Schüssler Fiorenza; Notre Dame: University of Notre Dame, 1976) 99-114.

Betz, Hans Dieter

"Galatians, Letter to the," *IDBSup* (1976) 352-53. 『기독교 대백과사전 1』(기독교문사, 1980, 223-25)

Borse, Udo

Der Standort des Galaterbriefes (BBB 41; Bonn: Hanstein, 1972).

Bronson, David B.

"Paul, Galatians, and Jerusalem," *JAAR* 35 (1967) 119-28.

Bruce, F. F.

"Galatian Problems: 1. Autobiographical Data," *BJRL* 51 (1969) 292-309.

Bruce, F. F.

"Galatian Problems: 2. North or South Galatians?" *BJRL* 52 (1970) 243-66.

Bruce, F. F.

"Galatian Problems: 3. The 'Other' Gospel," *BJRL* 53 (1970/71) 253-71.

Bruce, F. F.

"Further Thoughts on Paul's Biography: Galatians 1:11-2:14*," in *Jesus und Paulus: Festschrift für Werner Georg Kümmel zum 70. Geburtstag* (Tübingen: Mohr, Siebeck; Göttingen: Vandenhoeck & Ruprecht, 1975) 21-29.

Brun, Lyder and Fridrichsen, Anton

Paulus und die Urgemeinde (Zwei Abhandlungen; Giessen: Töpelmann, 1921.) Contains: Brun, Lyder, "Apostelkoncil [*sic*] und Aposteldekret;" Fridrichsen, Anton, "Die Apologie des Paulus Gal. I."

Buck, Charles H.

"The Date of Galatians," *JBL* 70 (1951) 113-22.

Crownfield, Frederick R.

"The Singular Problem of the Dual Galatians," *JBL* 64 (1945) 491-500.

Dinkler, Erich

"Der Brief an die Galater," *VF* 1-3 (1953/55) 175-83; also in his *Signum Crucis*, 270-82 (see Short Title list, above).

Eckert, Jost

Die urchristliche Verkündigung im Streit zwischen Paulus und seinen Gegnern nach dem Galaterbrief (Münchener Universitäts-Schriften, Katholisch-theologische Fakultät; Regensburg: Pustet, 1971).

Faw, Chalmer E.

"The Anomaly of Galatians," *BR* 4 (1960) 25-38.

Foerster, Werner

"Abfassungszeit und Ziel des Galaterbriefes," in *Apophorela: Festschrift für Ernst Haenchen* (BZNW 30; Berlin: Töpelmann, 1964) 135-41.

Grant, Robert M.

"Hellenistic Elements in Galatians," *ATR* 34 (1952) 223-26.

Grosch, Hermann

Der im Galaterbrief Kap. 2, 11-14 berichtete Vorgang in Antiochia: Eine Rechtfertigung des Verhaltens des Apostels Petrus (Leipzig: Deichert, 1916).

Grundmann, Walter

"Die Häretiker in Galatien," *ZNW* 47 (1956) 25-66.

Grundmann, Walter

"Die Apostel zwischen Jerusalem und Antiochia," *ZNW* 39 (1940) 110-37.

Häuser, Philipp

Anlass und Zweck des Galaterbriefes: Seine logische Gedankenentwicklung (NTAbh 11.3; Münster: Aschendorff, 1925).

Hawkins, John G.

The Opponents of Paul in Galatia (Ph.D. diss.; Yale University, 1971).

Hilgenfeld, Adolf

"Zur Vorgeschichte des Galaterbriefes," *ZWTh* 27 (1884) 303-43.

Holl, Karl

"Der Kirchenbegriff des Paulus im Verhältnis zu dem der Urgemeinde," in his *Gesammelte Aufsätze* 2.44-67 (see Short Title list, above).

Holl, Karl

"Der Streit zwischen Petrus und Paulus in Antiochien und seine Bedeutung für Luthers innere Entwicklung," in his *Gesammelte Aufsätze* 3.134-46.

Jewett, Robert

"The Agitators and the Galatian Congregation," *NTS* 17 (1971) 198-212.

Kertelge, Karl

"Zur Deutung des Rechtfertigungsbegriffs im Galaterbrief," *BZ* 12 (1968) 211-22.

Knox, John

"Galatians, Letter to the" *IDB* (1962) 2.338-43. 『기독교 대백과사전 1』(기독교문사, 1980, 217-23)

Linton, Olof

"The Third Aspect: A Neglected Point of View, a Study in Gal. I-II and Acts IX and XV," *StTh*3 (1949/50) 79-95.

Lönning, Inge

"Paulus und Petrus: Gal 2, 11 ff.. als kontrovers-theologisches Fundamentalproblem," *StTh* 24 (1970) 1–69.

Lütgert, Wilhelm

Gesetz und Geist: Eine Untersuchung zur Vorgeschichte des Galaterbriefes (BFCTh 22.6; Gütersloh: Bertelsmann, 1919).

Manson, T. W.

"The Problem of the Epistle to the Galatians," *BJRL* 24 (1940) 59–80; also in his *Studies in the Gospels and Epistles* (Philadelphia: Westminster, 1962) 168–89.

Mussner, Franz

Theologie der Freiheit nach Paulus (Quaestiones Disputatae 75; Freiburg: Herder, 1976).

O'Neill, John C.

The Recovery of Paul's Letter to the Galatians (London: SPCK, 1972).

Overbeck, Franz

Über die Auffassung des Streits mit Petrus in Antiochien (Gal. 2, 11ff..) bei den Kirchenvätern (Programm Basel, 1877; rep. Darmstadt: Wissenschaftliche Buchgesellschaft, 1968).

Ropes, James Hardy

The Singular Problem of the Epistle to the Galatians (HTS 14; Cambridge: Harvard University, 1929).

Sanders, Jack T.

"Paul's 'Autobiographical' Statements in Galatians 1–2," *JBL* 85 (1966) 335–43.

Schmithals, Walter

"The Heretics in Galatia," in his *Paul and the Gnostics*, 13–64 (see Short Title list, above).

Schulz, Siegfried

"Katholisierende Tendenzen in Schliers Galater-Kommentar," *KD* 5 (1959) 23–41.

Stählin, Gustav

"Galaterbrief," *RGG* (31958) 2.1187–90.

Steck, Rudolf

Der Galaterbrief nach seiner Echtheit untersucht, nebst kritischen Bemerkungen zu den paulinischen Hauptbriefen (Berlin: Reimer, 1888).

Steinmann, Alphons

Der Leserkreis des Galaterbriefes: Ein Beitrag zur urchristlichen Missionsgeschichte (NTAbh 1.3–4; Münster: Aschendorff, 1908).

Stogiannou, Basileiou P.

"Η περὶ Νόμου διδασκαλία τῆς πρὸς Γαλάτας ἐπιστολῆς τοῦ Ἀποστόλου Παύλου," ΔΕΛΤΙΟΝ ΒΙΒΛΙΚΩΝ ΜΕΛΕΤΩΝ 1 (1972) 312–28.

Strobel, August

"Das Aposteldekret in Galatien: Zur Situation von Gal. I und II," *NTS* 20 (1974) 177–90.

Tyson, Joseph B.

"Paul's Opponents in Galatia," *NovT* 4 (1968) 241-54.

Tyson, Joseph B.

" 'Works of Law' in Galatians," *JBL* 92 (1973) 423-31.

Viard, André

"Galates (Epître aux)," *DBSup* fascicle 36 (1961) 211-26.

Vielhauer, Philipp

"Gesetzesdienst und Stoicheiadienst im Galaterbrief," in *Rechtfertigung: Festschrift für Ernst Käsemann zam 70. Geburtstag* (Tübingen: Mohr, Siebeck; Göttingen: Vandenhoeck & Ruprecht, 1976) 543-55.

Watkins, Charles H.

St. Paul's Fight for Galatia (London: Clarke, 1941).

Weber, Valentin

Die Adressaten des Galaterbriefes: Beweis der rein südgalatischen Theorie (Ravensburg: Kitz, 1900).

색인

편집자 주

1. 색인에 제시되는 쪽수는 이 책 각 쪽 상단에 /123/와 같이 "/ /"로 삽입한 원서의 쪽수를 뜻한다.
2. 색인에 실린 쪽수 뒤에 붙어있는 괄호 안 숫자는 해당 쪽에 있는 각주의 번호를 가리킨다. 단, 한국어로 번역할 때 발생하는 어순 변경에 따라 각주 순서가 바뀌는 경우가 확인되니 해당 각주에 내용이 없으면 위아래 각주도 확인해 볼 필요가 있을 수 있다.
3. 본 주석의 성경의 각 책 이름은 한국신학연구소에서 공동번역판의 것을 이용했으므로, 그대로 따른다.
4. 제2정경(구약 외경)의 경우 각주에는 영어로도 표기되어 있으므로 영어를 병기한다.
5. 약어 표기가 낯설다면 10-28쪽의 약기표를 참고하기 바란다.
6. 주제 색인의 경우에는 부득이 영어로 그대로 표기한다.
7. 그외 용어들은 주로 각주에 영어로 등장하므로 색인에서도 원서의 내용 그대로 표기한다.

1. 텍스트 색인

b. 구약 위경 및 기타 유대 문헌

e. 헬라(그리스) 및 라틴 저자들

2. 헬라어(그리스어)

3. 주제어

4. 주석가 및 현대 저자

발행인의 글

1990년대에 한국에서 신학을 공부한 사람들을 붙잡고 국제성서주석 시리즈에 관해서 물어보라. 아마도 그런 주석을 들어본 적이 없다면 총신이나 고신 출신일 터이고, 이 주석에 대해서 눈을 반짝이며 얘기를 하는 사람이라면 한신이나 장신이나 감신 출신일 가능성이 아주 높다. 그 당시에 장신대 기숙사의 어느 방이든 방문하면, 4명이 사용하는 우중충하고 과밀한 방의 서가에 최소한 한 질이 있는 이 주석 전집을 소장하는 것이 로망이었다. 이제는 이 전집의 많은 주석서가 은퇴해도 아쉽지 않을 만큼 세월이 흘렀지만, 몇 권은 여전히 성경 연구에 꼭 필요한 고전이 되었다. 30년이 넘은 지금도 헌책방에서는 전집으로든 낱권으로든 나오면 고가로 판매되고, 그나마도 구하기 힘들 때가 많은 이 주석서를 복간하게 된 것에 대해 기쁘게 생각한다.

복간하면서, 지면 관계상 앞부분의 국제성서주석 시리즈 자문위원 명단 페이지를 뺄 수밖에 없었는데 여기에 그 명단을 공유하자면, 무려 구약은 김정준, 문희석, 민영진, 박준서, 서인석, 장일선, 신약은 김용옥, 박창환, 안병무, 장상, 전경연, 정량모이다. 매우 영광스럽다.

복간 준비를 하면서 책을 좀 더 꼼꼼하게 살펴보면서 컴퓨터를 본격적으로 활용하기 전인 80년대에 이런 전문서를 만들었을 출판 선배들의 분주한 손길을 상상해 본다. 한국신학연구소의 현 대표인 이완희 대표님은 활판 인쇄한 책의 감촉이 없어지는 것을 아쉬워하면서도 후학을 위해 이 책이 다시 나오는 것을 허락해 주셨다. 다시 이렇게 살아난 책이 이제 다시 바울의 짧지만, 중요한 이 서신을 공부하는 데 도움이 되었으면 한다.

생각 같아서는 다시 원고를 재구성하고, 전체를 다시 인디자인으로 새로이 디자인하고 싶지만, 그러기에는 수요가 충분치 않아 이렇게 복간하는 것을 독자 여러분은 이해해 주시면 감사하겠다. 이 주석서를 시작으로 국제성서주석의 위대한 전통을 알맹e 크리티카 성경 주석으로 이어가도록 해보겠다.

2023년 5월 29일
수락산에서
맹호성

알맹e 출간 목록

2024년 3월 현재 목록입니다. 각 책에 관한 상세정보와 더 나올 책들은 www.rmaenge.com에서 확인할 수 있습니다(e=전자책 / p=종이책).

쁘띠 알맹e

• 신약학 부문(편집장 김선용)

병행구절광증. 새뮤얼 샌드멜. 김선용 역. 2022-01-04. ("Parallelomania," *JBL* 81 [1962]: 1-13) e.

초기 기독교의 가족, 개정판. 캐롤린 오시에크. 임충열 역. 2024-02-25. ("The Family in Early Christianity: 'Family Values' Revisited," *CBQ* 58/1 [1996]: 1-24) e.

왜 신약성경을 연구하는가. 웨인 믹스, 리처드 헤이스. 김선용, 임충열 역. 2022-08-23 e.

헬레니즘계 종교로서의 기독교의 출생. 한스 디터 벳츠. 진규선 역. 2023-06. ("The Birth of Christianity as a Hellenistic Religion," *JR* 74.1 [1994]: 1-25) e.

기억, 역사 이론, 그리고 예수 수용. 옌스 슈뢰터. 임충열 역. 2023-11. ("Memory, Theories of History, and the Reception of Jesus," *JSHJ* 16 [2018]: 85-107) e.

왜 신약성경을 연구하는가 외: 넌쁘띠 알맹e 신약학 I. 김선용 외. 2024-02-28. (상기 5권의 전자책을 묶은 책) p.

왜 로마제국은 바울에게 중요치 않았는가. 존 M. G. 바클레이. 임충열 역. 2024-3. ("Why the Roman Empire Was Insignificant to Paul") e.

Paul and Jewish Apocalyptic Eschatology. Martinus C. de Boer. 임충열 역. 2024년 근간 e.

• 신학 부문(편집장 민경찬, 차보람)

현대 영국 신학의 흐름. 데이비드 F. 포드. 권헌일 역. 2023-08-02. ("British Theology" and two other articles from *the Christian Century*) e.

아돌프 폰 하르낙의 치명적 단순함. 로완 윌리엄스. 양세규 역. 2023-12-17. ("The Deadly Simplicities of Adolf von Harnack," *Legatum Lecture Transcript*) e.

알맹e 크리티카 성경 주석

마태복음 1권. W. D. 데이비스, 데일 앨리슨. 박규태 역. 2024 근간. (*The Gospel According to Saint Matthew*, Vol. 1, ICC, T&T Clark (Bloomsbury Academic), 1988) p&e.

누가복음 1, 2권. I. 하워드 마샬. 강요섭 역. 2023-10-13. (*The Gospel of Luke*, NIGTC, Eerdmans, 1978) p&e.

요한 복음 1, 2권. C. K. 바레트. 한국신학연구소 번역실 역. 2023-12-1. (*The Gospel According to St. John*, 2nd ed. SPCK, 1978) p&e.

로마서: 로마인들에게 보낸 바울의 편지에 대한 성경 주석. 에른스트 케제만. 한국신학연구소 번역실 역. . 2023-12-25. (*An die Römer*, HNT, Mohr Siebeck, 1980) p&e.

갈라디아서: 갈라디아 교회에 보낸 바울의 편지에 대한 주석. 한스 디터 벳츠. 한국신학연구소 번역실 역. 2023-06-17. (*Galatians*, Hermeneia, Fortress, 1979) p&e.

알맹e 성경 주석서 가이드

갈라디아서 주석서 가이드. D. A. 카슨, John F. Evans 외. 맹호성 편집. 2023-06-17 p&e.

신행사전

1 개혁신학 용어 사전. 켈리 M. 캐픽, 웨슬리 밴더 럭트. 송동민 역. 2017-10-31. (*Pocket Dictionary of the Reformed Tradition*, 미국 IVP, 2013) e / 도서출판 100p 출간. 2018-03-01.

2 성서학 용어 사전. 아서 G. 팻지아, 앤서니 J. 페트로타. 하늘샘, 맹호성 역. 2019-08-23. (*Pocket Dictionary of Biblical Studies*, 미국 IVP, 2022) e / IVPp 출간. 2021-10-28.

3 윤리학 용어 사전. 스탠리 J. 그렌츠, 제이 T. 스미스. 이여진 역. 2018-03-25. (*Pocket Dictionary of Ethics*, 미국 IVP, 2003) e (p는 예정).

4 신학 용어 사전. 스탠리 J. 그렌츠, 데이비드 거레츠키, 체리스 피 노들링. 진규선 역. 2018-10-29. (*Pocket Dictionary of Theological Terms*, 미국 IVP, 1999) e / IVPp 출간. 2022-03-28.

5 교회사 용어 사전. 네이선 P. 펠드머드, 이재근(한국 교회사 부분 저자 및 번역 감수). 송동민 역. 2022-08-15 (*Pocket Dictionary of Church History*, 미국 IVP, 2008) e / IVPp 출간. 2022-08-29.

6 철학 변증학 용어 사전. C. 스티븐 에반스. 김지호 역. 2018-05-31. (*Pocket Dictionary of Apologetics and Philosphy of Religion*, 미국 IVP, 2002) 도서출판 100p&e.

신행신학

예수와 유대교. E. P. 샌더스. 이정희 역. 2022-05-05. (*Jesus and Judaism*, SCM; Fortress, 1985) p&e. M어게인.

바울의 신학과 윤리. 빅터 퍼니쉬. 김용옥 역. 2022-02-28. (NTL *Theology and Ethics in Paul*, Westminster John Knox, 2009) 2009년 리처드 헤이스 개관 포함. p&e. M어게인.

바울, 율법, 유대인. E. P. 샌더스. 김진영, 이영욱 역. 2021-08-18. (*Paul, the Law, and the Jewish People*, Fortress, 1983) 종이책은 감은사 출간. 2021-08-25. M어게인.

바울과 팔레스타인 유대교. E. P. 샌더스. 박규태 역. 2018-07-10. (*Paul and Palestinian Judaism*, SCM Press; Fortress, 1977, 2017) p&e.

바울과 팔레스타인 유대교 간추린판. E. P. 샌더스. 박규태 역. 김선용 편집. 2020-10-29. e / 비아토르p.

하나님과 성의 수사학. 필리스 트리블. 유연희 역. 2022-07-18. (*God and the Rhetoric of Sexuality*), Fortress, 1978) p&e. M어게인.

히브리성서 개론. 존 콜린스. 유연희 역. 2021-05-26. (*A Short Introduction to the Hebrew Bible*, Fortress, 2007) e / 한국기독교연구소p 출간. 2011-03-20. M어게인.

수사비평: 역사, 방법론, 요나서. 필리스 트리블. 유연희 역. 2021-05-26. (*Rhetorical Criticism*, Fortress, 1995) e / 한국기독교연구소p 출간. 2007-10-20. M어게인.

이야기 마태복음 개정증보 2판. 잭 딘 킹스베리. 권종선 역. 2021-08-13. (*Matthew as Story* 2nd ed., Fortress, 1988) p&e. M어게인.

이야기 마가복음 개정 3판. 데이비드 로즈·조안나 듀이·도널드 미키. 양재훈 역. 2022-10-12. (*Mark as Story* 3rd ed., Fortress, 2012) e / 이레서원p. M어게인.

요한복음 해부. R. 앨런 컬페퍼. 권종선 역. 2021-12-25. (*Anatomy of the Fourth Gospel*, Fortress, 1987) p&e. M어게인.

성경해석의 역사. 개정증보판. 로버트 M. 그랜트, 데이비드 트레이시. 이상훈, 임충열 역. 2022-12-17. (*A Short History of the Interpretation of the Bible*, Fortress, 1984) p&e. M어게인.

현대 영국 신학자들과의 대담. 이승구. 2023-09-11. p&e. M어게인.

신 계시 권위 1-4. 칼 헨리. 맹용길 & 이상훈 역. 2022-01-21. (*God, Revelation and Authority* 1 -4, Crossway Books, 1999) p&e. M어게인.

복음주의자의 불편한 양심. 칼 F. H. 헨리. 리처드 마우, 러셀 무어 서문. 박세혁 역. 2024-02-28. (*The Uneasy Conscience of Modern Fundumentalism*, Eerdmans. 1947, 2003; Crossway, 2022) e / IVPp.

기후 변화와 신학의 재구성. 샐리 맥페이그. 김준우 역. 2021-05-26. (*New Climate for Theology*, Fortress,

2008) e / 한국기독교연구소p 출간. 2008-09-25. M어게인.

예수와 창조성. 고든 카우프만. 김진혁 역. 2021-05-26. (*Jesus and Creativity*, Fortress, 2009) e / 한국기독교연구소p 출간. 2009-06-30. M어게인.

하나님의 말씀에 사로잡혀. 미로슬라브 볼프. 홍병룡 역. 2021-08-09. (*Captive to the Word of God*, Eerdmans, 2010) e / 국제제자훈련원p. 2012-12-05. M어게인.

태초에 창조성이 있었다. 고든 카우프만. 박만 역. 2021-05-26. (*In the Beginning… Creativity*, Fortress, 2000) e / 한국기독교연구소p 출간. 2013-10-01. M어게인.

윗필드 씨! 제발 좀 마이크 내려놓고 쉬세요! 아놀드 A. 댈리모어. 오현미 역. 2021-12-31. (*George Whitefield: God's Anointed Servant in the Great Revival of the Eighteenth Century*, Crossway, 2010) e / 이레서원p. M어게인.

알맹4U

도널드 밀러는 인생 편집 중 - 〈천년 동안 백만 마일〉 일러스트레이션판. 도널드 밀러. 윤종석 역. 2022-12-25. (*A Million Miles in a Thousand Years*, Thomas Nelson, 2009) p&e. 100부 한정판.

도널드 밀러의 오색사막 순례 이야기. 도널드 밀러. 허진 역. 2022-07-04. (*Through Painted Deserts*, Thomas Nelson, 2005) e / 잉클링즈p. 2022-06-30.

천년 동안 백만 마일. 도널드 밀러. 윤종석 역. 2021-09-03. (*A Million Miles in a Thousand Years*, Thomas Nelson, 2009) e / IVPp 출간. 2010-10-27.

메리에게 루이스가. C. S. 루이스. 이종태 역. 2021-07-23. (*Letters to an American Lady*, Eerdmans, 1967, 2014) e.

버거킹에서 기도하기. 리처드 마우. 강봉재 역. 2023-11-10. (*Praying at Burger King*, Eerdmans, 2007) e / IVPp.